rororo film
Herausgegeben von Ludwig Moos

Stars machen für die meisten Kinogänger und Fernsehzuschauer den stärksten Reiz des Films aus. Ob komisch oder elegant, mannhaft oder verführerisch, geheimnisvoll oder abstoßend – sie fesseln in ihren Rollen die Phantasie der Millionen, laden ein zu Identifikation oder Ablehnung. Und sie wecken die Neugier der Fans, die nie genug über sie erfahren können. Das Lexikon bietet in kompakten und kritischen Biografien sorgfältig recherchierte Informationen zu mehr als tausend Stars des internationalen Films. Es erfaßt komplett die Liste ihrer Kinofilme und – soweit feststellbar – auch der Fernsehproduktionen. Neben den Hollywood-Größen sind erstmals auch die Stars des europäischen Kinos in Ost und West angemessen vertreten, andere Filmländer wie China, Japan oder Indien sind soweit wie möglich berücksichtigt.

Lexikon Filmschauspieler International

Herausgegeben von
Hans-Michael Bock

Band 1

A-K

rororo

Rowohlt

In Zusammenarbeit mit
CineGraph – Hamburgisches Centrum für
Filmforschung e. V.

Redaktion der Originalausgabe:
Susanne Lando, Ingrun Spazier, Katja Uhlenbrok,
Robert Wohlleben

Mit Beiträgen von Rolf Aurich, Manfred Behn,
Francesco Bono, Alexander Donev, Jerzy Maśnicki,
Fumiko Matsuyama, Kamil Stepan

Mitarbeit und UpDates:
Thomas Brandlmeier, Malte Hagener, Ariane Heimbach,
Gerti Keller, Petra Lange-Berndt, Birte Lüdeking,
Peer Moritz, Stephanie J. S. Neumann,
Alexandra Obradović, Susanne Raff, Sibylle Sturm,
John-Paul Trutnau

Sysdämmelliset kiitokset Markku Salmi

Dank an Peter von Bagh, Ildikó Berkes, Elisabeth Bono,
Geoffrey Donaldson, Manuela Heise, Anne Jespersen,
Bettina Melchert, Dana Ranga, Hanns-Georg Rodek,
Heiner Roß, Jörg Schöning, Stephan Schröder,
Viola Shafik, Georges Sturm, Kerstin Tschöcke,
Wendy Hsiao Wang, Marie Zillén

Datentechnische Beratung:
Detlef Balzer

Aktualisierte Taschenbuchausgabe

Veröffentlicht im Rowohlt
Taschenbuch Verlag GmbH,
Reinbek bei Hamburg,
November 1997

Umschlaggestaltung Factor Design
(Foto: Interfoto Pressebildagentur, München)
Satz Aldus und Frutiger (Linotronic 500)
Gesamtherstellung Clausen & Bosse, Leck
Printed in Germany
2690-ISBN 3 499 16523 6

Vorwort

Dieses Lexikon macht den Versuch, einen repräsentativen internationalen Überblick über die historisch wie zeitgenössisch interessantesten und bedeutsamsten Filmschauspieler zu vermitteln. Es ist die filmografisch auf den aktuellen Stand (Sommer 1997) gebrachte Fassung des 1995 im Henschel Verlag, Berlin, erschienenen «Lexikon Film Schauspieler International». Ausgangspunkt war das in der DDR populäre Nachschlagewerk «Filmschauspieler A–Z» von Joachim Reichow und Michael Hanisch, das zuletzt 1989 in 7. Auflage herausgekommen ist.

In der guten Tradition der alten Henschel-Lexika, aber unter den neuen Bedingungen der Nach-Wende-Zeit, in der sich sowohl die Filmszene Ost- und Mitteleuropas grundlegend verändert hat als auch die Arbeitsbedingungen der Filmarchive und Filmhistoriker, habe ich versucht, einen Namenskanon zu komponieren, der westliche wie östliche Interessen verbindet. Dabei war der Rat von Dr. Jürgen Bretschneider und Michael Hanisch höchst hilfreich. Bei der Detailarbeit wurde ich dann unterstützt durch sachverständige Freunde und Kollegen im In- und Ausland, vor allem aber von den Mitarbeitern, die bei CineGraph – Hamburgisches Centrum für Filmforschung e.V. detektivischen Spürsinn für die filmografische Recherche und die notwendige Akribie in der Quellennutzung entwickelt haben.

Der Stand der Auswahl kann – durch die Planungs- und Erarbeitungszeit gezwungenermaßen, aber auch in bewußter Zurückhaltung – nicht die allerneuesten, von der Presse als Stars gehandelten Namen berücksichtigen. Dafür gibt es auch passendere Medien als ein Lexikon.

Im Laufe der Arbeit wurde mir und den Mitarbeitern immer stärker bewußt, welch schwieriges Unterfangen es ist, eine ausgewogene, allen Erwartungen und Wünschen gerecht werdende Auswahl zu treffen, vor allem unter dem Zwang, sich für nur etwa 1000 Namen entscheiden zu müssen. Gegenüber den Ausgaben von «Reichow/Hanisch» wurde der Anteil osteuropäischer Schauspieler zwar reduziert – die zuvor notwendigen «diplomatischen» Rücksichten galten nun nicht mehr –, doch ist er im Vergleich zu den üblicherweise stark hollywoodzentrierten Nachschlagewerken immer noch bedeutend. Ganz bewußt auch ist dem deutschen Filmschaffen ein etwas überproportionaler Anteil eingeräumt; hierbei kamen Forschungsergebnisse von «CineGraph – Lexikon zum deutschsprachigen Film» zustatten. Ein Rest von Subjektivität bleibt.

Die Quellenbasis erwies sich in bezug auf Aktualität und Zuverlässigkeit als sehr heterogen, auch wenn hier der Informationsaustausch durch das Internet einige erfreuliche Entwicklungen gebracht hat. Einen immer breiteren Raum im künstlerischen Schaffen der Schauspieler nimmt inzwischen das Fernsehen ein. Dies adäquat zu dokumentieren blieb für ausländische Fernsehfilme wegen der in den Ursprungsländern höchst lückenhaften Unterlagen zum Teil unbefriedigend. Die in den ersten Jahren des Umbruchs nach 1990 oft sehr schwierige Situation, sich einen präzisen Überblick über die Produktion in Osteuropa zu verschaffen, hat

sich langsam durch neue kollegiale Kontakte verbessert.
Ein in anderer Weise schwieriges Anliegen war die Präsentation der Filmschauspieler des filmografisch bisher kaum erschlossenen asiatischen Raums. Mit Hilfe der verfügbaren Quellen und einiger sachdienlicher Hinweise kompetenter Partner wurde versucht, wenigstens ein kleines Fenster nach Indien zu öffnen, dem größten Filmproduzenten der Welt, wie auch nach Japan und China.

Hans-Michael Bock

Hinweise für Benutzer

1. Zum biografischen Teil der Artikel:
Der Kopfzeile mit dem fettgedruckten Namen des Darstellers, unter dem er allgemein bekannt ist, können, soweit bekannt, in runden Klammern andere Namensvarianten folgen, z. B. andere oder weitere Vornamen bzw. der bürgerliche Familienname, wenn ein Künstlername gewählt wurde. Im biografischen Teil werden Filme nur mit ihrem Originaltitel, *kursiv* gesetzt, genannt. Häufig ist der Regisseur hinzugefügt, entweder in den Text eingebunden oder in runden Klammern nachgestellt. Beispiel: *The Human Factor* (Otto Preminger). Die im biografischen Artikel genannten Filme werden im filmografischen Teil wiederholt, so daß man dort die möglichst vollständige Filmografie vorfindet.

2. Zum filmografischen Teil der Artikel:
Der filmografische Teil weist alle zu ermittelnden Filme aus, an denen der jeweilige Künstler beteiligt war, unabhängig vom Umfang der Rolle.
Der filmografische Teil beginnt in der Regel mit einem in eckigen Klammern stehenden Länderkürzel – Beispiel: [FR]. Dieses weist darauf hin, in welchem Land der betreffende Darsteller am häufigsten gearbeitet hat. Alle nachfolgenden Filme, die kein Länderkürzel aufweisen, sind in dem eingangs benannten Land produziert worden.
Die Filme werden in chronologischer Folge nach Produktionsjahren geordnet. Wenn bekannt ist, daß sich die Produktionsdauer über zwei oder mehrere Jahre hinzog, wird dieser Zeitpunkt entsprechend eingegrenzt, z. B. 1932/33 oder 1984–86. Alle Filme eines Produktionszeitraums werden hintereinander aufgeführt, ohne daß das Produktionsjahr jedesmal wiederholt wird.
Der filmografische Eintrag beginnt mit dem Originaltitel des Films. Bei Co-Produktionen werden, soweit bekannt, nach einem Schrägstrich die Titelfassungen der anderen beteiligten Produktionsländer genannt, z. B. Ad ogni costo / Diamante a go-go / Top Job.
Bei Filmen des nichtdeutschsprachigen Raumes folgt in runden Klammern, soweit bekannt, der offizielle deutsche Verleihtitel. Bei Filmen, die nicht im deutschen Verleih waren bzw. nicht im deutschen Fernsehen gesendet wurden, werden keine deutschen Titelübersetzungen angeboten, da dies nur eine willkürliche wörtliche Übersetzung wäre, die zu Mißverständnissen und Verwechslungen führen kann. Dem Filmtitel können in eckigen Klammern Hinweise, meist abgekürzt (siehe Abkürzungsverzeichnis) nachgestellt sein, in folgender Reihenfolge: Zusätzliche Funktio-

nen des Filmschaffenden, Anmerkungen zum Film, Produktionsland/Produktionsländer. Beispiel: Around the World with Orson Welles [D, R, A – TVS – GB].
Zur Funktion des Darstellers gibt es nur dann Hinweise, wenn er nicht nur als Darsteller, sondern zusätzlich oder ausschließlich in anderer Funktion (z. B. Regisseur oder Autor) tätig war. Diese Funktionsnachweise betreffen ein Aktivitätsfeld im weitesten Sinne, d. h., P bedeutet Beteiligung an der Produktion, ohne nach den vielfältigen Kategorien wie etwa Executive Producer, Besitzer der Produktionsfirma etc. zu differenzieren; CoA bedeutet z. B. Beteiligung am Drehbuch, ohne Unterscheidung, ob als Co-Autor, Stoff- oder Ideenlieferant etc.
Die Anmerkungen enthalten u. a. vom normalen Kinospielfilm abweichende Filmgattungen, etwa Fernsehfilm, Kurzfilm. Hierbei wurden die bis etwa zum 1. Weltkrieg produzierten oft sehr kurzen Spielfilme, Ein- und Zweiakter, als normale Filme behandelt.
Der Vermerk Version betrifft vor allem die erste Phase des Tonfilms, als Filme meist nicht synchronisiert wurden, sondern anderssprachige Versionen des gleichen Films mit z. T. unterschiedlichen Besetzungen für dieselbe Rolle gedreht wurden.
Der Hinweis auf TVS (TV-Serie) erfolgt auch, wenn keine bestimmte Folge nachzuweisen ist.
Produktionsländer werden nachgestellt, wenn zu Beginn der Filmografie kein Länderkürzel steht, wenn das Produktionsland von dem vorangestellten Land abweicht oder wenn es sich um Co-Produktionen handelt.

3. Zur Schreibweise

Titel und Namen in nicht-lateinischen Schriften werden nach den international üblichen Regeln der Transliteration wiedergegeben.

Abkürzungen

A	Autor
ANI	Animationsfilm
ASS	Assistenz
B	Bauten
C	Choreografie
CoA	Co-Autor
CoM	Beteiligung an der Musik
CoR	Co-Regie
CoP	Co-Produzent
D	Darsteller
DOK	Dokumentarfilm
EP	Episodenfilm
K	Kamera
KDOK	Kurzdokumentarfilm
KF	Kurzfilm
KO	Künstlerische Oberleitung
KOS	Kostüme
M	Musik
R	Regie
P	Produktion
RA	Regieassistenz
S	Sprecher
TV	Fernsehfilm/-spiel
TVS	Fernsehserie
UA	Uraufführung

Abkürzungen der Länder

AR	Argentinien
AT	Österreich
AU	Australien
BE	Belgien
BG	Bulgarien

BM	Bermuda
BR	Brasilien
BRD	Bundesrepublik Deutschland (1945–1990)
BY	Weißrußland
CA	Kanada
CH	Schweiz
CL	Chile
CN	China
CO	Kolumbien
CS	Tschechoslowakei
CU	Kuba
DDR	Deutsche Demokratische Republik (1945–1990)
DE	Deutschland (bis 1945, ab 1991)
DK	Dänemark
DZ	Algerien
EC	Ecuador
EG	Ägypten
ES	Spanien
EURO	Europa (Produktionsgemeinschaft mehrerer Länder)
FI	Finnland
FR	Frankreich
GB	Großbritannien
GR	Griechenland
HK	Hongkong
HU	Ungarn
IE	Irland
IL	Israel
IN	Indien
IS	Island
IT	Italien
JM	Jamaika
JP	Japan
KR	Südkorea
LB	Libanon
LI	Liechtenstein
Lu	Luxemburg
LY	Libyen
MA	Marokko
MC	Monaco
MX	Mexiko
NL	Niederlande
NO	Norwegen
NZ	Neuseeland
PA	Panama
PE	Peru
PH	Philippinen
PK	Pakistan
PL	Polen
PT	Portugal
RO	Rumänien
RU	Rußland (bis 1920, ab 1992)
SE	Schweden
SN	Senegal
SU	Sowjetunion (1921–1991)
TN	Tunesien
TR	Türkei
TW	Taiwan
UA	Ukraine
UN	UNO
US	Vereinigte Staaten von Amerika
VE	Venezuela
YU	Jugoslawien

* Zwei-Buchstaben-Länderzeichen nach ISO 3166 (davon abweichend: BRD, DDR und EURO)

A

Abatantuono, Diego

* 20. 5. 1955 Mailand

Anfang der 70er Jahre debütiert Abatantuono auf der Bühne und schließt sich den «Gatti di Vicoli Miracoli», einer Gruppe junger Komiker, an. 1976 ist er in dem Unterhaltungsfilm *Liberi armati pericolosi* (Romolo Guerrieri) erstmals im Kino zu sehen. Mit seinen Darstellungen in *Arrivano i gatti* (Carlo Vanzina) und *Fico d'India* (Steno) wird Abatantuono 1980 beim Publikum populär und übernimmt in Vanzinas Lustspiel *I fichissimi* seine erste Hauptrolle: Der Film wird ein kommerzieller Erfolg. Abatantuono verkörpert hier ein gutherziges Rauhbein, einen Typus, den er in den folgenden Filmen wiederholt: vom *Sballato, gasato, completamente fuso* (Steno) bis *Il ras del quartiere* (Vazina). Der Erfolg ist kurz, und Abatantuono zieht sich 1983 vorübergehend vom Film zurück. Die Gelegenheit zum Comeback bietet ihm 1986 Pupi Avati, der ihn in *Regalo di Natale* für die Rolle des verschuldeten Kinobesitzers verpflichtet. Es ist der Beginn einer zweiten Karriere, während deren Abatantuono mit den besten Regisseuren des neuen italienischen Films zusammenarbeitet. 1987 spielt er unter Giuseppe Bertoluccis Regie in *Strana la vita* und 1988 in *I cammelli*. Den Erfolg verdankt er Ende der 80er Jahre Gabriele Salvatore, der ihm neben Fabrizio Bentivoglio die Hauptrolle in *Marrakech Express* anbietet und unter dessen Regie er u. a. 1990 in dem Oscar-gekrönten *Mediterraneo* spielt. Durch seine künstlerischen Erfolge entwickelt Abatantuono sich zu einem der wichtigsten Schauspieler des italienischen Films der 90er Jahre: So übernimmt er die Hauptrolle in Marco Risis Komödie *Nel continente nero*; in Carlo Mazzacuratis melancholischer Komödie *Il toro* verkörpert er einen arbeitslosen Viehzüchter, der versucht, einen Stier nach Ungarn zu schmuggeln. Ab Ende der 80er Jahre spielt er den

Kommissar Corso in den italienischen Beiträgen der TV-Reihe *Eurocops.*

[IT] 1976: Liberi armati pericolosi (Bewaffnet und gefährlich). 1978: Saxofone. 1980: Fico d'India; Il pap' occhio (Tele Vaticano – Das Auge des Papstes); Arrivano i gatti; Prestami tua moglie; Fantozzi contro tutti; Una vacanza bestiale. 1980/81: I carabinieri (Carabinieri ... ab in die Polizeischule). 1981: I fichissimi; Il tango della gelosia. 1982: Attila, flagello di Dio (Toll trieben es die alten Hunnen); Eccezziunale ... veramente [D,CoA]; Grand Hôtel Excelsior (Wer hat dem Affen den Zucker geklaut?); Arrivano i miei; Scusa se è poco. 2. Ep: Trenta minuti d'amore (Sex von Seite 17) [EP]; Viuulentemente mia; Sballato, gasato, completamente fuso. 1983: Il ras del quartiere [D,CoA]. 1986: Regalo di Natale (Weihnachtsgeschenk). 1987: Eurocops: Notte di luna (Eurocops: Mondnacht) [TV]; Il segreto del Sahara/Das Geheimnis der Sahara [TV – IT/FR/BRD/ES]; Un ragazzo di Calabria/Un enfant di Calabria (Der Junge aus Kalabrien) [IT/FR]; Ultimo minuto; Strana la vita (Seltsam das Leben). 1988: I cammelli. 1989: Eurocops: Stelle cadenti (Eurocops: Fallende Sterne) [TV]; Eurocops: La via lattea (Eurocops: Die Milchstraße) [TV]; Marrakech Express; Eurocops: Piccoli angeli (Eurocops: Kleine Engel) [TV]; Eurocops: La notte piú fonda (Eurocops: In tiefster Nacht) [TV]. 1990: Vacanze di Natale '90; Turné; Mediterraneo. 1992: Nel continente nero; Puerto escondido. 1993: Arriva la bufera; Per amore, solo per amore. 1994: Il toro; Camerieri; Viva San Isidro!

Abel, Alfred

(Alfred Peter Abel)
*12. 3. 1879 Leipzig
†12. 12. 1937 Berlin

Schulbesuch in Leipzig. Nach abgebrochener Forst- und Gärtnerlehre Gelegenheitsschauspieler in Mittweida. Kunstakademie in Leipzig. Privater Schauspielunterricht; erstes Engagement in Luzern; Provinz- und Wanderbühnen. 1904 zum Deutschen Theater Berlin; an verschiedenen Theatern spielt er unter Reinhardt und Barnowsky. 1913 erste Filmrolle in *Eine venezianische Nacht* (Max Reinhardt), danach in zahlreichen Publikumsfilmen u. a. unter der Regie von Richard Oswald, Fern Andra, Max Mack, in denen Abels feinnuanciertes, zurückhaltendes Spiel auffällt. Psychologisch differenziert auch als Schriftsteller Gaston in Ernst Lubitschs *Rausch*, 1922 als Musiker Raoul neben Pola Negri in Lubitschs *Die Flamme* und als hoffnungslos verliebter Stadtschreiber Lubota in F. W. Murnaus *Phantom*. Auch bei Fritz Lang: Falschspieler Graf Told in *Dr. Mabuse, der Spieler*, Herr von *Metropolis*. Engagements auch in anderen europäischen Ländern: *L'Argent* und *Cagliostro* in Frankreich, Alfred Hitchcocks *Mary* (deutsche Version von *Murder*). Im Tonfilm wird Abel, einer der elegantesten Männer Berlins, auf das Fach des «distinguierten Herrn» festgelegt: Herzog Eberhard von Schwarzenburg in *Dolly macht Karriere* (Anatole Litvak), König von Sachsen in *Der Kongreß tanzt* (Erik Charell). Gelegentlich durchbricht er das Rollenklischee, so als Bürgermeister in der Komödie *Die Koffer des Herrn O. F.* (Alexander Granowsky), als spleeniger Poet Knips in *Hofkonzert* (Detlev Sierck), als Bankier Terbanks in *Sieben Ohrfeigen* (Paul Martin). Regie bei vier Filmen: 1920/21 die satirische Groteske *Der Streik der Diebe*, der einzigen Produktion von Abels Firma Artifex-Film; darin auch die Hauptrolle des Obergauners Will Tax; 1929 *Narkose* nach einem Drehbuch von Béla Balász (nach Stefan Zweigs «Brief einer Unbekannten»); 1933 die musikalische Liebeskomödie *Glückliche Reise*; 1935 *Alles um eine Frau*, eine Dreiecksgeschichte im Spionage- und Fliegermilieu.

[DE] 1913: Eine venezianische Nacht. 1914: Die Geschichte der stillen Mühle; Lache, Bajazzo! 1915: Das Laster; § 51 StGB/Der Weg zum Guten. 1915/16: Das Spiel ist aus. 1916: Ernst ist das Leben; Peter Lump; Wenn Menschen reif zur Liebe werden; Das Geständnis der grünen Maske/Der grüne Dämon. 1916/17: Der Seele Saiten schwingen nicht. 1917: Ein Blatt im Sturm. 1918: Es werde Licht! 4. Teil: Sündige Mütter (Strafgesetz § 218); Tanzendes Gift; Die Dame, der Teufel und die Probiermamsell; Lola Montez; Colomba; Drohende Wolken am Firmament; Lucas, Kapitel 15. Der verlorene Sohn. 1919: Die Geächteten; Eine junge Dame aus guter Familie; Rausch; Die rote Herzogin; Kameraden. 1919/20: Taumel. 1920: Die Frau im Himmel; Mord ... die Tragödie des Hauses Garrick; Fakir der Liebe; Wenn der junge Kaktus blüht; Die Präriediva; Der Ruf aus dem Jenseits; Die Frau ohne Seele; Der schwarze Graf. 1920/21: Der Streik der Diebe [D,R,P]; Die große und die kleine Welt. 1921: Irrende Seelen; Mann über Bord; Die Geschichte des grauen Hauses. 1. Ep: Der Mord aus verschmähter Liebe; Grausige Nächte; Lotte Lore; Die im Schatten gehen; Das Opfer der Ellen Larsen; Sappho; Der Schrecken der roten Mühle; Die Intriguen der Madame de la Pommeraye. 1921/22: Die Jagd nach der Frau; Dr. Mabuse, der Spieler. 1. Der große Spieler – Ein Bild unserer Zeit/2. Inferno, ein Spiel von Menschen unserer Zeit; Der brennende Acker; Scheine des Todes; Menschenopfer. 1922: Zwischen Tag und Traum; Die Flamme; Phantom; Bigamie; Der falsche Dimitry. 1922/23: Die Prinzessin Suwarin. 1923: Im Rausch der Leidenschaft; Das Laster des Spiels; Arme Sünderin; Das Spiel der Liebe; Dudu, ein Menschenschicksal; Die Finanzen des Großherzogs; Buddenbrooks. 1924: Die Frau im Feuer; Das Spiel mit dem Schicksal/Die Frau in Versuchung; Mensch gegen Mensch. 1925: Der Gardeoffizier (Der Leibgardist) [AT]; Der Herr Generaldirektor; Der Bankkrach Unter den Linden; Die Feuertänzerin. 1925/26: Tragödie einer Ehe/Human Law [DE/GB]; Metropolis. 1926: Menschen untereinander; Die lachende Grille; Eine Dubarry von heute; Die Tragödie eines Verlorenen. 1926/27: Laster der Menschheit/Laster. 1927: Jahrmarkt des Lebens; Das Geheimnis von Genf; Ein Tag der Rosen im August ... da hat die Garde fortgemußt; Das tanzende Wien. 1927/28: Wer das Scheiden hat erfunden. 1928: Rasputins Liebesabenteuer; Ariane in Hoppegarten; Prinzessin Olala; Eine Nacht in Yoshiwara; Heut' spielt der Strauß (Der Walzerkönig); Mein Herz ist eine Jazzband; L'argent (Geld! Geld!! Geld!!!) [FR]. 1928/29: Autour de L'argent [DOK – FR]; Graf Cagliostro [FR/DE]. 1929: Ehe in Not; Sei gegrüßt, Du mein schönes Sorrent; Narkose [D,R,P]; Giftgas. 1930: Dolly macht Karriere; «1914». Die letzten Tage vor dem Weltbrand; Das Schicksal der Renate Langen; Mary [Version – GB]. 1931: Der Herr Bürovorsteher; Der Herzog von Reichstadt [Version – FR/DE]; Der Kongreß tanzt; Das Ekel; Meine Frau, die Hochstaplerin; Die Koffer des Herrn O. F. 1932: Der weiße Dämon; Johnny stiehlt Europa; Das schöne Abenteuer; Das Mädel vom Montparnasse [Version – FR/DE]; Spione im Savoy-Hotel; Kampf. 1932/33: Manolescu, der Fürst der Diebe; Salon Dora Green; Die kleine Schwindlerin; Brennendes Geheimnis. 1933: Wege zur guten Ehe; Glückliche Reise [R]. 1934: Die Liebe siegt; Eine Siebzehnjährige. 1934/35: Alles um eine Frau [R]. 1935: Viktoria [R,D]. 1935/36: Kater Lampe. 1936: Und Du, mein Schatz, fährst mit; Das Hofkonzert; Skandal um die Fledermaus; Spiel an Bord; Ein seltsamer Gast; Maria, die Magd. 1936/37: Millionenerbschaft [AT]. 1937: Unter Ausschluß der Öffentlichkeit; Sieben Ohrfeigen; Millionäre (Ich möcht' so gern mit Dir allein sein) [AT]. 1937/38: Frau Sylvelin.

Abrhám, Josef

* 14. 12. 1939 Gottwaldov

Studium am Konservatorium in Bratislava bis 1962, danach an der Fakultät für Schauspielkunst der Prager Akademie der musischen Künste. Ab 1965 im Schauspielerklub und am Na Vinohradech-Theater engagiert. Filmdebüt 1961 noch während der Ausbildung in *Kde alibi nestači*. In dem sowjetischen Film *Bol'šaja doroga* (Jurij Ozerov) verkörpert er 1963 den jungen Hašek. 1980 Popularität durch die Darstellung des Dalibor Vrána in Ladislav Smoljaks *Vrchní, prchní!*, für den er 1981 auf dem ČSSR-Filmfestival den Darstellerpreis erhält, sowie durch zahlreiche Fernsehserien, u. a. 1980 als Kommissar Landík in dem slowakischen Film *Demokrati* (Jozef Zachar) und 1981 als Dr. Blazéy in der TV-Serie *Nemocnienice na kraji města* (Jaroslav Dudek).

[CS] 1961: Kde alibi nestačí (Wo das Alibi nicht genügt). 1962: Neschovávejte se když prši (Versteckt euch nicht, wenn es regnet); Strop; Transport z ráje (Transport aus dem Paradies). 1963: Křik (Der Schrei); Bol'šaja doroga [SU]. 1964: Každý den odvahu (Mut für den Alltag). 1967: Happy end. 1968: Pražké noci. 3. Chlebové střevíčky (Prager Nächte); Pension pro svobodné pány (Pension für ledige Herren); Dita Saxová. 1969: Ezop [CS/BG]; Hvìzda (Ein Star). 1970: 322. 1971: Šance (Die Chance); Zaprášené historie [TV]; Partie krásného dragouna (Die Partien des schönen Dragoners). 1972: Morgiana Morgiana. 1973: Schüsse in Marienbad/Výstřely v Mariánských Lázních [DDR/CS]; Pokus o vraždu (Mordversuch). 1974: Byl jednou jeden dům [TV]. 1975: Motiv pro vraždu. 3. Kapsá (Motiv für einen Mord); Holka na zabití (Die Spur führt ins Berghotel). 1976: Marečku, podejte mi pero!; Tetované časom. 1977: Hodina pravdy. 1978: Kulový blesk (Aktion Kugelblitz). 1980: Tím pádem; Vrchní, prchni (Lauf, Ober, lauf!; Demokrati; Dnes v jednom domě [TV]; Trhák; Mladé víno (Junger Wein). 1981: Nemocnienice na kraji města (Das Krankenhaus am Rande der Stadt) [TVS]. 1983: ? (Probefahrt ins Glück); Jára Cimrman, ležící, spící; Záchvěv strachu. 1984: Rozpuštěný a vypuštěný (Liebling, Lump und Lockenmörder). 1985: Skalpel, prosím (Skalpell, bitte); Experiment Eva. 1989: Člověk proti zkáze; Konec starých časů (Ende der alten Zeit). 1990: V žáru královské lásky. 1991: Opera zebracka (Prager Bettleroper); Žebrácká opera. 1992: Městem chodí Mikuláš 1993: Šakalí léta. 1994: Andělké oči.

Abril, Victoria

(Victoria Mérida Rojas)

* 4. 7. 1959 Madrid

Abril studiert klassischen Tanz und Ballett, bis sie sich 1975 als Schauspielerin für *Obsesión* (Francisco Lara Polop) bewirbt und eine kleine Rolle erhält. 1976 folgt die erste Hauptrolle in *Caperucita y Roja* (Luis Revenga, Aitor Goiricelaya), gleichzeitig moderiert sie im Fernsehen die Quizsendung «1,2,3, responda otra vez». Mit Beginn der 80er Jahre akzeptiert sie nur noch Angebote, die ihr kreativen Spielraum lassen, und gewinnt so schauspielerisches Profil. Sie steht für einen intuitiven Stil, sei es in dramatischen oder komödiantischen Rollen. In Spanien dreht sie überwiegend mit Vicente Aranda, als dessen «Muse» sie gilt. Für sein *El Lute, camina o revienta* gewinnt sie 1987 den Darstellerpreis in San Sebastián. Abril arbeitet auch im Ausland, so in der Schweiz, in Portugal, Italien und besonders in Frankreich. Den internationalen Durchbruch hat sie mit *¡Atame!* von Pedro Almodóvar, mit dem sie weiterhin zusammenarbeitet. 1994 erstmals in einer Hollywood-Produktion: *Jimmy*

Hollywood von Barry Levinson. Für ihre Rolle in *Nadie hablará de nosotras cuando hayamos muerto* wird sie 1995 in Cannes ausgezeichnet. Abril ist auch am Theater tätig, in Madrid ebenso wie in Paris, und in TV-Produktionen.

[ES] 1974: Obsesión. 1975: Storia di arcieri, pugni e occhi neri/Y ... le llamaban Robin Hood (Zwei linke Brüder auf dem Weg zur Hölle) [IT/ES]. 1976: El puente; Robin and Marian (Robin und Marian) [US]; Caperucita y roja; El hombre que supo amar; Cambio de sexo. 1977: Doña Perfecta; Esposa y amante. 1979: La muchacha de las bragas de oro [ES/VE]. 1980: La casa del paraíso [ES/VE]; Le cœur à l'envers/Otra mujer [FR/ES]; Mater amatísima; Mieux vaut être riche et bien portant que fauché et mal foutu/Wer spritzt denn da am Mittelmeer/Más vale pájaro en mano ... [FR/BRD/ES]. 1981: La batalla del porro; Yendo hacia tí/ Comin' At Ya! (Alles fliegt dir um die Ohren) [3D – ES/US]; Asesinato en el comité central. 1981/82: La guérillera [FR/IT/ES]. 1982: J'ai epousé une ombre [FR]; Sem sombra de pecado [PT]; Entre paréntesis; La colmena (Der Bienenkorb). 1982/83: La lune dans le caniveau/Lo specchio del desiderio (Der Mond in der Gosse) [FR/IT]. 1983: L'addition (Die Abrechnung) [FR]; Le bâtard [FR]; Rio Abajo; Le voyage [FR]; Las bicicletas son para el verano. 1984: After Darkness [CH/GB]; La noche más hermosa; Rouge gorge [FR]. 1985: Padre nuestro; La hora bruja. 1986: Los pazos de Ulloa [TVS]; La ley del deseo (Das Gesetz der Begierde); Tiempo de silencio; Max mon amour (Max mon amour) [FR/JP/US]; Ternosecco [IT]; Barrios altos (Gefährliche Instinkte). 1987: El placer de matar (Sie töten aus Lust); El Lute, camina o revienta; El juego más divertido. 1988: Baton Rouge; Ada dans la jungle [FR]; Sans peur et sans reproche [FR]. 1989: ¡Atame! (Fessle mich!); Si te dicen que caí. 1990: A solas contigo; Sandino [ES/CL]. 1991: Tacones lejanos (High Heels); Une epoque formidable (Tolle Zeiten) [FR]; Amantes. 1992: Demasiado corazón (Bis daß der Tod Euch scheidet). 1993: Intruso. 1993/94: Jimmy Hollywood (Jimmy Hollywood) [US]. 1994: Kika (Kika) [ES/FR]; Casque bleu [FR]. 1995: Nadie hablará de nosotras cuando hayamos muerto/Personne ne parlera de nous quand nous serons mortes [ES/FR]; Gazon Maudit (Eine Frau für zwei) [FR].

Adjani, Isabelle

*27. 6. 1955 Genevilliers (Paris)
Tochter einer deutschen Mutter und eines algerischen Vaters. Filmdebüt schon während der Lyzeumszeit. Nach Schulabschluß Fernsehauftritte, u. a. in Raymond Rouleaus Inszenierung von Molières «L'école des femmes»; danach Gastspiel am Maison de la Culture in Reims in Robert Hosseins Inszenierung von Lorcas «Bernarda Albas Haus»; 1973 an der Comédie Française. 1974 Auszeichnung mit dem Suzanne-Bianchetti-Preis als beste Nachwuchsschauspielerin in Claude Pinoteaus *La gifle*. 1981 Auszeichnung in Cannes für ihre Leistung in James Ivorys *Quartet* und Zulawski *Possession*; für diesen Film auch Auszeichnung mit dem César 1982. Ende 1983 großer Theatererfolg als «Fröken Julie». 1984 César für ihren größten Publikumserfolg, *L'été meurtrier* von Jean Becker. Adjani spielt in ihren wichtigen Filmen, bei denen sie nicht nur zur Dekoration benutzt wird – wie in *Ishtar* (Elaine May) und *Subway* (Luc Besson) – introvertiert-leidenschaftliche romantische Heldinnen (François Truffauts *L'Histoire d'Adèle H.*), Frauen, die von einem Geheimnis umgeben sind (*L'Été meurtrier*), und Frauen, die sich schließlich gegen übermächtige Männer durchsetzen. So 1988 die Titelrolle als Bildhauerin in Bruno Nuyttens *Camille Claudel*, ein Projekt, das sie intensiv vorbereitet und schließlich mit ihrer Produktionsfirma Lilith Films realisiert; diese Rolle bringt ihr eine Oscar-Nominierung ein. 1995 spielt sie neben Sharon Stone im US-Remake *Diabolique* der französischen Originalversion *Les Diaboliques* von Henri-George Clouzot die Rolle der herzkranken Ehefrau. Im selben Jahr César für die weibliche Hauptrolle in *La Reine Margot*. Da sie sich mehrfach gegen den latenten und offenen Rassismus in Frankreich wendet und ihr öffentliches Auftreten wohl dosiert, ist beim spießbürgerlichen Teil der französischen Öffentlichkeit ihr Privatleben seit Jahren Gegenstand verschiedenster Spekulationen. 1986 debütiert sie auch als Sängerin.

[FR] 1969: Le petit bougnat (Blacky – Abenteuer eines Ausreißers). 1971: Faustine ou le bel été. 1974: La gifle/Lo sciaffo (Die Ohrfeige) [FR/IT]. 1975: L'Histoire d'Adèle H. (Die Geschichte der Adele H.). 1976: Violette et François (Violette et François); Barocco (Barocco – Mord um Macht); Le locataire (Der Mieter). 1978: Nosferatu – Phantom der Nacht [BRD/FR]; The Driver (Driver) [US]. 1978/79: Les soeurs Bronte (Die Schwestern Brontë). 1980: Possession [FR/BRD]; Clara et les chics types. 1981: L'Année prochaine si tout va bien (Heirate mich nicht, Chérie); Quartet (Quartett) [GB/FR]; Tout feu, tout flamme (Feuer und Flamme). 1982: Antonieta (Antonieta) [FR/MX/ES]; L'Été meurtrier (Ein mörderischer Sommer); Mortelle randonnée (Das Auge). 1984: Subway (Subway). 1986: Ishtar (Ishtar) [US]. 1987/88: Camille Claudel (Camille Claudel). 1992: Toxic affair (Toxic affair). 1994: La Reine Margot (Die Bartholomäusnacht) [FR/IT/DE]. 1995: Diabolique (Diabolisch) [US].

Adomajtis, Regimantas

* 31. 1. 1937 Šiauliai (Litauen)

Nach 5jährigem Physikstudium Ausbildung an der Schauspielfakultät des Konservatoriums von Vilnius bis 1962. Erstes Bühnenengagement am Schauspielhaus von Kaunas, ab 1970 am Akademischen Dramatischen Theater von Vilnius. Wichtige Rollen sind Franz in Sartres «Die Eingeschlossenen von Altona» und Gregor in Čapeks «Die Sache Makropulos». Nach einer ersten kleinen Rolle holt ihn Vitautas Žalakjavičjus 1966 in das litauische Filmstudio, wo er den Donatas in *Nikto ne chotel umirat'* spielt, eine Rolle, in der er sich bereits als nervöser, impulsiver Darsteller zeigt, scharfzüngig und voller Widerspruchsgeist, der ideale Darsteller komplizierter Charaktere. Weitere Filmaufgaben vor allem in litauischen Filmstudios, aber auch in Leningrad und Moskau: u. a. 1971 als Edmund in Grigorij Kozincevs Shakespeare-Adaption *Korol' Lir*. Eine Rolle, die ihn vor allem international bekannt macht, ist der lateinamerikanische Revolutionär Francisco in Žalakjavičjus' *Eto sladkoe slovo – svoboda*. Adomajtis arbeitet auch in der DDR. Hier ist seine herausragendste Leistung 1973 der deutsche Anarchist Ignaz Wolz in Günter Reischs *Wolz – Leben und Verklärung eines deutschen Anarchisten*. Für den Antifaschisten Reimers in dem DEFA-Film *Die Verlobte* (Reisch, Günther Rücker) erhält er 1981 den Nationalpreis der DDR. Der Staatspreis der Litauischen SSR wird ihm 1982 verliehen. In den 90er Jahren findet er auch Aufgaben im deutschen Fernsehen.

[SU] 1963: Chronika odnogo dnja. 1965: Nikto ne chotel umirat' (Niemand wollte sterben). 1966: Vostočnyj koridor. 1967: Igry vzroslych ljudej; Sergej Lazo (Verschwörung in Wladiwostok). 1968: Čuvstva. 1970: Korol' Lir König Lear; Mužskoe leto (Waldbande); Vsja pravda o kolymbe. 1971: Kamen' na kamen'. 1972: Eto sladkoe slovo – svoboda (Das süße Wort Freiheit). 1973: Wolz – Leben und Verklärung eines deutschen Anarchisten [DDR]. 1974: Čertova nevesta; Sadutotuto; Avarija [TV]. 1976: Mann gegen Mann [DDR]; Poterjannyj krov (Die Zeit der verödeten Höfe). 1977: Julija Vrevskaja (Zwischen Zarenhof und Schlachtfeld – Julia Wrewskaja) [SU/BG]; Vragi. 1978: Kentavrj Zentauren [SU/HU/CS/CO]. 1979: Lico na mišeni [TV]; Poloska nesko šennych dikich cvetov; La vita è bella/Žizn' prekasna (Das Leben ist wunderbar) [IT/SU]. 1979/80: Die Verlobte [DDR]. 1980: Fakt Der Fakt; Iz žizni otdychajuščich (Aus dem Leben von Kurgästen). 1981: Amerikanskaja tragedija [TV]; Medovyj mesjac v Amerike. 1982: Trest, kotoryj lopnyl; Bogač, bednjak ...; Izvinite požaluysta. 1983: Perelet čerez Atlantiky; Zelenyj furgon; Miraž. 1984: Svad'ba v lesu; Iduščij sledom; ... prekrasnyj mig pobedy. 1985: Matveeva radost'. 1986: Sledy oborotnja; Igra chameliona; Dos'e čeloveka v «Mersedese». 1987: Karusel' na bazarnoj ploščadi (Das Karussell auf dem Marktplatz). 1987–89: Es ist nicht leicht, ein Gott zu sein/Trudno bit begom/Un dieu rebelle [BRD/SU/FR]. 1988: Trudno byt' bogom. 1992: Gradus černoj luny [RU]. 1993: Sposob ubijstva [UA]; Posvjaščenie [RU]; Ty est'... [RU]; Tatort: Ein Wodka zuviel [TV – DE]; Unter der Milchstraße [DE]. 1994: Volč'ja krov [RU]. 1995: Okno [BY]; Mužčina dlja molodoj ženščiny [RU]; Budem žit' [UA]; Belye devizy [Lettland]; Mona M. [TV – DE]. 1996: Der Doppelgänger [TV–DE]; Die Straßen von Berlin: Wiener Glut [TV – DE].

Adorf, Mario

* 8. 9. 1930 Zürich

Schulbesuch in Mayen (Eifel). Studium in Mainz und Zürich ohne Abschluß, daneben an der Studentenbühne. Statist und Regieassistent am Zürcher Schauspielhaus. 1953 Otto-Falckenberg-Schule in München, Gesangsunterricht, 1954–60 an den Münchner Kammerspielen. Erster Filmauftritt 1954/55 in Paul Mays Kommiß-Trilogie *08/15*. Deutscher Filmpreis 1958 für die Darstellung des debilen Massenmörders in Robert Siodmaks *Nachts, wenn der Teufel kam*: Adorf kontrastiert seine massige Statur und groben Gesichtszüge mit sensiblem Spiel und macht so die Zerrissenheit des Charakters deutlich. Darauf vielfach in Schurkenrollen: polnischer Heizer in Georg Tresslers *Das Totenschiff*, junger Bandenführer in Gerd Oswalds *Der Tag, als der Regen kam*, Santer in Harald Reinls *Winnetou I*, auch in deutsch-italienisch-spanischen Spaghetti-Western. Ab Mitte der 60er Jahre verstärkt im italienischen Film, dort auch in komischen Rollen, in dramatischen Mafia-Filmen, 1973 als Mussolini in *Il Delitto Matteotti* (Florestano Vancini). Arbeit mit Regisseuren internationaler Bedeutung: als Mexikaner in *Major Dundee* (Sam Peckinpah), in *Fedora* (Billy Wilder), in *The Holcroft Covenant* (John Frankenheimer), in *Jours tranquilles à Clichy* (Claude Chabrol). Ab Anfang der 70er Jahre von Regisseuren des Jungen deutschen Films eingesetzt, z. B. von Volker Schlöndorff: Kommissar Beizmenne in *Die verlorene Ehre der Katharina Blum* und Vater Matzerath in *Die Blechtrommel*. Hauptrolle als Blinder in der Groteske *Bomber & Paganini* (Nikos Perakis). Ab 1985 große Aufgaben im Charakterfach, vor allem im Fernsehen: Sägemüller Lauretz in Tom Toelles *Via Mala* (Chaplin-Schuh des BV der Film- und

Fernsehregisseure), masurischer Großvater in Egon Günthers *Heimatmuseum*, Kaufhauskönig in Dieter Wedels *Der große Bellheim*, Fürstbischof in *Der König der letzten Tag* (Toelle), 1994/95 Gangster-Pate in Wedels *Der Schattenmann*. 1992 Filmband in Gold für die Rolle eines italienischen Restaurantbesitzers in Köln in *Pizza Colonia* (Klaus Emmerich). 1996 erneuter, erfolgreicher Einsatz als italienischer Restaurantbesitzer (in München): in der mehrfach ausgezeichneten Komödie *Rossini oder Die mörderische Frage, wer mit wem schlief* (Dietl). Daneben auch Theaterarbeit, 1985/86 gemeinsam mit Hardy Krüger Tournee mit dem selbstinszenierten Zwei-Personen-Stück «Wiedersehen im Herbst». 1992 veröffentlicht Adorf die autobiografischen Erzählungen «Der Mäusetöter», es folgt 1995 der Erzählband «Der Dieb von Trastevere» und 1996 «Der Fenstersturz. Und andere merkwürdige Geschichten». 1994 Auftritte und Schallplatte als Sänger im Solo-Programm «Al Dente».

[BRD] 1954: 08/15. 1955: 08/15 in der Heimat; ...08/15 – II. Teil. 1956: Die Tochter des Brunnenmachers [TV]; Mädchen und Männer/La ragazza della salina. 2 Teile. [BRD/IT]; Termin Julia wird gehalten [TV]; Kirschen in Nachbars Garten. 1956/57: Robinson soll nicht sterben; Die Schwestern [TV]. 1957: Mammis Wanderjahre [TV]; Monsignores große Stunde [TV]; Nachts, wenn der Teufel kam. 1957/58: Der Arzt von Stalingrad. 1958: Das Mädchen Rosemarie; Schwester Bonaventura [TV]. 1959: Das Totenschiff [BRD/MX]; Bumerang; Nachtasyl [TV]; Am Tag, als der Regen kam. 1960: Mein Schulfreund; Schachnovelle. 1960/61: Qui êtes-vous, M. Sorge?/La spia del secolo (Wer sind Sie, Dr. Sorge?) [FR/IT]. 1961: Le goût de la violence/Haut für Haut/Febbre di rivolta [FR/BRD/IT]; A cavallo della tigre (Vergewaltigt in Ketten/Der Ritt auf dem Tiger) [IT]. 1961/62: Karol [TV]. 1962: Straße der Verheißung; Lulu [AT]; La leggenda di Fra' Diavolo [IT]; Endstation 13 Sahara/Station Six-Sahara [BRD/GB]. 1962/63: Die endlose Nacht. 1963: Winnetou I/Vinetu I/La révolte des indiens Apaches [BRD/YU/FR]; Moral 63; Die zwölf Geschworenen [TV]; Es war mir ein Vergnügen; La visità/Annonces matrimoniales (Der Ehekandidat) [IT/FR]. 1963/64: Der letzte Ritt nach Santa Cruz [AT/BRD]; Vorsicht, Mister Dodd! 1964: Polizeirevier Davidswache; Die Goldsucher von Arkansas/Alla conquista dell'Arkansas/Les chercheurs d'or de l'Arkansas [BRD/FR/IT]. 1964/65: Major Dundee (Sierra Charriba) [US]. 1965: Io la conosceve bene/Je le coniassais bien/Ich habe sie gut gekannt [IT/FR/BRD]; Ten Little Indians (Geheimnis im blauen Schloß) [GB]; Vergeltung in Catano/Tierra de fuego [BRD/ES]; Die Herren [EP]; Estambul 65/Colpo grosso a Galata Bridge/L'Homme d'Instanbul (Unser Mann aus Istanbul) [ES/IT/FR]; La guerre secrčte/La guerra segreta/Spione unter sich [EP – FR/IT/BRD]; La soldatesse/Des filles pour l'armée [IT/FR]. 1965/66: Ganovenehre. 1966: Herr Puntila und sein Knecht Matti [TV]; Unser Boß ist eine Dame/Operazione San Gennaro/Opération San Gennaro [BRD/IT/FR]; Una rosa per tutti (Eine Rose für alle) [IT]. 1966/67: Zärtliche Haie/Tendres requins [BRD/FR/IT]. 1967: Questi fantasmi/Fantômes à l'italienne (Die Über-Sinnliche) [IT/FR]; Le dolci signore (Ladies, Ladies) [IT]. 1968: Engelchen macht weiter – hoppe, hoppe, Reiter; ... e per tetto un cielo di stelle (Amigos) [IT]. 1969: Gli specialisti/Le spécialiste/Fahrt zur Hölle, ihr Halunken [IT/FR/BRD]; Il commissario Pepe [IT]; Cran d'arrêt/Il Caso «Venere privata» [FR/IT]; L'Uccello dalle piume di cristallo/Das Geheimnis der schwarzen Handschuhe [IT/BRD]. 1969/70: Die Herren mit der weißen Weste. 1970: Krasnaja palatka/La tenda rossa (Das rote Zelt) [SU/IT]; Deadlock. 1970/71: Un'anguilla da 300 milioni (Ein Fischzug für 300 Millionen) [IT]; L'Arciere di fuoco/El aquerzo de Sherwood/La grande chevauchée de Robin des Bois (Der feurige Pfeil der Rache) [IT/ES/FR]. 1971: Malastrana/Chi l'ha vista morire? [BRD/IT]. 1971/72: King, Queen, Knave/Herzbube [US/BRD]; Quando le donne persero la coda/Toll trieben es die alten Germanen [IT/BRD]. 1972: Milano calibro 9 (Milano Kaliber 9) [IT]; Le avventure di Pinocchio/Les Aventures de Pinocchio/Pinocchio [TVS – IT/FR/BRD]; La violenza: quinto potere (Gewalt – die fünfte Macht im Staat) [IT]; La mala ordina/Der Mafia-Boß – Sie töten wie Schakale [IT/BRD]; La polizia ringrazia/Das Syndikat [IT/BRD]; Sans sommation/Ohne Warnung/Il clan del quartiere latino [FR/BRD/IT]. 1973: Il delitto Matteotti (Die Ermordung Matteottis) [IT]; Reise nach Wien. 1974: Processo per direttissima (Das Urteil – Prozeß im Schnellverfahren) [IT/FR]; La polizia chiede aiuto (Der Tod trägt schwarzes Leder) [IT]. 1974/75: La faille/La smagliatura/Der dritte Grad [FR/IT/BRD]. 1975: MitGift; Die verlorene Ehre der Katharina Blum; Cuore di cane/Warum bellt Herr Bobikow? [IT/BRD]. 1976: Naumachos (Die Männer der «Naumachos») [TVS – IT]; Bomber und Paganini [BRD/AT]. 1976/77: Gefundenes Fressen. 1977: Der Hauptdarsteller; Tod oder Freiheit; Taugenichts; Io ho paura (Ich habe Angst) [IT]; Un anno di scuola (Ein Schuljahr/Das letzte Schuljahr) [TV – IT]. 1977/78: Fedora; Deutschland im Herbst. 1978/79: Die Blechtrommel/Le tambour [BRD/FR]. 1979: Milo Milo; L'Empreinte des géants/Giganten der Landstraße [FR/BRD]. 1980: The Little World of Don Camillo/Die kleine Welt des Don Camillo [TVS – GB/BRD]. 1981: Gesucht wird EP: Alles Sprüche [TV-EP – BRD/AT]; Lola; La disubbidienza/La désobéissance (Der Ungehorsam) [IT/FR]. 1981/82: Smiley's People (Smiley's Leute) [TV – GB]; L'Invitation au voyage/Nina/Invito al viaggio [FR/BRD/IT]. 1982: Les tilleuls de Lautenbach/Die Linden von Lautenbach [TV – FR/BRD]; La côte d'amour (Küste der Liebe) [FR]; Marco Polo (Marco Polo) [TVS – IT/US/JP/CN/BRD]. 1983: La vigna di uve nera [TV – IT]; State buoni se potete (Himmel und Hölle) [IT]. 1983/84: Klassenverhältnisse/Rapports de classes [BRD/FR]. 1984: Coconuts [BRD/AT]. 1984–86: Kir Royal. 1: Wer reinkommt, ist drin [TVS]. 1984/85: Flucht ohne Ende [TV – AT]; The Holcroft Covenant (Der tödliche Pakt/Der 4½-Billion-Dollar-Vertrag) [GB]; Marie Ward – Zwischen Galgen und Glorie. 1985: Via Mala [TV]. 1985/86: Momo [BRD/IT]. 1986: The Second Victory (Der zweite Sieg) [GB]; Wiedersehen im Herbst [D,R – TV]; La ragazza dei lillà [IT]; Mino [TV – CH/BRD/IT]. 1986/87: Heimatmuseum [TV]. 1987: Notte italiana (Die Nacht kennt keine Zeugen) [IT]; Vado a riprendermi il gatto [IT]; Des Teufels Paradies. 1987/88: Rausch der Verwandlung [TV – FR/BRD]. 1988: I ragazzi di via Panisperna (Enrico Fermi – Im Banne des Atoms) [TV – IT]; Facciaffittasi/Gesicht zu vermieten. 4. Follie/Verrückt nach Liebe [TVS – IT/BRD]; Abendstunde im Spätherbst [TV]. 1988/89: Keine Gondel für die Leiche [TV]; Francesco/Franziskus [IT/BRD]. 1989: Maxantimo [CH]; La piovra (Allein gegen die Mafia) [TVS – IT]; La Madre [IT/SU]; Rosamunde; Galileo Galilei/Der Prozeß des Galileo [TV – IT/BRD]; Sauf vorte respect/Try This One for Size (Trau keinem Schurken) [FR]. 1989/90: Oceano (Ozean) [TVS – IT]; Mio caro dottor Gräsler / Der Badearzt/The Bachelor [IT/BRD/GB]; Présumé dangereux (Ein Mann weiß zuviel) [FR]. 1990: Giochi di società (Gesellschaftsspiele) [IT]; Money [FR/IT/CA]; Giorni felici a Clichy/Jours tranquilles à Clichy/Stille Tage in Clichy [IT/FR/BRD]; Café Europa. 1990–92: Fantaghirò – La grotta della rosa d'oro [TVS – IT]. 1990/91: Ex und Hopp [TV]; Pizza Colonia. 1991: Die Kaltenbach-Papiere [TV]. 1991/92: Mario Adorf – Von der Eifel in die weite Welt [TV-DOK]; Der große Bellheim [TV]. 1992: Abissinia [TV – IT]; Die Abenteurer vom Rio Verde/Rio Verde [TVS – DE/FR/IT]. 1992/93: König der letzten Tage [TV]; Münster – ein Käfig voller Geschichte [TV-DOK]. 1993: Amigomio [DE/AR]; Maus und Katz [TV]; Zweigroschenoper [TV]; Uomo di rispetto [IT]; Bauernschach [TV]. 1993/94: Felidae [S – ANI]; Missus [TV – DE/FR/IT]. 1994: Höchstpersönlich: Mario Adorf [TV]. 1994/95: Weltmacht Vatikan [TV]; Il Piccolo Lord (Der kleine Lord) [TV – IT/DE]; Der Schattenmann [TV]. 1996: Alles nur Tarnung; Rossini oder die mörderische Frage, wer mit wem schlief; Tresko: Der Maulwurf [TVS]; Tresko: Im Visier der Drogenmafia [TVS]; Tresko: Amigo-Affäre [TVS]. 1996/97: Fräulein Smillas Gespür für Schnee/Smilla's Sense of Snow [DE/DK]; Der König von St. Pauli (TVS); Alle für die Mafia (TV). 1997: Die furchtlosen 4 (S – ANI).

Aimée, Anouk

(Françoise Sorya)
*27. 4. 1932 Paris

Tochter der Schauspielerin Geneviève Sorya und des Schauspielers Henri Dreyfus (Henri Murray). Tanzausbildung an der Oper in Marseille; Schauspielunterricht in London und Paris. Mit 14 Jahren erstmals auf der Bühne. Durch Henri Calef für den Film entdeckt. Hauptrolle in Marcel Carnés unvollendetem Film *La fleur de l'âge* (1947). Beginn der internationalen Karriere mit der Rolle der Julia in *Les amants de Vérone* (André Cayatte), die Jacques Prévert für sie schreibt. Erfolge als geheimnisvolle Schöne, die immer eine Wende für ihr Leben ersehnt – melancholisch in Alexandre Astrucs *Le rideau cramoisi* oder höchst vital in Jacques Demys *Lola*. Mit Ausnahme von zwei Filmen Federico Fellinis (arrogante Maddalena in *La dolce vita*, geduldige Ehefrau in *8½*) in Produktionen, die das Rollenklischee als undurchsichtige Frau mit suggestivem Blick und sehr zurückhaltender Gefühlsäußerung nur geringfügig variieren. Mit Jean-Louis Trintignant als Partner gelingt in Claude Lelouchs *Un homme et une femme* (1966) eine faszinierende Variation dieses Typus: Für diesen mit einem Oscar ausgezeichneten Film erhält sie 1967 den British Academy Award. Sie wird nach Hollywood engagiert und dreht mit Sidney Lumet (*The Appointment*) und George Cukor (*Justine*), bleibt aber, wie ihre sorgsam dosierte Filmarbeit zeigt, gegenüber der Filmindustrie höchst distanziert. 1980 Schauspielerpreis in Cannes für ihre Rolle in Marco Bellocchios *Alto nel vuoto*. In Robert Altmans Mode- und Medien-Satire *Prêt-à-Porter* ist sie eine Modeschöpferin, deren Präsentation nackter Körper den Höhepunkt des Films bildet.

[FR] 1946: La maison sous la mer. 1947: La fleur de l'âge [Unvollendet]. 1948: Les amants de Vérone (Die Liebenden von Verona). 1949/50: Golden Salamander (Der goldene Salamander) [GB]. 1951: Nuit d'orage/Noche de tormenta; Conquêtes du froid [KF]. 1952: Les crimes de l'amour/EP: Le rideau cramoisi (Der scharlachrote Vorhang) [EP]; The Man Who Watched Trains Go By (Der Mann, der sich selbst nicht kannte) [GB]. 1954: Forever My Heart/Happy Birthday [EP – GB]. 1955: Ich suche dich [BRD]; Les mauvaises rencontres; Contraband Spain [GB]. 1956: Stresemann [BRD]; Nina [BRD]. 1957: Tous peuvent me tuer/Tutti possono uccidermi (Der sechste Mann) [FR/IT]; Pot-Bouille (Der schöne Octave); Autour d'un film [KF]. 1957/58: Montparnasse 19 (Les amants de Montparnasse)/Montparnasse (Montparnasse 19) [FR/IT]. 1958: The Journey (Die Reise) [US]; La tête contre les murs (Mit dem Kopf gegen die Wände). 1959: Les dragueurs (Die nach Liebe hungern). 1959/60: La dolce vita/La douceur de vivre (Das süße Leben) [IT/FR]. 1960: Le farceur (Wo bleibt da die Moral, mein Herr?); Lola/Donna di vita (Lola) (Lola, das Mädchen aus dem Hafen) [FR/IT]. 1960/61: L'Imprevisto/L'Imprévu (Bevor das Licht verlöscht) [IT/FR]. 1961: Qua Notre-Dame (Quai Notre-Dame);

Il gindizio universale/Le jugement dernier (Das Jüngste Gericht findet nicht statt) [IT/FR]. 1962: Il giorno più corto [IT]; Sodoma e Gomorra/Sodome et Gomorrhe (Sodom und Gomorrha) [IT/FR]. 1963: Jean Cocteau's «The Human Voice» [TV – GB]; Il terrorista/Le terroriste [IT/FR]; Il successo [IT/FR]; Les grands chemins/Il baro (Grausame Hände) [FR/IT]; Liolà/Le coq du village (Liola) [IT/FR]; 8 e ½/8 et ½ (Achteinhalb) [IT/FR]. 1964: Le voci bianche/Le sexe des anges (Helle Stimmen) [IT/FR]; La fuga (Liebe im Zwielicht) [IT]. 1965: Il morbidone (Der Faulpelz) [IT/FR]; Le stagione del nostro amore (Jahreszeiten unserer Liebe) [IT]; Lo scandalo (Der Skandal) [IT]. 1966: Un homme et une femme (Ein Mann und eine Frau). 1967: Justine (Alexandria – Treibhaus der Liebe) [US]; Un soir, un train (Ein Abend – ein Zug). 1968: The Model Shop (Das Fotomodell) [US]; The Appointment (Ein Hauch von Sinnlichkeit) [US]. 1976: Si c'était à refaire (Ein Hauch von Zärtlichkeit). 1978: Mon premier amour (Meine erste Liebe). 1979/80: Salto nel vuoto/Le saut dans la vide (Der Sprung ins Leere) [IT/FR]. 1981: La tragedia di un uomo ridiculo (Die Tragödie eines lächerlichen Mannes) [IT]. 1982: Qu'est-ce qui fait courir David? 1983: Le général de l'armée morte/L'armata ritorna [FR/IT]; Viva la vie (Viva la vie – Es lebe das Leben). 1984: Success Is the Best Revenge/Le succès à tout prix [GB/FR]. 1985: Une page d'amour (Ein Blatt Liebe) [TV]; Flagrant désir (Unheimliches Verlangen). 1986: Un homme et une femme: vingt ans déjà (Ein Mann und eine Frau – 20 Jahre später). 1987: Arrivederci e grazie (Das Chaoten-Duo) [IT]. 1988: Bethune: The Making of a Hero (Bethune – Arzt und Held) [TV – CA/CN/FR]; La table tournante. 1991: Docteur Norman Bethune. 1991/92: L'Amour maudit de Leisenbogh (Das Schicksal des Freiherrn von Leisenbogh) [TV]. 1992: Ruptures; Voices in the Garden (Stimmen im Garten) [FR/GB]. 1993: Les marmottes. 1994: Ready to Wear (Prêt-à-Porter) [US]; Les cent et une nuit/A Hundred and One Nights (101 Nacht – Die Träume des Monsieur Cinéma) [FR/GB]; Dis-moi oui (Sag ja!). 1995: Les menteurs (Die Lügner). 1996: Hommes, femmes, mode d'emploi.

Albani, Marcella

(Aida Maranca)
*7. 12. 1899 Albano Laziale (Rom)
†11. 5. 1959 Bad Godesberg

Gymnasium bis zum Abschluß. 1920/21 inszeniert ihr Freund, der römische Adlige Guido Parisch, in Turin für den Produzenten Ambrosio eine Reihe von Filmen mit Albani als Star, darunter *Bufera* und das Abenteuer *La figlia delle onde*. Unter dem Pseudonym Schamberg gründet Parisch in Deutschland die Marcella Albani GmbH. 1923 entstehen unter seiner Regie *Frauenschicksal, Das Spiel der Liebe* und *Im Rausch der Leidenschaft*: Die Melodramen zeigen die Protagonistin mit ihrer entspannten mediterranen Schönheit an der Seite eleganter Partner wie Alfred Abel und Ernst Hoffmann. Erfolg auch in Kostümrollen oder als pathetische «Alte Mamsell» aus dem Marlitt-Roman. Nach dem Bruch mit Parisch Arbeit bei verschiedenen Filmfirmen unter der Regie u. a. von Joe May, Friedrich Zelnik und Wilhelm Dieterle sowie der in Deutschland arbeitenden Italiener Mario Bonnard und Guido Brignone. In der zweiten Hälfte der 20er Jahre auch in französischen, österreichischen und tschechoslowakischen Produktionen. Danach Beschränkung auf literarische Tätigkeit: Sie verfaßt einige Romane z. B. «La Citta dell' Amore», den ihr Mann Mario Franchini verfilmt. Mitte der 30er Jahre abermals in deutschen Filmen, u. a. an der Seite und unter der Regie von Luis Trenker in *Der Kaiser von Kalifornien*, mit dem Albani bereits 1928 in *Der Kampf ums Matterhorn* (Mario Bonnard, Nunzio Malasomma) zusammen vor der Kamera stand. Dann Rückzug ins Privatleben.

[DE] 1921: La figlia delle onde [IT]; Amore in fuga [IT]; Bufera [IT]; La ruota del falco. 1: La ruota del falco/2: Il misterio del testamento [IT]; La Madonna della Robbia [IT]; L'immortale [IT]. 1922: Ferro di cavallo [IT]; Frauenschicksal; La sposa perduta [IT]. 1923: Das Spiel der Liebe [D,P]; Im Rausche der Leidenschaft [D,P]. 1924: Guillotine [D,P]. 1925: Das Geheimnis der alten Mamsell; Briefe, die ihn nicht erreichten. 1926: Die Flucht in den Zirkus; Dagfin; Die geschiedene Frau. 1926/27: Da hält die Welt den Atem an/Maquillage [DE/FR]. 1927: Liebesreigen; Der Fluch der Vererbung; Die Pflicht zu schweigen; Fürst oder Clown; Das Geheimnis des Abbé X. 1928: L'évadée [FR]; Die Dame in Schwarz; Der Kampf ums Matterhorn; Geheimnisse des Orients/Shéhèrazade [DE/FR]; Das letzte Souper. 1929: Das Erlebnis einer Nacht; Masken; Vertauschte Gesichter; Hichy Lasky [CS]; Sturmflut der Liebe; Das Weib am Kreuze (Hingabe) [AT]; Anschluß um Mitternacht. 1930: Corte d'Assise [IT]. 1932: Zaganella e il cavaliere [IT]. 1933: La città dell'amore [IT]; Non son gelosa [IT]; Ritorno alla terra [IT]. 1935: Stradivari. 1935/36: Der Kaiser von Kalifornien.

Albers, Hans

(Hans Philipp August Albers)
*22. 9. 1891 Hamburg-St.Georg
†24. 7. 1960 München

Oberreal- und Realschule ohne Abschluß, ebenso eine kaufmännische Lehre; Anstellung in einer Frankfurter Seidenfirma; Schauspielunterricht. Erstes Engagement in Bad Schandau, dann am Neuen Theater Frankfurt, in Güstrow, an einer mecklenburgischen Wanderbühne und einem Vaudeville-Theater in Köln, 1913 am Schiller-Theater in Altona. Im 1. Weltkrieg zweimal verwundet. Nach dem Krieg am Residenz-Theater Wiesbaden. Wechsel nach Berlin; an zahlreichen Bühnen als Schauspieler, Sänger, Tänzer, Komiker und Artist. 1928 erste seriöse Rolle in Ferdinand Bruckners «Verbrecher» am Deutschen Theater. 1931 erstmals Titelrolle in Franz Molnars Rummelplatz-Drama «Liliom» an der Volksbühne. Ab 1917 zahlreiche Nebenrollen im Film: Gauner und Zuhälter, Liebhaber und Lebemänner. Im Tonfilm gewinnt Albers durch seinen ungekünstelten Sprachduktus an Ausdruckskraft und wird von Ufa-Produzent Erich Pommer als Draufgänger zum Star aufgebaut: «Mazeppa, Kraftakt» in *Der blaue Engel* (Josef von Sternberg), neben Heinz Rühmann als Kapitän Craddock in *Bomben auf Monte Carlo* (Hanns Schwarz), Flieger-Ingenieur in *F.P. 1 antwortet nicht* (Karl Hartl). In Propagandafilmen wie *Flüchtlinge* (Gustav Ucicky) oder *Carl Peters* (Herbert Selpin) geraten die Helden in die Nähe von Führergestalten, obwohl Albers sonst auf Distanz zum NS-Regime bedacht ist. In klassischen – aber auch gebrochenen – Abenteurer-Rollen baut Albers seinen Star-Status in Publikumsfilmen verschiedener Genres aus: *Der Mann, der Sherlock Holmes war* (Karl Hartl), *Wasser für Canitoga* (Herbert Selpin), *Münchhausen* (Josef von Baky), *Große Freiheit Nr. 7* (Helmut Käutner). Nach dem Ende des 2. Weltkriegs zunächst Theaterarbeit: 1946 erneut als Liliom in Berlin, 1949 als Mackie Messer in München. Im Film jetzt in oft melancholischen Vater-Rollen: als Industrie-Magnat in der Hauptmann-Adaption *Vor Sonnenuntergang* (Gottfried Reinhardt), als alter Taucher in *Der Mann im Strom* (Eugen York). Dem Sänger und Volksschauspieler Albers, dessen Star-Image auch nach seinem Tod lebendig bleibt und nach dem ein Platz in Hamburg-St. Pauli benannt ist, widmet Hans-Christoph Blumenberg 1989 die Hommage *In meinem Herzen, Schatz*; Ulrich Tukur spielt und singt den «Blonden Hans».

[DE/BRD] 1917: Rauschgold; Halkas Gelöbnis; Baroneßchen auf Strafurlaub. 1917/18: Die Dreizehn; Das Spitzentuch der Fürstin Wolkowska. 1918: Der Mut zur Sünde; Irrwege der Liebe; Der Fluch des Nori/Das Lied des Nisami; Das Lied der Colombine; Das Licht des Lebens; Das alte Bild; Sadja. 1918/19: Lola Montez. 2: Am Hofe Ludwig I. von Bayern; Die Tochter des Bajazzo. 1919: Madeleine; Die Prinzessin von Urbino; Der Fürst der Nacht; Das Grand Hotel Babylon; Aus eines Mannes Mädchenjahren. 1919/20: Die 999. Nacht; Die Schlange mit dem Mädchenkopf; Die Kronjuwelen des Herzogs von Rochester; Der Schuß aus dem Fenster. 1920: Berlin W; Schieber; Die Marquise von O.; Falschspieler. 1920/21: Taschendiebe; Die große und die kleine Welt. 1921: Der schwere Junge (Das Zirkusmädel); Söhne der Nacht. 1: Die Verbrecher-GmbH/2: Die Macht der Liebe. 1921/22: Menschenopfer. 1922: Lyda Ssanin; Der böse Geist Lumpaci Vagabundus [Verboten]; Das Testament des Ive Sievers; Versunkene Welten; Der falsche Dimitry. 1922/23: Inge Larsen; Irene d'Or. 1923: Die letzte Sensation des Zirkus Farini; Fräulein Raffke. 1924: Gehetzte Menschen; Guillotine; Auf Befehl der Pompadour; Das schöne Abenteuer. 1924/25: Ein Sommernachtstraum; Athleten; Die Venus vom Montmartre. 1925: Mein Freund, der Chauffeur; Halbseide; Vorderhaus und Hinterhaus; Die Gesunkenen; Der König und die kleinen Mädchen; Das Mädchen mit der Protektion; Der Bankkrach Unter den Linden; Der Mann aus dem Jenseits. Feldgrau; Luxusweibchen. 1925/26: Deutsche Herzen am deutschen Rhein. 1926: Der Prinz und die Tänzerin/Der Prinz und die Kokotte; An der schönen blauen Donau; Der lachende Ehemann; Schatz, mach' Kasse; Die versunkene Flotte; Nixchen; Ich hatt' einen Kameraden; Es blasen die Trompeten; Die Villa im Tiergarten; Nur eine Tänzerin/Bara en danserska [DE/SE]; Eine Dubarry von heute; Jagd auf Menschen; Wir sind vom K.u.K. Infanterie-Regiment; Die Frau, die nicht «Nein» sagen kann; Die Sporck'schen Jäger; Küssen ist keine Sünd'/Die letzte Einquartierung [DE/AT]; Die drei Mannequins; Der Soldat der Marie; Die Warenhausprinzessin. 1926/27: Rinaldo Rinaldini. 1927: Eine kleine Freundin braucht ein jeder Mann; Der goldene Abgrund/Rapa-Nui [DE/ FR]; Üb' immer Treu und Redlichkeit; Es zogen drei Burschen; En perfekt gentleman (Um seine Ehre) [SE]; Primanerliebe; Die Dollarprinzessin und ihre sechs Freier; Die glühende Gasse; Der größte Gauner des Jahrhunderts. 1927/28: Wer das Scheiden hat erfunden. 1928: Herr Meister und Frau Meisterin; Prinzessin Olala; Saxophon-Susi; Frauenarzt Dr. Schäfer; Weib in Flammen; Heut war ich bei der Frieda; O Jugend, wie bist du so schön; Ein Tag Film [KF]; Rasputins Liebesabenteuer; Der rote Kreis; Dornenweg einer Fürstin. 1928/29: Möblierte Zimmer; Asphalt; Der Polizeiwachtmeister und die Brillantenelse; Mascottchen. 1929: Die Nacht gehört uns; Drei machen ihr Glück/ Teure Heimat; Ja, ja, die Frau'n sind meine schwache Seite; Heilige oder Dirne; Die Schleiertänzerin/Le meneur de joies [DE/FR]; Vererbte Triebe. 1929/30: Der blaue Engel; The Blue Angel [Version]. 1930: Der Greifer [GB/DE]; Hans in allen Gassen. 1930/31: Drei Tage Liebe. 1931: Der Draufgänger; Bomben auf Monte Carlo/ Monte Carlo Madness. 1931/32: Der Sieger. 1932: Quick; F.P. 1 antwortet nicht; Der weiße Dämon. 1932/33: Heut kommt's drauf an. 1933: Ein gewisser Herr Gran; Flüchtlinge. 1933/34: Gold. 1934: Peer Gynt. 1935: Henker, Frauen und Soldaten; Varieté [FR/

DE]. 1935/ 36: Savoy-Hotel 217 (Mord im Savoy). 1936: Unter heißem Himmel. 1937: Die gelbe Flagge; Der Mann, der Sherlock Holmes war. 1938: Sergeant Berry; Fahrendes Volk [Version – FR/DE]. 1938/39: Wasser für Canitoga. 1939/40: Ein Mann auf Abwegen. 1940: Trenck, der Pandur. 1940/ 41: Carl Peters. 1942/43: Münchhausen. 1943/44: Große Freiheit Nr. 7. 1945: Shiva und die Galgenblume [Unvollendet]. 1947: Und über uns der Himmel. 1950: Föhn/Sturm in der Ostwand; Vom Teufel gejagt. 1951: Nachts auf den Straßen; Blaubart [BRD/FR/CH]. 1952/53: Käpt'n Bay-Bay. 1953: Jonny rettet Nebrador. 1954: An jedem Finger zehn; Auf der Reeperbahn nachts um halb eins. 1955: Der letzte Mann. 1956: I fidanzati della morte (Die Verlobten des Todes) [IT]; Vor Sonnenuntergang. 1957: Der tolle Bomberg; Das Herz von St. Pauli. 1957/58: Das gab's nur einmal; Der Greifer. 1958: Der Mann im Strom; Dreizehn kleine Esel und der Sonnenhof/Dreizehn alte Esel. 1959/60: Kein Engel ist so rein.

Aldini, Carlo

*6. 5. 1894 Pieve di Fosciano (Lucca)
†21. 3. 1961 Bologna

1903 mit der Familie nach Bologna; Besuch einer scuola tecnica. Mit 15 Jahren Regional-Meister im Mittelgewichts-Ringen und Boxen, 1914 in Bologna Meister im Ringen. 1916 Auszeichnung als Fünfkämpfer. Nach dem Militärdienst 1920 Starruhm mit dem auch im Ausland erfolgreichen Film *LA 63–71–57* (Salvo Alberto Salvini): als Fahrer eines Automobils erlebt er unglaubliche Abenteuer. Kurz hintereinander folgen 10 gleichartige Filme voll pausenloser Action und Sensationen; ab dem dritten Film unter dem Namen der Kunstfigur «Ajax». An der gekonnten Mischung aus Dynamik, Artistik und Action sind Regisseure wie Guido Brignone und Luigi Romano beteiligt. *In Tetuan, il aleotto detective* (Borgnetto) jagt der unschuldige Zuchthäusler Ajax einen gefährlichen Verbrecher; mit einem Vorläufer des Hubschraubers wird er aus dem Gefängnis befreit. Aldini verbindet seine mächtige körperliche Erscheinung mit ausgesuchter Eleganz, einem strahlenden Lächeln und gut sitzender Lässigkeit. Ab 1923 Erfolg auch in deutschen Sensationsfilmen; zuerst in Borgnettos *Die närrische Wette des Lord Aldini*. 1924 als Achilles in Manfred Noas zweiteiligem Monumentalfilm *Helena*. Die Aldini-Film GmbH produziert u. a. *Jagd auf Menschen* (Nunzio Malasomma), wo Aldini neben Hans Albers die eher untypische Rolle eines perfiden Mädchenschänders spielt. 1930 produziert er seinen ersten Tonfilm, *Im Kampf mit der Unterwelt*, bei dem er auch Regie führt; mit Außenaufnahmen in Alaska und Siegfried Arno als komischem Detektiv Puzzle. Weiter Filmarbeit in Deutschland. 1943 Rückkehr nach Italien und Rückzug ins Privatleben. Für die emilianischen Partisanen führt er 1945 – in seinem Haus – erfolgreich die Verhandlungen um die Übergabe der deutschen Garnison in Bologna.

[DE] 1920: LA 63–71–57 [IT]. 1920/21: Il segreto della Diamond & C. [IT]. 1921: Il più celebre ladro del mondo [IT]; Ajax [IT]; Tetuan, il aleotto detective [IT]. 1921/22: Il segreto del morto [IT]; I conquistatori del mondo [IT]. 1922: La perla di Cleopatra [IT]; Per guadagnare cento milioni [IT]. 1923: La fuga di Socrate [IT]; Die närrische Wette des Lord Aldini [D,P]. 1923/ 24: Helena. 1. Der Raub der Helena/2. Der Untergang Trojas. 1924: Gentleman auf Zeit; Dreiklang der Nacht. 1925: Nick, der König der Chauffeure; Der Kampf gegen Berlin. 1926: Jagd auf Menschen [D,P]. 1927: Einer gegen Alle [D,P]; Der Mann ohne Kopf [D,P]. 1928: Dva pekelné dny (Zwei höllische Tage) [CS/DE]; Die Abenteurer G.m.b.H. 1929: Das verschwundene Testament/Ztracená závět. [DE/CS]; Das Panzerauto/Pancéové Auto [DE/ CS]. 1929/30: Wer hat Robby gesehen? 1930: Im Kampf mit der Unterwelt [D,R,P]. 1933: Tempo, Carlo, Tempo [KF]. 1934: Carlos schönstes Abenteuer [KF].

Alexander, Georg

(Werner Louis Georg Lüddekens)
*3. 4. 1888 Hannover
†30. 10. 1945 Berlin

Nach der Schulzeit Schauspielausbildung. Erstes Engagement am Stadttheater Halberstadt, danach in Hamburg und Hannover. 1914 erstmals in Berlin am Kleinen Theater, anschließend an verschiedenen Bühnen. Ab Mitte der 10er Jahre beim Film – wie schon auf der Bühne meist als eleganter Bonvivant und Charmeur. 1917 gründet er in Berlin mit seiner Frau, der Schauspielerin Aud Egede-Nissen, die (Lüddekens-)Egede-Nissen-Film Comp. mbH, bei deren Serien er häufig auch Regie führt. Die Firma bringt bis 1919 fast dreißig Filme heraus. Anfang 1919 Gründung der Alexander-Film GmbH, die sich auf «Sportfilms» spezialisiert, wofür Alexander Erfahrungen als Rennfahrer und Herrenreiter einbringt. Daneben weiterhin schauspielerisch tätig. Vor allem erfolgreich als Detektiv Bobby Dodd im Serial *Der Mann ohne Namen* (Georg Jacoby) und in leichten Unterhaltungsfilmen. Im Tonfilm forciert Alexander seinen Typ bis zur Karikatur, z. B. in Rollen vertrottelter Adliger, so neben Adele Sandrock in *Die englische Heirat* (Reinhold Schünzel) als Lord. In den folgenden Jahren bekommen Alexanders Charaktere zunehmend melancholische Züge.

[DE] 1915: Der Schwiegervater seines Leutnants; Sonne und Schatten. 1916: Und die Liebe siegt [R?]; Wer wirft den ersten Stein auf sie? [R]; Die Liebe, sie war nur ein Traum [R]; Es war einst ein Prinzeßchen. 1916/17: Ich heirate meine Puppe [D?,R]. 1917: Drei auf der Platte [R?,P]; Der Roman der Herzogin von Corvy; Der weinende Dieb [R?,P]; Der Halsschmuck [R?,P]; Peter mit der Posaune [R?,P]; Der geigende Tod [D?,R]; Die Geburt der Venus [D?,R]; Der Kampf um den Sturmvogel [R,P]; Das Geheimnis der Briefmarke [R]; Das Verhängnis der schönen Susi [D,R]; Der Verräter [D,R]; Ein Detektiv-Duell [D,R,A]. 1918: Verkauftes Glück [R?,P]; Die platonische Ehe; Sturmschwalbe; Der Todestraum [R?,P]; Das Testament des Grafen Hammerstein; Hoteldiebe [R?,P]; Die Rachegöttin [R]; Heddys Meisterstreich [R?,P]; Bobby und die süßen kleinen Mädchen [R?,P]; Leuchtende Punkte [R,P]; Der Rosenkranz [D,R]; Das Brandmal [R,P]; Bobby als Familienvater [R?,P]. 1918/19: Die lachende Seele [D,R]; Die Jugendsünde [R,P]; Luxuspflänzchen [R?,P]. 1919: Falscher Start [D,R,A,P]; Erblich belastet [D,R]; 100 000 Dollars [R,P]. 1919/20: Nixchen. 1920/21: Der Mann ohne Namen. 1: Der Millionendieb/2: Der Kaiser der Sahara/3: Gelbe Bestien/4: Die goldene Flut/5: Der Mann mit den eisernen Nerven/6: Der Sprung über den Schatten. 1921: Indische Rache; Seine Exzellenz von Madagaskar. 1: Das Mädchen aus der Fremde/2: Stubbs, der Detektiv; Jimmy Weller [R]; Lady Hamilton. 1921/22: Das Spiel mit dem Weibe. 1922: Das Mädchen aus dem goldenen Westen; Lola Montez, die Tänzerin des Königs [Verboten]; Miß Rockefeller filmt; Der Frauenkönig. 1922/23: Die Frau mit den Millionen. 1: Der Schuß in der Pariser Oper/2: Der Prinz ohne Land/3: Konstantinopel – Paris. 1923: Das Paradies im Schnee; Die große Unbekannte. 1: Kakadu Lebertran/2: Die Dame aus Lissabon; Das Milliardensouper. 1924: Komödianten des Lebens; Mein Leopold; Das schöne Abenteuer; Die schönste Frau der Welt. 1925: Eifersucht; Liebe macht blind; Husarenfieber; Herrn Filip Collins Abenteuer; Der Herr ohne Wohnung. 1925/26: Das Gasthaus zur Ehe; Die Mühle von Sanssouci. 1926: Die Welt will belogen sein; Die Insel der verbotenen Küsse; Die Kleine vom Varieté; Nanette macht alles. 1926/27: Die Jagd nach der Braut; Colonialskandal/Liebe im Rausch; Die Frau ohne Namen. 2 Teile. 1927: Die Dame mit dem Tigerfell; Eins + Eins = Drei. Ehe man Ehemann wird; Die Dollarprinzessin und ihre sechs Freier; Der Kampf um den Mann; Der Orlow; Venus im Frack; Die indiskrete Frau. 1927/28: Sechs Mädchen suchen Nachtquartier; Liebe im Schnee. 1928: Dyckerpotts Erben; Die lustigen Vagabunden; Mikosch rückt ein; Flucht vor blond; Was ist los mit Nanette?; Er geht rechts – sie geht links; Unmoral; Die große Abenteuerin; Prinzessin Olala; Leontines Ehemänner. 1929: Schwarzwaldmädel; Autobus Nr. 2; Die Garde-Diva; Das Recht auf Liebe; Der Leutnant ihrer Majestät; Liebeswalzer. 1929/30: Ehestreik. 1930: Wiener Liebschaften [DE/FR]; Die singende Stadt [GB/DE]; Und so ein Glück kannst du nur haben [KF]; Zärtlichkeit [Version – FR/DE]; Leutnant warst du einst bei den Husaren; Geld auf der Straße [AT/DE]. 1930/31: Der Liebesexpreß. 1931: Hurrah – ein Junge!; Die Bräutigamswitwe [Version – DE/GB]; Opernredoute; Trara um Liebe; Der verjüngte Adolar; Mamsell Nitouche [Version – FR/DE]; Die Fledermaus [Version – FR/DE]; Ehe m.b.H. 1931/32: Ein bißchen Liebe für Dich; Durchlaucht amüsiert sich. 1932: Liebe, Scherz und Ernst; Wie sag' ich's meinem Mann?; Wenn die Liebe Mode macht; Flucht nach Nizza; Madame wünscht keine Kinder [AT/DE]; Das Testament des Cornelius Gulden; Moderne Mitgift. 1932/33: Eine Frau wie Du; ... und wer küßt mich? 1933: Unser Kaiser (Mein Liebster ist ein Jägersmann) [AT]; Ist mein Mann nicht fabelhaft?; Gutgehendes Geschäft zu verkaufen [KF]; Der Störenfried [KF]; Liebe muß verstanden sein; Der Zarewitsch; Das Blumenmädchen vom Grand-Hotel. 1933/34: Der Doppelgänger; Zigeunerblut. 1934: G'schichten aus dem Wienerwald [AT]; Lottchens Geburtstag [R – KF]; Alles hört auf mein Kommando; Die englische Heirat. 1934/35: Ein Mädel aus guter Familie; Der alte und der junge König; Der Schlafwagenkontrolleur; Ein falscher Fuffziger. 1935: Ein idealer Gatte; Die Nachtwache [R – KF]; Der Vogelhändler; Tanzmusik [AT]; Leutnant Bobby, der Teufelskerl (Ein Teufelskerl) [AT]. 1935/36: Martha/Letzte Rose; Donaumelodien [HU/DE]; Rendezvous in Wien [AT]. 1936: Das Frauenparadies [AT]; Eskapade/Seine offizielle Frau; Mädchen in Weiß; Eine Nacht mit Hindernissen/Der Klapperstorchverband; Das Schloß in Flandern. 1936/37: Krach und Glück um Künnemann. 1937: Zweimal zwei im Himmelbett; Karussell; Abenteuer in Warschau [Version – PL/DE]; Hahn im Korb; Die Fledermaus. 1937/38: Es leuchten die Sterne; Kleiner Mann – ganz groß. 1938: Gastspiel im Paradies; Heimat; Mia moglie si diverte [Version – IT/DE]; Der lose Falter [KF]; Verliebtes Abenteuer; Das Mädchen von gestern Nacht; Geld fällt vom Himmel [DE/ SE]; Asszony a válaszúton/Die Frau am Scheidewege [HU/DE]; Der Fall Deruga; Unsere kleine Frau [DE/IT]. 1939: Leinen aus Irland; Frau am Steuer; Die kluge Schwiegermutter; Wenn Männer verreisen; Der arme Millionär. 1939–41: Frauen sind doch bessere Diplomaten. 1940: Das himmelblaue Abendkleid; Was will Brigitte?; Der Kleinstadtpoet. 1941: Oh diese Männer; Frau Luna. 1942: Ein Zug fährt ab; Abenteuer im Grand-Hotel. 1942/43: ... und die Musik spielt dazu. 1943: Die beiden Schwestern. 1943/44: Der Meisterdetektiv; Die Frau meiner Träume.

Allen, Woody

(Allen Stewart Konigsberg)
*1. 12. 1935 Brooklyn (New York)

Ab 1952 Gagschreiber für New Yorker Zeitungen. 1953 Autor für Fernseh-Komiker wie Ed Sullivan und Gary Moore. 1959 Bühnendebüt in einem eigenen

Stück. Anfang der 60er Jahre Auftritte als «stand-up comedian» in Night Clubs. Gleichzeitig Mitarbeit in Magazinen wie Life, Playboy und The New Yorker. Verfasser erfolgreicher Theaterstücke (u. a. «Don't Drink the Water»). 1965 erste Kontakte zur Filmindustrie, zunächst als Drehbuchautor und Schauspieler, seit 1969 vor allem als Regisseur eigener Filme. Er spielt oft den verletzlichen Helden, einen traurigen Trottel, der bei Frauen wenig Glück hat, wie 1972 in *Play It Again, Sam* (Herbert Ross). Der Kampf zwischen den Geschlechtern wird eines seiner Leitthemen, zu seinen bekanntesten Gegenspielerinnen zählen seine Lebensgefährtinnen Diane Keaton und Mia Farrow. Im satirischen Episodenfilm *Everything You Always Wanted To Know About Sex* spielt er mehrere Rollen zugleich. Den pseudointellektuellen Anspruch seiner Zeit und die Praxis der Psychoanalyse karikiert der «Stadtneurotiker» in vielen Komödien, z. B. in *Manhattan* oder später in *Husbands And Wives* (1992). 1977 verhilft ihm *Annie Hall* zu internationaler Popularität und vier Oscars. In *Zelig* spielt er das Chamäleon Leonard Zelig, das sich seiner Umgebung anpaßt. In einigen Filmen spiegelt sich seine Herkunft, aus einer amerikanischen jüdischen Großfamilie, so in *Hannah And Her Sisters* (3 Oscars). Nahezu unbeeinflußt von einer in der internationalen Presse breitgetretenen Scheidungsaffäre mit Mia Farrow, die ihm u. a. die sexuelle Belästigung eines ihrer zahllosen Adoptivkinder vorwirft, setzt Allen die fast regelmäßige Produktion seiner Filme fort. 1996 verläßt er seinen bevorzugten Schauplatz New York und begibt sich mit dem Musical *Everyone Says I Love You* nach Venedig. Im Laufe der Jahre verfeinert sich Allens Komik, dabei orientiert er sich am europäischen Theater (Čechov) und an Filmemachern wie Ingmar Bergman und Federico Fellini. Allens Filme zählen zu den wesentlichen Leistungen des Kinos in den 70er, 80er und 90er Jahren. Doch vermeidet er es stets, diese nach der Uraufführung wieder anzusehen. Seine Texte sind in mehreren Sammelbänden erschienen, so «Getting Even» (1971), «Without Feathers» (1975) und «Side Effects» (1980).

[US] 1962: The Laughmaker. 1965: What's New, Pussycat? (Was gibt's Neues, Pussy?) [D,A]. 1966: What's Up, Tiger Lily? (Woody Allen – What's Up, Tiger Lily?) [D,CoR,CoA,CoP – US-Fassung – JP/US]. 1966/67: Casino Royale (Casino Royale) [GB]. 1969: Take the Money and Run (Woody – der Unglücksrabe) [D,R,CoA]; Don't Drink the Water [A]. 1970: Hot Dog [TV]. 1971: Bananas (Bananas) [D,R,CoA]. 1972: Everything You Always Wanted to Know about Sex but Were Afraid to Ask (Was Sie schon immer über Sex wissen wollten, aber bisher nicht zu fragen wagten) [D,R,A]; Play It Again, Sam (Mach's noch einmal, Sam) [D,A]. 1973: Sleeper (Der Schläfer) [D,R,CoA, CoKOM]. 1975: Love and Death (Die letzte Nacht des Boris Gruschenko) [D,R,A]. 1976: The Front (Der Strohmann). 1977: Annie Hall (Der Stadtneurotiker) [D,R,CoA]. 1978: Interiors (Innenleben) [R,A]; Woody Allen: An American Comedy [DOK]. 1979: Manhattan (Manhattan) [D,R,CoA]. 1980: Stardust Memories (Stardust Memories) [D,R,A]. 1982: A Midsummer Night's Sex Comedy (Eine Sommernachts-Sexkomödie) [D,R,A]. 1983: Zelig (Zelig) [D,R,A]. 1984: Broadway Danny Rose (Broadway Danny Rose) [D,R,A]. 1985: The Purple Rose of Cairo (The Purple Rose of Cairo) [R,A]. 1986: Radio Days (Radio Days) [R,A,S]; Hannah and Her Sisters (Hannah und ihre Schwestern) [D,R,A]. 1987: King Lear [US/CH]; September (September) [R,A]. 1988: Another Woman (Eine andere Frau) [R,A]. 1989: New York Stories. EP 3: Oedipus Wrecks (New Yorker Geschichten) [D,R,A – EP]; Crimes and Misdemeanors (Verbrechen und andere Kleinigkeiten) [D,R,A]. 1990: Alice (Alice) [R,A]. 1991: Shadows and Fog (Schatten und Nebel) [D,R,A]; Scenes from a Mall (Ein ganz normaler Hochzeitstag). 1992: Husbands and Wives (Ehemänner und Ehefrauen) [D,R,A]. 1993: Manhattan Murder Mystery (Manhattan Murder Mystery) [D,R,A]. 1994: Bullets Over Broadway (Bullets Over Broadway) [R,CoA]; Don't Drink the Water [D,R,A – TV]. 1995: Mighty Aphrodite (Geliebte Aphrodite) [D,R,A]; The Sunshine Boys (Die Sonny Boys). 1996/97: Everyone Says I Love You (Alle sagen: I love you) [D,R,A]. 1997: Deconstructing Henry [D,R].

Amann, Betty
(Elizabeth oder
Philippine Amann)
*10. 3. 1905 Pirmasens
†3. 8. 1990 Westport,
Connecticut

Tochter deutsch-amerikanischer Eltern; bis zum 6. Lebensjahr in den USA. Angeblich Studium als Lehrerin oder Malerei-Ausbildung an der Kunstakademie in New York. Kleine Rollen am May Palace Theatre, New York. Ab 1926 beim Film, zunächst als Bee Amann in *The Kick-off* (Wesley Ruggles) 1928 als Farmerstochter im Tom Tyler-Western *The Trail Of The Horse Thieves* (Robert de Lacy). 1928 von Erich Pommer und Joe May für die weibliche Hauptrolle in *Asphalt* entdeckt. Durch den Erfolg des Films ist sie auf den Typ der Femme fatale festgelegt: Tänzerin in *Der weiße Teufel* (Alexander Wolkoff), 1930 im Tonfilm *O alte Burschenherrlichkeit* (Rolf Randolf) Tochter eines Dollar-Millionärs und mit

Hans Albers im Krimi *Hans in allen Gassen* (Carl Froelich). Ab 1931 auch in englischen Filmen, so als Hochstaplerin in Alfred Hitchcocks *Rich and Strange*. 1933 Emigration nach Großbritannien, später in die USA. 1938 noch einmal auf der Leinwand in *In Old Mexico* (Edward D. Venturini), einem Western der Hopalong Cassidy Series. Letzte nachweisbare Rolle ist 1943 die Hafen-Dirne Olga in Edgar Ulmers *Isle Of Forgotten Sins*. 1987 erhält sie das Filmband in Gold für langjähriges und hervorragendes Wirken im deutschen Film.

[DE] 1926: The Kick-Off [US]. 1928: The Trail of the Horse Thieves [US]. 1928/29: Asphalt – Der Polizeiwachtmeister und die Brillantenelse. 1929: Der weiße Teufel; Der Sträfling aus Stambul. 1930: Niebezpieczny romans (Gefährliche Romanze) [PL]; Hans in allen Gassen; Die große Sehnsucht; O alte Burschenherrlichkeit. 1930/31: Das Lied der Nationen [Version – FR/ DE]. 1931: The Perfect Lady [GB]; Rich and Strange (Endlich sind wir reich) [GB]; Strictly Business [GB]. 1932: Pyjamas Preferred [GB]; Der große Bluff. 1932/33: Daughters of Today [GB]; Schleppzug M 17; Die kleine Schwindlerin. 1933: Strictly in Confidence [GB]. 1934: Ombres sur le riff [FR]. 1938: In Old Mexico [US]. 1943: Isle of Forgotten Sins [US].

Anand, Dev

(Devdutt Pishorimal Anand)
*26. 9. 1923 Gurdaspur, Punjab
Studium an der Punjabi-Universität. Filmdebüt 1946 in *Hum Ek Hain*. Einen ersten großen Erfolg hat er in *Ziddi* (1948). Von Navketan, der viele junge Talente des indischen Films, u. a. seinen jüngeren Bruder, den Regisseur Vijay Anand, entdeckt hat, wird auch er gefördert. Wichtig für seine künstlerische Entwicklung ist in den 50er Jahren die Zusammenarbeit mit dem Regisseur Subodh Mukerjee in *Munimji* und *Paying Guest*. Mit Raj Kapoor und Dilip Kumar zählt er zu den drei großen Stars des indischen Films der 40er und 50er Jahre. Anand zeigt sich als ein vielseitiger Darsteller, der sowohl Liebhaber als auch komische Typen überzeugend zu verkörpern vermag. Prägend für ihn ist auch die Arbeit unter der Regie von Guru Dutt (*Baazi*, 1951; *CID*, 1956). In der ersten indisch-amerikanischen Koproduktion *Guide* (Danielewski, 1965), die in amerikanischer und indischer Version produziert wird, überzeugt Anand in der Titelrolle durch sein einfühlsames Spiel. 1970 Regie-Debüt mit *Prem Pujari*. Es folgen u. a. *Ishq Ishq Ishq* (1974), *Swami Dada* (1982) und *Sau Karod* (1991). Anand ist mit der Schauspielerin Kalpana Kartik verheiratet.

[IN] 1946: Hum Ek Hain. 1947: Aage Badho; Mohan. 1948: Ziddi; Hum Bhi Insaan Hain; Vidya. 1949: Jeet; Udhaar; Namuna; Shayar. 1950: Birha Ki Raat; Nirala; Nili; Hindustan Hamara; Dilruba; Madhubala; Khel; Afsar. 1951: Baazi; Nadaan; Do Sitare; Sanam; Aaram; Stage; Sazaa. 1952: Zalzala; Tamasha; Jaal; Rahi/Two Leaves And A Bud; Aandhiyan. 1953: Humsafar; Patita; Armaan. 1954: Baadbaan; Kashti; Taxi Driver. 1955: House Number 44; Faraar; Munimji; Milap; Insaniyat. 1956: Funtoosh; CID; Pocketmaar. 1957: Dushman; Baarish; Nau Do Gyarah; Paying Guest. 1958: Kala Pani; Amar Deep; Solva Saal. 1959: Love Marriage. 1960: Manzil; Sarhad; Kala Bazaar; Ek Ke Baad Ek; Bambai Ka Babu; Jaali Note. 1961: Hum Dono; Maya; Jab Pyar Kisise Hota Hai; Roop Ki Rani Choron Ka Raja. 1962: Asli Naqli; Baat Ek Raat Ki. 1963: Tere Ghar Ke Saamne; Kinare Kinare. 1964: Sharabi. 1965: Guide [IN/US]; Teen Deviyan. 1966: Pyar Mohabbat. 1967: Jewel Thief. 1968: Duniya; Kahin Aur Chal. 1969: Mahal. 1970: Prem Pujari [D,R]; Johnny Mera Naam. 1971: Hare Rama Hare Krishna [D,R]; Gambler; Tere Mere Sapne. 1972: Yeh Gulistan Hamara. 1973: Shareef Badmash; Joshila; Banarasi Babu; Heera Panna [D,R]; Chhupa Rustom. 1974: Amir Garib; Ishq Ishq Ishq [D,R]; Prem Shastra. 1975: Warrant. 1976: Jaaneman; Bullet; Darling Darling. 1977: Kalabaaz; Saheb Bahadur. 1978: Des Pardes [D,R]. 1980: Lootmaar [D,R]; Man Pasand. 1982: Dada; Swami Dada [D,R]. 1984: Anand Aur Anand [D,R]. 1985: Hum Naujawan [D,R]. 1989: Lashkar; Sachche Ka Bol Bala [D,R]. 1990: Awwal Number [D,R]. 1991: Sau Karod [D,R]. 1992: Pyar Ka Tarana [R].

Andersson, Bibi

(Birgitta Andersson)
*11. 11. 1935 Stockholm
Ausbildung an der Schauspielschule Gösta Terserus und an der Königlichen Akademie für dramatische Kunst in Stockholm. 1954–56 Schauspielschule Malmö. Dort erstes Theaterengagement durch Ingmar Bergman. Ab 1959 am Kungliga Dramatiska Teatern in Stockholm; 1962 einjähriges Zwischenspiel am Stadsteater Uppsala. Ab 1949 als Statistin beim Film. Mit Bergmans *Sommarnattens leende* (1955) wird sie international bekannt; im folgenden in mehreren Bergman-Filmen, meist in Rollen von sensiblen Frauen, die sich eigener Entscheidungen nicht mehr sicher sind, in quälende Krisen geraten und dabei recht unbürgerliche Wege gehen. Zahlreiche internationale Auszeichnungen: 1958 in Cannes für *Nära livet* (Bergman), 1963 bei der Berlinale für ihre Rolle in Sjömans *Älskarinnan*, Etoile de Cristal der französischen Filmakademie für ihre Rolle in Sjömans *Syskonbädd 1782*, 1971 British Academy Award für Bergmans *Berörin-*

gen/The Touch: Sie spielt eine nur auf den ersten Blick zufriedene Ehefrau, die alles Augenscheinliche zu hinterfragen beginnt. Ihre Rollen in internationalen Filmen fallen weniger differenziert aus. 1973 Theatergastspiel in den USA. 1990 erste Bühnenregie in Stockholm.

[SE] 1953: Dumbom. 1954: En natt på Glimmingehus; Herr Arnes penningar (Verlorene Liebe). 1955: Sommarnattens leende (Das Lächeln einer Sommernacht); Flickan i regnet (Die Neue); Egen ingång. 1956: Sista paret ut (Das letzte Paar); Det sjunde inseglet (Das siebte Siegel). 1957: Du är mitt äventyr; Sommarnöje sökes; Nära livet (Nahe dem Leben); Smultronstället (Wilde Erdbeeren). 1958: Ansiktet (Das Gesicht). 1960: Djävulens öga (Die Jungfrauenbrücke); Bröllopsdagen (Hochzeit mit Verzögerung). 1961: Karneval; Nasilje na Trgu [YU]; Lustgården. 1962: Älskarinnan (Schlafwagenabteil); Kort är sommaren. 1964: Ön; För att inte tala om alla dessa kvinnor (Ach, diese Frauen). 1965: Duel at Diablo (Duell in Diablo) [US]; Juninatt; Syskonbädd 1782 (Geschwisterbett). 1966: Scusi, lei è favorevole o contrario? [IT]. 1967: Le viol [FR]. 1968: Svarte palmkroner; Flickorna (Die Mädchen). 1969: Violenza al sole/La partenaire (In den Adern heißes Blut) [IT]; Violenza al sole (In den Adern heißes Blut) [IT]; Taenk på et tal [DK]; En passion (Passion). 1969/70: Story of a Woman [US/IT]; The Kremlin Letter (Der Brief an den Kreml) [US]. 1970: Beröringen/The Touch (Die Berührung) [SE/US]. 1971: Ingmar Bergman [DOK]. 1972: Mannen fran andra siden/Tjelovek s drugoj storonij (Der Mann, der den Tod überlebte) [SE/SU]. 1973: Afskedens time [DK]; Scener ur ett äktenskap (Szenen einer Ehe). 1974: La rivale (Rivalinnen) [FR]. 1975: Il pleut sur Santiago [FR]; Blondy [FR]. 1976: En dares försvarstal [TV]. 1977: I Never Promised You A Rose Garden (Ich habe Dir nie einen Rosengarten versprochen) [US]; A Look at Liv – Norway's Liv Ulman. Liv Ulman's Norway [DOK – US]. 1978: Quintet (Quintett) [US]; L'amour en question/Justices (Anklage: Mord) [FR]; An Enemy of the People [US]. 1979: Barnförbjudet; Twee vrouwen (Liebe ohne Skrupel) [NL]; The Concorde – Airport '79 [US]. 1980: Marmeladupproret. 1980/81: Jag rodnar. 1983: Berget på månens baksida (Ein Berg auf der Rückseite des Mondes); Svarte fågler; Exposed (Gefährliches Dreieck) [US]. 1984: Sista leken/Viimeinen kesä [SE/FI]. 1986/87: Babettes gæstebud (Babettes Fest) [DK]. 1987: Svart gryning/Los dueños del silencio (Das Schweigen der Herren) [SE/AR]; Måsen [TV]. 1988: Fordringsägare. 1991: Till Julia [TV]. 1994: Drømspel/Drömspel [NO/SE]. 1995/96: I rollerna tre.

Andersson, Harriet

*14. 1. 1932 Stockholm

Besuch der Schauspielschule Calle Flygore in Stockholm; 1949 Bühnendebüt. 1953–55 Stadsteater Malmö unter Ingmar Bergman; 1956 in Stockholm am Intiman Teater. 1961 Stadsteater Hälsingborg. In den 80er Jahren regelmäßige Auftritte am Kungliga Dramatiska Teatern Stockholm. Nach Filmdebüt 1950 erster großer Erfolg mit der Titelrolle in *Sommaren med Monika*, die Bergman für sie schreibt. Sie wird in den 50er Jahren zum Symbol der freizügigen Schwedin: Ihre Ausstrahlung verdankt sie einer fordernden, selbstbewußten Erotik. Nach leidenschaftlichen Sommern entschwindet Andersson und läßt das Gefühl männlichen Versagens zurück. In den 60er Jahren spielt sie Rollen, in denen das öffentliche Scheinglück sich als Kehrseite häuslich-intimer Alpträume erweist: besonders eindrucksvoll in Bergmans *Såsom in en spegel*, für den sie den Preis der deutschen Filmkritik erhält. Ab 1963 mehrfach Zusammenarbeit mit Jörn Donner. 1964 Auszeichnung in Venedig für die Louise in dessen *Att älska*. 1975 Auszeichnung in Moskau für ihre Rolle in Stig Björkmans *Den vita väggen*. Stark gealtert ist sie in Bergmans *Fanny och Alexander* (1982) zu sehen. In den 70er und 80er Jahren vermehrt Arbeiten für das schwedische Fernsehen.

[SE] 1949: Motorkavaljerer. 1950: Två trappor över garden (Insel der Sehnsucht); Anderssonskans Kalle (Kalle und die Diamantenschmuggler); Biffen och Bananen [NO]; Medan staden sover. 1951: Frånskild; Dårskapens hus; Puck heter jag. 1952: Ubåt 39; Sabotage; Sommaren med Monika (Die Zeit mit Monika); Trots. 1953: Gycklarnas afton (Der Abend der Gaukler). 1954: En lektion i kärlek (Lektion in Liebe). 1955: Kvinnodröm (Frauenträume); Hoppsan!; Sommarnattens leende (Das Lächeln einer Sommernacht). 1956: Nattbarn (Gefährliche Bekanntschaften). 1957: Synnöve Solbakken (Dort, wo der Berghof steht). 1958: Flottans överman (Der Supermann der Marine); Kvinna i leopard. 1959: Brott i Paradiset; Noc poślubna/En bröllopsnatt [PL/SE]. 1961: Såsom in en spegel (Wie in einem Spiegel); Barbara [BRD]. 1962: Siska. 1963: Lyckodrömmen; En söndag i september (Ein Sonntag im September). 1964: För att inte tala om alla dessa kvinnor (Ach, diese Frauen); Att älska (Zu lieben); Älskande par (Liebende Paare). 1965: Lianbron; För vanskaps skull; Har börjar äventyret. 1966: The Deadly Affair (Anruf für einen Toten) [GB]; Tvärbalk. 1966/67: Stimulantia. Ep: Han-hon [EP]. 1967: Mennesker mødes og sød musik opstår i hjertet/Människor möts och ljuv musik upstår i hjärtat (Sie treffen sich, sie lieben sich, und ihr Herz ist voll süßer Musik) [DK/SE]. 1968: Der Kampf um Rom [BRD]; Flickorna (Die Mädchen); Jag älskar, du älskar. 1970: Anna [SI/SE]. 1971: I havsbandet [TV]. 1972: Viskningar och rop (Schreie und Flüstern). 1973: Bebek [TV]. 1975: Den vita väggen; Monismanien 1995. 1977: Hempas bar. 1979: La Sabina/Sabina [ES/SE]; Linus eller telgelhusets hemlighet (Linus und das alte Backsteinhaus). 1982: Fanny och Alexander (Fanny und Alexander) [SE/BRD/FR]. 1982/83: Raskenstam. 1986: Sommarkvällar på jorden (Sommernächte auf dem Planeten Erde). 1988: Himmel og helvede [DK]. 1990: Blankt vapen. 1991: Ålder okänd [TV]. 1995/96: I rollerna tre.

Andorai, Péter

*25. 4. 1948 Budapest

Nach dem Studium an der Budapester Theater- und Filmhochschule Engagements an der Avantgarde-Bühne «Theater 25», später am Nationaltheater, seit 1978 auch am Volkstheater. Filmdebüt 1975. Als Kommunist Imre Sallai ist er der Protagonist in Ferenc Grundwalskys *Vörös rekviem*, der die revolutionäre Situation im Ungarn nach dem 1. Weltkrieg thematisiert. Unter der Regie von Pál Sándor spielt er den Antal in *Szabadits meg a gonosztól* (1978), einer dramatischen Geschichte aus den letzten Tagen des 2. Weltkrieges. Verhaltenes Spiel zeigt er in der Rolle des unter dem Horthy-Regime in der Illegalität lebenden Widerständlers Janos in *Bizalom* (István Szabó, 1979). In dem Historienfilm *Érzékeny búcsú a fejedelemtól* (László Vitézy) ist er der János Kemény.

[HU] 1976: A Kard; Vörös rekviem (Requiem für einen Revolutionär). 1977: Apám néhány boldog éve; Riasztólövés (Schreckschuß); Ékezet (Der Akzent); Amerikai cigaretta. 1978: Szabadits meg a gonosztól (Erlöse uns von dem Übel); Aramütés (Stromausfall). 1979: Utolsó előtti itélet (Das vorletzte Urteil); Bizalom (Zimmer ohne Ausgang); Forró mezők (Heiße Nacht) [TV]. 1980: Der grüne Vogel [BRD]; Szegény Avroszimov (Die Abenteuer eines Geheimschreibers) [TV]. 1980/81: Mephisto [HU/BRD]. 1982: Nyom nélkül (Ohne Spur); Egymásra nézve (Der andere Blick). 1982/83: Wagner Wagner [TV – GB/HU/AT]. 1983: Könnyő testi sértés (Leichte Körperverletzung); Szeretők (Nachmittagsverhältnis). 1984: Eszmélés; Optimisták (Die Optimisten [TV]; Légy a feleségem (Heirate mich!) [TV]. 1984/85: Redl ezredes/Oberst Redl [HU/BRD]. 1985: Képvadászok; Falfuro (Der Wandbohrer). 1986: Érzékeny búcsú a fejedelemtől; Hajnali háztetök; Csók, anyu Küßchen von Mama; A nagy generáció. 1987: Kiáltás és kiáltás. 1988: Vadon (Wie ein Blatt im Wind); Hanussen [BRD/HU/AT]; Egy teljes nap; Eldorádó Eldorado; Küldetés evianba Mission nach Evian; Mielött befejezi röptét a denevér (Eh' die Fledermaus ihren Flug beendet). 1989: Die Skorpionfrau [AT]; A legényany; A hecc; Könnyû vér; Az en XX. szazadom/Mein XX. Jahrhundert [HU/BRD]. 1990: Magyar rekviem/Ungarisches Requiem/Hungarian Requiem [HU/BRD/GB]. 1991: Edes Emma, draga böbe (Süße Emma, liebe Böbe). 1992: Gyerekgyilkossagok/Childmurders – Kindermorde [HU/DE]. 1993: Rúzs (Der Lippenstift); Utrius; Vigyázók (Die Aufseher).

Andra, Fern

(Fern Edna Andrews ?)
*24. 11. 1894 (24. 2. 1893 ?) Natzeka (Illinois)
†8. 2. 1974 Aiken (South Carolina)

Mit vier Jahren in einem Drahtseilakt auf der Bühne. Ein Jahr später in New York Theaterdebüt in «Uncle Tom's Cabin». Als Jugendliche Auftritte als Seiltänzerin, bei einer Europa-Tournee Starrolle in der «Ragtime Revue» in London. Engagement an den Wintergarten in Berlin. Dort Kontakt zum Film. 1913 als Fern Andrée in *Das Ave Maria* (Charles Decroix). 1914 vier Filme, darunter die Kriegsfilme *Auf Patrouille im Osten* und *Vermißt gemeldet* (beide vermutlich Heinrich Lisson), ein Jahr später Gründung der Andra-Film. Sie tritt nun als Star, bald auch als Autorin und Regisseurin ihrer Filme auf. 1916–18 ist der elegante Alfred Abel ihr ständiger Partner. Im Frühjahr 1916 in Berlin Eröffnung des Fern-Andra-Ateliers. Ihre Filme sind triviale Rührstücke und Zirkus-Filme, in die sie ihr artistisches Können einbringt. Ihre Arbeit mit renommierten Regisseuren – 1920 als Vamp im expressionistischen *Genuine* (Robert Wiene) – erregen weniger Aufsehen als ihr Privatleben, so 1922 ein Flugzeugabsturz, bei dem ihr Begleiter, Lothar von Richthofen, den Tod findet. Mitte der 20er Jahre schwindet ihre Popularität, sie verläßt Deutschland, dreht ab 1928 in Großbritannien, ab 1930 in den USA, ohne sich durchsetzen zu können. Statt dessen Arbeit beim Rundfunk, später auch im Fernsehen, und Auftritte im Windsor Theatre Hollywood. Fern Andra ist auf dem Höhepunkt ihrer Popularität – ihren Filmen kongenial – auch schriftstellerisch tätig: 1919 mit «Der Weg, der ins Glashaus führte. Roman eines Frauenlebens» und 1920 mit dem Kino-Album «Was ich über mich zu sagen weiß».

[DE] 1913: Das Ave Maria. 1914: Vermißt gemeldet; Mondfischerin; Der Stern; Auf Patrouille im Osten. 1914/15: Zwei Freunde [AT]. 1915: Es fiel ein Reif in der Frühlingsnacht [D,A,P]; Eine Motte flog zum Licht [D,CoR,A,P]; Gesprengte Ketten [D,A,P]; Pariser Mode – von heute; Geheimnisvolle Gewalten. Das Spiel magischer Kräfte. [D,A,P – Verboten]. 1915/16: Die Seele einer Frau [D,A,P]. 1916: Ernst ist das Leben [D,R,A,P]; Sein letzter Richterspruch [D,R,A,P]; Wenn Menschen reif zur Liebe werden [D,R,A,P]; Der Gürtel der Dollarfürstin. 1916/17: Der Seele Saiten schwingen nicht [D,A,P]. 1917: Des Lebens ungemischte Freude ... [D,P,A]; Ein Blatt im Sturm. 1917/18: Die nach Glück und Liebe suchen

[D,A,P]. 1918: Frühlingsstürme im Herbste des Lebens [D,R,A,P]; Um Krone und Peitsche/Der Todessprung [D;R(?),A,P]; Drohende Wolken am Firmament [D,A,P]; Saferndri, die Tänzerin von Dschiapur [D,R,A,P]; Auf des Lebens rauher Bahn [D,A,P]. 1919: Gebannt und erlöst [D,A,P]; Der Frauenspekulant; Die Rache des Titanen [D,A,P]. 1920: Genuine. Die Tragödie eines seltsamen Hauses.; Die Nacht der Königin Isabeau; Madame Recamier [D,P]. 1921: Des Lebens und der Liebe Wellen [D,P]; Treibende Kraft. 1922: Praschnas Geheimnis [D,P]. 1923: Der rote Reiter [D,P]. 1923/24: Zalamort. Der Traum der Zalavie. 1924: Die Liebe ist der Frauen Macht [D,P]. 1925: ... und es lockt ein Ruf aus sündiger Welt. 1926: Frauen der Leidenschaft. 1: Prinzessin Chimay, das Opfer der Zigeuner. 2: Helene von Racowitza, die Geliebte Ferdinand Lassalles. 3: Cleo de Merode, die Tänzerin seiner Majestät. 1927: Funkzauber. 1928: The Warning [GB]; The Burgomaster of Stilemonde [GB]; Spangles [GB]. 1930: Lotus Lady [US]; The Eyes of the World [US].

Andreev, Boris

(Boris Fedorovič Andreev)
*9. 2. 1915 Saratov
†25. 4. 1982 Moskau

Bis 1937 Ausbildung am Bühnen-Technikum von Saratov, danach kurzes Bühnenengagement am dortigen Karl-Marx-Theater. Bereits 1938 wird Andreev von dem Regisseur Ivan Pyr'ev an das Mosfilmstudio Moskau engagiert. Er entwickelt sich schnell zu einem der populärsten und aktivsten Darsteller des Sowjetfilms der 40er Jahre. Andreev wird besonders durch seine Darstellung volkstümlich herzlicher russischer Charaktere bekannt, so als Nazar Duma in *Traktoristy* (Pyr'ev) und als rauflustiger Bergarbeiter Balun in *Bol' šaja žizn'* (Leonid Lukov). In späteren Rollen als Il'ja Žurbin in *Bol' šaja sem'ja* (Iosif Chejfic), Glazunov in *Povest' plamennych let* (Julija Solnceva) oder Vožak in *Optimistièeskaja tragedija* (Samson Somsonov) erweist er sich auch als großer psychologischer Charakterdarsteller. Auf dem 2. Allunionsfestival 1959 in Kiev wird ihm der 1. Preis für die Verkörperung des Savva Sarudnyj in Julija Solncevas *Poema o more* verliehen. Er erhält mehrere nationale Auszeichnungen.

[SU] 1939: Istrebiteli; Bol' šaja žizn' 1-ja ser. (Das große Leben I); Traktoristy (Junges Leben). 1941: Valerij Čkalov; Boevoj kinosbornik No. 8; Bogdan Chmel'nickij. 1942: Gody molodye; Syn Tadžikistana; Aleksandr Parchomenko. 1943: Dva bojca. 1944: Ja – černomorec; Malachov kurgan (Malachowhügel); Odna ždy noč'ju. 1945: Zolotaja tropa. 1946, 1958: Bol' šaja žizn' 2-ja ser. (Das große Leben II). 1947: Skazanie o zemle Sibirskoj (Das Lied von Sibirien); Belaja t'ma. 1948: Bílá tma [CS]. 1949: Kuban'skie kazaki (Kubankosaken); Padenie Berlina (Der Fall von Berlin); Vstreča na El'be (Begegnung an der Elbe). 1951: Nezabyvaemy 1919-i god (Das unvergeliche Jahr 1919). 1952: Maksimka (Der Junge vom Sklavenschiff). 1953: Sud'ba Mariny (Marinas Schicksal). 1954: Bol' šaja sem'ja (Eine große Familie); Meksikanec. 1956: Il'ja Muromec (Der Kampf um das goldene Tor). 1958: Poema o more (Poem vom Meer). 1959: Chmuroe utro (Trüber Morgen); Žestokost'; V stepnoj tiši; Foma Gordeev (Foma Gordejew). 1960: Povest' plamennych let (Flammende Jahre). 1961: Kazaki. 1962: Put' k pričalu (Der Weg zum Hafen). 1963: Optimističeskaja tragedija (Optimistische Tragödie); Melodii Dunaevskogo. 1964: Zaèarovannaja Desna (Die verzauberte Desna). 1965: Choču verit' (Ich will glauben); Nad nami Južnyj Krest [TV]. 1966: Na dikom berege. 1967: Volšebnaja lampa Aladina (Aladins Wunderlampe). 1968: Den' angela. 1970: Nočnoj zvonok [TV]. 1971: Ostrov sokrovišč (Jim Hawkins wundersame Abenteuer). 1971–73: Boris Andeev [DOK]. 1973: Deti Vanjušina. 1974: Abiturientka (Die Abiturientin); Petr Martynovič i gody bol' šoj žizni. 1975: Naznačaeš'cja vnuèkoj [TV]; Na kraj sveta ... 1976: Moe delo (Als der Neue kam) [TV]; Pervyj rejs (Flußfahrt mit Hindernissen) [TV]. 1978: Sapogi vsmjatku [TV]. 1980: Sergej Ivanovič uchodit na pensiju. 1982: Predislovie k bitve (Auftakt zur Schlacht). 1982: Slezy kapali ... / Der Gladiator [SU/BRD].

Andrews, Dana

(Carver Dana Andrews)
*1. 1. 1909 Collins (Mississippi)
†17. 12. 1992 Los Alamitos

Besuch des Sam Huston Teacher's College. 1935 Gesangsausbildung. 1936–38 Schauspiel-Engagement am Pasadena Playhouse, gab sein Bühnendebüt in «Antonius und Cleopatra». 1939–50 arbeitet er für Samuel Goldwyn und 20th Century Fox, ist einer der ersten Schauspieler mit Doppel-Vertrag. Anfangs häufig in Western von William Wyler (*The Westerner*) und Allan Dwan. Als Martin im Lynch-Western *The Ox-Bow Incident* (William A. Wellman) erlangt er 1942 Beachtung, danach größere Rollen. Erfolgreich in mehreren Kriegsfilmen sowie in Filmen der schwarzen Serie, so 1944 als liebeskranker Detektiv Mark McPherson in *Laura* (Otto Preminger). Oft spielt er verbitterte, desillusionierte Männer, wie den Air Force Captain in *The Best Years of Our Lives* (William Wyler). Ab 1958 verstärkt Fernseh-Tätigkeit, Gast-Star in verschiedenen Serien. 1969–72 als College-Präsident in der Soap Opera *Bright Promise*. Zu seinen letzten bedeutsamen Rollen zählen der Filmproduzent in *The Last Tycoon* (Elia Kazan) und General Marshall im TV-Mehrteiler *Ike: The War Years* über die Kriegserlebnisse General Eisenhowers.

[US] 1939/40: The Westerner (In die Falle gelockt). 1940: Kit Carson (Rote Teufel um Kit Carson); Lucky Cisco Kid; Sailor's Lady. 1941: Swamp Water (In den Sümpfen); Ball of Fire (Die merkwürdige Zähmung der Gangsterbraut Sugarpuss); Belle Starr; Tobacco Road (Tabakstraße). 1942: Berlin Correspondent. 1943: The North Star; The Ox-Bow Incident (Der Ritt zum Ox-Bow); December 7th; Crash Dive. 1943/44: Up in Arms. 1944: Laura. The Purple Heart. Wing and a Prayer. 1945: State Fair (Jahrmarkt der Liebe/Das bunte Karussell); Fallen Angel (Mord in der Hochzeitsnacht); Know Your Enemy: Japan [DOK]; A Walk in the Sun (Landung in Salerno). 1946: Canyon Passage (Feuer am Horizont); The Best Years of Our Lives (Die besten Jahre unseres Lebens). 1947: Night Song; Daisy Kenyon; Boomerang! (Bumerang). 1948: The Iron Curtain, No Minor Vices; Deep Waters. 1948/49: Britannia Mews [GB]. 1949: My Foolish Heart (Angst vor der Schande); Sword in the Desert (Schwert in der Wüste). 1950: Where the Sidewalk Ends (Faustrecht der Großstadt); Edge of Doom (Auf des Schicksals Schneide). 1951: The Frogmen (Froschmänner); Sealed Cargo; I Want You (Im Sturm der Zeit). 1952: Assignment – Paris (Budapest antwortet nicht). 1953: Elephant Walk (Elefantenpfad). 1954: Duel in the Jungle (Duell im Dschungel) [GB]; Three Hours to Kill (Drei Stunden Zeit). 1955: Strange Lady in Town (Aus dem Leben einer Ärztin); Smoke Signal (Rauchsignale). 1955/56: Beyond a Reasonable Doubt (Jenseits allen Zweifels). 1956: Comanche (Um jeden Preis); While the City Sleeps (Die Bestie). 1957: Zero Hour (714 antwortet nicht); Night of the Demon (Der Fluch des Dämonen) [GB]; Spring Reunion. 1958: The Fearmakers; Enchanted Island. 1960: The Crowded Sky (SOS für Flug T17). 1961: Madison Avenue. 1961–62: The Dick Powell Show: Crazy Sunday [TV]; The Dick Powell Show: Last of the Big Spenders [TV]. 1963: Catacombs [GB]; Twilight Zone: No Time Like the Past [TV]. 1965: In Harm's Way (Erster Sieg); Berlino, appuntamento per le spie (Das verräterische Auge) [IT]; Town Tamer (Revolver diskutieren nicht); The Satan Bug (Geheimagent Barret greift ein); The Loved One (Tod in Hollywood); Crack in the World (Ein Riß in der Welt); Brainstorm (Das teuflische Spiel); Battle of the Bulge (Die letzte Schlacht). 1966: The Frozen Dead [GB]; Supercolpo da 7 miliardi (Die Milliarden-Supermasche) [IT]; Johnny Reno (Sheriff Johnny Reno). 1966/67: Hot Rods to Hell. 1967: Il cobra/El cobra (Die Cobra) [IT/ES]. 1968: The Devil's Brigade (Die Teufelsbrigade). 1969–72: Bright Promise [TVS]. 1971: The Failing of Raymond [TV]. 1972: Innocent Bystanders (Wer zuletzt lebt, lebt am besten) [GB]. 1974: Airport 1975 (Giganten am Himmel). 1975: The First 36 Hours of Dr. Durant [TV]; A Shadow in the Streets [TV]; Take a Hard Ride/La parola di un fuorilegge ... è legge (Einen vor den Latz geknallt) [US/IT]. 1976: The Last Tycoon (Der letzte Tycoon – Der Gigant von Hollywood). 1977: The Last Hurrah [TV]. 1978: Born Again (Die Colson-Affäre). The American Girls [TVS]. 1979: Good Guys Wear Black (Black Tiger). The Pilot. Ike: The War Years [TV]. 1985: Prince Jack.

Andrews, Julie

(Julie Elizabeth Wells)
*1. 10. 1935 Walton-on Thames

Mit sieben Jahren erstmals auf der Bühne, mit zwölf in der «Starlight Roof Revue», mit sechzehn Hauptrolle in der Musical-Pantomime «Cinderella». 1954 Broadway-Engagement für «The Boy Friend»; zwei Jahre in New York und 18 Monate in London als Eliza Doolittle in der Broadway-Produktion von «My Fair Lady». Das Filmdebüt 1964 mit der Titelrolle der Disney-Produktion *Mary Poppins* (Robert Stevenson) trägt ihr einen Oscar ein. Als singende und tanzende Schauspielerin in den folgenden Jahren vornehmlich in familienfreundlichen Musical-Filmen, gelegentlich auch in dramatischen Rollen. Andrews arbeitet – zumeist in Komödien – häufig mit ihrem Ehemann, dem Regisseur Blake Edwards, zusammen. Oscar-Nominierungen für die Rolle der Baronin von Trapp mit ihrer singenden Familie in *The Sound of Music* (Robert Wise) und für die Mitwirkung in Edwards' *Victor/Victoria*. In der zweiten Hälfte der 80er Jahre mit nur wenig Erfolg auch gewagtere Rollen, etwa eine an multipler Sklerose erkrankte Violinistin in *Duet for One* oder eine auf das Ergebnis ihrer Krebsuntersuchung wartende Ehefrau in *That's Life*. In Edwards' turbulenter Hollywood-Satire *S.O.B.* liefert sie eine blankbusige Selbstparodie. In Italien in der Fernsehkomödie *Cin Cin* (Gene Saks). Unter dem Namen Julie Edwards veröffentlicht sie die Kinderbücher «Mandy» und «The Last of the Really Great Whangdoodles» (beide 1973).

[US] 1964: Mary Poppins (Mary Poppins); The Americanization of Emily (Nur für Offiziere). 1964/65: The Sound of Music (The Sound of Music). 1966: Torn Curtain (Der zerrissene Vorhang); Hawaii (Hawaii). 1967: Thoroughly Modern Millie (Modern Millie). 1968: Star! (Star!). 1970: Darling Lili (Darling Lili). 1974: The Tamarind Seed (Die Frucht des Tropenbaums). 1979: 10 (Zehn – Die Traumfrau). 1980: Little Miss Marker (Ein reizender Fratz). 1981: S.O.B. (Hollywoods letzter Heuler – S.O.B.). 1982: Victor/Victoria (Victor/Victoria). 1983: The Man Who Loved Women (Frauen waren sein Hobby). 1984: Hanya: Portrait of a Dance Legend. 1985: Pandora's Box; Duet for One. 1986: That's Life! (That's Life – So ist das Leben). 1990/91: Cin Cin (Tchin Tchin) [US/IT]. 1991: Our Sons [TV].

Angelo, Jean
(Jean Barthélémy)
*17. 5. 1875 Paris
†26. 11. 1933 Paris
Ab 1903 am Theater von Sarah Bernhardt. Filmdebüt bereits 1908. Er wird einer der großen französischen Stars der Stummfilmzeit. Knappheit des Ausdrucks und betonte Männlichkeit sind seine Kennzeichen. Mit Louis Mercantons *La reine Elizabeth* (1912) wird er früh auch in den USA bekannt. Er spielt in seiner bekanntesten Rolle den Mohrange in den Verfilmungen von Pierre Benoits *L'Atlantide* sowohl im Stummfilm von Jacques Feyder (1921) als auch in G. W. Pabsts Tonfilm (französische Version) von 1932. Weitere Höhepunkte seiner Laufbahn sind die Titelrolle in Jean Epsteins *Les aventures de Robert Macaire* von 1925 und der Graf von *Monte-Cristo* in Henri Fescourts Version von 1928.

[FR] 1908: L'assassinat du duc de Guise. 1912: La reine Elisabeth. 1917/18: The Divine Sacrifice [US]. 1920: Les chères images. 1921: Fromont jeune et Risler aîné; L'Atlantide; L'autre. 1922: L'ecuyère; La maison dans la forêt; La riposte. 1923: Le chant de l'amour triomphant (Die Liebe triumphiert. 1924: L'aventurier; Surcouf (Surcouf, der König der schwarzen Flagge). 1925: Barocco (Barocco – Das Geheimnis der Rabba); Le double amour; Les aventures de Robert Macaire; Nana. 1926: Marquitta; La fin de Monte-Carlo; Martyre. 1927: Chantage; La ronde infernale. 1927/28: Der Fall des Staatsanwalts M ... [DE]. 1928: La vierge folle; Le crime de Vera Mirzewa [FR/ IT]; Monte-Cristo (Der Graf von Monte Christo); Une java. 1930: L'homme qui assassina; La dernière berceuse; L'enfant de l'amour; Mon cœur incognito. 1931: Atout-cœur; Le sergeant X [Version]. 1932: L'Atlantide; Le triangle de feu. 1933: Trois balles dans la peau; Colomba.

Annabella
(Suzanne Georgette Charpentier)
*14. 7. 1907 La Varenne-St. Hilaire
†18. 9. 1996 Neuilly-Sur-Seine
Filmdebüt mit 17 Jahren in *Napoléon vu par Abel Gance* (1925) in der Rolle der Violine Fleuri. Im folgenden spielt sie des öfteren zarte Midinetten. Zu Beginn der 30er Jahre in mehreren französischen Versionen von Ufa-Produktionen; bei den Dreharbeiten zu Joe Mays *Paris-Méditerranée* lernt sie Jean Murat kennen und heiratet ihn. Höchst populär wird sie mit Albert Préjean als Partner in Carmine Gallones Komödie *Un soir de rafles*; in Filmen von René Clair und Paul Fejos spielt sie leicht melancholische, umschwärmte Frauen; sie verkörpert diesen Typus auch in musikalischen Komödien von Erik Charell und Nikolas Farkas. Für ihre Rolle in Marcel L'Herbiers *Veille d'armes* (1935) Auszeichnung beim Festival in Venedig. Hauptsächlich für sie schreiben Henri Jeanson und Marcel Carné *Hôtel du Nord* (1938). Annabella spielt 1937 in England in Victor Sjöströms *Under the Red Robe* mit Conrad Veidt und geht im folgenden Jahr in die USA; es entsteht der wichtigste Film ihrer amerikanischen Zeit: *Suez* von Alan Dwan. Sie heiratet Tyrone Power, mit dem sie bis zu ihrer Rückkehr nach Frankreich (1948) zusammenbleibt. In den USA spielt sie unter der Regie von Elia Kazan und John Huston am Broadway. Nach ihrer Rückkehr ist ihre große Zeit vorbei. Zu Beginn der 50er Jahre zieht sie sich auf einen Bauernhof in den Pyrenäen zurück.

[FR] 1925: Napoléon vu par Abel Gance (Napoleon). 1927: Maldone. 1928: Trois jeunes filles nues. 1930: Sous les toits de Paris (Unter den Dächern von Paris); Barcarolle d'amour [Version – DE/FR]; Deux fois vingt ans; La maison de la flèche; Romance à l'inconnue. 1931: Autour d'une enquête [Version – DE/FR]; Paris-Méditerranée [Version]; Son altesse l'amour [Version]; Un soir de rafle (Eine Razzia in Paris); Le million (Die Million). 1932: Un fils d' Amérique (Ich liebe dich); Quatorze Juillet (14. Juli – Das tanzende Paris); Marie, légende hongroise (Marie) [FR/ HU]. 1933: Mademoiselle Josette, ma femme (Fräulein Josette, meine Frau); La bataille [Version]; Gardez le sourire [Version – AT/FR]. 1934: Caravane [Version – US]; Les nuits moscovites (Natascha – Moskauer Nächte). 1934/ 35: Napoléon Bonaparte. 1935: Veille d'armes (Zwischen Abend und Morgen); Variétés [Version]; Variete [Version – FR/DE]; La bandéra (Kompanie der Verlorenen); L'équipage. 1936: Anne-Marie; Wings of the Morning (Zigeunerprinzessin) [GB]. 1937: Under the Red Robe (Unter der roten Robe) [GB]; La citadelle du silence (Die Zitadelle des Schweigens); Dinner at the Ritz (... heute abend – Hotel Ritz) [US]. 1937/38: The Baroness and the Butler [US]. 1938: Suez [US]; Hôtel du Nord. 1939: Bridal Suite [US]. 1943: Tonight We Raid Calais [US]; Bombers'Moon [US]. 1946: 13, rue Madelaine [US]. 1947/48: Eternel conflit. 1949: L'homme qui revient de loin (Verlaß mich nicht); Désordre; Dernier amour (Letzte Liebe).

Antonelli, Laura
(Laura Antonaz)
*28. 11. 1946 Pula (Istrien; damals Italien)
Gymnastiklehrerin. Die Darstellerin in Fotoromanen debütiert 1965 im Film *Le sedicenni* (Luigi Petrini). Ihre Schönheit fällt sofort auf. Filmarbeit in Frankreich: Mit Jean-Paul Belmondo spielt sie in *Les mariés de l'an deux* (Jean-Pierre Rappenau). Popularität erringt sie 1971 in *Il merlo maschio* (Pasquale Festa Campanile). Der

Durchbruch zum Star gelingt mit *Malizia* (Salvatore Samperi), in dem sie im Negligé das Stubenmädchen eines Witwers mit drei Kindern spielt. 1976 wird Luchino Viscontis *L'innocente* der Höhepunkt ihrer Karriere. Ihr Hauptgebiet bleibt aber der Unterhaltungsfilm, so mehrere Rollen in *Sessomatto* (Dino Risi), *Mio dio, come sono caduta in basso!* (Luigi Comencini). In der Rolle des einfachen, unkomplizierten und wohlproportionierten «Mädchens» hat Antonelli auch in den 80ern noch Erfolg.

[IT] 1965: Le sedicenni. 1966: Le spie vengono dal semifreddo/Dr. Goodfoot and the Girl Bombs. 1968: La rivoluzione sessuale (Seid nett aufeinander). 1969: L'Arcangelo (Erzengel); Venus im Pelz/Le Malizie di Venere (Venere in pelliccia) [BRD/IT]; Un detective (Die Klette). 1970: Incontro d'amore (Bali) [IT/BRD]; Sledge (Der Einsame aus dem Westen). 1970/71: Les mariés de l'an II/Gli sposi dell'anno secondo (Das Brautpaar des Jahres II) [FR/RO/IT]. 1971: Il merlo maschio (Das nackte Cello); Sans mobile apparent/Senza movente (Neun im Fadenkreuz) [FR/IT]; Gradiva. 1971/72: All'onorevole piacciono le donne/Obsédé malgré lui (Die lange Schwarze mit dem Silberblick) [IT/FR]. 1972: Docteur Popaul/Trappola per un lupo (Doktor Popaul) [FR/IT]. 1973: Malizia (Malizia); Peccato veniale (Der Filou); Sessomatto (Sesso matto – niemand ist vollkommen). 1973/74: Histoire de l'oeil/Simona [BE/IT]. 1974: Mio Dio, come sono caduta in basso! (Wie tief bin ich gesunken). 1975: Divina creatura (Ein göttliches Geschöpf). 1976: L'Innocente/L'Innocent (L'innocente – Die Unschuld) [IT/FR]. 1977: Mogliamante (Frau und Geliebte); Gran bollito. 1978/79: Letti selvaggi/Camas calientes. 2. EP: Un pomeriggio noiosetto (Wilde Betten – Lippenstift Tigerinnen) [EP – IT/ES]; Letti selvaggi/Camas calientes. 6. EP: Una donna d'affari (Wilde Betten – Lippenstift Tigerinnen) [EP – IT/ES]. 1979: Il malato immaginario (Der eingebildete Kranke). 1980: Mi faccio la barca (Leinen los – wir saufen ab). 1980/81: Passione d'amore/Passion d'amour (Passion der Liebe) [IT/FR]. 1981: Casta e pura/Rosa/Casta y pura [IT/FR/ES]; Il turno. 1982: Viuuulentemente mia; Porca vacca!; Sesso e volentieri [EP]. 1985: La gabbia/La jaula (Der Käfig) [IT/ES]; Tranches de vie (Meilensteine des Lebens) [FR]. 1986: La Venexiana (Liebesfeuer in Venedig); Grandi Magazzini (Im Kaufhaus ist die Hölle los). 1987: Gli indifferenti/Falschmünzer der Liebe [TV – IT/BRD]; Roba da ricchi. 1988: Rimini Rimini-Un anno dopo. 1989: Disperatamente Giulia/Giulia [TVS – IT/BRD/AT]. 1990: L'Avaro/El avaro [IT/FR/ES]. 1991: Malizia 2000.

Arbuckle, Roscoe «Fatty»

(Roscoe Conkling Arbuckle)
* 24. 3. 1887 Smith Center (Kansas)
† 29. 6. 1933 New York City

1895 Bühnendebüt bei Frank Bacons Stock Company. 1902–08 Tourneen mit Wanderbühnen, Burlesque Shows und Vaudeville-Ensembles. Danach Komparse in Colonel Seligs Polyscope Company, 1910 Debüt als Filmschauspieler. Mit seinem runden Babyface und seiner Tolpatschigkeit wird er einer der großen Slapstick-Komiker. 1913 Wechsel zu Mack Sennett, wo er als Partner von Mabel Normand auftritt. 1914 in Kurzfilmen mit Charlie Chaplin. Seit diesem Jahr auch Tätigkeit als Regisseur. 1917 Wechsel zu Joseph Schenck, wo er ein eigenes Studio – Comique Film Company – erhält. Zusammenarbeit mit Buster Keaton. 1920 erste Regie eines langen Spielfilms. Infolge eines Skandals um den unaufgeklärten Todesfall eines Starletts wird der Schauspieler von den Kinoketten boykottiert. Vergebliche Comeback-Versuche durch Auftritte in Night Clubs und Vaudevilles. Ab 1925 – unter dem Pseudonym William B. Goodrich – ausschließlich als Regisseur für Mack Sennetts Educational Film Company tätig. Anfang der 30er Jahre Inszenierung einiger kurzer Tonfilme für Vitaphone.

[US] 1910: The Sanitarium. 1913: For the Love of Mabel/The Melo-Drame; Fatty's Day Off; Help! Help! Hydrophobia; Passions, He Had Three/Country Boys; Fatty at San Diego; Fatty's Flirtations/The Masher; Fatty Joins the Force; A Quiet Little Wedding; Mabel's New Hero/The Balloon/Fatty and the Bathing Beauties; The Gangsters; The Gypsy Queen; The Riot; A Ride for a Bride; He Would a Hunting Go; His Sister's Kid; The Waiter's Picnic; Mabel's Dramatic Career/Her Dramatic Debut/The Actress; The Fatal Taxicab/The Taxicab; A Noise from the Deep/A New Trick; The Woman Haters; Twixt Love and Fire; Mother's Boy; A Bandit; Love and Courage/Rubes; The Telltale Light/The Mirror. 1914: Lover's Post Office [D,R]; Lover's Luck; His Favorite Pastime; An Incompetent Hero; The Knockout (Chaplin und Fatty boxen); How Hiram Won Out; In the Clutches of the Gang; Killing Horace; Leading Lizzie Astray [D,CoR]; The Chicken Chaser; The Alarm/Fireman's Picnic [D,CoR]; The Baggage Smasher; Barnyard Flirtations; A Bathing Beauty; The Bowery Boys; A Flirt's Mistake; Caught in a Flue; A Film Johnnie; Fatty Again [D,R]; Fatty and the Heiress [D,R]; Fatty's Debut [D,R]; Fatty's Finish; Fatty's Jonah Day/ Park Troubles [D,R]; Where Hazel Met the Villain [D,R? – KF]; Fatty's Wine Party [D,R]; A Brand New Hero [D,CoR]; Those Country Kids/The Rural Rivals. Peeping Pete; Rebecca's Wedding Day; The Under Sheriff; The Water Dog; A Robust Romeo; The Peddler; Those Happy Days; Tillie's Punctured Romance/Tillie's Nightmare/For the Love of Tillie/Marie's Millions; The Rounders; A Rural Demon; The Sea Nymphs/Catalina Story/His Diving Beauty; Sky Pirate [D,CoR]; A Suspended Ordeal; Tango Tangles; That Minstrel Man; Their Ups and Downs; A Misplaced Foot; Fatty's Gift [D,R]; Zip the Dodger; The Masquerader; Our Country Cousin. 1915: Mabel and Fatty's Married Life [D,R]; Coloured Villiany; Fatty's Reckless Fling; Fatty's Plucky Pup; Fatty's New Role [D,R]; Fatty's Magic Pants/Fatty's Magic Party [D,R]; Shotguns That Kick; Fatty's Faithful Fido [D,R]; Fatty and Mabel's Simple Life/The Runaway Auto [D,R]; Mabel and Fatty's Wash Day/ Mabel's Flirtation [D,R]; Fatty's Chance Acquaintance; That Little Band of Gold [D,R]; Mabel, Fatty and the Law/ Fatty's Spooning Day [D,R]; Fatty and Mabel at the San Diego Exposition/ Fatty and Mabel at the Fair [D,R]; Among the Mourners. Mabel's Wilful Way [D,R]; When Love Took Wings [D,R]; Fatty's Tintype Tangle; Wished on Mabel [D,R]; Fickle Fatty's Fall [D,R]; The Little Teacher/Small Town Teacher/A Small Town Bully [D,R?]; Fatty's Tintype Tangle [D,R]; Miss Fatty's Seaside Lovers; Love in Armour; Fatty and Minnie Hee-Haw [D,R]; Rum and Wallpaper. 1916: Fatty and Mabel Adrift/ House at Sea [D,R]; Bright Lights/The Lure of Broadway [D,R]; The Village Scandal [D,R]; The Waiters' Ball [D,R]; Fatty and the Broadway Stars [D,R]; His Wife's Mistake [D,R]; Moonshiners [R]; The Other Man [D,R]; His Alibi [D,R]; A Cream Puff Romance [D,R]; He Did and He Didn't/Love and Lobsters [D,R]. 1917: A Country Hero [D,R]; Fatty at Coney Island [D,R]; Butcher Boy [D,R]; The Rough House [D,R]; His Wedding Night [D,R]. 1917/18: Oh, Doctor! [D,R]; Out West [D,R]. 1918: The Bell Boy [D,R]; Moonshine [D,R]; The Cook [D,R]; Good Night, Nurse [D,R]. 1919: Love [D,R]; A Desert Hero [D,R]; The Garage [D,R]; Back Stage [D,R]; The Hayseed [D,R]. 1920: The Round-Up; The Life of the Party. 1921: Brewster's Millions; Gasoline Gus; Leap Year; Crazy to Marry; The Traveling Salesman; The Dollar-a-Year Man; The Fast Freight. 1923: Hollywood. 1925: Tourist [R]; The Movies [R]; Go West (Der Cowboy). 1926: My Stars [R]; Home Cured [R]; His Private Life [R]; Fool's Luck [R]; The Fighting Dude [R]; Cleaning Up [R]; One Sunday Morning [R]. 1927: Special Delivery [R]; Peaceful Oscar [R]; The Red Mill [R]. 1930: Up a Tree [R]; Three Hollywood Girls [R]; Si si Senor [R]; Won By a Neck [R]. 1931: Queenie of Hollywood [R]; The Back Page [R]; Beach Pajamas [R]; Crashing Hollywood [R – KF]; Ex-Plumber [R]; Honeymoon Trio [R]; Idle Roomers [R]; The Lure of Hollywood [R]; Marriage Rows [R]; Once a Hero [R]; That's My Meat [R]; Smart Work [R]; Windy Riley Goes Hollywood [R – KF]; Take 'em and Shake 'em [R]; The Tamale Vendor [R]; Up Pops the Duke [R]; That's My Line [R]; One Quiet Night [R]; Peat and Repeat [R]. 1932: Anybody's Goat [R]; Bridge Wives [R]; Gigolettes [R]; Hey, Pop!; Hollywood Luck [R – KF]; It's a Cinch [R]; Keep Laughing [R]; Moonlight and Cactus [R]; Mother's Holiday [R]; Niagara Falls [R]; Hollywood Lights [R – KF]. 1933: How've You Been?; In the Dough; Tomalio; Buzzin' Around; Close Relations.

Ardant, Fanny

*22. 3. 1949 Saumur

Tochter eines Kavallerieoffiziers. Erste Theatererfahrungen auf der Klosterschule. Studium der Politologie in Aix-en-Provence. Schauspielunterricht bei Jean Perimony; 1974 Debüt in einem Stück von Corneille. Neben französischen Engagements längere Gastspiele in Rom und Palermo. François Truffaut wird durch den TV-Film *Les dames de la côte* auf sie aufmerksam. Sie wird zu seiner Lieblingsschauspielerin und Lebensgefährtin. Mit Gérard Depardieu als Partner wird sie in der Rolle der personifizierten voyeuristischen Herausforderung in Truffauts *La femme d'a côté* enthusiastisch gefeiert. In seinem *Vivement dimanche!* spielt sie eine detektivische Sekretärin. Eine Festlegung auf distanziert-selbstbewußte Frauentypen von luzider Schönheit durchbricht sie mit der leidenschaftlichen Rolle in André Delvaux' *Benvenuta* (1983). Sie spielt in drei Filmen von Alain Resnais, zuletzt in *Mélo*. In Volker Schlöndorffs Proust-Verfilmung *Un amour de Swann* zelebriert sie die Duchesse de Guermantes, als Femme fatale ist sie in Michel Devilles *Le paltoquet* (1986) und als leidenschaftlich Liebende in Ettore Scolas *La famiglia* zu bewundern. In den 80er Jahren auch Arbeit für das französische Fernsehen. In der Romanadaption *Le Colonel Chabert* liefert sie eine überzeugende Interpretation der von Balzac entworfenen Frauenfigur der Gräfin Feraud, in der Satire *Ridicule* spielt sie eine mächtige Hofdame.

[FR] 1978: Les chiens (Die Hunde). 1980: Les uns et les autres (Ein jeglicher wird seinen Lohn empfangen) [TVS]; Mémoires de deux jeunes mariées [TV]. 1981: Le chef de famille [TV]; La femme d'à côté (Die Frau nebenan). 1982/83: La vie est un roman (Das Leben ist ein Roman). 1983: Benvenuta (Das anonyme Bekenntnis) [BE/IT/FR]; Evas Töchter [TVS – BRD]; Un amour de Swann/Eine Liebe von Swann [FR/BRD]; Vivement dimanche! (Auf Liebe und Tod). 1984: L'Été prochain (Die Familienpyramide); Les enragés; L'Amour à mort; Desiderio [IT]. 1985: Conseil de famille (Ehrbare Ganoven). 1985/86: Mélo (Melo). 1986: Le paltoquet. 1986/87: La famiglia/La famille (Die Familie) [IT/FR]. 1987: Médecins des hommes [TV]. 1987/88: Paura e amore/Trois soeurs/Fürchten und Lieben [IT/FR/BRD]. 1988: La grande capriole [TV]. 1989: Aventure de Catherine C./L'ultima luna [FR/IT]; Australia (Australia) [BE/FR/CH]; Pleure pas, my love. 1991: Rien que des mensonges (Rien que des mensonges); La femme du deserteur [FR/IL]. 1991/92: Afraid of the Dark/Double vue (Angst vor der Dunkelheit) [GB/FR]. 1992: Amok [FR/PT/DE]; François Truffaut, portraits volés [DOK]. 1994: Le Colonel Chabert (Colonel Chabert); Les cent et une nuits/A Hundred and One Nights (101 Nacht – Die Träume des Monsieur Cinéma) [FR/GB]. 1995: Désiré; Pédale douce (Auch Männer mögen's heiß); Sabrina (Sabrina) [US]; Jenseits der Wolken/Par-delà les nuages/Al di là delle nuvole [DE/FR/IT]. 1995/96: Ridicule.

Arinbasarova, Natal'ja
(Natal'ja Utevlevna Arinbasarova)
*24. 9. 1946 Moskau
Nach dem Studium an der Ballettschule des Moskauer Bolschoitheaters Verpflichtung in das Ballett-Ensemble der Oper von Alma-Ata. Andrej Michalkov-Končalovskij, ihr späterer Ehemann, gibt ihr als junger Absolvent der Moskauer Filmhochschule 1965 die weibliche Hauptrolle seines Debütfilms *Pervyj učitel'* nach Čingiz Ajtmatovs Erzählung, für ihre Darstellung des einfachen Bauernmädchens Altynaj erhält sie 1966 beim Filmfestival von Venedig den Volpi-Pokal als beste Schauspielerin. Die ausgebildete Tänzerin besucht in der Folgezeit die Schauspielfakultät der Filmhochschule in Moskau, wo sie bei Sergej Gerasimov studiert. Sie erhält von ihm die autobiografisch gefärbte Rolle einer jungen kirgisischen Tänzerin, die in Moskau ausgebildet wurde, in *U ozera*. 1970 wird ihr der Darstellerpreis des Allunionsfilmfestivals in Minsk für die Verkörperung der Manšuk Mametova, einer Heldin des «Großen Vaterländischen Krieges», in *Pesn' o Manšuk* (Mažit Begalin) zugesprochen. Für die Kamšat Sataeva in Aleksej Sacharovs *Vkus chleba* erhält sie 1979 den Staatspreis der UdSSR. Arinbasarova ist Verdiente Künstlerin der RSFSR.

[SU] 1965: Pervyj učitel' (Der erste Lehrer). 1967: Taškent – gorod chlebnyj (Brot aus Taschkent). 1968: Džamila (Sehnsucht nach Dshamila). 1969: Pesn' o Manšuk (Hinterm Haus der Feind); U ozera (Am See). 1970: Spokojnyj den' v konce vojny [KF]. 1971: Noč' na 14-j paralleli (Die Nacht am 14. Breitengrad). 1972: U staroj mel'nicy [TV]. 1973: Tam, gde gory belye. 1975: Vybor [TV]. 1976: Vstreči na medeo [TV]. 1977: Transsibirskij ekspress (Transsibirien-Expreß); Ulan. 1978: V noč' lunnogo zatmenija (In der Nacht der Mondfinsternis). 1979: Vkus chleba; Dopolnitel'nye voprosy; Serebrjanyj rog Ala-Tau. 1981: Tri dnja prazdnika; Provincial'nyj roman (Provinzroman). 1984: Pervaja konnaja (Die erste Reiterarmee); Sladkij sok vnutri travy (Süßer Saft des Grases); Iona, ili chudožnik za rabotoj [KF]. 1985: Sekunda na podvig; Korabl' prišel'zev (Das Schiff der Außerirdischen); Pervyj. 1986: Cnajpery. 1987: Vizit k Minotavry [TV]; Amulanga Amulanga. 1989: Vchod v labirint [TV]. 1990: Russkaja ruletka; Sistema «Nippel'»; Net čužoj zemli [TV]. 1993: Tram-tararam, ili buchtybarachty [RU].

Arkin, Alan
(Alan Wolf Arkin)
*26. 3. 1934 New York City
Sohn russisch-deutscher Eltern. Nach Besuch des Los Angeles City College bei der Folksong-Gruppe «The Tarriers». Anfang der 60er in Chicago Mitglied der Improvisations-Gruppe «Second City», Zusammenarbeit mit Mike Nichols und Elaine May. 1963 Broadway-Debüt «Enter Laughing» (Tony Award). Regiedebüt mit «Little Murders». Erste Filmerfahrung 1962/63 in zwei Kurzfilmen. Kino-Erfolg als russischer Leutnant Rosanov in Norman Jewisons Komödie *The Russians Are Coming, the Russians Are Coming* (Oscar-Nominierung). Häufig in Komödien mit jüdischem Hintergrund, übernimmt er aber auch untypische Rollen, wie den kaltblütigen Irren in *Wait Until Dark* (Terence Young). 1968 weitere Oscar-Nominierung für den taubstummen John Singer in *The Heart Is a Lonely Hunter* (Robert Ellis Miller). Als geschäftstüchtiger Flieger Yossarian in Mike Nichols Weltkriegs-Satire *Catch-22*. 1971 Regiedebüt wiederum mit *Little Murders*. 1975 Preis der New Yorker Filmkritik für *Hearts of the West* (Howard Zieff). In den folgenden Jahren Zusammenarbeit mit Regisseuren wie John Cassavetes (*Big Trouble*) und Sidney Pollack (*Havana*). Auch schriftstellerisch tätig: 1972 Kinderbuch «Tony's Hard Work Day», 1979 «Halfway Trough the Door: An Actor's Journey Toward's the Self» über Yoga-Erfahrungen. 1993 Produzent von *Samuel Beckett is Coming Soon*, dabei auch als Regisseur vor und hinter der Kamera.

[US] 1957: Calypso Heat Wave (Calypso-Fieber). 1962: That's Me [KF]. 1963: The Last Mohican [KF]. 1966: The Russians Are Coming, the Russians Are Coming (Die Russen kommen! Die Russen kommen!). 1967: T.G.I.F. [R – KF]; Wait Until Dark (Warte bis es dunkel ist); Woman Times Seven/Sept fois femme. 6. EP: The Suicides (Marie) (Siebenmal lockt das Weib) [EP – US/FR]. 1967/68: Inspector Clouseau (Der rosarote Panther: Inspektor Clouseau) [GB]. 1968: The Heart Is a Lonely Hunter (Das Herz ist ein einsamer Jäger). 1969: The Monitors; Popi (Popi); People Soup [R,CoA – KF]. 1970: Catch-22 (Catch 22). 1971: Deadhead Miles; Little Murders (Kleine Mörder) [D,R]. 1972: Last of the Red Hot Lovers (Der Letzte der feurigen Liebhaber). 1974: Freebie and the Bean (Der Superschnüffler). 1975: Rafferty and the Gold Dust Twins (Rafferty und die wilden Mädchen); Hearts of the West (Ins Herz des wilden Westens). 1976: The Seven-Per-Cent Solution (Kein Koks für Sherlock Holmes); Fire Sale (Es brennt an allen Ecken) [R]. 1977: The Defection of Simas Kudirka [TV]. 1978: The Other Side of Hell (Die andere Seite der

Hölle) [TV]. 1979: Improper Channels (Papa haut auf den Putz) [CA]; The In-Laws (Zwei in Teufels Küche) [D,P]; The Magician of Lublin (Der Magier) [IL]. 1980: Simon (Simon, der Außerirdische). 1981: Full Moon High (Ein Werwolf beißt sich durch); Chu Chu and the Philly Flash (Crazy Street Life). 1982: The Return of Captain Invincible (Return of Captain Invincible) [AU]; The Last Unicorn (Das letzte Einhorn) [S – ANI]. 1984: Faerie Tale Theatre: The Emperor's New Clothes [TV]; A Matter of Principle [TV]. 1985: Joshua Then and Now [CA]; Bad Medicine (Weißkittel – Dümmer als der Arzt erlaubt); Big Trouble (Sterben ... und leben lassen); The Fourth Wise Man [TV]. 1986: A Deadly Business (Tödliches Geschäft) [TV]. 1987: Escape from Sobibor (Sobibor) [TV – GB]; Necessary Parties [D,A – TV]. 1990: Too Much Sun (Too Much Sun – Ein Stich zuviel); Edward Scissorhands (Edward mit den Scherenhänden); Coupe de Ville (Wild Boys); Havana (Havanna). 1991: The Rocketeer (Rocketeer). 1992: Glengarry Glen Ross (Glengarry Glen Ross); Cooperstown. 1993: So I Married an Axe Murderer (Liebling, hältst du mal die Axt); Indian Summer (Indian Summer – Eine wilde Nacht im Sommer); Samuel Beckett is Coming Soon [D,R,P]; Taking the Heat (Taking the Heat). 1994: Doomsday Gun (Doomsday Gun – Die Waffe des Satans) [TV]; North (North). 1994/95: The Jerky Boys. 1995: Steal Big, Steal Little; Heck's Way Home. 1996: Grosse Pointe Blank. 1997: Hugo Pool; Gattaca.

Arletty

(Arlett-Léonie Bathiat)
*15. 5. 1898 Courbevoie
†24. 7. 1992 Paris

Sie stammt aus einfachen Verhältnissen (Mutter Wäscherin, Vater Straßenbahnfahrer); Arbeiterin, Stenotypistin, Mannequin; seit 1918 Sängerin in Pariser Music-Halls, ab 1919 in komischen Rollen am Theater. 1930 Filmdebüt; durch die Rollen in Filmen, die aus der Zusammenarbeit Marcel Carnés mit Jacques Prévert entstehen, legendär: Sowohl in *Hôtel du Nord* als auch in *Le jour se lève* ist sie 1939 die unerreichbare und zugleich unglücklich liebende Frau; in Frankreich wird sie Greta Garbo und Marlene Dietrich an die Seite gestellt. Eine höchst mysteriöse androgyne Dominique verkörpert sie in Marcel Carnés *Les visiteurs du soir*; als Garance, leidenschaftlich geliebte Partnerin Jean-Louis Barraults, in Carnés *Les enfants du paradis* (1943/44) macht sie Filmgeschichte. Auch als Komödiantin, mehrfach als Partnerin Michel Simons, leistet sie Überragendes. Nach dem 2. Weltkrieg wird sie beschuldigt, während der Okkupation Beziehungen zu einem Deutschen unterhalten zu haben, und kommt 1946 für 2 Monate ins Gefängnis; daher zunächst keine Rollen beim Film. Neben der Filmarbeit seit 1949 zahlreiche Theaterauftritte, u. a. in Stücken von Tennessee Williams, Marceau, Brendan Behan und Cocteau. Nur noch gelegentlich Filmarbeit. Um 1963 zieht sie sich zurück, da sie durch einen Unfall auf einem Auge erblindet. 1972 erscheinen ihre Memoiren «La défense», die sie 1987 mit «Je suis comme je suis» fortsetzt.

[FR] 1930: La douceur d'aimer. 1931: Un chien qui rapporte. 1932: La belle aventure [Version – DE/FR]; Enlevez-moi; Une idée folle. 1933: Mlle Josette ma femme; Un soir de réveillon; Je te confie ma femme; La guerre des valses [Version – DE/FR]. 1934: Pension Mimosas (Spiel in Monte Carlo); Le voyage de Monsieur Perrichon. 1935: Le vertige (Sonja); Amants et voleurs. 1936: La fille de Madame Angot; Messieurs les ronds-de-cuir; Le mari rêve; La garçonne; Feu la mère de madame; Aventure à Paris; Faisons un rêve. 1937: Aloha, le chant des îles; Désiré; Les perles de la couronne (Die Perlen der Krone); Mirages. 1938: La chaleur du sein; Le petit chose; Hôtel du Nord. 1939: Circonstances atténuantes; Le jour se lève (Der Tag bricht an); Tempête; Fric-frac. 1941: Madame Sans-Gêne; Boléro. 1942: Les visiteurs du soir (Die Nacht mit dem Teufel); La femme que j'ai le plus aimé; L'amant de Bornéo. 1943/44: Les enfants du paradis (Kinder des Olymp). 1949: Portrait d'un assassin. 1951: Gibier de potence (Die Hexe von Montmartre); L'amour madame. 1953: Le père de mademoiselle. 1953/54: Le grand jeu/Il grande giuoco (Die letzte Etappe) [FR/IT]. 1954: Aria di Parigi/L'air de Paris (Die Luft von Paris) [IT/FR]; Huis-clos (Geschlossene Gesellschaft). 1956: Mon curé chez les pauvres; Vacances explosives. 1957: Le passager clandestin/The Stowaway (Nächte auf Tahiti) [FR/AU]. 1958: Et ta sœur?; Un drôle de dimanche (Leben und lieben lassen); Maxime (Die Affären von Madame M.). 1961: La gamberge (Die tolle Masche). 1961/62: Les petits matins (Wir bitten zu Bett). 1962: Tempo di Roma/Esame di guida (Römisches Abenteuer) [FR/IT]; La loi des hommes; Le voyage à Biarritz; The Longest Day (Der längste Tag) [US].

Armendáriz, Pedro

*9. 5. 1912 Churubusco (Mexiko)
†18. 6. 1963 Los Angeles

Armendáriz besucht die Schule in San Antonio (Texas), studiert an der UCLA in Los Angeles, geht anschließend zurück nach Mexiko. In den frühen 30er Jahren macht er kurz Karriere als Bühnenschauspieler, 1935 debütiert er vor der Kamera und avanciert zum berühmtesten mexikanischen Filmstar der 40er Jahre. Zu seinen bekanntesten Rollen zählt die des idealistischen und unglücklich verliebten Arbeiterführers Octavio in *Distinto amanecer* (Julio Bracho), der vor einer korrupten Regierung fliehen muß. Am populärsten wird er als indianischer Bauer Lorenzo in *Maria Candelaria* (Emilio Fernández), ebenfalls eine tragische Liebesgeschichte vor historischem Hintergrund. Er ist nahezu in allen mexikanischen Filmen festgelegt auf die Rolle des romantischen, schmachtenden Helden. Große Erfolge als Partner des weiblichen Stars Dolores del Río, sie gelten als Leinwand-Traumpaar jener Jahre. 1947 Hollywood-Debüt in *The Fugitive* (John Ford), 1948 Co-Star von John Wayne in Fords *Three Godfathers*. Er bleibt in amerikanischen Produktionen aber auf die Rolle des «typischen» Mexikaners beschränkt. Er spielt nun auch in europäischen Filmen, u. a. seine letzte Rolle in der James-Bond-Reihe, Terence Youngs *From Russia with Love*. 1963 erschießt er sich im UCLA Medical Center wegen eines fortgeschrittenen Krebsleidens.

[MX] 1935: Rosario; María Elena. 1937: Mi candidato; Jalisco nunca pierde; La Adelita; Amapola del camino; Las cuatro milpas. 1938: Canto a mi tierra; Los millónes de Chafian; Una luz en mi camino; El Indio. 1939: Borrasca humana; Con los Dorados de Pancho Villa; La reina del río; Los olvidados de Dios; La China Hilaria. 1940: El secreto del sacerdote; El jefe máximo; Pobre diablo; El Charro Negro; Mala yerba; El Zorro de Jalisco. 1941: Simón Bolivar; La isla de la pasión; La epopeya del camino; Del rancho a la capital; Ni sangre ni arena; Allá en el Bajío. 1942: Tierra de pasiones; Guadalajara; Soy puro mexicano. 1943: La guerra de los pasteles; María Candelaria; Flor Silvestre; Las calaveras del terror; Konga roja; Distinto amanecer. 1944: Entre hermanos; Alma de bronce; La campaña de mi pueblo; El capitán Malacara; El corsario negro; Bugambilia; Las abandonadas. 1945: Rayando el sol; La perla/The Perl (Mexikanische Romanze) [MX/US]. 1946: Enamorada. 1947: The Fugitive (Befehl des Gewissens) [US]; La casa colorado; Juan Charrasqueado; Albur de amor. 1948: Al caer de la tarde; Maclovia; En la hacienda de la Flor; Fort Apache (Bis zum letzten Mann) [US]. 1949: Bodas de fuego; Vuelve Pancho Villa; La masquerada; El charro y la dama; La malquerida (Die Herrin von Soto); Tulsa [US]; We Were Strangers [US]; Three Godfathers (Spuren im Sand) [US]; El abandonado. 1950: Por la puerta falsa; La loca de la casa; The Torch/Del odio nace el amor (Rebellen der schwarzen Berge) [US]; Nos veremos en el cielo; Puerta falsa; Tierra baja; Camino del infierno; Rosauro Castro. 1951: La noche avanza; Por querer a una mujer; Ella y yo; Los tres alegres compadres. 1952: Les amants de Tolède/Gli amanti di Toledo/El tirano de Toledo (Die Liebenden von Toledo) [FR/IT/ES]; El bruto (El Bruto, der Starke); El rebozo de Soledad (Der Hexer von Santa Cruz); Carne de presidio. 1953: Lucrèce Borgia/Lucrezia Borgia (Lucrezia Borgia) [FR/IT]; Reportaje; Reto a la vida; Mulata (Mulatta, Königin des Mambo); Mate a la vida. 1954: La rebelión de los colgados (Die Rebellion der Gehenkten); Border River (Teufelspassage) [US]; Les amants du tage (Nächte in Lissabon) [FR]; Dos mundos y un amor. 1954/55: Fortune carrée/Shaitan, il diavolo del deserto (König der Wüste) [FR/IT]. 1955: Tam tam Mayumbe/Tam-Tam (Bringt ihn lebend) [IT/FR]; El pequeno proscrito; La escondida (Die Rebellenbraut); The Littlest Outlaw (Der kleine Rebell) [US/MX]. 1956: Diane (Diane – Kurtisane von Frankreich) [US]; La mujer que no tuvo infancia; The Conqueror (Der Eroberer) [US]; Canasta de cuentos mexicanos (Canasta) [EP]; El impostor; Viva revolución. 1956/57: Uomini e lupi/Hommes et loups (Frauen und Wölfe) [IT/FR]. 1957: Affair in Havana [US]; Ando volando bajo; Manuela [GB]; The Big Boodle (Jagd durch Havanna) [US]; Flor de mayo; El zarco; Así era Pancho Villa (Teufelsgeneral Pancho Villa); Yo quiero ser artista; Los salvajes; La pandilla del soborno. 1958: Sed de amor; Dos hijos desobedientes; Los desarraigados; Pancho Villa y la Valentina; Quando ¡Viva Villa! es la muerte; Café Colón; Las señoritas Vivanco. 1959: The Wonderful Country (Heiße Grenze) [US]; The Little Savage/El penpeno salvaje [US]; Calibre 44; El hambre nuestro de cada día; La Cucaracha (Sturm über Mexiko); Yo pecador. 1960: La cárcel de Cananea; El indulto [ES]; 800 leguas por el Amazona; Los hermanos del Hierro. 1961: Los valientes no mueren; Francis of Assisi (Franz von Assisi) [US]; El tejedor de milagros. 1961/62: Arrivano i Titani/Les Titans (Kadmos – Tyrann von Theben) [IT/FR]. 1962: La bandida. 1963: From Russia With Love (Liebesgrüße aus Moskau) [GB]; Captain Sinbad (Kapitän Sindbad) [US].

Arno, Siegfried

(Siegfried Aron)
*27. 12. 1895 Hamburg
†17. 8. 1975 Woodland Hills (California)

Bruder des Schauspielers, Tänzers und Malers Bruno Arno. Nach der Talmud-Thora-Realschule Ausbildung an der Kunstgewerbeschule in Hamburg; Modezeichner. Mitglied im Hamburger Theaterverein; erstes Engagement am Stadttheater Harburg, dann Operettenhaus. Nach dem Krieg an Theatern in Hamburg, Altona und Prag, ab 1921 in Berlin, 1932/33 Kabarett der Komiker. Populär als Schauspieler, Sänger, Tänzer und exzentrischer Komiker. Seit Mitte der 20er Jahre auch erfolgreich im Film: «Underdog»-Rollen, häufig in Militär- und Zivil-Klamotten. Mit dem großen, massigen Kurt Gerron bildet der schmale, schlaksige Sigi Arno mit der langen Nase wiederholt ein Komiker-Team; als «Beef und Steak» in deutschen Film-Grotesken: *Wir halten fest und treu zusammen* (Herbert Nossen), *Aufruhr im Junggesellenheim* (Manfred Noa) Komische Nebenrollen in einigen Filmen von G. W. Pabst: Detektiv in *Die Liebe der Jeanne Ney*, Theaterinspizient in *Die Büchse der Pandora*. Anfang der 30er Jahre auch einige Hauptrollen: Hannes in *Die vom Rummelplatz* (Carl Lamac); Moritz Meier in *Moritz macht sein Glück* (Jaap Speyer). 1933 Emigration: Holland, Belgien, Schweiz, Italien, Spanien, Portugal; unterwegs Kabarett, Theaterarbeit, einzelne Filme. In Belgien 1937 Regie von *La Gloire du Regiment / Le Cauchemar de Beverloo*). 1939 nach Hollywood: Supporting actor. Nebenher arbeitet Sig Arno (so seit 1940) auch als Zeichner und Porträtist. Theaterarbeit am Broadway. 1952–54 als Professor Kropotkin in der TV-Serie *My Friend Irma*. 1954/55 Deutsches Theater New York, dann Gastspiele in Buenos Aires und in der BRD. 1966 Filmband in Gold für langjähriges und hervorragendes Wirken im deutschen Film.

[DE] 1921: Die rote Katze. 1924: Barfüßele. 1925: Die Frau von vierzig Jahren; Die vertauschte Braut; Die Frau für 24 Stunden; Vorderhaus und Hinterhaus; Der Hahn im Korb. 1925/26: Manon Lescaut; Der Stolz der Kompagnie/Die Perle des Regiments. 1926: Nanette macht alles; Der dumme August des Zirkus Romanelli; Der Provinzonkel; Die dritte Eskadron; Annemarie und ihr Ulan; Der Soldat der Marie; Das Panzergewölbe; In der Heimat, da gibt's ein Wiedersehn!; Der Sohn des Hannibal; Schatz, mach' Kasse; Die Villa im Tiergarten; Vater werden ist nicht schwer; Wenn der junge Wein blüht. 1926/27: Der Mann mit der falschen Banknote; Lützows wilde verwegene Jagd. 1927: Die Achtzehnjährigen; Üb' immer Treu und Redlichkeit; Ein schwerer Fall; Familientag im Hause Prellstein; Leichte Kavallerie; Der große Unbekannte; Der Mann ohne Kopf; Die Dollarprinzessin und ihre sechs Freier; Die Liebe der Jeanne Ney; Eine kleine Freundin braucht ein jeder Mann; Eins + Eins = Drei. Ehe man Ehemann wird; Dr. Bessels Verwandlung; Herkules Maier; Fürst oder Clown; Moral. 1927/28: Tragödie im Zirkus Royal; Die Dame und ihr Chauffeur. 1928: Der Ladenprinz; Gaunerliebchen; Looping the Loop; In Werder blühen die Bäume; Polnische Wirtschaft; G'schichten aus dem Wiener Wald; Das letzte Souper; Moderne Piraten; Serenissimus und die letzte Jungfrau; Unmoral; Spelunke; Ihr dunkler Punkt. 1928/29: Wir halten fest und treu zusammen; Die Büchse der Pandora. 1929: Sigi, der eilige Bräutigam/Zwischen elf und zwölf [KF]; Aufruhr im Junggesellenheim; Das verschwundene Testament/Ztracená závět'. [DE/CS]; Jenseits der Straße; Alte Kleider [KF]; Tagebuch einer Verlorenen; Das Mädel mit der Peitsche; Freiheit in Fesseln; Die Kaviarprinzessin. 1929/30: Der Witwenball. 1930: Und so ein Glück kannst du nur haben [KF]; Wien, du Stadt der Lieder; Heute Nacht – eventuell; Zapfenstreich am Rhein; Im Kampf mit der Unterwelt; Die vom Rummelplatz; Eine Freundin so goldig wie du; Moritz macht sein Glück/Meier und Co. [Version – FR]. 1930/31: Schuberts Frühlingstraum; Schachmatt. 1931: Die große Attraktion; Der Stumme von Portici [KF]; Das Geheimnis der roten Katze; Kabarett-Programm Nr. 1 [KF]; Kabarett-Programm Nr. 2 [KF]; Um eine Nasenlänge; Der Storch streikt; Schützenfest in Schilda; Ein ausgekochter Junge; Keine Feier ohne Meyer; Die Nacht ohne Pause; Der schönste Mann im Staate. 1934: Gado Bravo [PT]. 1937/38: La gloire du régiment [R – BE]. 1939: Bridal Suite [US]; The Star Maker [US]; The Hunchback of Notre Dame (Der Glöckner von Notre Dame) [US]. 1939/40: The Great Dictator (Der große Diktator) [US]. 1940: The Mummy's Hand [US]; Diamond Frontier [US]; A Little Bit of Heaven [US]; Dark Streets of Cairo [US]; This Thing Called Love [US]. 1941: The Gambling Daughters [US], Raiders of the Desert [US]; It Started With Eve (Die ewige Eva) [US]; Two Latins From Manhattan [US]; New Wine (Die Unvollendete) [US]; Passport to Heaven [US]. 1942: Two Yanks in Trinidad [US]; Juke Box Jenny [US]; Pardon My Sarong (Abbott und Costello unter Kannibalen) [US]; Tales of Manhattan (Sechs Schicksale) [EP – US]; The Devil with Hitler [US]; The Palm Beach Story (Atemlos nach Florida) [US]. 1942/43: Let's Have Fun [US]; The Crystal Ball [US]. 1943: Taxi, Mister [US]; Passport to Suez [US]; Larceny with Music [US]; His Butler's Sister (Die Stubenfee/Lied zu verschenken) [US]. 1943/44: Showboat Serenade [US]; Standing Room Only (Stehplatz im Bett) [US]; Up in Arms [US]. 1944: Song of the Open Road [US]; Once Upon a Time [US]. 1944/45: A Song to Remember (Polonaise/Triumph des Herzens) [US]; Roughly Speaking [US]; Bring on the Girls [US]. 1946: One More Tomorrow [US]. 1949: Holiday in Havana [US]; The Great Lover (Der große Liebhaber) [US]. 1950: Nancy Goes to Rio [US]; Duchess of Idaho (Die Venus verliebt sich) [US]; The Toast of New Orleans! (Der Fischer von Louisiana) [US]. 1951: On Moonlight Bay [US]. 1952: Rebound/ Counterpoint: The Wedding [TV – US]; Diplomatic Courier (Kurier nach Triest) [US]. 1952–54: My Friend Irma [TVS – US]. 1953: Fast Company [US]; The Great Diamond Robbery [US]. 1955: December Bride [TVS – US]. 1956: Producer's Showcase: Rosalinda [TV – US].

Arnoul, Françoise

(Annette Marie Mathilde de Gautsch)
* 3. 6. 1931 Constantine (Algerien)

Schauspielerische Ausbildung am Konservatorium für dramatische Kunst in Paris, plant eine Karriere als Tänzerin. Ab 1950 spielt sie zunächst Vamps und Prostituierte, bis Brigitte Bardot ihr den Rang als Frankreichs Erotikstar abläuft. Danach in differenzierteren Frauenrollen, die Selbstbewußtsein und Durchsetzungsvermögen zeigen; vorzugsweise in Unterhaltungs- und Kriminalfilmen. Nach längerer Fernseharbeit seit Beginn der 70er Jahre 1983

Rückkehr zum Kinofilm; sehr häufig in Filmen, die wohl ihre Attraktivität, kaum aber ihre künstlerischen Möglichkeiten zeigen; eine Ausnahme ist ihre Journalistin in Jean-Claude Missiaens *Ronde de nuit*.

[FR] 1949: Nous irons à Paris (Ja, in Mexiko); L'Épave (Perrucha, die Tochter der Nacht); Rendez-vous de juillet (Treffpunkt Quartier Latin). 1950: Mammy; La rose rouge; Mon ami le cambrioleur; Quai de Grenelle (Dein Weg ist dir bestimmt). 1951: Le désir et l'amour/El deseo y el amor (Wir brauchen einen Mann) [FR/ES]; La maison Bonnadieu; La plus belle fille du monde (Die Schönheitskönigin von Paris). 1952: Les amants de Tolède/Gli amanti di Toledo/El tirano de Toledo (Die Liebenden von Toledo) [FR/IT/ES]; Le fruit défendu (Verbotene Frucht); La forêt de l'adieu; Adieu Paris. 1953: Dortoir des grandes (Im Schlafsaal der großen Mädchen); Le mouton à cinq pattes (Der Hammel mit den fünf Beinen); Les compagnes de la nuit (Gefährtinnen der Nacht); La rage au corps (Zur Liebe verdammt). 1953/54: Viaggio in Italia/L'amour est plus fort (Liebe ist stärker) [IT/FR]. 1954: Les amants du Tage (Nächte in Lissabon); French-Cancan/Only the French Can (French Cancan) [FR/IT]; Secrets d'alcôve/Il letto. 4. EP: Riviera-Express (Dürfen Frauen so sein?) [EP – FR/IT]; Orage; Delirio/Orage (Du mußt mich vergessen) [IT/FR]. 1954/55: Napoléon/Napoleone Bonaparte (Napoleon) [FR/IT]. 1955: Des gens sans importance (Der Weg ins Verderben); Si Paris nous était conté. 1956: Paris, Palace Hôtel (Paris, Palace Hotel) [FR/IT]; Le pays d'où je viens (Zum Glück gibt es ihn doch). 1957: Thérèse-Étienne/Teresa Etienne (Therese Etienne) [FR/IT]; Cargaison blanche (Weiße Fracht aus Paris); Saiton jamais?/Un colpo da due miliard (Spuren in die Vergangenheit) [FR/IT]. 1958: La chatte (Die Katze). 1959: Asphalte (Ich begehre dich); Le chemin des écoliers/Furore di vivere (Die Schüler) [FR/IT]; La bête à l'affût (Das Weib und der Verdammte); La chatte sort ses griffes (Die Katze zeigt die Krallen). 1960: La morte-saison des amours (Reigen der Liebe); Le bal des espions (Die Spur führt nach Caracas). 1961: Les Parisiennes/Le parigine (Die Pariserinnen) [EP – FR/IT]. 1962: Le diable et les dix commandements/Le tentazioni quotidiane (Der Teufel und die zehn Gebote) [EP – FR/IT]. 1962/63: Vacances portugaises (Ferien in Portugal). 1963: A couteaux tirés (Frank Patton jagt die geheimnisvollen Fünf). 1964: La chance et l'amour/L'amore e la chance. 1. EP: Une chance explosive (Schräger Charme und tolle Chancen) [EP – FR/IT]; Lucky Jo (Lucky Jo). 1965: Compartiment tueurs (Mord im Fahrpreis inbegriffen). 1965/66: Der Kongreß amüsiert sich/Le congrès s'amuse [BRD/AT/FR]. 1966: Le dimanche de la vie [FR/IT/BRD]. 1970: Españolas en París [ES]. 1971: Le petit théâtre de Jean Renoir [TV]. 1974: Dialogue d'exilés/Diálogo de exilados [FR/ES]. 1976: Dernière sortie avant Roissy; Violette et François (Violette et François). 1978: Black-out/Black-out at New York (Bestien) [CA/FR]. 1979: Bobo Jacco [FR/BE]. 1981: Les brus (Zyankalicocktail) [TV]. 1983: Ronde de nuit. 1987: Nuit docile. 1990: Voir l'éléphant. 1991: Les années campagne. 1996: La cinquième saison; Temps de chien. 1996/97: Post coïtum animal triste.

Arquette, Rosanna

* 10. 8. 1959 New York City
Tochter des Schauspielers Lewis Arquette. Mit 17 Jahren Bühnendebüt. 1977 erste Fernseh-Rollen. 1978 Partnerin von Bette Davis im TV-Film *The Dark Secret of Harvest Home* (Leo Penn). Seit 1979 im Film: Anfangs vor allem als unkomplizierter Teenager und jugendliche Außenseiterin, wie in der Hollywood-Burleske *S.O.B.* (Blake Edwards). Bald auch ernsthaftere Rollen, wie die der verletzbaren Freundin eines Mörders in Lawrence Schillers Fernsehfilm *The Executioner's Song* (1982). 1985 Preis der Britischen Filmakademie für die Rolle der Yuppie-Ehefrau in Susan Seidelmans *Desperately Seeking Susan*, in dem Madonna ihre Gegenspielerin ist. Sie arbeitet u. a. mit Martin Scorsese, Lawrence Kasdan und Hal Ashby. In den 90ern wird sie von ihrer jüngeren Schwester, der Schauspielerin Patricia Arquette, an Popularität übertroffen und muß sich mit Nebenrollen in *Pulp Fiction* (1994) und David Cronenbergs *Crash* (1996) zufriedengeben.

[US] 1977: Having Babies II [TV]. 1977/78: James at 15 [TVS]. 1978: The Dark Secret of Harvest Home [TV]. 1979: Zuma Beach [TV]; The Ordeal of Patty Hearst [TV]; Shirley [TVS]; More American Graffiti (The Party is over...). 1980: Gorp. 1981: S.O.B. (Hollywoods letzter Heuler – S.O.B.); A Long Way Home (Der lange Weg nach Hause) [TV]. 1982: Johnny Belinda (Johnny Belinda) [TV]; The Wall [TV]; Baby It's You (Baby It's You); The Executioner's Song [TV]. 1983: One Cooks, the Other Doesn't (Die eine kocht, die andere nicht); Off the Wall. 1984: The Parade (Die Parade) [TV]. 1985: Silverado (Silverado); The Aviator (Der Flieger); After Hours (Nach Mitternacht); Survival Guides [TV]; Desperately Seeking Susan (Susan ... verzweifelt gesucht). 1986: Nobody's Fool [TV]; 8 Million Ways to Die (8 Millionen Wege zu sterben). 1987: Le grand bleu (Im Rausch der Tiefe – The Big Blue) [FR]; Amazon Women on the Moon (Amazonen auf dem Mond oder Warum die Amis den Kanal voll haben) [EP]. 1988: The Big Blue (Im Rausch der Tiefe – The Big Blue); Promised a Miracle (Warum muß Wesley sterben?). 1989: New York Stories. EP 1: Life Lessons (New Yorker Geschichten) [EP]; Wendy Cracked a Walnut/Almost (Wendy – Wenn Träume wahr werden) [AU]; Black Rainbow (Schwarzer Regenbogen) [GB]. 1990: Sweet Revenge (Linda, John und Kate oder: Rache ist süß); Flight of the Intruder (Flug durch die Hölle). 1991: Son of the Morning Star (General Custers letzte Schlacht); The

Linguini Incident (Houdini & Company – Der Geist des Magiers). 1992: Fathers & Sons (Getrennte Wege); In the Deep Woods (Schreie im Wald); Nowhere to Run (Ohne Ausweg). 1993: The Wrong Man (Dark Passion); Lacité de la peur: une comedie familiale [FR]. 1994: Pulp Fiction (Pulp Fiction); Nowhere to Hide (Lauf um dein Leben, S.B.) [TV]. 1995: Search & Destroy (The Moviemaker). 1996: Gone Fishin'. 1996/97: Crash (Crash). 1997: Liar.

Arthur, Jean
(Gladys Georgianna Greene)
*17. 10. 1905 New York City
†19. 6. 1991 Carmel (California)
Die Tochter eines Fotografen beginnt 1920 als Fotomodell, geht 1923 nach Hollywood, Filmdebüt in John Fords *Cameo Kirby*. In den 20er Jahren wird sie vor allem in schnell und billig produzierten B-Western von Warner Bros. eingesetzt. Häufig Partnerin des Komikers Monty Banks. Anfang der 30er Jahre am Broadway, u. a. in Garson Kanins «Born Yesterday», «Peter Pan» und in «Foreign Affairs». 1935 Rückkehr nach Hollywood. Sie spielt das patente Mädchen in Fords *The Whole Town's Talking*. 1936 und 1939 Hauptrollen in Filmen von Frank Capra: *Mister Deeds Goes to Town* und *Mister Smith Goes to Washington;* dort verlieben sich die redlichen Landjungen Deeds (Gary Cooper) und Smith (James Stewart) in die hartgesottene Städterin. Arthurs kehlige, erotische Stimme und ein etwas burschikoses Auftreten sind ihre Markenzeichen. Häufig auch in Western, so 1936 als Calamity Jane in *The Plainsman* (Cecil B. DeMille) und in romantischen Komödien. 1939 Erfolg als gestrandetes Showgirl an der Seite von Cary Grant im Fliegerdrama *Only Angels Have Wings* (Howard Hawks). 1943 einzige Oscar-Nominierung: *The More the Merrier* (George Stevens). Mitte der 50er Jahre Rückzug vom Kino. Verstärkt Fernseh-Tätigkeit: 1966 *The Jean Arthur Show*. Auch als Schauspiellehrerin tätig.

[US] 1923: Cameo Kirby. 1924: The Powerful Eye; Case Dismissed; Travelin' Fast; Thundering Romance; Fast and Fearless; Bringin' Home the Bacon; Biff Bang Buddy; Spring Fever. 1925: Thundering Through; A Man of Nerve; Hurricane Horseman; Drugstore Cowboy; Seven Chances (Der Mann mit den 1000 Bräuten); The Fighting Smile. Tearin' Loose. 1926: The College Boob; Lightning Bill; Twisted Triggers; Under Fire; The Fighting Cheat; Double Daring; Eight Cylinder Bull; The Mad Racer; Born to Battle; The Block Signal; Hello Lafayette; The Cowboy Cop. 1927: The Poor Nut; Flying Luck (Hoppla! Wir fliegen); Horse Shoes (Hochzeitsreise); The Broken Gate; Husband Hunters; Bigger and Better Blondes; The Masked Menace. 1928: Easy Come, Easy Go; Warming Up; Wallflowers; Brotherly Love; Sins of the Fathers (Sünden der Väter). 1929: Half Way to Heaven; The Greene Murder Case; The Canary Murder Case (Die Stimme aus dem Jenseits); Stairs of Sand; The Mysterious Dr. Fu Manchu; The Saturday Night Kid. 1930: Paramount on Parade; Young Eagles; Street of Chance; The Return of Dr. Fu Manchu; Danger Lights; The Silver Horde. 1930/31: The Gang Buster. 1931: The Lawyer's Secret; Virtuous Husband; Ex-Bad Boy. 1932/33: The Past of Mary Holmes. 1933: Get That Venus. 1934: The Whole Town's Talking (Stadtgespräch); Most Precious Thing in Life; Whirlpool; The Defense Rests. 1935: If You Could Only Cook (Wenn sie nur kochen könnte); Diamond Jim; Public Hero No.1; Party Wire (Party Wire); The Public Menace. 1935/36: Mr. Deeds Goes to Town (Mister Deeds geht in die Stadt). 1936: Adventure in Manhattan; The Plainsman (Verrat – Die Abenteuer des Buffalo Bill/Der Held der Prärie); More Than a Secretary; The Ex-Mrs; Bradford. 1937: History Is Made at Night (... und ewig siegt die Liebe); Easy Living (Mein Leben in Luxus/Leichtes Leben). 1938: You Can't Take It with You (Lebenskünstler). 1939: Only Angels Have Wings (SOS – Feuer an Bord); Mr. Smith Goes to Washington (Mr. Smith geht nach Washington). 1939/40: Too Many Husbands. 1940: Arizona. 1941: The Devil and Miss Jones (Mary und der Millionär). 1942: The Talk of the Town (Die Frau, von der man spricht). 1943: The More the Merrier (Immer mehr, immer lustiger); A Lady Takes a Chance (Harte Burschen – steile Zähne). 1944: The Impatient Years. 1948: A Foreign Affair (Eine auswärtige Affäre). 1953: Shane (Mein großer Freund Shane). 1966: The Jean Arthur Show [TVS].

Ashcroft, Peggy
(Dame Edith Margaret Emily Ashcroft)
*22. 12. 1907 Croydon
†14. 6. 1991 London
Bühnendebüt 1926 in «Dear Brutus»; danach zahlreiche große Frauenrollen des klassischen und modernen Theater-Repertoires. 1961 Beteiligung an der Gründung der Royal Shakespeare Company. Neben der intensiven Bühnenarbeit wiederholt in stark beachteten Filmen, z. B. 1933 neben Conrad Veidt in Maurice Elveys *The Wandering Jew*, 1935/36 in Berthold Viertels Kolonial-Biografie *Rhodes of Africa*, 1959 in Fred Zinnemanns *The Nun's Story*, 1968 in Joseph Loseys *Secret Ceremony* und 1970 in John Schlesingers *Sunday, Bloody Sunday*. 1984 Oscar für die zentrale Nebenrolle der Mrs. Moore in David Leans Monumentalfilm *A Passage to India*. 1988 zweite Zusammenarbeit mit Schlesinger bei dessen *Madame Sousatzka* nach einem Roman von Bernice Rubens. Zweimalige Zusammenarbeit auch mit dem Thea-

terregisseur Peter Hall: 1969 in *Three Into Two Won't Go* und 1989 in *She's Been Away*, ihrem letzten Film. Ashcroft, die sich politisch u. a. für Amnesty International und die Anti-Apartheid-Bewegung engagiert, wird 1956 zur «Dame Commander of the British Empire» geadelt. Verheiratet mit dem Regisseur Theodore Komisarjevsky.

[GB] 1933: The Wandering Jew. 1935: The 39 Steps (Die 39 Stufen). 1935/36: Rhodes of Africa. 1940/ 41: Quiet Wedding. 1959: The Nun's Story (Geschichte einer Nonne) [US]. 1967/68: Tell Me Lies. 1968: Secret Ceremony (Die Frau aus dem Nichts). 1968/ 69: Three into Two Won't Go (2 durch 3 geht nicht). 1971: Sunday, Bloody Sunday (Sunday, Bloody Sunday). 1973: Der Fußgänger [BRD/CH]. 1976: Edward and Mrs. Simpson (Edward und Mrs. Simpson) [TVS]. 1977: Joseph Andrews. 1979: Hullabaloo over Georgie and Bonnie's Pictures (Der große Trubel um Georgies und Bonnies Bilder). 1980: Caught on a Train (Ostende-Wien-Express) [TV]; Cream in My Coffee (... wie das Salz in der Suppe) [TV]. 1984: The Jewel in the Crown (Das Juwel der Krone) [TVS]; A Passage to India (Reise nach Indien). 1987: A Perfect Spy (Ein blendender Spion) [TVS]. 1988: Poliakoff Film; Madame Sousatzka (Madame Sousatzka). 1988/89: The Heat of the Day (Einer zuviel) [TV]. 1989: She's Been Away (Eine unwürdige Frau).

Astaire, Fred

(Frederick Austerlitz)
*10. 5. 1899 Omaha (Nebraska)
†22. 6. 1987 Los Angeles
1906 als 7jähriger zusammen mit Schwester Adele Auftritte als Tanzduo in Vaudeville-Theatern. Besuch der New Yorker Alvienne School of Dancing und Ned Wayburn Studio of Stage Dancing. Mit seiner Schwester 1917 Broadway-Erfolg in «Over the Top» und «The Passing Show of 1918». Bis 1931 sind die beiden eines der populärsten Tanzpaare in New York und London. Erster Filmkontakt bereits als Kind in einem Mary-Pickford-Film. 1931 mit Adele Auftritt in einem Vitaphone-Kurzfilm. 1933 eigentliches Filmdebüt in *Dancing Lady* (Robert Z. Leonard) neben Clark Gable und Joan Crawford. Astaire wird schnell bekannt durch seinen elegant fließenden Tanzstil und einfallsreiche Solos. Im selben Jahr erstmals Partner von Ginger Rogers, mit der er in neun weiteren Filmen zum populärsten amerikanischen Tanzpaar der 30er Jahre wird. Kinohit 1934: *The Gay Divorcee* (Mark Sandrich) mit dem getanzten und gesungenen «Continental». Er beteiligt sich an der Choreographie und Regie seiner Filme, ist auch Komponist und Sänger. Nach der Trennung von Ginger Rogers nur noch in einigen wenigen Musikfilmen – so 1953 in *The Band Wagon* (Vincente Minnelli). Seit 1959 Auftritte in dramatischen Filmen, z. B. als Julian Osborne in *On the Beach* (Stanley Kramer). Ab 1965 auch Fernsehtätigkeit. 1968 im Musical *Finian's Rainbow* (Francis Ford Coppola). 1949 Ehren-Oscar für «seinen Beitrag zur Kunst des Musicals». 1981 Life Achievement Award des American Film Institute. 1959 Veröffentlichung der Memoiren «Steps in Time».

[US] 1915: Fanchon the Cricket. 1931: Municipal Bandwagon [KF]. 1933: Dancing Lady (Ich tanze nur für dich); Flying Down to Rio. 1934: The Gay Divorcee (Scheidung auf amerikanisch). 1934/35: Roberta [D,CoC]. 1935: Top Hat (Ich tanze mich in dein Herz hinein). 1935/36: Follow the Fleet (Marine gegen Liebeskummer). 1936: Swing Time. 1936/37: Shall We Dance (Tanz mit mir). 1937: A Damsel in Distress. 1938: Carefree (Sorgenfrei durch Dr. Flagg). 1938/39: The Story of Vernon and Irene Castle. 1939: Broadway Melody of 1940 (Broadway-Melodie 1940). 1940: Second Chorus. 1941: You'll Never Get Rich (Wer wird schon reich beim Militär?). 1942: You Were Never Lovelier (Du warst nie berückender); Holiday Inn (Musik, Musik). 1943: The Sky's the Limit [D,C]. 1945: Yolanda and the Thief (Yolanda und der Dieb). 1946: Ziegfeld Follies (Broadway Melodie 1950); Blue Skies (Blau ist der Himmel – Blue Skies). 1948: Easter Parade (Osterspaziergang). 1949: The Barkleys of Broadway (Tänzer vom Broadway). 1950: Three Little Words (Drei kleine Worte); Let's Dance (Tanzen ist unser Leben). 1951: Royal Wedding (Königliche Hochzeit). 1952: The Belle of New York (Die Schönste von New York). 1953: The Band Wagon (Vorhang auf!). 1954: Deep in My Heart (Tief in meinem Herzen). 1955: Daddy Long Legs (Daddy Langbein) [D,CoC]. 1957: Funny Face (Ein süßer Fratz) [D,CoC]; Silk Stockings (Seidenstrümpfe). 1958: An Evening with Fred Astaire [TV]. 1959: On the Beach (Das letzte Ufer). 1961: The Pleasure of His Company (In angenehmer Gesellschaft). 1962: The Notorious Landlady (Noch Zimmer frei). 1965–69: It Takes a Thief (Ihr Auftrag Al Mundy) [TVS]. 1968: Finian's Rainbow (Der goldene Regenbogen). 1969: Midas Run (Gestatten, das sind meine Kohlen). 1970: The Over-the-Hill-Gang Rides Again [TV]. 1974: That's Entertainment! (Das gibt's nie wieder – That's Entertainment); The Towering Inferno (Flammendes Inferno). 1976: That's Entertainment II (Hollywood, Hollywood!). 1977: Un taxi mauve/Un taxi color malva (Das malvenfarbene Taxi) [FR/IT]; The Amazing Dobermans (Mit Dobermännern spaßt man nicht). 1978: Battlestar: Galactica (Kampfstern Galactica) [TVS + Kino]; A Family Upside Down [TV]. 1980: The Man in the Santa Claus Suit (Der Mann im Weihnachtsmann-Kostüm) [TV]. 1981: Ghost Story (Zurück bleibt die Angst/Rache aus dem Reich der Toten).

Astor, Mary
(Lucille Langhanke)
*3. 5. 1906 Quincy (Illinois)
†26. 9. 1987 Woodland Hills (California)

Tochter einer amerikanischen Mutter und eines deutschen Vaters, beide Lehrer. Besuch der Kenwood-Loring School for Girls in Chicago. 1917 Teilnahme an Schönheitswettbewerben. 1920 Vertrag mit Famous Players-Lasky, im nächsten Jahr Filmdebüt in einem Kurzfilm. Erster Höhepunkt mit Harry Beaumonts *Beau Brummell*. Danach häufig Aufgaben in historischen Filmen – darunter 1926 im ersten Film mit Ton-Passagen: Alan Croslands *Don Juan*. Vielfältige Rollen in den 30er und 40er Jahren. In William A. Wellmans *Other Men's Women* verliebt sie sich in den besten Freund ihres Mannes, spielt eine Witwe in der Sinclair-Lewis-Adaption *Dodsworth* (William Wyler). 1941 Nebenrollen-Oscar für die Rolle des Luders *in The Great Lie* (Edmund Goulding). Als ängstliche Brigid O'Shaughnessy in John Hustons Detektiv-Klassiker *The Maltese Falcon*. Daneben auch Theaterarbeit, in den 40er Jahren im Broadway-Stück «Many Happy Returns». In den 50er Jahren Fernsehtätigkeit. Buchveröffentlichungen: 1959 Memoiren «My Story», 1960 «The Incredible Charlie Carewe», 1971 «A Life on Film».

[US] 1921: The Bashful Suitor; Bullets or Ballots; My Lady o' the Pines [KF]; Brother of the Bear; The Beggar Maid. 1922: The Young Painter [KF]; The Rapids [CA]; The Scarecrow [KF]; The Angelus. Hope; The Man Who Played God; John Smith. 1923: Woman-Proof; The Marriage Maker; Hollywood; Second Fiddle; Success; The Bright Shawl; Puritan Passions; To the Ladies. 1924: Unguarded Women; The Fighting Coward; The Fighting American; Inez from Hollywood/The Good Bad Girl; Beau Brummell; The Price of a Party. 1925: The Pace That Thrills; Enticement; Oh, Doctor!; Playing with Souls; Scarlet Saint; Don Q, Son of Zorro (Der Mann mit der Peitsche). 1926: Don Juan; The Wise Guy; Forever After; High Steppers. 1927: Rose of the Golden West; The Rough Riders; The Sunset Derby; Two Arabian Knights (Schlachtenbummler); No Place to Go; The Sea Tiger. 1928: Heart to Heart; Dry Martini; Three-Ring Marriage; Romance of the Underworld; Sailors' Wives; Dressed to Kill. 1929: The Woman from Hell; New Years' Eve. 1930: The Royal Bed; Holiday; Ladies Love Brutes; The Lash; The Runaway Bride. 1930/31: Steel Highway/Other Men's Women. 1931: The Sin Ship; Men of Chance; Smart Woman; Behind Office Doors; White Shoulders. 1931/32: The Lost Squadron (Die letzten Vier). 1932: Those We Love; Red Dust (Die gelbe Hölle); A Successful Calamity (Rettender Ruin). 1933: The Kennel Murder Case; Jennie Gerhardt (Jennie Gerhardt – Ein Frauenschicksal); Convention City; The World Changes; The Little Giant (Der kleine Gangsterkönig); Easy to Love. 1934: The Case of the Howling Dog; Hollywood Gad-About [KF]; The Man With Two Faces; Return of the Terror; Upper World. 1935: Page Miss Glory; I Am a Thief; Straight from the Heart; Man of Iron; Red Hot Tires; Dinky. 1935/36: The Murder of Dr. Harrigan. 1936: And So They Were Married; Lady from Nowhere; Dodsworth (Zeit der Liebe, Zeit des Abschieds); Trapped by Television. 1937: No Time to Marry; The Hurricane (... und dann kam der Orkan); The Prisoner of Zenda (Der Gefangene von Zenda); 1937/38: Paradise for Three. 1938: There's Always a Woman; Listen, Darling; Woman Against Woman. 1938/39: Midnight (Enthüllung um Mitternacht). 1940: Turnabout; Brigham Young – Frontiersman (Treck nach Utah). 1941: The Maltese Falcon (Die Spur des Falken); The Great Lie. 1942: The Palm Beach Story (Atemlos nach Florida); In This Our Life (Ich will mein Leben leben); Across the Pacific (Abenteuer in Panama). 1943: Young Ideas; Thousands Cheer. 1944: Blonde Fever; Meet Me in St. Louis (Heimweh nach St. Louis). 1946: Claudia and David. 1947: Cass Timberlane (Fesseln der Liebe); Fiesta (Mexikanische Nächte); Desert Fury (Liebe gewinnt); Cynthia. 1948/49: Act of Violence (Akt der Gewalt). 1949: Any Number Can Play; Little Women (Kleine tapfere Joe). 1956: A Kiss before Dying (Ein Kuß vor dem Tode); The Power and the Prize (Die Macht und ihr Preis). 1957: The Devil's Hairpin (Die Teufelskurve). 1958: This Happy Feeling (Männer über Vierzig). 1959: Stranger in My Arms (Ein Fremder in meinen Armen). 1961: Return to Peyton Place (Rückkehr nach Peyton Place). 1964: Hush ... Hush, Sweet Charlotte (Wiegenlied für eine Leiche); Youngblood Hawke (Ein Mann kam nach New York).

Attenborough, Richard
(Lord Richard Samuel Attenborough)
*29. 8. 1923 Cambridge

Aufgewachsen in Leicester, wo sein Vater ein Universitäts-College leitet. Als Stipendiat an der Royal Academy of Dramatic Art in London erstmals 1941 auf der Bühne. Danach erster Filmauftritt als ängstlicher Schiffsheizer in *In Which We Serve* (David Lean, Noel Coward), ein zunächst noch häufiger ausgefüllter Rollentypus. 1943–46 Kriegsdienst bei der Royal Air Force, ab 1944 bei der RAF Film Unit, dort u. a. 1945 in dem Propaganda-Übungsfilm *Journey Together* (John Boulting). Nach dem 2. Weltkrieg Rückkehr nach London. Rollen in zahlreichen britischen Filmen, doch bis Mitte der 50er Jahre ohne größere Wirkung auf das Publikum. Beachtung erst mit erfolgreichen Komödien: so in *Private's Progress* und in *Brothers in Law* von John Boulting oder in Jay Lewis' *The Baby and the Battle-*

ship. Abwendung vom Theater. 1959 zusammen mit dem Schauspieler, Autor und Regisseur Bryan Forbes Gründung der Produktionsfirma Beaver Films, spezialisiert auf kleine, ambitionierte Projekte. 1969 als erste eigene Regiearbeit *Oh! What a Lovely War*, eine formal ungewöhnliche Satire auf den 1. Weltkrieg. In den 70er Jahren eigene Inszenierungen und Auftritte in Filmen anderer Regisseure. Sein Kriegsspektakel *A Bridge Too Far* (1977) wird vielfach als Attenboroughs schwächster, der unmittelbar danach inszenierte Psychothriller *Magic* als sein bester Film gewertet. 1979 in *The Human Factor* (Otto Preminger) letzter Filmauftritt für über ein Jahrzehnt. Abgesehen von seinem Wunschfilm *Gandhi* (Oscars: Bester Film, Regie) sind die übrigen Inszenierungen in den 80er Jahren zunehmend künstlerische und finanzielle Mißerfolge, besonders seine Hommage *Chaplin*. Erst 1993 in Steven Spielbergs Box-Office-Hit *Jurassic Park* steht «Dickie» wieder vor der Kamera, eine Rolle die er auch in der Fortsetzung *The Lost World* wiederholt.

Er bekleidet zahlreiche Ehrenämter, u. a. lange Jahre Chairman des British Film Institute, und wird von der Queen geadelt: 1976 zum Sir, 1993 zum Lord. Er ist Vater des Theater-Regisseurs Michael Attenborough und Bruder des TV-Produzenten David Attenborough.

[GB] 1942: In Which We Serve. 1943: Schweik's New Adventures; The Hundred Pound Window. 1945: Journey Together. 1946: A Matter of Life and Death (Irrtum im Jenseits); School for Secrets. 1947: The Man Within (Piratenliebe); Brighton Rock; Dancing with Crime. 1948: London Belongs to Me; The Guinea Pig. 1949: Boys in Brown; The Lost People. 1949/50: Morning Departure (Die Nacht begann am Morgen). 1950/51: Hell Is Sold Out. 1951: The Magic Box. 1952: Father's Doing Fine; The Gift Horse (Ein Fressen für die Fische). 1953: Eight O'Clock Walk. 1955: The Ship That Died of Shame. 1956: Private's Progress (Der beste Mann beim Militär); The Baby and the Battleship. 1956/57: Brothers in Law. 1957: The Scamp. 1958: Dunkirk (Dünkirchen); The Man Upstairs (Schrei im Morgengrauen); Sea of Sand (Die schwarzen Teufel von El Alamein). 1958/59: Danger Within (Verrat im Camp 127). 1959: S.O.S. Pacific/ Dicke Luft und heiße Liebe/Eddie schafft alle [GB/BRD]; Jet Storm (Der Tod hat Verspätung); I'm All Right, Jack (Junger Mann aus gutem Hause). 1959/60: League of Gentlemen (Die Herren Einbrecher geben sich die Ehre) [D,CoP]; The Angry Silence (Zorniges Schweigen) [D,CoP]. 1961: Only Two Can Play (Lieben kann man nur zu zweit); Whistle Down the Wind (... woher der Wind weht) [P]. 1961/62: All Night Long (Die heiße Nacht). 1962: The Dock Brief (Der große Knüller); The L-Shaped Room (Das indiskrete Zimmer) [CoP]. 1963: The Great Escape (Gesprengte Ketten) [US]; Seance on a Wet Afternoon (An einem trüben Nachmittag) [D,CoP]. 1963/64: The Third Secret. 1964: Guns at Batasi (Schüsse in Batasi). 1965: The Flight of the Phoenix (Der Flug des Phönix) [US]. 1966: The Sand Pebbles (Kanonenboot am Yangtse-Kiang) [US]. 1967: Doctor Doolittle (Doctor Doolittle) [US]. 1968: The Bliss of Mrs. Blossom (Hausfreunde sind auch Menschen); Only When I Larf. 1968/69: Oh! What a Lovely War (Oh! What a Lovely War) [R,CoP]. 1969: David Copperfield [TV]; The Magic Christian (Magic Christian – Ein Beatle im Paradies). 1969/70: The Last Grenade. 1970: A Severed Head (Traue keinem Hausfreund); Loot (Die größten Gauner weit und breit); 10 Rillington Place (John Christie, der Frauenwürger von London). 1972: Young Winston (Der junge Löwe) [R]. 1974: Ein Unbekannter rechnet ab/ ... E poi, non ne rimase nessuno/Diez negritos/Dix petits nègres [BRD/IT/ES/FR]; Rosebud (Unternehmen Rosebud) [US]. 1975: Conduct Unbecoming (Die Schande des Regiments); Brannigan (Brannigan – Ein Mann aus Stahl). 1977: Shatranj Ke Khiladi [IN]; A Bridge Too Far (Die Brücke von Arnheim) [R]. 1978: Magic (Magic – Eine unheimliche Liebesgeschichte) [R – US]. 1979: The Human Factor (The Human Factor) [US]. 1982: Gandhi (Gandhi) [R,P]. 1985: A Chorus Line (A Chorus Line) [R – US]. 1986/87: Cry Freedom (Schrei nach Freiheit) [R,P]. 1991/92: Chaplin (Chaplin) [R,P – GB/US]. 1993: Shadowlands (Shadowlands) [R,CoP – US]; Jurassic Park (Jurassic Park) [US]. 1994: Miracle on 34th Street (Das Wunder von Manhattan) [US]. 1996: In Love and War (In Love and War) [R – US]. 1996/97: The Lost World: Jurassic Park [US].

Auclair, Michel

(Vladimir Vujovic)
*14. 9. 1922 Koblenz
†7. 1. 1988 Fayence

Studium am Konservatorium in Paris. Debüt 1942 am Théâtre des Mathurins. Förderung durch Jean Cocteau. Arbeit an verschiedenen Pariser Bühnen, u. a. in Stücken von Anouilh, Cocteau und Claudel. Auch nach dem Filmdebüt 1945 setzt er seine Theaterarbeit fort. Er spielt beim Film zunächst Liebhaber, dann sympathische Charaktere in Nöten. Vorzüglich sein eleganter Des Grieux in Henri-Georges Clouzots *Manon* (1948) und der gestrauchelte Vater in Gilles Béhats *Rue Barbare* (1984). 1967 wird er Präsident der französischen Schauspielergewerkschaft.

[FR] 1945: La Belle et la bête (Es war einmal); Les malheurs de Sophie. 1946: Les maudits (Das Boot der Verdammten). 1947/48: Eternel conflit. 1948: Manon (Manon); Le paradis des pilotes perdus. 1949: Singoalla (Singoalla, die Zigeunerin); L'invité du mardi

(Der Gast am Dienstag). 1950: Pas de pitié pour les femmes (Kein Mitleid mit Frauen?); L'aiguille rouge (Verträumte Tage); Justice est faite (Schwurgericht). 1951: Le due verità (Engel oder Sünderin) [IT]; Camicie rosse (Anita Garibaldi) [IT/FR]. 1951/52: Unter den tausend Laternen [BRD]. 1952: Die Stimme des Anderen [BRD]; La fête à Henriette (Auf den Straßen von Paris). 1953: La figlia del regimento (Die Tochter der Kompanie) [IT]; Zoé; Si Versailles m'était conté (Versailles – Könige und Frauen); Quai des blondes (Heiße Ware für Marseille). 1954: La patrouille des sables/Tre hombres van a morir [FR/ES]; Bonnes à tuer/Quattro donne nella notte (Vier Frauen in der Nacht) [FR/IT]; Das zweite Leben/Double destin [BRD/ FR]. 1955: Andrea Chénier/André Chénier (Treu bis in den Tod) [IT/FR]; La risaia (Das Reismädchen) [IT]. 1956: Reproduction interdite (Mord am Montmartre); Funny Face (Ein süßer Fratz) [US]; L'irrésistible Cathérine. 1957: Les fanatiques/I fanatici (Die Erbarmungslosen) [FR/IT]; Der Fuchs von Paris [BRD]. 1958: Les amants de demain. 1959: Une fille pour l'été/Una ragazza per l'estate (Ein Mädchen für einen Sommer) [FR/IT]; Maigret et l'affaire Saint-Fiacre/Maigret e il caso Saint-fiacre (Maigret kennt kein Erbarmen) [FR/IT]. 1960: Meurtre en 45 tours (Mord bei 45 Touren). 1961/62: Le rendez-vous de minuit (Das fremde Gesicht). 1962: L'éducation sentimentale/L'éducazione sentimentale (Lehrjahre der Liebe) [FR/IT]. 1962/63: Vacances portugaises (Ferien in Portugal). 1963: Symphonie pour un massacre (Sieben Tote hat die Woche); Mort, où est ta victoire? (Tod, wo ist dein Sieg?); Paris When it Sizzles (Zusammen in Paris) [US]. 1964: Traffic dans l'ombre; La chance et l'amour/L'amore e la chance. Ep: Une chance explosive (Schräger Charme und tolle Chancen) [EP – FR/IT]. 1966: Le voyage du père/Destinazione marciapiede (Die Reise des Vaters) [FR/IT]. 1968: Sous le signe du Taureau; Sous le signe de Monte Cristo/Montecristo 70 (Gejagt wie Monte Christo) [FR/IT]. 1970: Le cœur fou. 1970/71: Les mariés de l'an II/Gli sposi dell'anno secondo (Das Brautpaar des Jahres II) [FR/RO/IT]. 1972: The Day of the Jackal/Chacal (Der Schakal) [GB/FR]; L'impossible objet/The Impossible Object [FR/GB]; Paulina 1880/Paulina 1880 [FR/BRD]; Décembre. 1973: Les guichets du Louvre. 1974: Souvenirs d'en France (Erinnerungen aus Frankreich). 1975: Sept morts sur ordannance/Quartett Bestial [FR/ES/BRD]. 1976: Le juge Fayard dit «Le sheriff» (Richter Fayard, genannt «Der Sheriff»). 1978: L'amour en question (Die Liebe ist in Frage gestellt). 1979: Le toubib (Die Waffen des Teufels); Le coup de Sirocco. 1980: Les avocats du diable (Die Anwälte des Teufels); Trois hommes à abattre (Killer stellen sich nicht vor/Drei Männer müssen sterben). 1981: Pour la peau d'un flic (Rette deine Haut, Killer); Les brus (Zyankali cocktail) [TV]; Mille milliards de dollars (1000 Millarden Dollar). 1982: Deux heures moins le quart avant Jésus Christ (Die verrücktesten 90 Minuten vor Christi Geburt). 1983: El Señor Presidente (Der Herr Präsident) [CU/NC]. 1984: Le bon plaisir; Rue Barbare; Christopher Columbus/Christoph Columbus [TV – IT/BRD/US]. 1987: Preuve d'amour.

Audran, Stéphane

(Colette Suzanne Jeannine Dacheville)
*2. 11. 1932 Versailles.

Schauspielunterricht bei Charles Dullin, Tanja Balachova und Michel Vitold. Ab 1955 an Pariser Bühnen; wenig später auch beim Fernsehen. Seit 1959 unverzichtbare Akteurin in den Filmen Claude Chabrols, dessen Ideen und Regiekonzept sie sich in höchster Gelassenheit unterordnet. Sie heiratet Chabrol 1964 nach der Trennung von Jean-Louis Trintignant. Überzeugend in sehr boshaften und ausgesprochen bourgeoisen Rollen, die sie mit kühl-eleganter Glätte und zugleich sehr erotisch spielt; so mit großer Selbstverständlichkeit die Ehebrecherin in *La femme infidèle*. Seit 1969 auch große Rollen unter der Regie von Luis Buñuel (für *Le charme discrèt de la bourgeoisie* 1973 Auszeichnung mit dem British Academy Award), Jean Delannoy und Anatole Litvak. Zahlreiche internationale Auszeichnungen: für ihre gutbürgerliche Lesbierin in Chabrols *Les biches* 1968 bei den Berliner Filmfestspielen, 1970 in San Sebastian für die hintergründige Provinzlehrerin in Chabrols *Le boucher*; 1979 César für ihre unangenehme, schmuddlige kleinbürgerliche Mutter in Chabrols *Violette Nozière*. 1980 Trennung von Chabrol. Mit offensichtlichem Genuß spielt sie vulgäre und widerwärtige Rollen in Bertrand Taverniers *Coup de torchon* und in Claude Millers *Mortelle randonnée*. Als italienische Ehefrau von Laurence Olivier agiert sie in der englischen TV-Produktion *Brideshead Revisited*. Daß sie als Charakterdarstellerin auch sehr anrührende, facettenreiche Rollen spielen kann, zeigt sie in Gabriel Axels opulentem *Babettes Gæstebud*; hierfür Auszeichnung durch die englische Filmkritik.

[FR] 1957: La bonne tisane (Zyankali). 1958: Les cousins (Schrei, wenn du kannst). 1959: Le signe du lion (Im Zeichen des Löwen). 1959/60: Les bonnes femmes (Die Unbefriedigten). 1960: Saint-Tropez Blues (Amour in St. Tropez) [FR/IT]. 1960/61: Les godelureaux (Speisekarte der Liebe) [FR/IT]. 1961: L'Oeil du malin (Das Auge des Bösen). 1962: Landru (Der Frauenmörder von Paris) [FR/IT]. 1964: Paris vu par ... EP: La muette [EP]; Le tigre aime la chair fraîche/La tigre ama la carne fresca (Der Tiger liebt nur frisches Fleisch) [FR/IT]; Les durs à cuire. 1965: Marie Chantal contre le docteur Kha/María Chantal contra el doctor Kha/Marie Chantal contro il dottor Kha/Maria Chantal contra el doctor Kah (M.C. contra Dr. Kha) [FR/ES/IT/MA]. 1966: Le scandale/The Champagne Murders (Champagner-Mörder) [2 Versionen]; La ligne de démarcation. 1967/68: Les biches /Les biches (Le cerbiatte) (Zwei Freundinnen) [FR/IT]. 1968: La femme infidèle /Stéphane, una moglie infedele (Die untreue Frau) [FR/IT]. 1969: La peau de torpédo/Dossier 212: Destinazione morte/Der Mann mit der Torpedohaut [FR/IT/BRD]; Le boucher/Il tagliagole (Der Schlachter) [FR/IT]. 1970: La rupture/All'ombra del delitto (Hallucination) (Der Riß) [FR/IT/BE]; La dame dans l'auto avec des lunettes et un fusil (Die Dame im Auto mit Brille und Gewehr). 1970–76: The Other Side of the Wind [IR/FR]. 1970/71: Juste avant la nuit (Vor Einbruch der Nacht) [FR/IT]. 1971: Aussi loin que l'amour; Sans mobile apparent/Senza movente (Neun im Fadenkreuz) [FR/IT]. 1972: Kressin und die tote Taube in der Beethovenstraße [BRD]; Le charme discret de la bourgeoisie/Il fascino discreto della borghesia/El discreto encanto de la burguesía (Der diskrete Charme der Bourgeoisie) [FR/IT/ES]; Un meurtre est un meurtre/La sedia a rotelle (Mord bleibt Mord) [FR/IT]. 1973: Les noces rouges/L'amico di famiglia (Blutige Hochzeit) [FR/IT]; Hay que matar a B./B. Must Die (B. muß sterben) [ES/CH]; Comment réussir dans la vie quand on est con et pleurnichard (Hübscher als die Polizei erlaubt). 1974: Vincent, François, Paul ... et les autres/Tre amici, le moglie e (affettuosamente) le altre (Vincent, François, Paul und die anderen) [FR/IT]; Ein Unbekannter rechnet ab/... poi, non ne rimase nessuno/Diez negritos/Dix petits nègres [BRD/IT/ES/FR]; Le cri du coeur (Der Schrei des Herzens). 1975: The Black Bird (Die Jagd nach dem Malteser Falken) [US]; Chi dice donna, dice donna [EP – IT]. 1975/76: Folies bourgeoises/Twist/Die verrückten Reichen [FR/IT/BRD]. 1977: Des Teufels Advokat [BRD]; Blood Relatives/Les liens de sang (Blutsverwandte) [CA/FR]; Silver Bears (Silber, Banken und Ganoven) [US]; Mort d'un pourri (Der Fall Serrano). 1977/78: Violette Nozière (Violette Nozière). 1978: Eagle's Wing (Adlerflügel) [GB]. 1978/79: The Prisoner of Zenda (Der Gefangene von Zenda) [US]. 1979: Le gagnant; Le soleil en face. 1980: Le coeur à l'envers/Otra mujer [FR/ES]; Brideshead Revisited (Wiedersehen mit Brideshead) [TVS – GB]; Il étaient une fois des gens heureux ... les Plouffes (Sechs Sommer in Quebec) [TVS]; The Big Red One (Die unbesiegbare Erste) [US]. 1981: Coup de torchon (Der Saustall); Die Wahlverwandtschaften/Les affinités électives [TV – BRD/FR]; Boulevard des assassins (Boulevard der Mörder). 1982: Le choc (Der Schock); Paradis pour tous (Brainwash – Ein Mann in Bestform); Mortelle randonnée (Das Auge). 1983: La scarlatine. 1983/84: Le sang des autres/The Blood of others [CA/FR]. 1984: Mistral's Daughter (Erben der Liebe) [TV – US]; Les voleurs de la nuit. 1984/85: Poulet au vinaigre (Hühnchen in Essig). 1985: La gitane (Nichts als Ärger mit den Frauen); La cage aux folles III/Matrimonio con vizietto (Ein Käfig voller Narren III – Jetzt wird geheiratet) [FR/IT]; Night magic; Suivez mon regard (Ein Tag in Paris). 1986: Un'isola/L'isola/Un'insula (Die Insel) [TV – IT/FR/ES]. 1986/87: Babettes gæstebud (Babettes Fest) [DK]. 1987: Poor Little Rich Girl (Armes, reiches Mädchen – Die Geschichte der Barbara Hutton) [TV – US]; Les saisons du plaisir (Ein turbulentes Wochenende). 1988: Les prédateurs de la nuit; Manika, une vie plus tard (Manika, ein Leben später) [FR/CH]; La messe en si mineur. 1989: Sons (Söhne) [US]. 1990: Giorni felici a Clichy/Jours tranquilles à Clichy/Stille Tage in Clichy [IT/FR/BRD]. 1991: Betty (Betty). 1991/92: The Turn of the Screw (Obsession) [GB/FR]. 1995: Au petit Marguery (Hippolytes Fest). 1996: Petit. 1997: Un printemps de chien [TV].

Aumont, Jean Pierre

(Jean-Pierre Philippe Salomons)
*5. 1. 1909 Paris

Vater ist Besitzer einer Warenhauskette, Mutter bis zur Heirat Schauspielerin. Besuch des Konservatoriums in Paris. 1930 Theaterdebüt. 1934 Erfolg in Jean Cocteaus «La machine infernale». 1932 erste große Rolle beim Film in Jean Choux' *Jean de la Lune*. Aumont ist der attraktive, immer unternehmungslustige Frauenschwarm; sei es in dem Publikumserfolg Marc Allégrets *Lac aux Dames* oder in den Arbeiten von Carné/Prévert am Ende der 30er Jahre. Bei Kriegsausbruch geht er in die USA, 1942 amerikanisches Bühnendebüt. In Hollywood 1943 in zweiter Ehe mit Maria Montez verheiratet. In den USA spielt er die Hauptrolle in Jack Conways Résistance-Film *Assignment in Brittany*; weitere Rollen in Filmen mit orientalisierenden Exterieurs und Anti-Nazi-Filmen, die ihn in den USA populär machen, zumal er als Repräsentant des guten, wahren Frankreich in der Regel das Herz schöner amerikanischer Partnerinnen gewinnen muß. 1943 bis zum Kriegsende Militärdienst in der französischen Befreiungsarmee; militärische Auszeichnungen. 1950 Rückkehr nach Frankreich; in den 50er Jahren wiederholt Bühnen-, Fernseh- und Filmengagements in den USA; Verfasser von Theaterstücken. Auch nach seiner Rückkehr nach Frankreich wenig variationsreich. Zu seinen schönsten späten Rollen gehört die des alten Schauspielers Alexandre, Ruhepol unter den jüngeren Hektikern, in François Truffauts *La nuit américaine* (1973). In den 80er Jahren gelegentlich in französischen TV-Filmen.

Am Broadway 1963 Auftritt im Musical «Tovarich» mit Vivian Leigh, 1972 in der Rolle des Dag Hammerskjöld in «Murderous Angels»; 1976 in New York gefeiert als Mitglied der Barrault-Renaud-Theatergruppe in Marguerite Duras' «Des journées entières dans les arbres». 1957 Veröffentlichung der Erinnerungen «Souvenirs provisoires», fortgesetzt 1976 mit «Le soleil et les ombres» und 1980 mit «Il fait beau mais ne le répétez pas».

[FR] 1931: Échec et mat. 1932: Faut-il les marier? [Version]; Jean de la Lune. 1933: Dans les rues; La merveilleuse tragédie de Lourdes; Éve cherche un père; Un jour viendra [VERS – DE/FR]; Le voleur. 1934: Lac aux Dames; Maria Chapdelaine (Das träumende Herz). 1935: L'Équipage; Les yeux noirs (Schwarze Augen); Les beaux jours (Die schönen Tage). 1935/36: Tarass Boulba. 1936: La porte du large; Cargaison blanche/Le chemin de Rio (Weiße Fracht für Rio). 1937: La femme du bout du monde; Le messager; Maman Colibri (Mama Colibri); Drôle de drame (Ein sonderbarer Fall); Chéri-Bibi. 1938: Le paradis de Satan; Belle étoile; Hôtel du Nord (Hotel du Nord); S.O.S. Sahara [VERS]. 1939: Le déserteur. 1943: Assignment in Brittany [US]; The Cross of Lorraine [US]. 1946: Heartbeat [US]. 1946/47: Song of Scheherazade (Das Lied des Orients) [US]. 1947/48: The First Gentleman [GB]. 1948: Siren of Atlantis (Die Herrin von Atlantis) [US]; Hans le marin (Hafenbar in Marseille) [D,CoA]. 1949: Three Men and a Girl/Golden Arrow [GB]. 1950: L'Homme de joie; L'Amant de paille. 1951: Ultimo incontro (Erotik) [IT]; La vendetta del corsaro (Die Rache der Korsaren) [IT]. 1951/52: Les loups chassent la nuit/La ragazza di Trieste [FR/IT]. 1952: Moineaux de Paris; Lili (Lili) [US]. 1953: The Charge of the Lancers (Das Zigeunermädchen von Sebastopol) [US]; Koenigsmark (Königsmark) [FR/IT]; Si Versailles m'était conté (Versailles – Könige und Frauen). 1955: Mademoiselle de Paris (Mademoiselle de Paris). 1956: Hilda Crane (Männer um Hilda Crane) [US]. 1957: The Seventh Sin (Hongkong war ihr Schicksal) [US]. 1959: John Paul Jones (Beherrscher der Meere) [US]. 1960: The Enemy General [US]. 1961: The Devil at Four O'Clock (Der Teufel kommt um vier) [US]; Les 7 péchés capitaux/I sette peccati capitali. 5. EP: L'orgueil (Die sieben Todsünden) [EP – FR/IT]. 1961/62: Una domenica d'estate [IT]. 1962: The Horse Without a Head [GB]; Le couteau dans la plaie/Il coltello nella piaga (Terza dimensione) (Die dritte Dimension) [FR/IT]. 1962/63: Vacances portugaises (Ferien in Portugal). 1969: Castle Keep (Das Schloß in den Ardennen) [US/YU]. 1971: Catherine et Cie (Catherine & Co). 1971/72: L'Homme au cerveau greffé/L'Uomo dal cervello trapiantato (Der Mann mit dem zweiten Gehirn) [FR/IT]. 1972/73: La femme en bleu (Die unbekannte Schöne) [FR/IT]. 1973: La nuit américaine/Effetto notte (Die amerikanische Nacht) [FR/IT]. 1974: Porgi l'altra guancia/Les deux missionaires (Zwei Missionare) [IT/FR]. 1975: The Happy Hooker [US]; Le chat et la souris (Eine Katze jagt die Maus). 1976: The Man in the Iron Mask (Der Mann mit der eisernen Maske) [GB]; Des journées entières dans les arbres (Ganze Tage in den Bäumen). 1978: Black-out/Black-out at New York (Bestien) [CA/FR]. 1979: Beggarman, Thief [TV – US]. 1980: Allons'z enfants (Kinder für das Vaterland). 1982: Nana (Nana) [US]. 1983/84: Le sang des autres/The Blood of others [CA/FR]. 1987: A notre regrettable époux; Windmills of the Gods (Im Schatten der Götter) [TV – US]; Sweet Country [GB]. 1987/88: Les années sandwiches (Schwellenjahre). 1988: Cinéma (Cinema) [TV]. 1990: Le dernier mot/Das letzte Wort [TV – FR/BRD]. 1991: Colette [DE/FR/GB]. 1994/95: Jefferson in Paris (Jefferson in Paris) [US].

Aykroyd, Dan

*1. 7. 1952 Ottawa (Kanada)

Studium an der Charleton University in Ottawa. 1972 Produzent mehrerer TV-Comedy Shows. Gleichzeitig Mitarbeit bei der Comedy Group «Second City» in Toronto und Chicago. 1975–79 im Autoren- und Schauspielerensemble der erfolgreichen NBC-Serie *Saturday Night Live*, dort wird er vor allem neben John und James Belushi sowie Chevy Chase und Michael Keaton populär. 1980 beginnt seine eigentliche Filmkarriere, als er mit John Belushi in *The Blues Brothers* (John Landis) auftritt. Der Kultfilm, der aus einem *Saturday Night Live*-Sketch entsteht, löst u. a. mit mehreren Schallplatten-Bestsellern ein neues Interesse am Rhythm & Blues aus, Aykroyd und Belushi gehen mit Original-Musikern als Blues Brothers Band auf Tournee. Auch später spielt Aykroyd wesentliche Filmrollen vor allem bei Landis, so in der Komödie *Spies Like Us*, aber auch als einer der Geisterjäger in Ivan Reitmans *Ghostbusters*. Daneben sucht der Schauspieler, der verschiedentlich am Drehbuch mitarbeitet, auch subtilere Komödien-Formen. 1989 Oscar-Nominierung für die Nebenrolle des Sohnes in *Driving Miss Daisy* (Bruce Beresford). 1990 Regiedebüt mit *Nothing But Trouble*. 1994 als Undercover-Polizist unter Lederfetischisten in Garry Marshalls *Exit to Eden*. 1997 als Autor und Darsteller an den *Blues Brothers 2000* beteiligt.

[US] 1972: Change for a Quarter [TVS – CA]. 1974: Love at First Sight [CA]. 1975–80: Saturday Night Live [TVS]. 1976: Love at First Sight. 1977: Things We Did Last Summer [Saturday Night Live-Episoden]. 1978: Old Boyfriends (Diane); The Rutles/All You Need Is Cash. 1979: Mr. Mike's Mondo Video; 1941 (1941 – Wo, bitte, geht's nach Hollywood?). 1980: The Blues Brothers (Blues Brothers) [D,CoA]. 1981: Neighbors (... und so was verbraucht Sauerstoff/Die verrückten Nachbarn); Continental Divide (Zwei wie Katz' und Maus). 1982: It Came from Hollywood. 1983: Trading Places (Die Glücksritter); Dr. Detroit (Dr. Detroit); Twilight Zone – The Movie (Unheimliche Schattenlichter). 1984: Indiana Jones and the Temple of Doom (Indiana Jones und der Tempel des Todes); Ghostbusters (Die Geisterjäger) [D,CoA]; Nothing Lasts Forever (Alles ist vergänglich). 1985: Into the Night (Kopfüber in die

Nacht); Spies Like Us (Spione wie wir) [D,CoA]. 1986: One More Saturday Night [P]. 1987: Dragnet 87 (Schlappe Bullen beißen nicht) [D,CoA]. 1988: The Great Outdoors (Ferien zu dritt); Caddyshack II (Caddyshack II); The Couch Trip (Der Couch-Trip); My Stepmother Is an Alien (Meine Stiefmutter ist ein Alien); She's Having a Baby (She's Having a Baby) [Auftritt – uncredited]. 1989: Driving Miss Daisy (Miss Daisy und ihr Chauffeur); Ghostbusters II (Ghostbusters II) [D,CoA]; Masters of Menace (Ärger mit Eduard). 1990: Nothing but Trouble (Valkenvania) [D,R,A]; Loose Cannons (Der Harte und der Zarte). 1991: My Girl (My Girl – Meine erste Liebe). 1991/92: Chaplin (Chaplin) [GB/US]. 1992: This Is My Life (Showtime – Hilfe, meine Mutter ist ein Star); Used People (Die Herbstzeitlosen); Sneakers (Sneakers – Die Lautlosen). 1993: Coneheads (Coneheads) [D,CoA]; My Girl 2 (My Girl 2 – Meine große Liebe). 1994: Exit to Eden (Undercover Cops); North (North); Canadian Bacon (Unsere feindlichen Nachbarn) [Auftritt – uncredited]. 1994/95: Getting Away With Murder; Tommy Boy (Tommy Boy – Durch dick und dünn). 1995: Casper (Casper) [Auftritt – uncredited]; Rainbow (Rainbow – Die fantastische Reise auf dem Regenbogen) [GB/CA]; Sgt. Bilko (Immer Ärger mit Sgt. Bilko). 1996: Celtic Pride; Feeling Minnesota; My Fellow Americans; Grosse Pointe Blank. 1997: The Arrow; Blues Brothers 2000 [D,CoA].

Azéma, Sabine

*20. 9. 1949 Paris

Nach dem Abitur Schauspielkurs bei Jean Perimony; Besuch des Konservatoriums bei Antoine Vitez. Großer Erfolg mit Louis de Funès an der Comédie des Champs-Élysées in Anouilhs «Valse des toréadors». Ihr komisches Talent, während ihrer Ausbildung nicht erkannt, begeistert die Theaterzuschauer in den 70er und zu Beginn der 80er Jahre in Stücken von Claude Rich, Anouilh, Françoise Dorin und Michel Lengliney. Nach kleineren Rollen in Filmen u. a. von Georges Lautner (*On aura tout vu*) und Michel Lang (*On n'est pas des anges, elles non plus*), die der improvisationsfreudigen Komödiantin Raum für ihre Einfälle lassen, erhält sie für ihre umtriebige Irene in Bertrand Taverniers *Un dimanche à la campagne* (1984) den César. Auch Alain Resnais verleibt sie seinem komisch-melancholischen Universum ein: *La vie est un roman* macht sie zum Star, für *Mélo* wird sie 1986 erneut mit dem César geehrt, im Doppelfilm *Smoking / No Smoking* spielt sie alle weiblichen Hauptrollen, 1997 wirkt sie in *On connaît la chanson* mit.

[FR] 1976: On aura tout vu; Le chasseur de chez «Maxim's» (Der Pförtner vom Maxim). 1977: La dentellière/Die Spitzenklöpplerin [CH/FR/BRD]. 1980: On n'est pas des anges, elles non plus. 1982/83: La vie est un roman (Das Leben ist ein Roman). 1984: L'Amour à mort; Une dimanche à la campagne (Ein Sonntag auf dem Lande). 1985: Zone rouge (Zone des Todes). 1985/86: Mélo (Melo). 1986: La puritaine [FR/BE]. 1989: Vanille fraise (Geheimauftrag Erdbeer Vanille) [FR/IT]; Cinq jours en juin; La vie et rien d'autre (Das Leben und nichts anderes). 1991: Rossini! Rossini! [IT/FR/ES/DE]. 1993: No Smoking (No Smoking); Smoking (Smoking). 1994: Les cent et une nuits/ A Hundred and One Nights (101 Nacht – Die Träume des Monsieur Cinema) [FR/GB]; Noir comme le souvenir [FR/DE/CH]. 1995: Le bonheur est dans le pré (Das Glück liegt in der Wiese); Mon homme (Mein Mann). 1996: Le veilleur de nuit. 1997: On connaît la chanson.

Azmi, Shabana

*1950 Bombay

Tochter des Schriftstellers Kaifi Azmi und der Schauspielerin Shaukat. Ausbildung am Film- und Fernsehinstitut in Poona, Abschluß 1972. Ihr Filmdebüt in Shyam Benegals *Ankur* stößt auf positive Kritik. Unter der Regie von K. A. Abbas spielt sie 1974 in *Faasla*. 1976 wird *Fakira* (C. P. Dixit) ein kommerzieller Erfolg. Azmi gilt als ernsthafte Schauspielerin, die populär und erfolgreich ist. 1977 spielt sie in Satyajit Rays ersten nicht-bengalischen Film, *Shatranj Ke Khiladi / The Chess Players*. In Saeed Akhtar Mirzas sozialkritischer Komödie *Albert Pinto Ko Gussa Kyon Aata Hai* ist sie die Stella: Ab Anfang der 80er Jahre löst sie sich von dem Klischee der tugendhaften Frau und verkörpert u. a. eine Lesbierin in *Doosri Dulhan* (Lekh Tandori) und eine Prostituierte, womit sie nicht immer den Geschmack eines größeren prüden Publikums trifft.

Mit den Co-Produktionen *Généis / Genesis* (Mrinal Sen) und *In Custody / Muhafiz* (Ismail Merchant) auch international bekannt. Sie wird mehrfach als beste indische Schauspielerin ausgezeichnet.

[IN] 1973: Ankur; Munshiji [KF]; The December Evening [KF]. 1974: Ishq Ishq Ishq; Parinay; Faasla. 1975: Kadambari; Nishant. 1976: Vishwasghaat; Fakira; Shaque. 1977: Khel Khiladi Ka; Ek Hi Raasta; Parvarish; Hira Aur Patthar; Karm; Shatranj Ke Khiladi/ The Chess Players; Chor Sipahi; Swami; Amar Akbar Anthony; Kissa Kursi Ka; Adha Din Adhi Raat; Kanneshwara Rama. 1978: Junoon; Swarg Narak; Toote Khilone; Atithi; Khoon Ki Pukar; Devarta. 1979: Lahu Ke Do Rang; Jeena Yahan; Sparsh; Bagula Bhagat; Amar Deep. 1980: Yeh Kaisa Insaaf; Albert Pinto Ko Gussa Kyon Aata Hai (Die Wut von Alberto Pinto); Thodisi Bewafayi; Jwalamukhi; Hum Paanch; Apne Paraye; Ek Baar Kaho. 1981: Sameera; Shama; Raaste Pyar Ke; Ek Hi Bhool. 1982: Masoom; Arth; Namkeen; Log Kya Kahenge; Ashanti; Yeh Nazdeekiyan; Anokha Bandhan;

Suraag. 1983: Doosri Dulhan; Avatar; Khandhar; Sweekar Kiya Maine; Mandi; Pyaasi Aankhen. 1984: Aaj Ka MLA Ramavatar; Paar; Mr X; Gangvaa; Hum Rahe Na Hum; Yaadon KI Zanjeer; Bhavna; Ram Tera Desh; Lorie; Kaamyaab; Kamla. 1985: Rahi Badal Gaye; Shart; Uttarayan; Khamosh. 1986: Anjuman; Susman; Samay Ki Dhara; Ek Pal; Nasihat; Génésis/Genesis [FR/IN/BE/CH]. 1987: Pestonjee; Jallianwala Bagh; Itihaas. 1988: Mardon Wali Baat; Ek Din Achanak; Madame Sousatzka. 1989: Main Azaad Hoon; Oonch Neech Beech; Rakhwala; Jhoothi Sharm; Libaas; Sati. 1990: Amba; Picnic [TV]; Disha; Ek Doctor Ki Maut; Muqaddar Ka Badshah. 1991: Dharavi; Immaculate Conception. 1992: Antarnaad; City of Joy; Adharm; Jhoothi Shaan. 1993: In Custody/Muhafiz [US/IN]; Blake Edward's Son of the Pink Panther [US]; Patang. 1996: Fire (Fire – Wenn Liebe Feuer fängt) [CA]. 1997: Mrityu Dand; Side Streets [US].

Aznavour, Charles
(Shahnour Varenagh Aznavourian)
*22. 5. 1924 Paris

Sohn armenischer Einwanderer. Während des 2. Weltkriegs in verschiedenen Berufen. Nach 1945 Auftritte auf Kabarettbühnen und in Music-Halls als Chansonnier und Schauspieler; Förderung durch Edith Piaf. Zunächst in Marokko erfolgreich, ehe er sich ab 1954 als Textdichter, Komponist und Interpret in Frankreich und dann in ganz Europa durchsetzen kann. Erst spät zum Film, fällt er sogleich durch seine zurückgenommene Eindringlichkeit, zuweilen Schüchternheit, und Kargheit des Stils auf, so in Jean Cocteaus *Le testament d'Orphée*. Internationale Anerkennung als Schauspieler 1959 durch die Rolle des Charlie Koller in François Truffauts *Tirez sur le pianiste*. In einer eigenwilligen Mischung aus Verzweiflung und Ironie, immer auf der Suche nach Anerkennung und Liebe, spielt er die Hauptrolle in Claude Chabrols *Les fantômes du chapelier* (1982). In Hans W. Geissendörfers *Zauberberg* spielt er überzeugend den aufgeregten Humanisten Settembrini.
Er schreibt auch zahlreiche Filmmusiken, u. a. zu Julien Duviviers *Les diables et les dix commandements* und *Paris au mois d'août*. 1965 entsteht die Operette «Monsieur Carnaval». 1971 Veröffentlichung eines Erinnerungsbandes.

[FR] 1938: Les disparus de Saint-Agil (Das Geheimnis von Saint-Agil). 1946: Adieu chérie (Adieu Chérie). 1954: Caf' Conc 1954 [M – KF]. 1956: Une gosse sensass [D,M]; Ces fleurs qui sont les nôtres [M – KF]. 1957: Ces dames préfèrent le mambo/Le signore preferscono il mambo (Morphium, Mord und kesse Motten/Eddie küßt mit Blei) [M – FR/IT]; C'est arrivé à 36 chandelles; Paris Music-Hall (Zur tollen Kuh). 1958: Pourqoui viens-tu si tard? (Frau im Fegefeuer) [M]; Soupe au lait [M]; La tête contre les murs (Mit dem Kopf gegen die Wände); Délit de fuite/Sangue sull'asfalto (In die Falle gelockt) [M – FR/IT]; L'êe le du bout du monde [M]. 1958/59: Du rififi chez les femmes/Rififi fra le donne (Rififi bei den Frauen) [M – FR/IT]. 1959: Tirez sur le pianiste (Schießen Sie auf den Pianisten); Pêcheurs d'Islande [M]; Le cercle vicieux (Die Begierde treibt den Mann) [M]; La nuit des traqués [M]; Les dragueurs (Die nach Liebe hungern); Le testament d'Orphée (Das Testament des Orpheus). 1960: Un taxi pour Tobrouk (Taxi nach Tobruk) [FR/ES]; Gosse de Paris [M – KF]; Le passage du Rhin (Jenseits des Rheins). 1960/61: Tu ne tueras point [M – FR/YU]. 1961: Zarte Haut in schwarzer Seite/De quoi tu te mêles, Daniela [M – BRD/FR]; Horace '62/Appuntamento per uccidere (Horace 62) [FR/IT]; Camera indiscrète [M – KF]; Les Parisiennes (Die Pariserinnen) [M]; Les lions sont lâchés/I leoni scatenati (Vor Salonlöwen wird gewarnt) [FR/IT]. 1961/62: Douce violonce (Sie nennen es Liebe) [M]; Le bateau d'Émile/Letto, fortuna e femmine (Madeleine und der Seemann) [M – FR/IT]; Les petits matins (Wir bitten zu Bett) [D,M]. 1962: Tempo di Roma/Esame di guida (Römisches Abenteuer) [FR/IT]; Le rat d'Amérique/Il sentiero dei disperant (Rattenfalle Amerika) [FR/IT]; La salamandre d'or/Il paladino della corte di Francia [M – FR/IT]; Du mouron pour les petits oiseaux/Parigi proibita (Futter für süße Vögel) [M – FR/IT]; Les quatre vérités/Le quattro verità/Las cuatro verades. 4. EP: Les deux pigeons (Die vier Wahrheiten) [EP – FR/IT/ES]; Le diable et les dix commandements/Le tentazioni quotidiane (Der Teufel und die zehn Gebote) [EP – FR/IT]. 1962/63: Les vierges/Le vergini (Die Jungfrauen) [FR/IT]. 1963: La mascara de Scaramouche/Le avventure di Scaramouche (Das Geheimnis des Scaramouche) [M]; Jocelyne André chante [M]; Pourquoi Paris? [D,M – FR/IT]; Cherchez l'idole/Sciarada alla francese (Das Idol/Corinnna und der Diamant) [FR/IT]; Alta infedeltà. 2. EP: Peccato nel pomeriggio/Haute infidelité (Ehen zu dritt) [EP – IT/FR]. 1965: Le faiseur de rires [KF]; Paris au mois d'août (Paris im Monat August) [D,M]; Le temps d'un espoir [M]; La métamorphose des cloportes/Sotto il tallone (Ganoven rechnen ab) [FR/IT]. 1966: Le facteur s'en va-t'en guerre; Banbuck [KF]. 1967: Caroline chérie [FR/IT/BRD]. 1968: Candy (Candy) [US]. 1969: Le temps des loups/Uccidi, uccidi, uccidi ancora (Schüsse aus der Manteltasche) [FR/IT]; The Games [GB]. 1970: The Adventurers (Playboys und Abenteurer/Die letzten Abenteurer) [US]; Sappho [M]; Un beau monstre/Il bel mostro (Der letzte Tanz des blonden Teufels) [FR/IT]. 1971: Les intrus (Die Eindringlinge) [D,A]; La part des lions/L'ultima rapina a Parigi (Der Löwenanteil). 1972: The Blockhouse (Die Nacht der Sieben) [GB]. 1974: Ein Unbekannter rechnet ab/... E poi, non ne rimase nessuno/Diez negritos/Dix petits nègres [BRD/IT/ES/FR]. 1975: Sky Riders (Auf der Fährte des Adlers) [US/GR]. 1975/76:

Folies bourgeoises/Twist/Die verrückten Reichen [FR/IT/BRD]. 1978/79: Die Blechtrommel/Le tambour [BRD/FR]. 1979: Ciao les mecs. 1981: Der Zauberberg/la montagne magique/La montagna incanta [BRD]; Der Zauberberg/La montagne magique/La montagna incanta [BRD/FR/IT]. 1982: Les fantômes du chapelier (Die Fantome des Hutmachers); Qu'est-ce qui fait courir David ? 1983: Viva la vie (Viva la vie – Es lebe das Leben); Edith et Marcel (Edith und Marcel); Une jeunesse (Das Geld bleibt unter uns). 1984: Le paria (Ausgestoßen) [TVS – BRD/FR]. 1986: Yiddish Connection (Safe Breaker). 1988: Mangeclous. 1989: Il maestro (Das Geheimnis des Dirigenten) [BE/ES/FR]. 1990: Il ritorno di Ribot [TV – IT]. 1991: Les années campagne. 1992: Il Cinese [TVS – EURO]. 1994: L'Alibi en or. 1996: Le comédien; Le dernier comptoir de l'Inde.

B

Baal, Karin
(Karin Blauermel)
* 19. 9. 1940 Berlin-Wedding
Realschule, dann Schule für Modezeichnen. 1956 neben Horst Buchholz und Christian Doermer in der Hauptrolle der 15jährigen Sissy Bohl in *Die Halbstarken* (Georg Tressler). Nach diesem Leinwand-Debüt Schauspielunterricht bei Luise Berger und Ilse Bongers in West-Berlin. Bühnendebüt 1959 in München als Su Shu Chan in Günther Weisenborns «15 Schnüre Geld». Seither regelmäßig am Theater, u. a. in Zürich, Hamburg, München und Berlin; bei den Salzburger Festspielen 1982 in Wim Wenders' Inszenierung von Peter Handkes «Über die Dörfer». Leinwand-Image zunächst vom Debüt-Film geprägt: z. B. als Nachfolgerin der ermordeten Prostituierten Nitribitt in *Das Mädchen Rosemarie* (Rolf Thiele) oder als Verführerin des Vaters ihrer Freundin in *Die junge Sünderin* (Rudolf Jugert). 1961 Preis der deutschen Filmkritik und Silber-Bambi als beste Nachwuchsschauspielerin. Als bedrohte blonde Unschuld in Alfred Vohrers Edgar-Wallace-Verfilmungen. Seit Anfang der 70er Jahre überwiegend Arbeit für das Fernsehen, meist in kleinen und mittleren Rollen. Vom Neuen deutschen Film erst spät für Nebenrollen entdeckt: oft Mutter, Haushälterin oder ältere Freundin der Heldin. Für Fassbinder spielt sie Biberkopfs Schwägerin in *Berlin Alexanderplatz*, eine Widerstandskämpferin in *Lili Marleen*, die Mutter in *Lola*. In Hermine Huntgeburts erstem Spielfilm, der schwarzen Komödie *Im Kreise der Lieben*, ist sie Gertrud Grund, Mutter der Heirats- und Beziehungsschwindlerin Maria (Barbara Auer). Auftritte in Filmen von Ula Stöckl, Vadim Glowna, Hans-Chistoph Blumenberg und Thomas Brasch.

[BRD] 1956: Die Halbstarken. 1956/57: Jede Nacht in einem anderen Bett. 1957: Der müde Theodor; Das Herz von St. Pauli. 1958: Der Eiserne Gustav; Das Mädchen Rosemarie. 1959: Jons und Erdme/La donna dell'altro [BRD/IT]; So angelt man keinen Mann; Bobby Dodd greift ein; Juke-box, urli d'amore [D – IT]; Arzt ohne Gewissen; Das letzte Aufgebot [TV]. 1959/60: Der Jugendrichter. 1960: Die junge Sünderin; ... Und so was nennt sich Leben; Wir Kellerkinder. 1961: Die toten Augen von London; Blond muß man sein auf Capri; Vertauschtes Leben; Das letzte Kapitel. 1962: Der Privatsekretär [TV]; Straße der Verheißung; So toll wie anno dazumal; Zwischen Schanghai und St. Pauli/I rinnegati di capitan Kidd [BRD/IT]; Film an Bord [TV]. 1962/63: Karibisches Vergnügen [TV]. 1963/64: Voir Venise et crever/La spiache venne dall'ovest/Mord am Canale Grande [FR/IT/BRD]. 1964: Das Blaue vom Himmel [TV]; Schloßpension Fürstenhorst [TV]. 1964/65: Michael Kramer [TV]. 1965/66: Ganovenehre. 1966: Herr Puntila und sein Knecht Matti [TV]; Gespenster [TV]; Ein Mädchen von heute [TV]; Der Mann aus Brooklyn [TV]; Avec la peau des autres/Sciarada per quattro spie (Die Haut des Anderen) [FR/IT]. 1967: Der Hund von Blackwood Castle. 1968: Tragödie auf der Jagd [TV]; Hannibal Brooks (Hannibal Brooks) [GB]. 1970: Zum Diktat, Miss Smith [TV]. 1971: Das System Fabrizzi [TV]; Das Geheimnis der grünen Stecknadel/Cosa avete fatto a Solange? [BRD/IT]; Der Kommissar: Die Anhalterin [TV]. 1973: Ein für allemal [TV]. 1974: Haus ohne Hüter [TV]; Sonderdezernat K 1: Hafenhyänen [TV]. 1975: Der Kommissar: Fährt der Zug nach Italien? [TV]. 1976: Sonderdezernat K 1: Der Stumme [TV]; Derrick: Schock [TV]; Kennedys Kinder [TV – CH]; Erikas Leidenschaften [TV]. 1976/77: Gefundenes Fressen. 1977: Haus der Frauen [TV]. 1978: Unruhestand: Baldauf [TV-KF]; Wo die Liebe hinfällt. 1. EP: Der gute Freund [TV-EP]. 1979: Desperado [KF]; Die Weber [TV]; Wunder einer Nacht [TV – AT/BRD]; Drei Freundinnen [TV]; Der Alte: Illusionen über einen Mord [TV]. 1979/80: Tatort: Hände hoch, Herr Trimmel [TV]; Der Alte: Das letzte Wort hat die Tote [TV]; Berlin Alexanderplatz [TV]. 1980: Leute wie du und ich. 2. EP: Briefe von unbekannt [TV-EP]; In Prag und anderswo [TV]; Derrick: Auf einem Gutshof [TV]; Lili Marleen; Sternensommer. Folge 1–6 [TVS]. 1980–82: Schicht in Weiß [TVS]; Deadly Game. 1980/81: Desperado City; Engel aus Eisen. 1981: Derrick: Tod eines Italieners [TV]; Traumlage [TV]; Lola. 1982: Der Mann auf der Mauer. 1982/83: Liebe ist kein Argument; Das Traumschiff. EP: Der Kinderfeind [TV-EP]. 1983: Karin Baal. Begegnungen mit einer Schauspielerin [TV-DOK]; Bitterer Honig [TV]; Unternehmen Arche Noah [TV]. 1983/84: Der letzte Zivilist [TV – FR/BRD]; Blaubart [TV – BRD/CH]; Tausend Augen; Die Mitläufer [DOK]. 1984: Die Abschiebung [TV]; Derrick: Ein Mörder zuwenig [TV]; Eine Klasse für sich [TVS]; Tod eines Schaustellers [TV]; Die Krimistunde. Folge 3. EP: Roccos Tod [TV-EP]. 1984/85: Schöne Ferien [TVS]. 1985: Die Schwarzwaldklinik: Das Findelkind [TVS]; Alte Gauner. 7. Urlaubsgeld [TVS]; Liebling Kreuzberg: Der neue Mann [TV]; Der Galaxenbauer [TV]; Der Alte: Hals über Kopf [TV]. 1985/86: Die Fräulein von damals [TV]; Rosa Luxemburg. 1986: ... dann ist nichts mehr wie vorher. 1987/88: Der Passagier – Welcome to Germany. 1988: Die Männer vom K3: Spiel über zwei Banden [TV]; Morgen in Shanghai [TVS]. 1989: Der neue Mann [TV]; Justitias kleine Fische [TVS]; Das Beste aus der Drehpause; Tatort: Tod einer Ärztin [TV]; Der letzte Gast [TV]; Der Alte: Ende mit Schrecken [TV]. 1989/90: Marleneken [TV – BRD/AT]. 1990: Karin Baal und die Halbstarken [TV-DOK]; Der Teufel und seine zwei Töchter/Blancaflor [TV – BRD/ES/IT/FR]; Scheidung à la carte [TV]; Ein Fall für zwei: Schleuderkurs [TV]. 1990/91: Edgar, Hüter der Moral [TVS]; Im Kreise der Lieben; Tatort: Tödliche Vergangenheit [TV]. 1991: Die Männer vom K3: Auge um Auge [TV]; Praxis Bülowbogen. 41–60 [TVS]. 1991/92: Sternensommer [TV]. 1992: Cosimas Lexikon. 1993/94: Ein starkes Team [TV]. 1994: Zu treuen Händen [TV]. 1994/95: 5 Stunden Angst/Geiselnahme im Kindergarten. 1995/96: Rosa Roth: Verlorenes Leben [TV – DE/AT]. 1996: Doppelter Einsatz: Faustpfand [TV]; Ein Fall für zwei: Ausweg Mord [TV]. 1996/97: Polizeiruf 110: Der Fremde [TV].

Baarova, Lida

(Ludmila Babková)
*16. 11. 1914 Prag
Schauspielkonservatorium in Prag, erste Rollen am Nationaltheater. Durch Auftritte in Lustspielfilmen von Carl Lamac und Vladimír Slavinský populär. 1934 von der Ufa nach Berlin verpflichtet und als luxuriös-exotischer Vamp aufgebaut, dem deutsche Männer reihenweise erliegen, mehrmals Gustav Fröhlich: in *Barcarole* (Gerhard Lamprecht), *Die Stunde der Versuchung* (Paul Wegener), *Leutnant Bobby, der Teufelskerl* (Georg Jacoby). In Berlin auch an den Kammerspielen des Deutschen Theaters und an der Volksbühne. 1936/37 zwei bedeutende Rollen in sozialkritischen Literaturverfilmungen: *Lide na kre* (Mac Frič) und *Panenství* (Otakar Vávra). Ihr öffentlich bekanntes Verhältnis mit Propagandaminister Joseph Goebbels wird aus Gründen der Staatsraison unterbunden; ihr Film *Preußische Liebesgeschichte* (Paul Martin) bleibt bis 1950 unaufgeführt. 1938 zurück nach Prag, 1939 u. a. neben ihrer jüngeren Schwester Zorka Janu in dem lyrischen Film *Ohnivé léto* (František Cáp); auch Theater. Ihr letzter tschechischer Film ist 1941 Vávras *Turbina*; ab 1943 Filmarbeit in Italien. Nach Kriegsende als Kollaborateurin in Prag inhaftiert, Flucht nach Österreich. Ab 1950 erneut in Italien, u. a. in Federico Fellinis *I vitelloni*, dann in Spanien. 1956 nach Österreich, dort an Theatern tätig, ab 1960 auch in der BRD. 1975 in einer Inszenierung

von Rainer Werner Fassbinders «Die bitteren Tränen der Petra von Kant».

[CS] 1931: Obrácenci Ferdyše Pištory; Kariéra Pavla Camrdy (Die Karriere des Paul Camrdy). 1932: Malostranští mušketýři (Die Musketiere von der kleinen Seite); Šenkýřka u divoké krásy (Die Wirtin zur wilden Schönheit); Zapadlí vlastenci (Die verfallenen Patrioten); Lelíček ve službách Sherlocka Holmesa) (Lelíček in Sherlock Holmes's Diensten); Funebrák (Der Leichenbestatter); Růžové kombiné (Das rosa Hemd). 1933: Madla z cihelny (Magda aus der Ziegelei); Jsem děvče s čertem v těle (Ein Teufelsmädchen) [Version]; Sedmá velmoc (Die siebte Großmacht); Její lékař (Ihr Arzt); Okénko (Mattscheibe). 1934: Na růžích ustláno (Auf Rosen gebettet); Pán na roztrhání (Ein Mann, der sich zerreißen muß); Pokušení paní Antonie (Die Versuchung der Frau Antonie); Zlatá Kateřina (Die goldene Katharina); Dokud máš maminku (Solange Du eine Mutter hast); Grandhotel Nevada. 1934/35: Barcarole [DE]. 1935: Leutnant Bobby, der Teufelskerl (Ein Teufelskerl) [AT]; Einer zuviel an Bord [DE]. 1936: Svadlenka (Die kleine Schneiderin); Die Stunde der Versuchung [DE]; Komediantská Princezna (Die Komödiantenprinzessin); Verräter [DE]. 1936/37: Lidé na kře (Menschen auf der Eisscholle). 1937: Die Fledermaus [DE]; Panenství (Jungfernschaft); Patrioten [DE]. 1938: Der Spieler [DE]; Preußische Liebesgeschichte [Verboten – DE]. 1939: Dívka v modrém (Das Mädchen in Blau); Ohnivé léto (Der feurige Sommer). 1940: Maskovaná milenka (Die maskierte Geliebte); Za tichých nocí (Arthur und Leontine); Artur a Leontýna (Wenn die Nächte still sind); Zivot je krásný (Das Leben ist wunderbar). 1941: Paličova dcera (Die Tochter des Brandstifters); Turbina (Die Turbine). 1943: Ti conosco, mascherina! [IT]; Il cappello da prete [IT]; La fornarina [IT]; La sua strada [IT]; L'ippocampo [IT]. 1944: Grazia [Unvollendet – IT]. 1944/45: Vivere ancora [IT]. 1950: La bisarca [IT]; Gli amanti di Ravello/ Fenestra ca lucive [IT]. 1951: Carne inquieta [IT]; Gli innocenti pagano [IT]; La vendetta di una pazza [IT]. 1953: I vitelloni/Les inutiles (Die Müßiggänger) [IT/ FR]. 1953/54: Pietř per chi cade [IT]. 1955: La mestiza [ES]. 1956: Viaje de novios [ES]; El batallón de las sombras (Das nackte Leben) [ES]; Miedo [ES]; Todos somos necesarios/ Ritorno alla vita (Die Ausgestoßenen) [ES/IT]. 1958: Rapsodia de sangre (Blutige Rhapsodie) [ES]. 1990/91: Joseph Goebbels. Gesehen von dem Ufa-Star [TV-DOK – DE].

Babočkin, Boris

(Boris Andreevič Babočkin)
*18. 1. 1904 Saratov
†17. 7. 1975 Moskau
1921 Ausbildung am Moskauer Studio «Molodye mastera» bei N. Pevcov. Babočkin arbeitet an verschiedenen Provinzbühnen, bis er 1927 an das Leningrader Theater der Satire engagiert wird. Seitdem an den führenden Bühnen in Leningrad und Moskau, u. a. am Vachtangov-Theater. 1935–40 als Schauspieler, Regisseur und später auch Künstlerischer Leiter am Gorkij-Theater in Leningrad. Seine größte Leistung im Film, die ihn international bekannt macht, ist 1934 die Titelrolle im legendären Film *Čapaev* (Georgij und Sergej Vasil'ev). Babočkin verkörpert einen Volkshelden von epischer Größe, weitblickend, offen, zielstrebig, aber auch eigenwillig. Mit großer Überzeugungskraft zeigt er den Weg vom fast anarchistischen Partisanen zum erfahrenen Kommandeur in den Reihen der Roten Armee. Viele seiner späteren Rollen bauen auf diesem Typus auf. In Vasil'evs *Oborona Caricyna* (1942) zeigt er sich in der Rolle eines weißgardistischen Offiziers als zynischer Abenteurer in Posen von Stroheimscher Boshaftigkeit. Ab 1944 lehrt er an der Moskauer Filmhochschule und wird 1966 Professor. 1952/53 Chefregisseur am Moskauer Puškin-Theater. Bekannt wird er auch als ausgezeichneter Čechov-Interpret. 1945 mit *Rodnye polja* erprobt sich Babočkin als Filmregisseur. Er erhält mehrere nationale Auszeichnungen.

[SU] 1928: Mjatež 1930: Zagovor mertvych. 1932: Vozvraščenie Nejtana Bekkera. 1933: Pervyj vzvod. 1934: Čapaev (Tschapajew); Dvašdy roŝdennyj. 1935: Podrugi. 1937: Bol'šie kryl'ja. 1938: Druz'ja. 1941: Čapaev s nami. 1942: Nepobedimye; Oborona Caricyna. 1943: Front; Aktrisa. 1944: Rodnye polja [R]. 1947: Povest' o «Neistovom». 1948: Povest' o nastojaščem čeloveke (Der wahre Mensch). 1949: Velikaja sila (Die große Kraft). 1954: Trevožnaja molodost' (Bewegte Jugend). 1959: Annuška (Annuschka). 1961: Ivan Rybakov. 1964: Brat'ja Vasil'evy. 1966: Dačniki [D,R]. 1972: Skučnaja istorija [TV]. 1973: Plotnickie rasskazy [TV]. 1975: Begstvo mistera Mak-Kinli.

Bacall, Lauren

(Betty Joan Perske)
*16. 9. 1924 Bronx (New York)
Besuch der Julia Richman High School, dann der American Academy of Dramatic Arts. Anfang der 40er Jahre Jobs am Theater, Fotomodell. 1942 New Yorker Bühnendebüt in «Johnny Two-by-Four». Sie erregt 1943 durch ein Titelfoto auf «Harper's Bazaar» die Aufmerksamkeit von Howard Hawks. 7-Jahres-Vertrag bei Warner Bros. 1944 Filmdebüt in *To Have and Have Not* (Howard Hawks). Als undurchsichtig-verführerische Unschuld ist sie Partnerin von Humphrey Bogart, den sie 1945 heiratet. Weitere Filme mit Bogart folgen: u. a. *The Big Sleep, Dark Passage, Key Largo*. 1953 als Vamp neben Marilyn Monroe und Betty Grable in der Komödie *How To Marry a Millionaire* (Jean Negulesco). Später Gast-

rollen, wie in Sidney Lumets *Murder On The Orient Express.* 1993 wird sie mit dem Cecil B. DeMille Award für ihre Lebensleistung ausgezeichnet. 1996 Oscar- und Golden-Globe-Nominierung für die Rolle der dominanten Mutter in Barbra Streisands *The Mirror Has Two Faces* sowie mit Jack Lemmon in *My Fellow Americans.*
Auch außerhalb der Leinwand eigenwilliges Auftreten, u. a. Auseinandersetzungen mit Jack Warner und 1947 Protest gegen das Blacklisting. Seit Ende der 50er Jahre verstärkt Theaterarbeit: 1959 Broadway-Debüt in «Goodbye Charlie». Später «Cactus Flower» (1965), «Applause» (1970, Tony Award) und «Woman of the Year» (1981). 1978 Veröffentlichung der Memoiren «By Myself» (Mein Leben).

[US] 1944: To Have and Have Not (Haben und Nichthaben). 1945: Confidential Agent (Jagd im Nebel). 1946: Two Guys from Milwaukee; The Big Sleep (Tote schlafen fest). 1947: Dark Passage (Die schwarze Natter). 1948: Key Largo (Hafen des Lasters). 1949/50: Young Man with a Horn (Der Mann ihrer Träume). 1950: Bright Leaf (Zwischen zwei Frauen). 1953: How to Marry a Millionaire (Wie angelt man sich einen Millionär). 1954: Woman's World (Die Welt gehört der Frau). 1955: The Petrified Forest [TV]; Salute to the Theatres [KF]; Blood Alley (Der gelbe Strom); The Cobweb (Die Verlorenen); Blithe Spirit [TV]. 1955/56: Written on the Wind (In den Wind geschrieben). 1957: Designing Woman (Warum hab' ich ja gesagt?). 1958: The Gift of Love (Geschenk der Liebe). 1959: North West Frontier (Brennendes Indien) [GB]. 1963/64: Shock Treatment (Der Mörder mit der Gartenschere). 1964: Sex and the Single Girl (... und ledige Mädchen); Chrysler Theatre: Double Jeopardy [TV]. 1966: Harper (Ein Fall für Harper). 1974: Murder on the Orient Express (Mord im Orient-Expreß) [GB]. 1975: Happy Endings [TV]. 1976: The Shootist (Der Scharfschütze). 1978: Perfect Gentlemen (Ladies mit weißer Weste) [TV]. 1979: The Rockford Files: Lions, Tigers, Monkeys and Dogs (Detektiv Rockford: Anruf genügt) [TV]. 1980: Health (Der Gesundheits-Kongreß). 1981: The Great Muppet Caper; The Fan (Der Fanatiker). 1987: Appointment with Death (Rendezvous mit einer Leiche). 1988: Mr. North (Mr. North – Liebling der Götter); Bacall On Bogart [TV]; In From the Cold [DOK]; Tree of Hands (Wahn des Herzens) [GB]; John Huston: The Man, the Movies, the Maverick (John Huston: Filmregisseur und Lebenskünstler) [DOK]. 1989: A Little Piece of Sunshine (Schatten über Sunshine) [TV – GB]. 1990: Misery (Misery); Ed Morrow: This Reporter [TV]; Une étoile pour deux/A Star For Two [FR/CA]; Dinner at Eight [TV]. 1991: All I Want for Christmas (Mein Weihnachtswunsch). 1992/93: A Foreign Field [TV – GB]. 1993: The Portrait [TV]. 1994: Prêt-à-Porter – Ready to Wear (Prêt-à-Porter). 1995: From the Mixed-Up Files of Mrs. Basil Frankweiler (Claudia und das Geheimnis des Engels) [TV]. 1996: My Fellow Americans; Le jour et la nuit (Der Tag und die Nacht) [FR/CA/BE/ES/MX]; The Mirror Has Two Faces (Liebe hat zwei Gesichter).

Bachchan, Amitabh

* 11. 10. 1942 Allahabad
Sohn des Dichters Harivanshrai. Als Angestellter in Kalkutta tätig, nimmt Bachchan an Wettbewerben teil, um zum Film zu kommen; er wird aber mehrfach abgelehnt, da er für einen Hindi-Star zu dunkelhäutig und zu groß ist. 1969 erste Nebenrolle in K. A. Abbas' *Saat Hindustani.* 1973 wird er als bester Nebendarsteller in *Namak Haram* (Hemant Mukherjee) ausgezeichnet. Die junge Generation identifiziert sich mit diesem «zornigen Helden», der in seinen Filmen gegen soziale Ungerechtigkeit und falsche Moral kämpft. Seit Ramesh Sippys *Sholay* (1975), dem erfolgreichsten indischen Film, wird Bachchan «König der Könige des Curry-Westerns» genannt. Für Frauen und Mütter wird er zum Beschützer, für die Kinder, die ihn besonders verehren, zum Supermann. Bachchan ist der führende Superstar des kommerziellen Kinos und der populärste Schauspieler, den es je in Indien gab. Er wird 1985 mit überwältigender Mehrheit ins Parlament gewählt.

[IN] 1969: Saat Hindustani. 1970: Anand. 1971: Reshma Aur Shera; Guddi; Parwana; Pyar Ki Kahani; Sanjog. 1972: Jaban; Ek Nazar; Bansi Birju; Raaste Ka Patthar; Bombay To Goa. 1973: Gehri Chaal; Namak Haram; Bandhe Haath; Saudagar; Abhimaan; Zanjeer. 1974: Majboor; Kasauti; Dost; Kunwara Baap; Benaam; Roti Kapda Aur Makaan. 1975: Deewar; Faraar; Chupke Chupke; Chhotisi Baat; Sholay; Mili; Zameer. 1976: Hera Pheri; Adalat; Do Anjaane; Kabhi Kabhie. 1977: Imaan Dharam; Amar Akbar Anthony; Charandas; Khatta Meetha; Khoon Pasina; Parvarish; Alaap. 1978: Kasme Vaade; Don; Besharam; Ganga Ki Saugandh; Trishul; Muqaddar Ka Sikandar. 1979: Ahsaas; Golmaal; Kala Patthar; Manzil; Suhaag; The Great Gambler; Mr Natwarlal; Jurmana. 1980: Do Aur Do Paanch; Dostana; Ram Balram; Shaan. 1981: Chashme Buddoor; Naseeb; Silsila; Satte Pe Satta; Yaarana; Barsaat Ki Ek Raat/Anusandhan; Lawaris; Commandar; Kaliya. 1982: Namak Halal; Kaalia; Bemisal; Shakti; Desh Premi; Andha Kanoon; Khuddar. 1983: Pukar; Coolie; Nastik; Mahaan. 1984: Pan Khaiye Saiya Hamara; Pet Pyar Aur Paap; Inquilab; Sharabi. 1985: Mard; Giraftaar. 1986: Jalwa; Aakhri Raasta. 1987: Kaun Jeeta Kaun Hara. 1988: Shahenshah; Soorma Bhopali; Hero Hiralal; Ganga Jamuna Saraswati. 1989: Toofan; Main Azaad Hoon; Jadugar. 1990: Aaj Ka Arjun; Agneepath; Krodh; Hum. 1991: Ajooba; Indrajit; Akela. 1992: Khuda Gawah.

Bai Yang

(Chengfang Yang)
* April 1920 Beijing
Sie wächst in armen Verhältnissen auf. Mit 11 Jahren tritt sie in die Schauspielschule der Lianhua Filmgesellschaft in Beijing ein. 1932 Filmdebüt als Zimmermädchen in *Gugong Xinyuan*. Ab 1934 arbeitet sie als Berufsschauspielerin. Als die Mingxing Gesellschaft 1936 in Shanghai linksorientierte Filmleute engagiert, gehört sie dazu. Ihre erste Hauptrolle ist die heitere Instrukteurin einer Spinnerei in der gesellschaftskritischen Komödie *Shizi jietou*. 1938 ist sie für das antijapanische Widerstandstheater tätig und gleichzeitig für die Zhongyang Filmgesellschaft in Zhongqing. Noch unter dem Kuomintang-Regime spielt sie die Heldin des satirischen *Huanxiang riji* (1947). Im selben Jahr dreht sie das Melodrama *Yijiang chunshui xiang dong liu*, das alle Besucherrekorde bricht. Sie spielt eine Arbeiterin in den Jahren 1931–45, die mit ihrem kleinen Sohn und der Schwiegermutter ein hartes Schicksal durchleidet und sich schließlich opfert, während der von ihr getrennt lebende Ehemann in Luxus lebt. Internationale Anerkennung mit der Literaturverfilmung *Zhufu* (1956) nach Lu Xun; sie spielt die tragische Heldin, Xiang Linsao, die unter der Feudalherrschaft lebt. Wie viele Kollegen leidet sie unter der Kulturrevolution in der zweiten Hälfte der 60er Jahre. 1989 spielt sie die kommunistische Führerin und Schwester der Frau von Tschiang Kaischek, Song Qingling, im Fernsehdrama *Xiang renjian du shi ai*.

[CN] 1932: Gugong Xinyuan. 1937: Shekuai zhi hua/ Hei xuanfeng; Shenbi zhi hua; Siqian jin; Shizi jietou. 1939: Zhonghua er'nü. 1940: Zhangkong wanli; Qingnian Zhongguo. 1946: Sheng cheng ji. 1947: Baqianli lu yun he yue; Huozang; Yijiang chunshui xiang dong liu; Chenglong kuaixu; Huanxiang riji. 1948: Shanhe lei; Xin guiyuan. 1950: Tuanti qilai dao mingtian. 1956: Zhufu (Neujahrsopfer); Weile heping. 1959: Chunman renjian. 1960: Jin Yuji. 1989: Xiang renjian du shi ai (Die Liebe für die Leute) [TV].

Baker, Carroll

* 28. 5. 1931 Johnstown (Pennsylvania)
Besuch des St. Petersburg Junior College in Florida. Tänzerin und Assistentin eines Zauberers. Sie bereist mit Tourneetheatern den Süden der USA. 1952 in New Yorker Night Clubs und im Fernsehen (Wetterbericht). Nach einer ersten kleinen Filmrolle in *Easy To Love* (Charles Walters) 1953 am New Yorker Actors Studio. Fernseh- und Bühnen-Arbeit («All Summer Long»). Für ihre erste große Filmrolle 1956 als junge Verführerin in Elia Kazans *Baby Doll* wird sie für einen Oscar nominiert. Trotz Rollen in Filmen verschiedener Genres ist sie lange auf das Image der Femme fatale festgelegt. 1964 Verträge von Paramount und Embassy Pictures. 1966 Erfolg auf der Bühne in einer Dramatisierung von «Anna Christie». 1965 spielt sie in *Harlow* (Gordon Douglas) den legendären Star der 30er Jahre. Ende der 60er Jahre Übersiedlung nach Europa und in italienischen und spanischen Filmen. 1977 in London in Somerset Maughams «Rain» auf der Bühne. 1980 Comeback-Versuch in John Houghs' *The Watcher in the Woods*. Anfang der 90er Jahre überwiegend in Fernsehfilmen.

[US] 1953: Easy to Love (Du bist so leicht zu lieben). 1956: Baby Doll (Baby Doll – Begehre nicht des anderen Weib); Giant (Giganten). 1958: The Big Country (Weites Land). 1959: But Not for Me (Bei mir nicht); The Miracle (Madonna mit den zwei Gesichtern). 1961: Something Wild (Wilde Knospen); Bridge to the Sun/Le pont vers le soleil (Die Brücke zur Sonne) [US/FR]. 1962: How the West Was Won (Das war der Wilde Westen) [EP]; Endstation 13 Sahara/Station Six-Sahara [BRD/GB]. 1964: Cheyenne Autumn (Cheyenne); The Carpetbaggers (Die Unersättlichen); Mister Moses (Südlich vom Pangani-Fluß) [GB]. 1964/65: Sylvia (Das Vorleben der Sylvia West). 1965: Harlow (Die Welt der Jean Harlow); The Greatest Story Ever Told (Die größte Geschichte aller Zeiten). 1966: The Bob Hope Vietnam Christmas Story [DOK]. 1967: Jack of Diamonds/Der Diamantenprinz [US/BRD]; L'Harem [IT/FR]. 1968: Orgasmo [IT/FR]; Il dolce corpo di Deborah (Der schöne Körper der Debora) [IT]. 1969: Così dolce ... così perversa/Si douces, si perverses [IT/BRD/FR]; Paranoia/Una droga llamada Helen [IT/FR/ES]. 1970: La última señora Anderson/In fondo alla piscina [ES/IT]. 1971: Captain Apache; The Fourth Mrs. Anderson; Il diavolo a sette face [IT]. 1972: Il coltello di ghiaccio/Detrás del silencio [IT/ES]. 1973: Il fiore dai petali d'acciaio [IT/ES]; Baba Yaga [IT/FR]. 1974: Il corpo (Il Corpo) [IT]. 1975: Lezioni private [IT]; Ab morgen sind wir reich und ehrlich [AT/BRD]; James Dean – First American Teenager (James Dean); La moglie vergine (Komm, wir machen Liebe) [IT]. 1975/76: Zerschossene Träume/L'Appât [BRD/AT/FR]. 1976: La moglie di mio padre [IT]. 1977: Andy Warhol's Bad (Andy Warhol's Bad); Cyclone (Tornado) [IT]. 1979: The World Is Full of Married Men (The World Is Full of Married Men) [GB]. 1980: The Watcher in the Woods (Schrei der Verlorenen) [GB]. 1982: Red Monarch (Der rote Monarch) [TV – GB]. 1983: Star 80 (Star 80). 1984: The Secret Diary of Sigmund Freud. 1984/85: Hitler's SS: Portrait in Evil (Wölfe jagen nie allein) [TV – GB]. 1985: Star Quality [TVS – GB]. 1986: Native Son (Native Son). 1987: Ironweed (Wolfsmilch).

1989: Gipsy Angel [GB]. 1990: Kindergarten Cop (Kindergarten Cop). 1991: Desperate Measures (Desperate – Verzweifelt); Blonde Fist. 1992: Those Bedroom Eyes (Der süße Duft des Todes); Jackpot. 1992–94: Vault of Horror: Volume 2 (Masters of Horror: Tales from the Crypt 2). 1993: Classe speziale; Men Don't Tell (Der geschlagene Mann) [TV]. 1995: Dalva (Dalva); Chicago Hope: Informed Consent [TVS]. 1996: Just Your Luck; Skeletons.

Baker, Stanley
* 8. 2. 1927 Ferndale (Wales)
†28. 6. 1976 Malaga (Spanien)
Schulbesuch in Ferndale; zwei Jahre Studium an der Birmingham Repertory School. Debütiert noch als Jugendlicher 1943 im Film *Undercover*. 1943–49 an Repertoirebühnen in London und Birmingham. 1946–48 Armeedienst. In der ersten Hälfte der 50er Jahre Schurken- und Verbrecherrollen vorwiegend in britischen Kriminal- und Actionfilmen. Er findet Beachtung in der Rolle des gefräßigen Ersten Offiziers in der erfolgreichen Ealing-Produktion *The Cruel Sea* (Charles Frend) um die Seeschlacht im Atlantik während des 2. Weltkriegs. Mit Arroganz und Kraft als Achilles neben Brigitte Bardot in Robert Wises Sandalenfilm *Helen of Troy*. In den späten 50er und frühen 60er Jahren radikale Abkehr von den bisherigen Stereotypen, besonders deutlich in den absurden, finsteren Melodramen *Hell Drivers* und *Sea Fury* von Cy Endfield, im Mörderpuzzle *Blind Date* oder der asketischen Studie *Accident* von Joseph Losey. Andere Filme mit Baker in zentralen Rollen als Gangster oder rücksichtsloser Polizist sind Loseys *The Criminal*, Val Guests *Hell is a City* und Cliff Owens *A Prize of Arms*. Daneben in den 60er und 70er Jahren auch in Filmen und Rollen mit wenig Tiefgang. Beteiligung an Produktionsfirmen: 1960 Cambria Films mit Losey und Alun Owen, 1963 Diamond Productions mit Cy Endfield, 1967 Oakhurst Productions mit Michael Deeley. Einige seiner Filme werden von ihm co-produziert. Zwischen 1968 und 1976 als Regisseur beim Fernsehen tätig; 1972–76 auch Auftritte in der Serie *How Green Was My Valley*. Kurz vor seinem Tod wird Sir Stanley Baker zum Ritter geschlagen.

[GB] 1943: Undercover. 1948/49: All Over the Town. 1949: Obsession (Der Wahnsinn des Dr. Clive). 1949/50: Your Witness. 1950: Lilli Marlene. 1950/51: The Rossiter Case. 1951: Captain Horatio Hornblower R. N.; Cloudburst; Home to Danger; Whispering Smith Hits London. 1952/53: The Cruel Sea (Der große Atlantik). 1953: The Tell-Tale Heart [KF – US]; The Red Beret; Hell Below Zero (Hölle unter Null); The Knights of the Round Table (Die Ritter der Tafelrunde) [US]. 1953/54: The Good Die Young (Vier bleiben auf der Strecke); Knights of the Round Table (Die Ritter der Tafelrunde). 1954: The Beautiful Stranger (Geld macht nicht glücklich). 1955: Helen of Troy (Der Untergang von Troja) [US]; Richard III; Alexander the Great (Alexander der Große) [US]. 1956: A Hill in Korea (An vorderster Front); Checkpoint; Jane Eyre [TV]; Child in the House. 1957: Campbell's Kingdom; Hell Drivers (Duell am Steuer); Violent Playground (Kinder der Straße). 1958: Sea Fury (Wütende See). 1958/59: The Angry Hills (Hügel des Schreckens). 1959: Jet Storm (Der Tod hat Verspätung); Yesterday's Enemy (Feinde von gestern); Blind Date (Tödliche Falle). 1959/60: Hell Is a City (Hetzjagd). 1960: The Criminal (Die Spur führt ins Nichts). 1961: The Guns of Navarone (Die Kanonen von Navarone). 1961/62: Eva/Eve (Eva) [IT/ FR]. 1962: The Man Who Finally Died; Sodoma e Gomorra/Sodome et Gomorrhe (Sodom und Gomorrha) [IT/FR]; A Prize of Arms. 1963: Zulu (Zulu) [D,CoP]; In the French Style (Plaisirs d'amour) [US/FR]. 1964: Who Has Seen the Wind? [TV – US]. 1965: Sands of the Kalahari (Die Verdammten der Kalahari) [D,CoP]; Dingaka [SA]. 1966: After the Lion, Jackals [TV – US]; Accident (Accident – Zwischenfall in Oxford). 1967: The Tormentors [TV]; Code Name Heraclitus [TV]; Robbery (Überfall) [D,CoP]. 1968: La ragazza con la pistola (Mit Pistolen fängt man keine Männer) [IT]. 1968/69: Where's Jack? [D,CoP]. 1969: The Italian Job (Charlie staubt Millionen ab) [CoP]; The Games. 1969/70: The Last Grenade. 1970: Perfect Friday (Treffpunkt London Airport); Colosseum and Juicy Lucy [CoP]; Popsy Pop/Fuori il malloppo!/The 21 Carat Snatch [FR/IT/BRD]; Una lucertola con la pelle di donna/Una lagartija con piel de mujer/Carole [IT/ES/FR]. 1970/71: Una lucertola con la pelle di donna/Una lagartija con piel de mujer/Carole [IT/ES/FR]. 1972: Innocent Bystanders (Wer zuletzt lebt, lebt am besten). 1975: Zorro (Zorro) [IT/FR]. 1976: Petita [ES].

Bálint, András
* 26. 4. 1943 Pécs
Hochschuldiplom 1965, anschließend Engagement am Theater in Pécs, 1969 am Budapester Madách-Theater. Filmdebüt bereits als Jugendlicher 1958 in *Micsoda éjszaka!* (György Révész). Die eigentliche Filmkarriere beginnt 1964 mit der Hauptrolle, dem Jancsi, in István Szabós *...lmodozások kora*. Unter seiner Regie spielt Bálint auch in *Apa* den Takó, in *Szerelmesfilm* den Jancsi Oláh, in *Tűzoltó utca 25* den Andris und 1976 die Hauptrolle in *Budapesti mesék*. Meist verkörpert er komplizierte junge Männer. Eindrucksvoll ist auch die Gestaltung der Titelrolle in Johannes Schaafs *Trotta* (1971) oder der Lõrinc Parcen Nacy in Zoltán Fábris *141 perc a befejezetlen mondatból*. Direktor des

Radnóti-Theaters in Budapest. In den 80er Jahren spielt er nur noch selten im Film und kaum noch tragende Rollen.

[HU] 1958: Micsoda éjszaka! (Was für eine Nacht). 1965: Álmodozások kora (Zeit der Träumereien). 1966: Apa (Vater); Szentjános fejevétele (Unruhe in St. János). 1967: Sikátor (Winkelgasse). 1969: Imposztorok (Schurken); Az ember tragédiája (Die menschliche Tragödie); Fényes szelek (Schimmernde Winde). 1970: Szerelmesfilm (Liebesfilm); Staféta (Stafette). 1971: Sárika, drágám! (Meine Tante und ich); Trotta [BRD]. 1972: Még kér a nép (Roter Psalm). 1973: Tûzoltó utca 25 (Feuerwehrgasse 25); Lila akác (Lila Akazie). 1975: 141 perc a befejezetlen mondatból (Der unvollendete Satz); Kopjások (Sein Auftrag hieß: Mord). 1976: Tükörképek (Spiegelbilder); Budapesti mesék (Budapester Legende). 1978: Buék (Prost Neujahr!); Teréz (Therese). 1980: Boldog születésnapot, Marilyn! (Herzlichen Glückwunsch, Marilyn!); Temné slunce (Dunkle Sonne) [CS]. 1980/81: Verflucht und geliebt [TV – DDR]. 1981: Foltyn zeneszerzö, élete munkassag (Komponist Foltyn) [TV]. 1982: Tunder Lala [TV]; Brigitta [TV – AT/HU]. 1983: Talpra gyõzõ; Szeretõk (Nachmittagsverhältnis). 1984: Vonzások és választások (Wahlverwandtschaften) [TV]; Faustus, Faustus, Faustus [TV]. 1984/85: Redl ezredes/Oberst Redl [HU/BRD]. 1985: Vörös grófnõ (Die rote Gräfin). 1986: Hajnali háztetök; Szörnyek évadja. 1988: Küldetés evianba (Mission nach Evian); Semmelweis, Ignaz – Arzt der Frauen [TV – AT/BRD/CH]; Jézus Krisztus horoszkópja.

Balsam, Martin
(Martin Henry Balsam)
*4. 11. 1919 New York
†13. 2. 1996 Rom
Studium am New Yorker Actors Studio. 1941 Broadway-Debüt. Erste kleine Filmrolle in *On The Waterfront* (Elia Kazan). Start der Filmkarriere 1957 als Vorsitzender der Geschworenen-Jury in dem Gerichtsfilm *Twelve Angry Men* (Sidney Lumet). Seit Ende der 50er Jahre teilt Balsam seine Aktivität zwischen Film, Fernsehen und Theater. Bei Film-Adaptionen der Broadway-Inszenierungen wiederholt er seine Rolle häufig auch auf der Leinwand. 1965 Nebenrollen-Oscar für die Komödie *A Thousand Clowns* (Fred Coe). In New York großer Erfolg in Tennessee Williams' «Rose Tattoo». 1967 Tony Award für die Broadway-Produktion «You Know I Can't Hear You When The Water Is Running». Seit Anfang der 70er Jahre umfangreiche Filmtätigkeit in Europa, vor allem in Italien. 1991 als Richter in Martin Scorseses Remake *Cape Fear*.

[US] 1954: On the Waterfront (Die Faust im Nacken). 1957: Twelve Angry Men (Die zwölf Geschworenen); Time Limit (Wenn Männer zerbrechen). 1958: Alfred Hitchcock Presents: Equalizer [TV]; Marjorie Morningstar (Die Liebe der Marjorie Morningstar). 1958–59: Desilu Playhouse: Man in Orbit [TV]. 1958–62: Naked City: Which Is Joseph Creeley? [TV]; Naked City: New York to LA [TV]; Naked City: Without Stick or Sword [TV]. 1959: Middle of the Night (Mitten in der Nacht); Al Capone; The Twilight Zone: The Sixteen-Millimeter Shrine [TV]. 1959–62: The Untouchables: Tunnel of Horrors [TV]; The Untouchables: Man in the Middle [TV]. 1960: Psycho; Tutti a casa/La grande pagaille (Der Weg zurück) [IT/FR]. 1961: Alfred Hitchcock Presents: Final Arrangements [TV]; Target the Corruptors: A Book of Faces [TV]; Breakfast at Tiffany's (Frühstück bei Tiffany); Ada (Ada Dallas). 1962: La città prigioniera (Die eingeschlossene Stadt) [IT]; Cape Fear (Ein Köder für die Bestie). 1963: Wagon Train: The Whipping [TV]; Who's Been Sleeping in My Bed? (Wer hat in meinem Bett geschlafen?). 1963–66: The Fugitive (Dr. Kimble – Auf der Flucht: Kidnapping) [TVS]. 1964: The Carpetbaggers (Die Unersättlichen); Seven Days in May (Sieben Tage im Mai). 1965: Harlow (Die Welt der Jean Harlow); The Man from U.N.C.L.E.: Odd Man Affair [TV]; A Thousand Clowns (Tausend Clowns); The Bedford Incident (Zwischenfall im Atlantik) [GB]. 1966: Hombre (Man nannte ihn Hombre); Caccia alla volpe/After the Fox (Jagt den Fuchs) [IT/GB]. 1969: Truman Capote's Trilogy. 2. Ep: Among the Paths to Eden [EP]; Me, Natalie (Ich, Natalie); The Good Guys and the Bad Guys (Die Letzten vom Red River). 1970: The Old Man Who Cried Wolf (Tod eines Bürgers) [TV]; Hunters Are for Killing (Die Jagd beginnt) [TV]; Tora! Tora! Tora! (Tora! Tora! Tora!); Little Big Man (Little Big Man); Catch-22 (Catch-22). 1971: The Man [TV]; Confessione di un commissario di polizia al Procuratore della Repubblica (Der Clan, der seine Feinde lebendig einmauert/Das Geständnis eines Polizeikommissars vor dem Staatsanwalt der Republik) [IT]; The Anderson Tapes (Der Anderson-Clan). 1972: A Brand New Life [TV]; Imputazione di omicidio per uno studente (Mordanklage gegen einen Studenten) [IT]; Night of Terror (Nacht des Schreckens) [TV]; Il vero e il falso [IT]; Eyes Behind the Stars. 1972–78: The Six Million Dollar Man (Der Sechs-Millionen-Dollar-Mann) [TVS]. 1973: Money to Burn [TV]; Summer Wishes, Winter Dreams (Sommerwünsche – Winterträume); Il consigliori/El consejero (Im Dutzend zur Hölle) [IT/ES]; The Stone Killer (Ein Mann geht über Leichen). 1974: Miles to Go Before I Sleep [TV]; Trapped Beneath the Sea [TV]; The Taking of Pelham 1.2.3. (Stoppt die Todesfahrt der U-Bahn 123); Murder on the Orient Express (Mord im Orient-Expreß) [GB]; Corruzione al palazzo di giustizia (Korruption im Justizpalast) [IT]. 1975: Cipolla Colt/El Cibollero/Zwiebel-Jack räumt auf [IT/ES/BRD]; Il tempo degli assassini (Die wilde Meute) [IT]; Death Among Friends [TV]; Mitchell. 1976: Raid on Entebbe (... die keine Gnade kennen) [TV]; Con la rabbia agli occhi (Höllenhunde bellen zum Gebet) [IT]; Two-Minute Warning (Zwei Minuten Warnung); The Sentinel (Hexensabbat); All the President's Men (Die Unbestechlichen/Alle Männer des Präsidenten); The Lindbergh Kidnapping Case [TV]. 1977: Archie Bunker's Place [TVS]; Storyteller [TV]; Silver Bears (Silber, Banken und Ganoven) [GB]; Contract on Cherry Street (Das Cherry Street-Fiasko) [TV]. 1978: Siege (Ich bin der King) [TV]. 1979: The House on Garibaldi Street (Die Affäre Garibaldi) [TV]; Gardenia [IT]; Cuba (Explosion in Cuba); Seeding of Sarah Burns [TV]. 1980: L'avvertimento (Die tödliche Warnung) [IT]; There Goes the Bride [GB]. 1981: People vs. Jean Harris [TV]. 1982: Little Gloria ... Happy at Last [TV]. 1983: The Salamander (Kennwort: Salamander) [TV – US/GB]. 1984: The Goodbye People. 1985: Grown-Ups [TV]; St. Elmo's Fire (St. Elmo's Fire – Die Leidenschaft brennnt tief); Murder in Space [TV]; Death Wish III (Death Wish III – Der Rächer von New York); Space (Space – Der Mensch greift nach den Sternen) [TVS]; The Delta Force (Delta Force). 1986: I Change My Life (Geschlechtsumwandlung – Second Serve) [TV]. 1987: Private Investigations (Private Investigations); Kids Like These (Ein Kind wie Alex). 1988: Brother from Space; Innocent Prey (Innocent Prey) [D,CoA – AU]. 1989: Due occhi diabolici. 2. Ep: Il gatto nero [EP – IT]. 1990: The Last Match (The Last Match – Der letzte Fight) [IT/US]. 1991: Cape Fear (Kap der Angst).

Bancroft, Anne

(Anna Maria Louisa Italiano)
*17. 9. 1931 Bronx (New York)

Tochter italienischer Einwanderer. Besuch der Christopher High School in der Bronx. Schauspielausbildung an der New Yorker American Academy of Dramatic Arts. 1950 TV-Erfolg in der Turgenev-Adaption *The Torrents of Spring*. 1950–51 Auftritte in TV-Serien, vor allem in *The Goldbergs*, unter dem Namen Anne Marno. 1952 Filmdebüt als Cabaretsängerin in *Don't Bother To Knock* (Roy Baker). Rückkehr nach New York 1957. Fortsetzung ihrer Ausbildung an Herbert Berghofs Acting School sowie im Actors Studio. 1958 erfolgreiches Broadway-Debüt mit «Two for the Seesaw», 1959 Tony Award und New York Critics Award in William Gibsons «The Miracle Worker» als Annie Sullivan, die Lehrerin der blinden und taubstummen Helen Keller. Für die gleiche Rolle in Arthur Penns Verfilmung des Stücks erhält sie 1962 den Oscar. Ähnlich emotionale Rollen spielt sie in Jack Claytons *The Pumpkin Eater* (Darstellerpreis in Cannes) als neurotische kindergebärende Ehefrau und als Selbstmordgefährdete in *The Slender Threat* (Sydney Pollack). Als Mrs. Robinson verführt die elegante Dunkelhaarige 1967 den schüchternen «Teenager» Dustin Hoffman in *The Graduate* (Mike Nichols). Oscar-Nominierungen als alternde Ballerina in Herbert Ross' *The Turning Point* (1977) und als energische Oberin eines Frauenklosters in Norman Jewisons *Agnes of God* (1985), Filmen mit starken Frauen-Ensembles. In *How to Make an American Quilt* (1995) spielt sie neben Ellen Burstyn die Großtante von Winona Ryder. Bancroft führt auch Regie: *The August* (1975, nicht aufgeführt), Komödie *Fatso* (1980).

1970 Broadway-Erfolg in «The Devils and Golda». Neben Anthony Hopkins und John Hurt in David Lynchs *The Elephant Man*, produziert von Brooksfilm, der Firma ihres zweiten Manns, des Regisseurs und Schauspielers Mel Brooks, mit dem sie mehrfach zusammenarbeitet.

[US] 1952: Treasure of the Golden Condor (Im Reich des goldenen Condor); Don't Bother to Knock (Versuchung auf 809). 1953: The Kid from Left Field; Tonight We Sing (Götter ohne Maske). 1954: Gorilla at Large (Der Würger von Coney Island); The Raid (Unter zwei Flaggen); Demetrius and the Gladiators (Die Gladiatoren); A Life in the Balance. 1955: The Last Frontier/Savage Wilderness (Draußen wartet der Tod); New York Confidential (Pantherkatze); The Naked Street (Nackte Straßen). 1956: Walk the Proud Land (Ritt in den Tod); The Girl in Black Stockings (Das Mädchen mit den schwarzen Strümpfen). 1957: So Soon to Die [TV]; The Restless Breed (Ein Kerl wie Dynamit); Nightfall (Wenn die Nacht anbricht). 1962: The Miracle Worker (Licht im Dunkel). 1964: The Pumpkin Eater (Schlafzimmerstreit) [GB]. 1965: The Slender Thread (Stimme am Telefon). 1965/66: Seven Women (Sieben Frauen). 1967: The Graduate (Die Reifeprüfung). 1969: Annie – Women in the Life of a Man [TV]. 1972: Young Winston (Der junge Löwe) [GB]. 1975: The Prisoner of Second Avenue (Das Nervenbündel); The Hindenburg (Die Hindenburg); August [R – nicht aufgeführt]. 1976: Lipstick (Eine Frau sieht rot); Silent Movie (Mel Brooks' letzte Verrücktheit: Silent Movie). 1977: The Turning Point (Am Wendepunkt); Gesù di Nazareth/Jesus of Nazareth (Jesus von Nazareth) [TV – IT/GB]. 1980: The Elephant Man (Der Elefantenmensch) [GB]; Fatso (Fetty – Der Dicke legt los) [D,R,A]. 1983: To Be or Not to Be (Sein oder Nichtsein). 1985: Garbo Talks! (Die Göttliche); Agnes of God (Agnes – Engel im Feuer). 1986: 'Night, Mother (Nacht, Mutter). 1986/87: 84 Charing Cross Road (Zwischen den Zeilen). 1988: Torch Song Trilogy (Das Kuckucksei). 1989: Bert Rigby, You're a Fool (Singende Kumpels haben's schwer). 1991: Broadway Bound (Broadway Familie). 1992: Honeymoon in Vegas (... aber nicht mit meiner Braut – Honeymoon in Vegas); Love Potion No. 9 (Love Potion No. 9). 1993: Mr. Jones (Mr. Jones); Point of No Return (Codename: Nina); Malice (Malice – Eine Intrige). 1994: The Oldest Living Confederate Widow Tells All [TV]. 1995: Home for the Holidays (Familienfest und andere Schwierigkeiten); How to Make an American Quilt (Ein amerikanischer Quilt); Dracula: Dead and Loving It. 1996: The Sunchaser; Homecoming. 1997: Critical Care; Great Expectations; Navy Cross.

Bancroft, George

* 30. 9. 1882 Philadelphia (Pennsylvania)
† 6. 10. 1956 Hollywood

Studium an einer Seefahrtsschule abgebrochen. Erste Theatererfahrungen in der Provinz. 1921 Filmdebüt in *The Journey's End* (Hugo Ballin). Spielt häufig Heavies in Tom-Mix-Western. Ende der 20er Jahre erhält er die Hauptrollen in vier berühmten Stummfilmen von Josef von Sternberg, u. a. Gangster Bull Weed in *Underworld* (1927) und der verliebte Seemann in *The Docks of New York* (1928). Für kurze Zeit gilt Bancroft als ideale Inkarnation des etwas naiven, grobschlächtigen Amerikaners. Durch den Tonfilm rückt er in die zweite Reihe. Ende der 30er Jahre einige bemerkenswerte Episodenrollen: so 1939 als Sheriff in *Stagecoach* (John Ford). 1942 Rückzug vom Film.

[US] 1921: The Journey's End. 1922: The Prodigal Judge. 1922/23: Driven. 1924: Teeth (Toms Tiger). 1924/25: The Deadwood Coach (Der Sturm auf den Goldexpreß). 1925: Code of the West; The Pony Express; The Rainbow Trail; The Splendid Road. 1926: Old Ironsides (Schlachtschiff Constitution); The Runaway; Sea Horses (Die verkaufte Frau); The Enchanted Hill. 1927: White Gold; Tell It to Sweeny; Too Many Crooks; Underworld (Unterwelt); The Rough Riders. 1928: The Showdown; The Docks of New York (Die Docks von New York); The Drag Net (Polizei). 1929: Thunderbolt (Sein letzter Gang); Wolf of Wall Street (Börsenfieber); The Mighty. 1930: Derelict (Mann über Bord); Ladies Love Brutes; Paramount on Parade. 1931: Scandal Sheet; Rich Man's Folly. 1932: Lady and Gent (Wer hat hier recht?); The World and the Flesh. 1933: Blood Money. 1934: Elmer and Elsie. 1936: Wedding Present; Mr. Deeds Goes to Town (Mister Deeds geht in die Stadt); Hell-Ship Morgan. 1937: A Doctor's Diary; Racketeers in Exile; John Meade's Woman. 1938: Submarine Patrol; Angels With Dirty Faces (Chikago). 1939: Rulers of the Sea (Herrscher der Meere); Espionage Agent; Each Dawn I Die (Todesangst bei jeder Dämmerung); Stagecoach (Höllenfahrt nach Santa Fe). 1939/40: Green Hell (Die grüne Hölle). 1940: North West Mounted Police (Die scharlachroten Reiter); When the Daltons Rode (Die Bande der Fünf); Little Men; Young Tom Edison (Der junge Tom Edison). 1941: Texas (Flucht nach Texas); The Bugle Sounds. 1941/42: Syncopation. Story of a Nation from Ragtime to Boogie-Woogie. 1942: Whistling in Dixie (Gespensterjagd in Dixie).

Banderas, Antonio

(José Antonio Domínguez Banderas)
* 8. 10. 1960 Málaga

Studiert Schauspiel und Tanz in Madrid und spielt in freien Theatergruppen, mit denen er in Spanien auf Tournee geht. Er beginnt seine Schauspielkarriere an Madrider Theatern, tritt u. a. in Marlowes «Eduard II» in der Inszenierung von Luis Pascual auf und weckt die Aufmerksamkeit von Pedro Almodóvar, in dessen *Laberinto de pasiones* er im Kino debütiert. Zunächst steht er im Schatten seines Entdeckers, erhält Rollen in nahezu allen Filmen Almodovars. Doch zunehmend greifen auch andere spanische Regisseure auf ihn zurück, so Carlos Saura *(Los zancos)*, José Luis García Sanchez *(La corte de Faraón)*, Vicente Aranda *(La blanca paloma)*. 1991 Start einer internationalen Karriere mit Rollen in Arnold Glimchers *The Mambo Kings* und in Gianni Amelios *Il ladro di bambini*. Banderas gilt als die ideale Verkörperung des «latin lovers», so in Bille Augusts *Das Geisterhaus* und Betty Kaplans *De amor y de sombra*, doch sein wandelbares Erscheinungsbild, gepaart mit einer gewissen Androgynität haben ihn davor bewahrt, auf dieses Stereotyp festgelegt zu werden, und er erhält Rollen in so unterschiedlichen Filmen wie Jonathan Demmes *Philadelphia* und Neil Jordans *Interview with the Vampire*. In Alan Parkers Musical *Evita* kommentiert er als Che «singend» die Handlung.

[ES] 1982: Laberinto de pasiones (Labyrinth der Leidenschaften); Pestañas postizas. 1983: El señor Galíndez; El caso Almería; Y del seguro, líbranos señor. 1984: Los zancos. 1985: La corte de Faraón; Réquiem por un campesino español; Caso cerrado. 1985/86: Matador (Matador). 1986: Delirios de amor [EP]; Así como habían sido; Puzzle; La ley del deseo (Das Gesetz der Begierde). 1987: El acto; El placer de matar. 1988: Baton Rouge; Mujeres al borde de un ataque de nervios (Frauen am Rande des Nervenzusammenbruchs); Bajarse al moro. 1989: ¡Atame! (Fessle mich!); La blanca paloma; Si te dicen que caí. 1990: Contra el viento. 1991: The Mambo Kings (Mambo Kings) [US]; Il ladro di bambini (Gestohlene Kinder) [IT/ES/FR]; Tacones lejanos (High Heels). 1992: Una mujer bajo la lluvia; Il giovane Mussolini [TV – IT]; Terra Nova. 1993: Das Geisterhaus/The House of Spirits/Åndernes Hus [DE/PT/DK]; Dispara [ES/IT]. 1993/94: Philadelphia (Philadelphia) [US]. 1994: Kika (Kika) [ES/FR]; De amor y de sombra (Von Liebe und Schatten) [ES/AR]; Interview With the Vampire (Interview mit einem Vampir) [US]. 1994/95: Return of the Mariachi [US]. 1995: Four Rooms [US]; Assassins [US]; Desperado [US]; Miami Rhapsody [US]; Never Talk to Strangers (Spiel mit dem Feuer – Never Talk to Strangers) [US]; Two Much [ES/US]. 1996: Evita (Evita) [US].

Banionis, Donatas
(Donatas Juozovič Banionis)
*28. 4. 1924 Kaunas (Litauen)
Nach dem Besuch einer Keramikschule 1941 Beginn der Schauspielerlaufbahn am Studio des Theaters Paneve žys (Litauen) bei Juozas Miltinis in Stükken von Arthur Miller, Ibsen und Shakespeare sowie mit der Rolle des Beckmann in Borcherts «Draußen vor der Tür». 1959 Filmdebüt in *Adam chočet byt' čelovekom* (Vitautas Žalakjavičjus). 1966 wird Banionis mit Žalakjavičjus' *Nikto ne chotel umirat'* international bekannt: Er spielt den Bauern Vaitkus, einen Menschen im Nachkriegs-Litauen, der im Zentrum der Klassenkämpfe eines Dorf steht. Er gestaltet diese Figur mit psychologischem Einfühlungsvermögen und plastischer Wahrhaftigkeit und wird dafür auf dem Festival von Karlovy Vary 1966 sowie dem Allunionsfilmfestival 1967 mit Darstellerpreisen ausgezeichnet. Danach zählt er zu den prominentesten Filmschauspielern der Sowjetunion. Zu seinen populärsten Rollen zählt der sowjetische Agent Ladejnikov in *Mertvyj sezon* (Savva Kuliš), dessen moralischer Stoizismus die engen Grenzen des Detektivgenres hinter sich läßt. In der DDR erhält Banionis 1972 für die Verkörperung der Titelrolle in Konrad Wolfs *Goya* den Nationalpreis. In Horst Seemanns dynamischem Komponisten-Porträt *Beethoven – Tage aus einem Leben* spielt er die Titelrolle. Banionis erhält zahlreiche Auszeichnungen Litauens und der Sowjetunion und wird Mitglied im Obersten Sowjet. Sein Sohn, Raimondas Banionis, ist ebenfalls Schauspieler.

[SU] 1947: Marite. 1959: Adam chočet byt' čelovekom. 1963: Chronika odnovo dnja. 1964: Marš! Marš! Tra-ta-ta!. 1965: Nikto ne chotel umirat' (Niemand wollte sterben). 1966: Beregis' avtomobilja (Autoaffären); Malen'kij princ (Der kleine Prinz); Na gluchom chutore. 1967: Operacija «Trest» (Operation «Trest») [TV]. 1968: Žitie i voznesenie Jurasja Bratèika; Mertvyj sezon (Tote Saison). 1969: Krasnaja palatka/La tenda rossa (Das rote Zelt) [SU/IT]. 1970: Korol' Lir König Lear. 1970/71: Goya/Goja [DDR/SU]. 1971: Starnicy žizni Leonida Krasina [TV]; Krasnyj diplomat (Der rote Diplomat) [TV]. 1972: Soljaris (Solaris); Kapitan Džek (Kapitän Dshek); Komandir sčaštlivoj «ščuki» (Der Kommandant des U-Bootes «Glücklicher Hecht»). 1973: Otkrytie. 1975: Begstvo mistera Mak-Kinli. 1975/76: Beethoven. Tage aus einem Leben [DDR]. 1976: Žizn' i smert' Ferdinanda Ljusa (Leben und Tod des Ferdinand Luce). 1977: Sumka inkassatora; Mama, ich lebe [DDR]; Gde ty byl, Odissej? [TV]; Vooružen i očen' opasen (Durch den wilden Westen). 1978: Osobych primet net/Znaków szczególnych brak (Besondere Kennzeichen: keine) [SU/PL]; Kentavrj Zentauren [SU/HU/CS/CO]; Cvetenie nesejanoj rži. 1979: Territorija (Goldsucher in der Arktis). 1980: Andrjus (Die Zaubermuschel); Zelenaja kukolka; Fakt (Der Fakt); Kinoal'manach «Molodost'» No 2; Priključenija princa Florizelja (Der Klub der Selbstmörder) [TV]. 1982: Izvinite, požalujsta; Detskij mir; Nikkolo Paganini/Nikolo Paganini (Niccolo Paganini) [TV – SU/BG]. 1985: Grjaduščemu veku [TV]. 1986: Zmeelov; Krik del'fina. 1987: Na ischode noči (Im Morgengrauen); Zagon. 1987/88: Vera – Der schwere Weg der Erkenntnis [TV – DDR]. 1988: 13-j Apostol. 1991: Depreccija; P'juščie krov'; Sem' dnej polse ubijstva.

Bara, Theda
(Theodosia Goodman)
*29. 7. 1890 Cincinnati (Ohio)
†7. 4. 1955 Los Angeles
1908 Broadway-Debüt «The Devil». 1915 Filmdebüt als Vampir in Frank Powells *A Fool There Was*. In erotischen Melodramen mit exotischem, meist ägyptischem Hintergrund wird sie der erste Vamp des amerikanischen Kinos. Zahlreiche PR-Kampagnen machen sie zum legendenumwobenen Star. Häufig verkörpert sie Figuren aus Geschichte und Literatur, so Kleopatra, Salome, Carmen, Madame Dubarry, Shakespeares Julia, die Kameliendame. Zusammenarbeit mit J. Gordon Edwards, aber auch mit Raoul Walsh und ihrem Mann Charles Brabin. 1919 Bühnenerfolg mit «The Blue Flame», zugleich Abschied vom Kino. Mit der Selbstparodie im Kurzfilm *Madame Mystery* endet 1926 ihre Karriere.

[US] 1915: A Fool There Was; The Devil's Daughter; The Galley Slave; Carmen; Lady Audley's Secret; The Clemenceau Case; The Two Orphans; Kreutzer Sonata; Sin. 1915/16: The Serpent. 1916: Destruction; Her Double Life; East Lynne; Romeo and Juliet; The Eternal Sapho; Under Two Flags; The Vixen; Gold and the Woman. 1916/17: The Darling of Paris. 1917: Cleopatra; Camille; Heart and Soul; Du Barry; Her Greatest Love; The Rose of Blood; The Tiger Woman. 1918: The Soul of Buddha; When a Woman Sins; The Forbidden Path; Under the Yoke; Salome. 1918/19: The Light. 1919: When Men Desire; Kathleen Mavourneen; The She-Devil; The Lure of Ambition; La Belle Russe; A Woman There Was; The Siren's Song. 1925: The Unchastened Woman. 1926: Madame Mystery.

Baranovskaja, Vera
(Vera Fedorovna Baranovskaja)
*1885 Rußland
†7. 12. 1935 Paris
Ausbildung bei Stanislavskij an der Schauspielschule des Moskauer Künstlertheaters, in dem sie 1903–15 auch auf der Bühne steht. 1916 beginnt sie für den Film zu arbeiten. Ihr größter

Filmerfolg ist die Titelgestalt in Vsevolod Pudovkins Gor'kij-Verfilmung *Mat'* (1926), die Mutter Nilovna der Baranovskaja zählt zu den eindrucksvollsten Frauengestalten der Filmgeschichte. Im vorherrschenden Typenkino des russischen Revolutionsfilms agiert die Stanislavskij-Schülerin mit großem psychologischem Realismus. Eine ähnlich eindringliche Rolle spielt sie in Pudovkins *Konec Sankt-Peterburga* (1927) als Frau eines Arbeiters. Ab 1928 lebt Baranovskaja in der Tschechoslowakei und spielt in deutschen und tschechischen Filmen, schließlich in Frankreich. Sie erhält eine Rolle in Karl Antons *Galgentoni*, der deutschen Version von *Tonka šibenice*. Bemerkenswerte Leistungen sind die Arbeiterin in Michail Dubsons Lampel-Verfilmung *Giftgas* und die Waschfrau in Carl Junghans' *Takový je život*.

1916: Zoloto, Iskusstvo i ljubov' [RU]; Vor [RU]; Gnet roka [RU]; Vlast' pervogo [RU]; Serdce ne kamen' [RU]. 1925: Volki [SU]. 1926: Mat' (Die Mutter) [SU]. 1927: Konec Sankt-Peterburga (Das Ende von St. Petersburg) [SU]; Uchaby [SU]. 1928/29: Verirrte Jugend [DE]. 1929: Galgentoni [CS/DE]; Die Siebzehnjährigen [DE]; Giftgas [DE]. 1930: Revolte im Erziehungshaus [DE]; Takový je život (So ist das Leben) [CS]. 1931: Leichtsinnige Jugend [DE]. 1932: Monsieur Albert [FR]. 1933: Les aventures du roi Pausole [FR].

Bardot, Brigitte

*28. 9. 1934 Paris

Tochter eines Industriellen. Als Kind Ballettstunden. Arbeit als Fotomodell, u. a. für Fotoromane. 1952 Heirat mit Roger Vadim (Trennung 1957). Nach dem Filmdebüt 1952 sehr rasch Riesenerfolg als Sex-Star durch Vadims erste Regiearbeit *Et Dieu créa la femme*, für die muffigen 50er Jahre eine erotische Provokation in Cinemascope, die die Bardot sogleich in ganz Europa, aber auch in den USA zum Idol werden läßt. Habitus und Aufmachung der Bardot werden stilbildend, ihre Filme zu Exportschlagern. Sie ist festgelegt auf die Rolle der naiven Blondine, die mit ihrem Schmollmund bei Männern alles erreichen kann, zumal sie sich, wie schon ein Titel aus dem selben Jahr verspricht, in spekulativen Filmen «entblättern» darf: *En effeuillant la marguerite* (Marc Allégret). Ihr komisches Talent zeigt sich in Christian-Jaques *Babette s'en va-t-en guerrre*, später an der Seite Jeanne Moreaus in Louis Malles *Viva Maria* und in Michel Devilles *L'ours et la poupée*. Als Charakterschauspielerin agiert sie in Henri-Georges Clouzots *La vérité*, in Malles *Vie privée* sowie in Jean-Luc Godards *Le mépris* und *Masculin – féminin*.

Nach ihrem Abschied vom Film wird sie in der Öffentlichkeit nur noch als höchst emotionale Tierschützerin und durch ihre private Partnerwahl wahrgenommen; u. a. durch ihre Verbindung mit einem führenden Kopf der französischen Rechtsextremisten.

[FR] 1952: Les dents longues (Von Sensationen gehetzt); Manina, la fille sans voiles (Sommernächte mit Manina); Le trou normand. 1953: Un acte d'amour/Act of Love (Ein Akt der Liebe) [FR/US]; Le portrait de son père; Si Versailles m'était conté (Versailles – Könige und Frauen). 1954: Tradita/La notte del nozze (Verrat) [IT]; Le fils de Caroline chérie (Dunkelroter Venusstern). 1955: Les grandes manœuvres/Grandi manovre (Das große Manöver) [FR/IT]; Cette sacrée gamine/Mam'zelle Pigalle (Pariser Luft); Futures vedettes (Reif auf junge Blüten); La lumière d'en face (Gier nach Liebe); Frou-Frou/Frou-Frou (Frou-Frou, die Pariserin) [FR/IT]; Doctor at Sea (Doktor Ahoi!) [GB]. 1956: La mariée ést trop belle (Die Braut war viel zu schön); Et Dieu créa la femme (Und immer lockt das Weib); Helen of Troy (Die schöne Helena) [US]; Mio figlio Nerone/Les Week-Ends de Néron (Neros tolle Nächte) [IT/FR]; En effeuillant la marguerite (Das Gänseblümchen wird entblättert). 1957: Une Parisienne/ Una Parigina (Die Pariserin) [FR/IT]. 1957/58: Les bijoutiers du clair de lune/Gli amanti del chiaro di luna (In ihren Augen ist immer Nacht) [FR/IT]. 1958: En cas de malheur/La ragazza del peccato (Mit den Waffen einer Frau) [FR/IT]. 1959: La femme et le pantin/ Femmina (Ein Weib wie der Satan) [FR/IT]; Babette s'en va-t'en guerre (Babette zieht in den Krieg); Voulez-vous danser avec moi?/Sexy Girl (Wollen Sie mit mir tanzen?) [FR/IT]. 1960: La vérité (Die Wahrheit); L'affaire d'une nuit (Affaire einer Nacht). 1961: Vie privée/Vita privata (Privatleben) [FR/IT]; Les amours célèbres/Amori celebri. 3. Ep: Agnès Bernauer (Galante Liebesgeschichten) [EP – FR/IT]; La bride sur le cou/ La briglia sciolta (In Freiheit dressiert) [FR/IT]. 1962: Le repos du guerrier/Il riposo del guerriero (Das Ruhekissen) [FR/IT]. 1963: Tentazione proibite (Mondo Erotico) [IT]; Paparazzi/I paparazzi [DOK – FR/IT]; Le mépris/Il disprezzo (Die Verachtung) [FR/IT]. 1963/64: Une ravissante idiote/Una adorabile idiota (Die Verführerin) [FR/IT]. 1964: Marie Soleil; Dear Brigitte (Geliebte Brigitte) [US]; A propos d'une star [KDOK]. 1965: Masculin – Féminin/Masculinum – femininum (Masculin – feminin oder Die Kinder von Marx und Coca-Cola) [FR/SE]; Viva Maria! (Viva Maria) [FR/IT]; Brigitte Bardot donne carte blanche à François Reichenbach/Bardot en Amérique [DOK]. 1967: A cœur joie/Two Weeks in September (Zwei Wochen im September) [FR/GB]; Histoires extraordinaires/Tre passi dal delirio. 2. Ep: William Wilson (Außergewöhnliche Geschichten) [EP – FR/IT]. 1968: Shalako (Shalako/Man nennt mich Shalako) [GB]. 1969: Les femmes (Oh, diese Frauen) [FR/IT];

L'ours et la poupée. 1970: Boulevard du Rhum/La via del rhum (Rum-Boulevard) [FR/IT/ES]; Les novices/Le novizie (Die Novizinnen) [FR/IT]. 1971: Les pétroleuses/Le pistolere/Las Petroleras (Petroleum-Miezen) [FR/IT/ES]. 1972/73: Don Juan 73/Una donna come me (Don Juan 73) [FR/IT]. 1973: L'histoire très bonne et très courte de Colinot Trousse-Chemise.

Barkin, Ellen

(Ellen Sandweiss)

* 16. 4. 1954 Bronx (New York)

Schauspielausbildung an der High School for the Performing Arts und am Hunter College. Nach Jobs als Serviererin und ersten Rollen am Off-Broadway 1982 Filmdebüt als vernachlässigte junge Ehefrau in Barry Levinsons *Diner*. Es folgen zunächst ähnliche Rollen in einer Serie interessanter, wenn auch weniger erfolgreicher Filme: Sidney Lumets *Daniel*, Bruce Beresfords *Tender Mercies* und Paul Newmans *Harry and Son*. Neben diesen tragenden Nebenrollen übernimmt sie die Hauptrolle einer verlassenen jungen Mutter in einer Episode der feministischen Außenseiter-Produktion *Enormous Changes At the Last Minute* (Mirra Bank) und der schrägen Action-Komödie *The Adventures of Buckaroo Banzai*. Damit erweitert sich auch das Rollenfach der Schauspielerin, die mit ihrem asymmetrischen Charaktergesicht nicht dem Hollywood-Schönheitsideal entspricht, auf eigenwillige, das Leben ausschöpfende Frauen. Ein prägender Erfolg wird 1987 Jim McBrides stimmungsvoller New-Orleans-Krimi *The Big Easy*, in dem sie eine Staatsanwältin darstellt, die zwischen Verklemmtheit und Leidenschaft, Recht und Korruption ihren Weg sucht. Noch extremer sind ihre nächsten Filme: der übersinnliche Experimental-Thriller *Siesta* (mit dessen männlichem Star, Gabriel Byrne, sie 1988–1993 verheiratet ist) und Walter Hills *Johnny Handsome*. Ihr bislang größter Kassenerfolg wird Harold Beckers Thriller *Sea of Love*, in dem sich Al Pacino als Polizist in Barkin als verdächtige Femme fatale verliebt. Dagegen stellt sie in Blake Edwards' *Switch* einen Macho dar, der in einem Frauenkörper wiederaufersteht. Eine Familienangelegenheit ist Mike Newells Irland-Film *Into the West*, in dem neben Gabriel Byrne auch ihr gemeinsamer Sohn John auftritt. In *Bad Company* (Damian Harris) ist Barkin wieder einmal die undurchsichtige Verführerin, die einen Mann – diesmal Laurence Fishburn als schwarzer CIA-Agent – vom Pfad der Tugend und des Gesetzes abzubringen versucht. In *The Fan* ist sie als Ehefrau von Robert De Niro unterfordert.

[US] 1981: Kent State (Tod auf dem Campus) [TV]. 1981/82: Diner (American Diner). 1982: The Evil Dead (Tanz der Teufel) [als Ellen Sandweiss]. 1982/83: Tender Mercies (Comeback der Liebe). 1983: Daniel (Daniel); Eddie and the Cruisers (Eddie and the Cruisers). 1983/84: Harry & Son (Harry und Sohn). 1984: The Princess Who Had Never Laughed [TV]; Terrible Joe Moran (Nick sitzt in der Klemme); The Adventures of Buckaroo Banzai: Across the 8th Dimension (Buckaroo Banzai – Die achte Dimension); Terminal Choice. 1985: Desert Bloom (In der Hitze von Nevada); Act of Vengeance – A True Story (Local 323) [TV]; Enormous Changes at the Last Minute. 1. EP: Virginia's Story (Drei Frauen in New York) [EP]. 1986: Down By Law (Down By Law). 1987: Siesta (Siesta); Made in Heaven (Made in Heaven); Clinton and Nadine (Tropic War) [TV]; The Big Easy (Der große Leichtsinn). 1989: Sea of Love (Sea of Love – Melodie des Todes); Johnny Handsome (Johnny Handsome – Der schöne Johnny). 1990/91: Switch (Switch – Die Frau im Manne). 1991/92: Into the West (Into the West) [IE]; Man Trouble (Man Trouble). 1993: Mac (Mac); This Boy's Life (This Boy's Life). 1993/94: The Tool Shed. 1994: Bad Company (Bad Company). 1994/95: Wild Bill (Wild Bill). 1996: Unzipped (Unzipped) [DOK]; Mad Dog Time; The Fan (The Fan).

Barrault, Jean-Louis

* 8. 9. 1910 Vésinet

† 22. 1. 1994 Paris

Sohn eines Apothekers. Nach Tätigkeiten als Mathematiker, Kaufmann und Hilfslehrer Schauspielschüler bei Charles Dullin und dem Pantomimen Etienne Decroux; mit 21 Jahren erster Bühnenauftritt. In Shakespeare-Rollen Erfolge am Théâtre Antoine. Ab Mitte der 30er Jahre Arbeit beim Film, der für ihn gegenüber der Theaterarbeit immer zurückstehen wird. Erste große Filmerfolge in Marcel Carnés *Drôle de drame* und als Bonaparte in Sacha Guitrys *Le destin fabuleux de Désirée Clary*. In Jeff Mussos *Le puritain* gibt er die eindringliche Studie eines psychisch Verstörten. Legendär sein Erfolg als melancholischer Pantomime Baptiste in Carnés *Les enfants du paradis*. Er spielt den Henri Dunant in Christian-Jaques *D'homme à homme* und Louis XI in André Hunebelles *Le miracle des loups*. In Jean Renoirs Fernsehfilm *Le testament du Dr. Cordelier* pantomische Meisterleistung in der Doppelrolle eines wahnsinnigen Arztes. Es überwiegt jedoch stets die Bühnenarbeit: 1940–47 als Schauspieler und Regisseur an der Comédie Française. Gründung einer eigenen Theatergruppe mit seiner Frau Madeleine Renaud (Heirat 1940). Zahlreiche Tourneen;

herausragende Inszenierungen von «Hamlet» und Molières «Amphitryon». Ab 1959 Auftritte der Gruppe am Odeon-Theater in Paris. 1959–68 Leiter des Théâtre de France in Paris; u. a. Regieerfolge mit Stücken von Ionesco, Beckett und Claudel. Inszenierungen an der Pariser Oper und an der Metropolitan Opera. Im Mai 1968 durch Kulturminister André Malraux Entlassung wegen Unterstützung der Studenten. 1972–74 Direktor des Théâtre des Nations, 1974–81 Direktor des Théâtre d'Orsay. Aus den Filmarbeiten nach 1960 ragt seine Rolle als Schriftsteller Restif de Bretonne in Ettore Scolas *La nuit de Varennes* hervor.

Barrault verfaßt auch Theaterstücke (u. a. in Zusammenarbeit mit André Gide eine Bühnenadaption von Kafkas «Prozeß»), zahlreiche Bücher zur Theorie des Theaters und hat seine Erinnerungen und Erfahrungen in mehreren Bänden mitgeteilt, so in «Journal de bord» (1961), «Souvenirs pour demain» (1972), «Comme je le pense» (1975) und «Saiser le présent» (1984).

[FR] 1935: Les beaux jours (Die schönen Tage). 1935/36: Mayerling. 1936: Un grand amour de Beethoven; A nous deux, madame la vie; Hélène; Jenny; Mademoiselle Docteur/Salonique nid d'espions (Mademoiselle Docteur); Sous les yeux d'Occident. 1937: Police mondaine; Orage; Mirages; Les perles de la couronne (Die Perlen der Krone); Drôle de drame (Ein sonderbarer Fall); Le puritain (Der Puritaner). 1938: Nous les jeunes; La piste du Sud; Altitude 3200. 1938/39: Farinet/L'or dans la montagne (Farinet – Die sanfte und die wilde Freiheit) [CH/FR]. 1940: Parade en sept nuits. 1941: Le destin fabuleux de Désirée Clary; La symphonie fantastique (Eine phantastische Sinfonie); Montmartre-sur-Seine. 1942: L'ange de la nuit (Engel der Nacht). 1943/44: Les enfants du paradis (Kinder des Olymp). 1945: La part de l'ombre (Schatten über ein Frauenherz). 1946: Le cocu magnifique [BE]. 1948: D'homme à hommes (Von Mensch zu Mensch). 1950: La ronde (Der Reigen). 1953: Si Versailles m'était conté (Versailles – Könige und Frauen). 1959: Le testament du docteur Cordelier (Das Testament des Dr. Cordelier). 1960: Le dialogue des Carmélites/I dialoghi delle Carmelitane (Opfergang einer Nonne) [FR/IT]. 1961: Le miracle des loups/La contigura dei potenti (Im Zeichen der Lilie) [FR/IT]. 1962: The Longest Day (Der längste Tag) [US]. 1964: La grande frousse/La cité de l'indicible. 1966: Chappaqua [US]. 1981/82: La nuit de Varennes/Il mondo nuovo (Flucht nach Varennes) [FR/IT]. 1988: La lumière du lac.

Barrymore, Ethel

(Ethel Mae Blythe)
* 15. 8. 1879 Philadelphia (Pennsylvania)
† 18. 6. 1959 Beverly Hills

Sproß einer berühmten Schauspielerfamilie. Besuch der Academy of Notre Dame in Philadelphia. 1894 in Kanada Theaterdebüt in «The Rivals». 1901 Broadway-Erfolg mit «Captain Jinks of the Horse Marines». Sie spielt Shakespeares Julia, Ophelia und Porzia, Ibsens Nora und Hauptmanns Rose Bernd. 1914 erste Filmrolle in *The Nightingale* (Henry George Irving). 1919 Rückzug vom Kino. 1928 Eröffnung des Ethel Barrymore Theaters am Broadway. 1932 mißlungener Comeback-Versuch im Kino als russische Zarin in *Rasputin and the Empress* (Richard Boleslavski). Erst 1944 Erfolg mit Clifford Odets *None but the Lonely Heart* (Nebenrollen-Oscar). Sie spielt mehrfach exzentrische alte Damen. Weitere Oscar-Nominierungen für Nebenrollen: 1946 *The Spiral Staircase* (Robert Siodmak), 1947 *The Paradine Case* (Alfred Hitchcock) und 1949 *Pinky* (Elia Kazan). 1955 Erinnerungen: «Barrymore Memories: An Autobiography».

[US] 1914: The Nightingale. 1915: The Final Judgment. 1916: The Awakening of Helena Richie; The Kiss of Hate. 1917: The Call of Her People; The Eternal Mother; An American Widow; The Greatest Power; Life's Whirlpool; The Lifted Veil; The White Raven. 1918: Our Mrs. McChesney; The Divorcee. 1919: The Spender. 1932: Rasputin and the Empress (Der Dämon Rußlands). 1933: All At Sea [KF]. 1944: None but the Lonely Heart. 1946: The Spiral Staircase (Die Wendeltreppe). 1947: The Paradine Case (Der Fall Paradin); Night Song; The Farmer's Daughter (Die Farmerstochter); Moss Rose. 1947/48: Portrait of Jennie (Jenny). 1948: Moonrise (Erbe des Henkers). 1949: The Great Sinner (Der Spieler); Pinky; That Midnight Kiss (Ein Kuß um Mitternacht); The Red Danube (Schicksal in Wien). 1950: It's a Big Country [EP]. 1951: The Secret of Convict Lake (Vergeltung am Teufelssee); Kind Lady. 1952: Deadline U.S.A. (Die Maske runter); Just for You (Nur für Dich). 1953: The Story of Three Loves. Ep: Mademoiselle (War es die große Liebe?) [EP]; Main Street to Broadway. 1954: Young at Heart (Man soll nicht mit der Liebe spielen). 1957: Johnny Trouble.

Barrymore, John

(John Sidney Blythe)
* 15. 2. 1882 Philadelphia (Pennsylvania)
† 29. 5. 1942 Hollywood

Sproß einer berühmten Schauspielerfamilie. Besuch der Georgetown Academy sowie des britischen King's College. Um 1900 Zeichner und Cartoonist für New Yorker Zeitungen und Magazine. 1903 Bühnendebüt in Cleveland, Ohio. Nach dem New Yorker Debüt 1904 wird er zum Theaterstar. 1913 erster Filmvertrag bei Adolph Zukors

Famous Players und Titelrolle in der Adaption seines Bühnenerfolgs *An American Citizen* (J. Searle Dawley). Mehrere Filmkomödien folgen. 1920 gelingt ihm in *Dr. Jekyll and Mr. Hyde* (John Stuart Robertson) die Verwandlung vor der Kamera ohne Hilfe des Maskenbildners. 1920 Bühnenerfolg als «Hamlet», 1922 als «Richard III». 1926 Titelrolle in Alan Croslands *Don Juan*, dem ersten Film mit Tonpassagen. Höhepunkt der Filmkarriere: 1932 neben Greta Garbo im Kinohit *Grand Hotel* (Edmund Goulding). Anfang der 30er Jahre ist er einer der höchstbezahlten amerikanischen Filmschauspieler, spielt u. a. den rücksichtslosen Besitzer einer Fluglinie in *Night Flight* (Clarence Brown) oder den egomanischen Produzenten in der Screwball Comedy *Twentieth Century* (Howard Hawks). Dann wegen Alkoholismus oft nur noch B-Movies.
Seit 1937 auch Radio-Tätigkeit. Buchveröffentlichungen: 1926 «Confessions of an Actor», 1935 «We Three – Lionel – Ethel – John». Auch Sohn John Jr., Tochter Diana und Enkelin Drew sind Schauspieler.

[US] 1913: An American Citizen. 1914: The Man from Mexico. 1915: The Dictator; The Incorrigible Dukane; Are You a Mason? 1916: The Red Widow; Nearly a King; The Lost Bridegroom. 1917: Raffles, The Amateur Cracksman. 1918: On the Quiet. 1919: The Test of Honor; Here Comes the Bride. 1920: Dr. Jekyll and Mr. Hyde. 1921: The Lotus Eater. 1922: Sherlock Holmes. 1924: Beau Brummell. 1926: Don Juan; The Sea Beast. 1927: When a Man Loves; Twenty Minutes at Warner Brothers Studios; The Beloved Rogue. 1928: Tempest. 1929: General Crack; The Show of Shows; Eternal Love (Der König der Bernina). 1930: The Man from Blankley's; Moby Dick. 1931: The Mad Genius; Svengali. 1932: Grand Hotel (Menschen im Hotel); Rasputin and the Empress (Der Dämon Rußlands); State's Attorney; Arsene Lupin (Arsene Lupin, der König der Diebe); A Bill of Divorcement (Eine Scheidung). 1933: Topaze; Dinner at Eight (Freitag abend um 8); Counsellor at Law (Der Staatsanwalt von Manhattan); Reunion in Vienna (Rendezvous in Wien); Night Flight (Nachtflug). 1934: Long Lost Father; Twentieth Century (Napoleon vom Broadway). 1936: Romeo and Juliet. 1937: Maytime (Maienzeit); Night Club Scandal; True Confession (Ein Mordsschwindel); Bulldog Drummond Comes Back (Bulldog Drummond: Die Rache der schwarzen Witwe). 1938: Romance in the Dark; Marie Antoinette; Spawn of the North (Raubfischer in Alaska); Hold That Co-ed; The Great Man Votes; Bulldog Drummond's Peril (Bulldog Drummond: Der künstliche Diamant); Bulldog Drummond's Revenge (Bulldog Drummond: Der explosive Koffer). 1938/39: Midnight (Enthüllung um Mitternacht). 1940: The Great Profile; The Invisible Woman. 1941: Playmates; World Premiere. 1942: Screen Snapshots No. 107.

Barrymore, Lionel

(Lionel Blythe)
*28. 4. 1878 Philadelphia (Pennsylvania)
†15. 11. 1954 Chatsworth (California)

Sproß einer berühmten Schauspielerfamilie. Schulbesuch in London und New York. Als Kind erste Bühnenerfahrungen neben den Eltern Maurice Barrymore und Georgiana Drew. 1893 New Yorker Bühnendebüt, 1900 am Broadway mit «Sag Harbor», Erfolge 1904 mit «The Mummy and the Hummingbird» und «The Other Girl». 1906–09 Kunststudium in Paris. Dann Rückkehr zum Broadway. Filmdebüt als einer der ersten Bühnenschauspieler 1909 bei Biograph. Nach *The Battle* (1911) weitere Filme unter der Regie von David W. Griffith. Gleichzeitig Autor von Filmmanuskripten. 1925 völliger Rückzug vom Theater. 1926 Vertrag mit M-G-M – er bleibt sein Leben lang bei diesem Studio. Lionel ist der einzige Schauspieler der Barrymore-Familie, der in erster Linie für den Film arbeitet: Er spielt in über 300 Filmen. Auch Tätigkeit als Regisseur. Sind im Stummfilm Mary Pickford und Lillian Gish seine Partnerinnen, so spielt er in den 30er Jahren mit Joan Crawford, Greta Garbo und Jean Harlow. 1931 Oscar für den alkoholkranken Vater in Clarence Browns Melodram *A Free Soul*. Häufig stellt er autoritäre, rauhe Männer dar, so 1938–47 in 15 Folgen der Dr. Kildare-Serie den bärbeißigen Arzt Dr. Gillespie. Obwohl ab Ende der 30er Jahre durch Arthritis an einen Rollstuhl gefesselt, spielt er fast bis an sein Lebensende, so auch 1946 den Mr. Potter in Frank Capras *Its A Wonderful Life*. 1951 Erinnerungen «We Barrymores». Auch Maler und Komponist.

[US] 1911: The Battle [KF]. 1912: The Musketeers of Pig Alley [KF]; The Informer. A Story of the Civil War [KF]; The Tender-Hearted Boy [A – KF]; The One She Loved [KF]; The Telephone Girl and the Lady [KF]; Gold and Glitter [KF]; The God Within [KF]; Three Friends [KF]; Friends [KF]; Home Folks [KF]; So Near, Yet So Far [KF]; My Baby; My Hero [D,A – KF]; A Cry for Help [KF]; The Chief's Blanket [KF]; The Burglar's Dilemma [D,A – KF]; Brutality [KF]; The New York Hat [KF]. 1913: Near to Earth [KF]; Mister Jefferson Green [KF]; The Lady and the Mouse [KF]; Oil and Water [KF]; A Misunderstood Boy [KF]; House of Discord; His Inspiration [KF]; Love in an Apartment Hotel [KF]; Her Father's Silent Partner; A Girl's Stratagem; Father's Lesson [KF]; Fate [KF]; The Fatal Wedding [KF]; Death's Marathon [KF]; Classmates; The Battle of Elderbush Gulch (Die Waisen der Ansiedlung) [A – KF]; An Adventure in the Autumn Woods [KF]; The House of Darkness [KF]; The Suffragette Minstrels [KF]; Vengence of Galora [A – KF]; The Switch Tower [KF]; Woman Against Woman; The Wanderer [KF]; A Welcome Intruder; Just Gold [KF]; The Stolen Treaty; A Timely Interception [KF]; The Yaqui Cur [KF]; So Runs the Way [KF]; The Sheriff's Baby [KF]; Pa Says; The Ranchero's Revenge [KF]; The Power of the Press; The Perfidy of Mary; The Well. 1914: Judith of Bethulia (Judith von Bethulien); The Woman in Black; The Span of Life; The Seats of the Mighty; Strongheart; Brute Force [KF]; The Massacre [KF]; Men and Women; Strongheart; Under the Gaslight; Brute Force [KF]. 1915: The Flaming Sword; The Romance of Elaine [Serial]; The Exploits of Elaine; A Modern Magdalen; A Yellow Streak; Wildfire; Dora Thorne; The Curious Conduct of Judge Legarde. 1916: The Brand of Cowardice; Dorian's Divorce; The Upheavel; The Quitter. 1917: Life's Whirlpool [R,A]; His Father's Son; The End of the Tour; The Millionaire's Double. 1919: The Valley of Night. 1919/20: The Copperhead. 1920: The Master Mind; The Devil's Garden. 1921: Jim the Penman; The Great Adventure. 1922: Boomerang Bill; The Face in the Fog. 1923: Unseeing Eyes; The Eternal City; The Enemies of Women (Frauenfeinde). 1924: Dekameron-Nächte/Decameron Nights [DE/GB]; America; Meddling Women; I Am the Man. 1925: The Girl Who Wouldn't Work; Children of the Whirlwind; A Man of Iron; Fifty Fifty; The Wrongdoers; The Splendid Road; Die Frau mit dem schlechten Ruf [DE]. 1926: Paris at Midnight; The Barrier (Wettlauf ums Leben); The Lucky Lady; The Bells; Brooding Eyes; Wife Tamers; Temptress (Totentanz der Liebe). 1927: Women Love Diamonds; The Thirteenth Hour (Null Uhr); The Show (Wanderzirkus); Body and Soul. 1928: Drums of Love (Trommeln der Liebe); The Lion and the Mouse; The River Woman; West of Zanzibar; Sadie Thompson (... aber das Fleisch ist schwach). 1929: The Mysterious Island (Die geheimnisvolle Insel); The Love Parade; Confession; His Glorious Night (Olympia) [R]; Alias Jimmy Valentine; Madame X [R]; The Unholy Night [R]; The Hollywood Revue of 1929 (Wir schalten um auf Hollywood). 1930: The Rogue Song (Banditenlied) [R]; Free and Easy (Buster rutscht ins Filmland). 1931: Guilty Hands; A Free Soul (Der Mut zum Glück); Mata Hari; The Yellow Ticket; Ten Cents a Dance. 1932: Arsene Lupin (Arsene Lupin, der König der Diebe); Rasputin and the Empress (Der Dämon Rußlands); Washington Masquerade; Grand Hotel (Menschen im Hotel); Broken Lullaby/The Man I Killed (Der Mann, den sein Gewissen trieb). 1933: One Man's Journey; Night Flight (Nachtflug); Christopher Bean; Dinner at Eight (Freitag abend um 8); Sweepings; The Stranger's Return; Should Ladies Behave?; Looking Forward (Ein Mann geht seinen Weg). 1934: This Side of Heaven; Treasure Island (Die Schatzinsel); Carolina; The Girl from Missouri (Millionäre bevorzugt). 1935: The Return of Peter Grimm; The Little Colonel; David Copperfield (David Copperfield); Public Hero No. 1; Ah, Wilderness!; Mark of the Vampire (Das Zeichen des Vampirs). 1936: The Voice of Bugle Ann; The Gorgeous Hussy; The Devil-Doll (Die Teufelspuppe); The Road to Glory; Camille (Die Kameliendame). 1937: Captain Courageous (Manuel); A Family Affair; Navy Blue and Gold (Seekadetten); Saratoga. 1937/38: A Yank at Oxford (Der Lausbub aus Amerika) [GB]. 1938: Test Pilot (Der Werkpilot); You Can't Take It With You (Lebenskünstler); Young Dr. Kildare (Dr. Kildare: Sein erster Fall). 1939: The Secret of Dr. Kildare (Dr. Kildare: Das Geheimnis); Let Freedom Ring (Rivalen); On Borrowed Time; Calling Dr. Kildare (Dr. Kildare: Unter Verdacht). 1940: Dr. Kildare's Strange Case; Dr. Kildare Goes Home (Dr. Kildare: Die Heimkehr); Dr. Kildare's Crisis (Dr. Kildare: Verhängnisvolle Diagnose). 1941: The Bad Man; Dr. Kildare's Wedding Day (Dr. Kildare: Der Hochzeitstag); Dr. Kildare's Victory; Lady Be Good; The People vs. Dr. Kildare (Dr. Kildare: Vor Gericht); The Penalty. 1942: Calling Dr. Gillespie; Dr. Gillespie's New Assistant; Tennessee Johnson. 1943: Dr. Gillespie's Criminal Case; The Last Will and Testament of Tom Smith [KF]; A Guy Named Joe. 1944: Three Men in White; Between Two Women; Since You Went Away (Als du Abschied nahmst). 1945: The Valley of Decision (Die Entscheidung). 1945/46: Duel in the Sun (Duell in der Sonne). 1946: The Secret Heart (Geheimnis des Herzens); It's a Wonderful Life (Ist das Leben nicht schön?); Three Wise Fools. 1947: Dark Delusion. 1948: Key Largo (Hafen des Lasters). 1949: Down to the Sea in Ships (Seemannslos); Malaya (Malaya). 1950: Right Cross. 1951: Bannerline. 1952: Lone Star (Mann gegen Mann). 1953: Main Street to Broadway.

Barthelmess, Richard

(Richard Semler Barthelmess)
*9. 5. 1895 New York City
†18. 8. 1963 Southampton (New York)

Sohn einer Schauspielerin. Besuch des Trinity College in Hartford, Connecticut. Schon früh Bühnenauftritte. 1916 Komparse im Serial *Gloria's Romance* (George Kleine). Durch Alla Nazimova Filmvertrag mit Herbert Brenon und erste wichtige Rolle in *War Brides*. 1918 Verpflichtung durch David Wark Griffith. Mit seinem frischen, sensiblen Gesicht steht er oft für den Fürsprecher der Unterdrückten. 1919 durch die Rolle des melancholischen, ängstlichen Chinesen in Griffith' Melodram *Broken Blossoms* wird er zum Star. 1921 Titelrolle in *Tol'able David* (Henry King) – auch Produktion (Inspiration Pictures). 1927 Mitbegründer der Film Academy. Im gleichen Jahr zu First National, dort als großspuriger Preisboxer in Alfred Santells *The Patent Leather Kid* Nominierung zum ersten Oscar der Filmgeschichte. 1928 spielt er den unschuldig Verurteilten in John F. Dillons *The Noose* (Oscar-Nominierung). Nach Ende der Stummfilm-Ära nur noch wenige Filme. Seine bekannteste Rolle im Tonfilm ist der englische Pilot in *The Dawn Patrol* (Howard Hawks). 1936 Broadway-Erfolg mit «The Postman Always Rings Twice». Teilnahme am 2. Weltkrieg als Commander der Navy. Danach Rückzug vom Filmgeschäft.

[US] 1916: Gloria's Romance [Serial]; Snow White; Just a Song at Twilight; War Brides. 1917: Nearly Married; For Valour; The Moral Code; The Soul of Magdalen; The Streets of Illusion; The Eternal Sin; Bab's Diary; The Valentine Girl; Bab's Burglar; The Seven Swans. 1918: Hit-the-Trail Holliday; The Hope Chest; Rich Man, Poor Man ; A Wild Primrose; Sunshine Nan. 1919: I'll Get Him Yet; Peppy Polly; Scarlet Days; Broken Blossoms (Eine Blüte gebrochen); Boots; Three Men and a Girl; The Girl Who Stayed at Home. 1920: Way Down East (Mädchenlos); The Idol Dancer; The Love Flower. 1921: Tol'able David; Experience. 1922: The Bond Boy; The Seventh Day; Sonny; Fury. 1923: The Fighting Blade; Twenty-One; The Bright Shawl. 1924: The Enchanted Cottage; Classmates. 1925: New Toys; Shore Leave; Soul-Fire; The Beautiful City. 1926: The White Black Sheep; Ranson's Folly; The Amateur Gentleman; Just Suppose. 1927: The Drop Kick; The Patent Leather Kid. 1928: Scarlet Seas; Out of the Ruins; Wheel of Chance; The Little Shepherd of Kingdom Come; The Noose. 1929: Drag; Weary River; Young Nowheres; The Show of Shows. 1930: Son of the Gods; The Dawn Patrol (Start in der Dämmerung); The Lash. 1931: The Stolen Jools [KF]; The Last Flight (Der letzte Flug); The Finger Points. 1932: Alias the Doctor; Cabin in the Cotton (Die Hütte im Baumwollfeld). 1933: Central Airport; Heroes for Sale. 1934: A Modern Hero; Midnight Alibi; Massacre. 1935: Four Hours to Kill! 1936: Spy of Napoleon [GB]. 1939: Only Angels Have Wings (SOS – Feuer an Bord). 1940: The Man Who Talked too Much. 1942: The Mayor of 44th Street; The Spoilers (Die Freibeuterin).

Basinger, Kim

*8. 12. 1953 Athens (Georgia)

Ausbildung als Tänzerin und Sängerin. 1969 Teilnahme an Schönheitswettbewerb, Fotomodell. 1974 nach Kalifornien. Erste Aufmerksamkeit in TV-Serials sowie Fernsehfilmen: 1978 spielt sie ein naives Playmate in Robert Greenwalds Melodram *Katie: Portrait of a Centerfold*, 1979 Lorene in der TV-Fassung *From Here to Eternity* (Buzz Kulik). Internationale Bekanntheit an der Seite von Sean Connery im James-Bond-Film *Never Say Never Again* (Irvin Kershner). Schauspielerische Ausstrahlungskraft beweist sie in Robert Altmans *Fool for Love* und erreicht endgültig Star-Status 1986 als Sex-Partnerin von Mickey Rourke in Adrian Lynes *9½ Weeks*. Versuche als Komödiantin und Sängerin folgen, auch als Komponistin von Rock-Songs. Als plappernde TV-Reporterin Kitty Potter in Altmans *Prêt-à-Porter* und als Gangster-Liebchen in Roger Donaldsons Remake des Action-Thrillers *The Getaway* an der Seite von Alex Baldwin, mit dem sie seit 1993 verheiratet ist und seit 1995 eine gemeinsame Tochter hat.

[US] 1976: The Six Million Dollar Man: Bionic Woman (Der 6-Millionen-Dollar-Mann) [TV]; Charlie's Angels: A Prison for These Women (Drei Engel für Charlie) [TV]. 1977: Dog and Cat [TV]. 1978: Katie: Portrait of a Centerfold (Playmate des Monats) [TV]; The Ghost of Flight 401 [TV]. 1979: From Here to Eternity (Verdammt in alle Ewigkeit) [TV]. 1981: Killjoy [TV]; Hard Country (Jodie – irgendwo in Texas). 1982: Mother Lode (Goldfieber). 1982/83: Never Say Never Again (James Bond – Sag niemals nie) [GB]. 1983: The Man Who Loved Women (Frauen waren sein Hobby). 1984: The Natural (Der Unbeugsame). 1985: Fool for Love (Fool for Love – Verrückt vor Liebe). 1986: 9½ Weeks (9½ Wochen); No Mercy (Gnadenlos). 1987: Blind Date (Blind Date – Verabredung mit einer Unbekannten); Nadine (Nadine – Eine kugelsichere Liebe). 1988: My Stepmother Is an Alien (Meine Stiefmutter ist ein Alien). 1988/89: Batman (Batman). 1991: The Marrying Man (Die blonde Versuchung). 1992: Cool World (Cool World); Final Analysis (Eiskalte Leidenschaft). 1993: Wayne's World 2 (Wayne's World 2); The Real McCoy (Karen McCoy – Die Katze); The Getaway (Getaway). 1994: Prêt-à-Porter – Ready to Wear (Prêt-à-Porter). 1997: L.A. Confidential.

Bassermann, Albert

*7. 9. 1867 Mannheim

†15. 5. 1952 auf dem Flug von New York nach Zürich

Realgymnasium bis zur Obersekunda, Chemiestudium in Straßburg, Arbeit als Chemiker in der Zellstoff-Fabrik Waldhof. 1887 Volontär am Mannheimer Theater. Engagements an zahlreichen Provinztheatern, u. a. 1891 am Meininger Hoftheater; ab 1895 in Berlin, Zusammenarbeit mit Otto Brahm (1899–1904 Deutsches Theater, 1904–09 Lessing-Theater) und Max Reinhardt (1909–15 Deutsches Theater). Der vielleicht bedeutendste deutsche Schauspieler des frühen 20. Jahrhunderts durchbricht als einer der ersten Bühnenschauspieler das Kintopp-Tabu: 1912/13 in Max Macks Jekyll-and-Hyde-Variation *Der Andere* nach Paul Lindau. Weitere Haupt- und Nebenrollen in über 40 Stumm- und Tonfilmen, u. a. unter der Regie von William Wauer, Adolf Gärtner und Richard Oswald. Nach der Zeit bei Reinhardt gehört er keinem festen Ensemble mehr an, macht Gastspielreisen und Tourneen durch Deutschland und das europäische Ausland, meist gemeinsam mit Else Schiff, seit 1908 seine Frau. 1933 verläßt er Deutschland und geht in die Schweiz, erklärt 1934 öffentlich seine Emigration. In den folgenden Jahren sporadische Bühnentätigkeit in Österreich, der Schweiz und den Niederlanden; 1939 in die USA. Nach einer kleinen Rolle als Robert Koch in Dieterles *Dr. Ehrlich's Magic Bullet* Hollywoodkarriere, überwiegend in positiven Rollen. Oscar-Nominierung für eine Nebenrolle in Alfred Hitchcocks *Foreign Correspondent* (1940). In Richard Oswalds *Passport to Heaven* gibt er einen sanften Hauptmann von Köpenick. 1944 am Broadway Debüt im englischsprachigen Theater. Ab 1946 auch wieder an europäischen Bühnen, in Deutschland zuletzt 1951 anläßlich der Wiedereröffnung des Schiller-Theaters Berlin.

[DE] 1912/13: Der Andere. 1913: Der letzte Tag; Der König. 1914: Das Urteil des Arztes. 1917: Du sollst keine anderen Götter haben; Herr und Diener; Der eiserne Wille. 1918: Lorenzo Burghardt; Die Brüder von Zaarden; Dr. Schotte; Vater und Sohn. 1919: Die Duplizität der Ereignisse; Der letzte Zeuge; Das Werk seines Lebens; Eine schwache Stunde; Puppen des Todes. 1920: Der Frauenarzt; Masken. 1. Mister Rex. – 2. Varieté. – 3. Ein Trapistenkloster; Die Söhne des Grafen Dossy; Die Stimme. 1920/21: Brennendes Land; Die Nächte des Cornelius Brouwer. 1921: Die kleine Dagmar; Frauenopfer; Das Weib des Pharao. 1922: Christoph Columbus; Lucrezia Borgia; Der Mann mit der eisernen Maske. 1922/23: Alt-Heidelberg; Erdgeist. 1923/24: Helena. 2. Der Untergang Trojas; Helena. 1. Der Raub der Helena. 1925: Briefe, die ihn nicht erreichten; Der Herr Generaldirektor. 1926: Wenn das Herz der Jugend spricht. 1928/29: Fräulein Else. 1929: Napoleon auf St. Helena. 1930: Dreyfus; Alraune; «1914». Die letzten Tage vor dem Weltbrand. 1931: Gefahren der Liebe; Voruntersuchung; Kadetten; Zum goldenen Anker [Version – US/FR]. 1933: Ein gewisser Herr Gran. 1934: Letzte Liebe [AT]. 1938: Le héros de la Marne [FR]. 1939/40: Dr. Ehrlich's Magic Bullet (Die Lebensgeschichte Paul Ehrlichs/Paul Ehrlich – Ein Leben für die Forschung) [US]. 1940: A Dispatch from Reuters (Ein Mann mit Phantasie) [US]; Foreign Correspondent (Mord) [US]; Moon over Burma [US]; Knute Rockne – All American [US]; Escape [US]. 1941: Passport to Heaven [US]; The Shanghai Gesture [US]; Fly by Night [US]; New Wine (Die Unvollendete) [US]; A Woman's Face (Erpressung) [US]. 1942: Desperate Journey (Sabotageauftrag Berlin) [US]; Reunion in France/Reunion (Reunion) [US]; Once Upon a Honeymoon [US]; Invisible Agent [US]; The Moon and Sixpence (Der Besessene von Tahiti) [US]. 1943: Madame Curie (Madame Curie) [US]; Good Luck Mr. Yates [US]. 1944: Since You Went Away (Als Du Abschied nahmst) [US]. 1945: Rhapsody in Blue (Rhapsodie in Blau) [US]. 1945/46: The Searching Wind (Liebe zwischen Krieg und Frieden) [US]. 1947: Escape Me Never [US]; The Private Affairs of Bel Ami (Die Privataffären des Bel Ami) [US]. 1948: The Red Shoes (Die roten Schuhe) [GB].

Batalov, Aleksej

(Aleksej Vladimirovič Batalov)
*20. 11. 1928 Vladimir

Neffe von Nikolaj Batalov. Er absolviert 1950 das Studio des Moskauer Künstler-Theaters, an dem er 1953–56 als Schauspieler engagiert ist. Seit ihm Iosif Chejfic 1954 die Rolle des Aleša Žurbin in *Bol'šaja semja* gibt, gehört Batalov zu den erfolgreichsten sowjetischen Schauspielern, und sein Name ist mit zahlreichen internationalen Erfolgen, vor allem der «Tauwetter»-Periode, verbunden. So spielt er 1957 den Boris in Michail Kalatozovs *Letjat žuravli*, 1960 den Gurov in Chejfics *Dama s sobačkoj* und vor allem 1962 den Physiker Gusev in Michail Romms *Devjat' dnej odnogo goda*. 1960 debütiert Batalov als Regisseur: Er dreht *Šinel'* nach Nikolaj Gogol. 1966 inszeniert er zusammen mit Iosif Šapiro *Tri tolstjaka*. 1973 entsteht unter seiner Regie *Igrok*, eine sowjetisch-tschechische Co-Produktion. 1980 spielt er den Georgij Ivanoviè in Vladimir Men'šovs Oscar-Preisträger *Moskva slezam ne verit*. Sein Rollenfach ist das des «modernen Sowjetmenschen», der in seinen Handlungen von sozialer Verantwortlichkeit, moralischer Integrität und demokratischen Idealen getragen ist. Er ist kein herkömmlicher Massenheld mehr, sondern Vertreter einer neuen «Intelligenzija». Auch in den Verfilmungen russischer Klassiker ist er ein meist gebrochener bürgerlicher Held, subtil, taktvoll und immer etwas melancholisch. Batalov erhält mehrere nationale Auszeichnungen sowie 1984 den bulgarischen Orden «Kirill i Metod» 1. Klasse. Ab 1976 lehrt er an der Moskauer Filmhochschule. 1984 erscheint in Moskau sein Buch «Sudba i remeslo» (Schicksal und Handwerk).

[SU] 1944: Zoja. 1954: Bol'šaja sem'ja (Eine große Familie); Slu žu Sovetskomu Sojuzu. 1955: Michajlo Lomonosov; Delo Rumjanceva (Der Fall Rumjanzow); Mat' (Die Mutter). 1956: Dorogoj moj čelovek (Daß es dich gibt). 1957: Letjat Žuravli (Die Kraniche ziehen). 1959: Šinel' (Der Mantel) [R,A]. 1960: Dama s sobačkoj (Die Dame mit dem Hündchen). 1961: Devjat' dnej odnogo goda (Neun Tage eines Jahres). 1963: Den' sčast'ja (Tag des Glücks). 1965: Svet dalekoj zvezdy.

1966: Tri tolstjaka (Tibul besiegt die Dickwänste) [R,A,D]; V gorode S. (In der Stadt S.). 1967: Sed'moj sputnik (Der siebente Trabant). 1968: Živoj trup (Der lebende Leichnam). 1969: Vnimanie, čerepacha (Achtung, Schildkröte). 1970: Beg (Die Flucht). 1971: Stranicy Žizni Leonida Krasina. 1973: Igrok (Der Spieler) [R – SU/CS]; Vozvrata net (Es gibt kein Zurück). 1974: Čisto anglijskoe ubijstvo (Mord auf englische Art) [TV]. 1975: Zvezda plenitel'nogo sčast-'ja (Traum vom fernen Glück); Rikki-Tikki-Tavi (Rikki-Tikki-Tavi). 1976: Isgori za da svetiš [TVS – BG]. 1979: Moskva slezam ne verit (Moskau glaubt den Tränen nicht); Pozdnjaja vstreča (Späte Begegnung) [TV]. 1983: Skorost' (Geschwindigkeit). 1984: Vremja otdycha s subboty do ponedel'nika. 1986: Dos'e čeloveka v «Mersedese»; Zontik dlja novobračnych (Ein Regenschirm für Verliebte). 1987: V. I. Lenin. Stranicy Žizni [TVS – SU]. 1990: Pochorony Stalina (Stalins Begräbnis).

Batalov, Nikolaj

(Nikolaj Petrovič Batalov)
*6. 12. 1899 Moskau
†10. 11. 1937 Moskau

Ab 1916 Ausbildung am 2. Studio des Künstlertheaters in Moskau, dessen Ensemblemitglied er 1924 wird. Seine erste bedeutende Theaterrolle ist der Figaro in Beaumarchais' Bühnenstück. Filmdebüt 1924 als Rotarmist Gusev in Jakov Protazanovs experimenteller Verfilmung von Aleksej Tolstojs Science-fiction-Roman *Aelita*. Seine wichtigste Filmarbeit ist der Pavel Vlasov in Vsevolod Pudovkins klassischer Gor'kij-Verfilmung *Mat'* (1926). Er spielt 1931 auch im ersten sowjetischen Tonfilm: In Nikolaj Ekks *Putevka v žizn'* verkörpert er den Erzieher Sergeev. Kraftvolle Charaktere von realistischer Meisterschaft und großer menschlicher Wärme zeichnen seine Schauspielkunst aus. Mit seinem großen Charisma gehört er zu den geschätztesten Darstellern des frühen sowjetischen Films. Batalov wird 1933 Verdienter Künstler der RSFSR.

[SU] 1924 : Aelita (Der Flug zum Mars). 1926: Mat' (Die Mutter). 1927: Zemlja v plenu (Der gelbe Paß); Tret'ja Meščanskaja (Bett und Sofa); Žena. 1931: Putevka v žizn' (Der Weg ins Leben). 1932: Gorizont. 1934: Pastuch i car'. 1935: Tri tovari šča; Sokrovi šča pogib šero korablja.

Bates, Alan

(Alan Arthur Bates)
*19. 2. 1934 Allestree (Derbyshire)

Schulbesuch in Belper, Derbyshire; dort erste schauspielerische Versuche. In den frühen 50er Jahren Dienst bei der Royal Air Force, anschließend Studium an der Royal Academy of Dramatic Art in London. 1955 Bühnendebüt bei der Midland Theatre Company in Coventry, 1955–60 vorwiegend Bühnenarbeit am Londoner Royal Court Theatre. Internationale Beachtung sowie Tourneen durch UdSSR und USA mit John Osbornes «Look Back in Anger». Später erfolgreich im renommierten Old Vic auf der Bühne. Einige der modernen Stücke, in denen Bates auf der Bühne steht, werden später mit ihm verfilmt. Zu dieser Zeit ist er, der neben Albert Finney und Tom Courtenay zur Schauspieler-Generation der «angry young men» gehört, gelegentlich auch beim Fernsehen tätig. 1960 erste, breit beachtete Film-Hauptrolle als pazifistischer Sohn in Tony Richardsons Osborne-Adaption *The Entertainer*. 1968 Oscar-Nominierung für die Verkörperung der Titelrolle des russischen Juden in John Frankenheimers Malamud-Verfilmung *The Fixer*. 1977 als Jill Clayburghs Liebhaber Saul in Paul Mazurskys *An Unmarried Woman*. Neben dem Bauern Ted Burgess in *The Go-Between* (Joseph Losey) und dem Irrenhäusler Crossley in *The Shout* (Jerzy Skolimowski) ist dies Bates' glänzendste Rolle. Häufig Verkörperung homosexueller Charaktere: *Women in Love*, Diaghliev in *Nijinsky*, *We Think the World of You* und 1985 in John Schlesingers TV-Produktion *An Englishman Abroad*.

[GB] 1959: The Thug [TV]. 1960: The Entertainer (Der Komödiant). 1961: Whistle Down the Wind (...woher der Wind weht). 1962: A Kind of Loving (Nur ein Hauch Glückseligkeit). 1963: The Running Man (Der zweite Mann); Nothing But the Best (Man geht wieder über Leichen); The Caretaker (Der Hausmeister). 1964: Zorba the Greek (Alexis Sorbas) [US/GR]. 1965: Once Upon a Tractor [TV – UN]; Insh' Allah [S – KF]. 1966: Le roi de coeur/Tutti pazzi meno io (Herzkönig) [FR/IT]; Georgy Girl (Georgy Girl). 1967: Far from the Madding Crowd (Die Herrin von Thornhill). 1968: The Fixer [US]. 1969: Women in Love (Liebende Frauen). 1970: The Go-Between (Der Mittler); Three Sisters. 1971: A Day in the Death of Joe Egg. 1972: L'Impossible objet/ The Impossible Object [FR/GB]; Second Best [D,CoP – KF]. 1974: The Story of Jacob and Joseph [TV – US]; Butley [US/GB/CA]. 1975: Royal Flash (Royal Flash); In Celebration [GB/CA]. 1978: The Shout (Der Todesschrei); An Unmarried Woman (Eine entheiratete Frau) [US]. 1979: The Rose (The Rose) [US]. 1980: Nijinsky (Nijinsky) [US]. 1981: Quartet (Quartett) [GB/FR]; Britannia Hospital (Britannia Hospital). 1982: A Voyage Round My Father [TV]; The Return of the Soldier (Die Rückkehr des Soldaten). 1982/83: The Wicked Lady (Die verruchte Lady). 1983: Separate Tables (Getrennte Tische) [TV]. 1984: Dr. Fischer of Geneva (Dr. Fischer aus Genf) [TV]. 1985: Duet for One [US]; An Englishman Abroad [TV – US].

1987: A Prayer for the Dying (Auf den Schwingen des Todes); Pack of Lies [TV – US]. 1988: The Dog It Was Died [TV]. 1988/89: We Think the World of You. 1989: Dr. M/Doctor M [BRD/IT/FR]; Force majeure (Der Preis der Freiheit) [FR]; Mister Frost (Der teuflische Mr. Frost) [FR/GB]. 1990: Hamlet (Hamlet) [US]; 102 Boulevard Haussmann [TV]; Shuttlecock [TV]; Entre chien et loup [GB/FR/PT]. 1991: Losing Track. 1991/92: Secret Friends. 1993/94: Silent Tongue (Schweigende Zunge) [D,R,A – US]. 1995: Oliver's Travels [TV]; The Grotesque (The Grotesque). 1996: Gentlemen Don't Eat Poets.

Baur, Harry

* 12. 4. 1880 Montrouge
† 20. 4. 1943 Paris

Zunächst Fischer und Kaufmann. Ausbildung am Collège de Saint-Nazaire und im Cours d'Hydrographie in Marseille. 1904 Theaterdebüt in Marseille; danach Theaterarbeit in Paris, u. a. am Théâtre Antoine. Um 1910 Arbeit als Filmschauspieler bei Éclair, doch bald Rückkehr ans Theater. Militärdienst. Auftritte an diversen Pariser Bühnen bis 1931. Baur, der systematische Studien der unterschiedlichen Spielweisen in Theater und Film getrieben hat, gehört in Typus und Rollenverständnis in die Kategorie der Jannings und Laughton. Als Charakterdarsteller mit Verve und Pathos 1930 Titelrolle des *David Golder* (Julien Duvivier). Im folgenden wiederholt Zusammenarbeit mit Duvivier. Baur liebt Charaktere mit tragischem Schicksal, die innerlich Zerrissenen, deren Psyche es auszustellen gilt. Herausragend sein Jean Valjean in Raymond Bernards *Les misérables*, der Richter Porphyre in Pierre Chenals *Crime et châtiment* und die Titelrolle in Maurice Tourneurs *Volpone*. 1942 Verhaftung seiner jüdischen Frau; Baur wird gleichfalls verhaftet und stirbt nur wenige Tage nach seiner Entlassung an den Folgen der Mißhandlungen durch die Gestapo.

[FR] 1909: Octave; La jeunesse de Vidocq ou comment on devient policier; Les petits iront à la mer; Hector est un garçon sérieux; L'enlèvement de Melle Biffin. 1910: Le naufrage; Shylock ou le marchand de Venice; Le four à chaux; Le messager de Notre Dame; Sur la pente; La noce à Canuche; La miniature; Les suicides de Louf; L'évasion d'un truand; Les aventuriers du val d'or. 1911: La note de la blanchisseuse. 1916: Stass et Cie. 1918: L'âme du bronze. 1923: La voyante. 1930: Cape forlorn/Le cap perdu [Version – GB]; David Golder (David Golder). 1931: Les cinq gentlemen maudits [DE]; Le juif polonais. 1932: Criminel; La tête d'un homme; Les trois mousquetaires; Poil de carotte (Armer kleiner Held). 1933: Rothschild; Les misérables; Cette vieille canaille (Sein großer Irrtum). 1934: Les nuits moscovites (Natascha – Moskauer Nächte); Un homme en or; Le greluchon délicat. 1935: Les yeux noirs (Schwarze Augen); Le Golem (Der Golem); Golgotha (Kreuz auf Golgatha); Crime et châtiment. 1935/36: Tarass Boulba. 1936: Samson; Paris; Un grand amour de Beethoven; Les hommes nouveaux; Nitchevo (U-Boot in Gefahr). 1937: Un carnet de bal (Spiel der Erinnerung); La tragédie impériale; Les secrets de la Mer Rouge; Mollenard/Capitaine corsaire; Nostalgie; Sarati le terrible. 1938: Le patriote. 1939: Le président Haudecœur; L'homme du Niger. 1940: Volpone (Der betrogene Betrüger). 1941: L'assassinat du Père Noël; Péchés de jeunesse (Jugendsünden). 1942: Symphonie des Lebens [DE].

Baxter, Anne

* 7. 5. 1923 Michigan City (Indiana)
† 12. 12. 1985 New York City

Die Enkelin des Architekten Frank Lloyd Wright besucht Privatschulen in New York. Ab 1934 Schauspielunterricht, 1937–40 bei Maria Ouspenskaja. Bereits 1936 Broadway-Debüt in «Seen But Not Heard». 1940 Filmdebüt in Richard Thorpes Western *20 Mule Team*. Zunächst spielt sie meist die Scheue und Sanfte, wie auch in ihrer ersten bedeutsamen Filmrolle, als Lucy Morgan in Orson Welles' *The Magnificent Ambersons*. 1946 Nebenrollen-Oscar für die drogen- und alkoholsüchtige Sophie in *The Razor's Edge* (Edmund Goulding). Häufig auch in Western, so 1948 in William A. Wellmans *Yellow Sky*. In Walter Langs Biopic *You're My Everything* verkörpert sie den Stummfilmstar Clara Bow. Höhepunkt ihrer Filmkarriere wird 1950 die Rolle der jungen ehrgeizigen Schauspielerin Eve Harrington in Joseph L. Mankiewiczs *All About Eve* als Partnerin von Bette Davis. 1971 ist sie eine mutige Bordellbesitzerin in *Fools' Parade* (Andrew V. McLaglen). Im gleichen Jahr am Broadway in «Applause». Seit 1957 auch TV-Arbeit, in den 70er Jahren fast ausschließlich. Ihre letzte Rolle ist 1983–85 die Hotelbesitzerin in Jerry Londons Serie *Hotel*.

[US] 1940: 20 Mule Team; The Great Profile. 1941: Swamp Water (In den Sümpfen); Charley's Aunt. 1942: The Magnificent Ambersons (Der Glanz des Hauses Amberson); The Pied Piper. 1943: Five Graves to Cairo (Fünf Gräber bis Cairo); The North Star; Crash Dive. 1944: The Sullivans (Fünf Helden); The Eve of St. Mark; Guest in the House; Sunday Dinner for a Soldier. 1944/45: A Royal Scandal (Skandal bei Hofe). 1946: Angel on My Shoulder; Smoky (Smoky, König der Prärie); The Razor's Edge (Auf Messers Schneide). 1947: Blaze of Noon. 1948: The Walls of Jericho; Yellow Sky (Herrin der toten Stadt/Nevada); The Luck of the Irish; Homecoming (Dr. Johnsons Heimkehr). 1949: You're My Everything. 1950: All About Eve (Alles über Eva); A Ticket to Tomahawk/The Sheriff's Daughter. 1951: Follow the Sun. 1952: O. Henry's Full House. Ep: The Last Leaf (Vier Perlen. Ep: Das letzte Blatt) [EP]; My Wife's Best Friend; The Outcasts of Poker Flat (Die Frau des Banditen); Screen Snapshots No. 206. 1952/53: I Confess (Ich beichte/Zum Schweigen verurteilt); The Blue Gardenia (Gardenia – Eine Frau will vergessen). 1954: Carnival Story (Rummelplatz der Liebe). 1955: Bedevilled (Nachts auf den Boulevards); One Desire (Und wäre die Liebe nicht ...). 1956: The Come-On (Am Strand der Sünde); Three Violent People (Rivalen ohne Gnade); The Ten Commandments (Die zehn Gebote); The Spoilers (Mit roher Gewalt). 1957: Chase a Crooked Shadow (Flüsternde Schatten) [GB]. 1958: Wagon Train: The Kitty Angel Story [TV]; Right Hand Man [TV]. 1959: Summer of the Seventeenth Doll/Season of Passion (Der Sommer der 17. Puppe) [AU/GB]. 1960: Cimarron. 1961: Mix Me a Person (Hundert Stunden Angst) [GB]. 1962: Walk on the Wild Side (Auf glühendem Pflaster). 1965: The Family Jewels (Das Familienjuwel). 1966: The Busy Body; Frauen, die durch die Hölle gehen [AT]. 1967: Companions in Nightmare [TV]; Stranger on the Run (Ein Fremder auf der Flucht) [TV]. 1968: The Challengers (Herausforderung zum Grand Prix) [TV]; Marcus Welby, M.D.: A Matter of Humanities (Dr. med. Marcus Welby) [TV]. 1968–70: Name of the Game: Protector [TV]; Name of the Game: Takeover [TV]. 1969: Ritual of Evil [TV]. 1971: The Late Liz; If Tomorrow Comes [TV]; Fool's Parade (Die Gnadenlosen); The Catcher [TV]. 1972: Lisa, Bright and Dark [TV]; Lapin 360. 1974: Requiem for a Falling Star (Columbo: Klatsch kann tödlich sein) [TV]. 1976: The Moneychangers (Die Bankiers) [TV]. 1977: Nero Wolfe [TV]; The Doorbell Rang [TV]. 1978: Little Mo [TV]. 1980: Jane Austen in Manhattan. 1981: East of Eden (Jenseits von Eden) [TV]. 1983–85: Hotel [TVS].

Baye, Nathalie

* 6. 7. 1948 Mainneville

Tanzunterricht in Frankreich und New York, Tourneen als Mitglied einer Tanzgruppe. Schauspielunterricht bei René Simon und am Konservatorium in Paris; Abschluß 1972. In den 70er Jahren am Théâtre de la Commune in Paris. Im weiteren Fernseh- und Bühnenarbeit. Mit der zweiten Filmrolle als spöttisches Scriptgirl Joelle in François Truffauts *La nuit américaine* erobert sie sich vorübergehend einen Platz in dessen Kosmos. Als Lehrerin Laurence in Bertrand Taverniers *Une semaine de vacances* gibt sie eine subtile Studie einer psychischen Krise. Baye läßt sich aber nicht auf den netten, sensiblen, etwas mädchenhaften Typus festlegen, sondern experimentiert mit Frauenbildern in höchst unterschiedlichen Rollen. Pragmatisch und lustvoll ihre Hauptrolle als Bertrande de Roi in Daniel Vignes genauem Historienfilm *Le retour de Martin Guerre*. Aggressivität und Zärtlichkeit kennzeichnen ihre Prostituierte Nicole in Bob Swains *La balance,* Auszeichnung mit dem César (1983), wie schon in den Jahren zuvor: 1981 für ihre Denise Rimbaud in Jean-Luc Godards *Sauve qui peut (la vie)*, 1982 für *Une étrange affaire* (Pierre Granier-Deferre). Als Komödiantin und Partnerin Alain Delons in Bertrand Bliers Farce *Notre histoire*. Nach einer Phase intensiver Theaterarbeit 1985–87 folgen mit Filmen von Diane Kurys und Nicole Garcia Rollen von Frauen zwischen Selbstbewußtsein (*La Baule-les-pins*) und Exaltiertheit (*Un week-end sur deux*).

[FR] 1969: L'Inconnu [TV]. 1973: Two People (Zwei Menschen unterwegs) [US]; La nuit américaine/Effetto notte (Die amerikanische Nacht) [FR/IT]. 1974: La gueule ouverte (Die Qual vor dem Ende). 1975: Le voyage de noces. 1975/76: L'Ultima donna/La dernière femme (Die letzte Frau) [IT/FR]. 1976: L'Homme qui aimait les femmes (Der Mann, der die Frauen liebte); La communion solennelle (Familienfest); Le plein de super; Mado [FR/IT/BRD]. 1977: La mémoire courte. 1978: Mon premier amour (Meine erste Liebe); La chambre verte (Das grüne Zimmer). 1979: Je vais craquer; Sauve qui peut (la vie) [Rette sich, wer kann (das Leben)] [CH/FR]. 1980: La provinciale (Die Verweigerung) [FR/CH]; Une semaine de vacances (Ferien für eine Woche). 1981: Le retour de Martin Guerre (Die Wiederkehr des Martin Guerre); Beau Père (Ausgerechnet ihr Stiefvater); Mille milliards de dollars (1000 Millarden Dollar); Une étrange affaire (Eine merkwürdige Karriere); L'Ombre rouge. 1982: J'ai épousé une ombre (Verheiratet mit einem Toten); La balance (La Balance – Der Verrat). 1984: Notre histoire (Geschichte eines Lächelns); Rive droite, rive gauche (Die Enthüllung); Beethoven/Le neveu de Beethoven [BRD/FR]. 1985: Lune de miel/Honeymoon (Honeymoon) [FR/CA]; Détective (Détective). 1987: De guerre lasse (Brennender Sommer); En toute innocence (Mord-Skizzen). 1989: Gioco al massacro [IT]. 1990: La Baule-les-Pins; Un week-end sur deux (Weekend für zwei). 1991: Mensonge (Bittere Wahrheit); La voix. 1992: François Truffaut, portraits volés [DOK]; From Time to Time [US/FR – Circle-Vision 360]. 1993: And the Band Played On (... und das Leben geht weiter) [TV – US]. 1994: La machine (Die Maschine). 1995: Enfants de salaud [FR/CH/BE]. 1996: Food of Love [GB].

Beatty, Warren

(Warren Beaty)

* 30. 3. 1937 Richmond (Virginia)

Der Bruder der Schauspielerin Shirley MacLaine besucht die Northwestern University in Evanston, Illinois, und Stella

Adler's Acting School. 1959–60 in der TV-Serie *The Many Loves of Dobie Gillis*. Gleichzeitig Broadway-Erfolg mit William Inges «A Loss of Roses». Durch Inge auch erste Filmrolle: 1961 als ungestümer Jugendlicher in Elia Kazans Melodram *Splendor in the Grass*. Im gleichen Jahr auch als italienischer Gigolo in *The Roman Spring of Mrs. Stone* (José Quintero). Neben Rollen als zynischer Herzensbrecher auch differenzierte Charaktere, so als Psychisch-Labiler in Robert Rossens *Lilith*, als Nachtclub-Komiker in Arthur Penns *Mickey One*. Großer künstlerischer (Oscar-Nominierung) und finanzieller Erfolg 1967 als Clyde Barrow im selbstproduzierten Gangsterfilm *Bonnie and Clyde* (Arthur Penn). Mit seinem Image als Herzensbrecher spielt er ironisch in der Rolle des vielgefragten Friseur in Hal Ashbys Gesellschaftskomödie *Shampoo*, zugleich auch Produzent und Autor. 1978 Regiedebüt und Produktion von *Heaven Can Wait*, für die Rolle des untoten Helden erhält er den Darsteller-Oscar. Als Produzent, Regisseur, Co-Autor und Hauptdarsteller von *Reds* (1981) erhält er zahlreiche Auszeichnungen, u. a. den Regie-Oscar. 1990 ebenfalls Regie und Titelrolle in der Comic-Adaption *Dick Tracy*. 1991 spielt er den Gangster Bugsy Siegel in *Bugsy* (Barry Levinson). 1992 Heirat mit der Schauspielerin Anette Benning, gemeinsam im mißglückten Remake *Love Affair*, den Glenn Gordon Caron unter dem Produzenten und Co-Autor inszeniert.

[US] 1959–60: The Many Loves of Dobie Gillis [TVS]. 1961: Splendor in the Grass (Fieber im Blut); The Roman Spring of Mrs. Stone (Der römische Frühling der Mrs. Stone) [GB/US]. 1961/62: All Fall Down (Mein Bruder ... ein Lump). 1964: Lilith (Lilith). 1965: Mickey One (Mickey One); Promise Her Anything (Versprich ihr alles) [GB]. 1966: Kaleidoscope (Der Gentleman-Zinker) [GB]. 1967: Bonnie and Clyde (Bonnie und Clyde) [D,P]. 1969/70: The Only Game in Town (Das einzige Spiel in der Stadt). 1971: $ [Dollars] (Der Millionenraub); McCabe and Mrs. Miller (McCabe & Mrs. Miller). 1974: The Parallax View (Zeuge einer Verschwörung). 1975: The Fortune (Mitgiftjäger); Shampoo (Shampoo) [D,CoA, CoP]. 1978: Heaven Can Wait (Der Himmel soll warten) [D,CoR,CoA,P]. 1981: Reds (Reds) [D,R,CoA,P]. 1986: Ishtar (Ishtar) [D,P]. 1987: The Pick-Up Artist (Jack, der Aufreißer) [P]. 1990: Dick Tracy (Dick Tracy) [D,R,P]. 1991: Truth or Dare (In Bed with Madonna) [DOK]; Bugsy (Bugsy) [D,CoP]. 1994: Love Affair (Perfect Love Affair) [D, CoA,P]. 1997: Bulworth [D,R,A,P].

Beery, Wallace

*1. 4. 1885 Kansas City
†15. 4. 1949 Beverly Hills

Arbeit bei der Eisenbahn, in einer Schmiede und 1902 als Elefantenwärter im Zirkus. 1904 Bühnendebüt als Statist in «Babes in Toyland». 1908 erster Filmauftritt in New Rochelle, New York. 1910–12 Tourneen mit Musicals. 1913 Filmvertrag bei Essanay als Komiker, Popularität durch die Rolle der «Sweedie», einer exzentrischen jungen Schwedin. 1915 Wechsel zum Essanay Studio in Niles bei San Francisco. Dort auch Studio Manager, Produzent und 1916–19 Regisseur von Slapstick Comedies, u. a. mit seiner ersten Frau Gloria Swanson. Anfangs spielt er fast ausschließlich in Komödien, in den 20er Jahren jedoch auch als Heavy in Abenteuerfilmen. Einprägsam 1920 als Magua in Maurice Tourneurs *The Last of the Mohicans*. Häufig neben Douglas Fairbanks, verkörpert er schwergewichtige Matrosen, Boxer, Abenteurer oder Westerner. 1929 Wechsel von Paramount zu M-G-M. Nahtloser Übergang zum Tonfilm: Pat Garrett in King Vidors *Billy the Kid*, Oscar für seine Titelrolle als Schurke in Vidors *The Champ* (1931), gemeiner Finanzmann in *Grand Hotel* (Edmund Goulding), mexikanischer Volksheld Pancho Villa in *Viva Villa!* (Howard Hawks, Jack Conway).

[US] 1913: At the Old Maid's Ball; A Succesful Failure; Smithy's Grandma's Party; Day by Day; His Athletic Wife; Hello Trouble; The Usual Way; Mr. Dippy Dipped; Sweet Revenge. 1914: A Queer Quarantine; Madame Double X; A Maid of War; Mrs. Manley's Baby; One-Two-Three; The Laundress; Rivalry and War; She Landed a Big One; Sweedie and the Double Exposure; Sweedie and the Hypnotist; Oh, Doctor; Fable of the Bushleague Lover Who Failed to Qualify; The Fable of the Coming Champion Who Was Delayed; Bargain Hunters; Cheering a Husband; Countess Sweedie; Actor Finney's Finish; Fable of the Brash Drummer and the Nectarine; Sweedie and the Lord; Fable of the Business Boy and the Droppers-in; Fickleness of Sweedie; A Foot of Romance; Golf Link Champion, Chick, Evans Links with Sweedie; In and Out; Love and Soda; Looking for Trouble; The Epidemic; The Winner; Their Cheap Vacation; Two Dinky Dramas of a Non-Serious Kind; The Ups and Downs; Sweedie Springs a Surprise; Sweedie's Skate; Sweedie and the Trouble Maker; Topsy-Turvy Sweedie; Sweedie's Clean-Up; A Fable of Napoleon and the Bumpkin; Three Little Powders; This Is the Life; Curing a Husband; Gras County Goes Dry; Sweedie, the Swatter; Sweedie at the Fair; The Prevailing Craze; Sweedie Learns to Swim. 1915: Two Hearts Beat As Ten; Father's New Maid; The Fable of the Roystering Blades; The Victor; Education; Done in Wax; The Broken Pledge; The Bouquet; Ain't It the

Truth; Love and Trouble; Sweedie in Vaudeville; Sweedie and the Sultan's Present; Sweedie Collects for Charity; Sweedie Goes to College; Sweedie and Her Dog; Sweedie Learns to Ride; The Slim Princess; A Pound for a Pound; Sweedie's Finish; Sweedie's Hero; The New Teacher; Sweedie's Hopeless Love; Sweedie's Suicide. 1916: A Clever Dummy; A Dash of Courage; Bombs and Banknotes [D,R,P]; A Capable Lady Cook [D,R,P]; Just a Few Little Things [D,R,A]; Patria; Cactus Nell; Sweedie and the Janitor [D,R,A]; Janitor's Vacation [D,R,A]; The Janitor [D,R,A]; Maggie's First False Step; That Night; Timothy Dobb, That's Me [D,R,P]. 1917: The Little American; Teddy at the Throttle. 1918: Behind the Door; The Unpardonable Sin; Bathhouse Scandal [D,R,P]; Johanna Enlists. 1919: The Love Burglar; The Life Line; A Beach Nut [D,R,A]; Victory; Only a Janitor [D,R,P]; Soldiers of Fortune. 1920: The Mollycoddle; Virgin of Stamboul; The Last of the Mohicans; The Round-Up; Eight-Thirteen. 1921: The Golden Snare; The Rookie's Return; The Four Horsemen of the Apocalypse; The Last Trail; A Tale of Two Worlds. 1922: Only a Shop Girl; The Rosary; Hurricane's Girl; I Am the Law; Wild Honey; The Sagebrush Trail; Robin Hood; The Man from Hell's River; Trouble. 1923: The Drums of Jeopardy; The Flame of Life; White Tiger; Drifting; The Spanish Dancer (Die spanische Tänzerin); The Eternal Struggle; Ashes of Vengeance (Die Bluthochzeit); Three Ages (Ben Akiba hat gelogen); Stormswept; Bavu; King Richard the Lion-Hearted. 1924: Dynamite Smith; Madonna of the Streets; The Signal Tower (Das rote Signal); Unseen Hands; So Big; The Red Lily (Die rote Lilie); The Sea Hawk (Der Seeteufel); Another Man's Wife. 1925: The Great Divide (Der Bandit); The Devil's Cargo; The Pony Express; The Night Club (Der Bräutigam auf Abbruch); Adventure; Rugged Water; The Lost World (Die Verlorene Welt); Coming Through; In the Name of Love; Let Women Alone. 1926: We're in the Navy Now; Behind the Front (Riff und Raff im Weltkrieg); Old Ironsides (Schlachtschiff Constitution); The Wanderer (Der Wanderer); Volcano. 1927: Fireman, Save My Child; Now We're in the Air; Casey at the Bat. 1928: Partners in Crime; Beggars of Life; The Big Killing; Wife Savers (Riff und Raff als Frauenhelden). 1929: River of Romance; Chinatown Nights; Stairs of Sand. 1930: A Lady's Morals (Jenny Lind); Way for a Sailor; The Big House (Menschen hinter Gittern) [Version]; Min and Bill (Die fremde Mutter); Billy the Kid (Geächtet, gefürchtet, geliebt – Billy the Kid). 1931: The Secret Six; The Lost Jools [KF]; The Champ (Der Champ). 1931/32: Hell Divers (Wolkenstürmer). 1932: Grand Hotel (Menschen im Hotel); Flesh. 1933: Tugboat Annie (Die Hafen-Annie); Dinner at Eight (Freitag abend um 8); The Bowery. 1934: Treasure Island (Die Schatzinsel); The Mighty Barnum; Viva Villa! (Schrei der Gehetzten). 1935: China Seas (Gold nach Singapore); O'Shaughnessy's Boy; West Point of the Air (Helden von heute); Ah, Wilderness! 1936: A Message to Garcia (Die Botschaft an Garcia); Old Hutch. 1937: The Good Old Soak; Slave Ship (Das letzte Sklavenschiff). 1938: Port of Seven Seas; Stablemates; Bad Man of Brimstone. 1939: Stand Up and Fight (Die Stunde der Vergeltung); Sergeant Madden; Thunder Afloat. 1940: Twenty-Mule Team; Wyoming (Hyänen der Prärie); The Man from Dakota. 1941: Barnacle Bill; The Bugle Sounds; The Bad Man. 1942: Jackass Mail. 1943: Salute to the Marines. 1944: Rationing; Barbary Coast Gent. 1945: This Man's Navy. 1946: Bad Bascomb. 1947: The Mighty McGurk. 1948: Alias a Gentleman; A Date with Judy (Wirbel um Judy). 1949: Big Jack.

Bek, Josef

*21. 12. 1918 Hradec Králové
Besuch der Handelsakademie, anschließend Bankbeamter, daneben Mitwirkung in Laientheatergruppen. Bereits 1928 erste Filmrolle als Junge in Antonin Vojtèechovskýs *Jménem jeho velièenstva*. 1942 Engagement als Schauspieler und Operettentenor am Theater in Olomouc, 1954 am Städtischen Theater in Prag. Beginn der eigentlichen Filmkarriere 1947 mit Karel Steklýs *Siréna*. In den 50er Jahren verkörpert er meist Arbeiter und revolutionäre Kämpfer, später wirkt er auch in Lustspielen mit. 1977 ist er der Jäger in Oldřich Lipskýs *At' žijí duchové!* und 1980 in einem seiner letzten Filme der Řeáč in Vladimír Čechs *Jak napálit advokáta*.

[CS] 1928: Jménem jeho veličenstva. 1947: Siréna (Die Sirene); Portáši. 1949: Připad Z 8 (Der Fall Z-8); Němá barikáda; Revoluční rok 1848 (Frühlingsstürme); Dva ohně. 1950: V trestném území (Im Strafraum). 1952: Anna proletařka (Das Mädchen Anna); Mikolaš Aleš (Ein Rebell). 1953: Punt'a a čtylístek; Expres z Norimberka (Es geschah im Nürnberg-Expreß); Ještě svatba nebyla (Hochzeit war noch nicht). 1954: Akce B; Hudba z Marsu (Musik vom Mars); Frona (Die Schwestern). 1955: Rudá záře nad Kladnem; Muj přítel Fabián (Mein Freund Fabian). 1956: Synové hor; Ztracená stopa (Die verlorene Spur); Zlatý pavouk (Die goldene Spinne). 1957: Hrátky s čertem (Spiel mit dem Teufel); Florenc 13,20. 1958: Útěk ze stínu (Flucht aus dem Schatten); Co řekne žena?/Jak mnie zaapiesz (Was sagt meine Frau dazu) [CS/PL]; Hořká láska (Bittere Liebe); Hlavní výhra (Der Haupttreffer); Hvězda jede na jih (Ein Stern fährt nach Süden) [CS/YU]. 1959: 105% Alibi (Alibi); Občan Brych; Letiště nepřijímá (Flugplatz gesperrt); Konec cesty (Am Ende des Weges). 1960: Černá sobota (Schwarzer Sonnabend); Policejní hodina. 1961: Kohout plaší smrt (Auf geheimer Welle); Kde alibi nestačí (Wo das Alibi nicht genügt); Florián. 1962: Zlaté kapradí (Goldener Farn). 1963: Einstein kontra Babibský (Einstein kontra Babibský); Koffer mit Dynamit/Praha, nultá hodina [DDR/CS]. 1964: Handliří; Lucie. 1965: Alibi na vodě (Alibi auf dem Wasser); Bilá paní. 1967: Ta naše písnička česká (Altprager Melodien). 1968: Objí žďka; Bylo čtvrt a bude půl (Schlüssel zum Erfolg). 1969: Světáci (Lebemänner); Svědectví mrtvých očí (Gewagtes Spiel). 1972: Svět otevřený náhodám (Am Anfang des Weges). 1974: Tři nevinní 3 + 1 = 4. 1977: Proč nevěřit na zázraky; Ať žijí duchové! (Unsere Geister sollen leben). 1980: Jak napálit advokáta. 1989: Muka obraznosti.

Belafonte, Harry

(Harold George Belafonte)
* 1. 3. 1927 New York City
Kindheit auf Jamaica. 1944 US Marines. Nach 1945 American Negro Theatre. Besuch eines Dramatic Workshop, u. a. zusammen mit Tony Curtis und Marlon Brando. Gitarrist Millard Thomas fördert den Sänger Belafonte. Popularisierung des Calypso durch Tourneen. 1953 Broadway-Debüt. Erster Filmversuch ohne Resonanz. Triumphaler Erfolg 1954 als G.I. Joe im Musical *Carmen Jones* (Otto Preminger). Filmarbeiten bleiben Ausnahme. 1984 Produzent von *Beat Street* (Stan Lathan). 1996 als Gangsterboss Seldom Seen in Robert Altmans Jazz-Hommage *Kansas City*. Seine Tochter Shari Belafonte arbeitet als Schauspielerin bei Film und Fernsehen.

[US] 1953: Bright Road. 1954: Carmen Jones (Carmen Jones). 1957: Island in the Sun (Heiße Erde). 1959: The World, the Flesh and the Devil (Die Welt, das Fleisch und der Teufel); Odds Against Tomorrow (Wenig Chancen für morgen). 1960: Tonight with Belafonte [TV]. 1970: The Angel Levine (Ein Engel namens Levin); King: A Filmed Record- ... Montgomery to Memphis (Dann war mein Leben nicht umsonst – Martin Luther King) [DOK]. 1971: Buck and the Preacher (Der Weg der Verdammten). 1974: Uptown Saturday Night (Samstagnacht im Viertel der Schwarzen). 1981: Grambling's White Tiger (Der-Kampf der weißen Tiger) [TV]. 1984: Beat Street (Beat Street) [CoMUS, CoP]. 1989: First Look. 1992: The Player (The Player). 1994: Ready to Wear (Prêt-à-Porter). 1995: White Man's Burden (Straße der Rache). 1996: Kansas City (Kansas City).

Belmondo, Jean-Paul

* 9. 4. 1933 Neuilly-sur-Seine
Sohn eines Bildhauers; 1949 kurzer Versuch, als Boxer Karriere zu machen. Theaterdebüt als 17jähriger; drei Jahre an einer Wanderbühne. Im zweiten Anlauf Besuch des Konservatoriums in Paris, dort Ausbildung bei Pierre Dux; Auftritte an verschiedenen Pariser Bühnen. Nach weniger bedeutenden ersten Filmrollen internationaler Erfolg mit seiner unterkühlt-lässigen Darstellung von desillusionierten Typen einer antibürgerlichen Revolte. Der wesentliche Protagonist der Nouvelle vague ist herausragend als Gangster in Jean-Luc Godards *À bout de souffle*, einer Weiterführung und vorsichtigen Parodie des Typus Bogart/Brando. Bei Godard noch einmal in der Titelrolle von *Pierrot le fou*; an der Seite Jean Gabins großer Publikumserfolg mit Henri Verneuils *Un singe en hiver*. Seit Mitte der 60er Jahre in zahlreichen Kriminalfilmen, mehrfach von Verneuil inszeniert, Rollen als unkonventioneller, zuweilen zynischer Gangster oder Polizist, bei denen betonte Männlichkeit und lakonischer Witz zusammentreffen. Höchst differenziert gelingt 1973/74 seine Darstellung des skandalumwobenen *Stavisky* (Alain Resnais); der Film wird von Belmondo produziert. Er agiert mit Akrobatik und frivolen Sprüchen in zahlreichen turbulenten Kriminalkomödien, vorzugsweise von Philippe de Broca: teils wird der Machismo parodiert, teils aber auch ein populistisches Selbsthelfertum zelebriert. Der Typus erfährt in Filmen der 80er Jahre keine originellen Abwandlungen mehr und verbraucht sich auch beim Publikum, wie der finanzielle Flop mit Jacques Derays *Le solitaire* zeigt. Seine schauspielerischen Möglichkeiten demonstriert Belmondo in Claude Lelouchs *L'itinéraire d'un enfant gâté*: 1988 Auszeichnung mit dem César. Für seine Verdienste um den französischen Film wird Belmondo – u. a. 1963–66 Präsident der französischen Schauspielergewerkschaft – zum Ritter der Ehrenlegion ernannt und erhält den Ordre national du Mérite et des Arts et des Lettres. Er nimmt 1987 die Theaterarbeit wieder auf; Kritik und Publikum feiern ihn u.a in der Rolle des «Kean» und als «Cyrano» (1989).

[FR] 1956: Les copains du dimanche (Sonntagsfreunde). 1957: A pied, à cheval et en voiture (Der unfreiwillige Raketenflieger); Drôle de dimanche (Leben und lieben lassen). 1958: Les tricheurs (Die sich selbst betrügen); Sois belle et tais-toi (Sei schön und halt den Mund); Charlotte et son Jules. 1959: A bout de souffle (Außer Atem); Ein Engel auf Erden/Mademoiselle Ange [BRD/FR]; A double tour/A doppia mandata (Schritte ohne Spur) [FR/IT]; Classe tous risques/Asfalto che scotta (Der Panther wird gehetzt) [FR/IT]. 1960: Moderato cantabile (Stunden voller Zärtlichkeit); La ciociara (Und dennoch leben sie) [IT/FR]; La Française et l'amour. 5. EP: L'adultère (Die Französin und die Liebe) [EP]; Les distractions/Le distrazioni (Riskanter Zeitvertreib) [FR/IT]; Lettere di una novizia/La novice (Die Nacht vor dem Gelübde) [IT/FR]. 1960/61: Une femme est une femme/La donna è donna (Eine Frau ist eine Frau) [FR/IT]. 1961: Les amours célèbres/Amori celebri. 1. EP: Lauzun (Galante Liebesgeschichten) [EP – FR/IT]; Léon Morin, prêtre (Eva und der Priester) [FR/IT]; La viaccia (Das Haus in der Via Roma) [IT/FR]; Un nommé La Rocca/Quello che spara per primo (Sie nannten ihn Rocca) [FR/IT]; Un singe en hiver (Ein Affe im Winter); Cartouche (Cartouche, der Bandit) [FR/IT]. 1962: I dongiovanni della Costa Azzurra [IT]; Il giorno più corto [IT]; Le doulos/Lo spione (Der Teufel mit der weißen Weste) [FR/IT]. 1963: Dragées au poivre/Confetti al pepe (Bonbons mit Pfeffer) [FR/IT]; 100000 dollars au soleil/100000 dollari al sole (100000 Dollar in der Sonne) [FR/IT]; Mare matto/La mère à boire (Verrückte Seefahrt) [IT/FR]; Peau de banane/Buccia di banana (Heißes Pflaster) [FR/IT]; L' Âiné des Ferchaux/Lo sciacallo (Die Millionen eines Gehetzten) [FR/IT]. 1963/64: L'Homme de Rio/L'Uomo di Rio (Abenteuer in Rio) [FR/IT]. 1964: Échappement libre/A escape libre/Scappamento aperto (Der Boß hat sich was ausgedacht) [FR/ES/IT]; La chasse à l'homme/Caccia al maschio (Jagd auf Männer) [FR/IT]; Week-end à Zuydcoote (Dünkirchen, 2. Juni 1940) [FR/IT]. 1965: Les tribulations d'un chinois en Chine/L'uomo di Hong Kong (Die tollen Abenteuer des Monsieur L.) [FR/IT]; Par un beau matin d'été (An einem heißen Sommermorgen); Par un beau matin d'été (An einem heißen Sommermorgen); Pierrot le fou/Il bandito delle 11 (11 Uhr nachts) [FR/IT]; Jean-Paul Belmondo [DOK]. 1966: Le voleur (Der Dieb von Paris); Tendre vouyou/Un avventuriero a Tahiti (Geliebter Schuft) [FR/IT]; Paris brûle-t-il?/Is Paris Burning? (Brennt Paris?) [FR/US]. 1966/67: Casino Royale (Casino Royale) [GB]. 1967: La bande à Bebel [KF]. 1968: Ho!/Criminal Face (Storia di un criminale) (Die Nr.1 bin ich) [FR/IT]. 1968/69: Le cerveau/Il cervello (Das Superhirn) [FR/IT]. 1969: Dieu a choisi Paris; La sirène du Mississippi/La mia droga si chiama Julie (Das Geheimnis der falschen Braut) [FR/IT]; Borsalino (Borsalino) [FR/IT]; Un homme qui me plaît/Un tipo che mi piace (Der Mann, der mir gefällt) [FR/IT]. 1970/71: Les mariés de l'an II/Gli sposi dell'anno secondo (Das Brautpaar des Jahres II) [FR/RO/IT]. 1971: Le casse/Gli scassinatori (Der Coup) [FR/IT]. 1972: Docteur Popaul/Trappola per un lupo (Doktor Popaul) [FR/IT]; La scoumoune/Il clan dei Marsigliesi (Der Mann aus Marseille) [FR/IT]; L'Héritier/L'Erede (Der Draufgänger) [FR/IT]. 1973: Le magnifique/Come si distrugge la reputazione del più grande agente segreto del monde (Le Magnifique) [FR/IT]. 1973/74: Stavisky/Stavisky, il grande truffatore (Stavisky) [FR/IT]. 1974/75: Peur sur la ville/Il polizotto della brigata criminale (Angst über der Stadt) [FR/IT]. 1975: L'Alpagueur (Der Greifer); L'Incorrigible (Der Unverbesserliche). 1976: Le corps de mon ennemi (Der Körper meines Feindes). 1977: L'Animal (Ein irrer Typ). 1978: Flic ou voyou (Der Windhund). 1979: Le guignolo/Il piccione di piazza S. Marco (Der Puppenspieler) [FR/IT]. 1981: Le professionnel (Der Profi). 1982: L'As des as/ Das As der Asse [FR/BRD]. 1983: Le marginal (Der Außenseiter). 1984: Les morfalous (Die Glorreichen); Joyeuses Pâques (Fröhliche Ostern). 1985: Hold-up (Der Boß). 1986: Le solitaire (Der Profi 2). 1988: Itinéraire d'un enfant gâté (Der Löwe). 1992: L'Inconnu dans la maison. 1994: Les cent et une nuit/A Hundred and One Nights (101 Nacht – Die Träume des Monsieur Cinéma) [FR/GB]; Les misérables. 1995: Désiré.

Belochvostikova, Natal'ja

(Natal'ja Nikolaevna Belochvostikova)
*28. 7. 1951 Moskau

Studium an der Regie- und Schauspielfakultät der Moskauer Filmhochschule VGIK bei Sergej Gerasimov und Tamara Makarova. Ihre erste bedeutende Filmrolle ist 1970 die Bibliothekarin Lena Barminaja in Gerasimovs *U ozera*. Dafür erhält sie den Staatspreis der UdSSR und auf dem Filmfestival von Karlovy Vary den Darstellerpreis. 1971 absolviert sie die Filmhochschule, ihre Diplomarbeit ist die Mathilde de la Mole in einer Stendhal-Dramatisierung von «Rot und Schwarz» am Moskauer Studio der Filmschauspieler. Dieselbe Rolle spielt sie auch 1976 in einem Fernsehfilm von Gerasimov. Weitere wichtige Rollen sind die Koroleva in *Stakan' vody* (Julij Karasik), die Donna Ana in *Malen'kie tragedii* (Michail Švejcer) und die Emma in *Bereg* (Aleksandr Alov; Vladimir Naumov).

In den 80er Jahren spezialisiert sie sich auf tragende weibliche Rollen in TV-Verfilmungen klassischer Literatur. Belochvostikova ist Volkskünstlerin der RSFSR.

[SU] 1967: Vernost' materi (Die Treue einer Mutter). 1969: U ozera Am See. 1971: Poj pesnju, poet! 1973: Nadežda (Nadeshda); Okean (Ozean). 1976: Krasnoe i černoe (Rot und Schwarz) [TV]; Legenda o Tile (Till Ulenspiegel). 1977: Pošechonskaja starina (Provinz Poschchonien). 1979: Stakan' vody [TV]. 1980: Tegeran-43/Téhéran-43 (Killer sind immer unterwegs) [SU/FR/CH]; Malen'kie tragedii (Kleine Tragödien) [TV]; Nezvanyj drug. 1982: Dve glavy iz semejnoj chroniki; Princessa cirka [TV]. 1982/83: Bereg/Das Ufer [SU/BRD]. 1985: Gorod nevest; Zakonnyj brak (Ehe vor dem Gesetz). 1986: Zmeelov. 1987: Vybor. 1990: Desjat' let bez prava perepiski; Zakon. 1991: Zver'; Gospodi uslyši molitvy. 1992: Istorija s metranpažem [RU]; Razyskivaetsja opasnyj prestupnik [RU].

Belushi, James

*15. 5. 1954 Chicago (Illinois)

Sohn eines albanischen Einwanderers. Erste Bühnenerfahrungen mit dem Ensemble «Second City» in Chicago. Jim Belushi gewinnt Popularität als Komiker in TV-Shows, u. a. zusammen mit Michael Keaton und Bruder John Belushi in *Saturday Night Live*. 1981 Filmdebüt. Mitwirkung in zahlreichen erfolgreichen Produktionen, meist turbulenten Komödien. Später Wechsel zu ernsten Rollen, 1986 überzeugend als gefühlloser

Journalist im Politthriller *Salvador* (Oliver Stone). Er spielt den Chicagoer Polizisten in *Red Heat* (Walter Hill), einen von der Mafia gefangenen amerikanischen Touristen in *Dimenticare Palermo* (Francesco Rosi). 1993 Hauptrolle in Oliver Stones TV-Mehrteiler *Wild Palms*. 1996 als fieser Weihnachtsmann in der Komödie *Jingle All the Way*, 1997 der Brother Z Blues in *Blues Brothers 2000*. Neben Film und Fernsehen auch Theater, u. a. in Stücken von Bert Brecht und David Mamet. Broadway-Erfolg im Musical «The Pirates of Penzance».

[US] 1978: Who's Watching the Kids? [TVS]; The Fury (Teufelskreis Alpha). 1979: Working Stiffs [TVS]. 1981: Thief/Violent Streets (Der Einzelgänger). 1983: Trading Places (Die Glücksritter). 1983–85: Saturday Night Live [TVS]. 1984: The Best Legs in the 8th Grade. 1985: Salvador (Salvador); The Man With One Red Shoe (Der Verrückte mit dem Geigenkasten). 1986: Jumpin' Jack Flash (Jumpin' Jack Flash); Little Shop of Horrors (Der kleine Horrorladen); Number One With a Bullet (No. One with a Bullet – Zwei Cops sind nicht zu bremsen/Der Berserker) [CoA]; The Birthday Boy [D,CoA – TV]; About Last Night ... (Nochmal so wie letzte Nacht). 1987: The Principal (Der Prinzipal – Einer gegen alle); Real Men (Wahre Männer). 1988: Red Heat (Red Heat). 1989: K-9 (Mein Partner mit der kalten Schnauze); Homer and Eddie (Homer und Eddie); Who's Harry Crumb? (Wer ist Harry Crumb?). 1989/90: Dimenticare Palermo/Oublier Palerme (Palermo vergessen) [IT/FR]. 1990: Mr. Destiny (Mr. Destiny); Masters of Menace (Ärger mit Eduard) [Auftritt]; Only the Lonely (Mama, ich und wir zwei); Filofax/Take Care of Business (Filofax oder Ich bin du und du bist nichts). 1991: The Returning Napoleon/The Troublemakers/The Criminals [US/IT]; Curly Sue (Curly Sue – Ein Lockenkopf sorgt für Wirbel); Diary of a Hit Man (Keiner kommt hier lebend raus – Tagebuch eines Killers); Abraxas, Guardian of the Universe (Abraxas) [als Jim Belushi]. 1992: Once Upon a Crime (Es war einmal ein Mord – Sieben Gauner und ein Dackel); Traces of Red (Spuren von Rot). 1993: Wild Palms [TVS]; Last Action Hero (Der letzte Action-Held). 1994: The Pebble and the Penguin (Hubi, der Pinguin) [S – ANI]; Parallel Lives; Separate Lives (Separate Lives – Tödliches Doppelleben); Royce (Royce). 1995: Destiny Turns on the Radio (Destiny – Ein schicksalhafter Coup); Sahara (Sahara – Wüste des Todes) [TV]. 1996: Race the Sun; Jingle All the Way (Versprochen ist versprochen). 1996/97: Gang Related. 1997: Blues Brothers 2000; Living in Peril; It's Good to Be King [TVS].

Belushi, John

* 24. 1. 1949 Wheaton (Illinois)
† 5. 3. 1982 Hollywood

Sohn eines albanischen Einwanderers. Kurzer Besuch der University of Wisconsin in Whitewater, dann College of DuPage. Mitbegründer der Komikergruppe West Compass Players. Mitarbeit im «Second City»-Ensemble, Chicago. Erfolg auf der Bühne mit «Lemmings». Ab 1975 im Ensemble von *Saturday Night Live* (1977 Emmy), zu seinen immer wieder erfolgreichen Sketch-Rollen, häufig gemeinsam mit Dan Aykroyd und Bruder James Belushi, gehören ein Samurai und eine Killerbiene. Filmdebüt 1978 mit einem Kurzauftritt als mexikanischer Hilfssheriff in Jack Nicholsons Western *Goin' South*. Im gleichen Jahr Erfolg als fetter, schmieriger Lümmel Bluto in John Landis' College-Burleske *National Lampoon's Animal House*. 1979 verkörpert er den Bruchpiloten Wild Bill Kelso in Steven Spielbergs Kriegsklamotte *1941*. 1980 spielt und singt er neben Aykroyd in der aus einem *Saturday-Night-Live*-Sketch entwickelten Musik-Komödie *The Blues Brothers* (Landis), auf die Schallplatten-Bestseller und Konzerttourneen folgen und die zum Kultfilm gerät. 1981 als unsportlicher Journalist in der romantischen Komödie *Continental Divide* (Michael Apted). Nach seinem Drogentod im Hotel Chateau Marmont wird er zu einer Kultfigur der 80er Jahre. Der Watergate-Reporter Bob Woodward veröffentlicht 1984 die Biografie «Wired», die 1989 von Larry Pierce verfilmt wird.

[US] 1975–79: Saturday Night Live [TVS]. 1978: Goin' South (Der Galgenstrick); National Lampoon's Animal House (Ich glaub' mich tritt ein Pferd); Old Boyfriends (Diane). 1979: 1941 (1941 – Wo, bitte, geht's nach Hollywood?). 1980: The Blues Brothers. 1981: Neighbors (... und so was verbraucht Sauerstoff/Die verrückten Nachbarn); Continental Divide (Zwei wie Katz' und Maus).

Benigni, Roberto

* 7. 10. 1952 Castiglion Fiorentino / Arezzo

Debütiert als 18jähriger an der Bühne in Prato. 1972 kommt er nach Rom, spielt an einer Reihe von Avantgarde-Theatern. Er lernt Giuseppe Bertolucci kennen, mit dem er künftig zusammenarbeitet und der einen wichtigen Einfluß auf Benignis künstlerische Entwicklung nimmt. Ab 1976 Fernseharbeit: zuerst Auftritt in der provokativen Sendung *Onda libera*, dann unter Bertoluccis Regie im TV-Film *Vita da Cioni*. 1977 dreht Benigni – ebenfalls unter Bertoluccis Regie – auch seinen ersten Kinofilm *Berlinguer ti voglio bene*. Es folgen Rollen in Filmen von Costa-Gavras (*Clair de femme*), Luigi Zampas (*Letti selvaggi*) und Paolo Pietrangelis (*I giorni contati*). 1979 verpflichtet ihn Marco Ferreri für die Hauptrolle des Lehrers in seinem Film *Chiedo asilo*, in dem Benigni sein schauspielerisches Talent überzeugend beweisen kann. International bekannt wird er durch sein Mitwirken an den Filmen von Jim Jarmush *Down by Law* und *Night on Earth*. Ab 1983 führt Benigni auch Regie und entfaltet seine hypernervöszappelige Figur in Kriminalhandlungen, so 1991 in der Mafia-Komödie *Johnny Stecchino* und mit überwältigendem Erfolg unschuldig als Serienmörder verdächtigter Trottel in der schwarzen Komödie *Il mostro*. Er wird so zum beliebtesten Star des italienischen Gegenwartskinos.

[IT] 1976: Onda libera [TV]. 1976/77: Vita da Cioni [TV]. 1977: Berlinguer ti voglio bene. 1978/79: Letti selvaggi/Camas calientes. 4. Ep: Una mamma (Wilde Betten – Lippenstift Tigerinnen) [EP – IT/ES]; Clair de femme/Chiaro di donna/Die Liebe einer Frau [FR/IT/BRD]. 1979: La luna (La Luna) [IT/US]; I giorni cantati; Chiedo asilo/Pipicacadodo (Mein Asyl) [D,CoA – IT/FR]. 1980: Il pap'occhio (Tele Vaticano – Das Auge des Papstes); Il resto del Pap 'occhio. 1981: Il minestrone. 1983: Tu mi turbi [D,R,CoA]; F.F.S.S. che mi hai portato a fare sopra Posillipo se non mi vuoi più bene? 1984: Non ci resta che piangere [D,CoR,CoA]. 1986: Tuttobenigni; Down By Law (Down By Law) [US]. 1987: Coffee and Cigarettes [KF – US]. 1988: La maschera; Il piccolo diavolo (Ein himmlischer Teufel) [D,R, CoA]. 1990: La voce della luna (Die Stimme des Mondes). 1990/91: Night on Earth (Night on Earth) [EP – US]. 1991: Johnny Stecchino (Zahnstocher-Johnny) [D,CoA]. 1993: Blake Edwards' Son of the Pink Panther (Der Sohn des rosaroten Panthers) [US]. 1994: Il mostro (Das Monster) [D,R,CoA].

Bennent, Heinz

(Heinrich August Bennent)
*18. 7. 1921 Atsch (bei Aachen)
Er wird nach abgebrochenem Gymnasium und Schlosserlehre 1940 zum Bodenpersonal der Luftwaffe eingezogen. Nach Kriegsende Schauspielunterricht in Göttingen. 1947–63 an Theatern in Karlsruhe, Bochum, Basel, Bonn, Hannover und Hamburg. Ab 1954 auch intensiv Fernseharbeit 1960/61 als Teufel in *Der Teufel ist los* (Peter Hamel) nach Grabbes «Scherz, Satire, Ironie und tiefere Bedeutung», als K. in *Das Schloß* (Sylvain Dhomme) nach Kafka, als Fritz Tritz in *Der Nebbich* (Peter Zadek). Wiederholt Zusammenarbeit mit Hans W. Geissendörfer: Profikiller in *Eine Rose für Jane*, entlassener Sträfling in *Perahim – die zweite Chance*. Anfang der 70er Jahre Übersiedlung in die Schweiz. 1975/76 Titelrolle in der ZDF-Serie *Der Anwalt* (Heinz Schirk). Nach einer ersten Hauptrolle in Christian Rischerts Film *Kopfstand, Madame* (1966) spielt er erst zehn Jahre später als Arzt Hans Vergerus in *Das Schlangenei* (Ingmar Bergman) seine nächste große Kinorolle. Im Einpersonen-Stück *He, Joe* – vom Autor Samuel Beckett selbst inszeniert – und als jüdischer Theaterdirektor in Truffauts *Le Dernier Metro* verkörpert er Menschen in der Auseinandersetzung mit sich selbst. Oft auch in Rollen scheiternder oder gescheiterter Charaktere: z. B. Staatsanwalt Dr. Andergast in *Der Fall Maurizius* (Theodor Kotulla) Professor Kremer in *Der Tod des Mario Ricci* (Claude Goretta). In Geissendörfers *Die Eltern* ist er gemeinsam mit seiner Frau Diane Mansart sowie ihren Kindern Anne und David vor der Kamera. Nebenrollen in den Filmen, die seine Kinder bekannt machen: neben Anne als Hedwig in *Die Wildente* (Geissendörfer) neben Davids Oskar Matzerath in *Die Blechtrommel* (Volker Schlöndorff). Seit Anfang der 80er überwiegend in französischsprachigen Produktionen. In den 60ern und 70ern zahlreiche Bühnengastspiele, ab 1976 an den Münchner Kammerspielen, am Schloßpark-Theater Berlin und Residenztheater in München. In französischer Sprache (erstmals auf der Bühne) spielt er zusammen mit Sohn David im Februar 1995 den «Hamm» in Becketts «Fin de partie» (Endspiel) im Lausanner Théâtre de Vidy. Anschließend Theatertournee mit über 100 Vorstellungen.

[BRD] 1954/55: 24 alte Meister [TV]. 1956: Die Tochter des Brunnenmachers [TV]; Pariser Geschichten [TV]; Die Fahrt ins Blaue [TV]. 1958: Bäume sterben aufrecht [TV]. 1959: Schneider Wibbel [TV]; Arzt aus Leidenschaft. 1960/61: Der Teufel ist los [TV]. 1961: Das Rendezvous von Senlis [TV]. 1962: Heroische Komödie [TV]; Das Schloß [TV]. 1962/63: Der Maulkorb [TV]. 1963: Detective Story (Polizeirevier 21) [TV]. 1964: Die erste Legion [TV]. 1965: Der große Wildenberg [TV-KF]; Das Apostelspiel [TV]; Der Nebbich [TV]; Acht Stunden Zeit [TV]; Der Tod des Judas [TV-KF]. 1965/66: Haus aus lauter Liebe [TV-KF]. 1966: Kopfstand, Madame; Der Kirschgarten [TV]; Freiheit im Dezember [TV]. 1966/67: Die Frau des Fotografen [TV]. 1967: Sechsmal Napoleon (2. Teil einer Sherlock Holmes Serie) [TV]; Love from a Stranger [TV]; Das Kriminalmuseum: Die Spur führt nach Amsterdam/Komplizen [TV]; Heiraten ist immer ein Risiko [TV]. 1968: Ganze Tage in den Bäumen [TV]; Nachtcafé [TV]; Ein ehrenwerter Herr [TV]. 1968/69: Im Kreis [TV]. 1969: Nur der Freiheit gehört unser Leben [TV]; Exklusiv! [TV]; Alle hatten sich abgewandt [TV]. 1970: Der Portland-Ring [TV]; Solche Stunden vertragen Glas

[TV]; Eine Rose für Jane [TV]; Mord im Pfarrhaus [TV]; Ich kenne die Geschichte [TV-KF]; Der Pott [TV]. 1971: Die Witwen [TV]; Szenen aus dem Eheleben [TV]; Rendez-vous en forêt/Rendezvous im Wald [FR/BRD]; Auguri [TV]; Nasrin oder die Kunst zu träumen [TV]; Tatort: AE 612 ohne Landeerlaubnis [TV]. 1971/72: Mandala [TV]. 1972: Marie [TV]; Der Kommissar: Tod eines Schulmädchens [TV]; Entziehung – Ein Tagebuch [TV]; Der Teufelsschüler [TV]; Sonderdezernat K 1: Vier Schüsse auf den Mörder [TV]. 1973: Der Kommissar: Der Geigenspieler [TV]; Schneesturm [TV]; Die Eltern [TV]; Alle lieben Célimare [TV]. 1973/74: Perahim – die zweite Chance [TV]. 1974: Ich suche Herrn Obolsky [TV]; Eiszeit/Istid [BRD/NO]; Section spéciale/L'affare della Sezione Speciale/Sondertribunal [FR/IT/BRD]; Sirenengesang/Une femme fatale [TV – BRD/FR]. 1974/75: Tatort: Wodka-Bitter-Lemon [TV]. 1975: Lobster: Der Einarmige [TV]; Tatort: Zwei Leben [TV]; Die Verwandlung [TV]; Die verlorene Ehre der Katharina Blum; Derrick: Paddenberg [TV]; Das Netz. 1975/76: Der Anwalt [TVS]. 1976: Ich will leben [TV – AT]; Néa/Néa – Ein Mädchen entdeckt die Liebe [FR/BRD]; Die Wildente [BRD/AT]; Opfer der Leidenschaft/Une femme fatale [BRD/FR]. 1976/77: Das Schlangenei/The Serpent's Egg [BRD/US]. 1977/78: Deutschland im Herbst [EP]; Kleine Geschichten mit großen Tieren [TV-EP]; Die Ängste des Dr. Schenk [TV-EP – BRD/AT]. 1978: Brass Target (Verstecktes Ziel) [US]; Der Mann im Schilf; Derrick: Lissas Vater [TV]. 1978/79: Clair de femme/Chiaro di donna/Die Liebe einer Frau [FR/IT/BRD]; Die Blechtrommel/Le tambour [BRD/FR]. 1979: He, Joe [TV-KF]; Schwestern oder Die Balance des Glücks. 1979/80: Aus dem Leben der Marionetten; Lulu [BRD/IT/FR]. 1980: Le dernier métro (Die letzte Metro) [FR]; Possession [FR/BRD]. 1981: L'Amour des femmes [CH/FR]; Guerre en pays neutre [TV – FR/CH]; Espion, lève-toi (Der Maulwurf) [FR]; Der Fall Maurizius [TV]. 1982: La mort de Mario Ricci/Der Tod des Mario Ricci [CH/FR/BRD]; Via degli specchi (Die Straße der Spiegel) [IT]; Le lit (Die Kraft der Liebe) [BE/CH]; Derrick: Geheimnisse einer Nacht [TV]. 1982/83: Krieg und Frieden [EP]. 1983: Capucine [TV – CH]; Der Snob [TV]; Sarah [FR]. 1984: Le rapt/Die Entführung [TV – CH/FR]. 1985: Derrick: Die Tänzerin [TV]. 1985/86: Le tiroir secret (Die Geheimschublade) [TVS – FR]; Gambit [TV]. 1987: Im Jahr der Schildkröte; Stegers letzte Chance [TV – FR/BRD]. 1988: Der einsame Weg [TV]; Le due croci/Im Schatten des Kreuzes [TV – IT/BRD/AT]. 1990: Café Europa. 1990/91: Plaisir d'amour [FR]. 1991: Jour blanc [TV – CH]. 1993: Das Sahara-Projekt [TV]; Elles ne pensent qu'à ça (Frauen denken nur an eines) [FR]. 1994/95: Une femme française/Eine französische Frau [FR/GB/DE]. 1995: Tar ur Steini/Tears of Stone [IS/GB/DE/SE].

Bennett, Joan

(Joan Geraldine Bennett)
* 27. 2. 1910 Palisades (New Jersey)
† 7. 12. 1990 White Plains (New York)

Tochter des Schauspielerehepaars Richard Bennett und Adrienne Morrison, Schwester der Schauspielerinnen Barbara und Constance Bennett. Schulbesuch in Waterbury, Connecticut, später in Le Lierre, Paris. Mit vier Jahren Bühnendebüt in Chicago unter der Regie ihres Vaters, der sie auch weiterhin fördert. 1928 Broadway-Debüt. 1929 Filmvertrag bei United Artists, im nächsten Jahr Wechsel zu Fox. 1933 erregt sie durch ihre Rolle der Amy in *Little Women* (George Cukor) die Aufmerksamkeit ihres späteren Mannes, des Produzenten Walter Wanger, mit dem sie häufig zusammenarbeitet. Unter der Regie von Fritz Lang wird sie zur anerkannten Charakterschauspielerin: als einsame Prostituierte in *Man Hunt*, als kühl berechnende Femme fatale in *The Woman in the Window* und Verführerin Kitty in *Scarlet Street*. 1945 mit Lang Gründung der Diana Productions. Nach dem Krieg nur noch wenige befriedigende Aufgaben, so das kaltherzige Luder in Jean Renoirs *Woman On The Beach* oder die Mutter Lucia Harper in Max Ophüls' *The Reckless Moment*. Später auch Bühnen- und Fernseharbeit. 1970 Buch: «The Bennett Playbill».

[US] 1928: Power. 1929: Disraeli; Three Live Ghosts; Bulldog Drummond; The Divine Lady; The Mississippi Gambler. 1930: Crazy That Way; Puttin' on the Ritz; Scotland Yard; Maybe It's Love; Moby Dick. 1931: Doctors' Wives; Many a Slip; Hush Money. 1932: Me and My Gal; She Wanted a Millionaire; The Trial of Vivienne Ware; Careless Lady; Wild Girl; Week Ends Only. 1933: Little Women; Arizona to Broadway. 1934: The Pursuit of Happiness; The Man Who Reclaimed His Head. 1935: Mississippi; Private Worlds (Oberarzt Dr. Monet); She Couldn't Take It; The Man Who Broke the Bank at Monte Carlo; Two for Tonight. 1936: 13 Hours by Air; Big Brown Eyes; Wedding Present; Two in a Crowd. 1937: Vogues of 1938. 1938: Artists and Models Abroad; I Met My Love Again; The Texans (Über die Grenze entkommen). 1939: Trade Winds; Green Hell (Die grüne Hölle); The Man in the Iron Mask (Der Mann mit der eisernen Maske); The Housekeeper's Daughter (Nenn mich Hilda). 1940: The House Across the Bay; The Son of Monte Christo (Die Stunde der Vergeltung); The Man I Married. 1941: Confirm or Deny; Man Hunt (Menschenjagd); She Knew All the Answers; Wild Geese Calling. 1942: The Wife Takes a Flyer; Twin Beds; Girl Trouble. 1943: Margin for Error. 1944: The Woman in the Window (Gefährliche Begegnung). 1945: Colonel Effingham's Raid; Nob Hill; Scarlet Street (Straße der Versuchung). 1947: Woman on the Beach (Die Frau am Strand); Secret Beyond the Door ... (Geheimnis hinter der Tür); The Macomber Affair (Affäre Macomber).

1948: The Scar/Hollow Triumph (Der Mann mit der Narbe). 1949: The Reckless Moment (Schweigegeld für Liebesbriefe). 1950: Father of the Bride (Vater der Braut); For Heaven's Sake. 1951: The Guy Who Came Back; Father's Little Dividend (Ein Geschenk des Himmels). 1954: We're No Angels (Wir sind keine Engel); Highway Dragnet (Die Autofalle von Las Vegas). 1956: Navy Wife; There's Always Tomorrow (Es gibt immer ein Morgen). 1959: Too Young to Go Steady [TVS]. 1960: Desire in the Dust (Begierde im Staub). 1966–70: Dark Shadows [TVS]. 1970: House of Dark Shadows (Schloß der Vampire). 1972: The Eyes of Charles Sand [TV]; Gidget Gets Married [TV]. 1977: Suspiria (Suspiria) [IT]. 1981: This House Possessed (Das Haus der 1000 Augen) [TV].

Berber, Anita

*10. 6. 1899 Dresden
†10. 11. 1928 Berlin-Kreuzberg
1915 Unterricht bei Maria Moissi (Schauspiel) und Rita Sacchetto (Tanz). 1916 Debüt als Tänzerin in Berlin. 1917 erste Engagements an Berliner Revue-Theatern; Gastspiele in Wien und Budapest. Berber tritt als Nackttänzerin auf, wird skandalträchtiger Star des Berliner Nachtlebens. Sie wird von Charlotte Behrend-Corinth und Otto Dix porträtiert, Porzellan-Figurinen entstehen nach ihren Tänzen. 1918 Filmdebüt als Tänzerin Grisi in dem Schubert-Film *Das Dreimäderlhaus* (Richard Oswald). Für Oswald wiederholt in Hauptrollen, vor allem in Sittenfilmen: *Dida Ibsens Geschichte, Anders als die Andern, Prostitution* – sie bildet mit Conrad Veidt und Reinhold Schünzel eine Art Trio infernale des frühen Weimarer Kinos. Daneben in Abenteuer- und Unterhaltungsfilmen. Letzter Film mit Oswald ist das Historienbild *Lucrezia Borgia*. In Fritz Langs *Mabuse*-Film u. a. Auftritt als Revue-Tänzerin. Zusammen mit ihrem zweiten Mann, dem Tänzer Sebastian Droste, Choreografien und begleitende Buchveröffentlichung ihrer «Tänze des Lasters, des Grauens und der Ekstase»; einige der Tänze werden auf Film festgehalten. Dritte Ehe und Zusammenarbeit mit dem amerikanischen Tänzer Henri (Châtin-Hoffmann). Tuberkulose beendet ihr bewegtes Leben.

[DE] 1918: Das Dreimäderlhaus; Dida Ibsens Geschichte; Peer Gynt. 1. Peer Gynts Jugend – 2. Peer Gynts Wanderjahre und Tod; Die Reise um die Erde in 80 Tagen. 1918/19: Anders als die Andern. 1919: Das gelbe Haus/Die Prostitution/Im Sumpfe der Großstadt; Unheimliche Geschichten. 1919/20: Nachtgestalten (Eleagabal Kuperus): 1920: Falschspieler (Die Tragödie eines Entgleisten?); Der Schädel der Pharaonentochter; Der Graf von Cagliostro [AT/DE]. 1921: Lucifer [AT]; Die Nacht der Mary Murton [AT]; Verfehltes Leben [AT]; Die goldene Pest. 1921/22: Dr. Mabuse, der Spieler. 1. Der große Spieler – Ein Bild unserer Zeit. 1922: Die vom Zirkus; Schminke (Sigrids Werdegang); Lucrezia Borgia; Die drei Marien und der Herr von Marana [AT/D]. 1922/23: Wien, du Stadt der Lieder [AT]. 1923: Moderne Tänze/Tänze des Grauens, des Lasters und der Ekstase [KF – AT]; Irrlichter der Tiefe [AT]. 1925: Ein Walzer von Strauß [AT].

Berenger, Tom

*31. 5. 1950 Chicago (Illinois)
Abgebrochenes Journalistikstudium an der University of Missouri. Erste Theatererfahrung in der College-Produktion «Who's Afraid Of Virginia Woolf?». Schauspielstudium in New York bei Uta Hagen und Herbert Berghof. In Aufführungen des Circle Repertory wie «End As a Man» und «Electra». 1977 auch in Long Wharf Produktion von Tennessee Williams' «Rose Tattoo» und «A Streetcar Named Desire». Ende der 70er Jahre kleine Rollen in Film- und TV-Produktionen. Erste bedeutende Filmrolle 1977 als Psychopath in *Looking for Mr Goodbar* (Richard Brooks). 1986 spielt er den Sergeant Barnes in Oliver Stones Vietnam-Film *Platoon* (Oscar-Nominierung). 1989 als Offizier in Stones *Born on the Fourth of July*. Seit Anfang der 90er Jahre überwiegend in zweitklassigen Filmen.

[US] 1968–78: One Life to Live [TVS]. 1976: The Sentinel (Hexensabbat). 1977: Johnny, We Hardly Knew Ye [TV]; Looking for Mr. Goodbar (Auf der Suche nach Mr. Goodbar). 1978: In Praise of Older Women (Lust auf Liebe) [CA]. 1979: Butch and Sundance: The Early Days (Butch & Sundance: Die frühen Jahre). 1980: The Dogs of War (Die Hunde des Krieges) [GB]; Flesh and Blood [TV]. 1982: Oltre la porta (Pforte zum Fleisch) [IT]. 1983: Eddie and the Cruisers (Eddie and the Cruisers); The Big Chill (Der große Frust). 1984: Fear City (Fear City – Manhattan 2 Uhr nachts). 1985: Rustlers' Rhapsody/Esos locos cuarteros (Rhapsodie in Blei). 1986: La sposa americana [IT]; If Tomorrow Comes [TV]; Platoon (Platoon). 1987: Someone to Watch over Me (Der Mann im Hintergrund). 1988: Shoot to Kill (Mörderischer Vorsprung); Last Rites (Last Rites); Betrayed (Verraten). 1989: Major League (Die Indianer von Cleveland); Born on the 4th of July (Geboren am 4. Juli). 1990: The Field (Das Feld) [EI]; Love at Large (Die Liebe eines Detektivs). 1991: Shattered (Tod im Spiegel); At Play in the Fields of the Lord (Ein Pfeil in den Himmel); Dream On: The Second Greatest Story Ever Told (Dream On) [TVS]. 1992: Sniper (Sniper – Der Scharfschütze). 1993: Gettysburg (Gettysburg); Sliver (Sliver); Cheers (Cheers) [TVS]. 1993/94: Major League II (Die Indianer von Cleveland 2). 1994: Chasers (Chasers – Zu sexy für den Knast); The Avenging Angel [TV]. 1995: Body Language (Body Language); Last of the Dogmen (Dogman). 1996: An Occasional Hell (Dangerous Hell) [D,CoP]; The Substitute (Mörderischer Tausch). 1997: The Gingerbread Man.

Bergen, Candice

*9. 5. 1946 Beverly Hills (California)

Tochter des Schauspielers und Bauchredners Edgar Bergen. Schulbesuch in der Schweiz. Studium der Geschichte an der University of Pennsylvania. Fotomodell, zeitweise Top-Model. 1966 erste Filmrolle als Lesbierin Lakey in *The Group* (Sidney Lumet). Danach viel beschäftigt, u. a. 1970 als Cresta Marybelle Lee, die Verlobte eines Armeeoffiziers, in Western *Soldier Blue* (Ralph Nelson). 1975 neben Sean Connery in *The Wind and the Lion* (John Milius), 1982 als Fotografin Margaret Bourke-White in *Gandhi* (Richard Attenborough). Von 1980 bis zu seinem Tod im Jahr 1995 mit dem Regisseur Louis Malle verheiratet. 1984 Veröffentlichung der Memoiren «Knock Wood». Seit 1988 Titelrolle in der erfolgreichen Sitcom *Murphy Brown*, für die sie 1995 den Emmy erhält. Auch Autorin und Fotografin für Zeitschriften.

[US] 1966: The Sand Pebbles (Kanonenboot am Yangtse-Kiang); The Group (Die Clique). 1967: The Day the Fish Came Out (Der Tag, an dem die Fische kamen) [GB/GR]; Vivre pour vivre/Vivere per vivere (Lebe das Leben) [FR/IT]. 1968: The Magus (Teuflische Spiele) [GB]. 1970: Getting Straight (Getting Straight); Soldier Blue (Das Wiegenlied vom Totschlag); The Executioner (Der Vollstrecker) [GB]; The Adventurers (Playboys und Abenteurer/Die letzten Abenteurer). 1971: The Hunting Party (Leise weht der Wind des Todes) [GB]; Carnal Knowledge (Die Kunst zu lieben); T. R. Baskin (Tanja Baskin – Anruf genügt). 1974: 11 Harrowhouse (Brillanten und Kakerlaken) [GB]. 1975: Bite the Bullet (700 Meilen westwärts); The Wind and the Lion (Der Wind und der Löwe). 1976: Cassandra Crossing (Cassandra Crossing) [BRD/IT]. 1977: The Domino Principle (Das Domino-Prinzip); La fine del mondo nel nostro solito letto in una notte piena di pioggia (In einer Regennacht) [IT]. 1979: Oliver's Story (Olivers Story); Starting Over (Auf ein Neues). 1981: Rich and Famous (Reich und berühmt). 1982: Gandhi (Gandhi) [GB]; Merlin & the Sword/Arthur the King (Merlin und das Schwert) [TV]. 1985: Hollywood Wives (Hollywood – intim und indiskret) [TV]; Stick (Sie nannten ihn Stick); Murder: By Reason of Insanity (Ich muß sie töten) [TV]. 1987: Mayflower Madame (Mayflower Madam). 1988: Murphy Brown [TVS]. 1992: Seinfeld: The Keys [TVS].

Berger, Helmut

(Helmut Steinberger)

*29. 5. 1944 Bad Ischl

Kindheit und Jugend in Salzburg, Franziskaner-Colleg in Feldkirch. Nach dem Abitur verschiedene Jobs; in Paris und England Darsteller in Werbespots, Fotomodell. 1965 Studium in Perugia. Filmstatist in Cinecittà. 1966 beginnt mit einer kleinen Rolle im Episodenfilm *Le streghe* die Zusammenarbeit mit dem Regisseur Luchino Visconti: 1968 erste Hauptrolle in *La caduta degli dei*, erster Film der «deutschen Trilogie», 1970 mit *Ludwig* abgeschlossen: Berger in der Titelrolle neben Romy Schneider als Ludwigs Schwägerin Sisi. In Viscontis *Gruppo di famiglia in un interno* als Student Konrad neben Silvana Mangano. In seinem «dressman»haften Erscheinungsbild mischen sich unscharf definierte Erotik und angedeutete Destruktivität. In Zusammenarbeit mit anderen Regisseuren gerät sein Gestus leicht zur Attitüde: Er ist der schwindsüchtige Alberto in *Il giardino dei finzi contini* (Vittorio de Sica), Oscar Wildes ewigjunger Dandy in *Das Bildnis des Dorian Gray* (Massimo Dallamano), der junge Herr in Schnitzlers *Reigen* (Otto Schenk), SS-Scherge in *Salon Kitty* (Tinto Brass). Ab Ende der 70er Jahre in Fernsehproduktionen: als Fantomas in TV-Filmen von Claude Chabrol, Gastauftritte in den amerikanischen TV-Serien *Simon Templar* und *Dynasty*. Im Kino wieder in der Rolle des Bayernkönigs in Donatello und Fosco Dubinis *Ludwig 1881*.

[IT] 1966: Le streghe/Les sorciéres. 1. Ep: La strega bruciata viva (Hexen von heute. Ep: Hexen verbrennt man lebendig) [EP – IT/FR]. 1967/68: I giovani tigri. 1968/69: Metti, una sera a cena; La caduta degli dei/Die Verdammten [IT/BRD]. 1969: Sai cosa faceva Stalin alle donne? 1969/70: Il dio chiamato Dorian/Das Bildnis des Dorian Gray [IT/BRD]. 1970: Un beau monstre/Il bel mostro (Der letzte Tanz des blonden Monsters) [FR/IT]; Il giardino dei Finzi Contini/Der Garten der Finzi Contini [IT/BRD]. 1970/71: Un'anguilla da 300 milioni (Ein Fischzug für 300 Millionen). 1971: Una farfalla con le ali insanguinate (Das Messer). 1972: Ludwig/Ludwig ... ou le crépuscule des dieux/Ludwig II. [IT/FR/BRD]; Les voraces/Cosi' bello, cosi' corrotto, cosi' conteso! (Die Gefräßigen) [FR/IT]; La colonna infame. 1973: Ash Wednesday (Die Rivalin) [US]; Der Reigen [BRD]. 1974: Gruppo di famiglia in un interno/Conversation pièce (Gewalt und Leidenschaft) [IT/FR]; Orden de matar/La testa del serpente (Mörder-Roulette) [ES/IT]. 1974/75: The Romantic Englishwoman/Une anglaise romantique (Die romantische Engländerin) [GB/FR]. 1975/76: Salon Kitty [IT/BRD/FR]. 1976: Victory at Entebbe (Unternehmen Entebbe) [TV – US]; Battle Force 9 [USA]. 1977: La montagna del dio cannibale (Die weiße Göttin der Kannibalen); La belva col mitra; Il grande attacco (Die große Offensive); Das fünfte Gebot

[BRD]; 1979: Fantômas/Fantomas: 1. L'échafaud magique/Verhängnisvolles Rendezvous – 2. Tödliche Umarmung – 3. Ein Toter mordet nicht – 4. Le tramway fantôme/Der rote Diamant [TV – FR/BRD]; Le rose di Danzica (Die Rosen von Danzig). 1980: Mia moglie è una strega (Meine Frau ist eine Hexe). 1980–82: Deadly Game [BRD]. 1982: Eroina; ¡Victoria! La gran aventura de un poble [ES]; Femmes [FR/ES]. 1983: ¡Victoria! 2: La disbauxa del 17 [ES]; Veliki transport [YU]. 1983/84: Dynasty (Der Denver-Clan) [TVS – US]. 1984: ¡Victoria! 3: La razón y el arrebato [ES]. 1985: Emerald (Codename: Emerald) [US]. 1988: I promessi sposi/Die Verlobten 1. Renzo und Luzia – 2. Don Rodrigo – 3. Der Brotaufstrich – 4. Die Nonne von Monza – 5. Der Namenlose – 6. Der Kardinal – 7. Die Landsknechte und die Pest – 8. Die Vorsehung [TV – EURO]. 1990: The Godfather III (Der Pate III) [US]; Adelaide. 1993: Ludwig 1881 [BRD].

Berger, Senta

*13. 5. 1941 Wien

Mit 6 Jahren Tanzausbildung. Abbruch des Gymnasiums und Schauspielunterricht am Reinhardt-Seminar; Entlassung nach zwei Semestern wegen einiger Filmauftritte, darunter in Anatole Litvaks *The Journey*. Eleven-Vertrag am Theater in der Josefstadt, Bühnendebüt 1958. 1960 Fünfjahresvertrag mit dem Produzenten Artur Brauner; Rollen vorwiegend in Lustspiel- und Schlagerfilmen. 1962 in der Disney-Produktion *The Waltz King* (Steve Previn), danach bis 1968 meist in den USA; Filmrollen neben Charlton Heston, Kirk Douglas, John Wayne und Dean Martin sowie in TV-Serien wie *Bob Hope-Show, The Man from U.N.C.L.E.* und *Danny Kaye Show*. 1965 zusammen mit ihrem Mann, dem Regisseur Michael Verhoeven, Gründung der Produktionsfirma Sentana Film GmbH. In den 70er Jahren wiederholt in italienischen und französischen Sex-Komödien und Agenten-Thrillern. Als Darstellerin in den Filmen Verhoevens und als Produzentin politisch engagierter Filme wird sie in Deutschland zunehmend anerkannt: 1983 Bundesfilmpreis für die Produktion von *Die weiße Rose* (Verhoeven). Titelrolle in Volker Schlöndorffs *Die Moral der Ruth Halbfass*, Hester Prynne in Wim Wenders' Hawthorne-Verfilmung *Der scharlachrote Buchstabe*. Höhepunkte ihrer vielseitigen Fernseharbeit sind die Hauptrollen in den TV-Serien *Kir Royal* (Helmut Dietl), für die sie 1987 den «Chaplin-Schuh» erhält, die Titelrolle einer Münchner Taxifahrerin in *Die schnelle Gerdi* (Verhoeven) und der weibliche Part in Frank Beyers Zweiteiler *Sie und Er*. Als Teresa, die an ihrem 50. Geburtstagsabend aus ihrer gutbürgerlichen Ehe ausbricht und einen Ausflug in die Unterwelt unternimmt, ist sie 1995 in *Die Nacht der Nächte* (Schwarzenberger) zu sehen.
In den 70er Jahren auch Literaturlesungen und verstärkt Theaterarbeit, u. a. 1974–82 bei den Salzburger Festspielen die Buhlschaft in «Jedermann».

[BRD] 1957: Die Lindenwirtin vom Donaustrand [AT]; Die unentschuldigte Stunde [AT]. 1958: Der veruntreute Himmel; The Journey (Die Reise) [US]. 1959: Katia (Katja, die ungekrönte Kaiserin) [FR]. 1959/60: Ich heirate Herrn Direktor [AT]. 1960: O sole mio; Der brave Soldat Schwejk. 1960/61: The Secret Ways (Geheime Wege) [US]; Das Wunder des Malachias. 1961: Junge Leute brauchen Liebe [AT]; Diesmal muß es Kaviar sein/Top Secret – c'est pas toujours du caviar [BRD/FR]; Es muß nicht immer Kaviar sein/Pourquoi toujours du caviar [BRD/FR]; Adieu, Lebewohl, Goodbye; Ramona; Eine hübscher als die andere; Immer Ärger mit dem Bett. 1961/62: Das Geheimnis der schwarzen Koffer. 1962: Frauenarzt Dr. Sibelius; Sherlock Holmes und das Halsband des Todes/Sherlock Holmes et le collier de la mort/Sherlock Holmes – La valle del terrore [BRD/FR/IT]; Das Testament des Dr. Mabuse; World of Disney: The Waltz King (Liebe im 3/4 Takt) [TV – US]. 1962/63: The Victors (Die Sieger) [US/GB]. 1963: Volles Herz und leere Taschen/La donna creo l'uomo [BRD/IT]; Jack und Jenny; Il mistero del tempio indiano/Le mystère du temple hindou/Kali Yug – Aufruhr in Indien [IT/FR/BRD]; Kali Yug, la dea della vendetta/Kali-Yug, déesse de la vengeance/Kali Yug – Die Göttin der Rache [IT/FR/BRD]. 1964: The Man from U.N.C.L.E.: The Spy With My Face (Spion mit meinem Gesicht) [TV – US]; Bob Hope Presents the Chrysler Theatre: White Snow, Red Ice [TV – US]; See How They Run [TV – US]. 1964/65: Major Dundee (Sierra Charriba) [US]. 1965: The Glory Guys (Die glorreichen Reiter) [US]; Schüsse im 3/4-Takt/Operazione «Terzo uomo» [AT/IT]. 1965/66: Our Man in Marrakesh (Marrakesch) [GB]; Lange Beine – lange Finger. 1966: The Quiller Memorandum (Das Quiller Memorandum: Gefahr aus dem Dunkel) [US/GB]; Unser Boß ist eine Dame/Operazione San Gennaro/Opération San Gennaro [BRD/IT/FR]; Cast a Giant Shadow (Der Schatten des Giganten/Commander Stones – Ihr bester Mann) [US]; The Poppy Is Also a Flower/Danger Grows Wild (Mohn ist auch eine Blume) [UN]. 1966/67: Peau d'espion/Der grausame Job/Congiura di spie [FR/BRD/IT]. 1967: Diaboliquement vôtre/Diabolicamente tua/Mit teuflischen Grüßen [FR/IT/BRD]; It Takes a Thief: A Thief Is a Thief/The Magnificent Thief (Ihr Auftrag, Al Mundy: Eine Chance für den Playboy) [TV – US]; The Ambushers (Wenn Killer auf der Lauer liegen) [US]; Paarungen. 1968: Name Of the Game: Collectors Edition [TV – US]; Istanbul Express (Istanbul Express) [TV – US]; Les étrangers/Quelli che sanno uccidere/Geier können warten [FR/IT/BRD]; Babeck [TV]. 1968–70: Orson's Bag/Around the World with Orson Welles [TVS;

nicht gesendet – US]. 1968/69: De Sade/Das ausschweifende Leben des Marquis de Sade [US/BRD/GB]; If It's Tuesday, This Must Be Belgium (So reisen und so lieben wir) [US]. 1969: Die Senta Berger Show [TV]; Cuori solitari (Quadratur der Liebe) [IT]; Wien nach Noten [TV]; It Takes a Thief: Flowers from Alexander (Ihr Auftrag, Al Mundy: Blumen für Claire) [TV – US]; Infanzia, vocazione e prime esperienze di Giacomo Casanova veneziano (Kindheit, Berufung und erste Erlebnisse des Giacomo Casanova) [IT]. 1970: Quando le donne avevano la coda (Als die Frauen noch Schwänze hatten) [IT]. 1970/71: Wer im Glashaus liebt ... [D, P]; Un'anguilla da 300 milioni (Ein Fischzug für 300 Millionen) [IT]. 1971: Le saut de l'ange/Da parte degli amici. Firmato mafia (Kommando Cobra) [FR/IT]; Roma bene/Scandale à Rome/Roma Bene – Liebe und Sex in Rom [IT/FR/BRD]; L'Amante dell'Orsa Maggiore/Der Geliebte der großen Bärin [IT/FR/BRD]; Die Moral der Ruth Halbfass [D,CoP]. 1971/72: Quando le donne persero la coda/Toll trieben es die alten Germanen [IT/BRD]; Causa di divorzio [IT/BRD]. 1972/73: Der scharlachrote Buchstabe/La letra scarlata [BRD/ES]; Bisturi la mafia bianca (Die weiße Mafia) [IT]. 1973: Reigen; Frühlingsfluten [TV]; Amore e ginnastica [IT]; Ein unheimlich starker Abgang [CoP – TV]. 1973/74: Di mamma non ce n'è una sola [IT]. 1974: La bellissima estate [IT]; L'Uomo senza memoria (Der Mann ohne Gedächtnis) [IT]. 1974/75: Der Stargast: Senta Berger [TV]; Die Verschwörung des Fiesco zu Genua [TV]. 1975: MitGift [D,CoP]; The Swiss Conspiracy/Per Saldo Mord [US/BRD]. 1975/76: Das chinesische Wunder; La padrona è servita (Die Herrenreiterin) [IT]. 1976: Signore e signori, buonanotte [EP – IT]; Perry Como's Christmas in Austria [TV – US]; Cross of Iron/Steiner – Das eiserne Kreuz [GB/BRD]; Brogliaccio d'amore [IT]. 1976/77: Gefundenes Fressen [CoP]; Una donna di seconda mano [IT]. 1977: Halbzwei [TV-EP – AT]. 1977/78: Ritratto di borghesia in nero (Die nackte Bourgeoisie) [IT]. 1978: Freiheit [K-DOK – AT]. 1979: Sonntagskinder [CoP]; La giacca verde (Ein seltsames Spiel) [TV – IT]. 1980: Speed Driver/Vértigo en la pista [IT/BRD/ES]; Die Ursache [CoP – TV]; Die Priwalov'schen Millionen [TVS]. 1981: Der Traum ein Leben [TV – AT]. 1981/82: Die Entscheidung [TV]; Die Weiße Rose [CoP]. 1982: Notte e nebbia [TV – IT]; Heut abend ... Senta Berger und Michael Verhoeven. [TV]; Die Mutprobe [P – TV]. 1983: Liebe Melanie [TV – BRD/AT]; Spider Murphy Gang [P]. 1984: Fatto su misura [IT]; De flyande djärlarna [DK/SE]. 1984–86: Kir Royal: 1. Wer reinkommt, ist drin – 2. Muttertag – 3. Volk sieht nichts – 4. Adieu Claire – 5. Königliche Hoheit – 6. Karriere [TVS]. 1985: De flyvende djaevle/De flygande djävlarna (Die fliegenden Teufel) [DK/SE]; Stinkwut [R,A, P – TV]; Killing Cars [D,CoP]; Le due vite di Mattia Pascal/Die zwei Leben des Mattia Pascal [TV – IT/FR/BRD]. 1986: L'Ultima mazurka [IT]; Stadtschreiber: Der Mainzer Tod [TV]. 1986/87: Gundas Vater [P – TV]. 1987: Animali metropolitani [IT]; Luisa. Quattro storie di donne [TV – IT]; Peter Strohm 6: Heißer Schmuck [TV]. 1988/89: Die schnelle Gerdi: 1. Heldin des Tages – 2. Muttertag – 3. Oktoberfest – 4. Gerdi gründet eine Familie – 5. Gutes neues Jahr – 6. Miss Miramare [D,P – TVS]. 1989: Showgeschichten [TV]; Heut abend ... Senta Berger [TV]; Das schreckliche Mädchen [P]; denkmal. Ein kulturelles Ratespiel. [TV]; Der Wind weht [TV]; Senta Berger im Gespräch mit Burkhalter [TV]. 1989/90: La belle Anglaise/Ein Lord für alle Fälle: L'Amour toujours l'amour/Junge Liebe rostet nicht [TV – FR/BRD]; Oceano [TVS – IT] 1990: Schlaraffenland [P – TV]; Tre colonne in cronaca [IT]. 1991: Sie und Er [TV]. 1991/92: Lilli Lottofee [TVS]. 1993: Gefangene Liebe [TV]; Ärzte: Neuland/Rosenkavaliere. 1994: Die Nacht der Nächte [TV – AT]. 1994/95: Kommissar Rex: Der Maskierte Tod [TV]. 1995: Mein Sohn ist kein Mörder [DE/IT].

Berggren, Thommy

* 12. 8. 1937 Mölndal (Schweden)

Theaterdebüt in Göteborg. Ab 1963 Dramaten Teater in Stockholm. Dort unter der Regie von Ingmar Bergman u. a. in «Who's Afraid of Virginia Woolf» und «Wozzeck». Berggren ist zu Beginn der 60er Jahre unter der Regie von Bo Widerberg und Jörn Donner der etwas melancholischere schwedische James Dean: Im Widerspruch zwischen Aufbruchshoffnung und gesellschaftlicher Lethargie besonders eindrucksvoll in Widerbergs *Kvarteret Korpen* (1963). Die Rollen Berggrens erstarren danach im Klischee: Er muß als Traumtänzer im Schlamm der Gesellschaft untergehen. Sein Ausflug nach Hollywood 1970 bleibt ohne nachhaltigen Erfolg.

[SE] 1961: Pärlemor. 1963: Kvarteret Korpen; Barnvagnen (Kinderwagen); En söndag i september (Ein Sonntag im September). 1965: Kärlek 65 (Roulette der Liebe). 1966: Heja Roland (Hallo Roland). 1968: Svarte palmkroner. 1970: The Adventurers (Playboys und Abenteurer/Die letzten Abenteurer) [US]. 1971: Joe Hill (Joe Hill) [SE/US]. 1975: Giliap. 1979: Kristoffers hus [D,A]. 1982: Brusten himmel. 1983: Berget på månens baksida (Ein Berg auf der Rückseite des Mondes). 1986: La sposa americana [IT]. 1987: Hjärtat [TV]. 1988: En far [TV]. 1992: Söndagsbarn [SE/ DK/FI/NO/IS]; Maskeraden [TV]. 1994: Sixten. 1995: Stora och små män [SE/DK].

Bergman, Ingrid

* 29. 8. 1915 Stockholm
† 29. 8. 1982 London

Ab 1933 Ausbildung an der königlichen Schauspielschule Stockholm. Bereits 1932 Filmdebüt als arbeitsuchendes Mädchen in *Landskamp*. 1936–39 intensive Arbeit mit Gustaf Molander (*På solsidan*; *Dollar*).

1938 folgt sie David O. Selznicks Ruf nach Hollywood und debütiert 1939 mit *Intermezzo, A Love Story* (Gregory Ratoff). Bis Ende der 40er Jahre arbeitet sie überwiegend in den USA, häufig mit Alfred Hitchcock. Zur Filmlegende wird sie neben Humphrey Bogart als Ilsa Lund im Kultfilm *Casablanca* (Michael Curtiz). Für ihre Lady Alquist in George Cukors *Gaslight* (1944) erhält sie den Oscar. Sie verweigert sich dem Klischee des Stars à la Greta Garbo und setzt dem eine ans Kindlich-Naive grenzende unverstellte Natürlichkeit und Glaubwürdigkeit entgegen. Dieses Image bekommt einen Bruch, als sie 1949 ihren ersten Mann verläßt und zum Regisseur Roberto Rossellini nach Italien geht. In der Zusammenarbeit mit Rosselini, den sie 1950 heiratet, entstehen einige sehr persönliche Filme: *Stromboli; Europa '51; Angst/La paura*. Bei aller Eigenheit ihres Typs verfügt sie über eine breite Skala künstlerischer Ausdrucksmöglichkeiten. Ab Mitte der 50er Jahre arbeitet sie in der BRD, in Großbritannien, Frankreich, Schweden und in den USA. 1977 wird *Herbstsonate* zu einem virtuosen Kammerspiel mit Liv Ullmann als Partnerin. Ingmar Bergmans Intention, den Mutter-Tochter-Konflikt schonungslos bloßzulegen, scheitert zum Teil an der Unfähigkeit der Bergman, die ihr eigene Weichheit und Lieblichkeit aufzugeben. Ihre Tochter Isabella Rossellini (*18. 6. 1952) ist ebenfalls eine erfolgreiche Schauspielerin.

[US] 1932: Landskamp [SE]. 1934: Munkbrogreven [SE]; Bränningar [SE]. 1934/35: Swedenhielms [SE]. 1935: Valborgsmässoafton [SE]. 1935/36: På solsidan [SE]. 1936: Intermezzo [SE]. 1938: Dollar [SE]; En enda natt [SE]; En kvinnas ansikte [SE]; Die 4 Gesellen [DE]. 1939: Juninatten [SE]; Intermezzo, A Love Story. 1940/41: Rage in Heaven (Gefährliche Liebe). 1941: Dr. Jekyll and Mr. Hyde (Arzt und Dämon); Adam Had Four Sons (Adam hatte vier Söhne). 1942: Casablanca (Casablanca). 1943: For Whom the Bell Tolls (Wem die Stunde schlägt); Swedes in America [KF]; Saratoga Trunk (Spiel mit dem Schicksal). 1944: Gaslight (Das Haus der Lady Alquist). 1945: Trailer for Red Cross War Fund Week [KF]; The Bells of St. Mary's (Die Glocken von St. Marien); Spellbound (Ich kämpfe um dich). 1946: The American Creed [KF]; Notorious (Weißes Gift/Berüchtigt). 1947: Arch of Triumph (Triumphbogen). 1948: Joan of Arc (Johanna von Orleans). 1949: Under Capricorn (Sklavin des Herzens) [GB]. 1950: Stromboli (Stromboli) [IT/US]. 1952: Europa '51 (Europa, 51) [IT]. 1953: Siamo donne. 3. Ep: Ingrid Bergman [EP – IT]. 1953/54: Viaggio in Italia/L'amour est plus fort (Liebe ist stärker) [IT/ FR]. 1954: Angst/La paura [BRD/IT]; Giovanna d'Arco al rogo/Jeanne au bûcher [IT/ FR]. 1956: Anastasia (Anastasia); Elena et les hommes/Eliana e gli uomini (Weiße Margeriten) [FR/IT]. 1958: The Inn of the Sixth Happiness (Die Herberge zur 6. Glückseligkeit) [GB]; Indiscreet (Indiskret) [GB]. 1959: The Turn of the Screw [TV]. 1961: 24 Hours in a Woman's Life [TV]; Aimez-vous Brahms?/Goodbye Again (Lieben Sie Brahms?) [FR/US]. 1963: Hedda Gabler [TV]. 1963/64: Der Besuch/La rancune/La vendetta della signora [BRD/ IT/FR]. 1964: The Yellow Rolls Royce (Der gelbe Rolls-Royce) [EP – GB]. 1966/67: Stimulantia. Ep: Smycket [EP]. 1967: The Human Voice [TV – GB]. 1969: Cactus Flower (Die Kaktusblüte). 1970: A Walk in the Spring Rain (Die Frau des anderen). 1973: From the Mixed-Up Files of Mrs. Basil E. Frankweiler. 1974: Murder on the Orient Express (Mord im Orient-Expreß) [GB]. 1976: A Matter of Time/Nina (Nur eine Frage der Zeit) [US/IT]. 1977: Herbstsonate [BRD]. 1982: A Woman Called Golda [TV]. 1984: Ingrid [TV].

Bergner, Elisabeth

(Elisabeth Ettel)
*22. 8. 1897 Drohobycz (Galizien)
†12. 5. 1986 London

Kindheit in Wien; 1911/12 private Schauspielschule, 1912–15 Konservatorium Wien. 1915–22 an Bühnen in Innsbruck, Zürich, Wien und München. 1921 erstmals Gastspiel in Berlin. 1923 triumphaler Erfolg als Rosalind in Max Reinhardts Inszenierung von «Wie es euch gefällt». Mehrmals unter Reinhardts Regie am Deutschen Theater. Filmdebüt als bucklige Schneiderstochter in *Der Evangelimann* (Holger-Madsen). Ab 1924 Zusammenarbeit ausschließlich mit dem Regisseur Paul Czinner: *Nju, Der Geiger von Florenz, Liebe, Doña Juana*. Diese Filme sind auf Bergners Typus der androgynen Kindfrau zugeschnitten. Größter Stummfilmerfolg ist *Fräulein Else* nach Arthur Schnitzler. 1930/31 in *Ariane* erstmals in einem Tonfilm. Als letzter deutscher Film vor der Emigration entsteht *Der träumende Mund* nach Henri Bernsteins Bühnenstück «Mélo». 1933 heiraten Bergner und Czinner in London. Bühnen- und Filmarbeit in England, u. a. neben Laurence Olivier in der Shakespeare-Adaption *As You Like It* und in *Dreaming Lips* (Czinner, Lee Garmes), ein Remake von *Der träumende Mund*. 1935 Oscar-Nominierung für *Escape Me Never*. Während des Krieges in den USA nur im antinazistischen Film *Paris Calling* (Edwin L. Martin), sonst vor allem Arbeit am Theater. Mitunterzeichnerin der Erklärung des Council for a Democratic Germany. Nach Kriegsende zunächst Bühnenauftritte in New York. 1951 Rückkehr nach London; Bühnen-, Film- und TV-Engagements. In der Bundesrepublik ab 1954 erfolgreiche Theaterauftritte, z. B. mit O. E. Hasse in Shaws Briefwechsel «Geliebter Lügner». Ab 1962 auch wieder Filmarbeit: u. a. *Die glücklichen Jahre der Thorwalds* (John Olden, Wolfgang Staudte), ausgezeichnet mit dem Filmband in Gold. Fernsehaufschrifte in Talk-Shows und Darstellungen eigenwilliger alter Frauen beschließen ihre lange Laufbahn: Für ihre Rentnerin in Michael Günthers *Der Pfingstausflug* bekommt sie den Lubitsch-Preis. 1985 Filmband in Gold für langjähriges und hervorragendes Wirken im deutschen Film.

[DE/BRD] 1922/23: Der Evangelimann. 1924: Nju. 1925/26: Der Geiger von Florenz. 1926: Liebe. 1927: Doña Juana. 1928/29: Fräulein Else. 1930/31: Ariane [Version]; Ariane/The Loves of Ariane [Version – DE/FR/GB]. 1932: Der träumende Mund [FR/DE]. 1933: Catharine the Great (Katharina die Große) [GB]. 1935: Escape Me Never (Verlaß mich niemals mehr) [GB]. 1936: As You Like It (As You Like It) [GB]. 1936/37: Dreaming Lips [GB]. 1938: Stolen Life (Träumende Augen) [GB]. 1941: Paris Calling [US]. 1958: Stunde der Wahrheit [TV]. 1962: Die glücklichen Jahre der Thorwalds. 1963: Geliebter Lügner [TV]. 1968: A Touch of Venus: The Jewish Wife [TV – GB]. 1970: In Good King Charles's Golden Days [TV – GB]; Cry of the Banshee (Der Todesschrei der Hexen) [GB]; Strogoff/Michel Strogoff/Der Kurier des Zaren [IT/FR/BRD]; Ein Mann seltener Art. Aussagen über Hans Otto [TV-DOK – DDR]. 1971: Take Three Girls: Release [TV – GB]. 1973: Der Fußgänger [BRD/CH]. 1975: Nachtdienst [TV]. 1978: Der Pfingstausflug. 1981/82: Feine Gesellschaft – Beschränkte Haftung. 1982: Der Garten [TV]. 1982/83: Angelo und Luzy [TVS]. 1984: Alles aus Liebe: Wenn ich dich nicht hätte [TV].

Berry, Jules

(Jule Paufichet)
*9. 2. 1883 Poitiers
†23. 4. 1951 Paris

Er entstammt einer Kaufmannsfamilie. Studium der Architektur in Paris. 1903 erstes Engagement am Théâtre Antoine; 1907 Erfolg mit Feydeaus «La Duchesse des Folies-Bergères» in Lyon; Engagement in Brüssel. 1914–19 Militärdienst. In den 20er Jahren einer der bekanntesten Komödianten an Pariser Bühnen; sein Privatleben ist durch zahlreiche Affären, Spielschulden, Pferdewetten und die Weigerung, Steuern zu zahlen, gekennzeichnet. 1933 Unterbrechung der Bühnenkarriere; 1940 letzter Theaterauftritt. Nach ersten Erfahrungen beim Film um 1910 übernimmt er eine kleine Rolle in Marcel L'Herbiers *L'Argent* (1928). Mit Beginn der 30er Jahre Filmarbeit auch in Berlin (für Hans Albers in der französischen Version von *Quick*). Als Liebhaber und Verführer von Adel oder mit solidem bürgerlichem Hintergrund, als Don Juan von einigem Zynismus in Filmen höchst unterschiedlicher Qualität: Die mitunter arg schablonisierte Spielweise durchbricht er in Jean Renoirs *Le crime de Monsieur Lange*, wo er den zynisch-betrügerischen Unternehmer Batala spielt. Bei Marcel Carné in der Rolle eines differenziert gezeichneten Intriganten in *Le jour se lève* und als Teufel in *Les visiteurs du soir*. Nach etlichen zweitklassigen Kriminalfilmen, die von Berry nur Routine fordern, brilliert er 1947 noch einmal in André Cerfs Komödie *Si jeunesse avait*.

[FR] 1908: Tirez s'il vous plait. 1911: Cromwell. 1928: L'Argent (Geld! Geld!! Geld!!!). 1931: Mon cœur et ses millions. 1932: Le roi des palaces; Quick [Version – DE/FR]. 1934: Arlette et ses papas; Une femme chipée. 1935: Et moi, j'te dis qu'elle t'a fait de l'œil; Touche-à-tout; Jeunes filles à marier; Baccara; Le crime de Monsieur Lange (Das Verbrechen des Herrn Lange). 1936: Les loups entre eux; Une poule sur un mur; Vingt-sept rue de la Paix; Rigolboche; Monsieur Personne; Le disque 413; La bête aux sept manteaux; L'homme à abattre; Aventure à Paris; Cargaison blanche/Le chemin de Rio (Weiße Fracht für Rio); Le mort en fuite. 1937: Le voleur des femmes; Un déjeuner de soleil; Arsène Lupin détective; Les rois du sport; Le deux combinards; Le club des aristocrates; L'occident; L'habit vert; Hercule; Balthazar; Rendez-vous Champs-Elysées. 1938: La signora di Montecarlo/L'inconnue de Monte Carlo [IT/FR]; Accord final/Accord final au Lac Léman/Symphonie am Genfersee (Die 10. soll es sein) [CH/FR]; Café de Paris; Carrefour; Clodoche; Eusèbe, député; L'avion de minuit; Son oncle de Normandie; L'inconnu de Monte Carlo. 1938/39: Derrière la façade. 1939: Face au destin; L'embuscade; L'héritier des Mondésir; La famille Duraton; Le jour se lève (Der Tag bricht an); Cas de conscience. 1940: Parade en sept nuits; Retour au bonheur; Soyez les bienvenus; L'an 40; Chambre 13; Paris – New York. 1941: Les petits riens; La symphonie fantastique (Eine phantastische Sinfonie); Après l'orage; La troisième dalle. 1942: Le camion blanc; Des jeunes filles dans la nuit; Les visiteurs du soir (Die Nacht mit dem Teufel); Marie-Martine; L'assassin a peur la nuit; Le grand combat; Le voyageur de la Toussaint. 1943: Béatrice devant le désir; Le mort ne reçoit plus; L'homme de Londres; Le soleil de minuit. 1945: Monsieur Grégoire s'évade; Étoile sans lumière; Dorothée cherche l'amour; L'assassin n'est pas coupable; Messieurs Ludovic (Drei an einem Tag). 1946: Désarroi; Rêves d'amour (Liebesträume); La taverne du Poisson Couronné. 1947: Si jeunesse savait. 1949: Sans tambour, ni trompette; Pas de week-end pour notre amour; Histoires extraordinaires; Portrait d'un assassin. 1950: Les maîtres-nageurs; Le gang des tractions-arrière.

Bertini, Francesca

(Elena Seracini Vitiello)
* 5. 1. 1892 Florenz
† 13. 10. 1985 Rom

Die Tochter einer Schauspielerin wächst in Neapel auf. Als 11jährige debütiert sie im Theater, wo sie vornehmlich in volkstümlichen Komödien auftritt. 1904 weckt Salvatore di Giacomo das Interesse der Firma Film d'Arte Italiano Pathé an der jungen Schauspielerin. Sie wird nach Rom geholt, wo sie vornehmlich Durchschnittsfilme dreht, bis die Celio Film sie 1912 als «prima attrice» verpflichtet. Unter der Regie von Baldassarre Negroni spielt sie die Hauptrollen in *Lagrime e sorrisi* und *La maestrina*. Ihre Partner sind Emilio Ghione und Alberto Collo. Als die Celio 1915 schließt, wechselt Bertini zur Caesar Film, wo man aus ihr die unbestrittene Diva des italienischen Stummfilms macht. Meilensteine ihrer Karriere sind 1915–19 die Hauptrollen in *Assunta Spina* (Gustavo Serena), *Fedora* (Guiseppe De' Liguro), *Malìa* (Alfredo De Antoni) und *La serpe* (Roberto Roberti). Es sind oft widersprüchliche, aggressive, aber auch zurückhaltende, leidenschaftliche Frauen, die von ihr gezeichnet werden. Ihre Spielweise ist naturalistisch, die Gestik zurückhaltend. Anfang der 20er Jahre zieht sich Bertini weitgehend aus Film und Öffentlichkeit zurück. Sie heiratet einen Schweizer Bankier und ist nur noch selten in meist unbedeutenden Filmen zu sehen. 1976 zollt Bernardo Bertolucci ihrem Filmschaffen Respekt, indem er ihr die Rolle der Schwester Desolata in *Novecento* anvertraut. Gianfranco Mingozzi dreht 1981 den Dokumentarfilm *L'ultima diva: Francesca Bertini*, der für den Oscar nominiert wird.

[IT] 1910: Il mercante di Venezia (Der Kaufmann von Venedig); Salomè (Salomè); Re Lear (König Lear); La morte civile; Il Trovatore/Le trouvère (Der Minnesänger) [IT/FR]; Beatrice Cenci; Folchetto di Narbonne; Francesca da Rimini/Françoise de Rimini [IT/FR]. 1911: Marco Visconti; Ernani; Cola di Rienzo; La contessa di Challant e Don Pedro di Cordova; Tristano e Isotta/Tristan et Yseult [IT/FR]. 1912: Romeo e Giulietta/Roméo et Juliette [IT/FR]; La rosa di Tebe; Lagrime e sorrisi; I carbonari/Les Carbonari [IT/FR]; Le due scommesse; Primavera ed autunno; Il falco rosso; Il fascino della violenza; La madre; Panne d'auto; Beatrice d'Este; L'avvoltoio; Tragico amore; Una tragedia alla Corte di Milano; Un amore di Pietro de' Medici/Un amour de Pierre de Médicis [IT/FR]; Suonatori ambulanti. 1913: Per il blassone; Tramonto/Sacrificio; L'arrivista; L'ultimo atout; Il veleno delle parole; La vigilia di Natale; L'amazzone mascherata; La maestrina; La terra promessa; La donna altrui/Illecito amore; Per la sua gioia; La terra promessa; La gloria; In faccia al destino; La suocera; Idolo infranto; Bufere; La cricca dorata. 1914: Histoire d'un Pierrot; La canzone di Werner; Don Pietro Caruso; Sangue bleu; Onestà che uccide; La principessa straniera; Nelly la gigolette/La danzatrice della taverna nera. 1915: Diana l'affascinatrice; Il capestro degli Asburgo; Assunta Spina; Ivonne, la bella danzatrice; Nella fornace; La signora dalle camelie. 1915/16: Odette; La colpa altrui; My Little Baby; La perla del cinema. 1916: Fedora; Lagrymae rerum/ Nel gorgo della vita; Eroismo d'amore. 1916/17: Andreina. 1917: La piccola fonte; Il processo Clémenceau. 1. Iza bimba. 2. Iza donna; Malìa. 1917/18: Tosca. 1918: L'avarizia; Mariute; Frou-Frou; La gola; L'accidia; L'invidia; L'ira [D,CoP]; L'orgoglio [D,CoP]. 1919: Spiritismo [D,CoP]; La contessa Sara [D,CoP]; Anima allegra [D,CoP]; La piovra [D,CoP]; La serpe [D,CoP]; La lussuria; Fatale bellezza [UA: 1922]. 1920: Maddalena Ferat; L'ombra [D,CoP]; Lisa Fleuron [D,CoP]; La principessa Giorgio [D,CoP]; Marion, artista di caffè-concerto [D,CoP]; La sfinge [D,CoP]. 1921: Il nodo/Oltre la legge [D,CoP]; L'ultimo sogno [D,CoP]; Consuelita/La fanciulla di Amalfi/Amore vince timore [UA: 1925]. 1922: La giovinezza del diavolo [D,CoP]; Fior di levante/Amore di donna [D,CoP – UA: 1925]; Le blessure [D,CoP]; La donna nuda [D,CoP]. 1926: La fin de Monte-Carlo [FR]. 1927: Mein Leben für das deine [DE]. 1928: La possession (Das Recht des Stärkeren) [FR]; Tu m'appartiens [FR]. 1930: La femme d'une nuit [Version – FR/DE]; La donna di una notte [Version – DE/FR/IT]. 1934: Odette. 1943: Dora, la espìa [ES]. 1956: A sud niente di nuovo. 1970: Una ragazza di Praga. 1976: Novecento (Atto I e II)/ 1900 (I + II)/ 1900. 1. Gewalt, Macht, Leidenschaft/2. Kampf, Liebe, Hoffnung [IT/FR/BRD].

Berto, Juliet

(Juliet Bertoliatti)
* 16. 1. 1947 Grenoble
† 10. 1. 1990 Paris

Mitte der 60er Jahre erste Theaterauftritte. Arbeit mit Jean-Luc Godard in seinen wichtigen Filmen der Jahre 1967/68: *La Chinoise, Week-end, Le gai savoir*. In den 70er Jahren bei Jacques Rivette in seinem Großprojekt *Out 1* und in seinen Paris-Abenteuern *Céline et Julie vont en bateau* und *Duelle*, bei Alain Tanner in *Le retour d'Afrique* und *Le milieu du monde*. In diesen Filmen, die das Lebensgefühl der 68er-Generation einfangen, kann Berto ihre Improvisationskunst, ihren Widerspruchsgeist und ihre Unbefangenheit ausspielen. Sie debütiert 1981 als Drehbuchautorin und Co-Regisseurin (mit Jean-Henri Roger) mit *Neige*, einer eindringlichen Studie über das Milieu der kleinen Dealer am Pigalle; Berto spielt selbst eine Barfrau, die die Fäden der für Außenstehende kaum wahrnehmbaren Verbindungen in der Hand hält. Auch ihre weiteren Regie-Filme sind Krimis, die nun im Hafenmilieu und seinen Bars spielen: *Cap Canaille, Havre*.

[FR] 1966: Deux ou trois choses que je sais d'elle (Zwei oder drei Dinge, die ich von ihr weiß). 1967: La Chinoise (Die Chinesin); Week-end (Weekend) [FR/IT]; Juliet dans Paris [KF]. 1967/68: Le gai savoir (Die fröhliche Wissenschaft); Pickup [KF]. 1969: Slogan; L'été sauvage. 1970: Camarades; Une si simple histoire [TN]; Vladimir et Rosa. 1970–72/1990: Out 1 – Noli Me Tangere/Out 1: Spectre. 1971: Camille ou la comédie catastrophique [KF]; La cavale. 1972: Les Caïds (Die kleinen Bosse); Sex-shop. 1973: Erica Minor; Le retour d'Afrique (Die Rückkehr aus Afrika) [CH/FR]; Défense de savoir (Gefährliches Wissen/ Mord paßt nicht in sein Konzept). 1973/74: Céline et Julie vont en bateau (Celine und Julie fahren Boot). 1974: Le mâle du siècle; Claro! [IT]; Le milieu du monde (Die Mitte der Welt) [CH/FR]. 1975/76: M. Klein/Mr. Klein (Mr. Klein) [FR/IT]; Duelle (Unsterbliches Duell). 1977: Sois belle et tais-toi (Sei schön und halt den Mund) [DOK; UA: 1981]. 1978: L'argent des autres. 1980: Guns; Conversa acabada [PT]. 1981: Neige (Neige) [D,CoR,A – FR/BE]. 1982/83: Cap Canaille [D,CoR, CoA – FR/BE]. 1984: La vie de famille (Der Mann, der weint). 1985/86: Havre [R,CoA]. 1989: Damia – Concert en velours noir [R – TV].

Betti, Laura
(Laura Trobetti)
*1. 5. 1934 Bologna
Betti beginnt in den 50er Jahren als Jazz-Sängerin in Clubs. 1958 lernt sie Pier Paolo Pasolini kennen, mit dem sie eine enge berufliche und freundschaftliche Beziehung eingeht. Filmdebüt 1956; erst 3 Jahre später wieder als Sängerin Laura in Fellinis *La dolce vita*. 1966 spielt sie eine Touristin in Pasolinis *Le streghe*, 1968 ist sie eine Marionette in seiner Episode für *Capriccio all'italiana*. Beiden Figuren verleiht sie phantastische, surreale Züge. Höhepunkt der Arbeit mit Pasolini ist *Teorema* (1968), in dem sie die Magd Emilia spielt, die bei einer Familie der Bourgeoisie arbeitet – Volpi-Pokal beim Festival in Venedig. In den 70er Jahren arbeitet sie mit wichtigen italienischen Regisseuren zusammen: Unter der Regie von Marco Bellocchio dreht sie *Nel nome del padre*, mit Paolo und Vittorio Taviani *Allonsanfan*, mit Bernardo Bertolucci *Novecento*. Selten in Hauptrollen, ist Betti eine Charakterschauspielerin, die oft die Rolle der «Bösen» übernimmt. In den 80er Jahren ist sie vorwiegend im Ausland beschäftigt. 1991 Erfolg bei der Kritik für ihre Darstellung einer Krankenschwester am Rande eines Nervenzusammenbruchs in Francesca Archibugis *Il grande cocomero*. 1978 veröffentlicht sie einen Roman mit autobiografischen Zügen. «Teta Veleta». Laura Betti ist Direktorin der Fondo Pier Paolo Pasolini.

[IT] 1956: Noi siamo le colonne. 1959/60: La dolce vita/La douceur de vivre (Das süße Leben) [IT/FR]. 1960: Labbra rosse/Les fausses ingénues (Rote Lippen – schlanke Beine) [IT/FR]; Era notte a Roma/Les évadés de la nuit (Es war Nacht in Rom) [IT/FR]. 1962: RO.-GO.PA.G. 2. EP: La ricotta (Der Weichkäse) [EP – IT/FR]. 1963: Il mondo di notte n. 3 (Mondo di notte – Welt ohne Scham). 1966: Le streghe/Les sorcières. 3. EP: La terra vista dalla luna (Hexen von heute) [EP – IT/FR]. 1968: Capriccio all'italiana. 3. EP: Che cosa sono le nuvole? [EP]; Teorema (Teorema – Geometrie der Liebe). 1969: Paulina s'en va [FR]; Fermate il mondo ... voglio scendere [D, CoA]. 1970: Il rosso segno della pollias/Una Hacka para la luna de miel (Red Wedding Night) [IT/ES]; Sledge (Der Einsame aus dem Westen). 1971: Nel nome del padre (Im Namen des Vaters); Reazione a catena/Ecologia del delitto. 1972: La banda J. & S.: cronaca criminale del Far West/Die rote Sonne der Ráche/Los hijos del día y de la noche [IT/BRD/ES]; Ultimo tango a Parigi/Dernier tango à Paris (Der letzte Tango in Paris) [IT/FR]; I Racconti di Canterbury/Les contes de Canterbury (Pasolinis tolldreiste Geschichten) [IT/FR]; Sbatti il mostro in prima pagina/Viol en première page (Knallt das Monstrum auf die Titelseite!) [IT/FR]. 1973: La sepolta viva. 1974: Allonsanfàn (Allonsanfan); La cugina; Fatti di gente perbene (Il processo Murri)/La grande bourgeoisie (Die Affäre Murri) [IT/FR]; La femme aux bottes rouges/La ragazza con gli stivali rossi (Die Frau mit den roten Stiefeln) [FR/IT/ES]. 1975: Privatni poroci, vrline javne/Vizi privati, pubbliche virtù [YU/IT]. 1976: Novecento (Atto I e II)/1900 (I + II)/1900. 1. Gewalt, Macht, Leidenschaft. – 2. Kampf, Liebe, Hoffnung [IT/FR/BRD]; Le gang (Die Gang) [FR/IT]. 1977: Il gabbiano di Anton Cechov. 1978: Un papillon sur l'épaule (Mord in Barcelona) [FR]; Viaggio con Anita/Voyage avec Anita (Reise mit Anita) [IT/FR]; Il piccolo Archimede. 1979: La luna (La Luna) [IT/US]. 1981: Loin de Manhattan [FR]. 1981/82: La nuit de Varennes/Il mondo nuovo (Flucht nach Varennes) [FR/IT]. 1983: Retenez-moi ... ou je fais un malheur [FR]; Ars amandi-L'arte di amare/L'art aimer (Ars amandi – Die Kunst zu lieben) [IT/FR]. 1983/84: Klassenverhältnisse/Rapports de classes [BRD/FR]. 1985: Mamma Ebe; Tutta colpa del Paradiso (Der Himmel war schuld). 1986: Corps et biens [FR]. 1986/87: Jenatsch [CH]. 1987: Jane B. par Agnès V. (Jane B.) [FR]; Caramelle da uno sconosciuto; Noyade interdite (Ertrinken verboten) [FR]. 1989: I cammelli; Courage Mountain (Nightwalker) [US]. 1990: Segno di fuoco/Signe de feu [IT/FR/PO]; Le rose blu; Dames galantes/Donne di piacere (Der kleine Tod der feinen Damen) [FR/IT/CA]. 1991/92: Il grande cocomero. 1992: Mario, Maria e Mario. 1994: La ribelle; Un eroe borghese.

Beyer, Hermann

*30. 5. 1943 Altenburg

Der jüngere Bruder des Filmregisseurs Frank Beyer wächst auf dem Lande auf; nach dem Abitur Staatliche Schauspielschule in Ost-Berlin. 1966 am Maxim Gorki Theater, ab 1969 Hans-Otto-Theater in Potsdam, 1972–80 Volksbühne Berlin. Gastspiele an anderen Bühnen. Neben der Theatertätigkeit fünf Jahre Philosophiestudium. Von der DEFA und dem Fernsehen wird er zunächst zurückhaltend eingesetzt; auch in Frank Beyers *Jakob der Lügner* nur in einer Nebenrolle. Erst ab Anfang der 80er Jahre erscheint der meist etwas schüchtern wirkende Schauspieler häufiger im Kino. Oft in kleinen, prägnanten Episodenrollen, so als Portier in Ulrich Weiß' *Olle Henry*, bei einem Rendezvous mit Johanna Schall in *Kaskade rückwärts* (Iris Gusner) oder als verwundeter Soldat in *Das Haus am Fluß* (Roland Gräf). Große Aufgaben sind der brave, versponnene Dorfschullehrer Pötsch in Gräfs *Märkische Forschungen* (1982 Schauspielerpreis des Spielfilmfestivals der DDR, 1983 DDR-Kritikerpreis) nach der Erzählung von Günter de Bruyn, der verarmte Hochgraf Julius in Jürgen Brauers Märchenfilm *Gritta von Rattenzuhausbeiuns* und der Revolutionär Georg Forster in Michael Gwisdeks psychologischem Kammerspiel *Treffen in Travers*. In den 90er Jahren überwiegend Theaterarbeit.

[DDR] 1964/65: Woyzeck [TV]. 1966/67: Der Anwalt. Eine Episode aus dem Leben Karl Liebknechts [TV]. 1967: Ich war neunzehn. 1968: Die entführte Braut [TV]; Zeit ist Glück [TV]; Erlesenes: Scheibengardinen [TV]. 1969: Ljubow Jarowaja [TV]; Verdacht auf einen Toten [TV]. 1971: Männer ohne Bart; Verwandte und Bekannte [TV]. 1971/72: Lützower; Der Regimentskommandeur [TV]. 1972/73: Unser täglich Bier [TV]. 1973: Das zweite Leben des Friedrich Wilhelm Georg Platow; Der Mann von draußen [TV; verboten]. 1973/74: Der Untergang der Emma. 1974: Fürstenkind und Bauernjunge [TV]; Jakob der Lügner. 1974/75: Zwischen Nacht und Tag; Ikarus; Bankett für Achilles. 1975: Das blaue Pferdchen [TV]. 1976: Süßer Vogel Jugend [TV]. 1977: Die Millionen des Knut Brümmer [TV]; Cyankali [TV]. 1977/78: Ein Sonntagskind, das manchmal spinnt. 1978: Die Wirklichkeitsträumer [TV-DOK]. 1978/79: Tull [TV]. 1979: Der Menschenhasser [TV]. 1980: Unser kurzes Leben. 1981: Die Beunruhigung; Märkische Forschungen. 1982: Schwierig sich zu verloben; Das Luftschiff. 1982/83: Verzeihung, sehen Sie Fußball? [EP]; Olle Henry. 1983: Kaskade rückwärts. 1983/84: Einzug ins Paradies [TVS]. 1984: Gritta von Rattenzuhausbeiuns. 1984/85: Junge Leute in der Stadt; Das Haus am Fluß; Jan auf der Zille. 1985/86: Das Buschgespenst [TV]. 1986: Kindheit. 1986/87: Vorspiel; Das Herz des Piraten. 1987: Felix und der Wolf. 1987/88: Fallada – letztes Kapitel; Polizeiruf 110: Eifersucht [TV]. 1988: Das Brot [KF]; Der Bruch; Treffen in Travers. 1989: Großer Frieden [TV]. 1989/90: Pause für Wanzka [TV]. 1990: Der Tangospieler. 1991: Elefant im Krankenhaus. 1992/93: Kaspar Hauser; Inge, April und Mai. 1994: Der Kontrolleur [TV]. 1995: Polizeiruf 110: Jutta oder Die Kinder von Damutz [TV]; Brix – Eine Schwäche für Mord: Talkshow [TV]. 1996: Gnadenlos – zur Prostitution gezwungen [TV]; Doppelter Einsatz: Gebäudeschaden [TV]; Stimme des Mörders [TV].

Binoche, Juliette

*9. 3. 1964 Paris

Stammt aus einer Künstlerfamilie (Vater Regisseur, Mutter Schauspielerin). Schon mit zwölf Jahren kleine Bühnenrolle; führt in der Schulzeit Regie. Schauspielstudium bei Vera Gregh am Konservatorium in Paris. Erste Beachtung durch ihre Rolle als leidenschaftliche Schauspielschülerin in André Téchinés *Rendez-vous* (1985); Auszeichnung mit dem Romy-Schneider-Preis. Durch die Zusammenarbeit für *Mauvais sang*, einer kühl distanzierten Gangster-Ballade, lernt sie Léos Carax kennen, mit dem sie 1988–91 zusammenlebt. Ihre Rolle zwischen bürgerlicher Etabliertheit und romantischer Liebe zum gesellschaftlichen Außenseiter in dessen Melodram *Les amants du Pont Neuf* macht sie endgültig zum Star; 1992 Europäischer Filmpreis Felix. Ihr Image als französischer Erotikstar, das sich mit Philip Kaufmans *The Unbearable Lightness of Being* verfestigt, bekommt durch die fast stumme Besessenheit in Louis Malles *Fatale* eine neue Facette. Für ihre Darstellung einer Witwe, die sich aus der Agonie herausarbeitet, im ersten Teil der Krzysztof Kieslowski-Trilogie *Trois couleurs: Bleu* erhält sie 1994 auf den Filmfestspielen Venedig den Silbernen Löwen, einen Golden Globe als beste Hauptdarstellerin und 1995 den César. Mit burschikosem Charme spielt sie in *The English Patient* die als sensibel und zugleich patent angelegte Figur der Krankenschwester; für diese Interpretation erhält sie auf der Berlinale 1997 den Silbernen Bären.

[FR] 1982: Liberty Belle (Liberty Belle). 1984: Adieu Blaireau; Je vous salue, Marie (Maria und Joseph) [FR/CH]; La vie de famille (Der Mann, der weint). 1985: Rendez-vous (Rendez-Vous); Le meilleur de la vie; Mon beau-frère a tué ma soeur. 1986: Mauvais sang (Die Nacht ist jung). 1987: The Unbearable Lightness of Being (Die unerträgliche Leichtigkeit des Seins) [US]. 1988: Un tour de manège. 1991: Les amants du Pont-Neuf (Die Liebenden von Pont-

Neuf); Women & Men: In Love There Are No Rules. 3. EP: Mara (Männer und Frauen) [TV-EP – US]. 1992: Fatale/Damage (Verhängnis) [FR/GB]. 1992/93: Trois couleurs: Bleu/Trzy kolory niebieski (Drei Farben: Blau) [FR/CH/PL]. 1993/94: Trois couleurs: Rouge/Trzy kolory czerwony (Drei Farben: Rot) [FR/CH/PL]. 1994: Le hussard sur le toit (Der Husar auf dem Dach). 1995: Un divan à New York/Eine Couch in New York [BE/DE/FR]. 1996: The English Patient (Der englische Patient) [US].

Birgel, Willy

(Wilhelm Maria Birgel)
*19. 9. 1891 Köln
†29. 12. 1973 Dübendorf bei Zürich

Bis 1907 Oberrealschule in Köln, Kunstgewerbeschulen in Köln und Düsseldorf und Kunstakademie Düsseldorf. 1910 Schauspielschule in Köln. 1913 erste kleine Rollen am Stadttheater Bonn. 1914 Soldat. Ab 1919 Stadttheater Aachen, 1924–36 Nationaltheater Mannheim. 1934 in der markanten Nebenrolle eines englischen Offiziers in Paul Wegeners *Ein Mann will nach Deutschland* erstmals auf der Leinwand. Seine späte Filmkarriere beginnt mit Darstellungen zwielichtiger Charaktere, z. B. des russischen Gouverneurs in *Schwarze Rosen* (Paul Martin). In der zweiten Hälfte der 30er Jahre Wechsel ins Fach des makellosen Grandseigneurs des deutschen Films, vor allem in Detlef Siercks Melodramen: neben Lil Dagover in *Schlußakkord*, neben Zarah Leander in *Zu neuen Ufern*. Mitwirkung in einigen stark tendenziösen Filmen wie Karl Ritters *Unternehmen Michael* und Viktor Tourjanskys *Feinde*. 1941 trägt ihm *... reitet für Deutschland* (A. M. Rabenalt) das Image als «Herrenreiter des deutschen Films» ein. Nebenher Theaterarbeit an Bühnen in Berlin, vor allem an der Volksbühne. Erste Nachkriegsrolle 1947 in *Zwischen gestern und morgen* (Harald Braun). In den 50er Jahren Standardbesetzung als verläßliche Vatergestalt. 1955 wenig erfolgreicher Regieversuch: *Rosenmontag*. Erneute Hinwendung zum Theater, ab 1959 am Züricher Schauspielhaus, Gastspiele. In den 60er Jahren zahlreiche TV-Rollen. 1965/66 als alter Jagdschriftsteller in Peter Schamonis *Schonzeit für Füchse* ironischer Umgang mit dem eigenen Image. 1966 Filmband in Gold für langjähriges und erfolgreiches Wirken im deutschen Film.

[DE/BRD] 1934: Ein Mann will nach Deutschland; Fürst Woronzeff. 1934/35: Barcarole. 1935: Das Mädchen Johanna; Einer zuviel an Bord; Schwarze Rosen. 1936: Schlußakkord; Verräter; Ritt in die Freiheit. 1936/37: Menschen ohne Vaterland. 1937: Zu neuen Ufern; Unternehmen Michael; Fanny Elßler. 1937/38: Verklungene Melodie. 1938: Geheimzeichen LB 17; Der Fall Deruga; Der Blaufuchs. 1938/39: Hotel Sacher. 1939: Der Gouverneur; Maria Ilona; Kongo-Expreß. 1939/40: Das Herz der Königin. 1940: Feinde. 1940/41: ... reitet für Deutschland. 1941: Kameraden. 1942: Diesel; Der dunkle Tag. 1942/43: Du gehörst zu mir. 1943/44: Der Majoratsherr. 1944: Ich brauche Dich; Musik in Salzburg. 1944/45: Leb' wohl, Christina [Unvollendet]; Die Brüder Noltenius; Mit meinen Augen (Im Tempel der Venus). 1947: Zwischen gestern und morgen. 1950: Vom Teufel gejagt. 1950/51: Das ewige Spiel. 1951: Wenn die Abendglocken läuten. 1952: Mein Herz darfst Du nicht fragen; Heidi [CH]. 1952/53: Der Kaplan von San Lorenzo/Mea culpa. 1953: Sterne über Colombo. 1953/54: Die Gefangene des Maharadscha. 1954: Konsul Strotthoff; Rittmeister Wronski. 1954/55: Ein Mann vergißt die Liebe; Heidi und Peter [CH]. 1955: Die Toteninsel; Rosenmontag [D,R]. 1955/56: Rosen für Bettina. 1956: Ein Herz kehrt heim; Johannisnacht; Zwischen Zeit und Ewigkeit/Entre hoy y la eternidad [BRD/ES]. 1957: Die Heilige und ihr Narr [AT]; Frauenarzt Dr. Bertram; Familie Schölermann: Ferien am See [TVS]. 1958: Die Erbin [TV]; Liebe kann wie Gift sein; Le bellissime gambe di Sabrina (Mädchen mit hübschen Beinen) [IT]; Der Priester und das Mädchen [AT]. 1958/59: Geliebte Bestie [AT]. 1959: Arzt aus Leidenschaft; Wenn die Glocken hell erklingen [AT]. 1961: Frau Cheneys Ende. 1962: Romanze in Venedig [AT]; Sind wir das nicht alle? [TV]. 1963: Die Möwe [TV]. 1964: Der Gefangene der Botschaft [TV – CH]; Ein Sarg aus Hongkong/Du grisbi pour Hongkong [BRD/FR]; Andorra [TV – BRD/CH]; Die Sakramentskarosse [TV]. 1965: Die Löwenlotte [TVS]; Agent 505 – Todesfalle Beirut/La trappola scatta a Beyrut/Baroud à Beyrouth pour F.B.I.505 [BRD/IT/FR]. 1965/66: Schonzeit für Füchse. 1966: Der Kreidegarten [TV]. 1967: Der Meteor [TV – BRD/CH]. 1967/68: Großer Mann – was nun? Ep. 8: Die Krise [TVS]. 1968: Sommersprossen/I gangster dalla faccia pulota [BRD/IT]. 1969: Die Fee [TV – CH/BRD]; Sind wir das nicht alle? [TV]. 1970: Professor Sound und die Pille [TV – BRD/CH/AT]. 1971: Glückspilze [TV].

Birkin, Jane

*14. 12. 1946 London

Nach der Schauspielausbildung Theaterdebüt in London, dort von Michelangelo Antonioni als eins der beiden Teenager-Modelle in *Blow Up* eingesetzt. 1969 nach Frankreich, anfangs oft in erotischen Rollen, daneben aber auch anspruchsvollere Aufgaben. Herausragend in den 80er Jahren sind ihre Arbeiten bei Jacques Doillon, Marion Hänsel, Jean-Luc Godard und Agnes Varda, die ihr auch 1988 ein Porträt gewidmet hat (*Jane B. par Agnes V.*). 1991 neben Michel Piccoli eine der beiden Hauptrollen in Jacques Rivettes vielbeachtetem Film *La Belle Noiseuse*. Zusammen mit dem Komponisten (gemeinsamer Hit: «Je t'aime, moi non plus») und Regisseur Serge Gainsbourg (1928–1991) hat Birkin die Tochter Charlotte Gainsbourg (* 21. 7. 1971), ebenfalls Schauspielerin. Ihr Bruder ist der Regisseur und Autor Andrew Birkin.

[FR] 1965: The Knack ... and How To Get It (Der gewisse Kniff) [GB]. 1966: Kaleidoscope (Der Gentleman-Zinker) [GB]; Blow-Up (Blow-Up) [GB]. 1968: Wonderwall [GB]; Slogan (Slogan). 1968/69: La piscine/La piscina (Der Swimmingpool) [FR/IT]. 1969: Les chemins de Khatmandou (Katmandu); I cannibali [IT]; Sex Power; Cannabis (Cannabis – Engel der Gewalt). 1970: Trop petit mon ami (Ticky – Eine Nummer zu klein). 1971: 19 Devojaka i mornar [YU]; Catherine et Cie (Catherine & Co); Romansa konjokradice/Romanzo di un ladro di cavalli/Le voleur de chevaux (Ein Kerl zum Pferdestehlen) [YU/IT/FR]. 1972: Les diablesses; Trop jolies pour être honnêtes. 1972/73: Don Juan 73/Una donna come me (Don Juan 73) [FR/IT]. 1973: Le mouton enragé/Il montone infuriato (Das wilde Schaf) [FR/IT]; Projection privée (Privatvorstellung); La morte negli occhi del gatto/Les Diablesses/Sieben Tote in den Augen der Katze [IT/FR/BRD]; Comment réussir dans la vie quand on est con et pleurnichard (Hübscher als die Polizei erlaubt). 1974: Dark Places (Das Grab der lebenden Puppen) [GB]; Sérieux comme le plaisir; La moutarde me monte au nez (Der lange Blonde mit den roten Haaren). 1975: Sept morts sur ordannance/Quartett Bestial [FR/ES/BRD]; La course à l'échalote (Der Tolpatsch mit dem sechsten Sinn); Je t'aime moi non plus (Je t'aime). 1976: Bruciati da cocente pasione (Quartett der Leidenschaften) [IT]. 1977: L'Animal (Ein irrer Typ); Le diable au coeur. 1978: Death on the Nile (Tod auf dem Nil) [GB]. 1979: Au bout du bout du banc; Mélancolie baby [FR/CH/BE]. 1979/80: Egon Schiele – Exzesse/Egon Schiele, enfer et passion [BRD/AT/FR]. 1980/81: La fille prodigue. 1981: Evil Under the Sun (Das Böse unter der Sonne) [GB]; Rends-moi la clé. 1982: Nestor Burma, détective de choc (Die Spürnase). 1983: L'Ami de Vincent (Mein Freund, der Frauenheld); Circulez y'a rien à voir; La garde du corps (Der Leibwächter). 1984: L'Amour par terre (Theater der Liebe); La pirate (Die Piratin). 1985: Beethoven/Le neveu de Beethoven [BRD/FR]; Leave all Fair [NZ]; Dust (Dust) [BE/FR]. 1986: La femme de ma vie (Die Frau meines Lebens). 1987: Soigne ta droite (Schütze deine Rechte) [FR/CH]; Comédie!; Jane B. par Agnès V. (Jane B.); Kung Fu Master (Die Zeit mit Julien). 1989/90: Daddy Nostalgie (Daddy Nostalgie) [D,SONG]. 1990/91: La belle noiseuse (Die schöne Querulantin). 1991: La belle noiseuse – Divertimento (Die schöne Querulantin, Divertimento); Red Fox [TV – GB]; Contre l'oubli. 1994: Les cent et une nuits/A Hundred and One Nights (101 Nacht – Die Träume des Monsieur Cinema) [FR/GB]; Noir comme le souvenir [FR/DE/CH]; 3000 scénarios contre un virus [R mit vielen]. 1997: On connaît la chanson.

Bisset, Jacqueline

(Winifred Jacqueline Fraser Bisset)
* 13. 9. 1944 Weybridge (Surrey)

Mit achtzehn Jahren Fotomodell und Fernsehschauspielerin. Seit Mitte der 60er Jahre kleine Rollen in britischen Filmen. Erst 1967 eine anspruchsvollere Rolle in der südafrikanischen Produktion *The Cape Town Affair* (Robert D. Webb), danach auch in amerikanischen, britischen und französischen Filmen. Beispiele für ihre Vielseitigkeit sind die Stewardeß in George Seatons *Airport* und der Filmstar Julie Baker in François Truffauts *La nuit américaine*. Daneben in spekulativer Kinoware, z. B. skandalträchtig im nassen T-Shirt im Taucherfilm *The Deep* (Peter Yates) und als Jackie Onassis neben Anthony Quinn in *The Greek Tycoon* (J. Lee Thompson). 1980 Gründung der Produktionsfirma Jacquet Productions. Seither zahlreiche Rollen, aber selten in künstlerisch bedeutenden Filmen. Ausnahmen sind 1981 die Rolle einer Schriftstellerin in George Cukors *Rich and Famous* und die der Gattin eines ehemaligen britischen Konsuls in Mexiko in John Hustons *Under the Vulcano* – beides Alterswerke ihrer Regisseure. Seit 1989 ist Jacqueline Bisset mit dem Schauspieler und Regisseur Vincent Perez liiert.

[GB] 1965: The Knack ... and How To Get It (Der gewisse Kniff). 1965/66: Cul-de-Sac (Wenn Katelbach kommt). 1966: Drop Dead, Darling (Arrivederci, Baby!). 1966/67: Casino Royale (Casino Royale). 1967: Two for the Road (Zwei auf gleichem Weg); The Cape Town Affair [US/ZA]; The Sweet Ride [US]. 1968: The Detective (Der Detektiv) [US]; Bullitt (Bullitt) [US]. 1969: La promesse/L'echelle blanche/Secret World (Ein Sommer in Frankreich) [FR/GB]; The First Time [US]. 1970: Airport (Airport) [US]; The Mephisto Waltz (Mephisto-Walzer) [US]; The Grasshopper (Jung, hübsch und hemmungslos) [US]. 1971: Believe in Me/Speed Is the Essence [US]; Secrets (Geheimnisse) [US]. 1972: The Life and Times of Judge Roy Bean (Das war Roy Bean) [US]; Stand Up and Be Counted (Jede Stimme zählt) [US]. 1973: Le magnifique/Come si distrugge la reputazione del più grande agente segreto del monde (Le Magnifique) [FR/IT]; The Thief Who Came to Dinner (Webster ist nicht zu fassen) [US]; La nuit américaine/Effetto notte (Die amerikanische Nacht) [FR/IT]. 1974: Murder on the Orient Express (Mord im Orient-Expreß). 1975: La donna della domenica/La femme du dimanche (Die Sonntagsfrau) [IT/FR]; The Spiral Staircase (Das Geheimnis der Wendeltreppe). 1975/76: Der Richter und sein Henker [BRD].

1976: St. Ives (Tag der Abrechnung) [US]. 1977: The Deep (Die Tiefe) [US/GB]; Who is Killing the Great Chefs of Europe? (Die Schlemmer-Orgie) [US]. 1978: The Greek Tycoon (Der große Grieche) [US]. 1978/79: Amo non amo [IT]. 1979: When Time Ran Out... (Der Tag, an dem die Welt unterging) [US]. 1980: Inchon (Inchon). 1981: Rich and Famous (Reich und berühmt) [US]. 1983: Class (Class). 1984: Under the Volcano (Unter dem Vulkan) [US]; Forbidden/Versteckt [TV – US/BRD]. 1985: Anna Karenina (Anna Karenina) [TV – US]. 1986/87: High Season. 1987: Napoleon and Josephine: A Love Story (Napoleon und Josephine – Eine Liebesgeschichte) [TV – US]. 1988: La maison de jade (Das Jadehaus) [FR]. 1989/90: Scenes from the Class Struggle in Beverly Hills (Scenes from the Class Struggle in Beverly Hills) [US]. 1990: Wild Orchid (Wilde Orchidee) [US]; The Maid (Anthony das Kindermädchen) [US/FR]. 1991: Rossini! Rossini! [IT/FR/ES/DE]. 1992: Crime Broker (Cold as Steel) [AU]. 1992/93: Est & ouest: Les paradis perdus [FR]. 1993: Hoffman's honger [NL]; Les Marmottes [FR]. 1994: Leave of Absence (Herz im Zwiespalt) [TV – US]. 1995: Rosamunde Pilchers September/September [TV – DE/GB]; La cérémonie/Biester [FR/DE]. 1996: Once You Meet a Stranger [US]; The Honest Courtesan [US].

Björnstrand, Gunnar

*13. 11. 1909 Stockholm
†24. 5. 1986 Stockholm

Theaterdebüt in Malmö. Schauspielstudium bei Julia Håkanson. 1933–35 Schauspielschule des Dramatischen Theaters in Stockholm; 1936–38 am Schwedischen Theater in Helsinki; danach u. a. am Königlichen Theater in Stockholm. Ab 1939 zahlreiche Filmauftritte in Produktionen wechselnder Bedeutung. 1946 in Gustaf Edgrens *Kristin Kommenderar* erste große Rolle als Charakterdarsteller. 1953 Auszeichnung mit dem Gösta-Ekman-Preis. Ab 1946 auch Zusammenarbeit mit Ingmar Bergman, in dessen Filmen er zumeist mit kantigen Bewegungen, auch mit komödiantischem Einschlag, als soignierter Bürger auftritt, der sich seines Moralsystems nicht mehr sicher ist, wenn er weltlichen Versuchungen ausgesetzt ist: so als Advokat in *Sommarnattens leende* (1955) und in *Nattvardsgästerna* (1962) – in seiner wohl anspruchsvollsten Rolle – als zweifelnder Pastor, der nach neuen Fixpunkten in einer entgöttlichten Welt sucht. Nur gelegentlich entkommt er dem Bürger-Klischee: In Bergmans *Det sjunde inseglet* (1957) ist er ein leicht zynischer Frager mit komödiantischem Einschlag, da Max von Sydow den Part des Suchers übernimmt. Auch die Zusammenarbeit mit Vilgot Sjöman, Jan Troell und Mai Zetterling ändert wenig an der starren Rollenzuweisung. Seinen letzten Auftritt hat Björnstrand als Schauspieler Filip Landahl in Bergmans *Fanny och Alexander*.

[SE] 1939: Hjältar i gult och blått. 1939/40: Juninatten. 1940: Alle man på post; Karl för sin hatt; Hennes melodi. 1941: Snapphanar. 1942: En äventyrare; General von Döbeln. 1943: Natt i hamn; Lev farligt; Jag dräpte; Appassionata. 1944: Sussie; Mitt folk är icke ditt; Nyordning på sjögårda; Hets (Die Hörige). 1945: I som här inträden. 1946: Rötägg; Medan porten var stängd; Peggy på vift; Det regnar på vår kärlek (Es regnet auf unsere Liebe); Kristin Kommenderar; Bruden kom genom taket. 1947: Här kommer vi!; Pappa sökes; En fluga gör ingen sommar; Krigsmans erinran; Två kvinnor (Zwei Frauen); Musik i mörker (Musik im Dunkeln); Var sin väg. 1948: Lilla märta kommer tillbaka; En svensk tiger; Soldat Bom (Schütze Bum in Nöten). 1949: Skolan skolan; Min syster och jag; Flickan från tredje raden; Pappa Bom. 1950: Kvartetten som sprängdes; Fästmö uthyres; Kyssen på kryssen. 1951: Dårskapens hus; Livat på luckan; Tull-Bom (Schütze Bumm als Zollinspektor). 1952: Oppåt med gröna hissen; En fästman i taget; Kvinnors väntan (Sehnsucht der Frauen); Flyg-Bom; Säg det med blommer. 1953: Glasberget; Vi tre debutera (Wir drei debütieren); Dansa min docka; Gycklarnas afton (Der Abend der Gaukler). 1954: Seger i mörker (Ein hoher Preis); En lektion i kärlek (Lektion in Liebe); Gabrielle; Flottans glada gossar. 1955: Sommarnattens leende (Das Lächeln einer Sommernacht); Stampen; Kvinnodröm (Frauenträume). 1956: Sjunde himlen; Det sjunde inseglet (Das siebte Siegel); Det är aldrig för sent. 1957: Sommarnöje sökes; Skorpan; Smultronstället (Wilde Erdbeeren); Du är mitt äventyr; Nattens ljus. 1958: Frøken April (Der Verführer); Ansiktet (Das Gesicht). 1959: Mälarpirater; Brott i paradiset; Det svänger på slottet; Himmel och pannkaka. 1960: Djävulens öga (Die Jungfrauenbrücke). 1961: Lustgården; Såsom in en spegel (Wie in einem Spiegel). 1962: Nattvardsgästerna (Licht im Winter). 1963: Lyckodrömmen; Min kärä är en ros. 1964: Aktenskapabrottaren; Älskande par (Liebende Paare); Klänningen. 1965: Syskonbädd 1782 (Geschwisterbett); Persona (Persona). 1966: Träfracken (Dr. Westers letzter Patient); Här har du ditt liv (Hier hast du dein Leben); Den røde kappe/Den röda kappan/Rauda skikkjan (Hagbard und Signe) [DK/SE/IS]. 1966/67: Stimulantia. Ep: Smycket [EP]. 1967: Tofflan – en lycklig komedi. 1968: Flickorna (Die Mädchen); Skammen (Schande). 1969: Violenza al sole (In den Adern heißes Blut) [IT]; Papa, varför är du arg? Du gjorde likadant själv när du var ung. 1971: Lockfågeln. 1973: Pistolen. 1976: Ansikte mot ansikte (Von Angesicht zu Angesicht) [TV]. 1977: Tabu; Herbssonate [BRD]. 1979: Charlotte Löwensköld (Charlotte Löwenskjöld). 1981: Avskedet/Jäähyväiset [SE/FI]. 1982: Fanny och Alexander/Fanny und Alexander [SE/BRD/FR].

Black, Karen

(Karen Blanche Ziegler)
* 1. 7. 1942 Park Ridge (Illinois)
Studium an der Northwestern University in Evanston, Illinois. Anfang der 60er Jahre Besuch des Actors Studio in New York, kleine Rollen am Off-Broadway. 1965 Broadway-Debüt im Krimi «Playroom», weitere Auftritte in «After the Fall» und im Musical «On a Clear Day You Can See Forever». 1966 kleine Filmrolle in *You're A Big Boy Now* (Francis Ford Coppola). Bekannt wird sie durch ihre Beteiligung an Dennis Hoppers Kultfilm *Easy Rider*. 1970 Oscar-Nominierung für die Nebenrolle der rothaarigen Kellnerin Rayette Dipesto in Bob Rafelsons *Five Easy Pieces*. 1975 als angehende Country-Sängerin in *Nashville* (Robert Altman), ein Jahr später in Alfred Hitchcocks *Family Plot*. 1983 überzeugt sie als elegante, mysteriöse Fremde Joanne in Altmans *Come Back to the Five and Dime, Jimmy Dean, Jimmy Dean*. Bei *Men* (Zoe Clarke-Williams) versucht sie sich 1997 erstmals auch als Autorin.

[US] 1960: The Prime Time. 1966: You're a Big Boy Now (Big Boy, jetzt wirst du ein Mann!). 1967–68: The Second Hundred Years [TVS]. 1969: Easy Rider (Easy Rider); Hard Contract (Der Killer und die Dirne). 1970: Five Easy Pieces (Five Easy Pieces – Ein Mann sucht sich selbst). 1971: Born to Win (Pforte zur Hölle); Drive, He Said; Cisco Pike (Cisco Pike); A Gunfight (Duell in Mexiko). 1972: Portnoy's Complaint (Portnoys Beschwerden); Rip Off (Auf und davon) [CA]. 1973: Little Laura and Big John (Die Ashley-Bande); The Outfit (Revolte in der Unterwelt); The Pyx [CA]. 1974: Law and Disorder; The Great Gatsby (Der große Gatsby); Rhinoceros; Airport 1975 (Giganten am Himmel). 1975: Crime and Passion/ Frankensteins Spukschloß [US/BRD]; Trilogy of Terror [TV-EP]; Owen [GB]; Nashville (Nashville); The Day of the Locust (Der Tag der Heuschrecke). 1976: Family Plot (Familiengrab); Burnt Offerings (Landhaus der toten Seelen); The Rip-Off/Controrapina. 1977: Capricorn One (Unternehmen Capricorn); Strange Possession of Mrs. Oliver [TV]. 1978: Because He's My Friend [TV]; Killer Fish – Agguato sul fondo (Piranhas II – Die Rache der Killerfische) [BR/FR]; In Praise of Older Women (Lust auf Liebe) [CA]. 1979: Power (Der Weg zur Macht) [TV]; Mr. Horn (Scouts) [TV]; The Last Word (Fort Travis). 1980: Where the Ladies Go [TV]; Separate Ways. 1981: Chanel Solitaire (Einzigartige Chanel) [GB/FR]; The Grass Is Singing/Gräset sjunger (Afrikanische Tragödie) [ZM/SE]. 1982: Come Back to the 5 & Dime Jimmy Dean, Jimmy Dean (Komm zurück, Jimmy Dean). 1983: Can She Bake a Cherry Pie? (Café New York) [D,CoKOM]. 1984: Faerie Tale Theatre: The Little Mermaid; Martin's Day (Flucht zurück) [CA]; There's Something Wrong in Paradise [TV – GB]; Savage Dawn (Die Hyänen muß sie jagen); Bad Manners/Growing Pains; Inferno in diretta (Cut and Run) [IT]. 1985: Invaders from Mars (Invasion vom Mars). 1986: It's Alive III: Island of the Alive (Die Wiege des Schreckens); Flight of the Spruce Goose (Kohlenstaub und Glitzerträume) [TV]. 1987: Dixie Lanes (Family Trouble) [CA]; Hostage (Hostage); The Invisible Kid (Invisible Kid). 1988: Out of the Dark (Out of the Dark); Miss Right; Judgement (Dark Justice – Eine Richterin sieht rot). 1989: Homer and Eddie (Homer und Eddie); Twisted Justice (Twisted Justice); Mirror, Mirror (Mirror, Mirror); Zapped Again (Der Typ mit dem irren Blick). 1989/90: The Children [GB/BRD]. 1990: Evil Spirits; Fatal Encounter (Blutiges Erbe); Night Angel; Overexposed (Die Fratze des Todes). 1991: Children of the Night (Children of the Night); The Killer's Edge; Club Fed; Haunting Fear (Haunting Fear); Quiet Fire; The Roller Blade Seven. 1992: Auntie Lee's Meat Pies; Caged Fear; Rubin & Ed [GB]; The Player (The Player); Final Judgement (Final Judgement – Henker im Meßgewand). 1993: The Double-O Kid (Double-O Kid); Bound & Gagged: A Love Story. 1995: The Wacky Adventures of Dr. Boris and Nurse Shirley. 1996: Plan 10 from Outer Space; New York Crossing. 1997: Men [D,CoA].

Blain, Gérard

* 23. 10. 1930 Paris
Ab 1943 als Statist in Theater und Film. Erste größere Rolle 1956 an der Seite Jean Gabins in Julien Duviviers *Voici le temps des assassins*. Besonders in Claude Chabrols *Le beau Serge* und *Les cousins* ist er als Vertreter der desillusionierten Nachkriegsjugend ein französischer Verwandter James Deans; doch bleibt seine Popularität in Frankreich begrenzt. Blain lebt zu dieser Zeit mit Bernadette Lafont zusammen. In Italien entstehen unter der Regie von Carlo Lizzani gleichfalls Filme, die ohne nachhaltige Resonanz bleiben; ein kurzer Abstecher zu Howard Hawks (*Hatari*) bleibt unbefriedigend. Ab 1971 führt Blain mehrfach bei engagierten, mit geringen Etats und ohne Stars gedrehten Filmen Regie, die wegen ihrer intellektuellen Unabhängigkeit von der Fachkritik positiv aufgenommen werden; man vergleicht seinen kargen Stil häufig mit dem des von Blain verehrten Robert Bresson. Nur noch gelegentlich als Schauspieler; u. a. in Wim Wenders' *Der amerikanische Freund*.

[FR] 1943: Le carrefour des enfants perdus; Le bal des passants. 1943/44: Les enfants du paradis (Kinder des Olymp). 1945: Fils de France. 1953: Avant le déluge/Prima del diluvio (Vor der Sintflut) [FR/IT]; Les fruits sauvages (Wilde Früchte). 1954: Escalier de service (Mary Lou und ihre Herren). 1956: Voici le temps des assassins (Der Engel, der ein Teufel war); Crime et châtiment (Schuld und Sühne). 1957: I giovani mariti/Les jeunes naris (Liebe hat kurze Beine) [IT/FR]; Les mistons (Die Unverschämten); Le désir mène les hommes (Gefährliche Eva). 1957/58: Le beau Serge (Die Enttäuschten). 1958: Les cousins (Schrei, wenn du kannst). 1959: Match contre la mort/Match contro la morte [FR/IT]. 1960: La peau et les os (Die Haut und die Knochen); I delfini (Gefährliche Nächte) [IT/FR]; Il gobbo/Le bossu de Rome (Der Bucklige von Rom) [IT/FR]; Via Margutta [IT/FR]. 1961: L'Oro di Roma/Traqués par la Gestapo [IT/FR]. 1962: Hatari! (Hatari!) [US]; La smania addosso/Viol à l'talienne (Heirat auf sizilianisch) [IT/FR]. 1962/63: Les vierges/Le vergini (Die Jungfrauen) [FR/IT]. 1963: La bonne soupe/La pappa reale (Das leichte Geld der Liebe) [FR/IT]. 1963/64: Via Veneto [IT]. 1964: Amori pericolosi. 3. EP: Il generale [EP – IT/FR]. 1966: Un homme de trop/Il 13° uomo (Ein Mann zuviel) [FR/IT]. 1968: Joe Caligula (Joe Caligula). 1976/77: Der amerikanische Freund/L'ami américain [BRD/FR]. 1978: Utopia. 1980: Le rebelle (Der Zorn des Rebellen) [R]; La flambeuse. 1981: La derelitta. 1982: Un dimanche de flics (Zwei Profis steigen aus). 1985: La presqu'île. 1986: Poussière d'ange (Engel aus Staub). 1989: L'Enfant de l'hiver (Das Winterkind). 1990: Chasse gardée. 1995: Jusqu'au bout de la nuit [D,R].

Blech, Hans-Christian

*20. 2. 1915 Darmstadt
†5. 3. 1993 München

Schauspielschule des Landestheaters in Darmstadt, Debüt am Theater Baden-Baden. Ab 1937 an Bühnen in Kiel, Freiburg (Breisgau) und Leipzig. 1939 von Emil Jannings für den Film entdeckt; als revolutionärer Matrose in *Der letzte Appell*, der wegen Kriegsausbruch unvollendet bleibt. 1940–45 Soldat, Gefangenschaft. 1947–55 an den Münchner Kammerspielen; spielt dort u. a. unter Fritz Kortner, Bertolt Brecht und Hans Schweikart. Erster vollendeter Film 1948 bei der DEFA als Mörder in Erich Engels *Affaire Blum*. 1951 als Deserteur im Hollywood-Film *Decision Before Dawn* (Anatole Litvak). Erster großer Publikumserfolg als tückischer Wachtmeister Platzek in Paul Mays Kommiß-Trilogie *08/15* nach Hans Helmut Kirst. Im Fernsehen zuerst 1956 als *Schinderhannes* (Peter Beauvais) nach Zuckmayer. Blechs Gesicht ist durch einen Autounfall von schmißartigen Narben geprägt, so gilt er vielen amerikanischen Produzenten als Prototyp des harten Deutschen. Entsprechende Rollen in internationalen Produktionen: Major Pluskat im Invasions-Epos *The Longest Day* und Hauptmann Karl Schmidt in John Guillermins *The Bridge at Remagen*. Die Festlegung auf Uniformträger und ähnliches durchbricht er als geschundener KZ-Häftling in Armand Gattis *L'Enclos* oder als Widerstandskämpfer in Bernhard Wickis US-Film *Morituri*. Als einer der wenigen älteren deutschen Schauspieler in Produktionen des Neuen Deutschen Films; z. B. läßt Wim Wenders ihn in *Falsche Bewegung* einen Außenseiter spielen (1975 Bundesfilmpreis im Gesamtensemble). Seit Mitte der 70er Jahre wiederholt in großen TV-Rollen, oft gebrochene Charaktere; Titelrollen u. a. in Hans W. Geissendörfers *Theodor Chindler* nach dem Roman von Bernard von Brentano und im Zweiteiler *Meister Timpe* (Hartmut Griesmayr); neben Curd Jürgens als kranker DDR-Geheimdienstler Urak in der TV-Bearbeitung von Stefan Heyms Roman *Collin* (Peter Schulze-Rohr), als alkoholkranker Altmime in Egon Günthers *Die letzte Rolle*. TV-Präsenz bis kurz vor seinem Tod: *Via Mala* (Tom Toelle), *Die Ringe des Saturn* (Michael Kehlmann). 1976 Filmband in Gold für langjähriges und hervorragendes Wirken im deutschen Film.

[DE/BRD] 1939: Der letzte Apell [Unvollendet]. 1948: Affaire Blum [DDR]. 1950: Epilog. 1951: Decision Before Dawn (Entscheidung im Morgengrauen) [US]. 1954: Sauerbruch – Das war mein Leben; Geständnis unter vier Augen; 08/15; Phantom des großen Zeltes. 1954/55: Kinder, Mütter und ein General. 1955: 08/15 – II. Teil; Banditen der Autobahn; 08/15 in der Heimat. 1956: Weil du arm bist, mußt du früher sterben; Schinderhannes [TV – BRD/AT]. 1957: Un homme se penche sur son passé/Schwarzer Stern in weißer Nacht [FR/BRD]; Der Verdammte [TV]. 1958: Der Flüchtling [TV]; Die Bekehrung des Ferdys Pistora [TV]; Solange das Herz schlägt. 1959: Der Fall Pinedus [TV]; Ruf ohne Echo [TV]; Ich schwöre und gelobe. 1960: Hexenjagd [TV]; Das Erbe von Björndal [AT]. 1961: L'enclos/Ograda (Der Verschlag) [FR/YU]; The Longest Day (Der längste Tag) [US]. 1962: Zeit der Schuldlosen [TV]; Alle Macht der Erde [TV]. 1963: Detective Story (Polizeirevier 21) [TV]; Maria Stuart [TV]. 1963/64: Der Besuch/La rancune/La vendetta della signora [BRD/IT/FR]. 1964: Morituri (Morituri) [US]; Woyzeck [TV]. 1965: Marie Octobre [TV]; Battle of the Bulge (Die letzte Schlacht) [US]. 1966: Schornstein Nr. 4/La voleuse [BRD/FR]; Der schwarze Freitag [TV]. 1967: Blick von der Brücke [TV]; König Ödipus [TV]; Die Verfolgung und Ermordung Jean Paul Marats dargestellt von der Schauspielgruppe des Hospizes zu Charenton unter Anleitung des Herrn de Sade [TV]. 1968/69: Cardillac. 1969: The Bridge at Remagen (Die Brücke von Remagen) [US]. 1970: Le client de la morte saison/The Traveller [FR/IL]; Der Übergang über den Ebro [TV]. 1970/71: Tatort: Frankfurter Gold [TV]. 1971: Die absolute Frage [TV – CH]; Das Herz aller Dinge [TV]; Geheimagenten [TV]. 1972: Der Leuchtturm [TV]. 1972/73: Der scharlachrote Buchstabe/La letra scarlata [BRD/ES]. 1973: Im Zeichen der Kälte

[TV]; Giordano Bruno [IT]; Das blaue Hotel [TV – BRD/SE]; Das einsame Haus [TV]. 1973/74: Tod in Astapowo [TV]; Le hasard et la violence/Amore e violenza (Bonne Chance) [FR/IT]. 1974: Le chair de l'orchidée/Un'orchidea rossa sangue/Das Fleisch der Orchidee [FR/IT/BRD]; Van der Valk und die Toten [TV – BRD/AT]. 1974/75: Falsche Bewegung; Les innocents aux mains sales/Gli innocenti dalle mani sporche/Die Unschuldigen mit den schmutzigen Händen [FR/IT/BRD]. 1975: Il faut vivre dangéreusement [FR]; Don Juan in der Hölle [TV]; Ansichten eines Clowns. 1975/76: Zerschossene Träume/L'Appât [BRD/AT/ FR]. 1976/77: Das Verhör des Ernst Niekisch [TV]; Der Mädchenkrieg; Grete Minde – Der Wald ist voller Wölfe [BRD/AT]. 1977: Winterspelt 1944. 1977–79: Victoria [BRD/SE]. 1978: Grüß Gott, ich komm' von drüben [TV]; Messer im Kopf. 1978/79: Theodor Chindler [TV]. 1979: Meister Timpe [TV]. 1980: Der Prager Prozeß 1979 [TV]; Nasvidenje v naslednji vojni [YU]; Looping – Der lange Traum vom kurzen Glück. 1981: Collin [TV]; Der Alte aus der Tomatengasse [TV]; Der Zauberberg/La montagne magique/La montagna incantata [BRD/FR/IT]. 1981/82: Qualverwandtschaften [TV]. 1983: Satan ist auf Gottes Seite [TV]. 1984: Lenin in Zürich [TV]; Oberst Redl/Redl Ezredez [BRD/HU/AT]. 1984/85: Die letzte Rolle [TV]. 1985: Via Mala [TV]; Die Orgel [TV]; Nein, ich gebe niemals auf [TV-DOK]; Kennwort Möwe [TV]. 1985/86: Aus familiären Gründen. 2. Ein Stück Vergangenheit [TV]. 1986: Bitte laßt die Blumen leben. 1987: Der Schrei der Eule [TV]. 1988: Cinéma (Cinema) [TV – FR]; Das Milliardenspiel [TV]. 1989: Der achte Tag. 1989/90: Mit den Clowns kamen die Tränen [TV]. 1990: Magyar rekviem/Ungarisches Requiem [HU/DE]; Wer zu spät kommt [TV]. 1991: Begräbnis einer Gräfin [TV]; La Paloma fliegt nicht mehr [TV]. 1992: Das große Fest [TV]; Die Ringe des Saturn [TV].

Blier, Bernard

* 11. 1. 1916 Buenos Aires
†29. 3. 1989 Paris

Sohn eines bedeutenden französischen Biologen; Studium an der Sorbonne; Promotion zum Doktor der Philosophie. Während der Studienzeit nach dreimaliger Ablehnung Schauspielunterricht bei Raymond Rouleau und bei Louis Jouvet am Konservatorium in Paris. 1936 Theaterdebüt. 1940 Soldat und deutsche Kriegsgefangenschaft. Ab 1942 Engagements an Pariser Bühnen; nach dem Krieg in Boulevardkomödien. Ab 1936 Nebenrollen beim Film; erste bedeutende Rollen 1946 in Jean Gehrets *Le Café du Cadran* und 1947 in Henri-Georges Clouzots Krimi-Klassiker *Quai des Orfèvres*. Im gleichen Jahr ist er als Wirt in Yves Allégrets *Dédée d'Anvers* Simone Signoret still ergeben. In zahlreichen französischen und italienischen Filmen aller Genres Rollen als einfacher Arbeiter oder rundlicher Kleinbürger, der in Konflikt mit den Normen seiner Umwelt gerät oder deren Engstirnigkeiten auf das Unangenehmste verkörpert. Mehrfach spielt er wortkarge Polizeigewaltige, die sich nur ungern in ihren Entscheidungen beeinflussen lassen. Auch seine komödiantische Ader kann er in vielen Filmen zeigen, so als listig-bornierter Geheimdienstchef in Yves Roberts *Le grand blond avec une chaussure noire*. Anläßlich des 300. Geburtstags von Molière spielt er 1973 mit Isabelle Adjani in «L'école des femmes» an der Comédie Française. 1973 Ritter der Ehrenlegion. Kurz vor seinem Tod Auszeichnung mit dem Ehren-César.

[FR] 1936: Trois-six-neuf. 1937: L'habit vert; Le messager; La dame de Malacca [Version]; Gribouille (Der fünfte Geschworene); Double crime sur la ligne Maginot. 1938: Hôtel du Nord; Entrée des artistes; Place de la Concorde; Accord final/Symphonie am Genfersee (Die 10. soll es sein) [CH/FR]; Altitude 3200; Le ruisseau; Grisou. 1939: L'enfer des anges; Le jour se lève (Der Tag bricht an); Nuit de décembre. 1941: La nuit fantastique; La symphonie fantastique (Eine phantastische Sinfonie); L'assassinat du Père Noël; Le pavillon brûle; Le mariage de Chiffon; Caprices (Einmal im Jahr); Premier bal. 1942: Le journal tombe à cinq heures; Marie-Martine; La femme que j'ai le plus aimé; Romance à trois. 1943: Les petites du Quai aux Fleurs; Domino; Je suis avec toi; Carmen. 1944: Farandole. 1945: Seul dans la nuit (Das unheimliche Lied); Monsieur Grégoire s'évade; Messieurs Ludovic (Drei an einem Tag). 1946: Le café du Cadran (Café Cadran). 1947: Quai des Orfèvres (Unter falschem Verdacht); Dédée d'Anvers (Schenke zum Vollmond). 1948: Retour à la vie/Le retour de Tante Emma [EP]; Les casse-pieds; L'école buissonnière (Die Prüfung); D'homme à hommes (Von Mensch zu Mensch). 1949: La souricière; Manèges (Eine Frau im Sattel); L'invité du mardi (Der Gast am Dienstag); Monseigneur. 1950: Les anciens de Saint-Loup; Souvenirs perdus. Ep: Un violon (Es geschah in Paris) [EP]; Sans laisser d'adresse (Adresse unbekannt). 1951: La maison Bonnadieu; Agence matrimoniale (Heiratsvermittlung). 1952: Je l'ai été trois fois; Suivez cet homme. 1953: Avant le déluge/Prima del diluvio (Vor der Sintflut) [FR/IT]. 1954: Secrets d'alcôve/Il letto. 2. Ep: Le lit de la Pompadour (Dürfen Frauen so sein?) [EP – FR/IT]; Scènes de ménage. 1955: Les hussards; Prigionieri del male/Revelación [IT/ES]; Fascicolo nero/Le dossier noir (Die schwarze Akte) [IT/FR]. 1956: Crime et châtiment (Schuld und Sühne). 1956/57: L'homme à l'imperméable/L'uomo dall' impermeabile (Der Mann im Regenmantel) [FR/IT]. 1957: Sans famille (Die Abenteuer des kleinen Remi); Retour de manivelle/Delitto sulla Costa Azzura (Luzifers Tochter)

[FR/IT]; Les misérables/I miserabili (Die Elenden) [FR/IT]; L'école des cocottes; Quand la femme s'en mêle/Godot (Killer lassen bitten) [FR/IT]; La bonne tisane (Zyankali). 1958: Marie-Octobre (Marie-Octobre); En légitime défense (In Montmartre wird es Nacht); Les grandes familles (Die großen Familien); Le joueur/Il giocatore (Das Spiel war sein Fluch) [FR/IT]; La chatte (Die Katze). 1958/59: Archimède le clochard/Archimede le clochard (Im Kittchen ist kein Zimmer frei) [FR/IT]. 1959: Storie d'amore proibite (Il cavaliere e la zarina)/Le secret du chevalier d'Eon (Der Favorit der Zarin) [IT/FR]; Marche ou crève (Auch Helden wollen leben) [FR/BE]; Les yeux de l'amour/Amanti nelle tenebre (Mit den Augen der Liebe) [FR/IT]; La grande guerra/La grande guerre (Man nannte es den großen Krieg) [IT/FR]. 1960: Il gobbo/Le bossu de Rome (Der Bucklige von Rom) [IT/FR]; Arrêtez les tambours; Vive Henri IV, Vive l'Amour!/I celebri amori di Enrico IV (Das Bett des Königs) [FR/IT]; Le président/Il presidente (Der Präsident) [FR/IT]; Crimen/Chacun son alibi (Die Leiche ist im falschen Koffer) [IT/FR]. 1961: Le cave se rebiffe/Il re dei falsari (Der Herr mit den Millionen) [FR/IT]; La monocle noir (Das schwarze Monokel); Le septième juré (Der siebte Geschworene); L'ennemi dans l'ombre (Der Boß kennt kein Erbarmen); I briganti italiani/Los guerilleros (Der Bandit von Neapel) [IT/FR]. 1961/62: Les petits matins (Wir bitten zu Bett). 1962/63: Mathias Sandorf/El gran rebelde (Matías Sandorf)/Il grande ribelle (Die Zitadelle von San Marco) [FR/ES/IT]. 1963: Alta infideltà. 4. Ep: Gente moderna/Haute infidelité (Ehen zu dritt) [EP – IT/FR]; Il magnifico avventuriero/El magnifico aventurero/Le avventure di Benvenuto Cellini (Mit Faust und Degen) [IT/ES/FR]; I compagni/Les camarades (Die Peitsche im Genick) [IT/FR]; La bonne soupe/La pappa reale (Das leichte Geld der Liebe) [FR/IT]; Pourquoi Paris? [FR/IT]; Germinal [FR/IT]; 100000 dollars au soleil/100000 dollari al sole (100000 Dollar in der Sonne) [FR/IT]; Les tontons flingueurs/In famiglia si spara/Mein Onkel, der Gangster [FR/IT/BRD]; Les Saintes-Nitouches/Ragazze di buona famiglia (Die Mädchen mit dem frommen Blick) [FR/IT]. 1964: Il magnifico cornuto/Le cocu magnifique (Cocü) [IT/FR]; La chance et l'amour/L'amore e la chance. 1. Ep: Une chance explosive (Schräger Charme und tolle Chancen) [EP – FR/IT]; La chasse à l'homme/Caccia al maschio (Jagd auf Männer) [FR/IT]; Les barbouzes (Mordrezepte der Barbouzes). 1965: Les bons vivants/Per favore, chiudete le persiane (Die Damen lassen bitten) [EP – FR/IT]; Quand passent les faisans; Una questione d'onore/Une question d'honneur (Eine Frage der Ehre) [IT/FR]. 1966: Si j'étais un espion; Duello nel mondo/Duel dans le monde [IT/FR]; Delitto quasi perfetto (Ein fast perfektes Verbrechen) [IT/FR]; Un idiot à Paris (Die Dirne und der Narr); Le grand restaurant (Das große Restaurant). 1966/67: Peau d'espion/Der grausame Job/Congiura di spie [FR/ BRD/IT]. 1967: Le fou du labo 4 (Der Verrückte aus Labor 4); Lo straniero/L'etranger (Der Fremde) [IT/ FR]; Du mou dans la gâchette/Due killers in fuga (Nic und Co – Aufträge aller Art) [FR/IT]; Caroline chérie [FR/IT/BRD]. 1967/68: Coplan sauve sa peau/L'Assassino ha le ore contate (Der Teufelsgarten) [FR/IT]. 1968: Mon oncle Benjamin/Mio zio Beniamino, l'uomo dal mantel lo rosso (Mein Onkel Benjamin) [FR/IT]; Faut pas prendre les enfants du Bon Dieu pour des canards (Ich laß mich nicht für dumm verkaufen); Riusciranno i nostri eroi a ritrovare l'amico misteriosamente scomparso in Africa? [IT]. 1969: Appelez-moi Mathilde; Elle boit pas, elle fume pas, elle drague pas mais ... elle cause. 1970: Le distrait (Der Zerstreute). 1970/ 71: Laisse aller, c'est une valse/Tre canaglie e un piedipiatti (Der große Coup des Kommissars) [FR/IT]; Le cri du cormoran le soir au-dessus des jonques. 1971: Catch me a Spy/Les doigts croisés [GB/FR]; Homo eroticus [IT/FR]; Il furto è l'anima del commercio [IT/ FR]; Jo (Hasch mich, ich bin der Mörder); Quarta parete (Die vierte Wand) [IT]. 1971/72: Le tueur/Il commissario Le Guen e il caso Gassot/Der Killer und der Kommissar [FR/IT/BRD]. 1972: Elle cause plus ... elle flingue/Rosamunda non parla ... spara (Die Superlady) [FR/IT]; Boccacio [IT/FR]; Le grand blond avec une chaussure noire (Der große Blonde mit dem schwarzen Schuh); Tout le monde il est beau, tout le monde il est gentil (Die große Masche). 1973: Moi y'en a vouloir des sous (Pardon, Genossen! Edel sei der Mensch, hilflos und reich); Les Chinois à Paris/I cinesi a Parigi (Die Chinesen in Paris) [FR/IT]; La main à couper/Un cadavere di troppo (Die abgetrennte Hand) [FR/IT]; La valise (Der Koffer in der Sonne); Je sais rien mais je dirai tout (Ich weiß von nichts und sage alles). 1974: Par le sang des autres/Ultimatum alla polizia (Der Rücksichtslose) [FR/IT/CA]; Processo per direttissima (Das Urteil – Prozeß im Schnellverfahren) [IT/FR]; Bons baisers à lundi; C'est parce qu'on a rien à dire qu'il faut fermer sa gueule (Der Clou der Madame P.); Il piatto piange [IT/FR]. 1975: L'alpagueur (Der Greifer); C'est dur pour tout le monde (Man hat's nicht leicht auf dieser Welt); Calmos; Amici miei (Ein irres Klassentreffen) [IT]; Le faux-cul; Ce cher Victor (Der liebe Viktor). 1976: La nuit d'or [FR/BRD]; Le corps de mon ennemi (Der Körper meines Feindes). 1977: Le compromis [FR/BE]; Il testimone/Le témoin (Der Zeuge) [IT/FR]. 1978/79: Volatati Eugenio/Eugenio (Komm zurück, Kleiner) [IT/FR]. 1979: Buffet froid; Série noire; Il malato immaginario (Der eingebildete Kranke) [IT]. 1980: La fuite en avant. 1980/81: Passione d'amore/Passion d'amour (Passion der Liebe) [IT/FR]. 1981: Pétrole pétrole; Il turno [IT]. 1982: Amici miei, atto II [IT]. 1984: Cuore (Cuore) [IT/FR/CH]; Ça n'arrive qu'à moi. 1985: Amici miei, atto III [IT]; Le due vite di Mattia Pascal/Die zwei Leben des Mattia Pascal [TV – IT/FR/BRD]; Scemo di guerra/Le fou de guerre [IT/FR]. 1986: Je hais les acteurs; Speriamo che sia femmina/Pourvu que ce soit une fille [IT/FR]; Twist Again à Moscou (Twist Again in Moskau). 1987: Les possédés (Die Dämonen). 1987/88: Kinski – Paganini [IT/FR]. 1988: Ada dans la jungle; Mangeclous; Una botta di vita [IT].

Bloom, Claire
(Patricia Claire Blume)
*15. 2. 1931 London-North Finchley
Besuch der Musik- und Schauspielschule in Guildhall; 1946–49 am Oxford Repertory Theatre. Ab 1949 am Shakespeare Memorial Theatre Stratford-upon-Avon. 1948 Filmdebüt mit einer Episodenrolle. 1952 international bekannt als Terry in Charles Chaplins *Limelight.* Danach Filmarbeit sowohl in England als auch in den USA, dort zunächst vor allem in historischen Filmen, so als Katja in Richard Brooks' Dostojewski-Adaption *The Brothers Karamazov.* Trotz Filmtätigkeit bleibt Bloom in erster Linie Theaterschauspielerin, daneben in den 80er Jahren auch zahlreiche Auftritte in Fernsehfilmen und -serien. Zuletzt nur wenige, dafür überzeugende Rollen in Kinofilmen, u. a. in der bitteren social comedy *Sammy and Rosie Get Laid* (Stephen Frears) und im tragikomischen Gesellschaftsbild *Crimes and Misdemeanors* (Woody Allen).
1959–69 ist sie mit dem Schauspieler Rod Steiger, 1969–76 mit dem Theater-Intendanten Hillard Elkin, seit 1990 mit dem Schriftsteller Philip Roth verheiratet. 1982 erscheinen in London ihre Memoiren «Limelight and After. The Education of an Actress».

[GB] 1948: The Blind Goddess. 1952: Limelight (Rampenlicht) [US]. 1953: Innocents in Paris; The Man Between (Gefährlicher Urlaub). 1955: Richard III (Richard III.); Alexander the Great (Alexander der Große) [US]. 1957: The Brothers Karamazov (Die Brüder Karamazow) [US]. 1958: The Buccaneer (König der Freibeuter) [US]. 1959: Look Back in Anger (Blick zurück im Zorn). 1960: Die Schachnovelle [BRD]. 1962: The Chapman Report (Der Chapman-Report) [US]; The Wonderful World of the Brothers Grimm (Die Wunderwelt der Gebrüder Grimm) [US]. 1963: The Haunting (Bis das Blut gefriert); Alta infedeltà. 2. EP: Peccato nel pomeriggio/Haute infidelité (Ehen zu dritt) [EP – IT/FR]; Il maestro di Vigevano [IT]; 80,000 Suspects. 1964: The Outrage (Carrasco, der Schänder) [US]. 1965: The Spy Who Came In from the Cold (Der Spion, der aus der Kälte kam). 1967: Charly (Charly) [US]. 1968/69: Three into Two Won't Go (2 durch 3 geht nicht). 1969: The Illustrated Man (Der Tätowierte) [US]. 1970: Red Sky at Morning [US]; A Severed Head (Traue keinem Hausfreund). 1973: A Doll's House [US]. 1976: Islands in the Stream (Inseln im Strom) [US]. 1980: Brideshead Revisited (Wiedersehen mit Brideshead) [TVS]. 1981: Clash of the Titans (Kampf der Titanen). 1983: Separate Tables (Getrennte Tische) [TV]. 1984: Déja Vu. 1986: Intimate Contact [TV]; Hold the Dream [TV]. 1987: Sammy and Rosie Get Laid (Sammy & Rosie tun es); Queenie (Queenie) [TV – US]. 1988: Beryl Markham: A Shadow on the Sun (Schatten auf der Sonne) [TV]; The Lady and the Highwayman (Silver Blade). 1989: Crimes and Misdemeanors (Verbrechen und andere Kleinigkeiten) [US]. 1992: A hercegnö es a kobold/The Princess and the Goblin (Prinzessin Aline & die Goblins) [S – ANI – HU/GB]. 1994: A Village Affair (Village Affair); Mad Dogs and Englishmen (Mad Dogs and Englishmen) [GB/US]. 1995: Mighty Aphrodite (Geliebte Aphrodite) [US]. 1996: Daylight [US].

Bogarde, Dirk
(Derek Jules Gaspard Ulric Niven van den Bogaerde)
*28. 3. 1921 London-Hampstead
Zunächst Bühnenarbeiter und Szenenbildner am Theater. Ab 1937 Studium der Geschichte und am Royal College of Arts u. a. bei Henry Moore. 1941–46 Dienst in der britischen Armee in Europa und Asien. Anschließend Schauspieler an Londoner Theatern und beim Fernsehen. Die Rolle im Stück «Power Without Glory» bringt ihm 1947 einen Filmvertrag mit J. Arthur Rank ein. Ab 1950 vielbeschäftigter Filmschauspieler, besonders populär in der Filmserie nach den «Doctor»-Romanen von Richard Gordon. Doch erst 1963 auch internationale Anerkennung, vor allem durch Rollen in Filmen von Joseph Losey und Luchino Visconti. Herausragend sind sein Diener Hugo Barett in Loseys Pinter-Verfilmung *The Servant,* der Universitätsdozent Stephen in Loseys *Accident* und vor allem sein Gustav von Aschenbach in Viscontis Thomas-Mann-Adaption *Morte a Venezia.* Danach nur noch sporadisch in Kinofilmen, u. a. in herausragenden internationalen Produktionen wie in Henri Verneuils *Le serpent,* Liliana Cavanis *Il portiere di notte,* Alain Resnais' *Providence* und Rainer Werner Fassbinders Nabokov-Verfilmung *Reise ins Licht – Despair.* In den 80er Jahren neben schriftstellerischer Tätigkeit Auftritte ausschließlich in französischen und britischen Fernsehproduktionen. 1990 Erfolg in der Vaterrolle in Bertrand Taverniers *Daddy Nostalgie.* Er veröffentlicht drei Bände Memoiren: «A Postillon Struck by Lightning» (1977), «Snakes and Ladders» (1978) und «An Orderly Man» (1983), darüber hinaus verfaßt er mehrere Romane.

[GB] 1939: Come On George (Bravo George!) [Statist]. 1947: Dancing with Crime. 1948: Esther Waters; Quartet. EP: Alien Corn (Quartet) [EP]; Once a Jolly Swagman (Wettfahrt mit dem Tode). 1949: The Blue Lamp (Die blaue Lampe); Boys in Brown; Dear Mr. Prohack. 1950: So Long at the Fair (Paris um Mitternacht); The Woman in Question; Blackmailed (Verbrechen ohne Schuld). 1951/52: Hunted (Ein Kind war Zeuge). 1952: Penny Princess (Die Schmugglerprinzessin); The Gentle Gunman (Die Bombe im U-Bahn-Schacht). 1952/53: Appointment in London; Desperate Moment (Sekunden der Verzweiflung). 1953/54: The Sleeping Tiger (Der schlafende Tiger); They Who Dare; Doctor in the House (Aber, Herr Doktor ...). 1954: For Better, For Worse (Glück auf Raten); Simba (Simba); The Sea Shall Not Have Them. 1955: Cast a Dark Shadow (Dämon der Frauen); Doctor at Sea (Doktor Ahoi!). 1956: The Spanish Gardener (Der spanische Gärtner). 1956/57: I'll Met by Moonlight; Doctor at Large (Hilfe, der Doktor kommt!). 1957: Campbell's Kingdom (Gefährliches Erbe). 1957/58: A Tale of Two Cities (Zwei Städte). 1958: The Wind Cannot Read (Denn der Wind kann nicht lesen). 1958/59: The Doctor's Dilemma (Arzt am Scheideweg). 1959: Libel! (Die Nacht ist mein Feind). 1959/60: La sposa bella/The Angel Wore Red (Glut) [IT/US]. 1960: Song Without End (Nur wenige sind auserwählt) [US]; The Singer Not the Song (Sommer der Verfluchten). 1961: Victim (Der Teufelskreis). 1961/62: H. M. S. Defiant (Rebellion). 1962: The Password Is Courage; I Could Go on Singing (Bretter, die die Welt bedeuten); The Mind Benders; We Joined the Navy. 1963: The Servant (Der Diener); Doctor in Distress (Doktor in Noten); Hot Enough for June (Manche mögen's geheim). 1964: The High Bright Sun (Freiwild unter heißer Sonne); King & Country (King and Country [Für König und Vaterland]). 1965: The Little Moon of Alban [TV – US]; Darling (Darling); The Epic That Never Was [TV-DOK]. 1965/66: Modesty Blaise (Modesty Blaise – die tödliche Lady). 1966: Accident (Accident – Zwischenfall in Oxford); Blithe Spirit [TV]. 1967: Justine (Alexandria – Treibhaus der Liebe) [US]; Our Mother's House (Jede Nacht um neun); Sebastian (Sebastian). 1968: The Fixer [US]. 1968/69: Oh! What a Lovely War (Oh! What a Lovely War); La caduta degli dei/Die Verdammten [IT/BRD]. 1970: Upon This Rock [DOK – US]; Morte a Venezia (Tod in Venedig) [IT/FR]. 1973: Le serpent/Il serpente/Die Schlange [FR/IT/BRD]. 1974: Il portiere di notte (Der Nachtportier) [IT]. 1975: Permission to Kill (Vollmacht zum Mord) [US]. 1976: Providence (Providence) [FR/CH]. 1977: A Bridge Too Far (Die Brücke von Arnheim). 1979: Despair – Eine Reise ins Licht/Despair [BRD/FR]. 1981: An Act of Love: The Patricia Neal Story (Triumpf der Liebe) [TV – US]. 1987: The Vision [TV]. 1989/90: Daddy Nostalgie (Daddy Nostalgie) [FR].

Bogart, Humphrey

(Humphrey DeForest Bogart)
*23. 1. 1899 New York City
†14. 1. 1957 Hollywood
Besuch der Trinity School New York und der Philips Academy in Andover, Massachusetts. 1918–19 US Navy. 1920 nach New York, zunächst als Manager, ab 1922 als Schauspieler verschiedener Bühnen. 1930 Filmdebüt in Murray Roths Kurzfilm *Broadway's Like That*. Bis 1935 kleine Rollen bei verschiedenen Studios – daneben weiterhin am Theater. 1936 erster Erfolg als Gangster Duke Mantee in Archie Mayos *The Petrified Forest*. Unter Vertrag bei Warner Bros., wird er zu einem der führenden Schauspieler des Studios. Häufig als Gangster, so 1937 als rücksichtsloser und zynischer Ganove in William Wylers *Dead End*. Durch die Rolle des Privatdetektivs Sam Spade in John Hustons Regiedebüt *The Maltese Falcon* Aufstieg zum Star. Die «Bogey-Legende» wird 1942 mit der Rolle des einsamen Barbesitzers Rick in Michael Curtiz' Melodram *Casablanca* begründet (Oscar-Nominierung). Als Harry Morgan 1944 zum ersten Mal Partner seiner vierten Frau Lauren Bacall in Howard Hawks' *To Have and Have Not*, als Philip Marlowe 1946 in *The Big Sleep* (Hawks). 1951 Oscar für den bärbeißigen Bootsmann Charlie Allnut in Hustons *The African Queen*, seine Partnerin ist Katharine Hepburn. Oscar-Nominierung für den psychopathischen Kapitän Queeg in Edward Dmytryks *The Caine Mutiny* (1954). 1949–54 Produzent mit seiner Firma Santana Pict. Inc.

[US] 1930: Broadway's Like That [KF]; Up the River; A Devil with Women. 1931: A Holy Terror; Bad Sister; Body and Soul; Women of All Nations. 1932: Big City Blues; Love Affair; Three on a Match. 1934: Midnight. 1936: The Petrified Forest (Der versteinerte Wald); Two Against the World; Isle of Fury; The Great O'Malley (Ordnung ist das halbe Leben); China Clipper; Bullets or Ballots (Wem gehört die Stadt?); Black Legion (Geheimbund, Schwarze Legion). 1937: Marked Woman (Mord im Nachtclub); Swing Your Lady; Kid Galahad (Mit harten Fäusten); Stand-In (Mr. Todd saniert); San Quentin; Dead End (Im Schatten der Wolkenkratzer). 1938: Men Are Such Fools; The Amazing Dr. Clitterhouse (Das Doppelleben des Doktor Clitterhouse); Racket Busters; Angels With Dirty Faces (Chicago); Crime School. 1939: Dark Victory (Opfer einer großen Liebe); The Roaring Twenties (Die wilden Zwanziger); The Return of Dr. X (Das zweite Leben des Dr. X); King of the Underworld (König der Unterwelt); The Oklahoma Kid (Oklahoma Kid); Invisible Stripes (12 Monate Bewährung); You Can't Get Away with Murder. 1940: Brother Orchid (Orchid, der Gangsterbruder); They Drive by Night (Nachts unterwegs); It All Came True (Ein Nachtclub für Sarah Jane); Virginia City (Goldschmuggel nach Virginia). 1941: High Sierra (Entscheidung in der Sierra); All Through the Night (Agenten der Nacht); The Wagons Roll at Night (Von Stadt zu Stadt); The Maltese Falcon (Die Spur des Falken). 1942: In This Our Life (Ich will mein Leben leben); The Big Shot (Der große Gangster); Across the Pacific (Abenteuer in Panama); Casablanca (Casablanca). 1943: Action in the North Atlantic; Thank Your Lucky Stars; Sahara. 1943/44: Passage to Marseille (Fahrkarte nach Marseille).

1944: To Have and Have Not (Haben und Nichthaben). 1945: Conflict (Tatort Springfield); Hollywood Victory Caravan. 1946: The Big Sleep (Tote schlafen fest); Two Guys from Milwaukee. 1946/47: Dead Reckoning (Späte Sühne). 1947: Dark Passage (Die schwarze Natter); The Two Mrs. Carrolls (Die zwei Mrs. Carrolls); Always Together. 1948: Key Largo (Hafen des Lasters); The Treasure of Sierra Madre (Der Schatz der Sierra Madre). 1949: Tokyo Joe [D,P]; Knock on Any Door (Vor verschlossenen Türen) [D,P]. 1950: Chain Lightning (Des Teufels Pilot); In a Lonely Place (Ein einsamer Ort) [D,P]. 1951: The Enforcer (Der Tiger); The African Queen (African Queen); Sirocco (Sirocco – Zwischen Kairo und Damaskus) [D,P]. 1952: Deadline U.S.A. (Die Maske runter). 1953: Battle Circus (Arzt im Zwielicht); Beat the Devil (Schach dem Teufel) [D,CoP – GB]. 1953/54: The Love Lottery [GB]. 1954: The Caine Mutiny (Die Caine war ihr Schicksal); We're No Angels (Wir sind keine Engel); The Barefoot Contessa (Die barfüßige Gräfin); Sabrina (Sabrina). 1955: The Desperate Hours (An einem Tag wie jeder andere); The Left Hand of God (Die linke Hand Gottes). 1956: The Harder They Fall (Schmutziger Lorbeer).

Bogatyrev, Jurij

(Jurij Georgievič Bogatyrev)
*2. 3. 1947 Riga
†2. 2. 1989 Moskau

Bis 1971 Ausbildung an der Moskauer Ščukin-Schauspielschule; danach Ensemblemitglied am Moskauer Sovremenik-Theater. 1977 wird er an das renommierte Künstlertheater engagiert. Dort erfolgreich in zahlreichen modernen sowie klassischen Stücken – z. B. als Aleksej in Michail Bulgakovs «Die Tage der Turbins». Seine erste wichtige Filmrolle 1974 als Tschekist Egor Šilov in Nikita Michalkovs *Svoj sredi čužich, čužoj sredi svoich*. Seitdem gehört Bogatyrev zu den Schauspielern, die von Michalkov ungewöhnliche schauspielerische Aufgaben erhalten: Maksakov in *Raba Ljubvi*, Vojnicev in *Neokončennaja p'esa dlja mechaničeskogo pianino*, Andrej Štol'c in *Neskol'ko dnej iz žizni I. I. Oblomova*. Michalkov läßt ihn inmitten schwerblütiger russischer Schauspieler den modernen Konterpart verkörpern. Bogatyrev gilt als mitreißender, psychologisch differenzierter Darsteller. Eine seiner herausragenden Leistungen ist 1978 der Schriftsteller Filippok in Il'ja Averbachs *Objasnenie v ljubvi*. Auch als Maler beachtet. 1981 Verdienter Künstler der RSFSR.

[SU] 1970: Spokojnyj den' v konce bojny [KF]. 1974: Svoj sredi čužich, čužoj sredi svoich (Fremd unter seinesgleichen); Tanja [TV]. 1975: Raba ljubvi (Sklavin der Liebe); Tam za gorizontom. 1976: Dva kapitana (Zwei Kapitäne) [TV]; Neokončennaja p'esa dlja mechaničeskogo pianino (Unvollendetes Stück für ein mechanisches Klavier). 1977: Martin Eden [TV]; Objasnenie v ljubvi (Eine Liebeserklärung); Nos [TV]. 1977–79: Otkrytaja kniga (Das offene Buch) [TV]. 1979: Neskol'ko dnej iz žizni I. I. Oblomova (Tage aus dem Leben Ilja Oblomows); Poslednjaja ochota (Die letzte Jagd); Otpusk v sentjabre [TV]. 1980: Glubokie rodstvenniki papa [TV-KF]; Starannyj otpusk [TV]; Moj papa – idealist. 1981: Rodnja (Verwandtschaft); Dve stročki melkim šriftom/Zwei Zeilen, kleingedruckt [SU/DDR]. 1982: Vremja dlja razmyšlenij [TV]. 1983: Koe-čto iz gubernskoj žizn' (Aus dem Gouvernementsleben) [TV]; Unikum; Neždanno-negadanno (Unerwartet und unverhofft); Karantin. 1984: Mertvye duši (Tote Seelen) [TV]; Čužaja žena i muž pod krovatju (Eine fremde Frau und der Mann unter dem Bett) [TV]. 1985: Eralaš No 50. 1986/87: Oci ciornie (Occhi neri)/Oči černye (Schwarze Augen) [IT/SU]. 1987: V. I. Lenin. Stranicy žizni [TVS]; Fitil' No 301; Pervaja vstreča, poslednjaja vstreča; Kuvyrok čerez golovu; S robotami ne šurjat [TV]; Dočen'ka [TV]. 1988: Prezumpcija nevinovnosti. 1989: Don Sezar de Bazan [TV]; Polet pticy.

Bohdalová, Jiřina

*3. 5. 1931 Prag

Zunächst Lehrerin und Kindergärtnerin. Bis 1957 Ausbildung an der Fakultät für Schauspielkunst der Prager Akademie der musischen Künste. Engagement am ABC-Theater, danach an den Städtischen Bühnen Prag und am Theater Na Vinohradech. Nachdem sie bereits 1940 mit neun Jahren in *Madla zpívá Evropě* (Václav Binovec) vor der Kamera stand, ist ihr eigentliches Filmdebüt noch vor Abschluß des Studiums 1956 in Jiří Menzels *Honzikova cesta*. Ihre vielseitige komödiantische Begabung nutzen die Filmregisseure vor allem in modernen Musikkomödien oder Filmmusicals. Erfolg hat sie 1966 als Straßenbahnschaffnerin Marie in Ladislav Rychmans *Dáma na kolejích*. 1977 erhält sie die weibliche Hauptrolle, die Hermina, in Karel Steklýs *Všichni proti všem*, 1984 als Tante Evženie in *Rumburak/Der Zauberer Rumburak* (Václav Vorlíček), einer Co-Produktion mit dem WDR Köln. In *Dámská jízdza* (Vít Olmer) kann sie schließlich in der Rolle einer Großmutter überzeugen.

[CS] 1940: Madla zpívá Evropě. 1956: Honzíkova cesta (Häschens große Reise). 1957: Florenc 13,20. 1957–63: Konec jasnovidce [KF]. 1958: Kasaři (Kassendiebe). 1959: Kruh (Der Kreis); O medvědu Ondřejovi [KF]. 1960: Procesí k Panence (Die Prozession zur Heiligen Jungfrau); Tři tuny prachu (Recht auf Liebe). 1961: Labyrint srdce (Labyrinth des Herzens); Každá koruna dobrá. 1962: Pirosbetűs hétköznapok/Neděle ve všední den Sonntag am Wochentag [HU/CS]; Anička jde do školy (Ännchen geht zur Schule); Střevíčky [KF]. 1963: Král Králů (Seine Majestät – Kollege König); Přselo jim štěstí; Až přijde kocour (Wenn der Kater kommt). 1964: Komedie s Klikou (Rebellion im Standesamt). 1965: Bilá paní; Čintamani a podvodník (Der Teppichsammler und der Heiratsschwindler); Hvězda zvaná Pelyněk (... und wenn wir gemeinsam gehen). 1966: Dáma na kolejích (Die Dame auf den Schienen). 1967: Ženu ani květinou neuhodíš (Auf Händen soll man sie tragen); Ta naše písnička česká (Altprager Melodien). 1968: Přísně tajné premiéry (Streng geheime Premiere). 1969: Odvážná slečna (Das zielbewußte Fräulein); Ucho (Das Ohr); Světáci (Lebemänner). 1970: Vražda ing. Čerta (Zähmung eines Teufels). 1971: Pěnička a Paraplíčko (Kassendiebromanze); Ženy v ofsajdu (Frauen im Abseits); Muž, který rozdával smích; Zaprášené historie [TV]; Čtyři vraždý stací, drahoušku; F. L. Věk [TV]; Partie krásného dragouna (Die Partien des schönen Dragoners). 1976: Pan Tau (Die Abenteuer des Herrn Tau) [TV]. 1977: Všichni proti všem. 1980: V hlavní roli Oldřich Nový; Jak se dělá smích; Růže pro Oldřicha Nového. 1981: Buldoci a třešně (Bulldoggen und Kirschen). 1984: Lucie pstrach ulice; ... a zase ta Lucie!; Rumburak/Der Räuber Rumburak [CS/BRD]; Barrandovské nocturno anep Jak film tančil a zpíval. 1986: Veselé vánoce přejí chobotnice; Smich se lepí na paty (Mit lachendem Auge); Chobotnice z II. patra/Die Kraken aus dem zweiten Stock [CS/BRD]. 1987: Strašidla z vikýře (Gespenster aus dem Dachfenster); Dámská jízda (Das reinste Drama). 1989: ? (Das arme Gespenst von Canterville). 1990: Byli jsme to my? 1991: Corpus delicti (Corpus delicti). 1992: Kačenka a strašidla. 1993: Jedna kočka zu druhou; Nesmrtelná teta. 1995: Fany.

Bohm, Hark

*18. 5. 1939 Hamburg-Groß Flottbek

Wächst auf Amrum auf; Gymnasium in Hamburg. Nach Wehrdienst bei der Bundesmarine Jurastudium in Hamburg, Berlin, Lausanne; 1. Staatsexamen. Durch seinen Bruder, den Schauspieler Marquard Bohm, Kontakt zur Münchner Filmszene: Ab 1969 (Neben-)Darsteller u.a. in Filmen von Alexander Kluge und Rainer Werner Fassbinder (z. B. Pianist Taschner in *Lili Marleen*). Dabei wird er gerne als Darsteller unsympathischer und pedantischer Bürokraten besetzt. 1970 Gründungsmitglied des Filmverlags der Autoren. Regie bei einigen Kurzfilmen, erster langer Spielfilm: *Tschetan, der Indianerjunge*, ein Western mit seinem Bruder Marquard und seinem Schwager Dschingis Bowakow. Seine Regiefilme behandeln meist die Wirklichkeit Jugendlicher in Deutschland: *Nordsee ist Mordsee, Im Herzen des Hurrican/ Nicht mit uns*. Neben Jugendfilmen dreht Bohm Dokumentar-, Tier- und Spielfilme über ökologische und politische Themen (*Wie ein freier Vogel*). Mit dem Wirtschaftskrimi *Der kleine Staatsanwalt* und dem Multikulti-Problem-Liebesfilm *Yasemin* orientiert sich Bohm erfolgreich am massenwirksamen Erzählkino, wird dem postulierten Anspruch intelligenter Unterhaltung mit dem folgenden *Herzlich Willkommen* jedoch kaum mehr gerecht.

Bohms seit 1974 bestehende Produktionsfirma Hamburger Kino Kompanie wird von seiner Frau Natalia Bowakow geführt. 1978 in Hamburg an der Initiierung des Filmfestes der Filmmacher beteiligt; Gründungs- und einige Jahre Vorstandsmitglied des Hamburger Filmbüros. Seit 1992 Leitung des Aufbaustudiums Film am neugegründeten Institut für Theater, Musiktheater und Film der Universität Hamburg; Professur für Filmregie.

[BRD] 1966/67: Na und [KF]. 1969: Rote Sonne [TON,D]; Die Revolte [TV]. 1969–71: Willi Tobler und der Untergang der 6. Flotte (1977 Neufassung: «Zu böser Schlacht schleich ich heut nacht so bang»]. 1969/70: Der große Verhau. 1970: Der amerikanische Soldat; Wir verbauen 3 x 27 Millia. Dollar in einen Angriffsschlachter/Der Angriffsschlachter/Angriffsschlachter En Cascade [KF]. 1970/71: Wie starb Roland S? [R,A,P – KF]. 1971: Einer wird verletzt, träumt, stirbt und wird vergessen [R,A,P – KF]; Händler der vier Jahreszeiten; Liebe so schön wie Liebe. 1972: Tschetan, der Indianerjunge [R,A,P]. 1972–74: Fontane Effi Briest. 1973: Ich kann auch 'ne Arche bauen [R,CoA,P – TV]; Angst essen Seele auf. 1974: Wir pfeifen auf den Gurkenkönig [R,A – TV]; Faustrecht der Freiheit. 1975: Nordsee ist Mordsee [R,A,P]; Angst vor der Angst [TV]. 1975/76: Der starke Ferdinand. 1976: Bomber und Paganini [BRD/AT]; Adolf und Marlene. 1976–78: Wölfe [R,CoA,P – TV-DOK]; Der kleine Godard an das Kuratorium junger deutscher Film. 1977: Despair – Eine Reise ins Licht/Despair [BRD/FR]. 1977/78: Moritz, lieber Moritz. 1978: Liebe und Abenteuer [CoP – TV]; Die Ehe der Maria Braun. 1978/79: Der ganz normale Wahnsinn [TVS – Kinofassung: Der Durchdreher]; Die dritte Generation. 1979: 1 + 1 = 3; Im Herzen des Hurrican [1980 gekürzte Neufassung: Nicht mit uns] [R,A,P]. 1979/80: Berlin Alexanderplatz. 3. Ein Hammer auf den Kopf kann die Seele verletzen [TV]; Berlin Alexanderplatz. Epilog. Rainer Werner Fassbinder: Mein Traum vom Traum des Franz Biberkopf [TV]; Panische Zeiten. 1980: Endstation Freiheit; Lili Marleen [BRD/IT]; Beobachtung an Wölfen [R,A,P – DOK]; Das ist Film: Kluge, Godard und andere. 1981: Lola. 1981/82: Milo Barus. Der stärkste Mann der Welt [CoP]. 1982: Filmball-Spot [KF]. 1982/83: Alles unter Kontrolle [DOK]. 1983: Der Beginn aller Schrecken ist Liebe; Besetzungsprobe [DOK]. 1983/84: Der Fall Bachmeier – Keine Zeit für Tränen [R,A,P]. 1984/85: Das Rätsel der Sandbank [TV]; Väter und Söhne. 4. Auf Ehre und Gewissen [TVS]. 1985: Wie ein freier Vogel/Como un pajaro libre [D,R,A,P –

DOK]; Le pouvoir du mal (Paradigme)/Il potere del male Paradigma [FR/IT]; Nicht nichts ohne Dich. 1985/86: In bester Gesellschaft [TVS – BRD/FR (EURO)]; Ossegg oder die Wahrheit über Hänsel und Gretel. 1986–89: Das Spinnennetz. 1986/87: Der kleine Staatsanwalt [D,R,A,CoP]. 1987: Fucking Fernand/Zwei halbe Helden [BRD/FR]; Linie 1; Adrian und die Römer; Yasemin [D,R,A,CoP]; Prozesse der Weltgeschichte: Der Prozeß des Sokrates [TV]; Das andere Leben [TV]. 1988: Erdenschwer; Beim nächsten Mann wird alles anders; Ein verhexter Sommer [TV]; Treffen in Travers [DDR]; Eine Bonner Affaire [TV]. 1989: Herzlich Willkommen [D,R,A,CoP]. 1990: NDR III – Werbespot [R – TV-Werbespot] 1991: Mit tödlicher Sicherheit [TV]; Schtonk; Gulag 3/Lost in Siberia/Zatyeryanny U Sibri [GB/SU]. 1993: Madregilda/Mamangilda [ES/DE]; Justiz; Die neuen Postleitzahlen [R – Werbespot]. 1993/94: Der lange Atem der Liebe/Les années du Mur [DE/FR]. 1994: Die Prärien der Meere. Jacques Costeau trifft Louis Malle, Hans Hass trifft Hark Bohm [TV-DOK]. 1994/95: Das Versprechen/La promesse [DE/CH/FR]. 1995: Underground [FR/DE/HU]. 1996: Gespräch mit dem Biest/Conversation with the Beast [DE/US]; Für immer und immer [D,R,A]; Knockin' on Heaven's Door. 1996/97: ... auch ohne Frau unglücklich ... 1997: Koerbers Akte: Tödliches Ultimatum [TV].

Böhm, Karlheinz

* 16. 3. 1928 Darmstadt

In Dresden und Hamburg aufgewachsen, Volksschule und Gymnasium in Hamburg. 1939 ermöglicht ein gefälschtes ärztliches Attest die Ausreise aus Deutschland, Internat in der Schweiz. 1946 mit seinen Eltern nach Graz, dort im selben Jahr Abitur. Germanistik- und Anglistikstudium; ein Semester Kunstgeschichte in Rom. Aktiv im Schüler- und Studententheater. 1948 in Wien Regie-Assistent bei Karl Hartl, Schauspielunterricht bei Albin Skoda und Helmuth Krauß; erstes Engagement am Burgtheater, 1949–53 Theater in der Josefstadt. 1948 erste Filmrolle in Hartls *Der Engel mit der Posaune* (zugleich Regie-Assistenz); erster Erfolg 1952 neben Hildegard Knef und Erich von Stroheim in *Alraune* (A. M. Rabenalt). Besonders der Kaiser Franz Josef von Österreich in den Sissi-Filmen prägt das Bild des jungen integeren Helden. Mit Romy Schneider verkörpert er das saubere Idol der 50er Jahre. Anfang der 60er Jahre differenziertere Rollen in mehreren ausländischen Filmen, so als psychopathischer Mörder in Michael Powells *Peeping Tom*. Rückkehr zur Bühnenarbeit, 1964 Regiedebüt mit «Elektra» an der Staatsoper Stuttgart. Ab Ende der 60er Jahre in Fernsehproduktionen, auch in einigen Filmen von Rainer Werner Fassbinder (*Fontane Effi Briest*, *Faustrecht der Freiheit*); ab 1976 dann wieder mehr auf der Bühne. Seit einem Spendenaufruf 1981 in der TV-Show «Wetten, daß ...» engagiert er sich in Äthiopien persönlich durch die Stiftung «Menschen helfen Menschen»; dafür Werbeauftritte im Fernsehen und das Buch «Nagaya – ein Dorf in Äthiopien». 1983 Filmband in Gold für langjähriges und hervorragendes Wirken im deutschen Film.

[BRD] 1948: Der Engel mit der Posaune [D,RAS – AT]. 1951/52: Wienerinnen im Schatten der Großstadt [AT]. 1952: Der Weibertausch; Haus des Lebens; Alraune; Der Tag vor der Hochzeit. 1953: Arlette erobert Paris; Hochzeit auf Reisen; Salto mortale; Der unsterbliche Lump. 1953/54: Die Sonne von St. Moritz. 1954: Die Hexe; Die goldene Pest; ... und ewig bleibt die Liebe. 1954/55: Die heilige Lüge. 1955: Sissi [AT]; Unternehmen Schlafsack; Dunja [AT]; Schwedenmädel/Sommarflickan [BRD/SE]; Ich war ein häßliches Mädchen. 1955/56: Die Ehe des Dr. med. Danwitz. 1956: Nina; Kitty und die große Welt; Sissi, die junge Kaiserin [AT]. 1957: Blaue Jungs; Le passager clandestin/The Stowaway (Nächte auf Tahiti) [FR/AU]; Das Schloß in Tirol; Sissi – Schicksalsjahre einer Kaiserin [AT]. 1957/58: Examen des Lebens [TV]. 1958: Man müßte noch mal zwanzig sein [AT]; En sømand gar i land/Das haut einen Seemann doch nicht um [DK/BRD]; Das Dreimäderlhaus [AT]. 1959: La Paloma; Kriegsgericht. 1959/60: Too Hot to Handle (Zu heiß zum Anfassen) [GB]; Peeping Tom (Augen der Angst/Peeping Tom) [GB]. 1960: Der Gauner und der liebe Gott; The Magnificent Rebel (Schicksals-Sinfonie) [US]; La croix des vivants (Sie fragte nicht nach morgen) [FR]. 1962: The Four Horsemen of the Apocalypse (Die vier apokalyptischen Reiter) [US]; The Wonderful World of the Brothers Grimm (Die Wunderwelt der Gebrüder Grimm) [US]; Rififi à Tokyo/Rififi a Tokio (Rififi in Tokio) [FR/IT]. 1963: Come Fly with Me (Flieg mit mir ins Glück) [US/GB]; The Virginian: The Golden Door (Die Leute von der Shiloh Ranch) [TV – US]; Combat: The Wounded Don't Cry [TV – US]; Burke's Law: Who Killed Julian Buck [TV – US]. 1964: L'Heure de la Verità [IL/FR]. 1966: The Venetian Affair (Mitternacht Canale Grande) [US]; Ein idealer Gatte [TV]. 1970: Traumnovelle [TV]; Literatur [TV – AT]. 1972: Verdacht gegen Barry Croft [TV]. 1972–74: Fontane Effi Briest. 1972/73: Immobilien [TV]. 1973: Martha [TV]; Vabanque [TV]; Schloß Hubertus. 1974: Im Hause des Kommerzienrates [TV]; Faustrecht der Freiheit. 1975: Mutter Küsters' Fahrt zum Himmel. 1975/76: Rest des Lebens: Seniorenschweiz [TV]. 1976: Die Tannerhütte [TV]. 1978: Tatort: Schwarze Einser [TV]. 1979: Kur in Travemünde [TV]. 1980/81: Die Laurents – Geschichte einer Berliner Hugenottenfamilie [TVS]. 1981/82: Inflation im Paradies. 3. EP: Testschock Nr. 4 [EP]. 1982: Ringstraßenpalais [TVS – AT/BRD]. 1986: Seine größte Rolle. Karlheinz Böhm als Nothelfer [TV-DOK]. 1992: Karlheinz Böhm erzählt. Musikgeschichten für kleine und große Leute [TVS]; Ich will nicht nur, daß ihr mich liebt. Der Filmemacher Rainer Werner Fassbinder [TV]. 1996: Der Bergdoktor. 1. Tropenfieber [TV].

Bohm, Marquard

*27. 6. 1941 Hamburg

Bruder des Schauspielers und Regisseurs Hark Bohm. Kindheit auf der Nordseeinsel Amrum, in Hamburg Gymnasium bis zur 12. Klasse, Beginn einer Gärtnerlehre in Detmold. Verschiedene Jobs in Hamburg. Zwei Jahre Volontär bei den Geyer-Kopierwerken. Nebenher Statist, u.a. 1965 im TV-Film *Der Fall Kapitän Behrens* (Wolfgang Staudte). Kontakt mit jungen Hamburger Filmmachern. Er inszeniert 1966/67, unterstützt von Helmut Herbst, mit sich selbst in der Hauptrolle den experimentellen Kurzspielfilm *Na und* über den Tagesablauf eines jungen Arbeitslosen. 1967 Regie-Assistenz bei Volker Schlöndorff. Nach Rollen in Filmen von Rudolf Thome (*Detektive, Rote Sonne, Supergirl*) wird er als «deutscher Belmondo» begrüßt. 1970/71 inszeniert er die krude Erpressergeschichte *Terror Desire* mit Versatzstükken aus Gangsterfilmen und Roadmovies, Nouvelle vague und Pop-art. Mehrmals in Filmen Rainer Werner Fassbinders, so als Privatdetektiv in *Der amerikanische Soldat*, als Polizist in *Wildwechsel*. In den frühen 70ern im Zuge der Wiederbelebungsversuche des Genre-Kinos als knallharter Bodyguard in *Output* (Michael Fengler), als Schäfer Alaska in Hark Bohms Jugendfilm *Tschetan, der Indianerjunge*. Darsteller des «Kaputten» auch in *Nordsee ist Mordsee* (Hark Bohm) und in *Im Lauf der Zeit* (Wim Wenders). Ab Mitte der 70er ausschließlich in Nebenrollen, meist von sozialen Außenseitern. Ab 1986 Theaterarbeit am Schauspielhaus Bochum.

[BRD] 1965: Der Fall Kapitän Behrens [TV]. 1966/67: Na und [D,CoR,A – KF]. 1967/68: Jane erschießt John, weil er sie mit Ann betrügt [KF]. 1968: Hans im Glück [KF]; Detektive. 1969: Die Revolte [TV]; Brandstifter [TV]; Rote Sonne. 1969–71: Willi Tobler und der Untergang der 6. Flotte [1977 Neufassung: «Zu böser Schlacht schleich ich heut nacht so bang»]. 1969/70: Ein großer grau-blauer Vogel [BRD/IT]. 1970: Der amerikanische Soldat; Deadlock; Nizza [KF]; Warnung vor einer heiligen Nutte [BRD/IT]. 1970/71: Terror Desire [D,R,A – KF]; Supergirl. 1971: Gangster [KF]; Liebe so schön wie Liebe. 1972: Tschetan, der Indianerjunge; Zahltag/Mourir tranquille [BRD/FR]; Acht Stunden sind kein Tag. 4. Harald und Monika [TVS]; Wildwechsel [TV]. 1973: Angst essen Seele auf. 1974: Faustrecht der Freiheit; Hase und Igel [TV]; Badische Revolte 1848 [TV]; Ein bißchen Liebe; Output; Ein Haus für uns. 9. Aus der Familie der Panzerechsen – 10. Die Insel [TVS]. 1974/75: Weihnachtsmärchen [KF]. 1975: Nordsee ist Mordsee; Im Lauf der Zeit; Umarmungen und andere Sachen. 1975/76: Satansbraten. 1976/77: Eierdiebe/Schattenboxer. 1977/78: Moritz, lieber Moritz. 1978: Das Spiel [TV]; Der Sturz. 1978/79: Theodor Chindler [TV]. 1979: Jauche und Levkojen [TVS]; Im Herzen des Hurrican/Nicht mit uns! 1979/80: Berlin Alexanderplatz. 2. Wie soll man leben, wenn man nicht sterben will [TV]; Theo gegen den Rest der Welt. 1980: Nirgendwo ist Poenichen [TVS]; Endstation Freiheit. 1981/82: Eine deutsche Revolution. 1982: Der Mann auf der Mauer. 1983/84: Smaragd. 1984: Zielscheiben [TV]. 1985: Betrogen. 1985/86: Ossegg oder Die Wahrheit über Hänsel und Gretel; Jacob hinter der blauen Tür; Gambit [TV]. 1986–89: Das Spinnennetz. 1986/87: Der Joker; Der kleine Staatsanwalt. 1988: Beim nächsten Mann wird alles anders; Der Philosoph. 1989: Antigone [TV]. 1989/90: Die Schönheit des Schimpansen [TV]; 10 Minuten Berlin [KF]; Mit den Clowns kamen die Tränen [TV]. 1990: Ein Fall für zwei: Der zweite Mann [TV]; Staub von der Sonne; Hafendetektiv [TVS]. 1991: Die lila Weihnachtsgeschichte [TV]. 1992: Die Denunziantin; Das Jahrhundert der Detektive: Der Fall Rojas [TV]. 1993/94: Mach die Musik leiser. 1994: Das Geheimnis; Rufmord [TV]; Derrick: Gesicht hinter der Scheibe [TVS]. 1995: Blutige Spur [TV]. 1995/96: Cuba Libre [TV]; Balko: Tödliche Neugier [TVS]. 1996: Tatort: Tod im All [TVS]; Willi und die Windzors; Crash Kids [TV]. 1996/97: Ein Fall für Zwei: Bis aufs Blut [TVS].

Bohringer, Richard

*16. 1. 1942 Paris

Wächst bei seiner Großmutter auf, als sein Vater als Besatzungssoldat in Deutschland lebt. Als Kind zeitweise erblindet. Bohringer, als Theaterautor wenig erfolgreich, arbeitet als Journalist und Chansonnier. 1972 erste Rolle beim Film. Bekannt wird er in der Rolle des Leuchtturmbesitzers in Jean-Jacques Beineix' *Diva* (1980). Seine engagierte Darstellung immer neuer Typen hat zumeist ein Grundmuster: Diese Männer fühlen sich da, wo sie leben, höchst unwohl und haben einen Zug zur Einsamkeit. Erst in *Cap Canaille* und Michel Devilles *Péril en la demeure* kann er sich – markant mit rauher Stimme und zernarbtem Gesicht – weiter entfalten. Hervorragend als zynischer Partner Natalie Bayes in Robin Davis' *J'ai épousé une ombre*. Spielt am liebsten unpathetische Typen, so einen mißbrauchten Polizisten in Philippe Lefebvres *Le juge*. 1985 César für seine Rolle in Denis Amars *L'addition* und 1988 für *Le grand chemin* (Jean-Loup Hubert). Besonders durch die Zusammenarbeit mit Deville und Jean-Pierre Mocky (Hauptrolle neben Catherine Deneuve in *Agent trouble*) einer der wandlungsfähigsten und erfolgreichsten französischen Darsteller der 80er und 90er Jahre. In Frankreich auch weiterhin als Autor bekannt; 1988 erscheint der Roman «C'est beau une ville la nuit».

[FR] 1972: L'Italien des roses. 1978: Martin et Lea. 1979: Alors heureux? 1980: Un mauvais fils (Der ungeratene Sohn); Inspecteur la bavure (Inspektor Loulou-Die Knallschote vom Dienst); Diva (Diva); La boum (Die Fete); Les sous-doués (Glückwunsch ... mal wieder sitzengeblieben); Les uns et les autres (Ein jeglicher wird seinen Lohn empfangen); Le dernier métro (Die letzte Metro). 1981: Ballade à blanc; Quand tu seras débloqué, fais-moi signe; Le grand pardon (Der Super-Boss). 1982: J'ai épousé une ombre (Verheiratet mit einem Toten); Deuil en 24 heures (Die Irrfahrt) [TV]; Transit; Cap Canaille [FR/BE]. 1983: La bête noire; Le destin de Juliette (Le destin de Juliette); La dame blanche et le diable / El diablo et la dama [ES ?]; A mort l'arbitre (Tod dem Schiedsrichter); Debout les crabes, la mer monte. 1984: Péril en la demeure (Gefahr im Verzug); Subway (Subway); Le juge (Der Richter von Marseille); L'Addition (Die Abrechnung). 1985: Le pactole (Der kleine Coup); Diesel. 1986: L'Inconnu de Vienne; Ubac; Cent francs l'amour; L'Intruse; Le paltoquet; Le grand chemin (Am großen Weg); Les folles années du twist [DZ/FR]; Kamikaze (Kamikaze – TV-Tod live). 1987: Les saisons du plaisir (Ein turbulentes Wochenende); Agent trouble (Agent Trouble); Flag (Ein Flic spielt hoch) [FR/CA]. 1988: Ada dans la jungle; A gauche en sortant de l'ascenseur (Der große Blonde auf Freiersfüßen); Après la guerre (Der Krieg ist aus); La soule. 1988/89: The Cook, the Thief, His Wife and Her Lover (Der Koch, der Dieb, seine Frau und ihr Liebhaber) [GB/FR]. 1989: Stan the Flasher. 1990: Dames galantes/ Donne di piacere (Der kleine Tod der feinen Damen) [FR/IT/CA]. 1991: Ragazzi; Veraz [FR/ES/IT]; La reine blanche (Die schöne Lili); Ville à vendre; Une epoque formidable (Tolle Zeiten); Confessions d'un Barjo. 1992: Tango mortale (Tango Mortale); L'Accompagnatrice. 1993: Le parfum d'Yvonne (Das Parfüm von Yvonne); L'amour est un jeu d'enfants (Die Liebe ist kein Kinderspiel). 1994: Les justiciers; Dieu, l'amant de ma mère et le fils du charcutier; Le cris du cœur [FR/Burkina Faso]. 1995: Les caprices d'un fleuve; Le Monteur de boxe (Lucky Punch). 1995/96: Tykho Moon [FR/IT/DE]. 1996: Le dernier comptoir de l'Inde; La vérité si je mens.

Bois, Curt

*5. 4. 1901 Berlin
†25. 12. 1991 Berlin

Erster Bühnenauftritt 1908 im Theater des Westens als Heinerle in Leo Falls Operette «Der fidele Bauer», auch als «Tonbild». Zahlreiche Kinderrollen auf der Bühne und im Film (Heinrich Bolten-Baeckers' *Willy's Streiche*). 1914–20 Tourneen als «Salonhumorist». Gelegentlich in Filmen, z. T. gemeinsam mit seiner Schwester, der Komikerin Ilse Bois. Ab Anfang der 20er Jahre an Varietés und Kabaretts sowie an Theatern in Berlin und Wien. Größter Bühnenerfolg 1928/29 in Brandon Thomas «Charleys Tante». Mit Max Hansen Autor der Komödie «Dienst am Kunden» (1931). Ab 1926 Hauptrollen in Filmkomödien, z. B. Richard Eichbergs *Der Fürst von Pappenheim* (sein darin gezeigter witziger Auftritt in Damenkleidern dient später zur antisemitischen Propaganda). Bois' Rollen sind meist junge agile Angestellte, die durch ihre Hyperaktivität nur Verwirrung stiften. Erfolgreiches Tonfilmdebüt in Max Nossecks *Der Schlemihl*. 1932 spielt und inszeniert Bois die kurze Liebeskomödie *Scherben bringen Glück*. 1933 ins Exil; ab 1934 in New York. 1935/36 in erfolglosen Broadway-Inszenierungen; Wechsel nach Hollywood. Rollen u. a. in Anatole Litvaks *Tovarich* und als Taschendieb in Michael Curtiz' *Casablanca*. Größere Nebenrollen neben Buster Keaton in Richard Oswalds *The Lovable Cheat* und in Max Ophüls' *Caught*. 1950 Rückkehr nach Deutschland. Rollen am Deutschen Theater Berlin. Dort u. a. als Puntila in Bertolt Brechts Inszenierung von «Herr Puntila und sein Knecht Matti». 1954 Umzug nach West-Berlin, dort zunächst boykottiert. 1957–78 Erfolg an verschiedenen Bühnen in Berlin, München und Hamburg, vor allem in Kortner-Inszenierungen. Filmauftritte u. a. in Kurt Hoffmanns *Das Spukschloß im Spessart*. Im Fernsehen u. a. neben Karl Paryla in Brechts *Flüchtlingsgespräche*, mehrfach in den Krimi-Serien *Der Kommissar* und *Der Alte*. Eindrucksvoll im schweizer Film *Das Boot ist voll* als alter Jude auf der Flucht vor den Nazis. Auch im DDR-Fernsehen. 1972 Filmband in Gold für langjähriges und hervorragendes Wirken im deutschen Film. 1982 drehen Bruno Ganz und Otto Sander *Gedächtnis*, ein Doppelporträt von Curt Bois und Bernhard Minetti. Anekdotische Erinnerungen: «So schlecht war mir noch nie» (1967), «Zu wahr, um schön zu sein» (1980, 1982). 1988 Europäischer Filmpreis Felix für Bois' Nebenrolle in *Der Himmel über Berlin* (Wim Wenders); der Schauspieler mit der längsten Filmkarriere der Welt sprengt das Programm der Preisverleihung im Theater des Westens mit einem Auftritt, in dem er sich an seine ersten Schritte auf dieser Bühne erinnert.

[DE/BRD] 1908: Der fidele Bauer. 3: Duettino zwischen Liesl und Heinerle [Tonbild]. 1909: Mutterliebe; Willy's Streiche: Klebolin klebt alles; Der kleine Detektiv. 1912: Des Pfarrers Töchterlein; Ein neuer Erwerbszweig. 1913: Das Geschenk des Inders. 1916: Streichhölzer, kauft Streichhölzer!; Tante Röschen will heiraten; Bobby als Amor; BZ-Maxe & Co./Zeitungsmaxe & Co. 1916/17: Die Spinne. 1917: Max und Moritz von heute: Das große Los/Das unruhige Hotel/Abenteuer im Warenhaus/Ehestiftung mit Hindernissen. 1917/18: Der Dieb. 1918: So'n kleiner Schwerenöter; Der goldene Pol; Der Gast aus der vierten Dimension. 1919: Die Austernprinzessin; Geschwollene Nasen. 1922: Sie und die Drei [Verboten]. 1925/26: Der goldene Schmetterling [AT/DE]. 1926: Wehe, wenn sie losgelassen; Gräfin Plättmamsell; Der Jüngling aus der Konfektion. 1927: Der Fürst von Pappenheim; Dr. Bessels Verwandlung. 1927/28: Majestät schneidet Bubiköpfe/Hans kunglig höghet shinglar [DE/SE]. 1929: Anschluß um Mitternacht. 1931: Der Schlemihl. 1931/32: Ein steinreicher Mann. 1932: Scherben bringen Glück [D,R – KF]. 1937: Tovarich [US]; Hollywood Hotel [US]. 1937/38: Romance in the Dark [US]. 1938: Gold Diggers in Paris [US]; The Amazing Dr. Clitterhouse (Das Doppelleben des Dr. Clitterhouse) [US]; Garden of the Moon [US]; The Great Waltz (Der große Walzer) [US]; Hotel Imperial [US]. 1939: The Hunchback of Notre Dame (Der Glöckner von Notre Dame) [US]. 1940: The Lady in Question [US]; He Stayed for Breakfast [US]; Boom Town (Der Draufgänger) [US]; Hullabaloo [US]; Bitter Sweet [US]. 1940/41: That Night in Rio (Carioca) [US]. 1941: Hold Back the Dawn (Das goldene Tor) [US]; Blue, White and Perfect [US]. 1942: The Tuttles of Tahiti [US]; My Gal Sal (Die Königin vom Broadway) [US]; Pacific Rendezvous [US]; Casablanca (Casablanca) [US]. 1943: Destroyer [US]; Paris after Dark [US]; Princess O'Rourke [US]; The Desert Song (Liebeslied der Wüste) [US]; Swing Fever [US]; Saratoga Trunk (Spiel mit dem Schicksal) [US]. 1944: Cover Girl (Es tanzt die Göttin) [US]; Gypsy Wildcat (Zigeunerwildkatze) [US]; Blonde Fever [US]. 1945: The Spanish Main (Der Seeteufel von Cartagena) [US]. 1946: Vendetta [US]. 1947: Jungle Flight [US]; Arch of Triumph (Triumphbogen) [US]. 1947/48: The Woman From Tangier [US]. 1948: French Leave [US]; Let's Live a Little [US]; The Woman in White (Das Geheimnis der Frau in Weiß) [US]. 1948/49: Caught (Gefangen) [US]; The Lovable Cheat [US]; A Kiss in the Dark [US]. 1949: The Great Sinner (Der Spieler) [US]; Oh, You Beautiful Doll! [US]. 1949/50: Joe Palooka Meets Humphrey [US]. 1950: Fireside Theatre: Operation Mona Lisa [TV – US]; Fortunes of Captain Blood (Liebe unter schwarzen Segeln) [US]. 1954/55: Ein Polterabend [R,CoA – DDR]. 1955: Herr Puntila und sein Knecht Matti [AT]. 1958: Androklus und der Löwe [TV]. 1960: Das Spukschloß im Spessart. 1964: Flüchtlingsgespräche [TV]; Der eingebildete Kranke [TV]. 1965/66: Ganovenehre. 1966: Die hundertste Nacht [TV]; Auf der Lesebühne der Literarischen Illustrierten: Bert Brecht vor dem McCarthy-Ausschuß [TV]. 1967: Der Zauberberg [TV]. 1969: Amerika oder Der Verschollene [TV]. 1970: Der Pott [TV]. 1970/71: Der Kommissar: Tod eines Ladenbesitzers [TV]. 1971: Der trojanische Sessel [TV]; Nach meinem letzten Umzug ... [DOK]. 1974: Der Kommissar: Schwierigkeiten eines Außenseiters [TV]; Strychnin und saure Drops [TV-EP]. 1977: Der Alte: Toccata und Fuge [TV]; Das Rentenspiel [TV]. 1979: Das Idol von Mordassow [TV – DDR]; Liebe, Tod und Heringshäppchen [TV]; Die Alten kommen. Ep: Alte Schule [TV-EP]. 1979/80: Wochenendgeschichten. Ep: Ausflug in den Wald [TV-EP]; Der Mond scheint auf Kylenamoe [TV]. 1980: Curt Bois oder Mit Heinerle fing alles an [TV-DOK – DDR]; Das Boot ist voll [CH/BRD]. 1980/81: Flächenbrand [TV]; Der Schützling [TV]. 1981: Gesucht wird ... Ep: Alles Sprüche [TV-EP – BRD/AT]. 1981/82: Gedächtnis. Ein Film für Curt Bois und Bernhard Minetti [TV-DOK]. 1982: Die feine englische Art [TVS]; Uta: Der Zokker [TV]; Der Alte: Auf Leben und Tod [TV]. 1983: Haus Vaterland [TV]. 1983/84: Kleine Stadt, ich liebe Dich [TV]. 1984: Mensch Bachmann: Häschen mit Brille. 1984/85: War was, Ricky? [TV]; Detektivbüro Roth: Kunsthandel [TV]. 1985: «So schlecht war mir noch nie ...» [TV]. 1985/86: Kir Royal. 4: Adieu, Claire. [TVS]. 1986: Vormittag bei Rentners [TV]. 1986/87: Der Himmel über Berlin/Les ailes du désir [BRD/FR]. 1988: Das letzte Band [TV]. 1990/91: Rimbaud. Eines Adlers letzte Kreise.

Bondarčuk, Sergej
(Sergej Fedorovič Bondarčuk)
*25. 9. 1920 Beloserka bei Odessa
†20. 10. 1994 Moskau

Studium an der Schauspielschule Rostov am Don und an der Moskauer Filmhochschule bei Sergej Gerasimov und Tamara Makarova bis 1948. Filmdebüt als Valko in der Fadeev-Verfilmung *Molodaja gvardija* (Gerasimov). Für die Titelrolle in Igor' Savčenkos *Taras Ševčenko* wird er 1952 auf dem Filmfestival in Karlovy Vary als bester Darsteller ausgezeichnet. Durch Dreharbeiten im Ausland wird Bondarčuk auch international bekannt. 1956 spielt er in Sergej Jutkevičs Shakespeare-Adaption *Otello* einen romantischen Othello, der sich von fast manieristischer Weichheit zu blinder Raserei steigert. 1960 gestaltet er in Italien den Rotarmisten Fedor in Roberto Rosselinis *Eva notta a Roma*. Sein Regie-Debüt, die Šolochov-Verfilmung *Sud'ba čeloveka* (1959), wird einer der größten Erfolge des Sowjetfilms der 50er Jahre. Bondarčuk erhält dafür auf dem Filmfestival in Moskau den Großen Preis. Seine zweite bedeutende Regie-Arbeit, Tolstojs *Vojna i mir*, wird 1967 mit dem Großen Preis in Moskau und

1969 mit dem Oscar als bester ausländischer Film gewürdigt. Er selbst verkörpert den P'er Besuchov. 1970 dreht er in Italien mit internationaler Besetzung den Napoleon-Film *Waterloo*. Zu einem großen Epos gerät auch Bondarčuks Verfilmung von John Reeds biografischen Werken über die mexikanische und russische Revolution: 1982 großer Preis in Karlovy Vary für *Meksika v ogne*. Kennzeichnend sind Massenszenen, die mit großer Dynamik und ausgefeilter Farbdramaturgie inszeniert sind, damit knüpft er an die russische Tradition des psychologischen Theaters an. Ab 1971 Lehrtätigkeit an der Moskauer Filmhochschule VGIK. Für seinen General Sotov im DDR-Fernsehfilm *Ernst Schneller* (Rudi Kurz) erhält Bondarčuk 1977 u. a. den Ernst-Schneller-Preis der DDR. Er ist langjähriger Sekretär des Verbandes der Filmschaffenden der UdSSR. 1981 erscheint in Moskau sein Buch «Želanie čuda» (Erwünschte Wunder). Seine Töchter Natalija und Elena Bondarčuk sind ebenfalls Schauspielerinnen.

[SU] 1947/48: Molodaja gvardija (Die junge Garde). 1948: Povest' o nastojaščem čeloveke (Der wahre Mensch); Put' slavy. 1950: Kavaler Zolotoj Zvezdy (Ritter des Goldenen Sterns). 1951: Taras Ševčenko (Gesprengte Fesseln). 1953: Admiral Ušakov (Segel im Sturm); Korabli šturmujut bastiony (Schiffe stürmen Bastionen). 1954: Ob etom zabyvat' nel'zja. 1955: Neokončennaja povest' (Sehnsucht); Otello (Othello); Poprygun'ja (Die Grille). 1956: Ivan Franko. 1957: Dvoe iz odnogo kvartala. 1958: Poema o more (Poem vom Meer) [A]; Stranicy rasskaza [TV]; Šli soldaty. 1959: Sud'ba čeloveka (Ein Menschenschicksal) [D,R]. 1960: Vesenij beter nad venoj [DOK]; Povest' plamennych let (Flammende Jahre) [A]; Sereža Serjoscha; Era notte a Roma/Les évadés de la nuit (Es war Nacht in Rom) [IT/FR]. 1966: Vojna i mir (Krieg und Frieden) [D,R,A]. 1968/69: Bitva na Neretvi/Die Schlacht an der Neretva/La battaglia della Neretva [YU/BRD/IT]. 1969: Zolotye vorota [A]. 1970: Djadja Vanja (Onkel Wanja); Waterloo/Vaterloo (Waterloo) [R,A – IT/SU]. 1973: Molèanie doktora Ivensa (Das Schweigen des Dr. Evans). 1974: Takie vysokie gory; Vybor celi (Die Wahl des Ziels); Ispolnenie želanij (Erfüllte Wünsche). 1975: Oni sražalis' za Rodinu (Sie kämpften für die Heimat) [R,A,D]. 1977: Vrhovi zelengore (Sturm auf Höhe 17) [YU]; Ernst Schneller [TV – DDR]; Pošechonskaja starina (Provinz Poschchonien); Step' (Die Steppe) [R,A,D]. 1978: Barchatnyj sezon [SU/YU]; Otec Sergej (Vater Sergej). 1980: Ovod (Der Sohn des Kardinals) [TV]. 1981/82: Krasnie kolokola – Meksika v ogne/Campañas rojas/Messico in fiamme [R,A – SU/MX/IT]. 1984: Lilja [TV – BG]. 1986: Boris Godunov/Boris Godunow [R,A,D – SU/CS/BRD]. 1987: Lejtenant S. [TV-EP]; Slučaj v aeroportu (Zwischenfall auf dem Flugplatz) [TV]. 1990/91: La batalla de los tres reyes/Tamburi di fuoco/Bitva treh korolej [ES/MA/IT/RU]. 1992: Groza nad Rus'ju [RU].

Bonnaire, Sandrine

* 31. 5. 1967 Paris

Sie stammt aus einer Arbeiterfamilie (10 Geschwister). Maurice Pialat engagiert sie 1983 für *A nous amours* als Vorstadtmädchen, das seine ersten sexuellen Erfahrungen macht; 1984 Auszeichnung mit dem César als beste Nachwuchsschauspielerin. 1986 weiterer César in Agnès Vardas' *Sans toit, ni loi* als Landstreicherin und reine Seele, die in den Sog der alltäglichen Gewalt gerät und physisch und moralisch scheitert. Partnerin von Gérard Depardieu in Pialats Bernanos-Verfilmung *Sous le soleil de Satan*. Nach weiteren Arbeiten mit Regisseuren der ersten Reihe (Patrice Leconte, Jacques Doillon, Claude Sautet) spielt sie eine differenzierte, moderne Jeanne d'Arc in Jacques Rivettes zweiteiliger Fassung des Stoffes von 1993. In Claude Chabrols makabrer Gesellschaftssatire *La cérémonie* beeindruckt sie durch den ambivalenten Charakter, den sie der Figur des analphabetischen und stoisch arbeitenden Dienstmädchens verleiht. Das Unberechenbare an dieser Figur bricht im Zusammenspiel mit Isabelle Huppert hervor, mit der sie einen frivol-fröhlichen Ausdruck unterdrückter, zuletzt mörderischer Aggressivität entwickelt. Für diese Darstellung erhält das Duo 1996 gemeinsam den Hauptdarstellerpreis auf den Filmfestspielen von Venedig.

[FR] 1983: A nos amours. 1984: Blanche et Marie (Blanche et Marie); Tir à vue. 1984/85: Police (Der Bulle von Paris). 1985: Le meilleur de la vie; Sans toit ni loi (Vogelfrei). 1986: La puritaine [FR/BE]. 1986/87: Sous le soleil de Satan (Die Sonne Satans). 1987: Jaune revolver (Der gelbe Revolver). 1988: Peaux de vaches; Quelques jours avec moi (Einige Tage mit mir). 1989: Monsieur Hire (Die Verlobung des Monsieur Hire). 1990: La captive du désert (Die Gefangene der Wüste); Verso sera/Dans la soirée (Gegen Abend) [IT/FR]. 1991: La peste/The Plague (Die Pest) [FR/GB/AR]; Le ciel de Paris; Appartamento all'ultimo piano [IT]. 1992: Prague (Prag) [GB/FR]. 1992/93: Jeanne la Pucelle – les batailles (Johanna, die Jungfrau). 1994: Les cent et une nuits/A Hundred and One Nights (101 Nacht – Die Träume des Monsieur Cinéma) [FR/GB]; Confidences à un inconnu/Ispoved' neznakomtsu/Confidenze ad uno sconosciuto [FR/RU/IT]. 1995: La cérémonie/Biester [FR/DE]. 1996/97: Une femme blanc [TVS].

Borelli, Lyda

*22. 3. 1884 Rivarolo Ligure (Genova)
†1. 6. 1959 Rom

Auf das Bühnendebüt mit 17 Jahren in der Theatergruppe von Francesco Pasta folgt eine Blitzkarriere. Höhepunkt wird die Titelrolle von «La figlia di Iorio» von Gabriele d'Annunzio. Borelli ist bereits eine berühmte Bühnenschauspielerin, als Mario Caserini ihr 1913 die Hauptrolle in *Ma l'amor mio non muore!* anvertraut, ihr Partner ist Mario Bonnard. Auf der Leinwand spielt sie – wie seinerzeit im Theater – sinnliche, unruhige Frauenfiguren und vervollkommnet diese Darstellung, häufig in Filmen von Carmine Gallone: z. B. *La donna* und *Malombra*. Als Femme fatale erreicht sie 1915 den Höhepunkt in Nono Oxilias *Rapsodia satanica*. In kaum 5 Jahren wird die Borelli eine der bekanntesten Diven des italienischen Stummfilms. Vor barocken Dekorationen, in kostbare Roben gehüllt, mit einer etwas überspitzten Darstellungsweise, sind verwikkelte, tiefgründige Rollen charakteristisch für sie. 1918 heiratet sie den Grafen Cini und zieht sich von der Schauspielerei zurück.

[IT] 1913: Ma l'amor mio non muore!; La Memoria dell'altro. 1914: La donna nuda. 1915: Rapsodia satanica [UA: 1917]; La marcia nuziale; Fior di male. 1916: Malombra; Madame Tallien; La falena. 1917: La storia dei tredici; Carnevalesca. 1917/18: Il dramma di una notte. 1918: Per la vittoria e per la pace! [KF]; L'altro esecito. 1. Le armi/2. Le munizioni/3. La leggenda di Santa Barbara.

Borgnine, Ernest

(Ermes Effron Borgnino)
*24. 1. 1917 Hamden (Connecticut)

Public Schools in New Haven, Schauspielstudium an der Randall School of Dramatic Art in Hartford, Connecticut. LKW-Fahrer. 1935–45 US-Navy. 1946–50 Barber Theatre Abington, Virginia. 1948 in «Harvey» Debüt am Broadway, dort 1962 Erfolg mit «Mrs. McThing». Filmdebüt 1951. Die Rolle des brutalen Sgt. «Fatso» in Fred Zinnemanns *From Here to Eternity* etabliert ihn 1953 als verläßlichen Nebendarsteller. Höhepunkt der Kino-Laufbahn: Oscar als kontaktscheuer Metzger in Delbert Manns *Marty* (1954). Weiterhin vor allem Nebenrollen in Actionfilmen. 1959 spielt er den Angestellten in *The Rabbit Trap* (Philip Leacock). Mitarbeit in einigen italienischen Filmen. In Actionfilmen häufig Zusammenarbeit mit Robert Aldrich. 1969 überzeugt er als Dutch Engstrom, Mitglied einer Bande von Outlaws, in *The Wild Bunch* (Sam Peckinpah). Ab 1962 verstärkt Fernsehtätigkeit. In Serien und TV-Filmen auch als Komiker. Popularität 1962–66 als Capt. McHale in der TV-Serie *McHale's Navy* (1964 auch Kinofilm) und ab 1984 in *Airwolf*. In den 80er und 90er Jahren wiederholt Tätigkeit in Europa, u. a. in der deutschen TV-Serie *Tierärztin Christine* (1993–95).

[US] 1951: The Mob (Die Spur führt zum Hafen); The Whistle at Eaton Falls; China Corsair. 1953: The Stranger Wore a Gun (Der schweigsame Fremde); From Here to Eternity (Verdammt in alle Ewigkeit). 1954: Demetrius and the Gladiators (Die Gladiatoren); Vera Cruz (Vera Cruz); Marty (Marty); Bad Day at Black Rock (Stadt in Angst); Johnny Guitar (Wenn Frauen hassen); The Bounty Hunter (Ritter der Prärie). 1955: Violent Saturday (Sensation am Sonnabend); The Square Jungle (Schläger von Chikago); The Last Command (Die Barrikaden von San Antone); Run for Cover (Im Schatten des Galgens). 1956: The Catered Affair (Mädchen ohne Mitgift); Jubal (Der Mann ohne Furcht); The Best Things in Life Are Free (Fanfaren der Freude). 1957: Three Brave Men (Die unsichtbare Front); Wagon Train: The Story of Willy Moran [TV]. 1957–61: Wagon Train: The Estaban Zamora Story [TV]. 1958: The Badlanders (Geraubtes Gold); The Vikings (Die Wikinger); Torpedo Run (Torpedo los!). 1959: The Rabbit Trap (Die Kaninchenfalle); Summer of the Seventeenth Doll/Season of Passion (Der Sommer der 17. Puppe) [AU/GB]. 1959/60: Man on a String (Geheimakte M). 1960: Go Naked in the World (Geh nackt in die Welt); Pay or Die (Zahl oder stirb). 1961: Barabba (Barabbas) [IT]; Il giudizio universale/Le jugement dernier (Das Jüngste Gericht findet nicht statt) [IT/FR]; Il re di Poggioreale/Le roi des truands (Der König von Poggio Reale) [IT/FR]; I briganti italiani/Los guerilleros (Der Bandit von Neapel) [IT/FR]. 1964: McHale's Navy (Unternehmen Pferdeschwanz) [TVS]. 1965: The Oscar (... denn keiner ist ohne Schuld); The Flight of the Phoenix (Der Flug des Phönix). 1967: The Dirty Dozen (Das dreckige Dutzend) [US/GB]; Chuka (Chuka). 1968: The Legend of Lylah Clare (Große Lüge Lylah Clare); The Split (Bullen, wie lange wollt ihr leben?); Ice Station Zebra (Eisstation Zebra). 1969: Los Desperados/Quei disperati che puzzano di sudore e di morte (Um sie war der Hauch des Todes) [ES/IT]; The Wild Bunch (The Wild Bunch – Sie kannten kein Gesetz). 1970: The Adventurers (Playboys und Abenteurer/Die letzten Abenteurer); Suppose They Gave a War and Nobody Came? 1971: The Trackers (Die Verfolger) [TV]; Willard (Willard); Un uomo della pelle dura [IT]; Hannie Caulder (In einem Sattel mit dem Tod) [GB]; Rain for a Dusty Summer. 1972: The Poseidon Adventure (Die Höllenfahrt der Poseidon); The Revengers (Revengers);

Bunny O'Hara (Bunny und Bill). 1973: Emperor of the North Pole (Ein Zug für zwei Halunken); The Neptune Factor an Undersea Odyssey (Die Odyssee der Neptun) [CA]; Who Killed the Mysterious Mr. Foster? [TV]. 1974: Twice in a Lifetime [TV]; Law and Disorder; Sunday in the Country (Killing Machine) [CA]. 1975: The Devil's Rain (Nachts, wenn die Leichen schreien); Hustle (Straßen der Weltstadt). 1976: Won Ton Ton, the Dog Who Saved Hollywood (Won Ton Ton, der Hund, der Hollywood rettete); Natale in casa d'appuntamento [IT]; Shoot [CA]; Vengeance Is Mine; The Greatest (Ich bin der Größte). 1977: Cleaver and Haven/Future Cop (Mein Freund der Roboter) [TV]; Super Stunt (Super Stunt – Der Draufgänger vom Dienst); Gesù di Nazareth/Jesus of Nazareth (Jesus von Nazareth) [TV – IT/GB]; Fire! (Horizont in Flammen) [TV]. 1978: Convoy (Convoy); The Prince and the Pauper (Der Prinz und der Bettler) [PA]; The Ghost of Flight 401 [TV]; Cops and Robin [TV]; The Ravagers (Zum Überleben verdammt). 1979: All Quiet on the Western Front (Im Westen nichts Neues) [TV – GB/US]; The Double McGuffin (Sechs kleine Detektive) [TV]; The Black Hole (Das schwarze Loch); When Time Ran Out. ... (Der Tag, an dem die Welt unterging). 1980: Super Fuzz/Supersnooper (Der Supercop). 1981: Escape from New York (Die Klapperschlange); Deadly Blessing (Tödlicher Segen) [TV]; High Risk (Satisfaction). 1982: Magnum P.I.: Mr. White Death (Magnum) [TVS]. 1983: The Young Warriors (Young Warriors); Blood Feud (Verfolgt bis in den Tod) [TV]; Masquerade [TV]; Carpool (Carpool – Die Glücklichen) [TV]. 1983/84: The Last Days of Pompeii (Die letzten Tage von Pompeji) [TV – US/GB/IT]. 1984: Geheimcode Wildgänse/Arcobaleno selvaggio [BRD/IT]; Love Leads the Way (Wie ein Faustschlag) [TV]; The White Stallion. 1984–86: Airwolf (Airwolf) [TVS]. 1984/85: The Dirty Dozen: The Next Mission (Das dreckige Dutzend. 2) [TV]. 1985: Fighting Choice (Die Herausforderung); Alice Through the Looking Glass [TV]. 1986: The Man Hunt (Sag nie wieder Indio). 1987: Skeleton Coast (24 Stunden bis zur Hölle); L'Isola del tesoro (Space Pirates) [TV – IT]; The Dirty Dozen: The Deadly Mission (Das dreckige Dutzend. 3) [TV]. 1988: Any Man's Death (Im Zeichen des Krebs); The Dirty Dozen: The Fatal Mission (Das dreckige Dutzend. 4) [TV]; Spike of Bensonhurst/The Mafia Kid (Brooklyn Kid); Qualcuno pagherà [IT]; Uppercut Man [IT]. 1989: Gummibärchen küßt man nicht [BRD]; Jake Spanner, Private Eye (Jake Spanner – Aufs Kreuz gelegt) [TV]; The Simpsons (Die Simpsons) [S – ANI]. 1990: Tides of War; Laser Mission [BRD]; The Opponent (Opponent – Sein härtester Gegner); Appearances (Familie in Nöten) [TV]; La montagna dei diamanti [TV – IT]; L'Ultima partita/The Last Match (The Last Match – Der letzte Fight) [IT/US]; Moving Target. 1991: Mistress (Mistress – Die Geliebten von Hollywood) [TV]. 1993: Der Blaue Diamant [TV – DE]; Tierärztin Christine [TV – DE]. 1994: The Legend of O.B. Taggart; Captiva Island (Captiva Island – Ein verrückter Sommer). 1995: Tierärztin Christine 2 [TV – DE]; The Single Guy [TVS]. 1996: All Dogs Go to Heaven 2 [S – ANI]. 1997: Gattaca; McHale's Navy.

Borsche, Dieter

(Dieter Albert Eugen Rollomann Borsche)
*25. 10. 1909 Hannover
†5. 8. 1982 Nürnberg

Gymnasium bis zur Oberprima, Tanzunterricht bei Yvonne Georgi und Harald Kreutzberg. 1930–35 im Opernballett Hannover, Schauspielunterricht. Engagement als Schauspieler in Weimar, dann in Danzig und Breslau. 1944 Soldat, Kriegsgefangenschaft. 1946 Städtische Bühnen Kiel, 1947–49 Oberspielleiter. Ende der 50er Jahre erster Vorsitzender der neu gegründeten Filmunion. Erster Filmauftritt 1935 in der Weiß-Ferdl-Klamotte *Alles weg'n dem Hund* (Fred Sauer). Mit der Rolle als katholischer Kaplan von Imhoff in *Nachtwache* (Harald Braun) beginnt 1949 Borsches Erfolg als Publikumsliebling des bundesdeutschen Nachkriegsfilms. Epochenideal charakterfester Männlichkeit, so als Korporal Friedrich in *Es kommt ein Tag* oder als Arzt *Dr. Holl* (1950/51): stille Herren von vertrauenstiftender Autorität, sanft melancholische Liebhaber. Mit seinen Partnerinnen Maria Schell und Ruth Leuwerik gibt er «Traumpaare» ab. *Fanfaren der Liebe* (Kurt Hoffmann) unterläuft seine noble Unantastbarkeit: Er und Georg Thomalla wollen als arbeitslose Musiker einen Job in einer Damenkapelle bekommen: Borsche en travestie. In den 60er Jahren bevorzugt zwielichtige, mörderische Charaktere: Schurken in Edgar-Wallace-Filmen, der Mörder im Durbridge-TV-Reißer *Das Halstuch* (Hans Quest). Häufige Auftritte im Fernsehen mit Wechsel ins Charakterfach, z. B. als General von Seydlitz in *Das Haus Lunjowo* (Hans Peter Wirth). In den 60er Jahren bis Mitte der 70er Theaterarbeit an der Freien Volksbühne Berlin. Ende der 70er Jahre arbeitet Borsche, krankheitsbedingt an den Rollstuhl gefesselt, öfter beim Funk und als Synchronsprecher. 1979 Filmband in Gold für langjähriges und hervorragendes Wirken im deutschen Film.

[DE/BRD] 1935: Alles weg'n dem Hund. 1937: Wie einst im Mai. 1938: Preußische Liebesgeschichte (Liebeslegende) [Verboten]. 1939: Die kluge Schwiegermutter; Die Geliebte. 1949: Nachtwache. 1950: Es kommt ein Tag; Der fallende Stern. 1950/51: Dr. Holl. 1951: Fanfaren der Liebe; Sündige Grenze. 1951/52: Herz der Welt. 1952: Vater braucht eine Frau; Die große Versuchung. 1952/53: Der Kaplan von San Lorenzo/Mea culpa. 1953: Fanfaren der Ehe; Königliche Hoheit; Muß man sich gleich scheiden lassen?; Le guérisseur (Der Arzt und das Mädchen) [FR]. 1954: Ali Baba et les 40 voleurs (Ali Baba) [FR]. 1954/55: Escale à Orly/Zwischenlandung in Paris [FR/BRD]. 1955: Ich war ein häßliches Mädchen; Die Barrings. 1955/56: San Salvatore. 1956: Der Fächer [R – TV]; Wenn wir alle Engel wären; Rot ist die Liebe. 1956/57: Königin Luise. 1957: Die Gangster von Valence [R,A – TV]; Hoch droben auf dem Berg; Nachts im grünen Kakadu; Zwei Herzen im Mai. 1957/58: A Time to Love and a Time to Die (Zeit zu leben und Zeit zu sterben) [US]. 1958: U 47 – Kapitänleutnant Prien; Die Beklagte [TV]. 1959: O Wildnis [TV]; Affäre Dreyfus [TV]; Ein Thron für Christine [BRD/ES]. 1960: Das hab' ich in Paris gelernt; Paris, 20. Juli [TV]; Gaslicht [TV]; Sabine und die 100 Männer. 1960/61: Adieu, Prinzessin [TV]. 1961: Die toten Augen von London; Die kleinen Füchse [TV]; Die Wildente [TV]; Das Halstuch [TV]. 1962: Der Gefangene [TV]; Muß i denn zum Städtele hinaus; Der rote Rausch; Ein Toter sucht seinen Mörder/Vengeance [BRD/GB]; Die glücklichen Jahre der Thorwalds. 1962/63: Das Feuerschiff. 1963: Der schwarze Abt; Scotland Yard jagt Dr. Mabuse; Der Henker von London. 1963/64: Dr. Murkes gesammeltes Schweigen [TV]; Das Phantom von Soho. 1964: Angélique, marquise des Anges/Angélique/Angelica [FR/DE/IT]; Angeklagt: Dr. Thomas/Ein Frauenarzt klagt an; Der Schut/Au pays des Skipétars/Una carabina per Schut/Sut [BRD/FR/IT/YU]; Die Goldsucher von Arkansas/Alla conquista dell'Arkansas/Les chercheurs d'or de l'Arkansas [BRD/FR/IT]. 1965: Die schwedische Jungfrau; Durchs wilde Kurdistan/El salvaje Kurdistan [BRD/ES]; Requiem für eine Nonne [TV]; Dr. Murkes gesammelte Nachrufe [TV]; Im Reiche des silbernen Löwen/El ataque de los Kurdos [BRD/ES]. 1965/66: Der Arzt stellt fest .../Angeklagt nach § 218/ § 218 – Gegen das keimende Leben [CH/BRD]. 1966: Der Vogel läßt das Singen nicht [TV]; Der schwarze Freitag [TV]; Die Karrieren des Dieter Borsche [TV-DOK]. 1967: In Sachen Erzberger gegen Helfferich [TV]; Viele heißen Kain [TV]; Wenn Ludwig ins Manöver zieht. 1967/68: Gift für die Rosen [TV]. 1968: Berliner Blockade [TV]; Nur kein Cello [TV]; Madame Cailleaux [TV]; Der Arzt von St. Pauli; Berliner Antigone [TV]; Le calde notti di Lady Hamilton/ Lady Hamilton – zwischen Schmach und Liebe/Les amours de Lady Hamilton [IT/BRD/FR]; Der Senator [TV]. 1969/70: Das Haus Lunjowo [TV]. 1970: Der Pfarrer von St. Pauli; General Oster – Verräter oder Patriot [TV]; Krebsstation [TV]; Preußen über alles – Bismarcks deutsche Einigung [TV]. 1971: Besuch der Tochter [TV]; Glückspilze [TV]; Der Kommissar: Ein rätselhafter Mord [TV]; Hoopers letzte Jagd [TV]. 1972: Max Hölz [TV]; Das Geheimnis der alten Mamsell [TV]; Mit dem Strom [TV]. 1973/74: Die letzten Tage von Gomorrha [TV]; Algebra um acht [TVS]. 1974: Ich gehe nach München [TV]; Der kleine Doktor. 8. Zu viele Ärzte [TVS]; Gruß nach vorn [TV]. 1975: Der Strick um den Hals [TV]; Der Kommissar: Eine Grenzüberschreitung [TV]. 1976: Die vollkommene Liebe [TV]. 1980/81: Goldene Zeiten [TVS – BRD/CH/FR]; Pseudonym Hans Fallada [TV]. 1981: In der Sache J. Robert Oppenheimer [TV].

Bouquet, Michel

*6. 11. 1926 Paris

Bäckergehilfe und Bankangestellter, da das angestrebte Medizinstudium nicht finanzierbar ist. Mit 16 Jahren Schauspielunterricht bei Maurice Escande, Studium am Pariser Konservatorium. 1944 Bühnendebüt; an Theatern in Paris in Stücken von Anouilh, der ihn bald zu seinen wichtigsten Schauspielern zählt, Camus, Osborne und Pinter. Seine Theaterkarriere hat Bouquet nie zugunsten des Films unterbrochen. 1947 schreibt Anouilh die Dialoge für Bouquets ersten Film, eine Episodenrolle in Maurice Cloches *Monsieur Vincent*. Seit Ende der 60er Jahre in tragenden Rollen, oft als Darsteller kaltherziger und ehrgeiziger Charaktere, gehört Bouquet als Partner Stéphane Audrans zu den bevorzugten Darstellern Claude Chabrols; mehrfach in der Rolle von katholischen Bürgern, die zu Mördern werden, weil ihr unausgesprochen selbstverständliches Moralsystem angetastet wird, so in *La femme infidèle* und in *Juste avant la nuit*. Als präzise arbeitender Minimalist agiert Bouquet selbst in exponierten Rollen sehr zurückgenommen: Hinter der biedermännischen Maske lauert die Gewalt. 1970 hat er als zynischer, ausrastender Kommissar in Yves Boissets *Un conde* großen internationalen Erfolg. Er ist in Frankreich bekannt für seine skrupelhafte Erarbeitung von Rollen; mit Auftritten in Stücken von Strindberg, Beckett, Diderot und vor allem Molière (auch in Fernsehinszenierungen) gehört er in den 70er und 80er Jahren zu den Stars der Pariser Theater.

[FR] 1947: Monsieur Vincent (Monsieur Vincent); Brigade criminelle. 1948: Pattes blanches (Tödliche Leidenschaft); Manon (Manon). 1951: Trois femmes, trois âmes/Coralie (Drei Töchter Evas) [EP]; Deux sous de violettes. 1954: La tour de Nèsle/La torre di Nesle (Der Turm der Sünde) [FR/IT]. 1958: Le piège/La trappola si chiude (Die Falle) [FR/IT]. 1959: Katia (Katja, die ungekrönte Kaiserin). 1964: Les amitiés particulières (Heimliche Freundschaften). 1965: Le Tigre se parfume à la dynamite/La tigre profumata alla dinamite/El tigre se perfume con dinamita (Der Tiger parfümiert sich mit Dynamit) [FR/IT/ES]. 1967: La route de Corinthe/Criminal Story (Die Straße von Korinth) [FR/IT]; La mariée était en noir/La sposa in nero (Die Braut trug Schwarz) [FR/IT]; Lamiel (Lamiel ... ich liebe die Liebe). 1968: La femme infidèle /Stéphane, una moglie infedele (Die untreue Frau) [FR/IT]. 1969: Borsalino (Borsalino) [FR/IT]; La sirène du Mississippi/La mia droga si chiama Julie (Das Geheimnis der falschen Braut) [FR/IT]. 1970: La rupture/All'ombra del delitto (Hallucination) (Der Riß) [FR/IT/BE]; Un condé (Ein Bulle sieht rot); Le dernier saut/Indagine su un «parà» accusato d'omicidio (Der Fallschirmspringer) [FR/IT]; Comptes à rebours (Der Boß). 1970/71: Juste avant la nuit (Vor Einbruch der Nacht) [FR/IT]. 1971: L'Humeur vagabonde; Malpertuis/Malpertuis – Geisterschloß des Todes [BE/FR/BRD]; Papa, les petits bateaux. 1972: Paulina 1880/Paulina 1880 [FR/BRD]; L'Attentat/L'Attentato/Das Attentat [FR/IT/BRD]; La sainte famille [CH]; Les anges; Trois milliards sans ascenseur (Drei Milliarden ohne Fahrstuhl). 1972/73: Il n'y a pas de fumée sans feu/Non c'é fuomo senza fuoco (Kein Rauch ohne Feuer) [FR/IT]. 1973: Les grands sentiments font les bons gueuletons; Le serpent/Il serpente/Die Schlange [FR/IT/BRD]; ... la main à couper/Un cadavere di troppo (Vier Tage in der Hölle) [FR/IT]; Les noces rouges/L'amico di famiglia (Blutige Hochzeit) [FR/IT]; France, Societe anonyme (Tödlicher Markt); Défense de savoir (Gefährliches Wissen/Mord paßt nicht in sein Konzept); Deux hommes dans la ville/Contro la legge (Endstation Schafott) [FR/IT]; Le complot. 1974: Thomas; Les suspects/La polizia indaga: Siamo tutti (Die Verdächtigen) [FR/IT]; Bons baisers à lundi; La dynamite est bonne à boire. 1975: Au-delà de la peur (Jenseits der Angst); Vincent mit l'âne dans le pré. 1976: Métamorphoses; Le jouet (Das Spielzeug). 1977/78: La raison d'état/Ragione di stato (Staatsraison) [FR/IT]. 1978: L'Ordre et la sécurité du monde. 1980: La fuite en avant. 1982: La danse de mort [TV]; Les misérables (Die Legion der Verdammten); Mozart [TVS – EURO]. 1983: Mystère (Mystère) [IT]./ 1984/85: Poulet au vinaigre (Hühnchen in Essig). 1986: Double messieurs (Herren-Doppel). 1988: Trop belle pour toi (Zu schön für Dich!). 1989: New York Stories. EP 2: Life Without Zoe (New Yorker Geschichten) [EP – US]. 1991: Toto le héros (Toto der Held) [BE/FR/DE]. 1992: L'Oeil de Vichy (Das Auge von Vichy); La joie de vivre. 1995: Elisa (Elisa).

Bourvil

(André Raimbourg)
* 27. 7. 1917 Pétrot-Vicquemare
† 23. 9. 1970 Paris

Bäckerlehre, dann Arbeiter; tritt während seines Militärdienstes erstmals als Sänger auf; 1937 erste Radiosendung. Auftritte in Operetten, als Chansonnier und im Kabarett in der französischen Provinz unter dem Namen Andrel (Hommage an sein Vorbild Fernandel). Nach dem 2. Weltkrieg nach Paris; 1946 erste Schallplatte; setzt neben der Filmarbeit bis Mitte der 60er Jahre seine Karriere als Sänger in musikalischen Komödien und Operetten fort. Große Popularität als Komiker und Charakterdarsteller, vorzugsweise in der Rolle von Bauern und Kleinbürgern, die den Tücken des Alltags zum Trotz sich durch Schlagfertigkeit und gespielte Naivität behaupten. 1956 in Venedig für den Schwarzmarkthändler in Claude Autant-Laras Komödie *La traversée de Paris* ausgezeichnet. Großer Erfolg in Frankreich durch Alex Joffés *Fortunat*: Als listiger Schuster zeigt er seinen Landsleuten während der Okkupation Wege in die freie Zone. In den 60er Jahren mit Louis de Funès ein beliebtes Komikergespann, so in den Gérard-Oury-Filmen *Le corniaud* und *La grande vadrouille*. Die Tragik des Kleinbürgers zeigt der Charakterdarsteller neben Michèle Morgan in André Cayattes *Le miroir à deux faces* und 1970 in seinem letzten Film (erstmals als André Bourvil angekündigt): Jean-Pierre Melvilles *Le cercle rouge*.

[FR] 1941: Croisières sidérales. 1945: La ferme du pendu (Entfesselte Leidenschaften). 1946: Pas si bête. 1947: Par la fenêtre; Blanc comme neige; Le studio en folie. 1948: Le cœur sur la main. 1949: Le roi Pandore; Miquette et sa mère. 1950: Le rosier de Madame Husson (Monsieur Tugendsam); Le passe-muraille (Der sensantionelle Einbrecher). 1951: Seul dans Paris. 1952: Cent francs par seconde; Le trou normand. 1953: Les trois mousquetaires/Fate largo ai moschettieri! (Abenteuer der drei Musketiere) [FR/IT]; Si Versailles m'était conté (Versailles – Könige und Frauen). 1954: Poisson d'avril (Der Sonntagsangler); Cadet Rousselle (Wer nimmt die Liebe ernst?); Le fil à la patte. 1955: La traversée de Paris (Quer durch Paris); Les hussards. 1956: Le chanteur de Mexiko/El cantor de Mexico (Der Sänger von Mexiko) [FR/ES]. 1957: Les misérables/I miserabili (Die Elenden) [FR/IT]. 1958: Un drôle de dimanche (Leben und lieben lassen); Sérénade au Texas (Texasmädel); Le miroir à deux faces/Lo specchio a due facce (Der Tag und die Nacht) [FR/IT]. 1959: La jument verte/La giumenta verde (Die grüne Stute) [FR/IT]; Le chemin des écoliers/Furore di vivere (Die Schüler) [FR/IT]; Le bossu/La spada degli Orléans (Der Gejagte) [FR/IT]. 1960: Fortunat/S.S. Operazione Fortunat [FR/IT]; Le capitan/ Il capitano del Re (Mein Schwert für den König) [FR/IT]. 1961: Dans la gueule du loup; Le Tracassin ou les plaisir de la ville (Freuden der Großstadt); Tout l'or du monde (Alles Gold der Welt). 1962: Tartarin de Tarascon; Un clair de lune à Maubeuge; Les culottes rouges; The Longest Day (Der längste Tag) [US]. 1962/63: Les bonnes causes/Il delitto Dupré (Des Teufels schwache Seite/Mordfall Dupré) [FR/IT]. 1963: La cuisine au beurre (Alles in Butter); Un drôle de paroissien (Den Seinen gibt's der Herr); Le magot de Joséfa (Das Ekel von Josefa). 1964: La grande frousse/La cité de l'indicible; Le corniaud/Colpo grosso, ma non troppo (Scharfe Sachen für Monsieur) [FR/IT]; Le majordome/Sie werden lästig, mein Herr/Operazione maggiordomo [FR/BRD/IT]. 1965: La guerre secrète/La guerra segreta/ Spione unter sich [EP – FR/IT/BRD]; La grosse caisse (Die große Kiste). 1966: Trois enfants dans le désordre (Drei Kinder in der Wirrnis); Les grandes gueules/Una vampata di violenza (Die großen Schnauzen) [FR/IT]; La grande vadrouille (Die große Sause). 1967: Les Arnaud/Voglio vivere la mia vita (Junger Mann mit Zukunft) [FR/IT]. 1967/68: Les cracks/La corsa del secolo (Schußfahrt nach San Remo) [FR/IT]. 1968: La grande lessive (Die große Aktion). 1968/69: Gonflés à bloc/Quei temperari sulle loro pazze, scatenate, scalcinate carriole (Monte Carlo Rallye) [FR/IT]; Le cerveau/Il cervello (Das Superhirn) [FR/IT]. 1969: Le mur de l'Atlantique (Leo der Kriegsheld); L'arbre de Noël/L'albero di Natale (Pascal) [FR/IT]; L'étalon. 1970: Le cercle rouge/I senza nome (Vier im roten Kreis) [FR/IT].

Bow, Clara

*29. 7. 1905 Brooklyn (New York)
†27. 9. 1965 Hollywood

1921 Siegerin eines Schönheitswettbewerbs, 1922 erster kleiner Filmauftritt. Nach einer Rolle in Elmer Cliftons *Down to the Sea in Ships* wird sie vom Produzenten B. P. Schulberg entdeckt. Bis 1926 in fast 30 Filmen, u. a. in *Grit* (Frank Tuttle) und *Kiss Me Again* (Ernst Lubitsch). Sie verkörpert den populären Typ des Flappers, der emanzipierten, lebenslustigen Frau der 20er Jahre. Erfolg als junge Ehefrau in Victor Flemings *Mantrap*. Als temperamentvolle, erotische Verkäuferin in Clarence Badgers *It* wird sie Idol vieler Amerikanerinnen der 20er Jahre, zählt in jener Zeit zu den Spitzenstars Hollywoods. 1928 als Partnerin von Gary Cooper in William A. Wellmans Fliegerfilm *Wings*. Die Einführung des Tonfilms und einige Skandale führen zum Abstieg. 1932 scheitert der Comeback-Versuch mit *Call Her Savage* (John Francis Dillon). 1933 Rückzug vom Film. 1949 Filmbiografie *You're My Everything* (Walter Lang), wo Anne Baxter den legendären Star spielt.

[US] 1922: Beyond the Rainbow; Down to the Sea in Ships (Die Harpune). 1923: The Daring Years (Kinder [Mutterliebe]); The Enemies of Women (Frauenfeinde); Maytime; Black Oxen. 1924: Black Lightning; Daughters of Pleasure; Poisoned Paradise: Forbidden Story of Monte Carlo; Wine; This Woman; Empty Hearts; Helen's Babies; Grit. 1925: Kiss Me Again (Küß mich noch einmal); Capital Punishment; My Lady's Lips; The Primrose Path; Parisian Love; The Adventurous Sex (Hochstapler der Liebe); My Lady of Whims; The Keeper of the Bees; Free to Love; Lawful Cheaters; The Best Bad Man (Der König der Gaukler); The Ancient Mariner; The Plastic Age; Eve's Lover; The Scarlet West. 1926: Dancing Mothers; Mantrap; Kid Boots (Fünf Minuten Angst); The Runaway; Two Can Play; The Shadow of the Law (Der elektrische Stuhl). 1927: It (Das gewisse Etwas); Get Your Man (Bin ich Ihr Typ?); Children of Divorce; Hula; Rough House Rosie. 1928: Red Hair (Vier Herzen suchen Anschluß); Wings; Ladies of the Mob (Steckbrieflich verfolgt); The Fleet's In (Das Mädel aus der Tanzbar); Three Week-ends (Übern Sonntag, lieber Schatz). 1929: Dangerous Curves; The Wild Party; The Saturday Night Kid. 1930: Her Wedding Night; True to the Navy; Love Among the Millionaires; Paramount on Parade. Ep: The Redhead. 1931: No Limit; Kick In. 1932: Call Her Savage. 1933: Hoop-La.

Böwe, Kurt

*28. 4. 1929 Reetz (Mark Brandenburg)

Schulbesuch und Abitur in Kyritz. 1950–54 Germanistikstudium an der Humboldt-Universität in Berlin, Staatsexamen. 1954–60 Assistent am Institut für Theaterwissenschaft, Vorlesungen zur Theatergeschichte und Dramaturgie. Nebenbei an der Studentenbühne. Regisseur Horst Schönemann holt ihn 1960 ans Maxim Gorki Theater Berlin; dort vorwiegend in kleinen Rollen. Mit Schönemann 1967 nach Halle und 1973 zurück ans Deutsche Theater Berlin. Ab 1961 Arbeit für Rundfunk und Fernsehen sowie für das DEFA-Studio für Synchronisation (Titelrolle in Wolfs *Goya*). Erste Film-Hauptrolle 1973 als bodenständiger wie sensibler Bildhauer Kemmel in Konrad Wolfs *Der nackte Mann auf dem Sportplatz*. Böwe – 1971 Nationalpreisträger – setzt seine robustgedrungene Körperlichkeit sensibel-zurückhaltend wie brutal ein. Der karrieresüchtige, verschlagene Literatur-Professor Menzel in Roland Gräfs *Märkische Forschungen* nach der Erzählung von Günter de Bruyn erhält durch Böwe gar sympathische Züge (Darstellerpreis des Spielfilmfestivals der DDR 1982). Beim Fernsehen interessante Aufgaben als väterlicher Außenseiter in der zunächst verbotenen TV-Serie *Einzug ins Paradies* (Achim und Wolfgang Hübner) und als Landarzt in *Späte Ankunft* (Vera Loebner). Ab 1993 als milieufester TV-Kommissar in *Polizeiruf 110*. 1996 erscheint die Biografie von Hans-Dieter Schütt «Kurt Böwe. Der lange kurze Atem».

[DDR] 1961: Das Urteil fällst Du [TV]. 1961/62: Herbstrauch [TV]. 1962: Tote reden nicht [TV]; Geheime Front durchbrochen: Mord-AG [TV]; Weimarer Pitaval: Der Fall Hellseher Drost [TV]; Punkt zwölf in der Maskenbar [TV]. 1962/63: Interview mit Pinselheinrich [TV]; Nacht über Nürnberg [TV]. 1963: Sonntagsfahrer; Ein Mann und sein Schatten; Das Feuer [TV]. 1963/64: Zu viele Kreuze [TV]. 1964: Pension Boulanka; Rummelplatz [TV]; Der Neue. 2.

Teil [TV]; Die Wochen danach [TV]; Gesucht und gefunden. Die Geschichte eines Terroristen [TV]; Seine Kinder [TV]; Sommer in Heidkau [TV]; Verflixte Bande. 1965: Berlin um die Ecke; Noch an diesem Abend; Die Heinitzer [TV]; Der Nachfolger [TV]; Die Mutter und das Schweigen [TV]; Revision [TV]. 1966: Geheimkommando Bumerang [TV]; Maskenball [TV]. 1967: Ich war neunzehn. 1968: Blaulicht: Leichenfund im Jagen 14 [TV]; Die Toten bleiben jung. 1969: Jede Stunde Deines Lebens [TV]; Drei von der K: Kupferdraht im Eichensarg (1952) [TV]; Ich – Axel Caesar Springer. 4. Der gemachte Mann. 5. Der Königsmacher [TV]. 1970: Zollfahndung: Giftige Nadeln [TV]; Leichensache Zernik. 1970/71: Angebot aus Schenectady [TV]. 1972: Die Aula [TV]; Der Mann und das Mädchen [TV]. 1972/73: Den Wolken ein Stück näher [TV]. 1973: Der nackte Mann auf dem Sportplatz. 1973–75: Broddi [TV]. 1973/74: Johannes Kepler. 1974/75: Zwischen Nacht und Tag; Heute ist Freitag [TV]. 1975: Ein Feigenblatt für Kuhle Wampe – oder Wem gehört die Welt [TV]. 1975/76: Heimkehr in ein fremdes Land [TV]; Ein altes Modell [TV]. 1976: Tambari; Strategie der Träume [TV]; Polizeiruf 110: Vorurteil? [TV]; Ottokar der Weltverbesserer; Mama, ich lebe. 1976/77: Happy End [TV]. 1977: Die Millionen des Knut Brümmer [TV]; Tod und Auferstehung des Wilhelm Hausmann [TV]; Rückkopplung [TV]. 1977/78: Zünd an, es kommt die Feuerwehr. 1978: Ein Kolumbus auf der Havel [TV]. 1978/79: Blauvogel; Polizeiruf 110: Tödliche Illusion [TV]. 1979: Pinselheinrich [TV]; Die Rache des Kapitäns Mitchell [TV]. 1979/80: Das Rad [TV]; Levins Mühle. 1980: Eine Anzeige in der Zeitung [TV]; Flüchtlingsgespräche [TV]; Asta, mein Engelchen; Puppen für die Nacht [TV]; Suturp – Eine Liebesgeschichte [TV]; Pugowitza. 1980–82: Hotel Polan und seine Gäste [TV]. 1980/81: Das große Abenteuer des Kaspar Schmeck [TV]; Jadup und Boel. 1981: Jegor Bulytschow und die anderen [TV]; Märkische Forschungen. 1982: Das Luftschiff; Der entführte Prinz [TV]; Melanie van der Straaten [TV]; Die traurige Geschichte von Friedrich dem Großen [TV]. 1982/83: Der Mann und sein Name [TV]; Die vertauschte Königin; Automärchen; Es geht einer vor die Hunde [TV]. 1983: Gespenster [TV]; Rublak. Die Legende vom vermessenen Land [KF]. 1983/84: Einzug ins Paradies [TVS]. 1984: Paulines zweites Leben [TV]; Ab heute erwachsen. 1984/85: Der Junge mit dem großen schwarzen Hund; Besuch bei van Gogh. 1985/86: Das wirkliche Blau [TV]; Das Buschgespenst [TV]; Weihnachtsgeschichten [TV-EP]. 1986: Der unbekannte Großvater [TV]; Die Souffleuse [TV]; Schauspielereien: Ein ehrlicher Finder [TV]. 1987/88: Späte Ankunft [TV]. 1988: Kikeriki [TV]; Der blaue Boll [TV]; Verflixtes Mißgeschick! 1988/89: Ein brauchbarer Mann. 1989/90: Pause für Wanzka [TV]. 1990: Marie Grubbe [TV – DDR/PL//HU/DK]. 1991: Die Spur des Bernsteinzimmers; Vanek-Trilogie [TV]; Sprache der Vögel [TV]; Die verschwundene Miniatur [TV]; Sturmgeselle Sokrates [TV]. 1991/92: Stilles Land. 1993: Profile: Kurt Böwe [TV]; Polizeiruf 110: Bullerjahn [TV]; Polizeiruf 110: Kiwi und Ratte [TV]; Karate-Billi kehrt zurück [TV]; Der Biberpelz [TV]. 1994: Polizeiruf 110: Über Bande [TV]. 1994/95: Polizeiruf 110: Taxi zur Bank [TV]. 1995: Polizeiruf 110: Alte Freunde [TV]. 1996: Polizeiruf 110: Der Fremde [TV]; Polizeiruf 110: Die Gazelle [TV].

Boyer, Charles

*28. 8. 1897 Figeac
†26. 8. 1978 Phoenix (Arizona)
Studium in Toulouse, an der Sorbonne (Philosophie) und am Pariser Konservatorium. Theaterarbeit u.a am Théâtre Sarah Bernhardt in Paris. Von Marcel L'Herbier engagiert, ab 1920 Filmarbeit. Größere Erfolge erst in der frühen Tonfilmzeit in den französischen und z. T. auch englischen Versionen deutscher oder amerikanischer Filme bei M-G-M und Ufa, so in *Moi et l'Impératrice / Heart Song* nach Friedrich Hollaenders *Ich und die Kaiserin*. 1934 Titelrolle in *Liliom*, Fritz Langs einzigem französischem Film. Ab Ende 1934 durch Vermittlung von Erik Charell dauerhaftes Engagement in Hollywood, häufig in typisierter Rolle als französischer Charmeur und Liebhaber von ausgesuchtem Flair und großer Distinguiertheit: Partner von Marlene Dietrich in Richard Boleslavskis *The Garden of Allah* und von Danielle Darrieux' in Anatole Litvaks *Mayerling*, als Napoleon neben Greta Garbo in Clarence Browns *Conquest*. 1942 amerikanischer Staatsbürger. Engagement für einen intensiveren Kulturaustausch zwischen den USA und Frankreich. Für die Gründung der French Research Foundation in Los Angeles 1942 Auszeichnung mit einem Spezial-Oscar. 1951 mit David Niven und Dick Powell Gründung der TV-Gesellschaft Four Star Television, die u. a. die 30teilige Serie *The Rogues* produziert. In den 50er Jahren erfolgreiche Welttournee mit Shaws «Don Juan in Hell». Ab 1953 gelegentlich Auftritte in europäischen Produktionen. Seine Rolle ist nun häufig die des eleganten, lebensweisen Herrn, der ein Faible für Affären hat. Für den Baron Raoul in Alain Resnais' *Stavisky* (1973/74) Auszeichnung in Cannes. 1965 Selbstmord seines Sohns Michael. Zwei Tage nach dem Tod seiner Frau, der Schauspielerin Patricia Patterson, mit der er seit 1934 verheiratet war, stirbt Boyer an einer Überdosis Schlaftabletten.

[FR] 1920: L'homme du large. 1921: Chantelouve. 1922: L'esclave; Le grillon du foyer. 1927: La ronde infernale. 1928/29: Le capitaine Fracasse. 1929: Le procès de Mary Dugan. 1930: Barcarolle d'amour [Version – DE/FR]; The Big House [Version – US]. 1931: Tumultes [DE/FR]; The Magnificent Lie [US]. 1932: The Man from Yesterday [US]; Moi et l'Impératrice [Version – DE/FR]; Red-Headed Woman (Blondes Gift) [US]; I.F.1 ne répond plus [Version – DE]. 1933: L'épervier (Der Falschspieler); The Only Girl [Version – US]. 1934: Caravan [Version – US]; Liliom; La bataille [Version]; The Battle [Version]. 1935: Le bonheur; Private Worlds (Oberarzt Dr. Monet) [US]; Break of Hearts [US]; Shanghai (Mädchen in Shanghai) [US]. 1935/ 36: Mayerling. 1936: The Garden of Allah (Der Garten Allahs) [US]; She Loved a Soldier [US]. 1937: Tovarich [US]; Orage; Conquest (Maria Walewska) [US]; History Is Made at Night (... und ewig siegt die Liebe) [US]. 1938: Love Affair (Ruhelose Liebe) [US]; Algiers [US]. 1939: When Tomorrow Comes (Wenn das Morgen kommt) [US]; Le corsaire. 1940: All This, and Heaven Too (Hölle, wo ist dein Sieg?) [US]. 1941: Appointment for Love [US]; Hold Back The Dawn (Erwachen in der Dämmerung) [US]. 1942: Back Street (Seitenstraße) [US]; Tales of Manhattan (Sechs Schicksale) [US]. 1943: Flesh and Fantasy (Das zweite Gesicht) [D,CoP – US]; The Constant Nymph (Liebesleid/Jungfräuliche Liebe; 1949) [US]. 1944: Together Again (Modell wider Willen) [US]; Gaslight (Das Haus der Lady Almquist) [US]. 1945: Confidential Agent (Jagd im Nebel) [US]. 1946: Cluny Brown (Cluny Brown auf Freiersfüßen) [US]; Children of Tragedy [KF – US]. 1947: A Woman's Vengeance (Qualen der Liebe) [US]; Arch of Triumph (Triumphbogen) [US]; Restoration Begins [KF – US]. 1949: Riviera Dream [KF – US]. 1951: The First Legion (Beichte eines Arztes) [US]; The Thirteenth Letter [US]; Thunder in the East (Donner in Fern-Ost) [US]. 1952: The Happy Time (Mein Sohn entdeckt die Liebe) [US]. 1952–56: Four Star Playhouse [TVS – US]. 1953: Madame de .../I gioielli di Madame de ... (Madame de ...) [FR/IT]. 1955: La fortuna di essere donna/La chance d'être femme (Wie herrlich, eine Frau zu sein) [IT/FR]; Salute to the Theatres [KF – US]; The Cobweb (Die Verlorenen) [US]; Nana (Nana) [FR/IT]. 1956: Around the World in 80 Days (In 80 Tagen um die Welt) [US]; Paris, Palace Hôtel (Paris, Palace Hotel) [FR/IT]. 1957: Une Parisienne/Una Parigina (Die Pariserin) [FR/IT]; C'est arrivé à 36 chandelles. 1958: The Buccaneer (König der Freibeuter) [US]; Maxime (Die Affären von Madame M.). 1960: Fanny (Fanny) [US]. 1961: Les démons de minuit (Teufel um Mitternacht); Julia, du bist zauberhaft/Adorable Julia [BRD/FR]. 1962: The Four Horsemen of the Apocalypse (Die vier apokalyptischen Reiter) [US]; Love is a Ball (40 Millionen suchen einen Mann) [US]. 1965: A Very Special Favor (Ein Appartement für drei) [US]. 1966: How to Steal a Million? (Wie klaut man eine Million?) [US]; Paris brûle-t-il?/Is Paris Burning? (Brennt Paris?) [FR/US]. 1966/67: Casino Royal (Casino Royal) [GB]. 1967: Barefoot in the Park (Barfuß im Park) [US]; Rublo de las dos caras/Le trouble à deux faces. 1968: The Madwoman of Chaillot (Die Irre von Chaillot) [GB]. 1969: The April Fools (Ein Frosch in Manhattan) [US]. 1972: Lost Horizon (Der verlorene Horizont) [US]. 1973/74: Stavisky/Stavisky, il grande truffatore (Stavisky) [FR/IT]. 1976: A Matter of Time/Nina [US].

Branagh, Kenneth

*10. 12. 1960 Belfast (Nordirland)

Nach dem Umzug der Familie nach London frühes Interesse für das Theater. Studium an der Royal Academy of Dramatic Art, bei der Abschlußaufführung mit Hamlet als Jahrgangsbester ausgezeichnet. Daraufhin von der Royal Shakespeare Company engagiert; Überraschungserfolg mit der Inszenierung von «Henry V». 1987 mit David Parfitt und unter dem Patronat von Prince Charles Gründung der Renaissance Company, für die er erfolgreich den «Hamlet» spielt, sein eigenes Stück «Public Enemy» auf die Bühne bringt und als «King Lear» glänzt. 1989 Oscar-Nominierungen für Regie und Hauptrolle in der Filmversion von *Henry V*. Im Gegenwartsfilm *Peter's Friends* weniger erfolgreich. Weitere Regiearbeiten, jedesmal mit ihm in einer der Hauptrollen, sind teils umstritten. 1989–95 mit der Schauspielerin Emma Thompson verheiratet, die mehrmals in seinen Filmen die weibliche Hauptrolle übernimmt, so als Beatrice neben seinem Benedick in *Much Ado About Nothing*. Sein Remake von *Mary Shelley's Frankenstein* stößt auf Ablehnung. Anschließend wendet er sich wieder Shakespeare zu, beteiligt sich an Al Pacinos Auseinandersetzung mit «Richard III» und spielt, «schreibt» und inszeniert *Hamlet*.

[GB] 1986/87: A Month in the Country; High Season. 1987: Fortunes of War [TV]. 1988/89: Henry V (Henry V.) [D,R]. 1989: Look Back in Anger [TV]. 1991: Dead Again (Schatten der Vergangenheit) [D,R – US]. 1991/92: Peter's Friends (Peter's Friends) [D,R,P]. 1992: Shadow of the Wolf (Der Schatten des Wolfes) [US]. 1992/93: Swing Kids (Swing Kids) [US]; Much Ado About Nothing (Viel Lärm um nichts) [D,R – US]. 1994: Mary Shelley's Frankenstein (Mary Shelley's Frankenstein) [D,R – US]. 1995: Othello (Othello) [GB/US]; In the Bleak Midwinter (Ein Winternachtstraum) [R,A – US]. 1996: Looking for Richard (Al Pacino's Looking for Richard) [US]; Hamlet [D,R,A – US]. 1997: Shakespeare's Sister [US].

Brandauer, Klaus Maria

(Klaus Georg Steng)

*22. 6. 1944 Bad Aussee (Steiermark)

Nach dem Abitur 1962 zwei Semester Studium an der Hochschule für Musik und darstellende Kunst in Stuttgart. 1963 Landestheater in Tübingen, 1964 Landestheater Salzburg, dort

1965 erste eigene Inszenierung: «Aimée oder Der gesunde Menschenverstand» von Heinz Coubier. 1966 Düsseldorfer Schauspielhaus, 1968 Theater in der Josefstadt, seit 1972 Burgtheater in Wien. Daneben Gastspiele u. a. in München und bei den Salzburger Festspielen. In den 70er Jahren avanciert er zu einem der populärsten Bühnenschauspieler des deutschsprachigen Raums. Im Fernsehen zunächst fast ausschließlich in Theateraufzeichnungen und Adaptionen von Bühnenstükken. Erster Filmauftritt 1971 in Lee H. Katzins Agententhriller *The Salzburg Connection*. 1980/81 als Schauspieler Hendrik Höffgen in *Mephisto* (István Szábo), der Verfilmung des bekannten Gründgens-Schlüsselromans von Klaus Mann. Fortsetzung der Zusammenarbeit mit Szabó 1984 mit *Oberst Redl* (Bundesfilmpreis) und 1987 mit *Hanussen*. Nach dem Oscar für *Mephisto* als bester fremdsprachiger Film ist auch Brandauer international gefragt: als Bösewicht und Gegenspieler von Sean Connerys James Bond in *Never Say Never Again* (Irvin Kershner) und als ungeliebter Ehemann der Heldin in *Out of Africa* (Sydney Pollack) nach Karen «Tania» Blixen. In zwei deutschen Filmen, die sich mit der Nazizeit auseinandersetzen, spielt er positive Rollen: *Das Spinnennetz* (Bernhard Wicki); in *Georg Elser – einer aus Deutschland* spielt er die Titelrolle des Hitler-Attentäters unter eigener Regie. Mit *Burning Secret* (Andrew Birkin) und *The Russia House* (Fred Schepisi) gelingt es Brandauer, sich im internationalen Filmgeschäft zu behaupten. Seine zweite Filmregie ist die mißlungene Thomas-Mann-Adaption *Mario und der Zauberer*, in der er auch die Rolle des diabolischen Verführers übernimmt. 1996/97 in der Literaturverfilmung *Der Vulkan* (Szabó) nach Klaus Manns gleichnamigem Roman. Seit 1996 auch Gastprofessor für die Kunst der Darstellung (Schauspielkunst) an der Universität von Tel Aviv. Im Frühjahr 1997 inszeniert Brandauer Brahms-Tiecks «Schöne Magelone» (Magelone, meine Schöne, mein Traum) in Meiningen.

[AT] 1965/66: Die Ballade von Peckham Rye [TV – AT/BRD]. 1968: Das Kätchen von Heilbronn [TV – BRD]. 1969: Juno und der Pfau [TV]; Der alte Richter: Der junge Richter [TV]; Das Wort [TV]; Wie es Euch gefällt [TV]. 1970: Friede den Hütten! Krieg den Palästen! [TV – BRD]; Der Tag des Krähenflügels [TV]. 1970/71: Emilia Galotti [TV]. 1971: Zum großen Wurstl [TV – BRD]; The Salzburg Connection (Top Secret) [US]. 1972: Weh dem, der lügt [TV]; Oscar Wilde [TV – BRD]. 1973: Wienerinnen [TV]; Was ihr wollt [TV – AT/BRD]. 1974: Das Konzert [TV – BRD/AT]; Der Widerspenstigen Zähmung [TV – BRD]. 1974/75: Die Verschwörung des Fiesco zu Genua [TV – BRD]. 1975: Ein treuer Diener seines Herrn [TV]; Frag nach bei Casanova [TV – BRD]; Derrick: Pfandhaus [TV – BRD]; Leonce und Lena [TV – AT/BRD]. 1976: Die Babenberger in Österreich [TV]; Der Sauwald [SPR – TV-DOK]; Kabale und Liebe [TV – AT/BRD]; Darf ich mitspielen [TV – AT/BRD]; Sonderdezernat K1: Der Stumme [TV – BRD]. 1977: Poesie und Revolution – Georg Büchner [TV]; Zum großen Wurstel [R – TV]; Der grüne Kakadu [R – TV]; Die Jüdin von Toledo [D,R – TV]. 1978: Oktoberi Vasarnap/Ein Sonntag im Oktober [HU/BRD]; Die Bräute des Kurt Roidl [TV]. 1979: Jahreszeiten der Liebe. EP: Die Partygänger [TV – BRD]. 1979–81: Wozu das Theater? Folge 1–9 [Co-A – TVS]; Die Weber [TV – BRD]; Jean Christophe [TV – FR/BRD]. 1979/80: Wochenendgeschichten. EP: Ausflug in den Wald; Ein Sonntagmorgen [TV-EP – BRD]. 1980: Olympia [TV – BRD]; Der einsame Weg [Co-R – TV – BRD]. 1980/81: Mephisto [HU/BRD]. 1981: Wiener Knallbonbons: Klaus Maria Brandauer im Gespräch mit Elisabeth [TV]; Der Traum ein Leben [TV]. 1982: Der Weg ins Freie [TV]; Die fünfte Frau [TV – IT/AT]. 1982/83: Roda Rodas rote Weste [TV – AT/BRD]; Never Say Never Again (James Bond – Sag niemals nie) [GB]. 1983: Quo vadis [TVS – IT]; Der Snob [TV – BRD]; Jedermann [TV]. 1984: Detskij sad [SU]; Jedermann für Jedermann [MOD – TV – AT/BRD]; Streets of Gold (Streets of Gold) [US]. 1984/85: Redl ezredes/Oberst Redl [HU/BRD/AT]; The Lightship (Das Feuerschiff) [US]. 1985: Out of Africa (Jenseits von Afrika) [US]. 1986–89: Das Spinnennetz [BRD]. 1987: Profeta/Hanussen [HU/BRD]. 1988: Die fünfte Frau. (2. Teil) [TV – BRD]; Burning Secret/Brennendes Geheimnis [GB/US/BRD]; Europa und der zweite Apfel [TV – BRD]. 1989: La Révolution française: 2. Les années terribles [FR/IT]; Georg Elser – Einer aus Deutschland. [D,R – BRD]. 1989/90: The Children [GB/BRD]. 1990: The Russia House (Das Rußland-Haus) [US]; White Fang (Wolfsblut) [US]. 1991: Colette [BRD/FR/GB]. 1992: Devenir Colette [DE/FR]; Das Spiel im Berg [R – TV]. 1993/94: Felidae [S – ANI – DE]. 1994: Mario und der Zauberer [D,R – DE]; Der Verführer [TV – DE]. 1995: Die Wand [R – DE/AT]. 1996: Das Land des Lächelns [D,R – TV]; Jedermanns Fest; 1996/97: Der Vulkan [DE/AT/FR/CH].

Brando, Marlon

* 3. 4. 1924 Omaha (Nebraska) Besuch der Shattuck Military Academy in Faribault, Minnesota. 1943 nach New York an die New School for Social Research, Erwin Piscator ist einer seiner Lehrer. Schauspielstudium bei Stella Adler. 1944 Broadway-Debüt mit «I Remember Mama». Nebenbei am Actors Studio. 1947 überragender Bühnenerfolg in Tennessee Williams' «A Streetcar Named Desire». 1950 Filmdebüt als Ken in *The Men* (Fred Zinnemann). 1951

bringt ihm die Wiederholung seines Bühnenerfolgs als brutaler Stanley Kowalski in Elia Kazans *A Streetcar Named Desire* die erste Oscar-Nominierung. Er wird als rebellischer Held Idol der amerikanischen Jugend in den 50er Jahren. 1952 als mexikanischer Bauer und Revolutionsführer Emiliano Zapata in Kazans *Viva Zapata!*, 1953 als Mark Anton in *Julius Caesar* (Joseph L. Mankiewicz) und als Johnny, der Anführer einer Motorradgang, in *The Wild One* (Laslo Benedek). 1954 erster Oscar für die Darstellung des Dockarbeiters Terry Malloy in *On the Waterfront* (Kazan). In Joshua Logans *Sayonara* spielt er den Luftwaffen-Offizier Lloyd Gruver, der sich in eine Japanerin verliebt. 1959 Gründung der Pennebaker Productions, um den Western *One Eyed Jacks* selbst produzieren und inszenieren zu können. Der junge Aufsässige wird in den 70er Jahren – körperlich zunehmend schwerer – zum Ausführenden hochbezahlter Kurzauftritte. Zu den Ausnahmen gehört der Mafia-Pate Don Corleone in *The Godfather* (Francis Ford Coppola) – den Oscar lehnt er aus Protest gegen die Lage der Indianer ab. 1972 Skandal-Erfolg als Amerikaner in Paris in Bernardo Bertoluccis *Ultimo tango a Parigi* (Oscar-Nominierung). 1979 bildet er als wahnsinniger, kahlköpfiger Colonel Kurtz das dramaturgische Zentrum von Coppolas *Apocalypse Now*. 1989 Oscar-Nominierung für die Nebenrolle eines unverblümt barschen Bürgerrechtsanwalts in Euzhan Palcys Apartheid-Film *A Dry White Season*. 1995 neben Johnny Depp in *Don Juan DeMarco and the Centerfold*, 1997 als McCarthy in dessen mißglücktem Regie-Debüt *The Brave*.

[US] 1950: The Men (Die Männer). 1951: A Streetcar Named Desire (Endstation Sehnsucht). 1952: Viva Zapata! (Viva Zapata!). 1953: The Wild One (Der Wilde); Julius Caesar. 1954: On the Waterfront (Die Faust im Nacken); Désirée (Désirée). 1955: Guys and Dolls (Schwere Jungen, leichte Mädchen). 1956: The Teahouse of the August Moon (Das kleine Teehaus). 1957: Sayonara (Sayonara). 1958: The Young Lions (Die jungen Löwen). 1960: The Fugitive Kind (Der Mann in der Schlangenhaut). 1961: One-Eyed Jacks (Der Besessene) [D,R]. 1962: Mutiny on the Bounty (Meuterei auf der Bounty). 1963: The Ugly American (Der häßliche Amerikaner). 1964: Morituri (Morituri); Bedtime Story (Zwei erfolgreiche Verführer). 1965/66: The Chase (Ein Mann wird gejagt). 1966: The Appaloosa (Südwest nach Sonora); A Countess from Hong Kong (Die Gräfin von Hongkong) [GB]. 1967: Reflections in a Golden Eye (Spiegelbild im goldenen Auge). 1968: Candy (Candy); The Night of the Following Day (Am Abend des folgenden Tages). 1969: Queimada! (Queimada) [IT/FR]. 1971: The Nightcomers (Das Loch in der Tür) [GB]. 1972: The Godfather (Der Pate); Ultimo tango a Parigi/Dernier tango à Paris (Der letzte Tango in Paris) [IT/FR]. 1976: The Missouri Breaks (Duell am Missouri). 1978: Superman (Superman). 1979: Roots: Next Generations (Roots: Die nächste Generation) [TVS]; Apocalypse Now (Apocalypse Now). 1980: The Formula (Die Formel). 1989: A Dry White Season (Die weiße Zeit der Dürre). 1990: The Freshman (Freshman). 1992: Christopher Columbus: The Discovery (Christopher Columbus – Der Entdecker) [US/ES]. 1994/95: Don Juan DeMarco and the Centerfold (Don Juan DeMarco). 1996: The Island of Dr. Moreau (Die Insel des Dr. Moreau); Marlon Brando: The Wild One [TV-DOK – GB/US]. 1997: The Brave.

Brasseur, Claude

*15. 6. 1936 Neuilly-sur-Seine

Sohn der Schauspieler Odette Joyeux und Pierre Brasseur. Ausbildung am Pariser Konservatorium; gleichzeitig Auftritt bei Avantgardebühnen. Mitte der 50er Jahre großer Erfolg mit Pagnols «Judas». Fortsetzung der Theaterkarriere und Engagements für Fernsehinszenierungen. Nach dem Militärdienst 1956 zum Film. Brasseur spielt seine Charakterrollen – vor allem in Kriminalfilmen – für die er sich intensiv vorbereitet, mit viel Understatement. Größere Beachtung bei der Filmkritik findet er durch seine Rolle in Jean-Luc Godards *La bande à part*; den ersten kommerziellen Erfolg erzielt er 1974 als Partner Alain Delons in Georges Lautners *Les seins de glace*. 1977 César für seine Rolle in Yves Roberts Männer-Quartett-Film *Un éléphant ça trompe énormément*. Publikumserfolge auch mit Roberts *Nous irons tous au paradis* und Claude Pinoteaus *La boum*-Filmen. 1980 César für seine Rolle in Robin Davis' *La guerre des polices*. In den 80er Jahren mehrfach in Thrillern, in denen er desillusionierte, zerknirschte Polizisten im Zweifrontenkrieg mit Vorgesetzten und Verbrechern zeigt, besonders eindrucksvoll in *La crime* (Philippe Labro). 1979 Regiedebüt mit *Un incident mineur dans la vie de Guillaume Gardonn*. 1987 in Villeurbanne als Titelheld in einer vielbeachteten Inszenierung Roger Planchons von «George Dandin», die für das Kino aufgezeichnet wird. Brasseur ist begeisterter Rallyefahrer; 1983 gewinnt er als Beifahrer von Jacky Ickx die Rallye Paris–Dakar.

[FR] 1956: L'Amour descend du ciel; Le pays d'où je viens (Zum Glück gibt es ihn doch). 1956/57: L'Eau vive (Wenn die Flut kommt). 1957: Sans famille/Senza famiglia (Die Abenteuer des kleinen Remi) [FR/IT]. 1958: Les grandes familles (Die großen Familien). 1959: La verte moisson (Grüne Ernte); Rue des prairies/Mio figlio (Wiesenstraße 10) [FR/IT]. 1959/60: Les yeux sans visage/Occhi senza volta (Das Schreckenshaus des Dr. Rasanoff) [FR/IT]. 1960: Les distractions/Le distrazioni (Riskanter Zeitvertreib) [FR/IT]; Pierrot la tendresse. 1961: La bride sur le cou/La briglia sciolta (In Freiheit dressiert) [FR/IT]; Les menteurs (Die Lügner); Les 7 péchés capitaux/I sette peccati capitali. 2. EP: L'envie (Die sieben Todsünden) [EP – FR/IT]; Les ennemis/Codice segreto (Die Feinde) [FR/IT]; Le caporal épinglé (Der Korporal in der Schlinge). 1962: Nous irons à Deauville; Un clair de lune à Maubeuge (Mondschein über Maubeuge). 1963: Dragées au poivre/Confetti al pepe (Bonbons mit Pfeffer) [FR/IT]; Germinal [FR/IT]; La soupe aux poulets; Peau de banane/Buccia di banana (Heißes Pflaster) [FR/IT]. 1964: La bonne occase (Gelegenheitskauf); Lucky Jo (Lucky Jo); Bande à part (Die Außenseiterbande). 1965: Du rififi à Paname/Rififi internazionale/Rififi in Paris [FR/IT/BRD]; Dom Juan ou le festin de Pierre [TV]. 1966: Le chien fou (Solo für einen Mörder); Un homme de trop/Il 13° uomo (Ein Mann zuviel) [FR/IT]. 1967: Caroline chérie [FR/IT/BRD]. 1968: La chasse royale; Il suffit d'un amour (Catherine). 1969: Le portrait de Marianne. 1970: Trop petit mon ami (Ticky – Eine Nummer zu klein). 1971: Le viager (Rente auf Lebenszeit); Un cave. 1972: Une belle fille comme moi (Ein schönes Mädchen wie ich). 1973: Bel ordure; Gli eroi/Les enfants de choeur/Los héroes millionarios (Die Helden von Afrika) [IT/FR/ES]. 1974: L'Agression (Sombres vacances)/Appuntamento con l'assassino (Die Entfesselten) [FR/IT]; Les seins de glace/Esecutore oltre la legge (Eiskalt wie das Schweigen) [FR/IT]. 1975: Le guêpier (Ein Koffer aus Lausanne) [FR/IT]; Attention les yeux (Schinken mit Ei); Il faut vivre dangéreusement (Gefährlich lebt sich's besser). 1976: Barocco (Barocco – Mord um Macht); Un éléphant, ça trompe énormément (Monsieur auf Abwegen); Le grand escogriffe/Il genio (Ein großer und ein kleiner Gauner) [FR/IT]. 1977: Nous irons tous au paradis (Wir kommen alle in den Himmel); Monsieur papa (Monsieur Papa). 1977/78: L'État sauvage/Lautlose Angst [FR/BRD]. 1978: Ils sont grands ces petits; L'Argent des autres (Das Geld der anderen). 1979: Aragosta a collazione/Une langouste au petit déjeuner (Hummer zum Frühstück) [IT/FR]; Au revoir à lundi (Auf Wiedersehen, bis Montag) [FR/CA]; La guerre des polices (Der Polizeikrieg); Un incident mineur dans la vie de Guilleaume Gardonne. 1980: Josepha (Josepha); La banquière (Die Bankiersfrau); La boum (Die Fete); Une robe noire pour un tueur (Eine schwarze Robe für den Mörder). 1981: Guy de Maupassant; Une histoire simple (Eine einfache Geschichte); Une histoire simple (Eine einfache Geschichte); Une affaire d'hommes (Eine Angelegenheit unter Männern/Eine Männersache); Quando la coppia scoppia [IT/FR]; L'Ombre rouge. 1982: La boum 2 (Die Fete geht weiter); Légitime violence (Die Handlanger). 1983: La crime (Das Wespennest); T'es heureuse? Moi toujours; Signes extérieurs de richesse (Der schöne Schein des Reichtums); Le léopard (Der Leopard und die Lady). 1984: Souvenirs, souvenirs (Souvenirs, Souvenirs). 1985: La gitane (Nichts als Ärger mit den Frauen); Détective (Détective); Palace (Die Dame vom Palace-Hotel) [FR/BRD]; Les loups entre eux (Unter Wölfen); Taxi Boy. 1986: Descente aux enfers (Abstieg zur Hölle). 1987: Dandin. 1988: Radio Corbeau (Radio Corbeau – Der Rabe packt aus). 1989: L'Orchestre rouge/L'Orchestra rossa [FR/IT]; L'Union sacrée (Waffenbrüder). 1990: Dancing Machine (Dancing Machine/Der eiskalte Wolf) [FR/ES]. 1991: Sale comme un ange. 1992: Le souper; Le bal des casse-pieds (Affenzirkus); A linha do horizonte/Le fil de l'horizon [PT/FR/ES] (Fluchtpunkt). 1993: Un deux trois soleil. 1994: Délit mineur. 1996/97: L'Autre Côté de la mer.

Brasseur, Pierre

(Pierre-Albert Espinasse)
*22. 12. 1903 Paris
†14. 8. 1972 Brunico (Italien)
Sohn des Schauspielerehepaars Germaine Brasseur und Georges Espinasse (gehört zur Theatertruppe von Sarah Bernhardt). Ausbildung am Pariser Konservatorium, u. a. bei Harry Baur. Theaterarbeit; Mitte der 20er Jahre Zusammenarbeit mit Jean Cocteau und der surrealistischen Avantgarde. 1929 Theatererfolg in Bourdets «Le sexe faible». 1935 Heirat mit Odette Joyeux; ihr Sohn ist der Schauspieler Claude Brasseur. Ab 1924 etwa 40 Filme, die er gegenüber der Theaterarbeit als zweitrangig betrachtet, zumal er recht einseitig in Liebhaberrollen besetzt wird, so auch in den deutsch-französischen Versionen der frühen 30er Jahre. 1938 durch die Schurkenrolle in Marcel Carnés *Quai des brumes* international bekannt. Danach gezieltere Suche nach Rollen, die ihn herausfordern; zu den wichtigsten Auftritten der 40er Jahre gehört die Darstellung des widerspruchsvollen Malers Roland Maillard in *Lumière d'été* (Jean Grémillon). Sein Repertoire reicht vom niederträchtigen Schurken bis zum genialen Künstler. In Carnés *Les enfants du paradis* verkörpert er als Gegenpol zu Jean-Louis Barraults poetischem Part den verblendet-verspielten Schauspieler Lemaître. Am Theater nach 1945 u. a. Arbeit in der Truppe von Jean-Louis Barrault und Madeleine Rénaud; seit 1960 auch am Théâtre Athénée; Gastspiele in ganz Europa. Beim Film nach 1945 Auftritte in schwächeren Historienfilmen, aber auch Rollen in Filmen, die seine Fähigkeiten (poetische und zuweilen auch melodramatische) fordern,

so in *Le rideau rouge* (André Barsacq), *La tour de Nèsle* (Abel Gance) und *Les yeux sans visage* (Georges Franju). Brasseur verfaßt Theaterstücke und Gedichte. 1968 Memoiren «Ma vie en vrac». Er stirbt während Dreharbeiten mit Ettore Scola.

[FR] 1924: Catherine, ou une vie sans joie. 1925: Madame Sans-Gêne. 1926: Feu! 1930: Je suis un as [KF]; Mon ami Victor!; Une heure de rêve [KF]. 1931: Circulez!; Un trou dans le mur; Étoile filante [KF]; Papa sans le savoir. 1932: I.F.1 ne répond plus [Version – DE]; Voyage de noces [Version – AT]; Moi et l'impératrice [Version – DE]; Le vainqueur [Version – DE]; Quick [Version – DE]; La chanson d'une nuit [Version – DE]; Un rêve blond [Version – DE]; Une faim de loup [KF]. 1933: Le sexe faible; Incognito; La garnison amoureuse; Le médécin de service [KF]. 1934: Caravane [Version – US]; Le miroir aux alouettes [Version – DE]; L'oncle de Pékin; Quadrille d'amour [Version – FR]; Vacances conjugales [KF]. 1935: Jonny, haute-couture [Version – DE]; Bout de Chou; Jeunesse d'abord; Le bébé de l'escadron; Un oiseau rare. 1936: La reine des resquilleuses; Vous n'avez rien à déclarer?; Une femme qui se partage; Prête-moi ta femme; Passé à vendre; Les pattes de mouche; La valse éternelle; Le mari rêve. 1937: Hercule ou l'incorruptible; Le Schpountz; Mademoiselle ma mère (Darf ein Mann so dumm sein); Claudine à l'école. 1938: Gosse de riche; Grisou; Le père Lebonnard; Quai des brumes (Hafen im Nebel); Frères corses; Café de Paris; Giuseppe Verdi (Drei Frauen um Verdi) [IT]; Visages de femmes. 1939: Dernière jeunesse; Sixième étage; Le chemin de l'honneur. 1940: Trois Argentins à Montmartre. 1941: Tobie est un ange; Le soleil a toujours raison; Les deux timides. 1942: Lumière d'été (Weibergeschichten); Promesse à l'inconnue; La croisée des chemins. 1943: Adieu Léonard. 1943/44: Les enfants du paradis (Kinder des Olymp). 1945: Le pays sans étoiles; La femme fatale (Opfer der Leidenschaft); Jéricho. 1946: La revanche de Baccarat; Rocambole; Pétrus (Freibeuter der Liebe); Les portes de la nuit (Pforten der Nacht); L'amour autour de la maison; L'Arche de Noé. 1947: Croisière pour l'inconnu. 1948: La nuit blanche (Urteil einer Nacht); Le secret de Monte-Cristo; Les amants de Vérone (Die Liebenden von Verona). 1949: Portrait d'un assassin; Julie de Carneilhan; Millionaires d'un jour (Millionäre für einen Tag). 1950: L'homme de la Jamaique (Der Mann aus Jamaika); Souvenirs perdus. Ep: Une statuette d'Osiris (Es geschah in Paris) [EP]; Maître après Dieu (Schiff ohne Hafen). 1951: Le plaisir. Ep: La maison Tellier (Pläsier) [EP]; Les mains sales (Schmutzige Hände); Barbe-Bleue/Blaubart [FR/BRD]. 1952: Le rideau rouge; La pocharde; Torticola contre Frankensberg [KF]; Saint Tropez, devoir de vacances [KF]. 1953: Raspoutine (Rasputin). 1953/54: Vestire gli ignudi/Vêtir ceux qui sont nus [IT/FR]. 1954: Oasis/Oase [Version – BRD/FR]; La tour de Nèsle/La torre di Nesle (Der Turm der Sünde) [FR/IT]. 1954/55: Napoléon/Napoleone Bonaparte (Napoleon) [FR/IT]. 1957: Sans famille (Die Abenteuer des kleinen Remi); Porte des lilas/Il quartiere dei lillà (Die Mausefalle) [FR/IT]. 1958: Les amants de demain [A]; La loi/La legge (Wo der heiße Wind weht) [FR/IT]; La tête contre les murs (Mit dem Kopf gegen die Wände); La vie à deux (Das Leben zu zweit); Les grandes familles (Die großen Familien). 1959: Il bell'Antonio/Le Bel Antonio (Bel Antonio) [IT/FR]; Cartagine in fiamme/Carthage en flammes (Karthago in Flammen) [IT/FR/GB]; Messieurs les ronds-de-cuir. 1959/60: Les yeux sans visage/Occhi senza volta (Das Schreckenshaus des Dr. Rasanoff/Augen ohne Gesicht) [FR/IT]. 1960: Pleins feux sur l'assassin (Mitternachtsmörder); Candide ou l'optimisme au XXe siècle (Candide oder Der Optimismus im 20. Jahrhundert); Le dialogue des Carmélites/I dialoghi delle Carmelitane (Opfergang einer Nonne) [FR/IT]; Vive Henri IV, Vive l'Amour!/I celebri amori di Enrico IV (Das Bett des Königs) [FR/IT]. 1961: L'affaire Nina B (Affäre Nina B.); Les amours célèbres/Amori celebri. 3. Ep: Agnès Bernauer (Galante Liebesgeschichten) [EP – FR/IT]. 1961/62: Rencontres/Poker col diavolo (Dr. Malbus verschwand um vier) [FR/IT]; Le bateau d'Émile/Letto, fortuna e femmine (Madeleine und der Seemann) [FR/IT]; Les petits matins (Wir bitten zu Bett). 1962: Le crime ne paie pas/Il delitto non paga. 3. Ep: L'affaire Fenayrou (Verbrechen aus Liebe) [EP – FR/IT]; L'abominable homme des douanes. 1962/63: Les bonnes causes/Il delitto Dupré (Des Teufels schwache Seite/Mordfall Dupré) [FR/IT]. 1963: Un soir ... par hazard (Zufällig eines Abends); Liolà/Le coq du village [IT/FR]; Le magot de Joséfa (Das Ekel von Josefa). 1964: Lucky Jo (Lucky Jo); Les comédiens [KF]. 1964/65: Umorismo in nero/ Humorismo negro/Humour noir. 1. Ep: La bestiola [EP – IT/ES/FR]. 1965: La métamorphose des cloportes/ Sotto il tallone (Ganoven rechnen ab) [FR/IT]; Pas de panique; Pas de caviar pour tante Olga; L'or du duc; La vie de château (Leben im Schloß); Deux heures à tuer [FR/BE]; Le grain du sable/Die Unmoralischen/Il triangolo circolare [FR/BRD/IT]. 1965/66: Un monde nouveau/Un monde jeune/Un mondo nuovo (Eine junge Welt) [FR/IT]. 1966: Le roi de cœur/Tutti pazzi meno io (Herzkönig) [FR/IT]; La fille de la Mer Morte. 1967: Fortuna; Les oiseaux vont mourir au Pérou (Vögel sterben in Peru); Le fou du labo 4 (Der Verrückte aus Labor 4); La petite vertue (Die kleine Brave). 1968: Goto, lîle d'amour (Goto – Insel der Liebe); Sous le signe de Monte Cristo/Montecristo 70 (Gejagt wie Monte Christo) [FR/IT]. 1970: Macédoine/L'incredibile storia di Marta Dubois [FR/IT]. 1970/71: Les mariés de l'an II/Gli sposi dell'anno secondo (Das Brautpaar des Jahres II) [FR/RO/IT]. 1972: La più bella serata della mia vita/La plus belle soirée de ma vie [IT/FR].

Brausewetter, Hans

*27. 5. 1899 Málaga (Spanien)
†29. 4. 1945 Berlin

Der Sohn eines Arztes wächst in Spanien auf; 1914 kehrt die Familie nach Deutschland zurück: Realgymnasium in Stralsund, Not-Abitur. Fahnenjunker an der Westfront, bei Kriegsende entlassen. Kurzes Philologiestudium, Schauspielunterricht. 1920 Bühnendebüt am Deutschen Volkstheater Wien; 1922–28 und 1937–45 Deutsches Theater Berlin. Filmdebüt 1921/22, ein Jahr später erster Erfolg als Adjutant Masham in Ludwig Bergers *Ein Glas Wasser*. Fortan im deutschen Film gern als sympathischer, pausbäckiger Kumpel und Junge von nebenan besetzt, dem die Herzdame vom jugendlichen Helden weggeschnappt wird. In der Erfolgs-Filmoperette *Die Drei von der Tankstelle* (Wilhelm Thiele, 1930) teilt er dieses Schicksal mit Heinz Rühmann. Mehr Glück haben beide im Verein mit Josef Sieber 1939 in *Paradies der Junggesellen*, in dem jeder der drei Film-Freunde seine Braut bekommt: Zu den Klängen des Liedes «Das kann doch einen Seemann nicht erschüttern» ein später Höhepunkt in Brausewetters Karriere. Selten, wie in Robert Siodmaks *Voruntersuchung* als Mordverdächtiger, gelingt es ihm, das Klischee zu durchbrechen und mehr Tiefgang zu zeigen. Er stirbt an den bei einem Bombenangriff erlittenen Verletzungen.

[DE] 1921/22: Das Spiel mit dem Weibe. 1922: Der Marquis von Bolibar [AT]; Der böse Geist Lumpaci Vagabundus [Verboten]; Die Schuhe einer schönen Frau. 1922/23: Ein Glas Wasser. Das Spiel der Königin; Der Schatz. 1923: Der Wetterwart; Der Matrose Perugino; Der Kaufmann von Venedig; Der Sprung ins Leben. 1923/24: Tragödie im Hause Habsburg. 1924: Das blonde Hannele; Soll und Haben; Die Schmetterlingsschlacht; Die Stimme des Herzens. 1924/25: Der Flug um den Erdball. 1. Von Paris bis Ceylon – 2. Indien – Europa; Der krasse Fuchs. 1925: Sündenbabel; Des Lebens Würfelspiel; Elegantes Pack; Götz von Berlichingen, zubenannt mit der eisernen Hand; Der Abenteurer; Ein Walzertraum; Die Kleine vom Bummel. 1925/26: Faust. Eine deutsche Volkssage. 1926: Die Wiskottens; Wir sind vom K.u.K. Infanterie-Regiment; Die drei Mannequins (Die drei Probiermamsells); Wien, wie es weint und lacht; Des Königs Befehl; Die Kleine und ihr Kavalier; Überflüssige Menschen; Liebeshandel; Durchlaucht Radieschen; Mitgiftjäger. 1926/27: Der Sieg der Jugend. 1927: Ein rheinisches Mädchen beim rheinischen Wein; Die heilige Lüge; Svengali; Ein Mädel aus dem Volke; Der fidele Bauer; Höhere Töchter; Die Sandgräfin; Es zogen drei Burschen. 1927/28: Die Rothausgasse/Cabarett zur roten Laterne/Das Haus zur roten Laterne; Die Durchgängerin. 1928: Verdun, visions d'histoire (Verdun. Der Heldenkampf zweier Völker) [FR]; Polnische Wirtschaft; Der Hafenbaron; Heut war ich bei der Frieda; Die Juwelenmarder; Das Haus ohne Männer; Der Herr vom Finanzamt; Man wird doch wohl mal fragen dürfen? [Ton-KF]. 1929: Drei machen ihr Glück. 1930: Ein Burschenlied aus Heidelberg; Das Flötenkonzert von Sanssouci. 1930/31: Schachmatt. 1931: Ich geh' aus und Du bleibst da [Version]; Voruntersuchung [Version]; Hilfe! Überfall!; Der kleine Seitensprung [Version]; Die spanische Fliege; Madame hat Ausgang [Version – FR/DE]; Yorck; Der unbekannte Gast. 1931/32: Unter falscher Flagge; Der Sieger [Version]. 1932: Hasenklein kann nichts dafür; Mensch ohne Namen [Version]; Die Tänzerin von Sanssouci; Die elf Schill'schen Offiziere; Moderne Mitgift; Zigeuner der Nacht [Version]; Was wissen denn Männer. 1932/33: Der Läufer von Marathon. 1933: Hände aus dem Dunkel; Die verlorene Melodie [KF]; Alles für Anita [KF]; Abel mit der Mundharmonika; Gretel zieht das große Los; Das Blumenmädchen vom Grand-Hotel [Version]. 1934: Die Freundin eines großen Mannes; Die vier Musketiere; Der Fall Brenken. 1934/35: Frischer Wind aus Kanada [Version]; Ein Mädel aus guter Familie. 1935: Der interessante Fall [KF]; Künstlerliebe; Traumulus. 1935/36: Der Raub der Sabinerinnen; Wenn der Hahn kräht. 1936: Die Hochzeitsreise [KF]; Onkel Bräsig; Fahrerflucht [KF]; Susanne im Bade; Eine Nacht mit Hindernissen/Der Klapperstorchverband. 1937: Kristall oder Porzellan [KF]; Mein Sohn, der Herr Minister; Brillanten; Die wirkliche Liebe [KF]; Kriminalfall Erich Lemke [KF]. 1937/38: Verklungene Melodie; Kleiner Mann – ganz groß. 1938: Hochzeitsnacht [KF]; Wochenendfrieden [KF]; Steputat & Co. 1938/39: Ich verweigere die Aussage. 1939: Parkstraße 13; Umwege zum Glück; Der Vorhang fällt; Paradies der Junggesellen; Renate im Quartett; Eine Frau wie du; Johannisfeuer; Seitensprünge. 1939/40: Alles Schwindel; Liebesschule. 1940: Der Kleinstadtpoet; Wunschkonzert. 1941: Venus vor Gericht; Kleine Mädchen – große Sorgen; Was geschah in dieser Nacht? 1942: Hab' mich lieb!; Himmel, wir erben ein Schloß. 1942/43: Die Jungfern vom Bischofsberg; Damals; Münchhausen. 1943: Die Gattin; Liebesbriefe; Ein Mann für meine Frau. 1943/44: Der verzauberte Tag [Verboten, UA: 1946]. 1944: Der grüne Salon. 1944–46: Die Fledermaus [UA: 1946]. 1944/45: Tierarzt Dr. Vlimmen [Unvollendet]; Eine alltägliche Geschichte [UA: 1948]. 1945: Sag' die Wahrheit [Unvollendet]; Die tolle Susanne [Unvollendet].

Brejchová, Jana

*20. 1. 1940 Prag

Filmdebüt 1953 als Schülerin in Jiří Sequens' *Olověný chléb*. Nach dem Schulbesuch zunächst Arbeit als Angestellte. 1956 abermals für den Film verpflichtet, wird sie mit ihrer spontanen und natürlichen Darstellungsweise als Marie in *Stěňata* und Jana in *Vlčí jáma* (Jiří Weiss) zum Star. 1960 erhält sie in Locarno für ihre Rolle in Jiří Krejčíks *Vyšší princip* den Schauspielerpreis. In den 60er Jahren spielt sie wiederholt in Filmen der tschechischen Neuen Welle, so unter der Regie ihres ersten Mannes Miloš Forman, der mit *Lásky jedné plavovlásky* mit Brejchová in der Titelrolle seinen internationalen Ruf als präziser Menschenbeobachter begründet. Häufig auch in Werken Evald Schorms: *Návrat ztraceného syna, Král a žena, Farářův konec.* Nach Niederschlagung des «Prager Frühlings» spielt Brejchová überwiegend in Unterhaltungsfilmen, Krimis und im Fernsehen. 1970 schreibt sie zusammen mit ihrem zweiten Mann, dem Schauspieler Vlastimil Brodský, das Drehbuch zu *D'ábelské libánsky*. Ab 1961 arbeitet sie auch bei der DEFA: u. a. als Patricia Binchy in *Der Traum des Hauptmann Loy* (Kurt Maetzig) und in dem TV-Film *Der andere neben dir* (Ulrich Thein) sowie in westdeutschen und österreichischen Filmen. 1964 Bundesfilmpreis als beste Hauptdarstellerin für Kurt Hoffmanns *Das Haus in der Karpfengasse* in der Rolle der Bozena. Weitere Preise: Schauspielerpreis des nationalen Spielfilmfestivals 1983 für ihre Barbara Eretová in *Schuzka se stíny* (Jiří Svoboda), 1988 für *Citlivá místa* (Vladimir Drha). 1989 ist in *Vlastňe se nič nestalo* Evald Schorm wieder ihr Regisseur. Ihr Sohn Marek Brodský ist ebenfalls ein bekannter Schauspieler.

[CS] 1953: Olověný chléb (Kinder einer großen Liebe). 1956: Zlatý pavouk (Die goldene Spinne); Vina Vladimíra Olmera (Der Schuß im Morgengrauen). 1957: Štěňata; Vlčí jáma (Die Wolfsfalle). 1958: Touha Sehnsucht; Morálka paní Dulské (Die Moral der Frau Dulski); Žižkovská romance. 1959: Probuzení; Majskie zvezdy/Majove hvezdy (Sterne im Mai) [SU/CS]. 1960: Vyšší princip (Das höhere Prinzip). 1961: Lidé za kamenrou; Der Traum des Hauptmann Loy [DDR]; Labyrint srdce (Labyrinth des Herzens); Kolik slov stèi lásce (Wieviel Worte braucht Liebe). 1962: Pirosbetûs hétköznapok/Neděle ve všední den (Sonntag am Wochentag) [HU/CS]; Zelené obzory; Baron Prášil (Baron Münchhausen). 1963/64: Das Haus in der Karpfengasse [BRD]. 1964: Každý den odvahu (Mut für den Alltag). 1965: Kdyby tisíc klarinetů; Bloudění; Ztracená tvář. 1966: Dýmky. 2. Dýmka lordova/Pfeifen, Betten, Turteltauben [CS/AT]; Návrat ztraceného syna (Die Heimkehr des verlorenen Sohnes). 1967: Jak se zbavit Helenky (Wie wird man die Helene los?); Ženu ani květinou neuhodíš (Auf Händen soll man sie tragen); Noc nevěsty. 1968: Farářův konec; Maratón; Zirafa v okne (Die Giraffe am Fenster). 1969: Po stopách krve (Blutspuren). 1970: Zabil jsem Einsteina, pánové (Ich habe Einstein umgebracht); Luk královny Dorotky (Drei schwache Stunden); Ďábelské líbánky [CoA]. 1971: Lekce; F. L. Věk [TV]. 1972: Smrt černého krále (Der Tod des schwarzen Königs); Slečna Golem (Fräulein Golem). 1973: Noc na Karlštejně (Eine Nacht auf Karlstein); Pokus o vraždu (Mordversuch). 1974: Hodíme se k sobě, miláčku ...? (Passen wir zusammen, Liebling?); Jelbeszéd (Zurück ins Leben). 1975: Motiv pro vraždu. 3. Kapsář (Motiv für einen Mord). 1975/76: Im Staub der Sterne [DDR]. 1976: Pan Tau (Die Abenteuer des Herrn Tau) [TV]. 1978: Nechci nic slyšet (Ich will nichts hören); Muž s orlem slepicí (Der Mann mit der Adlerhenne); Mladý muž a bílá velryba; Pod Jezevčí skálou (Unter dem Dachsfelsen); Poplach v oblacích (Herr Tau in den Wolken). 1978/79: Aber, Doktor! [TV – DDR]. 1979: Na pytlácké stezce (Auf den Spuren des Wilderers); Panna a netvor (Die Schöne und das Ungeheuer). 1980: Romaneto; Za trnkovým keřem (Hinter dem Dornenstrauch); Útěky domů (Flucht nach Hause). 1982: Píseň nemilovaného; Schûzka se stíny. 1983: Modré z nebe (Die himmelblaue Katze). 1984: Zánik samoty Berhof [CS/PL]; ? (Das angolanische Tagebuch). 1985: Tichá radost (Stille Freude); Zastihla mě noc (Mich überfiel die Nacht); Skalpel, prosím (Skalpell, bitte). 1986: Galose stastia (Die Galoschen des Glücks). 1987: Citlivá místa (Neuralgische Punkte); Šašek a královna (Der Narr und die Königin). 1988: Vlastně se nic nestalo. 1994: Hrad z písku. 1995: Má je pomsta.

Brennan, Walter

* 25. 7. 1894 Swampscott (Massachusetts)
† 21. 9. 1974 Oxnard (California)

Ingenieurstudium, Bankgehilfe und Holzfäller. Auftritte im Vaudeville. Teilnahme am 1. Weltkrieg. Ab 1923 Statist und Stuntman in Hollywood. 1927 erste Rolle in *The Ridin' Rowdy* (Richard Thorpe). 1932 verliert er durch einen Unfall seine Zähne und bekommt das Image des «zahnlosen Alten», viele seiner Rollen erhalten dadurch eine komische Komponente. In den 30er Jahren ist er einer der bekanntesten Nebendarsteller in Western, Abenteuern, Musikfilmen und Lustspielen. Dreimal mit dem Nebenrollen-Oscar ausgezeichnet: 1936 als Holzfäller Swan Bostrom in *Come and Get It!* (Hawks, Wyler), 1938 als Peter Goodwin in *Kentucky* (David Butler) sowie vor allem 1940 für den legendären texanischen Richter Roy Bean im Western *The Westerner* (William Wyler). 1941 Oscar-Nominierung für den Pastor in Howard Hawks patriotischem *Sergeant York*. Später auch erfolgreicher Charakterdarsteller, so als tschechischer Antifaschist in Fritz Langs *Hangmen Also Die!* und als bärbeißiger Old Man Clanton in John Fords Western *My Darling Clementine*. Letzter Höhepunkt ist 1959 sein herzlich-brummelnder Stumpy in Hawks' Spätwestern *Rio Bravo*. Ende der 50er Jahre vor allem im Fernsehen und in Walt-Disney-Produktionen: Serien wie *The Real*

McCoys (1957–62), *The Guns of Will Sonnett* (1967–68) und *To Rome, With Love* (1970–71).

[US] 1927: The Ridin' Rowdy; Tearin' into Trouble. 1928: The Ballyhoo Buster. 1929: The Long Long Trail; Smilin' Guns; The Shannons of Broadway; The Lariat Kid (Das Geheimnis der Höllenschlucht); One Hysterical Night. 1930: The King of Jazz (Der Jazzkönig); Scratch as Scratch Can. 1931: Dancing Dynamite; Neck and Neck. 1932: The All American; Two-Fisted Law; The Iceman's Ball; Texas Cyclone; Law and Order (Gesetz und Ordnung). 1933: Fighting for Justice; Man of Action; The Parachute Jumper; From Headquarters; Lilly Turner; Female; Sing, Sinner, Sing; The Keyhole; Strange People; One Year Later; Baby Face Harrington. 1934: Riptide; The Painted Veil (Der bunte Schleier); Woman Haters; Stamboul Quest; Desirable; Housewife; Half a Sinner; Good Dame. 1935: Bride of Frankenstein (Frankensteins Braut); Bric-a-Brac; Northern Frontier; Lady Tubbs; Barbary Coast (San Francisco im Goldfieber); The Wedding Night; Seven Keys to Baldpate; Restless Knights; Metropolitain; The Man on the Flying Trapeze; Law Beyond the Range. 1935/36: Fury (Zorn). 1936: Prescott Kid; Come and Get It (Nimm, was du kriegen kannst); Banjo on My Knee (Mississippi-Melodie); The Moon's Our Home (Flucht in die Liebe); The Three Godfathers; These Three (Infame Lügen). 1936/37: She's Dangerous. 1937: Wild and Wooly; The Affairs of Cappy Ricks; When Love Is Young. 1938: Kentucky (Die goldene Peitsche); The Texans (Über die Grenze entkommen); The Adventures of Tom Sawyer (Toms Abenteuer); The Cowboy and the Lady (Mein Mann, der Cowboy); The Buccaneer (Der Freibeuter von Louisiana); Mother Carey's Chickens. 1939: They Shall Have Music (Musik fürs Leben); Joe and Ethel Turp Call on the President; The Story of Vernon and Irene Castle; Stanley and Livingstone. 1940: Northwest Passage (Nordwest-Passage); The Westerner (In die Falle gelockt); Maryland. 1941: Sergeant York; Nice Girl?; Rise and Shine; Swamp Water (In den Sümpfen); This Woman Is Mine; Meet John Doe (Hier ist John Doe). 1942: Bride of the Yankees (Der große Wurf); Stand By for Action; Hangmen Also Die! (Auch Henker sterben). 1943: Slightly Dangerous; The North Star; The Last Will and Testament of Tom Smith. 1944: Home in Indiana; The Princess and the Pirate (Das Kosarenschiff). 1945: To Have and Have Not (Haben und Nichthaben); Dakota (Liebe in der Wildnis). 1946: Centennial Summer; A Stolen Life (Die große Lüge); My Darling Clementine (Faustrecht der Prärie/Tombstone); Nobody Lives Forever. 1947: Driftwood. 1948: Scudda Hoo! Scudda Hay!; Red River (Panik am roten Fluß); Blood on the Moon (Nacht in der Prärie). 1949: The Great Dan Patch; Brimstone (Mit Pech und Schwefel); Task Force (Sturm über dem Pazifik); The Green Promise. 1950: Curtain Call at Cactus Creek (Ärger in Cactus Creek); A Ticket to Tomahawk/The Sheriff's Daughter; Singing Guns (Rauchende Pistolen); The Showdown (Blutrache in Montana); Surrender. 1951: Along the Great Divide (Den Hals in der Schlinge); Best of the Badmen (Der Rächer); The Wild Blue Yonder (Höllenreiter der Nacht). 1952: Return of the Texan; Lure of the Wilderness (Lockruf der Wildnis). 1953: Sea of Lost Ships. 1954: Bad Day at Black Rock (Stadt in Angst); Four Guns to the Border (Die Nacht der Rache); Drums Across the River (Adlerschwinge); The Far Country (Über den Todespaß). 1955: Gun Point (In Acht und Bann). 1956: Come Next Spring; Goodbye, My Lady; The Proud Ones (Die Furchtlosen). 1957: The Way to the Gold (Die Spur zum Gold); God Is My Partner; Tammy and the Bachelor (Tammy). 1957–62: The Real McCoys [TVS]. 1959: Rio Bravo (Rio Bravo). 1962: How the West Was Won (Das war der Wilde Westen) [EP]. 1964: Tycoon [TVS]. 1965: Those Calloways; The Oscar (... denn keiner ist ohne Schuld). 1967: Who's Minding the Mint?; The Gnome-Mobile. 1967–68: The Guns of Will Sonnett [TVS]. 1968: One and Only Genuine, Original Family Band. 1969: Support Your Local Sheriff! (Auch ein Sheriff braucht mal Hilfe); The Over-the-Hill-Gang [TV]. 1970: To Rome with Love [TVS]; The Young Country [TV]; The Over-the-Hill-Gang Rides Again [TV]. 1971: Smoke in the Wind [TV]; Two for the Money [TV]. 1972: Home for the Holidays (Unter Mordverdacht) [TV].

Bressart, Felix

(Felix Breslau ?)
* 12. 3. 1892 Eydtkuhnen (Ostpreußen)
† 17. 3. 1949 Hollywood

Ab 1915 an Provinztheatern, 1925 Theater in der Josefstadt, Wien, 1926–31 Barnowsky-Bühnen in Berlin. Er wird als versierter Charakter-Komiker geschätzt. 1932 Deutsches Künstlertheater in Berlin, 1933 Komödienhaus und im Kabarett der Komiker. Ab 1928 auch in Filmen, vor allem in Lustspielen und in den erfolgreichen Militärklamotten oder Spießersatiren der frühen 30er Jahre, denen er menschliche Wärme und kabarettistischen Biß verleiht: *Drei Tage Mittelarrest*, *Der Schrecken der Garnison* (beide Carl Boese), Titelrollen in *Der Herr Bürovorsteher* (Hans Behrendt) und *Holzapfel weiß alles* (Victor Janson). 1933 ins Exil, zunächst Schweiz, Österreich: Mitwirkung an österreichisch-ungarischen Co-Produktionen; dann Paris und 1938 USA. In zahlreichen Hollywood-Filmen mit seiner schlaksigen Körperkomik in mittleren und kleinen Rollen: närrische «Philosophen» und melancholische Außenseiter. Zusammenarbeit besonders mit Lubitsch: Genosse Buljanoff in *Ninotschka*, Pirovich in *The Shop Around the Corner*. Außer in zahlreichen Komödien auch in Anti-Nazi-Filmen; u.a. anrührend als Schauspieler Greenberg in *To Be or Not to Be* (Ernst Lubitsch), als Mr. Werner in *Above Suspicion* (Richard Thorpe), als Poldi Schlamm in *The Seventh Cross* (Fred Zinnemann) nach dem Roman von Anna Seghers. 1941/42 Beteiligung an Künstlerabenden des German-Jewish Club in Los Angeles. Daneben als Heilpraktiker und medizinischer Berater seiner Schauspielerkollegen tätig.

[US] 1928: Liebe im Kuhstall [DE]. 1929: Alte Kleider [KF – DE]. 1929/30: Es gibt eine Frau, die dich niemals vergißt [DE]. 1930: Der Kampf mit dem Drachen oder: Die Tragödie des Untermieters [KF – DE]; Der Sohn der weißen Berge [DE]; Die zärtlichen Verwandten [DE]; Der keusche Joseph [DE]; Die Drei von der Tankstelle [DE]; Das alte Lied [DE]; Drei Tage Mittelarrest [DE]; Eine Freundin so goldig wie du [DE]. 1930/ 31: Die Privatsekretärin [DE]; Der wahre Jakob [DE]. 1931: Der Schrecken der Garnison [DE]; Nie wieder Liebe [Version – DE]; Trara um Liebe [DE]; Ausflug ins Leben (Hirsekorn greift ein) [AT]; Der Herr Bürovorsteher [DE]. 1931/32: Holzapfel weiß alles [DE]; Goldblondes Mädchen, ich schenk Dir mein Herz – Ich bin ja so verliebt ... [DE]. 1932/33: Und wer küßt mich? [DE]. 1933: C'était un musicien [DE/FR]; Wie d' Warret würkt [CH]. 1934: Bleeke Bet [NL]; Salto in die Seligkeit [AT]; Peter [AT/HU]; Ball im Savoy/Bal a Savoyban [AT/HU]. 1934/35: De vier Mullers [AT/NL]. 1935: Alles für die Firma [AT]; 4½ Musketiere/Három és fél muskétás [AT/HU]. 1936: Heut' ist der schönste Tag in meinem Leben [GB]. 1938/39: Three Smart Girls Grow Up. 1939: Bridal Suite; Ninotchka (Ninotschka); Swanee River; The Shop Around the Corner (Rendezvous nach Ladenschluß). 1940: It All Came True (Ein Nachtclub für Sarah Jane); Edison the Man (Der große Edison); Third Finger, Left Hand; Escape; Bitter Sweet; Comrade X. 1941: Ziegfeld Girl (Mädchen im Rampenlicht); Blossoms in the Dust; Married Bachelor; Kathleen. 1941/42: Mr. and Mrs. North; To Be or Not to Be (Sein oder Nichtsein). 1942: Crossroads; Iceland; Isle of Missing Men; Three Hearts for Julia. 1943: Above Suspicion; Song of Russia. 1944: The Seventh Cross (Das siebte Kreuz); Greenwich Village; Blonde Fever. 1944/45: Without Love (Zu klug für die Liebe). 1945: Dangerous Partners. 1946: Ding Dong Williams; The Thrill of Brazil; I've Always Loved You (Ich hab dich immer geliebt); Her Sister's Secret. 1947/48: Portrait of Jennie (Jenny). 1948: A Song Is Born (Die tollkühne Rettung der Gangsterbraut Honey Swanson). 1949: Take One False Step.

Brialy, Jean-Claude

* 30. 3. 1933 Aumale (Algerien)
Offizierssohn; Absolvierung der Kadettenanstalt. Abitur in Strasbourg und Aufnahme eines Philosophiestudiums; Schauspielunterricht am Konservatorium Strasbourg; danach Theatertourneen in Ostfrankreich mit der Studiobühne des Centre d'Art Dramatique Strasbourg. Während des Militärdienstes im Rahmen der Truppenbetreuung als Kommentarsprecher bei der Filmstelle der französischen Armee. Nach der Militärzeit an Pariser Bühnen; durch François Truffaut zum Film. Mit seinen Rollen in Chabrols *Le beau Serge* und *Les cousins* wird er zum Star der Nouvelle vague. Er spielt in Filmen von Truffaut, Jean-Luc Godard, Louis Malle, Eric Rohmer (*Le genoux de Clair*) die Rolle des höchst eloquenten, zuweilen geschwätzigen Liebhabers und Verführers, der sich durch Eleganz und frivolen Zynismus auszeichnet; in schwächeren Filmen muß er diesen Part nur geringfügig variieren. 1971 Regiedebüt mit *Eglantine;* Auszeichnung in San Sebastian. Nach vorübergehender Konzentration auf die Regie ab 1983 wieder bei Film und Fernsehen vor der Kamera. Hervorhebenswert sein verrückter Arzt in Francis Lerois *Le démon de l'île* und seine differenzierten Bürger in Claude Millers *L'effrontée* und in Chabrols *Inspecteur Lavardin.* Daß er zur Selbstparodie in der Lage ist, zeigt er als Schmierenkomödiant in Daniel Janneaus *Débutant* und in Jean Marbœufs *Grand-Guignol.* 1988 César für seine Rolle in André Téchinés *Les innocents.* Neben der Filmarbeit regelmäßig Bühnenauftritte; 1987 wird er Direktor des Bouffes-Parisiens.

[FR] 1956: Le coup du berger [KF]; La Sonate à Kreutzer [KF]. 1957: Tout les garçon s'appellent Patrick [KF]; Un amour de poche (Alchemie der Liebe); Le triporteur (Reise ins Fußballtor); Cargaison blanche (Weiße Fracht aus Paris); L'Ami de la famille; L'École des cocottes; Tous peuvent me tuer/Tutti possono uccidermi (Der sechste Mann) [FR/IT]; Ascenseur pour l'échafaud (Fahrstuhl zum Schafott). 1957/58: Le beau Serge (Die Enttäuschten). 1958: Christine/L'amante pura (Christine) [FR/IT]; Le bel âge (Man kann's ja mal versuchen); Et ta soeur?; Les cousins (Schrei, wenn du kannst); Une histoire d'eau [KF]. 1958–60: Paris nous appartient (Paris gehört uns). 1958/59: Les 400 coups (Sie küßten und sie schlugen ihn). 1959: Le chemin des écoliers/Furore di vivere (Die Schüler) [FR/IT]; La notte brava/Les Garçons (Wir von der Straße) [IT]; Les yeux de l'amour/Amanti nelle tenebre (Mit den Augen der Liebe) [FR/IT]. 1960: Adieu Philippine (Adieu Philippine) [FR/IT]; Le gigolo (Jacky, wer bist du?). 1960/61: Une femme est une femme/La donna è donna (Eine Frau ist eine Frau) [FR/IT]; Les godelureaux (Speisekarte der Liebe) [FR/IT]. 1961: Le puits aux trois vérités/Il pozzo delle tre verità (Die drei Wahrheiten) [FR/IT]; Les 7 péchés capitaux/I sette peccati capitali. 1. EP: L'avarice (Die sieben Todsünden) [EP – FR/IT]; Les amours célèbres/Amori celebri. 3. EP: Agnès Bernauer (Galante Liebesgeschichten) [EP – FR/IT]; Les lions sont lâchés/I leoni scatenati (Vor Salonlöwen wird gewarnt) [FR/IT]; Les fiancées du Pont Macdonald [KF]. 1961/62: La chambre ardente/I peccatori della Foresta Nera (Das brennende Gericht) [FR/IT]; Les petits matins (Wir bitten zu Bett); Cléo de 5 à 7/Cleo dalle 5 alle 7 (Mittwoch zwischen 5 und 7) [FR/IT]. 1962: La glaive et la balance/Uno dei tre (Am Ende aller Wege) [FR/IT]; La banda Casaroli [IT/FR]; Arsène Lupin contre Arsène Lupin/Arsenio Lupin contro Arsenio Lupin (Auch Stehlen will gelernt sein) [FR/IT]; L'Éducation sentimentale/L'Éducazione sentimentale (Lehrjahre der Liebe) [FR/IT]; Les veinards (Fünf Glückspilze) [EP]; Le diable et les dix commandements/Le tentazioni quotidiane (Der Teufel und die zehn Gebote) [EP – FR/IT]. 1962/63: Carambolages (Karambolage). 1963: Château en Suède/Il castello in Svezia (Ein Schloß in Schweden) [FR/IT]; La bonne soupe/La pappa reale (Das leichte Geld der Liebe) [FR/IT]. 1963/64: L'Amour à la mer. 1964: Comment épouser un Premier ministre (Wie heiratet man einen Premierminister); Tonio Kröger [BRD]; Viheltäjät/Les siffleurs [FI/FR]; La bonne occase (Gelegenheitskauf); La ronde/Il piacere e l'amore (Der Reigen) [FR/IT]; Un monsieur de compagnie/Poi ti sposerò (Ich war eine männliche Sexbombe) [FR/IT]; La chasse à l'homme/Caccia al maschio (Jagd auf Männer) [FR/IT]. 1964/65: Cent briques et des tuiles/Colpo grosso a Parigi (Hundert Millionen im Eimer) [FR/IT]. 1965: Il morbidone (Der Faulpelz) [IT/FR]; La Mandragola/La Mandragore (Mandragola) [IT/FR]; Io la conosceve bene/Je le coniassais bien/Ich habe sie gut gekannt [IT/FR/BRD]. 1966: Le roi de coeur/Tutti pazzi meno io (Herzkönig) [FR/IT]; Un homme de trop/Il 13° uomo (Ein Mann zuviel) [FR/IT]; I nostri mariti. 2. EP: Il marito di Olga (Unsere Ehemänner) [EP – IT/FR]. 1966/67: Anna (Anna). 1967: Lamiel (Lamiel ... ich liebe die Liebe); La mariée était en noir/La sposa in nero (Die Braut trug Schwarz) [FR/IT]; Le plus vieux métier du monde/Das älteste Gewerbe der Welt/L'amore attraverso i secoli. 3. EP: Mademoiselle Mimi [EP – FR/BRD/IT]; Operazione S. Pietro/Au diable les anges!/Die Abenteuer des Kardinal Braun [IT/FR/BRD]; Manon 70/Hemmungslose Manon [FR/IT/BRD]; Caroline chérie [FR/IT/BRD]. 1969: Le bal du comte d'Orgel. 1970: Cose di cosa nostra (Grüße von der Cosa Nostra) [IT/FR]; Le genou de Claire (Claires Knie). 1971: Catherine et Cie (Catherine & Co); Una stagione all'inferno/Une saison en enfer [IT/FR]; Eglantine (Eglantine) [R,A]. 1972: Un meurtre est un meurtre/La sedia a rotelle (Mord bleibt Mord) [FR/IT]; Les volets clos [R,A]. 1973: L'Oiseau rare [D,R,A]. 1973/74: Un amour de pluie/Male d'amore/Sommerliebelei [R,A – FR/IT/BRD]. 1974: Comme un pot de fraises; Le fantôme de la liberté/Il fantasma della libertà (Das Gespenst der Freiheit) [FR/IT]. 1975: Le juge et l'assassin (Der Richter und der Mörder); Les onze mille verges (11000 Ruten); Les oeufs brouillés; Un animal doué de déraison; L'Année sainte (Zwei scheinheilige Brüder). 1976: Julie pot de colle (Julie klebt wie Leim); Barocco (Barocco – Mord um Macht). 1977: Doppio delitto/Enquête à l'italienne (Vom Blitz getroffen) [IT/FR]; L'Imprécateur (Die Ankläger); Le point de mire. 1977/78: La chanson de Roland (Roland – Die Horden des eisernen Ritters). 1978: Robert et Robert (Ein Mann sucht eine Frau); On efface tout; Le maître nageur. 1979: Bobo Jacco [FR/BE]; L'Oeil du maître. 1980: Les uns et les autres (Ein jeglicher wird seinen Lohn empfangen) [TV]; La banquière (Die Bankiersfrau). 1981: Notre-Dame de la Croisette [CH]. 1981/82: La nuit de Varennes/Il mondo nuovo (Flucht nach Varennes) [FR/IT]. 1982: La ragazza di Trieste (Das Mädchen von Triest) [IT]; Mozart [TVS – EURO]; Le démon dans l'île (Der Dämon der Insel); Cap Canaille [FR/BE]; Papy fait de la résistance; Mortelle randonnée (Das Auge). 1983: Sarah; Edith et Marcel (Edith und Marcel); La crime (Das Wespennest); Stella. 1984: Le téléphone sonne toujours deux fois; Die schöne Wilhelmine [TV – BRD]; Pinot simple flic (Pinot – Gendarm und Herzensbrecher); Désiré (Désiré – immer zu Diensten) [D,R]. 1985: Suivez mon regard (Ein Tag in Paris); L'Effrontée (Das freche Mädchen); Le mariage du siècle (Mit Eskorte zum Altar); Le quatrième pouvoir (Zweifelhafte Karriere). 1985/86: Inspecteur Lavardin (Inspektor Lavardin oder Die Gerechtigkeit) [FR/CH]. 1986: Levi et Goliath (Wer hat dem Rabbi den Koks geklaut?); Anna; Le moustachu; Le Grand-Guignol; Le débutant (Der Debütant). 1987: Maladie d'amour (Krank vor Liebe); Les innocents (Die Unschuldigen). 1988: Comédie d'été (Eine Sommergeschichte). 1989: C'era un castello con quaranti cani/Au bonheur des chiens (Spatzi, Fratzi & Co.) [IT/FR/ES]; Ripoux contre ripoux (Gauner gegen Gauner). 1991: Août. 1993: 1993: Colpo di Coda/Pakt mit dem Tod [TV – IT/DE (EURO)]. 1994: La Reine Margot (Die Bartholomäusnacht); Les cent et une nuits/A Hundred and One Nights (101 Nacht – Die Träume des Monsieur Cinéma) [FR/GB]; Il mostro/Le monstre (Das Monster) [IT/FR]. 1994/95: Une femme française/Eine französische Frau [FR/GB/DE]; Les fils de Gascogne. 1995: Les caprices d'un fleuve. 1996: Beaumarchais l'insolent (Beaumarchais – der Unverschämte).

Brice, Pierre

(Pierre Louis Le Bris)
*6. 2. 1929 Brest

Zunächst Theaterschauspieler; Abbruch der Karriere und als französischer Soldat Teilnahme am Indochinakrieg. Danach Besuch des Pariser Konservatoriums; Arbeit als Fotomodell und Tänzer. Beim Film in den 50er Jahren u. a. in italienischen Historienfilmen. Internationaler Erfolg in den 60er Jahren als Winnetou in bundesrepublikanischen Karl-May-Verfilmungen; den makellosen Häuptling der Apachen verkörpert er bis zum Ende der 80er Jahre wiederum in zahlreichen Inszenierungen auf bundesrepublikanischen Freilichtbühnen so überzeugend, daß fiktive Figur und die Person des Schauspielers für seine Zuschauer kaum noch unterscheidbar sind. Seit 1965 auch Auftritte und Schallplatten als Chanson-Sänger. In den 90er Jahren Fernseharbeit.

[FR] 1954/55: Ça va barder .../Silenzio ... si spara! (Harte Fäuste – heißes Blut) [FR/IT]. 1958: Le miroir à deux faces/Lo specchio a due facce (Der Tag und die Nacht) [FR/IT]. 1959: I cosacchi/Les cosaques (Der Aufstand der Tscherkessen) [IT/FR]. 1960: Il rossetto (Unschuld im Kreuzverhör) [IT/FR]; L'Homme à femmes (An einem heißen Nachmittag); Il mulino delle donne di pietra/Le moulin aux femmes de pierre (Die Mühle der versteinerten Frauen) [IT/FR]; Akiko (Akiko) [IT]; I Piaceri del sabato notte (Call-Girls) [IT]. 1960/61: Le baccanti (Dionysos und die Bacchantinnen) [IT/FR]. 1961: Col ferro e col fuoco/Par le fer et par le feu (Ritt in die Freiheit) [IT/FR]. 1961/62: Douce violence (Sie nennen es Liebe). 1962: Der Schatz im Silbersee/Blago u srebrnom jezeru [BRD/YU]; Zorro contro Maciste (Zorro gegen Maciste – Kampf der Unbesiegbaren) [IT]. 1962/63: L'Invincible cavaliero mascherato/L'Invincible cavalier noir (Kavalier mit der schwarzen Maske) [IT/FR]. 1963: Winnetou I/Vinetu I/La révolte des indiens Apaches [BRD/YU/FR]; Old Shatterhand/La battaglia di Fort Apache/Les cavaliers rouges [BRD/FR/IT]. 1964: Winnetou II/Le trésor des montagnes bleus/Vinetu II/Giorni di fuoco [BRD/FR/IT/YU]; Unter Geiern [BRD/FR]; Die goldene Göttin vom Rio Beni/Duelo en el Amazonas/Les aventures de la jungle [BRD/ES/FR]. 1965: Old Surehand [BRD/YU]; Winnetou III/Vinetu III [BRD/YU]; Der Ölprinz/Kralj petroleja [BRD/YU]. 1966: Winnetou und das Halbblut Apanatschi [BRD/YU]; Winnetou und sein Freund Old Firehand [BRD/YU]. 1967: Les guerriers/Dacii (Der letzte große Sieg der Daker) [FR/RO]; Le treizième caprice (Die Welt gehört uns). 1968: Winnetou und Shatterhand im Tal der Toten/L'uomo dal lungo fucile/Vinetu u dolini smrti [BRD/IT/YU]. 1973: Féminin féminin [FR/BE]. 1974/75: La pupa del gangster/La pepée du gangster (Die Puppe des Gangsters) [IT/FR]. 1992: Der blaue Diamant [DE]; Die Hütte am See [TV – DE]. 1992/93: Mallorca – Liebe inbegriffen [TV – DE].

Bridges, Beau

(Lloyd Vernet Bridges III)
*9. 12. 1941 Los Angeles

Sohn des Schauspielers Lloyd Bridges. Bereits als Kind Filmauftritte. Besuch der University of California in Los Angeles. Erster Bühnenerfolg in Arthur Millers «All My Sons». Mit Beginn der 60er Jahre vielfältige Fernsehaktivität, in TV-Filmen und Serien wie *Ben Casey* (1960–65) oder *Dr. Kildare* (1965–66). 1967 erste Filmrolle als Erwachsener in Larry Peerces *The Incident*. 1970 Titelrolle als gutherziger Eigentümer eines Mietshauses in der Alternativ-Komödie Hal Ashbys *The Landlord*, 1979 als Ehemann von Sally Field in Martin Ritts *Norma Rae*. Häufig in Neben- und Charakterrollen. 1989 als Pianospieler an der Seite seines Bruders Jeff Erfolg in *The Fabulous Baker Boys* (Steve Kloves). Im Fernsehen Titelrolle von Reagans Pressesprecher in *Without Warning: The James Brady Story* (Emmy). 1996 in der Oscar-nominierten Komödie *Jerry Maguire* mit Tom Cruise. Seit 1982 auch Regie für Kino und Fernsehen, darunter *Secret Sins of the Father* mit Vater Lloyd und Bruder Jeff.

[US] 1948: No Minor Vices; Force of Evil (Die Macht des Bösen). 1949: Zamba (Zamba, der Schrecken des Urwalds); The Red Pony (Gabilan, mein bester Freund). 1960–65: Ben Casey [TVS]. 1961: The Explosive Generation (Frühreife Generation). 1962: Ensign O'Toole [TVS]; The Lloyd Bridges Show [TVS]. 1962–63: The Eleventh Hour [TVS]. 1963–66: The Fugitive (Dr. Kimble – Auf der Flucht) [TVS]. 1964: Combat: Short Day of Private Putnam [TVS]. 1965: Village of the Giants; Twelve O'Clock High [TVS]. 1965–66: Dr. Kildare [TVS]. 1967: The Incident (Incident). 1968: For Love of Ivy (Liebling). 1969: Gaily, Gaily (Gaily, Gaily); Adam's Woman/Return of the Boomerang (Ihre Chance war gleich Null) [GB/AU]. 1970: The Landlord (Der Hausbesitzer). 1971: The Christian Licorice Store. 1972: Hammersmith Is Out (Hammersmith is out); Child's Play. 1973: Your Three Minutes Are Up [TV]; Man Without a Country (Der Mann ohne Vaterland) [TV]; Lovin' Molly (Aus Liebe zu Molly). 1974: Whirlwind [TV]; The Stranger Who Looks Like Me [TV]. 1975: The Other Side of the Mountain (Die Kehrseite der Medaille); Medical Story (Tödliche Diagnose) [TV]; Benjamin Franklin: Rebel [TV]. 1976: One Summer Love/Dragon Fly [TV]; Swashbuckler (Der scharlachrote Pirat); Two-Minute Warning (Zwei Minuten Warnung). 1977: Greased Lightning (Stock-Car Race); Shimmering Light (Strandparty) [TV – AU]; The Four Feathers [TV – GB]. 1978: The 5th Musketeer (Die eiserne Maske) [AT]; President's Mistress (Die Geliebte des Präsidenten) [TV]. 1979: Norma Rae (Norma Rae); Child Stealer [TV]; The Runner Stumbles. 1980: Silver Dream Racer (Silver Dream Racer) [GB]; United States [TVS]. 1981: Honky Tonk Freeway (Da steht der ganze Freeway Kopf). 1982: The Kid from Nowhere (Mehr als ein Olympiasieg) [D,R – TV]; Night Crossing (Mit dem Wind nach Westen); Witness for the Prosecution (Zeugin der Anklage) [TV – GB]; Love Child (Liebe hinter Gittern); Dangerous Company (Prädikat: Gemeingefährlich) [TV]. 1983: Heart Like a Wheel (... und wenn der letzte Reifen platzt). 1984: The Red Light Sting (Der Strich gehört der Polizei); The Hotel New Hampshire (Hotel New Hampshire). 1985: Alice Through the Looking Glass [TV]; Fighting Choice (Die Herausforderung); Space (Space – Der Mensch greift nach den Sternen) [TVS]. 1986: Chester, I Love You [D,R – TV]; Outrage! (Schrei nach Gerechtigkeit) [TV]; The Thanksgiving Promise (Ein Mann, ein Wort) [D,R,CoP – TV]. 1987: The Wild Pair (Die Top-Cops) [D,R]; The Killing Time (The Killing Time). 1988: Seven Hours to Judgment (Sieben Stunden Angst) [D,R]. 1989: The Wizard (Joy Stick Heroes); The Iron Triangle (The Iron Triangle); Everybody's Baby – The Rescue of Jessica McClure (Die Rettung der Jessica McClure); Signs of Life (Signs of Life) [GB]; The Fabulous Baker Boys (Die fabelhaften Baker Boys). 1990: Frederick Forsyth Presents [TVS]; Women & Men: Stories of Seduction. 1. EP: The Man in the Brooks Brothers Shirt (Männer und Frauen) [TV-EP]; Daddy's Dyin'. ...Who's Got the Will? (Die Erbschleicher); Guess Who's Coming for Christmas? (Ufo Café). 1991: Without Warning: The James Brady Story [TV]; Wildflower (Wilde Alice) [TV]. 1992: Elvis and the Colonel. The Untold Story [TV]. 1992–94: Vault of Horror – Volume 3 (Masters of Horror – Tales from the Crypt 3). 1992/93: Sidekicks (Sidekicks). 1993: Hearts of the West [TVS]; The Positively True Adventures of the Alleged Texas Cheerleader-Murdering Mom [TV]; The Man With Three Wives (Blind Love); Married To It (Dinner für sechs). 1994: Million Dollar Babies (Der Mutter entrissen) [TV]; Secret Sins of the Father [D,R]. 1995: Kissinger and Nixon [TV]; The Outer Limits [TVS]. 1996: Jerry Maguire (Jerry Maguire – Spiel des Lebens); Hidden in America [TV]; Losing Chase. 1997: The Second Civil War [TV]; Rocket Man.

Bridges, Jeff

*4. 12. 1949 Los Angeles

Sohn des Schauspielers Lloyd Bridges. Ab seinem vierten Monat Kinderdarsteller, u. a. in der Fernsehserie seines Vaters *Sea Hunt* (1957–60). 1963 London-Gastspiel mit Vater in «Anniversary Waltz». Besuch der University High School, Los Angeles. Schauspielunterricht in New York bei Herbert Berghof. Seit Ende der 60er Jahre umfangreiche Film- und Fernseharbeit. 1971 Nominierung zum Nebenrollen-Oscar als junger Texaner Duane Jackson in Peter Bogdanovichs *The Last Picture Show*. 1972 ist er ein ehrgeiziger Nachwuchs-Boxer in John Hustons *Fat City*. Als Co-Star von Glenn Close Erfolg in der Rolle des Psychopathen Jack Forrester in Richard Marquands *Jagged Edge*. Durch seine zurückhaltende, intensiv recherchierte Darstellungsweise entwickelt er sich zu einem der wichtigsten Charakterdarsteller seiner Generation, so in der Titelrolle des erfolglosen Industriellen *Tucker* (Francis Ford Coppola). 1989 spielt und singt er als Partner seines älteren Bruders Beau in *The Fabulous Baker Boys* (Steve Kloves). Bridges überzeugt 1991 als depressiver Radio-Star Jack Lucas in *The Fisher King* (Terry Gilliam). 1996 an der Seite und unter der Regie von Barbra Streisand in *The Mirror Has Two Faces*. Frühzeitig auch Tätigkeit als Musiker und Songwriter, so 1969 Autor und Interpret des Liedes «Lost in Space» für *John and Mary* (Peter Yates). Auch Maler und Fotograf.

[US] 1950: The Company She Keeps (Auf Bewährung freigelassen). 1957–60: Sea Hunt (Abenteuer unter Wasser) [TVS]. 1962/63: The Lloyd Bridges Show [TVS]. 1969: Halls of Anger; Silent Night, Lonely Night [TV]. 1970: The Yin and the Yang of Mr. Go. 1971: The Last Picture Show (Die letzte Vorstellung); In Search of America [TV]. 1972: Fat City (Fat City); Bad Company (In schlechter Gesellschaft). 1973: The Last American Hero (Der letzte Held Amerikas); The Iceman Cometh; Lolly-Madonna XXX. 1974: Rancho de Luxe; Thunderbolt and Lightfoot (Die Letzten beißen die Hunde). 1975: Hearts of the West (Ins Herz des wilden Westens). 1976: King Kong (King Kong); Stay Hungry (Mister Universum). 1978: Somebody Killed Her Husband (Rendezvous mit der Leiche). 1979: Winter Kills (Philadelphia Clan); American Success Company. 1980: Heaven's Gate (Heaven's Gate); Cutter's Way (Cutters Way – Keine Gnade/Bis zum bitteren Ende). 1982: Tron (Tron); The Last Unicorn (Das letzte Einhorn) [S – ANI]; Kiss Me Goodbye (Liebesgrüße aus dem Jenseits); Faerie Tale Theatre: Rapunzel [TV]. 1984: Against All Odds (Gegen jede Chance). 1985: Starman (Der Mann vom andern Stern); Jagged Edge (Das Messer). 1986: The Morning After (Der Morgen danach); 8 Million Ways to Die (8 Millionen Wege zu sterben); The Thanksgiving Promise (Ein Mann, ein Wort) [TV]. 1987: Nadine (Nadine – Eine kugelsichere Liebe). 1988: Tucker: The Man and His Dream (Tucker). 1989: See You in the Morning (See You in the Morning); The Fabulous Baker Boys (Die fabelhaften Baker Boys); Cold Feet (Cold Feet). 1990: Texasville (Texasville). 1991: The Fisher King (König der Fischer). 1992/93: The Vanishing (Spurlos). 1993: Fearless (Fearless – Jenseits der Angst); American Heart (American Heart) [D,CoP]. 1994: Blown Away (Explosiv – Blown Away); Secret Sins of the Father [TV]. 1994/95: Wild Bill. 1996: The Mirror Has Two Faces (Liebe hat zwei Gesichter); White Squall (White Squall); Hidden in America [D,CoP – TV]. 1997: The Big Lebowski.

Bridges, Lloyd

(Lloyd Vernet Bridges Jr.)

*15. 1. 1913 San Leandro (California)

Studium der Politologie an der UCLA. 1941 erster Filmvertrag von Columbia. Filmdebüt in *The Lone Wolf Takes a Chance* (Sidney Salkow). Zahlreiche Neben- und Episodenrollen in B-Pictures. Die intensive Filmtätigkeit wird Ende der 40er Jahre wegen seiner Weigerung, vor dem «Ausschuß zur Untersuchung von unamerikanischen Aktivitäten» (HUAC) auszusagen, stark reduziert. Erst ab 1952 wieder uneingeschränkte Tätigkeit. Gleichzeitig erster Höhepunkt als Harvey Pell im Polit-Western *High Noon* (Fred Zinnemann). Seit Mitte der 50er Jahre umfangreiche Fernsehtätigkeit, u. a. als Froschmann Mike Nelson in 155 Folgen der Unterwasser-Abenteuer-Serie *Sea Hunt* (1957–60). Seitdem von Film und Fernsehen viel beschäftigt, meist in Neben- und Charakterrollen, auch neben seinen Söhnen Beau und Jeff, so in *Blown Away* und *Secret Sins of the Father* (1994).

[US] 1941: Two Latins from Manhattan; You Belong to Me; I Was a Prisoner of Devil's Island; Here Comes Mr. Jordan (Urlaub vom Himmel); The Medico of Painted Springs; They Dare Not Love; The Royal Mounted Patrol; Harvard, Here I Come; The Lone Wolf Takes a Chance; Harmon of Michigan/Honolulu Lu; Three Girls About Town; Cadets on Parade; One Wife; The Son of Davy Crockett; Sing For Your Supper. 1942: Flight Lieutenant; A Man's World; Pardon My Gun; Meet the Stewarts; The Spirit of Stanford; Atlantic Convoy; Shut My Big Mouth; Sweetheart of the Fleet; Canal Zone; North of the Rockies; Hello, Annapolis; Blondie Goes to College; Alias Boston Blackie; The Daring Young Man; Stand By All Networks; Riders of the Northland; The Talk of the Town (Die Frau, von der man spricht); Tramp, Tramp, Tramp. 1943: Hail to the Rangers; Sahara (Sahara); Destroyer; Passport to Suez; Commandos Strike at Dawn; The Heat's On; Crime Doctor's Strangest Case; The Great Glover. 1943/44: The Imposter. 1944: The Master Race; She's a Soldier Too; Louisiana Hayride; Saddle Leather Law; Two-Man Submarine. 1945: Strange Confession; Secret Agent X-9; A Walk in the Sun (Landung in Salerno); Abilene Town (Banditen ohne Maske). 1945/46: Miss Susie Slagle's. 1946: Canyon Passage (Feuer am Horizont). 1947: Unconquered (Die Unbesiegten); The Trouble with Women; Ramrod (Die Farm der Gehetzten). 1948: Secret Service Investigator; Sixteen Fathoms Deep; Moonrise (Erbe des Henkers). 1949: Home of the Brave; Red Canyon (Die rote Schlucht); Hideout; Mr. Whitney Had a Notion; Calamity Jane and Sam Bass (Rebellen der Steppe); Trapped (Menschenfalle). 1950: The Sound of Fury (Aufruhr in Santa Sierra); Try and Get Me; Tre passi a Nord [IT]; Colt 45 (Das Geheimnis der schwarzen Bande); Rocketship XM (Rakete Mond startet); The White Tower (Hölle am weißen Turm). 1951: Little Big Horn (Tödliche Pfeile); The Whistle at Eaton Falls. 1952: Last of the Comanches (Dürstende Lippen); High Noon (Zwölf Uhr mittags); Plymouth Adventure (Schiff ohne Heimat). 1953: The Limping Man (Wer ist Kendall Brown?) [GB]; City of Bad Men (Die Geier von Carson City); The Kid from Left Field; The Tall Texan (Der lange Texaner). 1954: Pride of the Blue Grass. 1954/55: Third Party Risk [GB]. 1955: Wichita (Wichita); Apache Woman (Heiße Colts und schnelle Pferde). 1956: The Rainmaker (Der Regenmacher); Wetbacks (Menschenjagd im Pazifik). 1957: Ride Out for Revenge (Blinder Haß). 1957–60: Sea Hunt (Abenteuer unter Wasser) [TVS]. 1958: The Goddess (Die Göttin). 1962/63: The Lloyd Bridges Show [TVS]. 1965: Around The World Under the Sea; The Loner [TVS]. 1966: Mission: Impossible: Fakeout [TVS]. 1967: Daring Game (Die Tollkühnen); Attack on the Iron Coast (Sturm auf die eiserne Küste) [GB]. 1969: Love War [TV]; Silent Night, Lonely Night [TV]; Silent Gun [TV]; The Happy Ending (Happy End für eine Ehe). 1970: San Francisco International (Flugalarm in San Francisco) [TV]; Lost Flight (Verschollen im Pazifik). 1971: A Tattered Web [TV]; The Deadly Dream [TV]; To Find a Man. 1972: Haunts of the Very Rich [TV]; Trouble Comes to Town [TV]. 1973: Crime Club [TV]; Death Race [TV]; Running Wild (Die Ungezähmten). 1973–74: Water World [TVS]. 1974: Stowaway to the Moon (Abenteuer im Weltraum) [TV]. 1975: Police Story: The Return of Joe Forrester [TVS]. 1975–76: Joe Forrester [TVS]. 1977: Roots (Roots) [TVS]; Shimmering Light (Strandparty) [TV – AU]. 1977/78: How the West Was Won (Durch die Hölle nach Westen) [TVS]. 1978: The 5th Musketeer (Die eiserne Maske) [AT]; Telethon [TV]; Critical List [TV]; Szabadits meg a gonosztól (Erlöse uns von dem Übel) [HU]; The Great Wallendas (Die großen Wallendas) [TV]. 1979: Mission Galactica: Cyclon Attack (Mission Galactica: Angriffe der Zyklonen); Bear Island (Die Bäreninsel in der Hölle der Arktis) [GB/CA]. 1980: Moviola: This Years Blonde (Moviola – Marilyn: Die Geburt einer Legende) [TV]; Moviola: The Scarlett O'Hara War (Der Scarlett-O'Hara-Krieg) [TV]; Airplane! (Die unglaubliche Reise in einem verrückten Flugzeug); Disaster on the Coastliner (Die Weiche steht auf Tod) [TV]. 1981: East of Eden (Jenseits von Eden) [TV]. 1982: The Blue & the Gray (Die Blauen und die Grauen) [TVS]; Paper Dolls [TV]; Airplane II: The Sequel (Die unglaubliche Reise in einem verrückten Raumschiff); Beatrice [TV]. 1983: Grace Kelly (Grace Kelly) [TV]. 1984: George Washington [TV]; Weekend Warriors; A Case of Libel [TV]. 1985: Alice Through the Looking Glass [TV]. 1986: North and South 2 (Fackeln im Sturm 2) [TVS]; Dress Gray [TV]; Hollywood Airforce (Crazy Airforce). 1987: The Wild Pair (Die Top-Cops). 1988: Winter People (Winter People – Wie ein Blatt im Wind); Tucker: The Man and His Dream (Tucker); She Was Marked for Murder (Zwei und zwei ist Mord) [TV]. 1989: Cross of Fire (Cross of Fire/ Vom Haß besessen) [TV]; Cousins (Seitensprünge); Capital News (Capital News) [TV + TVS]. 1990: Leona Helmsley: The Queen of Mean (Die Dollar-Queen); Joe Versus the Volcano (Joe gegen den Vulkan). 1991: In the Nick of Time (Ein Weihnachtstraum) [TV]; Hot Shots! (Hot Shots – Die Mutter aller Filme). 1992: Honey, I Blew up the Kid (Liebling, jetzt haben wir ein Riesenbaby); Devlin (Devlin) [TV]. 1993: Mr. Bluesman [DE]; Hearts of the West [TVS]; Hot Shots! Part Deux (Hot Shots – Der 2. Versuch). 1994: Secret Sins of the Father [TV]; Blown Away (Explosiv – Blown Away). 1995: The Outer Limits [TVS]; Nothing Lasts Forever (Ärztinnen – Auf Leben und Tod) [TV-Film; 2 Teile].

Brodský, Vlastimil

* 15. 12. 1920 Hrušov

Schauspielunterricht bei E. F. Burian, zu Beginn des 2. Weltkriegs Mitglied in dessen Theater, danach Engagement am Kleinen Theater Větrník. 1945 Rückkehr zu Burian an das Theater D 47. Später am Stadttheater in Prag und am Armeetheater, ab 1948 am Theater Na Vinohradech. Filmdebüt 1946 in *Nezbedný bakalář* in einer Nebenrolle. Mitte der 50er Jahre erhält er größere Aufgaben. Er spielt Alltagshelden, aber auch skurrile Eigenbrötler und Sonderlinge, häufig in Komödien des Regisseurs Zdeněk Podskalský, so 1959 in *Kam čert nemůže*. Weitere wichtige Rollen in Vojtěch Jasnýs *Až přijde kocour* sowie in Jiří Menzels Komödien *Ostře sledované vlaky*, *Rozmarné léto* und *Zločin v Šantánu*. 1970 schreibt er zusammen mit seiner Frau, der Schauspielerin Jana Brejchová, das Drehbuch zu *Ďábelské libánky*. 1974 spielt Brodský in dem tragisch-komischen DEFA-Film *Jakob der Lügner* (Frank Beyer) den so gar nicht heldenhaften jüdischen Schuster Jakob in einem Ghetto, der durch seinen schlichten Glauben an eine menschliche Zukunft den mit ihm bedrohten Menschen Hoffnung und Zuversicht gibt; dafür Silberner Bär in West-Berlin und Nationalpreis der DDR. Im Fernsehen populär in der phantasievollen Kinderserie *Pan Tau*. Sohn Marek ist ebenfalls Schauspieler.

[CS] 1946: Nezbedný bakalář. 1947: Uloupená hranice. 1949: Vzbouření na vsi (Revolte im Dorf). 1950: Vstanou noví bojovníci (Neue Kämpfer werden auferstehen). 1953: Kavárna na hlavní tride (Café an der Hauptstraße); Tajemstvi krve (Geheimnis des Blutes). 1955: Dnes večer všechno skončí (Heute abend geht alles zu Ende); Rudá záře nad Kladnem; Psohlavci (Hundsköpfe); Návštěva z oblak. 1956: Dobrý voják Švejk. 2 Teile. (Der brave Soldat Schwejk. 2 Teile); Zářijové noci; Zaostřit, prosím!; Jan Žižka z Trocnova. 1957: Florenc 13,20; Poslušně hlásím (Melde gehorsamst); V pátek ráno [KF]; Bomba (Die Bombe). 1958: Šembera; Mezi zemí a nebem; Dnes naposled; O věcech nadpřirozených. 1. Glorie (Von übernatürlichen Dingen); Mezi nebem a zemí. 1959: Kam čert nemůže (Wo der Teufel nicht hin kann); Pět z miliónu. 1960: Přatelé na moři / Poterjannaja fotografija (Freunde am Meer) [CS/SU]; Valčík pro Millión (Walzer für Millionen); Procesí k Panence (Die Prozession zur Heiligen Jungfrau); Žalobníci (Die Diebe von Pavlov); Přežil jsem svou smrt (Ich überlebe meinen Tod). 1961: Florián; Muž z prvního stolati (Der Mann aus dem 1. Jahrhundert); Spadla s měsíce (Vom Mond gefallen); Hledá se táta (Vater gesucht); Kolik slov stči lásce (Wieviel Worte braucht Liebe). 1962: Slzy, které svět nevidí[KF]; Turista [KF]; Transport z ráje (Transport aus dem Paradies). 1963: Čas jeřabin [KF]; Král Králů (Seine Majestät – Kollege König); Až přijde kocour (Wenn der Kater kommt). 1964: Každý den odvahu (Mut für den Alltag); Táto, sežeň štěně! (Vati, kauf' uns ein Hündchen). 1965: Kdyby tisíc klarinetů; Čintamani a podvodník (Der Teppichsammler und der Heiratsschwindler); Bilá paní; Ztracená tvář. 1966: Návrat ztraceného syna (Die Heimkehr des verlorenen Sohnes); Lidé z maringotek (Komödiantenwagen); Ostře sledované vlaky (Liebe nach Fahrplan). 1967: Ženu ani květinou neuhodíš (Auf Händen soll man sie tragen); Ta naše písnička česká (Altprager Melodien). 1968: Všichni dobří rodáci (Alle guten Landsleute); Zločin v šantánu (Verbrechen in der Mädchenschule); Rozmarné léto (Ein launischer Sommer); Faráův konec. 1969: Skřivánci na niti (Lerchen am Faden); Třináctá komnata; Světáci (Lebemänner). 1970: Ďábelské líbánky [CoA]. 1971: Pět mužů a jedno srdce (Fünf Männer und ein Herz); Psi a lidé; Šance (Die Chance). 1972: Touha Sherlocka Holmese; Smrt černého krále (Der Tod des schwarzen Königs). 1973: Akce Bororo (Aktion Bororo); Tři chlapi na cestách (Drei Mannsbilder auf Reisen); Noc na Karlštejně (Eine Nacht auf Karlstein); Adam a Otka (Adam und Otka); 30 panen a Pythagoras (30 Jungfrauen und Pythagoras). 1974: Hodíme se k sobě, miláčku ...? (Passen wir zusammen, Liebling?). 1975: Plavení hříbat (Das dritte Semester); Jakob der Lügner [DDR]; Tak láska začíná ... (So beginnt die Liebe). 1976: Pan Tau (Die Abenteuer des Herrn Tau) [TV]; Smrt na černo (Der Tod bietet mit); Čas lásky a naděje (Zeit der Liebe und Hoffnung). 1977: Zítra vstanu a opařím se čajem; Hodina pravdy; Talíře nad Velkým Malíkovem; Podivný výlet (Ein merkwürdiger Ausflug); At' žijí duchové! (Unsere Geister sollen leben). 1978: Das Ding im Schloß [DDR]; Od zítřka nečaruji (Herr Tau nimmt Abschied); Nechci nic slyšet (Ich will nichts hören); Poplach v oblacích (Herr Tau in den Wolken). 1978/79: Aber, Doktor! [TV – DDR]. 1979: Tchán (Der Dorfnapoleon); Julek. 1980: Něco je ve vzduchu. 1981: Křtiny; Tajemství hradu v Karpatech (Das Geheimnis der Burg in den Karpaten); Počitaní oveček (Das Schäfchen zählen). 1982: Tažní ptáci (Zugvögel). 1983: Evo, vdje se! (Heirate, Eva, heirate); Oči pro pláč; A csoda vége [HU]. 1984: Lucie pstrach ulice; ... a zase ta Lucie!; Rozpuštěný a vypuštěný (Liebling, Lump und Lockenmörder). 1986: Veselé vánoce přejí chobotnice (Die Kraken aus dem zweiten Stock); Chobotnice z II. patra / Die Kraken aus dem zweiten Stock [CS/BRD]; Není sirotek jako sirotek (Wachtmeister in Nöten); Smich se lepí na paty (Mit lachendem Auge). 1987: Šašek a královna (Der Narr und die Königin). 1989: Příběh '88 (Du allein). 1990: Král kolonád; Motýlí čas; Freonový duch. 1994: Příliš hlučná samota.

Bronson, Charles

(Charles Buchinsky)

* 3. 11. 1920 Ehrenfield (Pennsylvania)

Sohn litauischer Einwanderer. Besuch der Pasadena Community Playhouse School. Bergarbeiter und Boxer. Teilnahme am Weltkrieg als Flieger im Pazifik. Neben dem Kunststudium Bühnenbildner in Philadelphia. Seit 1949 kleine Rollen beim Pasadena Playhouse. 1951 Filmdebüt als polnischer Seemann in Henry Hathaways *You' re in the Navy Now*. 1954 Namensänderung in Bronson. Kleine Rollen in Western, Kriminal- und Kriegsfilmen, dann 1958–60 als Fotograf Mike Kovac in der TV-Serie *Man with a Camera*. Er erregt im selben Jahr Beachtung durch den Gangsterfilm *Machine Gun Kelly* (Roger Corman), 1960 in *The Magnificent Seven* (John Sturges). Popularität vor allem als Actionschauspieler, so im Kriegsfilm *The Dirty Dozen* (Robert Aldrich). 1968 Übersiedlung nach Europa, dort als Revolverheld in Sergio Leones Western-Epos *C'era una volta il West*. 1971 Rückkehr in die USA. 1974–87 übernimmt er die Rolle des Selbstjustiz übenden New Yorker Architekten Paul Kersey in der *Death-Wish*-Serie (Michael Winner). Wiederholt Zusammenarbeit mit den Regisseuren Don Siegel und J. Lee Thompson. In den 80er und 90er Jahren auch interessante Aufgaben im Fernsehen, so als Gewerkschafter in *Act of Vengeance* und in der Titelrolle von *The Sea Wolf* (Michael Anderson). Er ist ab 1968 mit der Schauspielerin Jill Ireland (1936–1990) verheiratet.

[US] 1951: The Mob (Die Spur führt zum Hafen); The People Against O'Hara; You're in the Navy Now. 1952: Diplomatic Courier (Kurier nach Triest); Bloodhounds of Broadway; My Six Convicts; Pat and Mike (Pat und Mike); TheClown (DieTränen des Clowns) [Auftritt – uncredited]; The Marrying Kind (Happy-End und was dann?); Red Skies of Montana/Smoke Jumpers (Die Feuerspringer von Montana). 1953: Miss Sadie Thompson (Fegefeuer); House of Wax (Das Kabinett des Professor Bondi). 1954: Vera Cruz (Vera Cruz); Apache (Massai); Tennessee Champ; Riding Shotgun (Dieser Mann weiß zuviel); Drum Beat (Der einsame Adler); Crime Wave (Von der Polizei gehetzt). 1955: Alfred Hitchcock Presents: And So Died Riabouchinska [TV]; Big House U.S.A. (Blutgeld); Target Zero (Sperrfeuer auf Quadrat 7); Alfred Hitchcock Presents: There Was an Old Woman [TV]. 1956: Jubal (Der Mann ohne Furcht). 1957: Run of the Arrow (Hölle der 1000 Martern). 1958: Showdown at Boot Hill; Gang War; When Hell Broke Loose; Man with a Camera [TVS]; Machine Gun Kelly (Revolver-Kelly). 1959: Never So Few (Wenn das Blut kocht). 1959–62: The Untouchables: Death Tree [TV]. 1960: The Magnificent Seven (Die glorreichen Sieben). 1961: A Thunder of Drums (Massaker im Morgengrauen); X-15 (Die X-15 startklar); Master of the World (Robur – Der Herr der sieben Kontinente); Alfred Hitchcock Presents: Woman Who Wanted to Live [TV]; The Twilight Zone: Two [TV]. 1962: Kid Galahad (Kid Galahad – Harte Fäuste, heiße Liebe); This Rugged Land. 1962–69: The Virginian: Nobility of Kings (Die Leute von der Shiloh Ranch) [TV]. 1962/63: The Meanest Man in the West (Gesetz des Westens) [TV]. 1963: 4 for Texas (Vier für Texas); The Great Escape (Gesprengte Ketten); The Travels of Jamie McPheeters [TVS]. 1963–66: The Fugitive (Dr. Kimble – Auf der Flucht) [TVS]. 1964: Guns of Diablo (… und knallten ihn nieder). 1965: The Sandpiper (… die alles begehren); Battle of the Bulge (Die letzte Schlacht). 1966: This Property Is Condemned (Dieses Mädchen ist für alle). 1967: The Dirty Dozen (Das dreckige Dutzend) [US/GB]. 1968: La bataille de San Sebastian (San Sebastian) [FR/IT]; Adieu l'ami/Due sporche carogne (Bei Bullen singen Freunde nicht) [FR/IT]; C'era una volta il West (Spiel mir das Lied vom Tod) [IT]; Villa Rides (Pancho Villa reitet). 1969: Twinky (Der Amerikaner) [GB]. 1969/70: Le passager de la pluie/L'uomo venuto dalla pioggia (Der aus dem Regen kam) [FR/IT]. 1970: You Can't Win 'em All (Zwei Kerle aus Granit) [GB]; De la part des copains (Kalter Schweiß) [FR]; Città violenta (Brutale Stadt) [IT]. 1971: Lola [GB/IT]; Soleil rouge/Sole rosso (Rivalen unter roter Sonne) [FR/IT]; Quelqu'un derrière la porte (Der Mörder hinter der Tür) [FR]; The Bull of the West (Der Einsame). 1972: The Mechanic (Kalter Hauch); Joe Valachi (I segreti di «Cosa Nostra»)/Cosa Nostra (L'affaire Valachi) (Die Valachi-Papiere) [IT/FR]; Chato's Land (Chatos Land) [GB]. 1973: The Stone Killer (Ein Mann geht über Leichen); Valdez, il mezzosangue/Caballos salvajes/Chino (Valdez Horses) (Wilde Pferde) [IT/ES/FR]. 1974: Breakout (Der Mann ohne Nerven); Mr. Majestik (Das Gesetz bin ich); Death Wish (Ein Mann sieht rot). 1975: From Noon Till Three (Zwischen Zwölf und Drei); Hard Times/The Streetfighter (Ein stahlharter Mann); Breakhart Pass (Nevada-Pass). 1976: St. Ives (Tag der Abrechnung); Raid on Entebbe (… die keine Gnade kennen) [TV]. 1977: The White Buffalo (Der weiße Büffel); Telefon (Telefon). 1978: Love and Bullets (Ein Mann räumt auf). 1979: Caboblanco (Cabo Blanco). 1980: Borderline (Borderline [Die Grenzlinie]). 1981: Death Hunt (Yukon); Death Wish II (Death Wish II – Der Mann ohne Gnade). 1983: 10 to Midnight (Ein Mann wie Dynamit). 1984: The Evil That Men Do (Der Liquidator). 1985: Death Wish 3 (Death Wish III – Der Rächer von New York); Murphy's Law (Murphy's Gesetz); Act of Vengeance – A True Story (Local 323) [TV]. 1987: Assassination (Der Mordanschlag); Death Wish 4: The Crackdown (Death Wish IV – Das Weiße im Auge). 1988: Messenger of Death (Das Gesetz ist der Tod); Kinjite – Forbidden Subjects (Kinjite – Tödliches Tabu). 1991: The Indian Runner (Indian Runner); Yes Virginia, There Is a Santa Claus (Und den Weihnachtsmann gibt's doch). 1993: Death Wish V: The Face of Death (Death Wish V); Donato and Daughter (Punishment – Spur der Gewalt) [TV]; The Sea Wolf [TV]. 1995: Familiy of Cops (Eiskalte Wut).

Brook, Clive
(Clifford Hardman Brook)
* 1. 6. 1887 London
†17. 11. 1974 London
Sohn eines Minenbesitzers und einer Opernsängerin. Durch den 1. Weltkrieg zum Invaliden geworden. Ab 1918 Karriere an Theatern in London, ab 1920 auch im Film. 1924 Filmarbeit in Hollywood. Brook verkörpert in Hollywood-Filmen häufig das Klischee des perfekten britischen Gentleman. 1929 als Meisterdetektiv in *The Return of Sherlock Holmes*, 1931 im Nebel-Film *The Ripper Strikes* des Regie-Mythos Max Castle. 1932 an der Seite von Marlene Dietrich als lebensmüder Capt. Donald «Doc» Harvey in Josef von Sternbergs *Shanghai Express*. Ab Mitte der 30er Jahre wieder in England. 1944 inszeniert er *On Approval*. 1963 nach einer Pause von fast 20 Jahren als Marquis of Gleneyre in John Hustons Kriminalfilm *The List of Adrian Messenger*. Brook ist Vater der Schauspielerin Faith Brook und des Schauspielers und Bühnenautors Lyndon Brook.

[US] 1920: Her Penalty; Kissing Cup's Race; Trent's Last Case. 1920/21: The Loudwater Mystery. 1921: The Sheik [KF]; Sonia; Daniel Deronda; Vanity Fair [KF]; A Sportsman's Wife; Christie Johnstone; Whispering [KF]; A Tale of Two Cities [KF]. 1922: Love and a Whirlwind; The Experiment; Sir Rupert's Wife [KF]; A Debt of Honour; Shirley; Stable Companions; Married to a Mormon; Rigoletto [KF]; The Parson's Fight [KF]; La Traviata [KF]. 1922/23: Through Fire and Water; This Freedom. 1923: Out to Win; The Royal Oak; Woman to Woman; The White Shadow; The Reverse of the Medal [KF]; The Money Habit. 1924: The Recoil; The Wine of Life; Human Desires/Love's Bargain; The Passionate Adventure; The Mirage [US]; Christine of the Hungry Heart [US]. 1924/25: When Love Grows Cold [US]. 1925: Playing with Souls [US]; The Home Maker [US]; Seven Sinners [US]; The Woman Hater [US]; Compromise [US]; The Pleasure Buyers [US]; If Marriage Fails [US]; Déclassée [US]; Enticement [US]; Three Faces East [US]. 1926: You Never Know Women [US]; Why Girls Go Back Home [US]; The Popular Sin [US]; For Alimony Only [US]. 1927: Barbed Wire (Stacheldraht) [US]; Underworld (Unterwelt) [US]; French Dressing [US]; Hula [US]; The Devil Dancer [US]; Afraid to Love [US]. 1928: The Yellow Lily [US]; Midnight Madness [US]; Forgotten Faces (Der Schwur des Harry Adams) [US]; The Perfect Crime [US]. 1929: Interference [US]; The Four Feathers (Vier Federn) [US]; A Dangerous Woman [US]; Charming Sinners [US]; The Return of Sherlock Holmes [US]; The Laughing Lady [US]. 1930: Sweethearts and Wives [US]; Paramount on Parade [US]; Anybody's Woman [US]; Slightly Scarlet [US]. 1930/31: Scandal Sheet [US]; East Lynne [US]. 1931: Tarnished Lady [US]; The Ripper Strikes (Tödlicher Nebel) [US]; Husband's Holiday [US]; 24 Hours (Verhängnis eines Tages) [US]; The Lawyer's Secret; Silence [US]. 1931/32: Shanghai Express [US]. 1932: Make Me a Star (Mach mich zum Star) [US]; Sherlock Holmes [US]; Cavalcade (Cavalcade) [US]; The Man from Yesterday [US]; The Night of June 13 [US]. 1933: Midnight Club [US]; If I Were Free [US]; Gallant Lady [US]. 1934: Where Sinners Meet [US]; Let's Try Again [US]. 1934/35: The Dictator. 1935: Dressed to Thrill. 1936: Love in Exile; The Lonely Road. 1937: Action For Slander. 1938: The Ware Case. 1939: Return to Yesterday. 1940: Convoy. 1940/41: Freedom Radio. 1941: Breach of Promise. 1943: The Shipbuilders; The Flemish Farm. 1943/44: On Approval [D,R,A,P]. 1963: The List of Adrian Messenger (Die Totenliste) [US].

Brooks, Louise
* 14. 11. 1906 Cherryvale (Kansas)
†8. 8. 1985 Rochester
Als Kind mit ihrer Mutter Auftritte auf Rummelplätzen in Kansas. 1922 Mitglied der Denishawn Dancers. 1924 Broadway-Debüt bei «George White's Scandals». Später auch Tänzerin bei den New Yorker «Ziegfeld Follies». 1925 Fünfjahresvertrag der Paramount und erste kleine Rolle in *The Street of Forgotten Men* (Herbert Brenon). Häufig in modernen Lustspielen als selbstbewußte junge Frau, meist Ladenmädchen. Sie wird einer der bekanntesten Flapper der 20er Jahre. 1928 in der Seemanns-Komödie *A Girl in Every Port* (Howard Hawks) und in *Beggars of Life* (William A. Wellman). Im gleichen Jahr holt G. W. Pabst sie nach Berlin. Als Lulu in *Die Büchse der Pandora* und 1929 als Thymian in *Tagebuch einer Verlorenen* wird Brooks mit ihrem schwarzen Bubikopf eine der Ikonen des deutschen Stummfilms. 1930, nach der französischen Produktion *Prix de Beauté* (Augusto Genina), Rückkehr in die USA. Dort nur noch wenige Filmaufgaben, Arbeit als Night-Club-Tänzerin und Verkäuferin. 1943 tägliche Radioshow. Seit 1955 Beschäftigung mit Filmgeschichte und Arbeit im George Eastman House in Rochester. Mit Offenheit und sarkastischem Witz wird sie für Filmhistoriker zur wertvollen Zeitzeugin. 1973 Interview-Film *A Conversation with Louise Brooks* von Richard Leacock. Veröffentlichung von autobiografischen Aufsätzen, die 1982 in den Memoiren «Lulu in Hollywood» zusammengefaßt werden.

[US] 1925: The Street of Forgotten Men. 1926: A Social Celebrity; The Show Off; Just Another Blonde (Die Braut am Scheidewege); The American Venus (Die schönste Frau der Staaten); Love'em and Leave'em; It's the Old Army Game. 1927: Now We're in the Air;

Rolled Stockings; Evening Clothes (Ein Frack – ein Claque – ein Mädel); The City Gone Wild. 1928: Beggars of Life; A Girl in Every Port (Blaue Jungen – blonde Mädchen). 1928/29: Die Büchse der Pandora [DE]. 1929: The Canary Murder Case (Die Stimme aus dem Jenseits); Tagebuch einer Verlorenen [DE]. 1929/30: Prix de beauté (Miss Europa) [FR]. 1931: Windy Riley in Hollywood [KF]; It Pays to Advertise; God's Gift to Women. 1936: Empty Saddles. 1937: When You're in Love; King of Gamblers. 1938: Overland Stage Raiders (Gold in den Wolken).

Brylska, Barbara

*5. 6. 1941 Skotniki

1967 Diplom an der Hochschule für Film und Fernsehen in Łódź. Nach ihrem Filmdebüt als 17jährige in *Kalosze szczęścia* (Antoni Bohdiewicz) übernimmt sie auch während des Studiums Filmrollen. Höhepunkte ihrer Karriere sind die ägyptische Königin Kama in Jerzy Kawalerowiczs *Faraon* nach dem Roman von Prus und die Krzysia in Jerzy Hoffmans Sienkiewicz-Verfilmung *Pan Wołodyjowski*. In den 70er Jahren arbeitet sie häufig im Ausland, vor allem in der DDR, später auch in der UdSSR. 1975 erhält sie für die Rolle in El'dar Rjazanovs *Ironija sud'by, ili s ligkim parom* den Schauspielerpreis des sowjetischen Allunions-Filmfestivals sowie den Staatspreis der UdSSR. Danach überwiegend in populären TV-Produktionen, u. a. 1976/87 in der Serie *07 zgłoś się* (Krzysztof Szmagier), und erhält nur noch selten bedeutende Rollen.

[PL] 1958: Kalosze szczęścia. 1963: Rozwodów nie będzie (Keine Scheidung mehr); Yokmok; Kraksa [KF]; Ich dzień powszedni (Alltag einer Ehe); Ostatni kurs (Der Fahrtgast heißt Tod); Biały walc [KF]. 1964: Późne popołudnie (Später Nachmittag). 1965: Potem nastąpi cisza; Faraon (Pharao). 1966: Bumerang (Bumerang). 1966–68: Stawka większa niż życie (Sekunden entscheiden) [TVS]. 1967/68: Spur des Falken [DDR]. 1968: Mord am Montag [DDR]; Pan Wołodyjowski (Leben, Liebe und Tod des Obersten Wolodyjowski); Weiße Wölfe [DDR]. 1969: Przygody pana Michała (Die Abenteuer des Herrn Michal) [TVS]; Zbrodniarz, który ukradł zbrodnię. 1970: Album Polski (Album Polen); Pygmalion XII [TV – DDR]; Pogoń za Adamem. 1970/72: Osvoboždenie (Befreiung) [SU]. 1971: Wiktoryna, czyli «Czy pan pochodzi z Beauvais?» (Stammen Sie aus Beauvais?) [TV]; Patrząc pod słońce (Im Gegenlicht) [TV]. 1972: Anatomia miłości (Anatomie der Liebe). 1973: Sanatorium pod klepsydrą (Das Sanatorium zur Todesanzeige); Scheidungsprozeß [TV – DDR]; Goroda i gody (Städte und Jahre) [SU]. 1974: Godzina za godziną (Stunde um Stunde); Visa für Ocantros [TV – DDR]. 1975: Ironija sud'by, ili s legkim parom (Ironie des Schicksals) [SU]; Dyrektorzy [TVS]. 1976: Koncert pre pozostalých [CS]; 07 zgłoś się (07 – Bitte melden) [TVS]. 1977: Umiraj samo v kraen slučaj (Stirb nur im Notfall) [BG]; Tichý Američan v Praze (Ein stiller Amerikaner in Prag) [CS]. 1978: Życie na gorąco [TVS]; Do krwi ostatniej (Bis zum letzten Blutstropfen) [TVS]; Romans Teresy Hennert. 1979: Kariera Nikodema Dyzmy (Die Karriere des Nikodem Dyzma) [TVS]; Wściekły (Der Tollwütige); Sto koni do stu brzegów. 1980: Archiv des Todes [TVS – DDR]. 1981: Rächer, Retter und Rapiere [TVS – DDR]. 1984: 1944 – Michał [TVS]. 1985: Epizod Berlin West; W cieniu nienawiści [TV]; Skalpel, prosím (Skalpell, bitte) [CS]. 1986: Kurs na lewo [TV]. 1987: Między ustami a brzegiem pucharu; 07 zgłoś się (07 – Bitte melden) [TVS]; Ballada o Januszku [TVS]; Misja specjalna. 1987/88: Vera – Der schwere Weg der Erkenntnis [TV – DDR]. 1988: Rzeka kłamstwa [TVS]; Republika Ostrowska. 1992: Au, ograblenie poezda [RU]; Próżni ludzie [PL/GB]. 1993: Lepiej być piękną i bogatą [PL/DE/HU/UA]; Wynajmę pokój.

Brynner, Yul

(Taidje Kahn)

*12. 7. 1915 Insel Sachalin (oder 11. 7. 1920 Wladiwostok)

†10. 10. 1985 New York City

Um seine Herkunft verbreitet er verschiedene Legenden, engagiert sich später für die Rechte der Zigeuner. Besuch der Pariser Sorbonne, als Artist und Schauspieler in Frankreich. 1940 mit Michael Chekhovs Shakespeare Company Übersiedlung nach Amerika. 1942 Radiosprecher für den französischen Dienst des US-War Office. 1946 Broadway-Debüt mit «Lute Song». Ende der 40er Jahre Regisseur einiger Folgen der TV-Serien *Danger* und *Studio One*. Filmdebüt 1949 in *Port of New York* (Laslo Benedek). 1951 anhaltender Erfolg im Broadway-Musical «The King and I» als König von Siam, dessen spiegelnde Glatze Brynners Markenzeichen wird. 1956 erhält er den Oscar für diese Rolle in der Verfilmung von Walter Lang. Danach häufig als «Asiate» besetzt: als russischer General neben Ingrid Bergman in *Anastasia* (Anatole Litvak), als Dimitri in *The Brothers Karamazov* (Richard Brooks), als *Taras Bulba* (J. Lee Thompson). Daneben auch in Actionrollen, so 1960 als Bandenführer in *The Magnificent Seven* (John Sturges). Ende der 60er Jahre Übersiedlung nach Europa, Schweizer Staatsbürger. 1972 Rückkehr nach Amerika, wieder als siamesischer König in der Fernsehserie *Anna and the King*. Er spielt 1976 den mörderischen Roboter in Michael Crichtons Technofiction *Westworld*. 1977 Neuaufnahme von «The King and I», ab 1981 auch auf Tournee, spielt er das Stück insgesamt 4625mal auf der Bühne. Vor seinem Tod durch Lungenkrebs engagiert er sich in Werbefilmen gegen das Rauchen. 1960 Buch «Bring Forth the Children».

[US] 1949: Port of New York (Rauschgiftbrigade). 1956: The Ten Commandments (Die zehn Gebote); The King and I (Der König und ich); Anastasia. 1957: The Brothers Karamazov (Die Brüder Karamazow). 1958: The Journey (Die Reise); The Buccaneer (König der Freibeuter). 1959: The Sound and the Fury (Fluch des Südens); Solomon and Sheba (Salomon und die Königin von Saba). 1960: Once More, With Feeling! (Noch einmal mit Gefühl) [GB]; Surprise Package (Ein Geschenk für den Boß) [GB]; The Magnificent Seven (Die glorreichen Sieben); Le testament d'Orphée (Das Testament des Orpheus) [FR]. 1961: Goodbye Again (Lieben Sie Brahms?); Escape from Zahrain (Flucht aus Zahrain) Ronald Neame. 1962: Taras Bulba. 1963: Kings of the Sun (Könige der Sonne). 1964: Flight from Ashiya (Wir warten in Ashiya); Invitation to a Gunfighter (Treffpunkt für zwei Pistolen). 1965: Morituri. 1966: Cast a Giant Shadow (Der Schatten des Giganten); Return of the Seven/El regreso de los siete magnificos (Die Rückkehr der glorreichen Sieben) [US/ES]; The Poppy Is Also a Flower (Mohn ist auch eine Blume) [TV]; Triple Cross/La fantastique histoire vraie d'Eddie Chapman (Spion zwischen zwei Fronten/ Im Dienst der deutschen Armee) [GB/FR]; Paris brûle-t-il?/Is Paris Burning? (Brennt Paris?) [FR/US]. 1967: The Double Man (Der doppelte Mann) [GB]; The Long Duel (Der Kampf) [GB]. 1968: Villa Rides (Pancho Villa reitet). 1968/69: Bitka na Neretvi/Die Schlacht an der Neretva/La battaglia della Neretva [YU/BRD/IT]. 1969: The Madwoman of Chaillot (Die Irre von Chaillot) [GB]; The File of the Golden Goose (Die Spur führt nach Soho) [GB]. 1970: Indio Black, sai che ti dico? Sei un gran figlio di ... (Adios Sabata) [IT]; The Magic Christian (Magic Christian – Ein Beatle im Paradies) [GB]. 1971: Romansa kronjokradice/Romanzo di un ladro di cavalli/Le voleur de chevaux (Ein Kerl zum Pferdestehlen) [YU/IT/FR]; Catlow (Catlow – Leben ums Verrecken) [GB]; La luz del fin del mundo/The Light at the Edge of the World (Das Licht am Ende der Welt) [ES/GB]. 1972: The Picasso Summer; Fuzz (Auf leisen Sohlen kommt der Tod); Anna and the King [TVS]. 1973: Le serpent/Il serpente/Die Schlange [FR/IT/BRD]; Westworld (Westworld). 1975: The Ultimate Warrior (New York antwortet nicht mehr). 1976: Futureworld (Futureworld – Das Land von übermorgen); Con la rabbia agli occhi (Höllenhunde bellen zum Gebet) [IT].

Buchholz, Horst

*4. 12. 1933 Berlin

Oberschule bis 1950. Mit 14 Jahren als Statist am Metropoltheater erstmals auf der Bühne, ein Jahr später in «Emil und die Detektive», Filmsynchronisation, Mitarbeit beim Schulfunk. Schauspielunterricht. 1950–55 in Berlin u. a. am Schloßpark- und Schillertheater. In Frank Rovells Kurzfilm *Warum?* 1951 erstmals vor der Kamera. Seine Karriere beginnt mit Julien Duviviers *Marianne, meine Jugendliebe* (1954/55). Georg Tresslers *Die Halbstarken* prägt für Jahre sein Image als aufsässiger Jugendlicher. 1956 wird er für seine Rolle in *Himmel ohne Sterne* (Helmut Käutner) als Nachwuchsdarsteller mit einem Bundesfilmpreis ausgezeichnet. Durch die Titelrolle in Kurt Hoffmanns *Bekenntnisse des Hochstaplers Felix Krull* auch international erfolgreich. 1958/59 im englischen Film *Tiger Bay* (J. LeeThompson), anschließend am Broadway in der Titelrolle in Colettes «Chéri». Bis Ende der 60er Jahre in zahlreichen ausländischen Produktionen, u. a. in *The Magnificent Seven* (John Sturges). Mehrere erfolglose Versuche, selbst Regie zu führen. 1972 wieder Filmarbeit in der Bundesrepublik. Wim Wenders setzt ihn neben anderen Altstars in *In weiter Ferne, so nah!* ein. Seit 1973 in amerikanischen und europäischen, vor allem deutschen Fernsehspielen und -serien: *Lohngelder für Pittsville* (Krzysztof Zanussi), *Derrick*. Daneben Tournee-Theater.

[BRD] 1951: Warum? [KF]. 1952: Die Spur führt nach Berlin [Statist]. 1954/55: Marianne, meine Jugendliebe [BRD/FR]. 1955: Himmel ohne Sterne; Die Schule der Väter [TV]; Regine. 1956: Herrscher ohne Krone; Die Halbstarken. 1956/57: Robinson soll nicht sterben. 1957: Bekenntnisse des Hochstaplers Felix Krull; Endstation Liebe; Ein Stück vom Himmel; Monpti. 1958: Auferstehung/Resurrezione/Résurrection [BRD/IT/FR]; Nasser Asphalt. 1958/59: Tiger Bay (Tiger Bay) [GB]. 1959: Das Totenschiff [BRD/MX]. 1960: Fanny (Fanny) [US]; The Magnificent Seven (Die glorreichen Sieben) [US]. 1961: One, Two, Three (Eins, zwei, drei) [US]. 1962: Nine Hours to Rama (Neun Stunden bis zur Ewigkeit) [GB]. 1963: La noia/L'ennui (Die Nackte) [IT/FR]. 1964/65: Le meravigliose avventure di Marco Polo (Lo scacchiere di Dio)/La fabuleuse aventure de Marco Polo (L'echequier de Dieu) (Im Reich des Kublai Khan) [IT/FR]. 1965: Estambul 65/Colpo grosso a Galata Bridge/L'Homme d'Instanbul (Unser Mann aus Istanbul) [ES/IT/FR]. 1966: Cervantes/Le avventure e gli amori di Miguel Cervantes/Les aventures extraordinaires de Cervantes/Les aventure e gli amori di Miguel Cervantes (Cervantes, der Abenteurer des Königs) [ES/IT/FR]. 1967: Johnny Banco/Jonny Banco – geliebter Taugenichts [FR/IT/BRD]. 1968: L'Astragale/Astragal [FR/BRD]. 1968/69: Come, quando, perche? (Wo, wann, mit wem?) [IT]. 1970: La colomba non deve volare [IT]. 1971: Le sauveur [FR]. 1972: The Great Waltz (Der große Walzer) [US]. 1973: ... aber Jonny!; Lohngelder für Pittsville [TV]. 1975: Frauenstation. 1976: Raid on Entebbe (... die keine Gnade kennen) [TV – US]; Dead of Night: No Such Thing As a Vampire (Mit der Nacht kommt der Tod. Ep: Vampire leben nicht) [TV-EP – US]; The Savage Bees (Mörderbienen greifen an) [TV – US]; Derrick: Das Superding [TV]. 1977: Return to Fantasy Island [TV – US]; Logan's Run [TVS – US]. 1977/78: The Return of Captain Nemo [TVS – US]; How the West Was Won (Durch die Hölle nach Westen) [TVS – US]. 1978: Derrick: Solo für Margarete [TV]; Der große Karpfen [TV]; Avalanche Express (Lawinenexpreß) [IE]; The Amazing Captain Nemo (Abenteuer in Atlantis) [US]; Charlie's Angels: Angel Come Home [TV – US]; The Cat and the Canary [US/GB]. 1978/79: De Dunquerque à la victoire/Contro 4 bandiere/De Dunkerke a la victoria (Nur drei kamen durch) [FR/IT/ES]. 1979: Kur in Travemünde [TV]; The French Atlantic Affair [TV – US]. 1980: Derrick: Auf einem Gutshof [TV]. 1980/81: Berlin Tunnel/ Berlin Tunnel 21 [TV – US/BRD]. 1982: Aphrodite [FR]. 1982/83: Sahara (Sahara) [US]. 1983: Der Alte: Liebe hat ihren Preis [TV]. 1983/84: Heidelinde Weis: Funkeln im Auge [TV-EP]; Wenn ich mich fürchte. 1985: Emerald (Codename: Emerald) [US]. 1985/86: Die Fräulein von damals [TV]. 1986: Crossing (Im Feuer der Gefühle) [TV – US]. 1990/91: Und die Geigen verstummten [TV – AT]; Chi tocca muore/ Touch and Die/Bei Berührung Lebensgefahr [TV – IT/GB/BRD]. 1991: Requiem por Granada/Granada, addio (Die Löwen der Alhambra) [TV – ES/IT]; Iron Eagle III (Die Asse der stählernen Adler) [US]. 1993: Sylter Geschichten: Comeback in Kampen [TV]; In weiter Ferne, so nah! 1993/94: Tödliches Erbe [TV]. 1994/95: Zwischen Liebe und Verrat – Der Clan der Anna Voss [TV]. 1996: Der Feuervogel; 1996/97: Geisterstunde – Fahrstuhl ins Jenseits. EP: Die Schlafwandlerin [TV-EP].

Bujold, Genevieve

*1. 7. 1942 Montreal (Kanada)

Klosterschule. Schauspielstudium am Quebec Conservatory of Drama, Platzanweiserin. 1962 am Théâtre du Gesù, 1963 am Théâtre du Rideau Vert. 1963–64 Auftritte in TV- und Radioshows. 1964 erste wichtige Filmrolle als Geneviève in *La fleur de l'age* (Michel Brault). 1965 mit der Rideau Vert Company Tournee durch Europa und die Sowjetunion. 1965–67 in französischen Filmen: Partnerin von Yves Montand in *La guerre est finie* (Alain Resnais), Charlotte in *Le voleur* (Louis Malle), in *Le roi de cœur* (Philippe de Broca). 1969 Oscar-Nominierung für die Titelrolle der Anna Boleyn in *Anne of the Thousand Days* (Charles Jarrot). Ab 1970 in vielen Filmen ihres Mannes, des Regisseurs Paul Almond. 1978 als Dr. Susan Wheeler in Michael Crichtons Medizinthriller *Coma*. Mehrere Filme unter der Regie von Alan Rudolph. Sie verkörpert die Therapeutin für Vergewaltigungsopfer im Krimi *Tightrope* (Richard Tuggle), 1988 spielt sie Claire Niveau und ist Auslöser für das Drama zweier identischer Zwillinge in *Dead Ringers* (David Cronenberg). In Steve Barrons technisierter Verfilmung *The Adventures of Pinocchio* (1996) ist sie die Leona neben Martin Landau als Gepetto.

1962: Amanita Pestilens [CA]. 1964: La terre à boire [CA]; La fleur de l'âge ou Les adolescentes. EP: Geneviève [CA]. 1965/66: La guerre est finie/Kriget är slut (Der Krieg ist vorbei) [FR/SE]. 1966: Rouli-Roulant [KF – CA]; Le voleur (Der Dieb von Paris) [FR]; Le roi de cœur/ Tutti pazzi meno io (Herzkönig) [FR/IT]. 1967: Entre la mer et l'eau douce (Zwischen den Welten) [CA]; St. Joan [US]. 1968: Isabel (Isabel, Rückkehr in die Vergangenheit) [CA]. 1969: Act of the Heart [CA]. 1969/70: Anne of the Thousand Days (Königin für 1000 Tage) [GB]. 1970: Marie-Christine [D,R-MA – KF – CA]. 1971: Journey/Detour [CA]; The Trojan Women (Die Troerinnen) [US]. 1973: Kamouraska (Kamouraska – Eine mörderische Liebe) [CA/FR]. 1974: Earthquake (Erdbeben) [US]. 1975: L'Incorrigible (Der Unverbesserliche) [FR]. 1976: Swashbuckler (Der scharlachrote Pirat) [US]; Alex and the Gypsy (Liebe und andere Verbrechen) [US]; Obsession (Schwarzer Engel) [US]. 1977: Un autre homme, une autre chance (Ein anderer Mann, eine andere Frau) [FR]. 1978: Mistress of Paradise [TV – US]; Coma (Coma) [US]. 1979: Final Assignment (Der eiserne Vorhang – Wenn der KGB versagt ...) [CA]; Murder by Decree (Mord an der Themse) [CA/GB]. 1980: The Last Flight of Noah's Ark (Bruchlandung im Paradies) [US]. 1982: Monsignor [US]. 1984: Tightrope (Der Wolf hetzt die Meute) [US]. 1985: Trouble in Mind (Trouble in Mind) [US]; Choose Me (Choose Me – Sag ja!) [US]. 1988: Dead Ringers (Die Unzertrennlichen) [CA]; The Moderns (The Moderns) [US]. 1989: Les noces de papier (Scheinehe) [CA]; Secret Places of the Heart [US]. 1990: Une certaine charme [CA]; False Identity (Labyrinth der Vergangenheit) [US]; And the Dance Goes On [CA]. 1991: Rue de Bac [US]; Oh, What a Night [US]. 1993: Mon amie Max [FR]. 1996: The Adventures of Pinocchio (Die Legende von Pinocchio) [US]. 1997: The House of Yes [US].

Bulgakova, Majja

(Majja Grigor'evna Bulgakova)
*19. 5. 1932 Buki (Gebiet Kiev)
†7. 10. 1994

1955 Ausbildung an der Moskauer Filmhochschule. Debüt 1956 in der Gladkov-Verfilmung *Vol'nica* (Grigorij Rošal) mit einer Episodenrolle. Ein erster Höhepunkt ihrer Karriere ist 1961 die mit eindringlicher Dramatik gestaltete Partisanin Alena in *Povest' plamennych let'* (Julija Solnceva). Für die temperamentvolle und leidenschaftliche Petruchina in Larisa Šeptikos *Kryl'ja* (1966) erhält sie den sowjetischen Kritikerpreis für die beste schauspielerische Leistung. 1970 ist sie die Katerina Ivanovna in *Prestuplenie i nakazanie* (Lev Kulidžanov), 1983 folgt eine Rolle in Elem Klimovs Meisterwerk *Proščanie*. Häufig auch als Sprecherin und in Fernsehfilmen, wo sie ihr komisches Talent zeigen kann. Sie ist Verdiente Künstlerin und Volkskünstlerin der RSFSR.

[SU] 1955: Gosti iz Indii [DOK]. 1956: Vol'nica; Saša vstupaet v žizn'. Ep.: Tugoj uzel [EP]. 1958: Vosemnadcatyj god (Das Jahr 18). 1959: Chmuroe utro (Trüber Morgen); Cho ždenie po mukam. 1960: Pervoe svidanie; Povest' plamennych let (Flammende Jahre). 1961: Voskresenie; Gorizont; Sud sumas šede šich; Dve žizni; Vy še neba [TV]. 1962: Ljudi i zveri/Menschen und Tiere [SU/DDR]. 1963: Russkij les. 1965: Poslednij mesjac oseni (Der letzte Monat im Herbst); Skvernyj anekdot (Böse Anekdote). 1966: Putešestvie; Un homme et une femme (Ein Mann und eine Frau) [FR]; Kryl'ja (Flügel); čert s portfelem. 1967: I nikto drugoj; Skuki radi; V ogne broda net (Durchs Feuer führt keine Furt). 1968: Serdce Bonivura (Das Herz des Boniwur) [TV]; Var'kina zemlja [TV]; Ljudi, kak reki [TV]. 1969: Mal'ečiki; Poslednie kanikuly (Die letzten Ferien); Prestuplenie i nakazanie (Schuld und Sühne); Ja ego nevesta; Mister-tvister [KF]; Tavričeskij sad; Voskresen'e na vyselkach. 1970: Olesja (Die Zauberin); Pervyj pilot; Vremja ve šnich vod; Perekur [KF]; Chleb i sol'; O druz'jach-tovari ščach (Das Attentat) [TV]; Vperedi den'; Nečajannaja ljubov'. 1971: Leto rjadovogo dedova [TV]; Tronka; Razrešite vzlet! (Ich bitte um Starterlaubnis); Smertnyj vrag; Operacija «C novym godom»; Lada iz strany berebdeev [TV]; Egor Bulyèov i drugie (Jegor Bulytschow und andere). 1972: Pilot pervogo klassa; Zdes' nam žit' (Hier werden wir leben); Zavtra budet pozdno [SU/CS]; Princ i niščij (Der Prinz und der Bettelknabe) [TV]; Perevod iz anglijskogo (Übersetzung aus dem Englischen) [TV]; Krasno solyško [TV]; Doverie [TV]; Vera, Nadežda, Ljubov' [TV]. 1973: O tech, kogo pomnju i ljublju (Über die, an die ich denke ...); Sinjaja pusto š' [TV]; Takaja ljubov'; Naznačenie [TV]; Ring; Tartak [TV]; Vodopad; S toboj i bez tebja (Mit dir und ohne dich). 1974: Ljudi na zemle [TV]; Vaši prava? (Kein Recht auf Abenteuer?) [TV]; Kto, esli ne ty ...; Vse uliki protiv jego; Išču moju sud'bu (Ich suche mein Schicksal); Vrača vyzyvali? (Haben Sie den Arzt gerufen?); Morskie vorota [TV]; Roždennaja revoljuciej [TV]; Ličnaja žizn' Litschnaja Shisn. 1975: Rosa Morgentau [TV]; Vosem' santimetrov [TV]; Nikakaja sila na zemle; Naznačae š'sja vnučkoj [TV]; Kogda dro žit zemla (Wenn die Erde bebt); Archimedy. 1976: ču žie pis'ma (Fremde Briefe); Strogovy [TV]; Vozvra ščenie [TV]; Tak načinalas' legenda; Krasnaja metel' [TV]; Predatel'nica (Mari Sanna soll bleiben); Kadkina vsjakij znaet (Kadkin kennt jeder); Budenovka (Die Budjonny-Mütze). 1977: Pryžok s kryši; Ženit'ba (Die Heirat); Podarok sudby; Front za liniej fronta (Front hinter der Frontlinie). 1978: Obočina; Nedopesok Napoleon III (Polarfuchs Napoleon III.); Na novom meste; Na gore stoit gora; Sol' zemli (Das Salz der Erde) [TV]; Sneg v traure; A sčast'e rjadom; Letnie kanikuly [TV]; Osennjaja istorija [TV]; Oderžimye [TV]; Vremja vybralo nas [TV]. 1979: Priključenija Elektronika (Der elektronische Doppelgänger); Na taežnych vetrach [TV]; Cirkačonok (Der Zirkusjunge); Cygan [TV]. 1980: V streči s 9 do 9; Starye dolgi; Krupnyj razgovor; Rassledovanie; Lesnaja pesnja Mavka (Das Lied von der Waldfee); Junost' Petra/Peters Jugend [SU/DDR]; Deputatskij čas; Osobo va žnoe zadanie (In besonders wichtigem Auftrag). 1981: Osenjaja doroga k mame (Herbstweg zur Mutter) [TV]; Vasilij i Vasilisa (Wassili und Wassilissa); V naèale slavnych del/Peters Jugend. 2. Teil [SU/DDR]; Pro ščanie (Abschied von Matjora); My zdes' živem; Solnečnyj veter [TV]; Vsem – spasibo! [TV]. 1982: Čelovek, kotoryj zakryj gorod (Der Brandherd). 1983: Petlja [TV]; Ballada o doblestnom rycare «Ajvengo» (Die Ballade vom tapferen Ritter Ivanhoe); Po zakonam voennogo vremeni; Priznat' vinovnym. 1984: Kartina [TV]; Korotkie rukava; Čerez vse gody; Rjabinovye noči; Iz žizni lizy karjakinoj [TV]; Nam est' o čem pogovorit'; Proščanie slavjanki. 1985: Vnimanie, vse postam ...; Grjaduščemu veku [TV]; Dajte nam mužčin. 1986: Vremja svidanij [TV]; Gde-to gremit vojna [TV]. 1987: Idu na grozu [TV]; Vozvraščenie budulaja [TV]; Skakal kazak čerez dolinu; Solomennyj zvon; Poraženie [TV]. 1989: Lebedinoe ozero/Swan Lake – The Zone (Schwanensee – Die Zone) [SU/CA/SE]. 1990: Očarovannyj strannik; Moi ljudi; Ispanskaja aktrisa dlja russkogo ministra; Advokat [TV]; Ubijstvo na monastyrskich prudach; Dina; Krasnaja mafija. 1991: Bes. 1992: Oven; Proščinie [RU]; Medovyj mesjac [D – RU]; Grech [D – RU]; Melodrama s pokušeniem na ubijstvo [RU]. 1993: Amerikanskij dedu ška [RU]; Brjatskoe kru ževo [RU]; Chorodov [RU].

Bürger, Annekathrin

(Annekathrin Rammelt)
* 3. 4. 1937 Berlin-Charlottenburg

Aufgewachsen in Hornhausen bei Oschersleben. Lehre als Gebrauchsgrafikerin in Bernburg, dann Bühnenbild-Assistentin und Requisiteurin am Salzlandtheater in Bernburg. Ein tschechisches Filmteam setzt sie 1955 für die kleine Rolle einer Pionierleiterin in *Gebirge und Meer* ein. Kurz danach wird sie vom Regisseur Gerhard Klein als Typ eines natürlichen, naiven jungen Mädchens entdeckt: 1955/56 als Uschi in *Eine Berliner Romanze*. Schauspielstudium an der Filmhochschule in Potsdam-Babelsberg; nebenher in DEFA-Filmen, so als Kunststudentin Sonja in *Die Verwirrung der Liebe* (Slatan Dudow). Als Hannelore in *Septemberliebe* (Kurt Maetzig), als Bürgermädchen Magdalena in *Königskinder* (Frank Beyer) und als Petra Ledig in der TV-Verfilmung *Wolf unter Wölfen* (Hans-Joachim Kasprzik) nach Fallada. 1960–63 am Theater in Senftenberg. Gastspiele an verschiedenen Bühnen; spielt klassisches Repertoire. Ab 1963 an der Volksbühne in Berlin. Bürger wird Mitte der 60er Jahre in der DDR zur beliebtesten Schauspielerin neben Angelica Domröse. In späteren Unterhaltungsfilmen und DDR-Western weitgehend auf das Klischee der hübschen selbständigen und oberflächlichen Frau festgelegt. Seit den 70er Jahren meist Fernseharbeit, überwiegend Nebenrollen der eleganten Dame.

[DDR] 1955: Gebirge und Meer [KDOK – CS/DDR/FR]. 1955/56: Eine Berliner Romanze. 1956: Kleine Fische [KF]. 1957: Spur in die Nacht. 1958: Tilmann Riemenschneider. 1958/59: Verwirrung der Liebe; Reportage 57. 1960: Pjat' dnej – pjat' nočej/Fünf Tage – Fünf Nächte [SU/DDR]; Septemberliebe. 1960/61: Guten Tag, lieber Tag. 1961: Der Ermordete greift ein [TV]. 1961/62: Königskinder. 1962: Die letzte Barrikade [TV]; Tote reden nicht [TV]; Das zweite Gleis. 1963: Der Morin – das Schwein [TV]; Rauhreif [TV]; Lucie und der Angler von Paris [TV]; Vanina Vanini [TV]. 1964: Heiraten ist immer ein Risiko [TV]; Nora oder Ein Puppenheim [TV]; Seine Kinder [TV]; Wolf unter Wölfen [TV]. 1964/65: Nichts als Sünde; Mörder auf Urlaub/Ubica na odsustva [DDR/YU]. 1965: Dialoge über die Liebe [TV]; Ein Lächeln noch vom Sommer her [TV]. 1965/66: Die Rebellion des Patrick Wright [TV]. 1966: Die Verschwörung des Fiesco zu Genua [TV]. 1966/67: Television [TV]. 1967: Der Mann aus Kanada [TV]. 1967/68: Ich – Axel Caesar Springer. 1. Vom schweren Anfang. 2. Männer werden gemacht. 3. Seid nett zueinander; Abschied. 1968: Mit mir nicht, Madam! 1969: Don Gil von den grünen Hosen [TV]; He, du!; Tödlicher Irrtum. 1970: Geliebter Herr Kollege! [TV]; Leichensache Zernik; Kein Mann für Camp Detrick [TV]; Katzengold [TV]. 1971: In Sachen Adam und Eva [TV]. 1971/72: Die Bilder des Zeugen Schattmann [TV]; Tecumseh. 1972: Jule – Julia – Juliane [TV]. 1972/73: Polizeiruf 110: In derselben Nacht [TV]; Das unsichtbare Visier. Teil 1–3 [TV]. 1973: Wassa Shelesnowa [TV]; Ein idealer Gatte [TV]. 1973/74: Spätsaison [TV]. 1974: Der Maulheld [TV]; Meine Frau macht Geschichten [TV]; Fernseh-Pitaval: Watergate [TV]. 1975: Das unsichtbare Visier. 6: Rätsel des Fjords. 7: Depot im Skagerak. [TV]; Hostess; [TV]; Clara Zetkin [TV]. 1976: Das Ende vom Lied [TV]; Der Lampenschirm [TV]. 1976/77: Die Julia von nebenan [TV]; Verfolgung [TV]. 1977: Brandstellen; Pension Schöller [TV]; Cyankali [TV]; Der Staatsanwalt hat das Wort: Ein Strauß roter Nelken [TV]. 1978: Polizeiruf 110: Schuldig [TV]. 1978/79: Plantagenstraße 19 [TV]. 1979: Der Baulöwe. 1979/80: Anamnese [TV]; Unser Mann ist König [TVS]. 1980: Polizeiruf 110: Der Teufel hat den Schnaps gemacht [TV]. 1980/81: Der ungebetene Gast [TV]; Der Staatsanwalt hat das Wort: Nachtpartie [TV]. 1981: Der Lumpenmann [TV]; Rameaus Neffe [TV]. 1982: Komm mit mir nach Chicago [TV]; Das Mädchen und der Junge [TV]; Im Spiegel [TV]. 1982/83: Die Schöne und das Tier [TV]. 1983/84: Klassenkameraden [TV]; La Mandragola [TV]; Auf dem Sprung. 1984: Immer, wenn Lehmann kommt [TV]. 1984/85: Der Staatsanwalt hat das Wort: Vaters Frau [TV]; Polizeiruf 110: Laß mich nicht im Stich [TV]. 1985/86: Die Herausforderung. 1986/87: Merkwürdiges Beispiel einer weiblichen Rache [TV]. 1887/88: Tiere machen Leute [TVS]. 1989/90: Unverhofft kommt oft [TV-EP]. 1990: Polizeiruf 110: Das Duell [TV]; Trautes Heim [TV-EP]. 1991: Der Rest, der bleibt [TV]; Praxis Bülowbogen. 4. Staffel [TVS]. 1992/93: Unser Lehrer Doktor Specht [TVS]; Ein Fall für Zwei: Die Rache [TV]. 1993: Geschichten aus der Heimat: Ein Kerl wie Samt und Seide [TV-EP]; Der Showmaster [TV]. 1993/94: Wir sind auch nur ein Volk [TVS]. 1994: Ein Fall für zwei: Ein todsicheres Geschäft [TV]. 1995: Blutige Spur [TV]. 1996: Von Fall zu Fall: Stubbe und die andere Frau [TV].

Burstyn, Ellen
(Edna Rae Gillooly / Ellen McRae)
* 7. 12. 1932 Detroit (Michigan)
Tochter irischer Eltern. 1951–57 Fotomodell in New York und Texas, Tänzerin in Night Clubs. Popularität unter dem Namen Erica Dean als «Glee Girl» in *The Jackie Gleason Show*. 1957 Broadway-Debüt mit «Fair Game». Anfang der 60er Jahre Schauspielausbildung am Actors Studio. 1964 Filmdebüt. 1971 spielt sie die Texanerin Lois in Peter Bogdanovichs *The Last Picture Show* (u. a. Auszeichnung durch die New York Critics und Nominierung zum Nebenrollen-Oscar). 1973 ist sie Mutter des Opfers im Horrorfilm *The Exorcist* (William Friedkin). Höhepunkt der Filmkarriere: 1974 erhält sie den Oscar für junge Witwe Alice in Martin Scorseses *Alice Doesn't Live Here Anymore*, einen Film, den sie selbst weitgehend geprägt hat. 1975 Rückkehr zum Broadway mit «Same Time, Next Year» (Tony Award). 1976 spielt sie neben Sir John Gielgud in Alain Resnais' *Providence*. 1978 weitere Oscar-Nominierung in Robert Mulligans Verfilmung von *Same Time, Next Year*. 1979 als Regisseurin im Actors Studio – u. a. «Bunny». 1982–85 Präsidentin der Actor's Equity Association. Nach Tod von Lee Strasberg zusammen mit Al Pacino 1982–88 künstlerische Leiterin des Actors Studio. In 80er und 90er Jahren nur noch wenig bedeutsame Filmaufgaben, Konzentration auf Tätigkeit als Schauspiellehrerin.

[US] 1956–57: The Jackie Gleason Show [als Edna Rae]. 1960: Maverick: Benefit of the Doubt [TVS]. 1964: Goodbye Charlie (Goodbye Charlie); The Doctors [als Ellen McRae]; For

Those Who Think Young (Strandparty bei Mondschein). 1966–67: The Iron Horse [als Ellen McRae]. 1969: Pit Stop. 1969/70: Tropic of Cancer (Wendekreis des Krebses). 1970: Alex in Wonderland (Alex im Wunderland). 1971: The Last Picture Show (Die letzte Vorstellung). 1972: The King of Marvin Gardens (Der König von Marvin Gardens). 1973: The Exorcist (Der Exorzist). 1974: Thursday's Game (Bluff am Donnerstag) [TV]; Harry and Tonto (Harry und Tonto); Alice Doesn't Live Here Anymore (Alice lebt hier nicht mehr). 1976: Providence (Providence) [FR/CH]. 1977: Sois belle et tais-toi (Sei schön und halt den Mund) [DOK; UA: 1981 – FR]. 1978: A Dream of Passion (Traum meiner Leidenschaft) [GR]; Same Time, Next Year (Nächstes Jahr, selbe Zeit). 1980: Resurrection (Der starke Wille). 1981: Silence of the North (Gefangene der Wildnis) [CA]; People vs. Jean Harris (Der Jean-Harris-Prozeß) [TV]. 1984: The Ambassador (Der Ambassador); In Our Hands [DOK]. 1985: Love 40 [TV]; Act of Vengeance – A True Story (Local 323) [TV]; Twice in a Lifetime (Zweimal im Leben); Surviving (... und fanden keinen Ausweg mehr) [TV]; Into Thin Air (Die Qual der Ungewissheit) [TV]. 1986: The Ellen Burstyn Show [TVS]; Something in Common (Herzklopfen zu dritt) [TV]. 1987: Hello Actor's Studio (Hello Actor's Studio) [DOK]; Pack of Lies [TV]. 1988: Hanna's War (Hanna's War). 1989: Doctors [TVS]. 1990: When You Remember Me [TV]. 1991: Dying Young (Entscheidung aus Liebe – Die Geschichte von Hilary und Victor); Mrs. Lambert Remembers Love (Mrs. Lamberts letzte Reise). 1992: Grand Isle (Sommer auf Grand Isle); Color of Evening; Taking Back My Life: The Nancy Ziegemeyer Story (Jagt meinen Peiniger) [TV]. 1992/93: The Cemetery Club (Die sieben besten Jahre). 1993: Shattered Trust (Zerbrochenes Vertrauen) [TV]. 1994: Primal Secrets (Spiegelbilder) [TV]; When a Man Loves a Woman (When a Man Loves a Woman); Getting Gotti (Allein gegen die Unterwelt) [TV]; My Brothers Keeper (Die letzte Hoffnung). 1994/95: Roommates (Familien-Bande). 1995: How to Make an American Quilt (Ein amerikanischer Quilt); The Babysitters Club. 1996: The Spitfire Grill (Die Geschichte vom Spitfire Grill); Timepiece [TV]; Our Son, the Matchmaker [TV]. 1997: Liar.

Burton, Richard

(Richard Walter Jenkins jr.)
* 10. 11. 1925 Pontrhydyfen (South Wales)
† 5. 8. 1984 Céligny bei Genf (Schweiz)

Zwölftes von dreizehn Kindern eines walisischen Bergmanns. Mit 16 Jahren für kurze Zeit am Exeter College in Oxford. 1943 Bühnendebüt in Liverpool. 1944–47 Dienst bei der Royal Air Force in Kanada. Ab 1948 in England erfolgreich auf der Bühne, beim Radio und im Film: Leinwanddebüt in der walisischen Dorfgeschichte *The Last Days of Dolwyn* (Emlyn Williams). 1949 erstmals am Broadway und fortan gefeiert als Darsteller in Shakespeare- und Osborne-Stücken. 1952 Erfolg mit seinem ersten amerikanischen Film: Henry Kosters *My Cousin Rachel* nach Daphne du Maurier. 1953 als römischer Offizier Marcellus im ersten Cinemascope-Film *The Robe* von Henry Koster. 1959 als «Angry Young Man» Jimmy Porter in der Osborne-Adaption *Look Back in Anger* (Tony Richardson). Als Mark Antonius an der Seite von Elizabeth Taylor in *Cleopatra* (Joseph L. Mankiewicz), Burton und Taylor heiraten kurze Zeit darauf und sorgen fortan für Schlagzeilen. Bis 1973 gemeinsam in zahlreichen Filmen, u. a. in *Who's Afraid of Virgina Woolf?* (Mike Nichols) und in der Shakespeare-Adaption *The Taming of the Shrew* (Franco Zeffirelli). 1966 inszeniert und produziert Burton zusammen mit Nevill Coghill *Dr. Faustus* nach Christopher Marlowe. Seine Tabur Prod. produziert seit dieser Zeit mehrere der Filme, in denen er selbst spielt. Als ausgebrannter Spion im düsteren *The Spy Who Came in From the Cold* (Martin Ritt). 1976 mit Peter Shaffers Stück «Equus» Rückkehr zum Broadway, in der Rolle des Dr. Martin Dysart auch in Sidney Lumets Filmversion. 1984 letzte Filmrolle als O'Brien in Michael Radfords Remake des Orwell-Stoffes *1984*. Die Karriere des häufig unter Wert eingesetzten Schauspielers mit der voluminösen Stimme und der gestalterischen Präsenz, der in 36 Jahren 7mal ergebnislos für einen Oscar nominiert wird, ist von den weit publizierten Ehequerelen mit Elizabeth Taylor und Alkoholproblemen überschattet. Er ist auch schriftstellerisch tätig.

[GB] 1949: Now Barabbas Was a Robber ...; The Last Days of Dolwyn. 1950: Waterfront; The Woman with No Name. 1951: Green Grow the Rushes. 1952: My Cousin Rachel (Meine Cousine Rachel) [US]. 1953: The Desert Rats (Die Wüstenratten) [US]; The Robe (Das Gewand) [US]. 1954: Demetrius and the Gladiators (Die Gladiatoren) [US]. 1955: Prince of Players (König der Schauspieler) [US]; The Rains of Ranchipur (Der große Regen) [US]; Alexander the Great (Alexander der Große) [US]. 1956: Sea Wife (Treibgut der Leidenschaft). 1957: Amère victoire/Bitter Victory (Bitter war der Sieg) [FR/GB]. 1959: Look Back in Anger (Blick zurück im Zorn); The Bramble Bush (Jeder zahlt seine Schuld) [US]. 1960: Ice Palace (Titanen) [US]. 1961: Dylan Thomas [KF]. 1962: The Longest Day (Der längste Tag) [US]. 1963: Cleopatra (Cleopatra) [US/GB]; The V.I.P.s (Hotel International); Becket (Becket). 1964: The Night of the Iguana (Die Nacht des Leguan) [US]; On Location: The Night of the Iguana [TV-DOK – US]. 1965: Hamlet [TV]; The Spy Who Came In from the Cold (Der Spion, der aus der Kälte kam); The Sandpiper (... die alles begehren) [US]; On the Trail of the Iguana [KF – US]; What's New Pussycat? (Was gibt's Neues, Pussy?) [US/GB/FR]. 1966: Who's Afraid of Virginia Woolf? (Wer hat Angst vor Virginia Woolf?) [US]. 1966/67: Doctor Faustus/Il dottor Faustus (Doktor Faustus) [D,CoR,CoP – GB/IT]. 1967: The Comedians/Les comédiens (Die Stunde der Komödianten) [US/BM/FR]; La bisbetica domata/The Taming of the Shrew (Der Widerspenstigen Zähmung) [D,CoP – IT/US]. 1967/68: Boom! (Die Brandung). 1968: Where Eagles Dare (Agenten sterben einsam); Candy (Candy) [US]. 1969: Staircase (Unter der Treppe) [US]. 1969/70: Anne of the Thousand Days (Königin für 1000 Tage). 1971: Villain (Die alles zur Sau machen); Raid on Rommel (Im Morgengrauen brach die Hölle los) [US]; L'assassinio di Trotsky/L'assassinat de Léon Trotsky (Das Mädchen und der Mörder – Die Ermordung Trotzkis) [IT/FR]; Under Milk Wood (Unter dem Milchwald). 1972: Sutjeska (Sutjeska. Heldenkampf in Bosnien) [YU]; Hammersmith Is Out (Hammersmith Is Out) [US]; Barbe-Bleue/Barbablù/ Blaubart [FR/IT/BRD]. 1973: Rappresaglia/S.S. Repressailles (Tödlicher Irrtum) [IT/GB]; Divorce His, Divorce Hers (Seine Scheidung, ihre Scheidung) [TV]. 1973/74: Il viaggio/Le voyage (Die Reise nach Palermo) [IT/FR]. 1974: The Klansman (Verflucht sind sie alle) [US]; Brief Encounter/Breve incontro (Flüchtige Begegnung) [GB/IT]. 1976: Resistance. 1977: Exorcist II: The Heretic (Exorzist II – Der Ketzer) [US]; Equus (Equus – Blinde Pferde). 1978: Steiner – Das Eiserne Kreuz 2. Teil [BRD]; Absolution [UA: 1981]; The Medusa Touch (Der Schrecken der Medusa); The Wild Geese (Die Wildgänse kommen) [GB/CH]; Star's War: Flight of the Wild Geese [KF – US]; California Suite (Das verrückte California-Hotel) [US]. 1979: Love Spell. 1980: Circle of Two [CA]. 1982/83: Wagner (Wagner) [TV – GB/HU/AT]. 1983: Alice in Wonderland [TV – US]. 1984: Ellis Island [TV – US]; 1984 (1984).

Bykov, Roland

(Roland Anatol'evič Bykov)
*12. 11. 1929 Kiev

Bis 1951 Ausbildung an der Ščukin-Schauspielschule; danach Engagement am Moskauer Kindertheater. 1958–60 Chefregisseur des Leningrader Komsomol'-Theaters. Filmdebüt 1955. Bykov wird vor allem durch sein komödiantisches Talent sowie in satirischen, exzentrischen und tragikomischen Rollen bekannt. Zu seinen herausragenden Leistungen gehören der Akaki Akakievič in Aleksej Batalovs *Šinel'* (1960), sein Savuškin in Savva Kulišs *Mertvyj sezon* (1968) und sein Gaukler in Andrej Tarkovskijs *Andrej Rublev* (1971). Ab 1962 auch Filmregie: *Sem' njanek,* 1964 zusammen mit Nikita Orlov *Propalo leto* und 1967 allein die turbulente Komödie *Aibolit-66.* Regiepreis beim Moskauer Filmfestival für den Kinderfilm *Vnimanie, èerepacha!* (1970). Es folgen 1972 *Telegramma,* 1975 *Avtomobil', skripka i sobaka Kljak,* 1978 *Nos* und 1983 *Svadebnyj podarok,* in denen Bykov zum Teil auch selbst Rollen übernimmt. Seine Regiearbeit ist durch den spielerischen Umgang mit der Form, durch Groteskkomik und Poesie gekennzeichnet. *Čučelo* ist ein bemerkenswerter Film für Kinder und Erwachsene mit einem antiautoritären Touch, der aufgrund seiner scharfen Gesellschaftskritik zunächst Zensurprobleme verursacht.

[SU] 1954: Škola mužestva (Feuertaufe). 1955: Puti i sud'by (Wege und Schicksale); Pedagogičeskaja poema (Der Weg ins Leben). 1956: Eto načinalos' tak (So begann es ...). 1958: Naš korrespondent (Die Journalistin). 1959: Šinel' (Der Mantel). 1960: Most perejti nel'zja; Baltijskoe nebo. 1961: Ostorožno, babužka! (Vorsicht, Oma!); Voskresenie. 1962: Sem' njanek (Sieben Ammen und kein Baby) [R]. 1963: Nepridumannaja istorija (Eine wahre Geschichte); Ulica N'jutona, dom 1; Bol'šoj «fitil'»; Ja šagaju po Moskve (Zwischenlandung Moskau); Pute šestvie v aprel' (Fahrt in den April); Propalo leto (Der verlorene Sommer) [R]. 1964: Ženit'ba Bal'zaminova (Wer heiratet wen?); Vyzyvaem ogon' na sebja [TV]; Fitil' No 30. 1965: Zdravstvyj, eto ja!; Zvonjat, otkrojte dver' (Tanja sucht Freunde); Fitil' No 35. 1966: Ajbolit-66 [D,R,CoA]; Dušečka (Seelchen) [TV]. 1967: Komissar (Die Kommissarin); Beguščaja po volnam [SU/BG]. 1968: Kapa; Služili dva tovarišča (Es dienten zwei Kameraden); Mertvyj sezon (Tote Saison). 1969: Ždi menja, Anna. 1970: Poslednjaja relikvija (Die letzte Reliquie); Korona Rossijskoj imperii, ili Snova neulobimye; Sjužet dlja nebol'šogo rasskaza (Sujet für eine Kurzgeschichte) [SU/FR]; Vnimanie, čerepacha (Achtung, Schildkröte) [R]. 1971: Andrej Rublev (Andrej Rubljow); Proverka na dorogach (Straßenkontrolle); Echali v tramvae Il'f i Petrov [TV]; Operacija «C novym godom». 1972: Dikij Kapitan; Telegramma (Das Telegramm) [R]; Peters (Peters); Kapitan [TV]; Princ i niščij (Der Prinz und der Bettelknabe) [TV]. 1973: Mečenyj atom (Ein Spion wird gejagt); Bol'šaja peremena (Große Pause) [TV]; Sojti na bereg (Landgang). 1974: Fitil' No 150; Ispolnjajuščij objazannosti; Doker; Iz polnjajuščij obrjazannosti; O zagadkach semcha i ... [R – DOK]. 1975: Avtomobil', skripka i sobaka Kljaksa (Auto, Geige und der Hund Kleks) [D,R]; Kapitan Megre i čelovek na skamejke [TV]. 1976: Na jasnij ogon' (Dem hellen Feuer entgegen); Dni chirurga Miškina (Die Tage des Chirurgen Mischkin) [TV]; Dvenadcati stul'ev (Zwölf Stühle) [TV]; Priključenija Buratino (Die Abenteuer des Buratino) [TV]; Obyknovennaja arktika [TV]. 1977: Nos [R – TV]; Derevnja Utka (Oljas Abenteuer mit dem Hausgeist); Podranki (Mit gebrochenen Schwingen); Pro krasnuju šapočku (Rotkäppchen einmal anders); Rudin (Rudin); Choždenie po mukam

[TV]. 1978: Po ulicam komod vodili; Po semejnym obstojatel'stvam (Familiengeschichten); Poka bezumstvuet mečta; Julija Vrevskaja (Zwischen Zarenhof und Schlachtfeld – Julia Wrewskaja) [SU/BG]. 1979: Žil-byl nastrojščik [TV]; Pena. 1980: Mnimyj bol'noj [TV]; Kuda isčez Fomenko [TV]; Prikljućenija Ali-Baba i sopoka razbojnikob (Ali Baba und die 40 Räuber); Iz žizni otdychajuščich (Aus dem Leben von Kurgästen). 1982: Duša; Vakansija (Die Vakanz); Zolotoe runo (Das goldene Vlies); Amnistija; Prikljućenija Toma Sojera i Gekl'beri Finna (Die Abenteuer von Tom Sawyer und Huckleberry Finn). 1983: Svadebnyj podarok [D,R – SU]. 1984: Čučelo (Vogelscheuche) [D,R,CoA]. 1985: Iskrenne vaš; Geroj ee romana (Der Held ihres Romans); Načni snačala. 1986: Pis'ma mertvogo čeloveka (Briefe eines Toten); Součastie v ubijstve (Mitschuldig an einem Mord); Čičerin (Tschitscherin); Podsudimyj (Der Angeklagte); Čegemskij detektiv. 1988: Mostik: Ej, na linkore!. 1989: Ej, na linkore! [KF – SU]; Rekviem po fileju; Ono (Es – Von Zaren und Monstern). 1990: Zdravija želaju!. 1992: Moi Ivan, toi Abraham/Ja – Ivan, ty – Abram (Ich Ivan, Du Abraham) [FR/RU]; Serye volki [RU]. 1993: Arbitr [RU].

C

Caan, James
*26. 3. 1939 Queens (New York City)

Ökonomiestudium an der Michigan State University, später Jura am Hofstra College. Erste Bühnenerfahrungen im Neighborhood Playhouse bei Sanford Meisner. Weitere Schauspielstudien bei Wynn Handman. 1961 Debüt am Off-Broadway mit «La Ronde». Im folgenden Jahr Broadway-Erfolg neben Peter Fonda und Dennis Hopper in «Blood, Sweat and Stanley Poole». Gleichzeitig erste Rollen in TV-Serien. 1963 Auftritt als Seemann in Billy Wilders *Irma la Douce*. 1965 in Howard Hawks' *Red Line 7000* als neurotischer Rennfahrer Mike Marsh. Er kann sein Talent für trockenen Humor in Hawks *El Dorado* beweisen, wo er sich als schießunfähiger Spieler Alan Bourdillon Traherne, genannt «Mississippi», neben John Wayne und Robert Mitchum bewährt. 1971 erhält er für Rolle des leukämiekranken Footballstars Brian Piccolo in Buzz Kuliks TV-Film *Brian's Song* einen Emmy Award. 1972 Popularität als hitzköpfiger Sonny in Francis Ford Coppolas *The Godfather* (Nominierung zum Nebenrollen-Oscar). 1979 Regiedebüt mit *Hide in Plain Sight* über den Kampf eines geschiedenen Vaters um seine Kinders. 1981 spielt er einen Profi-Dieb in Michael Manns *Thief*. Im Horrorfilm *Misery* (Rob Reiner) wird er als Schriftsteller Paul Sheldon von einem Fan als Geisel genommen. Neben der Produzentin Bette Midler ist er ein sexistischer Komiker auf Truppenbetreuung in *For the Boys* (Mark Rydell). In dem Action-Reißer *Eraser* (1996) ist er der verräterische Mentor von Arnold Schwarzenegger.

[US] 1958–62: Naked City: Bullets Cost Too Much [TV]. 1960–63: Route 66: And the Cat Jumped over the Moon Elliot Silverstein [TV]. 1960–65: Ben Casey [TVS]. 1961–64: Dr. Kildare [TVS]. 1962–66: Combat! [TVS]. 1963: Irma

La Douce (Das Mädchen Irma La Douce). 1964: Lady in a Cage. 1965: The Glory Guys (Die glorreichen Reiter); Red Line 7000 (Rote Linie 7000). 1967: El Dorado (El Dorado); Games (Satanische Spiele). 1968: Submarine X-1 [GB]; Countdown (Countdown: Start zum Mond); Journey to Shiloh. 1969: The Rain People (Liebe niemals einen Fremden). 1970: Rabbit, Run. 1971: Man Without Mercy; T. R. Baskin (Tanja Baskin – Anruf genügt); Brian's Song (Freunde bis in den Tod) [TV]. 1972: The Godfather (Der Pate); Gone With the West/Little Moon & Jud McGraw. 1973: Cinderella Liberty (Zapfenstreich); Slither (Schleuderpartie). 1974: The Gambler (Spieler ohne Skrupel); Freebie and the Bean (Der Superschnüffler); The Godfather II (Der Pate II). 1975: Funny Lady (Funny Lady); Don Rickles: Buy This Tape You Hockey Puck [Video]; The Killer Elite (Die Killerelite); Rollerball (Rollerball). 1976: Harry and Walter Go to New York (Und morgen wird ein Ding gedreht); Silent Movie (Mel Brooks' letzte Verrücktheit: Silent Movie). 1977: A Bridge Too Far (Die Brücke von Arnheim) [GB]; Un autre homme, une autre chance (Ein anderer Mann, eine andere Frau) [FR]. 1978: Comes a Horseman (Eine Farm in Montana). 1979: Hide in Plain Sight (Spuren ins Nichts/Die Machtprobe) [D,R]; Chapter Two (Das zweite Kapitel). 1980/81: Les uns et les autres (Ein jeglicher wird seinen Lohn empfangen) [FR]. 1981: Thief/Violent Streets (Der Einzelgänger). 1982: Kiss Me Goodbye (Liebesgrüße aus dem Jenseits). 1987: Gardens of Stone (Der steinerne Garten). 1988: Alien Nation (Space Cop L.A. 1991). 1990: Misery (Misery); Dick Tracy (Dick Tracy). 1991: For the Boys (For the Boys – Tage des Ruhms, Tage der Liebe); The Dark Backward. 1992: Honeymoon in Vegas (... aber nicht mit meiner Braut – Honeymoon in Vegas). 1993: Flesh and Bone (Flesh and Bone); The Program (Callange – Die Herausforderung). 1995: Tashunga/Grand Nord [FR/IT/NO/GB]; A Boy Called Hate; Eraser (Eraser). 1996: Bulletproof; NewsRadio: Movie Star [TVS]; Bottle Rocket (Bottle Rocket).

Cage, Nicolas

(Nick Coppola)
*7. 1. 1964 Long Beach (California)

1976 nach San Francisco. Erste Fernsehrolle als 14jähriger. Im American Conservatory Theatre, San Francisco, 1979 Bühnendebüt in Clifford Odets «Golden Boy». 1982 erste Spielfilmrolle. 1982–86 häufig Zusammenarbeit mit seinem Onkel Francis Ford Coppola, so als Gangster in *Cotton Club* und als Ehemann von Kathleen Turner in *Peggy Sue Got Married*. 1985 Vietnamveteran in *Birdy* (Alan Parker). Ein Höhepunkt seiner Filmkarriere ist der heimatlose Sailor Ripley in David Lynchs *Wild at Heart* (1990). Für seine Darstellung des alkoholkranken Schriftstellers Ben in Mike Figgis' *Leaving Las Vegas* wird er 1995 mit einem Oscar und einem Golden Globe prämiert. Neben Sean Connery agiert er 1996 als FBI-Wissenschaftler in *The Rock*. 1997 hat er die Hauptrollen in den Actionfilmen *Con Air* von Simon West und *Face/Off* von John Woo. Seit 1995 ist er mit der Schauspielerin Patricia Arquette verheiratet.

[US] 1980: Best of Times [TV]. 1982: Fast Times at Ridgement High (Ich glaub', ich steh' im Wald). 1983: Valley Girl (Valley Girl); Rumble Fish (Rumble Fish). 1984: The Cotton Club (Cotton Club); Racing with the Moon (Die Zeit verrinnt – Die Navy ruft); Birdy (Birdy). 1986: The Boy in Blue (Finish – Endspurt bis zum Sieg) [CA]; Peggy Sue Got Married (Peggy Sue hat geheiratet). 1987: Moonstruck (Mondsüchtig); Raising Arizona (Arizona Junior). 1988: Never on Tuesday. 1989: Industrial Symphony No. 1: The Dream of the Broken Hearted [TV]; Vampire's Kiss (Vampire's Kiss); Tempo di uccidere/Le raccourci [IT/FR]. 1990: Wild at Heart (Wild at Heart – Die Geschichte von Sailor & Lula); Fire Birds (Air Born – Flügel aus Stahl); Zandalee (Zandalee – Das sechste Gebot). 1992: Honeymoon in Vegas (... aber nicht mit meiner Braut – Honeymoon in Vegas). 1993: Amos & Andrew (Amos & Andrew); Red Rock West (Red Rock West); Guarding Tess (Tess und ihr Bodyguard); Deadfall (Deadfall). 1994: It Could Happen to You (2 Mio. Dollar Trinkgeld); Kiss of Death (Kiss of Death); Trapped in Paradise (Schneesturm im Paradies). 1995: Leaving Las Vegas (Leaving Las Vegas). 1996: The Rock (The Rock – Fels der Entscheidung). 1997: Con Air; Face/Off.

Cagney, James

(James Francis Cagney jr.)
*17. 7. 1899 New York City
†31. 3. 1986 New York City

Besuch der Stuyvesant High School und der Columbia University, Studienabbruch, diverse Jobs. Schon als Kind Auftritte im Lenox Hill Settlement House. 1919 auf der Bühne Auftritte als Tänzer und Frauen-Imitator. 1920 Broadway-Debüt im Musical «Pitter-Patter». Ab 1925 auf der Bühne Hauptrollen. 1927–28 zusammen mit seiner Frau Leitung der Cagney School of Dancing. Der Erfolg im Musical «Penny Arcade» führt 1930 zur Verfilmung des Stückes als *Sinner's Holiday* (John G. Adolfi). Filmvertrag von Warner Bros. Aufstieg zum Star durch die Titelrolle in William A. Wellmans Gangsterfilm *The Public Enemy*. Der nicht sehr groß gewachsene, drahtige Cagney prägt entscheidend das Bild des amerikanischen Films der 30er Jahre. Häufig Auftritte als Gangster oder Preisboxer, auch in Musikfilmen: als Rocky Sullivan in *Angels with Dirty Faces* (Michael Curtiz), als Eddie Bartlett in *The Roaring Twenties* (Raoul Walsh), aber auch als Puck in *The Midsummer Night's Dream*. 1942 verkörpert er den

Komponisten George M. Cohan in Curtiz' *Yankee Doodle Dandy* (Oscar). Mit seinem Bruder William 1943 Gründung der William Cagney Production. 1955 an der Seite von Doris Day in Charles Vidors *Love Me or Leave Me*. 1961 spielt er in Billy Wilders Satire *One, Two, Three* den Coca-Cola-Boss von Berlin. Als Polizeichef Rheinlander Waldo erscheint er in Milos Formans *Ragtime* noch einmal auf der Leinwand. 1957 Regieversuch mit dem Krimi *Short Cut to Hell* nach Graham Greene. 1934–39 Vize-Präsident der Screen Actors Guild, 1942–43 deren Präsident. 1976 Memoiren «Cagney by Cagney».

[US] 1930: Intimate Interview; Sinner's Holiday; The Doorway to Hell. 1930/31: Other Men's Women. 1931: How I Play Golf: Practice Shots [KF]; The Millionaire; The Public Enemy (Der öffentliche Feind); Smart Money (Leichtes Geld); Blonde Crazy; The Greeks Had a Word for Them/Three Broadway. 1931/32: Taxi! 1932: The Crowd Roars (Der Schrei der Menge); Winner Take All. 1932/33: Hard to Handle (Ein charmanter Schwindler); Picture Snatcher (Der Mann mit der Kamera). 1933: Hollywood Gad-About [KF]; The Mayor of Hell; Footlight Parade (Chester übertrifft sich selbst); Lady Killer (Der Frauenheld). 1933/34: Jimmy the Gent (Ein feiner Herr). 1934: He Was Her Man; Here Comes the Navy; The St. Louis Kid (Ein schwerer Junge). 1934/35: A Midsummer Night's Dream (Ein Sommernachtstraum). 1935: A Trip Thru a Hollywood Studio [KF]; Devil Dogs of the Air; G-Men (Der FBI-Agent); The Irish in Us; Frisco Kid; Ceiling Zero (Höhe Null). 1936: Great Guy. 1937: Something to Sing About. 1938: For Auld Lang Syne [KF]; Boy Meets Girl (Der kleine Star); Angels With Dirty Faces (Chikago). 1939: The Oklahoma Kid (Oklahoma Kid); Each Dawn I Die (Todesangst bei jeder Dämmerung); The Roaring Twenties (Die wilden Zwanziger); The Fighting 69th. 1940: Torrid Zone (Tropische Zone); City for Conquest (Im Taumel der Weltstadt). 1941: The Strawberry Blonde (Schönste der Stadt); The Bride Came C.O.D. (Die Braut kam per Nachnahme). 1942: Captains of the Clouds; Yankee Doodle Dandy. 1943: Johnny Come Lately; You, John Jones [KF]. 1945: Blood on the Sun (Spionage in Fern-Ost). 1947: 13 Rue Madeleine. 1948: The Time of Your Life. 1949: White Heat (Sprung in den Tod/Maschinenpistolen). 1950: The West Point Story; Kiss Tomorrow Goodbye (Den Morgen wirst Du nicht erleben). 1951: Come Fill the Cup; Starlift. 1952: What Price Glory? (Der Sieger). 1953: A Lion Is in the Streets. 1954: The Seven Little Foys (Komödiantenkinder); Run for Cover (Im Schatten des Galgen). 1955: Mister Roberts (Keine Zeit für Heldentum); Love Me or Leave Me (Tyrannische Liebe). 1956: Tribute to a Bad Man (Jeremy Rodack – Mein Wille ist Gesetz); These Wilder Years (Das Herz eines Millionärs). 1957: Short Cut to Hell (Mit dem Satan auf du) [D,R]; Man of a Thousand Faces (Der Mann mit den tausend Gesichtern). 1958: Never Steal Anything Small. 1959: Shake Hands with the Devil (Ein Händedruck des Teufels) [IE/US]. 1960: The Gallant Hours (Der Admiral). 1961: One, Two, Three (Eins, zwei, drei). 1981: Ragtime (Ragtime). 1983: Terrible Joe Moran (Nick sitzt in der Klemme) [TV].

Caine, Michael

(Maurice Joseph Micklewhite)
* 14. 3. 1933 London-Bermondsey

Bruder des Schauspielers Stanley Hunter. Bereits während der Schulzeit Auftritte in Amateur-Aufführungen. Nach dem Militärdienst Schauspielunterricht, danach Theaterregisseur und Schauspieler in Smithfield. Großer Erfolg 1959 im Anti-Kriegs-Stück «The Long, the Short, and the Tall». Ab 1956 auch kleine Filmrollen; im folgenden Jahr erstmals im englischen Fernsehen. Seit Mitte der 60er Jahre größere Aufgaben in Filmen, dann auch Verpflichtung nach Hollywood. Seitdem ist er teils in England, teils in Amerika tätig und steigt zu einem der meistbeschäftigten Schauspieler des anglo-amerikanischen Films auf. Obwohl physiognomisch sicher nicht Inbegriff des Stars, wurde der rothaarige Caine zu einem britischen Markenzeichen zeitgenössischer Filme. Die oft selbstironische Selbstverständlichkeit seines Auftretens läßt die absolute Qualität eines Films meist zweitrangig werden. Entscheidend von Caine geprägte Filme der 80er Jahre u. a. Brian DePalmas Thriller *Dressed to Kill*, Lewis Gilberts sanfte Erziehungs-Komödie *Educating Rita*, Woody Allens Tragikomödie *Hannah and Her Sisters*, für den er einen Oscar erhält, Neil Jordans Gangsterkomödie *Mona Lisa* und Frank Oz' überdrehte Komödie *Dirty Rotten Scoundrels*. Die Beteiligung am Sequel *Jaws – The Revenge* scheint seinem Image nicht geschadet zu haben.

[GB] 1956: A Hill in Korea (An vorderster Front). 1957: How to Murder a Rich Uncle (Onkel George und seine Mörder); Steel Bayonet. 1957/58: Carve Her Name with Pride. 1958: The Key (Der Schlüssel); Blind Spot (Der blinde Rächer); The Two-Headed Spy (Der Spion mit den zwei Gesichtern). 1958/59: Passport to Shame (Eddie, Tod und Teufel); Danger Within (Verrat im Camp 127). 1960: Foxhole in Cairo; The Bulldog Breed (Die Rakete zur flotten Puppe). 1961: The Day the Earth Caugth Fire (Der Tag, an dem die Erde Feuer fing). 1962: The Wrong Arm of the Law (Gentlemenkillers); Solo for Sparrow. 1963: Zulu (Zulu). 1964/65: The Ipcress File (Ipcress – Streng geheim). 1965/66: Alfie (Der Verführer läßt schön grüßen). 1966: Gambit (Das Mädchen aus der Cherry-Bar) [US]; Funeral in Berlin (Finale in Berlin); The

Wrong Box (Letzte Grüße von Onkel Joe). 1966/67: Hurry Sundown (Morgen ist ein neuer Tag) [US]. 1967: Deadfall (Die Todesfalle); Tonite Let's All Make Love in London (Tonite Let's All Make Love in London) [DOK]; Woman Times Seven/Sept fois femme. 7. EP: Snow (Jeanne) (Siebenmal lockt das Weib) [EP – US/FR]; The Billion Dollar Brain (Das Milliarden-Dollar-Gehirn). 1968: Play Dirty (Ein dreckiger Haufen); The Magus (Teuflische Spiele). 1969: Battle of Britain (Luftschlacht um England); The Italian Job (Charlie staubt Millionen ab). 1970: Too Late the Hero (Zu spät für Helden – Antreten zum Verrecken) [US]; The Last Valley (Das vergessene Tal); Simon, Simon [KF]; Get Carter (Jack rechnet ab). 1971: Kidnapped (Entführt); Zee & Co. (X, Y und Zee). 1972: Sleuth (Mord mit kleinen Fehlern); Pulp (Malta sehen und sterben) [D,P]. 1973: The Black Windmill (Die schwarze Windmühle). 1974: The Marseille Contract/Marseille contrat (Fluchtpunkt Marseille) [GB/FR]. 1974/75: The Romantic Englishwoman/Une anglaise romantique (Die romantische Engländerin) [GB/FR]. 1975: The Man Who Would Be King (Der Mann, der König sein wollte) [US]; Peeper (Die falsche Schwester) [US]; The Wilby Conspiracy (Die Wilby-Verschwörung) [US]. 1976: Harry and Walter Go to New York (Und morgen wird ein Ding gedreht) [US]; The Eagle Has Landed (Der Adler ist gelandet). 1977: A Bridge Too Far (Die Brücke von Arnheim); Silver Bears (Silber, Banken und Ganoven). 1978: California Suite (Das verrückte California-Hotel) [US]; Ashanti (Ashanti) [CH]; The Swarm (Der tödliche Schwarm) [US]. 1979: The Island (Freibeuter des Todes) [US]; Beyond the Poseidon Adventure (Jagd auf die Poseidon) [US]. 1980: Dressed to Kill (Dressed to kill) [US]. 1981: The Hand (Die Hand) [US]; Victory (Flucht oder Sieg?) [US]. 1982: Deathtrap (Die tödliche Falle) [US]. 1982/83: Educating Rita (Rita will es endlich wissen). 1983: The Honorary Consul (Der Honorarkonsul). 1984: The Jigsaw Man (Agenten sterben zweimal); Blame It on Rio (Schuld dran ist Rio) [GB/US]. 1984/85: The Holcroft Covenant (Der tödliche Pakt/Der 4-Billion-Dollar-Vertrag); Water (Wasser – Der Film). 1985/86: Mona Lisa (Mona Lisa). 1986: Half Moon Street (Half Moon Street) [US]; Sweet Liberty (Sweet Liberty) [US]; Hannah and Her Sisters (Hannah und ihre Schwestern) [US]. 1986/87: The Fourth Protocol (Das vierte Protokoll) [D,P]. 1987: Sherlock and Me; Surrender (Nicht jetzt Liebling!) [US]; The Whistle Blower (Kreuzfeuer der Agenten); Jaws – the Revenge (Der weiße Hai – Die Abrechnung) [US]. 1988: John Huston [US]; Dirty Rotten Scoundrels (Zwei hinreißend verdorbene Schurken) [US]; Jack the Ripper (Jack the Ripper – Das Ungeheuer von London) [TV]. 1989: Trouble with Michael Caine [TV]; Bullseye! (Bullseye!) [US]; The Movie Life of George [TV – US]; Jekyll and Hyde (Jekyll and Hyde) [TV]; Without a Clue (Genie und Schnauze) [GB/US]. 1990: Mr. Destiny (Mr. Destiny) [US]; A Shock to the System [US]. 1992: Blue Ice (Blue Ice) [US]; The Muppet Christmas Carol (Die Muppets Weihnachts-Geschichte) [US]; Death Becomes Her (Der Tod steht ihr gut) [US]; Noises Off (Noises Off – Der nackte Wahnsinn) [US]. 1993: On Deadly Ground (Auf brennendem Eis) [US]. 1994: World War II: When Lions Roared [TV – US]. 1995: Indecent Behaviour II (Hemmungslos – Intrigen der Lust) [P – US]. 1996: Blood and Wine (Blood and Wine). 1996/97: Mandela and DeKlerk [TV – US].

Calamai, Clara

*7. 9. 1915 Prato

Wächst in Florenz auf, tritt gelegentlich als Schauspielerin im Theater auf. 1937 holt Aldo Vergano sie zum Film und vertraut ihr eine Rolle in *Pietro Micca* an. 1941 erregt eine kurze Aufnahme von Calamais unverhüllter Brust in Blasettis *La cena delle beffe* einen Skandal. Sie entwickelt sich rasch zu einer der meistgefragten Schauspielerinnen des italienischen Films der 40er Jahre, spielt vor allem in Kostümfilmen und Komödien, so z. B. in *Addio giovinezza!* (F. M. Poggioli) und Raffaello Matarazzos *L'avventuriera del piano di sopra*. 1942 entdeckt Luchino Visconti ihr dramatisches Talent: Durch *Ossessione* wandelt sich Calamai von einer Diva zu einem ausdruckstarken Gesicht des Neorealismus. Sie spielt die Rolle einer unbefriedigten Frau, die sich in ein Abenteuer mit einem Mann flüchtet. Die Rolle kennzeichnet den Höhepunkt ihrer Karriere. Anfang der 50er Jahre zieht sich Calamai allmählich vom Film zurück; danach spielt sie außer in Mario Bonnards *Afrodite, dea dell' amore* nur noch in zwei Filmen Viscontis, zuletzt 1966 in *Le streghe*.

1975 ehrt Dario Argento sie mit seinem Film *Profondo rosso*, in dem sie einen kurzen Auftritt hat.

[IT] 1937: Pietro Micca. 1938: Ettore Fieramosca (Stürme über Morreale). 1938/39: Io, suo padre (Gefährliche Frauen). 1939: L'eredità in corsa; Le sorprese del vagone letto; Il fornaretto di Venezia (Tat ohne Zeugen). 1940: Addio giovinezza!; Boccaccio; Capitan Fracassa; Caravaggio, il pittore maledetto; Manovre d'amore; Il re del circo; Il socio invisibile. 1941: I mariti (Tempesta d'amore); Luce nelle tenebre; La cena delle beffe; Brivido; I pirati della Malesia; L'avventuriera del piano di sopra. 1941/42: La regina di Navarra. 1942: Ossessione (Ossessione ... von Liebe besessen); Le vie del cuore; Addio, amore!; La guardia del corpo; Don Cesare di Bazan. 1943: Una piccola moglie; Enrico IV; Sorelle Materassi. 1945: Due lettere anonime; Il mondo vuole così (Wer Geld hat, hat mehr vom Leben); La resa di Titì. 1946: Il tiranno di Pardova; Adultera. 1946/47: L'ultimo amore. 1947: Cuando los angéles duermen [ES]; Amanti senza amore. 1949: Vespro siciliano. 1950: Romanticismo. 1951: Carne inquieta. 1952: Il moschettiere fantasma. 1957: Le notti bianche/Nuits blanches (Weiße Nächte) [IT/FR]. 1958: Afrodite, dea dell'amore (Aphrodite – Göttin der Liebe). 1966: Le streghe/Les sorciéres. 1. Ep: La strega bruciata viva (Hexen von heute. 1. Ep: Hexen verbrennt man lebendig) [EP – IT/FR]. 1975: Profondo rosso.

Cantinflas

(Mario Moreno Reyes)
*12. 8. 1911 Mexico-City
†20. 4. 1993 Mexico-City
Er beginnt als Sänger und Tänzer im Wanderzirkus und gewinnt Popularität als Clown und Akrobat in Varietétheatern. Seine erste Filmrolle hat er 1936 in *No te engañes corazón* (Miguel Contreras Tor), den ersten großen Erfolg mit *Ahí está el detalle* (Juan Bustillo Oro). Danach ist er der Star in fast allen Werken von Miguel M. Degado; ihre Zusammenarbeit beginnt 1941 mit *El gendarme desconocido,* der als ihr gelungenster gilt. Cantinflas verkörpert den kleinen Mann, zumeist als Landarbeiter, der trotz Ohnmacht weder Mut noch Humor verliert und sich nicht unterkriegen läßt – ein mexikanischer Schelm. Er wird zu einem der beliebtesten Komiker in der spanischsprachigen Welt. Mit seiner Rolle als David Nivens Diener in Michael Andersons *Around the World in 80 Days* hat er kurz einen internationalen Erfolg, danach arbeitet er nur noch in Mexiko. Seine Popularität schwindet geringfügig durch die Mitwirkung an einigen trivialen und reaktionären Filmen.

[MX] 1936: No te engañes corazón. 1937: Así es mi tierra; Aguilas o sol. 1939: El signo de la muerte; Siempre listo en las tinieblas [KF]; Jengibre contra dinamita [KF]. 1940: Cantinflas y su prima [KF]; Cantinflas boxeador [KF]; Cantinflas ruletero [KF]; Ahí está el detalle. 1941: Carnaval en el trópico; Ni sangre ni arena [D,P]; El gendarme desconocido. 1942: Los tres mosqueteros; Le circo. 1943: Romeo y Julieta. 1944: Gran Hotel. 1945: Un día con el diablo. 1946: Soy un prófugo. 1947: A volar joven. 1948: El supersabio; El mago. 1949: Puerta ... joven. 1950: El bombero atómico; El Siete Machos. 1951: Si yo fuera diputado. 1952: El señor fotógrafo. 1953: Caballero a la medida. 1954: Abajo el telón. 1955: Around the World in 80 Days (In 80 Tagen um die Welt) [US]. 1956: El bolero de Raquel. 1958: Sube y baja; Ama a tu prójimo. 1960: Pepe [US]; El analfabeto. 1962: El extra. 1963: Entrega inmediata. 1964: El padrecito. 1965: El señor doctor. 1966: Su excelencia. 1968: Por mis pistolas. 1969: Un Quijote sin mancha. 1970: El profe. 1971: Don Quijote cabalga de nuevo [MX/ES]. 1973: Conserje en condominio. 1975: El ministro y yo. 1977: El patrullero 777. 1981: El barrendero. 1985: Mexico ... Estamos contigo [TV].

Cardinale, Claudia

(Claude Josephine Rose Cardinale)
*15. 4. 1939 Tunis
Sie gewinnt 1957 in Tunis einen Schönheitswettbewerb, kommt nach Italien und besucht das Centro Sperimentale di Cinematografia in Rom. Bereits im nächsten Jahr hat sie mit Mario Monicellis *I soliti ignoti* ihren ersten Erfolg. Sie schließt einen Vertrag mit dem Produzenten Franco Cristaldi, den sie etwas später heiratet. Nach *La ragazza con la valigia* (Valerio Zurlini) besticht sie besonders in zwei Filmen von Luchino Visconti: als schöne Bürgermeisterstochter Angelica in *Il Gattopardo* und in *Vaghe stelle dell'Orsa* als Sandra, eine gequälte und zwiespältige junge Frau. Neben Sophia Loren und Gina Lollobrigida ist die Cardinale einer der «Kurven-Stars» des italienischen Kinos der 60er Jahre. Zu dieser Zeit auch Beschäftigung in Hollywood: mit Peter Sellers in *The Pink Panther* (Blake Edwards), später in *The Professionals* (Richard Brooks). Nach der Scheidung von Cristaldi lebt sie mit dem Regisseur Pasquale Squitieri zusammen, mit dem sie eine Reihe von zweitklassigen Filmen dreht. 1986/87 spielt sie in dem TV-Film *La storia* (Luigi Comencini), nach dem Roman von Elsa Morante. 1993 knüpft sie mit der Kriminalkomödie *Son of the Pink Panther* (Blake Edwards) wieder an den alten Erfolg an.

[IT] 1956: Anneaux d'or/Chaînes d'or [KF – FR]. 1958: Goha [FR/TN]; I soliti ignoti (Diebe haben's schwer); La prima notte/Le nuits vénitiennes (Die erste Nacht) [IT/FR]; Tre straniere a Roma (Drei Ausländerinnen in Rom); Totò e Marcellino/Mon gosse (Totò und Marcellino) [IT/FR]. 1959: Il bell'Antonio/Le Bel Antonio (Bel Antonio) [IT/FR]; Il magistrato/El magistrado (Menschen, die im Schatten stehen) [IT/ES]; Upstairs and Downstairs (Treppauf – treppab) [GB]; Audace colpo dei soliti ignoti/Hold-up à la milanaise (Diebe sind auch Menschen) [IT/FR]; Un maledetto imbroglio (Unter glatter Haut). 1959/60: Austerlitz/Napoleone ad Austerlitz (Austerlitz – Glanz einer Kaiserkrone) [FR/IT]. 1960: I delfini (Gefährliche Nächte) [IT/FR]; La ragazza con la valigia/La fille à la valise (Das Mädchen mit dem leichten Gepäck) [IT/FR]; Rocco e i suoi fratelli/Rocco et ses frères/Rocco and His Brothers (Rocco und seine Brüder) [IT/FR]; Vento del sud (Wind des Südens). 1961: Cartouche (Cartouche, der Bandit) [FR/IT]; Les lions sont lâchés/I leoni scatenati (Vor Salonlöwen wird gewarnt) [FR/IT]; La viaccia (Das Haus in der Via Roma) [IT/FR]; Senilità/Quand la chair succombe (Hörig) [IT/FR]. 1962: Il Gattopardo/Le guepárd (Der Leopard) [IT/FR]. 1963: 8 e 1/2 /8 et 1/2 (Achteinhalb) [IT/FR]; La ragazza di Bube/ La ragazza (Zwei Tage und zwei Nächte) [IT/FR]. 1964: Gli indifferenti/Désirs pervers (Die Gleichgültigen) [IT/FR]; Il magnifico cornuto/Le cocu magnifique (Cocü) [IT/FR]; Vaghe stelle dell'Orsa ... (Sandra); Circus World (Circus-Welt) [US]; The Pink Panther (Der rosarote Panther) [US]. 1965: Blindfold (New York Express) [US]. 1966: Le fate/Les ogresses. 2. EP: Fata Armenia (Die Gespielinnen) [EP – IT/FR]; Una rosa per tutti (Eine Rose für alle); Lost Command (Sie fürchten weder Tod noch Teufel) [US]; The Professionals (Die gefürchteten Vier) [US]. 1967: Don't Make Waves (Die nackten Tatsachen) [US]; Piero Gherardi [KF]. 1967/68: Il giorno della civetta/La Mafia fait a loi (Der Tag der Eule) [IT/FR]. 1968: The Hell With Heroes (Die mit den Wölfen heulen) [US]; C'era una volta il West (Spiel mir das Lied vom Tod); Ruba al prossimo tuo ... (Ein «feines» Pärchen). 1969: Nell'anno del Signore/Les conspirateurs (Im Jahre des Herrn) [IT/FR]; Certo, certissimo, anzi ... Probabile (Die Freundin war immer dabei); The Adventures of Gerard (Die Gräfin und ihr Oberst) [GB/CH]. 1970: Krasnaja palatka/La tenda rossa (Das rote Zelt) [SU/IT]. 1971: Bello, onesto, emigrato Australia sposerebbe compaesana illibata [EP]; Popsy Pop/Fuori il malloppo-Popsy Pop [FR/IT/BRD]; L' Udienza/L'Audience (Die Audienz) [IT/FR]. 1972: Il giorno del furore/Fury (Russischer Sommer) [IT/GB]; Les pétroleuses/Le pistolere/Las Petroleras (Petroleum-Miezen) [FR/IT/ES]; L'Excommunié [FR]. 1973/74: I guappi (Die Rache der Camorra). 1975: A mezzanotte va la ronda del piacere (Eine Laus im Pelz); Qui comincia l'avventura; Libera, amore mio! (Libera, amore mio). 1976: Il comune senso del pudore [EP]. 1977: Gesù di Nazareth/Jesus of Nazareth (Jesus von Nazareth) [TV – IT/GB]; La part du feu (Das gefährliche Spiel um Ehrgeiz und Liebe oder Nur einer bestimmt den Preis) [FR]; Goodbye & Amen-L'uomo della C.I.A. (Goodbye und Amen); Il prefetto di ferro (Der eiserne Präfekt). 1978: L'Arma; Corleone (Der Aufstieg des Paten); La petite fille en velours bleu [FR]. 1979: Si salvi chi vuole; Escape to Athena (Flucht nach Athena) [US]. 1980: The salamander (Kennwort: Salamander) [US/GB/IT]. 1981: Fitzcarraldo [BRD]; La pelle/La peau (Die Haut) [IT/FR]. 1982: Le ruffian (Der Rammbock) [FR]; Le cadeau (Ein pikantes Geschenk) [FR]. 1983: Princess Daisy [US]. 1984: Claretta [TV]; Enrico IV (Heinrich IV.) [TV] L'été prochain (Die Familienpyramide) [FR]. 1985: La donna delle meraviglie. 1986: Naso di cane [TV]. 1986/87: La storia/La historia (La Storia) [TV – IT/FR/ES]. 1988: Un homme amoureux (A Man in Love) [FR]. 1989: Hiver 54 – L'Abbé Pierre [FR]; Blu elettrico [TV]; La Révolution française: 1. Les années lumière [FR/IT]; Ben Webster: The Brute and the Beautiful [GB]. 1990: Atto di dolore/Acte d'amour (Eine Mutter) [IT/FR]. 1990/91: La batalla de los tres reyes/Tamburi di fuoco/Bitva treh korolej [ES/MA/IT/RU]. 1991: Mayrig (Mayrig – Heimat in der Ferne) [FR]; 588 rue de paradis (Mayrig – Die Straße zum Paradies) [FR]. 1993: Son of the Pink Panther (Der Sohn des rosaroten Panthers) [US]; Elles ne pensent qu'à ça (Frauen denken nur an eines) [FR]. 1996: Nostromo [TVS – DE/IT/ES/GB].

Carette, Julien

(Victor Jullien)
* 23. 12. 1897 Paris
† 20. 7. 1966 Le Vésinet

Er scheitert an der Aufnahmeprüfung für das Konservatorium; Gelegenheitsengagements in klassischen Stücken. Besuch einer Malschule, wo er Claude Autant-Lara kennenlernt. Er wechselt ins Komödienfach und findet seine eigentliche Berufung. Nach zahlreichen Rollen in leichten Unterhaltungsfilmen und Engagements für Operetten und Revuen erste große Rolle in *L'affaire est dans le sac* (1932) von den Gebrüdern Prévert. Diverse Engagements im Ausland, u. a. des öfteren in Berlin, sind die Folge. Der nicht eben große, immer etwas spöttisch blickende Carette feiert nun in Travestie-Rollen Triumphe, so als Georges/Georgette in der französischen Version von Reinhold Schünzels *Viktor und Viktoria,* in Richard Pottiers *Fanfare d'amour* von 1935 ist er als reizende Holländerin zu sehen. Jean Renoir gibt ihm in seinen Filmen Ende der 30er Jahre Rollen, in denen er die Leiden der Unterwürfigkeit ausstellen kann. Nach dem Krieg werden ihm maßgeschneiderte Rollen angeboten; so die des hinterhältigen Mörders in Autant-Laras *L'auberge rouge*. Tragisch sein Ende: Er leidet an einer schweren Arthrose und kann sich nicht retten, als ein heruntergefallenes Streichholz sein Haus in Brand setzt.

[FR] 1931: Attaque nocturne; L'amour à l'américaine. 1932: Moi et l'impératrice [Version – DE/FR]; Baby [Version – FR/DE]; L'affaire est dans le sac; La pouponnière; Les gaietés de l'escadron; Passionnément; Sola. 1933: Adieu les beaux jours [Version – DE]; Georges et Georgette [Version – DE]; Je te confie ma femme. 1934: Le greluchon délicat; Mon cœur t'appelle; Le billet de mille; Turandot, princesse de Chine [Version – DE]. 1935: Une nuit de noces; Et moi, j'te dis qu'elle t'a fait de l' œil; Fanfare d'amour; Ferdinand le noceur; Gangster malgré lui; L'heureuse aventure; La marraine de Charley; Les sœurs Hortensias; Paris-Camargue; Parlez-moi d'amour; Dora Nelson. 1936: La reine des resquilleuses; Marinella; Vingt-sept rue de la Paix; Aventure à Paris. 1936/37: La grande Illusion (Die große Illusion). 1937: Gribouille (Der fünfte Geschworene); La fessée; La Marseillaise (Die Marseillaise); Les rois du sport. 1938: La route enchantée; Lumières de Paris; Les gaietés de L'exposition; Le monsieur de 5 heures; La bête humaine (Bestie Mensch); Je chante; Entrée des artistes; Café de Paris; Le récif de corail; L'accroche-cœur. 1938/39: Derrière la façade. 1939: Tempête; Sixième étage; Le paradis des voleurs; Le monde tremblera; La famille Duraton; Battement de cœur (Diebe und Liebe); La règle du jeu (Die Spielregel). 1940: Parade en sept nuits; Soyez les bienvenus; Vingt-quatre heures de perm'.

1941: Croisières sidérales. 1942: Une étoile au soleil; A la belle frégate; Lettres d'amour; La bonne étoile; Monsieur des Lourdines; Fou d'amour. 1943: Bonsoir Mesdames, Bonsoir Messieurs; Service de nuit (Ein Fräulein vom Amt); Adieu Léonard. 1944: Le merle blanc. 1945: Impasse; Messieurs Ludovic (Drei an einem Tag); Sylvie et le fantôme (Sylvia und das Gespenst). 1946: Le château de la dernière chance; Les portes de la nuit (Pforten der Nacht); Histoire de chanter; L'amour autour de la maison. 1947: Le mannequin assassiné. 1948: Une si jolie petite plage (Ein hübscher kleiner Strand). 1949: Amédée; Ronde de nuit; Occupe-toi d'Amélie; Premières armes; La Marie du port (Hafen der Verlockung); Branquignol. 1950: Sans laisser d'adresse (Adresse unbekannt); E più facile che un cammello/Pour l'amour du ciel [IT/FR]. 1951: Drôle de noce; Signori, in carrozza!/Rome–Paris–Rome [IT/FR]; L'auberge rouge (Die rote Herberge). 1952: La fête à Henriette (Auf den Straßen von Paris); Au diable la vertu. 1953: Le bon Dieu sans confession; Gli uomini, che mascalzoni! [IT]; L'amour d'une femme/L'amore di una donna (Die Liebe einer Frau) [FR/IT]. 1954: Casa Ricordi/La maison du souvenir (Casa Ricordi) [IT/FR]; Pas de coup dur pour Johnny; Sur le banc. 1955: Ces sacrées vacances; La môme Pigalle (Skandal in Paris); Coup dur chez les mous. 1956: Je reviendrai à Kandara (Schatten auf dem Dach); Si Paris nous était conté; Pardonnez nos offenses (Die Wölfe); Elena et les hommes/Eliana e gli uomini (Weiße Margeriten) [FR/IT]; Crime et châtiment (Schuld und Sühne); Paris, Palace Hôtel (Paris, Palace Hotel) [FR/IT]. 1957: Les trois font la paire (Die Zwillinge und der Mörder); Le temps des œufs durs (Die Zeit der harten Eier). 1958: Le joueur/Il giocatore (Das Spiel war sein Fluch) [FR/ IT]; Le miroir à deux faces/Lo specchio a due facce (Der Tag und die Nacht) [FR/IT]. 1958/59: Archimède le clochard/Archimede le clochard (Im Kittchen ist kein Zimmer frei) [FR/IT]. 1959: La jument verte/La giumenta verde (Die grüne Stute) [FR/IT]; La millième fenêtre (Das Haus der 1000 Fenster); La belle et le tzigane [FR/HU]; Pantalaskas. 1960: Vive Henri IV, Vive l'Amour!/I celebri amori di Enrico IV (Das Bett des Königs) [FR/IT]. 1963: La foire aux cancres. 1964: Les aventures de Salavin; Les pieds nickelés.

Carol, Martine

(Marie-Louise-Jeanne De Mourer)
*16. 5. 1920 Biarritz
†6. 2. 1967 Monte Carlo

Schauspielunterricht bei Robert Manuel und Jean Wall; Theaterarbeit unter dem Namen Maryse Arley. Ab 1940 Arbeit für den Film. 1947 Selbstmordversuch. Heirat mit Steve Crane. Ab 1950 in Hauptrollen, die ihre Schönheit ausstellen und in ihrer Freizügigkeit bis an die Grenze des damals Erlaubten gehen, so in Christian-Jaques *Adorables créatures*. Zu Beginn der 50er Jahre ist sie in Frankreich die populärste Schauspielerin. Unter der Regie von Christian-Jaque, den sie 1954 heiratet, verkörpert sie die Titelrollen in *Lucrèce Borgia* und *Nana*. 1954 Auszeichnung als beste französische Schauspielerin. Im folgenden Jahr spielt sie die Titelrolle in Max Ophüls' Meisterwerk *Lola Montez*. Nachdem es im folgenden ruhiger um sie wird, hat sie mit *Nathalie agent secret* (Henri Decoin) noch einmal einen Erfolg, spielt aber sonst in mittelmäßigen Filmen. Als Sex-Symbol wird sie von Brigitte Bardot abgelöst, Zweifel der Kritik an ihren schauspielerischen Fähigkeiten und diverse Skandale zermürben sie; Carol begeht Selbstmord.

[FR] 1941: Le dernier des six; Les inconnus dans la maison (Das unheimliche Haus). 1943: La ferme aux loups. 1944: Bifur 3. 1945: Trente et quarante; L'extravagante mission. 1946: En êtes-vous bien sûr?; Miroir; Voyage surprise (Fahrt ins Blaue). 1947: Carré de valets. 1948: Les amants de Vérone (Die Liebenden von Verona); Les souvenirs ne sont pas à vendre. 1949: Je n'aime que toi; Nuit de noces; Nous irons à Paris (Ja, in Mexiko). 1950: Caroline chérie (Im Anfang war nur Liebe); Méfiez-vous des blondes (Das große Abenteuer). 1951: Le désir et l'amour/El deseo y el amor (Wir brauchen einen Mann) [FR/ES]. 1952: Adorables créatures/Quando le donne amano (Liebenswerte Frauen) [FR/IT]; Un caprice de Caroline chérie (Mein Leben für die Liebe); Les belles-de-nuit/ Le belle della notte (Die Schönen der Nacht) [FR/IT]. 1953: Si Versailles m'était conté (Versailles – Könige und Frauen); Lucrèce Borgia/Lucrezia Borgia (Lukrezia Borgia); Destini di donne/Destinées. 3. Ep: La nemica della guerra/Lysistrata (Liebe, Frauen und Soldaten) [EP – IT/FR]. 1953/54: La spiaggia/La pensionnaire (Der Skandal) [IT/FR]; Viaggio in Italia/ L'amour est plus fort (Liebe ist stärker) [IT/FR]. 1954: Madame du Barry (Madame Dubarry) [FR/IT]; Secrets d'alcôve/Il letto. 2. EP: Le lit de la Pompadour (Dürfen Frauen so sein?) [EP – FR/IT]. 1955: Nana (Nana) [FR/IT]; Lola Montès/Lola Montez [FR/BRD]; Les carnets du major Thompson (Das Tagebuch des Mister Thompson). 1956: Action of the Tiger (Operation Tiger) [US]; Around the World in 80 Days (In 80 Tagen um die Welt) [US]; Difendo il mio amore/Scandale à Milan (Ihr schlechter Ruf) [IT/FR]. 1957: Nathalie (Nathali) [FR/IT]; Le passager clandestin/The Stowaway (Nächte auf Tahiti) [FR/AU]. 1958: La prima notte/Le nuits vénitiennes [IT/FR]. 1959: Nathalie agent secret (Nathalie spielt Geheimagentin); Ten Seconds to Hell (Vor uns die Hölle) [US]. 1959/60: Austerlitz/Napoleone ad Austerlitz (Austerlitz – Glanz einer Kaiserkrone) [FR/IT]. 1960: La Française et l'amour. 7. Ep: La femme seule (Die Französin und die Liebe) [EP]; Un soir sur la plage (Eines Abends am Strand). 1961: En plein cirage/Operazione Gold Ingot (Inspektor Kent haut auf die Pauke) [FR/IT]; Il ratto delle Sabine/ L'enlèvement des Sabines (Der Raub der Sabinerinnen) [IT/FR]; Le cave se rebiffe/Il re dei falsari (Der Herr mit den Millionen) [FR/IT]; Vanina Vanini (Der furchtlose Rebell) [IT/FR]. 1962: I dongiovanni della Costa Azzurra [IT]. 1967: Hell is Empty [GB].

Caron, Leslie

(Claire Margaret Caron)
* 1. 7. 1931 Boulogne-sur-Seine
Tochter einer amerikanischen Tänzerin und eines französischen Vaters. 1944–46 Tanzstudium bei der Preobrashenskaja am Pariser Konservatorium; dann Engagement bei Roland Petit und dem Ballet des Champs-Elysées, 1949 Primaballerina; 1954/55 Europatournee mit dem Ballet de Paris. 1951 auf Vermittlung von Gene Kelly zu M-G-M nach Hollywood; triumphaler Erfolg als kokette Kindfrau Lise an der Seite Kellys in Vincente Minnellis *An American in Paris* und in der Titelrolle von *Gigi*. Sie arbeitet fast zehn Jahre in Hollywood. Daneben Bühnenauftritte in Jean Renoirs «Orvet» auf den Champs-Élysées und 1956 in der Londoner «Gigi»-Inszenierung von Peter Hall. 1961 bei der Royal Shakespeare Company. Auch weiterhin Musical-Auftritte in London, Paris und am Broadway. Auszeichnung mit dem British Film Award für ihre Rollen in Charles Walters' *Lili* und in Bryan Forbes' *The L-Shaped Room*. Dieser Film bedeutet den endgültigen Abschied von der Mädchenrolle: Caron spielt eine verlassene Schwangere, die gegen ihr Elend zu kämpfen versucht. Ihr Wechsel ins Charakterfach wird vom Publikum, das sie als Musicalstar kennt, kaum honoriert. Als Auseinandersetzung mit diesem Image läßt sich auch ihre Rolle als exaltierte Alla Nazimova in Ken Russells *Valentino* verstehen. Caron arbeitet in den USA und Frankreich in den 70er und 80er Jahren für das Fernsehen, u. a. in der europäischen Fernsehproduktion *Der Zug* (Damiano Damiani). 1984 Veröffentlichung ihres Buches «Vengeance».

[US] 1951: The Man with a Cloak; An American in Paris (Ein Amerikaner in Paris). 1952: Glory Alley; Lili (Lili); The Story of Three Loves. Ep: Mademoiselle (War es die große Liebe?) [EP]. 1954: The Glass Slipper (Der gläserne Pantoffel). 1955: Daddy Long Legs (Daddy Langbein). 1956: Gaby (Gaby). 1958: Gigi (Gigi). 1959: The Doctor's Dilemma (Arzt am Scheideweg) [GB]; The Man Who Understood Women (Über den Gassen von Nizza). 1959/60: Austerlitz/Napoleone ad Austerlitz (Austerlitz – Glanz einer Kaiserkrone) [FR/IT]. 1960: Fanny (Fanny); The Subterraneans (Die Kellerratten). 1962: The L-Shaped Room (Das indiskrete Zimmer) [GB]; Guns of Darkness (Flucht aus dem Dunkel) [GB]; Les quatre vérités/Le quattro verità/Las cuatro verades. 4. EP: Les deux pigeons (Die vier Wahrheiten) [EP – FR/IT/ES]. 1964: Father Goose (Der große Wolf ruft). 1965: A Very Special Favor (Ein Appartement für drei). 1966: Paris brûle-t-il?/Is Paris Burning? (Brennt Paris?) [FR/US]; Promise Her Anything (Versprich ihr alles) [GB]. 1967: Il padre di famiglia/Jeux d'adultes (Familienvater) [IT/FR]. 1970: Madron [US/IL]. 1971: Chandler. 1973: Nicole (Die Witwe). 1974: QB VII [TV]. 1975: James Dean – The First American Teenager [DOK]; Les filles du feu [Unvollendet – FR]. 1976: Valentino (Valentino) [GB]; L'homme qui aimait les femmes (Der Mann, der die Frauen liebte) [FR]; Sérail [FR]. 1979: Goldengirl; Tous vedettes [FR]. 1980: Kontrakt (Die Braut sagt nein) [TV – PL]. 1981: Chanel Solitaire (Einzigartige Chanel) [GB/FR]; Falcon Crest: Obsession Possession Redemption [TVS]. 1981/82: Imperativ [TV – BRD]. 1982: Die Unerreichbare [TV – BRD]; Docteur Erika Werner (Dr. med. Erika Werner) [TVS – CH/FR]. 1983/84: Duell ohne Gnade/La diagonale du fou [CH/FR/BRD]. 1984: Master of the Game (Hundert Karat) [TVS – GB/US]. 1988: Der Zug [TV – EURO]; The Man Who Lived at the Ritz [TV – GB]. 1989: Guerriers et Captives [FR]. 1990: Courage Mountain. 1992: Fatale/Damage (Verhängnis) [FR/GB]. 1994: Funny Bones [GB]; That's Entertainment! III (That's Entertainment! III) [US]. 1995: Let It Be Me. 1997: The Reef.

Carradine, David

(John Arthur Carradine)
* 8. 12. 1936 Hollywood
Sohn des Schauspielers John und Halbbruder von Keith und Robert Carradine. Musikstudium am San Francisco State College. Bühnendebüt in Berkeley mit dem Ensemble des Theatre of the Golden Hind. Danach an verschiedenen Theatern, spielt und inszeniert er u. a. «Othello». Ab 1963 Fernseh-Auftritte, anfangs in Serien, später auch in TV-Filmen. 1966 in 17 Folgen der Western-Serie *Shane*. 1972–74 internationaler Erfolg als schlagfertiger Existentialist in 72 Folgen der Serie *Kung Fu*. 1965 Kinodebüt. Er spielt zunächst meist Heavies in Western. Ab Anfang der 70er Jahre bedeutendere Rollen unter Regisseuren des New Hollywood, meist für den Produzenten Roger Corman, so als anarchistischer Gewerkschafter in Martin Scorseses *Boxcar Bertha*. 1976 als unbeständiger Folksänger Woody Guthrie in Hal Ashbys *Bound for Glory*. In Ingmar Bergmans deutscher Produktion *Das Schlangenei* verkörpert er einen Trapezartisten im Berlin des Jahres 1923. In den 70er Jahren Regisseur von vier Filmen mit nur geringer Publikumsresonanz: Sein Debüt *Americana*, 1973 gedreht, kommt erst 1981 ins Kino. Versuche als Drehbuchautor, Produzent und Filmkomponist bleiben ebenfalls ohne Erfolg. In Walter Hills *The Long Riders* bildet er mit seinen

Halbbrüdern eines der drei Bruderpaare. 1992 versucht er in *Kung Fu: The Legend Continues* an den Erfolg der TV-Serie anzuknüpfen.

[US] 1963: Wagon Train [TVS]; East Side, West Side [TVS]. 1965: Taggart; Bus Riley's Back in Town (Widersteh, wenn Du kannst). 1966: Shane [TVS]; Too Many Thieves (Brillianten-Razzia) [TV]. 1967: The Violent Ones. 1967–75: Ironside: Gentle Oaks (Der Chef: Ruhe sanft) [TV]. 1969: Heaven With a Gun (Pulver und Blei); The Good Guys and the Bad Guys (Die Letzten vom Red River); Young Billy Young (Der gnadenlose Rächer). 1970: Macho Callahan; The McMasters; Maybe I'll Come Home in Spring [TV]. 1971: Ironside: License to Kill (Der Chef: Schüsse im Dunkeln) [TV]. 1971–74: Kung Fu [TVS]. 1972: Boxcar Bertha (Die Faust der Rebellen). 1973: Mean Streets (Hexenkessel); The Long Goodbye (Der Tod kennt keine Wiederkehr). 1975: You and Me [D,R]; Death Race 2000 (Frankensteins Todesrennen); A Country Mile. 1976: Cannonball (Cannonball) [US/HK]; Around; Bound for Glory (Dieses Land ist mein Land). 1976/77: Das Schlangenei/The Serpent's Egg [BRD/US]. 1977: Cloud Dancer (Sturzflug aus den Wolken); Gray Lady Down (U-Boot in Not). 1978: The Silent Flute (Das Geheimnis des blinden Meisters); Deathsport (Todesrallye in Helix-City); Thunder and Lightning (Wie Blitz und Donner). 1979: The Long Riders (Long Riders); Mr. Horn (Scouts) [TV]; Fast Charlie – The Moonbeam Rider (Charlie und sein Feuerstuhl) [TV]; Je te tiens, tu me tiens par la barbichette [FR]. 1980: High Noon, Part II: The Return of Will Kane (High Noon II) [TV]; Gauguin the Savage (Auf der Suche nach Eden) [TV]. 1981: Americana [D,R,CoM,P, CoA – 1973 gedreht]. 1982: Safari 3000 (Eine irre Safari); Trick or Treats; Q – The Winged Serpent (American Monster); Lone Wolf McQuade (McQuade – Der Wolf). 1983: Rio Abajo (On the Linie) [ES]. 1984: Jealousy (Jeanny) [TV]; Airwolf (Airwolf) [TVS]; The Warrior and the Sorceress (Der Krieger und die Hexe). 1985–86: North and South (Fackeln im Sturm) [TVS]. 1986: POW – The Escape (P. O. W. – Die Vergeltung); Armed Response (Die Vergelter); The Misfit Brigade/Wheels of Terror (Die Galgenvögel); Kung Fu – The Movie (Kung Fu: Der Film); Bad Seed [TV]; Oceans of Fire (Verwegene Hunde). 1987: Six Against the Rock (Am Rande der Hölle) [TV]; Sonny Boy (Satanic – Ausgeburt des Wahnsinns). 1988: Animal Protector (Animal Protector) [SE]; Run for Your Life (Run for Your Life – Seine Rache kennt keine Grenzen); I Saw What You Did (Todesspiele) [TV]; Crime Zone [D,CoP]; War Lords (War Lords – Die Zerstörer der Zukunft); Tropical Snow; Open Fire (Open Fire). 1989: Crimes of Crimes (Todesambulanz); Night Children (L.A. Cop); Beauty & Denise (Jackie und Denise – Eine Freundschaft auf Leben und Tod); Wizards of the Lost Kingdom 2 (Ein Königreich vor unserer Zeit); Nowhere to Run (Ausweglos); Eliminator (Stroker); Sauf votre respect/Try This One for Size (Trau keinem Schurken) [FR]; Future Force (Future Force) [D,CoP]; Sundown: The Vampire in Retreat (Sundown). 1989–90: Ray Bradbury Theatre [TVS]. 1990: Bird on a Wire (Ein Vogel auf dem Drahtseil); Evil Toons; Martial Law (Martial Law); Future Force II (Future Zone). 1991: Hollister (Hollister); Karate Cop; Midnight Fear (Angst um Mitternacht); Waxwork II – Lost in Time (Spaceshift); The Gambler Returns: The Luck of the Draw [TV]; Deadly Surveillance (Deadly Surveillance); Dune Warriors (Dune Warriors – Blut für Wasser); Field of Fire (Field of Fire); Think Big (Highway-Chaoten). 1992: Roadside Prophets (Asphalt-Propheten); Double Trouble (Double Trouble – Warte bis mein Bruder kommt); Distant Justice (Distant Justice – Das Recht der Stärkeren); Animal Instincts (Animal Crimes); Kung Fu – A Legend Reborn: The Legend Continues (Kung Fu – Im Zeichen des Drachen); Crazy Joe (Secret Force); Night Rhythms (Night Crimes). 1993: Son of the Pink Panther (Der Sohn des rosaroten Panthers); Kill Zone. 1994: Dead Center. 1996: The Rage. 1997: Lost Treasure of Dos Santos [TV]; Last Stand at Saber River; Full Blast.

Carradine, John

(Richmond Reed Carradine)
*5. 2. 1906 New York City
†27. 11. 1988 Mailand

Besuch der Christ Church School in Kingston, New York, später Kunsthochschule und Episcopal Academy in Philadelphia. Mitte der 20er Jahre Theatertourneen durch den Süden der USA. 1925 in New York, 1927–30 an verschiedenen kalifornischen Bühnen. 1931 Filmdebüt. 1935 Vertrag mit 20th Century-Fox. 1935/36 erste Zusammenarbeit mit dem Regisseur John Ford, zehn weitere gemeinsame Filme folgen. Ein Höhepunkt ist 1940 die Darstellung des Casey in *The Grapes of Wrath*. 1942/43 Titelrolle als Heydrich in Douglas Sirks *Hitler's Madman*. Carradine zählt jahrzehntelang zu den produktivsten und vielseitigsten Nebendarstellern. Seit Ende der 40er Jahre umfangreiche Tätigkeit in Horrorfilmen, zumeist billigen B-Pictures unabhängiger Produzenten. Frühzeitig auch Fernseh-Tätigkeit, am Theater bis 1960. Er spielt in fünf Jahrzehnten in über 400 Filmen. Die Söhne David, Keith und Robert sind gleichfalls von Film und Fernsehen vielbeschäftigte Schauspieler.

[US] 1931: Bright Lights; Heaven on Earth. 1932: Forgotten Commandments; The Sign of the Cross (Im Zeichen des Kreuzes). 1933: The Story of Temple Drake; This Day and Age (Revolution der Jugend); To the Last Man; The Invisible Man (Der Unsichtbare). 1933/34: The Meanest Gal in Town. 1934: The Black Cat (The Black Cat); Cleopatra (Cleopatra); Clive of India (Kampf um Indien). 1935: Transient Lady; Cardinal Richelieu; Les Misérables (Die Elenden); Bride of Frankenstein (Frankensteins Braut); Alias Mary Dow; She Gets Her Man; The Crusades (Kreuzritter/Kreuzritter Richard Löwenherz); Bad Boy; The Man Who Broke the Bank at Monte Carlo; Captain January (Shirley Ahoi!). 1935/36: The Prisoner of Shark Island (Der Gefangene der Haifischinsel). 1936: Anything Goes; Under Two Flags (Unter zwei Flaggen); Half Angel; White Fang; Mary of Scotland (Maria von Schottland); Ramona; Dimples; Daniel Boone; The Garden of Allah (Der Garten Allahs); Winterset; Laughing at Trouble. 1936/37: Nancy Steele Is Missing; Captains Courageous (Manuel). 1937: This Is My Affair (Unter vier Augen); Love under Fire; Ali Baba Goes to Town; Danger – Love at Work; The Last Gangster; The Hurricane (... und dann kam der Orkan); Thank You, Mr. Moto (Mr. Moto und der China-Schatz). 1938: International Settlement; Of Human Hearts; Four Men and a Prayer (Vier Mann – ein Schwur); Kentucky Moonshine; Kidnapped; I'll Give a Million; Gateway; Alexander's Ragtime Band; Submarine Patrol; Mr. Moto's Last Warning (Mr. Moto und die Flotte). 1938/39: Jesse James (Jesse James – Mann ohne Gesetz); Stagecoach (Höllenfahrt nach Santa Fe); The Three Musketeers; The Hound of the Baskervilles. 1939: Captain Fury (Der Kettensträfling); Five Came Back; Frontier Marshal; Drums Along the Mohawk (Trommeln am Mohawk). 1940: The Grapes of Wrath (Früchte des Zorns); The Return of Frank James (Rache für Jesse James); Brigham Young – Frontiersman (Treck nach Utah); Chad Hanna (Der Tod des alten Zirkuslöwen); Western Union (Überfall der Ogalalla). 1941: Blood and Sand (König der Toreros); Swamp Water (In den Sümpfen); Man Hunt (Menschenjagd). 1942: Information Please No. 5 [KF]; Son of Fury (Abenteuer in der Südsee); Whispering Ghost; Northwest Rangers; Reunion in France/Reunion (Reunion). 1942/43: Hitler's Madman. 1943: Silver Spurs; Captive Wild Woman; Isle of Forgotten Sins; I Escaped from the Gestapo; Gangway for Tomorrow. 1943/44: Voodoo Man. 1944: Waterfront; The Return of the Ape Man; Alaska; Revenge of the Zombies; The Mummy's Ghost; The Invisible Man's Revenge; The Black Parachute; Barbary Coast Gent; The Adventures of Mark Twain (Die Abenteuer des Mark Twain); Bluebeard (Bluebeard); House of Frankenstein; Practically Yours (Sturzflug ins Glück). 1945: Fallen Angel (Mord in der Hochzeitsnacht); Captain Kidd (Unter schwarzer Flagge); It's in the Bag; House of Dracula; The Face of Marble. 1946: Down Missouri Way. 1947: The Private Affairs of Bel Ami (Die Privataffären des Bel Ami). 1949: C-Man. 1952–54: My Friend Irma [TV]. 1954: Casanova's Big Night (Der Schürzenjäger von Venedig); Thunder Pass; Female Jungle [UA: 1956]; Johnny Guitar (Wenn Frauen hassen); The Egyptian (Sinuhe, der Ägypter). 1955: Desert Sands (Wüstensand); The Kentuckian (Der Mann aus Kentucky); Jujin Yuki-otoko/[Half-Human] [D in US-Fassung – JP/[US]]; Hidden Guns (Galgenfrist); Stranger on Horseback (Einer gegen alle). 1956: The Ten Commandments (Die zehn Gebote); Dark Venture; The Court Jester (Der Hofnarr); The Black Sleep (Die Schreckenskammer des Dr. Thosti); Around the World in 80 Days (In 80 Tagen um die Welt). 1957: Wagon Train: The Dora Gray Story [TV]; The Unearthly; The True Story of Jesse James (Rächer der Enterbten); The Story of Mankind [TV]; Hell Ship Mutiny. 1957–61: Wagon Train: The Colter Craven Story [TV]. 1958: The Proud Rebel (Der stolze Rebell); The Last Hurrah (Das letzte Hurra); Showdown at Boot Hill. 1959: The Cosmic Man; The Oregon Trail (Mit Büchse und Colt); Invisible Invaders. 1960: The Adventures of Huckleberry Finn (Abenteuer am Mississippi); The Incredible Petrified World; Sex Kittens Go to College; Thriller: Masquerade [TV]; Tarzan the Magnificent (Tarzan, der Gewaltige) [GB]; The Twilight Zone: The Howling Man [TV]. 1961: Bonanza: Springtime (Bonanza: Frühlingserwachen) [TV]; Thriller: The Remarkable Mrs Hawk [TV]. 1962: The Man Who Shot Liberty Valance (Der Mann, der Liberty Valance erschoß); Invasion of the Animal People [US/SE]. 1964: The Patsy (Die Heulboje); Cheyenne Autumn (Cheyenne); The Wizard of Mars; Curse of the Stone Hand. 1965: House of the Black Death. 1966: Broken Sabre (Geächtet, gehaßt, gefürchtet); The Man from U.N.C.L.E.: Prince of Darkness Affair (Solo für ONCEL) [TV]; Billy the Kid versus Dracula; Munster, Go Home! (Gespensterparty); The Hostage (Kidnapped); Night Train to Mondo Fine. 1967: La senora muerte [ES]; The Mummy and the Curse of the Jackals; Hillybillys in a Haunted House; Return from the Past/Dr. Terror's Gallery of Horrors/Blood Suckers (Galerie des Grauens). 1968: Pacto diabolico [ES]; Autopsia de un fantasma [ES]; They Ran for Their Lives; Astro-Zombies (Astro-Zombies, Roboter des Grauens); The Helicopter Spies (Die unverbesserlichen Drei) [TV]. 1969: Dracula vs. Frankenstein (Draculas Bluthochzeit mit Frankenstein); Las vampiras [ES]; Daughter of the Mind [TV]; The Gun Riders; The Trouble with Girls (Immer Ärger mit den Mädchen); Blood of Dracula's Castle (Dracula und seine Opfer); The Good Guys and the Bad Guys (Die Letzten vom Red River); Five Bloody Graves (Fünf blutige Gräber); Cain's Cutthroats (Die im Sattel verrecken). 1969/70: Hell's Bloody Devils; Horror of the Blood Monsters [US/PH]. 1970: Blood of the Iron Maiden; Crowhaven Farm [TV]; Myra Breckinridge (Myra Breckinridge – Mann oder Frau?); The McMasters. 1971: The Seven Minutes; McCloud (Ein Sheriff in New York: Auf Vampirjagd) [TV]. 1972: The House of Seven Corpses (Haus des Schreckens – Blutnacht); Boxcar Bertha (Die Faust der Rebellen); Everything You Always Wanted to Know About Sex But Were Afraid to Ask (Was Sie schon immer über Sex wissen wollten, aber bisher nicht zu fragen wagten); Richard; Moonchild; Blood of Ghastly Horror; Decisions! Decisions! [TV]; Night Strangler [TV]. 1973: Legacy of Blood (Blutige Verschwörung); Bad Charleston Charlie; Big Foot (Big Foot – Das größte Monster aller Zeiten); Silent Night, Bloody Night; Superchick; The Cat Creature (Die Katzengöttin) [TV]; Hex (Hex – Dimensionen der Furcht); House of Dracula's Daughter; Terror in the Wax Museum (Der Bucklige vom Horror-Kabinett). 1974: Stowaway to the Moon (Abenteuer im Weltraum) [TV]. 1975: Mary, Mary, Bloody Mary (Mary – Bloody Mary). 1976: The Last Tycoon (Der letzte Tycoon – Der Gigant von Hollywood); The Killer Inside Me (Der Mörder in mir); Crash (Draculas Todesrennen); The Shootist (Der Scharfschütze); Death at Love House [TV]; Shock Waves (Shock Waves – Die aus der Tiefe kommen); Won Ton Ton, the Dog Who Saved Hollywood (Won Ton Ton, der Hund, der Hollywood rettete); The Sentinel (Hexensabbat). 1977: Christmas Coal Mine Miracle [TV]; The Lady and the Lynchings; Frankenstein Island; Tail Gunner Joe [TV]; Satan's Cheerleaders; Golden Rendezvous (Rendezvous mit dem Tod); White Buffalo (Der weiße Büffel). 1978: The Bees; Vampire Hookers; Sunset Cove (Flotte Teens in Amerika). 1979: The Nesting (The Nesting – Haus des Grauens); Nocturna, Granddaughter of Dracula (Nocturna); Monster; The Greatest Heroes of the Bible [TV]; Cruise Missile (Missile X) [ES]; The Seekers [TV]; The Mandate of Heaven. 1980: The Howling (Das Tier); The Monster Club [GB]; The Boogeyman (The Boogey Man). 1981: Goliath Awaits [TV]; The Scarecrow (Schatten der Vergangenheit) [NZ]; Anthony and Cleopatra. 1982/83: House of the Long Shadows (Das Haus der langen Schatten) [GB]. 1983: Demented Death Farm Massacre (Die Todesfarm); The Ice Pirates (Krieg der Eispiraten). 1985: The Tomb (Das Geheimnis des Grabmals am Nil); Evils of the Night; The Vals (V.A.L.S.). 1986: Monster in the Closet (Überfall im Wandschrank); Revenge (Revenge – Des Teufels blutige Krallen); Peggy Sue Got Married (Peggy Sue hat geheiratet). 1987: Evil Spawn. 1988: Star Slammer (Gefangene im Weltraum). 1990: Buried Alive (Lost Girls).

Carradine, Keith
(Keith Ian Carradine)
*8. 8. 1949 San Mateo (California)

Sohn des Schauspielers John sowie Halbbruder von David und Bruder von Robert Carradine. Kurz auf der Colorado State University, dann Mitarbeit bei verschiedenen amerikanischen Theatern. Popularität 1969 durch das Musical «Hair». 1971 Filmdebüt. Bald umfangreiche Film- und Fernseh-Tätigkeit. Häufig Zusammenarbeit mit Regisseuren des New Hollywood, vor allem Robert Altman. So als junger Outlaw in *Thieves Like Us* und als skrupelloser Country-Sänger in *Nashville*; für seinen selbstkomponierten Song «I'm Easy» erhält er einen Oscar. 1977 spielt er einen napoleonischen Offizier in Ridley Scotts *The Duellists*. Im selben Jahr ist er der voyeuristische Fotograf in Louis Malles Bordell-Ballade *Pretty Baby*. Seit Ende der 70er Jahre vor allem Zusammenarbeit mit dem Altman-Schüler Alan Rudolph, so als egozentrischer Rockmusiker in *Welcome To L.A.* oder als Künstler Nick Hart im Paris der 20er Jahre in *The Moderns*. Auch Sänger und Komponist. 1991 am Broadway in der Titelrolle des Musicals «The Will Rogers Follies». 1994 verkörpert er noch einmal Will Rogers und gehört zum Boheme-Zirkel der Schriftstellerin Dorothy Parker in *Mrs. Parker and the Vicious Circle*.

[US] 1971: Man on a String [TV]; McCabe and Mrs. Miller (McCabe & Mrs. Miller); A Gunfight (Duell in Mexiko); Kung Fu [TV]. 1973: Arrivano Joe e Magherito/Joy y Margherito (J. & M. – Dynamit in der Schnauze) [IT/FR/ES]; Hex (Hex – Dimensionen der Furcht); Antoine et Sébastien [FR]; Idaho Transfer (Expedition in die Zukunft); The Emperor of the North Pole (Ein Zug für zwei Halunken). 1974: The Shrieking; Run, Run Joe! [TVS]; Thieves Like Us (Diebe wie wir); The Godchild (Spuren im Sand) [TV]. 1975: Nashville (Nashville) [D,CoKOM]; You and Me. 1976: Welcome to L.A. (Willkommen in Los Angeles); Lumière (Im Scheinwerferlicht) [FR]. 1977: The Duellists (Die Duellisten) [GB]; Pretty Baby (Pretty Baby). 1978: Old Boyfriends (Diane); Sgt. Pepper's Lonely Hearts Club Band (Sgt. Pepper's Lonely Hearts Club Band). 1979: The Long Riders (Long Riders); An Almost Perfect Affair (Eine fast perfekte Affäre) [US/FR]; All Quiet on the Western Front (Im Westen nichts Neues) [TV]. 1981: A Rumor of War (Stoßtrupp durch die grüne Hölle) [TV]; Southern Comfort (Die letzten Amerikaner). 1983: Chiefs (Die Polizei-Chiefs von Delano) [TV]. 1984: Scorned and Swindled [TV]; Maria's Lovers (Maria's Lovers). 1985: Blackout (Blackout – Bestie in Schwarz) [TV]; Trouble in Mind (Trouble in Mind); A Winner Never Quits: Pete Gray Story [TV]; Choose Me (Choose Me – Sag ja!). 1986: L'Inchiesta (Die Untersuchung/Und sie erkannten ihn nicht) [TV – IT]. 1987: Eye on the Sparrow (Blinde Sehnsucht) [TV]; Backfire (Final Night – Die letzte Nacht). 1988: Stones for Ibarra (Ein mexikanischer Traum) [TV]; My Father, My Son (Mein Vater – mein Sohn) [TV]; The Moderns (The Moderns); Murder Ordained (Blutige Hände); Capone Behind Bars/The Revenge of Al Capone (Death Lord) [TV]. 1989: Confessional (Die Beichte des roten Agenten); Cold Feet (Cold Feet); The Forgotten (Das vergessene Kommando) [D,CoP – TV]; Street of No Return (Straße ohne Wiederkehr) [FR/PT]. 1989/90: Mio caro dottor Gräsler/Der Badearzt/The Bachelor [IT/BRD/GB] 1990: The Ballad of the Sad Cafe (Die Ballade vom traurigen Café); Daddy's Dyin'. ... Who's Got the Will? (Die Erbschleicher); Judgment [TV]. 1991: Payoff (Payoff). 1992: CrissCross (CrissCross – Überleben in Key West); American Heroes and Legends: Annie Oakley [S – Video]. 1994: Mrs. Parker and the Vicious Circle (Mrs. Parker und ihre lasterhafter Kreis); Andre (Andre); In the Best of Families: Marriage, Pride & Madness (Bitteres Blut) [TV]. 1995: The Tie That Binds (Bloodline); Trial by Fire (Tod nach Schulschluß) [TV]; Wild Bill (Wild Bill). 1996: Larry McMurtry's Dead Man's

Walk [TV]; 2 Days in the Valley. 1997: A Thousand Acres; Last Stand at Saber River; Keeping the Promise [TV].

Carrière, Mathieu

*2. 8. 1950 Hannover

Wächst in Berlin auf, ab 1956 in Lübeck. Abitur am Humanistischen Gymnasium. Bereits in der Schulzeit spielt er in Rolf Thieles Thomas-Mann-Verfilmung *Tonio Kröger* den Titelhelden als Kind. 1965 Titelrolle des sensiblen Internatszöglings in Volker Schlöndorffs Debütfilm *Der junge Törless* nach Robert Musil. 1969 zieht er nach Paris, neben der Filmarbeit bis 1978 Philosophiestudium. Ab 1969 in französischen und internationalen Filmproduktionen. Verkörperung feinnerviger, teilweise psychisch labiler Charaktere eleganter Erscheinung. 1970 in Karlovy Vary Darstellerpreis für Jacques Doniol-Valcrozes *La maison des Bories*. 1974 im Alkazar de Paris Travestie-Auftritte mit Hamlet-Monologen und Goebbels-Reden. Seit 1975 Theater, u. a. Théâtre National de Paris, Tournee mit Hanna Schygulla, Salzburger Festspiele. An der Seite von Orson Welles (*Malpertuis*, Harry Kumel), unter der Regie von Marguerite Duras (*India Song, Le navire night*) und erfolgreich auch unter Eric Rohmer in *La femme de l'aviateur*. Bei Paul Morisseys *Beethoven* auch am Buch beteiligt. Gelegentlich in deutschen Filmen: z. B. Schlöndorffs *Der Fangschuß*. Als Call-Boy Chris neben Gudrun Landgrebe in Robert Van Ackerens *Die flambierte Frau*, in der Titelrolle von Werner Schroeters *Malina*. Außerdem Co-Regie bei *Alcazar de Paris* (1973) und erste alleinige Regie bei *Fool's Mate* (1988). Ab 1974 auch Fernseharbeit. Titelrolle in Herbert Ballmanns Serie *Ein Mann will nach oben* nach Hans Fallada sowie in *Die Laurents* (Erich Neureuther); Einzelfolgen von *Derrick* und *Der Alte*. 1981 erscheint sein Essay «Für eine Literatur des Krieges, Kleist». Seine Schwester Mareike ist ebenfalls Schauspielerin.

1964: Tonio Kröger. 1965/66: Der junge Törless/Les dessarois de l'eleve Toerless [BRD/FR]. 1967: L'amore breve/Lo stato d'assedio [TV – IT]. 1968: Gates to Paradies (Die Pforten des Paradieses) [GB]. 1970: La maison des Bories (Das Haus Bories) [FR]; Thomas Chatterton [TV]; Rendez-vous à Bray (Rendezvous in Bray) [BE/FR]. 1970/71: Le petit matin [FR]. 1971: Malpertuis/Malpertuis – Geisterschloß des Todes [BE/FR/BRD]. 1971/72: L'Homme au cerveau greffé/L'Uomo dal cervello trapiantato (Der Mann mit dem zweiten Gehirn) [FR/IT]. 1972: Barbe-Bleue/Barbablù/Blaubart [FR/IT/BRD]. 1972/73: Don Juan 73/Una donna come me (Don Juan 73) [FR/IT]; Il n'y a pas de fumée sans feu/Non c'é fuomo senza fuoco (Kein Rauch ohne Feuer) [FR/IT]. 1973: Alcazar de Paris [D?;CoR – FR]; Giordano Bruno/Der Mönch von San Dominico [IT/FR/BRD]; Der Kommissar: Sonderbare Vorfälle im Hause von Professor S. [TV]. 1973/74: Tod in Astapowo [TV]; Feinde fürs Leben [TV]. 1974: Tausend Francs Belohnung [TV]; Parapsycho – Spektrum der Angst [BRD/AT]; Sérieux comme le plaisir [FR]; La jeune fille assassinée/Una vita bruciata/Ein wildes Leben [FR/IT/BRD]. 1974/75: Der junge Rebell [TV]. 1975: Isabelle devant le desir [BE]; Der junge Mann und der Löwe [TV]; India Song (India Song) [FR]. 1975/76: Der Fangschuß/Coup de grâce [BRD/FR]; Zerschossene Träume/L'Appât [BRD/AT/FR]; Police Python 357/Im tödlichen Kreis [FR/BRD]. 1976: Le portrait de Dorian Gray (Das Portrait des Dorian Gray) [FR]; Blondy [FR/BRD]; Die Hinrichtung/... E la notte si tinse di sangue/Né pour l'enfer/Born for Hell [BRD/FR/IT/CA]; Le jeu du soltaire [FR]; Derrick: Das Bordfest [TV]. 1976/77: Bilitis (Bilitis) [FR]. 1977: ?/Könige sterben einsam [TV – FR/BRD]; Les indiens sont encore loin (Die Indianer sind noch weit) [CH/FR]. 1978: Le Navire Night [FR]; Né pour l'enfer [FR/CA]; Der zoologische Palast [Co-R – TV]; Ein Mann will nach oben [TVS]; Derrick: Der L-Faktor [TV]. 1979: Wege in der Nacht [TV]; L'Associé (Mein Partner Davis) [TV – FR]; Vrouw tussen hond en wolf/Femme entre chien et loup (Eine Frau zwischen Hund und Wolf) [BE/FR]; Charlemagne (Karl der Große) [TV – FR]. 1979/80: Egon Schiele – Exzesse/Egon Schiele, enfer et passion [BRD/AT/FR]. 1980: Justo coeur [FR]. 1980/81: La femme d l'aviateur (Die Frau des Fliegers) [FR]; Derrick: Eine ganz alte Geschichte [TV]; Die Laurents – Geschichte einer Berliner Hugenottenfamilie [TVS]. 1981: Ungeduld des Herzens [TV – FR/AT]; Edgar Alan Poe: La chute de la maison Usher (Edgar Alan Poe – Ungewöhnliche Geschichten: Der Untergang des Hauses Usher) [TV – FR]; Die Insekten greifen an [TV – BRD/FR]; Anima. Symphonie fantastique [BRD/AT]. 1981/82: La passante du Sans-souci/Die Spaziergängerin von Sans-Souci [FR/BRD]. 1982: Die Versuchung [TV]. 1982/83: Die flambierte Frau. 1983: Benvenuta (Das anonyme Bekenntnis) [BE/IT/FR]; Der Alte: Der Tote im Wagen [TV]; Der Alte: Perfektes Geständnis [TV]; Hölderlin. L'Ange foudryé (Hölderlin – Sturz eines Genies) [TV – FR]; Conrad Kilian/Der Wüstennarr (Wüstennarr: 1. Die Smaragde der Garamanten. – 2. Das Geheimnis unter dem Wüstensand. – 3. Der Besuch der Spione. – 4. Die geheimnisvollen Toten) [TV – FR/BRD]. 1983/84: Der letzte Zivilist [TV – FR/BRD]; Wedle wyroków twoich/Zu Freiwild verdammt [PL/BRD]. 1984: Le soldat Richter/Soldat Richter [TV – FR/BRD]; Matt in 13 Zügen [TVS]; Un printemps sous la neige/The Bay Boy (Das nächste Opfer) [CA/FR]; Beethoven/Le neveu de Beethoven [D, CoA – BRD/FR]; Yerma [HU/BRD/CA]; Angelan sota/Angelas krig [TV – FI/SE/BRD]; Blutiger Schnee [BRD/PL]. 1984/85: Marie Ward – Zwischen Galgen und Glorie. 1985: Bras de fer [FR]; L'Amour en douce (Der Filou) [FR]. 1986: Spencer for Hire [TV – US]; Les aventures de la baie du Hudson [TV – FR/CA]; Johann

Strauß – Der König ohne Krone/Johann Strauß – Le roi sans couronne [AT/DDR/BRD/FR]. 1986/87: Abenteuer einer Lady [TVS – GB/BRD/FR/NL]. 1987: Erloschene Zeiten [TV]; Derrick: Mordträume [TV]; Sanguines [FR]; El placer de matar (Sie töten aus Lust) [ES]. 1987/88: Cérémonie d'amour (Königin der Nacht) [FR]. 1988: L'Oeuvre du noir (Die schwarze Flamme) [FR/BE]; Mort aux tenors (Blutiger Asphalt) [FR]; Fool's Mate (Zugzwang) [R,A]; I promessi sposi/Die Verlobten 5. Der Namenlose. – 6. Der Kardinal [TV – EURO]; Europa und der zweite Apfel [TV]; Una sombra en el jardin [ES]. 1988/89: Francesco/Franziskus [IT/BRD]. 1989: Rosamunde; Quantum Leap (Zurück in die Vergangenheit) [TVS – US]. 1989/90: The Rock Hudson Story [TV – US]. 1990: Coup de foudre [TV – ES]; Erfolg [TV]; Alta societa [TV – IT]; Magyar rekviem/Ungarische Requiem/Hungarian Requiem [HU/BRD/GB]; Malina [BRD/AT]; Aschenglut [TV – AT]. 1991: Manila [ES]; Come llevar 1000 kilos [ES]; La nuit de Valognes [TV – FR]; Shining Through (Wie ein Licht in dunkler Nacht) [US]. 1992: Christopher Columbus: The Discovery (Christopher Columbus – Der Entdecker) [US/ES]; Un placer indescriptible [ES]; Böses Blut [TV]; Eurocops XV [TV]; Schloß Hohenstein [TVS]; Die Zeit danach [AT]; Freunde für's Leben [TV]. 1993: Cognac-Jay (Cognac-Jay) [TV – FR]; Die Kommissarin: Schatten der Vergangenheit [TV]; Dieu, comme les femmes sont amoureuses [FR]; Von Frau zu Frau: Die Sammlerin [TV-EP]; Profile: Mathieu Carrière [TV]; Hörbiger-Special [TV]. 1993/94: Nur eine kleine Affäre: Ein bißchen Lügen [TV]. 1994: Herz aus Stein; Faust: Mordpoker [TV]. 1995: Zwischen Tag und Nacht: Ein heißer Preis [TV]; Il grande fuoco/Flammen der Liebe [TV]; L'amour conjugal [FR]; Alte Freunde küßt man nicht [TV]; Schuldig auf Verdacht [TV]. 1996: Tatort: Bei Auftritt Mord [TV]; Wunder auf Bestellung [TV]; Ein flotter Dreier [TV]; Das Mädchen Rosemarie [TV].

Carstens, Lina

*6. 12. 1892 Wiesbaden
†22. 9. 1978 München

Höhere Mädchenschule, Schauspielunterricht in Wiesbaden. 1911–15 erstes Engagement am Hoftheater in Karlsruhe. 1915–44 an Theatern in Leipzig, Hamburg, München und Berlin. Auf der Bühne vor allem Darstellung resoluter, gewitzter Frauengestalten wie Marthe Rull in «Der zerbrochene Krug» (1937 auch im Film) und Mutter Wolffen in «Der Biberpelz». Mitwirkung in zwei Stummfilmen. 1935 durch Detlef Sierck, ihren langjährigen Schauspieldirektor in Leipzig, mit *April, April!* zum Tonfilm. 1945 in Koblenz als erste Mutter Courage nach Kriegsende auf einer deutschen Bühne. Engagements in Stuttgart am Neuen Theater, 1948 in München am Bayerischen Staatsschauspiel; ab 1958 freie Schauspielerin. Im Film fast ausschließlich Nebenrollen: an der Seite berühmter Kollegen wie Fritz Kortner (*Der Ruf*, Josef von Baky) und Heinz Rühmann (*Er kann's nicht lassen*, Axel von Ambesser), in Arztfilmen (*Sauerbruch – Das war mein Leben*, Rolf Hansen) und Kurt Hoffmanns Komödien (*Das Wirtshaus im Spessart*, *Wir Wunderkinder*) der 50er Jahre. Meist verkörpert sie den Typ der alleinstehenden Frau von Souveränität, der Haushälterin, der Zimmerwirtin, der Krankenschwester. Ihr größter Erfolg ist die Titelrolle in der Seniorenkomödie *Lina Braake* (Bernhard Sinkel), 1975 mit einem Bundesfilmpreis ausgezeichnet. In den 60er und 70er Jahren überwiegend Arbeit fürs Fernsehen, u. a. in Serien-Krimis. 1972 Filmband in Gold für langjähriges und hervorragendes Wirken im deutschen Film.

[DE/BRD] 1922: Leidendes Land. 1924: Verkrachte Existenzen. 1935: April, April!; Das Mädchen vom Moorhof. 1937: Zu neuen Ufern; Der zerbrochene Krug; Tango Notturno. 1937/38: Großalarm. 1938: Heimat. 1938/39: Mann für Mann. 1939: Der Vorhang fällt; Der ewige Quell. 1939/40: Kriminalkommissar Eyck; Leidenschaft; Bal paré. 1940: Meine Tochter tut das nicht; Für die Katz; Wie konntest Du, Veronika!; Der dunkle Punkt; Das leichte Mädchen. 1941/42: Hochzeit auf Bärenhof; Ein Windstoß. 1942/43: Die Jungfern vom Bischofsberg; ... und die Musik spielt dazu. 1943/44: Glück unterwegs. 1944: Der grüne Salon; Der Engel mit dem Saitenspiel. 1948/49: Der Ruf. 1950/51: Dr. Holl. 1951: Blaubart [BRD/FR/CH]. 1952: Ich heiße Niki; Illusion in Moll; Die große Versuchung. 1953: Ein Herz spielt falsch; Arlette erobert Paris; Fanfaren der Ehe; Heimlich, still und leise. 1953/54: Meines Vaters Pferde. 1. Lena und Nicoline. 1954: Sauerbruch – Das war mein Leben; Feuerwerk; Geliebtes Fräulein Doktor; Die verschwundene Miniatur. 1954/55: Gestatten, mein Name ist Cox; Überfahrt [TV]; Geliebte Feindin. 1955: Himmel ohne Sterne; Es geschah am 20. Juli; Die Heiratskomödie [TV]; Ferien in Tirol/Zärtliches Geheimnis. 1955/56: Das salomonische Frühstück [TV]. 1956: Der goldene Kranz [TV]; Heute heiratet mein Mann; Kleines Zelt und große Liebe; Der Meineidbauer/Die Sünderin vom Fernerhof. 1957: Das Wirtshaus im Spessart; Jenseits vom Horizont [TV]. 1958: Ich war ihm hörig; Ostern [TV]; Bäume sterben aufrecht [TV]; Wir Wunderkinder; Zum goldenen Ochsen (Eine Rheinfahrt, die ist lustig). [CH]; Auferstehung / Resurrezione / Résurrection [BRD/IT/FR]; Der Tod des Handlungsreisenden [TV]. 1958/59: Der Engel, der seine Harfe versetzte. 1959: Die Wahrheit über Rosemarie; Arzt ohne Gewissen; Ein Mann geht durch die Wand. 1960: Emilia Galotti [TV]; Der Frieden unserer Stadt [TV]; Das schwarze Schaf; Gustav Adolfs Page [AT]. 1961: Königinnen von Frankreich [TV]; So viele Kinder [TV]. 1962: Er kann's nicht lassen. 1963: Der Schattenboxer [TV]. 1964: Unsere deutschen Kleinstädter [TV]; Der arme Mann Luther [TV]; Der Krake [TV]. 1964/65: Judith [TV]. 1965: Abends Kammermusik [TV]; Antigone [TV]; Rückkehr von den Sternen [TV]. 1966/67: Phaedra [TV]. 1967: Der Alte [TV]; Das Attentat – Walther Rathenau [TV]. 1968: Tom Sawyers und Huckleberry Finns Abenteuer [TV – BRD/FR]; Asche des Sieges [TV]. 1970: Die blinden Ameisen [TV]; Die Heirat [TV]. 1971: Iwanow [TV]; Land [TV]. 1972: Tod auf der Themse [TV]; Traumtänzer [TV]. 1973: Der Bastian [TVS]; Schneesturm [TV]; Kara Ben Nemsi Effendi. Folgen: Die Festung/Amat El Ghandur/Die Flucht [TVS]; Der Wiedertäufer [TV]. 1973/74: Der Räuber Hotzenplotz; Drei Männer im Schnee. 1974: Der hessische Tartüff [TV]; Derrick: Waldweg [TV]; Haus ohne Hüter [TV]; Sonderdezernat K1: Sackgasse [TV]. 1974/75: Die Wohngenossin [TV]; Lina Braake oder Die Interessen der Bank können nicht die Interessen sein, die Lina Braake hat. 1975: Der Kommissar: Fährt der Zug nach Italien? [TV]; Berlinger; Jedermanns Weihnachtsbaum [TV]. 1975/76: Liebe mit 50 [TV]. 1976: Hätten Sie heut' Zeit für mich? [TV]; Die Ilse ist weg [TV]; Hans und Lene [TVS]; Denkste!?: Kalles Oma [TV]; Im Schlafe geschehen [TV]. 1976/77: Heinrich. 1977: Fairy [TV]; Hans und Lene [TVS]; Haus der Frauen [TV]. 1977/78: Der Schimmelreiter. 1978: Euridike oder Das Mädchen von Nirgendwo [TV]; Friedrich Schachmann wird verwaltet [TV]; Wunnigel [TV – BRD/AT].

Casarès, Maria

(Maria Casarès Quiroga)
*21. 11. 1922 La Coruña (Galicien)
†22. 11. 1996 La Vergne (Charente)

1936 mit ihrer Familie Flucht vor den Faschisten nach Frankreich. Besuch einer Schauspielschule; ab 1942 an Pariser Bühnen; nach dem Krieg u. a. in Stücken von Sartre und Camus. Erfolge an der Comédie Française, am Théâtre National Populaire und am Théâtre de France. Herausragend 1954 als Lady Macbeth in einer Inszenierung Jean Vilars für das Festival in Avignon; Fortsetzung der Theaterarbeit in Frankreich und Spanien. Ihre Filmkarriere bleibt quantitativ überschaubar; ihre größten Erfolge erzielt sie als ungeliebte Frau Pierrots (Jean-Louis Barrault) in Marcel Carnés *Les enfants du paradis* und als machtbewußte Intrigantin in Robert Bressons *Les dames du Bois de Boulogne*. Als Sanseverina in Christian-Jaques *La chartreuse de Parma* wird sie 1948 in Locarno als beste Schauspielerin ausgezeichnet. In Jean Cocteaus *Orphée*-Filmen gibt sie mit der ihr eigenen schauspielerischen Ökonomie, deren Suggestivität auf umfassender Einfühlung beruht, das klassische Bild einer unerreichbaren Frau, deren Geheimnis nicht aufgedeckt werden kann. In den 60er Jahren im Film fast ausschließlich als Sprecherin tätig. 1974 Rückkehr als Filmschauspielerin in der Rolle einer revoltierenden Nonne in Gianfranco Mingozzis *Flavia, la monaca musulmana*.

[FR] 1943/44: Les enfants du paradis (Kinder des Olymp). 1944: Les dames du Bois de Boulogne (Die Damen vom Bois de Boulogne).1945: Roger La Honte. 1946: La septième porte; La revanche de Roger La Honte; L'amour autour de la maison. 1947: La Chartreuse de Parma/La certosa di Palma (Die Kartause von Parma) [FR/IT]. 1948: Bagarres (Eifersucht). 1949: Orphée (Orpheus); L'homme qui revient de loin (Verlaß mich micht). 1950: Ombre et lumière (Licht und Schatten). 1956: Le Théâtre National Populaire [KF]. 1959: Le testament d'Orphée (Das Testament des Orpheus). 1964: La reine verte. 1974: Flavia, la monaca musulmana (Castigata – die Gezüchtigte) [IT/FR]. 1977: L'adieu nu. 1984: Blanche et Marie. 1987: De sable et de sang. 1988: La lectrice (Die Vorleserin). 1989: Les chevaliers de la table ronde. 1995: L'Amérique des autres [TV – FR/GB/DE/GR].

Cassavetes, John

*9. 12. 1929 New York
†2. 2. 1989 Los Angeles

Sohn griechischer Einwanderer. Besuch des Mohawk und Champlain College, Manhattan. Nach dem Armeedienst Studium der Literaturwissenschaft an der Colgate University, danach Schauspielstudium an der New Yorker Academy of Dramatic Arts. 1953 Diplom als Schauspieler. Engagements an Provinz-Theatern und erste Film- und Fernseh-Aufgaben, so in der Serie *Johnny Staccato*. 1956 zusammen mit Burton Lane Gründung des Variety Arts Studio, einer Schule für arbeitslose Schauspieler. 1959 Regiedebüt mit der Außenseiter-Produktion *Shadows* (vier Oscar-Nominierungen). Cassavetes wird in den 60er Jahren zu einem der führenden Filmmacher des Independent Cinema. Ende der 60er Jahre Gründung von Faces International Films, die seine eigenen Filme produziert. Zwischen Regiearbeiten immer wieder Schauspiel-Aufgaben, mit denen er z. T. seine eigenen Filme finanziert. Mehrmals Gangster in harten Actionfilmen, so in Don Siegels *The Killers*, der G.I. Victor Frankso in Robert Aldrichs *The Dirty Dozen* (Oscar-Nominierung für Nebenrolle) und in Brian DePalmas *The Fury*. 1968 Popularität als teuflischer Ehemann von Mia Farrow in Roman Polanskis *Rosemary's Baby*. Häufig Zusammenarbeit vor und hinter der Kamera mit seiner Frau Gena Rowlands (*A Woman Under the Influence*; *Gloria*, Paul Mazurskys *The*

Tempest) und mit seinen Freunden Peter Falk und Ben Gazarra (*Husbands*). 1997 verfilmt der Sohn Nick Cassavetes bei *She's de Lovely* ein Drehbuch seines Vaters.

[US] 1953: Paso Doble [TV]; Taxi. 1954: Robert Montgomery Presents: Diary [TV]. 1955: Armstrong Circle Theatre: Ladder of Lies [TV]; The Night Holds Terror (Die Nacht ist voller Schrecken); The Elgin TV Hour: Crime in the Streets [TV]; You Are There: Death of Socrates [TV]; Kraft Theatre: Judge Contain's Hotel [TV]; The Elgin TV Hour: Combat Medic [TV]; Armstrong Circle Theatre: Time for Love [TV]; Pond's Theatre: Coquette [TV]; Philco Playhouse: A Room in Paris [TV]; Goodyear Playhouse: Expandable House [TV]. 1956: Crime in the Streets (Entfesselte Jugend); Edge of the City (Ein Mann besiegt die Angst); U.S. Steel Hour: Bring Me a Dream [TV]; Alfred Hitchcock Presents: You Got to Have Luck [TV]; Appointment with Adventure: All Through the Night [TV]; Climax!: No Right to Kill [TV]; 20th Century-Fox Hour: The Last Patriarch [TV]; Climax!: Savage Portrait [TV]. 1957: Saddle the Wind (Vom Teufel geritten); Affair in Havana; Playhouse 90: Winter Dreams [TV]. 1957–58: Alcoa Theatre [TVS]. 1958: Studio One: Kurishiki Incident [TV]; Virgin Island [GB]; Pursuit: Calculated Risk [TV]. 1959: Staccato: Murder for Credit [R – TV]; Staccato: Solomon [R – TV]; General Electric Theatre: Train for Tecumseh [TV]; Lux Playhouse: The Dreamer [TV]; Final Ingredient [TV]; Shadows (Schatten) [R,A]. 1961: Rawhide: Incident Near Gloomy River [TV]; The Webster Boy [GB]. 1962: Too Late Blues [R,A,P]; The Lloyd Bridges Show: El Medico [TV]; Dr. Kildare: The Visitors [TV]; A Child Is Waiting (Ein Kind wartet) [R]. 1963: Channing: Message from the Tin Room [TV]. 1963–66: Burke's Law [TVS]. 1964: Alfred Hitchcock Theatre: Murder Case [TV]; Burke's Law: Who Killed Annie Doran? [TV]; Burke's Law: Who Killed Don Pablo? [TV]; The Killers (Der Tod eines Killers) [TV]; Breaking Point: There Are the Hip and There Are the Square [TV]; Alfred Hitchcock Theatre: Water's Edge [TV]. 1965: Profiles in Courage [TV]; Bob Hope Presents the Chrysler Theatre: Fliers [TV]; Kraft Suspense Theatre: Won't It Ever Be Morning? [TV]; Combat!: S.I.W. [TV]; The Legend of Jesse James: The Quest [TV]; Voyage to the Bottom of the Sea: Peacemaker [TV]. 1966: Bob Hope Presents the Chrysler Theatre: In Pursuit of Excellence [R – TV]; The Virginian: Long Ride to Wind River [TV]; The Long Hot Summer: Intruders [TV]; Bob Hope Presents the Chrysler Theatre: Time of Change [TV]; Devil's Angels (Rebellen in Lederjacken). 1967: Bob Hope Presents the Chrysler Theatre: Free of Charge [TV]; The Dirty Dozen (Das dreckige Dutzend) [US/GB]. 1968: Alexander the Great [TV]; Rosemary's Baby (Rosemaries Baby); Roma come Chicago/Banditi a Roma (Mord auf der Via Veneto) [IT]; Faces (Gesichter) [R,A]; Gli intoccabili (Die Unschlagbaren) [IT]. 1968/69: If It's Tuesday, This Must Be Belgium (So reisen und so lieben wir). 1970: Husbands (Husbands – Ehemänner) [R,A]. 1971: Minnie and Moskowitz (Minnie und Moskowitz) [R,A]. 1972: Playhouse New York: Hollywood – You Must Remember This [TV]; Etude in Black (Columbo: Etude in Schwarz) [R – TV]. 1973: Nightside [TV]. 1974: A Woman Under the Influence (Eine Frau unter Einfluß) [R,A]. 1975: Capone (Capone); Thieves; The Killing of a Chinese Bookie (Mord an einem chinesischen Buchmacher) [R,A]. 1976: Mikey and Nicky (Mikey und Nicky); Two-Minute Warning (Zwei Minuten Warnung). 1977: Opening Night (Premiere/Die erste Vorstellung) [R,A]. 1978: The Fury (Teufelskreis Alpha); Brass Target (Verstecktes Ziel). 1979: Flesh and Blood. 1980: Gloria (Gloria, die Gangsterbraut) [R]. 1981: Incubus (Incubus – Mörderische Träume) [CA]; Whose Life Is It Anyway? (Ist das nicht mein Leben?). 1982: Tempest (Der Sturm – Eine überraschende Komödie). 1983: Marvin and Tige. 1984: Love Streams (Love Streams) [R]. 1985: Big Trouble (Sterben ... und leben lassen) [R]. 1995: Anything for John [DOK]. 1996/97: She's so Lovely [A – US/FR].

Cassel, Jean-Pierre

(Jean-Pierre Crochon)
* 27. 10. 1932 Paris

Sohn eines Arztes. Tritt als Tänzer in Nachtclubs auf; Gene Kelly wird auf ihn aufmerksam und gibt ihm 1956 eine Rolle in *The Happy Road*. Besuch der Schauspielschule von René Simon; Engagement u. a. am Théâtre National Populaire sowie in Kabaretts. Seit Anfang der 60er Jahre kontinuierliche Fernseharbeit. 1966–74 Vorsitzender der Schauspielergewerkschaft. Seit Beginn der 60er Jahre in der Rolle von komischen Draufgängern und eher unfreiwilligen Herzensbrechern in Filmen der Nouvelle vague; charmant-beweglich und mit poetischem Witz in Philippe de Brocas *Les jeux de l'amour, Le farceur* und *L'amant de cinq jours*. In Detektiv- und Kostümfilmen variiert er diese Rolle, so als Louis XIV in den Musketier-Filmen von Richard Lester. Seit Ende der 60er Jahre zeigt er, was sich hinter der freundlichen Maske verbirgt: in Jean-Pierre Melvilles *L'armée des ombres* ist es eine Neurose, in Claude Chabrols *La rupture* und Luis Buñuels *Le charme discret de la bourgeoisie* die bürgerliche Doppelmoral. Diese Differenzierungen kann er in Filmen von Pierre Kast (*Le soleil en face*), Joseph Losey (*La truite*) und Robert Altman (*Vincent et Theo*) noch weitertreiben.

[FR] 1950: Pigalle – Saint-Germain-des-Prés. 1953: Saluti et baci/La route du bonheur [IT/FR]. 1956: The Happy Road (Straße des Glücks) [US/FR]. 1957: La peau de l'ours (Keine Rose ohne Dornen); Les surmenés [KF]; A pied, à cheval et en voiture (Der unfreiwillige Raketenflieger). 1958: Sacrée jeunesse; Et ta soeur?; En cas de malheur/La ragazza del peccato (Mit den Waffen einer Frau) [FR/IT]; Le désordre et la nuit (Im Mantel der Nacht). 1959: Les jeux de l'amour (Liebesspiele); La marraine de Charley. 1960: Napoléon II, l'Aiglon (Kaiserliche Hoheit); Le farceur (Wo bleibt da die Moral, mein Herr?); La marraine de Charley; Candide ou l'optimisme au XXe siècle (Candide oder Der Optimismus im 20. Jahrhundert); L'Amant de cinq jours/L'Amante de 5 giorni (Liebhaber für fünf Tage) [FR/IT]. 1961: Les 7 péchés capitaux/I sette peccati capitali. 1. EP: L'avarice (Die sieben Todsünden) [EP – FR/IT]; La gamberge (Die tolle Masche); Le caporal épinglé (Der Korporal in der Schlinge). 1962: Arsène Lupin contre Arsène Lupin/Arsenio Lupin contro Arsenio Lupin (Auch Stehlen will gelernt sein) [FR/IT]. 1963: Cyrano e d'Artagnan/Cyrano et d'Artagnan/Cyrano y d'Artagnan (Der letzte Musketier) [IT/FR/ES]; Les plus belles escroqueries du monde/EP: L'homme qui vendit la Tour Eiffel (Die Frauen sind an allem schuld) [EP – FR/IT/NL/JP]. 1964: Nunca pasa nada/Une femme est passée (Eine Frau ging vorbei) [ES/FR]; Un monsieur de compagnie/Poi ti sposerò (Ich war eine männliche Sexbombe) [FR/IT]; Alta infedeltà. 3. EP: Sospirosa/Haute infidelité (Ehen zu dritt) [EP – IT/FR]. 1965: Those Magnificent Men in Their Flying Machines (Die tollkühnen Männer in ihren fliegenden Kisten) [GB]; Les fêtes galantes (Die Festung fällt, die Liebe lebt) [FR/RO]. 1966: Jeu de massacre (Mordgeschichten); Paris brûle-t-il?/Is Paris Burning? (Brennt Paris?) [FR/US]. 1967: Le dolci signore (Ladies, Ladies) [IT]. 1968/69: Oh! What a Lovely War (Oh! What a Lovely War) [GB]. 1969: L'Armée des ombres/L'Armata degli eroi (Armee im Schatten) [FR/IT]. 1970: Le bateau sur l'herbe; La rupture/All'ombra del delitto (Hallucination) (Der Riß) [FR/IT/BE]; L'Ours et la poupée (Der Bär und die Puppe). 1971: Malpertuis/Malpertuis – Geisterschloß des Todes [BE/FR/BRD]. 1972: Le charme discret de la bourgeoisie/Il fascino discreto della borghesia/El discreto encanto de la burguesía (Der diskrete Charme der Bourgeoisie) [FR/IT/ES]. 1973: Baxter! (Baxter und die Rabenmutter) [GB]; The Three Musketeers (The Queen's Diamond) (Die drei Musketiere) [PA]; Il magnate [IT]; Le mouton enragé/Il montone infuriato (Das wilde Schaf) [FR/IT]. 1974: Murder on the Orient Express (Mord im Orient-Expreß) [GB]; The Four Musketeers (The Revenge of Milady) (Die vier Musketiere der Königin) [PA]. 1975: Les oeufs brouillés; That Lucky Touch (Bleib mir ja vom Leib) [GB]; Docteur Françoise Gailland (Dr. med. Françoise Gailland). 1975/76: Folies bourgeoises/Twist/Die verrückten Reichen [FR/IT/BRD]. 1976: L'Oeil de l'autre. 1977: Who is Killing the Great Chefs of Europe (Die Schlemmer-Orgie) [US]. 1978: Grandisson [BRD]; Je te tiens, tu me tiens par la barbichette; Les rendez-vous d'Anna/Rendezvous d'Anna [FR/BE/BRD]. 1978/79: De Dunquerque à la victoire/Contro 4 bandiere/De Dunkerke a la victoria (Nur drei kamen durch) [IT/FR/ES]. 1979: La ville des silences; 5% de risques (Fünf Prozent Risiko) [FR/BE]; Le soleil en face; La giacca verde (Ein seltsames Spiel) [TV – IT]. 1980: Superman II (Superman II – Allein gegen alle) [GB]. 1981: Eaux profondes (Stille Wasser); Nudo di donna/Nu de femme (Die nackte Frau) [IT/FR]; La vie continue (Doch das Leben geht weiter). 1981/82: La guérillera [FR/IT/ES]. 1982: Ehrengard [IT]; La truite (Eine Frau wie ein Fisch). 1983: Vive la sociale. 1985: Tranches de vie (Meilensteine des Lebens). 1987: Il segreto del Sahara/Das Geheimnis der Sahara [TV – IT/FR/BRD/ES]; Sentimental Journey [TV – BRD]. 1988: The Return of the Musketeers (Rückkehr der Musketiere) [GB/FR/ES]; Mangeclous; Chouans! (Chounans! – Revolution der Leidenschaft). 1989: Mister Frost (Der teuflische Mister Frost) [FR/GB]; Disperatamente Giulia/Giulia [TVS – IT/BRD/AT]. 1990: The Maid (Anthony, das Kindermädchen) [US/FR]; The Fatal Image (Aufnahme: Mord) [US]; La montagna dei diamanti [TV – IT]. 1990–92: Fantaghirò – La grotta della rosa d'oro [TVS – IT]. 1991: Sur la terre comme au ciel (Verschwörung der Kinder) [BE/FR/ES]; The Favour, the Watch and the Very Big Fish/La montre, la croix et la manière (Der Gefallen, die Uhr und der sehr große Fisch) [GB/FR]; Aqui D'El Rei!/Lieutenant Lorena/El Teniente Lorrena [PT/ES/FR]. 1992: Mit Schwert und Leidenschaft [TV]; Amor e dedinhos de pe/Macao mépris & passion [PT/FR]; Coup de jeune; Pétain; L'Oeil ecarlate; Notorious [TV – US]. 1993: Metisse; L'enfer (Die Hölle); Cha Forte com Limao [PT]; Casque bleu; Das Geheimnis des 13. Wagens/Le treizieme wagon [TV – DE/FR/GB]. 1994: Ready to Wear (Prêt-à-Porter) [US]. 1995: La cérémonie/Biester [FR/DE]; Tatort: Eine todsichere Falle [TV]. 1996: Flairs ennemis [TV]. 1997: Un printemps de chien [TV].

Castel, Lou

(Ulv Quarzell)
*28. 5. 1943 Bogotà (Kolumbien)

Sohn eines schwedischen Vaters und einer anglo-irischen Mutter. Schulbesuch in Jamaika, New York, Frankreich und Stockholm. Zweijähriges Studium am Centro Sperimentale di Cinemato und an der Schauspielschule von Alessandro Fersen in Rom. Nach dem großen Erfolg in Marco Bellocchios *I pugni in tasca* (1965) als Familienmörder und Selbstmörder zunächst mehrfach in der Rolle junger Anarchisten. Im folgenden Filme der série Z in Italien und in Werken der Avantgarde. 1972 wegen fehlender Aufenthaltserlaubnis aus Italien ausgewiesen. Filmarbeit in verschiedenen europäischen Ländern, auch in Produktionen des Neuen Deutschen Films, so als Regisseur Jeff in Fassbinders Selbstreflexion *Warnung vor einer heiligen Nutte* und als Rodolphe in Wenders' *Der amerikanische Freund*.

[IT] 1962: Il Gattopardo/Le guepárd (Der Leopard) [IT/FR]. 1965: I pugni in tasca (Mit der Faust in der Tasche). 1966: Quien sabe? (Töte Amigo); Transfert per kamera – Virulentia [D,P – KF]; Francesco d'Assisi [TV]. 1966/67: Requiescant/Mögen sie in Frieden ruh'n [IT/BRD]. 1967/68: I protagonisti (Bandit zu besichtigen). 1968: Galileo [IT/BG]; Grazie, zia (Danke, Tante); Lucrezia/Lucrezia Borgia – Die Tochter des Papstes [IT/AT]. 1969: Bocce cucite [IT/FR]; Con quale amore, con quanto amore; Paranoia/Una droga llamada Helen [IT/FR/ES]. 1970: Warnung vor einer heiligen Nutte [BRD/IT]; Matalo! (Willkommen in der Hölle!) [IT/ES]. 1971: Nel nome del padre (Im Namen des Vaters); Policeman; Utopia [TV]; Movimiento studentesco [TV]. 1972: Planeta Venere (Der Planet Venus); Stress; Terza ipotesi su un caso di perfetta strategia criminale (Mord exklusiv). 1972/73: Der scharlachrote Buchstabe/La lettera scarlatta [BRD/ES]. 1973: Voyage en Grande Tartarie (Reise in die große Tartarei) [FR]. 1973/74: Nada/Sterminate «Gruppo Zero» (Nada) [FR/IT]. 1974: L'Ultimo giorno di scuola prima delle vacanze di Natale; Gangsterfilmen/En främling steg av tåget (Gangsterfilm) [SE]. 1975: Output [DE]. 1975/76: Come una rosa al naso (Ramba Zamba mit der Mafia) [IT/GB]. 1976: Caro Michele; Cambio de sexo [ES]; Cassandra Crossing [BRD/IT]; La prova generale. 1976/77: Der amerikanische Freund/L'ami américain [BRD/FR]. 1977: Les enfants du placard (Die verschworenen Kinder) [FR]; Porci con le ali; Regel ohne Ausnahme [BRD]; Violanta [CH]. 1982: Gli occhi, la bocca/Les yeux, la bouche (Die Augen, der Mund) [IT/FR]. 1984: Fraulein [TV – BRD]; Der Beginn aller Schrecken ist Liebe [BRD]. 1986: L' Île au trésor [FR]. 1989: Gli angeli del potere; Che ora è?/Quelle heure est-il? (Wie spät ist es?) [IT/FR]. 1990: Fuga da kayenta (Tortilla Road). 1991: Doris, una diva del Regime [TV]; Uova di garofano [TV]; Un posto freddo in fondo al cuore [TV]; Un bambino in fuga tre anni dopo; Zuppa di pesce. 1991/92: Year of the Gun (Verliebt in die Gefahr) [US]; Assolto per aver commesso il fatto. 1992: Dall' altra parte del mondo; Manila paloma bianca; Carillon. 1993: La naissance de l'amour [FR]. 1996: Trois vies et une seule mort/Tres vidas e uma so morte [FR/PT]; Encore [FR]; Irma Vep (Irma Vep) [FR]. 1996/97: Sinon, oui [FR].

Celentano, Adriano

*6. 1. 1938 Mailand

Er beginnt als 18jähriger zu singen, ist in den 60er und 70er Jahren ein erfolgreicher Pop-Sänger. 1959/60 spielt er sich selbst in Federico Fellinis *La dolce vita*. 1964 dreht er als Regisseur und Hauptdarsteller *Super rapina a Milano*. Der Versuch mißglückt, und er spielt eine Zeitlang in Filmen anderer Regisseure (*Serafino*, Pietro Germi; *Le cinque giornate*, Dario Argento), ehe er 1975 mit *Yuppi du* einen erneuten Regieversuch wagt: Neben Charlotte Rampling spielt Celentano auch in diesem unterhaltsamen und etwas eigenartigen Märchen eine Hauptrolle. Großen Erfolg hat Celentano hauptsächlich als Darsteller; mit den Regisseuren Sergio Corbucci und dem Duo Castellano/Pipolo dreht er in den 70er Jahren eine Reihe von populären Komödien, so *Mani di velluto*, *Il bisbetico domato* und *Asso*. Danach läuft sich sein Stil durch Wiederholung tot, und Celentano verliert Mitte der 80er Jahre die Gunst des Publikums. *Joan Lui*, ein Großprojekt, das er 1985 als Regisseur und Darsteller eines Christus der 80er Jahre verwirklicht, wird einer der größten Flops des italienischen Kinos.

[IT] 1959: Juke-box, urli d'amore; I ragazzi del juke box. 1959/60: La dolce vita/La douceur de vivre (Das süße Leben) [IT/FR]; Urlatori alla sbarra. 1961: Io bacio ... tu baci. 1962/63: Uno strano tipo. 1963: Il monaco di Monza. 1964: Super rapina a Milano [D,R,CoA,CoM]. 1967: La piú bella coppia del mondo. 1968: Serafino (Serafino, der Schürzenjäger). 1971: Er piú – Storia d'amore e di coltello. 1972: Bianco, rosso e .../Une bonne plaque/Blanco, rojo y ... (Die Sünde) [IT/FR/ES]. 1973: Rugantino; Le cinque giornate; L'emigrante/Un Trabajo tranquilo/Der Kleine mit dem großen Tick (Die Kleine mit dem großen Tick). 1975: Di che segno sei? [EP]; Yuppi du (Yuppi Du) [D,R,A,M,CUT,P]. 1976: Bluff, storia di truffe e di imbroglioni (Bluff). 1976/77: L'altra metà del cielo [D,CoM]. 1977: Ecco noi per esempio † 1978: Zio Adolfo, in arte Führer; Geppo il folle [D,R,A,M,CUT,P]. 1979: Mani di velluto (Der Millionenfinger); Sabato, domenica e venerdì/Sábado, domingo y viérnes. 3. Ep: Venerdì (Ein total versautes Wochenende) [EP – IT/ES]. 1980: Qua la mano. 2. Ep: Il prete ballerino (Don Tango – Hochwürden mit der kessen Sohle) [EP]; Il bisbetico domato (Der gezähmte Widerspenstige); La locandiera (Mirandolina). 1981: Innamorato pazzo (Gib dem Affen Zukker); Asso (Asso). 1982: Grand Hôtel Excelsior (Wer hat dem Affen den Zukker geklaut?); Bingo Bongo (Bingo Bongo). 1983: Segni particolari: bellissimo (Besondere Kennzeichen: Bellissimo); Sing Sing (Sing Sing). 1984/85: Lui è peggio di me (Der Größte bin ich). 1985: Joan Lui – Ma un giorno nel paese arrivo io di lunedi (Joan Lui) [D,R,A,CoM,CUT,P]. 1986: Il burbero. 1992: Jackpot.

Čerkasov, Nikolaj

(Nikolaj Konstantinovič Čerkasov)

*27. 7. 1903 St. Petersburg

†14. 9. 1966 Moskau

Nach Ballettausbildung tritt er in Petrograd dem Ausdrucksstudio der Oper bei, ist später Komparse und Episodendarsteller am Marien-Theater. Ab 1923 Studium an der Theaterakademie Leningrad, anschließend Engagement am Theater der Jugend, ab 1933 am Puškin-Theater in Leningrad. Filmdebüt 1927 in Vladimir Gardins *Poet i car'*. 1937 erste bedeutende Filmrolle: Professor Poležaev in *Deputat Baltiki* (Aleksandr Zarchi, Iosif Chejfic). Im selben Jahr spielt er den Zarewitsch Aleksej in Vladimir Petrovs *Petr Pervyj*. Krönung seiner Laufbahn sind bei

Sergej Ejzenštejn die Titelrollen in *Aleksandr Nevskij* sowie in *Ivan Groznyj*. Auch wenn sich Čerkasov über Ejzenštejns rigiden Regiestil beklagt («er behandelt seine Schauspieler wie Wachspuppen»), verbindet ihn doch mit ihm eine intensive künstlerische Freundschaft. Bis zuletzt macht er seinen Einfluß als Mitglied des Obersten Sowjets geltend, um dem in Ungnade gefallenen Ejzenštejn zu helfen. Čerkasov verkörpert historische und zeitgenössische Persönlichkeiten mit außergewöhnlichem psychologischem Einfühlungsvermögen, so Maksim Gor'kij in Michail Romms *Lenin v 1918 godu* (1939), die Titelrolle des Physikers in *Aleksandr Popov* (Herbert Rappaport, Viktor Ejsymont) und Majakovskij in E. Vermiševas *Oni znali Majakovskogo* (1955). In Grigorij Kozincevs *Don Kichot* (1957) spielt er die tragikomische Titelrolle mit großem humanistischem Pathos. 1963 wählen ihn die Leser der Zeitschrift «Sovetskij ekran» für die Rolle des Wissenschaftlers Dronov in *Vse ostaetsja ljudjam* (Grigorij Natanson) zum besten sowjetischen Schauspieler des Jahres, gleichzeitig erhält er den Darstellerpreis des I. Allunionsfilmfestivals. Er erhält mehrere nationale Auszeichnungen. 1953 erscheint seine Autobiografie, es folgt 1958 sein Buch «Četvertyj Don Kichot». 1970 entsteht über Čerkasov der Kompilationsfilm *Rjadom s drugom* (A. Abramov).

[SU] 1927: Poet i Car' (Zar und Dichter). 1928: Ego prevoschoditel'stvo; Moj syn (Das Kind des Anderen). 1929: Luna sleva. 1930: Vsadniki vetra. 1932: Sčast'e (Das Glück). 1934: Ljublju li tebja; Pervaja ljubov'. 1935: Granica; Gorjaèie denečki; Ženit'ba Jana Knukke. 1936: Džul'bars (Abenteuer in den Bergen); Deti kapitana Granta (Die Kinder des Kapitän Grant). 1937: Petr Pervyj I (Peter der Erste. 1); Za Sovetskuju Rodinu; Deputat Baltiki (Stürmischer Lebensabend). 1938: Čelovek s ruž'em (Der Mann mit dem Gewehr); Druz'ja; Ostrov sokrovišč (Die Schatzinsel); Aleksandr Nevskij (Alexander Newsky). 1939: Lenin v 1918 godu (Lenin 1918); Petr Pervyj II (Peter der Erste. 2). 1941: Suvorov (Suworow). 1942: Ego zovut Suche-Bator (Suche Bator); Boevoj kinosbornik No. 10. 1943: Doroga k zvezdam; Nepobedimye; Šest'desjat dnej. 1945: Ivan Groznyj (Iwan, der Schreckliche). 1947: Novyj dom (Zwei Hochzeiten); Pirogov (Der Chirurg Pirogow); Vesna (Frühling); Vo imja žizni (Im Namen des Lebens). 1949: Sčastlivogo plavanija; Aleksandr Popov (Das erste SOS); Stalingradskaja bitva (Stalingrader Schlacht); Akademik Ivan Pavlov (Entschleierte Geheimnisse). 1950: Musorkskij (Melodie des Lebens). 1953: Rimskij-Korsakov (Rimski-Korsakow). 1955: Oni znali Majakovskogo. 1957: Don Kichot (Don Quichotte). 1963: Melodii Dunaevskogo; Vse ostaetsja ljudjam (Alles bleibt den Menschen). 1966: Tret'ja molodost' [SU/FR]. 1970: Rjadom s drugam [DOK].

Cervi, Gino

(Luigi Cervi)
*3. 5. 1901 Bologna
†3. 1. 1974 Punta Ala (Grosseto)

Sohn eines Theaterkritikers. Nach dem Bühnendebüt 1924 ist er in den bedeutenden Ensembles tätig und hat großen Erfolg z. B. als Shakespeares Falstaff. 1932 Filmdebüt in Gennaro Righellis *L'armata azzurra*. Er wird bald einer der populärsten Schauspieler des italienischen Films der 30er Jahre. Sein gutmütiges Gesicht bildet den eindrucksvollen Gegensatz zum mächtigen Körper. Seine besten Rollen verdankt er Alessandro Blasetti: In *4 passi fra le nuvole*, in dem er einen Handelsvertreter spielt, der in das dramatische Leben einer unverheirateten jungen Mutter hineingezogen wird, sieht die Kritik später einen Vorgriff auf den Neorealismus. Erwähnenswert sind Cervis Leistungen in Mario Camerinis Film *Una romantica avventura* und besonders in Amleto Palermis *La peccatrice* (1940), in dem er auf seine typische Gutmütigkeit verzichtet, um in die Person eines empfindungslosen Buchhalters zu schlüpfen. Nach dem Krieg spielt er u. a. in Michelangelo Antonionis *La signora senza camelie*. 1953 wird Cervi mit dem Nastro d'argento (italienischer Oscar) für seine Gesamtleistung geehrt. Internationale Popularität erringt er in den 50er Jahren an der Seite von Fernandel in der Lustspielfilm-Serie um *Don Camillo*. Er verleiht der Figur des kommunistischen Bürgermeisters Peppone die große Menschlichkeit, die man auch in seiner Darstellung des Kommissars Maigret wiederfindet, den er 1964–72 für die Serie *Le inchieste del commissario Maigret* des italienischen Fernsehens verkörpert. In Florestano Vancinis *La lunga notte del '43* (1960) einfühlsame Verkörperung eines faschistischen Machthabers.

[IT] 1932: L'armata azzurra (Die Himmelsflotte). 1934: Frontiere. 1935: Aldebaran; Amore/La route heureuse [IT/FR]. 1936: I due sergenti. 1937: Gli uomini non sono ingrati; Voglio vivere con Letizia. 1938: I figli del Marchese Lucera; Ettore Fieramosca (Stürme über Morreale); L'argine; Inventiamo l'amore. 1938/39: Un'avventura di Salvator Rosa (Der Kavalier mit der Maske). 1940: Melodie eterne; Il sogno di tutti; La corona di ferro; Una romantica avventura (Walzer einer Nacht); La peccatrice. 1941: I promessi sposi. 1941/42: La regina di Navarra. 1942: 4

passi fra le nuvole; Quarta pagina; Don Cesare di Bazan; L'ultimo addio; Acque di primavera. 1943: Gente dell'aria; T'amero sempre; La locandiera; Tristi amori; Nessuno torna indietro; Che distinta famiglia! 1944/45: Vivere ancora. 1945: Quartetto Pazzo; Lo sbaglio di essere vivo; Le miserie del signor Travet. 1945/46: Malìa. 1946: L'angelo e il diavolo; Un uomo ritorna; Aquila nera (Schwarzer Adler); Cronaca nera; Umanità. 1947: Daniele Cortis; I miserabili: La caccia all'uomo/Tempesta su Parigi; Furia (Stürme der Leidenschaft). 1948: Guglielmo Tell; Anna Karenina (Anna Karenina) [GB]. 1948/49: Fabiola (Fabiola). 1949: La fiamma che no si spegne; Nerone e Messalina (Nero – der Untergang Roms); Il cielo è rosso; Anselmo ha fretta (Länger kann die Braut nicht warten); Matthäus-Passion [AT]; Yvonne la nuit. 1949/50: Donne senza nome (Frauen ohne Namen). 1950: Il caimano del Piave; Sigillo rosso; La scogliera del peccato. 1950/51: Il Cristo proibito (Der verbotene Christus). 1951: Cameriera bella presenza offresi ...; O.K. Nerone (O.K. Nero). 1951/52: Tre storie proibite. 3. Ep. (Hemmungslos – Drei verbotene Geschichten) [EP]. 1952: La regina di Saba (Die Königin von Saba); La signora senza camelie/La dame sans camélia (Die Dame ohne Kamelien) [IT/FR]; Moglie per una notte (Frau für eine Nacht); Don Camillo/Le petit monde de Don Camillo (Don Camillo und Peppone) [IT/FR]; La dame aux camélias/La signora dalle camelie [FR/IT]. 1953: Les trois mousquetaires/Fate largo ai moschettieri! (Abenteuer der drei Musketiere) [FR/IT]; Le retour de Don Camillo/Il ritorno di Don Camillo (Don Camillos Rückkehr) [FR/IT]; Si Versailles m'était conté (Versailles – Könige und Frauen) [FR]; Addio, mia bella signora!; Cavallina storna; Stazione Termini/Indiscretion of an American Wife (Rom – Station Termini) [IT/US]. 1953/54: Maddalena/Une fille nommée Madeleine (Magdalena – Tagebuch einer Verlorenen) [IT/FR]. 1954: Il cardinale Lambertini; La grande avventura; Una donna libera/Femmes libres [IT/FR]. 1954/55: Napoléon/Napoleone Bonaparte (Napoleon) [FR/IT]. 1955: Non c'è amore più grande (Erkauftes Glück); Il coraggio (Der Lebensretter); Don Camillo e l'onorevole Peppone (Die große Schlacht des Don Camillo); Frou-Frou/Frou-Frou (Frou-Frou, die Pariserin) [FR/IT]; Gli innamorati/Les amoureux (Die Verliebten) [IT/FR]. 1956: Moglie e buoi ...; Beatrice Cenci/Le château des amants maudits (Ein zarter Hals für den Henker) [IT/FR]; Guardia, guardia scelta, brigadiere e maresciallo. 1957: Le belle dell'aria/Las Aeroguapas [IT/ES]; Los amantes del desierto/Amanti del deserto (Der Sohn des Scheik) [ES/IT]; El pasado te acusa [ES]; Amore e chiacchiere/Hablemos de amor (Liebe und Geschwätz) [IT/ES]. 1958: The Naked Maja (Die nackte Maja) [US]; Agguato a Tangeri/Un hombre en la red (Brennpunkt Tanger) [IT/ES]; Nel segno di Roma/Sous le signe de Roma/Im Zeichen Roms [IT/FR/BRD]; Sans famille/Senza famiglia [FR/IT]. 1959: Cartagine in fiamme/Carthage en flammes (Karthago in Flammen) [IT/FR/GB]; Brevi amori a Palma di Majorca [IT/ES]; L'assedio di Siracusa (Archimede)/La Charge de Syracuse (Archimedes – der Löwe von Syrakus) [IT/FR]; Le grand chef/Noi gangsters [FR/IT]; Geheimaktion Schwarze Kapelle/I sicari di Hitler/R. P. Z. appelle Berlin [BRD/FR/IT]. 1959/60: Herrin der Welt. 2 Teile/Il misterio dei tre continenti/Le mystères d'Angkor [BRD/IT/FR]. 1960: Le olimpiadi dei mariti; La rivolta degli schiavi/La rebelion de los esclavos/Die Sklaven Roms [IT/ES/BRD]; La lunga notte del '43/La longue nuit de 1943 (Die lange Nacht von 43) [IT/FR]; Femmine di lusso (Luxusweibchen). 1961: Un figlio d›oggi (Der Erpresser ruft an); Don Camillo monsignore ... ma non troppo (Hochwürden Don Camillo); Dieci italiani per un tedesco (Via Rasella); Che gioia vivere!/Quelle joie de vivre (Halt mal die Bombe, Liebling) [IT/FR]; Gli attendenti (Unser Bursche, der Herr Professor). 1962: Avventura al motel; La smania addosso/ Viol à l'talienne (Heirat auf sizilianisch) [IT/FR]; La monaca di Monza [IT/FR]; Il giorno più corto; Anni ruggenti; Le crime ne paie pas/Il delitto non paga. 1. Ep: Le masque (Verbrechen aus Liebe) [EP – FR/IT]; Il cambio della guardia/En avant la musique [IT/FR]. 1963: Gli onorevoli; Volles Herz und leere Taschen/La donna creo l'uomo [BRD/IT]. 1964: Becket (Becket) [GB]. 1964–72 Le inchieste del commissario Maigret [TVS]. 1965: Il compagno Don Camillo/Don Camillo en Russie (Genosse Don Camillo) [IT/FR]; Et la femme créa l'amour [FR]. 1967: Maigret à Pigalle (Maigret und der Würger von Montmatre) [IT/FR]. 1971: Fratello ladro; Uccidere in silenzio. 1972/73: I racconti romani di un 'ex-novizia.

Chamberlain, Richard

(George Chamberlain)
*31. 3. 1935 Los Angeles
Ab Ende der 50er Jahre in einigen TV-Serien, u. a. in der Western-Serie *Gunsmoke*. Popularität jedoch erst mit der Titelrolle in 200 Folgen der erfolgreichen Serie *Dr. Kildare* (1961–66). Er wird erfolgreicher Fernsehschauspieler, der nur gelegentlich Abstecher zum Kino macht, häufig in britischen Produktionen: als Aramis in den Musketier-Filmen von Richard Lester, als schwuler russischer Komponist Tchaikovsky in Ken Russells *The Music Lovers* (1970). 1974 als *Count of Monte Cristo* in TV-Film. 1980 große Popularität durch Jerry Londons TV-Serie *Shogun* nach James Clavell sowie 1983 durch die Serie *The Thorn Birds* nach Colleen McCullough; 1995 Fortsetzung mit *The Thorn Birds – The Missing Years*.

[US] 1959: Mr. Lucky [TVS]; Bourbon Street Beat [TVS]. 1959–61: Gunsmoke (Rauchende Colts) [TVS]. 1960: The Secret of the Purple Reef. 1960–61: Thriller [TVS]. 1961: A Thunder of Drums (Massaker im Morgengrauen). 1961–66: Dr. Kildare [TVS]. 1963: Twilight of Honor (Rufmord). 1965: Joy in the Morning. 1968: Petulia (Petulia); Portrait of a Lady [TV – GB]. 1969: The

Madwoman of Chaillot (Die Irre von Chaillot) [GB]. 1969/70: Julius Caesar [TV – GB]. 1970: The Music Lovers (Tschaikowsky – Genie und Wahnsinn) [GB]; Hamlet [TV]. 1972: The Woman I Love [TV]; Lady Caroline Lamb (Die große Liebe der Lady Caroline) [GB]. 1973: The Three Musketeers (The Queen's Diamond) (Die drei Musketiere) [PA]. 1974: Towering Inferno (Flammendes Inferno); The Count of Monte-Cristo (Der Graf von Monte Christo) [TV – GB]; F. Scott Fitzgerald and «The Last of the Belles» [TV]; Lady Is Not for Burning [TV]; The Four Musketeers (The Revenge of Milady) (Die vier Musketiere der Königin) [PA]. 1976: The Man in the Iron Mask (Der Mann mit der eisernen Maske) [TV – GB]; The Slipper and the Rose (Cinderallas silberner Schuh) [GB]. 1977: The Last Wave (Die letzte Flut) [AU]. 1978: The Swarm (Der tödliche Schwarm); Centennial [TVS]. 1980: Bells (Starkstrom) [CA]; Shogun (Shogun) [TV]. 1983: The Thorn Birds (Dornenvögel) [TVS]; Cook and Peary: The Race to the North Pole (Mission Nordpol) [TV]. 1985: Wallenberg: A Hero's Story (Raoul Wallenberg) [TV]; King Solomon's Mines (Quatermain – Auf der Suche nach dem Schatz der Könige). 1986: Dream West [TVS]; Allan Quatermain and the Lost City of Gold (Auf der Suche nach der geheimnisvollen Stadt). 1987: Casanova (Casanova) [TV – US/IT/BRD]; Bourne Identity (Agent ohne Namen) [TV]. 1988: The Return of the Musketeers (Rückkehr der Musketiere) [GB/FR/ES]. 1989: Island Son [TVS]. 1991: Aftermath: A Test of Love (Alptraum) [TV]; Night of the Hunter (Die Nacht des Jägers). 1993: Ordeal in the Arctic (Absturz in die weiße Hölle) [TV]. 1995: The Thorn Birds – The Missing Years (Dornenvögel – Die fehlenden Jahre); Bird of Prey (Die Tochter des Paten) [US/BG].

Chaney, Lon

(Alonzo Chaney)

* 1. 4. 1883 Colorado Springs (Colorado)

† 26. 8. 1930 Los Angeles

Sohn taubstummer Eltern. 1895 Requisitenhelfer und Bühnenmaler in einem Theater von Colorado Springs, Colorado. Zusammen mit seinem Bruder USA-Tourneen. 1906–07 Auftritte in verschiedenen kalifornischen Musical-Produktionen. 1913 Filmdebüt in Slapstick Comedies, dann umfangreiche Filmtätigkeit. Arbeitet anfangs häufig mit Allan Dwan und Joseph de Grasse zusammen. 1915–18 bei Carl Laemmles Universal. Er inszeniert einige Filme. Erste wichtige Rolle als Politiker in *Hell Morgan's Girl* (de Grasse). Star-Status 1919 durch die Titelrolle in George Loane Tuckers *The Miracle Man*. Er spielt vor allem Schurken und Gangster. Ab Anfang der 20er Jahre ist er einer der erfolgreichsten amerikanischen Schauspieler, der seine besten Rollen im klassischen Horrorfilm findet, u. a. bei Tod Browning. Internationale Popularität als Quasimodo in *The Hunchback of Notre Dame* (Wallace Worsley) und in *The Phantom of the Opera* (Rupert Julian). Durch außerordentliche Kunst des Schminkens wird er als «The Man of a Thousand Faces» berühmt. Die Einführung des Tonfilms bedeutet für diesen eng mit der Kunst des stummen Films verbundenen Schauspieler das Ende. Sohn Lon Chaney jr. (1906–73) ist ebenfalls ein vielbeschäftigter Filmschauspieler.

[US] 1913: Almost an Actress; Red Margaret; Bloodhounds of the North; The Sea Urchin; Back to Life; Poor Jake's Demise; The Trap. 1914: The Old Cobbler; By the Sun's Rays; Richelieu; Remember Mary Magdalen; Her Bounty; A Ranch Romance; Discord and Harmony; The Pipes of Pan; The Embezzler; The End of the Feud; The Lamb, the Woman, the Wolf; Her Grave Mistake; Her Life's Story; Honor of the Mounted; A Night of Thrills; A Miner's Romance; The Menace to Carlotta; The Forbidden Room; Lion, the Lamb, the Man; Lights and Shadows; The Lie; Her Escape; The Hopes of Blind Alley; Small Town Girl; The Adventures of François Villon: The Higher Law [Serial]; The Adventures of François Villon: The Oubliette [Serial]; The Tragedy of Whispering Creek; Virtue Is Its Own Reward; The Unlawful Trade. 1915: Lon of the Lone Mountain; The Sin of Olga Brandt; For Cash [D,R,P]; The Millionaire Paupers; The Measure of a Man; All for Peggy; Mountain Justice; Maid of the Mist; A Mother's Atonement; The Violin Maker [D,R,P]; Alas and Alack; When the Gods Played a Badger Game; An Idyll of the Hills; Where the Forest Ends; The Girl of the Night; Such Is Life; Star of the Sea; The Chimney's Secret [D,R,P]; Steady Company; The Desert Breed; The Stool Pigeon [D,R,P]; The Stronger Mind; Stronger Than Death; Under a Shadow; The Grind; The Trust [D,R,P]; An Elefant On His Hands; Bound on the Wheel; Pine's Revenge; Threads of Fate; The Fascination of the Fleur de Lis; Father and the Boys; Oyster Dredger [D,R,A,P]; Outside the Gates; Quits. 1916: Bobbie of the Ballet; Gilded Spider; Grasp of Greed; The Grip of Jealousy; Dolly's Scoop; Felix on the Job; Tangled Hearts; The Price of Silence; The Mark of Cain; If My Country Should Call; Place Beyond the Winds; The Piper's Price. 1917: The Scarlet Car; Bondage; The Rescue; A Doll's House; The Empty Gun; Pay Me/Vengenance of the West; Anything Once/ The Maverick; Fires of Rebellion; Hell Morgan's Girl; The Flashlight; Mask of Love; The Girl in the Checkered Coat; Triumph. 1918: The Grand Passion; Broadway Love; A Broadway Scandal; Riddle Gawne; Danger – Go Slow; That Devil Bateese; The Kaiser, the Beast of Berlin; The Talk of the Town; When Bearcat Went Dry; Fast Company. 1919: Victory; The Wicked Darling; The False Faces; Paid in Advance; The Miracle Man; A Man's Country. 1920: The Penalty; Treasure Island; Nomads of the North; The Gift Supreme; Daredevil Jack [Serial]; While Paris Sleeps [UA: 1923]. 1921: Outside the Law; Bits of Life. Ep: Hop; For Those We Love; The Ace of Hearts. 1922: Oliver Twist; Night Rose/Voices of the City; Shadows; The Light in the Dark; Flesh and Blood; A Blind Bargain; Quincy Adams Sawyer; The Trap. 1923: All the Brothers Were Valiant; The Shock; The Hunchback of Notre Dame (Der Glöckner von Notre Dame). 1924: He Who Gets Slapped (Der Mann, der die Ohrfeigen bekam); The Phantom of the Opera (Das Phantom der Oper); The Next Corner. 1925: The Monster; The ower of Lies (Der Narr und die Dirne); The Unholy Three (Die unheimlichen Drei). 1926: The Road to Mandalay; The Black Bird; Tell It to the Marines. 1927: Mr. Wu; The Unknown; Mockery; London After Midnight. 1928: The Big City; Laugh, Clown, Laugh (Lach, Clown, lach); West of Zanzibar; While the City Sleeps. 1929: Thunder; Where East Is East. 1930: The Unholy Three.

Chaplin, Charles

(Sir Charles Spencer Chaplin)
*16. 4. 1889 Brixton (London)
†25. 12. 1977 Vevey (Schweiz)
Mit 8 Jahren Mitglied der Eight Lancashire Lads in Londoner Music Halls. Später Europa- und USA-Tourneen mit den Pantomimen-Ensembles von Fred Karno. 1914 Filmdebüt für Mack Sennetts Keystone Co. im Einakter *Making A Living* (Henry Lehrman), Regiedebüt im Zweiakter *Caught in a Cabaret*. Im selben Jahr in 35 Slapstick Comedies, die er teilweise auch inszeniert. Von da an fungiert er bei fast allen Filmen als Regisseur, Autor, Hauptdarsteller und später auch Komponist. Chaplin wird mit seiner Mischung aus Situationskomik und Sentimentalität einer der bedeutendsten und populärsten Filmkomiker. 1915 Wechsel zur Essanay Co. und erster Höhepunkt *The Tramp*, womit er seinen Leinwandtyp prägt. Seine Markenzeichen sind Bärtchen, Melone, Stöckchen und der Watschelgang in übergroßen Schuhen. 1916 zur Mutual Film Corp. 1917 Gründung der Chaplin Film Corp. 1919 wird das Studio Teil der von ihm mit Mary Pickford, David W. Griffith und Douglas Fairbanks gegründeten United Artists, für die bis 1953 alle seine Filme entstehen. Meist spielt er den Landstreicher, den Tramp: in *The Kid* findet er das Baby Jackie Coogan, als Goldsucher in *The Gold Rush*. Für *The Circus* erhält er als Autor, Regisseur, Produzent und Darsteller 1928 einen Spezial-Oscar. In *City Lights* hilft er einem blinden Mädchen und hält trotz der erfolgreichen Einführung des Tonfilms weitgehend an der Stummfilmästhetik fest. Die Satire *Modern Times* ist ein Klagelied auf die Technisierung. Sein Beitrag zum Kampf gegen den Faschismus ist 1940 *The Great Dictator*, eine Satire auf Hitler, in der er eine Doppelrolle spielt: einen jüdischen Friseur und einen Diktator mit Bärtchen. 1952 porträtiert er einen alternden, altmodischen Clown in *Limelight*. Im gleichen Jahr verläßt er, betroffen von der Kommunistenhetze, die USA und lebt fortan in Vevey, Schweiz. 1954 Internationaler Friedenspreis. 1966 letzter Regie-Versuch mit dem Melodram *A Countess from Hong Kong*, in dem er nur einen Kurzauftritt absolviert. 1972 Spezial-Oscar für Verdienste um den amerikanischen Film. 1975 wird er von der englischen Königin geadelt. 1964 erscheint «My Autobiography».
Von seinen Kindern wird vor allem Tochter Geraldine eine international anerkannte Schauspielerin. In ihrer TV-Serie *Unknown Chaplin* können die Dokumentaristen Kevin Brownlow und David Gill 1982 auf unveröffentlichte Filmaufnahmen aus Chaplins Privatarchiv zurückgreifen. 1992 dreht Richard Attenborough mit Richard Downey jr. das Biopic *Chaplin* nach der Biografie von David Robinson.

[US] 1914: Making a Living; Kid Auto Races at Venice; Mabel's Strange Predicament; Between Showers (Chaplin klaut 'n Regenschirm); A Film Johnnie; Tango Tangles; His Favorite Pastime; Cruel, Cruel Love; Star Boarder; Mabel at the Wheel/His Daredevil Queen/Hot Finish; Twenty Minutes of Love; Caught in a Cabaret (Chaplin als Kellner) [D,CoR,CoA]; Caught in the Rain [D,R,A]; A Busy Day [D,R,A]; The Fatal Mallet/The Piledriver/The Rival Suitors/Hit Him Again [D,CoA]; Her Friend the Bandit/Mabel's Flirtation/A Thief Catcher [D,CoR,CoA]; The Knokkout (Chaplin und Fatty boxen); Mabel's Busy Day/Charlie and the Sausage/Love and Lunch/Hot Dogs (Chaplin als Wurstmaxe) [D,CoR,CoA]; Mabel's Married Life/When You're Married/The Squarehead (Chaplins erster Ehezwist) [D,CoR,CoA]; Laughing Gas (Chaplin als Zahnarzt) [D,R,A]; The Property Man [D,R,A]; The Face on the Bar Room Floor (Alkohol und Liebe) [D,R,A]; Recreation [D,R,A]; The Masquerader [D,R,A]; His New Profession [D,R,A]; The Rounders [D,R,A]; The New Janitor (Chaplin als Portier) [D,R,A]; Those Love Pangs [D,R,A]; Dough and Dynamite (Chaplin bäckt mit Dynamit) [D,R]; Gentlemen of Nerve/Some Nerve/Charlie at the Races [D,R,A]; His Musical Career (Chaplin schiebt Klaviere) [D,R,A]; His Trysting Place/Family Home [D,R,A]; Getting Acquainted/A Fair Exchange/Hello Everybody [D,R,A]; His Prehistoric Past (Chaplin als Urmensch) [D,R,A]; Tillie's Punctured Romance/Tillie's Nightmare/For the Love of Tillie/Marie's Millions. 1915: His Regeneration; His New Job (Chaplin will zum Film) [D,R,A]; A Night Out [D,R,A]; The Champion (Chaplin schlägt alles) [D,R,A]; In the Park (Abenteuer im Park) [D,R,A]; A Jitney Elopement (Chaplin heiratet) [D,R,A]; The Tramp (Jetzt kann's losgehen!) [D,R,A]; By the Sea (Wer niemals einen Rausch gehabt) [D,R,A]; Work (Das hält kein Pferd aus) [D,R,A]; A Woman (Chaplin als streitbare Jungfrau) [D,R,A]; The Bank (Der vorletzte Mann) [D,R,A]; Shanghaied [D,R,A]; A Night in the Show (Chaplin im Varieté) [D,R,A]; Carmen [D,R,A]. 1916: Police! (Hilf mir mal ein Ding drehen) [D,R,A]; The Floorwalker (Chaplin im Warenhaus) [D,R,A]; The Fireman (Chaplin bei der Feuerwehr) [D,R,A]; The Vagabond (Chaplin auf der Walze) [D,R,A]; One a.m. (Chaplin solo allein) [D,R,A]; The Count (Chaplin als Pseudograf) [D,R,A]; The Pawnshop (Chaplin als Pfandleiher) [D,R,A]; Behind the Screen (Chaplin bei Anna Boleyn) [D,R,A]; The Rink (Chaplin läuft Rollschuhe) [D,R,A]. 1917: Easy Street (Chaplin als Stütze der öffentlichen Ordnung) [D,R,A]; The Cure (Chaplin an der Quelle) [D,R,A]; The Immigrant (Chaplin als Auswanderer) [D,R,A]; The Adventurer (Chaplin im Sträflingskittel) [D,R,A]. 1918: A Dog's Life (Ein Hundeleben) [D,R,A]; Shoulder Arms (Gewehr über!) [D,R,A]; The Bond [D,R,A]. 1919: Sunnyside (Auf dem Lande) [D,R,A]; A Day's Pleasure (Ein Tag Vergnügen) [D,R,A]. 1920: The Mollycoddle. 1921: The Kid (The Kid) [D,R,A,P]; The Nut; The Idle Class (Feine Leute) [D,R,A,P]. 1922: Pay Day (Lohntag) [D,R,A,P]. 1923: The Pilgrim (Der Pilger) [D,R,A,P]; Souls for Sale; A Woman of Paris (Die Nächte einer schönen Frau) [D,R,A,P]. 1925: The Gold Rush (Goldrausch) [D,R,A,P]. 1928: The Circus (Zirkus) [D,R,A,P]; The Woman Disputed; Show People; City Lights (Lichter der Großstadt) [D,R,A,M,P]. 1935: Modern Times (Moderne Zeiten) [D,R,A,M,P]. 1939/40: The Great Dictator (Der große Diktator) [D,R,A,M,P]. 1946/47: Monsieur Verdoux (Monsieur Verdoux) [D,R,A,M,P]. 1952: Limelight (Rampenlicht) [D,R,A,M,P]. 1957: A King in New York (Ein König in New York) [D,R,A,M,P – GB]. 1966: A Countess from Hong Kong (Die Gräfin von Hongkong) [D,R,A,M – GB]. 1982: Unknown Chaplin [TVS – GB].

Chaplin, Geraldine

* 31. 7. 1944 Santa Monica (California)

Tochter von Charles Chaplin und Oona O'Neill. Sie verläßt 1952 zusammen mit den Eltern die USA. Schulbesuch in der Schweiz. Nach Absolvierung der Royal Ballet School London kurz als Tänzerin tätig. Filmdebüt 1952 in *Limelight* unter der Regie ihres Vaters. 1964 erste wichtige Filmrolle in *Par un beau matin d'été* (Jacques Deray). 1967 Broadway-Debüt in «The Little Foxes» unter Mike Nichols. 1966–67 Mitwirkung in einigen Folgen der spanischen TV-Serie *La Familia Colon*. Die schlanke, fast zerbrechlich wirkende Chaplin erregt dadurch die Aufmerksamkeit des spanischen Regisseurs Carlos Saura, ihres späteren Lebensgefährten, der mit ihr neun Filme dreht. 1967 verkörpert sie die Zwillinge in seinem Film *Peppermint Frappé*. Sie wird eine der bekanntesten europäischen Schauspielerinnen, die in Spanien, Frankreich, Deutschland, England, ab 1975 auch in den USA arbeitet, dort hauptsächlich mit Robert Altman, z. B. als affektierte BBC-Journalistin in *Nashville*. Auch Filme mit Alan Rudolph, so als rachebesessene Emily in *Remember My Name*. 1993 in Martin Scorseses *The Age of Innocence*, 1996 in der Literaturverfilmung *Jane Eyre*.

1952: Limelight (Rampenlicht) [US]. 1964: Par un beau matin d'été/Rapina al sole/Secuestro bajo el sol (An einem heißen Sommermorgen) [FR/IT/ES]; Dernier soir [KF – FR]. 1965: Doctor Zhivago (Doktor Schiwago) [US]; Féminin singulier: Geraldine Chaplin [TV-DOK – FR]. 1965/66: Andremo in città (Wir fahren in die Stadt) [IT]. 1966: A Countess from Hong Kong (Die Gräfin von Hongkong) [GB]. 1966–67: La Familia Colon [TVS – ES]. 1966/67: Stranger in the House (Der Fremde im Haus) [GB]. 1967: J'ai tué Raspoutine/Addio Lara! (Ich tötete Rasputin) [FR/IT]; Peppermint frappé (Peppermint Frappé) [ES]; The Danny Thomas Hour: TheScene [TVS – US]; Les grandes vacances (Balduin der Ferienschreck) [FR]. 1968: Stress es tres tres (Stress zu dritt) [ES]. 1969: La madriguera (Höhle der Erinnerungen) [D,CoA – ES]. 1970: The Hawaiians (Herrscher der Insel) [US]; El jardin de las delicias (Garten der Lüste) [ES]. 1971: Z.P.G. – Zero Population Growth (ZPG – Die Erde stirbt/Geburten verboten) [GB]; Sur un arbre perché (Balduin, der Sonntagsfahrer) [FR]; I Racconti di Canterbury/Les contes de Canterbury (Pasolinis tolldreiste Geschichten) [IT/FR]; Carlos [TV – BRD]. 1972: La casa sin fronteras (Haus ohne Grenzen) [ES]; Ana y los lobos (Anna und die Wölfe) [ES]; Innocent Bystanders (Wer zuletzt lebt, lebt am besten) [GB]. 1973: The Three Musketeers (The Queen's Diamond) (Die drei Musketiere) [PA]; Verflucht dies Amerika [BRD]. 1974: ¿Y el prójimo? (Und der Nächste) [ES]; Sommerfluglene (Sommer des Schweigens) [NO]; Nuits rouges (L'homme sans visage) (Der Mann ohne Gesicht) [FR/IT]; The Four Musketeers (The Revenge of Milady) (Die vier Musketiere der Königin) [PA]; Le mariage à la mode [FR]. 1975: Cria cuervos (Züchte Raben und sie kratzen dir die Augen aus) [ES]; Nashville (Nashville) [US]. 1976: Buffalo Bill and the Indians or Sitting Bull's History Lesson (Buffalo Bill und die Indianer) [US]; Noroît (Nordwestwind) [FR]; Welcome to L.A. (Willkommen in Los Angeles) [US]; Scrim [NL]. 1977: Une page d'amour [BE]; Elisa, vida mía (Elisa, mein Leben) [ES]; In memoriam (Erinnerungen an Paulina) [ES]; Roseland (Der Tanzpalast) [US]. 1978: Mais où est donc Ornicar (Glaskäfige) [FR]; A Wedding (Eine Hochzeit) [US]; TheWord [TV – US]; Remember My Name (Du wirst noch an mich denken) [US]; Los ojos vendados/Les yeux bandes (Mit verbundenen Augen) [ES/FR]. 1979: L'Adoption (Verhängnisvolle Freundschaft) [FR]; Mamá cumple cien años (Mama wird, 100 Jahre alt) [ES/FR]. 1980: The Mirror

Crack'd (Mord im Spiegel) [TV – GB]; Le voyage en douce (Reise in die Zärtlichkeit) [FR]; La vidua de Montiel (Die Witwe des Montiel) [MX/CU/VE]. 1981: Les uns et les autres (Ein jeglicher wird seinen Lohn empfangen) [FR]. 1982/83: La vie est un roman (Das Leben ist ein Roman) [FR]. 1984: Casting [US]; L'Amour par terre (Theater der Liebe) [FR]. 1985: The Corsican Brothers [TV – US]. 1987: Die Kolonie [BRD]; White Mischief (Die letzten Tage in Kenya) [GB]. 1988: The Return of the Musketeers (Rückkehr der Musketiere) [GB/FR/ES]; The Moderns (The Moderns) [US]. 1988/89: I Want to Go Home (I Want to Go Home) [FR]. 1989/90: The Children (Meine liebe Rose) [GB/BRD]. 1990: Duel of Hearts (Duell der Leidenschaften) [GB]. 1991: Busters Bedroom [DE]. 1991/92: Chaplin (Chaplin) [GB/US]. 1992: Hors saison/Zwischensaison [CH/DE/FR]. 1992/93: A Foreign Field [TV – GB]. 1993: The Age of Innocence (Zeit der Unschuld) [US]. 1994: Words Upon the Window Pane [IE]. 1995: Para recibir el canto de los parajos (Der Gesang der Vögel) [BO]; Home for the Holidays (Familienfest und andere Schwierigkeiten) [US]. 1996: Crime Time [US]; Os Olhos da Asia [PT/FR/DE]; Gulliver's Travels [TV – US/GB]; Jane Eyre (Jane Eyre) [US]. 1997: The Odyssey [TVS – US].

Chatterjee, Soumitra

*1934

Er beginnt als Rundfunksprecher; später Amateurschauspieler, der von Ahindra Choudhury angeleitet wird. Auch literarisch tätig, ab 1962 Mitherausgeber der bengalischen Literaturzeitschrift «Eksham». Filmdebüt 1959 in *Apur Sansar* unter Regie von Satyajit Ray, mit dem die meisten seiner Filme entstehen. Unter anderem verkörpert er aufgrund seiner starken äußeren Ähnlichkeit mit dem jungen Tagore den berühmten bengalischen Dichter in *Charulata* (1964). Zusammen mit Uttam Kumar zählt er zu den bekanntesten Stars des bengalischen Films der 60er und 70er Jahre. Chatterjee ist vielseitig einsetzbar, so als Detektiv Felu in den Kinderfilmen *Sonar Kella* und *Joi Baba Felunath*, als barscher Taxifahrer in *Abhijaan*, als altersschwacher Brahmane Gamgacharan in *Ashani Sanket* und als Dr. Asok Gupta in *Ganashatru*.

[IN] 1959: Apur Sansar (Apus Weg ins Leben – Apus Welt). 1960: Kshudista Pashan; Devi. 1961: Jhinder Bandi; Punashcha; Teen Kanya; Swayambara; Swaralipi. 1962: Agun; Shasti; Abhijaan; Banarasi; Atal Jaler Ahwan. 1963: Shesh Prahar; Saat Pake Bandha; Barnali. 1964: Pratinidhi; Kinu Goyalar Gali; Charulata; Ayananta. 1965: Eki Ange Eto Rup; Ek Tuku Basa; Baksha Badal; Akash Kusum; Kapurush; Raj Kanya. 1966: Kanch Kata Hirey; Joradighir Choudhury Paribar; Manihar. 1967: Hathat Dekha; Prastar Swakshar; Ajana Shapath; Mahashweta. 1968: Parishodh; Baghini. 1969: Apirichita; Aranyer Din Ratri; Teen Bhubhaner Parey; Parineeta; Chena Achena. 1970: Aleyar Alo; Pratham Kadam Phool; Padmagolap. 1971: Khunje Berai; Sansar; Malayadaan. 1972: Basanta Bilap; Jiban Saikate; Natun Diner Alo; Nishi Kanya; Stree. 1973: Ashani Sanket; Epar Opar; Bilet Pherat; Shesh Pristhay Dekhun; Agni Bhramar. 1974: Asati; Chhutir Phande; Jadi Jantem; Sangini; Sonar Kella. 1975: Sudur Niharika; Sansar Simantey; Nishi Mrigaya. 1976: Nandita; Datta. 1977: Babu Moshai; Mantramugdha; Pratima. 1978: Joi Baba Felunath; Nadi Theke Sagare; Job Charnaker Bibi; Ganadevata; Pronoy Pasha. 1979: Nauka Dubi; Devdas. 1980: Hirak Rajar Deshe; Gharer Baire Ghar; Pankhiraj; Darpachurna. 1981: Khelar Putul; Nyay Anyay; Father. 1982: Simanta Raag; Agradani; Preyasi; Matir Swarga. 1983: Chena Achena; Amar Geeti; Indira. 1984: Ghare Baire; Kony; Achena Mukh; Vasundhara; Lal Golap. 1985: Tagori; Sandhya Pradeep; Baikunther Will. 1986: Atanka; Shyam Saheb; Urbashe. 1987: Nyay Adhikar; Sukumar Ray; Raj Purush. 1988: Channachara; Debibaran; Anjali; Agni Sanket; Agun; Agaman; Pratik. 1989: Amar Shapath; Ganashatru; Maryada; Jankar. 1990: Shakha Proshakha; Manasi; Ekhane Amar Swarga; Apon Amar Apon. 1991: Mahaprithibi. 1993: Uttoran.

Cher

(Cherilyn La Pierre Sarkisian)
*20. 5. 1946 El Centro (California)

Anfang der 60er Jahre Backgroundsängerin bei Phil Spector, Mitte des Jahrzehnts internationaler Erfolg zusammen mit ihrem Mann, dem Musikproduzenten Sonny Bono, als Gesangsduo Sonny & Cher. Der Versuch, 1967 mit *Good Times* (William Friedkin) einen Musikfilm im Stil der Beatles zu drehen, gerät zum Mißerfolg. Auftritt in einigen TV-Musikfilmen. 1971–75 CBS-Show *Sonny & Cher's Comedy Hour*. 1974 Trennung des Paares und Solokarriere. Neben einigen Hits macht Cher vor allem durch ihre Affären, die raffiniert-minimalen Kostüme ihrer Bühnen- und TV-Shows und die erfolgreiche Gestaltung ihres Körpers von sich reden. Anfang der 80er Jahre Konzentration auf die Schauspielkarriere. Erfolg mit ihrem Broadway-Debüt und in der Filmadaption *Come Back to the 5 & Dime, Jimmy Dean, Jimmy Dean* (Robert Altman). In Mike Nichols' Anti-Atomkraft-Krimi *Silkwood* ist sie die Freundin von Meryl Streep, überzeugend als Mutter eines behinderten Kindes in *Mask* (Peter Bogdanovich). 1988 erhält sie einen Oscar für ihre Darstellung einer italoamerikanischen Witwe in Norman Jewisons *Moonstruck*. Neben Bob Hoskins in Richard Benjamins *Mermaids*. 1996 Regie-Debüt mit dem TV-Film *If These Walls Could Talk.*

[US] 1965: Wild on the Beach. 1967: Good Times (Good Times). 1969: Chastity. 1971–75: Sonny and Cher's Comedy Hour [TVS]. 1975: Cher [TVS]. 1976: TheSonny and Cher Show [TVS]. 1982: Come Back to the 5 & Dime, Jimmy Dean, Jimmy Dean (Komm zurück, Jimmy Dean). 1983: Silkwood (Silkwood). 1985: Mask (Die Maske). 1987: Moonstruck (Mondsüchtig); Suspect (Suspect – Unter Verdacht); The Witches of Eastwick (Die Hexen von Eastwick). 1990: Mermaids (Meerjungfrauen küssen besser). 1992: The Player (The Player). 1994: Ready to Wear (Prêt-à-Porter). 1995: Faithful (Der Hochzeitstag). 1996: If These Walls Could Talk [D,R – TV].

Chevalier, Maurice
(Maurice Edouard Saint-Léon Chevalier)
*12. 9. 1888 Ménilmontant bei Paris
†1. 1. 1972 Paris
Akrobat und Sänger in Music-Halls, u.a. ab 1911 als Partner der Mistinguett, mit der er einige Jahre zusammenlebt. Kriegsteilnahme, zweijährige Kriegsgefangenschaft in Deutschland. Erste Filmauftritte unter der Regie von Louis Gasnier, Max Linder und Henri Diamant-Berger. Seine größte Popularität erlangt der Sänger und Schauspieler als liebenswerter, jovialer und leicht ironischer Charmeur an der Seite Jeannette MacDonalds in Filmoperetten von Ernst Lubitsch (*The Love Parade*, 1929; *The Merry Widow*, 1934). Er gilt als bestbezahlter Schauspieler dieser Jahre. 1933 Vertrag mit M-G-M. 1936–39 einige wenige Rollen in Frankreich und England, darunter höchst amüsant in Jacques Tourneurs *Avec le sourire*. Unterbrechung der Karriere während der deutschen Okkupation; 1944 wird er der Kollaboration bezichtigt, da er in Deutschland vor französischen Kriegsgefangenen aufgetreten ist; seine Filme werden für kurze Zeit in den USA verboten. 1947 in Locarno Auszeichnung für die Rolle des Emile Clément in René Clairs Kintopp-Nostalgie *Silence est d'or*. 1951 wird ihm die Einreise in die USA verweigert, da er den Stockhomer Appell zur Ächtung von Atomwaffen unterschrieben hat. «Maurice nationale», der sich von der Rolle des lächelnden Botschafters französischer Lebensart nie freimachen kann, erhält 1958 den Oscar «für seinen über ein halbes Jahrhundert währenden Beitrag zur Welt der Unterhaltung». In Europa in diesen Jahren als Chansonnier erfolgreicher. Ab 1946 Veröffentlichung seiner mehrbändigen Erinnerungen «Ma route et mes chansons», und mit «Môme à cheveux blancs» (1969).

[FR] 1908: Trop crédules [KF]. 1911: Par habitude [KF]; Une mariée qui se fait attendre [KF]; La mariée récalcitrante [KF]. 1914: La valse renversante [KF]. 1917: Une soirée mondaine [KF]. 1922: Gonzague; Le mauvais garçon; Le-match Criqui-Ledoux [KF]. 1923: Jim Bougne boxeur; L'affaire de la rue de Lourcine. 1924: Par habitude. 1928: Bonjour New York. 1929: Innocents of Paris (Der Straßensänger) [Version – US]; La chanson de Paris [Version – US]; The Love Parade (Liebesparade) [Version – US]; Parade d'amour [Version – US]. 1930: Playboy of Paris [Version – US]; Le petit café [Version – US]; The Big Pond [Version – US]; La grande mare [US]; Paramount on Parade/Paramount en parade [EP – US]. 1931: The Stolen Jools [KF – GB]; The Smiling Lieutenant (Der lächelnde Leutnant) [US]; Le lieutenant souriant [Version – US]; El cliente seductor. 1931/32: One Hour with You (Eine Stunde mit Dir) [US]. 1932: Love Me Tonight (Schloß im Mond) [US]; Make Me a Star [US]; Une heure près de toi [Version – US]. 1933: A Bedtime Story (Alles für das Kind) [US]; L'amour guide/The Way to Love [Version – US]; The Way to Love (Der Fremdenführer von Paris) [Version – US]. 1934: The Merry Widow (Die lustige Witwe) [Version – US]; La veuve joyeuse [Version – US]. 1934/35: L'homme des Folies Bergère [Version – US]. 1935: Folies Bergère de Paris [Version – US]. 1936: The Beloved Vagabond (Geliebter Vagabund) [Version – GB]; Le vagabond bien-aimé [Version – GB]; Avec le sourire (Mit einem Lächeln); L'homme du jour (Der Mann des Tages). 1938: Break the News (Gewagtes Spiel) [GB]. 1939: Pièges (Der Fallensteller). 1946: Le silence est d'or (Schweigen ist Gold). 1949: Le roi (Majestät amüsiert sich). 1950: Ma Pomme (Der Vagabund von Paris). 1953: Chevalier de Ménilmontant [KF]; Schlager Parade [BRD]. 1953/54: Cento anni d'amore. 5. Ep: Amore '54 (Hundert Jahre Liebe) [EP – IT]. 1954: Caf' Conc 1954 [KF]; Sur toute la gamme [KF]; J'avais sept filles/I sette peccati di papa (Sieben süße Sünden) [FR/IT]. 1956: The Happy Road (Straße des Glücks) [M – US]. 1957: The Heart of Show Business [US]; Love in the Afternoon (Ariane – Liebe am Nachmittag) [US]. 1958: Gigi (Gigi) [US]. 1959: Count Your Blessings (Französische Betten) [US]. 1960: Pepe (Pepe – Was kann die Welt schon kosten?) [US]; Can-Can (Ganz Paris träumt von der Liebe) [US]; A Breath of Scandal (Prinzessin Olympia) [US]; Les années folles; Fanny (Fanny) [US]. 1961: Jessica/La sage-femme ... le curé et le bon Dieu (Jessica) [IT/FR]. 1962: In Search of Castaways (Die Kinder des Kapitän Grant) [GB]. 1963: A New Kind of Love (Eine neue Art von Liebe) [US]. 1964: Panic Button [US]; I'd Rather Be Rich (So bändigt man Eva) [US]. 1967: Monkeys Go Home! [US]. 1970: The Aristocats (Aristocats) [M – US].

Christie, Julie
(Julie Frances Christie)
*14. 4. 1941 Chukua, Assam (Indien)
Tochter eines Teeplantagen-Besitzers. Studium der Kunstge-

schichte in Paris, später in London. Europa-Tourneen mit der Royal Shakespeare Company. In den frühen 60er Jahren mehrfach in britischen Fernseh-Produktionen, u.a. Titelrolle der Serie *A for Andromeda*. In den «Swinging Sixties» gilt die hübsche Blondine als das Muster eines neuen Mädchentyps im Film: Hauptrollen in John Schlesingers Filmen *Billy Liar* (1963) und *Darling* (1965), für den sie einen Oscar bekommt, sowie die Doppelrolle als Oskar Werners bücherhassende Ehefrau und seine dem Lesen zugeneigte Geliebte in François Truffauts Ray-Bradbury-Adaption *Fahrenheit 451* (1966). In den 70er Jahren allmählich Abwendung von den wechselnden Rollen; Christie achtet auf Qualität der Drehbuch-Vorlagen und die Umsetzung durch die Regisseure; sie dominiert mit ihrer Präsenz in Filmen von Joseph Losey (*The Go-Between*), Robert Altman (*McCabe and Mrs. Miller*) und Nicolas Roeg (*Don't Look Now*). Mit Ausnahme von James Ivorys *Heat and Dust* konzentriert sie sich in den 80er Jahren auf Rollen in Außenseiter-Produktionen wie *Gold Diggers*, von Sally Potter mit einem ausschließlich mit Frauen besetzten Stab für das British Film Institute gedreht. Darin zeigt sich auch Christies starkes Engagement für politische und soziale Themen.

[GB] 1962: Crooks Anonymous [US]; The Fast Lady (O Darling – was für ein Verkehr). 1963: Billy Liar (Geliebter Spinner). 1964: Young Cassidy (Cassidy, der Rebell) [GB/US]. 1965: Darling (Darling); Doctor Zhivago (Doktor Schiwago) [US]. 1966: Fahrenheit 451 (Fahrenheit 451). 1967: Far from the Madding Crowd (Die Herrin von Thornhill); Tonite Let's All Make Love in London (Tonite Let's All Make Love in London) [DOK]. 1968: Petulia (Petulia) [US]. 1969: Alla ricerca di Gregory/In Search of Gregory [IT/GB]. 1970: The Go-Between (Der Mittler). 1971: McCabe and Mrs. Miller (McCabe & Mrs. Miller) [US]. 1974: Don't Look Now (Wenn die Gondeln Trauer tragen). 1975: Shampoo (Shampoo) [US]; Nashville (Nashville) [US]. 1976: Demon Seed (Des Teufels Saat) [US]. 1978: Heaven Can Wait (Der Himmel soll warten) [US]. 1981: The Animals Film (Der Tierfilm); Memoirs of a Survivor (Memoiren eines Überlebenden). 1982: Heat and Dust (Hitze und Staub); The Return of the Soldier (Die Rückkehr des Soldaten); Les quarantièmes rugissants [FR]. 1983: Separate Tables (Getrennte Tische) [TV]. 1984: Broadside: Taking on the Bomb [TV – US]; The Gold Diggers (Gold Diggers). 1984/85: Väter und Söhne [BRD]. 1985: Champagne amer (Bitterer Champagner) [FR]. 1986: Power (Power – Weg zur Macht) [US]; Miss Mary (Die Leidenschaft der Miss Mary) [AR/US]. 1987: Yilmaz Güney: His Life, His Films [TV]. 1988: La memoire tatouée/Secret Obsession [CA]; Dadah is Death (Dadah bedeutet Tod) [US/AU]. 1989/90: Fools of Fortune (Narren des Schicksals). 1992: The Railway Station Man (Tote Gleise) [TV]. 1995/96: Dragonheart (Dragonheart) [US]. 1996: Hamlet [US]. 1996: Karaoke [TV]. 1996/97: Afterglow [US].

Čiaureli, Sofiko

(Sofiko Michajlovna Čiaureli)
*21. 5. 1937

Die Tochter des Regisseurs Michail Čiaureli und der Schauspielerin Veriko Andžaparidze studiert von 1955 bis 1960 an der Moskauer Filmhochschule VGIK. Anschließend Engagement in Moskau am Ermolev-Theater, später am Mardžanišvili-Theater von Tbilissi, wo sie u.a. die Jeanne d'Arc in Jean Anouilhs «Jeanne oder die Lerche» und die Titelrolle in «Antigone» spielt. Filmdebüt bereits während des Studiums 1957 bei Grusia-Film; sie verkörpert die Hauptrolle, das Mädchen Cicino, in Revaz Čchajdzes *Naš dvor*. Danach gehört sie zu den meistbeschäftigten Schauspielerinnen der Grusinischen SSR. 1966 wird sie auf dem Allunionsfilmfestival in Kiev für ihre Mzekala in Šotar Managadzes *Chevsurskaja ballada* als beste Schauspielerin ausgezeichnet. Erfolgreich ist sie auch 1972 in der Rolle der Sidonija in Nota und Šotar Managadzes *Teplo tvoich ruk*, wofür sie auf dem Allunionsfilmfestival als beste Schauspielerin ausgezeichnet wird. Für ihre Vardo in Georgij Šengelajas *Melodii Verijskogo kvartala* erhält sie 1974 einen Darstellerpreis des VII. Allunionsfilmfestivals. 1976 spielt sie bei Tengiz Abuladze die Fufal in *Drevo želanija*. Für ihre Journalistin Sofiko in *Neskol'ko interv'ju po lienym voprosam* (Lana Gogoberidze) erhält sie 1979 den Staatspreis der UdSSR. 1968 spielt sie in Sergej Paradžanovs *Cvet granata* mehrere Rollen. Sie ist Volkskünstlerin Grusiniens und Armeniens.

[SU] 1957: Naž dvor (Immer wenn es Tag wird). 1960: Povest' ob odnoj devuške. 1961: Na beregach Inguri (An den Ufern des Inguri). 1964: General i margaritki. 1966: Chevsurskaja ballada (Das Gesetz der Väter). 1967: Inye nynèe vremena. 1968: Vozvraščenie ulybki; Zemlja na kotoroj my stoim. 1969: Cvet granata (Die Farben des Granatapfels); Ne gorjuj (Das Gastmahl der Rose). 1970: Rubeži. 1972: Teplo tvoich ruk (Die Wärme deiner Hände). 1974: Melodii Verijskogo kvartala (Die Melodien des Weriski-Viertels). 1976: Rebjata s Sirenevoj; Perepoloch. 1977: Drevo želanija (Baum der Wünsche); Pridi v dolinu vinograda (Komm in das Tal der Weintrauben). 1979: Averik [TV]; Berega (Ufer) [TV]; Neskol'ko interv'ju po lienym voprosam (Einige Interviews zu persönlichen Fragen). 1980: Zov; Prikljuèenija Ali-

Baba i sopoka razbojnikob (Ali Baba und die 40 Räuber). 1981: Poščečina (Die Ohrfeige). 1982: Iščite ženščinu [TV]. 1984: Legenda o Suramskoj kreposti (Die Legende der Suram-Festung). 1986: Million v braènoj korzine (Eine Million im Hochzeitskorb). 1987: Zagon. 1989: Ašik-Kerib/Aschoung Karibi (Kerib, der Spielmann). 1991: Blužgajuššie zvezdy.

Čirkov, Boris

(Boris Petrovič Čirkov)
* 13. 8. 1901 Losovaja-Pavlovka
†28. 5. 1982
Ausbildung an der Theaterakademie in Leningrad; 1926 Engagement am Theater der Jugend. Filmdebüt 1928: mit Nikolaj Čerkasov spielt er in Evgenij Červjakovs *Moj syn* eine Pat-und-Patachon-Imitation. Seine größten Erfolge sind mit den Regisseuren Grigorij Kozincev und Leonid Trauberg verbunden. Er beginnt 1931 in ihrem Tonfilm *Odna* mit einer Episodenrolle und spielt in der Maksim-Trilogie – *Junost' Maksima* (1933), *Vozvraščenie Maksima* (1937) und *Vyborgskaja storona* (1939) – den Bolschewiken Maksim, eine Rolle, die ihn zu einem der populärsten sowjetischen Schauspieler macht. 1941 verkörpert er in Sergej Gerasimovs *Boevoj kinosbornik No. 1* wiederum den Maksim – diesmal im Kampf gegen die deutschen Faschisten. Seine realistische Darstellung eines ebenso eisernen wie menschlichen Bolschewiken macht seine Figur in der Sowjetunion so legendär, daß er von vielen Kinobesuchern als eine wirklich lebende historische Figur aufgefaßt wird. Weitere wichtige Rollen hat er in den 30er Jahren in *Capaev* (Georgij und Sergej Vasil'ev), *Čelovek s ruž'em* (Sergej Jutkeviè), *Učitel'* (Gerasimov) und *Minin i Požarskij* (Michail Doller, Vsevolod Pudovkin). Bis in die 70er Jahre sporadisch im Film, später auch Auftritte im Fernsehen. Daneben weiterhin Bühnenarbeit, ab 1945 am Moskauer Puškin-Theater, ab 1966 am Gogol'-Theater. Boris Čirkov wird mit mehreren nationalen Auszeichnungen geehrt. 1978 publiziert er in Moskau seine Erinnerungen «... Asorskie ostrova».

[SU] 1928: Moj syn (Das Kind des Anderen). 1929: Luna sleva; Rodnoj brat'. 1931: Zlatnye gory; Odna (Allein). 1934: Pesnja o sčast'e; Čapaev (Tschapajew). 1935: Junost' Maksima Maxims Jugend. 1936: Lenočka i vinograd; Podrugi. 1937: Voločaevskie dni; Vozvraščenie Maksima (Maxims Rückkehr). 1938: Čelovek s ruž'em (Der Mann mit dem Gewehr). 1939: Učitel'; Vyborgskaja storona (Die Wyborger Seite); Minin i Požarskij. 1941: My ždem vas s pobedoj (Wir warten auf den Sieg); Boevoj kinosbornik No. 1; Boevoj kinosbornik No. 3. 1942: Aleksandr Parchomenko; Antoša Rybkin. 1943: Front; Partizany v stepjach Ukrainy. 1944: Kutuzov (Kutusow). 1945: Ivan Nikulin – russkij matros. 1947: Glinka (Glinka). 1949: Sud česti (Das Ehrengericht). 1950: Tri vstreči (Und wieder zusammen). 1951: Kavaler Zolotoj Zvezdy (Ritter des Goldenen Sterns); Doneckie šachtery (Die Kumpels vom Donbass). 1953: Nachlebnik. 1954: Vernye druz'ja (Reise mit Hindernissen). 1956: Dorogoj moj čelovek (Daß es dich gibt); Svoimi rukami; Za vlast' Sovetov. 1958: Rjadom s nami. 1958/59: Kievljanka (Das Mädchen aus Kiew). 1960: Přatelé na moři/Poterjannaja fotografija (Freunde am Meer) [CS/SU]; Nasledniki; Mečty sbyvajutsja. 1961: Svoja golova na plečach; Gorizont. 1963: Porožnij rejs (Fahrt ohne Fracht); Kain XVIII; Grešnyj angel. 1964: Živye i mertvye (Die Lebenden und die Toten). 1965: Črezvyčajnoe poručenie (Sonderauftrag). 1966: Pervyj posetitel'. 1967: Mjatežnaja zastava (Aufruhr). 1968: Serdce Bonivura (Das Herz des Boniwur). 1969: Sem' starikov i odna devuška (Sieben Alte und ein Mädchen) [TV]. 1972: Ižorskij batal'on. 1973: Po sobstvennomu želaniju (Auf eigenen Wunsch); Šutite? 1974: Raznye ljudy (Verschiedene Leute) [TV]. 1975: Rosa Morgentau [TV]; Strogovij [TVS]. 1976: Gorožane (Städter).

Clayburgh, Jill

* 30. 4. 1944 New York City
Besuch der Brearley School sowie des Sarah Lawrence College in Bronxville, New York. Schauspielerische Anfänge beim Williamstown Theatre Festival in Massachusetts und im Bostoner Charles Playhouse. Ende der 60er Jahre Beschäftigung am Off-Broadway in New York – u.a. «The Nest». Anfang der 70er Jahre in Broadway-Produktionen wie «The Rothschilds» und «Pippin». Erste Filmrolle 1963, zusammen mit dem Debütanten Robert De Niro, in Brian DePalmas *The Wedding Party*. Danach vor allem Bühnenarbeit und in Fernsehen, so in *Hustling* von Joseph Sargent. Nach einigen Nebenrollen porträtiert sie 1976 Carole Lombard im Biopic *Gable and Lombard* (Sidney J. Furie). Seitdem wichtige Filmaufgaben und mehrfach zum Oscar nominiert: 1978 für die Titelrolle einer selbständigen Städterin in Paul Mazurskys *An Unmarried Woman* (Darstellerpreis in Cannes), 1979 als unverheiratete Lehrerin Marylin Homberg in *Starting Over* (Alan J. Pakula). In Bernardo Bertoluccis *La Luna* ist sie die berühmte Opernsängerin Caterina Silveri. Eindrucksvolle Leistung 1983 als israelische Rechtsanwältin auf der Suche nach ihrer Identität in *Hanna K.* (Costa-Gavras). 1980 Gründung der eigenen Ruby Movies Production Company (mit Amy Robinson). In den 90er Jahren Verlagerung auf Fernsehfilme.

[US] 1969: The Wedding Party. 1971: The Telephone Book. 1972: Portnoy's Complaint (Portnoys Beschwerden); The Snoop Sisters/Female Instinct (Die Schnüffel-Schwestern) [TV]. 1973: The Thief Who Came to Dinner (Webster ist nicht zu fassen). 1974: The Terminal Man (Der Killer im Kopf). 1975: Roman Grey/The Art of Crime [TV]; Hustling [TV]; The Rockford Files (Detektiv Rockford: Anruf genügt) [TVS]. 1976: Griffin and Phoenix: A Love Story (Liebe ohne Hoffnung) [TV]; Silver Streak (Trans-Amerika-Expreß); Gable and Lombard (Sag' ja zur Liebe). 1977: Semi-Tough (Zwei ausgebuffte Profis); Sois belle et tais-toi (Sei schön und halt den Mund) [DOK; UA: 1981 – FR]. 1978: An Unmarried Woman (Eine entheiratete Frau). 1979: Starting Over (Auf ein Neues); La luna (La Luna) [IT/US]. 1980: It's My Turn (It's My Turn – Ich nenn' es Liebe). 1981: First Monday in October (Ein Montag im Oktober). 1982: I'm Dancing As Fast As I Can (Die Jagd nach dem Leben). 1983: Hanna K. (Hanna K.) [FR]. 1984: In Our Hands [DOK]. 1986: Where Are the Children?; Miles to Go. 1987: Shy People (Shy People – Bedrohliches Schweigen). 1988: Who Gets the Friends? (Meine Freunde, deine Freunde). 1989: Beyond the Ocean/Heartflash (Ausstieg ins Paradies) [IT]; Unspeakable Acts (Abgründe des Lebens) [TV]; Fear Stalk (Fear Stalk – Der Todesstachel). 1992: Trial: The Price of Passion (Bitterer Triumph) [TV]; Whispers in the Dark (Stimmen im Dunkel). 1992/93: Rich in Love (Rich in Love). 1993: Day of Atonement (Judgement Day); Firestorm: 72 Hours in Oakland (Feuersturm über Kalifornien) [TV]. 1993/94: Naked in New York (Naked in New York). 1994: Honor Thy Father and Mother: The True Story of the Menendez Murders (Du sollst Vater und Mutter ehren: Doppelmord in Beverly Hills) [TV]; For the Love of Nancy [TV]. 1995: The Face on the Milk Carton [TV]. 1996: Fools Rush In. 1997: When Innocence Is Lost [TV]; Going All The Way.

Cleese, John

(John Marwood Cleese)
*27. 10. 1939 Weston-super-Mare

Jurastudium an Colleges in Bristol und in Cambridge. 1963 beim Radio als Mitglied des «Cambridge Circus»; im selben Jahr auch Fernsehbeiträge zur Satire-Show *That Was the Week That Was* und *That Was the Year That Was*. 1966/67 u. a. in den TV-Reihen *The Frost Report* und *The Goon Show*. Ab 1969 die ersten Nonsens-Folgen von *Monty Python's Flying Circus* für die BBC mit Graham Chapman, Terry Jones, Michael Palin, Eric Idle und Terry Gilliam. 1971 entsteht daraus der erste Python's-Film *And Now For Something Completely Different* und das «Monty Python's Big Red Book». 1975 läuft die von Cleese zusammen mit Booth geschriebene TV-Komödienserie *Fawlty Towers* mit ihm als trottelig-pedantischem Hotelbesitzer Basil Fawlty. Zu den nicht auf Fernseharbeiten basierenden Kinospielfilmen gehört die Bibelfilm-Parodie *Monty Python's Life of Brian*, bei dem er auch am Drehbuch mitarbeitet; schauspielerischer Höhepunkt dann in Charles Crichtons turbulenter Meister-Komödie *A Fish Called Wanda* (auch Drehbuch von Cleese): Als Rechtsanwalt Archie Leach verliebt er sich in das Gangsterliebchen Wanda Gerschwitz (Jamie Lee Curtis). An den Erfolg dieser Komödie soll *Fierce Creatures* anknüpfen, bei dem Cleese als Produzent (mit zwei Regisseuren), Co-Autor und Hauptdarsteller beteiligt ist. Beim Disney-Film *George of the Jungle* spricht er den weisen alten Affen. Er gründet die Firma Video Arts Ltd. zur Produktion von Lehrfilmen.

[GB] 1967: Interlude (Zwischenspiel). 1968: How to Irritate People [TV]; The Bliss of Mrs. Blossom (Hausfreunde sind auch Menschen). 1969: The Best House in London (Ein liebenswertes Freudenhaus); The Magic Christian (Magic Christian – Ein Beatle im Paradies) [D,CoA]. 1970: The Rise and Rise of Michael Rimmer [D,CoA]; The Statue. 1970–72: Monty Python's Flying Circus [TVS]. 1971: And Now for Something Completely Different (Monty Python's wunderbare Welt der Schwerkraft) [D,CoA]. 1972: Rentadick [CoA]; It's a 2'6'' Above the Ground World (Kates Schachzug wider die Liebe). 1974: Romance With a Double Bass [TV]. 1975: Fawlty Towers (Zimmer frei) [D,CoA – TVS]; Monty Python and the Holy Grail (Die Ritter der Kokosnuß) [D,CoA]. 1976: Pleasure at Her Majesty's/Monty Python Meets Beyond the Fringe [CoA]. 1977: The Strange Case of the End of Civilisation as We Now It [TV]. 1979: The Secret Policeman's Ball; Monty Python's Life of Brian (Monty Pythons. Das Leben des Brian) [D,CoA]. 1980: The Taming of the Shrew (The Taming of the Shrew) [TV]. 1981: The Great Muppet Caper (Die große Muppet-Sause); Time Bandits (Time Bandits); Whoops Apocalypse [TV]. 1982: Monty Python Live at the Hollywood Bowl (Monty Python Live at the Hollywood Bowl); The Secret Policeman's Other Ball. 1982/83: Monty Python's The Meaning of Life (Monty Pythons. Der Sinn des Lebens) [D,CoA]; Yellowbeard (Dotterbart). 1983: Privates on Parade (Hey, Soldat – dein Täschchen brennt). 1984: The Secret Policeman's Private Parts. 1985: Silverado (Silverado) [US]. 1985/86: Clockwise (Clockwise – Recht so, Mr. Stimpson). 1987: The Secret Policeman's Third Ball. 1987/88: A Fish Called Wanda (Ein Fisch namens Wanda) [D,A,CoP]. 1988/89: Erik the Viking (Erik, der Wikinger). 1989: Bullseye! (Bullseye!) [US]; The Big Picture (The Big Picture) [US]. 1992/93: Splitting Heirs (... und ewig schleichen die Erben). 1994: The Swan Princess (Die Schwanenprinzessin) [S – ANI – US]; Mary Shelley's Frankenstein (Mary

Shelley's Frankenstein) [US]; Rudyard Kipling's The Jungle Book (Das Dschungelbuch) [US]. 1995: My Friend Joe (Mein Freund Joe) [GB/DE/IE]. 1995/96: Fierce Creatures (Wilde Kreaturen) [D,CoA,P – GB/US]. 1996: The Wind in the Willows. 1996/97: George of the Jungle [S – US].

Clementi, Pierre

*28. 9. 1942 Paris

Nach Gelegenheitsarbeiten Schauspielunterricht bei Vieux-Colombier und Georges Wilson. Ab 1958 im Fernsehen; ab 1962 am Theater in klassischen, modernen und experimentellen Stücken. Seit 1960 beim Film vor allem in Italien und Frankreich; hager, etwas düster wirkend, spielt er zwielichtig-beunruhigende Rollen sowohl in kommerziell erfolgreichen Filmen von Luchino Visconti (*Il Gattopardo*), Luis Buñuel (*Belle de jour*), Bernardo Bertolucci (*Il conformista*), Pier Paolo Pasolini (*Porcile*) und anderen als auch in Filmen, die Geheimtips bleiben (z. B. in Philippe Garrels *Le lit de la vierge*) oder in experimentellen Kurzfilmen; mehrfach unter der Regie von Yvan Lagrange. Durch eine Drogenaffäre und Gefängnisstrafe in Italien 1972 Karriereknick; nach 17 Monaten Gefängnis wird die Anklage wegen unzureichender Beweislage fallengelassen; Fortsetzung der Arbeit in Frankreich. Seit 1967 entstehen auch unter seiner Regie Kurzfilme auf Super-8 und 16mm. 1973 Veröffentlichung von «Quelques messages personnels».

[FR] 1958: On est tellement seul [TV]. 1960: Chien de pique (Junge, mach dein Testament). 1961: Flore et Blanche Flore [TV]; Adorable menteuse. 1962: Il Gattopardo/Le guepárd (Der Leopard) [IT/FR]. 1964/65: Cent briques et des tuiles/Colpo grosso a Parigi (Hundert Millionen im Eimer) [FR/IT]. 1965: As ilhas encantadas/Les îles enchantées [PT/FR]. 1966: Un homme de trop/Il 13° uomo (Ein Mann zuviel) [FR/IT]; Brigade anti-gangs/Pattuglia antigang (Sonderdezernat C III, Montmartre) [FR/IT]. 1966/67: Belle de jour (Belle de jour-Schöne des Tages) [FR/IT]. 1967: Benjamin ou les mémoires d'un puceau (Benjamin – Aus dem Tagebuch einer männlichen Jungfrau); Lamiel (Lamiel ... ich liebe die Liebe); Les idoles; Film ou visa de censure no. X [R – KF]. 1968: Les roses de Tourlaville; Scusi, facciamo l'amore?/Et si l'on faisait l'amour? [IT/FR]; Wheel of Ashes; La voie lactée/La Via Lattea (Die Milchstraße) [FR/IT]; Partner (Partner) [IT]. 1969: Art de vie ou carte de voeux [KF]; I cannibali [IT]; Porcile/Porcherie (Der Schweinestall) [IT/FR]. 1969/70: Il conformista/Le conformiste (Der große Irrtum) [IT/FR]. 1970: Necropolis [IT]; Il leone a sette teste/Der Leone have sept cabeças (Der Löwe mit der 7 Köpfen) [IT/FR]; Esmeralda [KF]; La leçon des choses ou Les plaies ouvertes; Le lit de la vierge; Le matin [KF]; Ninì Tirabusciò, la donna che inventò la mossa [IT]; La naissance; La sua giornata di gloria (Sein Ruhmestag) [IT]. 1970/71: La vittima designata (Der Todesengel) [IT]. 1971: Crush Proof [US]; Jupiter; L'Ange et le démon [KF]; La cicatrice intérieure; La famille; La pacifista [IT/FR/BRD]; C.A.C.I. 71 [CH]. 1972: La passion [KF]. 1973: Steppenwolf [CH]; Sweet Movie [BRD/FR]; L'Ironie du sort. 1974: De quoi s'agit-il? 1975: Le fils d'Amr est mort. 1976: L'Affiche rouge (Der rote Steckbrief); Visa de censure. 1977: Zoo/zéro; Le manque; Les apprentis sorciers. 1977/78: La chanson de Roland (Roland – Die Horden des eisernen Ritters). 1978–85: A l'ombre de la canaille bleue. 1980: Cauchemar. 1980/81: Le Pont du Nord (An der Nordbrücke). 1981: Quartet (Quartett) [GB/FR]; Chassé-croisé; L'Amour des femmes (L'Amour des femmes) [CH/FR]. 1982: Deuil en 24 heures (Die Irrfahrt) [TV]. 1983: Clash [FR/YU]; Exposed (Gefährliches Dreieck) [US]; Canicule (Dog Day – Ein Mann rennt um sein Leben). 1984: Entscheidung im Fjord/Patrik Pacard [TVS – BRD/FR]; Le rapt/Die Entführung [TV – CH/FR]. 1987–89: Es ist nicht leicht ein Gott zu sein [BRD/SU/FR]. 1988: Un bambino di nome Gesu (Ein Kind mit Namen Jesu) [IT]. 1989: L'Autrichienne. 1994: Ipoptos politis [GR].

Clift, Montgomery

(Edward Montgomery Clift)
*17. 10. 1920 Omaha (Nebraska)
†23. 7. 1966 New York City

Theaterdebüt als 14jähriger im Amateurtheater von Sarasota, Florida. Broadway-Debüt 1935 in «Fly Away Home». Umfangreiche Theaterarbeit in New York und auf Tourneen. 1942 Mitglied des Group Theatre. 1945 Star der Broadway-Aufführung «Foxhole in the Parlor». 1947 Mitbegründer des Actors Studio. 1953 großer Erfolg in der Broadway-Produktion von Čechovs «Die Möwe». Nach mehreren abgelehnten Filmangeboten Debüt 1948 als introvertierter Cowboy Matthew Garth an der Seite von John Wayne in Howard Hawks' Western *Red River*. Er spielt oft in Uniform, so in Zinnemanns *The Search* (Oscar-Nominierung). Der eigenbrötlerische Clift verkörpert privat und in einigen seiner Rollen den nonkonformistischen, rebellischen Teil der amerikanischen Nachkriegsjugend. Trotzdem erhält der sensible Schauspieler nur wenige Filmangebote: George Eastman in *A Place in the Sun* (George Stevens), Priester in Alfred Hitchcocks *I Confess* und der unangepaßte G.I. Prewett in Zinnemanns *From Here To Eternity*. Nach einem Autounfall 1957 ist er durch Narben im Gesicht gezeichnet und durch ständige Schmerzen belastet. 1961 als ein Zeuge in *Judgment at Nuremberg* (Stanley Kramer), 1962 Titelrolle in *Freud* (John Huston).

[US] 1948: Red River (Panik am roten Fluß); The Search (Die Gezeichneten) [US/CH]. 1949: The Heiress (Die Erbin). 1950: The Big Lift (Es begann mit einem Kuß). 1951: A Place in the Sun (Ein Platz an der Sonne). 1952/53: I Confess (Ich beichte/Zum Schweigen verurteilt). 1953: From Here to Eternity (Verdammt in alle Ewigkeit); Stazione Termini/Indiscretion of an American Wife (Rom – Station Termini) [IT/US]. 1957: Raintree County (Das Land des Regenbaums). 1958: Lonelyhearts (Das Leben ist Lüge); The Young Lions (Die jungen Löwen). 1959: Suddenly Last Summer (Plötzlich im letzten Sommer). 1960: Wild River (Wilder Strom). 1960/61: The Misfits (Nicht gesellschaftsfähig). 1961: Judgment at Nuremberg (Urteil von Nürnberg). 1962: Freud (Freud). 1966: L'éspion/Lautlose Waffen [FR/BRD].

Close, Glenn

* 19. 3. 1947 Greenwich (Connecticut)

Erste Bühnenerfolge kurz nach dem College im New Yorker Phoenix-Theater, u. a. in «The Member of the Wedding» und Klassikern wie «King Lear». 1974 Broadway-Debüt in «Love For Love». 1980 Tony Award für das Musical «Barnum». 1984 Anerkennung in Tom Stoppards «The Real Thing». Ab 1979 Fernsehtätigkeit. Erste wichtige Filmrolle 1982 als emanzipierte Mutter Jenny Fields in *The World According to Garp* (George Roy Hill). Sie spielt selbstbewußte, unabhängige, aber oft auch verletzbare, destruktive Frauen: Sarah Cooper in der 68er Nostalgie *The Big Chill* (Lawrence Kasdan), Iris Raines im Baseball-Film *The Natural* (Barry Levinson). 1984 Emmy-Nominierung für Randa Haines' Fernsehfilm *Something About Amelia*. In Richard Marquands *Jagged Edge* verkörpert sie eine unsichere Rechtsanwältin. Oscar-Nominierungen u. a. 1987 für die bedrohliche Liebhaberin Alex im populären Film *Fatal Attraction* (Adrian Lyne) und 1988 für Marquise de Merteuil in *Dangerous Liaisons* (Stephen Frears). 1995 erhält sie den Emmy für die Titelrolle in *Serving in Silence: The Margarethe Cammermeyer Story*. 1996 beweist sie komödiantisches Talent als pedantische First Lady in Tim Burtons Alien-Satire *Mars Attacks!* sowie als bösartige Cruella DeVil in der Realverfilmung von Disneys Zeichentrickklassiker *101 Dalmatians* (Golden Globe-Nominierung).

[US] 1979: Too Far to Go (Der weite Weg zu zweit) [TV]. 1980: The Orphan Train [TV]. 1982: The World According to Garp (Garp und wie er die Welt sah). 1983: The Big Chill (Der große Frust). 1984: Something About Amelia [TV]; The Natural (Der Unbeugsame); The Stone Boy; Greystoke – The Legend of Tarzan, Lord of the Apes (Greystoke – Die Legende von Tarzan) [S – Stimme von Andie MacDowell]. 1985: Maxie (Maxi); Jagged Edge (Das Messer). 1987: Fatal Attraction (Eine verhängnisvolle Affäre); Do You Mean There Are Still Real Cowboys [P – DOK]. 1988: Dangerous Liaisons (Gefährliche Liebschaften); Stones for Ibarra (Ein mexikanischer Traum) [TV]. 1989: The Simpsons (Die Simpsons) [S – ANI/TVS]; Immediate Family (Second Hand Family). 1990: Reversal of Fortune (Die Affäre der Sunny von B.); Hamlet (Hamlet). 1990/91: Meeting Venus (Zauber der Venus) [GB]. 1991: Hook (Hook); Sarah, Plain and Tall [D,CoP – TV]. 1992: Skylark (Sarah zwischen Land und Meer) [D,CoP]. 1993: Das Geisterhaus/The House of Spirits/Åndernes Hus [DE/PT/DK]. 1993/94: The Paper (Schlagzeilen). 1994: Serving in Silence: The Margarethe Cammermeyer Story [D,CoP – TV]. 1995: Anne Frank Remembered [S – DOK]; Journey [D,CoP – TV]. 1996: Mary Reilly (Mary Reilly); 101 Dalmatians (101 Dalmatiner); Mars Attacks! (Mars Attacks!). 1997: Paradise Road; In the Gleaming [TV]; Air Force One.

Cobb, Lee J.

(Leo Jacoby)
* 8. 12. 1911 New York City
† 12. 2. 1976 Woodland Hills (California)

Abbruch des Geigenstudiums wegen einer Handverletzung. 1928 erster erfolgloser Versuch in Hollywood. Rückkehr nach New York und Besuch von Kursen am New York City College – finanziert durch Hörspiel-Arbeit. 1931 Theaterdebüt am Pasadena Playhouse. 1935 Mitglied des Group Theatre in New York. Spielt in mehreren Stücken von Clifford Odets und anderen linken Autoren. 1949 Broadway-Erfolg als Willie Loman in «Death Of A Salesman», den er 1966 in einer TV-Version wiederholt. 1934 erster Auftritt im Serial *The Vanishing Shadow*. Seit 1937 regelmäßig Filmarbeit. Spielt in Western und Actionfilmen oft den Bandenboss, Polizisten oder Rancher. 1939 überzeugt er als Vater in Rouben Mamoulians Boxerfilm *Golden Boy*. Später vor allem Zusammenarbeit mit Elia Kazan, so als brutaler Gewerkschaftsboß Johnny Friendly in *On the Waterfront* (1954). Ein Höhepunkt ist 1957 der fanatische Geschworene in Sidney Lumets *Twelve Angry Men*. Er gewinnt Popularität 1962–69 durch die Fernsehserie *The Virginian*, in der er den Richter Henry Garth verkörpert. Seit Mitte der 60er Jahre auch Tätigkeit in Italien. Zeit seines Lebens fühlt er sich im Film unterfordert, in den letzten Lebensjahren wenig Arbeit für Film und Fernsehen.

[US] 1934: The Vanishing Shadow [Serial]. 1937: North of the Rio Grande (Die Todesranch); Rustlers' Valley; Ali

Baba Goes to Town. 1938: Danger on the Air. 1939: The Phantom Creeps [Serial]; Golden Boy (Golden Boy). 1940: This Thing Called Love. 1941: Men of Boys' Town (Das sind Kerle); Paris Calling. 1942/43: The Moon Is Down. 1943: Tonight We Raid Calais; The Song of Bernadette (Das Lied von Bernadette); Buckskin Frontier (Fracht für Missouri). 1944: Winged Victory. 1946: Anna and the King of Siam (Anna und der König von Siam). 1947: Boomerang! (Bumerang); Captain from Castile (Der Hauptmann von Kastilien); Johnny O'Clock (Johnny O'Clock); Carnival in Costa Rica. 1948: Call Northside 777 (Kennwort 777); The Miracle of the Bells (Die Glocken von Coaltown); The Luck of the Irish. 1949: Thieves' Highway (Gefahr in Frisco); The Dark Past. 1950: The Man Who Cheated Himself. 1951: Sirocco (Sirocco – Zwischen Kairo und Damaskus); The Family Secret. 1952: The Fighter. 1953: The Tall Texan (Der lange Texaner). 1954: Yankee Pasha (In den Kerkern von Marokko); Day of Triumph; Gorilla at Large (Der Würger von Coney Island); On the Waterfront (Die Faust im Nacken). 1955: The Racers (Der Favorit); The Left Hand of God (Die linke Hand Gottes); The Road to Denver (Postraub in Central City). 1956: Miami Exposé; The Man in the Gray Flannel Suit (Der Mann im grauen Flanell). 1957: The Garment Jungle (Ums nackte Leben); Panic Button [TV]; The Three Faces of Eve (Eva mit den drei Gesichtern); Twelve Angry Men (Die zwölf Geschworenen); The Brothers Karamazov (Die Brüder Karamasow). 1958: Man of the West (Der Mann aus dem Westen); The Trap (Die Falle von Tula); Party Girl (Das Mädchen aus der Unterwelt). 1958–59: Desilu Playhouse: Trial at Devil's Canyon [TV]. 1958–62: Naked City: Take Off Your Hat When a Funeral Passes [TV]. 1959: Project Immorality [TV]; Green Mansions (Tropenglut); But Not for Me (Bei mir nicht). 1960: Exodus (Exodus). 1962: The Brazen Bell (Die erbarmungslosen Zwei) [TV]; The Four Horsemen of the Apocalypse (Die vier apokalyptischen Reiter); How the West Was Won (Das war der Wilde Westen) [EP]. 1962–69: The Virginian (Die Leute von der Shiloh Ranch) [TVS]. 1963: Come Blow Your Horn (Wenn mein Schlafzimmer sprechen könnte). 1965/66: Our Man Flint (Derek Flint schickt seine Leiche). 1966: Death of a Salesman [TV]. 1967: In Like Flint (Derek Flint – Hart wie Feuerstein). 1967/68: Il giorno della civetta/La Mafia fait a loi (Der Tag der Eule) [IT/FR]. 1968: Las Vegas 500 Milliones (An einem Freitag in Las Vegas) [ES]; Coogan's Bluff (Coogans großer Bluff). 1969: The Young Lawyers [TVS]; MacKenna's Gold (MacKenna's Gold); The Liberation of L. B. Jones (Glut der Gewalt). 1970: Macho Callahan. 1971: Heat of Anger [TV]; Lawman (Lawman). 1973: The Man Who Loved Cat Dancing (Der Mann, der die Katzen tanzen ließ); Double Indemnity [TV]; The Exorcist (Der Exorzist); La polizia sta a guardare (Und die Polizei guckt zu) [IT]. 1974: Trapped Beneath the Sea [TV]; Dr. Max [TV]; The Great Ice Rip-Off (Das Diamantenquartett) [TV]; Il venditore di palloncini (Der Luftballonverkäufer) [IT]. 1975: That Lucky Touch (Bleib mir ja vom Leib) [GB]; Mark il poliziotto [IT]; Mark il poliziotto spara per primo [IT]. 1976: La legge violenta della squadra anticrime (Das harte Gesetz der Abteilung Verbrechensbekämpfung) [IT]; Gli amici di Nick Hezard (Die Freunde von Nick Hezard) [IT]. 1979: Arthur Miller – On Home Ground [DOK – CA].

Coburn, James

*31. 8. 1928 Laurel (Nebraska)

Besuch von Schauspielkursen am Los Angeles City College sowie an der University of Southern California. Später Fortsetzung der Ausbildung in New York bei Stella Adler. Während des Weltkriegs Dienst in einer Rundfunkabteilung. Im La Jolla Playhouse Debüt in einer Dramatisierung von «Billy Budd». Im Werbefernsehen und TV-Serien. Erste Kinorolle 1959 als Outlaw in Budd Boettichers *Ride Lonesome*. Aufmerksamkeit 1960 durch Darstellung des lakonischen Messerwerfers Britt in *The Magnificent Seven* (John Sturges). 1961 in den TV-Serien *Klondike* und *Acapulco*. Hauptsächlich in actionbetonten Filmen, Western, Kriminal- und Gangsterfilmen. Daneben auch Rollen mit komischem Aspekt, so als Agent Derek Flint in den Spionage-Persiflagen *Our Man Flint* (Daniel Mann) und *In Like Flint* (Gordon Douglas). Ab 1965 häufig Zusammenarbeit mit Sam Peckinpah, so als Sheriff Garrett in *Pat Garrett and Billy the Kid* und als deutscher Feldwebel im Kriegsfilm *Steiner – Das eiserne Kreuz*, 1978 Regisseur des zweiten Stabes in Peckinpahs *Convoy*. 1977 auch Inszenierung einiger Folgen der TV-Serie *The Rockford Files*. 1981–82 in einigen Folgen der TV-Serie *Darkroom*. In den letzten Jahren oftmals Nebenrollen in wenig bedeutsamen aber auch in einigen populären Filmen: *Maverick, The Nutty Professor* und *Eraser*, neben Mel Gibson, Eddie Murphy und Arnold Schwarzenegger.

[US] 1949–57: Studio One [TVS]. 1958: Wagon Train: The Millie Davis Story [TV]; Alfred Hitchcock Presents: The Jokester [TV]. 1958–62: Naked City: Goodbye, Mama, Hello Auntie Maud [TV]. 1959: Ride Lonesome (Auf eigene Faust); Bonanza: Dark Gate (Bonanza: Das Tor zum Bösen) [TV]; Bonanza: Truckee Strip (Bonanza: Romeo und Julia in Nevada) [TV]; Face of a Fugitive (Auf heißer Fährte). 1959–62: The Untouchables: Jamaica Ginger [TV]. 1960: The Magnificent Seven (Die glorreichen Sieben); Richard Diamond, Private Detective: Coat of Arms [TVS]; Alfred Hitchcock Presents: An Occurence at Owl Creek Bridge [TV]. 1961: Acapulco [TVS]; Klondike [TVS]. 1962: Hell Is for Heroes (Die ins Gras beisen); The Murder Men [TV]. 1962–63: Route 66: Kiss the Monster, Make Him Sleep [TV].

1963: Charade (Charade); The Great Escape (Gesprengte Ketten); The Man from Galveston [TV]; The Twilight Zone: The Old Man in the Cave [TV]. 1964: The Americanization of Emily (Nur für Offiziere). 1964/65: A High Wind in Jamaica (Sturm über Jamaika) [GB]; Major Dundee (Sierra Charriba). 1965: The Loved One (Tod in Hollywood). 1965/66: Our Man Flint (Derek Flint schickt seine Leiche); What Did You Do in the War, Daddy? (Was hast du denn im Krieg gemacht, Papi?). 1966: Dead Heat on a Merry-Go-Round (Immer wenn er Dollars roch). 1967: In Like Flint (Derek Flint – Hart wie Feuerstein); The President's Analyst (... jagt Dr. Sheefer); Waterhole No. 3 (Wasserloch Nr. 3). 1968: Candy (Candy); Duffy (Duffy, der Fuchs von Tanger) [GB]. 1969: Hard Contract (Der Killer und die Dirne). 1969/70: Last of the Mobile Hotshots/The Blood Kin (Blutsverwandte). 1971: The Honkers; Giù la testa (Todesmelodie) [IT]. 1972: The Carey Treatment (Der Mörder im weißen Mantel); Una ragione per vivere e una per morire/Une raison pour vivre, une raison pour mourir/Una razón para vivir y una para morir/Sie verkaufen den Tod [IT/FR/ES/BRD]. 1973: Harry in Your Pocket (Harry mit den langen Fingern); The Last of Sheila (Sheila); Pat Garrett and Billy the Kid (Pat Garrett jagt Billy the Kid). 1974: The Internecine Project (G) [GB]. 1975: Hard Times/The Streetfighter (Ein stahlharter Mann); Bite the Bullet (700 Meilen westwärts). 1976: Midway (Schlacht um Midway); Sky Riders (Auf der Fährte des Adlers) [US/GR]; The Last Hard Men (Der Letzte der harten Männer). 1977: Steiner – Das Eiserne Kreuz [BRD]; The Rockford Files: Irving the Explainer [R – TV]. 1978: The Dain Curse (Der Fluch des Hauses Dain) [TV]; Convoy (Convoy) [2nd unit-R]; Circle of Iron/The Silent Flute (Das Geheimnis des blinden Meisters) [CoA]; Formula I – La febbre della velocità (Speed Fever) [IT]; California Suite (Das verrückte California-Hotel). 1979: Goldengirl (Golden Girl); The Muppet Movie (Muppet Movie) [GB]; Firepower (Firepower) [GB]. 1980: The Baltimore Bullet (Der Abstauber); Loving Couples (Ein Walzer vor dem Frühstück); Mr. Patman. 1981: Looker (Kein Mord von der Stange); Jacqueline Susan's Valley of the Dolls (Das Tal der Puppen) [TV]; High Risk (Satisfaction). 1981–82: Darkroom [TVS]. 1983: Malibu [TV]; Digital Dreams [TV]. 1984: Martin's Day (Flucht zurück) [CA]; Sins of the Father (Murchison/ Harris – Anwälte in L.A.) [TV]; Draw! [TV]. 1985: Leonski – Brown Out Murders/Leonski Incident [AU]. 1986: Death of a Soldier (Wartime Melbourne May 1945) [AU]. 1990: Young Guns II (Blaze of Glory – Flammender Ruhm). 1991: A Thousand Heroes (Katastrophenflug 232); Hudson Hawk (Hudson Hawk – Der Meisterdieb). 1992: The Hit List (Private Bodyguard) [TV]; The Player (The Player); The Fifth Corner [TVS]. 1993: Deadfall (Deadfall); Sister Act 2: Back in the Habit (Sister Act 2 – In göttlicher Mission). 1994: Ray Alexander: A Taste for Justice [TV]; Maverick (Maverick); Avenging Angel [TV]. 1995: Eraser (Eraser); The Set Up (The Set Up – Die Falle); Ray Alexander: A Menu for Murder (Mörderisches Menü); Picket Fences: Upbringings (Picket Fences – Tatort Gartenzaun) [TVS]. 1996: Skeletons; The Nutty Professor (Der verrückte Professor); The Cherokee Kid [TV]; Keys to Tulsa. 1996/97: The Second Civil War [TV]. 1997: Affliction.

Čokomorov, Sujmenkul

*9. 11. 1939 Čontaš (Kirgisien)
Bis 1969 Studium als Maler an der Akademie der Bildenden Kunst in Leningrad. Der junge kirgisische Regisseur Bolotbek Šamšiev lernt Čokomorov während der Arbeit an seinem Dokumentarfilm *Manasči* über das kirgisische Nationalepos «Manas» kennen und gibt ihm 1968 die Hauptrolle, den Knecht Bachtygul, in *Vystrel na perevale Karaš*. Dafür erhält Čokomorov 1968 einen Darstellerpreis auf dem Festival des afro-asiatischen Films in Taschkent. In den folgenden Jahren übernimmt er weitere Rollen in mehreren kirgisischen Filmen, ohne seine Arbeit als Maler vollkommen aufzugeben. Sein Name ist mit zahlreichen internationalen Erfolgen des jungen kirgisischen Kinos und mit den Regisseuren Bolotbek Šamšiev, Ali Chamraev und vor allem Tolomuš Okeev verbunden. Čokomorov erweist sich als ausgezeichneter Ajtmatov-Interpret. So ist er z. B. 1975 der Maler Temir in *Krasnoe jabloko* (Okoev). 1974 erhält er für die Rolle des armen Bauern Achangul in *Ljutyj* (Okoev) auf dem VII. Allunionsfilmfestival von Baku den Darstellerpreis und 1978 auf dem XI. Allunionsfilmfestival in Erevan den Darstellerpreis für die Rolle des Azat Bajramov in *Ulan* (Okoev). Čokomorov wird Verdienter Künstler Kirgisiens und Volkskünstler der UdSSR.

[SU] 1968: Džamila (Sehnsucht nach Dshamila); Vystrel na perevale (Der Schuß am Paß). 1970: Črezvyčajnyj komissar (Tatort Taschkent). 1972: Poklonis' ognju (Verneige dich vor dem Feuer). 1973: Alye maki Issyk-Kulja (Roter Mohn vom Issyk-Kul); Ja – Tjan'-Šan' (Ich – Tienschan); Sed'maja pulja (Die siebente Kugel). 1973–75: Dersu Uzala (Uzala der Kirgise). 1974: Ljutyj (Wölfe). 1975: Krasnoe jabloko (Der rote Apfel). 1977: Žizn' i smert' Ferdinanda Ljusa (Leben und Tod des Ferdinand Luce); Ulan. 1978: Kanybek. 1980: Rannie žuravli (Frühe Kraniche). 1981: Mužčiny bez ženščin (Männer ohne Frauen). 1984: Volč'ja jama (Die Wolfsfalle). 1985: Pervyj; Volny umirajut na beregu. 1988: Voskresnye progulki.

Colbert, Claudette

(Claudette Lily Chauchoin)
*13. 9. 1905 Paris
†3. 7. 1996 Barbados
1912 mit ihrer Familie Übersiedlung nach New York, dort 1923 Absolvierung der Washington

Irving High School. Gleichzeitig erste kleine Bühnenrolle in «The Wild Westcotts». 1925/26 Broadway-Erfolg mit «A Kiss in a Taxi». Die Broadway-Aufführung «The Barker» führt zur Verpflichtung nach Hollywood. Erste Filmrolle 1927 in Frank Capras *For the Love of Mike*. Bis 1944 Arbeit im Rahmen eines Paramount-Vertrags. Sie spielt in fast allen Genres, porträtiert historische Figuren, so unter der Regie von Cecil B. DeMille die Poppaea in *The Sign of the Cross* und die Titelrolle in *Cleopatra*. Popularität erringt die zierliche Colbert vor allem durch komische Rollen, so 1933 als emanzipierte Millionärstochter Ellie Andrews in Capras *It Happened One Night* (Oscar) oder 1942 in *The Palm Beach Story* von Preston Sturges. Sie spielt aber auch dramatische Rollen, z. B. 1935 eine Psychiaterin in Gregory La Cavas *Private Worlds*, 1944 die wartende Kriegs-Ehefrau in *Since You Went Away* (John Cromwell) oder 1950/51 eine Nonne in Douglas Sirks Thriller *Thunder On The Hill*. 1960 Rückzug vom Film. Anfang der 50er Jahre nach Europa, wo sie auch wieder im Theater spielt. 1956 Rückkehr zum Broadway, Erfolg in «Janus» und 1978 in «The Kingfisher». 1984 in New York und London Triumphe in «Aren't We All?». Im selben Jahr Ehrung durch die Film Society des New Yorker Lincoln Center. Nach 26 Jahren Filmabstinenz in der TV-Produktion *The Two Mrs. Grenvilles* (1987).

[US] 1927: For the Love of Mike. 1929: The Hole in the Wall; The Lady Lies. 1930: L'enigmatique Monsieur Parkes [Version]; The Big Pond; La grande mare [Version]; Young Man of Manhattan; Manslaughter. 1931: Honor Among Lovers; The Smiling Lieutenant (Der lächelnde Leutnant); Le lieutenant souriant [Version]; Secrets of a Secretary; His Woman. 1931/32: Wiser Sex. 1932: The Misleading Lady; The Man from Yesterday; Make Me a Star (Mach mich zum Star); The Phantom President; The Sign of the Cross (Im Zeichen des Kreuzes). 1932/33: Tonight Is Ours (Aufruhr in Utopia). 1933: I Cover the Waterfront; Three Cornered Moon; Torch Singer; It Happened One Night (Es geschah in einer Nacht). 1933/34: Four Frightened People. 1934: Cleopatra (Cleopatra); Imitation of Life. 1935: The Gilded Lily; Private Worlds (Oberarzt Dr. Monet); She Married Her Boss (Sie heiratet den Chef). 1936: The Bride Comes Home (Frauen-Launen); Under Two Flags (Unter zwei Flaggen). 1937: Maid of Salem (Im Kreuzverhör); I Met Him in Paris (Pariser Bekanntschaft); Tovarich. 1937/38: Bluebeard's Eighth Wife (Blaubarts achte Frau). 1938: Zaza. 1938/39: Midnight (Enthüllung um Mitternacht). 1939: It's a Wonderful World (Drunter und drüber); Drums Along the Mohawk (Trommeln am Mohawk). 1940: Boom Town (Der Draufgänger); Arise, My Love. 1941: Remember the Day; Skylark (Eheposse). 1942: The Palm Beach Story (Atemlos nach Florida). 1943: No Time for Love (Keine Zeit für Liebe); So Proudly We Hail (Mutige Frauen). 1944: Since You Went Away (Als du Abschied nahmst); Practically Yours (Sturzflug ins Glück). 1945: Guest Wife (Seine Frau ist meine Frau); Tomorrow Is Forever (Morgen ist die Ewigkeit). 1946: The Secret Heart (Geheimnis des Herzens); Without Reservations. 1947: The Egg and I (Das Ei und ich); Sleep, My Love (Schlingen der Angst). 1948: Family Honeymoon (Fünf auf Hochzeitsreise). 1949: Bride for Sale. 1950: Three Came Home (Drei kehrten heim); The Secret Fury (Die schwarze Lawine). 1950/51: Thunder on the Hill (Schwester Maria Bonaventura). 1951: Let's Make It Legal. 1952: The Planter's Wife (Weiße Frau im Dschungel) [GB]. 1953: Si Versailles m'était conté (Versailles – Könige und Frauen) [FR]; Destini di donne/Destinées. 1. Ep: La vittima della guerra/Elisabeth (Liebe, Frauen und Soldaten) [EP – IT/FR]. 1955: Texas Lady (Des Teufels rechte Hand). 1961: Parrish (Sein Name war Parrish). 1987: The Two Mrs. Grenvilles (Society) [TV].

Colman, Ronald

*9. 2. 1891 Richmond (Surrey)
†18. 5. 1958 Santa Barbara (California)

Neben einer Tätigkeit im Büro der British Steamship Company ab 1908 Amateur-Schauspieler. 1916 im 1. Weltkrieg verwundet, anschließend bis 1920 auf Londoner Bühnen. Nach dem Filmdebüt 1918/19 (er stellt zu dieser Zeit häufiger Juden dar) Emigration in die USA und dort auf der Bühne und beim Film tätig. In *The White Sister* (Henry King) trägt er 1924 als Soldat und Liebhaber von Lilian Gish erstmals seinen berühmten Moustache, wichtiges Markenzeichen für den romantischen Liebhaber. Schon zu Beginn der 30er Jahre ein Star, genießt er bei Samuel Goldwyn, für den er seit 1924 arbeitet, den Luxus, pro Jahr nur einen Film zu drehen. Mit seiner wohltönenden Stimme meistert er den Übergang vom Stumm- zum Tonfilm spielend und kann seine Popularität anschließend sogar noch vergrößern. In *Bulldog Drummond* (Richard F. Jones), seinem ersten Tonfilm, wirbelt er 1929 – in der Tradition von Douglas Fairbanks – durch die Detektiv-Geschichte. Oscar für George Cukors *A Double Life* (1947): Der Film reflektiert in gewisser Weise Colmans eigene Karriere als Schauspieler. Ab 1940 auch beim Radio beschäftigt, 1950–52 darüber hinaus beim Fernsehen.

[US] 1917: The Live Wire [Nicht aufgeführt – GB]. 1918/19: The Toilers [GB]. 1919: A Daughter of Eve [GB]; A Son of David [GB]; Sheba; Snow in the Desert

[GB]. 1919/20: Anna the Adventuress [GB]. 1920: The Black Spider [GB]. 1921: Handcuffs or Kisses. 1923: $20 a Week; The Eternal City. 1924: The White Sister (Die weiße Schwester); Her Night of Romance; Romola; Tarnish. 1925: The Dark Angel; His Supreme Moment; A Thief in Paradise; Stella Dallas; Lady Windermere's Fan; Her Sister from Paris; The Sporting Venus. 1926: Kiki; The Winning of Barbara Worth (Entfessselte Elemente); Beau Geste (Blutsbrüderschaft). 1927: The Night of Love; The Magic Flame. 1928: Two Lovers. 1929: Bulldog Drummond; The Rescue; Condemned. 1930: Raffles; The Devil to Pay. 1931: The Unholy Garden; Arrowsmith. 1932: Cynara (Cynara). 1932/33: The Masquerader. 1934: Clive of India (Kampf um Indien); Bulldog Drummond Strikes Back. 1935: A Tale of Two Cities (Flucht aus Paris); The Man Who Broke the Bank at Monte Carlo. 1936: Under Two Flags (Unter zwei Flaggen). 1937: The Prisoner of Zenda (Der Gefangene von Zenda); Lost Horizon (In den Fesseln von Shangri-La). 1938: If I Were King (Wenn ich König wäre). 1939: The Light That Failed. 1940: Lucky Partners (Glückspilze). 1941: My Life With Caroline. 1942: The Talk of the Town (Die Frau, von der man spricht); Random Harvest. 1943/ 44: Kismet (Kismet). 1946: The Late George Apley. 1947: A Double Life (Ein Doppelleben). 1950: Champagne for Caesar; Shakespeare's Theater: Globe Playhouse. 1956: Around the World in 80 Days (In 80 Tagen um die Welt). 1957: The Story of Mankind [TV].

Connery, Sean

(Thomas Sean Connery)
*25. 8. 1930 Edinburgh (Schottland)

Arbeitersohn. 1945 aus Krankheitsgründen aus der Royal Navy entlassen; anschließend u. a. Bademeister und Maurer. Besuch der Edinburgh School of Art. In den späten 40er und frühen 50er Jahren Bodybuilder, Modell und Chorsänger, dann Beschäftigung im Repertoire-Theater. 1954 erste kleine Filmrolle, danach in weiteren B-Filmen, u. a. 1957 in den britischen Produktionen *Hell Drivers* (Cyril Endfield) und *Action of the Tiger* (Terence Young). Als Ian Flemings Super-Agent James Bond in den ersten beiden 007-Filmen, *Dr. No* und *From Russia With Love* (Young) Aufstieg zum internationalen Star. Er verkörpert diese Figur in sieben Filmen, zuletzt 1982/83 in *Never Say Never Again*. Nach dem vierten Bond-Film versucht sich Connery Mitte der 60er Jahre in anderen Rollen zu etablieren. Eine erfolgreiche Zusammenarbeit mit dem Regisseur Sidney Lumet beginnt mit *The Hill*, einer Studie über Gewalt in einem Militärstraflager in Nordafrika, und endet nach fünf Filmen mit der Familien- und Gangsterkomödie *Family Business* als Großvater von Matthew Broderick und Vater von Dustin Hoffman. In der zweiten Hälfte der 80er Jahre väterliche, dabei aber auch selbstironisch angelegte Rollen: In den beiden erfolgreichen Mittelalter-Filmen *Highlander* und *Der Name der Rose*, im stilisierten Gangsterfilm *The Untouchables* (Brian DePalma), mit dem er für seine Nebenrolle mit einem Oscar ausgezeichnet wird, und in *The Hunt for Red October*, einem der letzten Thriller des Kalten Krieges. Der Perestroika-Film *The Russia House* (Fred Schepisi) und die Öko-Geschichte *Medicine Man* (John McTiernan) nutzen eher das attraktive Altern des Schauspielers mit dem schottischen Akzent, dessen Anziehungskraft vor allem beim weiblichen Publikum ungebrochen scheint.

[GB] 1954: Lilacs in the Spring. 1956/57: No Road Back (Die blinde Spinne). 1957: Action of the Tiger (Operation Tiger) [US]; Hell Drivers (Duell am Steuer); Time Lock (12 Sekunden bis zur Ewigkeit). 1958: Another Time, Another Place (Herz ohne Hoffnung); A Night to Remember (Die letzte Nacht der Titanic). 1959: Tarzan's Greatest Adventure (Tarzans größtes Abenteuer); Darby O'Gill and the Little People (Das Geheimnis der verwunschenen Höhle) [US]. 1959/60: An Age of Kings. 3: Rebellion from the North [TV]; An Age of Kings. 4: The Road to Shrewsbury [TV]; An Age of Kings. 1: The Hollow Crown [TV]; An Age of Kings. 2: The Deposing of a King [TV]. 1961: The Frightened City (Die Peitsche); On the Fiddle; The Longest Day (Der längste Tag) [US]. 1962: Dr. No (James Bond – 007 jagt Dr. No) [US/GB]. 1963: Woman of Straw (Die Strohpuppe); From Russia With Love (Liebesgrüße aus Moskau). 1964: Goldfinger (Goldfinger); Marnie (Marnie) [US]. 1964/65: The Hill (Ein Haufen toller Hunde) [GB/US]. 1965: Thunderball (James Bond 007 – Feuerball). 1966: A Fine Madness (Simson ist nicht zu schlagen) [US]. 1967: You Only Live Twice (Man lebt nur zweimal). 1968: Shalako (Shalako/Man nennt mich Shalako). 1969: The Molly Maguires (Verflucht bis zum jüngsten Tag) [US]; The Bowler and the Bonnet [D,R,P – Nicht aufgeführt]. 1970: Krasnaja palatka/La tenda rossa (Das rote Zelt) [SU/IT]. 1971: The Anderson Tapes (Der Anderson-Clan) [US]; Diamonds Are Forever (Diamantenfieber). 1972: The Offence (Sein Leben in meiner Gewalt) [D,P]. 1973: Zardoz (Zardoz) [IE]. 1974: Murder on the Orient Express (Mord im Orient-Expreß); Ransom (Die Uhr läuft ab). 1975: Wind and the Lion (Der Wind und der Löwe) [US]; The Man Who Would Be King (Der Mann, der König sein wollte) [US]. 1976: The Next Man [US]; Robin and Marian (Robin und Marian) [US]. 1977: A Bridge Too Far (Die Brücke von Arnheim). 1978: The First Great Train Robbery (Der erste große Eisenbahnraub) [US]. 1979: Cuba (Explosion in Cuba) [US]; Meteor (Meteor) [US]. 1981: Time Bandits (Time Bandits); Wrong is Right (Flammen am Horizont) [US]; Outland (Outland – Planet der Verdammten). 1982: Five Days One Summer (Am Rande des Abgrunds) [US]. 1982/83: Never Say Never Again (James Bond – Sag niemals nie). 1983: G'Olé! [S]. 1984/85: Sword of the Valiant: Legend of Gawain and the Green Knight (Camelot – Der Fluch des goldenen Schwertes). 1985/86: Highlander (Highlander – Es kann nur einen geben). 1986: Der Name der Rose/Il nome della rosa/Le nom de la rose [BRD/IT/FR]. 1987: The Untouchables (The Untouchables – Die Unbestechlichen) [US]. 1988: Memories of Me [US]; The Presidio (Presidio) [US]. 1988/89: Indiana Jones and the Last Crusade (Indiana Jones und der letzte Kreuzzug) [US]. 1989: Family Business (Family Business) [US]. 1990: The Thief and the Cobbler [S]; Robin Hood – Prince of Thieves (Robin Hood – König der Diebe) [US]; Highlander II: The Quickening (Highlander II – Die Rückkehr) [US]; The Hunt for Red October (Jagd auf Roter Oktober) [US]; The Russia House (Das Rußland-Haus) [US]. 1992: Medicine Man (Medicine Man – Die letzten Tage von Eden) [D,P – US]. 1993: Rising Sun (Die Wiege der Sonne) [D,P – US]. 1994: Just Cause (Im Sumpf des Verbrechens) [D,P – US]; A Good Man in Africa (A Good Man in Africa) [US]. 1994/95: First Knight (Der erste Ritter) [US]. 1995/96: Dragonheart (Dragonheart) [S – US]. 1996: The Rock (The Rock – Fels der Entscheidung) [D,P – US]. 1997: A Life Less Ordinary [US]; The Avengers [US].

Constantine, Eddie

(Edward Constantine)
*29. 10. 1917 Los Angeles
†25. 2. 1993 Wiesbaden

Vater aus Rußland, Mutter aus Polen in die USA eingewandert, aufgewachsen in Los Angeles und Providence. 1933–36 Gesangsstudium am Konservatorium in Wien, dann in New York. Chorsänger, Mitbegründer des Vokalquintetts «The Five Musketeers». 1947 nach London; in Paris Auftritte in Nachtclubs, erste Plattenaufnahmen. 1950 am Moulin Rouge; mit der befreundeten Edith Piaf 1951 in «La petite Lili». 1952 Filmdebüt in einer Nebenrolle in *Egypt by Three*. Mit Bernard Borderies *La môme vert-de-gris* beginnt eine Reihe billig produzierter Action-Filme nach Peter Cheyneys Romanen um den FBI-Agenten Lemmy Caution. Auch in der Bundesrepublik erfolgreich mit Schlagern sowie in Filmen wie *Hoppla, jetzt kommt Eddie* (Werner Klingler) und *Bomben auf Monte Carlo* (Georg Jacoby). Constantine variiert in zahlreichen Filmen die Kultfigur des unverwüstlichen Eddie. Die Demontage beginnt 1964 in Marcel Ophüls' Film *Faites vos jeux, Mesdames*, Jean-Luc Godard vollendet sie mit *Alphaville, une étrange aventure de Lemmy Caution*. Die Wandlung zum Charakterdarsteller setzt er 1969/70 mit der Rolle des italienischen Anarchisten *Malatesta* (Peter Lilienthal) fort. Danach in Produktionen des Jungen deutschen Films, u. a. in Fassbinders *Warnung vor einer heiligen Nutte* und *Die dritte Generation*. Lutz Mommartz' *Tango durch Deutschland* zeichnet ein psychologisches Porträt Constantines. In modernen Kriminalplotten wie *Exit ... nur keine Panik* (Franz Novotny) und *Panische Zeiten* (Udo Lindenberg) als Zitat seiner selbst. Nur selten Verkörperung brüchiger Charaktere, verletzlicher Menschen wie 1986 als alter Zirkusclown in der Fernsehserie *Roncalli*. Daneben immer wieder in TV-Unterhaltungssendungen. Constantine veröffentlicht u. a. 1975 den Roman «Le propriétaire» (Der Favorit).

1952: Egypt by Three [US]. 1952/53: La môme vert-de-gris (Im Banne des blonden Satans) [FR]. 1953: Cet homme est dangereux (Dieser Mann ist gefährlich/F.B.I sucht Lemmy Caution) [FR]. 1953/54: Les femmes s'en balancent (Serenade für zwei Pistolen) [FR]. 1954: Votre dévoné Blake (Heiße Lippen -Kalter Stahl) [FR]; Repris de justice [FR]; Avanzi di galera (In den Klauen der Vergangenheit) [IT]. 1954/55: Ça va barder .../Silenzio ... si spara! (Harte Fäuste – heißes Blut) [FR/IT]. 1955: Je suis un sentimental/Io sono un sentimentale (Küsse, Kugeln und Kanaillen) [FR/IT]; Vous pigez?/Il maggiorato fisico (Rote Lippen – blaue Bohnen) [FR/IT]. 1956: Les truands (Gauner-Kavaliere) [FR]; Ce soir les jupons volent [FR]; L'homme et l'enfant/Creature del male (Gangster, Rauschgift und Blondinen) [FR/IT]; Süß ist die Liebe in Paris/Bonsoir Paris/Bonsoir Paris, bonjour l'amour [BRD/FR]; Folies-Bergère (Paradies der Liebe) [FR]. 1957: Le grand bluff (Liebe, Lumpen, Leidenschaften) [D,CoP – FR]; Ces dames préfèrent le mambo/Le signore preferiscono il mambo (Morphium, Mord und kesse Motten) [FR/IT]. 1957/58: Incognito (Heiße Küsse – scharfe Schüsse) [FR]. 1958: Hoppla, jetzt kommt Eddie [BRD]. 1958/59: Passport to Shame (Eddie, Tod und Teufel) [GB]; Du rififi chez les femmes/Rififi fra le donne (Rififi bei den Frauen) [FR/IT]. 1959: Treasure of San Teresa/Rhapsodie in Blei/Eddie – harte Schläge und Halunken [GB/BRD]; S.O.S. Pacific/Dicke Luft und heiße Liebe/Eddie schafft alle [GB/BRD]. 1959/60: Bomben auf Monte Carlo/Eddie läßt die Bombe platzen/Ça peut toujours servir [BRD/FR]. 1960: Ça va être ta fête .../Passaporto falso (Wer zuerst schießt, hat mehr vom Leben/Lemmy Caution schlägt zu) [D,CoP – FR/IT]; Comment qu'elle est (Eddie geht aufs Ganze) [FR]; Ravissante/Le mogli degli altri (Eine süße Katastrophe) [FR/IT]; Chien de pique (Junge, mach dein Testament) [D,CoP – FR]. 1961: Me faire ça à moi! (Wie leicht kann das ins Auge gehn) [FR]; Mani in alto/En pleine bagarre (Auf Ihr Wohl, Herr Interpol!) [IT/FR]; Cause toujours mon lapin (Nicht schießen, Liebling – küssen!) [D,CoP – FR]; Les sept péchés capitaux/I sette peccati capitali. 5. Ep: La paresse/La pigrizia (Die sieben Todsünden. 5: Die Trägheit) [EP – FR/IT]. 1961/62: Une grosse tête (Eddie und die scharfen Kurven) [D,CoP – FR]; Lemmy pour les dames (Das ist nichts für kleine Mädchen) [FR]; Cléo de 5 à 7/Cleo dalle 5 alle 7 (Mittwoch zwischen 5 und 7) [FR/IT]; Bonne chance, Charlie (Eddie, gib ihm Saures/Viel Glück, Eddie) [D,P – FR]. 1962: L'Empire de la nuit (Gib Zunder, Eddie!) [D,CoP – FR]; Nous irons à Deauville [FR]; Les femmes d'abord (Eddie krault nur kesse Katzen) [FR]. 1963: A toi de faire, Mignonne/ L'Agente federale Lemmy Caution (Zum Nachtisch blaue Bohnen) [FR/IT]; La tela de arana/Comme s'il en pleuvait (Eddie, Miezen und Moneten) [E/F]; Des frissons partout/Jeff Gordon, il diabolico detective (Eddie wieder Coltrichtig) [FR/IT]; Die ganze Welt ist himmelblau (Rote Lippen soll man küssen) [AT]; Comment trouvez-vous ma s ...ur? [FR]. 1963/64: Laissez tirer les tireurs/Lasciate sparare ... chi ci sa fare (Eddie – wenn das deine Mutti wüßte) [FR/IT]. 1964: Nick Carter va tout casser/Nick Carter non perdona (Nick Carter schlägt alles zusammen) [FR/IT]; Lucky Jo (Lucky Jo) [D, CoP – FR]; Ces dames s'en mêlent/Jeff Gordon spaccatutto (Eddie, Blüten und Blondinen) [FR/IT]; Faites vos jeux, mesdames/Feu à volonté/Hagan juego, senores (Ab heute wieder Niederschläge) [FR/ES]. 1965: Alphaville, une étrange aventure de Lemmy Caution/Agente Lemmy Caution: missione Alphaville (Lemmy Caution gegen Alpha 60/Alphaville) [FR/IT]; Je vous salue, Mafia!/Da New York: Mafia uccide! (Grüße an die Mafia) [FR/IT]; Nick Carter et le trèfle rouge/Nick Carter e il trifoglio rosso (Nick Carter: Zum Frühstück Blondinen) [FR/IT]. 1965/66: Cartas boca arriba/Cartes sur table (Karten auf den Tisch) [ES/FR]. 1966: Residencia para espias [ES]. 1968: A tout casser/Quella carogna di Frank Mitraglia [FR/IT]. 1969: Les gros malins [FR/IT]; Lion's Love (Lion's Love) [US]. 1969/70: Malatesta [BRD]. 1970: Eine Rose für Jane [TV – BRD]; Warnung vor einer heiligen Nutte [BRD/IT]. 1970/71: Supergirl [BRD]. 1971: Haytabo/Eddie geht weiter [BRD]. 1973: Geen Paniek [NL]; Welt am Draht [TV – BRD]. 1974: Ein Fall für Männdli: Schafe zur Linken [TV – BRD]; Une baleine qui avait mal aux dents [FR]. 1975: Souvenir of Gibraltar [BE/FR]; Der zweite Frühling [BRD]; Le couple témoin [FR/CH]. 1976: Weyer, Hans Hermann, Konsul [TV – BRD]; Raid on Entebbe (... die keine Gnade kennen) [TV – US]. 1977: Bloedverwanten/Mort au sang donneur [NL/FR]. 1977/78: Zwei himmlische Töchter und Die Gimmicks [TVS – BRD]. 1978: It Lives Again (Die Wiege des Satans) [US]; Victor [TV – BRD]. 1978/79: Die dritte Generation [BRD]. 1979: The Long Good Friday (Rififi am Karfreitag) [GB]; Der Idiot im Hintergrund [TV – BRD]; Eddie und Lutz [KF – BRD]; Bildnis einer Trinkerin [BRD]; Car-napping [BRD]; Exit ... nur keine Panik [AT/BRD]. 1980: Panische Zeiten [BRD]; Tango durch Deutschland [BRD]; Typisch Eddie [TV-DOK – BRD]; Rote Liebe [BRD]; Zwischen Mond und Sonne [BRD]; Die Hinrichtung [TV – AT/BRD]. 1981: Oasis [KF – BRD]; Neige (Schnee) [FR]; Freak Orlando [BRD]. 1981/82: Kottan ermittelt: Hausbesuche [TV – AT]; Kottan ermittelt: Fühlt wie du [TV – AT]. 1982: Box Office US]; Les fugitifs [BE]; Der Schnüffler [BRD]. 1983: La bête noire [FR]; Das Mikado-Projekt – In geheimer Mission [BRD]; Flight to Berlin/Fluchtpunkt Berlin [GB/BRD]. 1983/84: Rambo Zambo [TV – BRD]. 1984: Quei trentasei gradini [TVS – IT]; Uno scugnizzo a New York [IT]; Tiger – Frühling in Wien [AT/BRD]; Seifenblasen [AT]. 1985: Game Out (Game Out; Video 1988) [US/FR]; Paul Chevrolet en de ultieme hallucinatie [NL]. 1986: Roncalli [TVS – BRD]; Frankensteins Faster/Frankensteins Tante [TVS – EURO]. 1987: Helsinki Napoli – All Night Long [FI/ BRD/CH/IT]. 1988: Le retour de Lemmy Caution [TV – FR]; Europa abends [BRD]; Rivalen der Rennbahn [TVS – BRD]. 1990: Europa [DK/BRD/FR]. 1991: Allemagne neuf zéro (Deutschland neu(n) null) [FR]. 1993/94: Three Shake A Leg Steps To Heaven [LU/DE/BE].

Cooper, Gary

(Frank James Cooper)
*7. 5. 1901 Helena (Montana)
†13. 5. 1961 Beverly Hills

Besuch des Dunstable College in England, später des Wesleyan College in Bozeman, Montana, sowie des Grinnell College, Iowa. 1924 politischer Karikaturist und Vertreter in Los Angeles, ab 1925 als Komparse und Stuntman in Western-Produktionen. 1926 erste richtige Filmrolle in Henry Kings *The Winning of Barbara Worth*, Vertrag bei Paramount. 1927 Partner von Clara Bow in *It* (Clarence Badger) und in *Children of Divorce* (Frank Lloyd). Großer Erfolg mit der Titelrolle in Victor Flemings Western *The Virginian*. In den 30er Jahren einer der populärsten und höchstbezahlten amerikanischen Schauspieler. Die besten Paramount-Regisseure arbeiten mit dem lakonischen und etwas linkisch wirkenden Akteur mit komischer Note, seine Partnerinnen sind Marlene Dietrich, Jean Arthur und Claudette Colbert. Er überzeugt als Fremdenlegionär Tom Brown in *Morocco* (Josef von Sternberg), als britischer Leutnant McGregor in *The Lives of a Bengal Lancer* (Henry Hathaway). 1935/36 spielt er einen Provinzler mit Politikerambitionen in Frank Capras populistischem *Mister Deeds Goes to Town* (Oscar-Nominierung) und den legendären Wild Bill Hickok in Cecil B. DeMilles Western *The Plainsman*. Sein komisches Talent zeigt er u.a. bei Ernst Lubitsch in *Design for Living* und *Bluebeard's Eighth Wife* sowie als zerstreuter Professor in Howard Hawks' *Ball of Fire*. 1941 Oscar für die zeitgemäße Titelrolle in Hawks' patriotischem *Sergeant York*. An der Seite von Ingrid Bergman als

Robert Jordan in Sam Woods Hemingway-Verfilmung *For Whom the Bell Tolls*. Häufig in Uniform oder Western-Kluft, ist Cooper Symbolfigur des traditionellen Amerika – er sagt 1947 vor dem Ausschuß zur Untersuchung unamerikanischer Umtriebe (HUAC) aus, ohne allerdings seine Kollegen zu denunzieren. Als Partner von Grace Kelly erhält er als einsamer Sheriff Kane in Fred Zinnemanns Kultwestern *High Noon* (1952) einen weiteren Oscar. Neben Burt Lancaster als amerikanischer Abenteurer Benjamin Trane im mexikanischen Bürgerkrieg in Robert Aldrichs *Vera Cruz*. In Billy Wilders *Love in the Afternoon* verliebt er sich in die junge Audrey Hepburn, in Delmer Daves' *The Hanging Tree* rettet Maria Schell ihn vor dem Erhängen. Den Special Academy Award 1961 für den krebskranken Cooper nimmt James Stewart entgegen.

[US] 1925: Lightnin' Wins [KF]; Poverty Row; Dick Turpin (Dick Turpin, der galante Bandit); The Thundering Herd; The Lucky Horseshoe (Der schüchterne Don Juan); Wild Horse Mesa; The Vanishing American; The Eagle (Der Adler); Tricks. 1926: Three Pals; The Enchanted Hill; Watch Your Wife (Paß auf deine Frau auf ...); The Winning of Barbara Worth (Entfessselte Elemente). 1927: It (Das gewisse Etwas); Children of Divorce; Arizona Bound; The Last Outlaw; Nevada. 1928: Beau Sabreur (Der weiße Harem); Doomsday; Legion of the Condemned; Half a Bride; The First Kiss; Lilac Time; Wings (Wings). 1929: The Shopworn Angel (Liebeslüge); Wolf Song; Betrayal; The Virginian (Der Mann aus Virginia). 1930: Seven Day's Leave; Only the Brave; Paramount on Parade; The Texan; A Man from Wyoming; The Spoilers; Morocco (Flammende Herzen). 1930/31: Fighting Caravans. 1931: City Streets (Straßen der Weltstadt); The Stolen Jools [KF]; I Take This Woman; His Woman. 1932: Voice of Hollywood [KF]; Make Me a Star (Mach mich zum Star); Devil and the Deep (Die Frau im U-Boot); If I Had a Million. 7. Ep: The Three Marines (Wenn ich eine Million hätte) [EP]; A Farewell to Arms. 1933: Today We Live (Zum Leben verurteilt); The Eagle and the Hawk; One Sunday Afternoon; Design for Living (Serenade zu dritt); Alice in Wonderland. 1934: Operator 13; Now and Forever (Treffpunkt Paris!); The Wedding Night. 1935: Star Night at the Cocoanut Grove [KF]; The Lives of a Bengal Lancer (Bengali); Peter Ibbetson (Peter Ibbetson). 1935/36: Desire (Sehnsucht/Perlen zum Glück); Mr. Deeds Goes to Town (Mister Deeds geht in die Stadt). 1936: La Fiesta de Santa Barbara [KF]; Hollywood Boulevard; The-General Died at Dawn (Der General starb im Morgengrauen); The Plainsman (Verrat – Die Abenteuer des Buffalo Bill/Der Held der Prärie). 1937: Lest We Forget [KF]; Souls at Sea (Schiffbruch der Seelen); The Adventures of Marco Polo (Die Abenteuer des Marco Polo). 1937/38: Bluebeard's Eighth Wife (Blaubarts achte Frau). 1938: The Cowboy and the Lady (Mein Mann, der Cowboy). 1939: Beau Geste (Drei Fremdenlegionäre); The Real Glory (Verrat im Dschungel). 1939/40: The Westerner (In die Falle gelockt). 1940: North West Mounted Police (Die scharlachroten Reiter). 1941: Meet John Doe (Hier ist John Doe); Sergeant York (Sergeant York); Ball of Fire (Die merkwürdige Zähmung der Gangsterbraut Sugarpuss). 1942: The Pride of the Yankees (Der große Wurf). 1943: For Whom the Bell Tolls (Wem die Stunde schlägt); Saratoga Trunk (Spiel mit dem Schicksal). 1944: The Story of Dr. Wassell (Dr. Wassells Flucht nach Java); Casanova Brown (So ein Papa); Memo For Joe [KF]. 1945: Along Came Jones (Der Vagabund von Texas) [D,P]. 1946: Cloak and Dagger (Im Geheimdienst). 1947: Unconquered (Die Unbesiegten); Variety Girl. 1948: Good Sam. 1949: Snow Carnival [KF]; Task Force (Sturm über dem Pazifik); The Fountainhead; It's a Great Feeling (Ein tolles Gefühl). 1950: Dallas (Todfeindschaft); It's a Big Country. Ep: Texas; Bright Leaf (Zwischen zwei Frauen). 1951: Starlift; Distant Drums (Die Teufelsbrigade); You're in the Navy Now. 1952: Springfield Rifle (Gegenspionage); High Noon (Zwölf Uhr mittags). 1953: Blowing Wild (Wilde Glut); Return to Paradise (Rückkehr ins Paradies). 1954: Vera Cruz (Vera Cruz); Garden of Evil (Der Garten des Bösen). 1955: The Court-Martial of Billy Mitchell (Verdammt zum Schweigen); Hollywood Mothers [KF]. 1956: Friendly Persuasion (Lockende Versuchung). 1957: Love in the Afternoon (Ariane – Liebe am Nachmittag). 1958: Ten North Frederick (Ein Mann in den besten Jahren); Man of the West (Der Mann aus dem Westen); The Hanging Tree (Der Galgenbaum) [D,P]. 1959: The Wreck of the Mary Deare (Die den Tod nicht fürchten) [D,P]; They Came to Cordura (Sie kamen nach Cordura) [D,P]; Alias Jesse James (Ein Schuß und 50 Tote). 1961: The Real West [S – TV]; The Naked Edge (Ein Mann geht seinen Weg) [D,P – GB].

Corrieri, Sergio

* 1930 Kuba

Corrieri studiert an der Universität von Havanna Schauspiel und erhält seine erste Rolle in dem Episodenfilm *Cuba '58* von José Miguel García Ascot und Jorge Fraga. Als überzeugter Anhänger der kubanischen Revolution wird er einer der wichtigsten Schauspieler des Neuen lateinamerikanischen Kinos. Internationale Anerkennung 1968 für die Darstellung des Sergio in Tomás Gutiérrez Aleas Film *Memorias del subdesarrollo*. Er spielt den bourgeoisen Außenseiter, der sich entschließt, in Kuba zu bleiben, mit der für ihn typischen brechtschen Schauspieltechnik der Verfremdung; zunächst bietet er sich als Identifikationsfigur an, um im zweiten Teil des Films den Charakter und die Werte der Hauptfigur zu hinterfragen. Diese Darstellungsart verfeinert er in *Mella* (Enrique Pineda Barnet), wo er den berühmten kubanischen Kommunisten Julio Antonio Mella und gleichzeitig sich selbst spielt und so ein dialektisches Porträt liefert. Beeinflußt von diesen Filmen, zieht sich Corrieri 1968 in die Berge von Escambray zurück, eine der isoliertesten Gegenden Kubas, und gründet eine revolutionäre Theatergruppe, für die er Stücke schreibt, Regie führt und als Schauspieler tätig ist.

[CU] 1962: Cuba '58. Ep: Los novios [EP]. 1963: Crónica cubana. 1964: Ya Cuba (Soy Cuba) [CU/SU]. 1965: Desarraigo. 1968: Memorias del subdesarrollo; La ausencia. 1973: El hombre de Maisinicú. 1975: Mella.

Cortese, Valentina
(Valentina Ressi Coenzo)
* 1. 1. 1925 Mailand

Mit 15 Jahren erstmals vor der Kamera. Sie spielt kleinere Rollen in den Filmen der 40er Jahre, u. a. in Alessandro Blasettis *La cena delle beffe*. 1945 gibt ihr Luigi Zampa die Hauptrolle in *Un americano in vacanza*. Sie wird als Entdeckung gefeiert und bestätigt ihr Können in Marcello Paglieros *Roma città libera*. Danach wird sie durch die 20th Century Fox nach Hollywood geholt, wo sie den Schauspieler Richard Basehart heiratet. Sie spielt in Filmen an der Seite von Orson Welles (*Black Magic*) und Spencer Tracy (*Malaya*). Ihre besten Rollen erhält sie von Jules Dassin und Joseph Mankiewicz, die sie in *Thieves' Highway* und *The Barefoot Contessa* einsetzen. Mitte der 50er Jahre Rückkehr nach Italien. Michelangelo Antonioni vertraut ihr in *Le amiche* die Rolle der erfolgreichen Keramikkünstlerin Nene an, die eine dramatische Liebesbeziehung durchmacht. Neben der Filmarbeit spielt Cortese häufig Theater, wo sie viele Jahre lang mit dem Regisseur Giorgio Strehler zusammenarbeitet. In den 60er Jahren ist Cortese weiter im internationalen Film tätig, u. a. in *The Legend of Lylah Clare* (Robert Aldrich). In *La nuit américaine* (François Truffaut) stellt sie die etwas überspannte Schauspielerin Severina dar, deren Charakter eine Art Synthese von Corteses Rollen der 60er ist. In den 80er Jahren zieht sich Cortese allmählich vom Film zurück, überzeugt jedoch noch einmal in der Rolle der Königin des Mondes in Terry Gilliams Film *The Adventures of the Baron of Munchausen*.

[IT] 1940: Orizzonte dipinto. 1941: Il bravo di Venezia; La cena delle beffe; Primo amore. 1941/42: La regina di Navarra. 1942: Quarta pagina; Una signora dell'Ovest; Orizzonte di sangue; Giorni felici; L'Angelo bianco; Soltanto un bacio. 1943: Chi l'ha visto?; Nessuno torna indietro; 4 ragazze sognano. 1944: Quartieri alti. 1945: Un americano in vacanza. 1946: Roma città libera (La notte porta consiglio). 1947: L'Ebreo errante; Il passatore; Il corriere del re; I miserabili: La caccia all'uomo/Tempesta su Parigi. 1947/48: Black Magic/Cagliostro (Graf Cagliostro) [US/IT]. 1948: Le carrefour des passions [FR]; Gli uomini sono nemici/Carrefour des passions [IT/FR]. 1948/49: The Glass Mountain/La montagna di cristallo (Echo der Liebe) [GB/IT]. 1949: Thieves' Highway (Gefahr in Frisco) [US]; Malaya (Malaya) [US]. 1949/50: Donne senza nome (Frauen ohne Namen). 1950: Shadow of the Eagle (Graf Orloffs gefährliche Liebe) [GB/IT]; La rivale dell'Imperatrice/Shadow of the Eagle [IT/GB]. 1951: The House on Telegraph Hill [US]. 1951/52: Secret People [GB]. 1952/53: Lulù. 1953: La passeggiata; Addio, mia bella signora!; Donne proibite (Die Verrufenen). 1953/54: Il matrimonio. 1954: The Barefoot Contessa/La contessa scalza (Die barfüßige Gräfin) [US/IT]; Avanzi di galera (In den Klauen der Vergangenheit). 1954/55: Magic Fire. The Story of Richard Wagner (Frauen um Richard Wagner) [US]. 1955: Le amiche (Die Freundinnen); Il Conte Aquila; Adriana Lecouvreur; Faccia da mascalzone. 1956: Dimentica il mio passato (Consuelo)/Rio Guadalquivir [IT/ES]; Calabuch/Calabuig (Calabuig) [ES/IT]. 1958: Amore e guai (Liebe und Verdruß). 1959: Béatrice ou La servante folle [KF – FR]. 1961: Nasilje na trgu [YU]; Barabba (Barabbas). 1962: Axel Munthe, der Arzt von San Michele [BRD]; La ragazza che sapeva troppo/La fille qui en savait trop. 1963/64: Der Besuch/La rancune/La vendetta della signora [BRD/FR/IT]. 1965: La donna del lago; Giulietta degli spiriti/Juliette des esprits (Julia und die Geister) [IT/FR]. 1966: Soleil noir/L' Angelica avventuriera (Heiße Nächte) [FR/IT]. 1968: The Secret of Santa Vittoria (Das Geheimnis von Santa Vittoria) [US]; The Legend of Lylah Clare (Große Lüge Lylah Clare) [US]; Scusi, facciamo l'amore?/Et si l'on faisait l'amour? [IT/FR]; Les caprices de Marie (Wenn Marie nur nicht so launisch wär) [FR]. 1969: Toh, è morta la nonna! 1969/70: First Love/Erste Liebe [BRD/CH]. 1970: Madly (Madly) [FR]; Le bateau sur l'herbe [FR]. 1971: L'iguana dalla lingua di fuoco [IT/FR/BRD]; L'Assassino di Trotsky/L'Assassinat de Léon Trotsky (Das Mädchen und der Mörder) [IT/FR]. 1971/72: Fratello Sole, sorella Luna/Brother Sun, Sister Moon (Bruder Sonne, Schwester Mond) [IT/GB]. 1972: Imputazione di omicidio per uno studente (Mordanklage gegen einen Studenten); La nuit américaine/Effetto notte (Die amerikanische Nacht) [FR/IT]. 1973/74: Appassionata. 1974: Il bacio; Amore mio non farmi male. 1975: La città sconvolta: caccia spietata ai rapitori; Son tornate e fiorire le rose; Il cav. Costante Nicosia demoniaco, ovvero: Dracula in Brianza. 1976: Le grand escogriffe/Il genio (Ein großer und ein kleiner Gauner) [FR/IT]; Gli amici di Nick Hezard (Die Freunde von Nick Hezard). 1977: Gesù di Nazareth/

Jesus of Nazareth (Jesus von Nazareth) [TV – IT/GB]; Nido de viudas [ES]. 1978: Tanto va la gatta al lardo ... [EP]. 1979: Un'ombra nell' ombra. 1980: When Time Ran Out ... (Der Tag, an dem die Welt unterging) [US]. 1987: Via Montenapoleone (Via Montenapoleone); Tango blu. 1987/88: The Adventures of Baron Munchhausen/Die Abenteuer des Baron Münchhausen [GB/BRD]. 1988: Il giovane Toscanini/Toscanini [IT/FR]; I promessi sposi/Die Verlobten [TV – EURO]. 1991: Busters Bedroom [DE/CA/PT]. 1993: Storia di una capinera (Zeffirellis Spatz) [TV].

Costner, Kevin

*18. 1. 1955 Lynwood (California)

Nach Absschluß der Villa Park High School in Orange County ab 1972 Marketing- und Finanzstudium an der California State University. Erste Schauspiel-Erfahrungen in South Coast Actors CoOp in Stücken von Arthur Miller und Clifford Odets. Nach erfolglosen Anläufen, in der Filmindustrie Fuß zu fassen (von seiner Rolle in Lawrence Kasdans *The Big Chill* bleibt 1983 nur die Aufbahrung als Leiche), beginnt seine Filmkarriere erst 1985 mit der Rolle des Jake in Kasdans Neo-Western *Silverado*. In Brian DePalmas Detektivfilm *The Untouchables* verkörpert er den brutalen Polizisten Eliot Ness im Kampf gegen Al Capone. 1989 Gründung seiner eigenen Firma Tig Productions, in der im folgenden Jahr sein triumphales Regiedebüt *Dances with Wolves* entsteht – zugleich Hauptrolle als Leutnant John J. Dunbar. Der Film erhält sieben Oscars, wird einer der erfolgreichsten amerikanischen Filme und gibt Costner freie Hand als Regisseur und Darsteller. Im gleichen Jahr Titelrolle in *Robin Hood: Prince of Thieves* (Kevin Reynolds). Er untermauert seinen Starstatus mit kommerziellen Erfolgen: als Ermittler im Fall Kennedy in Oliver Stones *J.F.K.*, Leibwächter von Whitney Houston in Mick Jacksons *The Bodygard*, als entflohener Häftling gejagt vom Regisseur Clint Eastwood in *A Perfect World*. Daneben geraten ihm Filme – häufig Produktionen für alte Freunde – immer wieder zu Flops: Kasdans *Wyatt Earp* (Hauptrolle, Co-Produktion), *Rapa Nui* (Produktion). Costners *Waterworld* wird mit inflationär steigenden Kosten zum Millionengrab und noch vor der Premiere zum Grabstein für das finanzielle Engagement des japanischen Matsushita-Konzerns in Hollywood. Golden Globe-Nominierung für seinen Part in der Golf-Komödie *Tin Cup* (1996). Mit dem Science-fiction-Abenteuer *The Postman* versucht er sich 1997 zum zweiten Mal als Regisseur, ist zudem Produzent und Titelfigur.

[US] 1976: Sizzle Beach, U.S.A. (Heißer Strand U.S.A.) [UA: 1989]. 1981: Shadows Run Black [UA: 1986]; Chasing Dreams (Chasing Dreams – Träume sind wie Staub im Wind) [UA: 1989]. 1982: Night Shift (Night Shift – Das Leichenhaus flippt völlig aus); Frances (Frances). 1983: Testament (Das letzte Testament); Table for Five (Ein Tisch für fünf) [TV]; The Big Chill (Der große Frust); Stacy's Knights/Double Down (Gewagtes Spiel). 1984: The Gunrunner (The Gunrunner) [CA]. 1985: Fandango (Fandango); Silverado (Silverado); American Flyers (Die Sieger – American Flyers); Amazing Stories: The Mission (Unglaubliche Geschichten) [TV]. 1987: No Way Out (No Way Out – Es gibt kein Zurück); The Untouchables (The Untouchables – Die Unbestechlichen). 1988: Bull Durham (Annies Männer). 1989: Revenge (Eine gefährliche Affäre) [D,CoP]; Field of Dreams (Feld der Träume). 1990: Dances with Wolves (Der mit dem Wolf tanzt) [D,R]; Robin Hood – Prince of Thieves (Robin Hood – König der Diebe) [D,CoP]. 1991: Truth or Dare (In Bed with Madonna) [DOK]; J.F.K. (J.F.K. – John F.Kennedy – Tatort Dallas). 1992: The Bodyguard (Bodyguard) [D,CoP]. 1993: A Perfect World (Perfect World). 1993/94: Rapa Nui (Rapa Nui) [P]; Wyatt Earp (Wyatt Earp – Das Leben einer Legende) [D,CoP]; China Moon [P]. 1994: The War (Das Baumhaus). 1994/95: 500 Nations [D,P – TV-DOK]; Waterworld (Waterworld) [D,P]. 1996: Tin Cup (Tin Cup). 1996/97: Buddy. 1997: The Postman [D,R,P].

Cotten, Joseph

(Joseph Cheshire Cotten)
*15. 5. 1905 Petersburg (Virginia)
†6. 2. 1994 Westwood (California)

Studium an der Hickman School of Expression in Washington D.C. 1929 kurze Tätigkeit als Theaterkritiker für «Miami Herald», später Mitglied der University Players von Miami. 1930 in New York Assistent beim Belasco Theatre. 1932 Broadway-Debüt in «Absent Father». 1936 Mitarbeit an Orson Welles' Theatre Project. 1938 mit Welles und John Houseman Gründer des Mercury Theatre. Am Broadway 1939 neben Katharine Hepburn in «The Philadelphia Story». Erste Filmrollen von Orson Welles, so die Hauptrolle des Reporters Jed Leland in *Citizen Kane* und der Familienpatriarch in *The Magnificent Ambersons*. 1942 Sieben-Jahres-Vertrag mit David O. Selznick. Er überzeugt als Witwenmörder Onkel Charlie in Hitchcocks *Shadow of a Doubt*, im Monumental-Western *Duel in the Sun* (King Vidor) ist er Jessie McCanles, in William Dieterles *Portrait of Jennie* der Maler. Einprägsam als Holly Martins auf der Suche nach Harry Lime

(Welles) in Carol Reeds *The Third Man* und als Ehemann von Bette Davis in Vidors *Beyond the Forest*. In *Niagara* (Henry Hathaway) ist er der psychopathische Ehemann Marilyn Monroes. Mangels interessanter Filmangebote Rückkehr zum Theater. 1953/54 Broadway-Erfolg mit «Sabrina Fair». Umfangreiche Fernseh-Tätigkeit. Er spielt in zahlreichen TV-Serien, die er teilweise auch selbst produziert (Fordyce Productions): u. a. 1956–57 in *The Joseph Cotten Show*. Im Kino auch in europäischen Produktionen und einzelne Gastauftritte, so als Millionär in Richard Fleischers *Soylent Green* und als Reverend Doctor in Michael Ciminos *Heaven's Gate*. In den 80ern Rückzug aus der Filmwelt. 1986 Memoiren «Vanity Will Get You Somewhere».

[US] 1940/41: Citizen Kane (Citizen Kane). 1941: Lydia (Ein Frauenherz vergißt nie). 1942: The Magnificent Ambersons (Der Glanz des Hauses Amberson); Shadow of a Doubt (Im Schatten des Zweifels) [D,CoA]; Journey into Fear (Von Agenten gejagt). 1943: Hers to Hold. 1944: Gaslight (Das Haus der Lady Alquist); Since You Went Away (Als du Abschied nahmst); I'll Be Seeing You (Ich werde dich wiedersehen). 1945: Love Letters (Liebesbriefe). 1945/46: Duel in the Sun (Duell in der Sonne). 1947: The Farmer's Daughter (Die Farmerstochter). 1947/48: Portrait of Jennie (Jenny). 1949: Beyond the Forest; Walk Softly, Stranger (Glücksspiel des Lebens); The Third Man (Der dritte Mann) [GB]; Under Capricorn (Sklavin des Herzens) [GB]. 1949–52: Othello. 1949/50: September Affair (Liebesrausch auf Capri). 1950: Two Flags West (Vorposten in Wildwest). 1951: The Man with a Cloak; Half Angel; Peking Express (Peking-Expreß). 1952: Untamed Frontier (Der Tag der Vergeltung). 1952/53: Niagara (Niagara). 1953: A Blueprint for Murder; The Steel Trap (Die Stahlfalle). 1955: Alfred Hitchcock Presents: Breakdown [TV]; Vom Himmel gefallen/Special Delivery [BRD/US]. 1955–56: 20th Century-Fox Hour [TVS]. 1956: The Killer Is Loose (Blutige Hände); Nobody Runs Away [KF]; The Bottom of the Bottle (Gefangene des Stroms). 1956–57: The Joseph Cotten Show [TVS]. 1957: The Halliday Brand (Von Rache getrieben); Touch of Evil (Im Zeichen des Bösen). 1958: From the Earth to the Moon. 1959: Desilu Playhouse: The Day the Town Stood up [TV]. 1959/60: La sposa bella/The Angel Wore Red (Glut) [IT/US]. 1960: Alfred Hitchcock Presents: Dead Weight [TV]. 1961: The Last Sunset (El Perdido). 1963–64: Hollywood and the Stars [TVS]. 1964: Hush ... Hush, Sweet Charlotte (Wiegenlied für eine Leiche). 1965: The Great Sioux Massacre (Entscheidung am Little Big Horn); Gli uomini dal passo pesante/ Les forcenés [IT/FR]; The Oscar (... denn keiner ist ohne Schuld). 1965/66: The Money Trap (Goldfalle). 1966: Gli uomini dal passo pesante (Die Trampler) [IT]; Brighty of the Grand Canyon. 1967: I crudeli (Die Grausamen) [IT]; Some May Live [TV – GB]; Jack of Diamonds/Der Diamantenprinz [US/BRD]. 1968: Ironside: Split Second to an Epitaph (Der Chef: Sekunden bis zur Ewigkeit) [TV]; Comanche blanco (Rio Hondo) [ES]; Gangster '70 (Gangster sterben zweimal) [IT]; Petulia (Petulia). 1968–70: Name of the Game: King of Denmark [TV]. 1969: Cutter's Trail (Cutter duldet keinen Mord) [TV]; The Lonely Profession [TV]; Ido Zero Daisakusen (U 4000 – Panik unter dem Ozean) [JP]. 1970: The Grasshopper (Jung, hübsch und hemmungslos); Tora! Tora! Tora! (Tora! Tora! Tora!); Assault on the Wayne (U-Boot Wayne in geheimer Mission) [TV]; Do You Take This Stranger [TV]; City Beneath the Sea (Um 9 Uhr geht die Welt unter) [TV]. 1971: The Abominable Dr. Phibes (Das Schreckenskabinett des Dr. Phibes) [GB]; Lady Frankenstein (Lady Frankenstein) [IT]; The Screaming Woman [TV]. 1971/72: Gli orrori del castello di Norimberga/Die Schrecken des Nürnberger Schlosses [IT/BRD]. 1972: Doomsday Voyage; Lo scopone scientifico (Teuflisches Spiel) [IT]; The Devil's Daughter [TV]. 1973: Soylent Green (... Jahr 2022 ... Die überleben wollen); A Delicate Balance (Empfindliches Gleichgewicht). 1974: Vérités et mensonges/F Is for Fake (F wie Fälschung) [FR]. 1975: Timber Tramps; Il giustiziere sfida la città (Flash solo) [IT]. 1975/76: The Lindbergh Kidnapping Case (Die Entführung des Lindbergh-Babys) [TV]. 1976: Un sussurro nel buio (Ein Schrei im Nebel) [IT]. 1977: Twilight's Last Gleaming (Das Ultimatum); Airport '77 (Verschollen im Bermuda-Dreieck); Aspen [TV]. 1978: The Fish Men; Caravans; L›ordre et la sécurité du monde [FR]; Return to Fantasy Island [TV]; Indagine su un delitto perfetto (Eine mörderische Karriere) [IT]; L'isola degli uomini pesce (Insel der neuen Monster) [IT]. 1979: Roald Dahl's Tales of Unexpected. 22. Ep: Edward the Conqueror (Ungewöhnliche Geschichten von Roald Dahl: Edward der Eroberer) [TV – GB]; Guyana, el crimen del siglo (Guyana – Kult der Verdammten) [ES/MX]; Churchill and the Generals [TV – GB]; Trauma; Concorde Affaire '79 (Das Concorde Inferno) [IT]. 1979/80: Casino [TV]. 1980: The Hearse (Der Leichenwagen); Heaven's Gate (Heaven's Gate); Roald Dahl's Tales of Unexpected. 6. Ep: Depart in Peace (Ungewöhnliche Geschichten von Roald Dahl: Geh hin in Frieden) [TV – GB]. 1981: The Survivor (Survivor) [AU]; Delusion (Wo der Schrecken wohnt).

Courtenay, Tom
(Thomas Daniel Courtenay)
*25. 2. 1937 Hull (England)
Anglistikstudium an der London University, anschließend Besuch der Royal Academy of Dramatic Art in London. Theaterarbeit. Mit seinen Generationsgenossen Albert Finney und Alan Bates (jeder für sich ein «angry young man») ist Courtenay eng mit der Renaissance britischer Filme zu Beginn der 60er Jahre verbunden. Unter der Regie des Theater- und Filmregisseurs Tony Richardson debütiert er in

The Loneliness of the Long-Distance Runner in der Rolle des straffälligen Jugendlichen Colin Smith, dessen Rehabilitierung durch sportlichen Wettkampf zu gelingen scheint. Neben Julie Christie als Träumer Billy Fisher in *Billy Liar* (John Schlesinger), der Adaption eines Waterhouse/Hall-Bühnenstücks. Hauptrolle in der norwegisch-britischen Solženicyn-Verfilmung *One Day in the Life of Ivan Denisovich,* danach Konzentration auf die Bühne. Nach 12jähriger Filmpause 1983 erfolgreich zusammen mit Albert Finney in Peter Yates' *The Dresser* nach einem Stück von Ronald Harwood, zuvor in London und am Broadway bereits in der Bühnenversion.

[GB] 1962: Private Potter; The Loneliness of the Long-Distance Runner (Die Einsamkeit des Langstreckenläufers). 1963: Billy Liar (Geliebter Spinner). 1964: King & Country (King and Country (Für König und Vaterland)). 1964/65: Operation Crossbow (Geheimaktion Crossbow) [GB/IT]. 1965: Doctor Zhivago (Doktor Schiwago) [US]; King Rat (Sie nannten ihn King) [US]. 1966: The Night of the Generals/La nuit de generals (Die Nacht der Generäle) [GB/FR]. 1967: The Day the Fish Came Out (Der Tag, an dem die Fische kamen) [GB/GR]; Ghosts [TV]. 1968: Otley; A Dandy in Aspic (Todestanz eines Killers). 1970: En dag i Ivan Denisovitjs' liv/One Day in the Life of Ivan Denisovitch (Ein Tag im Leben des Iwan Denissowitsch) [NO/US/GB]. 1971: Catch Me a Spy/Les doigts croisés [GB/FR]. 1973: I Heard the Owl Call My Name [TV – US]. 1983: The Dresser (Ein ungleiches Paar). 1986: Happy New Year (Happy New Year) [US]. 1987: Leonard Part 6 (Leonard 6) [US]. 1990: Poslední motýl/The Last Butterfly (Der letzte Schmetterling) [TV – CS/FR]. 1990/91: Let Him Have It (Gib's ihm, Chris!). 1994: The Old Curiosity Shop [TV]. 1994/95: Young Indiana Jones and the Treasure of the Peacock's Eye [TV – US]. 1996: The Boy from Mercury [GB/IE/FR].

Crawford, Joan

(Lucille LeSueur)
*23. 3. 1908 San Antonio (Texas)
†13. 5. 1977 New York City

Als Kind Ballettunterricht und Auftritte als Tänzerin. 1923 Mitglied des Oriole Terrace Club in Detroit. 1924 in den Broadway-Revuen «Innocent Eyes» und «The Passing Show of 1924». Entdeckung durch einen Talent-Scout von M-G-M und Hollywood-Verpflichtung als Tänzerin. Filmdebüt 1925 in Monta Bells *Lady of the Night* als Double für Norma Shearer. Im gleichen Jahr erste größere Rolle als Irene in *Sally, Irene, and Mary* (Edmund Goulding). Sie spielt den lebenslustigen Flapper, ist auch Partnerin von Harry Langdon und dem Kinderstar Jackie Coogan. Starruhm 1928 als Tänzerin in Harry Beaumonts *Our Dancing Daughters.* In den 30er Jahren zugkräftiger M-G-M-Star. Ihre Partner sind Clark Gable (Robert Z. Leonards *Dancing Lady*), Wallace Beery und Lionel Barrymore. Häufig verkörpert sie selbstbewußte, kraftvolle Frauen, die sich in einer Männerwelt zu behaupten verstehen. Großer Erfolg als Anna Holm in George Cukors *A Woman's Face.* Oscar für die Titelrolle in Michael Curtiz' Melodram *Mildred Pierce.* (1945), Nominierungen als schizophrene Louise Howell in Curtis Bernhardts *Possessed* (1947) und als Myra Hudson in David Millers Thriller *Sudden Fear* (1952). Ab 1953 auch im Fernsehen. Erfolg als Spielhöllen-Besitzerin Vienna in Nicholas Rays Kultwestern *Johnny Guitar* und neben Bette Davis in *What Ever Happend to Baby Jane?* (Robert Aldrich). 1962 Memoiren «A Portrait of Joan: The Autobiography of Joan Crawford», 1971 «My Way of Life». 1981 entsteht Frank Perrys Spielfilm *Mommie Dearest,* der als Basis die bösen Kindheitserinnerungen ihrer Stieftochter Christina hat.

[US] 1925: Lady of the Night; Proud Flesh; Pretty Ladies; Old Clothes (Jakkie, der Lumpensammler); The Only Thing; The Circle; Sally, Irene and Mary (Charleston-Girls). 1926: Tramp, Tramp, Tramp (Tramp); The Boob; Paris. 1927: Winners of the Wilderness; The Taxi Dancer (Die Großstadt lockt); The Understanding Heart; The Unknown; Twelve Miles Out; Spring Fever. 1928: West Point; The Law of the Range; Rose-Marie; Across to Singapore (Pflicht und Liebe); Four Walls; Our Dancing Daughters; Dream of Love. 1929: The Duke Steps Out; The Hollywood Revue of 1929 (Wir schalten um auf Hollywood); Our Modern Maidens (Moderne Mädchen); Untamed. 1930: Montana Moon; Our Blushing Brides; Paid. 1931: Dance, Fools, Dance (Irrwege des Lebens); The Stolen Jools [KF]; Laughing Sinners; This Modern Age; Possessed (Verkaufte Liebe). 1932: Letty Lynton (Der letzte Schritt); Grand Hotel (Menschen im Hotel); Rain (Regen). 1933: Today We Live (Zum Leben verurteilt); Dancing Lady (Ich tanze nur für dich). 1934: Sadie McKee; Chained (In goldenen Ketten); Forsaking All Others (Ein Herz ist zu verschenken). 1935: No More Ladies (Schluß mit den Frauen); I Live My Life (Ich lebe mein Leben). 1936: The Gorgeous Hussy; Love on the Run. 1936/37: The Last of Mrs. Cheyney. 1937: The Bride Wore Red; Mannequin. 1938: The Shining Hour. 1938/39: The Ice Follies of 1939 (Tanz auf dem Eis). 1939: The Women (Die Frauen). 1939/40: Strange Cargo (Die wunderbare Rettung). 1940: Susan and God (Susan und der liebe Gott). 1941: When Ladies Meet; A Woman's Face (Erpressung). 1942: Reunion in France/Reunion (Reunion); They All

Kissed the Bride (Ein Kuß zuviel). 1943: Above Suspicion. 1944: Hollywood Canteen (Hollywood-Kantine). 1945: Mildred Pierce (Solange ein Herz schlägt). 1946: Humoresque (Humoreske). 1947: Daisy Kenyon; Possessed (Hemmungslose Liebe). 1949: Flamingo Road (Die Straße der Erfolgreichen); It's a Great Feeling (Ein tolles Gefühl/ Judy erobert Hollywood). 1950: Harriet Craig (Die Lügnerin); The Damned Don't Cry (Im Solde des Satans). 1951: Goodbye, My Fancy. 1952: This Woman Is Dangerous; Sudden Fear (Maskierte Herzen). 1953: Torch Song (Herzen im Fieber). 1954: Johnny Guitar (Wenn Frauen hassen). 1955: Queen Bee (Ehe in Fesseln); Female on the Beach (Das Haus am Strand). 1956: Autumn Leaves (Herbststürme). 1957: The Story of Esther Costello (Esther Costello) [GB]. 1959: The Best of Everything (Alle meine Träume). 1961: The Impersonator [GB]. 1962: Whatever Happened to Baby Jane? (Was geschah wirklich mit Baby Jane?). 1962–63: Route 66: Same Picture, Different Frame [TV]. 1963: The Caretakers (Frauen, die nicht lieben dürfen). 1963/ 64: Strait-Jacket (Die Zwangsjacke). 1964/65: Della [TV]. 1965: I Saw What You Did (Es geschah um 8 Uhr 30). 1965–67: Badman [TVS]. 1966: The Man from U.N.C.L.E.: The Five Women's Affair (Solo für ONCEL) [TV]. 1967: The Man from U.N.C.L.E.: The Karate Killers (Die Karate-Killer) [TV]; Berserk! [GB]. 1969: Night Gallery. Ep: Eyes [TV]. 1970: The Virginian: Nightmare [TV]; Trog (Das Ungeheuer) [GB]. 1972: Sixth Sense [TV].

Cresté, René

*1881 Paris
†1922 Paris

1901 Theaterdebüt. Seit 1908 bei Gaumont tätig, ab 1913 dreht Léonce Perret vor und nach dem Krieg mehrere Filme mit ihm. Luis Feuillade gibt ihm die Titelrolle des aufrechten Rechtsstreiters in seinem Serial *Judex*, die ihn bekannt macht; anschließend als Forscher Jacques d'Athys im Serial *Tih-Minh*. Im Dissens bricht Cresté mit Feuillade, gründet seine eigene Gesellschaft und führt bei drei Filmen Regie; sie bleiben ohne Erfolg. Cresté stirbt 1922 an Tuberkulose.

[FR] 1913: Par l'amour; La fiancée du diable. 1914: Le dernier amour; Le roi de la montagne; Les mystères de l'ombre. 1916: Judex [Serial]. 1917: Le passé de Monique; La nouvelle mission de Judex [Serial]; Petites marionettes; Déserteuse. 1918: Tih-Minh [Serial]. 1919: L'autre; L'engrenage; L'énigme; L'homme sans visage; Le château du silence. 1921: L'aventure de René [D,R]. 1922: Un coup de tête [D,R].

Crisp, Donald

*27. 7. 1880 Aberfeldy (Schottland)
†25. 5. 1974 Van Nuys (California)

Ausbildung in Eton und Oxford. Husar im Burenkrieg. 1906 in die USA. Bei einer Wohltätigkeitsveranstaltung als Sänger entdeckt, von der Fisher-Reilly Opera Company engagiert. Auch als Schauspieler und Regisseur am Broadway. Darsteller in Mutascopes. 1906 zu Biograph, wo er neben seinen Auftritten vor der Kamera häufig dem Regisseur David W. Griffith assistiert. Ab 1914 auch eigene Regie, zunächst Ein- und Zweiakter. Im 1. Weltkrieg kurze Zeit Offizier des britischen Geheimdienstes in Rußland. Nach Rückkehr neben eigenen Regie-Filmen Zusammenarbeit mit Griffith – General Grant in *The Birth of a Nation*, Lilian Gishs brutaler Vater in *Broken Blossoms* – häufig auch mit Allan Dwan und Cecil B. DeMille (*Joan the Woman*). Anfang der 20er Filmarbeit auch in England, 1922 in Bombay als Kontrolleur der dortigen Famous-Lasky-Studios. Mitte des Jahrzehnts ist er an einigen Klassikern des Stummfilms beteiligt: Er ist mit Buster Keaton Co-Regisseur von *The Navigator* und arrangiert Douglas Fairbanks Auftritte in *Don Q, Son of Zorro*. Nach Einführung des Tonfilms konzentriert sich der stattliche, oft militärisch stramme Crisp auf die Darstellung seriöser Herren und Offiziere, häufig auch von «typischen» Engländern. In *Mutiny on the Bounty* (Frank Lloyd) ist er der Seemann, dessen Auspeitschung die Meuterei auslöst, in *The Charge of the Light Brigade* (Michael Curtiz) ein britischer Offizier, dessen Außenposten bis zum letzten Mann ausgelöscht wird, in William Wylers *Wuthering Heights* ist er der Hausarzt Dr. Kenneth. 1941 Oscar für die Darstellung eines Waliser Bergarbeiters und konservativen Familienvaters in John Fords *How Green Was My Valley*. Daneben auch zahllose Vaterrollen, so in der *Lassie*-Serie und als Vater der jungen Elizabeth Taylor in *National Velvet*. Crisp ist bis in die 60er Jahre im Film aktiv, u. a. als Rinderfarmer in Anthony Manns Western *The Man from Laramie* und als Kardinal in John Fords *The Last Hurrah*.

[US] 1907: French Maid. 1910: Sunshine Sue; Winning Back His Love. 1911: The Diving Girl; The Two Paths; Fate's Turning; A Wreath of Orange Blossoms; What Shall We Do With Our Old; The Primal Call; Out from the Shadow; The Adventures of Billy; The Battle; The Failure. 1912: When Kings Were the Law. 1913: The Best Man Wins; The Daylight Burglar; Drink's Lure; In the Elemental World; By Man's Law; The Blue or the Gray; Black and White; Two Men of the Desert. 1914: The Availing Prayer [R]; Down the Hill to Creditville [R]; Her Birthday Present [R]; Her Father's Silent Partner [R]; Her Mother's Necklace [R]; His Lesson [R]; His Mother's Trust [R]; The Dawn [R];

The Warning [D,R]; Sands of Fate [R]; Frenchy [R]; Tavern of Tragedy [D,R]; Their First Acquaintance [R]; The Sisters; A Question of Courage; Milkfed Boy [R]; Paid With Interest [R]; The Different Man; The Mysterious Shot [D,R]; The Newer Woman [D,R]; The Idiot [R]; The Great Leap; The Battle of the Sexes; The Mountain Rat; Home, Sweet Home; The Escape; The Avenging Conscience. or Thou Shalt Not Kill; Such a Little Queen. 1914/15: The Birth of a Nation (Die Geburt einer Nation). 1915: How Hazel Got Even [CoR]; An Old Fashioned Girl [R]; The Love Route; The Commanding Officer; May Blossom; Bred in the Bone; A Girl of Yesterday; The Foundling. 1916: Ramona [D,R]; Intolerance (Intoleranz); Joan the Woman. 1917: His Sweetheart [R]; The Bond Between [R]; The Marcellini Millions [R]; A Roadside Impressario [R]; The Cook of Canyon Camp [R,CoA]; Lost in Transit [R]; Countess Charming [D,R]; The Clever Mrs. Carfax [R]. 1917/18: Jules of the Strong Heart [R]. 1918: Rimrock Jones [R]; One More American; The House of Silence [R]; Believe Me Xantippe [R]; The Firefly of France [R]; Less Than Kin [R]; The Goat [R]; The Way of a Man with a Maid [R]; Under the Top [R]; Venus in the East [R]. 1919: Poor Boob [R]; Johnny Get Your Gun [R]; Something to Do [R]; A Very Good Young Man [R]; Putting It Over [R]; Love Insurance [R]; Why Smith Left Home [R]; Broken Blossoms (Eine Blüte gebrochen); It Pays to Advertise [R]; Too Much Johnson [R]. 1919/20: The Six Best Cellars [R]. 1920: Miss Hobbs [R]; Held by the Enemy [R]. 1921: The Barbarian [R]; Appearances [R – GB]; The Princess of New York [R – GB]; Beside the Bonnie Brier Bush [D,R – GB]. 1922: Tell Your Children [R – GB]. 1923: Ponjola [R]. 1924: The Navigator (Buster Keaton, der Matrose) [CoR]. 1925: Don Q, Son of Zorro (Der Mann mit der Peitsche) [D,R]. 1926: The Black Pirate (Der Seeräuber); Sunny Side Up [R]; Young April [R]; Man Bait [R]. 1927: Nobody's Widow [R]; Vanity [R]; The Fighting Eagle [R]; Dress Parade [R]. 1928: Stand and Deliver [R]; The Cop [R]; The River Pirate. 1929: The Return of Sherlock Holmes; Trent's Last Case; The Pagan; The Viking. 1930: The Runaway Bride [R]; Scotland Yard. 1931: Svengali (Svengali); Kick In. 1932: A Passport to Hell; Red Dust (Die gelbe Hölle). 1933: Broadway Bad. 1934: The Crime Doctor; The Key; The Life of Vergie Winters; What Every Woman Knows; The Little Minister; Vanessa, Her Love Story. 1935: Laddie; Oil for the Lamps of China (Öl für die Lampen Chinas); Mutiny on the Bounty (Meuterei auf der Bounty).1936: The White Angel; Mary of Scotland (Maria von Schottland); The Charge of the Light Brigade (Der Verrat des Surat Khan); A Woman Rebels (Ein aufsässiges Mädchen); Beloved Enemy (Geliebter Rebell); The Great O'Malley (Ordnung ist das halbe Leben). 1937: Parnell; The Life of Emile Zola (Das Leben des Emile Zola); Confession; That Certain Woman; Sergeant Murphy. 1937/38: Jezebel (Jezebel – Die boshafte Lady). 1938: The Beloved Brat; The Amazing Dr. Clitterhouse (Das Doppelleben des Dr.Clitterhouse); Valley of the Giants; The Sisters (Drei Schwestern aus Montana); Girls on Probation; Comet over Broadway; The Dawn Patrol. 1938/39: Wuthering Heights (Stürmische Höhen); Juarez. 1939: The Oklahoma Kid (Oklahoma Kid); Daughters Courageous (Vier Töchter räumen auf); The Old Maid (Die alte Jungfer); The Private Lives of Elizabeth and Essex (Günstling einer Königin). 1939/40: Dr. Ehrlich's Magic Bullet (Die Lebensgeschichte Paul Ehrlichs). 1940: Brother Orchid (Orchid, der Gangsterbruder); The Sea Hawk (Der Herr der sieben Meere); City for Conquest (Im Taumel der Weltstadt); Knute Rockne – All American. 1941: How Green Was My Valley (Schlagende Wetter); Dr. Jekyll and Mr. Hyde (Arzt und Dämon); Shining Victory. 1942: The Gay Sisters (Die Gaylords). 1943: Lassie Come Home (Heimweh); Forever and a Day (Auf ewig und drei Tage). 1944:The Uninvited (Der unheimliche Gast); The Adventures of Mark Twain (Die Abenteuer des Mark Twain); National Velvet (Kleines Mädchen, großes Herz).1945: Son of Lassie; The Valley of Decision (Die Entscheidung). 1947: Ramrod (Die Farm der Gehetzten). 1948: Whispering Smith (Der Todesverächter); Hills of Home (Lassies Heimat). 1949: Challenge to Lassie (Lassie in Not). 1950: Bright Leaf (Zwischen zwei Frauen). 1951: Home Town Story. 1953/54: Prince Valiant (Prinz Eisenherz). 1954: The Long Gray Line (Mit Leib und Seele). 1955: The Man from Laramie (Der Mann aus Laramie). 1957: Drango (Drango). 1958: The Last Hurrah (Das letzte Hurra); Saddle the Wind (Vom Teufel geritten). 1959: A Dog of Flanders. 1960: Pollyanna (Alle lieben Pollyanna). 1961: Greyfriar's Bobby [GB]. 1963: Spencer's Mountain (Sommer der Erwartung).

Crosby, Bing

(Harry Lillis Crosby)
*2. 5. 1901 Tacoma (Washington)
†14. 10. 1977 Madrid

Besuch der Gonzaga High School und der juristischen Fakultät der Gonzaga University. 1922 Drummer und Sänger der Band «The Musicaladers». 1926 Engagement von Paul Whiteman als einer der Rhythm Boys seines Orchesters. 1930 Filmdebüt mit den Rhythm Boys in *The King of Jazz* (John Murray Anderson). Gleichzeitig Auftritte in einigen kurzen Musikfilmen für Pathé und Mack Sennett. Radio-Star durch Rundfunk-Sendungen aus dem Cocoanut Grove, Los Angeles. 1931 langjähriger Vertrag mit Paramount. Im folgenden Jahr spielt er sich selbst in Frank Tuttles *The Big Broadcast*. Crosby wird schnell einer der populärsten amerikanischen Entertainer, dessen Lieder Verbreitung in der ganzen Welt finden. Einige seiner Songs werden mit Oscars ausgezeichnet. 1936 großer Erfolg neben Madge Evans und Louis Armstrong in Norman Z.

McLeods *Pennies From Heaven.* Mit Victor Scherzingers *Road to Singapore* (1939/40) beginnt die *Road to ...*-Serie, in der Dorothy Lamour und Bob Hope seine ständigen Partner sind. 1942 neben Fred Astaire in Mark Sandrichs *Holiday Inn,* darin auch der Song «White Christmas», der die meistverkaufte Schallplatte aller Zeiten wird. Oscar als singender Pater Chuck O'Malley in Leo McCareys Musikfilm *Going My Way* (1944), Fortsetzung an der Seite von Ingrid Bergman in *The Bells of St. Mary's* (Oscar-Nominierung). 1954 weitere Oscar-Nominierung für den zum Alkoholiker gewordenen Bühnen-Star in *The Country Girl* (George Seaton). 1956 letzter großer Filmerfolg neben Grace Kelly, Frank Sinatra und Louis Armstrong in *High Society* (Charles Walters). 1945 Gründung der Firma Bing Crosby Productions. *The Bing Crosby Show* wird nach einer TV-Saison abgesetzt. Anhaltender Erfolg als Produzent von TV-Serien, wie *Ben Casey, The Wild, Wild West* und *Hogan's Heroes.* 1953 Memoiren «Call Me Lucky». Tochter Mary versucht sich als Schauspielerin.

[US] 1930: The King of Jazz (Der Jazzkönig); Two Plus Fours [KF]; Ripstitch the Tailor [KF]; Check and Double Check. 1930/31: Reaching for the Moon. 1931: I Surrender Dear [KF]; One More Chance [KF]. 1932: Hollywood on Parade, No. 2 [KF]; Billboard Girl [KF]; Dream House [KF]; Hollywood on Parade, No. 4 [KF]; The Big Broadcast. 1933: Blue of the Night [KF]; Please [KF]; Sing, Bing, Sing [KF]; College Humor; Too Much Harmony; Going Hollywood. 1934: Just an Echo [KF]; We're Not Dressing; She Loves Me Not; Here Is My Heart. 1934/35: Mississippi (Mississippi). 1935: Star Night at the Cocoanut Grove [KF]; Two for Tonight; The Big Broadcast of 1936. 1936: Anything Goes; Rhythm on the Range; The Big Broadcast of 1937; Pennies from Heaven. 1936/37: Waikiki Wedding. 1937: Double or Nothing. 1938: Don't Hook Now [KF]; Doctor Rhythm; Sing You Sinners; Paris Honeymoon. 1939: East Side of Heaven; The Star Maker. 1939/40: Road to Singapore. 1940: Swing with Bing [KF]; If I Had My Way; Rhythm on the River. 1941: Road to Zanzibar (Der Weg nach Sansibar); Birth of the Blues. 1942: Holiday Inn (Musik, Musik); Star Spangled Rhythm; My Favorite Blonde (Geliebte Spionin); Angels of Mercy [KF]; Road to Morocco (Der Weg nach Marokko). 1943: Dixie. 1944: Going My Way (Der Weg zum Glück); The Road to Victory [KF]; The Princess and the Pirate (Das Korsarenschiff); The Shining Future [KF]; Here Come the Waves. 1945: The All-Star Bond Rally [KF]; Hollywood Victory Caravan [KF]; The Bells of St. Mary's (Die Glocken von St. Marien) [D,P]; Duffy's Tavern. 1946: The Road to Hollywood [Kompilation]; Blue Skies (Blau ist der Himmel – Blue Skies); Road to Utopia (Der Weg nach Utopia); Monsieur Beaucaire (Mit Pinsel und Degen). 1947: Road to Rio (Der Weg nach Rio) [D,P]; Variety Girl; My Favorite Brunette (Detektiv mit kleinen Fehlern); Welcome Stranger (Mit Gesang geht alles besser). 1948: The Emperor Waltz (Ich küsse Ihre Hand, Madame). 1949: You Can Change the World; A Connecticut Yankee in King Arthur's Court (Ritter Hank, der Schrecken der Tafelrunde); Road to Peace [KF]; Top 'o the Morning [D,P]. 1950: Mr. Music; Riding High (Lach und wein mit mir). 1951: Here Comes the Groom (Hochzeitsparade); Angels in the Outfield. 1952: The Greatest Show on Earth (Die größte Schau der Welt); Road to Bali (Der Weg nach Bali) [D,P]; Son of Paleface (Bleichgesicht Junior); Just for You (Nur für Dich). 1953: Faith, Hope and Hogan [KF];Little Boy Lost (Einmal wird die Sonne wieder scheinen); Off Limits (Eintritt verboten); Scared Stiff (Starr vor Angst). 1954: The Country Girl (Ein Mädchen vom Lande); White Christmas (Weiße Weihnachten). 1955: Bing Presents Oreste [KF]; High Tor [TV]. 1956: High Society (Die oberen Zehntausend) [D,P]; Anything Goes (Broadway-Zauber). 1957: Man on Fire (Die große Schuld) [D,P]. 1958: Showdown at Ulcer Gulch [KF]. 1959: Say One for Me (Engel auf heißem Pflaster) [D,P]; Alias Jesse James (Ein Schuß und 50 Tote). 1960: High Time (Der Spätzünder) [D,P]; Pepe (Pepe – Was kann die Welt schon kosten?); Let›s Make Love (Machen wir's in Liebe). 1962: The Road to Hong Kong (Der Weg nach Hongkong) [GB]. 1964: Robin and the Seven Hoods (Sieben gegen Chikago). 1966: Cinerama's Russian Adventure (Troika 67) [US/SU]; Stagecoach (San Fernando). 1968: Bing Crosby's Washington State [S – KF]. 1970: Dr. Cook's Garden [TV]. 1972: World of Sport Fishing [TV]; Cancel My Reservation.

Cruise, Tom

(Thomas Cruise Mapother IV)
* 3. 7. 1962 Syracuse
(New York)

Amateurtheater in der High-School. 1980 nach New York und Teilnahme an Schauspiel-Workshops. Filmdebüt als Billy in Franco Zeffirellis Teenager-Romanze *Endless Love* (1981). Im gleichen Jahr Hauptrolle in Harold Beckers Militärfilm *Taps.* Erster Erfolg als popperhafter Schüler in *Risky Business* (Paul Brickman). Große Popularität erringt er 1986 durch Tony Scotts Fliegerfilm *Top Gun.* Seit Ende der 80er Jahre zählt er zu den erfolgreichsten amerikanischen Akteuren seiner Generation. Er spielt in Actionfilmen, ebenso in anspruchsvollen Filmen, so den jüngeren Bruder des Autisten (Dustin Hoffman) in Barry Levinsons *Rain Man* und neben Paul Newman einen ehrgeizigen Billardspieler in Martin Scorseses *The Color of Money.* 1989 Oscar für den an den Rollstuhl gefesselten Vietnam-Veteranen Ron Kovic in *Born on the 4th of July* (Oliver Stone). In den 90er Jahren entwickelt er auch Regie-Ambitionen. 1993 Hauptrolle als Rechtsanwalt im mitfinanzierten Juristen-Thriller *The Firm* (Sydney Pollack). Erfolg auch mit negativer Ausstrahlung als Blutsauger Lestat in Neil Jordans *Interview With the Vampire*. 1996 ist er mit dem Kassenschlager *Mission: Impossible* erfolgreich als Produzent tätig und erhält für die Titelrolle des überdrehten Sportagenten *Jerry Maguire* den Golden Globe und eine weitere Oscar-Nominierung. Seit 1990 ist Cruise mit der Schauspielerin Nicole Kidman verheiratet.

[US] 1981: Endless Love (Endlose Liebe); Taps (Die Kadetten von Bunker Hill). 1983: Losin'it (Der Aufreißer von der Highschool); The Outsiders (Die Outsider); All the Right Moves (Der richtige Dreh); Risky Business (Lockere Geschäfte). 1985: Legend (Legende) [GB]. 1986: The Color of Money (Die Farbe des Geldes); Top Gun (Top Gun – Sie fürchten weder Tod noch Teufel). 1987: Cocktail (Cocktail). 1988: Rain Man (Rain Man). 1989: Born on the 4th of July (Geboren am 4. Juli). 1990: Days of Thunder (Tage des Donners) [D,CoA]. 1992: A Few Good Men (Eine Frage der Ehre); Far and Away (In einem fernen Land). 1993: The Firm (Die Firma) [D,P]; Fallen Angels: The Fightening Frammies [R – TV]. 1994: Interview With the Vampire (Interview mit einem Vampir). 1994/95: Mission: Impossible (Mission: Impossible) [D,P]. 1996: Jerry Maguire (Jerry Maguire – Spiel des Lebens). 1997: Pre [P]; Eyes Wide Shut [GB].

Cserhalmi, György

*17. 2. 1948 Budapest

Studium an der Theater- und Filmhochschule in Budapest bis 1972, anschließend Engagements am Theater in Debrecen, am Petőfi-Theater in Veszprém, ab 1977 in Budapest am Nationaltheater; hier Erfolge als jugendlicher Held. 1979 Mitglied im Ensemble der staatlichen Produktionsfirma Mafilm. Nach dem Debüt 1968 in der TV-Produktion *Agitátorok* ist seine erste bedeutende Filmrolle der Orest in Miklós Jancsós *Szerelem Elektra* (1974). Danach spielt er mehrfach Hauptrollen in Jancsó-Filmen, so den István Zsadányi in zwei Teilen der Filmtrilogie, *Magyar rapszódia* und *Allegro barbaro* sowie einen Türken im Historienfilm *A zsarnok szíve, avagy Boccaccio Magyarvországon*. 1988 ist er als der bekannte Budapester Maler András Hódosi in *Tüske a köröm alatt* (Sándor Sára) sowie als Graf Trantow-Waldbach in István Szabós *Hanussen* zu sehen.

[HU] 1968: Agitátorok (Agitatoren) [TV]. 1970: Arc (Gesicht). 1971: Rósza Sándor (Sándor Rósza, Rebell der Pußta) [TVS]; Végre hétfő! (Endlich Montag); Madárkák. 1972: Még kér a nép (Roter Psalm). 1974: Szerelmem Elektra (Meine Liebe – Elektra); A szerelem határai (Grenzen der Liebe). 1975: 141 perc a befejezetlen mondatból (Der unvollendete Satz); Hajdúk (Unbändige Heiducken); Az idöök kezdetén (Zu Beginn der Zeiten). 1976: Az ötödik pecsét (Das fünfte Siegel); Ballagó idö (Lausbuben in den Ferien); Kisértet Lublón (Die Golddukaten des Gespenstes); Amerikai anzix; Tükörképek (Spiegelbilder); Azonosítás (Identifizierung); Kántor (Kántor fahndet) [TVS]; Csillágok vátozása (Wandlung der Sterne) [TV]. 1977: Egy erkölcsös éjszaka (Eine sehr moralische Nacht). 1978: Nyolcvan huszár (80 Husaren); K. O. (K. O.). 1979: Élve vagy halva (Tot oder lebendig); Magyar rapszódia (Ungarische Rhapsodie); Allegro barbaro (Allegro barbaro). 1980: Szegény Avroszimov (Die Abenteuer eines Geheimschreibers) [TV]; Nárcisz és Psyché (Narziß und Psyche). 1980/81: Mephisto [HU/BRD]. 1981: Utolsó alkalom (Die letzte Gelegenheit) [TV]; A zsarnok szíve, avagy Boccaccio Magyarországon (Das Herz des Tyrannen). 1982: Dögkeselyű (Aasgeier); Macbeth [TV]. 1983: Mennyei seregek (Himmelsbataillone); Szeretők (Nachmittagsverhältnis). 1984: Eszmélés; Szirmok, virágok, koszorúk (Blüten, Blumen, Kränze). 1985: Rutin munka (Kriminelle Ermittlungen) [TV]; A tanítványok (Die Jünger des Professors). 1986: Akli Miklós (Akli Miklós); Hajnali háztetök; A nagy generáció; A meddóhanyo (Verhängnisvolle Begierden) [TV]; Érzékeny búcsú a fejedelemtől. 1987: Tiszta Amerika; Kárhozat (Verdammnis); Hótreál; Tüske a köröm alatt (Splitter unterm Nagel). 1988: Hanussen [BRD/HU/AT]; Jézus Krisztus horoszkópja. 1989: Az en legiom; Volt egyszer egy légió. 1990: Magyar rekviem/Ungarisches Requiem/Hungarian Requiem [HU/DE/GB]. 1991: Sztálin menyasszonya. 1992: Az utolsó nyáron; Kék Duna keringö; Anna filmje. 1993: Privát kopó I: Örökség [TV]; Privát kopó II: Bolond bombák [TV]; Privát kopó III: Félelem ára [TV]; Privát kopó IV: Öngyilkos gyilkosságok [TV]; Privát kopó V: Zsarolni veszélyes [TV]; Privát kopó VI: Az egyszer volt gyilkosságok [TV]. 1994: Megint tanú; Tiltott gyumolcs [BG/HU]; A törvénytelen; Pevnost [CS]; Zabranenijat plod (Die verbotene Frucht) [BG]. 1995: Csajok [HU/DE]. 1996: Szeressük egymást gyerekek! 1997: Gyilkos kedv.

Cuny, Alain

(René Xavier Marie)

*12. 7. 1908 Saint-Malo

†17. 5. 1994 Paris

Studium der Architektur in Paris; Interesse für Malerei und Psychiatrie; hört Vorlesungen bei Lacan. Schauspielstudium bei Charles Dullin. Er arbeitet als Ausstatter für Alberto Cavalcanti, Jacques Feyder und Jean Renoir. 1939/40 Filmdebüt in Grémillons *Remorques*. Erste bedeutende Rollen beim Film als Teufelsgehilfe in Marcel Carnés *Les visiteurs du soir* und als romantischer, jugendlicher Gegenspieler Jean Cocteaus in Serge de Polignys *Le Baron fantôme*. Fortsetzung der Theaterkarriere am Théâtre National Populaire unter Leitung von Jean Vilar; großer Erfolg ab 1947 in Stücken von Claudel, der den distinguiert-bedrohlich wirkenden Schauspieler enthusiastisch feiert. Als bedeutender Tragöde zeigt er sich auch in den 50er Jahren als Mitglied des Theaters von Barrault/Renaud. Ab 1950 Filmarbeit in Italien und Frankreich, vorzugweise in Rollen, die eine große psychologische Charakterisierungskunst erfordern. Den größten internationalen Erfolg erzielt er als kontemplativ-philosophischer Autor Steiner in *La dolce vita* von Federico Fellini; auch in dessen *Satyricon*. Mehrfach anspruchsvolle Rollen in Filmen von Francesco Rosi. Überraschend doziert Cuny 1974 in schwarzer Gewandung in Just Jaeckins *Emmanuelle* über Sexualität.

[FR] 1939/40: Remorques (Schleppkähne). 1940: Après «Mein Kampf», mes crimes. 1941: Madame Sans-Gêne. 1942: Le Baron fantôme; Les visiteurs du soir (Die Nacht mit dem Teufel). 1945: Solita de Cordoue. 1949: Les conquérants solitaires (Urwaldzauber). 1950/51: Il Cristo proibito (Der verbotene Christus) [IT]. 1951: Camicie rosse (Anita Garibaldi) [IT/FR]. 1952: Les crimes de l'amour/EP: Mina de Venghel (Der scharlachrote Vorhang) [EP]. 1956: Notre-Dame de Paris (Der Glöckner von Notre-Dame) [IT/FR]. 1958: Les amants (Die Liebenden). 1959/60: La dolce vita/La douceur de vivre (Das süße Leben) [IT/ FR]. 1960: La croix des vivants (Sie fragte nicht nach morgen); Scano Boa (Violenza sul fiume) [IT/ES]. 1963: Peau de banane/ Buccia di banana (Heißes Pflaster) [FR/ IT]. 1968: La voie lactée/La Via Lattea (Die Milchstraße) [FR/IT]. 1969: Fellini Satyricon (Fellinis Satyricon) [IT/FR]. 1971: L'udienza/L'Audience (Die Audienz) [IT/FR]. 1972: Il Maestro e Margherita/Majstor i Margarita (Der Meister und Margarita) [IT/ YU]. 1973: Touche pas la femme blanche/Non toccare la donna bianca (Hände weg von weißen Frauen!) [FR/ IT]. 1974: Emmanuelle (Emmanuelle). 1975: Irene, Irene [IT]. 1975/76: Cadaveri eccellenti/Cadavres exquis (Die Macht und ihr Preis) [IT/FR]. 1976: Naumachos (Die Männer der «Naumachos») [TVS – IT]. 1978/79: Cristo se è fermato a Eboli/ Le Christ s'est arreté à Eboli (Christus kam nur bis Eboli) [IT/FR]. 1980: Les jeux de la comtesse Dolingen de Gratz. 1982: Deuil en 24 heures (Die Irrfahrt) [TV]. 1983: Colomba (Colomba) [TV – IT]; Quartetto Basileus (Ende in Moll) [TV – IT/FR]. 1985: Détective (Détective); Der Freibeuter [TV – BRD/IT/AT]. 1986/87: Cronaca di una morte annunciata/Chronique d'une mort annoncée (Chronik eines angekündigten Todes) [IT/FR]. 1987/88: Camille Claudel (Camille Claudel). 1989: La nuit des L'éclusier [CH/FR/BRD]; Les chevaliers de la table ronde. 1991: Uova di garofano [TV – IT]; Le retour de Casanova. 1992: L'annonce faite à Marie [D,A].

Čurikova, Inna

(Inna Michajlovna Čurikova)
*5. 10. 1943

Bis 1965 Ausbildung in Moskau an der Ščepkin-Theaterschule bei L. Volkov und V. Cygankov. Anschließend Engagement am Theaters des Jungen Zuschauers, ab 1973 am Theater des Leninschen Komsomol, wo sie z. B. 1975 in «Till» gleichzeitig drei Rollen übernimmt. Filmdebüt 1961 in *Tuèi nad Borskom* (Vasilij Ordynskij). Anfangs spielt sie nur kleine Rollen, meist etwas seltsame junge Mädchen. Der Durchbruch, auch international, gelingt ihr unter Regie von Gleb Panfilov 1968 in *V ogne broda net* als Tanja Tetkina, eine naive Malerin, die im Bürgerkrieg Sanitäterin der Roten Armee wird, und 1970 als Fabrikarbeiterin Paša Stroganova in *Načalo*. Für beide Rollen, die stark von Idealismus und Selbstaufopferung getragen sind, erhält sie den sowjetischen Kritikerpreis. Auch die Leser der Zeitschrift «Sovetskij ekran» wählen sie zur besten sowjetischen Schauspielerin des Jahres 1970. Weitere wichtige Rollen: die Vorsitzende des Stadtsowjets in Panfilovs *Prošy slova* (1976) und 1984 die Vera in *Voenno-polevoj roman* (Petr Todorovskij), wofür sie mit dem Darstellerpreis in Berlin ausgezeichnet wird. Inna Čurikova ist Volkskünstlerin der RSFSR.

[SU] 1961: Tuči nad Borskom. 1964: Ja šagaju po Moskve (Zwischenlandung Moskau). 1965: Gde ty teper', Makzim? (Junge Jahre); Morozko (Abenteuer im Zauberwald). 1966: Strjapucha (Die Köchin); Tridcat' tri. 1967: Staršaja sestra (Die ältere Schwester); Neulovimye mstiteli (Die geheimnisvollen Rächer). 1968: V ogne broda net (Durchs Feuer führt keine Furt). 1970: Načalo (Hauptrolle für eine Unbekannte). 1976: Prošu slova (Ich bitte ums Wort). 1979: Tema (Das Thema); Tot samyj Mjunchgauzen (Der wirkliche Münchhausen) [TV]. 1981: Valentina (Walentina). 1983: Vassa (Wassa). 1984: Mertvye duši (Tote Seelen) [TV]; Voenno-polevoj roman (Frontromanze). 1987: Kur'er (Der Bote). 1990: Mat' (Die Mutter); Rebro Adama (Adams Rippe). 1993: God sobaki/ L'annee du chien (Das Jahr des Hundes) [RU]. 1994: Kuračka Riaba (Riaba, mein Hündchen) [RU/FR]. 1995: Shirli-Myrli [RU]. 1996: Romanovi (Die Romanows) [RU/FR].

Curtis, Jamie Lee

*22. 11. 1958 Los Angeles

Tochter der Schauspieler Janet Leigh und Tony Curtis. Besuch der Choate School, Connecticut und der University of the Pacific, California. Ab Mitte der 70er Jahre kleine Rollen in TV-Serien. 1978 bringt ihr die weibliche Hauptrolle in John Carpenters *Halloween* breite Popularität, aber auch die Festlegung auf die bedrohte Frau in Horrorfilmen: 1979 als Elizabeth Solley in Carpenters *The Fog* und Kim in *Prom Night* (Paul Lynch). Daneben in TV-Filmen, u. a. als Playmate Dorothy Stratten in *Death of a Centerfold* (Gabrielle Beaumont). Eine Erweiterung ihres Rollenspektrums erfolgt erst 1983, als sie neben Dan Aykroyd und Eddie Murphy die Prostituierte Ophelia in John Landis' hintergründiger Komödie *Trading Places* spielt. 1988 ist sie eine Gaunerin mit Sex und Charme im Lustspiel *A Fish Called Wanda* (Charles Crichton). Harte Action-Rollen spielt die schlanke und sportliche Curtis als Polizistin in Kathryn Bigelows brutalem Frauenkrimi *Blue Steel* und neben Arnold Schwarzenegger in Jim Camerons *True Lies*. In *Fierce Creatures* (1995/96) gibt es ein weniger erfolgreiches Wiedersehen mit dem bewährten *Wanda*-Cast.

[US] 1976–85: Quincy (Quincy) [TVS]. 1976–81: Charlie's Angels (Drei Engel für Charlie) [TVS]. 1977: Operation Petticoat (Einsatz Petticoat) [TV]. 1977–1990: Love Boat [TVS]. 1978: Halloween (Halloween – Die Nacht des Grauens). 1978–79: Buck Rogers in the 25th Century (Buck Rogers) [TVS]. 1979: Prom Night (Prom Night – Die Nacht des Schlächters); Terror Train (Monster im Nachtexpreß) [CA]; The Fog (The Fog – Nebel des Grauens). 1980: Road Games (Truck Driver) [AU]; Friday the 13th (Freitag der 13.). 1981: She's in the Army Now [TV]; Halloween II (Halloween II – Das Grauen kehrt zurück). 1982: Coming Soon [TV]; Money on the Side [TV]. 1983: Trading Places (Die Glücksritter); Death of a Centerfold: The Dorothy Stratten Story [TV]; Love Letters (Hörig). 1983–85: Hotel (Hotel) [TVS]. 1984: The Adventures of Buckaroo Banzai: Across the 8th Dimension (Buckaroo Banzai – Die achte Dimension); Grandview, U.S.A. (Speedway Trio). 1985: Perfect (Perfect); Shelly Duvall's Tall Tales and Legends: Annie Oakley [TV]. 1986: As Summers Die [TV]. 1987: Amazing Grace and Chuck/Silent Voice (Schweigende Stimmen); Un homme amoureux (A Man in Love) [FR]. 1987/88: A Fish Called Wanda (Ein Fisch namens Wanda) [GB]. 1988: Dominick & Eugene (Dominick & Eugene). 1989: Anything But Love (Alles außer Liebe) [TVS]. 1990: Blue Steel (Blue Steel). 1991: My Girl (My Girl – Meine erste Liebe); Queens Logic (Geboren in Queens). 1992: Forever Young (Forever Young). 1993: Mother's Boys (Tödliche Absichten); My Girl 2 (My Girl 2 – Meine große Liebe). 1994: True Lies (True Lies). 1995: The Heidi Chronicles [TV]. 1995/96: Fierce Creatures (Wilde Kreaturen) [GB/US]. 1996: House Arrest (Hausarrest). 1997: Virus; Homegrown.

Curtis, Tony

(Bernard Schwartz)
* 3. 6. 1925 Bronx (New York)

Sohn eines ungarischen Einwanderers. Besuch der Seward Park High School sowie des City College, New York. Schauspielausbildung am Dramatic Workshop. Weltkriegsteilnahme in der Navy. Danach Mitglied des Empire Players Theatre Newark, New Jersey. Engagement beim Dramatic Workshop und Off-Broadway. Erste kleine Filmrolle 1948 als Gigolo in Robert Siodmaks *Criss Cross*. 1949 Vertrag mit Universal. Zunächst vor allem in Abenteuerfilmen, später in Komödien, so in *No Room for the Groom* (Douglas Sirk). Sein erster wichtiger Film ist Carol Reeds Zirkusfilm *Trapeze* (1956). Aufmerksamkeit bei der Kritik findet er als aalglatter Presseagent Sidney Falco in Alexander Mackendricks *Sweet Smell of Success*. Oscar-Nominierung als Kettensträfling in Stanley Kramers *The Defiant Ones* (1958). Partner von Marilyn Monroe und Jack Lemmon als Damenmusiker in Billy Wilders klassischer Komödie *Some Like It Hot*; neben Gary Crant als Leutnant Nick Holden in *Operation Petticoat* (Blake Edwards). Ende der 50er Jahre zusammen mit seiner ersten Frau Janet Leigh Gründung einer eigenen Firma (Curtleigh Productions, später Curtis Enterprise, ab Mitte der 60er Jahre Reynard Production Company). 1968 porträtiert er den Mörder Alberto de Salvo in Richard Fleischers *The Boston Strangler*. Anfang der 70er Jahre verstärkte Fernseh-Tätigkeit. Popularität vor allem 1971–72 neben Roger Moore in der englischen Krimi-Serie *The Persuaders*. Seitdem auch Beschäftigung in Europa. So verkörpert er 1987/88 den jüdischen Regisseur Cornfield im deutschem Film *Der Passagier – Welcome to Germany* (Thomas Brasch). 1977 Roman «Kid Andrew Cody and Julie Sparrow». In den 90er Jahren Konzentration auf die Malerei, nur noch unbedeutende Filmarbeit. Tochter Jamie Lee Curtis ist ebenfalls Schauspielerin.

[US] 1948: Criss Cross (Gewagtes Alibi). 1949: Francis (Francis, ein Esel – Herr General); Johnny Stool Pigeon (Kokain); City Across the River (Brut des Satans); The Lady Gambles (Spielfieber). 1950: The Prince Who Was a Thief (Die Diebe von Marshan); Winchester '73 (Winchester 73); Kansas Raiders (Reiter ohne Gnade); Sierra (Sierra); I Was a Shoplifter. 1952: Flesh and Fury (Sein großer Kampf); No Room for the Groom; Son of Ali Baba (Der Sohn des Ali Baba); Meet Danny Wilson (Zu allem entschlossen). 1953: Beachhead (Brückenkopf X); The All-American; The Golden Blade (Das goldene Schwert); Houdini (Houdini, der König des Varieté); Forbidden (Strandgut). 1954: Johnny Dark (Männer, Mädchen und Motoren); The Black Shield of Falworth (Der eiserne Ritter); So This Is Paris (Drei Matrosen in Paris).

1955: Six Bridges to Cross (Seine letzte Chance); The Square Jungle (Schläger von Chicago); The Purple Mask (Die purpurrote Maske). 1956: Trapeze (Trapez); The Rawhide Years (Vom Teufel verführt). 1957: The Midnight Story (Schneller als der Tod); The Sweet Smell of Success (Dein Schicksal in meiner Hand); Mister Cory. 1958: The Defiant Ones (Flucht in Ketten); The Vikings (Die Wikinger); The Perfect Furlough (Urlaubsschein nach Paris); Kings Go Forth (Rivalen). 1959: Some Like It Hot (Manche mögen›s heiß); Operation Petticoat (Unternehmen Petticoat). 1960: Spartacus (Spartacus); Pepe (Pepe – Was kann die Welt schon kosten?); The Great Impostor (Ein charmanter Hochstapler); The Rat Race (Zwei in einem Zimmer); The Flintstones (Familie Feuerstein) [S – TVS/ANI]; Who Was That Lady? (Wer war die Dame?). 1961: The Outsider (Der Außenseiter). 1962: Forty Pounds of Trouble (Ein Rucksack voller Ärger); Taras Bulba (Taras Bulba). 1963: Captain Newman, M.D. (Captain Newman); The List of Adrian Messenger (Die Totenliste); Paris When It Sizzles (Zusammen in Paris). 1964: Wild and Wonderful (Monsieur Cognac); Goodbye Charlie (Goodbye Charlie); Sex and the Single Girl (... und ledige Mädchen). 1965: Boeing Boeing (Boeing Boeing); The Great Race (Das große Rennen rund um die Welt). 1966: Drop Dead Darling (Arrivederci, Baby!) [GB]; Chamber of Horrors (Die Schreckenskammer); Not with My Wife, You Don't (Finger weg von meiner Frau). 1967: Don't Make Waves (Die nackten Tatsachen); La cintura di castità (Der Keuschheitsgürtel) [IT]. 1968: Rosemary's Baby (Rosemary's Baby) [S]; The Boston Strangler (Der Frauenmörder von Boston). 1968/69: Gonflés à bloc/Quei temperari sulle loro pazze, scatenate, scalcinate carriole (Monte Carlo Rallye) [FR/IT]. 1970: You Can't Win 'em All (Zwei Kerle aus Granit) [GB]; Suppose They Gave a War and Nobody Came?; Les deux requins sur le sable/It Rained All Night the Day I Left [CA/FR/IL]. 1971/72: The Persuaders (Die 2) [TVS – GB]. 1973: The Third Girl from the Left [TV]. 1974: Lepke (Der Gangsterboß von New York); The Count of Monte-Cristo (Der Graf von Monte Christo) [TV – GB]. 1975: The Big Rip Off [TV]; New Dollar Day [TV]; Bless the Big Fish [TV]; McMillan and Wife: The Deadly Cure (Diagnose: Mord) [TV]; In Again Out Again [TV]; Double Take [TV]. 1975–76: McCoy [TVS]. 1976: The Last Tycoon (Der letzte Tycoon – Der Gigant von Hollywood); Casanova & Co./Casanova & Company/Treize femmes pour Casanova [AT/IT/FR]. 1978: It Rained All Night the Day I Left (Zwei Gauner in der Wüste) [CA]; The Users [TV]; Sextette; The Manitou (Der Manitou); The Bad New Bears Go to Japan (Die Bären sind nicht mehr zu bremsen). 1978–79: Vega$ (Vegas: Auftrag ohne Honorar) [TVS]. 1979: The Million Dollar Face (Das Millionengesicht). 1980: The Mirror Crack'd (Mord im Spiegel) [TV – GB]; Little Miss Marker (Ein reizender Fratz); Title Shot (Title Shot – Der Killer lauert am Ring) [CA]; Moviola: The Scarlett O'Hara War (Moviala: Gesucht – Scarlett O'Hara) [TV]. 1981: Inmates: A Love Story [TV]. 1982: Balboa; Brainwaves (Braincheck – Das andere Ich); Portrait of a Showgirl [TV]; Othello – The Black Commando. 1984: Where Is Parsifal? (Die Himmelsmaschine) [GB]. 1984/85: Insignificance (Insignificance – Die verflixte Nacht) [GB]. 1985: King of the City/ Club Life (King of the City); Half Nelson [TVS]; TheFantasy Film Worlds of George Pal [DOK]. 1986: Mafia Princess (Die Mafia-Prinzessin) [TV]; The Last of Philip Banter (Banter – Eine geheimnisvolle Affäre) [ES]; Murder in Three Acts (Agatha Christie – Tödliche Parties) [TV]. 1987/88: Der Passagier – Welcome to Germany [BRD]. 1989: Tarzan in Manhattan; Walter og Carlo i Amerika [DK]; Lobster Man from Mars (Lobstermann vom Mars); Midnight. 1990: Thanksgiving Day (Je reicher, desto ärmer) [TV]. 1991: Prime Target (Highway Hunter). 1992: Center of the Web (Center of the Web); Christmas in Connecticut [TV]. 1993: Bandit: Beauty and the Bandit (Bandit: Ein ausgekochtes Schlitzohr und eine kühle Blonde) [TV]; The Mummy Lives (Mumie – Tal des Todes). 1993/94: Naked in New York (Naked in New York). 1994: A Perry Mason Mystery: The Case of the Grimacing Govenor [TV]. 1995: The Celluloid Closet (The Celluloid Closet) [DOK]; The Immortals (Gunpower). 1996: Roseanne: Ballroom Blitz (Roseanne) [TVS]. 1997: Louis & Frank.

Cushing, Peter

* 26. 5. 1913 Kenley (Surrey)
† 11. 8. 1994 Canterbury

Besuch der Purley Secondary School und der Guildhall School of Music and Drama in London. In den frühen 30er Jahren Assistent am Theater in Sussex, 1935 Bühnendebüt in Worthing. 1939 in den USA Nebenrolle in *The Man in the Iron Mask*; Anfang der 40er Jahre in Kurzfilmen und in Hollywood-Produktionen wie *Vigil in the Night*. 1941 New Yorker Theaterdebüt, zwei Jahre später in London. Fast 10 Jahre nach seinem Filmdebüt spielt er 1948 erstmals in einem britischen Film, Laurence Oliviers *Hamlet*. Im selben Jahr Tournee mit der Old Vic Company durch Australien und Neuseeland. Der stets nobel wirkende Cushing spielt ab 1957 (*The Abominable Snowman*) in Filmen der britischen Hammer Film Productions, die auf das einträgliche Horrorfilm-Genre abonniert ist. Als «cool king of Hammer horror films» – die meisten von Jimmy Sangster geschrieben und von Terence Fisher inszeniert – wird er mit den Rollen des Dr. Van Helsing und als Baron Frankenstein berühmt. Das Gegnerpaar Van Helsing (Cushing) und Dracula (Christopher Lee) ist bald ein Synonym für Horror – nur in Freddie Francis' *The Skull* agieren sie nicht gegeneinander. In der «gotischen», mit Gewalt und Sexualität spielenden Atmosphäre dieser makabren Horrorfilme repräsentiert er häufig die Stabilität des Normalen gegenüber den übernatürlichen Ereignissen. Noch 1982/83 spielen Lee und Cushing gemeinsam mit dem Amerikaner Vincent Price in einer Hommage auf diese Filme: *House of the Long Shadows.*

[GB] 1939: The Man in the Iron Mask (Der Mann mit der eisernen Maske) [US]; A Chump at Oxford (Dick und Doof als Studenten) [US]. 1939/40: Vigil in the Night [US]. 1940: Dreams [KF – US]; Laddie [US]; Women in War [US]; The Hidden Master [KF – US]. 1941: Safety First [KF – US]; We All Help [KF – US]; They Dare Not Love [US]; The New Teacher [KF – US]. 1947: It Might Be [KF]. 1948: Hamlet (Hamlet). 1952/53: Moulin Rouge (Moulin Rouge). 1954: The Black Knight (Unter schwarzem Visier). 1954/55: The End of the Affair (Das Ende einer Affäre); Magic Fire. The Story of Richard Wagner (Frauen um Richard Wagner) [US]. 1955: Alexander the Great (Alexander der Große) [US]. 1956/57: Time Without Pity (In letzter Stunde). 1957: Violent Playground (Kinder der Straße); The Abominable Snowman (Yeti, der Schneemensch); The Curse of Frankenstein (Frankensteins Fluch). 1958: Dracula (Dracula); The Revenge of Frankenstein (Frankensteins Rache). 1958/59: The Hound of the Baskervilles (Der Hund von Baskerville). 1959: John Paul Jones (Beherrscher der Meere) [US]; The Mummy (Die Rache der Pharaonen). 1959/60: The Flesh and the Fiends (Der Arzt und die Teufel). 1960: Fury at Smuggler's Bay (Die Bucht der Schmuggler); Cone of Silence (Zone des Schweigens); Brides of Dracula (Dracula und seine Bräute); The Sword of Sherwood Forest (Das Schwert des Robin Hood); The Hellfire Club (Der rote Herzog); Suspect. 1961: The Naked Edge (Ein Mann geht seinen Weg); Cash on Demand. 1962: The Man Who Finally Died; Im Namen des Teufels/The Devil's Agent [BRD/GB]; Captain Clegg (Die Bande des Captain Clegg). 1964: Dr. Terror's House of Horrors (Die Todeskarten des Dr. Schreck); The Evil of Frankenstein (Frankensteins Ungeheuer); The Gorgon (Die brennenden Augen von Schloß Bartimore). 1964/65: She (Herrscherin der Wüste). 1965: The Skull (Der Schädel des Marquis de Sade); Dr. Who and the Daleks. 1965/66: Island of Terror (Insel des Schreckens). 1966: Some May Live [TV – US]; Daleks – Invasion Earth 2150 A. D. 1966/67: Frankenstein Created Woman (Frankenstein schuf ein Weib). 1967: Night of the Big Heat (Brennender Tod); The Blood Beast Terror (Das Blutbiest); Torture Garden (Der Foltergarten des Dr. Diabolo). 1967/68: Corruption (Die Bestie mit dem Skalpell). 1969: Scream and Scream Again (Die lebenden Leichen des Dr. Mabuse); Frankenstein Must Be Destroyed (Frankenstein muß sterben). 1970: Doctors Wear Scarlet; The House That Dripped Blood (Todestanz der Vampire); One More Time (Die Pechvögel) [US]; The Vampire Lovers (Gruft der Vampire). 1971: I, Monster; Twins of Evil (Draculas Hexenjagd). 1972: Tales from the Crypt. 4. EP: Poetic Justice (Geschichten aus der Gruft); Fear in the Night (The Fear – Angst in der Nacht); Asylum (Asylum); Panico en el transiberiano/Horror Express (Horror-Expreß) [ES/GB]; The Creeping Flesh (Nachts, wenn das Skelett erwacht); Dracula A.D. 1972 (Dracula jagd Minimädchen); Nothing But the Night (Das Dunkel der Nacht); Dr. Phibes Rises Again (Die Rückkehr des Dr. Phibes). 1973: La grande trouille [FR]; ... and Now the Sceaming Starts (Embryo des Bösen); The Satanic Rites of Dracula (Dracula braucht frisches Blut); Frankenstein and the Monster From Hell; From Beyond the Grave. 1974: The Ghoul (Der Ghul); The Legend of the Werewolf (Legende vom Werwolf); The Legend of the 7 Golden Vampires (Die 7 goldenen Vampire) [GB/HK]; The Beast Must Die (Mondblut); Madhouse (Das Schreckenshaus des Dr.Death) [US]. 1975: Call Him Mr. Shatter (Ti Lung – Der tödliche Schatten des Mr. Shatter) [GB/HK]. 1976: Shock Waves (Shock Waves – Die aus der Tiefe kommen) [US]; The Great Houdinis [TV – US]; The Devil's Men/The Land of the Minotaur [GB/US]; Trial by Combat/A Choice of Weapons (Selbstjustiz); At the Earth's Core (Der sechste Kontinent). 1977: Star Wars (Krieg der Sterne) [US]; The Uncanny [CA/GB]; Die Standarte [BRD]. 1978: Hitler's Son [US]. 1979: The Devil's Undead; Arabian Adventure (Im Banne des Kalifen); Touch of the Sun [US]; Black Jack (Black Jack, der Galgenvogel). 1980: A Tale of Two Cities [TV – US]; Misterio en la isla de los monstruos/Monster Island (Reise zur Insel des Grauens) [ES/US]. 1982/83: House of the Long Shadows (Das Haus der langen Schatten). 1984: Top Secret! (Top Secret) [US]; The Masks of Death [TV]. 1984/85: Sword of the Valiant: Legend of Gawain and the Green Knight (Camelot – Der Fluch des goldenen Schwertes). 1985/86: Biggles – Twice Upon a Time (Der Biggles-Effekt). 1986: Helen Keller: The Miracle Continues [TV – US]. 1992: Innocent Blood (Bloody Marie – Eine Frau mit Biß) [US].

Cybulski, Zbigniew

*3. 11. 1927 Kniaże bei Światyń (Ukraine)
†8. 1. 1967 Wrocław (Breslau)

In Krakov Studium an der Handelsakademie und an der Jagellionen-Universität (Journalistik), dann bis 1953 Ausbildung an der Theaterhochschule. Bühnen-Debüt am Wybrzeże-Teatr in Danzig, 1954 mit Bogumił Kobiela Gründung des Studententheaters «Bim-Bom» in Sopot. Auch neben der Filmarbeit ab 1954 immer wieder an Bühnen in Sopot, Gdynia und Warschau, ab 1960 ständig am Ateneum-Teatr in Warschau, auch als Regisseur und Textautor. 1954 erste Filmrolle bei Andrzej Wajda, dessen Filme aus der Periode der «Polnischen Schule» wesentlich mit der Persönlichkeit Cybulskis verbunden sind. Höhepunkt dieser auch international vielbeachteten Zusammenarbeit ist 1958 der Maciek in der Andrzejewski-Adaption *Popiół i diament.* Cybulski – Markenzeichen: dunkle Brille – wird damit in Polen das Idol einer verlorenen Jugend, vergleichbar mit James Dean im Amerika der 50er Jahre. Dadurch auch internationale Verpflichtungen in Ost- und Westeuropa. Aleksander Fords Film *Ósmy dzień tygodnia* (1958), nach Marek Hłasko, der dieses Image vertieft, kann erst 1983 aufgeführt werden. In den 60er Jahren Arbeit mit Wojciech J. Has als Wiktor in der Brandys-Adaption *Jak być kochaną* und als Alfons van Worden in *Rękopis znaleziony w Saragossie* nach dem mystisch-labyrinthischen Abenteuerroman von Potocki, in der meisterhaft konstruierten Rolle des Kowalski-Malinowski in Tadeusz Konwickis *Salto*. Cybulski gilt als populärster Schauspieler des polnischen Nachkriegskinos. Träger des Offizierskreuzes des Ordens der Wiedergeburt Polens, des Polnischen Verdienstkreuzes sowie weiterer nationaler Auszeichnungen. Seine letzte Rolle in Aleksander Ścibor-Rylskis *Morderca zostawia ślad* wird mit der Stimme von Tadeusz Łomnicki synchronisiert. Cybulskis Tod während Dreharbeiten findet 1968 seine Widerspiegelung in Wajdas *Wszystko na sprzedaż*. Im folgenden Jahr produziert Jan Laskowski den Kompilationsfilm *Zbyszek* über Cybulski.

[PL] 1954: Pokolenie (Eine Generation); Kariera (Karriere). 1955: Trzy starty (Drei Starts). 1956: Tajemnica dzikiego szybu. 1957: Koniec nocy (Am Ende der Nacht); Wraki (Wracks). 1958: Ósmy dzień tygodnia/Der 8. Wochentag [PL/BRD]; Popiół i diament (Asche und Diamant). 1959: Pociąg (Der Nachtzug); Krzyż Walecznych. Wdowa po Joczysie (Tapferkeitskreuz). 1960: Do widzenia, do jutra (Auf Wiedersehen bis morgen); Rozstanie; Niewinni czarodzieje (Die unschuldigen Zauberer). 1962: L'Amour à vingt ans. 4. EP: (Warszawa Liebe mit zwanzig) [EP – FR/IT/JP/PO/BRD]; Spóźnieni przechodnie; La poupée (Die Puppe – La poupée) [FR]. 1963: Milczenie (Die Schuld); Rozwodów nie będzie (Keine Scheidung mehr); Jak być kochaną (Die Kunst, geliebt zu werden); Zbrodniarz i panna (Der Mörder und das Mädchen); Ich dzień powszedni (Alltag einer Ehe). 1964: Giuseppe w Warszawie; Rękopis znaleziony w Saragossie (Die Handschrift von Saragossa); Att älska (Zu lieben) [SE]. 1965: Sam pośród miasta; Pingwin (Pinguin); Salto (Salto); Jutro Meksyk. 1966: Przedświąteczny wieczór; Iluzja [TV]; Szyfry (Chiffre); Mistrz (Das Spiel seines Lebens) [TV]. 1967: Morderca zostawia ślad (Der Mörder hinterläßt Spuren); Cała naprzód (Volldampf voraus); Jowita. 1969: Zbyszek.

Czyżewska, Elżbieta

*14. 5. 1938 Warschau

1960 Diplom der Theaterhochschule in Warschau. 1961 am Dramatyczny Teatr in Warschau. Bereits während des Studiums Filmdebüt in *Café pod Minogą* (Bronisław Brok, 1959) Czyżewska ist in den 60er Jahren eine der meistbeschäftigten polnischen Filmschauspielerinnen. Höhepunkte ihrer Arbeit sind die Kunststudentin Noemi in Janusz Nasfeters *Niekochana* sowie die Ela in Andrzej Wajdas *Wszystko na sprzedaż*. 1967 in die Vereinigten Staaten übergesiedelt, erhält sie nur selten schauspielerische Aufgaben. In den 80er Jahren wirkt sie wieder in einigen polnischen Filmen mit, z. B. als Maria in Barbara Sass' *Debiutantka*. Danach wiederholt Zusammenarbeit mit polnischen Regisseuren der jüngeren Generation, u. a. mit Filip Bajon, Tomasz Zygadło und Piotr Łazarkiewicz, in dessen *Kocham kino*... sie die Kino-Leiterin Maria verkörpert.

[PL] 1959: Café pod Minogą. 1961: Złoto; Mąż swojej żony (Der Mann seiner Frau); Zaduszki (Allerseelen); Zuzanna i chłopcy (Männer um Susanne). 1961–63: Pasażerka (Die Passagierin). 1962: Pistolet typu Walter P-38 [KF – PL]; Dom bez okien (Ein Zirkusdirektor gibt nicht auf); Dziewczyna z dobrego domu. 1963: Żona dla Australijczyka (Eine Frau für den Australier); Milczenie (Die Schuld); Godzina pąsowej róży; Gdzie jes generał? (Wo ist der General). 1964: Rękopis znaleziony w Saragossie (Die Handschrift von Saragossa); Przerwany lot (Der unterbrochene Flug); Obok prawdy; Rysopis (Besondere Kennzeichen: keine); Pierwszy dzień wolności (Der erste Tag der Freiheit); Giuseppe w Warszawie. 1965: Święta wojna; Walkower (Walkover); Kapitan Sowa na tropie (Kapitän Sowa auf der Spur: Die dritte Hand) [TVS]. 1966: Niekochana (Ich liebe); Małżeństwo z rozsądku (Liebe im Atelier). 1966–68: Klub profesora Tutki. 14 Teile [TV]. 1968: Wszystko na sprzedaż (Alles zu verkaufen). 1969: Putney Swope Putney Snope [US]. 1972: The First Circle [US/DK]. 1981: Debiutantka; Limuzyna Daimler-Benz/Der Konsul [PL/BRD]. 1982: Odwet. 1986: Streets of Gold Streets of Gold [US]. 1987: Kocham kino ... 1989: Misplaced (Reise in ein besseres Leben) [US]. 1995: Charms Zwischenfälle [AT].

D

Dafoe, Willem

* 22. 7. 1955 Appleton (Wisconsin)

Während der Collegezeit Schauspielunterricht. Danach Mitarbeit am Avantgarde-Theater «X» in Milwaukee, Tourneen durch Amerika und Europa. 1977 nach New York zur Wooster Group, Erfolg u. a. in Stükken wie «LSD». Filmdebüt 1980 im Western-Debakel *Heaven's Gate* (Michael Cimino). Im gleichen Jahr Hauptrolle in dem erst 1984 aufgeführten Biker-Film *The Loveless* (Kathryn Bigelow). Seitdem vielbeschäftigter Schauspieler mit einem breiten Rollenspektrum: Fälscher in *To Live And Die In L.A.* (William Friedkin) und der gute Sergeant in *Platoon* (Oliver Stone). Umstritten als Jesus Christus in Martin Scorseses *The Last Temptation of Christ*. Als psychotischer schwarzer Engel Bobby Peru in *Wild At Heart* (David Lynch) und als schlafloser Drogenhändler in *Light Sleeper* (Paul Schrader). 1993 in Wim Wenders' *In weiter Ferne so nah*. 1996 als Dieb Caravaggio im Oscar-prämierten Wüsten-Epos *The English Patient*, 1997 als Bösewicht und Gegenspieler von Sandra Bullock in *Speed 2: Cruise Control*.

[US] 1980: The Loveless (Die Lieblosen); Heaven's Gate (Heaven's Gate). 1982/83: The Hunger (Begierde). 1984: Roadhouse 66 (Highway 66); New York Nights (New York Nights); Streets of Fire (Straßen in Flammen). 1985: To Live and Die in L.A. (Leben und sterben in L.A.). 1986: Platoon (Platoon). 1988: Off Limits (Saigon); Mississippi Burning (Mississippi Burning – Die Wurzel des Hasses); The Last Temptation of Christ (Die letzte Versuchung Christi). 1989: Triumph of the Spirit (Triumph des Geistes); Born on the 4th of July (Geboren am 4. Juli). 1990: Wild at Heart (Wild at Heart – Die Geschichte von Sailor & Lula); Flight of the Intruder (Flug durch die Hölle); Cry Baby (Cry Baby). 1991/92: Light Sleeper (Light Sleeper). 1992: White Sands (White Sands – Der große Deal); Body of Evidence (Body of Evidence) [US/DE]. 1993: In weiter Ferne, so nah! [DE]. 1993/94: Clear and Present Danger (Das Kartell). 1994: Lanuit et le moment [FR]; Tom & Viv (Tom & Viv); Victory. 1996: The English Patient (Der englische Patient); Basquiat (Basquiat). 1997: Speed 2: Cruise Control (Speed 2); Affliction.

Dagover, Lil

(Martha Seubert, Eigenversion: Maria Antonia Siegelinde Martha Lilitt Seubert)
*30. 9. 1887 Java
†23. 1. 1980 München-Geiselgasteig

1897–1903 höhere Mädchenschule in Tübingen. Erste Filmaufnahme 1913 als Serpentintänzerin in Weimar. Heirat mit dem Schauspieler Fritz Daghofer (1920 Trennung). Dreijahresvertrag bei der Decla. Sie erhält von ihrem «Entdecker» Robert Wiene die weibliche Hauptrolle in *Das Cabinet des Dr. Caligari* (1919/20). Im Abenteuerfilm *Die Spinnen: Der goldene See* erstmals unter der Regie von Fritz Lang, der ihr die Hauptrolle seiner altdeutschen Legende *Der müde Tod* anvertraut, von F. W. Murnau in *Phantom* und seiner Molière-Verfilmung *Tartüff* eingesetzt. Schon durch diese Filme wird ihr Image als «die Dame» geprägt. 1926 Heirat mit dem Produktionsleiter Georg Witt, der viele ihrer folgenden Filme produziert. Seit 1920 auch am Theater; 1926 in der Rolle der «Schönheit» in «Jedermann» unter Max Reinhardt, der sie an die Salzburger Festspiele und an das Theater an der Josefstadt engagiert. Erste richtige Tonfilmrolle 1930 in Erich Waschnecks Kriminalkomödie *Va Banque*. 1931 Engagement nach Hollywood für *The Woman from Monte Carlo* (Michael Curtiz) Rückkehr nach Deutschland. Hauptrollen u. a. in Heinz Hilperts Oscar-Wilde-Adaption *Lady Windermeres Fächer* und in Detlef Siercks *Schlußakkord*. 1936 als Madame Pompadour in dem ersten deutschen Farb(kurz)spielfilm *Das Schönheitsfleckchen* (Rolf Hansen). Im Krieg Truppenbetreuung. Nach Kriegsende in Berlin Theater- und Rundfunkarbeit. Ab 1948 wieder im Film: *Die Söhne des Herrn Gaspary* (Rolf Meyer) und *Es kommt ein Tag* (Rudolf Jugert) behandeln Nazizeit und Kriegsfolgen. Als spinnerte Hofdame in Harald Brauns *Königliche Hoheit* (1954) nach dem Roman von Thomas Mann, Bundesfilmpreis für die beste weibliche Nebenrolle. In den 50er Jahren zumeist in Unterhaltungsfilmen, ab 1958 auch im Fernsehen. 1962 Filmband in Gold für langjähriges und hervorragendes Wirken im deutschen Film. Anfang der 70er Jahre Auftritt als Bertha von Suttner in Hans-Jürgen Syberbergs *Karl May* und «Comeback» in Maximilian Schells *Der Fußgänger, Der Richter und sein Henker* nach Dürrenmatt und *Geschichten aus dem Wienerwald* nach Horvath.

[DE/BRD] 1916: Das Rätsel der Stahlkammer; Die Retterin. 1917: Siegende Sonne/Die schwarze Gasse. 1918: Der Volontär; Clown Charly; Das Lied der Mutter. 1918/19: Die Rache ist mein; Bettler-G.m.b.H. 1919: Die Maske; Der Tänzer; Der goldene See. Die Spinnen; Phantome des Lebens; Harakiri. 1919/20: Spiritismus; Das Cabinet des Dr. Caligari. 1920: Die Frau im Himmel; Das Blut der Ahnen; Toteninsel; Die Jagd nach dem Tode; Der Richter von Zalamea; Die Kwannon von Okadera; Das Geheimnis von Bombay. 1920/21: Das Medium. 1921: Der müde Tod; Der Mord in der Greenstreet. 1922: Luise Millerin; Die Macht der Versuchung; Tiefland; Phantom. 1922/23: Die Prinzessin Suwarin. 1923: Seine Frau, die Unbekannte. 1923–25: Zur Chronik von Grieshuus. 1924: Komödie des Herzens. 1924/25: Der Demütige und die Sängerin. 1925: Tartüff; Liebe macht blind. 1925/ 26: Die Brüder Schellenberg. 1926: Der Veilchenfresser; Nur eine Tänzerin/Bara en danserska [DE/SE]; Hans engelska fru (Die Lady ohne Schleier) [SE]. 1927: Orientexpreß; Der Anwalt des Herzens. 1928: Le tourbillon de Paris (Im Taumel von Paris) [FR]; Ungarische Rhapsodie; Der geheime Kurier; La grande passion (Die große Leidenschaft) [FR]; Monte-Cristo (Der Graf von Monte Christo) [FR]. 1928/29: Die Ehe. 1929: Es flüstert die Nacht; Der Günstling von Schönbrunn; Spielereien einer Kaiserin; Der weiße Teufel. 1929/30: Es gibt eine Frau, die dich niemals vergißt. 1930: Die große Sehnsucht; Va Banque; Das alte Lied; Boykott; Madame Blaubart/Das Schicksal einer schönen Frau [AT/DE]. 1930/31: Der Fall des Generalstabs-Oberst Redl [CS/DE]. 1931: Elisabeth von Österreich; Der Kongreß tanzt; Le congrès s'amuse [Version]; Congress Dances [Version]; The Woman from Monte Carlo (Die Frau aus Monte Carlo) [US]. 1932: Die Tänzerin von Sanssouci; Das Abenteuer einer schönen Frau/Das Abenteuer der Thea Roland. 1933: Johannisnacht. 1933/34: Der Flüchtling aus Chicago. 1934: Eine Frau, die weiß, was sie will [CS/DE]; Ich heirate meine Frau. 1935: Der Vogelhändler; Lady Windermeres Fächer; Der höhere Befehl. 1935/36: August Mocny/August der Starke [PL/DE]. 1936: Schlußakkord; Das Schönheitsfleckchen [KF]; Das Mädchen Irene; Fridericus. 1936/37: Die Kreutzersonate. 1937: Streit um den Knaben Jo. 1937/38: Rätsel um Beate. 1938: Dreiklang; Maja zwischen zwei Ehen. 1939: Umwege zum Glück. 1940: Friedrich Schiller; Bismarck. 1941/42: Wien 1910. 1942: Kleine Residenz. 1944: Musik in Salzburg. 1948: Die Söhne des Herrn Gaspary. 1949: Man spielt nicht mit der Liebe. 1950: Es kommt ein Tag; Vom Teufel gejagt. 1951: Das Wunder einer Stiftsruine [KF]. 1952/53: Die Jungfrau mit der Peitsche (Das Geheimnis vom Bergsee/Das Mädchen mit der Peitsche) [CH/FR]. 1953: Rote Rosen, rote

Lippen, roter Wein; Königliche Hoheit. 1954: Schloß Hubertus. 1955: Ich weiß, wofür ich lebe; Der Fischer vom Heiligensee; Rosen im Herbst; Die Barrings. 1955/56: Kronprinz Rudolfs letzte Liebe [AT]; Verwegene Musikanten/ Meine 16 Söhne. 1957: Unter Palmen am blauen Meer/Vacanze a Portofino [BRD/ IT]. 1958: Bäume sterben aufrecht [TV]. 1959: Buddenbrooks. 2 Teile. 1960: Eine etwas sonderbare Dame [TV]; Ich fand Julia Harrington [TV]. 1961: Der Mann von draußen [TV]; Die seltsame Gräfin. 1964: Bis ans Ende [TV]. 1966: Erinnerungen eines Flügels [TVS]. 1967: Siedlung Arkadien [TV]; Lösegeld für Mylady [TV]. 1968: Unwiederbringlich [TV]. 1969: Bitte recht freundlich, es wird geschossen [TV]; Das Interview [TV – AT]; Hotel Royal [TV]. 1970: Lil Dagover [TV-DOK]; Professor Sound und die Pille [TV – CH]; Paradies der alten Damen [TV]. 1971: Kolibri [TV]. 1973: Der Fußgänger [BRD/CH]. 1974: Karl May; Memento mori [TV]. 1974/75: Tatort: Wodka-Bitter-Lemon [TV]. 1975/76: Der Richter und sein Henker. 1977: Die Teufelsbraut [TV]; Die Standarte. 1978/79: Geschichten aus dem Wienerwald [BRD/AT].

Dahlbeck, Eva

* 8. 3. 1920 Saltsjö-Duvnäs (Schweden).

Schauspielausbildung bei Gösta Terserus am Königlichen Theater in Stockholm. Theaterdebüt 1941. Ab 1944 festes Engagement in Stockholm. Theaterrollen auch in Stücken mit Gesang, 1950 Jenny in «Die Dreigroschenoper». 1942 Filmdebüt in Gustaf Molanders *Rid i natt!* nach dessen Theaterstück, mit dem sie in Schweden bekannt wird. 1949 spielt sie die Mutterrolle in Alf Sjöbergs *Bara en mor*. Sie spielt in melodramatischen und komödiantischen Filmen besonders unter der Regie von Hasse Ekman, Gustaf Molander, Erik Faustmann und Arne Mattson. 1952–55 in der amerikanischen Fernsehserie *Foreign Intrigue* (Sheldon Reynolds). Ab 1952 gehört Eva Dahlbeck zum Bergman-Universum. Wegen ihrer kräftigen Statur hat sie in dessen Frauenwelt Rollen zu verkörpern, die Aspekte der Mütterlichkeit zwischen Komik und bedrückender Seelenpein zeigen sollen: Eher komische Rollen mit ihrem Partner Gunnar Björnstrand in *Kvinnors väntan*, *En lektion i kärlek* und *Sommarnattens leende*. Von quälender Düsternis ihre Mutterrolle in *Nära livet*: Sie gibt in der dramatisch-symbolischen Geburtsszene das Kind nicht frei und tötet es so, Auszeichnung in Cannes. Ab 1970 ausschließlich schriftstellerisch tätig. 1955/56 erscheinen Bühnenstücke, 1963 Gedichte unter dem Pseudonym Lis Edvarson (1963), ab 1964 ein Dutzend Romane.

[SE] 1942: Rid i natt! 1944: Räkna de lyckliga stunderna blott. 1945: Den allvarsamma leken; Brita i grosshandlarhuset; Svarta rosor; Oss tjuvar emellan eller en urk ananas. 1946: Pengar- en tragikomisk saga; Kärlek och störtlopp; Möte i natten. 1947: Var sin väg; Två kvinnor (Zwei Frauen); Folket i Simlångsdalen; Nyckeln och ringen. 1948: Lars Hård; Flickan från fjällbyn; Eva (Eva). 1949: Bara en mor (Rya-Rya – Nur eine Mutter); Kvinna i vitt. 1950: Hjärter knekt; Kastrullresan; Fästmö uthyres. 1951: Sköna Helena; Bärande hav. 1952: Kvinnors väntan (Sehnsucht der Frauen); Sabotage; Ubåt 39; Trots. 1952/53: Barabbas (Barabbas – Der Mann im Dunkel); Unser Dorf/The Village (Sie fanden eine Heimat/Kinder in Gottes Hand) [CH/GB]. 1952–55: Foreign Intrigue [TV – US] 1953: Göingehövdingen (Freibeuter, Rebellen und Musketiere); Kvinnohuset; Skuggan (Der Preis des Ruhms). 1954: En lektion i kärlek (Lektion in Liebe). 1955: Kvinnodröm (Frauenträume); Paradiset; Sommarnattens leende (Das Lächeln einer Sommernacht); Resa i natten. 1956: Sista paret ut (Das letzte Paar); Tarps Elin. 1957: Sommarnöje sökes; Möten i skymmingen; Nära livet (Nahe dem Leben). 1960: Kärlekens decimaler; Tre önskningar. 1960/61: The Counterfeit Traitor (Verrat auf Befehl) [US]. 1961: De sista stegen. 1962: Biljett till paradiset (Fahrkarte zum Paradies). 1964: För att inte tala om alla dessa kvinnor (Ach, diese Frauen); Älskande par (Liebende Paare). 1965: Morianerna; Kattorna (Kattorna). 1966: Yngsjömordet [A]; Les créatures/Varelserna (Die Geschöpfe) [FR/SE]; Den rde kappe/Den röda kappan/Rauda skikkjan (Hagbard und Signe) [DK/SE/IS]. 1967: Mennesker mødes og sød musik opstår i hjertet (Sie treffen sich, sie lieben sich, und ihr Herz ist voll süßer Musik) [DK/SE]. 1968: Markurells i Wadköping [TV]. 1970: Tintomara.

Dahlke, Paul

(Paul Victor Ernst Dahlke)

* 12. 4. 1904 Groß-Streitz (Pommern)

†24. 11. 1984 Salzburg

Kindheit in Köslin und Stargard, Oberrealschule in Dortmund, 1922 Abitur. Arbeit im Bergbau. Bergakademie Clausthal-Zellerfeld. 1924 Studium der Germanistik und Theaterwissenschaften an der Technischen Hochschule Berlin-Charlottenburg. Ab 1927 am Max-Reinhardt-Seminar. 1929 Lessing-Theater, Wanderbühne, dann Theater in Berlin. 1931 Debüt am Deutschen Theater unter Heinz Hilpert als forscher junger Reichsdeutscher in der Uraufführung von Horváths «Geschichten aus dem Wiener Wald». 1934–44 im Ensemble des Deutschen Theaters. 1934 Filmdebüt als Südsee-insel-Gouverneur in Heinz Hilperts *Liebe, Tod und Teufel* nach R. L. Stevensons «The Bottle Imp». Mit seiner robusten Erscheinung häufig in Rollen vitaler Kerle mit schlichtem Gemüt wie der Ruprecht in der Kleist-

Verfilmung *Der zerbrochene Krug*. Rollen sowohl aufbrausender als auch phlegmatischer Figuren, so als selbstgerechter Buchhalter in *Romanze in Moll* (Helmut Käutner). Nach Kriegsende Auftritte vor Besatzungstruppen. 1946 Münchner Kammerspiele, 1949–53 Staatstheater München, danach Gastspiele. Im Nachkriegsfilm Spezialisierung auf heitere Familienväter. Dahlkes trockener Humor kommt besonders in Kurt Hoffmanns gepflegten Komödien zur Geltung: in seinen Erich-Kästner-Adaptionen als «Justus» in *Das fliegende Klassenzimmer* und Geheimrat Schlüter in *Drei Männer im Schnee*, ähnlich sein Professor Kuckuck in Hoffmanns Thomas-Mann-Verfilmung *Bekenntnisse des Hochstaplers Felix Krull*. Das Kino bietet dann nur noch Seichtes, z. B. *Donnerwetter! Donnerwetter! Bonifatius Kiesewetter* (Helmut Weiß), Dahlke wendet sich ganz dem Fernsehen zu: knurrige alte Männer wie der grantige Rheinschiffer in Wolfgang Staudtes TV-Serie *MS Franziska*, der bockige Großvater in Elke Heidenreichs *Unternehmen Arche Noah* (Konrad Sabrautzky) oder der auf Umsiedlung nach Ostberlin hoffende Westberliner Heimbewohner in *Leben im Winter* (Hartmut Griesmayr). 1974 Filmband in Gold für langjähriges und hervorragendes Wirken im deutschen Film.

[DE/BRD] 1934: Liebe, Tod und Teufel. 1935: Lady Windermeres Fächer. 1936: Verräter; Fridericus. 1937: Patrioten; Mein Sohn, der Herr Minister; Daphne und der Diplomat; Der zerbrochene Krug. 1938: Capriccio; Verwehte Spuren; Schwarzfahrt ins Glück; Pour le Mérite; Frauen für Golden Hill. 1938/39: Die Hochzeitsreise. 1939: Morgen werde ich verhaftet; Es war eine rauschende Ballnacht; Robert Koch, der Bekämpfer des Todes; Die barmherzige Lüge; Wer küßt Madeleine?; Kennwort Machin; Die unheimlichen Wünsche; Befreite Hände. 1940: Das Fräulein von Barnhelm; Friedrich Schiller; Die keusche Geliebte. 1940/41: ... reitet für Deutschland. 1941: Venus vor Gericht; Kameraden; Die Kellnerin Anna; Heimaterde. 1941/42: Andreas Schlüter. 1942: Dr. Crippen an Bord; Geliebte Welt; 5000 Mark Belohnung. 1942/43: Romanze in Moll; Ich vertraue Dir meine Frau an. 1943: Seine beste Rolle; Gefährlicher Frühling. 1943/44: Der Täter ist unter uns; Das war mein Leben. 1944: Ich brauche Dich; Orientexpreß; Ein Mann wie Maximilian; Frech und verliebt. 1944/45: Der Posaunist; Dreimal Komödie (Liebeswirbel). 1945: Das Gesetz der Liebe. 1947: Und finden dereinst wir uns wieder; Menschen in Gottes Hand. 1948: Lang ist der Weg [DOK]; Der Apfel ist ab; Das verlorene Gesicht; Die Zeit mit Dir. 1949: Krach im Hinterhaus; Begegnung mit Werther; Der Bagnosträfling; Die Reise nach Marrakesch. 1949/50: Kein Engel ist so rein. 1950: Der Fall Rabanser; Der Schatten des Herrn Monitor; Gute Nacht, Mary; Der fallende Stern; Falschmünzer am Werk/Der Fall 7 A 9; Rausch einer Nacht. 1952: Liebe im Finanzamt/Wochenend im Paradies; Der Tag vor der Hochzeit; Lockende Sterne. 1953: Vergiß die Liebe nicht; Arlette erobert Paris; Dalmatinska svadba/Einmal kehr' ich wieder [YU/BRD]. 1953/54: Die tolle Lola. 1954: Und ewig bleibt die Liebe; Clivia; Das fliegende Klassenzimmer; Drei vom Varieté. 1955: Der letzte Mann; Drei Männer im Schnee [AT]; Ihr erstes Rendezvous [BRD/AT]; Wunschkonzert; Meine Kinder und ich; Roman einer Siebzehnjährigen. 1955/56: Frucht ohne Liebe; Die Ehe des Dr. med. Danwitz. 1956: Der erste Frühlingstag; Kitty und die große Welt; Stresemann; Made in Germany. 1957: Bekenntnisse des Hochstaplers Felix Krull; Liebe, wie die Frau sie wünscht; Anders als Du und ich/Das dritte Geschlecht; Heute blau und morgen blau/Eine verrückte Familie. 1957/58: Alle Sünden dieser Erde. 1958: Die feuerrote Baronesse. 1958/59: ... und immer ruft das Herz/Zurück aus dem Weltall/Avaruusraketilla rakkauteen [BRD/FI]. 1959: Il Vendicatore/Dubrowsky (Der Rebell von Samara) [IT/YU]; Die Nackte und der Satan; Die Wahrheit über Rosemarie; Liebe, Luft und lauter Lügen; Abschied von den Wolken/Angst im Nacken; Drillinge an Bord. 1959/60: Ein Student ging vorbei. 1960: Hexenjagd [TV]; Der Rächer. 1961: Alle meine Söhne [TV]; Nora [TV]; Komm wieder, kleine Sheba [TV]; Der Fall Winslow [TV]; Jedermann [AT]; Sansibar [TV]. 1961/62: Das Mädchen und der Staatsanwalt; Deutschland, deine Sternchen/Die ihre Haut zum Markte tragen. 1962: Affäre Blum [TV]; Die Großherzogin von Gerolstein [TV]; Unsere Jenny [TV]. 1963: Mein Bruder Alf [TV]; Mit besten Empfehlungen [AT]; Die schwarze Kobra [AT]; Die Entscheidung [TV]; Das Haus in Montevideo; Um acht Uhr kommt Sadowski [TV]; Der Vater [TV]; Eiche und Angora [TV]. 1963/64: Begegnung in Salzburg/Deux jours à vivre [BRD/FR]. 1964: Ein langer Tag [TV]; Das Geheimnis der chinesischen Nelke/Il segreto del garofano cinese/F.B.I. contre l' œillet chinois [BRD/IT/FR]; Eines schönen Tages [TV]; Sechs Stunden Angst [TV]; Sie werden sterben, Sire [TV]; Tabula rasa [TV]. 1965: Ende einer Saison [TV]; Das Geheimnis der drei Dschunken/A 009 Missione Hong Kong [BRD/IT]; Die Sommerfrische [TV]; Situation Hopeless – But Not Serious (Lage hoffnungslos – aber nicht ernst) [US]; Der zerbrochene Krug [TV]; Pflicht ist Pflicht [TV]. 1966: Ernest Barger ist sechzig [TV]; Ein unruhiger Tag [TV]; Erinnerung an zwei Montage [TV]; Ein Riß im Eis [TV]. 1967: Das Kriminalmuseum: Die Zündschnur [TV]; Das Attentat – Walther Rathenau [TV]; Ein Schlaf Gefangener [TV]; Die Heiden von Kummerow und ihre lustigen Streiche. 1968: Laubenkolonie [TV]; Der Richter von Zalamea [TV]; Die fremde Frau und der Mann unter dem Bett [TV]; Donnerwetter! Donnerwetter! Bonifatius Kiesewetter/Casa delle demi-vierges [BRD/IT]. 1968/69: Der

Punkt «M» [TV]. 1969: Liebe gegen Paragraphen [TV]; Spion unter der Haube [TV]; Die Reise nach Tilsit [TV]; ... tot in Kanapu [TV]; Heintje – Einmal wird die Sonne wieder scheinen. 1971: Die sieben Ohrfeigen [TV]. 1972: Novellen aus dem Wilden Westen. 3: Nettlewick ante portas [TVS]; Halbe Wahrheiten [TV]; Der Illegale [TV]. 1973: Die große Rolle. 2. Jud Süß – die Albtraumrolle [TV-DOK]; Oh Jonathan – oh Jonathan. 1974: Der Kommissar: Tod eines Landstreichers [TV]; Sonderdezernat K1: Kein Rauch ohne Feuer [TV]; Der Monddiamant [TV]; Die Stadt im Tal [TV]. 1975: Der Biberpelz [TV – BRD/AT/CH]; Der Katzensteg [TV]; Liebe mal so – mal so [TV-EP]. 1976: Nur bitte nicht heut' nacht [TV]; Die Tannerhütte [TV]. 1976/77: Des Doktors Dilemma [TV]; MS Franziska [TVS]. 1977: Sonderdezernat K1: Der Regen bringt es an den Tag [TV]; Polizeiinspektion 1: Der Vermißte [TV]. 1979: Jahreszeiten der Liebe. Ep: Die optischen Gesetze [TV-EP]; Tödlicher Ausgang [TV]; Nachbarn und andere nette Menschen. Ep: Besorgter Vater von nebenan [TV-EP – BRD/AT/CH]; Diamantensucher [TVS – SU/BRD]; Ländliche Idylle [TV]. 1979/80: Kein Geld für einen Toten [TV]. 1980: Leute wie du und ich. Ep: Zwei alte Herren [TV-EP – BRD/AT/CH]. 1981: Wie würden Sie entscheiden?: Der lachende Erbe [TV]; Sonderdezernat K1: Die Spur am Fluß [TV]; Oh du fröhliche. Ep: Stille Nacht [TV-EP]. 1982: Heimkehr nach Deutschland [TV]; Die Krimistunde. Folge 2. Ep: Das Haus des Colonels [TV-EP]; Leben im Winter [TV]; Kontakt bitte ... [TVS]; Derrick: Die Tote in der Isar [TV]. 1983: Die zweite Frau [TV]; Unternehmen Arche Noah [TV]; Uta [TVS]. 1984: Freundschaften [TV-EP]; Heute und damals. Episode: Oh du fröhliche ... [TV-EP]. 1984/85: Die Krimistunde. Ep: Kleines Memento [TV-EP].

Dalio, Marcel

(Israel Moshe Blauschild)
*17. 7. 1900 Paris
†20. 11. 1983 Paris

Sohn rumänischer Einwanderer. 1916–18 Studium am Pariser Konservatorium; Theater und Kabarett. 1931 Filmdebüt. Seine größten Erfolge hat er in Rollen als Jude, Außenseiter, Fremdling, Staatenloser. Er hat eine Vorliebe für aus dem Rahmen fallende Typen, deren Verrücktheiten er zwischen Charakterisierung und Karikatur fein abzustufen versteht. Bedeutend in zwei Filmen von Jean Renoir: als Rosenthal in *La grande illusion* und als Marquis Robert de la Chesnaye in *La règle du jeu*. Nach der Okkupation Frankreichs Flucht: Die Nazis benutzen Porträts von Dalio für ihre antisemitische Propaganda. Er geht nach Kanada, später nach Hollywood, wo er die Rolle des Franzosen im Ausland mit kräftigem Akzent variantenreich spielt: Oft sind es Hausangestellte und Kellner, die ihre Einflußmöglichkeiten listig nutzen. In Michael Curtiz' *Casablanca* hat er die Rolle des Croupiers. Nach der Befreiung Frankreichs neben der Arbeit in den USA auch wieder in Paris, aber ohne die nachhaltigen Erfolge der 30er Jahre. 1976 Veröffentlichung von «Mes années folles».

[FR] 1931: Une nuit à l'hôtel. 1933: Mon chapeau. 1934: Turandot, princesse de Chine [Version – DE]; Les affaires publiques. 1935: Le Golem (Der Golem); Retour au paradis. 1936: Quand minuit sonnera; Marthe Richard au service de la France; Un grand amour de Beethoven; Pépé le Moko (Pépé le Moko – im Dunkel von Algier); L'homme à abattre; Cargaison blanche/Le chemin de Rio (Weiße Fracht für Rio). 1936/ 37: La grande illusion (Die große Illusion). 1937: Mollenard/Capitaine corsaire; Sarati le terrible; Gribouille (Der fünfte Geschworene); L'alibi (Alibi); Les perles de la couronne (Die Perlen der Krone); Miarka; Naples au baiser de feu; Chéri-Bibi; Les pirates du rail. 1938: La maison du Maltais (Das Leben ist kein Roman); Entrée des artistes; Conflit. 1939: La tradition de minuit; La règle du jeu (Die Spielregel); L'esclave blanche; Le bois sacré; Tempête. 1941: Unholy Partners (Tödlicher Pakt) [US]. 1942: The Pied Piper [US]; Shanghai Gesture [US]; Joan of Paris [US]. 1943: Tonight We Raid Calais [US]; Casablanca (Casablanca) [US]; Paris after Dark [US]; The Constant Nymph (Liebesleid/ Jungfräuliche Liebe; 1949) [US]; The Song of Bernadette (Das Lied von Bernadette) [US]; The Desert Song (Liebeslied der Wüste) [US]. 1944: Pin-up Girl [US]; Wilson [US]; To Have and Have Not (Haben und Nichthaben) [US]. 1945: A Bell for Adano [US]; Son dernier rôle. 1946: Le bataillon du ciel; Pétrus (Freibeuter der Liebe); Les maudits (Das Boot der Verdammten); Temptation Harbour (Hafen der Versuchung) [GB]. 1947: Dédée d'Anvers (Schenke zum Vollmond); Erreur judiciaire. 1948: Sombre dimanche; Hans le marin (Hafenbar in Marseille); Snowbound [GB]; Les amants de Vérone (Die Liebenden von Verona). 1949: Maya (So endete eine Dirne); Portrait d'un assassin; Menace de mort. 1950: Porte d'Orient (Der Schmugglerring von Marseille); Black Jack (Der schwarze Jack) [FR/ES]; Rich, Young and Pretty [US]. 1951: On the Riviera (An der Riviera) [US]; Nous irons à Monte-Carlo (Musik in Monte Carlo). 1952: The Happy Time (Mein Sohn entdeckt die Liebe) [US]; The Snows of Kilimanjaro (Schnee am Kilimandscharo) [US]; The Merry Widow (Die lustige Witwe) [US]. 1953: Flight to Tangier (Flug nach Tanger) [US]; Gentlemen Prefer Blondes (Blondinen bevorzugt) [US]. 1954: Sabrina (Sabrina) [US]; La patrouille des sables/Tres hombres van a morir [FR/ES]; Les amants du Tage (Nächte in Lissabon). 1955: Jump into Hell (Die Hölle von Dien Bien Phu) [US]; Miracle in the Rain [US]; Razzia sur la chnouf (Razzia in Paris); Lucky Me (Das blonde Glück) [US]. 1957: Tip on a Dead Jockey (Luftfracht Opium) [US]; The Sun Also Rises (Zwischen Madrid und Paris) [US]; Lafayette Escadrille [US]; Ten Thousand Bedrooms (10 000 Schlafzimmer) [US]; China Gate (China-Legionär) [US]. 1958: The Perfect

Furlough (Urlaubsschein nach Paris) [US]. 1959: Pillow Talk (Bettgeflüster) [US]; The Man Who Understood Women (Über den Gassen von Nizza) [US]; Classe tous risques/Asfalto che scotta (Der Panther wird gehetzt) [FR/IT]. 1960: Can-Can (Ganz Paris träumt von der Liebe) [US]; Song Without End (Nur wenige sind auserwählt) [US]. 1961: Jessica/La sage-femme ... le curé et le bon dieu (Jessica) [IT/FR]; Cartouche (Cartouche, der Bandit) [FR/IT] The Devil at Four O'Clock (Der Teufel kommt um vier) [US]; Le petit garçon de l'ascenseur (Der Liftboy vom Palasthotel). 1962: Donovan's Reef (Die Hafenkneipe von Tahiti) [US]; The List of Adrian Messenger (Die Totenliste) [US]; La loi des hommes; L'abominable homme des douanes; Le diable et les dix commandements/Le tentazioni quotidiane (Der Teufel und die zehn Gebote) [EP – FR/IT]. 1963: À couteaux tirés (Frank Patton jagt die geheimnisvollen Fünf). 1964: Wild and Wonderful (Monsieur Cognac) [US]; Le monocle rit jaune/L'ispettore spara a vista [FR/IT]; Un monsieur de compagnie/Poi ti sposerò (Ich war eine männliche Sexbombe) [FR/IT]. 1965: Made in Paris (Paris ist voller Liebe) [US]; Le dix-septième ciel; Lady L (Lady L.) [US/FR/IT]. 1966: How to Steel a Million (Wie klaut man eine Million?) [US]; Tendre vouyou/Un avventuriero a Tahiti (Geliebter Schuft) [FR/IT]. 1967: Le plus vieux métier du monde/Das älteste Gewerbe der Welt [EP – FR/BRD/IT]; La vingt-cinquième heure (Die 25. Stunde) [FR/IT]. 1968: How Sweet It Is! (Der türkisfarbene Bikini) [US]. 1969: Le blé en liasse. 1970: The Great White Hope (Die große weiße Hoffnung) [US]; L'amour c'est gai, l'amour c'est triste (Liebe macht lustig, Liebe tut weh); Catch 22 (Catch 22) [US]. 1971: Aussi loin que l'amour; Papa, les petits bateaux; Les yeux fermés. 1972: La punition; Dédée la tendresse. 1973: Ursule et Grelu; Les aventures de Rabbi Jacob/Le folli avventure di Rabbi Jacob (Die Abenteuer des Rabbi Jacob) [FR/IT]. 1974: Que la fête commence (Das Fest soll beginnen). 1975: Trop c'est trop; La bête (La Bête); Le faux-cul. 1976: L'aile ou la cuisse (Brust oder Keule); La communion solennelle (Familienfest). 1977: Une page d'amour [FR/BE]; L'ombre des châteaux. 1978: Le paradis des riches. 1979: L'honorable société. 1980: Vaudou aux Caraïbes (Mondäne Brigade: Vaudou in der Karibik).

Dałkowska, Ewa

* 10. 4. 1947 Wrocław (Breslau)
Polonistikstudium an der Universität in Breslau, ab 1970 an der Theaterhochschule Warschau. 1972 am Wyspiański-Teatr Katowice, dann am Powszechny Teatr in Warschau. Daneben auch Kabarett (u. a. «Kalambur» in Breslau). 1975 Filmdebüt in Jerzy Antczaks Verfilmung von Maria Dąbrowskas Roman *Noce i dnie*. Seither häufig in Film und Fernsehen beschäftigt, erregt sie 1977 Aufmerksamkeit als die des Mordes angeklagte Emilia Gorgonowa in Janusz Majewskis in den 30er Jahren spielenden *Sprawa Gorgonowej*. Höhepunkte ihrer Karriere sind 1978 die Frau des etablierten Journalisten in Andrzej Wajdas *Bez znieczulenia* und in Edward Żebrowskis *Szpital Przemienienia* die Ärztin jüdischer Abstammung, die während der deutschen Besatzung in einer Nervenheilanstalt arbeitet. Beeindruckend ist sie 1984 in der Titelrolle, der 60jährigen Bäuerin Andzia, in Andrzej Barańskis *Kobieta z prowincji*. 1985 wird ihr Liederabend beim Festival des Schauspielliedes in Breslau zum Ereignis.

[PL] 1975: Noce i dnie (Nächte und Tage). 1976: 07 zgłos się (07 – Bitte melden) [TVS]; Beniamiszek (Das Pferd des Zigeuners) [TV]. 1977: Sprawa Gorgonowej (Der Fall Gorgonowa). 1978: Biały mazur; Szpital Przemienienia (Spital zur Wandlung/Hospital der Verklärung); Aktorzy prowincjonalni (Provinzschauspieler); Bez znieczulenia (Ohne Betäubung). 1979: Obok (Das Zimmer nebenan) [TV]; Lekcja martwego języka; Terrarium [TV]. 1980: Ukryty w słońcu; Głosy; Karline manzelstvá (Karlas Ehen) [CS]. 1981: Spokojne lata. 1982: Nadzór (Unter Aufsicht); Życie Kamila Kuranta [TVS]. 1983: Wir (Im Sog) [TV]; Toccata [TV]. 1984: Adopcja [TVS]; Rok spokojnego słońca/Das Jahr der ruhigen Sonne/The Year of Quiet Sun [PL/BRD/US]; Jonasz; 111 dni letargu; Trzy młyny (Drei Mühlen) [TVS]; Kobieta z prowincji. 1985: Medium; ... jestem przeciw. 1988: Dekalog Dekalog [TV]; Królewskie sny. 8 Folgen [TVS]. 1989: Nocny gość/Podivný host [PL/CS]. 1990: Korczak [PL/BRD]. 1991: Cynga; Panny i wdowy. 1992: Czarne słńca. 1993: Gorący czwartek.

Danailov, Stefan

* 9. 12. 1942 Sofia
Studium am Theaterinstitut in Sofia. 1966 Engagement am Theater von Plovdiv, von 1973–82 am Armee-Theater Sofia, dann am Nationaltheater «Ivan Vasov» in Sofia. Filmdebüt 1956 in *Sledite ostavat* unter der Regie von Petâr B. Vasilev. Beginn der eigentlichen Filmkarriere 1967. Nationale Popularität erlangt er vor allem durch das Fernsehen. Beim Nationalen Bulgarischen Spielfilmfestival von Varna erhält er 1970 den Darstellerpreis für seinen Svetoslav Tertere in Petâr B. Vasilevs *Knjazât* sowie seinen jungen Antifaschisten Pantel in Vâlo Radevs *Černite angeli*, einem widersprüchlichen Beitrag zum Thema des politischen Terrorismus. Großen Erfolg hat er 1969–73 in der TV-Serie *Na vseki kilometâr* (Nedečo Černev; Ljubomir Žarlandžiev). Eine andere Seite seines Talents zeigt er in mehreren Verfilmungen klassischer bulgarischer Literatur, wo er romatische Gestalten mit typischem Nationalcharakter verkörpert. Danailov ist Volks-

künstler der VR Bulgarien und Dimitroff-Preisträger.

[BG] 1956: Sledite ostavat (Die kleinen Detektive). 1963: Inspektorât i nošta (Fahndung bei Nacht). 1966: Ponedelnik sutrin. 1967: S dâch na bademi. 1968: Pervyj kur'er/Pârvijat kurier (Der erste Kurier) [SU/BG]. 1969–73: Na vseki kilometâr (An jedem Kilometer) [TVS]. 1970: Černite angeli (Die schwarzen Engel); Knjazât Der Fürst. 1971: Njama ništo po-chubavo ot lošoto vreme. 1972: Obiè (Liebe). 1973: Čiflikât kraj granicata Nona. 1974: Zarevo nad Drava (Feuerschein über der Drava); Tozi istinski mâž (Ein ganzer Mann); Ivan Kondarev (Iwan Kondarew); Kâšti bez ogradi. 1975: Načalato na denja; Svatbite na Ioan Asen (Zarenhochzeit in Tarnowo); Na život i smârt (Auf Leben und Tod) [TVS]. 1976: Vinata (Die Schuld); Bratuška/Vojnikât ot obža (Brüderchen/Der Etappen-Soldat) [SU/BG]; Dopâlnenie kâm Zakona za zaštita na dâržavata (Attentat in der Kathedrale). 1977: Umiraj samo v kraen slučaj (Stirb nur im Notfall) [TVS]; Godina ot ponedelnici (Ein Jahr aus Wochentagen). 1978: Toplo (Heiß, heißer ...); Julija Vrevskaja (Zwischen Zarenhof und Schlachtfeld – Julia Wrewskaja) [SU/BG]. 1979: Ot ništo nešto (Kleine Ursache – große Wirkung); Migove v kibritena kutija (Träume aus der Streichholzschachtel). 1980: Dami kanjat (Damenwahl); Târnovskata carica (Die schönste Frau von Tirnovo); Krâvta ostava (Stunde der Abrechnung). 1982: Rudolfio [TV]; 24 časa dâžd (24 Stunden Regen). 1983: Esenno slânce [TV]; Ravnovesie (Gleichgewicht). 1985: Tazi krâv trjabvaše da se prolee (Blut, das vergossen wurde); Manevri petia etaž (Manöver im 5. Stock); Boris I. 1986: Tri Marii i Ivan; Ešelonite. 1987: Mečtateli; Nebe za vsički; Levakât. 1989: Černite ramki; Živej opasno. 1990: Karnavalât; Pod igoto. 1991: Iskam Amerika. 1992: Crisis in the Kremlin (Die letzten Tage der Sowjetunion) [US]. 1996: Don Kikhot vozvraschaetsya [RU/BG].

Darc, Mireille

(Mireille Aigroz)
*15. 5. 1938 Toulon
Besuch des Konservatoriums in Toulon; 1959 nach Paris, dort als Mannequin tätig. Nach kleineren Fernseh- und Filmrollen u.a in Komödien mit Louis de Funès wird sie 1965 durch ihr Porträt einer emanzipierten Frau in Georges Lautners *Galia* als Charakterdarstellerin wahrgenommen. Im folgenden häufig in der Rolle von Verführerinnen und Vamps in Kriminalfilmen und Komödien. Zum Star wird sie durch Lautners *La grande sauterelle*. In den 70er Jahren Partnerin (auch im Privatleben) Alain Delons in Lautners *Seins de glaces* und der Tragikomödie von Édouard Molinario *L'homme pressé*. In dem Kassenhit von Yves Robert *Le grand blond avec une chaussure noire* ist sie die verführerische Partnerin des schusseligen Pierre Richard. Neben der Theaterarbeit auch Auftritte als Chansonsängerin. 1970 Drehbuch zu *Madly*, das von Delon produziert wird. 1989 Regiedebüt mit dem Ehe-Drama zwischen Frankreich und Tunesien, *La barbare*.

[FR] 1960: Les distractions/Le distrazioni (Riskanter Zeitvertreib) [FR/IT]; La revenante. 1961: Hautelaire ou le bonheur dans le crime [TV]; La bride sur le cou/ La briglia sciolta (In Freiheit dressiert) [FR/IT]; Les nouveaux aristocrates (Die Siebzehnjährigen); Mourir d'amour. 1962: Les veinards (Fünf Glückspilze) [EP]; Virginie. 1963: Des pissenlits par la racine/7–9-18 da Parigi un cadavere per Rocky (Radieschen von unten) [FR/IT]. 1963/64: Monsieur/Intrigo a Parigi/Monsieur [FR/IT/BRD]. 1964: Les barbouzes (Mordrezepte der Barbouzes); La chasse à l'homme/Caccia al maschio (Jagd auf Männer) [FR/IT]; Les durs à cuire. 1965: Galia [FR/IT]; Ne nous fâchons pas (Nimm's leicht – nimm Dynamit); Du rififi à Paname/Rififi internazionale/Rififi in Paris [FR/IT/BRD]; Les bons vivants/Per favore, chiudete le persiane (Die Damen lassen bitten) [EP – FR/IT]. 1966: A belles dents (Karriere); La grande sauterelle/Mädchen wie das Meer/Femmina [FR/ BRD/IT]. 1967: Fleur d'oseille; Die Blonde von Peking/ La blonde de Pékin/La bionda di Pechino [BRD/FR/IT]; Week-end (Weekend) [FR/IT]. 1968/69: Jeff/Addio, Jeff! (Jagd auf Jeff) [FR/IT]; Gonflés à bloc/Quei temperari sulle loro pazze, scatenate, scalcinate carriole (Monte Carlo Rallye) [FR/IT]. 1969: Elle boit pas, elle fume pas, elle drague pas mais ... elle cause; Borsalino (Borsalino) [FR/IT]. 1970: Madly/Madly, il piacere dell'uomo [D,A – FR/IT]. 1970/71: Il Rompiballe ... rompe ancora/ Fantasia chez les ploucs (Die Filzlaus kehrt zurück) [IT/FR]; Laisse aller, c'est une valse/Tre canaglie e un piedipiatti (Der große Coup des Kommissars) [FR/IT]. 1971: Il était une fois un flic/C'era una volta un commissario ... (Ein toller Bluff) [FR/IT]. 1972: Le grand blond avec une chaussure noire (Der große Blonde mit dem schwarzen Schuh). 1972/73: Il n'y a pas de fumée sans feu/Non c'é fuomo senza fuoco (Kein Rauch ohne Feuer) [FR/IT]. 1973: La valise (Der Koffer in der Sonne); O.K. Patron; Pena de muerte/Vita privata di un pubblico accusatore [ES/IT]. 1974: Borsalino & Co. [FR/IT/BRD]; Dis-moi que tu m'aimes; Le retour du grand blond (Der große Blonde kehrt zurück); Les seins de glace/ ... esecutore oltre la legge (Eiskalt wie das Schweigen) [FR/IT]. 1975: L'ordinateur des pompes funèbres/Caccia al montone (Computer morden leise) [FR/IT]; Le téléphone rose (Das Kätzchen). 1976: Les passagers/Viaggio di paura (Der Schatten, der uns verfolgte) [FR/IT]. 1977: L'homme pressé/L'ultimo giorno d'amore (Der Antiquitätenjäger) [FR/IT]; Mort d'un pourri (Der Fall Serrano). 1978: Les ringards. 1982: Jamais avant le mariage; Si elle dit oui ... je ne dis pas non. 1983: Réveillon chez Bob. 1989: La barbare (Hemmungslos) [R,CoA – TV]. 1991: Prigioniera di una vendetta [TVS – IT]. 1997: Sapho [TV].

Darie, Jurie

*4. 11. 1929 Vadul Rosu (Rumänien)

Bis 1952 Studium am Theater- und Filminstitut in Bukarest, Engagement am Komödientheater. 1962 in *S-a furat o bombă* unter Regie von Ion Popescu-Gopo, mit dem er 1966 in *Faust XX* einen weiteren Erfolg hat. In den 60er und 70er Jahren intensive Zusammenarbeit mit dem Regisseur Gheorghe Vitanidis: *Băieţii noştii, Post-Restant, O fmeie pentru un anotimp, Ciprian Porumbescu* und *Muşchetarul român*. Darie arbeitet mehrfach in der DDR bei der DEFA, u. a. in den Indianerfilmen *Osceola* (Konrad Petzold), *Blutsbrüder* (Werner W. Wallroth), *Feuerdrachen* (Peter Hagen) und *Sing, Cowboy, sing* (Dean Reed) sowie 1979 in Gunther Scholz' Internationalismus-Melodram *Ein April hat 30 Tage*, in dem er die männliche Hauptrolle, Aolvaro, einen politischen Emigranten aus Uruguay spielt.

[RO] 1953: Nepotii gornistului (Der Onkel des Hornisten). 1954: Răsare soarele (Die Abrechnung). 1955: Alarmă in munti (Alarm in den Bergen). 1956: Pe răspunderea mea (Feierabend um 5.00). 1958: Alo! aţi greit numărul! (Hallo, falsch verbunden!). 1960: Băieţii noştii (Fußballiebe). 1962: S-a furat o bombă (Die gestohlene Bombe); Post-Restant (Postlagernd). 1963: Vacanţă la mare (Urlaub am Schwarzen Meer). 1964: Dargoste la zero grade (Liebe bei null Grad); Pisica de mare (Die Seekatze). 1965: Mofturi 1900 (Humoristischer Cocktail). 1966: Faust XX (Faust XX); Procesul alb (Der weiße Prozeß). 1967: Subteranul (Untergrund). 1969: O fmeie pentru un anotimp (Eine Frau für eine Saison). 1970: B. D. în acţine (B. D. greift ein); Cena grade (Der Preis für eine Stadt) [YU]; Signale – Ein Weltraumabenteuer/Sygnaly MMLX [DDR/PL]. 1971: B. D. la munte i la mare (B. D. im Gebirge und am Meer); Osceola [DDR]; Brigada diverse în alert ... (B. D. im Alarmzustand). 1972: Atunci 1-am condamnaţi pe toţi la moarte Ipus Tod. 1973: Cianura şi picătura (Todesursache Zyankali); Ciprian Porumbescu. 1974: Fraţii ideri (Abenteuer im Zeichen des weißen Pferdes). 1975: Muşchetarul român (Die Jagd nach einer Handschrift); tefan cel mare – Vaslui 1475 (Türkenschlacht im Nebel); Blutsbrüder [DDR]. 1976: Serenadă pentru etajul XII (Serenade für die 12. Etage); Ultima noapte a singurătătii (Die letzte Nacht der Einsamkeit). 1977: Misterul lui Herodot (Zwei Jungen suchen die Daker); Accident (Fahrerflucht); Buzduganul cu trei peceţi (Die Keule mit den drei Siegeln). 1978: Severino [DDR]. 1979: Casă de piatră (Steinhaus); Ein April hat 30 Tage [DDR]. 1980: Drumul oaselor (Der weite Ritt der Gelben Rose). 1981: Sing, Cowboy, sing [DDR]; Feuerdrachen [TV – DDR]. 1984: Ramasagul (Große Folgen kleiner Sünden).

Darrieux, Danielle

*1. 5. 1917 Bordeaux

Tochter eines Militärarztes. Ausbildung am Pariser Konservatorium in den Fächern Gesang und Cello. Filmdebüt mit 14 Jahren, als sie einen Besetzungswettbewerb als französisches Pendant von Dolly Haas für die Version *Le bal* (Wilhelm Thiele) gewinnt. Zunächst in der Rolle des verliebten Mädchens, das den Aufstieg aus einfachen sozialen Verhältnissen schafft; dann als Dame von Welt Synonym für französisches Stilempfinden. Bekannt wird sie als Marie Vetsera in Anatole Litvaks *Mayerling* sowie *Battement de cœur* von Henri Decoin, mit dem sie 1934–40 verheiratet ist. Kurzer Hollywoodaufenthalt vor dem 2. Weltkrieg. Wegen ihrer Auftritte vor deutschen Besatzungstruppen am Ende des Krieges in Frankreich umstritten. Nach der Rehabilitierung in anspruchsvollen Charakterrollen des französischen und internationalen Films: in Max Ophüls' *La ronde*, als Partnerin Jean Gabins in Decoins *La vérité sur Bébé Dongé*, einem der besten Résistancefilme; in der tragisch-romantischen Titelrolle von Ophüls' *Madame de ...*, als Madame de Rênal in *Le rouge et le noir* von Claude Autant-Lara. In den späten 70er Jahren des öfteren in TV-Rollen; ihre gelegentlichen Filmauftritte zeigen die ganze Spannbreite ihrer Charakterisierungskunst zwischen musikalischer Leichtigkeit, so in Jacques Demys *Une chambre en ville*, und Tragik, so als Alkoholikerin in Benoît Jacquots *Corps et biens*. Darrieux arbeitet weiterhin am Theater, tritt ab 1960 als Sängerin auf und spielt einige Schallplatten ein. 1970 Hauptrolle am Broadway in dem Musical «Coco» (Chanel). 1962 Ritter, 1977 Offizier der Ehrenlegion.

[FR] 1931: Le bal [VERS – FR/DE]; Coquecigrole. 1932: Le coffret de laque; Panurge. 1933: Château de rêve [VERS – DE]; Volga en flammes. 1934: Dédé; La crise est finie!; Mon coeur t'appelle; Mauvaise graine; L'Or dans la rue. 1934/35: Le contrôleur des wagons-lits [VERS – DE]. 1935: Le domino vert [VERS – DE/FR]; Quelle drôle de gosse!; J'aime toutes les femmes; Les beaux jours (Die schönen Tage); Mademoiselle Mozart. 1935/36: Mayerling (Mayerling); Tarass Boulba. 1936: Port-Arthur [DE]; Un mauvais garçon; Club de femmes. 1937: Mademoiselle ma mère (Darf ein Mann so dumm sein); Abus de confiance (Vertrauensbruch). 1938: The Rage of Paris (Die flotte Pariserin) [US]; Katia (Katja, die ungekrönte Kaiserin); Retour à l'aube. 1939: Battement de coeur (Diebe und Liebe). 1941: Premier rendez-vous (Ihr erstes Rendezvous); Caprices (Einmal im Jahr). 1942: La fausse maîtresse (Die falsche Geliebte). 1945: Au petit bonheur (Zum kleinen Glück); La cage aux rossignols (Der Nachtigallenkäfig).

1946: Adieu chérie (Adieu Chérie). 1947: Bethsabée (Die Festung der Fremdenlegion); Ruy Blas (Der Geliebte einer Königin). 1948: Jean de la Lune. 1949: Occupe-toi d'Amélie. 1950: La ronde (Der Reigen); Rich, Young and Pretty [US]; Romanzo d'amore (Toselli-Serenade) [IT]. 1951: La vérité sur bébé Donge (Die Wahrheit über unsere Ehe); Le plaisir/EP: La maison Tellier (Pläsier) [EP]; La maison Bonnadieu; 5 Fingers (Der Fall Cicero) [US]. 1952: Adorables créatures/Quando le donne amano (Liebenswerte Frauen) [FR/IT]. 1953: Madame de .../I gioielli di Madame de ... (Madame de ...) [FR/IT]; Le bon Dieu sans confession; Châteaux en Espagne/El torero [FR/ES]. 1954: Le rouge et le noir/L'uomo e il diavolo (Rot und Schwarz) [FR/IT]; Bonnes à tuer/Quattro donne nella notte (Vier Frauen in der Nacht) [FR/IT]; Escalier de service (Mary Lou und ihre Herren). 1954/55: Napoléon/Napoleone Bonaparte (Napoleon) [FR/IT]. 1955: Si Paris nous était conté; L'Affaire des poisons/Il processo dei veleni (Frauen, die dem Satan dienen) [FR/IT]; L'Amant de Lady Chatterley (Lady Chatterlys Lover). 1956: Alexander the Great (Alexander der Große) [US]; Le salaire du péché (Hinter verschlossenen Türen). 1956/57: Typhon sur Nagasaki/Wasureenu bojo (Taifun über Nagasaki) [FR/JP]. 1957: Pot-Bouille (Der schöne Octave); Le septième ciel/La vedova elettrica (Der siebente Himmel) [FR/IT]. 1958: Le désordre et la nuit (Im Mantel der Nacht); Un drôle de dimanche (Leben und lieben lassen); La vie à deux (Das Leben zu zweit); Marie-Octobre (Marie-Octobre). 1959: Les yeux de l'amour/Amanti nelle tenebre (Mit den Augen der Liebe) [FR/IT]. 1960: Vive Henri IV, Vive l'Amour!/I celebri amori di Enrico IV (Das Bett des Königs) [FR/IT]; L'Homme à femmes (An einem heißen Nachmittag); Meurtre en 45 tours (Mord bei 45 Touren). 1961: Les lions sont lâchés/I leoni scatenati (Vor Salonlöwen wird gewarnt) [FR/IT]; The Greengage Summer (Es geschah in diesem Sommer) [GB]; Les bras de la nuit. 1962: Le crime ne paie pas/Il delitto non paga (Verbrechen aus Liebe) [EP – FR/IT]; Landru (Der Frauenmörder von Paris) [FR/IT]; Le diable et les dix commandements/Le tentazioni quotidiane (Der Teufel und die zehn Gebote) [EP – FR/IT]. 1963: Pourquoi Paris? [FR/IT]; Méfiez-vous, mesdames!/Chi vuole dormire nel mio letto? (Vorsicht, meine Damen!) [FR/IT]; Du grabuge chez les veuves/La strana voglia di una vedova [FR/IT]. 1964: Patate/L'amico di famiglia (Monsieur geht fremd) [FR/IT]; Le coup de grâce (Der Gnadenstoß). 1965: L'Or du duc. 1966: Le dimanche de la vie [FR/IT/BRD]. 1966/67: Les demoiselles de Rochefort (Die Fräulein von Rochefort). 1967: 24 heures de la vie d'une femme/24 Stunden im Leben einer Frau [FR/BRD]; L'Homme à la Buick (Der Mann mit dem Buick); Les oiseaux vont mourir au Pérou (Vögel sterben in Peru). 1969: La maison de campagne. 1973: No encontre rosas para mi madre/Peccato mortale/Roses rouges et piments verts [ES/IT/FR]. 1975: L'Année sainte (Zwei scheinheilige Brüder); Divine. 1978: Le cavaleur (Edouard, der Herzensbrecher). 1982: Une chambre en ville (Ein Zimmer in der Stadt). 1983: En haut des marches. 1986: Corps et biens; Le lieu du crime (Schauplatz des Verbrechens). 1988: Bille en tête; Quelques jours avec moi (Einige Tage mit mir). 1990: Le jour des rois. 1992: Les mamies. 1995/96: Les 1001 recettes du cuisinier amoureux.

Darvas, Iván

(Szilard Darvas)
*24. 5. 1920 Bélye (Ungarn)
Nach einigen Semestern Philosophiestudium Wechsel zur Bühne. Erste Erfolge in Budapest am Künstlertheater, später in Inszenierungen des Madách-Theaters. Nach seinem Filmdebüt 1948 als Laci Lengyel in *Forró mezők* (Imre Apáthy) hat er den ersten Höhepunkt seiner Filmkarriere als Franz Liszt in Márton Keletis *Erkel* (1952). Erfolgreich ist auch seine Arbeit unter der Regie von Károly Makk, so als Titelheld in *Liliomfi*, als Arzt Doktor Sós in *A 9-es kórterem*, als König Mátyás in dem heiteren Historienfilm *Mit csinál felséged 3-örl 5-ig?* und noch einmal 1970 als János in *Szerelem*, der Geschichte einer Dreiecksbeziehung. Er profiliert sich zu einem der herausragendsten Charakterdarsteller des ungarischen Films der 60er und 70er Jahre. Ab 1962 Ensemblemitglied des Nationaltheaters in Miskolc, dann des Attila-József-Theaters Budapest.

[HU] 1948: Forró mezők (Unter glühender Sonne); Beszterce ostroma (Die Belagerung von Beszterc). 1949: Egy asszony elindul (Eine Frau beginnt das Leben); Diszmagyar (Galauniform). 1952: Semmelweis; Erkel (Pußtaklänge). 1953: Föltámadott a tenger (Das Meer ist auferstanden). 1954: Rokonok (Verwandte); Liliomfi; Életjel (Vierzehn Menschenleben). 1955: Budapesti tavasz (Budapester Frühling); Gázolás (Der Fall Judith B.); A 9-es kórterem. 1956: Dollárpapa; Gerolsteini kaland; Mese a 12 találatról (Märchen von den 12 Treffern). 1957: Bakaruhában (Eine Sonntagsliebe). 1963: Pacsirta (Die Lerche); Uj Gilgames (Die Patienten des Dr. Aradi); Férjhez menni tilos!; Az aranyfej/Golden Head (Das goldene Haupt) [HU/US]. 1964: Miért rosszak a magyar filmek? (Ungestörtes Glück); Mit csinál felséged 3-tól 5-ig? (Majestät auf Abwegen); Igen (Die zweite Liebe). 1965: Tilos a szerelem (Liebe ist verboten); A tizedes meg a többiek (Der Korporal und die anderen); Játék a múzeumban (Spiel im Museum). 1966: Egy szerelem három éjszakája (Drei Nächte einer Liebe); Egy magyar nábob (Die Fehde der Geier); Higeg napok (Kalte Tage); Sok hüség semmiért (Die Treue der Eva); Kárpáthy Zoltán (Die Vergeltung). 1967: Az özvegy és a százados (Die Witwe und der Hauptmann); Könnyû kis gyilkossag (Ein leichter kleiner Mord) [TV]; Tanulmány a nőkről (Eine Studie über die Frauen); Die gefrorenen Blitze [DDR]. 1968: Prófétа voltál szivem (Du warst auch ein

Prophet, mein Lieber); Fiúk a terröl (Die Jungen vom Platz); Az idöablakai (Fenster der Zeit). 1969: Az örökös (Der Erbe); Isten hozta, örnagy úr (Familie Toth); A nagy kék jelzés (Urlaub ohne Jenö). 1970: N. N. a halál angyala (N. N., der Todesengel); Kapaszkodj a fellegekbe! (Halt dich an den Wolken fest) [HU/SU]; Szerelem (Liebe). 1972: Öt ferfi Komoly szándékkal (Fünf Männer mit ernsten Absichten) [TV]. 1974: Hét tonna dollár (Sieben Tonnen Dollar); A Pendragon legenda (Die Pendragon-Legende); Ámokfutás (Kurzschluß); Vivat Benovsky (Die Abenteuer des Grafen Benovsky [TV – HU/CS]. 1976: Napraforgó (Das verrückte Leben des Herrn Pistoli) [TV]. 1980: Divorçons (Lassen wir uns scheiden) [TV]; Szines tintákról álmodom (Ich träume in Farben). 1987: Ragaszkodom a szerelemhez (Papa auf Freiersfüßen). 1993: Halál sekély vizben (Der Tod im seichten Wasser).

Dasté, Jean

*18. 9. 1904 Paris
†15. 10. 1994

Komödiant in der Gruppe des Theaterreformers Jacques Copeau; Heirat mit dessen Tochter. Im Film ist sein Name mit den beiden Meisterwerken von Jean Vigo vom Beginn der 30er Jahre verbunden: in *Zéro de conduite* spielt er einen Aufseher, in *L'Atalante* einen Matrosen. In klassischen Werken von Jean Renoir, später bei Alain Resnais, François Truffaut und Bertrand Tavernier ist er in Nebenrollen zu sehen. Dasté wird nach Hunderten von Theaterrollen durch seine Theatergründungen in Saint-Étienne (in den 60er Jahren) und Grenoble zum Vorreiter der Dezentralisation im französischen Theaterwesen.

[FR] 1932: Boudu sauvé des eaux (Boudu – aus den Wassern gerettet). 1933: Zéro de conduite (Betragen ungenügend). 1934: L'Atalante (Atalante). 1935: Le crime de Monsieur Lange (Das Verbrechen des Herrn Lange). 1936: La vie est à nous (Das Leben gehört uns); Sous les yeux d'Occident. 1936/37: La grande illusion (Die große Illusion). 1937: Le temps des cerises. 1939/40: Remorques (Schleppkähne). 1941: Croisières sidérales. 1942: Une étoile au soleil; Picpus. 1944: Le mystère Saint-Val; La grande meute. 1962/63: Muriel ou Le temps d'un retour (Muriel oder Die Zeit der Wiederkehr) [FR/IT]. 1965/66: La guerre est finie/Kriget är slut (Der Krieg ist vorbei) [FR/SE]. 1968: Z (Z) [FR/ DZ]. 1969: L'enfant sauvage. 1976: L'homme qui aimait les femmes (Der Mann, der die Frauen liebte). 1977: La tortue sur le dos (Die Schildkröte auf dem Rücken). 1978: La chambre verte (Das grüne Zimmer); Molière (Molière); Utopia. 1979/80: Mon oncle d'Amérique (Mein Onkel aus Amerika). 1987: Nuit docile. 1989: Noce blanche (Weiße Hochzeit).

Dauphin, Claude (Legrand)

*19. 8. 1903 Corbeil
†16. 11. 1978 Paris

Sohn des Schriftstellers Franc-Nohain. Theater- und Filmdekorateur. 1934 gelingt ihm mit Gaby Morlay in Augusto Geninas *Nous ne sommes plus des enfants* die überzeugende Studie eines verzweifelte Paares, dem die Aufbruchshoffnung des Anfangs abhanden gekommen ist. In Marc Allégrets *Entrée des artistes* verkörpert er einen Charmeur, eine Rolle, die er mit leichter Ironie des öfteren spielt. 1940 geht Dauphin in den unbesetzten Teil Frankreichs und tritt u. a. in Allégrets *La belle aventure* und *Félicie Nanteuil* auf. Als Mitglied der französischen Befreiungskräfte setzt er 1945 seine Karriere mit der Hauptrolle in Fernand Rivers' *Cyrano de Bergerac* fort. 1951 spielt er als hinterhältiger Bandenchef in Jacques Beckers *Casque d'or* eine seiner eindrücklichsten Rollen. Er arbeitet auch im Ausland; in den USA gilt er als einer der Repräsentanten des französischen Stils, tritt dort aber nur in Nebenrollen auf. Gleichzeitig setzt er seine Theaterkarriere fort; am Broadway 1946 in Sartres «Huis-clos», 1965–67 vielbeachteter Auftritt am Théâtre de la la Commune/Aubervilliers in Arthur Millers «Death of a Salesman». Der Voltaire-Verehrer Dauphin, der dem Aufklärer im Alter äußerlich immer ähnlicher wird, verfaßt, angeregt durch die Dreharbeiten zu Ettore Scolas *La più bella serata della mia vita*, das Erinnerungsbuch «Les derniers trombones», eine Hommage auf die großen Schauspieler seiner Generation.

[FR] 1931: Figuration; La fortune; Mondanités; Faubourg-Montmartre. 1932: Un homme heureux; Une jeune fille et un million [Version – DE]; Aux urnes, citoyens!; Clair de lune; Paris-Soleil; Tout s'arrange. 1933: Pas besoin d'argent; Les surprises du sleeping; La fille du régiment [Version – AT/FR]; D'amour et d'eau fraîche; L'abbé Constantin. 1934: Dédé; Le billet de mille; Le voyage imprévu; Nous ne sommes plus des enfants. 1935: Retour au paradis; La route heureuse. 1936: Faisons un rêve. 1937: La fessée; Les perles de la couronne (Die Perlen der Krone). 1938: Entrée des artistes; Conflit. 1939: Le monde tremblera; Cavalcade d'amour (Liebeskavalkade); Battement de cœur (Diebe und Liebe). 1940: Paris – New York; Les surprises de la radio. 1941: L'étrange Suzy; Les petits riens; Les hommes sans peur; Les deux timides; Une femme dans la nuit. 1942: Promesse à l'inconnue; Félicie Nanteuil; La belle aventure. 1945: Nous ne sommes pas mariés; Dorothée cherche l'amour; Une femme coupée en morceaux; Cyrano de Bergerac. 1946: Tombé du ciel; Rendez-vous à Paris; Parade du rire. 1947: L'éventail; Croisière pour l'inconnu. 1948: Ainsi finit la nuit (Die Nacht der Liebe); Jean de la Lune; Le bal des pompiers; L'impeccable Henri; L'inconnu d'un soir. 1949:

La petite chocolatière; La renaissance du rail. 1950: Deported [US]. 1951: Casque d'or (Goldhelm); Le plaisir. Ep: Le masque (Pläsier) [EP]. 1952: April in Paris (April in Paris) [US]. 1953: Little Boy Lost (Einmal wird die Sonne wieder scheinen) [US]. 1954: The Phantom of the Rue Morgue (Der Würger von Paris) [US]; Bedevilled (Nachts auf den Boulevards) [US]. 1955: Les mauvaises rencontres; Innocents in Paris [GB]. 1956: Mon coquin de père/A Parigi in vacanza [FR/IT]. 1957: The Quiet American (Vier Pfeifen Opium) [US]. 1958: Pourquoi viens-tu si tard? (Frau im Fegefeuer). 1961: Stop Me Before I Kill [GB]. 1962: Le diable et les dix commandements/Le tentazioni quotidiane (Der Teufel und die zehn Gebote) [EP – FR/IT]; Tiara Tahiti (Tiara Tahiti) [GB]. 1963: La bonne soupe/La pappa reale (Das leichte Geld der Liebe) [FR/IT]; Symphonie pour un massacre (Sieben Tote hat die Woche). 1963/64: Der Besuch/La rancune/La vendetta della signora [BRD/ FR/IT]. 1965: Lady L (Lady L.) [US/FR/IT]; Compartiment tueurs (Mord im Fahrpreis inbegriffen). 1966: Paris brûle-t-il?/Is Paris Burning? (Brennt Paris?) [FR/ US]; Two for the Road (Zwei auf gleichem Weg) [GB]; Grand Prix (Grand Prix) [US]. 1967: L'une et l'autre (Die eine und die andere); Lamiel (Lamiel ... ich liebe die Liebe); Da Berlino l'apocalisse/Le tigre sort sans sa mère/Heißes Pflaster für Spione [IT/FR/BRD]. 1968: Barbarella (Barbarella) [IT/FR]; Adolphe ou l'âge tendre (Tanjas Geliebter); The Madwoman of Chaillot (Die Irre von Chaillot) [GB]. 1969: Hard Contract (Der Killer und die Dirne) [US]. 1971: Eglantine (Eglantine). 1972: La più bella serata della mia vita/la plus belle soirée de ma vie [IT/FR]; Au rendez-vous de la mort joyeuse (Rendezvous zum fröhlichen Tod). 1972/73: Vogliamo i colonnelli (Cronaca di un colpo di stato) [IT]. 1974: Rosebud (Unternehmen Rosebud) [US]; L'important c'est d'aimer/ L'importante è amare/ Nachtblende [FR/IT/BRD]. 1975: La course à l'échalote (Der Tolpatsch mit dem sechsten Sinn). 1976: Le locataire (Der Mieter); Mado [FR/IT/BRD]. 1977: Le point de mire; La vie devant soi (Madame Rosa). 1978: Le pion (Ein Pauker zum Verlieben).

Davis, Bette

(Ruth Elizabeth Davis)
* 5. 4. 1908 Lowell (Massachusetts)
† 6. 10. 1989 Neuilly-sur-Seine

Besuch der Cushing Academy in Ashburnham, Massachusetts, sowie der Mariarden School of Dancing. Schauspielstudium an der New Yorker Robert Milton John Murray Anderson School of the Theatre. 1928 Bühnendebüt unter der Regie von George Cukor in «Broadway» in Rochester, New York. 1929 Broadway-Debüt in «The Lady from the Sea». 1930 Hollywood-Vertrag bei Universal. Filmdebüt in Hobart Henleys *Bad Sister*. Wechsel zu Warner Bros., 1931/32 Partnerin von George Arliss in John G. Adolfis *The Man Who Played God*. Sie steigt schnell zum Star auf und wird vor allem in Gesellschaftsdramen, Melodramen, Gangster- und Kriminalfilmen – seltener in Komödien, Western oder Musikfilmen eingesetzt. Aufmerksamkeit erregt 1934 ihre Darstellung der habgierigen Kellnerin Mildred Rogers in der RKO-Produktion *Of Human Bondage* (John Cromwell). Nach dem Oscar für ihre Darstellung des ehemaligen Stars Joyce Heath in Alfred E. Greens *Dangerous* (1935) wehrt sich Davis erfolgreich gegen schlechte Drehbücher der Warner Bros. Sie hat Erfolg als Mary Dwight in Lloyd Bacons Gangsterfilm *Marked Woman* und neben Edward G. Robinson und Humphrey Bogart als Fluff in Michael Curtiz' Boxer-Melodram *Kid Galahad*. Zweiter Oscar für die Titelrolle der eigenwilligen und schönen Südstaatlerin in William Wylers *Jezebel* (1938), mit dem sie mehrfach zusammenarbeitet: als kalte Mörderin in *The Letter* oder als rücksichtlose Regina Giddens in *The Little Foxes*. Weitere WB-Höhepunkte: Judith Traherne in *Dark Victory* (Edmund Goulding), in *Now, Voyager* (Irving Rapper) und in *Mr Skeffington* (Vincent Sherman). 1941 wird sie zur Präsidentin der amerikanischen Film Academy gewählt. 1946 Gründung der Filmgesellschaft B. D., Inc. Nach Ende ihres Vertrags mit Warner Bros. spielt sie 1950 den alternden Bühnenstar Margo Channing in Joseph L. Mankiewiczs *All About Eve*, der Film erhält zahlreiche Oscars, Davis wird von den New York Critics als beste Schauspielerin ausgezeichnet. 1952 Rückkehr zur Bühne mit der Musical-Revue «Two's Company». 1957 Fernsehdebüt, in den folgenden Jahren auch Filmarbeit in Europa, u. a. als merkwürdiges Kindermädchen in Seth Holts Psychothriller *The Nanny* (1965). In den 60er Jahren mit Joan Crawford in *Whatever Happened to Baby Jane?* und an der Seite Joseph Cottens in *Hush ... Hush, Sweet Charlotte*, zwei Thrillern unter der Regie von Robert Aldrich. 1977 mit dem Life Achievement Award des American Film Institute ausgezeichnet. 1962 Memoiren «The Lonely Life: An Autobiography», 1987 «This 'n' That» (mit Michael Herskowitz), 1990 «I'd Love to Kiss You: Conversations with Bette Davis» (mit Whitney Stine).

[US] 1930/31: Bad Sister. 1931: Seed (Meine Kinder ... mein Glück); Waterloo Bridge; Way Back Home; The Menace. 1931/32: The Man Who Played God. 1932: Hell's House; So Big; The Rich Are Always with Us; The Dark Horse; Cabin in the Cotton (Die Hütte im Baumwollfeld); Three on a Match; 20,000 Years in Sing Sing (20.000 Jahre in Sing Sing). 1932/33: Parachute Jumper. 1933: Ex-Lady (Spätere Heirat nicht ausgeschlossen); The Working Man; Bureau of Missing Persons (Verschollen in New York); The Big Shakedown; Fashions of 1934 (Der Modelldieb). 1933/ 34: Jimmy the Gent (Ein feiner Herr). 1934: Fog Over Frisco; Of Human Bondage; Housewife; Bordertown (Stadt an der Grenze). 1935: The Girl from Tenth Avenue; Front Page Woman; Special Agent; Dangerous; The Petrified Forest (Der versteinerte Wald). 1935/36: Satan Met a Lady. 1936: The Golden Arrow. 1936/ 37: Marked Woman (Mord im Nachtclub). 1937: Kid Galahad (Mit harten Fäusten); That Certain Woman; It's Love I'm After. 1937/38: Jezebel (Jezebel – Die boshafte Lady). 1938: The Sisters (Drei Schwestern aus Montana). 1938/39: Juarez. 1939: Dark Victory (Opfer einer großen Liebe); The Old Maid (Die alte Jungfer); The Private Lives of Elizabeth and Essex (Günstling einer Königin). 1940: All This, and Heaven Too (Hölle, wo ist dein Sieg?); The Letter (Das Geheimnis von Malampur). 1941: The Great Lie; The Little Foxes (Die kleinen Füchse); Shining Victory; The Bride Came C.O.D. (Die Braut kam per Nachnahme); The Man Who Came to Dinner (Der Mann, der zum Essen kam). 1942: Now, Voyager (Reise in die Vergangenheit); In This Our Life (Ich will mein Leben leben). 1943: Old Acquaintance (In Freundschaft verbunden); A Present with a Future [KF]; Watch on the Rhine (Auf der anderen Seite); Stars on Horseback [KF]; Thank Your Lucky Stars. 1944: Mr. Skeffington (Das Leben der Mrs. Skeffington); Hollywood Canteen (Hollywood-Kantine). 1945: Second Victory Loan Campaign Film [KF]; The Corn Is Green (Das grüne Korn). 1946: A Stolen Life (Die große Lüge); Deception (Trügerische Leidenschaft). 1948: Winter Meeting; June Bride (Die Braut des Monats). 1949: Beyond the Forest. 1950: All About Eve (Alles über Eva). 1951: Payment on Demand (Die Ehrgeizige); Another Man's Poison (Gift für den anderen) [GB]. 1952: Phone Call from a Stranger (Ein Fremder ruft an); The Star. 1955: The Virgin Queen (Die jungfräuliche Königin). 1956: The Catered Affair (Mädchen ohne Mitgift); Storm Center. 1957: Suspicion [TVS]. 1957–65: Perry Mason: The Case of the Constant Doyle [TV]. 1958: The Scapegoat (Der Sündenbock) [GB]. 1959: John Paul Jones (Beherrscher der Meere); Alfred Hitchcock Presents: Out There – Darkness [TV]. 1961: Wagon Train: The Ella Lindstrom Story [TV]; Wagon Train: The Elizabeth McQueeny Story [TV]; Wagon Train: The Bettina May Story [TV]; Pocketful of Miracles (Die unteren Zehntausend). 1962: Whatever Happened to Baby Jane? (Was geschah wirklich mit Baby Jane?). 1962–69: The Virginian: Accomplice (Die Leute von der Shiloh Ranch) [TV]. 1963: Hollywood and the Stars: The Unsinkable Bette Davis [TV]; La noia/L'ennui (Die Nackte) [IT/FR]. 1963/64: Dead Ringer (Der schwarze Kreis). 1964: Where Love Has Gone (Wohin die Liebe führt); Hush ... Hush, Sweet Charlotte (Wiegenlied für eine Leiche). 1965: The Nanny (War es wirklich Mord?) [GB]. 1967: The Anniversary [GB]. 1969: Connecting Rooms (Die Verbindungstür) [GB]. 1971: Bunny O'Hare (Bunny und Bill). 1972: The Judge and Jake Wyler [TV]; Madame Sin (In den Fängen von Madame Sin) [TV – GB]; Lo scopone scientifico (Teuflisches Spiel) [IT]. 1973: Scream, Pretty Peggy [TV]. 1976: The Disappearance of Aimee (Warum verschwand Aimee?) [TV]; Burnt Offerings (Landhaus der toten Seelen). 1978: The Dark Secret of Harvest Home [TV]; Return from Witch Mountain; Milton Katselas [TV]; Death on the Nile (Tod auf dem Nil) [GB]. 1979: Strangers: Story of a Mother and a Daughter (Heimkehr einer Fremden) [TV]; White Mama [TV]. 1980: Skyward [TV]; The Watcher in the Woods (Schrei der Verlorenen) [GB]. 1981: Family Reunion (Die Lady) [TV]. 1982: A Piano for Mrs. Cimino (Ein Piano für Mrs. Cimino) [TV]. 1983: Little Gloria ... Happy at Last (Kleine Gloria – armes, reiches Mädchen) [TV]. 1983–85: Hotel (Hotel) [TVS]. 1984: Right of Way (Am Ende des Weges) [TV]. 1985: Murder with Mirrors (Mord mit doppeltem Boden) [TV – GB]. 1986: As Summers Die [TV]. 1987: The Whales of August (Wale im August). 1988/ 89: Wicked Stepmother (Tanz der Hexen).

Davis, Geena

(Virginia Davis)

*21. 1. 1957 Wareham (Massachusetts)

Nach einem Musikstudium Schauspielunterricht am New England College sowie an der University of Boston. Kleine Rollen in lokalen Theaterproduktionen, wie bei der Mount Washington Repertory Theatre Company von North Conway. In New York Modell für Mode und Werbung. Erste kleine Filmrolle leichtbekleidet in Sydney Pollacks *Tootsie*. Danach verstärkt im Fernsehen, so 1983–84 in mehreren Folgen der Serie *Buffalo Bill*. Eigene TV-Serie *Sarah* (1985) ohne große Resonanz. Großer Erfolg als Partnerin ihres damaligen Ehemannes Jeff Goldblum in David Cronenbergs Horrorfilm *The Fly*. 1988 in Tim Burtons postmortaler Geister-Komödie *Beetlejuice*. Auszeichnung mit einem Nebenrollen-Oscar als witwertröstende Hundetrainerin Muriel in Lawrence Kasdans *The Accidental Tourist* (1988). Als flüchtende Hausfrau Thelma neben Susan Sarandon in Ridley Scotts *Thelma & Louise* wird sie 1991 zu einem der Stars des «neuen Frauenfilms» in Hollywood. In Penny Marshalls *A League of Their Own* ist sie Mitglied einer weiblichen Baseball-Mannschaft. Erfolg auch 1992 neben Dustin Hoffman und Andy Garcia in Stephen Frears' *Hero*. In *The Long Kiss Goodbye* spielt sie unter der Regie ihres zweiten Mannes, des Finnen

Renny Harlin. Sie ist auch als Produzentin tätig.

[US] 1982: Tootsie (Tootsie). 1983: Family Ties (Familienbande) [TVS]; Buffalo Bill [TVS]; Remington Steele [TVS]; Knight Rider (Knight Rider) [TVS]. 1984: Sarah [TVS]; Riptide: Raiders of the Lost Sub (Trio mit vier Fäusten: Im Meer verschollen) [TV]; Fletch (Fletch – Der Troublemaker). 1985: Transsylvania 6–5000; Secret Weapons (Sexspionage) [TV]. 1986: The Fly (Die Fliege). 1988: Earth Girls Are Easy (Zebo der Dritte aus der Sternenmitte); The Accidental Tourist (Die Reisen des Mr. Leary); Beetlejuice (Beetlejuice). 1990: Quick Change (Ein verrückt genialer Coup). 1991: Thelma & Louise (Thelma & Louise). 1992: Hero (Ein ganz normaler Held); A League of Their Own (Eine Klasse für sich). 1993: Angie (Angie, I says) [NL]. 1994: Cutthroat Island (Die Piratenbraut); Speechless (Sprachlos) [D,P]. 1996: The Long Kiss Goodnight (Tödliche Weihnachten) [D,P]; Mistrial [P – TV].

Day, Doris

(Doris von Kappelhoff)
*3. 4. 1924 Cincinnati (Ohio)
Besuch der Withrow High School, Cincinnati, sowie 1937 der Fanchon and Marco Dance School, Los Angeles. Nach einem Autounfall Wechsel vom Tanz zum Gesang. 1940 Sängerin in der Bob Crosby Band, dann bei Les Brown. 1946 Filmvertrag bei Warner Bros. Erfolgreiches Filmdebüt in Michael Curtiz' Hochsee-Musical *Romance On The High Seas*. Sie wird überwiegend in Musikfilmen und Komödien eingesetzt. Ab 1948 mit Bob Hope wöchentliche Radio Show. 1954 als Partnerin von Howard Keel in David Butlers Western-Musical *Calamity Jane*, darin der Evergreen «Secret Love». Erfolg als Sängerin Ruth Etting in Charles Vidors Musical *Love Me Or Leave Me*. In Alfred Hitchcocks zweiter Verfilmung seines Thrillers *The Man Who Knew Too Much* (1956) bringt Days Lied «Que sera, sera» das Happy-End. Oscar-Nominierung als Jan Morrow neben Rock Hudson in Michael Gordons *Pillow Talk* (1959). Der Film ist der Anfang einer Reihe musikalischer Komödien. In ihnen verkörpert sie die sorglose, anständige und optimistische Frau in einer sterilen, hausbackenen Bürgerwelt. In den frühen 60er Jahren häufig als patente, etwas prüde Frau in leichten Sex-Komödien, so mit Cary Grant in *That Touch of Mink* (Delbert Mann), neben Rock Hudson in *Send Me No Flowers* (Norman Jewison). Als die große Popularität dieser Filme nachläßt, tritt sie verstärkt im Fernsehen auf, so 1968–73 in 128 Folgen der *Doris Day Show*. 1976 erscheinen die Memoiren «Doris Day: Her Own Story». Seit den 80ern Rückzug aus der Öffentlichkeit, starkes Engagement für die «Doris Day Pet Foundation».

[US] 1941: Federal Fugitives. 1943: They Got Me Covered. 1948: Romance on the High Seas (Zaubernächte in Rio). 1949: It's a Great Feeling (Ein tolles Gefühl/Judy erobert Hollywood); My Dream Is Yours (Mein Traum bist du). 1949/50: Young Man with a Horn (Der Mann ihrer Träume). 1950: Tea for Two (Bezaubernde Frau); The West Point Story. 1951: Storm Warning (Die Gefangene des Ku-Klux-Klan); On Moonlight Bay; The Lullaby of Broadway (Das Wiegenlied vom Broadway); I'll See You in My Dreams; Starlift. 1952: April in Paris (April in Paris); The Winning Team. 1953: By the Light of the Silvery Moon (Im Silbermondlicht). 1954: Calamity Jane (Schwere Colts in zarter Hand); Young at Heart (Man soll nicht mit der Liebe spielen). 1955: Lucky Me (Das blonde Glück); Love Me or Leave Me (Tyrannische Liebe). 1956: The Man Who Knew Too Much (Der Mann, der zuviel wußte); Julie (Mord in den Wolken). 1957: The Pajama Game (Picknick im Pyjama). 1958: Teacher's Pet (Reporter der Liebe); The Tunnel of Love (Babys auf Bestellung). 1959: It Happened to Jane (Mit mir nicht, meine Herren); Please Don't Eat the Daisies (Meisterschaft im Seitensprung); Pillow Talk (Bettgeflüster). 1960: Midnight Lace (Mitternachtsspitzen). 1961: Lover Come Back (Ein Pyjama für zwei). 1962: Billy Rose's Jumbo (Spiel mit mir); That Touch of Mink (Ein Hauch von Nerz). 1963: The Thrill of It All (Was diese Frau so alles treibt); Move Over, Darling (Eine zuviel im Bett). 1964: Send Me No Flowers (Schick mir keine Blumen). 1965: Do Not Disturb (Bitte nicht stören). 1966: The Glass Bottom Boat (Spion in Spitzenhöschen). 1967: The Ballad of Josie (Das Teufelsweib von Texas); Caprice (Caprice). 1967/68: Where Were You When the Lights Went out? (Als das Licht ausging). 1968: With Six You Get Eggroll (Der Mann in Mamis Bett). 1968–73: The Doris Day Show [TVS]. 1985: Doris Day and Friends [TV].

Day, Josette

(Josette Dagory)
*31. 7. 1914 Paris
†29. 6. 1978 Paris
Filmdebüt mit fünf Jahren. Auftritte als Tänzerin. Nach der deutsch-fanzösischen Telefonisten-Romanze *Hallo, Hallo! Hier spricht Berlin / Allo Berlin, ici Paris!* wird sie im Tonfilm zunächst schematisch als Liebhaberin eingesetzt, die sich nach allerlei Intrigen glücklich verheiratet. Das ändert sich erst, als sie Morand und später Marcel Pagnol kennenlernt, mit dem sie Ende der 30er Jahre zusammenlebt. Er verfaßt für sie das Buch zu *La fille du puisatier*. Mit ihren Hauptrollen in zwei der besten Filme von Jean Cocteau (*La belle et la bête* und *Les parents terribles*) kehrt sie zwar zu Rollen zurück, die ihre Schönheit ausstellen, jetzt aber unter Ver-

meidung der naiven Glätte der frühen Jahre. 1950 Heirat mit dem Milliardär Maurice Solvay und Rückzug aus dem Filmgeschäft.

[FR] 1919: Ames d'Orient. 1920: La pocharde. 1931: Hallo, hallo! Hier spricht Berlin/Allo Berlin, ici Paris! [DE/FR/US]; Serments. 1932: Le champion du régiment; Léon ... tout court. 1933: Le barbier de Séville; Miss Helyett; Le couché de la mariée; Coralie et Compagnie; Colomba; C'était un musicien [Version – DE]; Les aventures du roi Pausole. 1934: N'aimer que toi; Aux portes de Paris; Bibi la purée; L'aristo; Les filles de la concierge; Mam'zelle Spahi; Antonia, romance hongroise [Version]. 1935: La sonnette d'alarme; Jeunesse d'abord; Son Excellence Antonin; Une fille à papa; Lucrèce Borgia (Lucrezia Borgia). 1936: Club de femmes; L'homme du jour (Der Mann des Tages); La flamme; Ménilmontant; Messieurs les ronds-de-cuir. 1937: Monsieur Bégonia; Sœurs d'armes. 1938: Accord final/Accord final au Lac Léman/Symphonie am Genfersee (Die 10. soll es sein) [CH/FR]; Éducation de prince; Le patriote. 1939: Les cinq sous de Lavarède; Monsieur Brotonneau. 1940: La fille du puisatier. 1942: La croisée des chemins. 1943: Arlette et l'amour. 1945: La Belle et la Bête (Die Schöne und die Bestie). 1947: La révoltée. 1948: Les parents terribles (Die schrecklichen Eltern). 1950: Swiss Tour (Ein Seemann ist kein Schneemann) [CH].

Day-Lewis, Daniel

*29. 4. 1957 London

Sohn der Schauspielerin Jill Balcon (Tochter des Filmproduzenten Sir Michael Balcon) und des Poeta laureatus Cecil Day-Lewis. Erziehung in der progressiven Privatschule Bedales. Mit 15 Jahren erster Filmauftritt als Auto-Vandale in John Schlesingers *Sunday, Bloody Sunday*. Nach schriftstellerischen Versuchen («Breakout») und einigen handwerklichen Jobs Besuch der Schauspielschule des Bristol Old Vic. Engagements in Bristol und in London, bei der Royal Shakespeare Company und dem National Theatre («Hamlet» 1989). 1982 am West End in «Another Country». Er tritt in Fernsehfilmen auf. Im Film zunächst in kleineren Rollen in *Gandhi* und *The Bounty*. Aufsehen erregt er 1985 als harter Schwuler in Stephen Frears' Multikulti-Romanze *My Beautiful Laundrette* und im selben Jahr als vornehmer Schnösel in der gediegenen E.-M.-Forster-Adaption *A Room With a View* von Merchant/Ivory. Er spielt die Hauptrolle als Mann zwischen zwei Frauen in Philip Kaufmans *The Unbearable Lightness of Being*. Für die Darstellung des körperlich schwer behinderten Iren Christy Brown in Jim Sheridans *My Left Foot* erhält er den Oscar. Er gilt – neben Jeremy Irons – als bedeutendster jüngerer britischer Schauspieler mit einer großen darstellerischen Bandbreite, die den edlen Wilden Hawkeye in Michael Manns Lederstrumpf-Verfilmung *The Last of the Mohicans* ebenso einschließt wie den gepflegten New Yorker in Martin Scorseses *The Age of Innocence* und den als irischen Terroristen Verurteilten in Sheridans *In the Name of the Father* (Oscar-Nominierung).

[GB] 1971: Sunday, Bloody Sunday (Sunday, Bloody Sunday). 1982: Gandhi (Gandhi). 1984: The Bounty (Die Bounty) [US]. 1985: The Insurance Man (Der Versicherungsbeamte Dr. K.) [TV]; My Beautiful Laundrette (Mein wunderbarer Waschsalon). 1985/86: Nanou (Nanou) [GB/FR]. 1986: A Room with a View (Zimmer mit Aussicht). 1987: The Unbearable Lightness of Being (Die unerträgliche Leichtigkeit des Seins) [US]. 1988: Stars and Bars (Stars and Bars – Der ganz normale amerikanische Wahnsinn) [US]. 1988/89: My Left Foot (Mein linker Fuß) [IE]. 1989: Eversmile, New Jersey (Eversmile) [US]. 1992: The Last of the Mohicans (Der letzte Mohikaner) [US]. 1993: In the Name of the Father (Im Namen des Vaters) [GB/US/IE]; The Age of Innocence (Zeit der Unschuld) [US]. 1996: The Crucible (Hexenjagd) [US].

De Funès, Louis

(Carlos Louis de Funès de Galarza)

*31. 7. 1914 Courbevoie
†28. 1. 1983 Nantes

Stammt aus einer Adelsfamilie Sevillas. Tätigkeit in verschiedenen Berufen (Buchhalter, Zeichner, Fotograf, Händler, Dekorateur, Kürschner). Ab 1941 Schauspielunterricht bei René Simon; danach Auftritte im Kabarett, Rundfunk, Fernsehen und am Theater. Erste große Rolle, in der er sein komödiantisches Talent auch im Film voll ausspielen kann, 1955 in Claude Autant-Laras *La traversée de Paris* an der Seite von Jean Gabin. In der Rolle des Hektikers Balduin und als spießiger Gendarm von St. Tropez hat er eine Serie von internationalen Publikumserfolgen. Die Gérard-Oury-Filme *Le corniaud* und *La grande vadrouille*, in denen Bourvil sein Partner ist, erreichen 11 bzw. sensationelle 17 Millionen Zuschauer in Frankreich. 1968 ist er dort nach Umfragen der beliebteste Schauspieler. Als erfolgloser und tolpatschig-grimmiger Kommissar kämpft De Funès in den turbulenten *Fantômas*-Verfilmungen gegen den genialen Verbrecher (Jean Marais). Er variiert in fast allen Rollen den Typus des stets verärgerten und aggressiven, tobsüchtigen Kleinbürgers mit antimodernistischem Affekt: Der Spießer begreift zu spät und fährt dann aus der Haut. Situationskomik, die von Schadenfreude lebt, hohes Tempo, Kalauer und Gags in der Tradition der Filmklamotte sind kennzeichnend für den Stil seiner Filme. Sein Repertoire an Grimassen ist erstaunlich. De Funès schreibt die Drehbücher für seine späteren Spielfilme zumeist selbst. Zu seinen letzten Arbeiten gehört eine gelungene Molière-Verfilmung von Jean Girault: *L'avare* zeigt, daß Funès auch feinere komödiantische Porträts zeichnen kann.

[FR] 1945: La tentation de Barbizon (Wenn der Himmel versagt). 1946: Six heures à perdre; Dernier refuge (Letzte Zuflucht); Antoine et Antoinette (Antoine und Antoinette). 1947: Croisière pour l'inconnu. 1948: Du Guesclin (Ritter seines Königs). 1949: Mon ami Sainfoin; Au revoir M. Grock (Manege frei); Rendezvous avec la chance; Je n'aime que toi; Pas de week-end pour notre amour; Vient de paraître; Mission à Tanger; Millionaires d'un jour (Millionäre für einen Tag); Le jugement de Dieu (Agnes Bernauer); Un certain monsieur. 1950: Sans laisser d'adresse (Adresse unbekannt); Folie douce; Bibi Fricotin; La rue sans loi; La rose rouge; Boniface somnabule (In gewissen Nächten); Ademai au poteau frontière; La vie est un jeu; Le roi du bla-bla-bla; La passante; Knock ou le triomphe de la médecine (Dr. Knock läßt bitten); L'amant de paille. 1951: Monsieur Leguignon, lampiste; Ma femme est formidable; La poison (Das Scheusal); Le dindon; Les joueurs [KF]; Champions juniors [KF]; Ils étaient cinq (Treffpunkt Paris); Agence matrimoniale (Heiratsvermittlung); Pas de vacances pour monsieur de maire; Un amour de pluie [KF]; Boîte à vendre [KF]. 1951/52: Les sept péchés capitaux/I sette peccati capitali. 2. Ep: La paresse (Die sieben Sünden) [EP – FR/IT]. 1952: Monsieur Taxi; La fugue de monsieur Perle; Je l'ai été trois fois; Au diable la vertu; La vie d'un honnête homme; Légère et court vêtue; Le huitième art et la manière [KF]; L'amour n'est pas un péché; Elle et moi (Sie und er). 1953: Capitaine Pantoufle; Le secret d'Hélène Marimon; Tourments; Le rire [KF]; Les compagnes de la nuit (Gefährtinnen der Nacht); Dortoir des grandes (Im Schlafsaal der großen Mädchen); L'étrange désir de M. Bard (Eine wunderbare Liebe); Faites-moi confiance; Le blé en herbe (Erwachende Herzen); Mon frangin du Sénégal; Les corsaires du bois de Boulogne; Le chevalier de la nuit; Mam'zelle Nitouche/Santarellina (Mamsell Nitouche) [FR/IT]; Les hommes ne pensent qu'à ça. 1954: Huis-clos (Geschlossene Gesellschaft); Scènes de ménage; Escalier de service (Mary Lou und ihre Herren); Poisson d'avril (Der Sonntagsangler); Le mouton à cinq pattes (Der Hammel mit den fünf Beinen); Les pépées font la loi; La reine Margot/La regina Margot (Bartholomäusnacht) [FR/IT]; Ah! Les belles bacchantes (Das Tollste vom Tollen); Papa, Maman, la bonne et moi (Papa, Mama, Katrin und ich); Les intrigantes; Les impures (Weiße Sklavin für Tanger). 1954/55: Napoléon/Napoleone Bonaparte (Napoleon) [FR/IT]. 1955: La traversée de Paris (Quer durch Paris); La bande à papa; Innocents in Paris [GB]; Bonjour sourire (Die tolle Residenz); Papa, Maman, ma femme et moi (Papa, Mama, Katrin und ich); Si Paris nous était conté; Frou-Frou/Frou-Frou (Frou-Frou, die Pariserin) [FR/IT]; L'impossible monsieur Pipelet; La loi des rues (Das Gesetz der Straße); Les hussards; Ingrid, die Geschichte eines Fotomodells [BRD]. 1956: Bébés à gogo; Courte-tête/ Les ramasse-miettes. 1957: Ni vu, ni connu (Fisch oder Fleisch); Comme un cheveu sur la soupe (Balduin, der Selbstmörder). 1958: Taxi, roulotte et corrida (Wenn Louis eine Reise tut); Totò, Eva e il pennello proibito/Un coup fumant/La culpa fue de Eva [IT/FR/ ES]; La vie à deux (Das Leben zu zweit). 1959: Certains l'aiment froide; Mon pote le gitan; I tartassati/Fripouillard et Cie [IT/FR]. 1960: Le capitaine Fracasse/ Capitan Fracassa (Fracass, der freche Kavalier) [FR/ IT]; Les tortillards; Candide ou l'optimisme au XXe siècle (Candide oder Der Optimismus im 20. Jahrhundert); Dans l'eau qui fait des bulles (Louis – Die Schnatterschnauze). 1961: La vendetta; La belle américaine (Der tolle Amerikaner). 1962: Les veinards (Fünf Glückspilze) [EP]; Nous irons à Deauville; Le gentleman d'Epsom/Il re delle corse (Ein Herr aus besten Kreisen) [FR/ IT]; Le diable et les dix commandements/Le tentazioni quotidiane (Der Teufel und die zehn Gebote) [EP – FR/ IT]; Le crime ne paie pas/Il delitto non paga (Verbrechen aus Liebe) [EP – FR/ IT]; Un clair de lune à Maubeuge. 1962/63: Carambolages (Karambolage).1963: Pouic-pouic (Quietsch ... quietsch ... wer bohrt denn da nach Öl?); Faites sauter la banque (Balduin, der Geldschrankknacker); Des pissenlits par la racine/7–9-18 da Parigi un cadavere per Rocky (Radieschen von unten) [FR/IT]. 1964: Le gendarme de Saint-Tropez (Der Gendarm von St. Tropez); Un sourire chez les hommes; Le corniaud/Colpo grosso, ma non troppo (Scharfe Sachen für Monsieur) [FR/ IT]; Fantômas/Fantomas 70 (Fantomas/Fantomas 70) [FR/IT]. 1965: Les bons vivants/Per favore, chiudete le persiane (Die Damen lassen bitten) [EP – FR/IT]; Le gendarme à New York/Tre gendarmi a New York (Der Gendarm vom Broadway) [FR/IT]; Fantômas se déchaîne/Fantomas minaccia il mondo (Fantomas gegen Interpol) [FR/IT]. 1966: Le grand restaurant (Das große Restaurant); La grande vadrouille (Die große Sause); Fantômas contre Scotland Yard/Fantomas contro Scotland Yard (Fantomas bedroht die Welt) [FR/ IT]; Les grandes vacances (Balduin, der Ferienschreck). 1967: Oscar; Le petit bagneur (Balduin, der Trockenschwimmer). 1968: Le gendarme se marie (Der Gendarm heiratet); Le tatoué/Nemici ... per la pelle (Balduin, das Nachtgespenst) [FR/IT]. 1969: Hibernatus/Louis de Funès e il nonno surgelato (Der Winterschläfer, Louis taut auf) [FR/IT]. 1970: Sur un arbre perché (Balduin, der Sonntagsfahrer); L'homme orchestre/ Beato tra le donne (Alles tanzt nach meiner Pfeife) [FR/ IT]; Le gendarme en balade/6 gendarmi in fuga (Balduin, der Schrecken von Saint Tropez) [FR/ IT]. 1971: La folie des grandeurs/La mania di grandezza/Die dummen

Streiche der Reichen/Delirios di grandeza [FR/IT/BRD/ES]; Jo (Hasch mich, ich bin der Mörder). 1973: Les aventures de Rabbi Jacob/Le folli avventure di Rabbi Jacob (Die Abenteuer des Rabbi Jacob) [FR/IT]. 1976: L'aile ou la cuisse (Brust oder Keule). 1977: La zizanie (Der Querkopf). 1979: L'avare (Louis der Geizkragen); Le gendarme et les extra-terrestres (Louis' unheimliche Begegnung mit den Außerirdischen). 1981: La soupe aux choux (Louis und seine außerirdischen Kohlköpfe). 1982: Le gendarme et les gendarmette (Louis und seine verrückten Politessen).

De Havilland, Olivia

(Olivia Mary De Havilland)
* 1. 7. 1916 Tokio

Tochter englischer Eltern, Schwester von Joan Fontaine. Besuch des Notre Dame Convent in Belmont, California. 1933 Bühnendebüt in der Saratoga Community-Players-Produktion «Alice in Wonderland». 1935 Filmdebüt als Hermia in *A Midsummer Night's Dream* (Max Reinhardt, William Dieterle), zuvor Erfolg mit gleicher Rolle auf der Bühne. Vertrag von Warner Bros. Häufig in Abenteuerfilmen von Michael Curtiz, oft als Partnerin von Errol Flynn, so in *Captain Blood*, in *The Charge of the Light Brigade* und als Lady Marian in *The Adventures Of Robin Hood* (Curtiz, William Keighley). Oscar-Nominierungen für die Nebenrolle der Melanie in Victor Flemings *Gone With the Wind* (1939) und als scheue Lehrerin in Mitchell Leisens *Hold Back the Dawn* (1941). Schließlich 1946 Oscar für die aufopferungsvolle Mutter in Leisens *To Each His Own*. Im gleichen Jahr spielt sie die Doppelrolle der Zwillinge in Robert Siodmaks *The Dark Mirror*. 1948 weitere Oscar-Nominierung als Patientin einer Nervenheilanstalt in Anatole Litvaks *The Snake Pit*. 1949 zweiter Oscar für die Titelrolle der von Montgomery Clift umschwärmten alten Jungfer in *The Heiress* (William Wyler) nach Henry James' Roman «Washington Square». Trotz starker Beschäftigung durch die Filmindustrie häufig Rückkehr zur Bühne. 1951 Broadway-Erfolg mit «Romeo and Juliet». 1964 Mitarbeit in zwei Horrorfilmen: in *Lady in a Cage* (Walter Grauman) und neben Bette Davis in *Hush ... Hush, Sweet Charlotte* (Robert Aldrich). In den 70er Jahren Fernseharbeit. 1962 Memoiren «Every Frenchman Has One».

[US] 1934/35: A Midsummer Night's Dream (Ein Sommernachtstraum). 1935: Alibi Ike; The Irish in Us; Captain Blood (Unter Piratenflagge). 1935/36: Anthony Adverse. 1936: A Day at Santa Anita [KF]; The Charge of the Light Brigade (Der Verrat des Surat Khan). 1936/37: Call It a Day. 1937: The Great Garrick; It's Love I'm After; Gold Is Where You Find It (Goldene Erde Kalifornien). 1937/38: The Adventures of Robin Hood (Robin Hood, der König der Vagabunden). 1938: Four's a Crowd (Liebe zu viert); Hard to Get; Wings of the Navy. 1938/39: Dodge City (Herr des Wilden Westens). 1939: The Private Lives of Elizabeth and Essex (Günstling einer Königin); Gone With the Wind (Vom Winde verweht); Raffles. 1940: My Love Came Back; Santa Fe Trail (Land der Gottlosen). 1941: The Strawberry Blonde (Schönste der Stadt); Hold Back the Dawn (Das goldene Tor). 1942: The Male Animal (Thema: Der Mann); They Died With Their Boots On (Sein letztes Kommando); In This Our Life (Ich will mein Leben leben). 1942/43: Devotion [UA: 1946]. 1943: Government Girl; Thank Your Lucky Stars; Princess O'Rourke. 1946: The Well Groomed Bride; To Each His Own (Mutterherz); The Dark Mirror (Der schwarze Spiegel). 1948: The Snake Pit (Die Schlangengrube). 1949: The Heiress (Die Erbin). 1952: My Cousin Rachel (Meine Cousine Rachel). 1954/55: That Lady/Esa Senor, la princesa da Eboli (Die Dame des Königs) [GB/ES]. 1955: Not As a Stranger (... und nicht als ein Fremder). 1956: The Ambassador's Daughter (Die große und die kleine Welt). 1958: The Proud Rebel (Der stolze Rebell). 1959: Libel! (Die Nacht ist mein Feind) [GB]. 1961: Light in the Piazza (Licht auf der Piazza) [GB]. 1964: Lady in a Cage; Hush ... Hush, Sweet Charlotte (Wiegenlied für eine Leiche). 1970: The Adventurers (Playboys und Abenteurer/Die letzten Abenteurer). 1971: The Screaming Woman [TV]. 1972: Pope Joan (Papst Johanna) [GB]. 1977: Airport '77 (Verschollen im Bermuda-Dreieck). 1978: The 5th Musketeer (Die eiserne Maske) [AT]; The Swarm (Der tödliche Schwarm). 1979: Roots: Next Generations (Roots: Die nächste Generation) [TVS]. 1982: The Royal Romance of Charles and Diana (Die Romanze von Charles und Diana) [TV – GB]; Murder Is Easy (Mörderische Leidenschaften) [TV]. 1985–86: North and South (Fackeln im Sturm) [TVS]. 1986: Anastasia: The Mystery of Anna (Anastasia) [TV]. 1988: The Woman He Loved [TV].

De Niro, Robert

* 17. 8. 1943 New York City

Besuch der Rhodes School sowie der High School of Music and Art in New York. Schauspielausbildung bei Stella Adler. In den 60er Jahren bei Tourneetheatern und am Off-Off-Broadway. Erster großer Bühnenerfolg in «One Night Stands of a Noisy Passenger» neben Shelley Winters. Erste Filmaufgabe 1963 in Brian DePalmas *The Wedding Party*, der erst 1969 herauskommt. Seit Anfang der 70er Jahre ist De Niro einer der wichtigsten Akteure des New Hollywood. Als Kleinganove Johnny Boy in *Mean Streets* beginnt seine Zusammenarbeit mit Martin Scorsese, der ihn immer wieder in Hauptrollen einsetzt, so 1976 als introvertierten Außenseiter in *Taxi Driver* (Oscar-Nominierung). Durch sein vollkommenes Aufgehen in seinen Rollen wird De Niro zum bedeutendsten Darsteller seiner Generation. Zahlreiche Auszeichnungen: Nebenrollen-Oscar als Vito Corleone in Francis Ford Coppolas *The Godfather II* (1974). Oscar für den Boxchampion Jake La Motta in Scorseses *Raging Bull* (1980), wofür er zeitweilig 30 Kilo zulegt. Wichtige weitere Rollen: der Padrone Alfredo in Bernardo Bertoluccis Epos *Novecento*, der Stahlarbeiter und Vietnam-Kämpfer in Michael Ciminos *The Deer Hunter*, der Gangster Noodles in Sergio Leones Gangster-Oper *Once Upon a Time in America*, der Psychopath Max Cady in Scorseses Thriller-Remake *Cape Fear*. 1988 zusammen mit Jane Rosenthal Gründung einer eigenen Filmfirma (Tribeca). Produktion eigener Filme, aber auch von Werken anderer Regisseure, deren Thematik er für wichtig hält – wie z. B. 1992 Michael Apteds *Thunderheart* über den Mord in einem Indianer-Reservat. 1993 Regiedebüt mit *A Bronx Tale*. 1996 als wurzelloser Krimineller und Gegenspieler von Al Pacino in *Heat* und als engagierter Father Bobby in Barry Levinsons *Sleepers*.

[US] 1965: Trois chambres à Manhattan (Drei Zimmer in Manhattan) [FR]. 1968: Greetings (Grüße). 1969: The Wedding Party. 1970: Bloody Mama (Bloody Mama); Hi, Mom!. 1971: Born to Win (Pforte zur Hölle); The Gang That Couldn't Shoot Straight (Wo Gangster um die Ecke knallen); Jennifer on My Mind. 1971/79: Sam's Song/ The Swap (Wer die Killer ruft). 1973: Bang the Drum Slowly (Das letzte Spiel); Mean Streets (Hexenkessel). 1974: The Godfather II (Der Pate II). 1976: Taxi Driver (Taxi Driver); The Last Tycoon (Der letzte Tycoon – Der Gigant von Hollywood); Novecento (Atto I e II)/1900 (I + II)/1900. 1. Gewalt, Macht, Leidenschaft. – 1900. 2. Kampf, Liebe, Hoffnung [IT/FR/BRD]. 1977: New York, New York (New York, New York). 1978: The Deer Hunter (Die durch die Hölle gehen). 1980: Raging Bull (Wie ein wilder Stier). 1981: True Confessions (Gefährliche Beichte). 1982: The King of Comedy (The King of Comedy). 1982–84: Once Upon a Time in America (Es war einmal in Amerika). 1984: Brazil (Brazil) [GB]; Falling in Love (Der Liebe verfallen). 1985/ 86: The Mission (Mission) [GB]. 1987: Angel Heart (Angel Heart); The Untouchables (The Untouchables – Die Unbestechlichen). 1988: Midnight Run (Midnight Run – Fünf Tage bis Mitternacht). 1989: Jacknife (Jacknife); We're No Angels (Wir sind keine Engel) [D,P]. 1990: Awakenings (Zeit des Erwachens); GoodFellas (GoodFellas – Drei Jahrzehnte in der Mafia); Stanley & Iris (Stanley & Iris). 1991: Backdraft (Backdraft – Männer die durchs Feuer gehen); Mistress (Mistress – Die Geliebten von Hollywood) [D,P – TV]; Cape Fear (Kap der Angst); Guilty by Suspicion (Schuldig bei Verdacht). 1992: Thunderheart (Halbblut) [CoP]; Night and the City (Night and the City). 1992/93: Mad Dog and Glory (Sein Name ist Mad Dog). 1993: A Bronx Tale (In den Straßen der Bronx) [D,R,CoP]; This Boy's Life (This Boy's Life). 1994: Mary Shelley's Frankenstein (Mary Shelley's Frankenstein) [D,CoP]. 1995: Casino (Casino); Heat (Heat); The Fan (The Fan). 1996: Marvin's Room [D,P]; Faithful (Der Hochzeitstag) [CoP]. 1997: Affirmative Action; Great Expectations; CopLand; Wag the Dog.

De Sica, Vittorio

*7. 7. 1902 Sora (Frosinone)
†13. 11. 1974 Rom

Ausbildung als Buchhalter, schlägt dann jedoch die Theaterlaufbahn ein. 1918 gibt er sein Filmdebüt in Eduardo Bencivengas *Il processo Clémenceau*. 1924 tritt er Tatiana Pavlovas Kompagnie bei. Seine sich hier entstehende, populäre Figur des frechen, unbekümmerten jungen Mannes entfaltet er in mehreren Filmen. 1932 erringt De Sica als Hauptdarsteller in Mario Camerinis Komödie *Gli uomini, che mascalzoni!* große Popularität und entwickelt sich zum beliebtesten Schauspieler im Italien der 30er Jahre. Er arbeitet mit fast allen bekannten Regisseuren, verdankt seine besten Rollen jedoch Camerini, z. B. die Hauptrollen in *Darò un millione* und *Il signor Max*. 1940 führt De Sica bei *Rose scarlatte* erstmals (Co-)Regie. Mit den folgenden Werken, u. a. *Maddalena zero in condotta*, beweist De Sica sein Talent als Regisseur. 1943 beginnt seine Zusammenarbeit mit Drehbuchautor Cesare Zavattini, die sich bis in die 60er Jahre erstreckt. Ihr verdankt der italienische Film Meisterwerke des Neorealismus wie *Sciuscià* und *Ladri di bicilette* (1948), für den De Sica seinen ersten Oscar bekommt. Es folgen *Miracolo a Milano* und *Umberto D.*, die zu den besten Leistungen De Sicas zählen. In den 60er Jahren wendet sich er sich dann kommerzielleren Filmproduktionen zu, in denen meistens Sophia Loren die Hauptrolle spielt, darunter *Ieri, oggi, domani* (1963), für den er einen Oscar bekommt. De Sica arbeitet auch weiterhin als Schauspieler. Neben unbedeutenden Rollen (die er aus finanziellen Gründen annimmt) kann er auch immer wieder sein Können in anspruchsvollen Filmen unter Beweis stellen, so in Luigi Comencinis Komödie *Pane, amore e gelosia* und in Roberto Rossellinis Drama *Il generale Della Rovere*. De Sica ist auch viel im Ausland tätig; er spielt u. a. unter der Regie von Charles Vidor (*A Farewell to Arms*), Abel Gance (*Austerlitz*) und Joseph Losey (*Eva*). Für sein Alterswerk *Il giardino dei Finzi Contini* (1970) erhält er noch einmal zahlreiche Auszeichnungen, darunter einen Oscar, den Goldenen Bären und einen David de Donatello als bester italienischer Film des Jahres.

[IT] 1918: Il processo Clémenceau. 1926: La bellezza del mondo. 1928: La compagnia dei matti. 1932: Due cuori felici; La segretaria per tutti; Gli uomini, che mascalzoni!; La vecchia signora. 1933: Das Lied der Sonne [Version – DE]; La canzone del sole [Version – DE]; Lisetta [Version – DE]; Il signore desidera?; Un cattivo soggetto. 1934: Tempo massimo. 1935: Non ti conosco più; Amo te sola; Darò un milione. 1935/36: Lohengrin. 1936: Ma non è una cosa seria; L'uomo che sorride. 1936/37: Questi ragazzi. 1937: Napoli d'altri tempi; Il signor Max. 1937/38: La mazurka di papà. 1938: L'orologio a cucù; Partire; Hanno rapito un uomo (Ein Mann wird entführt); Le due madri. 1938/39: Ai vostri ordini, signora!; Napoli che non muore; Castelli in aria [Version]. 1939: Ins blaue Leben [Version]; Grandi magazzini (Alarm im Warenhaus); Manon Lescaut; Finisce sempre così. 1939/40: Pazza di gioia. 1940: Rose scarlatte [D,CoR,A]; La peccatrice; Maddalena zero in condotta [D,R,CoA]. 1941: L'avventuriera del piano di sopra; Teresa Venerdì [D,R,CoA]. 1942: Un garibaldino al convento [D,R,CoA]; Se io fossi onesto [D,CoA]; La guardia del corpo [D,CoA]. 1942/43: I bambini ci guardano [R,CoA]. 1943: L'ippocampo [D,CoA]; Dieci minuti di vita [Unvollendet]; Non sono superstizioso ... ma! [D,CoA]; Nessuno torna indietro; I nostri sogni [D,CoA]. 1944: La porta del cielo [R,CoA]. 1945: Lo sbaglio di essere vivo; Il mondo vuole così (Wer Geld hat, hat mehr vom Leben). 1945/46: Il marito povero (Ehemann auf Bestellung) [CoA]. 1946: Roma città libera (La notte porta consiglio) [D,CoA]; Abbasso la ricchezza! [D,CoA]; Sciuscià (Schuschia) [R,CoA]. 1947: Sperduti nel buio [D,CoA]; Cuore [D,CoA]; Natale al campo 119 [D,P]; Lo sconosciuto di San Marino. 1948: Ladri di biciclette (Fahrraddiebe) [R,CoA,P]. 1950: Miracolo a Milano (Das Wunder von Mailand) [R,CoA,P]; Domani è troppo tardi (Morgen ist es zu spät). 1951: Mamma mia, che impressione! [P]; Cameriera bella presenza offresi ...; Ambiente e personaggi [D,R,CoA – KF]; Umberto D. (Umberto D.) [R,P]. 1952: Sabú principe ladro (Guten Tag, Herr Elefant) [D,CoA,P]; Gli uomini non guardano il cielo (Vom Landpfarrer zum Papst); Altri tempi. 9. Ep: Il processo di Frine (Andere Zeiten) [EP]. 1953: Villa Borghese/Les amants de Villa Borghese. 3. Ep: Incidente a Villa Borghese (Römischer Reigen) [EP – IT/FR]; Madame de .../I gioielli di Madame de ... (Madame de ...) [FR/IT]; Stazione Termini/Indiscretion of an American Wife (Rom – Station Termini) [R,P – IT/US]; Pane, amore e fantasia (Liebe, Brot und Phantasie). 1953/54: Il matrimonio; Tempi nostri/Temps d'aujourd'hui. 1. Ep: Scena all'aperto/8. Ep: Don Corradino (Tempi nostri) [EP – IT/FR]; Gran varietà. 3. Ep: Il fine dicitore [EP]; Secrets d'alcôve. 3. Ep: Le divorce/Il letto. Ep: Il divorzio (Dürfen Frauen so sein?) [EP – FR/IT]; Cento anni d'amore. 2. Ep: Pendolin (Hundert Jahre Liebe) [EP]. 1954: L'oro di Napoli. 1. Ep: Il guappo/ 2. Ep: Pizze a credito/3. Ep: I giocatori/ 4. Ep: Teresa/ 5. Ep: Il professore/6. Ep: Il funeralino (Das Gold von Neapel) [R,CoA – EP]; Vergine moderna; Pane, amore e gelosia (Liebe, Brot und Eifersucht); L'allegro squadrone/Les gaités de l'escadron (Husarenstreiche) [IT/FR]; Peccato che sia una canaglia (Schade, daß du eine Kanaille bist!). 1955: Il segno di Venere (Im Zeichen der Venus); Racconti romani/Les mauvais garçons (Vier Herzen in Rom) [IT/FR]; Il bigamo/Le bigame (Bigamie ist kein Vergnügen) [IT/FR]; Pane, amore e .../Pain, amour, ainsi soit-il (Liebe, Brot und tausend Küsse) [IT/FR]; Gli ultimi cinque minuti; La bella mugnaia (Eine Frau für schwache Stunden). 1956: Tempo di villeggiatura (Das fröhliche Urlaubshotel); Il giorno più belli (Die schönsten Tage des Lebens); Montecarlo/The Monte Carlo Story (Die Monte Carlo Story) [D,KO – IT/US]; Mio figlio Nerone/Les Week-Ends de Néron (Neros tolle Nächte) [IT/FR]; Il tetto (Das Dach) [R,P]; Noi siamo le colonne. 1956/57: Padri e figli/Pères et fils (Väter und Söhne) [IT/FR]; I colpevoli/responsabilité limitée? (Maurizio) [IT/ FR]. 1957: La donna che venne dal mare/L'aventurière de Gibraltar (Die Spionin von Gibraltar) [IT/FR]; Amore e chiacchiere/Hablemos de amor (Liebe und Geschwätz) [IT/ES]; Casinò de Paris [FR/IT/BRD]; Il conte Max (Luftschlösser); A Farewell to Arms (In einem anderen Land) [US]; Totò, Vittorio e la dottoressa/Dites 33/Mi mujer es doctor (Mein Allerwertester) [IT/FR/ ES]; Il medico e lo stregone (Arzt und Hexenmeister); Vacanze a Ischia/Vacances à Ischia/Ferien auf der Sonneninsel (Ferien auf der Sonneninsel) [IT/ FR/BRD]; Souvenir d'Italie (Rendezvous in Rom). 1957/58: Anna di Brooklyn (Anna von Brooklyn) [D,KO – IT/FR]. 1958: Pane, amore e Andalusia/Pan, amor y ... Andalucía [D,KO,P – IT/ES]; Kanonen-Serenade/Pezzo, capopezzo e capitano [BRD/IT]; La ballerina e il buon Dio; Marcelo, la chavala y el trombòn (Una mujer para Marcelo)/Gli Zitelloni (Sei helle, bleib Junggeselle) [ES/IT]; Meet De Sica [DOK]; La ragazza di piazza San Pietro/La Muchacha de la Plaza de San Pedro [IT/ES]; Portrait of Gina [TV – US]; Domenica è sempre domenica. 1958/59: Policarpo, «ufficiale di scrittura»/Policarpo de Tapetti (Tolpatsch macht Karriere) [IT/FR/ES]; Nel blu dipinto di blu (Volare); La prima notte/Le nuits vénitiennes [IT/FR]. 1959: Il nemico di mia moglie; Il mondo dei miracoli; Vacanze d'inverno/ Brèves amours [IT/FR]; Il moralista; Il Generale Della Rovere (Der falsche General) [IT/FR]; Uomini e nobiluomini; Gastone; Ferdinando I, re di Napoli/ Ferdinand, roi de Naples [IT/FR]. 1959/60: Austerlitz/Napoleone ad Austerlitz (Austerlitz – Glanz einer Kaiserkrone) [FR/IT]. 1960: Un amore a Roma/L'inassouvie/ Liebesnächte in Rom [IT/FR/ BRD]; Fontana di Trevi/ Roma de mis amores [IT/ES]; Il vigile (Wie schön, ein Polizist zu sein); Le pillole di Ercole; The Millionairess (Die Millionärin) [GB]; La ciociara (Und dennoch leben sie) [R –

IT/FR]; The Angel Wore Red [US]; Le tre etcetera del colonello/Les trois etc ... du colonel (Ein Degen und drei Spitzenhöschen) [IT/FR]; It Started in Naples (Es begann in Neapel) [US]. 1960/61: L'onorata società; Gli incensurati. 1961: Le meraviglie di Aladino/Les mille et une nuits (Aladins Abenteuer) [IT/FR]; Vive Henri IV, Vive l'Amour!/I celebri amori di Enrico IV (Das Bett des Königs/Süßes Leben in Versailles) [FR/IT]; Il giudizio universale/Le jugement dernier (Das jüngste Gericht findet nicht statt) [D,R – IT/FR]; I due marescialli; Gli attendenti (Unser Bursche, der Herr Professor). 1961/62: La Fayette/La Fayette, una spada per due bandiere (Der junge General) [FR/IT]; Eva/Eve (Eva) [IT/FR]; Boccaccio '70/Boccacè 70. 4. Ep: La riffa (Boccaccio 70) [R – EP – IT/FR]. 1962: I sequestrati di Altona/Les sequestres d'Altona (Die Eingeschlossenen) [R – IT/FR]. 1963: Il boom [R]; Ieri, oggi, domani/Yesterday, Today and Tomorrow/Hier, aujourd'hui et demain (Gestern, heute und morgen) [R – IT/FR]. 1964: Risante all'italiana; Matrimonio all'italiana/Mariage à l'italienne (Hochzeit auf italienisch) [R – IT/FR]. 1965: The Amorous Adventures of Moll Flanders (Die amourösen Abenteuer der Moll Flanders) [GB]; Io, io, io ... e gli altri [IT/FR]. 1965/66: Un monde nouveau/Un monde jeune/Un mondo nuovo/A young World (Eine junge Welt) [R – FR/IT]. 1966: Le streghe/Les sorcières. 5. Ep: Una sera come le altre (Hexen von heute. Ep:) [R – EP – IT/FR]; The Biggest Bundle of Them All (Die Platinbande) [US]; Caccia alla volpe/After the Fox (Jagt den Fuchs) [D,R – IT/GB]; Gli altri, gli altri e ... noi. 1967: Woman Times Seven/Sept fois femme. 1. Ep: Funeral Procession/2. Ep: Amateur Night/3. Ep: Two Against One/5. Ep: At the Opera/6. Ep: The Suicides/7. Ep: Snow (Siebenmal lockt das Weib) [R – EP – US/FR]. 1968: Amanti/ Le temps des amants (Der Duft deiner Haut) [R,CoA – IT/FR]; The Shoes of the Fisherman (In den Schuhen des Fischers) [US]. 1969: If It's Tuesday, This Must Be Belgium (So reisen und so lieben wir) [US]; Una su 13/12+1 (Zwölf plus eins) [IT/FR]. 1970: Le coppie. 3. Ep: Il leone [CoA – EP]; Cose di cosa nostra [IT/FR]; Il giardino dei Finzi Contini/Der Garten der Finzi Contini [R – IT/BRD]. 1971: Snow Job [US]; Trastevere; Siamo tutti in libertà provvisoria [IT/FR/BRD]; Io non vedo, tu non parli, lui non sente; Ettore lo fusto/Rapto de Elena, decente italiana (Das Pferd kam ohne Socken) [IT/FR/ES]; Le avventure di Pinocchio/Les Aventures de Pinocchio/Pinocchio [TVS – IT/FR/BRD]. 1972: L'odeur des fauves [FR]; Lo chiameremo Andrea [R]. 1973: Storia de fratelli e de cortelli; Il delitto Matteotti (Die Ermordung Matteottis); Viaggia, ragazza, viaggia: hai la musica nelle vene. 1973/74: Dracula cerca sangue di vergine e ... morì di sete!!!/Du sang pour Dracula (Andy Warhols Dracula) [IT/FR]; Il viaggio/Le voyage (Die Reise nach Palermo) [R – IT/FR]. 1979: Io sono Anna Magnani [BE].

Dean, James

(James Byron Dean)
* 8. 2. 1931 Fairmont (Indiana)
† 30. 9. 1955 Salinas (California)
Besuch des Santa Monica Junior College. Nach abgebrochenem Jurastudium Schauspielunterricht an der University of California, Los Angeles. Dann Unterricht in New York am Actors Studio bei Lee Strasberg und Elia Kazan. 1950 erste Werbespots. 1951 kleine Filmrolle als Soldat in Samuel Fullers *Fixed Bayonets*. Danach Rückkehr zum Actors Studio. 1953 Aufmerksamkeit durch Broadway-Aufführung «The Immoralist». Durch drei Filmrollen wird er zum Idol der amerikanischen Jugend: Symbol eines innerlich zerrissenen und aufsässigen Helden. 1955 Oscar-Nominierung für seine erste große Filmaufgabe als Cal Trask in Elia Kazans *East of Eden*. Durch die Darstellung des jugendlichen Helden Jim Stark in *Rebel Without A Cause* (Nicholas Ray) wird er zum Sinnbild für die Konflikte einer ganzen amerikanischen Generation. Die Verehrung steigert sich noch nach seinem Unfalltod. Postum weitere Oscar-Nominierung für die letzte Filmrolle 1956 in *Giant* (Georges Stevens). 1957 Dokumentarfilm von Robert Altman und George W. George: *The James Dean Story*, 1977 Kompilation *James Dean: The First American Teenager* von Ray Connoly.

[US] 1951: Sailor Beware (Seemann, paß auf); Fixed Bayonets. 1951/52: Has Anybody Seen My Gal? (Hat jemand meine Braut gesehen?). 1952: US Steel Hour: Prologue to Glory [TV]. 1953: Campbell Sound Stage: Life Sentence [TV]; Kate Smith Hour: Hound of Heaven [TV]; Treasury Men in Action: The Case of the Watchful Dog [TV]; Campbell Sound Stage: Something for an Empty Briefcase [TV]; Kraft Theatre: Keep Our Honor Bright [TV]; Danger: No Room [TV]; Danger: Death Is My Neighbor [TV]; US Steel Hour: The Thief [TV]; Studio One Summer Theatre: Sentence of Death [TV]; Robert Montgomery Presents: Harvest [TV]; Treasury Men in Action: The Case of the Sawed-off Shotgun [TV]; Kraft Theatre: A Long Time Till Dawn [TV]. 1954: General Electric Theatre: I Am a Fool [TV]; General Electric Theatre: The Dark, Dark Hours [TV]; Danger: Padlocks [TV]; Philco TV Playhouse: Run Like a Thief [TV]. 1955: Schlitz Playhouse: The Unlighted Road [TV]; East of Eden (Jenseits von Eden); Rebel Without a Cause (Denn sie wissen nicht, was sie tun). 1956: Giant (Giganten). 1977: James Dean: The First American Teenager. 1996: James Dean: A Portrait [TV-DOK].

Del Rio, Dolores

(Lolita Dolores Martinez Asunsolo Lopez Negrette)
* 3. 8. 1905 Durango (Mexiko)
† 11. 4. 1983 Newport Beach (California)
Ballettunterricht am Konservatorium in Mexico-City, später in Madrid und Paris. 1925 Ver-

pflichtung durch den Regisseur Edwin Carewe nach Hollywood und Filmdebüt. Sie wird vor allem in Rollen exotischer Schönheiten besetzt. 1926 internationale Resonanz als junge Französin Germaine in Raoul Walsh' Antikriegsfilm *What Price Glory?* 1928 Wechsel zu United Artists, später zu RKO und Warner Bros., großer Erfolg in Carewes *Ramona*. In King Vidors *Bird of Paradise* als Polynesierin Luana. 1933 spielt sie die brasilianische Erbin in *Flying Down to Rio* (Thornton Freeland). 1942 Auftritt als Tänzerin Josette in *Journey Into Fear* (Norman Foster, Orson Welles). 1943 Rückkehr nach Mexiko, um am Aufbau einer nationalen Filmindustrie mitzuarbeiten. Mehrfach Zusammenarbeit mit Emilio Fernandez: Als Esperanza in *Flor Silvestre* erhält sie einen Ariel-Preis (mexikanischer Oscar), einen zweiten für *Las abandonadas* (1944). In John Fords *The Fugitive* (1947) spielt sie Maria Dolores. Nach dem Krieg auch Auftritte an mexikanischen und amerikanischen Theatern. Als indianische Mutter von Elvis Presley in *Flaming Star* (Don Siegel), in Fords *Cheyenne Autumn* ist sie eine mexikanische Bäuerin. Auch Fernseh-Tätigkeit. 1975 wird sie für das Gesamtwerk mit einem Spezial-Ariel geehrt.

[US] 1925: Joanna. 1926: High Steppers; Pals First; What Price Glory (Rivalen); The Whole Town's Talking. 1927: Resurrection (Auferstehung); The Loves of Carmen (Die Liebe vom Zigeuner stammt). 1928: The Gateway of the Moon (Die Pantherkatze); Ramona; No Other Woman; The Red Dance (Die rote Tänzerin von Moskau); Revenge; The Trail of '98 (Die goldene Hölle). 1929: Evangeline. 1930: The Bad One. 1931: Girl of the Rio. 1932: Bird of Paradise (Luana – Eine Schrekkensnacht auf Hawaii). 1933: Hollywood on Parade, No. 13 [KF]; Flying Down to Rio. 1934: Wonder Bar; Madame Du Barry (Madame Dubarry). 1935: A Trip Thru a Hollywood Studio [KF]; In Caliente; I Live for Love. 1935/36: The Widow from Monte Carlo. 1936: Accused [GB]; Devil's Playground. 1937: Lancer Spy; Ali Baba Goes to Town. 1938: International Settlement. 1939/40: The Man from Dakota. 1940: The Bank Dick (Der Bankdetektiv). 1942: Journey into Fear (Von Agenten gejagt). 1943: Flor Silvestre [MX]. 1944: Maria Candelaria [MX]; Bugambilia [MX]; Las abandonadas [MX]. 1945: La selva de fuego [MX]. 1946: Enamorada [MX]; La otra (Palast der Sünde) [MX]. 1947: The Fugitive (Befehl des Gewissens). 1948: Historia de una mala mujer (Die Geschichte einer schlechten Frau) [MX]. 1949: La malquerida (Die Herrin von Soto) [MX]. 1950: La casa chica (Das Haus der verlorenen Liebe) [MX]. 1951: Doña Perfecta [MX]; Deseada [MX]. 1953: El niño y la niebla [MX]; Reportaje [MX]. 1954: Señora Ama [MX]. 1957: Torero [MX]. 1958: A donde van nuestros hijos [MX]. 1959: La cucaracha (Sturm über Mexiko) [MX]. 1960: El pecado de una madre (Die Sünde einer Mutter) [MX]; Flaming Star (Flammender Stern). 1964: Cheyenne Autumn (Cheyenne). 1966: Casa de mujeres (Das Frauenhaus) [MX]; La dama del Alba (Die Dame vom Hügelland) [MX]. 1966/67: C'era una volta/La belle et le cavalier/More than a Miracle/Happily Ever After (Schöne Isabella) [IT/FR]. 1967: Rio Blanco [MX]. 1968: Marcus Welby, M.D. (Dr. med. Marcus Welby) [TVS]. 1979: The Children of Sanchez (Die Kinder von Sanchez).

Delon, Alain

*8. 11. 1935 Sceaux bei Paris

Wächst nach der Trennung seiner Eltern bei Pflegeeltern auf. Mit 17 als Fallschirmspringer der französischen Kolonialarmee nach Vietnam; 1956 Rückkehr nach Frankreich. Neben Gelegenheitsarbeiten Schauspielunterricht und kleine Filmrollen. Von seinen ersten französischen Filmen bleibt René Cléments Thriller *Plein soleil* erwähnenswert, wenn das Gespann Delon / Maurice Ronet auch nicht die frivole Morbidität der Romanfiguren von Patricia Highsmith erreicht. Durch die beiden Luchino-Visconti-Filme *Rocco e i suoi fratelli* und *Il Gattopardo* wird Delon zum internationalen Star. An der Seite Gabins in Henri Verneuils *Mélodie en sous-sol* festigt sich Delons Ruf als attraktiver Akteur in Rollen von kühl-kalkulierendem Typus. Eher unglücklich agiert Delon in den Jahren 1963–66 in französischen Filmen wie dem Mantel-und-Degen-Abenteuer *La tulipe noire* (Christian-Jaque) und belanglosen englischen und amerikanischen Produktionen von Regieroutiniers. Auch finanziell erweist sich der Ausflug nach Hollywood als Desaster. Ganz anders Delons schauspielerische Leistung in Jean-Pierre Melvilles *Le samourai* (1967), einer gelungenen Mischung aus amerikanischem Gangsterfilm und französischem Film noir; er spielt den Auftragskiller mit klassischer Stilsicherheit, die er in den zahlreichen nachfolgenden Variationen des Genres nicht wieder erreicht. Der Ausgang von Delon-Filmen wird voraussehbar: Der kalte Gangster oder Polizist endet in der Regel als zweiter Sieger beim Showdown, an dem zumeist ehemals Verbündete beteiligt sind. 1964 bzw. 1968 ist Delon Eigner von zwei Gesellschaften, mit denen er u.a den Kassenschlager *Borsalino* (Jacques Deray) produziert. Die Fortsetzung von 1974 zeigt, daß Delons Ausflüge ins komische Fach wenig überzeugend gelingen. 1976 spielt er mit großer Einfühlsamkeit den Kleinbürger *M. Klein* in Joseph Loseys Studie über das Frankreich der deutschen Okkupationszeit. 1981 Regiedebüt mit *Pour la peau d'un flic*. Auszeichnung mit einem César erst 1985 für die Rolle als alkoholabhängiger Tankwart in Bertrand Bliers *Notre histoire*. Populär, wenn auch mit abnehmender Tendenz, bleibt Delon durch seine z. T. zynischen Actionfilme. Auftritte in Volker Schlöndorffs *Un amour de Swann*, René Manzors *Le passage* sowie Jean-Luc Godards *Nouvelle vague* zeigen dagegen Delons darstellerische Differenzierungsmöglichkeiten. Trotz des kommerziellen Mißerfolgs von *Le retour de Casanova*, in dem er die Rolle des ergrauten Lebemanns übernimmt, spielt er in *Le jour et la nuit* an der Seite von Lauren Bacall als Ehefrau erneut einen tiefsinnigen gealterten Beau.

In den 80er Jahren Debüt als Sänger. Die Medien bringen über Jahrzehnte sowohl dem Privat- (u. a. fünfjährige Verlobungszeit mit Romy Schneider) als auch dem Geschäftsleben Delons großes Interesse entgegen; zu den schillerndsten Aspekten seiner Karriere gehören der Skandal um den Tod seines Leibwächters im Jahr 1968 und der nachfolgende Prozeß, bei dem Delon Kontakte zur Unterwelt zugibt sowie seine finanzielle Beteiligung an Projekten der französischen Rüstungsindustrie.

[FR] 1957: Quand la femme s'en mêle/ Godot (Killer lassen bitten) [FR/IT]. 1958: Christine/L'amante pura (Christine) [FR/IT]; Sois belle et tais-toi (Sei schön und halt den Mund). 1958/59: Faibles femmes/Le donne sono deboli (Mal diese – mal jene) [FR/IT]. 1959: Le chemin des écoliers/Furore di vivere (Die Schüler) [FR/IT]. 1959/60: Plein soleil/Delitto in pieno sole (Nur die Sonne war Zeuge) [FR/IT]. 1960: Rocco e i suoi fratelli/Rocco et ses frères/Rocco and His Brothers (Rocco und seine Brüder) [IT/FR]. 1961: Che gioia vivere!/Quelle joie de vivre (Halt mal die Bombe, Liebling) [IT/FR]; Les amours célèbres/ Amori celebri. 3. EP: Agnès Bernauer (Galante Liebesgeschichten) [EP – FR/ IT]. 1962: Il Gattopardo/Le guepárd (Der Leopard) [IT/FR]; L'Eclisse/L'Éclipse (Liebe 1962) [IT/FR]; L'Amour à la mer [UA: 1965 (IF Locarno)]; Le diable et les dix commandements/Le tentazioni quotidiane. EP: L'inceste (Der Teufel und die zehn Gebote) [EP – FR/ IT]. 1962/63: Mélodie en sous-sol/Colpo grosso al casinò (Lautlos wie die Nacht) [FR/IT]; Carambolages (Karambolage). 1963/64: La tulipe noire/Il tulipano nero/El tulipán negro (Die schwarze Tulpe) [FR/ES/IT]; Les félins (Wie Raubkatzen). 1964: The Yellow Rolls Royce (Der gelbe Rolls-Royce) [EP – GB]; L'Insoumis/Il ribelle di Algeri (Die Hölle von Algier) [D,P – FR/IT]. 1965: Once a Thief/Les tueurs de San Francisco (Millionenraub in San Francisco) [US/FR]. 1966: Texas Across the River (Zwei tolle Kerle in Texas) [US]; Paris brûle-t-il?/Is Paris Burning? (Brennt Paris?) [FR/US]; Lost Command (Sie fürchten weder Tod noch Teufel) [US]. 1966/67: Les aventuriers/I tre avventurieri (Die Abenteurer) [FR/IT]. 1967: Diaboliquement vôtre/Diabolicamente tua/Mit teuflischen Grüßen [FR/IT/BRD]; Le samourai/Frank Costello, faccia d'angelo (Der eiskalte Engel) [FR/IT]; Histoires extraordinaires/ Tre passi del delirio. 2. EP: William Wilson (Außergewöhnliche Geschichten) [EP – FR/IT]; The Girl on a Motorcycle/ La motorcyclette (Nackt unter Leder) [GB/FR]. 1968: Adieu l'ami/Due sporche carogne (Bei Bullen «singen» Freunde nicht) [FR/IT]. 1968/69: La piscine/La piscina (Der Swimmingpool) [FR/IT]; Jeff/Addio, Jeff! (Jagd auf Jeff) [D,P – FR/IT]. 1969: Borsalino (Borsalino) [D,P – FR/IT]; Le clan des Siciliens (Der Clan der Sizilianer). 1970: Madly/ Madly, il piacere dell'uomo (Madly) [D,P – FR/IT]; Le cercle rouge/I senza nome (Vier im roten Kreis) [FR/IT]. 1970/71: Il Rompiballe ... rompe ancora/Fantasia chez les ploucs (Die Filzlaus kehrt zurück) [IT/FR]; Doucement les basses/L'uomo di Saint-Michel (Leise die Bässe) [FR/IT]. 1971: Il était une fois un flic/C'era una volta un commissario... (Ein toller Bluff) [FR/IT]; L'Assassinio di Trotsky/L'Assassinat de Léon Trotsky (Das Mädchen und der Mörder/Die Ermordung Trotzkis) [IT/FR]; La veuve Couderc/L'evaso (Der Sträfling und die Witwe) [FR/IT]; Soleil rouge/Sole rosso (Rivalen unter roter Sonne) [FR/IT]. 1972: Traitement de choc/ L'uomo che uccideva a sangue freddo (Der Schocker) [FR/IT]; Un flic/Notte sulla città (Der Chef) [FR/IT]; La prima notte di quiete/Le professeur (Oktober in Rimini) [D,P – IT/FR]. 1972/73: Scorpio (Scorpio, der Killer) [US]. 1973: Les grandes brûlées/La mia legge (Die Löwin und ihr Jäger) [FR/IT]; Tony Arzenta (Big Guns)/Big Guns – Les gands fusils (Tödlicher Haß) [D,P – IT/FR]; Deux hommes dans la ville/Contro la legge (Endstation Schafott) [FR/IT]. 1973/74: La race des seigneurs/L'arrivista (Jet Set) [FR/IT]. 1974: Borsalino & Co. [D,P – FR/IT/BRD]; Les seins de glace/... esecutore oltre la legge (Eiskalt wie das Schweigen) [FR/IT]. 1975: Flic Story (Flic Story/Duell in sechs Runden) [D,P – FR/ IT]; Zorro (Zorro) [IT/FR]; Le gitan/Lo zingaro (Der Zigeuner) [D,P – FR/IT]. 1975/76: M. Klein/Mr. Klein (Mr. Klein) [D,P – FR/IT]. 1976: Comme un boomerang/Il figlio del gangster (Wie ein Bumerang) [D,A,P – FR/IT]; Le gang/La gang del Parigino (Die Gang) [FR/IT]. 1976/77: Armaguedon/Quel giorno il mondo tremerà (Die letzte Warnung/Der Erpresser) [FR/IT]. 1977: Mort d'un pourri (Der Fall Serrano); Attention, les enfants regardent (Der unheimliche Fremde); L'Homme pressé/L'Ultimo giorno d'amore (Der Antiquitätenjäger) [FR/IT]. 1979: The Concorde – Airport 79 (Airport 80 – Die Concorde) [US]; Le toubib (Die Waffen des Teufels). 1979–81: Tegeran-43/ Téhéran-43 (Killer sind immer unterwegs) [SU/FR/CH]. 1980: Trois hommes à abattre (Killer stellen sich nicht vor/Drei Männer müssen sterben). 1980/81: Reporters (Reporters) [DOK]. 1981: Pour la peau d'un flic (Rette deine Haut, Killer). 1982: Le choc (Der Schock). 1982/83: Le battant (Der Kämpfer). 1983: Un amour de Swann/ Eine Liebe von Swann [FR/BRD]. 1984: Notre histoire (Geschichte eines Lächelns). 1985: Parole de flic (Der Panther). 1986: Le passage (Le Passage – Reise in die Unendlichkeit). 1988: Cinéma (Cinema) [TV]; Ne réveillez pas un flic qui dort (Der Panther II – Eiskalt wie Feuer) [D,A,P]. 1989/90: Nouvelle vague (Nouvelle Vague). 1990: Dancing Machine (Dancing Machine/Der eiskalte Wolf) [FR/ES]. 1991: Le retour de Casanova (Casanovas Rückkehr). 1992: Un crime (Der Anwalt). 1993/94: L'Ours en peluche/L'Orso di pelouche [FR/IT]. 1994: Les cent et une nuit/A Hundred and One Nights (101 Nacht – Die Träume des Monsieur Cinéma) [FR/GB]. 1996: Le jour et la nuit (Der Tag und die Nacht) [FR/CA/BE/ES/MX].

Deltgen, René

(Renatus Heinrich Deltgen)
*30. 4. 1909 Esch an der Alzette (Luxemburg)
†29. 1. 1979 Köln

Nach dem Abitur ab 1927 Schauspielschule Köln. Ab 1929 – zunächst als Eleve – an den Städtischen Bühnen Köln; 1931 Debüt. 1934–35 Städtische Bühnen Frankfurt am Main. 1936–44 in Berlin, u. a. Volksbühne. Filmdebüt 1935 als Maillezais in Gustav Ucickys *Das Mädchen Johanna*. Dunkelhaarig, bisweilen mit Menjou-Bärtchen, wird Deltgen schnell zum Star, spielt skrupellose Abenteurer und charmante Liebhaber in Action- und Abenteuerfilmen: Wickham in *Kautschuk* (Eduard von Borsody), in *Die 3 Codonas* (A. M. Rabenalt) den Artisten Alfredo, der an komplizierten Konfliktsituationen zerbricht, Ludwig van Beethoven in Karl Hartls Mozartfilm *Wen die Götter lieben*. Nach Kriegsende u. a. zusammen mit Karl John Kabarett für Besatzungstruppen. 1946 Stadttheater Konstanz, 1947 Städtische Bühnen Köln. Ab 1949 wieder im Film: als innerlich zerrissener Schauspieler Stefan Gorgas in Harald Brauns *Nachtwache*. Der sowjetische Geheimdienstoffizier Kazanow in Victor Vicas' *Weg ohne Umkehr* (Bundesfilmpreis 1953) und Fürst Ramigani in Fritz Langs Zweiteiler *Der Tiger von Eschnapur/Das indische Grabmal* erfüllen wieder das frühere Rollenklischee des brutalen, zynischen Draufgängers. Ab 1960 in Fernsehproduktionen, u. a. in *Schau heimwärts, Engel* (John Olden) nach Thomas Wolfe und im Durbridge-Krimi *Das Messer* (Rolf von Sydow). Mehrfach in TV-Serien wie *Sonderdezernat K1* und *Der Kommissar*. Titelrolle in *Trotzki in Coyoacan* (Rolf Busch). Eine seiner letzten Rollen ist der gütige Großvater in der Kinderserie *Heidi*. 1978 Filmband in Gold für langjähriges und hervorragendes Wirken im deutschen Film.

[DE/BRD] 1935: Das Mädchen Johanna; Einer zuviel an Bord. 1935/36: Savoy-Hotel 217 (Mord im Savoy). 1936: Port Arthur [CS/DE/FR]; Unter heißem Himmel. 1937: Starke Herzen (Starke Herzen im Sturm); Urlaub auf Ehrenwort; Ab Mitternacht [FR/DE]. 1938: Geheimzeichen LB 17; Schwarzfahrt ins Glück; Nordlicht (Rivalen im Nordmeer); Kautschuk. 1938/39: Der grüne Kaiser. 1939: 12 Minuten nach 12; Kongo-Expreß; Brand im Ozean. 1940: Die 3 Codonas; Achtung! Feind hört mit!; Das leichte Mädchen. 1940–42: Anschlag auf Baku. 1940/41: Mein Leben für Irland; Spähtrupp Hallgarten. 1941/42: Fronttheater. 1942: Das große Spiel; Dr. Crippen an Bord; Wen die Götter lieben. 1942–44: Zwischen Nacht und Morgen (Augen der Liebe). 1942/43: Wenn der junge Wein blüht. 1943: Zirkus Renz. 1943/44: Sommernächte; Das Hochzeitshotel. 1944/45: Der stumme Gast; Wir beide liebten Katharina [Unvollendet]. 1949: Tromba; Nachtwache. 1949/50: Export in Blond. 1951: Torreani. 1951/52: Das letzte Rezept; Die Stimme des Anderen/Unter den tausend Laternen. 1953: Weg ohne Umkehr; Sterne über Colombo; Kuca na Obali [YU/BRD/AT]. 1953/54: Die Gefangene des Maharadscha; Der Mann meines Lebens. 1954: Der letzte Sommer; Frühlingslied/S'Vreneli vom Eggisberg; Phantom des großen Zeltes. 1955: Londra chiama Polo Nord (London ruft Nordpol) [IT]; Vom Himmel gefallen/Special Delivery [BRD/US]; Hotel Adlon. 1956: Ohne dich wird es Nacht. 1956/57: Königin Luise. 1958: Der Tiger von Eschnapur/Le tigre du Bengale/La tigre di Eschnapur [BRD/FR/IT]. 1958/59: Das indische Grabmal/Le tombeau hindou/Il sepolcro indiano [BRD/FR/IT]. 1960: Die Friedhöfe [TV]. 1961: Schau heimwärts, Engel [TV]; Ein verdienter Staatsmann [TV]; Golden Boy [TV]. 1962: Der Gefangene [TV]. 1963/64: Umbruch [TV]. 1964: Der Hexer; Die goldene Göttin von Rio Beni/Duelo en el Amazonas/Les aventures de la jungle [BRD/ES/F]. 1964/65: Der Sündenbock [TV]. 1965: Neues vom Hexer; Alle meine Söhne [TV]; Die eigenen vier Wände [TV]. 1965/66: Der Arzt stellt fest .../Angeklagt nach § 218/§ 218 – Gegen das keimende Leben [CH/BRD]. 1969/70: Ohrfeigen. 1970: Nicht nur zur Weihnachtszeit [TV]. 1970/71: Pretty Maids all in a Row (Sex-Lehrer-Report) [US]. 1971: Spiele der Macht [TV – CH]; Klassenkampf [TV – CH]; Die Auferstehung des Stefan Stefanow [TV – AT]; Das Messer [TV]. 1972: Sonderdezernat K1: Ganoven Rallye [TV]. 1973: Die große Rolle. 2. Jud Süß – die Albtraumrolle [TV-DOK]; Mein Onkel Benjamin [TV]. 1973/74: Eine geschiedene Frau [TVS]; Der Kommissar: Die Nacht mit Lansky [TV]. 1975: Trotzki in Coyoacan [TV]; Rest des Lebens: Die Herausforderung [TV]. 1976: Die Affäre Lerouge [TV]. 1976/77: Sonderdezernat K1: MP 9 mm frei Haus [TV]; Gefundenes Fressen. 1977: Ein Tisch zu viert [TV]; Morgen [TV – CH]. 1978: Schwarz und weiß wie Tage und Nächte [TV]; Heidi [TVS]; Großstadt-Miniaturen. Ep: Auf der Treppe [TV-EP]; Wo die Liebe hinfällt [TV-EP].

Demongeot, Mylène
(Marie-Hélène Demongeot)
*29. 9. 1936 Nizza
Neben dem Schauspielunterricht Fotomodell und Mannequin bei Dior. Danach ein Jahr Theaterauftritte in London. Von Marc Allégret wird sie für den Film entdeckt. Erfolgreich in Unterhaltungsfilmen, in denen sie Verführerinnen oder extravagante Bürgerinnen spielt; des öfteren auch in Mantel-und-Degen-Filmen als Schönheit, für die es sich zu duellieren lohnt. Als Abigail in *Les sorcières de Salem* (Raymond Rouleau) nach Arthur Millers «The Crucible» wird sie als Charakterdarstellerin bekannt. Partnerin von Jean Marais in den turbulenten *Fantômas*-Verfilmungen der 60er Jahre. Seit Beginn der 70er Jahre nur seltene Auftritte, die auf Nebenrollen beschränkt bleiben; nur gelegentlich werden ihre schauspielerischen Möglichkeiten genutzt wie in Jean-Pierre Desagnats *Flics de choc*. Sie ist mit dem Regisseur Marc Simenon (Sohn des Kriminal-Schriftstellers Georges Simenon) verheiratet, mit dem sie die Produktionsfirma Kangourou Films betreibt.

[FR] 1953: Les enfants de l'amour (Kinder der Liebe). 1955: Quand vient l'amour [FR/YU]; Frou-Frou/Frou-Frou (Frou-Frou, die Pariserin) [FR/IT]; Papa, Maman, ma femme et moi (Papa, Mama, Katrin und ich); Futures vedettes (Reif auf junge Blüten). 1956: Les sorcières de Salem/Die Hexen von Salem [FR/DDR]. 1957: Une manche et la belle (Im Rausch der Sinne); Bonjour tristesse (Bonjour tristesse). 1958: Faibles femmes/Le donne sono deboli (Mal diese – mal jene) [FR/IT]; Sois belle et tais-toi (Sei schön und halt den Mund). 1959: Upstairs and Downstairs (Trepp-auf – treppab) [GB]; La bataille de Marathon; La notte brava/Les Garçons (Wir von der Straße) [IT]. 1959/60: Sotto dieci bandiere (Unter zehn Flaggen) [IT]. 1960: The Singer Not the Song (Sommer der Verfluchten) [GB]; Un amore a Roma/L'inassouvie/Liebesnächte in Rom [IT/FR/BRD]. 1961: Les trois mousquetaires: 1. Les ferrets de la reine/2. La vengeance de Milady (Die drei Musketiere: 1. Haudegen der Königin/2. Ohne Furcht und Tadel) [FR/IT]; Il ratto delle Sabine/L'enlèvement des Sabines (Der Raub der Sabinerinnen) [IT/FR]. 1962/63: Oro per i Cesari/L'or des Césars (Das Gold der Cäsaren) [IT/FR]. 1963: L'appartement des filles (Gangster, Gold und flotte Mädchen); A cause, à cause d'une femme (Alles wegen dieser Frauen); Cherchez l'idole/Sciarada alla francese (Das Idol/ Corinnna und der Diamant)) [FR/IT]; Doctor in Distress [GB]. 1964: Fantômas/Fantomas 70 (Fantomas) [FR/ IT]. 1964/65: Onkel Toms Hütte/La capanna dello zio Tom/La case de l'oncle Tom [BRD/IT/FR]. 1965: Furia à Bahia pour OSS 117/OSS 117: furia a Bahia (OSS 117 – Pulverfaß Bahia) [FR/IT]; Fantômas se déchaîne/Fantomas minaccia il mondo (Fantomas gegen Interpol) [FR/IT]. 1966: Fantômas contre Scotland Yard/Fantomas contro Scotland Yard (Fantomas bedroht die Welt) [FR/IT]; Tendre vouyou/Un avventuriero a Tahiti (Geliebter Schuft) [FR/IT]. 1968: The Private Navy of Sergeant O'Farrell (Wo bitte gibt's Bier an der Front?) [US]. 1969: Le Champignon/L'assassino colpisce all'alba [FR/IT]; Una su 13/12+1 (Zwölf plus eins) [IT/FR]. 1971: Le pavillon de verre; L'explosion/L'uomo di Marsiglia [FR/BE/IT]; Montreal Blues; Quelques arpes de neige. 1972: Quand c'est parti, c'est parti. 1974: Par le sang des autres/Ultimatum alla polizia (Der Rücksichtslose) [FR/IT/CA]. 1975: Il faut vivre dangéreusement; Les noces de porcelaine. 1977: L'échappatoire. 1979: Un jour un tueur. 1980: Signé Furax. 1982: Surprise party. 1983: Flics de choc (Blut auf dem Asphalt/Schockpolizisten); Le bâtard; Retenez-moi ... ou je fais un malheur; Princess and a Photographer (Die Prinzessin und der Fotograf) [TV – JP]. 1984: J'ai bien l'honneur (Die Baronin). 1985: Paulette. 1985/86: Tenue de soirée (Abendanzug). 1987: Chiamate il professore [IT]. 1988: The Man Who Lived at the Ritz [TV – GB].

Deneuve, Catherine
(Catherine Dorléac)
*22. 10. 1943 Paris
Tochter der Schauspieler Maurice Dorléac und Renée Simonot. Jüngere Schwester von Françoise Dorléac. 1960 mit ihrer Schwester in Jacques Poitrenauds *Les portes claquent*. Zunächst Mitwirkung in diversen Unterhaltungsfilmen. Anfang der 60er Jahre lebt sie mit Roger Vadim zusammen. Erste größere Rolle in dessen *Le vice et la vertu*, wo sie die Tugend verkörpert. Internationaler Durchbruch mit dem ungewöhnlichen Musical *Les parapluies de Cherbourg* von Jacques Demy, Musik von Michel Legrand. Sie dosiert ihre Auftritte und dreht pro Jahr nicht mehr als zwei bis drei Filme: 1965 schizophrene Mörderin in Roman Polanskis *Répulsion*, 1966 die Titelrolle der distinguiert-kühlen großbürgerlichen Teilzeitprostituierten Sévérine in Luis Buñuels *Belle de jour*. Im selben Jahr letzter gemeinsamer Auftritt mit ihrer Schwester in Jacques Demys *Demoiselles de Rochefort*. 1981 César für ihre Rolle als Theaterchefin Marion Steiner in François Truffauts *Le dernier métro*. Catherine Deneuve kann Verruchtheit und Distinguiertheit, Angst und weibliche Überlegenheit demonstrieren. Ihr Spiel wirkt dabei stets kontrolliert, unexzessiv und geheimnisvoll bis unnahbar und unterkühlt. Zu den wichtigsten Filmen der 80er Jahre gehören André Téchinés *Le lieu du crime* und ihr spätes Mädchen in Jean-

Pierre Mockys *Agent trouble*. 1993 erhält Régis Wargniers *Indochine*, der wesentlich durch ihr Spiel als Besitzerin einer Kautschukplantage lebt, einen Oscar als bester fremdsprachiger Film. 1971 Gründung der Produktionsgesellschaft Films de la Citrouille. Im Gegensatz zu anderen französischen Schauspielerinnen hat Deneuve nie Theater gespielt. 1985 als Nachfolgerin von Brigitte Bardot offizielles Modell der französischen Marianne.

[FR] 1956: Les collégiennes (Junge Rosen im Wind). 1959: Les petits chats (Die kleinen Katzen). 1960: L'Homme à femmes (An einem heißen Nachmittag); Les portes claquent (Die kleinen Sünderinnen). 1961: Les Parisiennes (Die Pariserinnen) [EP]. 1962: Et Satan conduit le bal; Le vice et la vertu/Il vizio e la virtù (Laster und Tugend) [FR/IT]. 1962/63: Vacances portugaises (Ferien in Portugal). 1963: Les parapluies de Cherbourg (Die Regenschirme von Cherbourg); Les plus belles escroqueries du monde/ EP: L'homme qui vendit la tour Eiffel (Die Frauen sind an allem schuld) [EP – FR/IT/NL/JP]. 1964: La costanza della ragione/Avec amour et avec rage (Unter dem Himmel von Florenz) [IT/FR]; La chasse à l'homme/Caccia al maschio (Jagd auf Männer) [FR/IT]; Repulsion (Ekel) [GB]; Un monsieur de compagnie/Poi ti sposerò (Ich war eine männliche Sexbombe) [FR/IT]. 1965: Das Liebeskarussell. EP: Der Somnambule [EP – AT]; La vie de château (Leben im Schloß); Le chant du monde (Und die Wälder werden schweigen). 1966: Les créatures/Varelserna (Die Geschöpfe) [FR/SE]. 1966/67: Belle de jour (Belle de jour-Schöne des Tages) [FR/IT]; Les demoiselles de Rochefort (Die Fräulein von Rochefort). 1967: Benjamin ou les mémoires d'un puceau (Benjamin – Aus dem Tagebuch einer männlichen Jungfrau); Manon 70/Hemmungslose Manon [FR/IT/BRD]. 1968: La chamade (La Chamade – Herzklopfen) [FR/IT]; Mayerling (Mayerling) [FR/GB]. 1969: La sirène du Mississippi/La mia droga si chiama Julie (Das Geheimnis der falschen Braut) [FR/IT]; The April Fools (Ein Frosch in Manhattan) [US]. 1969/70: Tristana (Tristana) [ES/IT/FR]. 1970: Peau d'âne; Henri Langlois [US]. 1971: Ca n'arrive qu'aux autres (Das passiert immer nur den anderen). 1971/72: La cagna/Liza (Allein mit Giorgio) [IT/FR]. 1972: Un flic/Notte sulla città (Der Chef) [FR/IT]. 1973: L'Évenement le plus important depuis que l'homme a marché sur la lune/Niente di grave, suo marito è incinto (Die Umstandshose) [FR/IT]; Touche pas la femme blanche/Non toccare la donna bianca (Hände weg von weißen Frauen!) [FR/IT]. 1974: Zig-Zig/Due prostitute a Pigalle [FR/IT]; Fatti di gente perbene (Il processo Murri)/ La grande bourgeoisie (Die Affäre Murri) [IT/FR]; L'Agression (Sombres vacances)/Appuntamento con l'assassino (Die Entfesselten) [FR/IT]; La femme aux bottes rouges/La ragazza con gli stivali rossi (Die Frau mit den roten Stiefeln) [FR/IT/ES]. 1975: Hustle (Straßen der Nacht) [US]; Le sauvage/Il mio uomo è un selvaggio (Die schönen Wilden) [FR/IT]. 1976: Anima persa/Ames perdues [IT/FR]; Si c'était à refaire (Ein Hauch von Zärtlchkeit). 1977: March or Die (Marschier oder stirb) [GB]; Casotto (Strandgeflüster) [IT]. 1978: L'Argent des autres (Das Geld der anderen); Ils sont grands ces petits; Écoute voir... 1979: Temporale Rosy/Rosy la bourrasque/ Hurricane Rosie [IT/FR/BRD]; A nous deux (Allein zu zweit) [FR/CA]; Courage fuyons (Mut, wir fliehen). 1980: Je vous aime; Le dernier métro (Die letzte Metro). 1981: Le choix des armes (Wahl der Waffen). 1982: Hôtel des Amériques (Begegnung in Biarritz); L'Africain (Der Buschpilot); Le choc (Der Schock). 1982/83: The Hunger (Begierde) [US]. 1984: Fort Saganne; Paroles et musique (Duett zu dritt); Le bon plaisir. 1986: Le lieu du crime (Schauplatz des Verbrechens); Speriamo che sia femmina/ Pourvu que ce soit une fille (Hoffen wir, daß es ein Mädchen wird) [IT/FR]. 1987: Agent trouble (Agent Trouble); Fréquence meurtre (Tödliche Frequenz). 1988: Drôle d'endroit pour une rencontre (Nächtliche Sehnsucht – Hemmungslos); Helmut Newton: Frames From the Edge [DOK – BRD]. 1991: Indochine (Indochine); La reine blanche (Die schöne Lili); Contre l'oubli [DOK]. 1992: Les demoiselles ont eu 25 ans. 1993: Ma saison préférée (Meine liebste Jahreszeit). 1994: Les cent et une nuits/A Hundred and One Nights (101 Nacht – Die Träume des Monsieur Cinéma) [FR/GB]; La partie d'echecs [BE/FR/CH]. 1994/95: O Convento/Le couvent [PT/FR]. 1996: Généalogies d'un crime (Genealogien eines Verbrechens); Les voleurs (Diebe der Nacht). 1996/97: Place Vendôme.

Denner, Charles

*29. 5. 1926 Tarnów (Polen)
†10. 9. 1995 Dreux

Er kommt als Kind nach Paris. Bei Kriegsende Soldat in der französischen Armee. 1945 Schauspielunterricht bei Charles Dullin. 1946 Debüt als Diener in «Volpone». Engagement am Théâtre National Populaire unter Vilar. Mehrfach Rollen in Brecht-Stücken, u. a. im «Arturo Ui»; Claude Chabrol wird durch diese Inszenierung auf ihn aufmerksam. In der Blaubart-Rolle des Frauenmörders *Landru* (Chabrol) etabliert sich Denner beim Film. Sein zurückgenommener Gestus eignet sich für Rollen, die männliche Unsicherheit und versteckte Obsessionen zeigen. Komödiantische Züge, Bizarres und Groteskes entstehen so nicht aus Exaltiertheit, sondern aus dem Understatement. Daß sich hinter der Schüchternheit Selbstverliebtheit verbergen kann, zeigt Denner sowohl in *La vie à l'envers* (Alain Jessua) als auch später in dem Truffaut-Film *L'homme qui aimait les femmes*, einer gelungenen ironischen Studie über einen Mann, der zum Opfer seines Voyeurismus wird. Denner gehört zu den Lieblingsschauspielern von François Truffaut und Claude Lelouch.

[FR] 1955: Les hommes en blanc (Ein ganzes Leben); La meilleure part/Gli anni che non ritornano (Der Staudamm) [FR/IT]. 1957: Ascenseur pour l'échafaud (Fahrstuhl zum Schafott). 1960: La trêve (Zwei ebenbürtige Ganoven). 1962: Landru (Der Frauenmörder von Paris) [FR/IT]. 1963: Les plus belles escroqueries du monde/EP: Le grand escroc (Die Frauen sind an allem schuld) [EP – FR/IT/NL/JP]. 1964: Les fourberies de Scapin [TV]; La vie à l'envers (Das umgekehrte Leben); Mata Hari, agent H 21/Mata Hari agente segreto H 21 (Mata Hari, Agent H.21) [FR/IT]; Les pieds nickelés. 1965: Compartiment tueurs (Mord im Fahrpreis inbegriffen); Marie Chantal contre le docteur Kha/María Chantal contra el doctor Kha/Marie Chantal contro il dottor Kha/Maria Chantal contra el doctor Kah (M.C. contra Dr. Kha) [FR/ES/IT/MA]. 1966: Le vieil homme et l'enfant (Der alte Mann und das Kind); Yul 871 [CA]; Le voleur (Der Dieb von Paris). 1967: La mariée était en noir/La sposa in nero (Die Braut trug Schwarz) [FR/IT]. 1968: L'Idiot [TV]; Le corps de Diane; Z (Z) [FR/DZ]. 1970: Le voyou/Vouyou (La canaglia) (Voyou oder Ein Strolch in Paris) [FR/IT]. 1970/71: Les mariés de l'an II/Gli sposi dell'anno secondo (Das Brautpaar des Jahres II) [FR/RO/IT]. 1971: Les assassins de l'ordre/Inchiesta su un delitto della polizia (Mörder nach Vorschrift) [FR/IT]. 1972: Un officier de police sans importance; L'Héritier/L'Erede (Der Draufgänger) [FR/IT]; L'Aventure, c'est l'aventure/L'Avventura è l'avventura (Die Entführer lassen grüßen) [FR/IT]; Une belle fille comme moi (Ein schönes Mädchen wie ich). 1973: Les Gaspards [FR/BE]; Défense de savoir (Gefährliches Wissen/Mord paßt nicht in sein Konzept). 1974: Quand on est mort, c'est pour la vie; Toute une vie/Tutta una vita (Ein Leben lang) [FR/IT]. 1974/75: Peur sur la ville/Il polizotto della brigata criminale (Angst über der Stadt) [FR/IT]. 1976: La première fois (Die kleinen Französinnen – Das erste Mal); Mado [FR/IT/BRD]; L'Homme qui aimait les femmes (Der Mann, der die Frauen liebte); Si c'était à refaire (Ein Hauch von Zärtlichkeit). 1978: Robert et Robert (Ein Mann sucht eine Frau); Vous ne l'emporterez pas au paradis (Eine Leiche geht auf Achse). 1979: La verdad sobre el caso Savolta/Nell'occhio della volpe/L'affaire Savolta [ES/IT/FR]. 1980: Le coeur à l'envers/Otra mujer [FR/ES]. 1981: Mille milliards de dollars (1000 Millarden Dollar). 1982: L'Honneur d'un capitaine. 1983: Stella. 1985: L'Unique. 1986: Golden Eighties [FR/BE]; Spionin wider Willen [TVS – BRD/FR].

Depardieu, Gérard

* 27. 12. 1948 Châteauroux

Verläßt früh das Elternhaus und geht nach Paris. 1963 Schauspielunterricht bei Charles Dullin und Jean-Laurent Cochet. Auftritte am Théâtre National de Paris; daneben in der Fernsehserie *Rendez-vous à Badenberg*. 1968 Engagements am Avantgardetheater Café de la Gare und am Théâtre Chaillot in Neuilly. Auch im weiteren Theaterarbeit, so in den 70er Jahren u. a. in Stücken von Nathalie Sarraute und Peter Handke. Nach kleineren Rollen beim Film wird er 1973 im Zusammenspiel mit Patrick Dewaere und Miou-Miou in Bertrand Bliers anarchischer Provokation *Les valseuses* zum Star. Danach in dichter Folge Rollen in ambitionierten Filmen und Kassenschlagern, die ihn als Akteur von extremer Wandlungsfähigkeit zeigen. In Bernardo Bertoluccis *Novecento* ist er als Olmo Dalco der proletarische Gegenspieler des großbürgerlichen Robert De Niro. César für die Rolle des Widerstandskämpfers in François Truffauts *Le dernier métro* (1980). Weitere Zusammenarbeit mit Truffaut in dem voyeuristischen Melodram *La femme d'à côté*. 1983 Auszeichnung in Montreal für die Titelrolle in Andrzej Wajdas umstrittenem *Danton*. Rollen von subtiler Ambivalenz in Filmen von Maurice Pialat: Aussteiger und Geliebter einer gutbürgerlichen Ehefrau (Isabelle Huppert) in *Loulou*, unkonventioneller Polizist in *Police* (1985 Auszeichnung in Venedig) und zweifelnder Priester in *Sous le soleil de Satan*. In Bruno Nuyttens *Camille Claudel* (1987/88) spielt er den Auguste Rodin als chauvinistisch-sensiblen Gegenpart zu Isabelle Adjani. Als liebenswert-explosiver, zunehmend voluminöser Komödiant ist er mehrfach Partner des schmächtigen Pierre Richard, so in *Les fugitifs* von Francis Veber. 1989 komödiantisch meisterhaft als eloquenter *Cyrano de Bergerac* (Jean-Paul Rappeneau; Oscar-Nominierung) und 1990 als Pariser in New York in Peter Weirs *Green Card* (Golden Globe). In der aufwendigen Neuverfilmung von Zolas *Germinal* (Claude Berri) zeigt er die Wandlung eines obrigkeitshörigen Proletariers zum Maschinenstürmer. In der Action-Komödie *Les anges gardiens* (1995) spielt er in einer Doppelrolle einen von der Mafia gejagten Nachtclubbesitzer und einen himmlischen Quälgeist. Auch in *Bogus* mimt er einen diesmal nur für ein Kind sichtbaren Phantasiefreund. Auf der Bühne großer Publikumserfolg in den 80ern als Molières «Tartuffe»; 1983 Verfilmung des Stückes unter eigener Regie, für diese Rolle von der amerikanischen Fachpresse zum besten Schauspieler gewählt. 1988 erscheinen «Lettres volées».

[FR] 1965: Le beatnik et le minet [KF]; Christmas Carol [Unvollendet]. 1966: Rendez-vous à Badenberg [TV]. 1967: Le cyborg [TV]; Tango [TV]. 1969: L'Inconnu [TV]; Menaces [TV]. 1970/71: Le cri du cormoran le soir au-dessus des jonques. 1971: Le viager (Rente auf Lebenszeit); Un peu de soleil dans l'eau froide. 1971/72: Le tueur/Il commissario Le Guen e il caso Gassot/Der Killer und der Kommissar [FR/IT/BRD]. 1972: L'Affaire Dominici (Die Affäre Dominici) [FR/IT]; Au rendez-vous de la mort joyeuse (Rendezvous zum fröhlichen Tod); La scoumoune/Il clan dei Marsigliesi (Der Mann aus Marseille) [FR/IT]; Nathalie Granger (Nathalie Granger); Un monsieur bien rangé [TV]. 1973: Deux hommes dans la ville/Contro la legge (Endstation Schafott) [FR/IT]; La femme du Gange; Les valseuses (Die Ausgebufften); Les Gaspards [FR/BE]; Rude journée pour la reine (Ein schwerer Tag für die Königin). 1973/74: Stavisky/Stavisky, il grande truffatore (Stavisky) [FR/IT]. 1974: Pas si méchant que ça (Ganz so schlimm ist er auch nicht) [CH/FR]; Vincent, François, Paul... et les autres/Tre amici, le moglie e (affettuosamente) le altre (Vincent, François, Paul und die anderen) [FR/IT]. 1975: Maîtresse; Sept morts sur ordannance/Quartett Bestial [FR/ES/BRD]; Je t'aime moi non plus (Je t'aime). 1975/76: L'Ultima donna/La dernière femme (Die letzte Frau) [IT/FR]. 1976: Barocco (Barocco – Mord um Macht); Baxter, Vera Baxter ou Les plages des l'atlantique (Vera Baxter); Novecento (Atto I e II)/00 (I + II)/00. 1. Gewalt, Macht, Leidenschaft. – 1900. 2. Kampf, Liebe, Hoffnung [IT/FR/BRD]; René La Canne/Tre simpatiche carogne... e vissero insieme felici imbrogliando e truffando (Die wilden Mahlzeiten) [FR/IT]. 1977: Le camion (Der Lastwagen); Violanta [CH]; Ciao maschio/Rêve de singe (Affentraum) [IT/FR]; Préparez vos mouchoirs (Frauen zu verschenken) [FR/BE]; La nuit tous les chats sont gris; Dites-lui que je l'aime (Der süße Wahn); Die linkshändige Frau [BRD]. 1978: Le sucre (Zucker, Zucker!); Les chiens (Die Hunde). 1978/79: L'Ingorgo (Una storia impossibile)/Le grand embouteillage/Stau/El gran atasco [IT/FR/BRD/ES]. 1979: Buffet froid (Den Mörder trifft man am Buffet); Loulou (Der Loulou); Temporale Rosy/Rosy la bourrasque/Hurricane Rosie [IT/FR/BRD]. 1979/80: Mon oncle d'Amérique (Mein Onkel aus Amerika). 1980: Le dernier métro (Die letzte Metro); Inspecteur la bavure (Inspektor Loulou-Die Knallschote vom Dienst); Numéro un, Gérard Depardieu [TV-DOK]; Je vous aime; Depardieu à l'aventure [TV-DOK]. 1981: La chèvre (Der Hornochse und sein Zugpferd/Eln Tolpatsch kommt selten allein) [FR/MX]; La femme d'à côté (Die Frau nebenan); Le retour de Martin Guerre (Die Wiederkehr des Martin Guerre); Le choix des armes (Wahl der Waffen). 1981/82: Le grand frère (Der große Bruder). 1982: Danton (Danton) [FR/PL]. 1982/83: La lune dans le caniveau/Lo specchio del desiderio (Der Mond in der Gosse) [FR/IT]. 1983: Les compères (Zwei irre Spaßvögel). 1984: The Crew [US]; Rive droite, rive gauche (Die Enthüllung); Le Tartuffe; Fort Saganne. 1984/85: Police (Der Bulle von Paris). 1985: Jean de Florette (Jean Florette) [FR/IT]; Une femme ou deux (Eine Frau zum Verlieben). 1985/86: Tenue de soirée (Abendanzug). 1986: Je hais les acteurs; Les fugitifs (Die Flüchtigen); Rue du départ. 1986/87: Sous le soleil de Satan (Die Sonne Satans). 1987/88: Camille Claudel (Camille Claudel). 1988: Deux; Drôle d'endroit pour une rencontre (Nächtliche Sehnsucht – Hemmungslos); Trop belle pour toi (Zu schön für Dich!). 1988/89: I Want to Go Home (I Want to Go Home). 1989: Cyrano de Bergerac (Cyrano de Bergerac). 1990: Uranus (Uranus); Merci la vie (Merci la vie); Green Card (Green Card – Schein-Ehe mit Hindernissen) [AU/US/FR]. 1991: Depardieu, vignerons [TV-DOK]; Mon père, ce héros (Mein Vater, der Held); Tous les matins du monde (Die siebente Saite). 1992: François Truffaut, portraits volés [DOK]; From Time to Time [US/FR–Circle-Vision 360]; 1492 – The Conquest of Paradise/La Conquista del Paraiso (1492 – Die Eroberung des Pardieses) [GB/FR/ES]. 1993: Hélas pour moi (Weh mir) [FR/CH]; Germinal (Germinal); My Father, the Hero (Daddy Cool) [US]. 1994: Les cent et une nuits/A Hundred and One Nights (101 Nacht – Die Träume des Monsieur Cinéma) [FR/GB]; Une pure formalité [FR/IT]; La machine/Die Maschine [FR/DE]; Le hussard sur le toit (Der Husar auf dem Dach); Le Colonel Chabert (Colonel Chabert). 1995: Le garçu; Les anges gardiens (Die Schutzengel); Elisa (Elisa). 1996: Bogus (Bogus) [US]; Hamlet [US]; Le plus beau métier du monde; Unhook the Stars (Ein Licht in meinem Herzen) [US]; Secret Agent [US]. 1996/97: She's So Lovely [D,P–US/FR]. 1997: Vatel; XXL.

Dern, Bruce

(Bruce MacLeish Dern)
*4. 6. 1936 Winnetka (Illinois)
Besuch der New Trier Township High School, Winnetka. Schauspielausbildung bei der American Foundation of Dramatic Arts, Philadelphia, und am Actors Studio in New York. 1959 erste bedeutsame Bühnenaufgabe in «Sweet Bird Of Youth», einer Produktion seines Lehrers Elia Kazan. 1960 erste Filmrolle in Kazans *Wild River*. Zugleich Beginn umfangreicher Fernseharbeit. Er spielt in zahlreichen Serien, so 1961–62 in mehreren Folgen der *Dick Powell Show* sowie in 32 Folgen der Rodeo-Serie *Stoney Burke*. Dern wird häufig in Rollen psychisch kranker Verbrecher besetzt: 1964 in Hitchcocks *Marnie*, 1966 in Roger Cormans Motorradfilm *The Wild Angels*. Erfolg als Basketball-Trainer in Jack Nicholsons *Drive, He Said*. In Jack Claytons *The Great Gatsby* spielt er den reichen Schurken Tom Buchanan. Hauptrolle als ungeschickter Gangster in Hitchcocks *Family Plot*. Oscar-Nominierung für die Nebenrolle als Offizier in Hal Ashbys *Coming Home* (1978). Seine und Diane Ladds Tochter Laura ist ebenfalls erfolgreiche Schauspielerin.

[US] 1958–62: Naked City: Bullets Cost Too Much [TV]. 1958–65: Rawhide (Cowboys) [TVS]. 1960: Route 66: The Man on the Monkey Board [TV]; Wild River (Wilder Strom). 1960–65: Ben

Casey [TVS]. 1961: The Crimebusters (Gangsterschlacht) [TV]. 1961–62: The Dick Powell Show: Squadron [TV]. 1962: The Dick Powell Show: Old Man and the City [TV]. 1962–63: Stoney Burke [TVS]. 1963–64: Outer Limits: Zanti Misfits [TV]. 1963–66: The Fugitive (Dr. Kimble – Auf der Flucht) [TVS]. 1964: Bedtime Story (Zwei erfolgreiche Verführer); Hush ... Hush, Sweet Charlotte (Wiegenlied für eine Leiche); Marnie (Marnie). 1965–67: Run for Your Life (Wettlauf mit dem Tod: Der Hauptgewinn) [TV]. 1966: The Wild Angels (Die wilden Engel). 1967: The Trip (The Trip); The War Wagon (Die Gewaltigen); Waterhole No. 3 (Wasserloch Nr. 3); The St. Valentine's Day Massacre (Chikago-Massaker). 1968: Psych-Out; Will Penny (Der Verwegene); Hang 'em High (Hängt ihn höher). 1969: They Shoot Horses, Don't They? (Nur Pferden gibt man den Gnadenschuß); Castle Keep (Das Schloß in den Ardennen) [US/YU]; The Cycle Savages; Support Your Local Sheriff! (Auch ein Sheriff braucht mal Hilfe); Number One. 1970: Rebel Rousers (Rebel Riders); Bloody Mama (Bloody Mama). 1971: The Incredible Two-Headed Transplant; Drive, He Said; Sam Hill: Who Killed the Mysterious Mr. Foster? [TV]; Silent Running (Lautlos im Weltraum); The Cowboys (Die Cowboys). 1972: The King of Marvin Gardens (Der König von Marvin Gardens); Thumb Tripping. 1973: The Laughing Policeman (Massenmord in San Francisco). 1974: The Great Gatsby (Der große Gatsby). 1975: Posse (Männer des Gesetzes); Smile (Lauter nette Mädchen). 1975/76: Folies bourgeoises/Twist/Die verrückten Reichen [FR/IT/BRD]. 1976: Won Ton Ton, the Dog Who Saved Hollywood (Won Ton Ton, der Hund, der Hollywood rettete); Black Sunday (Schwarzer Sonntag); Family Plot (Familiengrab). 1978: The Driver (Driver); Coming Home (Coming Home – Sie kehren heim). 1980: Middle Age Crazy (Middle Age Crazy) [CA]. 1981: Tattoo (Tattoo – Jede große Liebe hinterläßt ihre Spuren). 1982: That Championship Season (Saison der Sieger); Harry Tracy (Harry Tracy – Der letzte Desperado) [CA]. 1985: Space (Space – Der Mensch greift nach den Sternen) [TVS]; On the Edge (Runner); Tough Love (Der Ausweg) [TV]. 1987: The Big Town (Chicago Blues); Roses Are for the Rich (Rosen des Todes); Uncle Tom's Cabin (Onkel Toms Hütte) [TV]. 1988: 1969 (Die Generation von 1969); World Gone Wild (Lost World – Die letzte Kolonie). 1989: Trenchcoat in Paradise (Ananas und blaue Bohnen) [TV]; The 'Burbs (Meine teuflischen Nachbarn). 1990: The Court-Martial of Jackie Robinson [TV]. 1991: End of Silence (Das Ende des Schweigens); After Dark, My Sweet (After Dark, My Sweet); Into the Badlands (Land der Vergessenen) [TV]. 1992: Diggstown (Ihr größter Coup); Carolina Skeletons [TV]. 1994: Amelia Earhart: The Final Flight (Amelia Earhart – Der letzte Flug) [TV]; Dead Man's Revenge (Blutige Vergeltung) [TV]. 1995: Mulholland Falls (Mulholland Falls. Nach eigenen Regeln) [Auftritt – uncredited]; Wild Bill (Wild Bill); Mrs. Munck (Das teuflische Geheimnis der verrückten Mrs. Munck); A Mother's Prayer (Die Bitte einer Mutter) [TV]. 1996: Last Man Standing (Last Man Standing); Down Periscope (Mission: Rohr frei). 1997: Comfort, Texas [TV].

Dern, Laura

(Laura Elizabeth Dern)
*10. 2. 1967 Santa Monica (California)

Tochter der Filmschauspieler Diane Ladd und Bruce Dern. Nach der Scheidung der Eltern wächst sie bei der Mutter auf, dadurch schon früher Kontakt mit dem Film: mit 6 Jahren in Joseph Sargents *White Lightning,* im folgenden Jahr in Martin Scorseses *Alice Doesn't Live Here Any More.* Erste richtige Filmrolle 1980 als kalifornischer Teenager in Adrian Lynes *Foxes.* Im folgenden Jahr Schauspielunterricht im Lee Strasberg Institute. 1985 spielt sie in Peter Bogdanovichs *Mask* eine Blinde, die rührend in einen verunstalteten Jungen verliebt ist. New Generation Award der Filmkritiker von Los Angeles für den rebellischen Teenager in *Smooth Talk* (1985). International Aufsehen erregt die schlanke, selbstbewußte Blondine in den makaber mit der amerikanischen Realität spielenden Filmen David Lynchs: als Kleinstadtschönheit Sandy in *Blue Velvet* und vor allem neben Nicolas Cage in der Hauptrolle der eigenwilligen Lula Pace Fortune in *Wild at Heart,* in dem auch Diane Ladd ihre Mutter spielt. Mutter und Tochter werden 1991 für ihre Neben- bzw. Hauptrolle in Martha Coolidges *Rambling Rose* zum Oscar nominiert. 1993 übernimmt Dern Hauptrollen in zwei überaus erfolgreichen Filmen: neben Kevin Costner und Clint Eastwood in *A Perfect World* (Eastwood) und in Spielbergs *Jurassic Park* als Wissenschaftlerin inmitten von Dinos. Hochgelobt ihre Darstellung der verwirrten Ruth Stoops in *Citizen Ruth* (1996).

[US] 1973: White Lightning (Der Tiger hetzt die Meute). 1974: Alice Doesn't Live Here Anymore (Alice lebt hier nicht mehr). 1980: Foxes (Jeanies Clique). 1982: Ladies and Gentlemen, the Fabulous Stains. 1983: Happy Endings (Happy Endings) [TV]. 1984: Teachers (Die Aufsässigen); Almost You. 1985: Mask (Die Maske); American Playhouse: Smooth Talk [TV]. 1986: Blue Velvet (Blue Velvet). 1987: Sister, Sister (Sister, Sister). 1988: Haunted Summer (Schwarzer Sommer). 1989: Fat Man and Little Boy/Shadow Makers (Die Schattenmacher); Nightmare Classics: The Strange Case of Dr. Jekyll and Mr. Hyde [TV]; Industrial Symphony No. 1: The Dream of the Broken Hearted [TV]. 1990: Wild at Heart (Wild at Heart – Die Geschichte von Sailor & Lula). 1991: Rambling Rose (Die Lust der schönen Rose). 1992: Afterburn (Afterburn) [TV]. 1993: Frasier: Sleeping

With the Enemy (Frasier) [S – TVS]; Fallen Angels: [TV-EP]; A Perfect World (Perfect World); Jurassic Park (Jurassic Park). 1995: Down Came a Blackbird [TV]. 1996: Citizen Ruth; Ruby Ridge: An American Tragedy [TV]; Bastard Out of Carolina [S]. 1997: Sphere.

Deutsch, Ernst
* 16. 9. 1890 Prag
†22. 3. 1969 Berlin
Altstädter Gymnasium in Prag; Jugendfreund Franz Werfels; nach dem Abitur ein Jahr k.u.k. Armee. 1914 von Berthold Viertel an die Wiener Volksbühne engagiert, kurz in Prag, 1916 Albert-Theater Dresden, 1917 Deutsches Theater Berlin, bis 1933 an verschiedenen Berliner Bühnen, Gastspiele in Hamburg, München und Wien. Titelrolle in Walter Hasenclevers Jugenddrama «Der Sohn»; Deutsch gilt daraufhin als expressionistischer Schauspieler par excellence. Höhepunkte seiner Stummfilmkarriere sind der diebische Buchhalter im expressionistischen *Von morgens bis mitternachts* (Karlheinz Martin) und in E. A. Duponts *Das alte Gesetz* der Rabbi-Sohn, der im 19. Jahrhundert zum Bühnenstar aufsteigt. 1933 ins Exil. Theater in Wien und Prag, Gastspiele in Zürich und Brüssel, 1936 London. 1938 nach New York, 1939 nach Hollywood, amerikanische Staatsangehörigkeit. Ab 1942 unter dem Pseudonym Ernest Dorian vornehmlich in Rollen von Nazis und Offizieren: *Enemy Agents Meet Ellery Queen* (James Hogan), *The Moon Is Down* (Irving Pichel). 1947 über Paris und die Schweiz Rückkehr nach Wien. Ensemblemitglied des Burgtheaters. 1948 in Venedig für seine Rolle in G. W. Pabsts *Der Prozeß* als bester Darsteller ausgezeichnet. Ab 1951 am Schiller- und am Schloßparktheater in Berlin; weiterhin Gastspielreisen im In- und Ausland. Im Fernsehen auch in seiner Paraderolle als Nathan der Weise. 1964 Filmband in Gold für langjähriges und hervorragendes Wirken im deutschen Film.

[DE/BRD] 1916: Die Rache der Toten. 1917: Die zweite Frau. 1918: Apokalypse; Aladdin und die Wunderlampe. 1918/19: Irrungen; Die Tochter des Henkers. 1919: Das Kloster von Sendomir; Die Geisha und der Samurai; Die Frau im Käfig; Blondes Gift; Der Galeerensträfling. 2 Teile; Vom Schicksal erdrosselt; Fluch der Vergangenheit [Nicht aufgeführt]; Monica Vogelsang; Der gelbe Tod. 2. Teil. 1919/20: Haß; Erpreßt; Fiebernächte; Gerechtigkeit; Ferréol. 1920: Der Golem, wie er in die Welt kam; Die Jagd nach dem Tode. 2. Die verbotene Stadt; Judith Trachtenberg; Lady Godiva; Das Frauenhaus von Brescia; Von morgens bis Mitternacht. 1920/21: Hannerl und ihre Liebhaber; Brennendes Land. 1921: Die Dame und der Landstreicher. 1921/22: Der alte Gospodar. 1922: Herzog Ferrantes Ende; Sein ist das Gericht; Der Kampf ums Ich; Liebe kann man nicht kaufen. 1922/23: Die Pagode. 1923: Mutter, Dein Kind ruft/Das brennende Geheimnis; Das alte Gesetz. 1924: Soll und Haben. 1926: Dagfin. 1927: Das Frauenhaus von Rio/ Plüsch und Plümowski; Zwei unterm Himmelszelt; Artisten (Im Zauber der Manege). 1935/36: The Marriage of Corbal [GB]. 1939: Nurse Edith Cavell [US]. 1940: The Man I Married [US]. 1940/41: So Ends Our Night [US]. 1942: Reunion in France (Reunion) [US]; The Prisoner of Japan [US]; Enemy Agents Meet Ellery Queen [US]. 1942/43: The Moon Is Down [US]. 1943: Nightplane from Chungking [US]. 1945: Isle of the Dead [US]. 1947/48: Der Prozeß [AT]. 1949: The Third Man (Der dritte Mann) [GB]. 1950/51: K – Das Haus des Schweigens. 1952: Symphonie Wien [DOK – AT]; Wenn abends die Heide träumt. 1955: Nathan der Weise [TV]. 1958: Jedermann [TV – AT]; Sebastian Kneipp – Ein großes Leben (Sebastian Kneipp./Der Wasserdoktor.) [AT]. 1961: Ein Mädchen vom Lande [TV]. 1962: Vor Sonnenuntergang [TV]. 1962/63: In der Strafkolonie [TV]. 1966: Der Fall Bohr [TV – AT].

DeVito, Danny
* 17. 11. 1944 Asbury Park (New Jersey)
Bereits als Schüler in Amateuraufführungen. Schauspielstudium an der American Academy of Dramatic Arts. Bühnenauftritt 1968 in «The Man with the Flower in His Mouth». Erste bedeutende Filmrolle 1975 als Patient Anthony Martini in Milos Formans *One Flew Over the Cuckoo's Nest* – eine Rolle, die er bereits 1971 am Off-Broadway gespielt hat. Emmy Award sowie Golden Globe als New Yorker Taxifahrer Louie DePalma in der TV-Serie *Taxi* (1978), auch Regie einiger Folgen. Seitdem ist der kleinwüchsige, eloquente DeVito von Film und Fernsehen viel beschäftigt. Häufig interpretiert er gerissene, selbst brutale Schurken, die zielstrebig ihre Pläne verwirklichen. Seine Spezialität sind publikumswirksame schwarze Komödien, so als glücklicher Ehemann der entführten Bette Midler in *Ruthless People* (Abrahams, Zucker, Zucker). 1987 spielt er einen erfolglosen Vertreter in *Tin Men* (Barry Levinson). Im gleichen Jahr erste Filmregie in *Throw Momma From the Train.* 1988 als kleiner Dicker neben seinem großen, muskulösen Zwillingsbruder Arnold Schwarzenegger in Ivan Reitmans Komödie *Twins,* eine Kombination, die in *Junior* mit weniger Erfolg wiederaufgenommen wird. Als Rechtsanwalt zwischen Kathleen Turner und Michael Douglas im Ehe-Clinch *The War of the Roses* – auch

Regie sowie Herstellung einer Special-Edition für Laserdisc, ebenso bei der Filmbiografie über den verschwundenen Gewerkschafts-Boss *Hoffa*. 1996 in Tim Burtons überdrehter Alien-Persiflage *Mars Attacks!* und unter eigener Regie in der Kinderkomödie *Mathilda*. Zusammen mit Ehefrau Rhea Perlman Gründung der Firmen New Street Productions, die vor allem für das amerikanische Kabel-Fernsehen produziert, und Jersey Films, die in den 90er Jahre Publikumslieblinge wie *Pulp Fiction* oder *Get Shorty* finanziert.

[US] 1969: Dreams of Glass. 1971: La Mortadella/Mortadella (Mortadella) [IT/FR]. 1973: Scalawag (Scalawag); Hurry up or I'll Be 30 . 1975: One Flew Over the Cuckoo's Nest (Einer flog über das Kuckucksnest). 1976: The Van (Machen wir's im Auto). 1977: The World's Greatest Lover (Der größte Liebhaber der Welt). 1978: Goin' South (Der Galgenstrick). 1978–82: Taxi [R – TVS]. 1979: Valentine [TV]. 1981: Going Ape! 1983: Terms of Endearment (Zeit der Zärtlichkeit). 1984: The Ratings Game [D,R – TV]; Romancing the Stone (Auf der Jagd nach dem grünen Diamanten); Johnny Dangerously (Johnny G. – Gangster wider Willen). 1985: The Jewel of the Nile (Auf der Jagd nach dem Juwel vom Nil); Amazing Stories: The Wedding Ring [D,R – TVS]. 1986: Head Office (Männer für jeden Job); Ruthless People (Die unglaubliche Entführung der verrückten Mrs. Stone); Wise Guys (Wise Guys – Zwei ausgeschlafene Jungs). 1987: Tin Men (Tin Men – Zwei haarsträubende Rivalen); Throw Momma from the Train (Schmeiß' die Mama aus dem Zug) [D,R]. 1988: Twins (Zwillinge). 1989: The War of the Roses (Der Rosen-Krieg) [D,R]. 1991: Other People's Money (Das Geld anderer Leute); Batman Returns (Batmans Rückkehr). 1991/92: Jack the Bear (Mein Vater – mein Freund). 1992: Hoffa (Jimmy Hoffa) [D,R,P]. 1993: Low Fives [D,R]; Reality Bites (Voll das Leben – Reality Bites) [CoP]; She's Gone. 1994: Renaissance Man (Mr. Bill); Junior (Junior). 1995: Feeling Minnesota [P]; Sunset Park [P]; Get Shorty (Schnappt Shorty) [P,D]. 1996: Mathilda [D,R,P]; Mars Attacks! 1997: L.A. Confidential; The Rainmaker; Gattaca [P].

Dewaere, Patrick

(Patrick Maurin)
*26. 1. 1947 Saint Brieux (Belgien)
†16. 7. 1982 Paris

Als Schaustellerkind Auftritte auf Rummelplätzen. Examen an einer Schauspielschule; 1968 nach Paris; dort Arbeit mit dem Experimentaltheater Café de la Gare als Schauspieler und Regisseur. Als Partner von Miou-Miou und Gérard Depardieu, die er am Theater kennengelernt hat, verkörpert er in Bertrand Bliers *Les valseuses* mit watschelndem Gang und eher schüchtern, einen neuen Liebhabertypus, der viel den Erfahrungen von 1968 verdankt; der Film erreicht in Frankreich über 6 Millionen Zuschauer. Dewaere dreht in Frankreich und Italien, tritt in Unterhaltungsfilmen wie Maurice Dugowsons *F comme Fairbanks* und Yves Boissets *Le juge Fayard dit «Le sheriff»* als eine zurückgenommene poetische Gestalt von tiefer Verlorenheit auf. Er wird zu einem der beliebtesten Darsteller der neuen Generation. Nicht festgelegt auf hochsensible Rollen, spielt er 1975 den brutalen Aufseher in Claude Millers *La meilleure façon de marcher*. 1982, zu einer Zeit, da er als eine der größten Hoffnungen des französischen Films gilt, erschießt sich der rastlose und in seiner Arbeit sehr skrupelhafte Dewaere. Kurz zuvor hat er in seinem letzten Film, Alain Jessuas *Paradis pour tous*, einen Selbstmörder gespielt.

[FR] 1951: Monsieur Fabre. 1957: Les espions/Le spie (Spione am Werk) [FR/IT]. 1970/71: Les mariés de l'an II/Gli sposi dell'anno secondo (Das Brautpaar des Jahres II) [FR/RO/IT]. 1971: Catherine et Cie (Catherine & Co); La maison sous les arbres (Das Haus unter den Bäumen). 1972: Belle [BE]; Themroc (Themroc). 1973: Les valseuses (Die Ausgebufften). 1974: Au long de rivière Fango; Lily, aime-moi (Lily,hab mich lieb); Pas de problème (Kein Problem). 1975: Adieu Poulet (Adieu, Bulle); La meilleure façon de marcher (Unser Weg ist der beste). 1975/76: Marcia trionfale/La marche triomphale/Triumphmarsch [IT/FR/BRD]. 1976: F comme Fairbanks (Frech wie Fairbanks); Le juge Fayard dit «Le sheriff» (Richter Fayard, genannt «Der Sheriff»). 1977: La stanza del vescovo/La chambre de l'évêque [IT/FR]; Préparez vos mouchoirs (Frauen zu verschenken) [FR/BE]. 1978: La clé sur la porte (Die Klassenlehrerin); Coup de tête (Damit ist die Sache für mich erledigt). 1978/79: L'ingorgo (Una storia impossibile)/Le grand embouteillage/Stau/El gran atasco [IT/FR/BRD/ES]. 1979: Série noire; Paco l'infaillible [FR/ES]. 1980: Psy; Un mauvais fils (Der ungeratene Sohn); Plein sud/Huída al sur (La desbandada) [FR/ES]. 1981: Mille milliards de dollars (1000 Millarden Dollar); Les matous sont romantiques; Hôtel des Amériques; Beau Père (Ausgerechnet ihr Stiefvater). 1982: Paradis pour tous.

Dickinson, Angie

(Angeline Brown)
*30. 9. 1931 Kulm (North Dakota)

Besuch des Glendale College, Los Angeles. Anfang der 50er Jahre Tätigkeit als Sekretärin einer Fluggesellschaft, daneben Schauspielunterricht und kleine TV-Rollen. 1954 Filmdebüt in *Lucky Me* (Jack Donahue). Als um John Wayne besorgte Saloon-Dame Feathers zeichnet sie in Howard Hawks' Western *Rio Bravo* eines der eindrucksvollsten Frauenporträts des Genres.

1962 Broadway-Erfolg mit «The Perfect Setup». In den 60er Jahren meist Nebenrollen überwiegend in Actionfilmen: Arthur Penns *The Chase*, John Boormans *Point Blank*. 1975–78 Mitwirkung in einigen Folgen der TV-Serie *Police Story*. 1975–79 Titelrolle der Kommissarin in der populären Serie *Police Woman*. 1980 als Mordopfer in Brian DePalmas *Dressed to Kill*. In der Folgezeit überwiegend im Fernsehen.

[US] 1954: Lucky Me (Das blonde Glück). 1955: Man with the Gun (Der Einzelgänger); The Return of Jack Slade (Gelbe Rosen von Texas); Tennessee's Partner (Todesfaust); Hidden Guns (Galgenfrist). 1956: Gun the Man Down/Arizona Mission; The Black Whip (Die schwarze Peitsche); Tension at Table Rock (Blut an meinen Händen). 1957: Shoot-Out at Medicine Bend (Schußbereit); I Married a Woman (Links und rechts vom Ehebett); China Gate (China-Legionäre); Turn of Fate: Circumstantial [TV]; Run of the Arrow (Hölle der 1000 Martern) [S – Stimme von Sarita Montiel]; Calypso Joe. 1957–59: M Squad (Dezernat M: Einbruch im Duett) [TV]. 1958: Cry Terror! (In brutalen Händen). 1959: Wagon Train: The Clara Duncan Story [TV]; Rio Bravo (Rio Bravo); The Bramble Bush (Jeder zahlt seine Schuld); Frontier Rangers (Draufgänger nach vorn). 1960: Ocean's Eleven (Frankie und seine Spießgesellen). 1960/61: The Sins of Rachel Cade (Jenseits des Ruwenzori). 1961: A Fever in the Blood (Rivalen um die Macht); I'll Gife My Life; Jessica/La sage-femme ... le curé et le bon Dieu (Jessica) [IT/FR]. 1961–62: The Dick Powell Show: No Strings Attached [TV]. 1962: Rome Adventure/Lovers Must Lern (Abenteuer in Rom). 1963: Captain Newman, M.D. (Captain Newman). 1964: The Killers (Der Tod eines Killers) [TV]. 1965: The Art of Love (Bei Madame Coco). 1965/66: The Chase (Ein Mann wird gejagt). 1966: Cast a Giant Shadow (Der Schatten des Giganten); The Poppy Is Also a Flower/Danger Grows Wild (Mohn ist auch eine Blume) [UN]. 1967: The Last Challenge (Duell der Gringos); Point Blank (Point Blank). 1968/69: Sam Whiskey (Sam Whiskey). 1969: Young Billy Young (Der gnadenlose Rächer); Some Kind of a Nut; The Love War [TV]. 1970/71: Pretty Maids All in a Row (Sex-Lehrer-Report). 1971: Thief [TV]; The Resurrection of Zachary Wheeler [TV]; See the Man Run (Das zweite Gesicht) [TV]. 1972: Ghost Story – Cirle of Fear (Teufelskreis der Angst) [TVS]. 1973: The Norliss Tapes [TV]; Un homme est mort (Brutale Schatten) [FR]. 1974: Pray for the Wildcats [TV]; Big Bad Mama (Liebe böse Mama). 1975–79: Police Woman (Make-up und Pistolen) [TVS]. 1977: A Sensitive, Passionate Man [TV]; Le labyrinthe [FR]. 1978: Overboard [TV]; Pearl [TV]. 1979: Jack London's Klondike Fever (Klondike-Fieber) [CA]; The Suicide's Wife (Die Frau des Selbstmörders) [TV]; L'Homme en colère (Der wütende Mann) [FR]. 1980: Dressed to Kill (Dressed to kill); Charlie Chan and the Curse of the Dragon (Charlie Chan und der Fluch der Drachenkönigin). 1981: Dial M for Murder (Bei Anruf Mord) [TV – GB]; Death Hunt (Yukon). 1982: Cassie & Co. (Cassie & Co.) [TVS]; One Shoe Makes It Murder (Tote kriegen keine Post) [TV]. 1984: Jealousy (Jeanny) [TV]; A Touch of Scandal (Tod eines Callboys) [TV]. 1985: Hollywood Wives (Hollywood – intim und indiskret) [TV]. 1987: Big Bad Mama II (Big Bad Mama); Police Story: The Freeway Killings (Los Angeles: Mord auf dem Freeway) [TV]; Still Watch (Die Vergangenheit der Senatorin) [TV]. 1988: Empty Nest [TVS]; Once Upon a Texas Train [TV]. 1989: Prime Target (Naked Steel) [TV]; Fire and Rain (Fire and Rain). 1990: Kojak: Fatal Flaw (Kojak: Dunkle Beziehungen) [TV]. 1992: Treacherous Crossing (Allein mit der Angst). 1993: Wild Palms (Wild Palms) [TVS]. 1993/94: Even Cowgirls Get the Blues (Even Cowgirls Get the Blues). 1994: The Maddening (Der Psychopath). 1995: Sabrina (Sabrina). 1996: Danielle Steel's Remembrance [TV].

Dieterle, Wilhelm

*15. 7. 1893 Ludwigshafen am Rhein
†9. 12. 1972 Ottobrunn bei München

Volksschule, Tischler- und Glaserlehre. Schauspielunterricht in Mannheim. 1911 an einem Wandertheater, anschließend in der Provinz, 1917 Stadttheater Zürich, 1918–19 Neue Freie Volksbühne Berlin und Schauspielhaus München, 1920–23 Deutsches Theater Berlin, dann an anderen Berliner Theatern und an Reinhardt-Bühnen, u. a. Salzburger Festspiele. Ende der 10er Jahre auch Filmarbeit, der mit 1,95 m ungewöhnlich große, von Gestalt sehr robuste Dieterle steigt bald zu einem vielbeschäftigten jugendlichen Helden auf und spielt neben Henny Porten, Liane Haid, Lya Mara und Olga Tschechowa. Er übernimmt urwüchsige Rollen in Berg- und Heimatfilmen (E. A. Duponts *Die Geier-Wally*), proletarische Typen, so den Bauarbeiter in *Hintertreppe* (Leopold Jessner, Paul Leni), den Weber Moritz Jäger in Friedrich Zelniks Hauptmann-Verfilmung *Die Weber* und historische Gestalten wie den Marquis Posa in Richard Oswalds *Carlos und Elisabeth*. In Lenis Episodenfilm *Das Wachsfigurenkabinett* (1923) spielt er im Rahmen den verbindenden Dichter und in allen Episoden und macht Regieassistenz. 1923 erstmals Regie in *Der Mensch am Wege*. Zusammen mit seiner Frau, der Drehbuchautorin und Schauspielerin Charlotte Hagenbruch, gündet er 1927 die Charha-Film GmbH Berlin. Es entstehen mehrere Erfolgsfilme mit Dieterle als Regisseur, Hauptdarsteller und teils auch Produzenten und Autor: *Die Heilige und ihr Narr* nach dem Roman von Agnes

Günther, *Geschlecht in Fesseln, Das Schweigen im Walde* und *Ludwig der Zweite, König von Bayern*. Die Filme entstehen ab 1929 für die deutschen Dependance der Universal Pictures. 1930 nach Hollywood als Regisseur deutschsprachiger Versionen für Warner Bros. Ab 1931 nur noch Regisseur, in den 30er Jahren Spezialist für biografische Filme (biopics). 1937 Oscar für *The Life of Emile Zola*. Er engagiert sich intensiv für die deutschen Filmemigranten. Nach dem Bankrott der William Dieterle Production Co. bei RKO, 1945–56 von M-G-M, Selznick, Paramount und Columbia beschäftigt. 1958 Rückkehr in die BRD; Theaterinszenierungen bei den Festspielen in Bad Hersfeld und Salzburg sowie an verschiedenen Theatern; 1961–65 Intendant des Freilichttheaters Bad Hersfeld. Regie in zahlreichen TV-Spielen des deutschen und österreichischen Fernsehens. 1964 letzte Filmregie. 1965 übernimmt er das Tournee-Theater Der grüne Wagen. 1970 Filmband in Gold für langjähriges und hervorragendes Wirken im deutschen Film.

[US] 1919/20: Die Vermummten [DE]. 1920/21: Die Verschwörung zu Genua. 1921: Die Geier-Wally [DE]; Hintertreppe [DE]; Fräulein Julie [DE]; Die Silbermöve [DE]; Frauenopfer [DE]. 1922: Es leuchtet meine Liebe [DE]; Der Graf von Charolais [DE]; Lucrezia Borgia [DE]; Marie Antoinette, das Leben einer Königin [DE]. 1922/23: Bohème. Künstlerliebe [DE]; Die Pagode [DE]. 1923: Der zweite Schuß [DE]; Der Mensch am Wege [D,R,A – DE]; Die grüne Manuela [DE]; Die Austreibung [DE]; Das Wachsfigurenkabinett [D,RA – EP – DE]. 1923/24: Carlos und Elisabeth [DE]; 1924: Moderne Ehen [DE]; Hřichy v manželství [Version – CS]; Mutter und Kind [DE]. 1924/25: Wetterleuchten [DE]; Lena Warnstetten [DE]; Die Blumenfrau vom Potsdamer Platz [DE]. 1925: Sumpf und Moral [DE]; Die vom Niederrhein. 2 Teile [DE]; Der Hahn im Korb [DE]; Der rosa Diamant [DE]; Die Dame aus Berlin [DE]; Die Gesunkenen [DE]. 1925/26: Die Mühle von Sanssouci [DE]; Die Försterchristl [DE]; Qualen der Nacht [DE]; Familie Schimeck [DE]; Faust [DE]. 1926: Die Flucht in den Zirkus [DE]; Zopf und Schwert [DE]; Hölle der Liebe [DE]; Wie bleibe ich jung und schön [DE]; Der Jäger von Fall [DE]; Der Pfarrer von Kirchfeld [DE]; Droomkoninkje/Die vom Schicksal Verfolgten [NL/DE]. 1926/27: Unter Ausschluß der Öffentlichkeit [DE]; Der Zigeunerbaron [DE]; Violantha [DE]. 1927: Am Rande der Welt [DE]; König für einen Tag [D,R,A,CoP – Unvollendet – DE]; Die Weber [DE]; Ich habe im Mai von der Liebe geträumt [DE]; Liebesreigen (Der Kämpfer) [DE]; Petronella [DE]; Heimweh [DE]; Das Geheimnis des Abbé X [D,R,A,P – DE]; Frau Sorge [DE]. 1928: Die Heilige und ihr Narr [D,R – DE]; Diebe – 10 000 Mark Belohnung [DE]; Ritter der Nacht [DE]; Geschlecht in Fesseln [D,R – DE]. 1929: Durchs Brandenburger Tor [KO – DE]; Frühlingsrauschen [D,R – DE]; Ich lebe für Dich [D,R – DE]; Das Schweigen im Walde [D,R – DE]; Ludwig der Zweite, König von Bayern [D,R – DE]. 1930: Eine Stunde Glück [D,R – DE]; Der Tanz geht weiter [D,R – Version]; Die Maske fällt [R – Version]; Dämon des Meeres [D,(R) – Version]; Die heilige Flamme [(R) – Version]. 1930/31: Kismet [R – Version]. 1931: The Last Flight (Der letzte Flug) [R]; Her Majesty Love (Ihre Adlige Liebschaft) [R]. 1932: Man Wanted [R]; Jewel Robbery (Ein Dieb mit Klasse) [R]; The Crash [R]; Six Hours to Live! [R]; Scarlet Dawn [R]; Lawyer Man [R]. 1932/33: Grand Slam [R]. 1933: Adorable [R]; The Devil's in Love [R]; Female [CoR]; From Headquarters [R]; Fashions of 1934 (Der Modelldieb) [R]. 1934: Fog Over Frisco [R]; Dr. Monica [(R)]; Madame Du Barry (Madame Dubarry) [R]; The Firebird [R]; The Secret Bride [R]. 1934/35: A Midsummer Night's Dream (Ein Sommernachtstraum) [CoR]. 1935: Dr. Socrates [R]; The Story of Louis Pasteur (Louis Pasteur) [R]. 1935/ 36: Satan Met a Lady [R]. 1936: The White Angle [R]; The Great O'Malley (Ordnung ist das halbe Leben) [R]. 1937: Another Dawn (Eine weiße Frau in der Fremdenlegion) [R]; The Life of Emile Zola (Das Leben des Emile Zola) [R]. 1938: Blokkade [R]. 1938/39: Juarez [R]. 1939: The Hunchback of Notre Dame (Der Glöckner von Notre Dame) [R]. 1939/ 40: Dr. Ehrlich's Magic Bullet (Die Lebensgeschichte Paul Ehrlichs) [R]. 1940: A Dispatch from Reuters (Ein Mann mit Phantasie). [R]. 1941: All That Money Can Buy/The Devil and Daniel Webster (Der Teufelsbauer) [R,P]. 1941/42: Syncopation. The Story of a Nation from Ragtime to Boogie-Woogie [R,P]. 1942: Tennessee Johnson [R]. 1943/44: Kismet (Kismet) [R]. 1944: I'll Be Seeing You (Ich werde dich wiedersehen) [R]. 1945: Love Letters (Liebesbriefe) [R]; This Love of Ours (Die Liebe unseres Lebens) [R]. 1945/ 46: The Searching Wind (Liebe zwischen Krieg und Frieden) [R]; Duel in the Sun (Duell in der Sonne) [(R)]. 1947/ 48: Portrait of Jennie (Jenny) [R]. 1948: The Accused (Vergewaltigt/Frau in Notwehr) [R]. 1948/49: Paid in Full [R]. 1949: Rope of Sand (Blutige Diamanten) [R]; Vulcano (Vulcano) [R – IT]. 1949/50: September Affair (Liebesrausch auf Capri) [R]. 1950: Dark City (Stadt im Dunkel) [R]. 1950/51: Red Mountain (Die Hölle der Roten Berge) [R]. 1951: Peking Express (Peking-Expreß) [R]; Boots Malone (Tommy macht das Rennen) [R]. 1951/52: The Turning Point [R]. 1952: Salome. The Dance of the Seven Veils (Salome) [R]. 1953: Elephant Walk (Elefantenpfad) [R]. 1954: Joseph and His Brethren [R – Unvollendet]. 1954/55: Magic Fire. The Story of Richard Wagner (Frauen um Richard Wagner) [R,P]. 1956: The Screen Director's Playhouse: One Against Many [R – TV]; Omar Khayyam/The Loves of Omar Khayyam (Sturm über Persien – Die Abenteuer des Omar Khayyam) [R]. 1959: Il Vendicatore/Dubrowsky (Der Rebell von Samara) [R – IT/YU]. 1959/60: Herrin der Welt. 2 Teile/Il misterio dei tre continenti/Le mystères d'Angkor [R – BRD/IT/FR]. 1960: Die Fastnachtsbeichte [R – BRD]; Ich fand Julia Harrington [R – TV – BRD]. 1961: Die große Reise [R – TV – BRD]; Spiel um Job [R – TV – BRD]. 1962: Die Kartothek [R – TV – BRD]; Gabriel Schillings Flucht [R – TV – BRD]; Das Vergnügen, anständig zu sein [R – TV – BRD]; Antigone [R – TV – BRD]; Das große Vorbild [R – TV – BRD]. 1964: Macbeth [R – TV – BRD]; Ein Engel kommt nach Babylon [R,A – TV – BRD]; The Confession/Quick, Let's Get Married [R]. 1965: Ein Sommernachtstraum [R,A – TV – BRD]. 1966: Samba [R – TV – AT]; Die Mongolenschlacht [R – TV – BRD].

Dietrich, Marlene

(Maria Magdalene Dietrich)
* 27. 12. 1901 Berlin-Schöneberg
† 6. 5. 1992 Paris

Auguste-Victoria-Schule in Charlottenburg, Abitur 1918. Violinunterricht. 1919–21 Musikausbildung in Weimar und Berlin, aus Gesundheitsgründen abgebrochen. Fotomodell, Max Reinhardts Schauspielschule in Berlin, während der Ausbildung Kleindarstellerin an Berliner Bühnen. Filmdebüt 1922 als Kammerzofe in *So sind die Männer* (Georg Jacoby). Der Aufnahmeleiter Rudolf Sieber (später ihr Mann) engagiert sie für eine Episoden-Rolle in Joe Mays Vierteiler *Tragödie der Liebe*. Nebenrollen in einigen Gesellschaftsfilmen, u. a. *Madame wünscht keine Kinder* und *Eine Dubarry von heute* (beide Alexander Korda). 1928 als Partnerin Harry Liedtkes im ersten Tobis-Film mit Toneinlagen: *Ich küsse Ihre Hand, Madame* (Robert Land). Die Titelrolle in *Die Frau, nach der man sich sehnt* (Kurt Bernhardt) und vor allem die Verkörperung der verruchten Nachtclubsängerin Lola Lola in der Heinrich Mann-Verfilmung *Der blaue Engel* (Josef von Sternberg) begründen Dietrichs Image als Femme fatale: langbeinig, blond und männermordend. Paramount verpflichtet sie 1930 nach Hollywood, wo sie in sechs Filmen unter Sternbergs ästhetizistischer Regie – und mit unterstützender Publicity des Studios – zur Ikone kühler Erotik hochstilisiert wird: im Wüsten-Melodram *Morocco* mit Gary Cooper, *Shanghai Express* und *The Scarlet Empress* (mit ihrer Tochter Maria Sieber als Zarentochter). Nach dem Bruch mit Sternberg außer in der englischen Produktion *Knight Without Armour* (Jacques Feyder) noch in zwei von Ernst Lubitsch produzierten Paramount-Filmen: wieder mit Cooper in *Desire* (Frank Borzage) und in der Gaunerkomödie *Angel* (Lubitsch) 1939 Comeback in der Western-Komödie *Destry Rides Again* (George Marshall). Produktionen wie *Seven Sinners* (Tay Garnett) und *Pittsburgh* (Lewis Seiler) festigen ihr neues amerikanisiertes Image: handfest, praktisch und mit allen Wassern gewaschen. 1939 amerikanische Staatsbürgerin; ab 1943 dreijährige Tournee zur Truppenbetreuung. 1946–51 letzte kontinuierliche Phase der Filmarbeit. 1953 in Las Vegas Beginn einer neuen Karriere als Diseuse, 1975 durch einen Unfall in Australien beendet. Nur noch selten in Filmen: im Agatha-Christie-Thriller *Witness for the Prosecution* (Billy Wilder), als deutsche Generalswitwe in *Judgment at Nuremberg* (Stanley Kramer). Auftritte als Gaststar: Barbesitzerin im Spektakel *Around the World in 80 Days* (Michael Anderson), Bordellwirtin im exzentrischen Mexiko-Krimi *Touch of Evil* (Orson Welles), zuletzt im Rollstuhl in *Schöner Gigolo, armer Gigolo* (David Hemmings).

Die BRD-Tournee von 1960 ist von Protesten wegen ihres Engagements während des 2. Weltkriegs überschattet. 1979 Memoiren «Nehmt nur mein Leben. Reflexionen». 1982/83 macht Maximilian Schell mehrstündige Tonband-Interviews, die er in einem Porträtfilm verwendet.

[US] 1922: So sind die Männer [DE]. 1922/23: Tragödie der Liebe. 4 Teile [DE]. 1923: Der Mensch am Wege [DE]; Der Sprung ins Leben [DE]. 1925/26: Manon Lescaut [DE]. 1926: Eine Dubarry von heute [DE]; Kopf hoch, Charly! [DE]; Madame wünscht keine Kinder [DE]; Der Juxbaron [DE]. 1927: Sein größter Bluff [DE]; Café Elektric/Die Liebesbörse (Wenn ein Weib den Weg verliert) [AT]. 1928: Prinzessin Olala [DE]; Ich küsse ihre Hand, Madame [DE]; 1929: Die Frau, nach der man sich sehnt [DE]; Das Schiff der verlorenen Menschen [DE]; Gefahren der Brautzeit/Liebesnächte. 1929/30: Der blaue Engel [DE]; The Blue Angel [Version – DE]. 1930: Morocco (Flammende Herzen/Marokko); Dishonored (X.27/Entehrt). 1931/32: Shanghai Express (Shanghai-Expreß). 1932: Blonde Venus (Die blonde Venus). 1933: The Song of Songs (Das hohe Lied). 1933/34: The Scarlet Empress (Die große Zarin/Die scharlachrote Kaiserin). 1934/35: The Devil Is a Woman (Die spanische Tänzerin/Der Teufel ist eine Frau). 1935/36: Desire (Sehnsucht/ Perlen zum Glück). 1936: The Garden of Allah (Der Garten Allahs). 1936/37: Knight Without Armour (Tatjana/Ritter ohne Rüstung) [GB]. 1937: Angel (Engel). 1939: Destry Rides Again (Der große Bluff). 1940: Seven Sinners (Das Haus der sieben Sünden/Sieben Sünder); The Flame of New Orleans (Die Abenteuerin). 1941: Manpower (Herzen in Flammen); The Lady Is Willing. 1942: The Spoilers (Die Freibeuterin); Pittsburgh. 1943/44: Kismet (Kismet). 1944: Follow the Boys. 1946: Martin Roumagnac (Martin Roumagnac) [FR].

1947: Golden Earrings. 1948: A Foreign Affair (Eine auswärtige Affäre). 1948/49: Jigsaw. 1950: Stage Fright (Die rote Lola) [GB]. 1951: No Highway/No Highway in the Sky (Die Reise ins Ungewisse) [GB/US]; Rancho Notorious (Engel der Gejagten/Die Gejagten). 1956: Around the World in 80 Days (In 80 Tagen um die Welt); Montecarlo/The Monte Carlo Story (Die Monte Carlo Story) [IT/US]. 1957: Witness for the Prosecution (Zeugin der Anklage); Touch of Evil (Im Zeichen des Bösen). 1961: Judgment at Nuremberg (Das Urteil von Nürnberg). 1963: Paris When It Sizzles (Zusammen in Paris). 1977/78: Schöner Gigolo, armer Gogolo [BRD]. 1982/83: Marlene [DOK].

Dieudonné, Albert

* 26. 11. 1889 Paris
† 19. 3. 1976 Paris

Gefördert von seinem Onkel, dem Schauspieler Alphonse Dieudonné. Rollen in Boulevardstücken, aber auch in ersten Wedekind-Inszenierungen. Ab 1910 daneben Filmarbeit; zunächst als Schauspieler, zu Beginn der 20er Jahre als Autor und als Regisseur. 1923 trifft er bei seiner dritten Regiearbeit (Arbeitstitel «Catherine») mit dem Debütanten Jean Renoir zusammen, den er im folgenden gern als seinen Schüler bezeichnet. Nach etlichen Differenzen mit Renoir erscheint der Film 1927 unter dem Titel *Une vie sans joie*. In die Filmgeschichte geht Dieudonné durch seinen mit absoluter Identifikation gespielten Bonaparte in *Napoléon vu par Abel Gance* ein. Diese Rolle verfolgt ihn bis ans Ende seiner Karriere; in Roger Richebés *Madame Sans-Gêne* darf er noch einmal als Bonaparte auftreten.

[FR] 1910: Le baiser de Judas; La fleur des ruines. 1916: Le périscope; Le fou de la falaise; L'héroisme de Paddy; Ce que les flots racontent. 1922: Son crime [R]. 1925: Napoléon vu par Abel Gance (Napoleon). 1927: Une vie sans joie [D,R]. 1941: Madame Sans-Gêne. 1942: Le brigand gentilhomme.

Dillon, Matt

* 18. 2. 1964 New Rochelle (New York)

Besuch der High School New Rochelle. Schauspielstudium an der Lee Strasberg School. 1979 Filmdebüt als Richie in Jonathan Kaplans *Over the Edge* – schon 1978 Auftritt im gleichen Stück auf der Bühne der Junior High School. Er wird zum Teenager-Idol. Frühzeitiger Höhepunkt der Filmkarriere: Dallas Winston in *The Outsiders* (Francis Ford Coppola). 1985 neben Gene Hackman in Arthur Penns *Target*. Mit der Titelrolle des Räubers und Junkies Bob Hughes im Roadmovie *Drugstore Cowboy* (Gus Van Sant) Wechsel zu dramatischen Charakterrollen. Als Single in Seattle in Cameron Crowes *Singles*. Mitte der 90er breitgefächertes Rollenspektrum in überwiegend kleinen, aber feinen Produktionen: *To Die For, Grace of My Heart, Albino Alligator.*

[US] 1979: Over the Edge (Wut im Bauch). 1980: My Bodyguard (Die Schulhofratten von Chicago); Little Darlings (Kleine Biester). 1981: Liar's Moon (Durchgebrannt aus Liebe). 1982: Tex (Tex). 1983: Rumble Fish (Rumble Fish); The Outsiders (Die Outsider); The Great American Fourth of July and Other Disasters [TV]. 1984: The Flamingo Kid (Flamingo Kid). 1985: Target (Target – Zielscheibe). 1986: Native Son (Native Son); Rebel (Rebel – Ein Mann gegen eine Armee) [AU]. 1987: The Big Town (Chicago Blues). 1988: Kansas (Kansas). 1989: When He's Not a Stranger (Im Netz des Schreckens) [TV]; Drugstore Cowboy (Drugstore Cowboy); Bloodhounds of Broadway (Bluthunde am Broadway). 1990: A Kiss Before Dying (Der Kuß vor dem Tode). 1991: Women & Men: In Love There Are No Rules. 1. EP: Return to Kansas City (Männer und Frauen) [TV]. 1992: Malcolm X (Malcolm X); Singles (Singles – Gemeinsam einsam). 1993: The Saint of Fort Washington (Street of New York); Golden Gate (Golden Gate); Mr. Wonderful (Mr. Wonderful). 1995: Frankie Starlight (Frankie Starlight); To Die For (To Die For). 1996: Grace of My Heart (Grace of My Heart); Beautiful Girls (Beautiful Girls); Albino Alligator. 1997: In and Out.

Dixit, Madhuri

* 15. 5. 1967 Ratnagiri

Tochter eines Ingenieurs aus Bombay und einer Musikerin. Bereits als Biologiestudentin am Parle-College erhält sie 1984 ihre erste Rolle in dem Hindi-Film *Abodh*, der aber kein Erfolg für sie wird. Ihren Durchbruch erzielt sie 1988 mit N. Chandras *Tezaab*, in dem sie ein junges Mädchen voll Sinnlichkeit verkörpert. Mit ihrem ausdrucksvollen Tanz, gefördert durch den Choreografen Saroj Khan, und ihrem erotischen Flair wird sie zum weiblichen Star des Hindi-Films der 90er Jahre. Popularität verschaffen ihr immer wieder ihre Songs, so in *Beta* (1992) und in *Khalnayak* (Subhash Ghai, 1993).

[IN] 1984: Abodh. 1986: Swati. 1987: Mohre; Uttar Dakshin; Hifazat. 1988: Dayavan; Khatron Ke Khiladi; Mahasangram; Vardi; Tezaab. 1989: Kanoon Apna Apna; Ilaka; Ram Lakhan; Prem Pratigya; Tridev; Mujrim; Paap Ka Ant; Parinda. 1990: Sailaab; Khilaaf; Kishan Kanhaiya; Jeevan Ek Sangharsh; Jamai Raja; Izzatdar; Thanedar; Dil; Pyar Ka Devata; Diwana Mujhsa Nahin. 1991: 100 Days; Dharavi; Prahaar; Pratikar; Saajan. 1992: Beta; Khel; Sangeet; Zindagi Ek Jua; Prem Diwani. 1993: Dil Tera Aashiq; Phool; Prem Pooja; Sahiban; Aansoo Bane Angarey; Khalnayak. 1994: Anjaam; Hum Aapke Hain Koun. 1995: Raja; Yaarana; Zameen. 1996: Prem Granth; Raj Kumar. 1997: Mrityu Dand; Dil Toh Paagal Hai.

Dmochowski, Mariusz

*29. 10. 1930 Piotrków Trybunalski

†8. 8. 1992 Popowo

1955 Diplom der Theaterhochschule Warschau. Danach am Polski Teatr, am Współczesny Teatr und am Narodowy Teatr. Mitte der 60er Jahre Erfolg als Wokulski in einer Dramatisierung des Prus-Romans «Lalka» (1968 auch in der Verfilmung durch Wojciech Jerzy Has). 1957 als Oberleutnant Korwin-Makowski im 2. Teil von Andrzej Munks *Eroica*. Dmochowski, der zunächst in einigen Filmen der Polnischen Schule und im Fernsehen nur Nebenrollen erhält, erregt 1968 Aufmerksamkeit als August der Starke in *Hrabina Cosel* (Jerzy Antczak). Diese Rolle und die des Hetman Jan Sobieski in Jerzy Hoffmans *Pan Wołodyjowski* (1968), nach dem Roman von Henryk Sienkiewicz, bilden einen Wendepunkt in seiner Karriere. Er präsentiert im polnischen Film einen starken, dominierenden Charakter. 1973 spielt er den eifersüchtigen Ehemann in Janusz Majewskis Choromański-Verfilmung *Zazdrość i medycyna*. 1980 nimmt er in *Ojciec królowej* (Wojciech Solarz) seine erfolgreiche Rolle als Jan Sobieski wieder auf. 1972–85 Intendant des Warschauer Nowy Teatr, danach wieder am Polski Teatr. Dmochowski stellt seine Vielseitigkeit auch im Warschauer Kabarett «Katarynka Warszawska» unter Beweis.

[PL] 1948–50: Miasto nieujarzmione (Robinson Warszawski). 1957: Eroica Eroica – Polen 44 [EP]. 1958: Dezerter. 1959: Zezowate szczęście (Das schielende Glück). 1961: Świadectwo urodzenia. Kropla krwi; Przeciwko bogom. 1962: Mężczyźni na wyspie. 1964: Mój drugi ożenek; Panienka z okienka. 1965: Dzień ostatni, dzień pierwszy. Buty (Der letzte Tag, der erste Tag: Die Stiefel) [TV]; Zawsze w niedzielę. 1966: Miejsce dla jednego (Der Platz für einen). 1966–68: Stawka większa niż życie (Sekunden entscheiden) [TVS]. 1967: Bicz boży (Der Erpresser in kurzen Hosen). 1968: Lalka (Die Puppe); Hrabina Cosel (Gräfin Cosel); Pan Wołodyjowski (Leben, Liebe und Tod des Obersten Wolodyjowski). 1969: Przygody pana Michała (Die Abenteuer des Herrn Michal) [TVS]. 1970: Prawdzie w oczy (Die Sache mit Bronek); Wawelski conventus dowódców [TV]. 1972: Punkt wyjścia [TV]. 1973: Zazdrość i medycyna (Eifersucht und Medizin); Czarne chmury (Schwarze Wolken) [TVS]. 1974: Bilans kwartalny (Zwischenbilanz). 1974–77: Soldaty svobody (Soldaten der Freiheit) [SU]. 1976: Przeproszam, czy tu bija (Verzeihung, wird hier geschlagen?); Blizna (Die Narbe); Trędowata (Nicht standesgemäß); Hasło (Das Kennwort) [TV]. 1977: Sprawa Gorgonowej (Der Fall Gorgonowa); Barwy ochronne (Tarnfarben). 1979: Golem; Kariera Nikodema Dyzmy (Die Karriere des Nikodem Dyzma) [TVS]; Biała gorączka [TV]. 1980: Ojciec królowej (Der Vater der Königin); Czułe miejsca. 1981: Polonia Restituta; Wojna światów – Następne stulecie. 1983: Widziadło. 1984: O-bi, o-ba, koniec cywilizacji; Jonasz. 1985: C.K. Dezerterzy (K.u.K. Deserteure); Lień już niedaleko; Dziewczęta z Nowolipek. Rajska jabłon (Die Mädchen aus Nowolipki); Temida [TV]. 1986: Rajska jabłoń (Der Paradiesapfelbaum); Zmiennicy [TVS]. 1987: Turące sośliny. 1988: Królewskie sny. 8 Folgen [TVS]; Alchemik. 4 Teile; Piłkarski poker. 1989: Modrzejewska [TVS]. 1990: Odbicia. 1992: Do widzenia wczoraj.

Domröse, Angelica

*4. 4. 1941 Berlin-Weißensee

Aufgewachsen in Berlin-Mitte. Während der Schulzeit Besuch des dramatischen Zirkels im «Haus der jungen Talente». Mit 16 von Slatan Dudow für die Rolle der Sigi in *Verwirrung der Liebe* entdeckt, bis 1965 Schauspielstudium an der Filmhochschule in Babelsberg. Nebenher in Filmen der DEFA und des Fernsehens, u.a. Krankenschwester Li in *Julia lebt* (Frank Vogel), Jüdin Ruth Bodenstein in *Chronik eines Mordes* (Joachim Hasler). Nach Abschluß des Studiums zum Berliner Ensemble, dann an der Volksbühne. Gemeinsam mit Wolf Kaiser gestaltet sie Brecht-Programme, die sie auch international und im Fernsehen präsentiert. Unterschiedliche Rollen in TV-Produktionen, so als resolute Proletarierin im Mehrteiler *Krupp und Krause* (Brandt, Thiel), Gräfin im Fernsehroman *Wege übers Land* (Martin Eckermann) oder die Titelrolle in *Effi Briest* (Wolfgang Luderer). Mehrfach als «DDR-Fernsehkünstler des Jahres» ausgezeichnet. Karriere-Höhepunkt wird 1972 Heiner Carows *Die Legende von Paul und Paula* mit seiner tragikomischen Reflexion der DDR-Wirklichkeit. In der Titelrolle von *Fleur Lafontaine* (Horst Seemann) zeigt Domröse die Entwicklung einer Frau über mehrere Jahrzehnte hinweg. Ab 1979 Theaterarbeit in Hamburg, West-Berlin und Stuttgart. In der BRD vorwiegend in TV-Filmen, so in *Flüchtige Bekanntschaften* (Marianne Lüdcke). Auch in Filmen von in der BRD arbeitenden DDR-Regisseuren: *Die zweite Haut* (Frank Beyer), *Hanna von acht bis acht* (Egon Günther). Glamouröser Star-Auftritt in der TV-Serie *Kir Royal* (Helmut Dietl). Auf der Bühne und im Fernsehen mehrfach gemeinsam mit ihrem zweiten Mann Hilmar Thate, so in der Sternheim-Adaption *Die Hose* (1985).

[DDR] 1958/59: Verwirrung der Liebe. 1960: Papas neue Freundin [TV]; Die Liebe und der CoPilot [TV]. 1961: Vielgeliebtes Sternchen [TV]; Die aus der 12b; Wenn Du zu mir hältst. 1961/62: An französischen Kaminen. 1962: Oh, diese Jugend [TV]. 1963: Sonntagsfahrer; Julia lebt; Drei Kriege. 1. Tauroggen [TV]; Engel, Sünden und Verkehr. Ep. 2: Der Wettlauf des Hasen mit dem Igel. 1963/64: Die Abenteuer des Werner Holt. 1964: Tolles Geld [TV]; Drei Kriege. 2. Hinter den Fronten [TV]; Das Schauspielerporträt: Angelica Domröse [TV-DOK]; Chronik eines Mordes. 1964/65: Entlassen auf Bewährung. 1965: Bäume sterben aufrecht [TV]; Jeder hat seine Geschichte [TV]. 1966: Archipel Lenoir [TV]; Schatten über Notre Dame [TV]; Emilia Galotti [TV]. 1966/67: Ein Lord am Alexanderplatz. 1967: Die Hose [TV]; Já, spravedlnost (Als Hitler den Krieg überlebte) [CS]. 1967/68: Krupp und Krause. Teil 1–3. [TV]. 1968: Wege übers Land [TV]; Alchimisten [TV]. 1968/69: Effi Briest [TV]. 1969: Der große Klaus [TV]; Die Zeichen der Ersten [TV]. 1970: Erlesenes: Chicago-Computer [TV]. 1970/71: Artur Becker [TV]; Salut Germain [TVS]. 1971: Arzt wider Willen [TV]; Die Chansonreise [TV]. 1971/ 72: Die Brüder Lautensack [TV]. 1971–73: Eva und Adam. Teil 1–4 [TV]. 1972: Liebeszauber [TV]; Die Legende von Paul und Paula; 1973: Unterm Birnbaum. 1974: Mein lieber Mann und ich [TV]. 1975: Die Wildente [TV]; Der goldene Elefant [TV]; Die Ausgezeichneten [TV]. 1975/76: Daniel Druskat [TV]. 1976/77: Abschied vom Frieden [TV]. 1977/78: Fleur Lafontaine [TV]; Bis daß der Tod euch scheidet. 1978: Der Galgensteiger [TV – CH]. 1979/80: Am grauen Strand, am grauen Meer [TV]. 1980/81: Don Quichottes Kinder [BRD]. 1981: Die zweite Haut [TV – BRD]; Randale [TV – BRD]. 1981/82: Flüchtige Bekanntschaften [TV – BRD]. 1983: Hanna von acht bis acht [TV – BRD]. 1984: Mamas Geburtstag [TV – BRD]; Fraulein [TV – BRD]. 1984–86: Kir Royal. 6: Karriere [TVS – BRD]. 1985: Die Hose [TV – BRD]; Blanche – oder Das Atelier im Garten [TV – BRD]. 1988: Frauen-Krieg-Lustspiel [TV – AT]; Der Alte: Blackout [TV – BRD]; Stalin [TV – AT]. 1989: Die Skorpionfrau [AT]. 1989/90: Der Alte: Die Wahrheit [TV – BRD]. 1990: Eine Legende vom Glück ohne Ende [TV-DOK]; The Beatles forever [TV – BRD]. 1990/91: Hurenglück [TV]. 1991: Tote Briefe [TV]; Die Verfehlung. 1993: Angelica Domröse und Hilmar Thate: Erinnerungen an «Daniel Druskat» [TV-DOK]. 1994: Polizeiruf 110: Samstags, wenn Krieg ist [TV]. 1995: Polizeiruf 110: Kleine Dealer, große Träume. 1996/97: Kalte Küsse.

Dorléac, Françoise

*21. 3. 1942 Paris
†26. 6. 1967 bei Nizza

Tochter der Schauspieler Renée Deneuve und Maurice Dorléac, ältere Schwester von Catherine Deneuve. Erster Bühnenauftritt mit zehn Jahren in einer Inszenierung mit Louis Jouvet. Studium des klassischen Tanzes; 1959–61 Schauspielunterricht bei René Girard am Konservatorium in Paris. Bühnenerfolge als Gigi in Colettes gleichnamigem Stück und in «Noix de Coco». Ihr variationsreiches Spiel als Komödiantin in Philippe de Brocas *L'homme de Rio* und Jacques Demys musikalischer Komödie *Les demoiselles de Rochefort*, als leidenschaftliche und schlampige Partnerin an der Seite von Catherine Deneuve in Roman Polanskis *Cul-de-sac*, als undurchschaubare Verführerin in Ken Russells *The Billion Dollar Brain* und vor allen ihre distanziert-elegante Nicole in François Truffauts *La peau douce* machen Dorléac in kurzer Zeit zum europäischen Star. Sie ebnet ihrer Schwester den Weg zum Film. Ihre Karriere endet jäh durch einen Autounfall, bei dem sie verbrennt.

[FR] 1957: Mensonges [KF]. 1959: Les loups das la bergerie (Sie hassen und sie lieben); Les petits chats. 1960: Les portes claquent (Die kleinen Sünderinnen); La fille aux yeux d'or (Das Mädchen mit den goldenen Augen). 1961: Ce soir ou jamais; Tout l'or du monde (Alles Gold der Welt); La gamberge (Die tolle Masche); Le jeu de la vérité (Mitternachtsparty). 1962: Arsène Lupin contre Arsène Lupin/Arsenio Lupin contro Arsenio Lupin (Auch Stehlen will gelernt sein) [FR/IT]. 1963/64: L'homme de Rio/L'uomo di Rio (Abenteuer in Rio) [FR/IT]. 1964: La chasse à l'homme/Caccia al maschio (Jagd auf Männer) [FR/IT]; La peau douce (Die süße Haut). 1965: Genghis Khan/Dschingis Khan [US/BRD/YU]; Where the Spies Are (Dolche in der Kasbah) [GB]; Cul-de-Sac (Wenn Katelbach kommt) [GB]. 1966/67: Les demoiselles de Rochefort (Die Fräulein von Rochefort). 1967: The Billion Dollar Brain (Das Milliarden-Dollar-Gehirn) [GB].

Douglas, Kirk

(Issur Danielovitch Demsky)
*9. 12. 1916 Amsterdam (New York)

1935–39 Besuch der St. Lawrence University und der American Academy of Dramatic Art, gleichzeitig in Tourneetheatern. 1941 Broadway-Debüt mit «Spring Again». 1943–44 Militärdienst bei der US Navy. Nach der Rückkehr kleine Bühnenrollen in New York. 1946 Filmdebüt als Alkoholiker-Ehemann von Barbara Stanwyck in Lewis Milestones Melodram *The Strange Love of Martha Ivers*. Erste Starrolle in Charles Martins *My Dear Secretary* (1948). Oscar-Nominierung für den skrupellosen Boxer in Mark Robsons *Champion* (1949). 1952 Gründung der Firma Bryna Productions. Er spielt vor allem kraftvolle und energische Charaktere, so den Sensationsreporter Charles Tatum in Billy Wilders *Ace in the Hole* oder einen brutalen Hollywood-Produzenten in Vincente Minnellis *The Bad and the Beautiful* (Oscar-

Nominierung), den U-Boot-Fahrer Ned Land in Richard Fleischers Jules-Verne-Film *20,000 Leagues Under the Sea*. 1956 Oscar für die Verkörperung des Malers Vincent van Gogh in Minnellis *Lust for Life*. Zusammenarbeit mit Stanley Kubrick, dessen kritische Filme er teilweise produziert: Im düsteren Antikriegsfilm *Paths of Glory* ist er ein idealistischer französischer Offizier des 1. Weltkriegs, in *Spartacus* überzeugend als Anführer eines Sklavenaufstandes. In den 60er und 70er Jahren in Kriegsfilmen und Western, so 1962 als moderner Cowboy in *Lonely Are the Brave* (David Miller). 1978 spielt er Peter in Brian DePalmas *The Fury*. In den 60er und 70er Jahren auch als Produzent tätig, in den 80ern vermehrt TV-Arbeit. Seinen Altersrollen gibt er oft eine ironische Brechung. Regie des Abenteuerfilms *Scalawag* (1973) sowie des Western *Posse* (1975). 1991 wird er vom American Film Institute mit dem Life Achievement Award ausgezeichnet, 1995 erhält er einen Ehren-Oscar. Sohn Michael Douglas ist seit 1969 erfolgreich Schauspieler und Produzent.

[US] 1946: The Strange Love of Martha Ivers (Die seltsame Liebe der Martha Ivers). 1947: Mourning Becomes Electra; Out of the Past (Goldenes Gift); I Walk Alone (14 Jahre Sing Sing). 1948: The Walls of Jericho; My Dear Secretary. 1949: Champion (Zwischen Frauen und Seilen); A Letter to Three Wives (Ein Brief an drei Frauen). 1949/50: Young Man with a Horn (Der Mann ihrer Träume). 1950: The Glass Menagerie (Die Glasmenagerie). 1951: Ace in the Hole (Reporter des Satans); Detective Story (Polizeirevier 21); Along the Great Divide (Den Hals in der Schlinge). 1952: The Big Sky (Das Geheimnis der Indianerin); The Bad and the Beautiful (Die Stadt der Illusionen); The Big Trees (Für eine Handvoll Geld). 1953: Un acte d'amour/Act of Love (Ein Akt der Liebe) [FR/US]; The Story of Three Loves. EP: Equilibrium (War es die große Liebe?) [EP]; The Juggler (Der Gehetzte). 1954: 20,000 Leagues Under the Sea (20000 Meilen unter dem Meer); Ulisse (Die Fahrten des Odysseus) [IT]. 1955: Man Without a Star (Mit stahlharter Faust); The Racers (Der Favorit); The Indian Fighter (Zwischen zwei Feuern). 1956: Lust for Life (Ein Leben in Leidenschaft). 1957: Paths of Glory (Wege zum Ruhm); Top Secret Affair (Charmant und süß – aber ein Biest); Gunfight at the O.K.Corral (Zwei rechnen ab). 1958: The Vikings (Die Wikinger); Last Train from Gun Hill (Der letzte Zug von Gun Hill). 1959: The Devil's Disciple (Der Teufelsschüler) [GB]. 1960: Spartacus (Spartacus) [D,P]; Strangers When We Meet (Fremde, wenn wir uns begegnen). 1960/61: Town Without Pity/Ville sans pitié/Stadt ohne Mitleid [US/CH/BRD]. 1961: The Last Sunset (El Perdido). 1962: Lonely Are the Brave (Einsam sind die Tapferen); Two Weeks in Another Town (Zwei Wochen in einer anderen Stadt). 1962/63: The Hook (Männer – hart wie Eisen). 1963: For Love Or Money (Der Fuchs geht in die Falle); The List of Adrian Messenger (Die Totenliste). 1963/64: Seven Days in May (Sieben Tage im Mai). 1965: In Harm's Way (Erster Sieg); The Heroes of Telemark (Kennwort «Schweres Wasser»/Stoßtrupp Telemark) [GB]. 1966: Paris brûle-t-il?/Is Paris Burning? (Brennt Paris?) [FR/US]; Cast a Giant Shadow (Der Schatten des Giganten). 1967: The Way West (Der Weg nach Westen); The War Wagon (Die Gewaltigen). 1968: The Brotherhood (Auftrag Mord) [D,P]; A Lovely Way to Die (Der schnellste Weg ins Jenseits). 1969: The Arrangement (Das Arrangement); French Lunch [KF]. 1970: There Was a Crooked Man (Zwei dreckige Halunken). 1971: Summertree [P]; A Gunfight (Duell in Mexiko); The Light at the Edge of the World/La luz del fin del mondo (Das Licht am Ende der Welt) [D,P – US/ES/LI]; Catch Me a Spy/Les doigtș croisés [GB/FR]. 1972: Un uomo da rispettare/Ein achtbarer Mann [IT/BRD]. 1973: Dr. Jekyll and Mr. Hyde [TV]; Scalawag (Scalawag) [D,R]. 1974: Cat and Mouse (Andersons Rache) [TV – GB]. 1975: Dr. Jekyll and Mr. Hyde (Dr. Jekyll und Mr. Hyde) [TV? – GB]; Posse (Männer des Gesetzes) [D,R,P]; Once Is Not Enough (Einmal ist nicht genug). 1976: Victory at Entebbe (Unternehmen Entebbe) [TV]; The Moneychangers (Die Bankiers) [TV]. 1977: Holocaust 2000 (Inferno 2000) [IT/GB]. 1978: The Fury (Teufelskreis Alpha). 1979: The Villain (Kaktus-Jack); Saturn 3 (Saturn-City) [GB]. 1980: The Final Countdown (Der letzte Countdown). 1981: Home Movies (Home Movies – Wie du mir, so ich dir). 1982: The Man from Snowy River (Snowy River) [AU]. 1983: Remembrance of Love [TV]; Eddie Macon's Run (Kopfjagd). 1984: Draw! [TV]. 1985: Amos [TV]. 1986: Tough Guys (Archie und Harry – Sie können's nicht lassen). 1987: Queenie (Queenie) [TV]. 1988: Inherit the Wind (Der Brady-Skandal) [TV]. 1991: Veraz [FR/IT/ES]; Oscar (Oscar – Vom Regen in die Traufe). 1992: The Secret (Großvaters Geständnis) [TV]. 1993/94: Greedy (Greedy). 1994: Take Me Home Again [TV]. 1996: A Song for David.

Douglas, Michael

*25. 9. 1944 New York City

Sohn des Schauspielers Kirk Douglas. Besuch verschiedener Privatschulen wie der Deerfield Academy, Massachusetts, sowie der Choate School, Wallingford, später der University of Santa Barbara. Dort erste Erfahrungen als Regisseur und Schauspieler in Studenten-Aufführungen. 1968 Teilnahme am Workshop des Neighborhood Playhouse bei Sanford Meisner. 1969 TV-Debüt in einer Folge der Serie *CBS Playhouse* und Kino-Debüt. Ab 1972 Konzentration auf TV- und Theater-Aufgaben. Er spielt am New Yorker Off-Broadway und beeindruckt in George Taboris antimilitaristischem Stück «Pinkville». 1972–77 internationale Popularität als Police Inspector Steve Keller in 97 Folgen der Fernseh-Serie *The Streets of San Francisco*. Douglas entwikkelt sich zum erfolgreichen Produzenten, seine erste Produktion, Milos Formans *One Flew Over the Cuckoo's Nest*, gewinnt fünf Oscars. Daneben weiterhin Arbeit als Schauspieler, so als Arzt in Michael Crichtons Thriller *Coma*, neben Jane Fonda und Jack Lemmon im Atomkraft-Thriller *The China Syndrome* (James Bridges). In den 80er Jahren auch – in Nachfolge des Vaters – als charmanter Draufgänger in romantischen Abenteuerfilmen, so mit Kathleen Turner in *Romancing the Stone* (Robert Zemeckis) und *The Jewel of the Nile* (Lewis Teague), die er auch produziert. In Richard Attenboroughs Musical *A Chorus Line* ist er der tyrannische Regisseur und 1987 neben Glen Close der im Grunde tugendhafte Rechtsanwalt in *Fatal Attraction* (Adrian Lyne). 1988 erhält er den Oscar für die Darstellung des brutalen Bankers Gordon Gekko in Oliver Stones *Wall Street*. In Danny DeVitos Eheduell *The War of the Roses* ist er Oliver Rose, der Mann von Kathleen Turner. In *Disclosure* konterkariert er das übliche Muster und wird das Opfer sexueller Belästigung im Büro. 1995 US-Präsident in Rob Reiners Komödie *The American President* (Golden-Globe-Nominierung), 1996 Großwildjäger in *The Ghost and the Darkness* (auch Produzent) und mit Vater Kirk Douglas in *A Song for David*.

[US] 1962: Lonely Are the Brave (Einsam sind die Tapferen) [RA]. 1965: The Heroes of Telemark (Kennwort «Schweres Wasser»/Stoßtrupp Telemark) [RA – GB]. 1966: Cast a Giant Shadow (Der Schatten des Giganten) [RA]. 1969: CBS Playhouse: The Experiment [TV]; Hail, Hero! 1970: Adam at 6 a.m ...1971: The F.B.I.: The Hitchhiker [TV]; Medical Center: The Albatros [TV]; Summertree. 1972: When Michael Calls (Helen und die Stimme aus dem Jenseits) [TV]; Napoleon and Samantha (Flucht in die Wildnis). 1972–77: The Streets of San Francisco (Die Straßen von San Francisco) [TVS]. 1975: One Flew Over the Cuckoo's Nest (Einer flog über das Kuckucksnest) [CoP]. 1978: Coma (Coma). 1979: The China Syndrom (Das China-Syndrom) [D,Co-A,P]; Running [D,P – CA]. 1980: It's My Turn (It's My Turn – Ich nenn' es Liebe). 1983: The Star Chamber (Ein Richter sieht rot). 1984: Starman (Der Mann vom andern Stern) [P]; Romancing the Stone (Auf der Jagd nach dem grünen Diamanten) [D,P]. 1985: A Chorus Line (A Chorus Line); The Jewel of the Nile (Auf der Jagd nach dem Juwel vom Nil) [D,P]. 1986–88: Starman [P – TVS]. 1987: Fatal Attraction (Eine verhängnisvolle Affäre); Wall Street (Wall Street). 1989: Black Rain (Black Rain) [P]; The War of the Roses (Der Rosen-Krieg). 1990: Flatliners (Flatliners) [P]. 1991: Hard Promises (Der Mann meiner Frau) [P]; Radio Flyer (Radio Flyer) [P]; Stone Cold (Stone Cold – Kalt wie Stein) [P]; The Tender (Gefährliche Freundschaft) [P]; Shining Through (Wie ein Licht in dunkler Nacht). 1992: Basic Instinct (Basic Instinct) [D,P]. 1993: Falling Down (Falling Down – Ein ganz normaler Tag) [D,P]; Made in America (Made in America) [P]. 1994: Disclosure (Enthüllung). 1995: The American President (Hallo, Mr. President). 1996: The Ghost and the Darkness (Der Geist und die Dunkelheit) [D,P]; A Song for David [D,P]. 1997: The Rainmaker [P]; The Game; Cannes ... les 400 coups [TV – FR].

Dreyfuss, Richard

*29. 10. 1947 Brooklyn (New York)

Besuch der Beverly Hills High School sowie des San Fernando State College. Auftritte als Schüler im Westside Jewish Community Center, wo er u. a. als 10jähriger den Zionisten Theodor Herzl darstellt. Später am Gallery Theatre, Los Angeles. Ab 1964 kleine Rollen in TV-Serien und Filmproduktionen. Daneben Tätigkeit im Büro des Los Angeles County General Hospital. 1967 Rolle in Mike Nichols' *The Graduate*. 1969 Broadway-Debüt mit «But Seriously». Danach mehrere Off-Broadway-Produktionen. 1972 Tourneetheater mit «The Time of Our Life» neben Henry Fonda. 1973 als Gangster Baby Face Nelson in *Dillinger* (John Milius). Im gleichen Jahr erreicht er Star-Status durch die Teenager-Nostalgie *American Graffiti* (George Lucas). Dreyfuss wird in der Folgezeit einer der erfolgreichsten Schauspieler des New Hollywood. Titelrolle in Ted Kotcheffs *The Apprenticeship of Duddy Kravitz*, der in Berlin einen Goldenen Bären erringt. Weltweite Popularität durch Filme von Steven Spielberg: als Sheriff Matt Hopper in *Jaws* und als Roy Neary in *Close Encounters of the Third Kind*. 1977 Oscar für die Darstellung des aufstrebenden Schauspielers in Herbert Ross' *The Goodbye Girl*. Später u. a. in Filmen von Paul Mazursky, so in *Down and Out in Beverly Hills* und *Moon Over Parador*. 1987 neben Danny DeVito als Aluminium-Vertreter in *Tin Men* (Barry Levinson). Neben der Film- und Fernsehtätigkeit immer wieder am Theater. 1994 Produzent von Robert Redfords *Quiz Show*, 1996 Oscar- und Golden-Globe-Nominierung für den passionierten Musiklehrer Glenn Holland in *Mr. Holland's Opus*.

[US] 1964: 90 Bristol Court: Karen [TVS]. 1965–68: The Big Valley [TVS]. 1967: The Graduate (Die Reifeprüfung); Valley of the Dolls (Das Tal der

Puppen). 1968: Young Runaways. 1969: Hello Down There. 1969–72: Room 222 [TVS]. 1971: Two for the Money [TV]. 1973: American Graffiti (American Graffiti); Dillinger (Jagd auf Dillinger). 1974: Second Coming of Suzanne; The Apprenticeship of Duddy Kravitz (Duddy will hoch hinaus) [CA]. 1975: Jaws (Der weiße Hai); Inserts (Nahaufnahme) [GB]. 1976: Victory at Entebbe (Unternehmen Entebbe) [TV]. 1977: Close Encounters of the Third Kind (Unheimliche Begegnung der dritten Art); Goodbye Girl (Der Untermieter). 1978: The Big Fix (Der große Trick) [D,CoP]. 1979: All That Jazz (Hinter dem Rampenlicht). 1980: The Competition (Das große Finale). 1981: Whose Life Is It Anyway? (Ist das nicht mein Leben?). 1984: The Buddy System (Biete Mutter – suche Vater). 1986: Stand by Me (Stand by me – Das Geheimnis eines Sommers); Down and Out in Beverly Hills (Zoff in Beverly Hills). 1987: Nuts (Nuts. ... Durchgedreht); Tin Men (Tin Men – Zwei haarsträubende Rivalen); Stakeout (Die Nacht hat viele Augen); Funny, You Don't Look 200 [TV]. 1988: Moon over Parador (Mond über Parador). 1989: Always (Always); Let It Ride (Alles auf Sieg). 1990: Rosencrantz & Guildenstern Are Dead (Rosenkrantz und Güldenstern sind tot); Once Around (Ein charmantes Ekel); Postcards from the Edge (Grüße aus Hollywood). 1991: What About Bob? (Was ist mit Bob?); Prisoner of Honor (Der Gefangene der Teufelsinsel) [TV]. 1993: Another Stakeout (Die Abservierer); Neil Simon's «Lost in Yonkers» (Trouble in Yonkers). 1993/94: Naked in New York (Naked in New York). 1994: Silent Fall (Stummer Schrei); The Last Word (Story Stripper); Quiz Show (Quiz Show) [P]. 1995: The American President (Hallo, Mr. President); Mr. Holland's Opus (Mr. Holland's Opus). 1996: Night Falls on Manhattan; James and the Giant Peach (James und der Riesenpfirsich) [S – ANI]; Mad Dog Time. 1996/97: Addicted to Love (in Sachen Liebe).

Drinda, Horst

(Horst Eckhart Drinda)
*1. 5. 1927 Berlin-Wedding
Schulbesuch in Berlin, Fliegertechnische Vorschule Köthen, Flugmotorenbau bei den Junkers-Werken in Köthen/Dessau. 1944 Vorbereitung auf die technische Offizierslaufbahn. Gegen Kriegsende Verwundung und Flucht aus der Gefangenschaft. 1945 erster Stipendiat der Schauspielschule des Deutschen Theaters Berlin. 1946–71 (mit einer Unterbrechung) am Deutschen Theater, danach noch als Gast. Filmdebüt 1948 in Gustav von Wangenheims *Und wieder 48!* Auftritte in satirischen Kurzfilmen der Stacheltier-Produktion, unter Regisseur Richard Groschopp auch in langen Filmkomödien. In Konrad Wolfs *Lissy* spielt er den kleinbürgerlichen SA-Mann Fromeyer. Bedeutendste Filmrolle 1964/65 in Günther Rückers *Die besten Jahre* als Arbeiter und Kommunist Ernst Machner, der zögernd und zweifelnd in der DDR Karriere macht. In *KLK an PTX – Die Rote Kapelle* (Horst E. Brandt) verkörpert er den Widerstandskämpfer Dr. Arvid Harnack, 1967–70 als Verleger Axel Caesar Springer in der propagandistischen TV-Serie *Ich – Axel Caesar Springer*. Ab 1971 im Ensemble des Fernsehens der DDR, danach in zahlreichen TV-Produktionen, besonders in Serien, die den DDR-Alltag behandeln. Übergang zur Verkörperung von Autoritätspersonen in Gegenwartsstücken und historischen Filmen: Weißbecher in Helmut Schiemanns *Auf der Suche nach Gatt* nach Erik Neutsch, Titelrolle in Scharnhorst (Wolf-Dieter Panse), bulgarischer Kommunist Dimitroff in *Der Teufelskreis* (auch Co-Regisseur neben Klaus Grabowski), Karl Marx in *Das Interview* (Michael Knof). Auch als Regisseur tätig, u. a. 1972 bei einer TV-Bearbeitung von Molières *Don Juan*.

[DDR] 1948: Und wieder 48! 1949: Der Auftrag Höglers. 1949/50: Semmelweis – Retter der Mütter 1951: Zugverkehr unregelmäßig. 1953: Bitte nicht stören [KF]. 1953/54: Gefährliche Fracht. 1954: Die Nacht des Grauens [KF]; Der Untermieter [KF]. 1954/55: Einmal ist keinmal. 1955: Der Fischer un sine Fru [KF]; Pep [KF]. 1956: Das tapfere Schneiderlein; Kleine Fische [KF]. 1956/57: Lissy. 1957/58: Sie kannten sich alle. 1958: Klotz am Bein; Einer unserer Besten [KF]; Sie nannten das Justiz [KF]. 1959: Bevor der Blitz einschlägt. 1959/60: Hochmut kommt vor dem Knall. 1960: Produktion geht vor [KF]; Spotkania w mroku/Begegnung im Zwielicht [PL/DDR]; Die Liebe und der CoPilot [TV]; Ein Ehepaar erzählt einen Witz; Ärzte; Enge Verbundenheit [KF]. 1961: Das Kleid; Der Traum des Hauptmann Loy. 1961/62: Das verhexte Fischerdorf. 1962/63: Der Dieb von San Marengo. 1964/65: Die besten Jahre. 1965: Der Nachfolger [TV]. 1965/66: Die Reise nach Sundevit. 1966/67: Er ging allein [TV]; Der Mord, der nie verjährt. 1967: Begegnungen [TV]; Kleiner Mann – was nun? [TV]. 1967–70: Ich – Axel Caesar Springer. 1. Vom schweren Anfang/2. Männer werden gemacht/3. Seid nett zueinander/4. Der gemachte Mann/5. Der Königsmacher [TVS]. 1968: Iphigenie auf Tauris [TV]. 1970: Die Kassette [TV]; Kein Mann für Camp Detrick [TV]; KLK an PTX – Die Rote Kapelle. 1971: Die Unbequeme [TV]. 1971–73: Eva und Adam. Teil 1–4 [TV]. 1972: Don Juan [TV]. 1972/73: Polizeiruf 110: Gesichter im Zwielicht [TV]. 1974: Egmont [TV]. 1974–76: Zur See 1. Die Bewährung [TVS]. 1975: Im Netz [TV]. 1975/76: Auf der Suche nach Gatt [TV]. 1976: Schließt mir nicht die Augen [TV]; Der Fernseh-Pitaval: Der Weg ins Nichts [TV]. 1977/78: Scharnhorst [TV]; Addio, piccola mia. 1978: Nachtspiele; Sami sred wâlzi/Allein unter Wölfen [TVS – BG]. 1978/79: Plantagenstraße

19 [TV]; Gelb ist nicht nur die Farbe der Sonne [TV]. 1979: Der Staatsanwalt hat das Wort: Zur Feier des Tages [TV]. 1979/80: Anamnese [TV]; Unser Mann ist König [TVS]. 1980: Der Direktor [TV]. 1980/81: Zwei Zeilen, kleingedruckt/Dve stročki melkim šriftom [DDR/SU]; Berühmte Ärzte der Charité: Der kleine Doktor [TV]. 1981: Kabale und Liebe [TV]. 1981/82: Berühmte Ärzte der Charité: Arzt in Uniform [TV]. 1982: Der Teufelskreis [D,CoR – TV]; Im Spiegel [TV]. 1983: Das Interview [TV]. 1983–85: Mein lieber Onkel Hans [TV]. 1984: Brennende Geduld [TV]. 1985: Die Hose [R – TV]; Der Snob [D,R – TV]; 1913 [D,R – TV]. 1987/88: Eine Magdeburger Geschichte [D,R,A – TV]. 1989: Polizeiruf 110: Falscher Jasmin [TV]. 1990: Der zerbrochene Krug [TV]. 1990/91: Aerolina [TVS]. 1996: Von Fall zu Fall: Stubbe und das Kind [TV].

Družnikov, Vladimir

(Vladimir Vasil'evič Družnikov)
* 30. 6. 1922 Moskau
† 20. 9. 1994 Moskau

In Moskau Ausbildung am Studio des Künstlertheaters, dann Mitglied des Theaters der Filmschauspieler und des Majakovskij-Theaters. Bereits die erste Filmrolle, der Neznamov in Vladimir Petrovs Ostrovskij-Verfilmung *Bez viny vinovatye* (1945) verschafft ihm große Popularität. Er kann sein vielseitiges Talent in zahlreichen Filmen der verschiedensten Genres entfalten. Zu seinen bedeutenden Leistungen gehören die lyrische Darstellung des Balašov in Ivan Pyr'evs *Skazanie o zemle Sibirskoj* (1948), die heroische Titelrolle in *Konstantin Zaslonov* (Vladimir Korš-Sablin, Aleksander Fajncimmer), die eindringliche Darstellung des von Koren in *Duel'* (T. Berczanceva, 1961) und des Solenyj in *Tri Sestry* (Erazm Karamjan; Stepan Ke, 1965) sowie seine Rollen in Sergej Bondarčuks Napoleon-Epos *Waterloo* (1970) und in *Probuždenie* (Latif Fajziev, 1983). Er erhält mehrere nationale Auszeichnungen.

[SU] 1945: Bez viny vinovatye (Ohne Schuld schuldig). 1946: Kamennyj cvetok (Die steinerne Blume). 1947: Glinka (Glinka); Naše serdce; Skazanie o zemle Sibirskoj (Das Lied von Sibirien). 1949: Konstantin Zaslonov. 1950: Žukovskij (Beherrscher der Luft); Zagovor obrečennych. 1951: Doneckie šachtery (Die Kumpels vom Donbass). 1953: Čest' tovarišča (Söhne der Heimat); Admiral Ušakov (Segel im Sturm); Korabli šturmujut bastiony (Schiffe stürmen Bastionen). 1954: Opasnye tropy (Gefährliche Pfade). 1955: Poprygun'ja (Die Grille). 1956: Koster bessmertija; Pervye radosti (Frühe Freuden). 1957: Neobyknovennoe leto (Ein ungewöhnlicher Sommer); Krutye stupeni. 1958: Lastočku (Deckname Schwalbe). 1960: Ljudi na mostu (Menschen auf der Brücke). 1961: Duel' (Das Duell); Dve žizni. 1963: Kubinskaja novella. 1964: General i margaritki. 1965: Črezvyčajnoe poručenie (Sonderauftrag); Tri sestry. 1966: Giperboloid inženera Garina. 1967: Desjatij šag (Der zehnte Schritt); Želaem uspecha [KF]. 1968: Tainstvennyj monach (Der geheimnisvolle Mönch). 1970: Waterloo/Vaterloo (Waterloo) [IT/SU]. 1971: Morskoj charakter; Oficery (Offiziere). 1972: Neizvestnyj, kotorogo znali vse [TV]. 1973: Čelovek v štatskom. 1975: Bez prava na ošibku. 1976: Nasledniki (Die Erben) [TV]. 1978: Grusinskaja chronika XIX veka [S]; Traktir na Pjatnickoj (Die Schenke in der Pjatnitzkaja); U menja vse normal'no (Keine besonderen Vorkommnisse). 1979: Plata za istinu (Der Preis der Wahrheit). 1980: Ledjanaja vnučka (Die Eisfee). 1981: Oni byli akterami. 1982: Gonki po vertikali [TV]; Predupreždenie/Predupreždenieto/Die Mahnung [SU/BG/DDR]. 1983: Aukcion (Auktion); Čelovek na polustanke [TV]; Probuždenie (Das Erwachen). 1985: Bagration (Bagration); Žil otvažnyj kapitan. 1986: Tanzploščadka (Der Tanzplatz). 1987: V. I. Lenin. Stranicy žizni [TVS]. 1989: Vizit damy [TV]. 1990: Častnyj detektiv, ili operacija «Kooperacija»; Nazad v SSSR. 1991: Gluchoman' [RU]. 1992: Želanie ljubvi [RU].

Dubost, Paulette

* 8. 10. 1911 Paris

Sie beginnt als Tänzerin und Sängerin in Opern und Operetten. Von den über 100 Filmen, in denen sie zumeist lustig-beschwingte Rollen spielt, fordert der bessere Teil ihr komisches Talent. Dubost läßt später nur wenige ihrer Auftritte als künstlerisch befriedigend gelten, so das Zimmermädchen Lise in Jean Renoirs *La régle du jeu* und Ginette in Marcel Carnés *Hôtel du Nord*. In den 50er Jahren hat sie überzeugende, wenn auch nur kurze Auftritte, in den Max-Ophüls-Klassikern *Le plaisir* und *Lola Montès*. Zu ihren schönsten Rollen gehört das etwas mürrische, dabei mit viel Witz ausgestattete späte Mädchen in Renoirs *Le déjeuner sur l'herbe*. Ab 1970 tritt Paulette Dubost in Fernsehfilmen auf.

[FR] 1925: Nana. 1931: L'amoureuse aventure [Version]; Service de nuit; Un chien qui rapporte; Un coup de téléphone. 1932: Rivaux de la piste; Vous serez ma femme; Paris-Soleil; Le martyre de l'obèse; Le champion du régiment; L'homme qui ne sait pas dire non [Version – DE]; Un homme sans nom [Version – DE]; A moi le jour, à toi la nuit [Version – DE]; L'enfant de ma sœur. 1933: Le fakir du Grand Hôtel; Vive la compagnie; Prince de Six Jours; Pour être aimé; Cette nuit-là; Les vingt-huit jours de Clairette; L'ordonnance; Dans les rues; Une fois dans la vie [Version – DE/FR]; Georges et Georgette [Version – DE]. 1934: L'auberge du Petit Dragon; Le comte Obligado; Le billet de mille; La cinquième empreinte; Le roi des Champs-Elysées; Jeunesse; La caserne en folie. 1935: Le bonheur; Le bébé de l'escadron; La rosière ds halles; La petite sauvage; Ferdinand le noceur. 1936: La brigade en jupons. 1937: Titin des Martigues; Le mensonge de Nina Petrovna. 1938: Barnabé; L'ange que j'ai vendu; Hôtel du Nord. 1939: Le paradis des voleurs; La règle du jeu (Die Spielregel); Bécassine. 1941: Opéra-Musette. 1943: Je suis avec toi; Adrien. 1944: Farandole. 1945: Roger La Honte; Au petit bonheur (Zum kleinen Glück). 1946: Six heures à perdre; Plume la Poule; La dernière chevauchée; La revanche de Roger La Honte; Ploum ploum tra la la. 1947: Blanc comme neige; Et dix de der; Le dolmen tragique. 1948: Ma tante d'Honfleur; Le bal des pompiers. 1949: La femme nue; La petite chocolatière; Le roi Pandore; Le 84 prend des vacances; Tire au flanc. 1950: Uniformes et grandes manœuvres (Der unfreiwillige Fallschirmjäger); Quatre dans une jeep. 1951: Le plaisir. Ep: La maison Tellier (Pläsier) [EP]; Descendez, on vous demande; Le chéri de sa concierge. 1952: La fête à Henriette (Auf den Straßen von Paris). 1953: Mon frangin du Sénégal. 1954: Le mouton à cinq pattes (Der Hammel mit den fünf Beinen). 1955: Ces sacrées vacances; Les carnets du major Thompson (Das Tagebuch des Mister Thompson); Impasse des vertus; Lola Montès/Lola Montez [FR/BRD]. 1956: La joyeuse prison. 1957: Maigret tend un piège/Il commissario Maigret (Kommissar Maigret stellt eine Falle) [FR/IT]; Sans famille (Die Abenteuer des kleinen Remi). 1958: Soupe au lait; Taxi, roulotte et corrida (Wenn Louis eine Reise tut); Mädchen in Uniform [BRD]. 1959: Ein Engel auf Erden [BRD]; Le chemin des écoliers/Furore di vivere (Die Schüler) [FR/IT]; Le bossu/La spada degli Orléans (Der Gejagte) [FR/IT]; Le déjeuner sur l'herbe (Das Frühstück im Grünen); La main chaude/La mano calda [FR/IT]. 1960: La Française et l'amour. 1. Ep: L'enfance (Die Französin und die Liebe) [EP]; Arrêtez les tambours; Tendre et violente Elisabeth (Zärtliche, wilde Elisabeth); La récréation (Brennende Haut). 1961: Les 7 péchés capitaux/I sette peccati capitali. 2. Ep: L'envie (Die sieben Todsünden) [EP – FR/IT]. 1962: Les mystères de Paris/I misteri di Parigi (Die Geheimnisse von Paris) [FR/IT]; Le meurtrier/L'omicida/Der Mörder [FR/IT/BRD]. 1963: Peau de banane/Buccia di banana (Heißes Pflaster) [FR/IT]; Germinal [FR/IT]. 1965: Viva Maria! (Viva Maria) [FR/IT]. 1966: Le dimanche de la vie – [FR/IT/BRD]. 1973: Juliette et Juliette/Juliette e Juliette (Der Blonde mit dem blauen Auge) [FR/IT]. 1977: La barricade du Point du Jour (Die Barrikade vom Point du Jour); Tendre poulet (Ein verrücktes Huhn). 1979: La gueule de l'autre. 1980: Le dernier métro (Die letzte Metro). 1982: Le retour des bidasses en folie. 1983: Charlots Connection. 1984: Le paria (Ausgestoßen) [BRD/FR]. 1989: Milou en mai/Milou a maggio (Eine Komödie im Mai) [FR/ IT]. 1990: Le jour des rois. 1992: Les mamies.

Duchesne, Roger

(Roger Jordaens)
*26. 7. 1906 Luxeuil-les-Bains
In den 30er Jahren Erfolge als sportlicher und stets gut aufgelegter Liebhaber. Seine wichtigsten Rollen hat er in Julien Duviviers *Le Golem*, in Alexis Granowskys *Tarass Boulba* und in Sacha Guitrys *Le Roman d'un tricheur* sowie in Léon Mathots *Les loups entre eux*. Die Grenzen seiner darstellerischen Mittel werden in Filmen deutlich, die er während der Okkupation dreht. 1955 spielt er seine einzige Nachkriegsrolle als müder Landstreicher in Jean-Pierre Melvilles *Bob le flambeur*.

[FR] 1934: Vers l'abîme [Version – DE]. 1935: Fanfare d'amour; Le Golem (Der Golem). 1935/36: Tarass Boulba. 1936: L'ange du foyer; Le roman d'un tricheur (Roman eines Schwindlers); Les loups entre eux; Messieurs les ronds-de-cuir; Sept hommes … une femme. 1937: Prison dans barreaux; Le tigre du Bengale [Version – DE]. 1937/38: Tempête sur l'Asie (Sturm über Asien). 1938: Gibraltar; Conflit. 1939: La brigade sauvage; Le monde tremblera; Nadia, la femme traquée; Rappel immédiat. 1941: Montmartre-sur-Seine; Le moussaillon; Cartacalha, reine ds gitanes. 1942: L'auberge de l'abîme; L'ange gardien; Le mistral; La femme perdue (Frau am Kreuzweg). 1943: Adrien; Jeannou. 1955: Bob le flambeur (Drei Uhr nachts).

Dufilho, Jacques

*19. 2. 1914 Bègles
Sohn eines Apothekers. Ab 1938 Theaterarbeit mit Dullin, Barrault, Barsacq und Vitaly. Anerkennung als Theaterschauspieler erwirbt er durch Rollen in Stücken von Marcel Aymé, Anouilh, Molière und Audiberti. Nach dem Krieg erhält er einen Schallplattenpreis für eine Aufnahme von Sketchen. Beim Film zunächst in recht undankbaren Rollen. Um seinen Unterhalt zu bestreiten, tritt er widerwillig in Kabaretts und Music-Halls auf, eine Tätigkeit, die er 1962 endlich aufgeben kann. Dufilho gestaltet seine Rollen insbesondere dann beeindruckend – im Kino wie im Theater – wenn sie einen atavistischen Charakter haben, so einen Bauern (seine zweite Berufung) in Claude Chabrols *Le cheval d'orgueil*, einen Massenmörder in Robin Davis' *Ce cher Victor* oder den Verrückten in Werner Herzogs *Nosferatu*. Nach einem Zwischenspiel in Italien (1973–76) folgt eine Phase der Anerkennung für den kantigen Schauspieler, der die eher stummen Rollen der gesellschaftlich zum Schweigen Verurteilten liebt: 1978 César für seine Nebenrolle in *Le crabe-tambour* (Pierre Schoendoerffer) und 1981 für seine Nebenrolle in Claude Sautets *Un mauvais fils*.

[FR] 1941: Croisières sidérales. 1943: Adieu Léonard; Premier de cordée. 1946: Le bâteau à soupe. 1947: Brigade criminelle; Figure de proue; Le destin exécrable de Guillemette Babin. 1948: La ferme des sept péchés. 1949: Histoires extraordinaires; Vendetta en Camargue (Steppenrache); Les étoiles.

1950: Caroline chérie (Im Anfang war nur Liebe); Bibi Fricotin. 1951: Ma femme, ma vache et moi. 1952: Le chemin de Damas (Der Weg nach Damaskus); Un caprice de Caroline chérie (Mein Leben für die Liebe). 1953: Saadia; Sang et lumières (Feuriges Blut, wilde Leidenschaft) [FR/ES]; Le chevalier de la nuit. 1954: Cadet Rousselle (Wer nimmt die Liebe ernst?). 1955: Milord l'Arsouille (Der Graf von Orly); Ce sacré Amédée; Paris canaille/Paris coquin (Oh,la-la, Chérie). 1955/56: Marie-Antoinette, reine de France/Maria Antonietta, regina di Francia (Der Liebesroman einer Königin) [FR/IT]. 1956: The Happy Road (Straße des Glücks) [US]; Nôtre-Dame de Paris (Der Glöckner von Notre-Dame) [IT/FR]; Que les hommes sont bêtes (Bei Sylvia werden Männer schwach); Mon curé chez les pauvres; Jusqu'au dernier (Hyänen unter sich); Courte-tête/Les ramasse-miettes; La vie est belle. 1957: Nathalie (Nathali) [FR/IT]; Le temps des œufs durs (Die Zeit der harten Eier); Mademoiselle Strip-Tease (Paris tabu). 1958: Chéri fais-moi peur; Le petit prof; Bobosse; Et ta sœur?; Maxime (Die Affären von Madame M.); Taxi, roulotte et corrida (Wenn Louis eine Reise tut). 1959: Signé Arsène Lupin/Il ritorno di Arsenio Lupin [FR/IT]; Julie la rousse (Rote Haare – freche Lippen); Préméditation; I tartassati/Fripouillard et Cie [IT/FR]; Le travail c'est la liberté. 1960: Les vierges de Rome/Virgini di Roma (Die Jungfrauen von Rom) [FR/IT]; Dans l'eau qui fait des bulles (Louis – Die Schnatterschnauze); Zazie dans le métro (Zazie). 1961: Dans la gueule du loup; Le monocle noir (Das schwarze Monokel); La guerre des boutons (Der Krieg der Knöpfe); L'assassin connaît la musique; Les snobs. 1962: Un clair de lune à Maubeuge; Coup de bambou; La poupée (Die Puppe – La poupée). 1963: Clémentine chérie [FR/IT]; Dragées au poivre/Confetti al pepe (Bonbons mit Pfeffer) [FR/IT]; Le bon roi Dagobert. 1963/64: Der Besuch/ La rancune/La vendetta della signora [BRD/FR/IT]; Voir Venise et crever/La spiache venne dall'ovest/ Mord am Canale Grande [FR/IT/BRD]. 1964: La grande frousse/La cité de l'indicible. 1965: La communale; L'or du duc. 1967: L'inconnu de Shandigor; Benjamin ou les mémoires d'un puceau (Benjamin – Aus dem Tagebuch einer männlichen Jungfrau); Les têtes brulées. 1969: Une veuve en or; Un merveilleux parfum d'oseille; Appelez-moi Mathilde. 1970/71: Il Rompiballe ... rompe ancora/Fantasia chez les ploucs (Die Filzlaus kehrt zurück) [IT/FR]. 1971: Les bidasses en folie (Die fünf tollen Charlies – Frechheit siegt); Chut! 1972: Une journée bien remplie/Una giornata spesa bene [FR/IT]; La brigade en folie. 1973: Les corps célestes; Crash che botte! (Strippo, strappo, stroppio) (Drei Spaghetti in Schanghai) [IT]; La grande nouba (Die Knallköpfe von St. Tropez); Il Colonnello Buttiglione (Zu Befehl, Herr Feldwebel) [IT]. 1974: Basta con la guerra ... facciamo l'amore! (Der Oberst mit dem Dachschaden schlägt wieder zu) [IT]; Il colonnello Buttiglione diventa generale (Herr Oberst haben eine Macke) [IT]; Professore venga accompagnato dai suoi genitori [IT/FR]. 1975: Ce cher Victor (Der liebe Viktor); Buttiglione diventa capo del servizio segreto [IT]. 1975/76: Il soldato di ventura/La grande bagarre (Hector, der Ritter ohne Furcht und Tadel) [IT/FR]. 1976: Voto di castità [IT]; Dimmi che fai tutto per me [IT]; Noir et blanc en couleurs; Il medico e la studentessa (Liebe ohne Stundenplan) [IT]. 1977: Von Buttiglione Sturmtruppenführer [IT]; Le crabe-tambour. 1978: Nosferatu – Phantom der Nacht/Nosferatu – Fantôme de la nuit [BRD/FR]. 1979: Fantômas/Fantomas: 1. L'échafaud magique/Verhängnisvolles Rendezvous/2. Tödliche Umarmung/ 3. Ein Toter mordet nicht/ 4. Le tramway fantôme/Der rote Diamant [TV – FR/BRD]; Rue du pied de grue [FR/BE]. 1980: Le cheval d'orgueil (Das Traumpferd); Un mauvais fils (Der ungeratene Sohn). 1982: Y a-t-il un français dans la salle? 1986: L'homme qui n'était pas là. 1987: A notre regrettable époux. 1988: La vouivre; Mangeclous. 1992: Pétain; Les enfants du naufrageur.

Dunaway, Faye

(Dorothy Faye Dunaway)
*14. 1. 1941 Bascom (Florida)
Sie besucht als Kind verschiedene High-Schools der US Army in Texas, Arkansas, Utah und Mannheim. Studium an der Florida State University sowie der Boston University School of Fine and Applied Arts. Abschluß der Schauspielausbildung am Lincoln Center in New York. 1962 Broadway-Erfolg als Margaret in Robert Bolts «A Man for All Seasons». 1964 Zusammenarbeit mit Elia Kazan in «After the Fall». Filmdebüt in Elliot Silversteins *The Happening,* (1966/67), im gleichen Jahr in Otto Premingers *Hurry Sundown.* Oscar-Nominierung als Bonnie Parker in Arthur Penns erfolgreichem Gangsterfilm *Bonnie and Clyde* (1968), ebenso als undurchsichtige Blondine in Roman Polanskis Thriller *Chinatown* (1974). Schließlich Oscar als rücksichtslose TV-Produzentin Diana Christensen in Sidney Lumets *Network* (1976). Sie verkörpert die Filmschauspielerin Joan Crawford in *Mommie Dearest* (Frank Perry), sowie die argentinische Präsidentengattin in Marvin Chomskys Fernsehfilm *Evita Peron.* Überzeugend als ausgelaugte Alkoholikerin Wanda Wilcox in Barbet Schroeders Bukowski-Verfilmung *Barfly* und als unfruchtbare Serena Joy in Volker Schlöndorffs trister Utopie *The Handmaid's Tale.* Auch als Produzentin tätig: 1989 TV-Film *Cold Sassy Tree* (Joan Tewksbury), in dem sie neben Richard Widmark auch die Hauptrolle übernimmt. 1995 als Ehefrau von Marlon Brando in *Don Juan DeMarco and the Centerfold.* 1996 verkörpert sie Maria Callas in dem Theaterstück «Master Class».

[US] 1966/67: The Happening (Die Meute); Hurry Sundown (Morgen ist ein neuer Tag). 1967: Bonnie and Clyde (Bonnie und Clyde). 1968: The Extraordinary Seaman; The Thomas Crown Affair (Thomas Crown ist nicht zu fassen); Amanti/Le temps des amants (Der Duft deiner Haut) [IT/FR]. 1969: The Arrangement (Das Arrangement). 1970: Little Big Man (Little Big Man); Puzzle of a Downfall Child. 1971: Hogan's Goat [TV]; Doc (Doc); La maison sous les arbres (Das Haus unter den Bäumen) [FR]. 1972: The Woman I Love [TV]. 1973: The Three Musketeers (The Queen's Diamond) (Die drei Musketiere) [PA]; Oklahoma Crude (Oklahoma Crude). 1974: After the Fall [TV]; Towering Inferno (Flammendes Inferno); Chinatown (Chinatown); The Four Musketeers (The Revenge of Milady) (Die vier Musketiere der Königin) [PA]. 1975: Three Days of Condor (Die drei Tage des Condors). 1976: The Disappearance of Aimee (Warum verschwand Aimee?) [TV]; Vicki; Voyage of the Damned (Reise der Verdammten) [GB]; Network (Network). 1978: Eyes of Laura Mars (Die Augen der Laura Mars). 1979: The Champ (Der Champ). 1980: The First Deadly Sin (Die erste Todsünde). 1981: Mommie Dearest (Meine liebe Rabenmutter); Evita Peron (Evita Peron) [TV]. 1982: TheCountry Girl [TV]. 1982/83: The Wicked Lady (Die verruchte Lady) [GB]. 1984: Supergirl (Supergirl) [GB]; Ordeal by Innocence (Tödlicher Irrtum) [GB]; Christopher Columbus/Christoph Columbus [TV – IT/BRD/US]; Ellis Island [TV – GB]. 1985: Duet for One; 13 at Dinner (Mord à la carte) [TV]. 1986: Beverly Hills Madam (Der Callgirl Club) [TV]. 1987: Casanova (Casanova) [TV – US/IT/BRD]; La Partita (Die Partie seines Lebens) [IT]; Barfly (Barfly). 1988: Midnight Crossing; Helmut Newton: Frames From the Edge [DOK – BRD]; Burning Secret/Brennendes Geheimnis [GB/US/BRD]. 1989: Cold Sassy Tree (Skandal in Cold Sassy) [TV]; Le ragioni del cuore/Aspetta primavera Bandini/Le raison du coeur/The Reasons of the Heart (Warte bis zum Frühling, Bandini) [IT/BE/FR/US]; In una notte di chiaro di luna (Diese vitale Wut) [IT/FR]. 1990: TheTwo Jakes (DieSpur führt zurück – TheTwo Jakes) [S]; The Handmaid's Tale (Die Geschichte der Dienerin); Silhouette (Im Schatten) [D,CoP]. 1991: Scorchers (American Cocktail). 1992: Double Edge (Drei Wochen in Jerusalem); The Temp (Die Aushilfe); Arizona Dream (Arizona Dream) [FR/US]. 1993: Columbo: It's All In The Game [TV]. 1994/95: Don Juan DeMarco and the Centerfold (Don Juan DeMarco). 1995: A Family Divided (Blutiges Familiengeheimnis) [TV]. 1996: The Chamber; En brazos de la mujer madura [ES]; Albino Alligator; The People Next Door [TV]; Dunston Checks In (Dunston – Allein im Hotel). 1996/97: The Twilight of the Gods [TV]. 1997: Rebecca [TV].

Dunne, Irene

(Irene Marie Dunn)
*20. 12. 1898 Louisville (Kentucky)
†4. 9. 1990 Los Angeles

Studium am Chicago Musical College. 1920 Bühnendebüt bei einem Tourneetheater im Musical «Irene». 1922 mit «The Clinging Vine» am Broadway. Sie wird eine der führenden amerikanischen Sängerinnen und Schauspielerinnen. 1929 als Magnolia in der Uraufführung von Jerome Kerns Musical «Show Boat». Diese Rolle führt zum Filmdebüt in Eddie Clines *Leathernecking*. Dunne wird eine der meistbeschäftigten Filmschauspielerinnen der 30er Jahre. Oscar-Nominierung und Starstatus mit Wesley Ruggles' Western-Saga *Cimarron* (1931). Sie spielt in Musikfilmen, wie James Whales *Show Boat* oder Rouben Mamoulians *High, Wide and Handsome*, aber auch in zahlreichen Screwball-Comedies, so als Partnerin von Cary Grant in Leo McCareys *The Awful Truth* (1937, Oscar-Nominierung) oder an der Seite von Douglas Fairbanks in Tay Garnetts *Joy of Living*. Auch in dramatischen Filmen, u. a. als blinde Lady in John M. Stahls *Magnificent Obsession*. Weitere Höhepunkte und Oscar-Nominierungen: in Richard Boleslawski *Theodora Goes Wild* (1936), neben Charles Boyer in McCareys *Love Affair* (1938), in George Stevens' *I Remember Mama* (1948). In den 40er Jahren Lux Radio Theatre, später auch beim Fernsehen. 1952 Rückzug vom Film. 1957 Beginn einer Karriere als Politikerin. US-Delegierte der 12. Generalversammlung der UNO sowie Mitarbeit in verschiedenen karitativen Organisationen. Zeitweise Mitglied des Board of Directors von Technicolor Inc.

[US] 1930: Leathernecking; Cimarron. 1931: Bachelor Apartment; The Stolen Jools [KF]; The Great Lover; Consolation Marriage. 1932: Symphony of Six Million; Back Street (Seitenwege des Lebens); Thirteen Women. 1932/33: No Other Woman; The Secret of Madame Blanche. 1933: The Silver Cord; Ann Vickers; If I Were Free. 1934: This Man Is Mine; Stingaree; The Age of Innocence; Sweet Adeline. 1934/35: Roberta. 1935: Magnificent Obsession. 1936: Show Boat; Theodora Goes Wild. 1937: High, Wide and Handsome; The Awful Truth (Die schreckliche Wahrheit). 1938: Joy of Living; Love Affair (Ruhelose Liebe). 1939: Invitation to Happiness; When Tomorrow Comes (Wenn das Morgen kommt). 1939/40: My Favorite Wife (Meine Lieblingsfrau). 1941: Unfinished Business; Penny Serenade (Akkorde der Liebe). 1942: Lady in a Jam. 1943: A Guy Named Joe. 1944: Together Again (Modell wider Willen); The White Cliffs of Dover. 1945: Over 21. 1946: Anna and the King of Siam (Anna und die König von Siam). 1947: Life with Father (Unser Leben mit Vater). 1948: I Remember Mama (Geheimnis einer Mutter). 1950: Never a Dull Moment; The Mudlark (Der Dreckspatz und die Königin) [GB]. 1952: It Grows on Trees. 1954: Ford Theatre: Sister Veronica [TV]. 1955: Loretta Young Show: Tropical Secretary [TV]; Loretta Young Show: Slander [TV]; Ford Theatre: Touch of Spring [TV]. 1956: Ford Theatre: On the Beach [TV]; Ford Theatre: Sheila [TV]. 1959: The June Allyson Show: The Opening Door [TV]. 1962: Saints and Sinners: Source of Information [TV]; General Electric Theatre: Go Fight City Hall [TV].

Duperey, Anny
*28. 6. 1947 Rouen
Mit 13 Jahren Tanz- und Schauspielunterricht in Rouen. 1964 nach Paris. Studium am Konservatorium. Nebentätigkeit als Fotomodell. Engagement am Théâtre de France; wichtige Rollen in Stücken von Giraudoux und Molière in Zusammenarbeit mit Jean-Louis Barrault. International bekannt wird sie 1966 durch ihre Rolle in Jean-Luc Godards *Deux ou trois choses, que je sais d'elle*. Sie ist Partnerin Jean-Paul Belmondos in Alain Resnais' Filmbiografie des Hochstaplers *Stavisky* (1973/74). Als Traumfrau verwirrt sie Jean Rochefort in Yves Roberts Komödie *Un éléphant ça trompe énormément*. Ihre schauspielerische Professionalität wird in vielen unterhaltenden Filmen kaum gefordert; in den 80er Jahren ist ihre Rolle in Francis Lerois *Le démon dans l'île* eines der wenigen Gegenbeispiele. Mit dem Roman «L'admiroir» tritt Duperey auch literarisch hervor.

[FR] 1966: Deux ou trois choses que je sais d'elle (Zwei oder drei Dinge, die ich von ihr weiß). 1967: L'homme qui valait des millards/L'uomo che valeva miliardi (Der goldene Schlüssel) [FR/IT]. 1968: Histoires extraordinaires/Tre passi nel delirio. 1. Ep: Metzengerstein (Außergewöhnliche Geschichten) [EP – FR/IT]; Un jeune couple; Sous le signe de Monte Cristo/Montecristo 70 (Gejagt wie Monte Christo) [FR/ IT]; Bye Bye Barbara. 1969: Les femmes (Oh, diese Frauen) [FR/IT]. 1971: Les malheurs d'Alfred (Alfred, die Knallerbse). 1972: Nur eine Frage der Zeit [BRD/FR]; Pas folle la guêpe [FR/IT/BRD]; Sans sommation/Ohne Warnung/Il clan del quartiere latino [FR/BRD/IT]. 1973: L'oiseau rare. 1973/74: Stavisky/Stavisky, il grande truffatore (Stavisky) [FR/IT]. 1974: Pas de problème (Kein Problem). 1976: Un éléphant, ça trompe énormément (Monsieur auf Abwegen); La nuit d'or [FR/BRD]. 1977: Bobby Deerfield (Bobby Deerfield) [US]. 1978: Trocadéro bleu citron (Trocadero). 1978/79: De Dunquerque à la victoire/Contro 4 bandiere/De Dunkerke a la victoria (Nur drei kamen durch) [IT/FR/ES]. 1979: Car-napping – bestellt – geklaut – geliefert [TV – BRD]. 1980: Psy. 1981: Mille milliards de dollars (1000 Millarden Dollar); Le grand pardon (Der Super-Boss). 1982: Le démon dans l'île; Meurtres à domicile [BE]. 1983: Les compères (Zwei irre Spaßvögel). 1984: La triche. 1990: La seconde [TV – BE/FR]. 1991: Contre l'oubli [EP]. 1993: Germinal (Germinal).

Dussollier, André
*17. 2. 1946 Anney
Studium in Grenoble; Schauspielunterricht bei Jean-Laurent Cochet. Nach dem Konservatorium, das er 1972 mit drei ersten Preisen in den Fächern klassisches, modernes und ausländisches Theater abschließt, Engagement an der Comédie Française; dort u. a. in Max Frischs «Die chinesische Mauer» und in Molières «Le Bourgeois gentilhomme». 1974–82 am Théâtre National Populaire und an anderen Bühnen in Paris; 1979 Auszeichnung mit dem Prix Gérard Philipe für seine Rolle in Herb Gardners «Le fraîcheur de l'aube». Vom ersten Film an, François Truffauts *Une belle fille comme moi*, übernimmt Dussollier ambitionierte Rollen; mit nur wenigen Ausnahmen in Filmen, die kaum Publikumserfolg haben. Dussolier ist Meister der Improvisation; er akzentuiert in seiner Rollenauffassung die rationale Seite menschlicher Verhaltensweisen. Mit seiner Rolle in Coline Serreaus *Trois hommes et un couffin* wird er auch einem breiteren Publikum bekannt.

[FR] 1972: Une belle fille comme moi (Ein schönes Mädchen wie ich). 1974: Un divorce heureux; Toute une vie/Tutta una vita (Ein Leben lang) [FR/IT]. 1975: Il pleut sur Santiago (Es regnet über Santiago) [FR/BE]. 1976: Marie Poupée; Alice ou la dernière fugue (Alice); Le couple témoin [FR/CH]. 1978: Perceval le Gallois (Perceval le Gallois). 1979: Extérieur nuit (Die Taxifahrerin). 1981: Le beau mariage (Die schöne Hochzeit); Les filles de Grenoble (Straße der verlorenen Engel). 1982: Qu'est-ce qui fait courir David?; Liberty Belle (Liberty Belle). 1982/83: La vie est un roman (Das Leben ist ein Roman). 1984: L'Amour à mort; L'Amour par terre (Theater der Liebe); Les enfants (Les enfants – Die Kinder); Stress (Stress). 1985: Trois hommes et un couffin (Drei Männer und ein Baby). 1985/86: Mélo (Melo). 1986: Yiddish Connection (Safe Breaker). 1987: De sable et de sang; Fréquence meurtre (Tödliche Frequenz). 1988: L'Enfance de l'art; Mon ami le traître. 1990: La femme fardée. 1991: Roi blanc, dame rouge/Belij Korol (Roi blanc, Dame rouge) [CH/FR/RU]; Border Line [CH/FR]; Sushi, Sushi. 1992: Un coeur en hiver (Ein Herz im Winter). 1993: La petite apocalypse (Die kleine Apokalypse) [FR/IT/PL]; Les marmottes; Aux petits bonheurs (Die kleinen Freuden des Lebens). 1994: Le Colonel Chabert (Colonel Chabert). 1996: Quadville. 1997: Le palais de la santé.

Duvall, Robert
*5. 1. 1931 San Diego (California)
Besuch des Principa College, Illinois. Teilnahme am Koreakrieg. 1955 Schauspielstudium bei Sanford Meisner am Neighborhood Playhouse, New York. Er-

ster Bühnenerfolg in Horton Foots «The Midnight Caller». Seit Ende der 50er Jahre umfangreiche Fernseharbeit. Mitwirkung in zahlreichen Serien, u. a. *Naked City, The Untouchables, Twilight, The Defenders.* Gleichzeitig auch Theaterarbeit am Off-Broadway. 1965 Erfolg in «A View From the Bridge», 1977 in «American Buffalo». 1962 Filmdebüt als einfältiger Boo Radley in Robert Mulligans *To Kill a Mockingbird.* Ab Mitte der 60er Jahre erfolgreiche Zusammenarbeit mit Regisseuren des New Hollywood: Major Frank Burns in Robert Altmans *M*A*S*H*,* als titelgebender Roboter in George Lucas' *THX-1138.* Häufig in Filmen Francis Ford Coppolas, so als skrupelloser Mafia-Anwalt Tom Hagen in *The Godfather* (1972) und als wahnsinniger Lieutenant Bill Kilgore im Vietnam-Film *Apocalypse Now* (1979), für beide Rollen wird er für den Nebenrollen-Oscar nominiert. Erfolg als Eisenhower im TV-Film *Ike,* als Kommißkopf Bull Meechum in Lewis John Carlinos *The Great Santini* und neben Robert De Niro als Detektiv in Ulu Grosbards *True Confessions.* Für das differenzierte Porträt des Country-Sängers Max Sledge in Bruce Beresfords *Tender Mercies* (1983) erhält er einen Oscar. In Volker Schlöndorffs steriler Utopie *The Handmaid's Tale* spielt er den autoritären Kommandanten. 1996 als Kleinstadt-Arzt und väterlicher Freund John Travoltas in *Phenomenon* und als Vater eines Mörders in *Sling Blade.* 1977 Regie des Dokumentarfilms *We're Not the Jet Set,* 1983 des Spielfilms *Angelo, My Love* über amerikanische Zigeuner, 1997 als Prediger im selbstinszenierten *The Apostle.*

[US] 1958–62: Naked City: One Market Hot Gives Cold David Lowell Rich [TV]; Naked City: Torment Him Much and Hold Him Long [TV]; Naked City: Five Cranks for Winter, Ten Cranks for Spring [TV]; Naked City: A Hole in the City [TV]. 1959: The Twilight Zone: Miniature [TVS]. 1959–62: The Untouchables: Blues for a Gone Goose [TV]. 1960–63: Route 66: The Newborn [TV]; Route 66: Suppose I Said I Was the Queen of Spain? [TV]; Route 66: Birdcage on My Foot [TV]. 1961: Alfred Hitchcock Presents: Bad Actor [TV]. 1961–64: The Defenders [TVS]. 1962: To Kill a Mockingbird (Wer die Nachtigall stört). 1963: Captain Newman, M.D. (Captain Newman). 1963–64: Outer Limits: Chameleon [TV]; Outer Limits: Inheritors [TV]. 1964: Nightmare in the Sun (Hetzjagd in Ketten). 1965: Voyage to the Bottom of the Sea: TheInvaders [TVS]; Combat: TheEnemy [TVS]. 1965–73: The F.B.I. [TVS]. 1965/66: The Chase (Ein Mann wird gejagt). 1966: Fame Is the Name of the Game [TV]; Combat: Cry For Help [TVS]. 1967: Cosa Nostra – Arch Enemy of the FBI (Cosa Nostra – Erzfeind des FBI) [TV]; Combat: The Partisan [TVS]. 1968: Bullitt (Bullitt); The Detective (Der Detektiv); Countdown (Countdown: Start zum Mond). 1968–72: Mod Squad [TVS]. 1969: The Rain People (Liebe niemals einen Fremden); True Grit (Der Marshal). 1970: The Revolutionary; M.A.S.H. (M.A.S.H.). 1971: THX 1138 (THX 1138); Lawman (Lawman). 1972: The Great Northfield Minnesota Raid (Der große Minnesota-Überfall); Tomorrow (Heute und morgen und in alle Ewigkeit); The Godfather (Der Pate); Joe Kidd (Sinola). 1973: Lady Ice (Diamantenlady); Badge 373 (Wie ein Panther in der Nacht); The Outfit (Revolte in der Unterwelt). 1974: The Conversation (Der Dialog); Breakout (Der Mann ohne Nerven); We're Not the Jet Set [R – KF]; The Godfather II (Der Pate II). 1975: The Killer Elite (Die Killerelite). 1976: The Greatest (Ich bin der Größte); Seven-Per-Cent Solution (Kein Koks für Sherlock Holmes); Network (Network); The Eagle Has Landed (Der Adler ist gelandet) [GB]. 1978: The Betsy (Der Clan); Invasion of the Body Snachters (Die Körperfresser kommen). 1979: The Great Santini (Der große Santini); Ike: The War Years [TV]; Apocalypse Now (Apocalypse Now). 1981: True Confessions (Gefährliche Beichte); Pursuit of D. B. Cooper (Die Jagd). 1982/83: Tender Mercies. 1983: Angelo My Love [R,A]; The Terry Fox Story (Marathon der Hoffnung) [CA]. 1984: The Stone Boy; The Natural (Der Unbeugsame). 1984/85: The Lightship (Das Feuerschiff). 1985: Belizaire – Cajun (Belizaire – Der Cajun). 1986: Let's Get Harry! (Holt Harry raus!); Hotel Colonial (Killer Connnection). 1988: Colors (Colors – Farben der Gewalt). 1989: Lonesome Dove (Der Ruf des Adlers: Das große Abenteuer) [TV]. 1990: Days of Thunder (Tage des Donners); The Handmaid's Tale (Die Geschichte der Dienerin); A Show of Force (Die Stärke der Macht). 1991: Newsies (Die Zeitungsjungen); Rambling Rose (Die Lust der schönen Rose); La Peste/The Plague (Die Pest) [FR/GB/AR]. 1992: Stalin [TV – US/GB/CA/RU/HU]. 1993: Geronimo: An American Legend (Geronimo); Convicts; Falling Down (Falling Down – Ein ganz normaler Tag); Wrestling Ernest Hemingway (Walter & Frank – Ein schräges Paar). 1993/94: The Paper (Schlagzeilen). 1994: The Stars Fall on Henrietta. 1995: Something to Talk About (The Power of Love); The Scarlet Letter (Der scharlachrote Buchstabe). 1996: The Man Who Captured Eichmann [D,P – TV]; Phenomenon (Phenomenon); A Familiy Thing [D,P]; Sling Blade. 1997: The Apostle [D,R,A]; The Gingerbread Man.

Duvall, Shelley

*7. 7. 1949 Houston (Texas)

Tochter eines Rechtsanwalts. Diätetik-Studium in Texas. 1970 erste kleine Filmrolle in Robert Altmans *Brewster McCloud.* Bei ihm zeichnet die magere, hypermobile Schauspielerin in den 70er Jahren einige der einprägsamsten Frauenporträts des New Hollywood, so als naives Mädchen Keechie Mobley in *Thieves*

Like Us, als ehrgeiziges Groupie in *Nashville*, als redselige Therapeutin in *Three Women* (1977, Darstellerpreis Cannes), als Comicfigur Olive Oyl in *Popeye*. Ferner als Rockmusik-Kritikerin in Woody Allens *Annie Hall* und als Mutter in Stanley Kubricks Schocker *The Shining*. Seit den 80er Jahren hauptsächlich Produzentin (Think Entertainment), vor allem mit der erfolgreichen Märchen-Serie *Faerie Tale Theatre* für das Kabelfernsehen sowie 1993 Gus Van Sants *Even Cowgirls Get the Blues*. 1996 als Countess Gemini in Jane Campions *The Portrait of a Lady*.

[US] 1970: Brewster McCloud (Auch Vögel können töten). 1971: McCabe and Mrs. Miller (McCabe & Mrs. Miller); Cannon: The Seventh Grave [TV]. 1974: Thieves Like Us (Diebe wie wir). 1975: Nashville (Nashville). 1976: Buffalo Bill and the Indians or Sitting Bull's History Lesson (Buffalo Bill und die Indianer). 1977: Three Women (Drei Frauen); Annie Hall (Der Stadtneurotiker); American Short Story: Bernice Bobs Her Hair [TV]. 1980: Faerie Tale Theatre: Rumpelstiltskin [TV]; The Shining (Shining) [GB]; Popeye (Popeye – Der Seemann mit dem großen Schlag). 1981: Time Bandits (Time Bandits) [GB]. 1982: Faerie Tale Theatre: Tale of the Frog Prince [P – TV]; Faerie Tale Theatre: Rapunzel [P – TV]. 1982–1987: Fearie Tale Theatre [P – TVS]. 1983: Faerie Tale Theatre: Little Red Riding Hood [P – TV]; Faerie Tale Theatre: The Beauty and the Beast [P – TV]. 1984: Frankenweenie; Faerie Tale Theatre: The Emperor's New Clothes [P – TV]; Faerie Tale Theatre: The Little Mermaid [P]. 1985: The Twilight Zone: A Saucer of Loneliness [TV]; The Ray Bradbury Theatre: The Tombstone [TV]. 1985–1988: Tall Tales and Legends [P – TVS]. 1987: Roxanne (Roxanne). 1989: Nightmare Classics: The Strange Case of Dr. Jekyll and Mr. Hyde [TV]. 1990: Mother Goose Rock 'n' Ryhme [D,P – TV]; Dinner at Eight [P – TV]. 1991: Suburban Commando (Der Ritter aus dem All); Backfield in Motion (Die Mütter-Mannschaft) [P – TV]. 1992: Shelley Duvall's Bedtime Stories [P – TVS]. 1993: Frasier: Dark Victory (Frasier) [S – TVS]. 1994: The Underneath. 1996: Changing Habits; The Portrait of a Lady (Portrait of a Lady). 1997: Twilight of the Ice Nymphs; Home Fries; Rocket Man.

Dymna, Anna

(Anna Dziadyk)
* 20. 7. 1951 Legnica
Bühnendebüt am Słowacki Teatr in Krakau. 1973 Diplom an der Theaterhochschule, dann am Stary Teatr in Krakau, wo sie 1970 als Studentin (unter dem Namen Anna Dziadyk) erste Rollen bekommt und bis heute engagiert ist. Vor allem macht sie im 2. und 3. Teil von Sylwester Chęcińskis Film-Trilogie *Nie ma mocnych* (1974) und *Kochaj albo rzuć* (1977) auf ihr komisches Talent aufmerksam. 1979 verpflichtet sie der ungarische Regisseur Miklós Jáncsó für zwei Filme nach Budapest. Das polnische Fernsehen setzt sie häufig in historischen Filmen und Serien ein. Große Popularität bringt ihr die Rolle der Königin Barbara Radziwiłłówna in Janusz Majewskis TV-Serie *Królowa Bona* (1980). Dymna, die als Schauspielerin meist den Typ der schönen, nicht allzu komplizierten Frau verkörpert, übernimmt auch melodramatische Rollen, so in Jerzy Hoffmans *Znachor* (1981). Im folgenden Jahr wird sie von Tadeusz Konwicki für seine Miłosz-Verfilmung *Dolina Issy* engagiert. Ab Ende der 80er Jahre spielt sie weniger im Film. 1993 bricht sie mit ihrem Image und verkörpert in *Tylko strach* (Barbara Sass) eine Alkoholikerin. Sie erhält dafür den Darsteller-Preis des Nationalen Spielfilmfestivals in Danzig.

[PL] 1971: Szerokiej drogi, kochanie; Jak daleko stą, jak blisko (Wie fern, wie nah ...); 150 na godzinę (150 Stundenkilometer); Diament radży [TV]; Pięć i pół Bladego Józka [TV]. 1972: Die Schlüssel [DDR]. 1973: Droga (Ein Mann unterwegs) [TVS]; Aus dem Leben eines Taugenichts [TV – DDR]; Janosik (Janosik, Held der Berge); Sekret. 1974: Najważniejszy dzień życia [TVS]; Nie ma mocnych. 1976: Trędowata (Nicht standesgemäß). 1977: Kochaj albo rzuać; Wesela nie bedzie (Der Scheidungsgrund); Pasja; Okrągły tydzień (Eine Woche lang). 1978: Anton der Zauberer [DDR]; Do krwi ostatniej (Bis zum letzten Blutstropfen). 1979: Allegro barbaro (Allegro barbaro) [HU]; Magyar rapszódia (Ungarische Rhapsodie) [HU]. 1980: Yvonne [TV – DDR]; Królowa Bona (Königin Bona) [TVS]. 1981: Znachor (Der Kurpfuscher). 1982: Epitafium dla Barbary Radziwiłłówny (Abschied von Barbara); Dolina Issy. 1983: Ostrze na ostrze (Klinge um Klinge); Polskie bitwy [TV]; Przenaczenie; Wedle wyroków twoich/Zu Freiwild verdammt [PL/BRD]. 1984: Rycerze i rabusie (Ritter und Räuber) [TVS]. 1986: Osobisty pamiętnik grzesznika ... przez niego samego spisany. 1988: Schodami w górę, schodami w dół. 1989: Mistrz i Małgorzata [TVS]. 1993: Wujek; Tylko strach; śierać jak kromka chleba. 1995: Pestka; Der Teufel und die Jungfrau [DE/PL].

Dymsza, Adolf

(Adolf Bagiński)
* 7. 4. 1900 Warschau
† 20. 8. 1975 Góra Kalwaria
Bühnendebüt am Miraż-Theater Warschau, ab 1917 an verschiedenen Provinztheatern, 1920 wieder in Warschau, wo er vor allem als Kabarettist auf sich aufmerksam macht. Filmdebüt 1918 in *Roztargniony krawiec*, einem komischen Kurzfilm. Ab Mitte der 20er Jahre entwickelt er sich zum erfolgreichsten Komiker des polnischen Films. Dymsza, der den Übergang zum Tonfilm mühelos schafft, ist daneben auch in Verfilmungen

polnischer Literatur, so 1930 in Borys Newolins Zapolska-Adaption *Moralność pani Dulskiej* und in der Sienkiewicz-Verfilmung *Janko Muzykant* zu sehen. Mit Komödien vor allem von Michał Waszyński – *Antek Policmajster; Bolek i Lolek* – und Mieczysław Krawicz, die noch heute in Polen populär sind, erlangt er Mitte der 30er Jahre den Höhepunkt seiner Laufbahn. Gleichzeitig setzt er seine Bühnenkarriere in Warschau und Lwów fort. Während der deutschen Okkupation spielt er in Warschau an öffentlichen Theatern wie Komedia, Nowości und Rozmaitości und hat deshalb 1945–51 Auftrittsverbot. 1952–73 Engagement am Syrenea-Theater Warschau. Er ist einer der wenigen polnischen Vorkriegsschauspieler, die, vor allem in Lustspielen und Satiren, ihre Filmkarriere im Nachkriegspolen fortsetzen können. Seine Vielseitigkeit beweist er z. B. 1953 in *Sprawa do załatwienia* (Jan Fethke, Jan Rybkowski), wo er acht Rollen spielt. 1952 erhält Dymsza, der durch die komische Figur des Dodek fast eine nationale Institution geworden ist, den polnischen Staatspreis. Über und mit ihm realisiert Jan Łomnicki 1970 *Pan Dodek* als Kompilationsfilm mit Spielhandlung.

[PL]1918: Roztargniony krawiec [KF]. 1920: Nieznośny czeladnik [KF]. 1924: Miłość przez ogień i krew. 1926: Czerwony błazen. 1929: Policmajster Tagiejew (Der Sittenpaß). 1930: Wiatr od morza; Janko Muzykant; Moralność pani Dulskiej; Sztabskapitan Gubaniew; Niebezpieczny romans (Gefährliche Romanze). 1932: Ułani, ułani, chłopcy malowani; Sto metrów miłości; Romeo i Julcia. 1933: Dwanaście krzeseł/Dvanáct kěsel [PL/CS]; Każdemu wolno kochać. 1934: Parada rezerwistów. 1935: Wacuś; ABC mi łości; Antek policmajster. 1936: 30 karatów szczęścia; Dodek na froncie; Bolek i Lolek. 1937: Niedorajda. 1938: Paweł i Gaweł; Robert i Bertrand. 1939: Sportowiec mimo woli. 1949: Skarb (Der Schatz). 1953: Sprawa do załatwienia (Das sollte man regeln). 1955: Irena do domu (Irene, bleib zu Hause). 1956: Nikodem Dyzma (Der Mann im Frack). 1959: Café pod Minogą; Mój teatr [KF]. 1962: Mój stary (Mein Alter). 1967: Arena (Arena) [SU]. 1970: Pan Dodek.

Džigarchanjan, Armen

(Armen Borisoviè Džigarchanjan)
*3. 10. 1935 Erevan

Bis 1958 Studium am Akademischen Sundkjan-Theater in Erevan bei Armen Gulakjan. Im Ensemble dieser Bühne spielt er ab 1955, u. a. in Molières «Die lächerlichen Preziösen» und den Levinson in Fadeevs «Die Neunzehn». 1969 Engagement am Majakovskij-Theater in Moskau. Erste Filmarbeiten in Produktionen des armenischen A. I.-Beknasarjan-Studios. Sein Filmdebüt ist 1960 der energische junge Mann Akopa in *Obval* (G. Sarkisov). Herausragende Leistungen sind Artema Manveljan in *Zdravstvuj, eto ja!* (Frunze Dovlatjan) und Meister Mukuč in *Treugol'nik* (Genrich Maljan). Džigarchanjan ist ein Schauspieler, der wortkarge und zurückhaltende Charaktere darstellt, die dennoch entschlossen und umsichtig handeln. Einen nachhaltigen Eindruck hinterläßt 1969 sein Parteifunktionär Styšnoj in Nikolaj Moskalenkos *Žuravuška* und Kacev in *Troe na šosse* (Anatolij Bobrovskij, 1983). Er erhält mehrere nationale staatliche Auszeichnungen.

[SU] 1960: Obval. 1961: Dvenadcat' sputnikov; Pered voschodom. 1962: Vody podnimajutsja. 1965: Zdravstvyj, eto ja!. 1966: Ljudi odnogo goroda. 1967: Treugol'nik (Das Dreieck); Na kievskom napravlenii. 1968: Novye priključenija neulovimich (Neue Abenteuer der geheimnisvollen Rächer); Žil čelovek; Poltora časa v kabinete Lenina [TV]; Šestoe ijulja (Der 6. Juli); Operacija «Trest» (Operation «Trest») [TV]. 1969: Žuravuška (Kleiner Kranich); Karatel'. 1970: Korona Rossijskoj imperii, ili Snova neulobimye; Vozduch sovnarkoma [TV]; Črezvyčajnyj komissar (Tatort Taschkent); Belyj vzpyv (Weiße Explosion); Echo dalekich snegov; Poezd v zavtrašnij den'. 1971: Molodye (Junge Leute); Tronka; Rasplata; Sochranivšie ogon' (Die das Feuer bewahren); Poezd v dalekij avgust. 1972: Krug (Der Kreis); Perevod iz anglijskogo (Übersetzung aus dem Englischen) [TV]; Sveaborg; Konec Ljubavinych (Das Ende der Ljubawins); Čajka (Die Möwe); Rasskaži mne o sebe (Erzähl' mir über dich). 1973: Okean Ozean; I togda ja skazal «net» [S]; Četvertyj; Gonščki; Myžčiny (Männer); Čelovek na cvoem meste (Ein Mensch an seinem Platz). 1973/74: Vysokoe zvanie (Um des Lebens willen). 1974: Uščel'e pokinutych skazok; Ol'ga Sergeevna [TV]; Cement [TV]; Čas do vošoda colnca [TV]; Zdes' naš dom; Starye steny (Alte Wände). 1975: Rasskaz o prostoj vešči (Kopfgeld für Orlow) [TV]; Zdravstvyjte, ja vaša tetja! [TV]; Nevesta c Severa [TV]; Vozduchoplavatel' (Luftschiffer) [TV]; Premija (Die Prämie); Osen'; Kogda nastupaet sentjabr' (Wenn es September wird). 1976: Brillianty dlja diktatury proletariata (Brillanten für die Diktatur des Proletariats); Odinnadcat' nadežd (Elf Hoffnungen); Vkus chalvy. 1977: Strategija riska [TV]; Sobaka na sene (Der Hund im Heu) [TV]; Rudin (Rudin); Slânšev udar (Es gibt nur eine Erde) [BG]. 1978: Sneg v traure; Koroli i kapusta [TV]; Arevik [TV]; Mesto vstreči izmenit' nel'sja (Die schwarze Katze) [TV]; Priechali na konkurs povara (Viele Köche verderben den Brei) [TV]. 1979: Jaroslavna, koroleva Francii (Verheiratet nach Frankreich); Zvezda nadeždy (Der Preis der Freiheit); Legenda o skomoroche; Ljubov' moja, pečal' moja (Meine Liebe – meine Trauer). 1980: Kuda isčez Fomenko [TV]; Živite dolgo

(Früchte des Baumes); Polet načinaetsja s zemli [TV]; Babuškin vnuk (Omas Enkel); Dul'sineja Tobosskaja [TV]. 1981: Konej na pereprave ne menajut; Tegeran-43/Téhéran-43 (Killer sind immer unterwegs) [SU/FR/CH]; Rasskazy o ljubvi [TV]. 1982: Professija – sledovatel' [TV]; Svidanie c molodost'ju; Nam zdes žit (Burschen mit Herz) [TV]; Nikkolo Paganini /Nikolo Paganini (Niccolo Paganini) [TV – SU/BG]; Schvatka [TV]; Gikor. 1982/83: Bereg/Das Ufer [D – SU/BRD]. 1983: Troe na šosse; Gde-to plačet ivolga. 1984: Ja gotov prinjat' vysov ; Skaski starogo volšebnika (Dornröschen) [TV]; Rafferti [TV]; Recept ee molodosti (Das Rezept ihrer Jugend). 1985: Zolotaja rybka [TV]; Dorogi Anny Firling [TV]; Iskrenne vaš ...; Rasstavanija; Odinakaja ore šina (Der einsame Nußbaum). 1986: Krik del'fina; Licom k licu; Tajny madam Vong (Die Geheimnisse der Madame Wong); Krik del'fina; Za javnym preimuščestvom (Wegen klarer Überlegenheit); K rassledovaiju pristupit'. 1. Versija [TV]; Žizn' Klima Samgina [TV]. 1987: Čužie igry; K rassledovaiju pristupit'. 2. Kleveta [TV]; Čužie igry; Konec sveta s posledujuščim simpoziumom [TV]; Raz na raz ne prichoditsja (Man hat nicht immer Glück); Pretendent [TV]. 1988: Gorod Zero (Die Stadt Zero); Radosti zemnye; Fiziki [TV]. 1989: 13-j Apostol; Ruanskaja deva [TV]; Sozvezdie kozlotura [TV]; Pyška [TV]; Dve strely; Knjaz' udačca Andeevič. 1990: Zakon; Šapka; Ispanskaja aktrisa dlja russkogo ministra; Dinozavry XX; Detstvo temy [TV]; Licom k stene; Anekdoty; Sto dnej do prikaza (100 Tage, Genosse Soldat); Bindjužnik i korol'; Pasport; Po prozvišču zver' (Man nannte ihn Bestie). 1991: Gangstery v okeane [RU]; Agenty KGB tože vljubljajutsja [RU]; Careubijca/Assassin of the Tsar [RU/GB]; Sdelano v SSSR [RU]; I čert c nami [RU]. 1992: Becy [RU]; Kat'ka i žiz [RU]; Na deribasovskoj chorošaja pogoda, ili Na Brajton-bič opjat' idut doždi [RU]; Chelp mi [RU]; Ubijca [RU]; V poiskach zolotogo fallosa [RU]; Raskol [TV – RU]; Černyj kvadrat [RU]; Snajper [RU]; Kazino [RU]; Ispolnitel' prigovora [RU]; Vostočnyj roman [RU]; Igra vser'ez [RU]; Au, ograblenie poezda [RU]; Govorjaščaja obez'jana [RU]; Ričard – l'vinoe serdce [RU]. 1993: Ryščar' Kennet [RU]; Al'fons [RU]; Sny [RU]; Streljajuščie Angely [RU]. 1994: Prostodušnyj [RU]; Noktjurn dlja Barabana i motocikla [RU].

E

Eastwood, Clint
(Clinton Eastwood, Jr.)
* 31. 5. 1930 San Francisco
Besuch der Oakland Technical High School und des Los Angeles City College. 1951 zur US Army als Ausbilder in Ford Ord, California. 1954 Filmvertrag von Universal. 1955–58 kleine Rollen in B-Pictures, zugleich auch Bademeister und Rettungsschwimmer. 1959–66 als Rowdy Yates in 144 Folgen der TV-Serie *Rawhide*. Danach Übersiedlung nach Italien. Dort steigt er als schweigsamer Revolverheld in den drei Italo-Western der «Dollar-Serie» von Sergio Leone zum internationalen Star auf: als Fremder in *Per un pugno di dollari* und *Per qualche dollaro in più* sowie als Joe in *Il buono, il brutto, il cattivo*. 1968 erste Starrolle in den USA als Jed Copper in Ted Posts *Hang 'em High*. Dann vor allem Zusammenarbeit mit Don Siegel, so bei *Coogan's Bluff* und *Dirty Harry*, wo er erstmals den Privatdetektiv Harry Callahan aus San Francisco spielt. Als «Dirty Harry» auch in *Magnum Force* (Ted Post), *The Enforcer* (James Fargo) und *The Dead Pool* (Buddy Van Horn). Eastwood wird mehrfach zum populärsten US-Schauspieler gewählt. Gründet eigene Firma Malpaso Prod. 1970/71 Regiedebüt mit *Play Misty for Me*. Seitdem Tätigkeit als Schauspieler, Regisseur und Produzent. Er dreht Actionfilme und Komödien, hält das Western-Genre lebendig und zeichnet in *Bird* das sensible Filmporträt des Jazzmusikers Charlie «Bird» Parker. Sein Western *Unforgiven* erhält 1992 einen Oscar für den besten Film des Jahres, Eastwood den Oscar und den Golden Globe als bester Regisseur. In Wolfgang Petersens *In the Line of Fire* spielt er einen alternden Agenten des Secret Service. Star, Regisseur und Produzent ist er 1993 von *A Perfect World*, 1995 von *The Bridges of Madison County* und 1997 von *Absolute Power*. 1996 wird er vom American Film In-

stitute mit dem Life Achievement Award ausgezeichnet. 1986–88 fungiert er als Bürgermeister seines Wohnorts Carmel, California.

[US] 1955: Revenge of the Creature (Die Rache des Ungeheuers); Francis in the Navy; Tarantula (Tarantula); Lady Godiva (Die nackte Geisel); Never Say Goodbye (Nur du allein). 1956: The First Traveling Saleslady; Away All Boats (Klar Schiff zum Gefecht); Star in the Dust (Noch heute sollst du hängen). 1957: Escapade in Japan (Verschollen in Japan); Lafayette Escadrille. 1958: Ambush at Cimarron Pass. 1959: Maverick: Duel at Sundown [TVS]. 1959–66: Rawhide (Cowboys) [TVS]. 1964/65: Per un pugno di dollari/Por un puñado de dólares/Für eine Handvoll Dollar [IT/ES/BRD]. 1965: Per qualche dollaro in più/Für ein paar Dollar mehr/La muerte tenía un precio [IT/BRD/ES]. 1966: Le streghe/Les sorcières. 5. EP: Una sera come le altre (Hexen von heute. Ep:) [EP – IT/FR]; Il buono, il brutto, il cattivo (Zwei glorreiche Halunken) [IT]. 1968: Hang ‹em High (Hängt ihn höher) [D,P]; Where Eagles Dare (Agenten sterben einsam) [GB]; Coogan's Bluff (Coogans großer Bluff) [D,P]. 1969: Paint Your Wagon (Westwärts zieht der Wind). 1970: Two Mules for Sister Sara (Ein Fressen für die Geier) [D,P]; Kelly's Heroes (Stoßtrupp Gold) [US/YU]. 1970/71: Play Misty for Me (Sadistico) [D,R,P]. 1971: The Beguiled (Betrogen) [D,P]. 1971/72: Dirty Harry (Dirty Harry) [D,P]. 1972: Joe Kidd (Sinola) [D,P]. 1973: High Plains Drifter (Ein Fremder ohne Namen) [D,R,P]; Magnum Force (Calahan) [D,P]. 1974: Thunderbolt and Lightfoot (Die Letzten beißen die Hunde) [D,P]; Breezy (Begegnung am Vormittag) [D,R,P]. 1975: The Eiger Sanction (Im Auftrag des Drachen) [D,R,P]; The Enforcer (Der Unerbittliche) [D,P]. 1976: The Outlaw Josey Wales (Der Texaner) [D,R,P]. 1977: The Gauntlet (Der Mann, der niemals aufgibt) [D,R,P]. 1978: Every Which Way but Loose (Der Mann aus San Fernando). 1979: Escape from Alcatraz (Flucht von Alcatraz). 1980: Bronco Billy (Bronco Billy) [D,R]; Any Which Way You Can (Mit Vollgas nach San Fernando). 1982: Firefox (Firefox) [D,R,P]; Honkytonk Man (Honkytonk Man) [D,R,P]. 1983: Sudden Impact (Dirty Harry kommt zurück) [D,R,P]. 1984: Tightrope (Der Wolf hetzt die Meute) [D,P]; City Heat (City Heat – Der Bulle und der Schnüffler). 1985: Pale Rider (Pale Rider – Der namenlose Reiter) [D,R,P]; Amazing Stories (Unglaubliche Geschichten) [R – TVS]. 1986: Heartbreak Ridge (Heartbreak Ridge) [D,R,P]. 1987: Bird (Bird) [R,P]. 1988: The Dead Pool (Das Todesspiel) [D,P]. 1989: Thelonious Monk: Straight, No Chaser [P – DOK]; Pink Cadillac (Pink Cadillac). 1990: The Rookie (Rookie – Der Anfänger) [D,P]; White Hunter, Black Heart (Weißer Jäger, schwarzes Herz) [D,R,P]. 1992: Unforgiven (Erbarmungslos) [D,R,P]. 1993: In the Line of Fire (In the Line of Fire – Die zweite Chance); A Perfect World (Perfect World) [D,R,P]. 1995: The Bridges of Madison County (Die Brücken am Fluß) [D,R,P]; The Stars Fell on Henrietta [P]; Casper (Casper). 1996: Absolute Power [D,R,P]. 1996/97: Midnight in the Garden of Good and Evil [R].

Efremov, Oleg

(Oleg Nikolaevič Efremov)
*1. 10. 1927 Moskau
Ausbildung an der Schauspielschule des Künstlertheaters in Moskau; 1949 Engagement am Zentralen Kindertheater. 1956 wird er Leiter des Moskauer Sovremennik-Theaters, wo er durch die Inszenierung sowjetischer Gegenwartsdramatik – z. B. Viktor Rosovs «Die ewig Lebenden» – bekannt wird. Filmdebüt 1956 als Aleksej Uzorov in Michail Kalatozovs *Pervyj ešelon*. Efremov ist ein Schauspieler mit tiefem psychologischen Einfühlungsvermögen. Sein Rollenfach ist der offenherzige, gefühl- und humorvolle Typus. Wichtige Rollen: Der Panzersoldat Ivanov in Aleksandr Stolpers Simonov-Verfilmung *Živye i mertvye*, der Untersuchungsrichter Podbereznikov in El'dar Rjazanovs Komödie *Beregis' avtomobilja*, sein Dolochov in Sergej Bondarèuks Tolstoj-Verfilmung *Vojna i mir*, der Taxifahrer Saša in Tat'jana Lioznovas *Tri topolja na Pljusčiche* (1968) und sein Vollblutkünstler Fedor in *Gori, gori, moja zvezda*. 1976/77 spielt er in der DDR im TV-Film *Das Verhör* (Joachim Kunert) den sowjetischen Leutnant Komarov. Auch Regie: *Stroitsja most* (mit Egiazarov, 1966) und der TV-Film *Staryj Novyj god* (mit Ardašnikov, 1980). Ab 1970 ist er Chefregisseur des Künstlertheaters in Moskau. Er erhält mehrere nationale Auszeichnungen.

[SU] 1956: Pervyj ešelon; Saša vstupaet v žizn'. EP: Tugoj uzel [EP]. 1958: Rasskazy o Lenine (Erzählungen über Lenin); Rjadom s nami; Trudnoe sčast'e (Das Geschenk des Zigeuners); šli soldaty. 1959: Smert' Pazuchina. 1960: Ispytatel'nyj srok. 1961: Ljubuška. 1962: Akademik iz Askanii; Komandirovka. 1963: Moj mladšij brat (Ungestüme Reise). 1964: Zvezdnyj bilet; Vyzyvaem ogon' na sebja [TV]; Živye i mertvye (Die Lebenden und die Toten); Sotrudnik ČK (Helden der Tscheka). 1965: Zvonjat, otkrojte dver' (Tanja sucht Freunde). 1966: Beregis' avtomobilja (Autoaffären); Ajbolit-66; Stroitsja most [CoR]; Vojna i mir (Krieg und Frieden). 1967: Fitil' No 61; Prjamaja linija; Doroga gorjaščego furgona; Ešče raz pro ljubov' (Nochmals über die Liebe). 1968: Tri topolja na Pljuščiche (Begegnung mit der Zärtlichkeit). 1969: Poimennoe golosovanie [TV]; Tol'ko tri noči; Svoj. 1970: Gori, gori, moja zvezda (Leuchte, mein Stern, leuchte); O druz'jach-tovariščach (Das Attentat) [TV]; Pjat' dnej otdycha; Mama vyšla zamuž; Korol'-Olen'. 1971: Veriž' – ne veriš' (Glaubst du – glaubst du nicht) [TV]; Beg Die Flucht; Vsja korolevskaja rat' (Alle königlichen Heerscharen) [TV]; Slučaj s Polyninym (Das Ereignis mit Polinin); Ty i ja. 1972: Gorod na Kavkaze; Njurkina žizn' (Nurkins Leben). 1973: Poslednie (Die Letzten) [R]; Za vse v otvete (Für alles verantwortlich); Čelovek na cvoem meste (Ein Mensch an seinem Platz); Zdravstvyj i proščaj (Guten Tag und Lebewohl). 1974: Petr Martynovič i gody bol' šoj žizni; Gorizont. 5. Žackij – eto ja; Solo dlja časov s boem (Solo für eine alte Pendeluhr) [R]; Moskva, ljubov' moja (Moskau – meine Liebe); Trudnye etaži (Entscheidung für morgen) [TV]. 1975: Tam za gorizontom. 1976: Dni chirurga Miškina (Die Tage des Chirurgen Mischkin) [TV]; Lesnye kačeli. 1976/77: Das Verhör [TV – DDR]. 1977: Rudin Rudin. 1978: Vragi. 1979: Komissija po rassledovaniju; Otkrytaja kniga (Das offene Buch) [TV]; Poslednij šans; Kogda ja stanu velikanom (Wenn ich ein Riese wär'); Aktivnaja zona [TV]. 1980: Staryj Novyj god [CoR – TV]; Poema o kryl'jach; Mnimyj bol'noj [TV]. 1981: Odnaždy dvadcat' let spustja (Eines Tages nach zwanzig Jahren); Bylo o otca tri syna (Ein Vater und seine drei Söhne) [TV]; Vse naoborot (Alles verdreht). 1982: Šofer na odin rejs (Chauffeur für eine Fahrt) [TV]; Formula pamjati [TV]; Štormovoe predupreždenie. 1983: Ne choèu byt' neseèastlivym [TV]; Inspektor GAI (Der Sündenbock). 1984: Čužaja žena i muž pod krovatju (Eine fremde Frau und der Mann unterm Bett) [TV]; Tschechow in meinem Leben [BRD]; Sredi tysjači dorog ... 1985: Prodlis', prodlis', očarovan'e (Verweile, oh Zauber ...); Batal'ony prosjat ognja (Bataillone bitten um Feuerunterstützung) [TV]. 1986: Ostorožno – Vasilek! (Vorsicht, Wassiljok!); Tajna snežnoj korolevy [TV]; Ot zarplaty do zarplaty (Kassensturz). 1987: Pervaja vstreča, poslednjaja vstreča. 1989: Neprikajannyj; Polet pticy. 1990: Šapka; Advokat [TV]. 1991: I vozvraščaetsja veter [RU]; Doroga v paradiz [RU].

Egede Nissen, Aud

*30. 5. 1893 Bergen (Norwegen)
†15. 11. 1974 Oslo

Durch ihre Schwestern, die Schauspielerinnen Gerd Egede Nissen und Ada van Ehlers, Verbindung zum Theater. Schauspielausbildung. Debüt in Drontheim. 1913 im dänischen Film *Scenens brør* (Björn Björnsson), dann nach Berlin. Kurz am Kleinen Theater. Erste deutsche Filmrolle 1914 in *Die Filmprinzessin* (Georg Jacoby). Sie spielt 1916 in Robert Dinesens sehr erfolgreichem dänischem Indienmelodram *Maharadjaens Yndlingshustru,* 1918 von August Blom fortgesetzt, 1920 von Max Mack mit dem 3. Teil, *Die Lieblingsfrau des Maharadscha,* abgeschlossen. 1917 zusammen mit ihrem Mann, dem Schauspieler Georg Alexander (Lüddekens), in Berlin Gründung der (Lüddekens-)Egede-Nissen-Film Comp. mbH. Produktion von Serien mit Aud Egede Nissen, Gerd Nissen und Ada van Ehlers, einem der ersten weiblichen Detektive. Egede Nissens Rollen bedienen überwiegend das Klischee dämonischer Verruchtheit: Dienerin Haidee in *Sumurun* (Ernst Lubitsch), Tänzerin und Geliebte Cara Carozza in *Dr. Mabuse, der Spieler* (Fritz Lang), Melanie in *Phantom* (F. W. Murnau). Unter der Regie von Gerhard Lamprecht auch proletarisch gebrochene Variationen ihres Typs, z. B. Prostituierte in *Die Verrufenen.* Nur einmal im deutschen Tonfilm: 1931 als alternde Dirne in Lamprechts *Zwischen Nacht und Morgen,* einem Remake des Asta-Nielsen-Films *Dirnentragödie* (Bruno Rahn).

[DE] 1913: Scenens børn (Wenn die Liebe spricht) [DK]; Paulines drøm [DK]; Lyset, der svandt [DK]; Det store Derbyløb/Derbylöbet [DK]. 1914: Die Filmprinzessin; Die Flammentänzerin; Mobilmachung in der Küche. 1914/15: Die Flucht vor dem Tode; Um ein Weib. 1915: Amor im Quartier; Der Trick. Welcher von beiden?; Wie Theodor seine Verlobung rückgängig machte; Fürstliches Blut; Das Abenteuer des van Dola; Die große Gefahr; Die Warenhausgräfin; Das Rätsel von Sensenheim; Die wilde Blume; Der Majoratserbe; Das Wiegenlied/Arpad Szomory; Das Geheimnis der Mumie. 1915/16: Amaranth; Lumpenliesel; Das Phantom der Oper. 1916: « ... und wer kein Kreuz und Leiden hat ...»; Wer wirft den ersten Stein auf sie?; Die Liebe, sie war nur ein Traum [D,P]; Es war einst ein Prinzeßchen/Es war einst ein Komteßchen; Maharadjaens Yndlingshustru (Die Lieblingsfrau des Maharadscha) [DK]. 1916/17: Ich heirate meine Puppe [D,P]. 1917: Die Geburt der Venus; Peter mit der Posaune [P]; Die Ährenleserin; Drei auf der Platte; Ein Detektiv-Duell [P]; Der geigende Tod [D,P]; Das Geheimnis der Briefmarke [P]; Der Kampf um den Sturmvogel [P]; Das Verhängnis der schönen Susi [D,P]; Mich traf der Liebe heiliger Götterstrahl; Der Roman der Herzogin von Corvy [D,P]; Der Halsschmuck [P]; Der weinende Dieb [P]. 1918: Sturmschwalbe; Heddys Meisterstreich [P]; Der Todestraum [P]; Bobby und die süßen kleinen Mädchen [P]; Bobby als Familienvater [P]; Hoteldiebe [P]; Der Rosenkranz [D,P]; Die Rachegöttin [P]; Maharadjaens Yndlingshustru II (Die Lieblingsfrau des Maharadscha. 2. Teil) [DK]; Leuchtende Punkte [D,P]; Verkauftes Glück [P]; Das Brandmal [D,P]; Das Testament des Grafen Hammerstein [P]. 1918/19: Die lachende Seele [D,P]; Luxuspflänzchen [P]; Die Jugendsünde [P]. 1919: Erblich belastet; 100000 Dollars [P]; Tropenblut; Die Cowboybraut; Mary Wood, die Tochter des Sträflings; Dem Teufel verschrieben; Funken unter der Asche. 1920: Sumurun; Schiffe und Menschen; Kaliber fünf Komma zwei; Künstlerlaunen; Das Geheimnis der Chrysanthemen; Die geschlossene Kette; Anna Boleyn; Die Lieblingsfrau des Maharadscha. 3; Das Floß der Toten. 1920/21: Das Geheimnis der Mumie. 1921: Der Schrecken der roten Mühle; Die Nacht der Einbrecher; Perlen bedeuten Tränen. 1921/22: Dr. Mabuse, der Spieler. 1. Der große Spieler – Ein Bild unserer Zeit/2. Inferno, ein Spiel von Menschen unserer Zeit; Sterbende Völker. 1. Heimat in Not/2. Brennendes Meer. 1922: Lucrezia Borgia; Phantom. 1923: Die Austreibung; Das Karussell des Lebens/Karusellen [DE/SE]; Die Straße. 1923/24: Carlos und Elisabeth; Neuland oder das glückhaft Schiff. 1924/25: Pietro, der Korsar. 1925: Die Verrufenen; Die rote Maus; Die da unten. 1926: Menschen untereinander; In Treue stark; Das Panzergewölbe; Kampf der Geschlechter; Schwester Veronika; Die Villa im Tiergarten; Der Herr der Nacht; Droomkoninkje/Die vom Schicksal Verfolgten [NL/DE]. 1927: Der König der Mittelstürmer. 1928: Bergenstoget plyndret i natt/Schneeschuhbanditen [NO/DE]. 1929: Die Frau im Talar. 1930: Eskimo (Der weiße Gott!) [P – DK/NO]. 1931: Zwischen Nacht und Morgen. 1941: Hansen og Hansen [NO]. 1942: Trysil-Knut [NO].

Ekman, Gösta

*28. 12. 1890 Stockholm
†12. 1. 1938 Stockholm
1908 Bühnendebüt. 1913–25 Engagement am Schwedischen Theater in Stockholm. 1926–30 Co-Direktor des Oscar-Theaters. 1931–35 gehört ihm das Vasa-Theater. Er wird bekannt durch zahlreiche Shakespeare-Interpretationen. Er verfügt über ein breites Spektrum an Ausdrucksmöglichkeiten von der Kostüm-Posse bis zur Tragödie, kombiniert exzellente Technik mit starkem Gefühl. Filmdebüt 1911 in *Stockholmsfrestelser eller et* (Anna Hofman-Uddgren) in einer Nebenrolle. Schnell entwickelt er sich zu einem der populärsten schwedischen Darsteller von Liebhaberrollen u. a. in *Den okända* (Mauritz Stiller) und in *Bomben* (Rune Carlsten). F. W. Murnau überträgt ihm 1926 die Titelrolle des *Faust*. Eine seiner wichtigsten und reifsten Rollen ist 1934/35 der Professor und Nobelpreisträger in *Swedenhielms* (Gustaf Molander). Überzeugend verkörpert er einen launenhaften Idealisten, der völlig weltfremd nur für seine Wissenschaft lebt. Sein Sohn Hasse Ekman (*1915) ist Schauspieler und Regisseur.

[SE] 1911: Stockholmsfrestelser eller et; Blott en dröm; Systrarna. 1912: Trädgårdsmästaren. 1913: Den okända (Das fremde Mädchen). 1918: Mästerkatten i stövlar. 1919/20: Bomben; Thora van Deken. 1920: Gyurkovicsarna [D,CoA]; Familjens traditioner. 1920/21: En lyckoriddare. 1921: Vem döner? (Beatrix). 1922: Kärlekens ögon. 1924: Karl XII: s kurir; Unga greven tar flickan och priset. 1924/25: Karl XII. 1925: Karl XII/senare delen. 1926: Faust [DE]; Hans engelska fru (Die Lady ohne Schleier). 1927: En perfekt gentleman (Um seine Ehre) [D,CoR]. 1927/28: Gustaf Wasa. del I; Gustaf Wasa. del II. 1930: Brokiga blad; För hennes skull (Mach mir die Welt zum Paradies) [D,CoA]. 1932/33: Kanske en diktare. 1933: Två man om en änka; Kära släkten. 1934/35: Swedenhielms. 1935/36: Kungen kommer. 1936: Johan Ulfstjerna; Intermezzo. 1937: Häxnatten. 1940: Än en gång Gösta Ekman.

Englert, Jan

*11. 5. 1943 Warschau
Erste kleine Filmrolle 1956 in Andrzej Wajdas *Kanał*. 1960–64 Studium an der Theaterhochschule Warschau, danach Engagement am Polski Teatr Warschau. Gleichzeitig aktiv in Film und Fernsehen. 1966 erste große Filmrolle in Jan Łomnickis *Kontrybucja*, danach als Schlesienführer Erwin in Kazimierz Kutz' Schlesien-Epen *Sól ziemi czarnej* (1969) und *Perła w koronie* (1971). Seit den 60er Jahren einer der meistbeschäftigten polnischen Schauspieler, häufig in Rollen aktiver Widerstandskämpfer. 1977 Popularität durch eine der Hauptrollen in der TV-Serie *Polskie drogi* unter Regie von Janusz Morgenstern, der ihn auch für andere TV-Serien engagiert. 1970 transponiert er seine Rolle als amerikanischer Psychiater Dr. Gilbert in *Epilog Norymberski* (Jerzy Antczak) vom Fernsehtheater auf die Leinwand. 1980 als lebenstüchtiger Filmvorführer im Nachkriegs-Warschau in Łomnickis TV-Serie *Dom*. In den 70er und 80er Jahren erhält er zahlreiche, wenn auch oft künstlerisch anspruchslosere, Hauptrollen und wird mehrfach als populärster polnischer Schauspieler des Jahres ausgezeichnet. Nach einigen Spielzeiten (ab 1969) am Współczesny Teatr kehrt Englert 1981 zum Polski Teatr zurück. Er lehrt seit 1980 an der Theaterhochschule Warschau und ist ihr Rektor.

[PL] 1956: Kanał (Der Kanal). 1962: L'Amour à vingt ans. 4. EP: Warszawa (Liebe mit zwanzig) [EP – FR/IT/JP/PT/BRD]. 1965: Podziemny front (Die unterirdische Front) [TVS]. 1966: Marysia i Napoleon (Maria und Napoleon); The Night of the Generals/La nuit des généraux (Die Nacht der Generäle) [GB/FR]; Kontrybucja; Bokser (Boxer). 1966–68: Stawka większa niż życie (Sekunden entscheiden) [TVS]. 1967: Cyrograf dojrzałości [TV]. 1968: Hasło «Korn» (Parole Korn). 1969: Sól ziemi czarnej (Das Salz der schwarzen Erde); Kolumbowie (Kolumbusse) [TVS]. 1970: Epilog norymberski [TV]; Wawelski conventus dowódców [TV]. 1970/72: Osvobożdenie (Befreiung) [SU]. 1971: Perła w koronie (Eine Perle in der Krone); Kłopotliwy gość. 1972: Dama pikowa (Pique Dame) [TV]; Ocalenie (Die Errettung); Poślizg Unfallstrecke; Trzeba zabić tę miłosí (Diese Liebe muß man töten). 1973: Nagrody i odznaczenia (Schicksale am Kreuzweg). 1974: Dwoje bliskich, obcych ludzi (Zwei nahe, fremde Menschen) [TV]; S.O.S. (Das Risiko heißt Mord) [TVS]. 1975: Czerwone i białe (Rot und weiß); Osâdeni duši [BG]; Doktor Judym; Noce i dnie (Nächte und Tage); Il lungo viaggio [TV – IT]. 1976/77: Parada oszustów (Parade der Betrüger) [TV]. 1977: Akcja pod Arsenałem; Sprawa Gorgonowej (Der Fall Gorgonowa); Lalka (Die Puppe) [TVS]; Polskie drogi (Polskie drogi – Wege Polens) [TVS]. 1978: Rodzina Połanieckich (Familie Polaniecki) [TVS]; Roman i Magda; Życie na gorąco [TVS]. 1979: Justyna [TV]. 1980: Ojciec królowej (Der Vater der Königin); Mniejsze niebo; Dom [TVS]; Ukryty w słońcu. 1981: Okno; Najdłuższa wojna nowoczesnej Europy [TVS]. 1982: Bluszcz (Die Schlingpflanze). 1983: Stan wewnętrzny; Marynia; Soból i panna (Der Zobel und die Jungfrau). 1984: Pięć dni z życia emeryta [TVS]; Baryton (Der Bariton); Hania [TV]; W starym dworku czyli niepodległość trójkątów. 1985: Dziewczęta z Nowolipek. Rajska jabłon (Die Mädchen aus Nowolipki); Ziarno fotografii [TV]. 1986: Rajska jabłoń (Der Paradiesapfelbaum); Zmiennicy [TVS]; Magnat/Der Magnat [PL/BRD]; Weryfikacja; Biała wizytówka/Die Söhne der Fürsten [TVS – PL/BRD]. 1987: W klatce. 1988: Piłkarski poker; Rzeka kłamstwa [TVS]; Dziewczynka z hotelu Excelsior. 1989: Modrzejewska [TVS]. 1990: Superwizja; Stan wewnetrzny. 1992: Białę małżeństwo; Wielka wsypa. 1993: Halal a sekély vízben/Tod im seichten Wasser [HU/PL/DE]. 1995: Pestka.

Erhardt, Heinz
*20. 2. 1909 Riga
†5. 6. 1979 Hamburg-Wellingsbüttel

Frühe Kindheit bei den Großeltern mütterlicherseits, dann bei der Mutter in Petrograd, Einschulung in Riga. 1919–24 Internat in Barsinghausen, Realgymnasium in Hannover, 1924–26 Deutsches Gymnasium in Riga, Mitglied einer Laienspielgruppe. 1926–28 Ausbildung in Leipzig am Konservatorium (Klavier und Komposition). 1928–38 in Riga in der Kunst- und Musikalienhandlung des Großvaters. Conférencier und Vortragskünstler. 1938 Kabarett der Komiker in Berlin. Ab 1939 Gastauftritte in der La-Jana-Schau, u. a. im Fernsehsender «Paul Nipkow». 1941 Musikcorps der Marine, dann bei der Truppenbetreuung. Ab 1945 in Hamburg. Radioarbeit beim NWDR und anderen Sendern der Westzonen. 1946 in Hamburg Theater-Debüt in einer Arnold & Bach-Komödie; Auftritt im Kurztrickfilm *Fräulein Mable*. Nach ersten Nebenrollen ab Mitte der 50er Jahre intensive Filmarbeit. Erste Hauptrolle in Geza von Cziffras *Der müde Theodor*. Erhardts Filme werden auf seinen Sprachwitz und seine betuliche Redeweise hin entwickelt; ein Schelm, mal naiv, mal boshaft: *Witwer mit 5 Töchtern* (Erich Engel), *Der Haustyrann* (Hans Deppe). Ab Anfang der 60er Jahre seltener in Kinofilmen; weiterhin Theaterarbeit. Die 1960 in Hamburg gegründete Heinz Erhardt-Produktion (HEP) ermöglicht ihm, in eigenen TV-Filmen weniger klamaukhaft zu agieren als im Film: Sein Finanzbuchhalter *Willi Winzig* ist das ihm gemäße Alter ego eines «kleinen Mannes». Komische Einlagen in Fernseh-Operetten und in Karl May-Verfilmungen: Kantor Hampel in *Der Ölprinz* (Harald Philipp), Professor Morgenstern in *Das Vermächtnis des Inka* (Georg Marischka). Moderation von Unterhaltungssendungen, Gast zahlreicher Shows, ab 1968 Auftritte als Rezitator eigener Werke. Zuletzt Variation seiner Paraderolle in vier «Willi»-Filmen. – Verschiedene Buchveröffentlichungen: Gereimtes und Ungereimtes von verwirrender Triftigkeit.

[BRD] 1948 (?): Fräulein Mabel [KF]. 1948/49: Gesucht wird Majora. 1950: Liebe auf Eis/Männer um Angelika. 1955: Drei Tage Mittelarrest. 1956: Ich und meine Schwiegersöhne; Die gestohlene Hose; Mädchen mit schwachem Gedächtnis; II-A in Berlin. 1957: Der müde Theodor; Witwer mit 5 Töchtern. 1958: Immer die Radfahrer [AT/BRD]; So ein Millionär hat's schwer [AT]; Vater, Mutter und 9 Kinder; Der Haustyrann. 1959: Natürlich die Autofahrer; Drillinge an Bord. 1960: Der letzte Fußgänger; Kauf Dir einen bunten Luftballon [AT/BRD]; Mein Mann, das Wirtschaftswunder. 1961: Ach Egon!; Abenteuer in Norfolk [D,P – TV]; Drei Mann in einem Boot [BRD/AT]; Freddy und der Millionär; Willi Winzig [D,A,P]; Der Kurpfuscher, [D,A,P – TV]; Ein Ruhiges Stündchen [D,A,P]. 1962: Eine gewisse Marietta [D,A,P – TV]; Der Fachmann [D,A,P – TV]; Die Post geht ab; Axel Munthe, der Arzt von San Michele/Le livre de San Michele/Donne senza paradiso [BRD/FR/IT]; Ohne Krimi geht die Mimi nie ins Bett [AT]. 1962/63: Das wissen die Götter: 1. Aberglauben. – aber glauben? – 2. Astrologie. – 3. Orakel und Test. – 4. Traumdeutung [KFS]. 1963: Apartment-Zauber. 1963/64: Die Reise auf den Mond [TV]. 1964: Wenn man baden geht auf Teneriffa...; Die große Kür [AT/BRD]; Doddy und die Musketiere [TV]; Frau Luna [TV]. 1965: Hotel Victoria [TV]; Der Ölprinz/Kralj petroleja [BRD/YU]; Das Vermächtnis des Inka/Viva Gringo/El ultimo rey de los Incas [BRD/IT/ES]. 1966: Come imparai ad amare le donne/Das gewisse Etwas der Frauen/Comment j'ai appris à aimer les femmes [IT/BRD/FR]) 1967: Aktien und Lorbeer [TV]. 1967/68: Die Landstreicher [TV – BRD/AT]. 1968: Otto ist auf Frauen scharf [AT/BRD]. 1969: Charley's Onkel; Warum hab ich bloß zweimal ja gesagt/Professione bigamo [BRD/IT]; Klein Erna auf dem Jungfernstieg. 1969/70: Die Herren mit der weißen Weste. 1970: Was ist denn bloß mit Willi los? Grüß Sie Gott, Frau Stirnima; Das kann doch unsern Willi nicht erschüttern; Das hat man nun davon [D,A – TV]. 1971: Der Opernball [TV]; Unser Willi ist der Beste; Glückspilze. 1971/72: Willi wird das Kind schon schaukeln. 1978/79: Noch 'ne Oper [D,CoA,CoM – TV].

Esche, Eberhard

*25. 10. 1933 Leipzig

Nach der Schulzeit Beginn einer kaufmännischen Lehre. Theaterhochschule in Leipzig. Ab 1955 Theater Meiningen, Städtische Bühnen Erfurt, Städtisches Theater Karl-Marx-Stadt. Ab 1961 am Deutschen Theater Berlin. In den 60er Jahren wiederholt als komödiantischer Darsteller meist jugendlicher Helden in Inszenierungen Benno Bessons, Langzeiterfolg (600 Aufführungen) als Lancelot in Evgenij Švarc' «Der Drache». Gemeinsam mit seiner Frau, der holländischen Schauspielerin Cox Habbema, Rezitationsabende mit Balladen und Gedichten. Seit Anfang der 60er Jahre auch in Film und Fernsehen. Hauptrolle des bürgerlichen Intellektuellen Manfred in Konrad Wolfs *Der geteilte Himmel* nach Christa Wolfs Roman, Parteisekretär Werner Horrath in Frank Beyers *Spur der Steine*. Danach meist in kleineren Rollen. Ausnahmen sind die Rolle des Königs in *Wie heiratet man einen König?* (Rainer Simon) und die des Genetikers Uwe Polzin in *Leben mit Uwe* (Lothar Warneke). Häufig markiert er mit scharf gezeichneten Nebenrollen eine eindrückliche Charakterskizze: In Siegfried Kühn *Das zweite Leben des Friedrich Wilhelm Georg Platow* ist er ein auf Arbeiter-Rollen spezialisierter Schauspieler, in *Till Eulenspiegel* (Rainer Simon) der Fürst, Dr. Fritz Goldner in *Fleur Lafontaine* (Horst Seemann), der resigniert-zynische Dr. Bradtke in *Märkische Forschungen* (Roland Gräf). 1993 in Herwig Kippings eigenwilligem Dichterporträt *Novalis – die blaue Blume*, 1995 neben Harald Juhnke in Tom Toelles TV-Film *Der Trinker* nach Fallada.

[DDR] 1961/62: Weimarer Pitaval: Auf der Flucht erschossen [TV]; 1962: Mord in Gateway [TV]; Geboren unter schwarzen Himmeln [TV]; Nebel. 1962/63: For eyes only. 1963: Carl von Ossietzky [TV]; Mord in Riverport [TV]. 1963/64: Der geteilte Himmel. 1965/66: Spur der Steine. 1966: Ende der Anfrage – Nürnberger Resümee [TV]; Die Perser [TV]; Der kleine Prinz [TV]. 1966/67: Geschichten jener Nacht. 2. Ep: Die Prüfung [EP]. 1967: Die Räuber [TV]. 1967/68: Mord am Montag. 1968: Wie heiratet man einen König?; Das siebente Jahr. 1969: Drei von der K: Nachtstreife [TV]; Rendezvous mit unbekannt: Froschmann nach Polen (1953) [TV]. 1970: Ghurub wa shuruk el shams [EG]; Der Mörder sitzt im Wembley-Stadion [TV]; Anlauf [TV]; KLK an PTX – Die Rote Kapelle. 1971/72: Reife Kirschen. 1973: Das zweite Leben des Friedrich Wilhelm Georg Platow; Leben mit Uwe. 1973/74: Der Leutnant vom Schwanenkietz [TV]; Till Eulenspiegel. 1974: Der Fehltritt [TV]. 1975/76: Beethoven. Tage aus einem Leben. 1976: Die unverbesserliche Barbara. 1977/78: Fleur Lafontaine [TV]. 1979: Professor Tarantoga und sein seltsamer Gast [TV]. 1979/80: Levins Mühle. 1980: Der Spiegel des großen Magus. 1981: Musen [TV]; Märkische Forschungen. 1981/82: Die Fische [TV]; Generalprobe [TV]. 1983: Abends im Kelch [TV]. 1983/84: Einzug ins Paradies [TVS]. 1986: Die lustigen Weiber von Windsor [TV]. 1986/87: Wallenstein [TV]; Sachsens Glanz und Preußens Gloria. Gräfin Cosel [TV]. 1990: Samsø [TVS – BRD/DK]. 1993: Novalis – die blaue Blume. 1995: Der Trinker [TV]. 1996: OhnsorgTreff [Auftritt – TV].

Estevez, Emilio

*12. 5. 1962 Manhattan (New York)

Sohn des Schauspielers Martin Sheen. Er kommt durch den Schriftsteller S. E. Hinton zum Film. Nach dem Debüt 1982 in Tim Hunters *Tex* wird er einer der populärsten Teenager-Stars der 80er Jahre. Er spielt den anarchistischen Punk Otto in *Repo Man* (Alex Cox). Großer Erfolg mit seiner Darstellung des Billy the Kid in den Western *Young Guns* (Christopher Cain) und *Young Guns II* (Geoff Murphy). Er entwickelt Interesse an allen Bereichen der Filmproduktion: 1985 Drehbuch (nach S. E. Hinton) für Christopher Cains *That Was Then, This Is Now*. Im folgenden Jahr Regiedebüt mit dem Gangsterfilm *Wisdom*. 1996 versucht er sich mit geringem Erfolg als Autor, Regisseur und Darsteller an der Seite seines Vaters Martin Sheen in *The War at Home*. Sein Bruder Charlie Sheen ist ebenfalls Schauspieler.

[US] 1982: Tex (Tex); In the Custody of Strangers [TV]. 1983: Nightmares: Night of the Rat (Alpträume); The Outsiders (Die Outsider). 1984: Repo Man (Repoman). 1985: The Breakfast Club (The Breakfast Club – Der Frühstücksclub); St. Elmo's Fire (St. Elmo's Fire – Die Leidenschaft brennnt tief); That Was Then, This Is Now (Lose Control). 1986: Wisdom (Wisdom – Dynamit und kühles Blut); Maximum Overdrive (RHEA – M. ...Es begann ohne Warnung). 1987: Stakeout (Die Nacht hat viele Augen). 1988: Young Guns (Young Guns); Never on Tuesday (Das Highway Trio). 1989: Advance to Ground Zero (Nightbreaker) [TV]. 1990: Young Guns II (Blaze of Glory – Flammender Ruhm); Men at Work (Men at Work) [D,R,A]. 1991: Freejack (Freejack). 1992: The Mighty Ducks (Mighty Ducks – Das Superteam). 1993: Judgment Night (Judgment Night – Zum Töten verurteilt); National Lampoon's Loaded Weapon 1 (Loaded Weapon 1); Another Stakeout (Die Abservierer). 1993/94: D2: The Mighty Ducks. 1994: The Jerky Boys [P]; Mission: Impossible (Mission: Impossible). 1996: The War At Home [D,R,P]; D3: The Mighty Ducks.

Etaix, Pierre
*23. 11. 1928 Roanne
Studium der bildenden Kunst; Interessen für Musik und Zirkus. Er verdient sein Geld mit Buchillustrationen. Jacques Tati engagiert ihn für *Mon oncle* als Grafiker und Gagman; Auftritte als Clown in Kabaretts und im Fernsehen. Er begründet eine langjährige Zusammenarbeit mit dem Drehbuchautor Jean-Claude Carrière. Sie schreiben zu Beginn der 60er Jahre gemeinsam die Drehbücher für Kurz- und abendfüllende Spielfilme, in denen der schmächtige, elegante Etaix die Hauptrolle spielt und Regie führt. Mit *Le soupirant* knüpfen sie mit der Betonung auf optische Gags an beste Stummfilmtraditionen an. 1965 entsteht die poetische Zirkus-Burleske *Yoyo*. *Le grand amour* ist eine sanfte Satire auf das Eheleben. In den 70er Jahren konzentriert sich Etaix auf die Zirkusarbeit, gründet mit seiner Frau, der Clownin Annie Fratellini, eine nationale Zirkusschule. Sie treten zusammen in Federico Fellinis *I clowns* auf. Etaix betätigt sich auch erfolgreich als Zeichner und Verfasser von humoristischen und satirischen Büchern.

[FR] 1958/61: Heureux anniversaire (Liebenswerte Leckerbissen) [D,R – EP – FR/GB/YG]. 1959: Pickpocket (Pickpocket). 1961: Insomnie; Rupture (Der Riß). 1961/62: Une grosse tête (Eddie und die scharfen Kurven). 1962: Le soupirant (Auf Freiersfüßen). 1964: Yoyo (Yoyo). 1965: Tant qu'on a la santé (Meine Nerven, deine Nerven). 1966: Le voleur (Der Dieb von Paris). 1968: Le grand amour (Le grand amour). 1970: I clowns/Les Clowns/Die Clowns [IT/FR/BRD]. 1971: Pays de cocagne. 1974: Sérieux comme le plaisir. 1984: L'aide-mémoire [TV]. 1986: Max, mon amour [FR/US]. 1987: L'âge de Monsieur est avancé; Nuit docile. 1989: J'écris dans l'espace [R,CoA – DOK – CA/FR]. 1990: Henry & June (Henry & June) [US].

Evans, Edith
*8. 2. 1888 Pimlico (London)
†14. 10. 1976 Cranbrook (Kent)
Sie lernt Putzmacherin, nimmt in Abendstunden Schauspielunterricht bei Miss E. C. Massey und debütiert 1910 als Amateurin in «Twelfth Night», Zwei Jahre später Debüt als professionelle Schauspielerin. Sie wird eine der bedeutendsten britischen Bühnenschauspielerinnen, spielt am Westend und am Broadway und wird 1946 von König George VI. zur Dame of the British Empire ernannt. Außer Auftritten in drei Stummfilmen der 10er Jahre ist 1948/49 die alte Gräfin in Thorold Dickinsons Puškin-Verfilmung *The Queen of Spades* ihr (Ton-) Filmdebüt. In mehreren Verfilmungen dramatischer und epischer Klassiker, überwiegend der viktorianischen Provenienz, wird sie zum Musterbild der exzentrischen alten Dame englischer Ausprägung: Lady Bracknell in Anthony Asquiths *The Importance of Being Earnest* (1952) nach Oscar Wilde, 1969 in Delbert Manns stimmungsvoller TV-Version von Dickens' *David Copperfield* und im folgenden Jahr in *Scrooge*, einer Musical-Fassung von «A Christmas Carol». Für die Verkörperung der Miss Western in Tony Richardsons Buben-Stück nach Fielding, *Tom Jones* (1963), wird sie für einen Nebenrollen-Oscar nominiert, ebenso im folgenden Jahr für Ronald Neames *The Chalk Garden*. Die verrückte Alte, die sich verfolgt fühlt, bringt der 78jährigen in Bryan Forbes' Melodram *The Whisperers* (1966) einen Goldenen Bären, den Preis der New York Film Critics und eine Oscar-Nominierung ein. Wiederholt auch in hochkarätig besetzten Filmadaptionen von Bühnenerfolgen: *The Madwoman of Chaillot* nach Giraudoux und *A Doll's House* nach Ibsen. Ihr letzter Film ist Michael Lindsey-Hoggs *Nasty Habits*, eine schwache Satire auf die Watergate-Affäre mit einer erstklassigen Frauen-Besetzung. Der Regisseur Bryan Forbes, der wiederholt mit ihr arbeitet, dreht 1973 eine TV-Dokumentation über ihre Karriere.

[GB] 1914: A Honeymoon for Three. 1915: A Welsh Singer. 1916: East Is East. 1948/49: The Queen of Spades (Pique Dame). 1949: The Last Days of Dolwyn. 1952: The Importance of Being Earnest (Ernst sein ist alles). 1956: The Old Ladies [TV]. 1959: Look Back in Anger (Blick zurück im Zorn); The Nun's Story (Geschichte einer Nonne) [US]. 1963: Tom Jones (Tom Jones – Zwischen Bett und Galgen); The Chalk Garden (Das Haus im Kreidegarten). 1964: Young Cassidy (Cassidy, der Rebell) [GB/US]. 1966: Norman Conquests in the Bayeux Tapestry [KF]; The Whisperers (Flüsternde Wände). 1967: Fitzwilly [US]. 1967/68: Prudence and the Pill (Die Pille war an allem schuld). 1969: Crooks and Coronets (Gauner, Kronen und Juwelen); The Madwoman of Chaillot (Die Irre von Chaillot); David Copperfield [TV]. 1970: Upon This Rock [DOK – US]; Scrooge. 1971: Time Remembered [TV – US-Version]; Time Remembered [TV – GB-Version]. 1973: Craze /The Infernal Idol /The Demon Master (Dämon des Grauens); Dame Edith Evans «I Caught Acting Like the Measles» [TV-DOK]; A Doll's House [US]. 1974: QB VII [TV – US]. 1976: The Slipper and the Rose (Cinderellas silberner Schuh). 1976/77: Nasty Habits.

Evstigneev, Evgenij
(Evgenij Aleksandrovič Evstigneev)
*9. 10. 1926 Gorkij
†4. 3. 1992 London

Bis 1951 Ausbildung am Gor'kij-Theater in Moskau; Engagement am Theater in Vladimir. 1954–56 besucht er die Schauspielschule des Moskauer Künstlertheaters. 1957 Engagement am soeben gegründeten Sovremennik-Theater Moskau, u. a. spielt er den Satin in Gor'kijs «Nachtasyl», die Titelrolle in Evgenij Švarc' «Der nackte König» sowie den Kuropeev und den Muroveev in Aleksandr Volodins «Die Ernennung». 1957 Filmdebüt in *Poedinok* (Vladimir Petrov). Evstigneev ist ein Groteskkomiker, der menschliche Schwächen treffend karikiert und mit seinem virtuosen Spiel Vertreter verschiedener sozialer Schichten kritisch charakterisiert. Wichtige Rollen sind der Bürokrat Dynin in *Dobro požalovat', ili Postoronnim vchod vospreščen* (Elem Klimov, 1964), der Korzuchin in *Beg* (Aleksandr Alov; Michail Bulgakov, 1971), der Batjuška in *Černaja Kurica, ili Podzemnye žiteli* (1981) und der Nikita Demidov in *Demidovy* (Jaropolk Lapšin, 1983). Evstigneev erhält mehrere nationale Auszeichnungen.

[SU] 1957: Poedinok (Das Duell). 1959: Ballada o soldate (Die Ballade vom Soldaten); Anjuta. 1961: Ljubuška; V trudyj čas. 1962: Čelovek idet za solncem (Der Sonne entgegen); Devjat' dnej odnogo goda (Neun Tage eines Jahres); Molodo-zeleno; Nikogda. 1963: Im pokorjaetsja nebo (Eroberer der Lüfte). 1964: Sotrudnik ČK (Helden der Tscheka); Chotite ver'te, chotite net; Dobro požalovat', ili Postoronnim vchod vospreščen. 1965: Znojnyj ijul'; Ver'te mne, ljudi; Skvernyj anekdot (Böse Anekdote) [UA: 1987]; Vernost' (Treue). 1966: Stroitsja most; Giperboloid inženera Garina; Beregis' avtomobilja (Autoaffären); Kryl'ja (Flügel); Vsadnik nad gorodom. 1967: Stjuardessa (Stewardess) [TV]; Staršaja sestra (Die ältere Schwester). 1968: Zigzag udači; Zolotoj telenok (Das goldene Kalb); Vsego odna žizn' (Fridtjof Nansen); Oni živut rjadom; Eto bylo v razvedke (Es geschah in der Aufklärung); Poltora časa v kabinete Lenina [TV]. 1969: Mosty čerez zabvenie; Svoj. 1970: Strannye ljudi (Seltsame Leute); Čaikovskij/Tchaikovsky (Tschaikowski) [SU/US]; Staryj dom (Das alte Haus); Obvinjajutsja v ubijstve (Des Mordes angeklagt). 1971: Vsja korolevskaja rat' (Alle königlichen Heerscharen) [TV]; Beg (Die Flucht). 1972: Chod beloj korolevy (Der Lauf der weißen Königin); Privalovskie milliony; Komandir sčactlivoj «Ščuki» (Der Kommandant des U-Bootes «Glücklicher Hecht»); Stariki-razbojniki (Die Alten, diese Räuber); Dostojanie respubliki (Geraubte Schätze). 1972/73: Semnadcat' mgnovenii vesny (Siebzehn Augenblicke des Frühlings) [TV]. 1973: Nejlon 100%; Staraja krepost' (Die alte Festung) [TV]; Moja sud'ba (Mein Onkel Mischa); Uèitel' penija (Der Gesangslehrer); Dača (Die Datsche). 1974: Na dne (Nachtasyl) [TV]; Neverojatnye priključenija ital'jancev v Rossii (Die unglaubwürdigen Abenteuer der Italiener in Rußland); Žrebij (Das Los); Poslednee leto detstva [TV]; Ešče možno uspet'. 1975: Variant «Omega» [TV]; Gamlet ščigrovskogo uezda [TV]. 1976: Vkus chalvy; Potrjasajuščij Berendeev (Ich habe das «Perpetuum mobile» erfunden); Dni chirurga Miškina (Die Tage des Chirurgen Mischkin) [TV]; Na jasnij ogon' (Dem hellen Feuer entgegen). 1977: Antlanty i kariatidy [TV]; Povest' o neizvestnom aktere (Geschichte eines unbekannten Schauspielers); Pro krasnuju šapočku (Rotkäppchen einmal anders); Podranki (Mit gebrochenen Schwingen); Žizn' i smert' Ferdinanda Ljusa (Leben und Tod des Ferdinand Luce); Legenda o Tile (Till Ulenspiegel). 1978: Mesto vstreči izmenit' nel'zja (Die schwarze Katze) [TV]; Po semejnym obstojatel'stvam (Familiengeschichten); Pereezd [KF]. 1979: Krov' i pot (Blut und Schweiß); Primite telegrammu v dolg (Sanja, der fliegende Erfinder). 1980: Staryj Novyj god [TV]; S ljubimymi ne rasstavajtes'. 1981: Čeŕaja kurica, ili Podzemnye žiteli (Das schwarze Huhn); Roždennye burej. 1982: Ljubimaja ženščina mechanika Gavrilova (Warten vor dem Standesamt). 1983: Demidovy (Der Waffenschmied vom Ural); Ne choču byt' vzroslym; My iz džaza (Wir vom Jazz); Komičeskij ljubovnik, ili ljubovnye zatej sera džona Fal'stafa [TV]. 1984: Predel vozmožnogo [TV]; I žizn', i slezy, i ljubov'; Perikola [TV]. 1985: Zimnij veèer v Gagrach; Ešče ljublju, ešče nadejus'; Moonzund (Moonsund); Čelovek s akkordeonom (Der Mann mit dem Akkordeon). 1988: Džek Vos'merkin – «Amerikanec»; Gorod Zero (Die Stadt Zero); Sledopyt (Der Pfadfinder); Sobač'e serdce [TV]; Elki-palki; Gardemariny, vpered! [TV]. 1988/89: Novye priključenija janki pri dvore korolja Artura (Neue Abenteuer eines Yankees an König Arthurs Hof). 1989: Ona s metloj, on v černoj šljape. 1990: Piry Valtasara, ili Noč' so Stalinym; Jama; Desjat' let bez prava perepiski; Po prozvišču zver' (Man nannte ihn Bestie); Šapka; Kanuvšee vremja; Bindjužnik i korol'. 1991: Vivat, gardemariny! [RU]; Nočnye zabavy [RU]; Syn o Rossii [RU]; Sukiny deti [RU]. 1992: Gardemariny III [RU]; Kak živete, karasi? [RU].

Ewell, Tom

(S. Yewell Tompkins)

*29. 4. 1909 Owensboro (Kentucky)

†12. 9. 1994 Woodland Hills (California)

Besuch der University of Wisconsin, Mitwirkung am Studententheater. 1928 Bühnendebüt. In New York zunächst Verkäufer bei Macy's, 1934 am Broadway. Neben seiner Karriere als Charakterkomiker auf der Bühne zunächst nur kleine Filmrollen. 1949 erste bedeutende Rolle mit Judy Holliday als Partner von Tracy/Hepburn in der klassischen Screwball-Komödie *Adam's Rib* (George Cukor). In den 50er Jahren häufig komisch-verklemmter Partner diverser

Sexbomben: als eifriger Presseagent von Jayne Mansfield in Frank Tashlins *The Girl Can't Help It* und als Betrachter von Marilyn Monroes fliegendem Rock in Billy Wilders *The Seven Year Itch*. Außer Nebenrollen im Film vor allem Fernseharbeit, so 1960–61 in der eigenen *Tom Ewell Show*. Letzter Auftritt 1983 in der Rodney Dangerfield-Komödie *Easy Money* (James Signorelli).

[US] 1940: They Knew What They Wanted. 1941: Desert Bandit. 1949: Adam's Rib (Ehekrieg). 1950: An American Guerilla in the Philippines (Der Held von Mindanao); Mr. Music; A Life of Her Own. 1951: Up Front; Finders Keepers; Billy Rose's Playbill: Whirligig of Life [TV]. 1952: Abbott and Costello Lost in Alaska; Back at the Front. 1955: Alfred Hitchcock Presents: The Case of Mr Pelham (Alfred Hitchcock zeigt: Einen Doppelten für Mr. Pelham) [TV]; The Seven Year Itch (Das verflixte siebente Jahr); Lieutenant Wore Skirts (Meine Frau, der Leutnant); Playwrights '56: Daisy, Daisy [TV]. 1956: The Great American Pastime. 1957: The Girl Can't Help It (Schlagerpiraten). 1958: A Nice Little Bank That Should Be Robbed (Man müßte eine kleine Bank berauben). 1959: U.S. Steel Hour: The Square Egghead [TV]. 1960–61: The Tom Ewell Show [TVS]. 1962: Tender Is the Night (Zärtlich ist die Nacht); State Fair (Texas-Show). 1965: Burke's Law: Who Killed Nobody Somehow [TV]. 1970: The Men from Shiloh: With Love, Bullets and Valentines [TV]; Suppose They Gave a War and Nobody Came. 1971: To Find a Man. 1972: They Only Kill Their Masters (Die Spur der schwarzen Bestie). 1974: The Great Gatsby (Der große Gatsby). 1975: Promise Him Anything [TV]. 1975–77: Baretta [TVS]. 1979: Return of the Mod Squad [TV]. 1981–83: Best of the West [TVS]. 1983: Easy Money.

Eyck, Peter van

(Götz von Eick)
*16. 7. 1913 Steinwehr (Pommern)
†15. 5.1969 Maennedorf bei Zürich

Realgymnasium in Hermsdorf, Abitur. Beginn eines Musikstudiums, zahlreiche Reisen ins Ausland, 1937 nach Kuba, dann nach New York. Verschiedene Jobs. Bekanntschaft mit dem amerikanischen Komponisten Aaron Copland. Gemeinsam mit Freunden Kompositionen und Texte für Varietés und Revuen. In New York Arbeit als Arrangeur für Irving Berlin, als Stage Manager und Assistent Producer. Kurze Zeit Regie-Assistent an Orson Welles' Mercury Theatre. Übersiedlung nach Hollywood. Ab 1942 Filmschauspieler u. a. in der Rolle des Nazi-Leutnants Tonder in der John Steinbeck-Verfilmung *The Moon Is Down* (Irving Pichel). Nach Billy Wilders *Five Graves to Cairo* ist der weiß-blonde, schlanke van Eyck auf deutsche Offiziere abonniert. 1943 amerikanische Staatsbürgerschaft und Einberufung zur US-Armee. Bei Kriegsende Ortskommandant in Deutschland; 1945–48 als US-Offizier Leiter der Film Section der Information Service Control Branch in Berlin. Erste Nachkriegsrolle 1949 als amerikanischer Captain Tom Keller in *Hallo Fräulein* (Rudolf Jugert). Internationaler Erfolg mit der Rolle des LKW-Fahrers Bimba in Georges Clouzots Nitro-Thriller *Le salaire de la peur*. Charakterrollen als charmanter, aber kaltschnäuziger Wirtschaftsspion in *Das Mädchen Rosemarie* (Rolf Thiele), als Großindustrieller in der «Hamlet»-Adaption *Der Rest ist Schweigen* (Helmut Käutner), als amerikanischer Rüstungsindustrieller in *Die tausend Augen des Dr. Mabuse* (Fritz Lang). Van Eyck gehört zu den wenigen deutschsprachigen Schauspielern der Nachkriegszeit, denen auch eine internationale Karriere gelingt. Die Regisseure nutzen vornehmlich seine preußische Attitüde, zuletzt als deutscher Agent in *The Spy Who Came in from the Cold* (Martin Ritt) und als General von Broch in *The Bridge at Remagen* (John Guillermin).

1942: The Wife Takes a Flyer [US]; Once Upon a Honeymoon [US]; Hitler's Children [US]. 1942/43: The Moon Is Down [US]; The Edge of Darkness (Aufstand in Trollness) [US]; Hitler's Madman [US]. 1943: Five Graves to Cairo (Fünf Gräber bis Cairo) [US]. 1943/44: The Imposter [US]. 1944: Address Unknown [US]; The Hitler Gang [US]. 1949: Hallo Fräulein! [BRD]; Königskinder [BRD]. 1949/50: Export in Blond [BRD]. 1950: Königskinder [BRD]; Epilog [BRD]; Opfer des Herzens/Furioso [BRD]; Die Dritte von rechts [BRD]. 1951: Au cœur de la Casbah [FR]. 1952: Le salaire de la peur/Vite vendute (Il salario della paura) (Lohn der Angst) [FR/IT]. 1953: Sailor of the King/Single-Handed [US/GB]; La chair et le diable/Il fuoco nelle venere (Das Fleisch und der Teufel) [FR/IT]; Alerte au Sud/Allarme a Sud (Alarm im Süden) [FR/IT]; Night People (Das unsichtbare Netz) [US]. 1953/54: Le grand jeu/Il grande giuoco (Die letzte Etappe) [FR/IT]. 1954/55: Tarzan's Hidden Jungle (Tarzan und der schwarze Dämon) [US]; Mr. Arkadin/Confidential Report (Herr Satan persönlich) [US/FR/ES]; A Bullet for Joey (Akte XP 15) [US]. 1955: Tarzan's Hidden Jungle (Tarzan und der schwarze Dämon) [US]; Jump into Hell (Die Hölle von Dien Bien Phu) [US]; Sophie et le crime (Das Mädchen vom dritten Stock) [FR]; Your Play Time: The Intolerable Portrait [TV – US]; Warner Brothers Present: Casablanca [TVS – US]; Der Cornet/Die Weise von Liebe und Tod [BRD]. 1956: Alfred Hitchcock Presents: Safe Conduct [TV – US]; The Rawhide Years (Vom Teufel verführt) [US]; Run for the Sun (Der Sonne entgegen) [US]; Attack! (Ardennen 1944) [US]; Le feu aux poudres/X 3 operazione dinamite (Dem Satan ins Gesicht gespuckt) [FR/IT]. 1957: Fric-frac en dentelles (Gangsterjagd in Spitzen) [FR]; Tous peuvent me tuer/Tutti possono uccidermi (Der sechste Mann) [FR/IT]; Retour de manivelle/Delitto sulla Costa Azzura (Luzifers Tochter) [FR/IT]; Der gläserne Turm [BRD]. 1957/58: Dr. Crippen lebt [BRD]. 1958: The Snorkel (Der Schnorchel) [GB]; Schmutziger Engel [BRD]; Das Mädchen Rosemarie [BRD]; Schwarze Nylons, heiße Nächte [BRD]; Du gehörst mir [BRD]. 1958/59: Rommel ruft Kairo [BRD]. 1959: Du gehörst mir [BRD]; Der Rest ist Schweigen [BRD]; Lockvogel der Nacht [BRD]; Verbrechen nach Schulschluß [BRD]; Labyrinth der Leidenschaften/Labyrinth/Neurose [BRD/IT]; Geheimaktion Schwarze Kapelle/I sicari di Hitler/R.P.Z. appelle Berlin [BRD/FR/IT]; Abschied von den Wolken/Angst im Nacken [BRD]. 1960: Liebling der Götter [BRD]; Die 1000 Augen des Dr. Mabuse/Il diabolico Dr. Mabuse/Le diabolique docteur Mabuse [BRD/IT/FR]; Foxhole in Cairo [GB]. 1960/61: An einem Freitag um halb zwölf/Vendredi 13 heures/Il mondo nella mia tasca [BRD/FR/IT]. 1961: Legge di guerra/La loi de la guerre/Liebe, Freiheit und Verrat [IT/FR/BRD]; La fête espagnole (Bevor der Mensch zum Teufel geht) [FR]; Die Stunde, die du glücklich bist [BRD]; Unter Ausschluß der Öffentlichkeit [BRD]. 1961/62: Finden Sie, daß Constanze sich richtig verhält? [BRD]. 1962: The Longest Day (Der längste Tag) [US]; Im Namen des Teufels/The Devil's Agent [BRD/GB]; Ein Toter sucht seinen Mörder/Vengeance [BRD/GB]; Endstation 13 Sahara/Station Six-Sahara [BRD/GB]. 1962/63: Verführung am Meer/Ostrva [BRD/YU]. 1963: Ostrva (Verführung am Meer) [YU]; Scotland Yard jagt Dr. Mabuse [BRD]; Das große Liebesspiel [BRD/AT]; Ein Alibi zerbricht [AT]. 1964: Kennwort: Reiher [BRD]; Die Todesstrahlen des Dr. Mabuse/Specchi del dottor Mabuse/Les rayons de la mort du Dr. Mabuse [BRD/IT/FR]; I misteri della giungla nera/Das Geheimnis der Lederschlinge [IT/BRD]. 1965: La guerre secrète/La guerra segreta/Spione unter sich [EP – FR/IT/BRD]; Die Herren [EP – BRD]; Duell vor Sonnenuntergang/Sparate a vista su Killer Kid [BRD/IT/YU]; The Spy Who Came In from the Cold (Der Spion, der aus der Kälte kam) [GB]. 1966: Sechs Pistolen jagen Professor Z/Comando de asesinos [BRD]; Karriere/A belles dents [BRD/FR]; Requiem per un agente segrete/Consigna: Tánger 67/Der Chef schickt seinen besten Mann [IT/ES/BRD]. 1966/67: Der Zündholzkönig – Der Fall Ivar Kreuger [TV – BRD]. 1967: L'homme qui valait des millards/L'uomo che valeva miliardi (Der goldene Schlüssel) [FR/IT]; Heidi kehrt heim/Heidi [TV – BRD/US]. 1967/68: Tevye und seine sieben Töchter/Tuvia vesheva benotav [BRD/IL]. 1968: Rose rosse per il Führer (Rote Rosen für den Führer) [IT]; Shalako (Shalako/Man nennt mich Shalako) [GB]; Assignment to Kill (Sein gefährlichster Auftrag) [US]. 1968/69: Der Kommissar: Die Pistole im Park [TV – BRD]. 1969: The Bridge at Remagen (Die Brücke von Remagen) [US].

F

Fabian, Françoise
(Michèle Cortès de Leone y Fabianera)
* 10. 5. 1933 Hussein Dey (Algerien)

Tochter eines spanischen Vaters und einer polnischen Mutter. Musikstudium in Algier. Schauspielunterricht in Paris bei René Simon. 1954 Bühnendebüt. Engagement an Pariser Bühnen, u. a. in Molière-Stücken. 1955 wird sie von Jacques Becker, mit dem sie bis zu dessen Tod verheiratet ist (1958–60), zum Film geholt; zunächst in komödiantischen Rollen. In den frühen 60er Jahren nur wenige Engagements; seit dieser Zeit kontinuierlich TV-Arbeit. Zum ersten großen internationalen Erfolg nach ihrem Auftritt in Luis Buñuels *Belle de jour* wird 1969 die aparte und mit feiner Ironie gespielte Titelrolle in Eric Rohmers *Ma nuit chez Maud*. Danach Filme in Frankreich und Italien, die ihre schauspielerischen Möglichkeiten zumeist nur unzureichend zeigen; zuweilen auch Rollen in belanglosen Softsexfilmen. Auszeichnung in San Sebastián für die Hauptrolle in Claude Lelouchs *La bonne année* (1972/73). Ihre Fähigkeiten als Charakterdarstellerin kann sie in Michel Devilles *Raphael ou le débauché* zeigen.

[FR] 1955: Les mémoires d'un flic; Cette sacrée gamine/Mam'zelle Pigalle (Pariser Luft). 1956: Michel Strogoff/Michele Strogoff (Der Kurier des Zaren) [FR/IT]; Les aventures de Till L'Espiègle/Die Abenteuer des Till Ulenspiegel [FR/DDR]; Le couturier de ces dames (Der Modekönig); Le feu aux poudres/X3 operazione dinamite (Dem Satan ins Gesicht gespuckt) [FR/IT]; Bon voyage Amédée; L'Aventurière des Champs-Élysées (Abenteuerin von Paris). 1957: Les fanatiques/I fanatici (Die Erbarmunslosen) [FR/IT]; Il corsaro della mezzaluna/La belle et le corsaire (Der Korsar vom roten Halbmond) [IT/FR]; Les violents (Der Sarg kam per Post). 1958: Chaque jour a son secret (Jeder Tag birgt ein Geheimnis). 1960: La brune que voilà. 1961: L'Art de vivre [KF]. 1961/62: Una domenica d'estate

[IT]. 1963: Maigret voit rouge (Komissar Maigret sieht rot); Les femmes savantes [TV]; Il magnifico avventuriero/El magnifico aventurero/Le avventure di Benvenuto Cellini (Mit Faust und Degen) [IT/ES/FR]. 1966: Le voleur (Der Dieb von Paris); Les chiens. 1966/67: Belle de jour (Belle de jour – Schöne des Tages) [FR/IT]. 1969: Gli specialisti/Le spécialiste/Fahrt zur Hölle, ihr Halunken [IT/FR/BRD]; Ma nuit chez Maud (Meine Nacht bei Maud); L'Américain. 1970: Raphael ou le débauché; Étes-vous fiancée à un marin grec ou à un pilote de ligne? (Was würden Sie an meiner Stelle tun?); Die Weibchen/Femmine carnivore [BRD/IT/FR]; Un condé (Ein Bulle sieht rot). 1970–72/1990: Out 1 – Noli me tangere/Out 1 – spectre (Out 1 – Noli me tangere) [Lang- + Kurzfassung]. 1971: L'Éducation sentimentale [TV]. 1972: Les voraces/Così bello, così corrotto, così conteso (Die Gefräßigen); Au rendez-vous de la mort joyeuse (Rendezvous zum fröhlichen Tod); L'Amour l'après-midi (Liebe am Nachmittag); Torino nera/La vengeance du sicilien (Der Sizilianer) [IT/FR]. 1972/73: La bonne année/Una donna e una canaglia (Ein glückliches Jahr) [FR/IT]. 1973: Projection privée (Privatvorstellung); Salut, l'artiste/L'idolo della città (Mach's gut, Nicolas) [FR/IT]. 1974: Un uomo, una città [IT]; Per amare Ofelia/Para amar a Ofelia (Um Ophelia zu lieben) [IT/FR/ES]. 1975: Chi dice donna, dice donna [EP – IT]; Per le antiche scale/Vertiges [IT/FR]; Perché si uccide un magistrato? (Warum mußte Staatsanwalt Traini sterben?) [IT]. 1976: Al piacere di rivederla [IT/FR]; Madame Claude (Madame Claude und ihre Gazellen); Les fougères bleues. 1982: Deux heures moins le quart avant Jésus Christ (Die verrücktesten 90 Minuten vor Christi Geburt); L'Archipel des amours [EP]. 1982/83: La veuve rouge (Die rote Witwe) [TV]. 1983: Quo vadis [TVS – EURO/CA]; Benvenuta (Das anonyme Bekenntnis) [BE/IT/FR]; L'Ami de Vincent (Mein Freund, der Frauenheld); Le cercle des passions (Im Bann der Leidenschaft) [FR/IT/ES]. 1984: Partir, revenir. 1988: Trois places pour le 26. 1989: L'Ami retrouvé/Der wiedergefundene Freund/Reunion [FR/BRD/GB]; Haute tension – Retour à Malaveil [TV]; Disperatamente Giulia/Giulia [TVS – IT/DE/AT]. 1990/91: Plaisir d'amour. 1991: Riflessi in un cielo scuro [IT]. 1992: Un commissario a Roma [TV – IT]. 1996: La comète [TV].

Fabrizi, Aldo

*1. 11. 1905 Rom
†2. 4. 1990 Rom

Er beginnt am Varieté, arbeitet dann am Theater und für den Hörfunk. 1942 debütiert Fabrizi in Mario Bonnards *Avanti c'è posto* im Film. Zusammen mit Anna Magnani spielt er in *L'ultima carrozzella* (Mario Mattoli) und *Campo de' Fiori* (Mario Bonnard), wodurch er sich als Charakterdarsteller des freundlichen, gutherzigen Mannes aus dem Volke etabliert. Internationale Anerkennung erringt er 1945 durch die Rolle des heroischen Priesters Pietro in *Roma, città aperta,* Roberto Rossellinis Meisterwerk des italienischen Neorealismus. Fabrizi wird zum Darsteller des neorealistischen Films par excellence. Brillant in Luigi Zampas *Vivere in pace* und in Alessandro Blasettis *Prima comunione*. Rossellini gibt Fabrizi 1950 noch einmal die Chance, seine Kunst zu beweisen, indem er ihn in *Francesco, giullare di Dio* gleichzeitig in komischen und tragischen Rollen einsetzt. In den Nachkriegsjahren gelangt er vornehmlich durch Komödien zu großer Popularität. Er spielt oft als Partner von Totò, u.a. *Totò, Fabrizi e i giovani d'oggi* (Mattòli). Seine letzten wichtigen Rollen verdankt er Luigi Magni, der ihn in *La Tosca* als bourbonischen Gouverneur Roms einsetzt, und Ettore Scola, der ihn 1974 für *C'eravamo tanto amati* verpflichtet. Fabrizi ist auch gelegentlich als Regisseur tätig – z. B. bei *Emigrantes* und *Il maestro* – ohne jedoch herausragende Leistungen zu bieten. Wegen seiner Popularität wird er häufig für Werbefilme verpflichtet und erscheint in den 60er und 70er Jahren in Fernseh-Shows. Aldo Fabrizi tritt auch als Verfasser von Gedichten und Kochbüchern hervor.

[IT] 1942: Avanti c'è posto... 1943: L'ultima carrozzella; Campo de' Fiori. 1944: Circo equestre Za-Bum. 4. Ep: Il postino [EP]; Circo equestre Za-Bum. 3. Ep: Donna finestra [EP]. 1945: Roma, città aperta (Rom – offene Stadt). 1945/46: Mio figlio professore. 1946: Vivere in pace (In Frieden leben) [D,CoA]. 1947: Il delitto di Giovanni Episcopo [D,CoA]; Natale al campo 119 [D,CoA]; Tombolo (Paradiso nero). 1948/49: Emigrantes [D,R,A]. 1949: Antonio di Padova (Antonius von Padua). 1949/50: Benvenuto, reverendo! [D,R,A]. 1950: Francesco, giullare di Dio (Franziskus, der Gaukler Gottes) [EP]; Prima comunione (Der Göttergatte); Vita da cani; Tre passi a Nord. 1951: Cameriera bella presenza offresi ...; Parigi è sempre Parigi/Paris est toujours Paris [IT/FR]; Fiorenzo, il terzo uomo [DOK]; La famiglia Passaguai (Aufruhr im Familienbad) [D,R,A]; Signori, in carrozza!/Rome-Paris-Rome [D,A – IT/FR]; Guardie e ladri (Räuber und Gendarm) [D,CoA]. 1952: Papà diventa mamma [D,R,A]; Cinque poveri in automobile; Altri tempi. 1. Ep: Il carrettino dei libri vecchi (Andere Zeiten) [EP]; Tutto il monde ride; La famiglia Passaguai fa fortuna [D,R,A]. 1952/53: La voce del silenzio/La voix du silence (Männer ohne Tränen) [IT/FR]. 1953: Siamo tutti inquilini; Una di quelle [D,R,A]; L'età dell'amore/L'age de l'amour (Erste Liebe) [IT/FR]; Questa è la vita. 4. Ep: Marsina stretta (So geht's im Leben) [D,R,A – EP]. 1953/54: Cento anni d'amore. 1. Ep: Garibaldina (Hundert Jahre Liebe) [EP]; Cose da pazzi. 1954: Hanno rubato un tram (Geliebte Tram) [D,R,A]. 1955: Carosello di varietà; I due compari; Accadde al penitenziario; lo piaccio; I pappagalli; Un po' di cielo (Wiedersehen auf Capri). 1956: Guardia, guardia scelta, brigadiere e maresciallo; Mi permette, babbo!; Donatella (Junge Liebe in Rom). 1957: Il maestro [D,R,CoA,P – IT/ES]. 1957/58: Premier mai (Le père et l'enfant)/Festa di maggio [FR/IT]. 1958: I prepotenti. 1959: Un militare e mezzo (Kasernengeflüster); I tartassati/Fripouillard et Cie [IT/FR]; Prepotenti più di prima; Ferdinando I, re di Napoli/ Ferdinand, roi de Naples [IT/FR]. 1959/60: La sposa bella/The Angel Wore Red (Glut) [IT/US]. 1960: Totò, Fabrizi e i giovani d'oggi; Fra' Manisco cerca guai. 1961: Le meraviglie di Aladino/ Les mille et une nuits (Aladins Abenteuer) [IT/FR]; Orazi e Curiazi (Die verlorene Legion); Gerarchi si muore. 1962: Gli italiani e le donne. 5. Ep: Chi la fa l'aspetti; Twist, lolite e vitelloni; Il giorno più corto; I quattro monaci. 1962/63: I quattro moschettieri/Le quatrième mousquetaire (Die Rivalen der vier Musketiere) [IT/FR]. 1963: Totò contro i quattro; I quattro tassisti. 4. Ep: L'uomo in bleu. 1965: Made in Italy. 2. Ep: Il lavoro (Made in Italy) [EP – IT/FR]. 1966: Sette monaci d'oro. 1966/67: Three Bites of the Apple [US]. 1970: Cose di cosa nostra [IT/FR]. 1972/73: La Tosca. 1974: C'eravamo tanto amati (Wir hatten uns so geliebt). 1975: I baroni. 1976/77: Il ginecologo della mutua (Mit der Pille um so toller). 1979/80: Supertotò. 1986: Giovanni senzapensieri.

Fairbanks, Douglas

(Douglas Elton Ulman)
*23. 5. 1883 Denver (Colorado)
†12. 12. 1939 Santa Monica (California)

Besuch der Colorado School of Mines. Erste Bühnenauftritte als 12jähriger in Denver. 1900 Mitglied der Theatertruppe von Frederick Warde. 1902 Broadway-Debüt mit «Her Lord and Master». 1913 wird er zum Bühnenstar durch die Komödie «He Comes up Smiling». 1915 zur Triangle Film Corporation nach Hollywood, Zusammenarbeit mit David W. Griffith. Filmdebüt in Christy Cabannes *The Lamb*. Erster Filmerfolg in John Emersons *His Picture in the Papers*. Fairbanks ist mehrmals auch Mitautor (teilweise unter dem Pseudonym Elton Thomas). 1917 Gründung der Douglas Fairbanks Pictures Corp. 1919 gründet er gemeinsam mit seiner zweiten Frau Mary Pickford, Charles Chaplin und D. W. Griffith die United Artists. Fairbanks zählt zu den erfolgreichsten und populärsten Hollywood-Stars der 20er Jahre. Mit Pickford hält er als «König von Hollywood» hof in der Villa Pickfair und unternimmt erfolgreiche Reisen durch Europa. Häufig in aufwendigen Produktionen um historische Figuren, bei denen er zugleich artistische wie komödiantische Talente zeigen kann: *The Mark of Zorro* (Fred Niblo), *Robin Hood* (Allan Dwan), der frühe Farbfilm *The Black Pirate* (Albert Parker) und *The Gaucho* (F. Richard Jones). Höhepunkt seiner Filmkarriere ist Raoul Walshs Orientabenteuer *The Thief of Bagdad*. 1927 wird Fairbanks erster Präsident der Academy of Motion Picture Arts and Sciences, die alljährlich die Oscars verleiht. 1929 spielt er neben Pickford den Petruchio in einer frühen Tonfassung von Shakespeares *The Taming of the Shrew* (Sam Taylor). Danach nur noch sporadisch auf der Leinwand. 1939 Spezial-Oscar für seinen «besonderen Beitrag bei der Entwicklung der internationalen Kinematografie». Buchveröffentlichungen: «Laugh and Live» (1917), «Making Life Worth While» (1918), «My Secret Success» (1922) und «Youth Points the Way» (1924). Sein Sohn Douglas Fairbanks, Jr. arbeitet ebenfalls als Schauspieler.

[US] 1915: The Lamb; Double Trouble. 1916: The Mystery of the Leaping Fish [KF]; His Picture in the Papers; The Habit of Happiness; The Good Bad Man [D,CoA]; Reggie Mixes In; Flirting with Fate; The Half Breed; Intolerance. Ep: The Fall of Babylon (Intoleranz); Manhattan Madness; American Aristocracy (Amerikanische Aristokratie); The Matrimaniac; The Americano. 1917: In Again – Out Again [D,P]; War Relief [KF]; Wild and Wooly [D,P]; Down to Earth [D,CoA, P]; The Man from Painted Post [D,A,P]; Reaching for the Moon [D,P]. 1918: Fire the Kaiser [KF]; Say! Young Fellow; Sic 'em Sam! [KF]; A Modern Musketeer [D,P]; Headin' South [D,P]; Mr. Fix-It [D,P]; Bound in Morocco [D,P]; He Comes Up Smiling [D,P]. 1919: Arizona [D,CoA,P]; The Knickerbocker Buckaroo [D,P]; His Majesty, the American [D,P]; When the Clouds Roll By [D,P]. 1920: The Mollycoddle [D,P]; The Mark of Zorro (Das Zeichen des Zorro) [D,CoA,P]. 1921: The Nut [D,P]; The Three Musketeers (Douglas Fairbanks – Der vierte Musketier) [D,P]. 1922: Robin Hood (Robin Hood) [D,CoA,P]. 1924: The Thief of Bagdad (Der Dieb von Bagdad) [D,P]. 1925: Don Q, Son of Zorro (Der Mann mit der Peitsche) [D,P]. 1926: The Black Pirate (Der Seeräuber) [D,CoA,P]. 1927: Pozelui Meri Pikford (Der Kuß von Mary Pickford) [SU]. 1928: Show People; The Gaucho (Douglas Fairbanks, der Gaucho) [D,CoA,P]. 1929: The Iron Mask (Die eiserne Maske) [D,CoA,P]; The Taming of the Shrew (Der Widerspenstigen Zähmung) [D,P]. 1930/31: Reaching for the Moon. 1931: Around the World in 80 Minutes with Douglas Fairbanks (In 80 Minuten um die Welt) [D, CoA,P]. 1932: Mr. Robinson Crusoe (Der moderne Robinson) [D,CoA,P]. 1934: The Private Life of Don Juan (Das Privatleben des Don Juan) [GB].

Fairbanks, Douglas, Jr.

(Douglas Elton Ulman Fairbanks, Jr.)
*9. 12. 1909 New York City

Der Sohn des Schauspielers Douglas Fairbanks wächst nach

der Scheidung der Eltern bei der Mutter Anna Beth Sully auf. Besuch verschiedener Schulen in New York und Los Angeles sowie in Europa. In Paris Ausbildung als Maler und Bildhauer. Frühzeitig erste Auftritte im Film. In den 20er Jahren als Schauspieler, daneben auch Autor von Zwischentiteln und Artikeln für «Vanity Fair». 1923 eigentliches Filmdebüt. 1927 großer Erfolg am Theater mit «Young Woodley». Im nächsten Jahr Erfolg mit Frank Capras *The Power of the Press*. An der Seite seiner ersten Frau Joan Crawford in *Our Modern Maidens* (Jack Conway). Der elegante, sein Image als Gentleman pflegende Fairbanks spielt in einigen Filmen neben Loretta Young, so in *The Forward Pass* (Edward Cline). In Mervyn LeRoys Gangster-Klassiker *Little Caesar* ist er ein Gigolo. Mitte der 30er Jahre Tätigkeit in Großbritannien, dort u. a. als verrückter Zar in Paul Czinners *Catherine the Great*. 1935 Gründung einer eigenen Filmgesellschaft, Criterion Company. Ende der 30er Jahre in einigen Hollywood-Komödien, so neben Ginger Rogers in *Having Wonderful Time* (Alfred Santell), dann folgen mehrere Actionfilme, u. a. *Rulers of the Sea* (Frank Lloyd). Teilnahme am 2. Weltkrieg als Special Officer. 1945–50 Präsident der CARE Organization. Ab 1947 wieder Schauspieler, ab 1952 auch Produzent, vor allem von Serien für das englische Fernsehen, u. a. *Douglas Fairbanks Jr. Presents* und *The Rheingold Theatre*. 1968 Rückkehr zum Broadway. Dort Erfolge in Musical-Produktionen wie «My Fair Lady», und «The Pleasure of His Company». In den 70er Jahren wieder in politischen und militärischen Funktionen aktiv. Fernsehauftritte, u. a. 1986 in dem TV-Film *Strong Medicine* nach Arthur Hailey.

[US] 1923: Stephen Steps Out. 1925: The Air Mail; Stella Dallas; Wild Horse Mesa. 1926: Padlocked; Man Bait; Broken Hearts of Hollywood; The American Venus (Die schönste Frau der Staaten). 1927: A Texas Steer; Women Love Diamonds; Is Zat So?. 1928: The Barker; The Power of the Press; Modern Mothers; Dead Man's Curve; The Toilers; A Woman of Affairs (Herrin der Liebe). 1929: Our Modern Maidens (Moderne Mädchen); The Careless Age; The Jazz Age; Fast Life; The Forward Pass; The Show of Shows. 1930: The Little Accident; Party Girl; L'Aviateur [Version]; Loose Ankles; The Way of All Men; Little Caesar; The Dawn Patrol (Start in der Dämmerung); Outward Bound; One Night at Susie's. 1931: The Stolen Jools [KF]; Union Depot (Union Depot); Chances; I Like Your Nerve. 1932: Love Is a Racket; L'Athlete incomplet [Version]; Scarlet Dawn [D,CoA]; It's Tough to Be Famous. 1932/33: Parachute Jumper. 1933: Morning Glory (Morgenrot des Ruhms); Catherine the Great (Katharina die Große) [GB]; The Life of Jimmy Dolan; Captured!; The Narrow Corner. 1933/34: Success at Any Price. 1935: Man of the Moment [GB]; The Amateur Gentleman [D,CoP – GB]; Mimi (Mimi) [GB]. 1936: Accused (Im Banne der Eifersucht) [D,CoP – GB]. 1936/37: Jump for Glory (Gangster, Frauen und Brillianten) [D,CoP – GB]. 1937: The Prisoner of Zenda (Der Gefangene von Zenda). 1938: The Young in Heart; Having Wonderful Time; Joy of Living; Gunga Din (Aufstand in Sidi Hakim); The Rage of Paris (Die flotte Pariserin). 1939: Rulers of the Sea (Herrscher der Meere); The Sun Never Sets (Im Empire geht die Sonne nie unter). 1939/40: Green Hell (Die grüne Hölle). 1940: Angels over Broadway (Angels over Broadway) [D,CoP]; Safari. 1941: The Corsican Brothers (Blutrache). 1947: Sinbad the Sailor (Sindbad, der Seefahrer); The Exile (Der Verbannte) [D,A,P]. 1948: That Lady in Ermine (Die Frau im Hermelin). 1949: The Fighting O'Flynn (Auf Leben und Tod) [D,CoA,P]. 1950: Mr. Drake's Duck (Die Atomente) [D,P – GB]; State Secret (Staatsgeheimnis) [GB]. 1951: Another Man's Poison (Gift für den anderen) [P – GB]. 1952–57: The Rheingold Theatre [D,P – TVS]. 1954: Destination Milan [D,P – GB]; The Last Moment [D,P – GB]. 1954–56: Douglas Fairbanks Jr. Presents [D,P – TVS – GB]. 1955: Hollywood Fathers [KF]; Police Dog [P – GB]. 1957: Chase a Crooked Shadow (Flüsternde Schatten) [D,P – GB]. 1959/60: Moment of Danger (Malaga) [P – GB]. 1960–63: Route 66: Kiss the Maiden All Forlorn [TV]. 1962: The Shadowed Affair [TV]. 1963: Wide World of Entertainment [TV]. 1967: Red and Blue [KF – GB]. 1968: The Canterville Ghost [TV]. 1972: Crooked Hearts [TV]. 1980: The Hostage Tower (Operation Eiffelturm) [TV]. 1981: Ghost Story (Zurück bleibt die Angst/Rache aus dem Reich der Toten). 1986: Strong Medicine (Strong Medicine – Tödliche Dosis) [TV – US/GB]. 1989: B. L. Stryker: Auntie Sue (Dirty Diamonds) [TV].

Falk, Peter

(Peter Michael Falk)
*16. 9. 1927 New York City

Besuch des Hamilton College in Clinton, New York, der New School for Social Research sowie der Syracuse University (Betriebswirtschaft). Tätigkeit als Koch und Verwaltungsangestellter. 1953–55 Theaterarbeit mit den Mark Twain Maskers, Hatford. Schauspielunterricht bei Eva la Gallienne. 1956 nach New York. Debüt als Sganarelle in Molières «Don Juan». Fortsetzung der Schauspielstudien bei Sanford Meisner und Jack Landau. Broadway-Debüt in Shaws «Saint Joan». Ende der 50er Jahre erste Film- und Fernseh-Aufgaben. Filmdebüt 1958 in Nicholas Rays *Wind Across the Everglades*. 1960 wird er als Abe Reles im Gangsterfilm *Murder, Inc.* (Burt Balaban, Stuart Rosenberg) für den Nebenrollen-Oscar nominiert, ebenso 1961 für Frank Capras Musical *Pocketful of Miracles.* 1964 verkörpert er Josef Stalin in der Broadway-Produktion «The Passion of Joseph D.» 1965 Gründung der eigenen Filmfirma Mayo Productions. In diesem Jahr auch neben Jack Lemmon in *The Great Race* (Blake Edwards). In Richard Irvings TV-Krimi *Prescription: Murder* verkörpert er 1968 erstmals den vermeintlich zerstreuten Lieutenant Columbo, eine Figur, die fortan seine Laufbahn bestimmt. Mit abgewetztem Regenmantel und zerbeultem Auto spielt er (1971–77 und erneut ab 1989) in zahlreichen Folgen diesen Fahnder der Mordkommission in den besseren Gegenden von Los Angeles – inszeniert auch einige Episoden. Daneben Mitarbeit in den unabhängig produzierten Filmen seines Freundes John Cassavetes, so in *Husbands, A Woman Under the Influence* und *Opening Night*; 1996 in Dokumentation über Cassavetes *Anything for John* (Dominique Cazenaves, Doug Headline). Als Manager einer Damenringkampf-Mannschaft in Robert Aldrichs *All the Marbles.* Gastauftritte als ehemaliger Engel in zwei Filmen von Wim Wenders: *Der Himmel über Berlin* und *In weiter Ferne, so nah.*

[US] 1958: Wind Across the Everglades (Sumpf unter den Füßen). 1958–62: Naked City: Lament for a Dead Indian [TV]; Naked City: A Very Cautious Boy [TV]. 1959: The Bloody Brood [CA]; Pretty Boy Floyd (Der Killer mit dem Babygesicht). 1959–62: The Untouchables: Troubleshooters [TV]; The Untouchables: Underworld Bank [TV]. 1959–63: Twilight Zone: Mirror [TV]. 1960: The Secret of the Purple Reef; Alfred Hitchcock Presents: Gratitude [TV]; Murder, Inc. (Unterwelt). 1961: Dick Powell Show: Price of Tomatoes [TV]; Pocketful of Miracles (Die unteren Zehntausend); Target the Corruptors: Million Dollar Dump [TV]. 1962: The Dick Powell Show: Rage of Silence [TV]; The Dick Powell Show: Doomsday Boys [TV]; Pressure Point. 1963: Beach Party; Wagon Train: The Gus Morgan Story [TV]; The Balcony; It's a Mad, Mad, Mad, Mad World (Eine total, total verrückte Welt). 1964: Robin and the Seven Hoods (Sieben gegen Chikago); Italiani brava gente/Oni šli na vostok (Sie zogen nach Osten) [IT/SU]. 1965: The Great Race (Das große Rennen rund um die Welt); Trials of O'Brien [TVS]. 1966: Penelope (Penelope); Too Many Thieves (Brillanten-Razzia) [TV]. 1967: Luv (Versuch's doch mal mit meiner Frau). 1968: Gli intoccabili (Die Unschlagbaren) [IT]; Prescription: Murder (Columbo: Mord nach Rezept) [TV]; Lo sbarco di Anzio (Schlacht um Anzio) [IT]. 1969: Castle Keep (Das Schloß in den Ardennen) [US/YU]. 1969/70: Rosolino Paternò soldato/Rosolino Paternò – General i vojnik (Stoßtrupp Avola – Ja, wo sind denn die Kanonen) [IT/YU]. 1970: A Step Out of Line [TV]; Husbands (Husbands – Ehemänner). 1971: Murder by the Book (Columbo: Tödliche Trennung) [TV]; Dead Weight (Columbo: Mord unter sechs Augen) [TV]; Ransom for a Dead Man (Columbo: Lösegeld für einen Toten) [TV]. 1972: Dagger of the Mind (Columbo: Alter schützt vor Torheit nicht) [TV]; Columbo: Etude in Black (Columbo: Etude in Schwarz) [TV]; Columbo: Death Lends a Hand (Columbo: Mord mit der linken Hand) [TV]; Most Crucial Game (Columbo: Wenn der Eismann kommt) [TV]; Double Shock (Columbo: Doppelter Schlag) [TV]. 1973: Suitable for Framing (Columbo: Mord in Pastell) [TV]; Lovely but Lethal (Columbo: Ein Hauch von Mord) [TV]; A Stitche in Crime (Columbo: Zwei Leben an einem Faden) [TV]; Candidate for Crime (Columbo: Stirb' für mich) [TV]; Any Old Port in a Storm (Columbo: Wein ist dicker als Blut) [TV]; Double Exposure (Columbo: Ein gründlich motivierter Mord) [TV]. 1974: Publish or Perish (Columbo: Schreib oder stirb) [TV]; An Exercise in Fatality (Columbo: Geld, Macht und Muskeln) [TV]; A Woman Under the Influence (Eine Frau unter Einfluß); Requiem for a Falling Star (Columbo: Klatsch kann tödlich sein) [TV]; A Friend Indeed (Columbo: Meine Tote – deine Tote) [TV]; By Dawn's Early Light (Columbo: Des Teufels Corporal) [TV]; Negative Reaction (Columbo: Momentaufnahme für die Ewigkeit) [TV]; Mind over Mayhem (Columbo: Teuflische Intelligenz) [TV]; Playback (Columbo: Playback) [TV]; Swan Song (Columbo: Schwanengesang) [TV]. 1975: A Case of Immunity (Columbo: Mord in der Botschaft) [TV]; Now You See Him (Columbo: Wenn der Schein trügt) [TV]; Columbo: Forgotten Lady (Columbo: Tödliches Comeback) [TV]; A Deadly State of Mind (Columbo: Der Schlaf, der nie endet) [TV]; Troubled Waters (Columbo: Traumschiff des Todes) [TV]; Identity Crisis (Columbo: Tod am Strand) [TV]. 1976: A Matter of Honor (Columbo: Blutroter Staub) [TV]; Griffin and Phoenix: A Love Story (Liebe ohne Hoffnung) [TV]; Fade in to Murder (Columbo: Mord im Bistro) [TV]; Mikey and Nicky (Mikey und Nikky); Last Salute to the Commodore (Columbo: Der alte Mann und der Tod) [TV]; Murder by Death (Eine Leiche zum Dessert/Verzeihung, sind Sie der Mörder?). 1977: Try and Catch Me (Columbo: Alter schützt vor Morden nicht) [TV]; The By-Bye Sky High I. Q. Murder Case (Columbo: Todessymphonie) [TV]; Opening Night (Premiere/Die erste Vorstellung); Murder under Glass (Columbo: Mord à la carte) [TV]. 1978: Conspirators (Columbo: Waffen des Bösen) [TV]; The Cheap Detective (Der Schmalspurschnüffler); The Brink's Job (Das große Dings bei Brinks); Make Me a Perfect Murder (Columbo: Mord in eigener Regie) [TV]; How to Dial a Murder (Columbo: Mord per Telefon) [TV]. 1979: The In-Laws (Zwei in Teufels Küche). 1981: All the Marbles (Kesse Bienen auf der Matte); The Great Muppet Caper. 1985: Big Trouble (Sterben ... und leben lassen). 1986: Happy New Year (Happy New Year). 1986/87: Der Himmel über Berlin/Les ailes du désir [BRD/FR]. 1987: The Princess Bride (Die Braut des Prinzen). 1988: Vibes (Vibes – Die übersinnliche Jagd nach der glühenden Pyramide); Råttornas vinter [SE]. 1989: Murder: A Self Portrait (Columbo: Selbstbildnis eines Mörders) [TV]; Cookie (Cookie); Mystery Wheel 10; Columbo (Columbo: Täuschungsmanöver) [TV]; Columbo Goes to the Guillotine (Columbo: Tödliche Tricks) [TV]; Uneasy Lies the Crown (Columbo: Schleichendes Gift) [TV]; Agenda for Murder (Columbo: Mord nach Termin) [TV]; Sex and the Married Detective (Columbo: Black Lady) [TV]; Murder in Malibu (Columbo: Niemand stirbt zweimal) [TV]; Great Deceptions (Columbo: Tödliche Kriegsspiele) [TV]; Rest in Peace, Mrs. Columbo (Columbo: Ruhe Sanft, Mrs.Columbo) [TV]; Murder, Smoke and Shadows (Columbo: Die vergessene Tote) [TV]; Columbo Cries Wolf (Columbo: Wer zuletzt lacht) [TV]. 1990: Motion & Emotion; In the Spirit (Ein Köder für den Killer). 1990/91: Tune in Tomorrow/Aunt Julia and the Scriptwriter (Julia und ihre Liebhaber). 1991: Columbo: Short Fuse (Columbo: Zigarren für den Chef) [TV]; Columbo: Dead Hits the Jackpot (Columbo: Tödlicher Jackpot) [TV]; Columbo: Most Dangerous Match (Columbo: Schach dem Mörder) [TV]; Columbo and the Murder of a Rock Star (Columbo: Tödliche Liebe) [TV]; Caution: Murder Can Be Hazardous to Your Health (Columbo: Der erste und der letzte Mord) [TV]; Columbo Goes to College (Columbo: Luzifers Schüler) [TV]. 1992: Columbo: No Time to Die (Columbo: Bluthochzeit) [TV]; Columbo: A Bird in the Hand (Columbo: Ein Spatz in der Hand) [TV]; The Player (The Player). 1993: In weiter Ferne, so nah! [DE]; Columbo: It's All In The Game [D,P – TV]. 1994: Roommates (Familien-Bande); Columbo: Butterfly in Shades of Grey (Columbo: Todesschüsse auf dem Anrufbeantworter) [TV]. 1995: The Sunshine Boys (Die Sonny Boys) [TV]; Columbo: Strange Bedfellows [TV]; Anything for John [DOK]. 1997: Columbo: A Trace of Murder [D,P – TV].

Farrell, Charles

*9. 8. 1901 Onset Bay (Massachusetts)
†6. 5. 1990 Palm Springs (California)

Wirtschaftsstudium an der Boston University. Manager des Vaudeville-Komikers Little Billy. 1923 Filmdebüt in George Fitzmaurices *The Cheat*, dann kleine Rollen in Hollywood-Filmen. Auch Tätigkeit für Mack Sennetts Studio. 1926 Wechsel zu Fox, Hauptrollen in mehreren Produktionen, vor allem in Melodramen von Frank Borzage, so *7th Heaven*, *Street Angel* und *The River*. 1930 Hauptrolle des naiven, von einem großstädtischen Vamp verführten Landmannes in F. W. Murnaus *City Girl*. 1937 Filmtätigkeit in London, dort u. a. in *Bombs Over London* (Sinclair Hill). 1939 Broadway-Erfolg in der Dramatisierung von *7th Heaven*. 1941 Rückzug vom Filmgeschäft. In Palm Springs Tätigkeit als Manager und Miteigentümer des Racquet Clubs sowie sieben Jahre als Bürgermeister. 1951 Mitwirkung in einer Radio-Version von *7th Heaven*. 1952–54 Hauptrolle in 126 Folgen der Familien-Serie *My Little Margie*, 1956 *The Charlie Farrell Show*.

[US] 1923: The Cheat (Die Betrügerin); The Hunchback of Notre Dame (Der Glöckner von Notre Dame); Rosita; Ten Commandments (Die zehn Gebote). 1925: The Love Hour; Wings of Youth; The Love Hour; The Freshman (Harold Lloyd, der Sportstudent); Clash of the Wolves. 1926: A Trip to Chinatown; Sandy; A Trip to Chinatown; Old Ironsides (Schlachtschiff Constitution). 1927: The Rough Riders; 7th Heaven. 1928: Street Angel; Fazil; The Red Dance (Die rote Tänzerin von Moskau); The River. 1929: Sunny Side Up; Lucky Star; Happy Days. 1930: City Girl (Die Frau aus Chikago); High Society Blues; Liliom; The Princess and the Plumber; The Man Who Came Back. 1930/31: Body and Soul. 1931: Merely Mary Ann; Heartbreak; Maker of Men; Delicious. 1932: After Tomorrow; The First Year; Wild Girl; Tess of the Storm Country. 1933: Aggie Appleby, Maker of Men; Girl Without a Room; The Big Shakedown. 1934: Change of Heart. 1935: Fighting Youth; Forbidden Heaven. 1936: The Flying Doctor [GB]. 1936/37: Moonlight Sonata [GB]. 1937: Bombs Over London [GB]; Midnight Menace [GB]. 1938: Flight to Fame; Just Around the Corner; Tail Spin. 1941: The Deadly Game. 1952–54: My Little Margie [TVS]. 1956: The Charlie Farrell Show.

Farrow, Mia

(Maria de Lourdes Villiers Farrow)
*9. 2. 1946 Los Angeles

Tochter der Schauspielerin Maureen O'Sullivan und des Regisseurs John Farrow. Besuch von Internaten in Madrid und London sowie der Marymount School, Los Angeles. Als 13jährige erste kleine Filmrolle in *John Paul Jones*, einem Film ihres Vaters. 1963 Off-Broadway-Debüt in «The Importance of Being Earnest». 1964–68 große Popularität als Allison Mackenzie in 514 Folgen der TV-Serie *Peyton Place*. Die zerbrechlich wirkende Kindfrau spielt vor allem verletzliche, sensible und intelligente Typen. In Roman Polanskis Psychothriller *Rosemary's Baby* (1968) Erfolg in der Rolle einer Schwangeren, die das Kind des Teufels austrägt. Im folgenden Jahr neben Dustin Hoffman in *John and Mary* (Peter Yates). 1974 an der Seite von Robert Redford in *The Great Gatsby* (Jack Clayton). Nach skandalträchtigen Ehen mit Frank Sinatra und dem Musiker André Previn (sowie Adoptionen zahlreicher Kinder) beginnt 1981 eine enge Zusammenarbeit mit ihrem langjährigen Lebensgefährten Woody Allen. Auf den ersten gemeinsamen Film *A Midsummer Night's Sex Comedy* folgen weitere Filme: Psychiaterin Eudora Fletscher in *Zelig*, Italienerin Tina Vitale in *Broadway Danny Rose*, Filmfan Cecilia in *The Purple Rose of Cairo*, Hannah in *Hannah and Her Sisters*, Ehefrau von William Hurt in *Alice*, 1992 schließlich *Husbands and Wives* – gleichzeitig Trennung von Allen und quälende Schlammschlacht vor Gericht und in der Presse. 1993 mit Joan Plowright und Natasha Richardson in John Irvings Frauenfilm *Widows' Peak*. 1995 erlebt sie mit Antonio Banderas ihren zweiten Frühling in *Miami Rhapsody*. 1997 erscheint ihre Autobiografie «What Falls Away».

[US] 1959: John Paul Jones (Beherrscher der Meere). 1963: Age of Curiosity [KF]. 1964: Guns at Batasi (Schüsse in Batasi) [GB]. 1964–68: Peyton Place [TVS]. 1967: Johnny Belinda [TV]. 1968: Rosemary's Baby (Rosemaries Baby); Secret Ceremony (Die Frau aus dem Nichts) [GB]; A Dandy in Aspic (Todestanz eines Killers) [GB]. 1969: John and Mary (John und Mary). 1971: Blind Terror (Stiefel, die den Tod bedeuten); Goodbye, Raggedy Ann [TV]. 1972: Docteur Popaul/Trappola per un lupo (Doktor Popaul) [FR/IT]; Follow Me (Ein liebenswerter Schatten) [GB]. 1974: The Great Gatsby (Der große Gatsby). 1976: Peter Pan [TV – GB]; The Haunting of Julia/Full Circle (Julias unheimliche Wiederkehr) [GB/CA]. 1978: Avalanche; Death on the Nile (Tod auf dem Nil) [GB]; A Wedding (Eine Hochzeit). 1979: Hurricane (Hurrikan). 1982: The Last Unicorn (Das letzte Einhorn) [S – US/GB/JP]; A Midsummer Night's Sex Comedy (Eine Sommernachts-Sexkomödie). 1983: Zelig (Zelig). 1984: Supergirl (Supergirl) [GB]; Broadway Danny Rose (Broadway Danny Rose). 1985: The Purple Rose of Cairo (The Purple Rose of Cairo). 1986: Radio Days (Radio Days); Hannah and Her Sisters (Hannah und ihre Schwestern). 1987: September (September). 1988: Another Woman (Eine andere Frau). 1989: New York Stories. EP 3: Oedipus Wrecks (New Yorker Geschichten) [EP]; Crimes and Misdemeanors (Verbrechen und andere Kleinigkeiten). 1991: Alice (Alice); Shadows and Fog (Schatten und Nebel). 1992: Husbands and Wives (Ehemänner und Ehefrauen). 1994: Miami Rhapsody (Miami Rhapsody); Widow's Peak (Die Witwen von Widows Peak) [GB]. 1995: Reckless. 1996/97: Private Parts.

Félix, Maria

(Maria de los Angeles Félix Guereña)
*4. 5. 1914 Alamos, Sonora (Mexiko)

Sie wird populär durch die Wahl zur Königin des Karnevals von Guadalajara. Ende der 30er Jahre geht sie nach Mexiko-City, wo sie von Fernando Palacios entdeckt wird. Mit ihrem Filmdebüt in *El peñón de las ánimas* (Miguel Zacarías) beginnt 1942 die Karriere eines Mythos: Sie gilt als das schönste Gesicht in der Geschichte des mexikanischen Kinos. Als «María Bonita» besungen und bekannt, gemalt von Jean Cocteau, Diego Rivera und Leonora Carrington, eingekleidet von Dior, ist sie der Star der 40er Jahre. Sie dreht in Mexiko mit Emilio Fernández, Fernando Fuentes, Julio Bracho und Luis Buñuel; in Argentinien, Italien, Spanien und in Frankreich mit Jean Renoir. Sie ist zunächst festgelegt auf die Rolle der Femme fatale bzw. des Vamps und kann sich von dem Klischee nie ganz befreien. Ihr Privatleben entspricht diesem Stereotyp, sie ist 5mal verheiratet (u. a. mit den Sängern Raúl Prado und Agustín Lara sowie dem Schauspieler Jorge Negrete). Ihr Männerkonsum ist gleichzeitig Ausdruck des mexikanischen «machismo», demgemäß eine schöne Frau nicht nur einem Mann gehören darf. Ende der 50er Jahre erweitert sie ihr schauspielerisches Repertoire um die Rolle der starken Frau, so zunächst als Maria Mendoza in *La Bandida* (Roberto Rodríguez) und als Höhepunkt in *La Generala* (Juan Ibañez). 1985 erhält sie einen Ariele, den mexikanischen Oscar, für ihr Lebenswerk.

[MX] 1942: El peñón de las ánimas; María Eugenia. 1943: Doña Bárbara; La china poblana; La mujer sin alma. 1944: La monja alférez; Amok. 1945: El monje blanco; Vértigo. 1946: La devradora; La mujer de todos; Enamorada. 1947: La diosa arrodillada; Río Escondido; Que Dios me perdone. 1948: Maclovia; Doña Diabla; Mare nostrum [ES]. 1949: Una mujer cualquiera [ES]. 1950: La corona negra; La noche del sábado [ES]. 1951: Incantesimo tragico [IT]; Messalina/Messaline [IT/FR]. 1952: La pasión desnuda. 1953: Camelia; Reportaje; Le rapto. 1954: La belle Otéro/La bella Otero [FR/IT]; French-Cancan [FR/IT]; Les héros sont fatigués/Die Helden sind müde [FR/BRD]. 1955: La escondida (Die Rebellenbraut). 1956: Canasta de cuentos mexicanos (Canasta) [EP]; Tizoc. 1957: Faustina [ES]; Flor de mayo. 1958: La estrella vacía; Miércoles de cenzia; Café Colón. 1959: Sonatas [ES/MX]; La fièvre monte à El Pao/Los ambiciosos (Das Fieber steigt in El Pao/Für ihn verkauf' ich mich) [FR/MX]; La Cucaracha (Sturm über Mexiko). 1960: Juana Gallo. 1962: La bandida; Si yo fuera millonario. 1963: Amor y sexo. 1965: La Valentina. 1970: La Generala.

Felmy, Hansjörg

*31. 1. 1931 Berlin

Der Sohn eines Fliegergenerals wächst in Braunschweig auf, Gymnasium bis zur Untertertia. Danach Schlosser und Buchdrucker. Mitwirkung bei einer kleinen Wanderbühne. Ab 1947 Schauspielunterricht am Staatstheater Braunschweig, 1949 Bühnendebüt. 1953 Staatstheater Aachen, 1954–56 Städtische Bühnen Köln. Daneben Rundfunkarbeit; Synchronsprecher u. a. für Daniel Gélin und Philippe Lemaire. Ab 1957 u. a. Hebbel-Theater Berlin, Landesbühne Hannover, Kleine Komödie in München; oft auf Tournee. 1956/57 Erfolg als Jagdflieger Jochen Marseille in seinem Filmdebüt *Der Stern von Afrika* (Alfred Weidenmann). Neben Johanna von Koczian Hauptrolle in Kurt Hoffmann *Wir Wunderkinder* (1958): Sein Hans Bockel ist populär als Typ des während des Dritten Reiches nicht korrumpierten Deutschen, der auch in den harten Nachkriegsjahren anständig bleibt. Souverän und aufgeklärt spielt Felmy «gute Kumpel» mit verhaltenem Lächeln oder patriarchische Charaktere: 1959 in Weidenmanns zweiteiliger *Buddenbrooks*-Adaption als Thomas, der den Niedergang der Familie nicht aufzuhalten vermag. Es folgen weitere Literatur-Verfilmungen wie *Schachnovelle* (Gerd Oswald) nach Stefan Zweig und *Die Ehe des Herrn Mississippi* (Hoffmann) nach Friedrich Dürrenmatt. Ab 1963 häufig in Krimis, vorzugsweise als Ermittler, z. B. in einigen Edgar-Wallace-Filmen. 1966 in Alfred Hitchcocks *Torn Curtain*. Ab 1962 verstärkt Theater- und Fernseharbeit. Erste bedeutende TV-Rolle in Franz Peter Wirths Dreiteiler *Flucht ohne Ausweg*. 1972 Hauptrolle im 6teiligen TV-Spionage-Thriller *Alexander Zwo* wieder unter Wirths Regie. Zweiter Karriere-Höhepunkt ab 1974 als immer etwas brummiger *Tatort*-Kommissar Haferkamp. Weitere TV-Serien u. a. *Die Männer vom K3* und *Abenteuer Airport* (Werner Masten). 1982 Regie des Fernsehspiels *Meine Frau erfährt kein Wort*.

[BRD] 1956/57: Der Stern von Afrika/La estrella de Africa [BRD/ES]. 1957: Das Herz von St. Pauli; Haie und kleine Fische. 1957/58: Der Greifer. 1958: Herz ohne Gnade; Der Maulkorb; Wir Wunderkinder; Unruhige Nacht. 1958/59: Der Engel, der seine Harfe versetzte; Rommel ruft Kairo; Der Mann, der sich verkaufte. 1959: ... und ewig singen die Wälder [AT]; Buddenbrooks. 2 Teile; Ein Tag, der nie zu Ende geht; Menschen im Netz. 1960: An heiligen Wassern [CH]; Die zornigen jungen Männer; Schachnovelle; Die Botschafterin. 1961: Das letzte Kapitel; Die Schatten werden länger [CH/BRD]; Die Ehe des Herrn Mississippi [CH/BRD]. 1962: Endstation 13 Sahara/Station Six-Sahara [BRD/GB]; Die glücklichen Jahre der Thorwalds. 1963: Die Flußpiraten vom Mississippi/Agguato sul grande fiume/Les pirates du Mississippi [BRD/IT/FR]; Der Henker von London. 1964: Das Ungeheuer von London-City; Das 7. Opfer; Nebelmörder. 1965: An der Donau, wenn der Wein blüht [BRD/AT]. 1966: Flucht ohne Ausweg [TV]; Torn Curtain (Der zerrissene Vorhang) [US]. 1970/71: Die Tote aus der Themse. 1972: Alexander Zwo. 6 Teile [TV]. 1974: Tatort: Der Mann aus Zimmer 22 [TV]; Tatort: Zweikampf [TV]; Tatort: Acht Jahre später [TV]; Sonderdezernat K 1: Flucht [TV]. 1974/75: Tatort: Wodka-Bitter-Lemon [TV]. 1975: Tatort: Die Abrechnung [TV]; Tatort: Treffpunkt Friedhof [TV]; Tatort: Zwei Leben [TV]. 1976: Tatort: Fortuna III [TV]; Tatort: Abendstern [TV]; Fluchtversuch. 1977: Tatort: Drei Schlingen [TV]; Tatort: Spätlese [TV]; Tatort: Das Mädchen von gegenüber [TV]. 1977/78: Tatort: Rechnung mit einer Unbekannten [TV]. 1978: Tatort: Lockruf [TV]; Tatort: Der Feinkosthändler [TV]; Tatort: Die Kugel im Leib [TV]. 1979: Tatort: Schweigegeld [TV]; Tatort: Ein Schuß zuviel [TV]. 1980: Tatort: Schönes Wochenende [TV]; Tatort: Schußfahrt [TV]; Tatort: Der Zeuge [TV]; Tatort: Herzjagd [TV]. 1982: Die Vernehmung der zwangsgeräumten Mathilde Ä. oder Christian hätte ... [TV]; Rendezvous der Damen [TV-EP]; Meine Frau erfährt kein Wort [TV]; Urlaub am Meer [TV-EP – BRD/CH]; So oder so ist das Leben I [TV-EP – BRD/AT/CH]. 1984: Abgehört [TV]; Ein Fall für zwei: Chemie eines Mordes [TV]. 1985/86: Unternehmen Köpenick [TVS]. 1986: Die Wilsheimer [TVS]. 1988: Die Männer vom K3: Familienfehde [TV]. 1988/89: Affäre Nachtfrost [TV]. 1990: Abenteuer Airport [TVS]. 1996: OhnsorgTreff [Auftritt – TV].

Ferida, Luisa

(Luisa Manfrina Farnet)
* 18. 3. 1914 Castel San Pietro (Rieti)
† 20. 4. 1945 Mailand

Bühnenarbeit in den Theatergruppen von Ruggero Ruggeri und Paola Borboni. 1935 Filmdebüt, zunächst in unbedeutenden Lustspielen oder Kostümfilmen, wo sie besonders in Rollen eingesetzt wird, die ihre aggressive Sinnlichkeit herausstellen. Alessandro Blasetti gibt ihr in *L'avventure di Salvator Rosa* (1938/39) Gelegenheit, ihr dramatisches Talent zu beweisen. Ferida wird rasch zu einem Star des italienischen Films der frühen 40er Jahre. Gemeinsam mit ihrem Lebensgefährten Osvaldo Valenti spielt sie unter Regisseur Blasetti in *La corona di ferro* und *La cena delle beffe*. Im ersten verkörpert Ferida die schöne und wilde Prinzessin Tundra; im zweiten spielt sie die Rolle der Fiammetta. Mit Valenti auch Hauptrollen in Filmen Luigi Chiarinis. 1942 verpflichtet Fernando M. Poggioli sie für *Gelosia*. Ihre beste Leistung bietet Ferida als Piera in Gianni Franciolinis *Fari nella nebbia*, der in Handlung und Stimmung Viscontis späteren neorealistischen Durchbruch *Ossessione* vorwegnimmt. Ende 1943 ziehen Ferida und Valenti nach Norditalien, wo Mussolini die Repubblica di Salò etabliert hat. Hier spielen sie 1944 ein letztes Mal in *Un fatto di cronaca* (Piero Ballerini). Als Mailand im April 1945 von der Resistenza befreit wird, werden Luisa Ferida und Osvaldo Valenti als herausragende Schauspieler der faschistischen Ära erschossen.

[IT] 1935: Re burlone; Freccia d'oro. 1936: I fratelli Castiglioni; I due sergenti; Lo smemorato; Il grande silenzio; L'ambasciatore; Amazzoni bianche. 1937: Il conte di Brechard; I tre desideri [Version]; La fossa degli angeli. 1938: Tutta la vita in una notte; Stella del mare; Il suo destiono; L'argine. 1938/39: Un'avventura di Salvator Rosa (Der Kavalier mit der Maske). 1939: Il segreto di Villa Paradiso; Animali pazzi. 1940: La fanciulla di Portici. 1941: Nozze di sangue; La cena delle beffe; Amore Imperiale; La corona di ferro; Fari nella nebbia. 1942: La bella addormentata; Fedora; Gelosia; L'ultimo addio; Il figlio del Corsaro Rosso; Orizzonte di sangue. 1943: Tristi amori. 1944: Un fatto di cronaca; La locandiera.

Fernán Gómez, Fernando
(Fernando Fernández Gómez)
*28. 8. 1921 Lima (Peru)
Geboren während einer Theatertournee seiner Mutter, der spanischen Schauspielerin Carola Fernán Gómez. Schon im Verlauf seines Studiums an der Philosophischen Fakultät in Madrid wirkt er in Laientheatergruppen mit. Der Bürgerkrieg verzögert seine schauspielerischen Ambitionen, dennoch gelingt ihm bereits 1938 sein Debüt als professioneller Darsteller in der Compañia von Laura Pinillos. 1940 hat er am Madrider Teatro de la Comedia so viel Erfolg, daß er für den Film entdeckt wird. Beginn der Filmkarriere 1944 mit *El destino se disculpa* (José Luis Sáenz de Heredia). Zunächst festgelegt auf den Typus des komischen Galans. Spielt aber auch in Werken von Außenseiterregisseuren wie Juan Antonio Bardem und Luis C. Berlanga. Erster Film als Regisseur 1959. Herausragend sind *El mundo sigue* und *El extraño viaje*, die zu ihrer Zeit auf Unverständnis stoßen. Erfolg mit *La vida por delante* und *El viaje a ninguna parte*, beide nach eigenem Drehbuch. Obwohl er zur ersten Garde der spanischen Schauspieler gehört, erhält er erst in den 70er Jahren Angebote außerhalb des Genres der Komödie, so in *Ana y los lobos* (Carlos Saura) und *El espíritu de la colmena* (Víctor Erice). Mitte der 80er Jahre findet er die verdiente Anerkennung und gewinnt 1985 den Darstellerpreis in Berlin für *Stico* (Jaime de Armiñán). Seine Popularität bleibt aber auf Spanien beschränkt. Er ist aufgrund seiner Vielseitigkeit eine Ausnahmefigur; in seinem Wirken und Schaffen spiegelt sich die Geschichte des spanischen Kinos wider. Er arbeitet als Schauspieler bei Theater, Film und Fernsehen, verfaßt Romane, der berühmteste ist «El vendedor de naranjas», die Autobiografie «El tiempo amarillo», Zeitungsartikel, Theaterstücke, Drehbücher und sogar ein Opernlibretto («Parejas para la eternidad»). Erst Ende der 70er Jahre nimmt der Argentinier die spanische Staatsbürgerschaft an. Geschieden von der Schauspielerin María Dolores Pradera. Liiert mit der Schauspielerin Emma Cohen, Vater der Schauspielerin Helena Fernán Gómez.

[ES] 1943: Turbante blanco; Una chica de opereta; La chica del gato; Mi enemigo y yo; Rosas de otoño; Se vende un palacio; Noche fantástica; Viviendo al revés; Christina Gúzman. 1944: El camino de Babel; El destino se disculpa; Empezó en boda. 1945: Se le fue el novio; Domingo de carnaval; Eres un caso; Espronceda; Es peligroso asomarse al exterior; Bambú. 1946: La próxima vez que vivamos; Embrujo; Los habitantes de la casa deshabitada. 1947: La muralla feliz; Noche sin cielo; La sirena negra; Botón de ancla. 1948: Vida en sombras; Encrucijada; Hoy no pasamos lista; Pototo, Boliche y compañía; La mies es mucha. 1949: Noventa minutos; Alas de juventud. 1950: Balarasa; Tiempos felices; El capitán Veneno; El último caballo; Facultad de Letras. 1951: Me quiero casar contigo; La trinca del aire; Esa pareja feliz; El sistema Pelegrín. 1952: Manicomio [D,R]; Los ojos dejan huellas/Uomini senza pace (Auch die Augen hinterlassen Spuren) [ES/IT]. 1952/53: La voce del silencio/La voix du silence (Männer ohne Tränen) [IT/FR]. 1953: Nadie lo sabrá; Aeropuerto; El mensaje [D,R]; Rebeldía/Duell der Herzen [ES/BRD]. 1954: La otra vida del capitán Contreras; Morena clara. 1955: Congreso en Sevilla; El malvado Carabel [D,R]; El guardián del paraíso; La ironía del dinero; Lo scapolo/El soltero [IT/ES]. 1956: El fenómeno; Viaje de novios. 1957: Faustina; El inquilino; Un marido de ida y vuelta; Los ángeles de volante; Muchachas de azul. 1958: Luna de verano; Fantasmas en la casa; Soledad [IT/ES]; Bombas para la paz; La vida por delante [D,R]. 1959: La vida alrededor [D,R]; Crimen para recién casados. 1960: Le tre eccetera del colonello/Les trois etc ... du colonel (Ein Degen und drei Spitzenhöschen) [IT/FR]; La vida privada de Fulano de Tal; Adiós, Mimi Pompón; Sólo para hombres [D,R]. 1961: ¿Dónde pongo este muerto?; La venganza de Don Mendo [D,R]. 1962: La mujer de tu prójimo/El noveno mandamiento [ES/AR]; La becerrada. 1963: El mundo sigue [D,R]; Rififí en la cuidad; Se vive una vez. 1964: Los palomos [R]; El extraño viaje [R]. 1965: Un vampiro para dos; Ninette y un señor de Murcia [D,R]. 1966: Mayores con reparos [D,R]. 1968: La vil seducción. 1969: Las panteras se comen a los ricos; Un adulterio decente; Estudio amueblado 2-P; Carola de día, Carola de noche; Cómo casarse en siete días [R]; ¿Por qué pecamos a los cuarenta? 1970: Crimen imperfecto [D,R]; El triangulito; Los gallos de la madrugada; De profesíon, sus labores; Pierna creciente, falda menguante. 1971: Las Ibéricas F.C. 1972: Ana y los lobos (Anna und die Wölfe); Don Quijote cabalga de nueve [ES/MX]; La leyenda del alcalde de Zalamea [TV – ES/IT]. 1973: Juan soldado [D,R – TV]; Vera, un cuento cruel; El espitítu de la colmena. 1974: El amor del capitán Brando (Die Liebe des Capitán Brando); El pícaro [D,R – TVS]; Yo la ví primero [D,R]. 1975: Yo soy Fulana de Tall; Sensualidad; Imposible para una solterona; Jó, papá (Der Veteran); Pim, pam, pum ... ¡fuego!; La querida [D,R]; Las cuatro novias de Augusto Pérez. 1976: Rafael Alberti en Roma y España [KF]; Parranda; Gulliver [TVS]; Más fina que las gallinas; Bruja, más que bruja [D,R]; La plaza; FFG, un retrato [KF]; El anacoreta/L'Anachorete [ES/FR]. 1977: Arriba Hazaña; Reina Zanahoria; Quería dormir en paz; Chely; La ragazza dal pigiama giallo/La chica del pijama amarillo [IT/ES]; Mi hija Hildegart [R]. 1978: Los restos del naufragio/Les épaves du naufrages [ES/FR]; Madrid al desnudo. 1979: Mamá cumple cien años (Mama wird 100 Jahre alt) [ES/FR]; Cinco tenedores [R]; Milagro en el circo [ES/MX]; ¡Y yo que sé!; Fortunata y Jacinta [TVS – ES/FR/CH]. 1980: El séptimo día del sol [KF]; Maravillas; Apaga y vámonos. 1981: Copia cero; 127 millones, libres de impuestos; Per favore, occupati di Amelia!/Por favor, ocúpate de Amelia [IT/ES]. 1982: Interior rojo; Bésame, tonta. 1983: Soldados de plomo; Juana la Loca ... de vez en cuando; Feroz. 1984: Stico; De hombre a hombre; Una conversación con España; La noche más hermosa; Los zancos. 1985: Cuentos imposibles (Das Leben spielt verrückt) [TVS]; Luces de bohemia; La corte de Faraón; Réquiem pro un campesino español; Mambrú se fue a la guerra [D,R]; Marbella, un golpe de cinco estrellas/Hot Spot (Hot Spot) [ES/US]. 1986: La mitad del cielo; Mi general; El viaje a ninguna parte [D,R]; Delirios de amor (Episode) [EP]; Pobre mariposa; Cara de acelga. 1987: El gran Serafín; Moros y cristianos. 1988: Juncal [TVS]; Esquilache. 1989: El mar y el tiempo [D,R]; El río que nos lleva. 1991: Fuera de juego [D,R]; El rey pasmado; Marcellino pane e vino/Marcelino pan y vino [IT/FR/ES]. 1992: La Mujer de tu vida 2: Las mujeres de mi vida [D,R,A – TV]; Chechu y familia. 1993: Cartas desde Huesca; Belle Epoque (Belle Epoque). 1995: Así en el cielo como en la tierra. 1996: Tranvía a la Malvarrosa; Pesadilla para un rico [R].

Fernandel

(Fernand Joseph Désiré Contandin)
*8. 5. 1903 Marseille
†26. 2. 1971 Paris

Abbruch der Schulausbildung mit 11 Jahren; Gelegenheitsarbeiten und kleinere Auftritte in Music-Halls und Kabaretts. Arbeit als Bankangestellter. 1921 Sänger in Konzertcafés von Marseille. Ab 1928 in Paris als Buffo in Operetteninszenierungen. Ab 1930 Filmauftritte überwiegend in komischen Rollen; daneben Fortsetzung der Theaterarbeit. Er macht das Idiom Marseilles in Frankreich populär. Erste große Erfolge mit pathetisch-poetischen Auftritten in Marcel-Pagnol-Filmen ab 1934: *Angèle, Régain, Le Schpountz*. Sein unverwechselbar langes Gesicht und das beeindruckende Gebiß werden zum Markenzeichen eines der markantesten Komödianten der Filmgeschichte; nach dem Krieg erweist sich Fernandel aber auch als vorzüglicher Charakterdarsteller im ernsten Fach, so z. B. in Sacha Guitrys *Tu m'as sauvé la vie* (1950). Weltruhm erlangt Fernandel in der Rolle des schlitzohrigen Priesters Don Camillo, der in enger Konsultation mit Christus in ständiger Auseinandersetzung mit dem kommunistischen Bürgermeister seiner Gemeinde steht. Ein schauspielerisches Kabinettstück liefert er 1953 in Henri Verneuils *Le mouton à cinq pattes*: In sechs Hauptrollen charakterisiert er auf differenzierte Weise einen Vater und seine 5 Söhne. Mit Jean Gabin ist Fernandel ab 1963 Besitzer der Produktionsfirma GAFER. 1964 treten sie gemeinsam in Gilles Grangiers Komödie *L'âge ingrat* auf. Fernandel wird zum Ritter der Ehrenlegion ernannt.

[FR] 1930: J'ai quelque chose à vous dire; La meilleure bobonne; Le blanc et le noir. 1931: On purge Bébé; Vive la classe; Paris-Béguin; Le rosier de Madame Husson (Der Tugendjüngling der Madame Husson); Le chant du marin; La fine combine; Cœur de lilas; Attaque nocturne; Pas un mot à ma femme. 1932: La terreur de la pampa; Ordonnance malgré lui; Une brune piquante; Quand tu nous tiens, amour; Pas de femmes; Par habitude; Un homme sans nom [Version – DE/FR]; Maruche; Un beau jour de noces; Le jugement de minuit; La claque; Comme une carpe; Les gaietés de l'escadron. 1933: Lidoire; La garnison amoureuse; Le coq du régiment; L'ordonnance; D'amour et d'eau fraîche; Ça colle; Le gros lot. 1934: Adémai aviateur; Le chéri de sa concierge; Le cavalier Lafleur; La porteuse de pain; L'hôtel du Libre Échange; Angèle (Angele); Le train de 8 h 47; Une nuit de folies; Les bleus de la marine. 1935: Les gaietés de la finance; Jim la Houlette; Ferdinand le noceur. 1936: Josette; Un de la Légion. 1937: Un carnet de bal (Spiel der Erinnerung); Les dégourdis de la 11e; Les rois du sport; Ignace; Hercule; Le Schpountz; François 1er; Régain. 1938: Barnabé; Raphael le Tatoué; Tricoche et Cacolet; Ernest le Rebelle. 1939: Fric-frac; Les cinq sous de Lavarède; L'héritier des Mondésir; Berlingot et Cie. 1940: L'acrobate; Un chapeau de paille d'Italie; La nuit merveilleuse; Monsieur Hector; La fille du puisatier. 1941: Une vie de chien; Les petits riens; Le club des soupirants. 1942:

La bonne étoile; Simplet; Ne le criez pas sur les toits. 1943: Adrien; La cavalcade des heures. 1944: Le mystère Saint-Val. 1945: Les gueux au Paradis; Nais; L'aventure de Cabassou. 1946: Cœur de coq; Pétrus (Freibeuter der Liebe). 1947: Escale au soleil; Émile l'Africain. 1948: Si ça peut vous faire plaisir; L'armoire volante. 1949: On demande un assassin; L'héroique M. Boniface. 1950: Casimir; Uniformes et grandes manœuvres (Der unfreiwillige Fallschirmjäger); Botta e risposta (Die große Schau) [IT]; Boniface somnabule (In gewissen Nächten); Tu m'as sauvé la vie; Topaze; Meurtres. 1951: L'auberge rouge (Die rote Herberge); Adhémar ou Le jouet de la fatalité; La table aux crevés; Le petit monde de Don Camillo/Don Camillo (Don Camillo und Peppone) [FR/IT]. 1952: Le fruit défendu (Verbotene Frucht); Le boulanger de Valorgue/Me li mangio vivi! (Der Bäcker von Valorgue) [FR/IT]; Coiffeur pour dames (Der Damenfriseur); Don Camillo/Le petit monde de Don Camillo (Don Camillo und Peppone) [IT/FR]. 1953: Le retour de Don Camillo/Il ritorno di Don Camillo (Don Camillos Rückkehr) [FR/IT]; Carnaval (Meine Frau betrügt mich); Mam'zelle Nitouche/Santarellina (Mamsell Nitouche) [FR/IT]; L'ennemi public n.1/Il nemico pubblico n.1 (Staatsfeind Nr.1) [FR/IT]. 1954: Le mouton à cinq pattes (Der Hammel mit den fünf Beinen); Ali Baba et les 40 voleurs (Ali Baba). 1955: Don Camillo e l'onorevole Peppone (Die große Schlacht des Don Camillo) [IT]; Le printemps, l'autômne et l'amour/La corrida dei mariti [FR/IT]. 1956: Era di venerdì 17/Sous le ciel de Provence [IT/FR]; Honoré de Marseille; El amor de Don Juan/Don Juan [E/F]; Le couturier de ces dames (Der Modekönig); Le tour du monde en quatre-vingts jours. 1956/57: L'homme à l'imperméable/L'uomo dall' impermeabile (Der Mann im Regenmantel) [FR/IT]. 1957: La legge è legge/La loi ... c'est la loi (Gesetz ist Gesetz) [IT/FR]; A Paris tous les deux; Sénechal le Magnifique; Le chômeur de Clochemerle (Der Faulpelz). 1958: La vie à deux (Das Leben zu zweit); Le grand chef/Noi gangsters [FR/IT]; Les vignes du Seigneur. 1959: La vache et le prisonnier/La vacca e il prigioniero (Ich und die Kuh) [FR/IT]; Psicanalista per signora/Le confident de ces dames [IT/FR]. 1960: Cogagne; Le caid (Der Boß und sein Engel); Crésus. 1961: Il giudizio universale/Le jugement dernier (Das Jüngste Gericht findet nicht statt) [IT/FR]; Don Camillo monsignore ... ma non troppo (Hochwürden Don Camillo) [IT]; Dynamite-Jack/Il terrore del Texas (Dynamit Jack) [FR/IT]; L'assassin est dans l'annuaire (Der Mörder steht im Telefonbuch). 1962: Le voyage à Biarritz; Le diable et les dix commandements/Le tentazioni quotidiane (Der Teufel und die zehn Gebote) [EP – FR/IT]; Il cambio della guardia/En avant la musique [IT]. 1963: La cuisine au beurre (Alles in Butter); Le bon roi Dagobert; Relaxe-toi, chérie/Ho una moglie pazza, pazza, pazza [FR/IT]; Blague dans le coin (Lauter Leichen in Las Vegas). 1964: L'âge ingrat. 1965: Il compagno Don Camillo/Don Camillo en Russie (Genosse Don Camillo) [IT/FR]. 1965/66: La bourse et la vie/Geld oder Leben [FR/IT/BRD]. 1966: Le voyage du père/Destinazione marciapiede (Die Reise des Vaters) [FR/IT]. 1967: L'homme à la Buick (Der Mann mit dem Buick). 1969: Heureux qui comme Ulysse (Sein letzter Freund).

Ferréol, Andréa

*6. 1. 1947 Aix-en-Provence

Schauspielunterricht bei Jean-Laurent Cochet und Bourseiller in Aix; Besuch der Akademie der schönen Künste in Paris. Mitglied des Ensembles Centre Dramatique du Sud-Est in Aix; in Paris Gastspiele am Théâtre National Populaire. Erste Aufgaben beim Fernsehen. 1972 Filmdebüt in José Giovannis Kriminalfilm *La scoumoune*. Schlagartig bekannt durch ihre morbid-mütterliche Gewichtigkeit als sinnliche und moralfreie Lehrerin in Marco Ferreris *La grande bouffe*. Nur selten verläßt sie im folgenden das mit diesem Film abgesteckte Terrain, das sie aber durch ihren ironischen Grundgestus lasziv und sicher beherrscht, u. a. in Peter Greenaways *A Zed & Two Noughts*. Filmarbeit in zahlreichen europäischen Ländern.

[FR] 1972: La scoumoune/Il clan dei Marsigliesi (Der Mann aus Marseille) [FR/IT]; Les gants blancs du diable; The Day of the Jackal/Chacal (Der Schakal) [GB/FR]; Elle court, elle court, la banlieue/La pendolare (Durch Paris mit Ach und Krach) [FR/IT]; La raison du plus fou est toujours la meilleure. 1973: La grande bouffe/La granda abbuffata (Das große Fressen) [FR/IT]. 1973/74: Le trio infernal/Trio infernale/Trio Infernal [FR/IT/BRD]. 1974: Il piatto piange [IT/FR]; L'ammazzatina [IT]; Le futur aux trousses; Donna è bello/Das nimmersatte Weib/L'orgasme dans le placard [IT/BRD/FR]; Sérieux comme le plaisir. 1975: L'incorrigible (Der Unverbesserliche); Les galettes de Pont-Aven/Folli e liberi amplessi [FR/IT]; Parlez-moi d'amour; Vergine, e di nome Maria [IT/FR]. 1975/76: Les flocons d'or/Goldflocken [FR/BRD]; Il soldato di ventura/La grande bagarre (Hector, der Ritter ohne Furcht und Tadel) [IT/FR]. 1976: Signore e signori, buonanotte. 12. Ep: Il Santo Soglio [EP – IT]; Scandalo [IT]; Marie Poupée; Servante et maîtresse. 1976/77: Casanova & Co./Casanova & Company/Treize femmes pour Casanova [AT/IT/FR]. 1977: Despair – Eine Reise ins Licht/Despair [BRD/FR]; L'amant de poche (Herzflimmern in St. Tropez). 1978: Ligabue [IT]; Viaggio con Anita/Voyage avec Anita (Reise mit Anita) [IT/FR]. 1978/79: Die Blechtrommel/Le tambour [BRD/FR]. 1979: L'empreinte des géants (Giganten der Landstraße); Mysteries [NL]. 1980: Le dernier métro (Die letzte Metro); Retour à Marseille/Die Rückkehr nach Marseille [FR/BRD]. 1980/81: Tre fratelli/Trois frères (Drei Brüder) [IT/FR]. 1981: L'ombre rouge. 1981/82: La nuit de Varennes/Il mondo nuovo (Flucht nach Varennes) [FR/IT]. 1982: Le prix du danger (Kopfjagd – Preis der Angst) [FR/YU]; Oltre la porta (Pforte zum Fleisch) [IT]; La ragazza di Trieste (Das Mädchen von Triest) [IT];

Y a-t-il un français dans la salle? 1983: Aldo et Junior; Le battant (Der Kämpfer); Balles perdues. 1983/84: Louisiane [FR/IT]. 1984: Le jumeau (Der Zwilling); Le juge; Cuore (Cuore) [IT/FR/CH]. 1985: A Zed and Two Noughts (Ein Z & zwei Nullen) [GB/NL]; Le due vite di Mattia Pascal/Die zwei Leben des Mattia Pascal [TV – IT/FR/BRD]; Suivez mon regard. 1986: Noyade interdite (Ertrinken verboten); Douce France. 1986/87: Il giorno prima/Contrôle [IT/FR/CA]. 1987: Corentin ou les infortunés conjugales. 1988: Rosso veneziano/Rouge Venise (Vivaldi – Skandalöse Abenteuer) [IT/FR]; Una botta di vita [IT]; Promis, juré. 1988/89: Francesco/Franziskus [IT/BRD]. 1989: Il maestro (Das Geheimnis des Dirigenten) [BE/ES/FR]; Street of No Return (Straße ohne Wiederkehr) [FR/PT]; Lo zio indegno [IT]. 1989: Le Gorille et le Bablu (Der Gorilla und die Königin der Carmargue) [TV]. 1990: If the Shoe Fits (Magic Woman). 1992: Deux doigts de meurtre/Sweet Killing (Sweet Killing) [CA/FR/GB]; Die wahre Geschichte von Männern und Frauen [DE]; A linha do horizonte/Le fil de L'horizon (Fluchtpunkt) [PT/FR/ES]; Hors saison/Zwischensaison [CH/DE/FR]. 1993: Domenica [DE]; Das Geheimnis des 13. Wagens/Le treizieme wagon [TV – DE/FR/GB]. 1994: Les cent et une nuits/A Hundred and One Nights (101 Nacht – Die Träume des Monsieur Cinema) [FR/GB]. 1995: Le Montreur de boxe (Lucky Punch); «El Chicko» – der Verdacht [AT]. 1996: Sono pazzo di Iris Blond [IT].

Ferrer, Mel

(Melchior Gaston Ferrer)
*25. 8. 1917 Elberon
(New Jersey)

Sohn eines kubanischen Arztes und einer New Yorkerin. Studium an der Princeton University, Herausgeber einer Zeitung in Vermont. 1938 Broadway-Debüt als Tänzer. Anfang der 40er Jahre Tätigkeit als Discjockey, Produzent und Regisseur für NBC Radio. 1945 Regie-Debüt mit *Girl of the Limberlost*. Assistent bei John Fords *The Fugitive*. Durch David O. Selznick Verpflichtung als Schauspieler, Regisseur und Produzent. Seit 1949 hauptsächlich Schauspieler. Höhepunkte der Karriere sind der Puppenspieler in *Lili* (Charles Walters) und der Andrej Bolkonski in King Vidors *War and Peace*. Seitdem auch Tätigkeit in Europa. 1980 spielt er das Oberhaupt der Familie Mendelssohn in Fassbinders *Lili Marleen*. Infolge wenig befriedigender schauspielerischer Aufgaben immer wieder – zumeist mit geringer Resonanz – Versuche als Regisseur, so *Green Mansions* mit Audrey Hepburn, seiner dritten Frau, für die er 1967 auch *Wait Until Dark* produziert. Seit den 70er Jahren vor allem im Fernsehen. Er spielt 1981–82 den Anwalt Philip Erikson in der TV-Serie *Falcon Crest*. Mitbegründer des kalifornischen La Jolla Playhouse. 1940 erscheint sein Kinderbuch «Tito's Hats».

[US] 1945: The Girl of the Limberlost [R]. 1949: Lost Boundaries (Wenn Eltern schweigen). 1950: The Secret Fury (Die schwarze Lawine) [R]; Vendetta [COR]; Born to Be Bad. 1951: Rancho Notorious (Engel der Gejagten/Die Gejagten); The Brave Bulls (Frauen und Toreros). 1952: Scaramouche (Scaramouche, der galante Marquis); Lili (Lili). 1953: The Knights of the Round Table (Die Ritter der Tafelrunde); Saadia. 1953/54: Knights of the Round Table (Die Ritter der Tafelrunde) [GB]. 1955: Oh Rosalinda!/Fledermaus 1955 [GB/BRD]. 1956: War and Peace (Krieg und Frieden); Elena et les hommes/Eliana e gli uomini (Weiße Margeriten) [FR/IT]; Proibito/Du sang dans le soleil (Verboten) [IT]. 1957: The Vintage (Unter glühender Sonne); The Sun Also Rises (Zwischen Madrid und Paris); Mayerling [TV]. 1958: Fraulein (Fräulein). 1959: The World, the Flesh and the Devil (Die Welt, das Fleisch und der Teufel); Green Mansions (Tropenglut) [R]. 1960: L'Homme à femmes (An einem heißen Nachmittag) [FR]; Il sangue e la rosa/...e mourir de plaisir (Und vor Lust zu sterben) [IT/FR]. 1960/61: The Hands of Orlac [Version – FR/GB]; Les mains d'Orlac (Die unheimlichen Hände des Dr. Orlak) [Version – FR/GB]. 1961: Legge di guerra/La loi de la guerre/Liebe, Freiheit und Verrat [IT/FR/BRD]; I lancieri neri/Les Lanciers noirs (Die schwarzen Reiter von Tula) [IT/FR]; The Longest Day (Der längste Tag). 1962: Le diable et les dix commandements/Le tentazioni quotidiane (Der Teufel und die zehn Gebote) [EP – FR/IT]. 1963: Paris When It Sizzles (Zusammen in Paris). 1964: The Fall of the Roman Empire (Der Untergang des Römischen Reiches); Sex and the Single Girl (... und ledige Mädchen); El señor de la salle [ES]. 1965: Cabriola [D,R,CoA, P–ES]. 1966: Le deuxième souffle (Der zweite Atem) [FR]; El Greco (El Greco) [D,M,P–IT/FR]. 1967: Wait Until Dark (Warte bis es dunkel ist) [P]. 1971: A Time for Loving (Das Pariser Appartement) [GB]. 1972: Tentafly [TV]; The Adventures of Black Beauty (Black Beauty) [TVS – GB]; Embassy [P – GB]. 1973: La chica del Molino Rojo (Das Mädchen aus der Roten Mühle) [ES]. 1974: Requiem for a Falling Star (Columbo: Klatsch kann tödlich sein) [TV]; L'Anticristo (Der Antichrist) [IT]. 1975: Das Netz [BRD]; La polizia accusa: il servizio segreto uccide (Chopper Squad) [IT]; Morte sospetta di una minorenne [IT]; Brannigan (Brannigan – Ein Mann aus Stahl) [GB]; Alle origini della mafia (An den Quellen der Mafia) [TV – IT]. 1976: L' Avvocado della mala [IT]; Death Trap (Blutrausch); Il corsaro nero (Der schwarze Korsar) [IT]. 1977: I Gabbiani volano basso [IT]; La ragazza dal pigiama giallo (Ein Mann gegen die Mafia) [IT/ES]; Sharon: Portrait of a Mistress [TV]; Hi Riders (Hi Riders – Jungs laßt die Fetzen fliegen). 1977/78: How the West Was Won (Durch die Hölle nach Westen) [TVS]. 1978: L' Immoralità [IT]; Zwischengleis [BRD]; L' Isola degli uomini pesce (Insel der neuen Monster) [IT]; The Amazing Captain Nemo (Abenteuer in Atlantis); Norsemen (Die Nordmänner); The 5th Musketeer (Die eiserne Maske) [AT]. 1979: Il fiume del grande caimano (Die heilige Bestie der Kumas) [IT]; Guyana el crimen del siglo (Guyana – Kult der Verdammten) [ES]; The Visitor/Stridulum (Die Außerirdischen) [US/IT]. 1979/80: Mangiati vivi! (Lebendig gefressen) [IT]. 1980: Fugitive Family (Von Gangstern gejagt) [TV]; Incubo sulla cittá contaminata/La invasión de los zombies atómicos (Großangriff der Zombies) [IT/ES]; Lili Marleen [BRD/IT]; Lili Marleen [BRD/IT]; Top of the Hill [TV]; Memory of Eva Ryker [TV] 1980: Guyana, el crimen del siglo (Guyana – Kult der Verdammten) [ES/MX]. 1980–82: Deadly Game [BRD]. 1981: Mille milliards de dollars (1000 Milliarden Dollar) [FR]. 1981–84: Falcon Crest (Falcon Crest) [TVS]. 1982: One Shoe Makes It Murder (Tote kriegen keine Post) [TV]. 1984: Seduced. 1984/85: Peter the Great (Peter der Große) [TV]. 1986: Outrage (Schrei nach Gerechtigkeit) [TV]. 1989: Christine Cromwell: Things That Go Bump in the Night [TV]. 1990: Eye of the Widow (Malko – Eye of the Widow) [GB]. 1995: Catherine the Great/Katharina die Große [TV – US/DE].

Ferzetti, Gabriele
(Pasquale Ferzetti)
*17. 3. 1925 Rom
Filmdebüt 1942 in *Via delle Cinque Lune* (Luigi Chiarini). Danach Schauspielunterricht an der Accademia di Arte Drammatica in Rom. 1948 findet er Anschluß an den italienischen Film, erste bedeutende Rolle in Mario Soldatis *La provinciale* als Professor Vagnuzzi. Für seine Leistung erhält er den Donatello-Preis. Wichtige Rollen danach bei den Regisseuren Carmine Gallone (*Puccini*), Marcello Pagliero (*Vestire gli ignudi*) und Luciano Emmer (*Camilla*). Ferzettis Schwerpunkt ist die Rolle des modernen Mannes in der Krise; vor allem in Hauptrollen für Michelangelo Antonioni: so als gescheiterter Maler Lorenzo in *Le amiche* und als erfolgloser Architekt in *L'avventura* (1960). In den 60er Jahren kann er seine Karriere erfolgreich fortsetzen, ohne jedoch zum Star zu werden. Selten in Hauptrollen, entwickelt sich Ferzetti zu einem ausgezeichneten Charakterdarsteller, der auch als Komiker Erfolg hat. 1968 bietet ihm Sergio Leone die Rolle eines gelähmten Eisenbahn-Generaldirektors in seinem Western *C'era una volta il West;* im selben Jahr als eingebildeter Linksintellektueller in Salvatore Samperis *Grazie zia*. In den 80ern werden Ferzettis Filmrollen seltener; er arbeitet vornehmlich für das italienische Fernsehen und hat seine Theaterarbeit intensiviert.

[IT] 1942: Via delle Cinque Lune. 1947: I miserabili: La caccia all'uomo/Tempesta su Parigi. 1948: Vertigine d'amore. 1948/49: Guglielmo Tell; Fabiola (Fabiola). 1949: Rondini in volo. 1949/50: Benvenuto, reverendo!; Barriera a settentrione (Duell in den Bergen). 1950: Sigillo rosso; Gli amanti di Ravello/Fenestra ca lucive; Lo Zappatore. 1951: Core 'ngrato (Undankbares Herz); I falsari. 1951/52: Tre storie proibite. 1. Ep. (Hemmungslos – Drei verbotene Geschichten) [EP]. 1952: La provinciale (Gefährliche Schönheit); Inganno (Warum hast du mich betrogen?). 1953: Il sole negli occhi (Celestina); Puccini (Puccini – Liebling der Frauen). 1953/54: Cento anni d'amore. 4. Ep: Gli ultimi dieci minuti (Hundert Jahre Liebe) [EP]; Vestire gli ignudi/Vêtir ceux qui sont nus [IT/FR]. 1954: Vergine moderna; Casa Ricordi/La maison du souvenir (Casa Ricordi) [IT/FR]; Camilla [IT/FR]. 1955: Adriana Lecouvreur; Le amiche (Die Freundinnen); Le avventure di Giacomo Casanova/Casanova (Casanova – seine Lieben und Abenteuer) [IT/FR]; Un po' di cielo (Wiedersehen auf Capri). 1956: Difendo il mio amore/Scandale à Milan (Ihr schlechter Ruf) [IT/FR]; Il prezzo della gloria (Höllenfahrt nach Tobruk); Donatella (Junge Liebe in Rom). 1956/57: Parola di ladro (Mit Melone und Glacéhandschuhen). 1957: Souvenir d'Italie (Rendezvous in Rom). 1957/58: Nata di marzo/Les epoux terribles [IT/FR]. 1958: Tant d'amour perdu/Le insaziabili [FR/IT]; Racconti d'estate/Femmes d'un été [IT/FR]; La ballerina e il buon Dio. 1959: Annibale (Hannibal); Storie d'amore proibite (Il cavaliere e la zarina)/Le secret du chevalier d'Eon (Der Favorit der Zarin) [IT/FR]; Tutti innamorati (Verliebte haben's schwer) [IT/FR]. 1960: Femmine di lusso (Luxusweibchen); La croix des vivants (Sie fragte nicht nach morgen) [FR]; Labbra rosse/Les fausses ingénues (Rote Lippen – schlanke Beine) [IT/FR]; Il carro armato dell'8 settembre; L'avventura (Die mit der Liebe spielen) [IT/FR]; La lunga notte del '43/La longue nuit de 1943 (Die lange Nacht von 43) [IT/FR]. 1961: Congo vivo/Congo vivant (Congo vivo) [IT/FR]; Jessica/La sage-femme ... le curé et le bon Dieu (Jessica) [IT/FR]. 1961/62: Rencontres/Poker col diavolo (Dr. Malbus verschwand um vier) [FR/IT]. 1962: Venere imperiale/Vénus Imperiale (Kaiserliche Venus) [IT/FR]; Le crime ne paie pas/Il delitto non paga. 1. Ep: Le masque (Verbrechen aus Liebe) [EP – FR/IT]; I dongiovanni della Costa Azzurra; Il giorno più corto; La monaca di Monza [IT/FR]. 1963: Un tentativo sentimentale/Amour sans lendemain (Versuchung in Liebe) [IT/FR]; Mort, ou est ta victoire? (Tod, wo ist dein Sieg?) [FR]; Finché dura la tempesta (Beta Som) (Treffpunkt Tanger). 1964: Par un beau matin d'été (An einem heißen Sommermorgen) [FR]; Desideri d'estate; Crucero de verano [ES/IT]; La calda vita (La calda vita – das heiße Leben) [IT/FR]. 1964–66: La bibbia (Die Bibel). 1965: Trois chambres à Manhattan (Drei Zimmer in Manhattan) [FR]. 1966: L'Arcidiavolo; Lo scippo. 1966/67: A ciascuno il suo (Zwei Särge auf Bestellung). 1967: Un diablo bajo la almohada/Calda e ... infedele/Le diable sous l'oreiller [ES/IT/FR]. 1967/68: I protagonisti. 1968: Meglio vedova (Lieber eine junge Witwe) [IT/FR]; Un bellissimo novembre/Ce merveilleux autômne (Ein heißer November) [IT/FR]; Roma come Chicago/Banditi a Roma (Mord auf der Via Veneto); L'età del malessere (Toujours l'amour – immer die Liebe); Escalation (Escalation); C'era una volta il West (Spiel mir das Lied vom Tod); Grazie, zia (Danke Tante). 1969: L'aveu (Das Geständnis) [FR]; Gli intoccabili (Die Unschlagbaren); On Her Majesty's Secret Service (James Bond 007 – Im Geheimdienst ihrer Majestät) [GB]; L'amica. 1970: De la part des copains (Kalter Schweiß) [FR]. 1970/71: Un'anguilla da 300 milioni (Ein Fischzug für 300 Millionen). 1971: Mediants et orgueilleux [FR]; Un uomo dalla pelle dura. 1972: Alta tension/Doppia coppia con regina [ES/IT]; Trois milliards sans ascenseur (Drei Milliarden ohne Fahrstuhl) [FR]. 1972/73: Bisturi la mafia bianca (Die weiße Mafia). 1973: Divorce His, Divorce Hers [GB]; Hitler: The Last Ten Days/Gli ultimi dieci giorni di Hitler (Hitler – Die letzten zehn Tage) [GB/IT]. 1973/74: Appassionata. 1974: La prova d'amore; Processo per direttissima (Das Urteil – Prozeß im Schnellverfahren) [IT/FR]; Il portiere di notte (Der Nachtportier); Fatevi vivi, la polizia non interverrà; Corruzione al palazzo di giustizia (Korruption im Justizpalast). 1975: ... a tutte le auto della polizia; Lezioni di violoncello con toccata e fuga; Le guépier [FR]; La Orca (Wilde Früchte). 1975/76: Der Richter und sein Henker [BRD]. 1976: A Matter of Time/Nina [US/IT]; Gli amici di Nick Hazard (Die Freunde von Nick Hezard). 1977: Una donna di seconda mano; Sette note in nero. 1978: Suggestionata; Porci con la P 38. 1978/79: Bersaglio altezza uomo. 1979: Sidney Sheldon's Bloodline [US]; Mon premier amour [FR]; Encuentro en el abismo/Uragano sulle Bermude (Incontri con gli umanoidi) [ES/IT]; Il concorrente. 1980: Inchon (Inchon) [GB]. 1982: Morte in Vaticano/Muerte en el Vaticano (Das Vatikan-Komplott) [IT/ES]; Grog; Quasi quasi mi sposo. 1983: Le ambizioni sbagliate [TV]; Quartetto Basileus (Ende in Moll) [TV – IT/FR]. 1987: Giulia e Giulia (Julia und Julia). 1988: Due fratelli [TV]; La voglia di vincere [TV]. 1990: Caldo soffocante; Sequestro dell' Achille Lauro/Die Entführung der Achille Lauro [TV – IT/DE]. 1992: Die Ringe des Saturn [TV – DE]. 1995: Othello (Othello) [US/GB].

Feuillère, Edwige

(Edwige Caroline Cunati-Koenig)
*29. 10. 1907 Vésoul (Frankreich)

Schauspielausbildung in Dijon und am Pariser Konservatorium. 1930 Theaterdebüt unter dem Namen Cora Lynn. 1931 Heirat mit dem Schauspieler Pierre Feuillière; 1931–33 an der Comédie Française; legendär die Kameliendame der Tragödin. Seit 1931 beim Film; in der Rolle der Femme fatale ist sie die wohl beliebteste französische Schauspielerin der 40er Jahre. Bedeutend ihre Darstellung in Historienfilmen, so 1935 in Abel Gance' *Lucrèce Borgia* und 1947 in *L'aigle à deux têtes* von bestechender Eleganz als Königin, eine Rolle, die Regisseur Jean Cocteau eigens für sie geschrieben hat. Sie gründet nach dem Krieg eine Theatertruppe, die auch mit Inszenierungen von Feuillère auf internationale Tourneen geht. Gegenüber ihrer Theaterarbeit bleiben ihre späteren Filmauftritte marginal. 1977 Veröffentlichung der Erinnerungen «Les feux de la mémoire». 1980 wird sie zum Kommandeur der Ehrenlegion ernannt; 1984 Auszeichnung mit einem Ehren-César.

[FR] 1931: Cordon-Bleu; La fine combine [KF]; Mam'zelle Nitouche [Version]. 1932: Maquillage (Da hält die Welt den Atem an) [US/FR]; La perle; Monsieur Albert; Topaze. 1933: Les aventures du roi Pausole; Matricule 33; La voix du métal; Ces messieurs de la santé; Une petite femme dans le train. 1933/34: Toi que j'adore [Version – DE/FR]. 1934: Le miroir aux alouettes [Version – DE]. 1934/35: Barcarolle [Version – DE]. 1935: Lucrèce Borgia (Lucrezia Borgia); Amore/La route heureuse [IT/FR]; Golgatha (Kreuz auf Golgatha); La route heureuse; Stradivarius [Version – DE/FR]. 1936: Marthe Richard au service de la France; Mister Flow/Les amants traqués. 1937: La dame de Malacca [Version]; Feu! 1938: J'étais une aventurière. 1939: L'émigrante (L'émigrante – Roman einer Abenteurerin); Sans lendemain (Ohne einen Morgen). 1939/40: De Mayerling à Sarajevo (Von Mayerling bis Sarajewo). 1941: Mam'zelle Bonaparte; La duchesse de Langeais. 1942: L'honorable Catherine. 1943: Lucrèce. 1945: L'idiot (Der Idiot); La part de l'ombre (Schatten über ein Frauenherz); Tant que je vivrai. 1946: Il suffit d'une fois. 1947: Ruy Blas (Der Geliebte einer Königin); L'aigle à deux têtes (Der Doppeladler). 1949: Woman Hater (Der Frauenfeind) [GB]; Julie de Carneilhan. 1950: Olivia; Souvenirs perdus. Ep: Une statuette d'Osiris (Es geschah in Paris) [EP]. 1951: Le cap de l'espérance/La nostra pelle [FR/IT]. 1952: Adorables créatures/Quando le donne amano (Liebenswerte Frauen) [FR/IT]. 1953: Le blé en herbe (Erwachende Herzen). 1954: Les fruits de l'été/Ihre Liebesnacht [FR/BRD]. 1956: Le septième commandement. 1957: Quand la femme s'en mêle/Godot (Killer lassen bitten) [FR/IT]. 1958: La vie à deux (Das Leben zu zweit); En cas de malheur/La ragazza del peccato (Mit den Waffen einer Frau) [FR/IT]. 1961: Les amours célèbres/Amori celebri. 4. Ep: Les comédiennes (Galante Liebesgeschichten) [EP – FR IT]. 1962: Le crime ne paie pas/Il delitto non paga. 1. Ep: Le masque (Verbrechen aus Liebe) [EP – FR/IT]. 1964: La bonne occase (Gelegenheitskauf); Aimez-vous les femmes? (Jungfrau, reich garniert) [FR/IT]. 1968: Scusi, facciamo l'amore?/Et si l'on faisait l'amour? [IT/FR]. 1969: Clair de terre; OSS 117 prend les vacances. 1975: Le chair de l'orchidée/Un'orchidea rossa sangue/Das Fleisch der Orchidee [FR/IT/BRD]. 1983: Evas Töchter [BRD]. 1988: Cinéma (Cinema) [TV].

Field, Sally

(Sally Mahoney)
*6. 11. 1946 Pasadena (California)

Tochter der Schauspielerin Maggie Field Mahoney. Besuch der

Birmingham High School, Los Angeles, 1964 Columbia Pictures Workshop. 1965 Hauptrolle in 32 Folgen der TV-Komödie *Gidget* sowie 1967–69 in 82 Folgen der Serie *The Flying Nun*. 1971–73 in *Alias Smith and Jones*, 1973–74 Titelrolle in *The Girl with Something Extra*. 1968 und 1973–75 am Actors Studio in New York. Erster Karriere-Höhepunkt ist 1976 die Hauptrolle als psychisch Gestörte in Daniel Petries TV-Dokudrama *Sybil* (Emmy Award). Dadurch erhält sie auch interessante Filmangebote. Häufig als Partnerin von Burt Reynolds in Action-Komödien, z. B. 1977 in *Smokey and the Bandit* (Hal Needham). Fields spielt häufig aktive, idealistische Frauen, so 1979 die Gewerkschafterin in Martin Ritts *Norma Rae* (Oscar, Darstellerpreis in Cannes). 1984 zweiter Oscar als junge texanische Witwe Edna Spalding in Robert Bentons Depressions-Melodram *Places in the Heart*. 1990 als gegen ihren Willen im Iran festgehaltene Mutter Betty Mahmoody im Filmdrama *Not Without My Daughter* (Brian Gilbert). 1994 spielt sie die Mutter von Tom Hanks in dem Publikumshit *Forrest Gump*, 1995 einen Racheengel in dem Selbstjustiz-Drama *Eye for an Eye*. 1984 Gründung der eigenen Firma Fogwood Films Ltd. 1996 Regiedebüt mit dem Fernsehfilm *The Christmas Tree*.

[US] 1965: Gidget [TVS]. 1967: The Way West (Der Weg nach Westen). 1967–69: The Flying Nun [TVS]. 1970: Maybe I'll Come Home in Spring [TV]; Marriage: Year One (Beginn einer Ehe) [TV]. 1971: Mongo's Back In Town [TV]; Hitched [TV]. 1971–73: Alias Smith and Jones [TVS]. 1972: Home for the Holidays (Unter Mordverdacht) [TV]. 1973–74: Girl with Something Extra [TVS]. 1976: The Bridger (Der Mann aus den Bergen) [TV]; Sybil [TV]; Stay Hungry (Mister Universum). 1977: Smokey and the Bandit (Ein ausgekochtes Schlitzohr); Heroes (Helden von heute) [TV]. 1978: Hooper (Um Kopf und Kragen); The End (Nobody is Perfect). 1979: Norma Rae (Norma Rae); Beyond the Poseidon Adventure (Jagd auf die Poseidon). 1980: Smokey and the Bandit II (Das ausgekochte Schlitzohr ist wieder auf Achse). 1981: Absence of Malice (Die Sensationsreporterin); All the Way Home [TV]; Back Roads (Nebenstraßen). 1982: Kiss Me Goodbye (Liebesgrüße aus dem Jenseits). 1984: Texas Project (Die Texas Story); Places in the Heart (Ein Platz im Herzen). 1985: Murphy's Romance (Die zweite Wahl – Eine Romanze). 1987: Surrender (Nicht jetzt Liebling!). 1988: Punchline (Punchline – Der Knalleffekt). 1989: Steel Magnolias (Magnolien aus Stahl – Die Stärke der Frauen). 1990: Not Without My Daughter (Nicht ohne meine Tochter). 1991: Dying Young (Entscheidung aus Liebe – Die Geschichte von Hilary und Victor) [P]; Soapdish (Lieblingsfeinde – Eine Seifenoper). 1993: Mrs. Doubtfire (Mrs. Doubtfire – Das stachlige Kindermädchen); Homeward Bound: The Incredible Journey (Zurück nach Hause: Die unglaubliche Reise). 1994: A Century of Women [S – TV-DOK]; Forrest Gump (Forrest Gump). 1995: Eye for an Eye (Auge um Auge); A Woman of Independent Means [TV]. 1996: Homeward Bound II: Lost in San Francisco; The Christmas Tree [R – TV].

Fields, W. C.

(William Claude Dukenfield)
* 10. 2. 1879 Philadelphia
† 25. 12. 1946 Pasadena (California)

Sohn eines englischen Immigranten. Ab 1893 als «stummer Humorist» und Jongleur auf Rummelplätzen. 1901 erste Europa-Tournee als Varieté-Star. 1905 Broadway-Debüt mit dem Stück «The Ham Tree». Danach Mitwirkung in weiteren Broadway-Produktionen, Revuen und Musicals – 1915 auch in den Ziegfeld Follies. 1915 Filmdebüt in Kurzfilm *Pool Sharks* (Edwin Middleton). Fields beginnt 1916, seine bisher fast stummen Sketche durch Dialoge zu erweitern. 1923 großer Erfolg in der Broadway-Produktion «Poppy». 1925 mit gleicher Rolle in der Verfilmung *Sally of the Sawdust* (David W. Griffith). 1932–33 in einer Kurzfilm-Serie für Mack Sennett, in der er einige seiner Bühnen-Sketche weiterentwikkelt, u. a. *The Fatal Glass of Beer, The Barbershop, The Dentist, The Pharmacist*. Fields wird einer der originellsten Charakterkomiker des amerikanischen Kinos, gehässiger Wortwitz ist seine Spezialität. Häufig porträtiert er großmäulige Angsthasen und hilfsbereite Menschenfeinde. Er verfaßt viele Drehbücher selbst – unter diversen Pseudonymen wie Charles Boyle, Otis J. Criblecoblis und Mahatma Kane Jeeves. Er spielt den aufgeblasenen Schwindler, so in *The Old Fashioned Way* (William Beaudine), oft auch als geplagter Ehemann, z. B. in *It's a Gift* (Norman Z. McLeod). Neben dem Bauchredner Edgar Bergen spielt er den betrügerischen Zirkus-Direktor Larson E. Whipsnade in *You Can't Cheat an Honest Man* (George Marshall). Fields Szenen werden von Edward Cline inszeniert, ebenso seine nächsten Filme: neben der rhetorisch ebenbürtigen Mae West in *My Little Chickadee*, als inkompetenter Bank-Detektiv in *The Bank Dick*, im chaotischen *Never Give a Sucker an Even Break*. Mehrere Bücher: «Drat! Being the Encapsulated View of Life by W. C. Fields in His Own Words» (1969), «Fields for President» (1971) und «W. C. Fields by Himself: His Intended Autobiography» (1973). 1976 verkörpert Rod Steiger den notorischen Alkoholiker im Biopic *W. C. Fields and Me* (Arthur Hiller).

[US] 1915: Pool Sharks [KF]; His Lordship's Dilemma [KF]. 1924: Janice Meredith. 1925: Sally of the Sawdust; That Royle Girl (Die Tat ohne Zeugen). 1926: It's the Old Army Game; So's Your Old Man. 1927: The Potters; Running Wild; Two Flaming Youths. 1928: Tillie's Punctured Romance; Fools for Luck. 1930: The Golf Specialist [D,A – KF]. 1931: Her Majesty Love (Ihre Adlige Liebschaft). 1932: The Dentist [KF]; Million Dollar Legs (Beine sind Gold wert); If I Had a Million. 4. Ep: Road Hogs (Wenn ich eine Million hätte) [EP]. 1933: The Pharmacist [D,A – KF]; The Fatal Glass of Beer [D,A – KF]; How to Break 90: Hip Action; The Barber Shop [D,A – KF]; International House; Tillie and Gus; Alice in Wonderland. 1933/34: Six of a Kind. 1934: You're Telling Me!; The Old Fashioned Way (Die gute alte Zeit); Mrs. Wiggs of the Cabbage Patch; It's a Gift (Das ist geschenkt) [D,A]. 1934/35: Mississippi (Mississippi). 1935: David Copperfield (David Copperfield); The Man on the Flying Trapeze [D,CoA]. 1936: Poppy. 1937: The Big Broadcast of 1938. 1938/39: You Can't Cheat an Honest Man (Ehrlich währt am längsten) [D,CoA]. 1939/40: My Little Chickadee (Mein kleiner Gockel) [D,CoA]. 1940: The Bank Dick (Der Bankdetektiv) [D,A]. 1941: Never Give a Sucker an Even Break (Gib einem Trottel nie eine Chance) [D, CoA]. 1944: Follow the Boys; Song of the Open Road. 1945: Sensations of 1945 (Sensationen für Millionen).

Finch, Peter

(Peter George Frederick Ingle-Finch)
*28. 9. 1916 Kensington (London)
†14. 1. 1977 Beverly Hills (California)

Sohn eines australischen Psychiaters. Mit 2 Jahren Scheidungswaise, wächst zunächst in Frankreich, dann in Indien auf. Anschließend Besuch der High-School in Sydney. Beginn einer Ausbildung zum Zeitungsreporter, dann als Hobo unterwegs in Australien. Ab Mitte der 30er Jahre kleine Rollen in australischen Filmen und Erfolg als Radiosprecher. 1945 Gründer der Bühnentruppe «Mercury Players». 1947 lernt er Laurence Olivier kennen, der ihn 1949 nach London einlädt. Dort erste Rolle in einem britischen Film: als Mörder im Episodenfilm *Train of Events*. Zu Beginn der 50er Jahre besonders auf Londoner Bühnen aktiv, dann neben Elizabeth Taylor als betrogener Teeplantagen-Besitzer in William Dieterles *Elephant Walk* erste Film-Hauptrolle und Aufstieg zum Star. 1955–61 in oftmals populären J. Arthur Rank-Produktionen. Zusammen mit seiner zeitweiligen Frau Yolande Turner schreibt, produziert und inszeniert Finch den Kurzfilm *Antonito / The Day*. 1971 Erfolg als der jüdische homosexuelle Arzt Daniel Hirsch in John Schlesingers *Sunday, Bloody Sunday* und 1976 als verstörter Nachrichten-Kommentator Howard Beale in *Network* (Sidney Lumet), seinem letzten Kinofilm. Postumer Oscar für diese extreme Darstellung. Sein Sohn Charles Finch ist Regisseur und Drehbuchautor.

[GB] 1935: Magic Shoes [Nicht aufgeführt – AU]. 1938: Dad and Dave Come to Town/The Rudd Family Goes to Town [AU]. 1939: Mr. Chedworth Steps Out [AU]; Ants in His Pants [AU]. 1941: The Power and the Glory [AU]. 1943: Red Sky at Morning [AU]. 1944: The Rats of Tobruk [AU]; South West Pacific [AU]. 1946: Indonesia Calling [KF – AU]; A Son Is Born [AU]; Native Earth [KF – AU]. 1949: Train of Events. Ep: Actor; Primitive Peoples: Australian Aborigines. 3 Teile [D,RA – AU]; Eureka Stockade [D,RA – AU]. 1950: The Wooden Horse; The Miniver Story (Ihr Geheimnis). 1951/52: The Story of Robin Hood and his Merrie Men (Robin Hood und seine tollkühnen Gesellen). 1953: The Heart of the Matter; Elephant Walk (Elefantenpfad) [US]; The Story of Gilbert and Sullivan. 1954: Make Me an Offer!; Father Brown (Die seltsamen Wege des Pater Brown). 1955: Passage Home (Eine Frau kommt an Bord); Josephine and Men (Josephine und die Männer); Simon and Laura (Simon und Laura); The Dark Avenger (Der schwarze Prinz). 1955/56: A Town Like Alice (Marsch durch die Hölle). 1956: The Battle of the River Plate (Panzerschiff Graf Spee). 1957: Robbery Under Arms (Die Farm der Verfluchten); The Shiralee (Kostbare Bürde); Windom's Way (Der Mann im Feuer). 1959: Operation Amsterdam (Operation Amsterdam); The Nun's Story (Geschichte einer Nonne) [US]. 1959/60: Kidnapped (Entführt – Die Abenteuer des David Balfour). 1960: Antonito/The Day [R,A,P – KF]; The Trials of Oscar Wilde (Der Mann mit der grünen Nelke); No Love for Johnnie (Und morgen alles). 1960/61: The Sins of Rachel Cade (Jenseits des Ruwenzori) [US]. 1962: I Thank a Fool (Das Geheimnis der grünen Droge). 1962/63: In the Cool of the Day (Begierde an schattigen Tagen). 1963/64: Girl With Green Eyes (Das Mädchen mit den grünen Augen). 1964: First Men in the Moon (Die erste Fahrt zum Mond); The Pumpkin Eater (Schlafzimmerstreit). 1965: The Flight of the Phoenix (Der Flug des Phönix) [US]; Judith (Judith) [US/GB/IL]. 1965/66: 10:30 P.M. Summer (Halb elf in einer Sommernacht) [US/ES]. 1967: Far from the Madding Crowd (Die Herrin von Thornhill). 1968: The Legend of Lylah Clare (Große Lüge Lylah Clare) [US]. 1970: Krasnaja palatka/La tenda rossa (Das rote Zelt) [SU/IT]. 1971: Something to Hide; Sunday, Bloody Sunday (Sunday, Bloody Sunday). 1972: Lost Horizon (Der verlorene Horizont) [US]; England Made Me (England Made Me) [GB/YU]. 1973: A Bequest to the Nation (Die Nelson-Affäre). 1974: The Abdication. 1976: Raid on Entebbe (... die keine

Gnade kennen) [TV – US]; Network (Network) [US]. 1977: A Look at Liv – Norway's Liv Ulmann. Liv Ulmann's Norway [DOK – US].

Finney, Albert

* 9. 5. 1936 Salford (Lancashire)

Der Buchmacher-Sohn besucht die Salford Grammar School, studiert dann in London an der Royal Academy of Dramatic Art. 1956 Bühnendebüt beim Birmingham Repertory Theatre. Auf Einladung von Charles Laughton in «The Party» 1958 Debüt in London. 1959 eine Saison bei der Shakespeare Company Stratford, kurz darauf in einer kleinen Rolle als Sohn von Laurence Olivier im Prolog zu *The Entertainer* (Tony Richardson) erstmals auch auf der Leinwand. Erfolg sowohl im Westend in «Billy Liar» als auch in der Rolle des unzufriedenen Arbeiterhelden in Karel Reisz' Free Cinema-Klassiker *Saturday Night and Sunday Morning*. Spezialisierung auf die Darstellung kraftvoller Unterklasse-Charaktere in Dramen und Filmen, etwa bei der eindrucksvollen Interpretation der Titelrolle in Richardsons Fielding-Adaption *Tom Jones*. Mehr dem Theater verhaftet, ist der zur Gruppe der «Angry Young Men» gehörende Finney in seinen Filmrollen sehr wählerisch. *Charlie Bubbles*, ein Film der 1965 zusammen mit dem Schauspieler Michael Medwin gegründeten Memorial Enterprises Productions, ist seine erste und bislang einzige Regiearbeit. In *Gumshoe*, Stephen Frears' erster Spielfilmregie, verkörpert Finney 1971 den Liverpooler Bingohallen-Ausrufer Eddie Ginley, der sich für einen hartgesottenen Detektiv à la Bogart hält. 1972–75 am Royal Court Theatre und nur selten im Film, so als Agatha Christies Superdetektiv Hercule Poirot in *Murder on the Orient Express*. Danach beeindruckende Leistungen und neuer Publikumserfolg als Shakespeare-Darsteller, neben Tom Courtenay in *The Dresser* und vor allem als versoffener britischer Ex-Konsul in *Under the Volcano*. 1990 als sentimentaler Ire Leo in dem außergewöhnlichen Gangsterfilm *Miller's Crossing*. Ehen mit den Schauspielerinnen Jane Wenham (1957–61) und Anouk Aimée (1970–78).

[GB] 1960: The Entertainer (Der Komödiant); Saturday Night and Sunday Morning (Samstagnacht bis Sonntagmorgen). 1962/63: The Victors (Die Sieger) [US/GB]. 1963: Tom Jones (Tom Jones – Zwischen Bett und Galgen); Night Must Fall (Der Griff aus dem Dunkel) [D,CoP]. 1967: The Burning [P]; Charlie Bubbles (Ein erfolgreicher Blindgänger) [D,R,P]; Two for the Road (Zwei auf gleichem Weg); Privilege (Privilege) [P]. 1968: If ... (If ...) [P]. 1969: The Engagement [P]. 1969/71: The Picasso Summer [TV – US]. 1970: Scrooge; Loving Memory [P]; Spring and Port Wine (Hering in Portwein) [P]. 1970–72/1990: Out 1 – Noli me tangere/Out 1 – spectre (Out 1 – Noli me tangere) [Lang- + Kurzfassung – FR]. 1971: Gumshoe [D,P]; Bleak Moments (Freudlose Augenblicke) [P]. 1972: Alpha Beta [D,P – TV]. 1973: O Lucky Man! (Der Erfolgreiche) [P]. 1974: Law and Disorder [P – US]; Murder on the Orient Express (Mord im Orient-Expreß). 1975: The Adventure of Sherlock Holmes' Smarter Brother (Sherlock Holmes cleverer Bruder) [US]; Forget-me-not Lane [TV]. 1977: The Duellists (Die Duellisten). 1980: Loophole (Safeknacker). 1981: Wolfen (Wolfen) [US]; Shoot the Moon (Shoot the Moon – Du oder beide) [US]; Looker (Kein Mord von der Stange) [US]. 1982: Annie (Annie) [US]. 1983: The Dresser (Ein ungleiches Paar). 1984: The Biko Inquest [D,CoR]; Pope John Paul II (Johannes Paul II. – Sein Weg nach Rom) [TV – US]; Under the Volcano (Unter dem Vulkan) [US]. 1987: Orphans (Kellerkinder – Orphans) [US]. 1989: The Endless Game [TV]. 1990: The Green Man (Zum grünen Mann – Eine Geistergeschichte) [TV]; Miller's Crossing (Miller's Crossing) [US]; The Image (Rufmord) [TV – US]. 1991/92: The Playboys (The Playboys). 1992/93: Rich in Love (Rich in Love) [US]. 1993/94: The Browning Version (Schrei in die Vergangenheit). 1994: A Man of no Importance (A Man of no Importance) [GB/IE]. 1995: The Run of the Country (Stürmische Begegnung) [IE/GB]. 1996: Karaoke [TVS]; Cold Lazarus [TV]. 1997: Washington Square [US].

Fischer, O. W.

(Otto Wilhelm Fischer)

* 1. 4. 1915 Klosterneuburg bei Wien

Nach der Matura 1933 beginnt er ein Studium der Germanistik, Anglistik und Kunstgeschichte. Ab 1936 Schauspielunterricht am Reinhardt-Seminar in Wien. 1937 am Theater in der Josefstadt, dann Münchner Kammerspiele. 1938–44 am Deutschen Volkstheater Wien als gutaussehender Bonvivant und in Charakterrollen. Rundfunkarbeit. Erster kleiner Filmauftritt 1936 in Willi Forsts *Burgtheater*. Größere Rollen ab 1939 in den Hans-Moser-Komödien *Anton der Letzte* und *Meine Tochter lebt in Wien* (beide E. W. Emo). Bis 1945 spielt Fischer harmlos-sympathische junge Herren, vorwiegend Künstler und Aristokraten. 1945–52 Wiener Burgtheater. 1950 Erfolg in der Titelrolle des Adels- und Heimatfilms *Erzherzog Johanns große Liebe* (Hans Schott-Schöbinger). Er wird neben Curd Jürgens zum höchstbezahlten Star des bundesdeutschen Kinos der 50er Jahre. Darsteller verletzlicher Charaktere melodramatischen Zuschnitts. Männlicher Part publikumswirksamer «Traumpaare» des Unterhaltungsfilms: mit Maria Schell u.a. in *Der träumende Mund* (Josef von Baky) und in *Solange du da bist* (Harald Braun), mit Ruth Leuwerik u.a. in *Ein Herz spielt falsch* (Rudolf Jugert) und in *Bildnis einer Unbekannten* (Helmut Käutner). Danach auch Rollen zwiespältiger Charaktere wie die des Bayernkönigs *Ludwig II.* (Käutner), 1955 mit einem Bundesfilmpreis ausgezeichnet. Hauptrolle und Regie (mit Unterstützung von Georg Marischka) in *Hanussen*. Genialischer, whiskytrinkender Zyniker in *Ich suche dich,* seinem zweiten Regiefilm (1956 u.a. «Silberne Muschel» in San Sebastian). Auch Rollen mit komischen und selbstironischen Zügen wie der Praliné-Soldat Blunschli in *Helden* (Franz Peter Wirth), 1959 mit einem Bundesfilmpreis ausgezeichnet. Anfang der 60er Jahre Abwendung vom Film. Gelegentlich im Fernsehen: u.a. *Teerosen* (Rolf von Sydow) mit Maria Schell. Theaterarbeit, so bei den Salzburger Festspielen in «Der Schwierige», Tournee mit «Helden». 1977 Filmband in Gold für langjähriges und hervorragendes Wirken im deutschen Film. Seit Mitte der 80er Jahre Veröffentlichung von Memoiren, Gedichten und Gedanken.

[DE/BRD] 1936: Burgtheater [AT]. 1939: Anton der Letzte; Fräulein Figaro [KF]; Schwarz gegen Blond [KF]. 1940: Meine Tochter lebt in Wien. 1941: Der Meineidbauer. 1941/42: Wien 1910. 1942: Sommerliebe. 1943: Die beiden Schwestern. 1943/44: Sieben Briefe; Glück unterwegs. 1944: Spiel. 1944/45: Leuchtende Schatten [Unvollendet]; Sag' endlich ja [Unvollendet]. 1945: Shiva und die Galgenblume [Unvollendet]. 1947: Das unsterbliche Antlitz [AT]; Hin und her [AT]; Triumph der Liebe [AT]. 1947–51: A Tale of Five Cities/Passaporto per l'oriente/5 Städte – 5 Mädchen/Fünf Mädchen und ein Mann/L'Innconnue des cinq cités [EP – EURO]. 1948: Verlorenes Rennen [AT]. 1948/49: Liebling der Welt (Rosen der Liebe/Seine Hoheit darf nicht küssen) [AT/FR]. 1949: Märchen vom Glück (Traum vom Glück/Küß' mich, Casanova) [AT]. 1950: Erzherzog Johanns große Liebe [AT]; Verträumte Tage [BRD/FR]. 1951: Heidelberger Romanze. 1951/52: Das letzte Rezept. 1952: Cuba Cabana; Ich hab' mich so an Dich gewöhnt [AT]; Tausend rote Rosen blühn; Bis wir uns wiedersehen. 1952/53: Der träumende Mund. 1953: Tagebuch einer Verliebten; Solange Du da bist; Ein Herz spielt falsch. 1953/54: Eine Liebesgeschichte. 1954: Ludwig II. Glanz und Elend eines Königs; Bildnis einer Unbekannten. 1954/55: Napoléon/Napoleone Bonaparte (Napoleon) [FR/IT]. 1955: Hanussen [D,CoR]. 1955/56: Ich suche Dich [D,R,CoA]. 1956: Mein Vater, der Schauspieler; Herrscher ohne Krone. 1957: Skandal in Ischl [AT]; El Hakim. 1958: ... und nichts als die Wahrheit; Peter Voß, der Millionendieb; Don Vesuvio/Don Vesuvio und das Haus der Strolche [IT/BRD]; Helden. 1958/59: Whirlpool (Die schwarze Lorelei) [GB]. 1959: Abschied von den Wolken/Angst im Nacken; Menschen im Hotel/Grand Hotel [BRD/FR]; ... und das am Montagmorgen; Peter Voß, der Held des Tages. 1960: Scheidungsgrund: Liebe; Mit Himbeergeist geht alles besser [AT]. 1961: Diesmal muß es Kaviar sein/Top Secret – c'est pas toujours du caviar [BRD/FR]; Das Riesenrad/La grande roue; Es muß nicht immer Kaviar sein/Pourquoi toujours du caviar [BRD/FR]. 1962: Axel Munthe, der Arzt von San Michele/Le livre de San Michele/Donne senza paradiso [BRD/FR/IT]. 1963: Frühstück im Doppelbett; Das Geheimnis der schwarzen Witwe/Araña negra [BRD/ES]; Berlin-Melodie. Vom Zille-Ball zum Jazzlokal [TV]. 1965: Onkel Toms Hütte/La capanna dello zio Tom/La case de l'oncle Tom [BRD/IT/FR]; El Marques (Der Marquis – der Mann, der sich verkaufen wollte) [ES/DK]. 1966: Non faccio la guerra ... faccio l'amore/Non hago la guerra ... prefiero el amor (Geh ins Bett, nicht in den Krieg) [IT/ES]. 1969: Lovebirds (Una strana voglia d'amore)/Liebesvögel [IT/BRD]; Transplantation [TV]. 1970: Das weite Land [TV – AT/BRD]; Die Fliege und der Frosch [TV]. 1972: Amouren [TV]. 1976: Ein Glas Wasser [TV]; Teerosen [TV]. 1986: Auferstehung in Lugano [TV]. 1987/88: Herbst in Lugano [TV-EP]. 1990: Ich möchte noch erwachsen werden [TV].

Florelle, Odette

(Odette Rousseau)
* 9. 8. 1898 Les Sables-d'Olonne
† 1. 10. 1974 La Roche-sur-Yon

Sie beginnt ihre Karriere 1911 als Sängerin und Tänzerin, u.a. mit Raimu, tritt in Pariser Music-Halls auf, in den 20er Jahren auch im Moulin Rouge, 1932 schließlich als Star in den Folies-Bergère. Im Stummfilm nur Gelegenheitsarbeiten; als Sängerin mit komödiantischem Talent wird sie durch ihre Polly Peachum in der französischen Fassung von G. W. Pabsts *Die 3-Groschen-Oper* zum Star; ihr Partner ist Albert Préjean. Große Erfolge der zarten Schauspielerin sind die Fantine in Raymond Bernards *Les misérables,* die unglückliche Begleiterin des Titelhelden *Liliom* (Charles Boyer) in Fritz Langs Verfilmung des Molnar-Stückes von 1934. Die einzige Rolle, die für sie zu einer Herausforderung wird, ist die der Wäscherin Valentine in Jean Renoirs *Le crime de M. Lange*. In der Zeit der Okkupation und nach dem Krieg übernimmt sie nur wenige Rollen. Dann zieht sie sich allmählich zurück. Sie stirbt verarmt und weithin vergessen.

[FR] 1923: Gonzague; L'affaire de la rue de Lourcine. 1924: Jim Bougne boxeur. 1930: El professor de mi mujer

[ES]; Le poignard malais; Mon cœur incognito; Le procurateur Haller [Version – DE]. 1930/31: L'opéra de quat' sous [Version – DE/FR]. 1931: Faubourg-Montmartre; Tumultes [DE]; Vacances; Nuits de Venise; Ma tante d'Honfleur; Gagne ta vie; Atout-cœur; Autour d'une enquête [Version – DE]; Le joker. 1932: Le fils improvisé; La merveilleuse journée; L'Atlantide [Version]; La femme nue; Passionnément; Monsieur, Madame et Bibi [Version]; La dame de chez Maxim's. 1933: La dernière nuit; Le Grand Bluff; Les deux canards; Les misérables; Les surprises du sleeping; Mariage à responsabilité limitée. 1933/34: Liliom. 1934: Sidonie Panache; 1935: Amants et voleurs; Les Dieux s'amusent [Version – DE]; Une nuit de noces; La marmaille; Le crime de Monsieur Lange (Das Verbrechen des Herrn Lange). 1936: Gigolette. 1937: Les anges noirs; Un meurtre a été commis. 1938: Clodoche. 1939: Sixième étage. 1944: Les caves du Majestic. 1952: Trois femmes (Drei Frauen). 1954/55: Oasis/Oase [FR/BRD]. 1955/56: Gervaise (Gervaise). 1956: Le sang à la tête (Vulkan im Blut).

Flynn, Errol

(Errol Leslie Thomson Flynn)
*20. 6. 1909 Hobart (Australien)
†14. 10. 1959 Vancouver (Kanada)

Besuch der Sydney Church of England Grammar School sowie des South London College, Barnes. 1926 Schiffkoch und Kapitän bei der Sydney Shipping Company. Perlenfischer in Neuguinea. 1930 Weltreise mit dem eigenen Schiff «Sirocco». Autor von Reportagen für das «Sydney Bulletin». 1933 erste Filmrolle im australischen Semidokumentarfilm *In the Wake of the Bounty* (Charles Chauvel). Danach Schauspielunterricht in England und Vertrag von Warner Bros. Flynn spielt die verwegenen Helden in Abenteuerfilmen von Michael Curtiz, oft als Partner von Olivia de Havilland: *Captain Blood, The Charge of the Light Brigade* und *The Adventures of Robin Hood* (Curtiz, Keighley). Auch Zusammenarbeit mit Raoul Walsh, so als General Custer in *They Died With Their Boots On* oder als großspuriger Boxer James J. Corbett in *Gentleman Jim*. Er ist einer der verläßlichsten Kassenmagneten der Warner Bros., spielt in erster Linie in Abenteuer- und Piratenfilmen, in Western, seltener in Komödien. Das Studio besetzt ihn in Rollen, in denen zuvor vor allem Douglas Fairbanks erfolgreich war. Ab Ende der 40er Jahre führen die Folgen von exzessivem Alkohol- und Drogengenuß zu einem Rückgang der Popularität. 1952 nach Europa, in britischen Filmen sowie TV-Arbeit. 1956 Rückkehr nach Hollywood. Er spezialisiert sich auf Trinker, so Mike Campbell in *The Sun Also Rises* (Henry King), Major Forsythe in *The Roots of Heaven* (John Huston). 1958 Bühnen-Comeback mit «The Master of Thornfield» in Detroit und Cincinnati. Bücher: «Beam Ends» (1937), «Showdown» (1946). Die Autobiografie «My Wicked, Wicked Ways» (1959) wird 1984 mit Duncan Regehr in der Hauptrolle von Don Taylor für das Fernsehen verfilmt.

[US] 1933: In the Wake of the Bounty [AU]. 1934: Murder at Monte Carlo [GB]. 1935: The Case of the Curious Bride; Don't Bet on Blondes; Captain Blood (Unter Piratenflagge). 1936: Pirate Party on Catalina Island [KF]; The Charge of the Light Brigade (Der Verrat des Surat Khan). 1936/37: Green Light; The Prince and the Pauper (Mit eiserner Faust). 1937: Another Dawn (Eine weiße Frau in der Fremdenlegion); The Perfect Specimen (Ein Kerl zum Verlieben). 1937/38: The Adventures of Robin Hood (Robin Hood, der König der Vagabunden). 1938: Four's a Crowd (Liebe zu viert); The Sisters (Drei Schwestern aus Montana); The Dawn Patrol. 1938/39: Dodge City (Herr des Wilden Westens). 1939: The Private Lives of Elizabeth and Essex (Günstling einer Königin). 1940: Virginia City (Goldschmuggel nach Virginia); The Sea Hawk (Der Herr der sieben Meere); Santa Fe Trail (Land der Gottlosen). 1941: Dive Bomber; Footsteps in the Dark (Mr. X auf Abwegen). 1942: They Died With Their Boots on (Sein letztes Kommando); Gentleman Jim (Der freche Kavalier); Desperate Journey (Sabotageauftrag Berlin). 1942/43: The Edge of Darkness (Aufstand in Trollness). 1943: Northern Pursuit (Blutiger Schnee); Thank Your Lucky Stars, Uncertain Glory (Auf Ehrenwort). 1945: Objective Burma! (Der Held von Burma); Peeks at Hollywood [KF]; San Antonio (San Antonio/Ein Mann der Tat; 1950). 1946: Never Say Goodbye. 1947: Cry Wolf; Always Together; Escape Me Never. 1948: Silver River (Der Herr der Silberminen). 1949: That Forsyte Woman (Das Schicksal der Irene Forsyte); The Adventures of Don Juan (Die Liebesabenteuer des Don Juan); It's a Great Feeling (Ein tolles Gefühl/Judy erobert Hollywood). 1949/50: Montana (Montana). 1950: Rocky Mountain (Herr der rauhen Berge); Kim (Kim – Geheimdienst in Indien). 1951: Hello God [D,P – UA: 1958]; The Adventures of Captain Fabian (Die Taverne von New Orleans) [D,A,P]. 1952: Cruise of the Zaca [R – KF]; Against All Flags (Gegen alle Flaggen); Mara Maru (Mara-Maru); Deep Sea Fishing [R – KF]. 1953: The Master of Ballantrae (Der Freibeuter) [GB]. 1954: Il maestro di Don Giovanni/Crossed Swords (Gekreuzte Klingen) [D,CoP – IT/US]; Lilacs in the Spring [GB]. 1955: The Dark Avenger (Der schwarze Prinz) [GB]; King's Rhapsody [GB]. 1956: Playhouse 90 [TVS]. 1956/57: Istanbul (Istanbul). 1957: The Sun Also Rises (Zwischen Madrid und Paris); The Big Boodle (Jagd durch Havanna). 1958:

Too Much Too Soon (Ihr Leben war ein Skandal); The Roots of Heaven (Die Wurzeln des Himmels). 1960: Cuban Rebel Girls.

Fogel', Vladimir

(Vladimir Petrovič Fogel')
* 1902 Moskau
†8. 6. 1929

Der Sohn eines Angestellten studiert zunächst kurze Zeit am Film-Technikum in Moskau und wird danach einer der besten Schüler in Lev Kulešovs Meisterklasse. Mit seinen Mitstudenten A. Chochlova, Vsevolod Pudovkin, Boris Barnet u. a. gehört Fogel' zu den jungen Künstlern, die ihre Rollen- und Regiearbeit nach den neuen Prinzipien von Psychomechanik und Exzentrik gestalten. Bei Kulešov erhält Fogel' seine ersten Filmaufgaben, die ihn rasch bekannt machen. Obwohl er nur in vierzehn Filmen mitwirkt, wird er zu einem der bedeutendsten Darsteller des experimentellen Russenfilms. Er ist – ganz im Sinne Brechts – ein doppelbödiger Schauspieler, der vom Melodram (*Po zakonu*, Kulešov) über Genreparodie (*Miss Mend*, Barnet; Fedor Ocep), Kammerspiel (*Tretja Meščanskaja*, Michail Room), Groteske (*Šachmatnaja gorjaèka*, Pudovkin) und Socials alive (*Devuška s korobkoj*, Barnet) fast alles Sparten beherrscht. Er spielt 1928 auch in der ersten sowjetisch-deutschen Co-Produktion *Salamandra* (Grigorij Rošal'). Ein früher Tod schneidet die vielversprechende Entwicklung Fogel's ab.

[SU] 1924: Neobyčajnye priključenija mistera Vesta v strane bol'ševikov. 1925: Luč smerti; Šachmatnaja gorjačka. 1926: Procecc o trech millionach; Po zakonu (Sühne); Miss Mend. 1927: Zemlja b plenu (Der gelbe Paß); Tret'ja Meščanskaja (Bett und Sofa); Kto ty takoj?; Konec Sankt-Peterburga (Das Ende von St. Petersburg); Devuška s korobkoj (Moskau, wie es weint und lacht). 1928: Salamandra/Falschmünzer [SU/DE]; Kukla s millionami (Das Mädchen mit dem Muttermal); Dom na Trubnoj.

Fonda, Henry

(Henry Jaynes Fonda)
* 16. 5. 1905 Grand Island (Nebraska)
†12. 8. 1982 Los Angeles

Besuch der Omaha Central High School, Studium der Journalistik an der University of Minnesota. 1925 am Omaha Community Playhouse als Schauspieler, Regieassistent und Bühnenmaler. 1928 nach New York. Im folgenden Jahr Broadway-Debüt in «The Game of Love and Death». Tournee-Theater. 1934 Erfolg mit der Revue «New Faces» und dem Stück «The Farmer Takes a Wife» in New York. Walter Wanger verpflichtet ihn 1934 nach Hollywood. Filmdebüt in Victor Flemings *The Farmer Takes a Wife*. Erster Höhepunkt ist der gehetzte Eddie Taylor in Fritz Langs Thriller *You Only Live Once*. Zu einem der bedeutendsten Charakterdarsteller des US-Kinos wird er 1939/40 durch die Zusammenarbeit mit John Ford mit der Titelrolle in *Young Mr. Lincoln* und als Dustbowl-Flüchtling Tom Joad in *The Grapes of Wrath* (Oscar-Nominierung). In Preston Sturges' Komödie *The Lady Eve* spielt er den reichen, von einer Schwindlerin in Gestalt Barbara Stanwicks umworbenen Charles Pike. 1942–45 Teilnahme am 2. Weltkrieg als Lieutenant der Navy. 1947 Rückkehr nach Hollywood mit der Rolle des legendären Sheriffs Wyatt Earp in Fords Western *My Darling Clementine*. 1950 Erfolg am Broadway mit «Mister Roberts», danach verstärkt Theaterarbeit. Weiterer Höhepunkt ist Fondas Geschworener Nr. 8 in Sidney Lumets *Twelve Angry Men*. In den 50er Jahren TV-Arbeit, u. a. in den Serien *The Deputy* (1959–61), *The Smith Familiy* (1971–72), aber auch immer wieder in Kinofilmen, so als Killer in Sergio Leones Westernepos *C'era una volta il West* oder als Ehemann von Elizabeth Taylor in *Ash Wednesday* (Larry Peerce). 1981 erhält er einen Oscar für seine Rolle in der von seiner Tochter Jane produzierten Senioren-Romanze *On Golden Pond* (Mark Rydell). 1978 Life Achievement Award des American Film Institute, 1980 Special Oscar für sein Lebenswerk. 1981 Memoiren «My Life Told to Howard». Seine Kinder Jane und Peter sowie Enkelin Bridget sind ebenfalls als Schauspieler tätig.

[US] 1935: The Farmer Takes a Wife; Way Down East; I Dream Too Much. 1936: The Trail of the Lonesome Pine (Kampf in den Bergen); The Moon's Our Home (Flucht in die Liebe); Spendthrift (Die Verschwender); You Only Live Once (Gehetzt); Wings of the Morning (Zigeunerprinzessin) [GB]. 1937: Slim (Slim); That Certain Woman; I Met My Love Again. 1937/38: Jezebel (Jezebel – Die boshafte Lady). 1938: Blockade; Spawn of the North (Raubfischer in Alaska); The Mad Miss Manton. 1938/39: Jesse James (Jesse James – Mann ohne Gesetz); Let Us Live (Laßt uns leben). 1939: The Story of Alexander Graham Bell (Liebe und Leben des Telefonbauers Alexander Graham Bell); Young Mr. Lincoln (Der junge Mister Lincoln); Drums Along the Mohawk (Trommeln am Mohawk). 1940: The Grapes of Wrath (Früchte des Zorns); Lillian Russell; The Return of Frank James (Rache für Jesse James); Chad Hanna (Der Tod des alten Zirkuslöwen). 1941: Wild Geese Calling; The Lady Eve (Die Falschspielerin); You Belong to Me. 1942: The Male Animal (Thema: Der Mann); The Magnificent Dope; The Big Street; Rings on Her Fingers (Das große Spiel); Tales of Manhattan (Sechs Schicksale) [EP]. 1942/43: The Ox-Bow Incident (Der Ritt zum Ox-Bow). 1943: The Immortal Sergeant. 1947: Daisy Kenyon; The Long Night (Die lange Nacht); My Darling Clementine (Faustrecht der Prärie); The Fugitive (Befehl der Gewissens). 1948: Fort Apache (Bis zum letzten Mann); On Our Merry Way/A Miracle Can Happen. 1948/49: Jigsaw. 1953: Main Street to Broadway. 1955: Clown [TV]; The Petrified Forest [TV]; Mister Roberts (Keine Zeit für Heldentum). 1956: War and Peace (Krieg und Frieden). 1957: The Tin Star (Der Stern des Gesetzes); The Wrong Man (Der falsche Mann); Twelve Angry Men (Die zwölf Geschworenen). 1958: Stage Struck (Eines Tages öffnet sich die Tür). 1959: The Man Who Understood Women (Über den Gassen von Nizza); Warlock (Warlock). 1959–61: The Deputy [TVS]. 1962: The Dick Powell Show: Tissue of Hate [TV]; Advise and Consent (Sturm über Washington); The Longest Day (Der längste Tag); How the West Was Won. Ep: The Railroad (Das war der Wilde Westen) [EP]. 1963: Spencer's Mountain (Sommer der Erwartung). 1964: The Best Man (Der Kandidat); Fail Safe (Angriffsziel Moskau); Sex and the Single Girl (... und ledige Mädchen); The Rounders (Nebraska). 1965: In Harm's Way (Erster Sieg); La guerre secrète/La guerra segreta/Spione unter sich [EP – FR/IT/BRD]; Battle of the Bulge (Die letzte Schlacht); The Really Big Family [S – TV]. 1966: A Big Hand for the Little Lady (Höchster Einsatz in Laredo). 1967: Stranger on the Run (Ein Fremder auf der Flucht) [TV]; Welcome to Hard Times (Mordbrenner von Arkansas). 1967/68: Firecreek (Die fünf Vogelfreien). 1968: Madigan (Nur noch 72 Stunden); Yours, Mine, and Ours (Deine, meine, unsere); The Boston Strangler (Der Frauenmörder von Boston); C'era una volta il West (Spiel mir das Lied vom Tod) [IT]. 1970: Too Late the Hero (Zu spät für Helden – Antreten zum Verrecken); The Cheyenne Social Club (Geschossen wird ab Mitternacht); There Was a Crooked Man (Zwei dreckige Halunken). 1971: Sometimes a Great Notion (Sie möchten Giganten sein); Directed by John Ford [DOK]. 1971–72: The Smith Family [TVS]. 1973: The Red Pony (Das letzte Wort hat Tilby) [TV]; Ash Wednesday (Die Rivalin); The Alpha Caper (Im letzten Moment) [TV]; Le serpent/Il serpente/Die Schlange [FR/IT/BRD]; Il mio nomi-ne è Nessuno/Mon nom est Personne/Mein Name ist Nobody [IT/FR/BRD]. 1973/74: Mussolini ultimo atto (Mussolini – die letzten Tage) [IT]. 1976: Captains and the Kings [TVS]; Midway (Schlacht um Midway); Collision Course [TV]. 1977: Rollercoaster (Achterbahn); The Great Smokey Roadblock/The Last of the Cowboys; Tentacoli (Der Polyp – Die Bestie mit den Todesarmen) [IT]; Il grande attacco (Die große Offensive) [IT]. 1978: Home to Stay [TV]; The Swarm (Der tödliche Schwarm); Henry Fonda oder Die Qualität der Prärie [KF – BRD]; Fedora [BRD]. 1979: Roots: Next Generations (Roots: Die nächste Generation) [TVS]; Wanda Nevada; Meteor (Meteor); City on Fire [CA]. 1980: Gideon's Trumpet (Gideons Paukenschlag) [TV]. 1981: Oldest Living Graduate [TV]; Summer Solstice [TV]; On Golden Pond (Am goldenen See).

Fonda, Jane

(Jane Seymour Fonda)
*21. 12. 1937 New York City

Tochter des Schauspielers Henry Fonda, Schwester des Schauspielers Peter Fonda. Besuch der Greenwich Academy, Connecticut, sowie der Emma Willard School in Troy, New York, später auch des Vassar College in Poughkeepsie. 1955 Bühnen-Debüt (neben ihrem Vater) mit «The Country Girl» in Omaha. Fotomodell. 1958 Schauspielunterricht in New York am Actors Studio. 1959 Filmdebüt als June Ryder in Joshua Logans *Tall Story,* im nächsten Jahr am Broadway mit «There Was a Little Girl». Mitte der 60er Jahre Übersiedlung nach Paris und Mitwirkung in einigen Filmen ihres ersten Ehemanns Roger Vadim, so in der Titelrolle der Sex-Comic-Figur *Barbarella.* 1969 Rückkehr in die USA und Oscar-Nominierung als Marathontänzerin Gloria in Sydney Pollacks *They Shoot Horses, Don't They?* 1971 erhält sie einen Oscar als Callgirl Bree Daniel im Thriller *Klute* (Alan J. Pakula). Sie engagiert sich gegen den Vietnamkrieg und für die Bürgerrechtsbewegung, macht mit Donald Sutherland eine Tournee durch Militärlager. In Frankreich spielt sie neben Yves Montand eine Journalistin in Godard/Gorins medienkritischem *Tout va bien.* Sie besucht Vietnam und produziert 1974 zusammen mit ihrem zweiten Mann, dem Politiker Tom Hayden, und dem Kameramann Haskell Wexler den Dokumentarfilm *Introduction to the Enemy.* 1976 Gründung der eigenen Firma IPC Films. In der zweiten Hälfte der 70er Jahre wieder erfolgreich Konzentration auf die Arbeit vor der Kamera: 1977 Oscar-Nominierung als Lillian Hellman in Fred Zinnemanns *Julia,* 1978 zweiter Oscar als Offiziersfrau in *Coming Home,* Hal Ashbys Reflexion der Folgen des Vietnamkriegs. Neben Jack Lemmon und Michael Douglas spielt sie in James Bridges' Atomkraft-Thriller *The China Syndrome* eine energische TV-Reporterin. In *9 to 5* versucht sie sich, unterstützt von Dolly Parton und Lilly Tomlin, als Komikerin. 1981 Oscar-Nominierung für ihre Darstellung der Chelsea in Mark Rydells *On Golden Pond,* den sie auch produziert und in dem sie zum einzigen Mal mit ihrem Vater vor der Kamera steht. 1984 Emmy Award für die Rolle in dem von ihr produzierten TV-Film *The Dollmaker* (Daniel Petrie). In den 80er und

90er Jahren Einschränkung ihrer Filmarbeit und Propagierung des Aerobic-Sports durch erfolgreiche Video-Kassetten und Bücher: «Jane Fonda's Workout Book» (1981), «Jane Fonda's Year of Fitness and Health» (1984), «Women Coming of Age» (1984) etc. In dritter Ehe heiratet sie 1984 den Medienmagnaten Ted Turner (CNN, TNT, Turner Pictures).

[US] 1959: Tall Story (Je länger – je lieber). 1962: The Chapman Report (Der Chapman-Report); Period of the Adjustment (Zeit der Anpassung); Walk on the Wild Side (Auf glühendem Pflaster); Jane [DOK]. 1962/63: In the Cool of the Day (Begierde an schattigen Tagen) [GB]. 1964: Sunday in New York (Sonntag in New York); Les félins (Wie Raubkatzen) [FR]; La ronde/Il piacere e l'amore (Der Reigen) [FR/IT]. 1965: Cat Ballou (Cat Ballou). 1965/66: The Chase (Ein Mann wird gejagt). 1966: La curée/La calda preda (Die Beute) [FR/IT]; Any Wednesday (Jeden Mittwoch). 1966/67: Hurry Sundown (Morgen ist ein neuer Tag). 1967: Barefoot in the Park (Barfuß im Park). 1968: Histoires extraordinaires/Tre passi nel delirio. 1. EP: Metzengerstein (Außergewöhnliche Geschichten) [EP – FR/IT]; Barbarella (Barbarella) [IT/FR]. 1969: They Shoot Horses, Don't They? (Nur Pferden gibt man den Gnadenschuß). 1971: Klute (Klute). 1972: Tout va bien/Crepa padrone, tutto va bene (Alles in Butter) [FR/IT]; Steelyard Blues (Schrottplatz Blues); F.T.A. ...1972/73: A Doll's House/Maison de poupée (Nora) [GB/FR]. 1973: Jane Fonda on Vietnam [KDOK – NO]. 1974: Introduction to the Enemy [CoR,P – DOK]. 1976: The Blue Bird/Sinjaja ptica (Der blaue Vogel) [US/SU]. 1977: Fun with Dick and Jane (Das Geld liegt auf der Straße); Julia (Julia); Sois belle et tais-toi (Sei schön und halt den Mund) [DOK; UA: 1981 – FR]. 1978: Comes a Horseman (Eine Farm in Montana); Coming Home (Coming Home – Sie kehren heim) [D,P]; California Suite (Das verrückte California-Hotel). 1979: The China Syndrome (Das China-Syndrom) [D,P]; The Electric Horseman (Der elektrische Reiter). 1980: 9 to 5 (Warum eigentlich ... bringen wir den Chef nicht um?) [D,P]. 1981: Rollover (Das Rollover-Komplott) [D,P]; On Golden Pond (Am goldenen See) [D,P]. 1984: The Dollmaker (Dollmaker – Ein Traum wird wahr) [TV]. 1985: Agnes of God (Agnes – Engel im Feuer). 1986: The Morning After (Der Morgen danach). 1987: Leonard Part 6. 1989: Old Gringo. 1990: Stanley & Iris (Stanley & Iris). 1994: A Century of Women.

Fonda, Peter

(Peter Henry Fonda)
*23. 2. 1939 New York City

Sohn des Schauspielers Henry Fonda. Besuch der Fay School in Southboro, Massachusetts, und der University of Nebraska in Lincoln. Er inszeniert als 13jähriger sein eigenes Stück «Stalag 17½». 1960 Bühnen-Debüt im Omaha Playhouse und USA-Tourneen mit den Wampas Players. 1961 Broadway-Debüt mit «Blood, Sweat, and Stanley Poole». 1963 Filmdebüt. In Hollywood vor allem Zusammenarbeit mit dem unabhängigen Produzenten Roger Corman bei einträglichen Low-budget-Produktionen. Fonda wird durch Cormans Motorrad-Film *The Wild Angels* zum Star des Alternativ-Kinos. Höhepunkt seiner Filmkarriere ist 1969 der Kultfilm *Easy Rider* (Dennis Hopper), an dem er – außer mit der Hauptrolle des «Captain America» – auch als Co-Autor (Oscar-Nominierung) und Produzent beteiligt ist und der zeitweilig die Hollywood-Strukturen ins Schwanken bringt. 1971 Regie-Debüt mit der Westernballade *The Hired Hand*. Auch mit seinen weiteren Regie-Filmen – dem kritischen Science-fiction-Film *Idaho Transfer* (1973) und *Wanda Nevada* (1979), der einzigen Zusammenarbeit mit seinem Vater – hat er wenig Erfolg. Seither arbeitet er überwiegend als Schauspieler, u. a. 1989 in *Der Rosengarten* (Fons Rademakers), 1996 in John Carpenters Endzeit-Flop *Escape from L.A.*, und betätigt sich als Schriftsteller. Ein Comeback feiert er auf dem Sundance Festival 1997 in der Rolle eines zurückgezogenen Imkers in der Außenseiter-Produktion *Ulee's Gold*. Tochter Bridget Fonda (*1964) ist gleichfalls als Schauspielerin tätig.

[US] 1962: Naked City: The Night the Saints Lost Their Halo [TV]. 1962/63: The Victors (Die Sieger) [US/GB]. 1963: Tammy and the Doctor (Sandra und der Doktor). 1964: Lilith (Lilith); The Young Lovers (Die Saat der Liebe); The Rounders (Nebraska). 1966: Politics Can Become a Habit [TV-KF]; The Wild Angels (Die wilden Engel). 1967: The Trip (The Trip). 1968: Histoires extraordinaires/Tre passi nel delirio. 1. EP: Metzengerstein (Außergewöhnliche Geschichten) [EP – FR/IT]. 1969: Easy Rider (Easy Rider) [D,CoA,P]. 1971: The Last Movie; The Hired Hand (Der weite Ritt) [D,R,P]. 1972: Two People (Zwei Menschen unterwegs); The King of Marvin Gardens (Der König von Marvin Gardens). 1973: Idaho Transfer (Expedition in die Zukunft) [R,P]; Los cazadores (Open Season – Jagdzeit) [ES]; Not So Easy – Motocycle Safety [KF]. 1974: Dirty Mary, Crazy Larry (Kesse Mary – irrer Larry). 1975: The Diamond Mercenaires (Die Söldner) [CH/IE]; Race with the Devil (Vier im rasenden Sarg); 92 in the Shade (33° im Schatten). 1976: Fighting Mad (Mach' ein Kreuz und fahr' zur Hölle); Futureworld (Futureworld – Das Land von übermorgen). 1977: Outlaw Blues (Outlaw Blues). 1978: High-Ballin' (Heißer Asphalt) [D,P]. 1979: Wanda Nevada [D,R]. 1980: Cannonball Run (Auf dem Highway ist die Hölle los); The Hostage Tower (Operation Eiffelturm) [TV]. 1981: Death Bite [CA]. 1982: Dance of the Dwarfs (Easy Flyer); Split Image (Das Idol/Gefährliche Freunde). 1983:

Peppermint Frieden [BRD]; Spasms (Avanaida – Todesbiß der Satansviper) [CA]. 1985: A Reason to Live (Es lohnt zu leben) [TV]; Certain Fury (In der Hitze von New York). 1987: Gli indifferenti/Falschmünzer der Liebe [TV – IT/BRD]; Mercenary Fighters (Freedom Fighters). 1988: Enemy. 1989: Der Rosengarten/The Rose Garden [BRD/US]. 1990: Hawken's Breed [TV]; Montana [TV]. 1993: Bodies, Rest & Motion (Bodies, Rest & Motion); South Beach; Deadfall (Deadfall); Night Caller (Dangerous Action). 1994: Molly & Gina (Molly und Gina); Love and a .45; Nadja; Inthe Heat of the Night (in der Hitze der Nacht) [TVS]. 1996: Escape From L. A. (Flucht aus L. A.); Painted Hero; Don't Look Back [TV]. 1996/97: Ulee's Gold.

Fønss, Olaf

(Olaf Holger Axel Fønss)
* 17. 10. 1882 Aarhus
† 3. 11. 1949 Kopenhagen

Er kommt 1899 nach Kopenhagen. 1903 Theaterdebüt am Dagmarteatret. In der Saison 1911/12 verläßt er das Theater und spielt in den folgenden Jahren in vier Filmen für die Firma Det Skandinavisk-Russisk Handelshus und zwei für die Alfred Lind Film. Von 1913 bis Oktober 1915 in etwa zwei Dutzend Filmen der Nordisk Films Kompagni, u. a. die Hauptrollen in August Bloms Gerhart-Hauptmann-Verfilmung *Atlantis* und in Holger Madsens *Ned med vaabnene*. Fønss agiert zumeist mit begrenzten Ausdrucksmitteln in Rollen als gutsituierter Bürger. 1916 geht er nach Berlin und spielt die Titelrolle des dämonischen Kunstmenschen in der sechsteiligen Bioscop-Produktion *Homunculus* (Otto Rippert). 1917 Rückkehr nach Dänemark und Eintritt in die von Valdemar Psilander geplante Dansk Film Compagni (später Dansk Astra Film); hier realisiert Fønss 1919 *Samvittighedskvaler/Moderen*, einen Ein-Personen-Film ohne Zwischentitel. Nach dem Scheitern der Astra 1920 Hauptrolle in F. W. Murnaus *Der Gang in die Nacht*. Der Architekt Herbert Rowland in Joe Mays Zweiteiler *Das indische Grabmal* (1921) ist seine letzte Hauptrolle in einer deutschen Produktion. Sein Versuch, 1924 Hollywood für ein Projekt zu interessieren, scheitert. Fønss engagiert sich für die dänischen Sozialdemokraten, für die er 1930 und 1932 zwei Propagandafilme inszeniert. 1933–47 ist er Vorsitzender des dänischen Schauspielerverbandes. 1932–46 fungiert er als Filmzensor. 1946 erhält er eine lange erhoffte Kinokonzession. Seine Erfahrungen in Film und Theater teilt Fønss in 7 Erinnerungsbüchern mit, die nur in Dänemark erscheinen.

[DK] 1912: Alt for fædrelandet/Krigens Fakkel; Bryggerens Datter; Zigeunerorkestret; Konfetti/Skinsygens Dæmon; Af en opdagers dagbog/Den Gyldne Rose; Dødsridtet. 1913: Bristet Lykke; Pressens Magt/Et Bankrun (Der Pressepirat); Skyldig-ikke skyldig/Dietrich Strobäus (Die Tat des Dietrich Strobäus); Broder mod Broder/I Flyvende Trapez (Zwei Brüder); Grev Zarkas Bande/Grev Zarka (Graf Zarka); Den store Operation/Kornspekulanten (Spekulanten); Troløs/Gøglerblod; Under Mindernes Træ/Den damle Bænk; Vasens Hemmelighet/Den kinesiske Vase (Das Spiel mit dem Feuer); Atlantis (Atlantis). 1914: Lille Teddy (Der Zirkus in Flammen); Den mystiske Fremmede (Der mysteriöse Fremde); Ned med vaabnene (Die Waffen nieder!); Guldkalven (Das goldene Kalb); Den hvide Rytterske/Den hvide Hest (Die weiße Reiterin); En Død i Skønhed/Beate eller det tabte Paradis; En ensom kvinde/Hvem er han?; En størkere Magt/Den stærkeste (Die innere Stimme). 1915: Lotterieseddel No. 22152/Den blinde Skæbne (Die Gerechtigkeit siegt!); Barnet fra Opfostringshuset/Papa X (Papa X); Dem omstridte Jord/Jordens Hævn (Die Rache der Erde); Verdens Undergang/Flammesværdet (Das jüngste Gericht); Syndens Datter/Den, der sejrer (Glaube an mich/Gestrandet); Naar Hjerterne kalder/Det nye Sprængstof (Tote Augen); Cowboymillionæren/Diamantkongens Død (Der Fluch des Diamanten); Gentlemansekretæren/Manden, der kom for at stjæle (Elfchen Sonnenschein); Selskabsdamen/Sonofferet; Hendes Ungdomsforelskelse/Guldringens Hemmelighed (Der Ring der Pharaonen). 1916: Homunculus: 1. Homunculus/2. Das geheimnisvolle Buch/3. Die Liebestragödie des Homunculus/4. Die Rache des Homunculus/5. Die Vernichtung der Menschheit/6. Das Ende des Homunculus. [Serial – DE]. 1917: Du skal ære; Dommens Dag/Tigeren; Fangen fra Erie Country/Tugthus; Gengældsens Ret; Præsten fra Havet; Lægen/Pesten. 1918: Dømmer ikke; Bajadser; Skæbnesvangre Vildfarelser; Scenens Brn; Hæveneren; Lykkeper. 1919: Republikaneren; En aftenscene; Samvittighedskvaler/Moderen (Seelenqualen); Timeglasset. 1920: Munkens Fristelser/Forsagelsens Vej; Der Gang in die Nacht [DE]; Hendes Fortid. 1921: Das indische Grabmal. 2 Teile [DE]; Ehrenschuld [DE]. 1925: Fra Piazza del Popolo (Im Banne der ewigen Stadt/Wenn zwei sich lieben). 1926: Die Waise von Lowood [DE]; Spitzen [DE]. 1929: Ich lebe für Dich [DE]; Die seltsame Vergangenheit der Thea Carter [DE]. 1930: Den store Dag [R]. 1932: Vask Videnskab Velvære [Version – DE]; Under den gamle Fane [R].

Fontaine, Joan

(Joan de Beauvoir De Havilland)
* 22. 10. 1917 Tokio

Tochter englischer Eltern. Schwester der Schauspielerin Olivia De Havilland. Besuch der High School Los Gatos, California. Privater Schauspielunterricht. 1935 Bühnendebüt mit «Call It a Day». Entdeckung durch den Produzenten Jesse L. Lasky, Filmdebüt unter dem Namen Joan Burfield; ein anderes

Pseudonym ist Joan St. John. 1937 Partnerin von Fred Astaire in George Stevens' Musical *A Damsel in Distress*. Sie agiert in romantischen Melodramen der 40er Jahre und in zwei, in England spielenden Thrillern Alfred Hitchcocks: als schüchterne Mrs. de Winter in *Rebecca* (Oscar-Nominierung) und in *Suspicion* (Oscar) als Lina, die ihren Mann (Cary Grant) verdächtigt, sie ermorden zu wollen. Weitere Oscar-Nominierung 1943 als unglücklich in Charles Boyer Verliebte in Edmund Gouldings *The Constant Nymph*. In Max Ophüls' *Letter From an Unknown Woman* spielt sie die hübsche Wienerin Lisa, die lebenslang hoffnungslos in einen Musiker verliebt ist. 1948 gründet sie zusammen mit dem Produzenten William Dozier (ihrem zweiten Mann) die Firma Rampart Productions. 1954 Broadway-Erfolg mit «Tea and Little Sympathy», auch später viel Theaterarbeit: u. a. «Dial M for Murder», «Cactus Flower» und «Private Lives». Von den 60er bis 90er Jahren sporadische Auftritte in Film und Fernsehen. 1978 Buchveröffentlichung «No Bed of Roses».

[US] 1935: No More Ladies (Schluß mit den Frauen). 1936: A Million to One; Quality Street. 1937: The Man Who Found Himself; A Damsel in Distress; Music for Madame; You Can't Beat Love. 1938: Blond Cheat; The Duke of the West Point; Maid's Night Out; Gunga Din (Aufstand in Sidi Hakim); Sky Giant. 1939: The Women (Die Frauen); Rebecca (Rebecca); Man of Conquest (Rache für Alamo). 1941: Suspicion (Verdacht). 1942: This Above All. 1943: The Constant Nymph (Liebesleid/Jungfräuliche Liebe; 1949). 1944: Frenchman's Creek (Der Pirat und die Dame); Jane Eyre (Die Waise von Lowood). 1945: The Affairs of Susan (Oh, Susanne!). 1946: From This Day Forward (Morgen und alle Tage). 1947: Ivy (Ivy). 1948: Kiss the Blood Off My Hands (Bis zur letzten Stunde); Letter from an Unknown Woman (Brief einer Unbekannten) [D,P]; You Gotta Stay Happy (Startbahn ins Glück) [D,P]; The Emperor Waltz (Ich küsse Ihre Hand, Madame). 1949/50: September Affair (Liebesrausch auf Capri). 1950: Born to Be Bad. 1951: Darling, How Could You! 1951/52: Ivanhoe (Ivanhoe – Der schwarze Ritter) [GB]. 1952: Decameron Nights (Boccaccios große Liebe) [GB]; Something to Live for (Wofür sich das Leben lohnt). 1953: Flight to Tangier (Flug nach Tanger); Four Star Playhouse: Girl on the Park Bench [TV]; The Bigamist (Der Mann mit zwei Frauen). 1954: Casanova's Big Night (Der Schürzenjäger von Venedig). 1955: Othello [MC]; The Loretta Young Show: A Shadow Between [TV]. 1955/56: Beyond a Reasonable Doubt (Jenseits allen Zweifels). 1956: On Trial: The Desantre Affair [TV]; Ford Theatre: Your Other Love [TV]; Star Stage: The Shadowy Third [TV]; 20th Century-Fox Hour: Stranger in the Night [TV]; Serenade (Serenade); General Electric Theatre: In Summer Promise [TV]. 1957: Island in the Sun (Heiße Erde); Until They Sail (Land ohne Männer); On Trial: Fatal Charm [TV]; General Electric Theatre: The Victorian Chaise Longue [TV]. 1958: General Electric Theatre: At Miss Minner's [TV]; A Certain Smile (Ein gewisses Lächeln); South Pacific (South Pacific). 1959: Desilu Playhouse: Perilous [TV]. 1960: General Electric Theatre: The Story of Judith [TV]; Ford Startime: Closed Set [TV]. 1961: General Electric Theatre: A Possibility of Oil [TV]; Voyage to the Bottom of the Sea (Unternehmen Feuergürtel); Checkmate: Voyage Into Fear [TV]. 1962: Dick Powell Theatre: Clocks [TV]; Tender Is the Night (Zärtlich ist die Nacht). 1963: Wagon Train: The Naomi Taylor Story [TV]; Alfred Hitchcock Theatre: The Paragon [TV]. 1965: The Bing Crosby Show: Operation Man Save [TV]. 1966: The Witches (Witches – Der Teufel tanzt um Mitternacht) [GB]. 1975: Cannon (Cannon) [TVS]. 1978: The Users [TV]. 1985: Crossings (Kreuzfeuer). 1986: Dark Mansions [TV]. 1994: Good King Wenceslas [TV].

Ford, Glenn

(Gwyllyn Samuel Newton Ford)
*1. 5. 1916 Quebec (Kanada)
Besuch der Santa Monica High School. 1935 am Wilshire Theatre in Los Angeles, Bühnendebüt in «Children's Hour». Gleichzeitig an Tournee-Ensembles. 1938 Theatererfolg in New York mit «Soliloquy». Im folgenden Jahr Vertrag von Columbia und Filmdebüt in Ricardo Cortez' *Heaven With a Barbed Wire Fence*. Ford wird vor allem in Western eingesetzt. 1942–45 Weltkriegsteilnahme beim US Marine Corps. Erfolg als Rita Hayworths Ehemann Johnny Farrell in Charles Vidors Südamerika-Triangel *Gilda* und als Mann zwischen Zwillingen (Bette Davis) in Curtis Bernhardts *A Stolen Life*. 1953/54 vertritt er das Gute und Aufrechte in zwei düsteren Filmen von Fritz Lang: als Polizei-Sergeant Dave Bannion in *The Big Heat* und als Lokomotivführer Jeff Warren in *Human Desire*. Neben Marlon Brando in Daniel Manns Besatzer-Komödie *The Teahouse of the August Moon*. Er spielt wiederholt in Western, sowohl in dramatischen Rollen, wie den gefangenen Outlaw in *3:10 to Yuma* (Delmer Daves), als auch in Komödien, so als Greenhorn Jakob Lieblich in George Marshalls *The Sheepman*. In den 70er Jahren Konzentration auf Fernseharbeit. Ford spielt 1971–72 in 24 Folgen der Serie *Cade's County* einen Sheriff aus New Mexico. 1991 Auftritt in Oliver Stones Verschwörungs-Spektakel *J.F.K.* 1970 Veröffentlichung von «Glenn Ford, RFD».

[US] 1939: My Son Is Guilty; Heaven with a Barbed Wire Fence. 1940: Men without Souls; Convicted Woman; The Lady in Question; Blondie Plays

Cupid; Babies for Sale. 1940/41: So Ends Our Night. 1941: Texas (Flucht nach Texas); Go West, Young Lady. 1942: Flight Lieutenant; Adventures of Martin Eden. 1943: The Desperadoes (Desperados – Aufruhr der Gesetzlosen); Destroyer. 1946: Gallant Journey; Gilda (Gilda); A Stolen Life (Die große Lüge). 1947: Framed (Abgekartetes Spiel). 1948: The Loves of Carmen (Liebesnächte in Sevilla); The Return of October; The Mating of Millie (Ein Mann für Millie); The Man from Colorado (Der Richter von Colorado). 1949: The Doctor and the Girl; Hollywood Goes to Church [KF]; Undercover Man (Alarm in der Unterwelt); Lust for Gold (Der Berg des Schreckens); Mr. Soft Touch (Der Mann, der zu Weihnachten kam). 1950: Convicted (Verurteilt); The Flying Missile; The White Tower (Hölle am weißen Turm). 1951: The Secret of Convict Lake (Vergeltung am Teufelssee); The Redhead and the Cowboy (Der Revolvermann); Follow the Sun; The Green Glove (Glocken um Mitternacht); Young Man with Ideas. 1952: Affair in Trinidad (Affäre in Trinidad). 1952/53: Time Bomb [GB]. 1953: The Big Heat (Heißes Eisen); The Man from the Alamo (Der Mann von Alamo); Appointment in Hondouras (Treffpunkt Honduras); Plunder of the Sun (Das geheimnisvolle Testament). 1954: The Violent Men (Rauhe Gesellen); The Americano (Americano); Human Desire (Lebensgier). 1955: Interrupted Melody (Unterbrochene Melodie); Blackboard Jungle (Die Saat der Gewalt); Trial (Das Komplott); Ransom! (Menschenraub). 1956: The Fastest Gun Alive (Die erste Kugel trifft); Jubal (Der Mann ohne Furcht); The Teahouse of the August Moon (Das kleine Teehaus). 1957: 3:10 to Yuma (Zähle bis drei und bete); Don't Go Near the Water (Geh nicht zu nah ans Wasser). 1958: The Sheepman (In Colorado ist der Teufel los); Imitation General; Torpedo Run (Torpedo los!); Cowboy (Cowboy). 1959: The Gazebo (Die Nervensäge); It Started with a Kiss (Eine tolle Nummer). 1960: Cimarron (Cimarron). 1961: Cry for Happy (Ein Haus in Yokohama); Pocketful of Miracles (Die unteren Zehntausend). 1962: Experiment in Terror (Der letzte Zug); The Courtship of Eddie's Father (Vater ist nicht verheiratet); The Four Horsemen of the Apocalypse (Die vier apokalyptischen Reiter). 1962/63: Love Is a Ball (40 Millionen suchen einen Mann). 1964: Dear Heart; Advance to the Rear (Helden ohne Hosen); Fate Is the Hunter (Bezwinger des Todes); The Rounders (Nebraska). 1965/66: The Money Trap (Goldfalle). 1966: Rage/El mal (In 48 Stunden) [US/MX]; Paris brûle-t-il?/Is Paris Burning? (Brennt Paris?) [FR/US]. 1967: The Last Challenge (Duell der Gringos); A Time for Killing (Der gnadenlose Ritt). 1968: Day of the Evil Gun (Totem). 1969: Heaven With a Gun (Pulver und Blei); Smith! (Smith – Ein Mann gegen alle). 1970: Brotherhood of the Bell [TV]. 1971: Slay Ride [TV]. 1971/72: Cade's County (Sheriff Cade) [TVS]. 1972: The Gold Diggers [TV]; Santee (Santee, der Einzelgänger). 1973: Jarrett [TV]. 1974: The Greatest Gift [TV]; Punch and Jody (Punch und Jody) [TV]; The Disappearance of Flight 412 [TV]. 1976: Midway (Schlacht um Midway); The Family Holvak [TVS]. 1977: When Havoc Struck [S – TVS – GB/US]; 3000 Mile Chase (Die 3000-Meilen-Jagd) [TV]; Once an Eagle [TVS]. 1978: Evening in Byzantium; Superman (Superman) [GB]. 1979: The Visitor/Stridulum (Die Außerirdischen) [US/IT]; Sacketts [TV]; The Gift [TV]; Beggarman, Thief [TV]. 1980: Virus (Overkill – Durch die Hölle zur Ewigkeit) [JP]. 1981: Happy Birthday to Me (Ab in die Ewigkeit) [CA]; El Día de los asesinos/Day of the Assassins (Der Tag der Mörder) [ES/MX/US]. 1989: Casablanca Express (Casablanca Expreß) [IT/MA]; Border Shootout. 1991: Final Verdict [TV]; J.F.K. (J.F.K. – John F. Kennedy – Tatort Dallas); Raw Nerve (Raw Nerve). 1992: Our Hollywood Education [DOK].

Ford, Harrison

* 13. 7. 1942 Chicago

Besuch des Ripon College in Wisconsin, erste Schauspielversuche. Erfolg in «John Brown's Body» am Laguna Beach Playhouse. 1966 Columbia-Vertrag und Filmdebüt. Zunächst unauffällige Gastauftritte in TV-Serien wie *Gunsmoke* und *Ironside*. Nach einem Zwischenspiel als Tischler bekommt er einzelne Nebenrollen von New Hollywood-Regisseuren, so als Bob Falfa in *American Graffiti* (George Lucas) und als Martin Street in Coppolas *The Conversation*. Mit der Rolle des Spacers Han Solo 1977 in Lucas' Science-fiction-Opus *Star Wars* wird er einer der höchstbezahlten Stars in Hollywood. In Actionfilmen verbindet er Eleganz mit Komik. Er spielt in den beiden *Star Wars*-Fortsetzungen und übernimmt die Titelrolle des unternehmungslustigen Archäologen in den *Indiana Jones*-Abenteuern von Steven Spielberg. Auch in seinen anderen Filmen bietet er positive Identifikationsfiguren: als ehemaliger Polizist Rick Deckard im Science-fiction-Kultfilm *Blade Runner* (Ridley Scott), als Detektiv unter Amish-Leuten in Peter Weirs *Witness* (Oscar-Nominierung). Stärkere Betonung seines komischen Talents in der Rolle des Geschäftsmanns Jack Trainer in Mike Nichols' *Working Girl*. 1990 als selbst in Mordverdacht geratender Staatsanwalt Rusty Sabich in *Presumed Innocent* (Alan J. Pakula). Als unschuldig Verfolgter auf der Flucht in der erfolgreichen Kinoversion des TV-Hits *The Fugitive* (Andrew Davis). Gastauftritt in George Lucas' TV-Serie *The Young Indiana Jones Chronicles*. 1995 Golden-Globe-Nominierung für die einst von Humphrey Bogart verkörperte Rolle des steifen Geschäftsmannes Linus Larrabee in dem mißglückten Remake des Billy-Wilder-Klassikers *Sabrina*. 1997 als US-Präsident in Wolfgang Petersens *Air Force One*.

[US] 1966: Dead Heat on a Merry-Go-Round (Immer wenn er Dollars roch). 1967: The Intruders [TV]; Luv (Versuch's doch mal mit meiner Frau); A Time for Killing (Der gnadenlose Ritt). 1968: Journey to Shiloh. 1969/70: Zabriskie Point (Zabriskie Point) [D (cut)]. 1970: Getting Straight (Getting Straight). 1973: American Graffiti (American Graffiti). 1974: The Conversation (Der Dialog). 1975: Judgement: Court Martial of Lt. William Calley [TV]. 1976: Dynasty/James Mitchener's Dynasty [TV]. 1977: The Possessed (Besessen) [TV]; Star Wars (Krieg der Sterne); Heroes (Helden von heute) [TV]. 1978: Force 10 from Navarone (Der wilde Haufen von Navarone) [GB]. 1979: Hanover Street (Das tödliche Dreieck) [GB]; The Frisco Kid (Ein Rabbi im Wilden Westen); Apocalypse Now (Apocalypse Now); More American Graffiti (The Party is over. ... Die Fortsetzung von Amarican Graffiti). 1980: The Empire Strikes Back (Das Imperium schlägt zurück). 1981: Raiders of the Lost Ark (Jäger des verlorenen Schatzes). 1982: Blade Runner (Der Blade Runner). 1983: Return of the Jedi (Die Rückkehr der Jedi-Ritter). 1984: Indiana Jones and the Temple of Doom (Indiana Jones und der Tempel des Todes). 1985: Witness (Der einzige Zeuge). 1986: The Mosquito Coast (Mosquito Coast). 1988: Working Girl (Die Waffen der Frauen); Frantic (Frantic) [FR]. 1988/89: Indiana Jones and the Last Crusade (Indiana Jones und der letzte Kreuzzug). 1990: Presumed Innocent (Aus Mangel an Beweisen). 1991: Regarding Henry (In Sachen Henry). 1992: Blade Runner – Directors Cut (Blade Runner – Directors Cut); Patriot Games (Die Stunde der Patrioten). 1993: The Fugitive (Auf der Flucht). 1993/94: Jimmy Hollywood (Jimmy Hollywood); Clear and Present Danger (Das Kartell). 1994: Les cent et une nuits/A Hundred and One Nights (101 Nacht – Die Träume des Monsieur Cinema) [FR/GB]. 1995: Sabrina (Sabrina). 1996/97: The Devil's Own (Vertrauter Feind). 1997: Air Force One.

Forst, Willi
(Wilhelm Anton Frohs)
*7. 4. 1903 Wien
†11. 8. 1980 Wien
Besuch der Realschule. Beteiligung an Amateurbühnen. Ohne Ausbildung erstes Theaterengagement 1919 in Teschen, dann an weiteren deutschsprachigen Provinzbühnen. 1925 in Operetten und Revuen am Berliner Metropol-Theater, dann am Carltheater Wien, Theater des Westens Berlin und Apollo-Theater Wien. 1927 Rückkehr zum Sprechtheater: Lessing- und Renaissance-Theater in Berlin, ab 1928–31 Deutsches Theater. Filmdebüt 1920 in dem österreichischen Film *Der Wegweiser* (Hans Kottow). Regelmäßige Filmauftritte ab 1927. 1929 erster Tonfilmauftritt als Musiker in der deutschen Version des ersten europäischen Sprechfilms *Atlantic* (E. A. Dupont). Anfang der 30er Jahre Aufstieg zum Publikumsliebling mit einer Reihe musikalischer Komödien, siebenmal unter der Regie Geza von Bolvarys. Ebensolche Rollen in Frack und Zylinder in *Ein blonder Traum* (Paul Martin) und in *Der Prinz von Arkadien* (Karl Hartl). Debüt als Regisseur und Autor 1933 mit dem Franz-Schubert-Film *Leise flehen meine Lieder*. Die K.u.K.-Schmonzette *Maskerade*, 1934 in Venedig ausgezeichnet, wird ein internationaler Erfolg und macht Paula Wessely zum Kinostar. Für *Mazurka* holt Forst Pola Negri aus Hollywood nach Deutschland zurück. 1936 in Wien Gründung der Willi Forst Film-Produktion (1937 eine deutsche Filiale). 1938–45 Aufsichtsratsmitglied der Wien Film GmbH. Sein bekanntester Film wird die Maupassant-Adaption *Bel Ami* mit ihm in der Titelrolle. In Distanz zum Nationalsozialismus inszeniert Forst «Wiener Filme» aus der «guten alten Zeit». Seine Nachkriegsfilme bleiben erfolglos. *Die Sünderin*, 1950 von ihm inszeniert, wird wegen einer kurz zu sehenden nackten Hildegard Knef und der Thematisierung des Selbstmords zu einem Skandal und ist zeitweise verboten. 1957 Rückzug vom Film. 1968 Filmband in Gold für langjähriges und hervorragendes Wirken im deutschen Film.

[DE] 1920: Der Wegweiser [AT]. 1922: Oh, du lieber Augustin [AT]. 1922/23: Sodom und Gomorrha. [AT]. 1923: Lieb' mich und die Welt ist mein [AT]. 1924: Strandgut [AT]. 1927: Die drei Niemandskinder; Die elf Teufel; Café Elektric/Die Liebesbörse (Wenn ein Weib den Weg verliert) [AT]. 1928: Amor auf Ski; Ein besserer Herr; Die lustigen Vagabunden; Die blaue Maus; Unfug der Liebe; Liebfraumilch. 1928/29: Die Frau, die jeder liebt, bist Du; Fräulein Fähnrich. 1929: Die weißen Rosen von Ravensberg; Der Sträfling aus Stambul; Atlantic [dt. Version – GB]; Gefahren der Brautzeit/Liebesnächte; Katharina Knie. 1930: Zwei Herzen im ¾ Takt; Ein Tango für Dich; Ein Burschenlied aus Heidelberg; Das Lied ist aus; Der Herr auf Bestellung. 1930/31: Die lustigen Weiber von Wien. 1931: Der Raub der Mona Lisa. 1931/32: Peter Voß, der Millionendieb. 1932: Der Prinz von Arkadien [AT]; Ein blonder Traum; So ein Mädel vergißt man nicht [DE/AT]. 1932/33: Brennendes Geheimnis. 1933: Ihre Durchlaucht, die Verkäuferin; Leise flehen meine Lieder [R,A – AT/DE]. 1933/34: The Unfinished Symphony [CoR, CoA – Version – GB/AT]; Ich kenn' Dich nicht und liebe Dich. 1934: Maskerade [R,CoA – AT]; So endete eine Liebe. 1935: Königswalzer; Mazurka [R]. 1936: Allotria [R,CoA]; Burgtheater [R,CoA,P – AT]. 1937: Capriolen [CoA,P]; Serenade [R,CoA,P]. 1937/38: Es leuchten die Sterne. 1938/39: Bel Ami [D,R,CoA,P]. 1939: Ich bin Sebastian Ott [D,CoR,P]. 1940: Operette

[D,R,CoA,P]. 1941/42: Wiener Blut [D, R]. 1942/43: Frauen sind keine Engel [R,P]. 1943/44: Hundstage [P]. 1944: Am Vorabend/Ein Blick zurück. 1944/45: Wiener Mädeln [D,R,CoA,P]. 1947: Der Hofrat Geiger [P – AT]. 1948: Die Frau am Weg [P – AT]; Das Kuckucksei (Das Kuckucksei/Kinder der Liebe) [P – AT]. 1949: Die Stimme Österreichs [P – DOK – AT]. 1950: Die Sünderin [R,CoA – BRD]. 1951: Es geschehen noch Wunder [D,R,CoA – BRD]. 1952: Alle kann ich nicht heiraten [CoA – BRD]; Im weißen Rößl [D,R – BRD]. 1953/54: Bei Dir war es immer so schön. 1954: Dieses Lied bleibt bei Dir/Kabarett [R,CoA – BRD]; Weg in die Vergangenheit [AT]. 1954/55: Ein Mann vergißt die Liebe. 1955: Die Drei von der Tankstelle [KO – BRD]; Le chemin du paradis [KO – BRD]. 1956: Kaiserjäger [R – AT]. 1957: Die unentschuldigte Stunde [R,CoA – AT]; Wien, Du Stadt meiner Träume [R,CoA – AT].

Forster, Rudolf

(Rudolf Heribert Anton Forster)
* 30. 10. 1884 Gröbning (Steiermark)
† 25. 10. 1968 Bad Aussee (Steiermark)

Besuch des Konservatoriums in Wien. 1903–16 an Bühnen in Graz, Linz, Ohligs bei Düsseldorf (dort auch als Inspizient), Berlin und Wien. 1915–18 Soldat. 1917/18 am Deutschen Theater in Bukarest. 1920 Staatstheater Berlin. Stilprägende Zusammenarbeit mit Berthold Viertel und vor allem mit Max Reinhardt. Ab 1919 in Filmen, so als Lucien de Rubempré in *Glanz und Elend der Kurtisanen* (Louis Ralph, Konrad Wiene). Mehrfach Zusammenarbeit mit Friedrich Zelnik (*Die Erlebnisse der berühmten Tänzerin Fanny Elssler*) und Richard Oswald (Ernst Duffer, «ein unangenehmer Mensch», in *Kurfürstendamm*). Tonfilmdebüt 1930/31 als Mackie Messer in G. W. Pabsts *Die 3-Groschen-Oper*. Der charmante Weltmann Konstantin Michael in Paul Czinners *Ariane*, mit Elisabeth Bergner als Partnerin, legt Forster auf diesen Typus fest, Fortsetzung der Zusammenarbeit in *Der träumende Mund*. Auch in nationalistisch geprägten Filmen Gustav Ucickys: Preußen-König Friedrich Wilhelm III. in *Yorck* und U-Boot-Kommandant in *Morgenrot*. 1934–37 vorwiegend Theaterarbeit, dann in den USA am Broadway. Rolle in Kurt Neumanns *Island of Lost Men*. 1940 Rückkehr nach Deutschland, Theaterarbeit in Berlin und Wien. Während des Krieges dreht Forster drei weitere Filme in Deutschland, u. a. die Rolle des Wiener Bürgermeisters Dr. Karl Lueger in dem antisemitischen Film *Wien 1910* (E. W. Emo). Ab 1947 Burgtheater, Schiller- und Schloßpark-Theater in West-Berlin sowie Bühnenauftritte in der DDR. Von 1950 bis zu seinem Tod variiert Forster in über 40 Filmen die Rolle des charmanten Grandseigneurs: so als Marquis de Torcy in *Das Glas Wasser* (Helmut Käutner) und in Rolf-Thiele-Filmen wie *Lulu* und *Tonio Kröger*. 1965 Filmband in Gold für langjähriges und hervorragendes Wirken im deutschen Film. 1967 Memoiren «Das Spiel, mein Leben».

[DE/BRD] 1919: Der Fall Popinoff [AT]; Lepain, der König der Unschuldigen. 6 Teile. 1919/20: Frauenruhm. 1920: Glanz und Elend der Kurtisanen (Morel, der Meister der Kette) [AT]; Die Erlebnisse der berühmten Tänzerin Fanny Elßler; Kurfürstendamm; Moj; Der Schieberkönig; Anna Karenina; Die rote Redoute; Die Fürstin Woronzoff; Manolescus Memoiren/Fürst Lahovary, der König der Diebe; Tyrannei des Todes; Der Schädel der Pharaonentochter [EP]; Der Mann mit den drei Frauen; 10 Milliarden Volt; Die rote Hexe; Das Geheimnis der Gladiatorenwerke. 2 Teile. 1921: Die Amazone; Amor am Steuer; Der Abenteurer; Die Jagd nach Wahrheit; Der ewige Fluch. 1921/22: Frau Sünde; Die Jagd nach der Frau. 1922: Das Licht um Mitternacht; Die Schuhe einer schönen Frau; Am Rande der Großstadt; Lyda Ssanin; Die Männer der Sybill. 1922/23: Erdgeist; Tragödie der Liebe. 4 Teile; Fridericus Rex. 4. Schicksalswende; Das Erbe. 1923: Adam und Eva; Auferstehung. Katjuscha Maslowa; Die Sonne von St. Moritz; Die Marionetten der Fürstin; SOS. Die Insel der Tränen; Fröken Fob [SE]. 1923–25: Zur Chronik von Grieshuus. 1924: Horrido. 1926: Sein großer Fall. 1927: Pique Dame; Feme; Die Hose. 1930/31: Die 3-Groschen-Oper [Version – DE/US]; Ariane. 1931: Yorck. 1931/32: Die Gräfin von Monte Christo. 1932. Der träumende Mund [FR/DE]. 1932/33: Morgenrot. 1934: Hohe Schule [AT/DE]. 1935: ... nur ein Komödiant [AT]. 1937: Die ganz großen Torheiten. 1939: Island of Lost Men (Die Insel der verlorenen Männer) [US]. 1941/42: Wien 1910. 1944: Der gebieterische Ruf; Am Vorabend/Ein Blick zurück. 1944/45: Fahrt ins Glück. 1950: Der Mann, der zweimal leben wollte; Die tödlichen Träume/Liebestraum. 1950/51: Unvergängliches Licht. 1952: Im weißen Rößl. 1954: Victoria und ihr Husar; Rittmeister Wronski. 1954/55: Spionage [AT]. 1955: Eine Frau genügt nicht?; Der letzte Mann; Regine. 1955/56: Waldwinter. 1956: Liane, das Mädchen aus dem Urwald; Kaiserjäger [AT]. 1956/57: Spielbank-Affäre (Parkplatz zur großen Sehnsucht). [DDR/SE]. 1957: Die unentschuldigte Stunde [AT]; ... und führe uns nicht in Versuchung; Skandal in Ischl [AT]. 1958: Man müßte noch mal zwanzig sein [AT]. 1958/59: Die Halbzarte [AT]. 1959: Der Rest ist Schweigen; Morgen wirst Du um mich weinen; Laß mich am Sonntag nicht allein; Der liebe Augustin. 1960: Das Glas Wasser; Schachnovelle. 1960/61: Der Teufel spielte Balalaika. 1961: Das Riesenrad/La grande roue; Im Stahlnetz des Dr. Mabuse/Le retour du Docteur Mabuse/F.B.I. contro dottor Mabuse [BRD/FR/IT]. 1962: Lulu [AT]; Die letzten Masken [TV-KF]; Funken in Asche [TV]; Er kann's nicht lassen. 1963: Moral 63; Der Henker von London; The Cardinal (Der Kardinal) [US]; Robinson soll nicht sterben [TV]. 1964: Die Gruft mit dem Rätselschloß; Tonio Kröger; Wälsungenblut. 1965: Rendezvous der Killer/Pleins feux sur Stanislas [BRD/FR]. 1966: Grieche sucht Griechin; Das Abgründige in Herrn Gerstenberg [TV]; Der Kirschgarten [TV]. 1967: Siedlung Arkadien [TV]. 1968: Der Turm der verbotenen Liebe/Le dolcezze del peccato/La tour de Nesle [BRD/IT/FR]; Vanillikipferln [TV]; Die Gesichte der Simone Machard [TV]. 1968/69: Von Haut zu Haut.

Fossey, Brigitte

*11. 3. 1946 Tourcoing (Frankreich)

Bereits mit fünf Jahren Filmdebüt in der Hauptrolle von René Cléments Antikriegsfilm *Jeux interdits*; mit zehn Jahren Auftritt in Gene Kellys *The Happy Road*. Als Schülerin Ballettunterricht; Besuch des Pariser Konservatoriums; danach Actors Studio in New York; Besuch von Philosophiekursen und Ausbildung zur Dolmetscherin in Genf. Engagement an Pariser Bühnen. 1967 kehrt sie zögernd zum Film zurück und kann mit Jean-Gabriel Albioccos *Le grand Meaulnes* und Bertrand Bliers *Les valseuses* an ihre Erfolge als Kinderstar anknüpfen. Mit Sanftheit und Phantasie spielt sie in anspruchsvolleren Filmen wie in Claude Faraldos *Les fleurs du miel* oder in Krzystof Zanussis *Impératif*, aber auch in Kassenschlagern wie den Teenagerkomödien von Claude Pinoteau (*La boum*, *La boum* 2).

[FR] 1951: Jeux interdits (Verbotene Spiele). 1953: La corda d'acciaio [IT]. 1956: The Happy Road (Straße des Glücks) [US]. 1967: Le grand Meaulnes. 1968: Adieu l'ami/Due sporche carogne (Bei Bullen singen Freunde nicht) [FR/IT]. 1970: Raphael ou le débauché; M comme Mathieu. 1971: Mio. 1973: Les valseuses (Die Ausgebufften); Erica Minor; L'ironie du sort. 1974: La brigade. 1975: Calmos; Le bon et les méchants (Der Gute und die Bösen); Le chant du départ. 1976: L'homme qui aimait les femmes (Der Mann, der die Frauen liebte); Le pays bleu (Das blaue Land); Les fleurs du miel (Honigblüten). 1977: Die gläserne Zelle [BRD]; Guerres civiles en France/La commune; Les enfants du placard (Die verschworenen Kinder). 1978: Quintet (Quintett) [US]; Mais où est donc Ornicar (Glaskäfige). 1979: Le mouton noir; La triple mort du troisième personnage (Der dreifache Tod der dritten Figur) [FR/BE/CL]. 1980: La boum (Die Fete); Kontrakt (Die Braut sagt nein) [TV – PL]; Un mauvais fils (Der ungeratene Sohn). 1981: Croque la vie; Chanel Solitaire [CA/FR]; Chanel Solitaire [GB/FR]. 1982: L'affaire suisse [CH]; La boum 2 (Die Fete geht weiter); Imperativ [TV – BRD]; Enigma [GB/FR]. 1983: La scarlatine; Le bâtard; Le jeune marié; Au nom de tous les miens [CA/FR]; Nicolo ou l'enfant trouvé. 1984: Flügel und Fesseln/L'avenir d'Emile [BRD/FR]; Les fausses confidences; Un amour interdit/Una strana passione (Eine verbotene Liebe) [FR/IT]; Un caso d'incoscienza [TV – IT]. 1988: 36–15 Code Père-Noël. 1989: Nuovo Cinema Paradiso/Le Cinéma Paradiso (Cinema Paradiso) [IT/FR]. 1990: Das lange Gespräch mit dem Vogel [BRD]. 1992: Les enfants du naufrageur; Un vampire au paradis. 1993: Le château des oliviers [TV – FR/IT].

Foster, Jodie

(Alicia Christian Foster)

*19. 11. 1962 Los Angeles

Besuch des Lycée Français in Los Angeles. Bereits mit 3 Jahren wird sie «Miss Coppertone», mit 6 Jahren Beginn der Karriere als TV-Kinderstar, vor allem für das Disney-Studio. 1976 spielt sie die jugendliche Prostituierte Iris in Martin Scorseses *Taxi Driver* und wird für einen Nebenrollen-Oscar nominiert. In Alan Parkers Kinder-Musical *Bugsy Malone* gibt sie die Nachtclub-Schönheit Tallulah. In Nicolas Gessners *The Girl Who Lives Down the Lane* ist sie eine junge Mörderin. Neben ihrer Karriere absolviert sie ein Literaturstudium an der Yale University. Erste Erwachsenenrolle 1980 in Robert Kaylors Rummelplatzfilm *Carny*. Über internationale Aufgaben wie die Französin Hélène in Claude Chabrols Résistance-Drama *Le sang des autres* und Franny Berry in Tony Richardsons John-Irving-Verfilmung *The Hotel New Hampshire* entwickelt sich Foster zu einer hochgeschätzten Darstellerin intelligenter, sensibler und selbstbewußter Frauen. 1988 erhält sie den Oscar für die Rolle der vergewaltigten Kellnerin in Jonathan Kaplans *The Accused*, 1990 einen zweiten Oscar als unerschrocken-hartnäckige FBI-Agentin in Jonathan Demmes Thriller *The Silence of the Lambs*. Daneben beweist sie ihr Talent auch als romantische Ehefrau von Richard Gere in *Sommersby* (Jon Amiel) und in der Western-Komödie *Maverick* (Richard Donner). Sie gründet 1990 ihre eigene Produktionsfirma «Egg Picures» und gibt 1991 (nach einer TV-Episode) ihr Regiedebüt mit *Little Man Tate*, in dem sie auch die Hauptrolle der Mutter eines Wunderkindes spielt. Bei Michael Apteds *Nell* wird ihre Darstellung einer wild aufgewachsenen Frau hoch gelobt, während der (von ihr produzierte) Film insgesamt als überambitioniert kritisiert wird. 1995 Regisseurin und Produzentin des turbulenten Familientreffs *Home for the Holidays*. In Robert Zemeckis *Contact* ist sie als Astronomin auf der Suche nach fremdem Leben im Weltall.

[US] 1969: Gunsmoke: Roots of Fear (Rauchende Colts) [TV]; Mayberry, R.F.D. [TVS]; Julia: Romeo and Julia (Julia) [TV]; Courtship of Eddie's Father: Bully for You (Eddies Vater) [TV]. 1970: Daniel Boone: Israel and Love [TV]; Courtship of Eddie's Father: A Loaf of Bread, a Bar of Soap, and a Jug (Eddies Vater) [TV]; Nanny and the Professor: Scientific Approach (Nanny und der Professor) [TV]; Menace on the Mountain [TV]; Daniel Boone: Bringing Up Josh [TV]; Mayberry, R.F.D. [TV]. 1971: Courtship of Eddie's Father: Lonely Weekend (Eddies Vater) [TV]; Gunsmoke: P.S. Murray Christmas (Rauchende Colts) [TV]; My Three Sons: Love God (Meine drei Söhne) [TV]. 1972: My Three Sons (Meine drei Söhne) [TV]; Bonanza: No Place to Hide (Bonanza) [TV]; Ironside: Bubble, Bubble, Toil and Murder (Der Chef: Der Todesfluch) [TV]; Ghost Story: House of Evil [TV]; My Sister Hank [TV]; Gunsmoke: The Predators (Rauchende Colts) [TV]; Kansas City Bomber (Round up); Paul Lynde Show: To Commune or Not to Commune [TV]; Napoleon and Samantha (Flucht in die Wildnis). 1973: Kung Fu: Alethea (Kung Fu: Caine und das Mädchen mit der Mandoline) [TV]; ABC Afterschool Special: Alexander [TV]; Tom Sawyer (Tom Sawyers Abenteuer); Bob & Carol & Ted & Alice [TVS]; Love Story: Youngest Lovers [TV]; Paper Moon (Papermoon) [TVS]; New Adventures of Perry Mason: Case of the Deadly Deeds [TV]; Partridge Family: 11-Year Itch (Die Partridge Family) [TV]; One Little Indian (Ein Kamel im Wilden Westen). 1974: Smile, Jenny – You're Dead [TV]; Alice Doesn't Live Here Anymore (Alice lebt hier nicht mehr). 1975: ABC Afterschool Special: Secret Life of T.K. Dearing (Das Doppelleben der Jakkie Dearing) [TV]; Medical Center: Captives [TV]. 1976: Taxi Driver (Taxi Driver); Bugsy Malone (Bugsy Malone) [GB]; The Little Girl Who Lives Down the Lane (Das Mädchen am Ende der Straße) [CA]; Echoes of a Summer. 1977: Who's Who: Jodie Foster – Profile of the Young Actress [TV]; Casotto (Strandgeflüster) [IT]; Candleshoe (Abenteuer auf Schloß Candleshoe); Moi, fleur bleue (Fetzig, frei und endlich high) [FR]; Freaky Friday (Ein ganz verrückter Freitag); ABC Afterschool Special: Rookie of the Year (Das Spiel des Jahres) [TV]. 1978: Hands of Time [TV]. 1980: Foxes (Jeanies Clique); Carny (Jahrmarkt). 1982: O'Hara's Wife. 1983: Svengali (Obsession – Die dunkle Seite des Ruhms) [TV]. 1983/84: Le sang des autres/The Blood of others [CA/FR]. 1984: The Hotel New Hampshire (Hotel New Hampshire); Mesmerized (In guten und in schlechten Zeiten) [D,CoP – GB/AU/NZ]. 1987: Siesta (Siesta). 1988: Five Corners (Five Corners); The Accused (Angeklagt); Stealing Home (Katies Sehnsucht). 1989: Backtrack/Catchfire (Catchfire) [2 Versionen]. 1991: The Silence of the Lambs (Das Schweigen der Lämmer); Little Man Tate (Das Wunderkind Tate) [D,R]; Shadows and Fog (Schatten und Nebel). 1992/93: Sommersby (Sommersby) [US/FR]. 1993: It Was a Wonderful Life (It Was a Wonderful Life). 1994: A Century of Women; Nell (Nell) [D,P]; Jonathan Wild; Maverick (Maverick). 1995: Home for the Holidays (Familienfest und andere Schwierigkeiten) [R,P]. 1996/97: Contact.

Francis, Eve

*24. 8. 1896 Brüssel
†6. 12. 1980 Neuilly-sur-Seine
Theaterdebüt 1913; in Claudel-Stücken erlebt sie ihre größten Erfolge. Sie heiratet 1918 den Filmkritiker und Regisseur Louis Delluc (1890–1924). Eve Francis gehört in den 20er Jahren zum Kreis der französischen Filmavantgarde um Marcel L'Herbier und Germaine Dullac. In den Filmen Dellucs spielt sie zwischen 1918 und 1923 Hauptrollen; ihr ausdrucksstarkes Spiel vermittelt in *Fièvre* und *La femme de nulle part* ein Gefühl von existentieller Bedrohung. Sie assistiert L'Herbier in den 30er Jahren bei mehreren Filmen, so bei *Le bonheur* und *La citadelle du silence*; auch bei Michel Bernheims *Le roman d'un spahi* übernimmt sie die Regieassistenz. Ab 1940 Arbeit als Journalistin und Autorin («Temps héroiques», 1949; «Un autre Claudel», 1973), als Schauspielerin und Regisseurin am Théâtre des Mathurins; daneben Tätigkeit als Schauspiellehrerin und für die Cinémathèque française. Sie gehört zu den Pionierinnen der Filmklubbewegung, die von Delluc begründet worden war. Für ihre Verdienste um den französischen Film wird sie Mitglied der Ehrenlegion.

[FR] 1917: Ames de fous. 1918: Frivolités. 1919: La fête espagnole; Fumée noire. 1920: Le silence. 1921: Prométhée banquier; Le chemin d'Ernoa; La femme de nulle part; Fièvre; El Dorado. 1923: L'inondation. 1926: Antoinette Sabrier (Liebe und Geschäft). 1935: Veille d'armes (Zwischen Abend und Morgen) [RA]; Le bonheur [RA]; La route impériale (Unter falschem Verdacht) [RA]. 1936: La porte du large [RA]; Le roman d'un spahi [RA]; Club de femmes. 1937: La citadelle du silence (Die Zitadelle des Schweigens) [RA]; Forfaiture (Gebrandmarkt) [RA]. 1939: Yamilé sous les cèdres; La brigade sauvage [RA]. 1940: La comédie du bonheur (Das Glück).

Francis, Kay

(Katherine Edwina Gibbs)
*13. 1. 1899 Oklahoma City
†26. 8. 1968 New York City
Tochter einer Schauspielerin. Besuch von Miss Fuller's Girls Academy in Ossining sowie der Cathedral School of St. Mary in Garden City, New York. 1925 Broadway-Debüt. Achtungserfolg in einer modernen «Hamlet»-Version. 1926 zur Stuart Walker Stock Company. 1929 Filmdebüt als Vamp in Millard Webbs *Gentlemen of the Press* und Vertrag bei Paramount. Wiederholt Zusammenarbeit

mit dem Regisseur Lothar Mendes, wie auch später zahlreiche ihrer besten Filme von europäischen Emigranten inszeniert werden. Erfolg in John Cromwells Gangster-Melodram *Street of Chance* als Partnerin von William Powell, mit dem die elegante Brünette mehrfach zusammenspielt. Ab 1932 bei Warner Bros., steigt sie zu einem der wichtigsten Stars des Studios auf. Ein früher Höhepunkt ist die Rolle der unheilbar kranken Joan Ames in Tay Garnetts Melodram *One Way Passage*, gleichzeitig als reiche Witwe Mariette Colet in Ernst Lubitschs Meisterkomödie *Trouble in Paradise*. In *Britsh Agent* (Michael Curtiz) spielt sie Lenins Sekretärin, in William Dieterles *The White Angel* die Titelrolle der Florence Nightingale. 1937 ist sie eine wegen Mordes vor Gericht stehende Sängerin in Joe Mays *Confession*. In den 40er Jahren nur noch wenig bedeutsame Aufgaben. 1945/46 produziert sie ihre letzten drei Filme für das Monogram-Studio selbst. 1946 Broadway-Comeback mit «State of the Union». Zwischen 1948 und 1952 verschiedene Summer-Stock-Produktionen. Danach Rückzug aus der Öffentlichkeit.

[US] 1929: Gentlemen of the Press; Dangerous Curves; The Cocoanuts; Illusion; The Marriage Playground. 1930: Behind the Make-Up; Street of Chance; Paramount on Parade; A Notorious Affair; Raffles; For the Defense; Let's Go Native; The Virtuous Sin; Passion Flower. 1930/31: Scandal Sheet. 1931: Ladies' Man; The Vice Squad; Transgression; Guilty Hands; 24 Hours (Verhängnis eines Tages); Girls About Town; The False Madonna. 1932: Strangers in Love (Verhaftung um Mitternacht); Man Wanted; Street of Women; Jewel Robbery (Ein Dieb mit Klasse); Trouble in Paradise (Ärger im Paradies); One Way Passage (Reise ohne Wiederkehr); Cynara (Cynara). 1933: The Keyhole; Storm at Daybreak; Mary Stevens M.D.; I Loved a Woman; The House on 56th Street. 1933/34: Mandalay. 1934: Wonder Bar; Dr. Monica; British Agent. 1935: Living on Velvet; Stranded; The Goose and the Gander; I Found Stella Parish. 1936: The White Angel; Give Me Your Heart (Der Erbe des Hauses Farrington); Stolen Holiday. 1937: Another Dawn (Eine weiße Frau in der Fremdenlegion); Confession; First Lady. 1937/38: Women Are Like That. 1938: My Bill; Secrets of an Actress; Comet over Broadway; King of the Underworld (König der Unterwelt). 1938/39: Women in the Wind. 1939: In Name Only (Nur dem Namen nach). 1940: Play Girl; It's a Date; When the Daltons Rode (Die Bande der Fünf); Little Men. 1940/41: The Man Who Lost Himself. 1941: Charley's Aunt; The Feminine Touch. 1942: Always in My Heart (Im Schatten des Herzens); Between Us Girls. 1944: Four Jills in a Jeep. 1945: Divorce [D,CoP]; Allotment Wives [D, CoP]. 1946: Wife Wanted [D,CoP].

Frank, Horst

(Horst Bernhard Wilhelm Frank)
* 28. 5. 1929 Lübeck

Mittelschule, kaufmännische Lehre, Schauspielunterricht an der Musikhochschule Hamburg. Erstes Theater-Engagement in Lübeck, dann in Bonn, Basel, Baden-Baden (dort auch im Fernsehen des Südwestfunks) und Wuppertal. 1956/57 erste Filmrolle als zynischer Feigling in Alfred Weidenmanns Kriegsfilm *Der Stern von Afrika*. Ab 1959 auch im Ausland, vor allem in Italien und Frankreich tätig. 1961–63 lebt Frank in Tanganjika (Tansania) als Gemüse- und Kaffeepflanzer. Darstellung asketisch dünnhäutiger Charaktere in *Das Mädchen Rosemarie* (Rolf Thiele) und in *Haie und kleine Fische* (Frank Wysbar), als Neurotiker in *Der Greifer* (Eugen York). In den 60er Jahren zunehmend auf Schurken festgelegt. Rollen in Abenteuer- und Actionfilmen, in mehreren Germano- und Italo-Western, z. B. mit Terence Hill in *Preparati la bara!* (Ferdinando Baldi). Auch in anspruchslosen Produktionen: *Die Engel von St. Pauli* (Jürgen Roland) und *Der flüsternde Tod* (Jürgen Goslar). Die Rolle des Teufels in der TV-Kinderserie *Timm Thaler* (Sigi Rothemund) durchbricht die Festlegung; in *Das Traumhaus* (Ulrich Schamoni) erstmals als eine väterliche Figur. Ab 1973 neben umfangreicher TV- auch Bühnenarbeit, vorwiegend auf Tourneen, u. a. mit eigenen Inszenierungen von Noël Cowards «Fröhliche Geister» (auch TV) und Peter Ustinovs «Das Leben in meiner Hand».

[BRD] 1955: Die Puppen von Poshansk [TV]; Geschwader Fledermaus [TV]; Wo die Liebe ist, da ist auch Gott [TV]; Die Geschichte vom Soldaten [TV – CH]. 1955/56: Das salomonische Frühstück [TV]; Der kleine Friedländer [TV]. 1956: Unheimliche Begegnungen: Das Präludium [TV]; Schatten in der 3. Avenue [TV]; Schinderhannes [TV – BRD/AT]; Kolibri – Eine Magazingeschichte [TV]; Unheimliche Begegnungen: Der Fingerzeig [TV]. 1956/57: Der Stern von Afrika/La estrella de Africa [BRD/ES]. 1957: Eurydice [TV]; Haie und kleine Fische; Bei Tag und bei Nacht oder Der Hund des Gärtners [TV]. 1957/58: Blick zurück im Zorn [TV]; Der Greifer. 1958: Das Mädchen Rosemarie; Schwarze Nylons, heiße Nächte; Blitzmädels an die Front; Meine 99 Bräute; Das Mädchen vom Moorhof. 1958/59: Hunde, wollt ihr ewig leben. 1959: Abschied von den Wolken/Angst im Nakken; Lupi nell'abisso/Les loups dans l'abîme (Wölfe in der Tiefe) [IT/FR]; Bumerang; Die Nackte und der Satan; La chatte sort ses griffes (Die Katze zeigt die Krallen) [FR]. 1959/60: Kein Engel ist so rein. 1960: Die zornigen jungen

Männer; Fabrik der Offiziere; Le bois des amants/Il bosco degli amanti (Die Nacht der Liebenden) [FR/IT]. 1960/61: Ein wahrer Held [TV]; Tu ne tueras point [FR/YU/FI]. 1961: Cariño mio (Die Liebe ist ein seltsames Spiel) [ES]; Treibjagd auf ein Leben; Unser Haus in Kamerun. 1961/62: Haß ohne Gnade; Heißer Hafen Hongkong/Il segreto di Budda [BRD/IT]. 1962: Zwischen Schanghai und St. Pauli/I rinnegati di capitan Kidd [BRD/IT]. 1962/63: Der schwarze Panther von Ratana/La belva di Saigon [BRD/IT]. 1963: Die weiße Spinne; Der Tod des Handlungsreisenden [TV]; Les tontons flingueurs/In famiglia si spara/Mein Onkel, der Gangster [FR/IT/BRD]; Die Flußpiraten vom Mississippi/Agguato sul grande fiume/Les pirates du Mississippi [BRD/IT/FR]. 1963/64: Weiße Fracht für Hongkong/Da 077, criminali a Hong Kong/Le mystère de la jonque rouge [BRD/IT/FR]. 1964: Das Geheimnis der chinesischen Nelke/Il segreto del garofano cinese/F.B.I. contre l'oeillet chinois [BRD/IT/FR]; Die Diamantenhölle am Mekong/Les diamants du Mekong/La sfida viene da Bangkok [BRD/FR/IT]; Die Tote von Beverly Hills; Die Goldsucher von Arkansas/Alla conquista dell'Arkansas/Les chercheurs d'or de l'Arkansas [BRD/FR/IT]; Las pistolas no discuten/Le pistole non discutono/Die letzten Zwei vom Rio Bravo [ES/IT/BRD]. 1964/65: Die schwarzen Adler von Santa Fe/I gringos non perdonano/Les aigles noirs de Santa Fé [BRD/IT/FR]. 1965: Die letzten Drei der Albatros/La morte viene da Manila/L'Aventure vient de Manille [BRD/IT/FR]; Der Fluch des schwarzen Rubin/Agente S3S – operazione Urania/Espionnnage à Bangkok pour U 92 [BRD/IT/FR]; Blue Light [TVS – US]; Das Geheimnis der drei Dschunken/A 009 Missione Hong Kong [BRD/IT]; Der Spion, der in die Hölle ging/Corrida pour un espion/Persecución a un espía/Jaguar professione spia [BRD/FR/ES/IT]. 1965/66: Um null Uhr schnappt die Falle zu/Razzia auf F.B.I. [BRD/FR]. 1966: Safari diamants/Für eine Handvoll Diamanten [FR/BRD/IT]; Fünf vor 12 in Caracas/Inferno a Caracas/Ca casse à Caracas [BRD/IT/FR]; Apfelsinen [TV]; Caligula [TV]; I Deal in Danger [US]. 1966/67: Die Rache des Dr. Fu Man Chu/The Vengence of Fu Manchu [BRD/GB]. 1967: Attentato ai tre grandi/Attentat à Casablanca/Fünf gegen Casablanca [IT/FR/BRD]; Geheimnisse in goldenen Nylons/Deux billets pour Mexico/Segreti che scottano [BRD/FR/IT]; Eine Handvoll Helden/Per un pugno di eroi [BRD/IT]; Preparati la bara! (Django und die Bande der Gehenkten) [IT]. 1968: Le paria/Jaque mate [FR/ES]; Quella sporca storia del West/Johnny Hamlet (Django – Die Totengräber warten schon) [IT]; Der Kommissar: Ratten der Großstadt [TV]; Il momento di uccidere/Django – Ein Sarg voll Blut [IT/BRD]. 1968/69: Marquis de Sade: Justine/Justine ovvero le disavventure della virtù [BRD/IT]. 1969: Cathérine, il suffit d'un amour/Cathérine – Ein Leben für die Liebe/Catherine, un solo impossibile amore [FR/BRD/IT]; Emilia Galotti [TV]; Così dolce ... così perversa/Si douces, si perverses [IT/BRD/FR]; Die Engel von St. Pauli. 1969/70: Die Journalistin [TVS]. 1970: Frisch, fromm, fröhlich, frei; Unter Kuratel [TV]; Il gatto a nove code/Die neunschwänzige Katze/Le chat à neuf queues [IT/BRD/ES]; Das Glöcklein unterm Himmelbett. 1970/71: Der scharfe Heinrich – Die bumsfidelen Abenteuer einer jungen Ehe; Und Jimmy ging zum Regenbogen [BRD/AT]. 1971: Der Kommissar: Traum eines Wahnsinnigen [TV]; Dem Täter auf der Spur: Tod am Steuer [TV]; Das Geheimnis der grünen Stecknadel/Cosa avete fatto a Solange? [BRD/IT]; Fluchtweg St. Pauli – Großalarm für die Davidswache; Die Nacht von Lissabon [TV]; Carlos [TV]. 1971/72: Im Namen der Freiheit [TV]. 1972: Sonderdezernat K 1: Ganoven Rallye [TV]; Dem Täter auf der Spur: Der Tod in der Maske [TV]; Il grande duello/Drei Vaterunser für vier Halunken/Le grand duel [IT/BRD/FR]; L'Occhio nel labirinto [IT]. 1972/73: Der Vorgang [TV]. 1973: Vabanque [TV]; Hallo und Adieu [TV]. 1974: Der Scheck heiligt die Mittel [TV]; Carambola, filotto ... tutti in buca (Vier Fäuste und ein heißer Ofen) [IT]; Cautio Criminalis oder Der Hexenanwalt [TV]; Der Kommissar: Drei Brüder [TV]; Tausend Francs Belohnung [TV]; Herbstzeitlosen [TV]; Das Amulett des Todes. 1974/75: Schließfach 763 [TV]. 1975: Auch Mimosen wollen blühen; Spiel zu zweit [TV]; Der flüsternde Tod. 1975/76: Einöd [TV]. 1976: Die Elixiere des Teufels; Rosemaries Tochter; Derrick: Auf eigene Faust [TV]; Wege ins Leben: Härtefall [TVS]; Klimbim [GAST – TVS]; Der Winter, der ein Sommer war [TV]. 1976/77: Das Gesetz des Clans. 1977: Der Heiligenschein [TV]; Operation Ganymed [TV]; Das Lamm des Armen [TV]. 1977/78: Geschichten aus der Zukunft: Geburt eines Waisenkindes [TV]. 1978: Wo die Liebe hinfällt [TV-EP]; Wunnigel [SPR – TV – BRD/AT]; Jean Paul: Dr. Katzenbergers Badereise [SPR – TV]. 1978/79: Timm Thaler [TVS – BRD/CH/AT]; Wege in der Nacht [TV]. 1979: Galadiner zum 75. Geburtstag von Salvador Dalí [TV]; Das Traumhaus; Wie Rauch und Staub [TV]; Der Alte: Eine große Familie [TV]; Herz mit einem Sprung. Lieder und Szenen zum 90. Geburtstag von Kurt Tucholsky. [TV]. 1980: Derrick: Dem Mörder eine Kerze [TV]; Fröhliche Geister [D,R – TV]. 1980/81: Flächenbrand [TV]. 1981: Warnung aus dem Käfig [TV]; Das Traumschiff. EP: Die Hochzeitsreise [TVS – BRD/AT]; Der Fuchs von Övelgönne: Ein Pokal geht an Land [TV]; Sonderdezernat K 1: Die Spur am Fluß [TV]. 1982: Derrick: Die Tote in der Isar [TV]. 1982/83: Mandara [TVS]. 1983: Der Mann von Suez. 4 Teile. [TV – BRD/FR]; Geschichten von nebenan: Geschichten von nebenan [TV]; Der Besuch [TV]. 1985/86: Lebenslänglich – ganz ohne Gnade [TV]. 1986: Losburg [TVS]. 1987: Krimistunde. EP: Lebewohl schöne Welt. 1987/88: Peter Strohm: Die sieben Monde des Jupiter [TV]. 1988: Elf Sekunden oder Das Glück der Endlichkeit [TV]; Achterloo; SOKO 5113: Eine unvergeßliche Nacht [TV]; Tatort: Pleitegeier [TV]; Rivalen der Rennbahn [TVS]. 1991: Marie Galante [FR]; Tatort: Stövers Fall [TV]; Gefahr in der Savanne [TV – IT/EURO]; Safari [TV – IT (EURO)]. 1991/92: Glückliche Reise [TVS]. 1992: Karriere mit Elefanten [TV]; Abenteuer Kriminalistik:

Rundfunkwellen [TVS]; Großstadtrevier: Revanche [TV]. 1992/93: Cluedo – Das Mörderspiel [TVS]. 1993: Im Namen des Gesetzes: Kalaschnikow frei Haus [TVS]; Elbflorenz: Gute Freunde, schlechte Freunde [TVS]; Elbflorenz: Schiff auf Grund [TVS]; Der Leibwächter [TV]; Ein besonderes Paar [TV]; Der Nelkenkönig [TVS]; Die Stadtindianer: Madonna ist weg [TV]; Tatort: Tod eines Polizisten [TV]. 1994: Der Landarzt: Heringstage [TVS]; Doppelter Einsatz: Noch 2 Tage bis Rio [TVS]; Peter Strohm: Tödliches Spiel [TVS]; Catherine the Great/Katharina die Große [TV – US/DE]; Im Namen des Gesetzes: Die schöne Studentin [TV]; Im Namen des Gesetzes: Menschenschlepper [TV]. 1995: Großstadtrevier: Kein Tag wie jeder andere [TVS]. 1995/96: Peter Strohm: Häftling 3304 [TVS]. 1996: Sünde einer Nacht [TV]. 1996/97: Tatort: Ausgespielt [TV]; Duell zu dritt [TVS]; Der Fahnder: Speedy in Schwierigkeiten [TV].

Franke, Dieter

* 13. 10. 1934 Harthau bei Chemnitz
† 23. 10. 1982 Berlin

Erste Berührung mit der Bühne als Garderobier, Requisiteur, Bühnenarbeiter, Inspizient, Statist am Theater in Greiz. Staatliche Schauspielschule in Berlin/DDR. 1958 an das Städtische Theater Karl-Marx-Stadt. 1963/64 Volksbühne am Luxemburgplatz in Berlin. 1964 an das Deutsche Theater. Ab Anfang der 60er Jahre in Filmen der DEFA und vor allem des Fernsehens der DDR, vorwiegend in Nebenrollen. Märchenhaft-komödiantisch in Egon Schlegels Kinderfilm *Wer reißt denn gleich vor'm Teufel aus*. Von Franke mit viel menschlicher Wärme ausgestaltete Gegenwartsfiguren: Vereinsvorsitzender in *Der nackte Mann auf dem Sportplatz* (Konrad Wolf), Heimleiter in *P.S.* (Roland Gräf), Brigadier Herbert Kotbuß in *Dach überm Kopf* (Ulrich Thein), für den er 1982 beim Spielfilmfestival der DDR mit dem Großen Steiger der Publikumsjury ausgezeichnet wird. Letzte große Aufgabe in der Titelrolle von Wolfgang Hübners anspruchsvoller Märchenverfilmung *Gevatter Tod*.

[DDR] 1962/63: Verliebt und vorbestraft. 1963: Der Mann und sein Schatten [TV]; Der andere neben dir [TV]; Drei Kriege. 1. Tauroggen [TV]; Was ihr wollt [TV]. 1963/64: Die Abenteuer des Werner Holt. 1965: Der Mann, der bei Schirokko kam [TV]; Dr. Schlüter [TV]. 1966: Der arme Konrad [TV]; Die Perser [TV]. 1967: Neuland unterm Pflug [TV]; Kleiner Mann – was nun? [TV]. 1967/68: Der Streit um den Sergeanten Grischa [TV]. 1968: Die Gesichte der Simone Machard [TV]. 1969/70: Jeder stirbt für sich allein [TV]. 1970: Das Verhör zu Habana [TV]; Mein lieber Robinson. 1970/71: Anlauf [TV]. 1971: Männer ohne Bart; Zwischen Freitag und morgen [TV]; Die Verschworenen [TV]; Die Unbequeme [TV]. 1971/72: Laut und leise ist die Liebe. 1972: Don Juan [TV]. 1973: Wassa Shelesnowa [TV]; Das zweite Leben des Friedrich Wilhelm Georg Platow; Der Tod in der Flasche [TV]; Der nackte Mann auf dem Sportplatz. 1973/74: Rückkehr als Toter [TV]; ... verdammt, ich bin erwachsen; Johannes Kepler; Heiße Spuren [TV]. 1974: Juno und der Pfau [TV]; Looping. 1974/75: Kriminalfälle ohne Beispiel: Mord im Märkischen Viertel [TV]; Blumen für den Mann im Mond; Bankett für Achilles. 1975: Der stille Amerikaner [TV]; Bin ich Moses? [TV]. 1975/76: Ein altes Modell [TV]. 1976: Camping – Camping [TV]. 1976/77: Wer reißt denn gleich vor'm Teufel aus?; Der Meisterdieb; Eine Handvoll Hoffnung. 1977: Der gepuderte Mann im bunten Rock oder Musjöh lebt gefährlich [TV]. 1978: Achillesferse; P.S. 1979/80: Dach überm Kopf; Levins Mühle. 1980: Puppen für die Nacht [TV]; Gevatter Tod [TV]; Suturp – Eine Liebesgeschichte [TV]. 1980/81: Der lange Ritt zur Schule. 1981: Märkische Forschungen. 1981/82: Ein Tag aus Goethes Kindheit [TV]; Generalprobe [TV].

Frejndlich, Alisa

(Alisa Brunovna Frejndlich)
* 8. 12. 1934

Die Tochter des Schauspielers Bruno Arturovič Frejndlich studiert an der Schauspiel-Fakultät des Staatlichen Instituts für Theater, Musik und Kinematografie in Leningrad und tritt noch vor ihrem Abschluß im Leningrader Kommissarževskaja-Theater auf. 1957 wird sie in das Ensemble dieses Theaters aufgenommen. Ab 1961 Engagement am Lensovet-Theater. Sie spielt moderne und klassische Rollen: Tanja in «Irkutsker Geschichten», Katharina in «Der Widerspenstigen Zähmung», Königin Elisabeth in «Maria Stuart», Ranevskaja in «Der Kirschgarten» sowie Eliza Doolittle in «Pygmalion» und Mrs. Peachum in «Die Dreigroschenoper», wo sie ihre musikalischen Fähigkeiten als Musical-Interpretin beweisen kann. 1958 Filmdebüt in *Gorod zažigaet ogni* (Vladimir Vengerov). Popularität im Film erlangt sie erst 1965 in Elem Klimovs Debütfilm *Pochoždenija zubnogo vrača*. Für ihre Ljudmila Kalugina in El'dar Rjazanovs *Služebnyj roman* wählen die Leser der Zeitschrift «Sovetskij ekran» sie 1977 zur besten sowjetischen Schauspielerin des Jahres. Höhepunkte ihrer Arbeit sind 1980 Stalkers Frau in Andrej Tarkovskijs *Stalker* und die Anna Vyrubova in Klimovs *Agonija*. Ab 1981 Engagement am Dramatischen Theater Leningrad. Sie erhält mehrere nationale Auszeichnungen.

[SU] 1958: Gorod zažigaet ogni. 1960: Povest' o molodoženach. 1961: Polosatyj rejs (Rette sich, wer kann). 1962: Moja žizn' (Mein Leben) [TV]. 1965: Pochoždenija zubnogo vrača; Fro. 1966: Pervyj posetitel'. 1969: Val's (Der Walzer). 1970: Semejnoe čast'e/

Das Familienglück [SU/CH]. 1971: Tajna železnojdveri. 1974: Melodii Verijskogo kvartala (Die Melodien des Weriski-Viertels); Solomennaja šljapka [TV]; Ispolnjajuščij objazannosti. 1976: Anna i Komandor (Als du da warst). 1977: Vsegda so mnoju; Princessa na gorošine (Prinzessin gesucht); Služebnyj roman (Liebe im Büro). 1979: D'Artagnan i tri mušketera (D'Artagnan und die drei Musketiere) [TV]. 1980: Stalker; Staromodnaja komedija (Eine altmodische Komödie); Tri goda (Drei Jahre) [TV]. 1981: Agonija (Agonie); Opasnyj vozrast (Gefährliches Alter) [TV]; Sergej Ivanovič uchodit na pensiju. 1984: Kletka dlja kanareek. 1985: Uspech (Erfolg); Žestokij romans (Eine bittere Romanze). 1987: Prosti (Verzeih!). 1988: Prostaja smert'.

Fresnay, Pierre

(Pierre-Jules-Louis Laudenbach)
*4. 4. 1897 Paris
†9. 1. 1975 Neuilly-sur-Seine

Studium am Konservatorium. Vor dem 1. Weltkrieg mit 15 Jahren Theaterdebüt in Paris. Von 1915–26 bei der Comédie Française. Ab 1937 fast zwanzig Jahre mit Yvonne Printemps (Heirat 1934) Leiter des Théâtre de la Michodière; in Theater und Film ist sie seine bevorzugte Partnerin. Ab 1915 beim Film, spielt Fresnay, der während seiner Karriere dem Theater den höheren Rang einräumt, gewichtigere Rollen erst in den 30er Jahren als Marius in den Marcel-Pagnol-Filmen *Marius, Fanny* und *César*. In Jean Renoirs *La grande illusion* brilliert er als Offizier mit festem Ehrenkodex neben Jean Gabin und Erich von Stroheim. 1939 führt Fresnay Regie bei *Le duel*. Zu den markantesten Rollen der Kriegszeit gehören sein schrulliger Detektiv in Henri-Georges Clouzots *L'assassin habite au 21* und der unterwürfige Arzt in *Le corbeau*. Gegen Ende des Krieges wird ihm seine Zusammenarbeit mit der deutschen Filmfirma Continental vorgeworfen. Auszeichnungen 1947 in Venedig für seinen geduldig leidenden, charismatischen heiligen Vincenz in Maurice Cloches *Monsieur Vincent*, 1952 in Karlovy Vary für die Titelrolle des Lehrers und Wissenschaftlers in *Monsieur Fabre* (Henri Diamant-Berger). Neben der Theaterarbeit entstehen viele seiner Filme in den 50er Jahren eher beiläufig. Nach seinem Auftritt in Gilles Grangiers *Les vieux de la vieille* (1960) ausschließlich Theaterarbeit; zu den wichtigsten Leistungen gehören seine Rollen in Stücken von Paul Valéry und Diderot; 1973 hat Fresnay seinen letzten Theaterauftritt. 1954 erscheint der Interviewband «Je suis comédien».

[FR] 1915: France d'abord. 1916: Quand même. 1920: L'essor. 1922: La baîllonnée; Le diamant noir; Les mystères de Paris; Molière, sa vie, son œuvre. 1923: La mendiante de Saint-Sulpice; Le petit Jacques; Les premières armes de Rocambole. 1928: La vierge folle. 1930: Ça aussi c'est Paris. 1931: Marius [Version]. 1932: Fanny. 1933: Ame de clown. 1934: The Man Who Knew Too Much (Der Mann, der zuviel wußte) [GB]; La dame aux camélias (Die Kameliendame). 1935: Koenigsmark [Fr. Version]; Koenigsmark [Engl. Version]; Le roman d'un jeune homme pauvre (Mitgiftjäger) [FR/DE]. 1936: César; Mademoiselle Docteur/ Salonique nid d'espions (Mademoiselle Docteur); Sous les yeux d'Occident. 1936/37: La grande illusion (Die große Illusion). 1937: Le puritain [Der Puritaner]; Chéri-Bibi; La bataille silencieuse. 1938: Trois valses (Drei Walzer); Alerte en Méditerranée (Alarm im Mittelmeer); Adrienne Lecouvreur. 1939: La charrette fantôme; Le duel [D,R]. 1941: Le dernier des six; Le briseur des chaînes; Les inconnus dans la maison (Das unheimliche Haus). 1942: La main du diable (Teufelshand); Le journal tombe à cinq heures; L'assassin habite au 21 (Der Mörder wohnt Nr.21). 1943: L'escalier sans fin; Le corbeau (Der Rabe); Je suis avec toi; Le voyageur sans bagage. 1945: La fille du diable (Der Weg zur Hölle). 1946: Le visiteur. 1947: Les condamnés (Das verlorene Glück); Monsieur Vincent. 1948: Barry. 1949: Le siècle a cinquante ans; Au grand balcon; La valse de Paris; Vient de paraître. 1950: Dieu a besoin des hommes (Gott braucht Menschen). 1951: Monsieur Fabre; Un grand patron (Chefarzt Dr. Delius); Le voyage en Amérique. 1952: Il est minuit, docteur Schweitzer (Es ist Mitternacht, Dr. Schweitzer). 1953: Le défroqué (Der Abtrünnige); La route Napoléon. 1954: Les évadés. 1955: Les aristocrates (Aristokraten). 1956: L'homme aux clés d'or (Die Verleumder). 1957: Les œufs de l'autruche; Les fanatiques/I fanatici (Die Erbarmungslosen) [FR/IT]. 1958: Et ta sœur?; Tant d'amour perdu/Le insaziabili [FR/IT]. 1959: La millième fenêtre (Das Haus der 1000 Fenster); Les affreux (Die Gerechten oder Die Ballade von der weißen Weste). 1960: Les vieux de la vieille/Gli allegri veterani (Der Himmel ist schon ausverkauft) [FR/IT]. 1968: L'idée fixe [TV]; Le neveu de Rameau [TV]. 1969: Tête d'horloge [TV]; Mon Faust [TV]; Le courage d'aimer [KF]. 1971: Père [TV]. 1973: Les écrivains [TV]; Le jardinier [TV]. 1974: Le K. (Klick, Klack & Co.) [TV].

Fresson, Bernard

*27. 5. 1931 Reims

Jura- und Ökonomiestudium in Paris. Mit der Theatertruppe Théophiliens der Sorbonne auf Tournee in Brasilien. Nach dem Studium 1956 Theaterdebüt in Paris mit dem Stück «Le cheval dans la cuisine». Es folgen Auftritte in über 50 Stücken. Entdeckung für den Film durch Alain Resnais; in *Hiroshima mon amour* spielt er einen deutschen Soldaten. Fresson ist in gesellschaftskritischen Filmen, in Kriminalfilmen und Komödien zu sehen, oft als Partner von Annie Girardot. In John Frankenheimers *French Connection II* spielt er den geplagten Kommissar. Er wird populär mit Justizdramen von André Cayatte wie *Il n'ya pas de fumée sans feu* und *A chacun son enfer*. Fresson verkörpert mehrfach sehr einfühlsam historische Personen, u. a. Jaurès, Churchill, Danton, Beethoven. Daneben auch in Unterhaltungsfilmen bis hin zum Softporno.

[FR] 1958/59: Hiroshima mon amour (Hiroshima, mon amour) [FR/JP]. 1960: Svenska flickori Paris (Verlockung) [SE]; La ragazza in vetrina/La fille dans la vitrine/La ragazza in vetrina (Mädchen im Schaufenster) [IT/FR]; Le testament du docteur Cordelier (Das Testament des Dr. Cordelier). 1961: La bride sur le cou/La briglia sciolta (In Freiheit dressiert) [FR/IT]; The Longest Day (Der längste Tag) [US]. 1964: Le ciel sur la tête/Allarme dal cielo (Der Himmel brennt) [FR/IT]. 1964/65: Cent briques et des tuiles/Colpo grosso a Parigi (Hundert Millionen im Eimer) [FR/IT]. 1965: La surface perdue; La grosse caisse (Die große Kiste). 1965/66: La guerre est finie/Kriget är slut (Der Krieg ist vorbei) [FR/SE]. 1966: Paris brûle-t-il?/Is Paris Burning? (Brennt Paris?) [FR/US]; Mon amour, mon amour; Triple Cross/La fantastique histoire vraie d'Eddie Chapman (Spion zwischen zwei Fronten/Im Dienst der deutschen Armee) [GB/FR]; Jeudi on chantera comme dimanche (Wechsel auf das Glück). 1966/67: Belle de jour (Belle de jour-Schöne des Tages) [FR/IT]. 1967: Loin du Viêt-Nam. EP: Claude Ridder (Fern von Vietnam. EP: Hermann Kahn) [EP]; L'Écume des jours; Tante Zita. 1967/68: Je t'aime, je t'aime (Ich liebe dich, ich liebe dich). 1968: Z (Z) [FR/DZ]; Adieu l'ami/Due sporche carogne (Bei Bullen singen Freunde nicht) [FR/IT]; La prisonnière/La prigioniera (Seine Gefangene) [FR/IT]. 1969: Le portrait de Marianne; L'Américain. 1970: La dame dans l'auto avec des lunettes et un fusil (Die Dame im Auto mit Brille und Gewehr); Un condé (Ein Bulle sieht rot); Soleil O; Macédoine/L'incredibile storia di Marta Dubois [FR/IT]; Trop petit mon ami (Ticky – Eine Nummer zu klein); Max et les ferrailleurs/Il commissario Pelissier (Das Mädchen und der Kommissar) [FR/IT]. 1971: Un peu de soleil dans l'eau froide. 1972: Les feux de la Chandeleur (Kerzenlicht); Trois milliards sans ascenseur (Drei Milliarden ohne Fahrstuhl). 1972/73: Il n'y a pas de fumée sans feu/Non c'é fuomo senza fuoco (Kein Rauch ohne Feuer) [FR/IT]. 1973: Ursule et Grelu (Wann sehen wir uns wieder, Grelu?). 1974: French Connection II (French Connection II) [US]; Le futur aux trousses. 1975: Les galettes de Pont-Aven/Folli e liberi amplessi (Die Gelüste des Herrn Theobald) [FR/IT]; Mords pas, on t'aime (Beiß nicht, man liebt dich); L'Ordinateur des pompes funèbres/Caccia al montone (Computer morden leise) [FR/IT]; Il pleut sur Santiago (Es regnet über Santiago) [FR/BE]. 1976: Mado [FR/IT/BRD]; Les passagers/Viaggio di paura (Der Schatten, der uns verfolgte) [FR/IT]; Marie Poupée; Le locataire (Der Mieter); L'Appel de la forêt (Der Ruf der Wildnis); A chacun son enfer/Jedem seine Hölle; Un type comme moi ne devrait jamais mourir. 1977: L'Amant de poche (Herzflimmern in St. Tropez); Le dernier baiser (Der letzte Kuß) [FR/BE]. 1978: La petite fille en velours bleu; On efface tout. 1981: Espion, lève-toi (Der Maulwurf); Madame Claude 2 (Die intimen Momente der Madame Claude); Le guépiot. 1983: Réveillon chez Bob; Garçon! (Kollege kommt gleich); Clash [FR/YU]. 1984: Zielscheiben [TV – BRD]; Rive droite, rive gauche (Die Enthüllung). 1985: L'Amour ou presque. 1987: En toute innocence (Mord Skizzen); Sweet Lies (Sweet Lies) [FR/US]. 1988: Equipe de nuit. 1989: Bal perdu; Le dénommé (Rebell hinter Gittern); Street of No Return (Straße ohne Wiederkehr) [FR/PT]. 1990: Sequestro dell' Achille Lauro/Die Entführung der Achille Lauro [TV – IT/BRD]; Money [FR/IT/CA]. 1991: Dingo [AU/FR]. 1993: Germinal (Germinal); La règle de l'homme (Das Gesetz der Wüste). 1995: Mon homme (Mein Mann).

Fritsch, Willy

(Wilhelm Egon Fritz Fritsch)
*27. 1. 1901 Kattowitz
†13. 7. 1973 Hamburg

Ab 1912 in Berlin. Oberrealschule, 1915 Mechanikerlehre ohne Abschluß, dann Botenjunge und Hilfsschreiber beim Gericht. 1919 bei der Eröffnung des Großen Schauspielhauses im Chor; Schauspielunterricht, erste kleine Rollen bei Reinhardt am Deutschen Theater und den Kammerspielen, danach Kammerspiele Bremen. Ab 1921 im Film, zuerst in der Stummfilmoperette *Miss Venus* (Ludwig Czerny). 1923 Hauptrolle eines kriegsblinden Künstlers in Benjamin Christensens *Seine Frau, die Unbekannte*. Erich Pommer holt ihn zur Ufa. Jugendlich schalkhaft, charmant und mit sonnigem Gemüt u. a. als Partner Henny Portens und vor allem Ossi Oswaldas. Aufstieg zum Star: als vermeintlicher Grafensohn in Joe Mays *Der Farmer aus Texas* und als fescher Leutnant in Ludwig Bergers *Ein Walzertraum*. Abweichend vom Image: schwarzgeschminkt in Johannes Guters *Die Boxerbraut*, bei Fritz Lang als häßlicher Agent Nr. 326 in *Spione* und als Raketeningenieur in *Frau im Mond*. Im ersten regulären Ufa-Tonfilm, der Operette *Melodie des Herzens*, knüpfen Regisseur Hanns Schwarz und sein Star Fritsch erfolgreich an die Stummfilme des Genres an. Anschließend machen Wilhelm Thieles genreprägende Tonfilmoperetten *Liebeswalzer* und *Die Drei von der Tankstelle* ihn und seine Partnerin Lilian Harvey zum «Traumpaar des deutschen Films». Harvey/Fritsch-Lieder wie «Liebling, mein Herz läßt dich grüßen» und «Du bist das süßeste Mädel der Welt» werden zu

Schlagern. Im Gegensatz zu Harvey bleibt Fritsch jedoch auf die deutschen Versionen beschränkt. Allmählich Wandlung zum abgeklärten Charakterdarsteller, gelegentlich ironisch wie in der Doppelrolle als olympischer Lustgreis und strahlender Krieger in Reinhold Schünzels *Amphitryon* oder Paul Martins Screwball-Versuch *Glückskinder*. Fritschs Partnerinnen der 40er Jahre sind Marika Rökk und Marte Harell. Nach Kriegsende in Hamburg. Persiflage des eigenen Liebhaber-Nimbus in Rudolf Jugerts *Film ohne Titel*. Sonst in seichten Unterhaltungs- und Heimatfilmen. Gemeinsam mit seinem Sohn Thomas 1964 im letzten Kinofilm *Das hab' ich von Papa gelernt* (Axel von Ambesser) und 1965 in der ZDF-Show *Das gibt's doch zweimal*. 1963 erscheint «... das kommt nicht wieder. Erinnerungen eines Filmschauspielers». 1965 Filmband in Gold für langjähriges und hervorragendes Wirken im deutschen Film.

[DE/BRD] 1921: Miß Venus; Die kleine Midinette (Erlauschtes aus der Konfektion); Razzia; Gelbstern. 1921/22: Schande. 1923: Seine Frau, die Unbekannte; Die Fahrt ins Glück. 1924: Mutter und Kind; Guillotine. 1924/25: Der Farmer aus Texas. 1925: Blitzzug der Liebe; Das Mädchen mit der Protektion; Der Tänzer meiner Frau; Ein Walzertraum. 1925/26: Die Fahrt ins Abenteuer. 1926: Der Prinz und die Tänzerin/Der Prinz und die Kokotte; Die Boxerbraut; Die keusche Susanne; Die sieben Töchter der Frau Gyurkovics/Flickorna Gyurkovics [DE/SE]. 1926/27: Die selige Exzellenz. 1927: Der letzte Walzer; Die Frau im Schrank; Schuldig. 1927/28: Spione. 1928: Der Tanzstudent; Die Carmen von St. Pauli; Ungarische Rhapsodie; Ihr dunkler Punkt. 1928/29: Frau im Mond. 1929: Melodie des Herzens; Liebeswalzer. 1930: Hokuspokus; Die Drei von der Tankstelle; Einbrecher. 1931: Ihre Hoheit befiehlt; Im Geheimdienst; Der Kongreß tanzt; Ronny. 1932: Der Frechdachs; Ein toller Einfall; Ein blonder Traum; Ich bei Tag und Du bei Nacht. 1933: Saison in Kairo; Walzerkrieg; Des jungen Dessauers große Liebe. 1934: Die Töchter Ihrer Exzellenz; Die Insel; Prinzessin Turandot. 1935: Amphitryon. Aus den Wolken kommt das Glück; Schwarze Rosen. 1936: Boccaccio; Glückskinder. 1936/37: Menschen ohne Vaterland. 1937: Sieben Ohrfeigen; Streit um den Knaben Jo; Gewitterflug zu Claudia. 1937/38: Zwischen den Eltern. 1938: Das Mädchen von gestern Nacht; Am seidenen Faden; Preußische Liebesgeschichte (Liebeslegende). 1939: Frau am Steuer; Die Geliebte. 1939–41: Frauen sind doch bessere Diplomaten. 1940: Die unvollkommene Liebe; Das leichte Mädchen; Die keusche Geliebte. 1940–42: Anschlag auf Baku. 1941: Dreimal Hochzeit; Leichte Muse (Was eine Frau im Frühling träumt). 1941/42: Wiener Blut. 1942: Geliebte Welt. 1942/43: Liebesgeschichten. 1943: Der kleine Grenzverkehr; Die Gattin. 1943/44: Junge Adler. 1944–46: Die Fledermaus. 1944/45: Das Leben geht weiter [Unvollendet]. 1945: Die tolle Susanne [Unvollendet]. 1947: Film ohne Titel. 1948: Finale; Hallo – Sie haben Ihre Frau vergessen. 1949: 12 Herzen für Charly; Derby; Kätchen für alles; Schatten der Nacht. 1950: Die wunderschöne Galathee; Herrliche Zeiten [DOK]; Mädchen mit Beziehungen; König für eine Nacht. 1950/51: Schön muß man sein. 1951: Die verschleierte Maja; Grün ist die Heide; Die Dubarry; Zwei in einem Auto (Du bist die Schönste für mich) [AT]. 1952: Mikosch rückt ein; Ferien vom Ich; Am Brunnen vor dem Tore. 1953: Von Liebe reden wir später; Damenwahl; Wenn der weiße Flieder wieder blüht. 1953/54: Ungarische Rhapsodie [BRD/FR]; Par ordre du Tsar [BRD/FR]. 1954: Maxie [AT]; Weg in die Vergangenheit [AT]. 1954/55: Stern von Rio. 1955: Drei Tage Mittelarrest; Der fröhliche Wanderer; Liebe ist ja nur ein Märchen; Die Drei von der Tankstelle; Le chemin du paradis. 1956: Schwarzwaldmelodie; Wo die alten Wälder rauschen; Das Donkosakenlied; Solange noch die Rosen blüh'n; Der schräge Otto. 1957: Die Beine von Dolores; Zwei Herzen im Mai. 1958: Mit Eva fing die Sünde an; Schwarzwälder Kirsch. 1959: Hubertusjagd. 1960: Liebling der Götter. 1961: Was macht Papa denn in Italien? 1963: Jazz und Jux in Heidelberg/Verliebt in Heidelberg. 1964: Der Himmel kann warten [TV – AT]; Das hab' ich von Papa gelernt [BRD/AT].

Fröbe, Gert

(Karl Gerhart Fröbe)
*25. 2. 1913 Planitz
†5. 9. 1988 München-Großhadern

Realgymnasium Zwickau, als Schüler Auftritt als Soloviolinist im Rundfunk, Tanzmusiker. Bühnenmalerlehre am Staatstheater Dresden. Schauspielunterricht bei Erich Ponto, 1936 nach Berlin, dort Schüler von Paul Günther, Schauspielprüfung bei Lothar Müthel. 1937–39 Städtische Bühnen in Wuppertal und Frankfurt, 1939 vier Jahre Volkstheater in Wien, zugleich erstmals in einem Film. 1944/45 als Bauer im Überläufer *Die Kreuzlschreiber*. Nach Kriegsende Morgenstern-Interpret und Pantomime, Kabarett in München. 1948 spindeldürr in der Hauptrolle des treuherzig-hilflosen Kriegsheimkehrers «Otto Normalverbraucher» in *Berliner Ballade*. Danach vorwiegend Jongleur und Parodist in Zirkus und Varieté. Von Jules Dassin für den französischen Film entdeckt, dort in größeren Nebenrollen. Danach tritt der inzwischen respekteinflößend massive Fröbe in zahlreichen deutschen Filmen auf: u. a. als Menschenschinder in *Robinson soll nicht sterben*, als tyrannischer Patriarch in *Via Mala,* als Wirtschaftswunder-Generaldirektor in *Das Mädchen Rosemarie,* als Kindermörder in *Es geschah am hellichten Tag,* als Kriminalkommissar in drei *Dr. Mabuse*-Versionen, als liebenswerter Gauner in *Der Gauner und der liebe Gott,* 1961 in San Sebastian und in Acapulco ausgezeichnet. Internationale Wirkung als Großgangster *Goldfinger* im James-Bond-Film und als Oberst von Holstein in der Klamotte *Those Magnificent Men in Their Flying Machines.* In ausländischen Produktionen wie *$* (Richard Brooks), *Das Schlangenei* (Ingmar Bergman), *Ludwig* (Luchino Visconti). Titelrolle im Kinderfilm *Der Räuber Hotzenplotz,* als Partner Elisabeth Bergners in der Altersromanze *Der Garten* und als *August der Starke* wieder in deutschen Produktionen. 1988 als 100jähriger in der letzten Folge der TV-Serie *Die Schwarzwaldklinik.* Daneben Morgenstern-Rezitationen und Kleinkunstabende. 1978 Filmband in Gold für langjähriges und hervorragendes Wirken im deutschen Film.

[DE/BRD] 1939: Wagen Nr. 1 kämpft sich seinen Weg [KF]. 1944/45: Die Kreuzlschreiber. 1948: Der Herr vom andern Stern; Berliner Ballade. 1949: Nach Regen scheint Sonne. 1952: Der Tag vor der Hochzeit. 1952/53: Man on a Tightrope (Ein Mann auf dem Drahtseil) [US]. 1953: Salto mortale; Ein Herz spielt falsch; Die vertagte Hochzeitsnacht; Arlette erobert Paris; Hochzeit auf Reisen; Die kleine Stadt will schlafen gehen. 1954: Morgengrauen; Das Kreuz am Jägerstein; Das zweite Leben/Double destin [BRD/FR]; Mannequins für Rio/Adventure in Rio [BRD/US]; Ewiger Walzer. 1954/55: Mr. Arkadin/Confidential Report (Herr Satan persönlich) [US/FR/ES]. 1955: Vom Himmel gefallen/Special Delivery [BRD/US]; Der dunkle Stern; Ich weiß, wofür ich lebe; Les héros sont fatigués/Die Helden sind müde [FR/BRD]; Das Forsthaus in Tirol. 1955/56: Ein Mädchen aus Flandern; Ein Herz schlägt für Erika; Waldwinter. 1956/57: Robinson soll nicht sterben; Celui qui doit mourir/Colui che deve morire (Der Mann, der sterben muß) [FR/IT]; Typhon sur Nagasaki/Wasureenu bojo (Taifun über Nagasaki) [FR/JP]. 1957: Der tolle Bomberg; Das Herz von St. Pauli; Charmants garçons (Kavaliere) [FR]; Échec au porteur (Polizeiaktion Dynamit) [FR]. 1958: Nasser Asphalt; Es geschah am hellichten Tag/El cebo [CH/BRD/ES]; Grabenplatz 17; Das Mädchen Rosemarie; Der Pauker; Das Mädchen mit den Katzenaugen; I battellieri del Volga/Les bateliers de la Volga (Wolgaschiffer) [IT/FR]; Nick Knattertons Abenteuer. 1959: Menschen im Hotel/Grand Hotel [BRD/FR]; Jons und Erdme/La donna dell'altro [BRD/IT]; ... und ewig singen die Wälder [AT]; Am Tag, als der Regen kam; Der Schatz vom Toplitzsee/Schüsse im Morgengrauen; Alt-Heidelberg; Douze heures d'horloge/Ihr Verbrechen war Liebe/Auch Tote zahlen den vollen Preis [FR/BRD]. 1959/60: Das kunstseidene Mädchen/La grande vie/La gran vita [BRD/FR/IT]. 1960: Le bois des amants/Il bosco degli amanti (Die Nacht der Liebenden) [FR/IT]; Soldatensender Calais; Die 1000 Augen des Dr. Mabuse/Il diabolico Dr. Mabuse/Le diabolique docteur Mabuse [BRD/IT/FR]; Bis daß das Geld euch scheidet ...; Der Gauner und der liebe Gott. 1960/61: Der grüne Bogenschütze. 1961: Via Mala; Im Stahlnetz des Dr. Mabuse/Le retour du Docteur Mabuse/F.B.I. contro dottor Mabuse [BRD/FR/IT]; Auf Wiedersehn; The Longest Day (Der längste Tag) [US]. 1962: Die Rote/La rossa [BRD/IT]; Das Testament des Dr. Mabuse; Le meurtrier/L'omicida/Der Mörder [FR/IT/BRD]. 1962/63: Mein Mann, der Goldesel/Heute kündigt mir mein Mann; Die Dreigroschenoper/L'Opéra de quat'sous [BRD/FR]. 1963: Peau de banane/Buccia di banana (Heißes Pflaster) [FR/IT]; 100000 dollars au soleil/100000 dollari al sole (100000 Dollar in der Sonne) [FR/IT]. 1964: Goldfinger (Goldfinger) [GB]; Tonio Kröger; Échappement libre/A escape libre/Scappamento aperto (Der Boß hat sich was ausgedacht) [FR/ES/IT]. 1964/65: A High Wind in Jamaica (Sturm über Jamaika) [GB]. 1965: Those Magnificent Men in Their Flying Machines (Die tollkühnen Männer in ihren fliegenden Kisten) [GB]; Das Liebeskarussell. Ep 2: Angela [EP – AT]. 1965/66: Ganovenehre. 1966: Du rififi à Paname/Rififi internazionale/Rififi in Paris [FR/IT/BRD]; Paris brûle-t-il?/Is Paris Burning? (Brennt Paris?) [FR/US]; Triple Cross/La fantastique histoire vraie d'Eddie Chapman (Spion zwischen zwei Fronten/Im Dienst der deutschen Armee) [GB/FR]. 1966/67: Jules Verne's Rocket to the Moon (Tolldreiste Kerle in rasselnden Raketen) [GB]. 1967: J'ai tué Raspoutine/Addio Lara! (Ich tötete Rasputin) [FR/IT]; Caroline chérie [FR/IT/BRD]. 1968: Chitty Chitty Bang Bang (Tschitti tschitti bäng bäng) [GB]. 1968/69: Gonflés à bloc/Quei temperari sulle loro pazze, scatenate, scalcinate carriole (Monte Carlo Rallye) [FR/IT]. 1971: $ (Der Millionenraub) [US]. 1972: Ludwig/Ludwig ... ou le crépuscule des dieux/Ludwig II. [IT/FR/BRD]. 1972/73: Morgenstern am Abend [TV]. 1973/74: Der Räuber Hotzenplotz. 1974: Ein Unbekannter rechnet ab/... E poi, non ne rimase nessuno/Diez negritos/Dix petits nègres [BRD/IT/ES/FR]; Nuits rouges (L'homme sans visage) (Der Mann ohne Gesicht) [FR/IT]. 1975: Docteur Justice (Die Öl-Piraten) [FR/ES]; Le magiciens/Profezia di un delitto/Die Schuldigen mit den sauberen Händen [FR/IT/BRD]; Mein Onkel Theodor oder Wie man im Schlaf viel Geld verdient. 1976: Sonntagsgeschichten. Ep: Seele eines Hundes [TV-EP]. 1976/77: Das Gesetz des Clans; Das Schlangenei/The Serpent's Egg [BRD/US]. 1977: Tod oder Freiheit; «Als wär's heut' gewesen ...» [TV]. 1977/78: Der Schimmelreiter. 1978: Der Tiefstapler/Un aventurero de vìa estrecha [BRD/ES]. 1978/79: Bloodline (Blutspur) [US]. 1980: Le coup du parapluie (Die Regenschirmmörder) [FR]. 1981: Der Falke/

Soko [BRD/YU]; Ein sturer Bock. Ep: Ein sturer Bock [TV-EP – BRD/AT]; Parcelle brilliante (Sternstunde) [TV – FR]. 1982: Der Garten [TV]; Der Raub der Sabinerinnen [TV]. 1983: August der Starke [TV]. 1984: Alte Sünden rosten nicht [TV]. 1985: Der kleine Vampir [TVS – BRD/CA/GB]. 1987/88: Auf ein Neues ... Gert Fröbe erzählt aus seinem Leben [TV-DOK]. 1988: Die Schwarzwaldklinik. 70. Hochzeit mit Hindernissen.

Fröhlich, Gustav
(Gustav Friedrich Fröhlich)
*21. 3. 1902 Hannover
†22. 12. 1987 Lugano
Kindheit in Hannover und Würzburg, Volksschule in Wiesbaden, Realgymnasium in Berlin-Friedenau. 1916/17 Freiwilligendienst in der Presseüberwachung im besetzten Brüssel. 1919 Zeitungsvolontariat in Celle. Auftritte als Rezitator und im Varieté. Wanderbühne in Sontheim, Schauspielunterricht in Heilbronn. Engagements an Provinzbühnen. Ab 1921 Theaterarbeit in Berlin, u. a. in Inszenierungen von Erwin Piscator und Max Reinhardt. Filmdebüt als Franz Liszt in Heinz Goldbergs *Paganini* (1922/23). Hauptrolle des aus Liebe rebellierenden Unternehmersohns in Fritz Langs *Metropolis*. 1928/29 in zwei Filmen von Joe May: neben Dita Parlo in *Heimkehr* und als von Betty Amann verführter Polizist in *Asphalt*. 1930 für deutsche Versionen von Warner Bros.-Filmen in Hollywood: *Die heilige Flamme* (Berthold Viertel), *Kismet* (Wilhelm Dieterle). Dann durch Filme wie *Liebeskommando* (Geza von Bolvary) auf harmlose Bonvivants und den Typ des feschen Dragoners festgelegt; so auch in *Rakoczy-Marsch* und in *Abenteuer eines jungen Herrn in Polen*, bei denen Fröhlich, einer der Publikumslieblinge der 30er Jahre, erstmals Regie führt. Erfolg als sympathisch patenter *Oberwachtmeister Schwenke* (Carl Froelich). Nach Kriegsende wieder Regie: *Wege im Zwielicht*, *Der Bagnosträfling* nach Balzac, *Die Lüge*. 1950 die Rolle des todgeweihten, haltlosen Malers in Willi Forsts Skandalfilm *Die Sünderin*. 1946 Theaterarbeit in München (u. a. im selbstverfaßten Einakter «Die große Pause»). Bis 1953 im Gründgens-Ensemble am Düsseldorfer Schauspielhaus, danach Renaissance-Theater Berlin und Schauspielhaus Zürich. Festspielauftritte, Gast an Boulevardbühnen. Nur gelegentlich TV-Engagements. 1973 Filmband in Gold für langjähriges und hervorragendes Wirken im deutschen Film. 1983 erscheint sein Lebensrückblick: «Waren das Zeiten. Mein Film-Heldenleben».

[DE/BRD] 1922/23: Paganini. 1924/25: Die Frau mit dem schlechten Ruf. 1925: Schiff in Not; Friesenblut. 1925/26: Metropolis. 1926: Die Frau, die nicht «Nein» sagen kann. 1926/27: Die leichte Isabell; Der Meister von Nürnberg. 1927: Jugendrausch; Gehetzte Frauen; Ihr letztes Liebesabenteuer/Ich heirate meine Frau; Die Pflicht zu schweigen; Die elf Teufel; Jahrmarkt des Lebens; Schwere Jungens – leichte Mädchen. 1927/28: Der Fremdenlegionär/Wenn die Schwalben heimwärts ziehen; Die Rothausgasse. 1928: Heimkehr; Angst; Hurrah! Ich lebe! 1928/29: Das brennende Herz; Asphalt. Der Polizeiwachtmeister und die Brillantenelse. 1929: Hochverrat. 1929/30: Der unsterbliche Lump. 1930: Brand in der Oper; Zwei Menschen; Liebeslied [Version – IT/DE]; Die heilige Flamme [US]. 1930/31: Kismet [Version – US]. 1931: Voruntersuchung; Solang' noch ein Walzer vom Strauß erklingt; Gloria [Dt. Version – DE]; Liebeskommando; Mein Leopold. 1931/32: Unter falscher Flagge; Die verliebte Firma. 1932: Gitta entdeckt ihr Herz; Ein Lied, ein Kuß, ein Mädel; Ich will nicht wissen, wer Du bist; Ein Mann mit Herz. 1933: Was Frauen träumen; Die Nacht der großen Liebe; Sonnenstrahl [Version – AT]; Gardez le sourire [Version – AT]; Rund um eine Million [FR/DE]; Rakoczy-Marsch [D,CoR – HU/AT/DE]. 1933/34: Der Flüchtling aus Chicago. 1934: Abenteuer eines jungen Herrn in Paris [D,R]; Oberwachtmeister Schwenke. 1934/35: Barcarole. 1935: Nacht der Verwandlung; Stradivari; Leutnant Bobby, der Teufelskerl (Ein Teufelskerl) [AT]; Liebesleute; Es flüstert die Liebe [AT]. 1935/36: Die Entführung; Die unmögliche Frau. 1936: Die Stunde der Versuchung; Inkognito; Stadt Anatol. 1936/37: Gleisdreieck. 1937: Alarm in Peking; Gabriele eins, zwei, drei. 1937/38: Es leuchten die Sterne. 1938: Die kleine und die große Liebe; Frau Sixta; In geheimer Mission. 1939: Renate im Quartett; Alarm auf Station III. 1939/40: Ihr Privatsekretär; Alles Schwindel. 1940: Herz modern möbliert; Herz geht vor Anker. 1941: Clarissa; Sechs Tage Heimaturlaub. 1941/42: Der große König. 1942: Mit den Augen einer Frau. 1942/43: Tolle Nacht. 1943/44: Familie Buchholz; Neigungsehe; Der große Preis. 1944: Das Konzert. 1944/45: Leb' wohl, Christina [R,CoA – Unvollendet]; Eine alltägliche Geschichte; Der große Fall. 1946: Sag' die Wahrheit. 1947/48: Wege im Zwielicht [D,R]. 1948: Das verlorene Gesicht. 1949: Diese Nacht vergeß' ich nie [D,CoA]; Der Bagnosträfling [R,A]. 1949/50: Dieser Mann gehört mir. 1950: Die Lüge [R,A]; Die Sünderin. 1951: Stips; Torreani [D,R]. 1952: Abenteuer in Wien/Stolen Identity (Gefährliches Abenteuer) [AT/US]; Haus des Lebens. 1952/53: Ehe für eine Nacht. 1953: Von Liebe reden wir später; Die kleine Stadt will schlafen gehen. 1954: Rosen aus dem Süden; Ball der Nationen. 1955: Seine Tochter ist der Peter [R,CoA – AT]. 1956: Der erste Frühlingstag; Vergiß, wenn Du kannst [BRD/AT]. 1960: ... und keiner schämte sich. 1961: Der neue Talar [TV]. 1963: Die Dubarry [TV]. 1968: Laubenkolonie [TV]. 1976: Der lachende Apfel [TV]. 1979: Peter Alexander: Wir gratulieren [TV – BRD/AT]. 1980–82: Schicht in Weiß [TVS]. 1980/81: Die Laurents – Geschichte einer Berliner Hugenottenfamilie. Folge 1–3 [TVS]. 1981: Pommi Stern [TV]. 1983: Rummelplatzgeschichten [TVS]. 1984: Treffpunkt mit Gustav Fröhlich [TV-DOK].

Fronczewski, Piotr

* 8. 6. 1946 Łódž

1968 Diplom der Theaterhochschule Warschau. Engagements in Warschau, u. a. am Narodowy Teatr, ab 1973 am Dramatyczny Teatr und am Kabarett «Pod Egidą». Bereits als Kind wirkt er in einigen Filmen und Fernsehproduktionen mit. Nach dem Studium wird er schnell zu einem der meistbeschäftigten polnischen Filmschauspieler, spielt in Lustspielen und historischen Filmen. Hervorragend als Hauptdarsteller in Krzysztof Zanussis *Bilans kwartalny* (1974) an der Seite von Maja Komorowska. Frühzeitig auch Fernseharbeit und Mitwirkung in Olga Lipińskas TV-Kabarett *Kabarecik*. In den 80er Jahren Erfolg durch die Mitwirkung in Filmen, vorwiegend Komödien, der jungen Regisseur-Generation. Er beeindruckt als Hofnarr Stańczyk in Janusz Majewskis TV-Serie *Królowa Bona* (1980) und gewinnt Popularität als Professor Kleks in einer Kinderfilm-Serie (1983, 1985, 1988). Unter dem Pseudonym Franek Kimono veröffentlicht er Schallplatten mit Kinderliedern und Rock-Songs.

[PL] 1958: Wolne miasto; Żołnierz królowej Madagaskaru. 1967: Westerplatte; Raz, dwa, trzy [KF]. 1968: Wniebowstąpienie. 1969: Jak rozpętałem drugą wojnę światową. 2. Za bronią (Wie ich den zweiten Weltkrieg begann/Wie ich den zweiten Weltkrieg beendete). 1970: Dzięcioł (Der Specht); Twarz anioła (Engelsgesicht); Zapalniczka (Das Feuerzeug) [TV]; Księżę sezonu [TV]. 1971: Przygody psa Cywila (Polizeihund Cywil: Blindgänger) [TVS]; Bolesław Śmiały (Boleslaw der Kühne); Agent nr 1 (Aktion im Dunkel). 1972: Ocalenie (Die Errettung); Poślizg (Unfallstrecke); Trochę nadziei [TV]; 777 [TV]. 1973: Żółw [TV]; Na niebie i na ziemi; Sekret. 1974: Bilans kwartalny (Zwischenbilanz); Ziemia obiecana (Das gelobte Land); S.O.S. (Das Risiko heißt Mord) [TVS]; Godzina za godziną (Stunde um Stunde). 1974–77: Czterdziestolatek (Stefek, der Vierzigjährige) [TVS]. 1975: Partita na instrument drewniany (Partita für ein Holzinstrument); Doktor Judym. 1976: Trędowata (Nicht standesgemäß); Znaki szczególnie (Besondere Kennzeichen) [TVS]. 1976/77: Parada oszustów (Parade der Betrüger) [TVS]. 1977: Sam na sam (Mit sich allein); Polskie drogi (Polskie drogi – Wege Polens) [TVS]; Pokoj z widokiem na morze (Ein Zimmer mit Ausblick auf das Meer); Lalka (Die Puppe) [TVS]; Krowom niebo do pyska [KF]. 1978: Bestia; Zaległy urlop [TV]; Koty to dranie [TV]; Hallo Szpicbródka czyli ostatni występ króla kasiarzy; Umarli rzucają cień. 1979: Kung-fu (Selbstverteidigung); Terrarium [TV]; Sekret Enigmy (Das Geheimnis der Enigma); Hotel klasy lux. 1980: Głosy; Kabarecik; Ćma; Królowa Bona (Königin Bona) [TVS]; Tajemnica «Enigmy» [TVS]. 1981: Da un paese lontano (Giovanni Paolo II)/From a Far Country – Pope John Paul II (Aus einem fernen Land – Papst Johannes Paul II) [IT/GB]; Miłošč ci wszystko wybaczy; Przypadki Piotra S. (Die Erlebnisse von Peter S.) [TV]; Znachor (Der Kurpfuscher); 07 zgłoš się (07 – Bitte melden) [TVS]. 1983: Szaleństwa panny Ewy (Die Torheiten des Fräulein Ewa); Lata dwudzieste ... lata trzydzieste ... (Die zwanziger und die dreißiger Jahre); Sny i marzenia. 1. Sen o Violetcie; Wedle wyroków twoich/Zu Freiwild verdammt [PL/BRD]; Synteza; To tylko rock (Es ist nur Rock); Akademia pana Kleksa/Akademija pana Klaksy (Die Akademien des Herrn Kleks) [PL/SU]. 1984: Baryton (Der Bariton); 5 dni z życia emeryta [TV]. 1985: Podróże pana Kleksa [PL/SU]. 1986: Maskarada. 1987: Zabij mnie, glino; Zamknąč za sobą drzwi (Tür schließen selbsttätig) [TV]; Cesarskie cięcie [TV]. 1988: Dotknięci; Pan Kleks w kosmosie/Pán Machula vo vesmire [PL/CS]; 07 zgłś się (07 – Bitte melden) [TVS]. 1989: Konsul (Der Konsul); Opowieść o «Dziadach» Adama Mickiewicza. Lawa. 1990: Ucieczka z kina «Wolność». 1991: Szwedzi w Warszawie. 1992: Żegnaj Rockefeller. [TVS]; Aby do świtu [TVS]; Berlin, Breslauer Platz. 1993: Obcy musi fruwac.

Fuchsberger, Joachim

* 11. 3. 1927 Stuttgart

In Stuttgart aufgewachsen, Oberschule bis zur 7. Klasse, gegen Ende des Zweiten Weltkriegs Fallschirmspringer, Kriegsgefangenschaft. Ab 1946 in Recklinghausen Bergmann unter Tage, Setz- und Druckmaschinen-Monteur im väterlichen Betrieb, Mitarbeit in der chemigrafischen Abteilung eines Düsseldorfer Verlags, Werbeleiter, Hörfunksprecher in München. Sprecher in Dokumentarfilmen und Wochenschau (1954). Dann zwei Filme unter der Regie von Anton Kutter, bevor er seine erste Hauptrolle spielt: den Gefreiten Asch in Paul Mays Kommiß-Trilogie *08/15* nach Hans-Helmut Kirst. Mitwirkung an einigen Kriegsfilmen wie z. B. *Die grünen Teufel von Monte Cassino* (Harald Reinl), *Mystery Submarine* (C. M. Pennington-Richards). Großer Erfolg als Inspektor in zahlreichen Edgar-Wallace-Verfilmungen, darunter *Die toten Augen von London* und *Der Hexer* (Alfred Vohrer). Eher besinnlich in Werner Jacobs' Kästner-Verfilmung *Das fliegende*

Klassenzimmer. Im Fernsehen u. a. in Herbert Reineckers Dreiteilern *Der Tod läuft hinterher* und *11 Uhr 20* (beide Wolfgang Becker). 1972 Chef-Ansager der Olympischen Sommerspiele in München. Gast in vielen TV-Shows. Ab 1977 präsentiert er die erfolgreiche TV-Show *Auf los geht's los*. Ab 1980 führt er in der Talkrunde *Heut' abend ...* (auch Produzent) Gespräche mit Kollegen. Er wird u. a. mehrfach mit Publikumspreisen von Programmzeitschriften ausgezeichnet. Träger des Bayerischen Verdienstordens und des Bundesverdienstkreuzes.

[BRD] 1950: Sonniges Spanien [SPR – DOK – AT]. 1953: Geh' mach dein Fensterl auf [BRD/AT]. 1954: 08/15; Wenn ich einmal der Herrgott wär [BRD/AT]. 1954/55: Das Lied von Kaprun/Das Lied der Hohen Tauern [BRD/AT]; Das Paradies der Zelte [SPR – DOK]. 1955: 08/15 – II. Teil; Der letzte Mann; 08/15 in der Heimat. 1955/56: Smaragden-Geschichte [TV]; Symphonie in Gold [AT]. 1956: Manöverzwilling (Wenn Poldi ins Manöver zieht) [AT]; Lumpazivagabundus; Vater macht Karriere [AT/BRD]. 1956/57: Kleiner Mann – ganz groß. 1957: Die Zwillinge vom Zillertal; Ascoltami/Das Lied von Neapel [IT/BRD]; Illusionen; Eva küßt nur Direktoren (Keine Zeit für schwache Stunden) [AT]. 1958: Die feuerrote Baronesse; Mein Schatz ist aus Tirol; Die grünen Teufel von Monte Cassino; Liebe kann wie Gift sein; Zwischen Glück und Krone; Das Mädchen mit den Katzenaugen; U 47 – Kapitänleutnant Prien. 1959: Endstation Rote Laterne; Froen med Masken (Der Frosch mit der Maske) [DK]; Mein Schatz, komm mit ans blaue Meer. 1960: Die Bande des Schreckens; Die zornigen jungen Männer. 1960/61: Die toten Augen von London. 1961: Das Geheimnis der gelben Narzissen [VERS – GB/BRD]; Die seltsame Gräfin; Auf Wiedersehn; Zu viele Köche [TV]. 1962: Der Teppich des Grauens/Terror en la noche/Il terrore di notte [BRD/ES/IT]; Barras heute; Das Gasthaus an der Themse. 1962/63: Der Fluch der gelben Schlange. 1963: Mystery Submarine (U 153 antwortet nicht) [GB]; Der schwarze Abt; Die weiße Spinne; Die 5. Kolonne: Zwei Pistolen [TV]. 1963/64: Zimmer 13/L'Attaque du fourgon postal [BRD/FR]. 1964: Der Hexer. 1964/65: Hotel der toten Gäste; Der letzte Mohikaner/El ultimo Mohicano/La valle delle ombre rosse [BRD/ES/IT]. 1965: Io la conoscevo bene/Je la conaissais bien/Ich habe sie gut gekannt [IT/FR/BRD]; The Face of Fu Manchu (Ich, Dr. Fu Man Chu) [GB]. 1965/66: Lange Beine – lange Finger; Wer kennt Jonny R.?/La balada de Johnny Ringo [BRD/ES]. 1966: La battaglia dei Mods/17 Jahr, blondes Haar [IT/BRD]; Bel ami 2000 oder: Wie verführt man einen Playboy? 1966/67: Mister Dynamit – morgen küßt Euch der Tod [BRD/ES/IT]. 1967: Feuer frei auf Frankie/Mision en Ginebra [BRD/ES]; Der Mönch mit der Peitsche; Der Tod läuft hinterher [TV]. 1968: Commandos/Himmelfahrtskommando El Alamein [IT/BRD]; Im Banne des Unheimlichen. 1968/69: Contranatura/Schreie in der Nacht [IT/BRD]. 1969: Hotel Royal [TV]; Sieben Tage Frist; 11 Uhr 20 [TV]. 1970: Heißer Sand [TV]. 1971: Das Geheimnis der grünen Stecknadel/Cosa avete fatto a Solange? [BRD/IT]. 1972: Ein Käfer gibt Vollgas [BRD/CH]; Das Mädchen von Hongkong [BRD/FR]. 1973: Das fliegende Klassenzimmer. 1976/77: Gefundenes Fressen. 1981: Der Fan. 1988–95: Terra Australis: Highway No. 1 – In 47 Tagen rund um Australien [R]. 1995: Il grande fuoco/Flammen der Liebe [TV – IT/DE]. 1996: Der vierte König [TV – DE/IT]. 1996/97: Heut abend: Joachim Fuchsberger – 70 Jahre und ein bißchen weise.

G

Gabin, Jean
(Jean-Alexis Moncorgé)
* 17. 5. 1904 Mériel
† 15. 11. 1976 Neuilly-sur-Seine
Sohn eines Künstlerpaares. Tätigkeit in diversen handwerklichen Berufen. Ab 1924, von der Mistinguett engagiert, Auftritte als Sänger und Tänzer in Pariser Revuen. 1930 Vertrag bei Pathé-Nathan. Ab 1934 Aufstieg zum männlichen Star des französischen Films. Seine Darstellung von Arbeitern und Außenseitern in Filmen von Julien Duvivier, Jean Renoir und Marcel Carné hat wesentlichen Anteil am Weltruhm des französischen Films dieser Jahre. Vorzugsweise sind es schweigsame Eigenbrötler, die in einer dunklen Welt einem vorbestimmten Schicksal folgen: der Arbeiter, der zum Offizier wird in Renoirs *La grande illusion*, ein obsessiver Lokomotivführer in Renoirs Zola-Verfilmung *La bête humaine*, zynischer Deserteur in Carnés *Quai des brumes* und desillusionierter Mechaniker in Carnés *Le jour se lève*. 1940 Emigration in die USA, dort nur wenige Rollen. Als Soldat ab 1943 Teilnahme an der Befreiung Frankreichs. Nach dem Krieg kommt seine Karriere nur schleppend wieder in Gang. 1951 Auszeichnung in Venedig für die einfühlsame Gestaltung eines erblindeten Lokomotivführers in Georges Lacombes *La nuit est mon royaume*, 1954 für seinen Gangsterchef im Ruhestand in Jacques Beckers *Touchez pas au grisbi*. In Berlin 1959 Auszeichnung für seine komödiantische Rolle in Gilles Grangiers *Archimède le clochard* und 1971 für Denys Granier-Deferres *Le chat*. Ab Mitte der 50er Jahre häufig in der Rolle autoritärer, zuweilen auch Selbstjustiz favorisierender Charaktere von stoischem Zuschnitt: Die Anschauungen Gabins in Film und Leben werden kaum mehr unterscheidbar, u. a. in der Rolle des Kommissars Maigret. 1976 wird er für sein Lebenswerk mit einem Spezial-César ausge-

zeichnet. Zusammen mit Fernandel ist er ab 1963 Eigner der Produktionsfirma GAFER.

[FR] 1930: Méphisto; Chacun sa chance [Version]. 1931: Cœur de lilas; Tout ça ne vaut pas l'amour; Paris-Béguin; Gloria [Fr. Version – DE/FR]; Pour un soir. 1932: La foule hurle [Version – US]; La belle marinière; Cœurs joyeux [Version – DE]; Les gaietés de l'escadron. 1933: L'étoile de Valencia [Version – DE]; Adieu les beaux jours [Version – DE]; Du haut en bas; Le tunnel [Version]. 1934: Zouzou (Zou-Zou); Maria Chapdelaine (Das träumende Herz). 1935: Variétés [Version – FR/DE]; Golgotha (Kreuz auf Golgatha); La bandéra (Kompanie der Verlorenen). 1936: La belle équipe (Uns lachte das Glück, Zünftige Bande); Les bas-fonds (Nachtasyl); Pépé le Moko (Pépé le Moko – Im Dunkel von Algier). 1936/37: La grande illusion (Die große Illusion). 1937: Gueule d'amour; Le messager. 1938: Quai des brumes (Hafen im Nebel); La bête humaine (Bestie Mensch); Le récif de corail. 1939: Le jour se lève (Der Tag bricht an). 1939/40: Remorques (Schleppkähne). 1942: Moontide (Nacht im Hafen) [US]. 1944: The Imposter [US]. 1946: Miroir; Martin Roumagnac (Martin Roumagnac). 1948: Au-delà des grilles (Aufenthalt in Genua) [FR/IT]. 1949: La Marie du port (Hafen der Verlockung). 1950: E più facile che un cammello/Pour l'amour du ciel [IT/FR]. 1951: La nuit est mon royaume (So nimm denn meine Hände); Le plaisir. Ep: La maison Tellier (Pläsier) [EP]; La vérité sur bébé Donge (Die Wahrheit über unsere Ehe); Victor. 1952: La minute de vérité/L'ora della verità (Geständnis einer Nacht) [FR/IT]. 1952/53: Bufere/ Fille dangereuse (Das Fleisch ist schwach) [IT/FR]. 1953: La vièrge du Rhin; Touchez pas au grisbi/Grisbi (Wenn es Nacht wird in Paris) [FR/IT]; Leur dernière nuit (Wenn Lola nicht gesungen hätte). 1954: Port du désir (Mädchen verschwinden); Aria di Parigi/L'air de Paris (Die Luft von Paris) [IT/FR]; French-Cancan/ French Can Can (French Cancan) [FR/IT]. 1954/55: Napoléon/Napoleone Bonaparte (Napoleon) [FR/IT]. 1955: Gas-oil; Razzia sur la chnouf (Razzia in Paris); Des gens sans importance (Der Weg ins Verderben); Chiens perdus sans collier/Cani perduti senza collare (Wie verlorene Hunde) [FR/IT]; La traversée de Paris (Quer durch Paris); Le sang à la tête (Vulkan im Blut). 1956: Voici le temps des assassins (Der Engel, der ein Teufel war); Crime et châtiment (Schuld und Sühne); Le cas du docteur Laurent (Doktor Laurent). 1957: Le rouge est mis (Die Nacht bricht an); Maigret tend un piège/Il commissario Maigret (Kommissar Maigret stellt eine Falle) [FR/IT]; Les misérables/I miserabili (Die Elenden) [FR/IT]. 1958: Les grandes familles (Die großen Familien); En cas de malheur/La ragazza del peccato (Mit den Waffen einer Frau) [FR/IT]; Le désordre et la nuit (Im Mantel der Nacht). 1958/ 59: Archimède le clochard/Archimede le clochard (Im Kittchen ist kein Zimmer frei) [FR/IT]. 1959: Rue des prairies/Mio figlio (Wiesenstraße 10) [FR/IT]; Maigret et l'affaire Saint-Fiacre/Maigret e il caso Saint-fiacre (Maigret kennt kein Erbarmen) [FR/IT]. 1960: Les vieux de la vieille/Gli allegri veterani (Der Himmel ist schon ausverkauft) [FR/IT]; Le baron de l'écluse (Der Herr ohne Kleingeld); Le président/Il presidente (Der Präsident) [FR/IT]. 1961: Un singe en hiver (Ein Affe im Winter); Le cave se rebiffe/Il re dei falsari (Der Herr mit den Millionen) [FR/IT]. 1962: Le gentleman d'Epsom/Il re delle corse (Ein Herr aus besten Kreisen) [FR/IT]. 1963: Mélodie en sous-sol/Colpo grosso al casinò (Lautlos wie die Nacht) [FR/IT]; Maigret voit rouge (Kommissar Maigret sieht rot). 1963/64: Monsieur/Intrigo a Parigi/Monsieur [FR/IT/BRD]. 1964: L'âge ingrat [D,P]. 1965: Le tonnerre de Dieu/Matrimonio alla francese/Auch eine französische Ehe [FR/ IT/BRD]; Du rififi à Paname/Rififi internazionale/Rififi in Paris [FR/IT/BRD]. 1966: Blüten, Gauner und die Nacht von Nizza/Le jardinier d'Argenteuil [D,P – BRD/ FR]. 1967: Le soleil des voyous/Il più grande colpo del secolo (Action Man) [D,P – FR/IT]. 1967/68: Le pacha/La fredda alba del commissario Joss (Der Bulle) [FR/IT]. 1968: Le tatoué/Nemici ... per la pelle (Balduin, das Nachtgespenst) [FR/IT]; Sous le signe du Taureau. 1969: Le clan des Siciliens (Der Clan der Sizilianer). 1970: La Horse/I clan degli uomini violenti/ Der Erbarmungslose [D,P – FR/IT/BRD]. 1970/71: Le chat/Le chat, l'implacabile uomo di Saint Germain (Die Katze) [D,P – FR/IT]. 1971: Le drapeau noir flotte sur la marmite (Der Seebär von St.Malo). 1971/72: Le tueur/Il commissario Le Guen e il caso Gassot/Der Killer und der Kommissar [D,P – FR/IT/BRD]. 1972: L'affaire Dominici (Die Affäre Dominici) [D,P – FR/IT]. 1973: Deux hommes dans la ville/Contro la legge (Endstation Schafott) [FR/IT]. 1974: Verdict/L'accusa è: violenza carnale e omicidio (Das Urteil) [FR/IT]. 1975: L'année sainte (Zwei scheinheilige Brüder).

Gable, Clark
(William Clark Gable)
* 1. 2. 1901 Cadiz (Ohio)
† 16. 11. 1960 Hollywood
Nach Schulbesuch in Hopedale, Ohio, Fabrikarbeiter in Akron. 1919 Laufbursche am Broadway. Erste schauspielerische Aufgaben in Provinz-Ensembles. Ab 1924 Statisterie im Film, u.a. in Stroheims *The Merry Widow*. Daneben Theaterarbeit: «Romeo and Juliet» und Maxwell Andersons Antikriegsstück «What Price Glory». 1928 am Broadway in «Machinal». Nach seinem Auftritt als Heavy im Western *The Painted Desert* 1931 Vertrag von M-G-M. Erster Erfolg mit der Rolle des Gangsters Ace Wilfong in Clarence Browns *A Free Soul*. Noch im selben Jahr Hauptrollen an der Seite von Greta Garbo in *Susan Lenox: Her Fall and Rise* (Robert Z. Leonard) und von Joan Crawford in Browns *Possessed*. 1932–43 ist Gable einer der 10 kassenträchtigsten Hollywood-Stars. Vielseitig einsetzbar in Abenteuerfilmen, Western, Sophisticated Comedies und aufwendigen Literaturver-

filmungen. 1934 spielt er neben Claudette Colbert den frechen Reporter in Frank Capras *It Happened One Night* und wird mit dem Oscar ausgezeichnet. Im folgenden Jahr Oscar-Nominierung für die Rolle des aufsässigen Schiffsoffiziers Fletcher Christian in *Mutiny on the Bounty* (Frank Lloyd). Überzeugend als Besitzer einer Spielhölle im Erdbebenfilm *San Francisco* (W. S. Van Dyke) und Welterfolg als Rhett Butler in *Gone With the Wind* (Victor Fleming). 1942–45 Dienst bei der US Air Force, Kommentarsprecher in verschiedenen Militärfilmen. Nach dem Krieg vor allem in Abenteuerfilmen, so in John Fords Afrika-Drama *Mogambo*, als zwielichtiger Hank Lee in Edward Dmytryks *Soldier of Fortune* und als Ben Allison im Western *The Tall Men* (Raoul Walsh). Seine letzte Rolle neben Marilyn Monroe in John Hustons *The Misfits* (1960/61). 1956 Gründung der eigenen Firma Russ-Field Gabco. 1976 dreht Sidney J. Furie über den «King of Hollywood» und seine dritte Ehefrau Carole Lombard den Spielfilm *Gable and Lombard*.

[US] 1924: White Man; Forbidden Paradise (Das verbotene Paradies). 1925: Déclassée/The Social Exile; The Merry Widow (Die lustige Witwe); The Plastic Age; North Star. 1926: The Collegians; The Johnstown Flood. 1930/31: The Finger Points; The Painted Desert. 1931: Jackie Cooper's Christmas Party [KF]; The Easiest Way; Dance, Fools, Dance (Irrwege des Lebens); The Secret Six; Laughing Sinners; A Free Soul (Der Mut zum Glück); Night Nurse; Sporting Blood (Vollblut); Susan Lenox: Her Fall and Rise (Helgas Fall und Aufstieg); Possessed (Verkaufte Liebe); Hell Divers (Wolkenstürmer). 1932: Polly of the Circus; Red Dust (Die gelbe Hölle); Strange Interlude; No Man of Her Own. 1933: The White Sister (Die weiße Schwester); Hold Your Man (Ganovenbraut); Night Flight (Nachtflug); Dancing Lady (Ich tanze nur für dich); It Happened One Night (Es geschah in einer Nacht). 1934: Men in White; Manhattan Melodrama; Chained (In goldenen Ketten); Forsaking All Others (Ein Herz ist zu verschenken); After Office Hours (Ein Paar wie Katz und Maus). 1934/5: The Call of the Wild (Goldfieber). 1935: China Seas (Gold nach Singapore/Abenteuer im gelben Meer); Mutiny on the Bounty (Meuterei auf der Bounty). 1935/36: Wife vs. Secretary (Seine Sekretärin). 1936: San Francisco (San Franzisko); Cain and Mabel; Love on the Run. 1937: Parnell; Saratoga (Saratoga). 1938: Test Pilot (Der Werkpilot); Too Hot to Handle (Abenteuer in China/Zu heiß zum Anfassen); Idiot's Delight. 1939: Gone With the Wind (Vom Winde verweht). 1939/40: Strange Cargo (Die wunderbare Rettung). 1940: Boom Town (Der Draufgänger); Comrade X. 1941: Honky Tonk (Ein toller Bursche); They Met in Bombay (Fluchtweg unbekannt). 1942: Somewhere I'll Find You; March of Dimes Film [KF]. 1943: Hollywood in Uniform [KF]. 1946: Adventure. 1947: The Hucksters (Der Windhund und die Lady). 1948: Homecoming (Dr. Johnsons Heimkehr). 1949: Command Decision; Any Number Can Play. 1950: To Please a Lady (Tod im Nacken); Key to the City (Ein charmanter Flegel). 1951: Across the Wide Missouri (Colorado); Callaway Went Thataway (Der Cowboy, den es zweimal gab). 1952: Lone Star (Mann gegen Mann). 1953: Mogambo (Der tollkühne Jockey); Never Let Me Go (Es begann in Moskau) [GB]. 1954: Betrayed (Verraten). 1955: The Tall Men (Drei Rivalen); Soldier of Fortune (Treffpunkt Hongkong). 1956: The King and Four Queens (Heißer Süden). 1957: Band of Angels (Weint um die Verdammten). 1958: Teacher's Pet (Reporter der Liebe); Run Silent, Run Deep (U 23 – Tödliche Tiefen). 1959: But Not for Me (Bei mir nicht). 1960: It Started in Naples (Es begann in Neapel). 1960/61: The Misfits (Nicht gesellschaftsfähig).

Gábor, Miklós

*7. 4. 1919 Zalaegerszeg
Schauspieldiplom 1940 an der Budapester Akademie für dramatische Kunst; anschließend für eine Saison am Madách-Theater. Nach Kriegsende in Budapest Ensemblemitglied des Nationaltheaters; Engagements erneut am Madách-, später am Katona-Theater sowie in Kecskemét. Gábor ist einer der führenden Charakterdarsteller Ungarns sowohl in klassischen als auch zeitgenössischen Stücken. Filmdebüt 1940; herausragende Rollen in Géza Radványis *Valahol Európában* (1947), als Zoltán Pintér in *Budapesti tavasz* (Félix Máriássy, 1955). Vor allem in den 60er Jahren ist Gábor viel im Film beschäftigt, so als Hajnal neben Tat'jana Samojlova in *Alba Regia* (Mihály Szemes), als Kapitän Timár, der Hauptfigur des spannenden Films um Kriegs- und Nachkriegswirren des Jahres 1945, *Egy ember, aki nincs* (Viktor Gertler) sowie als Titelheld in István Szabós *Apa* (1966). Nach wenigen Rollen zu Beginn der 80er Jahre, u. a. noch einmal mit Géza Radványi in der deutsch-ungarischen Co-Produktion *Circus Maximus* endet 1982 seine Filmkarriere mit der Rolle des Igor in Péter Bacsós Šukšin-Adaption *Nem várt vendég* im TV-Episodenfilm *Sértés*.

[HU] 1940: Beáta és az ördög. 1941: Európa nem válaszol (Europa antwortet nicht); A cigány (Der Zigeuner). 1947: Valahol Európaban (Irgendwo in Europa). 1948: Mágnás Miska (Magnat Michael). 1950: Kis Katalin házassága (Katharinas Ehe). 1951: Különös házasság (Eine seltsame Ehe). 1952: Erkel (Pußtaklänge); Allami áruház (Staatliches Warenhaus). 1955: Budapesti tavasz (Budapester Frühling); A 9-es kórterem. 1956: Keserû igazság (Bittere Wahrheit). 1957: Ejfélkor (Um Mitternacht). 1958: A Sóbálvány (Salzsäule).

1959: A harangok Rómába mentek (Die Glocken gingen nach Rom); Kard és kocka (Säbel und Würfel). 1960: Három csillag; Alázatosan jelentem (Ich melde gehorsam). 1961: Alba Regia. 1962: Kertes házak utcája (Im Villenviertel); Az utolsó vacsora (Memoiren einer seltsamen Nacht); Pirosbetüs hétköznapok/Nedele ve vsedni den (Sonntag am Wochentag) [HU/CS]. 1963: Honfoglalás (Landnahme) [TV]; Párbeszéd (Dialog). 1964: Almodozások kora; Miért rosszak a magyar filmek? (Ungestörtes Glück); Ha egyszer húsz év múlva ... (Zeugenschaft); Egy ember, aki nincs (Ein Mensch, der nicht existiert); Másfél millió; Már nem olyan idöket élünk; Négy lány egy udvarban (Stunde ohne Wiederkehr). 1965: Játék a múzeumban (Spiel im Museum). 1966: Apa (Vater). 1967: Falak (Wände). 1968: Az idő ablakai (Fenster der Zeit); Kötelék. 1969: Én, Prenn Ferenc ... (Das unruhige Leben des Ferenc Prenn) [TV]; Pokolrév (Höllenfähre). 1970: Csak egy telefon (Nur ein Anruf); N.N. a halál angyala (N.N., der Todesengel). 1980: Circus Maximus [HU/BRD]; Ki beszél itt szerelemről? 1981: Haláltanc (Totentanz) [TV]. 1982: Asértés; Sértés, Ep: Nem várt vendég [TV-EP]. 1993: Privát kopó IV: Az egyszer volt gyilkosságok [TV]. 1994: Pá Drágám.

Galabru, Michel

*27. 10. 1924 Safi (Marokko)
Gegen den Willen der Eltern Studium am Konservatorium, das er mit einem ersten Preis abschließt. 7 Jahre im Ensemble der Comédie Française. Er läßt Marivaux und Molière hinter sich und wird in Boulevardtheatern zum Possenreißer. 1961 spielt er in Yves Roberts *La guerre des boutons*; es folgen zahlreiche, recht wahllos und keinen nachhaltigen Eindruck hinterlassende Fingerübungen im komischen Fach, u.a in den Gendarme-Filmen von Louis de Funès. Als er schließlich die Rolle des Mörders in Bertrand Taverniers *Le juge et l'assassin* übernimmt, wird Galabru 1977 mit dem César ausgezeichnet. Einen vorzüglichen Detektiv Nestor Burma gibt er in Bob Swaims *La nuit de Saint-Germain-des-Près*. Galabru reduziert in den 80er Jahren seinen Film-Ausstoß und spielt differenziertere, bigotte Charaktere, so in Taverniers *Une semaine de vacances*, in Jacques Beckers *L'été meurtrier*, in Bertrand Bliers *Notre histoire* und in Claude Berris *Uranus*. Auch seine Theaterarbeit gewinnt wieder an Niveau; mehrfach arbeitet er mit Jerôme Savary zusammen. 1985 erwirbt Galabru das Théâtre des Dix-Heures und stellt es seinen beiden Söhnen als Experimentierbühne zur Verfügung.

[FR] 1952: Ma femme, ma vache et moi. 1958: Suivez-moi jeune homme (Komm mit, Kleiner). 1961: La guerre des boutons (Der Krieg der Knöpfe); Les amours célèbres/Amori celebri. 1. EP: Lauzun (Galante Liebesgeschichten) [EP – FR/IT]. 1962: Le voyage à Biarritz. 1963: La cuisine au beurre (Alles in Butter). 1964: Le gendarme de Saint-Tropez (Der Gendarm von St. Tropez). 1965: La sentinelle endormie. 1966: Brigade anti-gangs/Pattuglia anti-gang (Sonderdezernat C III, Montmartre) [FR/IT]. 1967: Le petit baigneur/Si salvi chi può (Balduin, der Trockenschwimmer) [FR/IT]. 1968: Le gendarme se marie/Calma ragazze, oggi mi sposo (Der Gendarm heiratet) [FR/IT]. 1970: Le gendarme en balade/6 gendarmi in fuga (Balduin, der Schrecken von Saint Tropez) [FR/IT]. 1971: L'Oeuf; Le viager (Rente auf Lebenszeit). 1972: La belle affaire (Auch die Engel essen Linsen); Quelques messieurs trop tranquilles. 1973: Un linceul n'a pas de poches; Les Gaspards [FR/BE]; La valise (Der Koffer in der Sonne); Le grand bazar (Die tollen Charlots: Wo die grünen Nudeln fliegen). 1974: Section spéciale/L'affare della Sezione Speciale/Sondertribunal [FR/IT/BRD]. 1975: L'Ibis rouge; Le juge et l'assassin (Der Richter und der Mörder); L'Intrépide. 1976: Le chasseur de chez «Maxim's» (Der Pförtner vom Maxim); Le trouble-fesses/Le gaffeur; M. Balboss. 1976/77: Gruppenbild mit Dame/Portrait de groupe avec dame [BRD/FR]. 1977: La nuit de Saint-Germain-des-Prés; Le beaujolais nouveau est arrivé; Il gatto (Der Kater läßt das Mausen nicht) [IT]; Le maestro. 1978: Confidences pour confidences; Le pion (Ein Pauker zum Verlieben); Flic ou voyou (Der Windhund); L'Amour en question (Die Liebe ist in Frage gestellt); Chaussettes surprises (Der kleine Spinner mit dem großen Socken). 1978/79: Le gendarme et les extra-terrestres (Louis' unheimliche Begegnung mit den Außerirdischen). 1979: Le mors aux dents (Wer die Zügel hält); Le guignolo/Il piccione di piazza S. Marco (Der Puppenspieler) [FR/IT]; Laisse-moi rêver; Le gagnant; L'Avare (Louis der Geizkragen); Car-napping – bestellt – geklaut – geliefert [TV – BRD]. 1980: Celles qu'on n'a pas eues; Une semaine de vacances (Ferien für eine Woche); Une merveilleuse journée; Les sous-doués (Glückwunsch ... mal wieder sitzengeblieben); Signé Furax. 1981: Te marre pas, c'est pour rire; Le bahut va craquer; Le choix des armes (Wahl der Waffen); Les bidasses aux grandes manoeuvres (Es ist so schön, Soldat zu sein); Les fourberies de Scapin (Die Streiche des Scapin); Salut j'arrive/Sehnsucht nach dem rosaroten Chaos [FR/BRD]; Est-ce bien raisonnable? (Ist das wirklich Liebe, Liebling?). 1981/82: T'es heureuse? Moi toujours. 1982: Le bourgeois gentilhomme; L'Été meurtrier (Ein mörderischer Sommer); Y a-t-il un Français dans la salle?; Le braconnier de Dieu; Papy fait de la résistance. 1983: C'est facile et ça peut rapporter ... 20 ans; Sandy; Vous habitez chez vos parents; En cas de guerre mondiale, je file à l'étranger; Adam et Eve (Adam et Eve); On l'appelle catastrophe. 1984: Notre histoire (Geschichte eines Lächelns); Réveillon chez Bob; Subway (Subway); La triche; Partenaires; Les fausses confidences; Le téléphone sonne toujours deux fois. 1985: Ne prends pas les poulets pour les pigeons; Suivez mon regard (Ein Tag in Paris); Tranches de vie (Meilensteine des Lebens); Monsieur de Pourceaugnac; Le facteur de Saint-Tropez (Ein alter Dickkopf). 1986: La vie dissolue de Gérard Floque; Kamikaze (Kamikaze – TV-Tod live); Je hais les acteurs; Les frères Pétard. 1987: Poule et frites; Corentin ou les infortunés conjugales; Soigne ta droite (Schütze deine Rechte) [FR/CH]. 1988: Envoyez les violons; L'Invité surprise. 1989: Le dénommé (Rebell hinter Gittern); Le silence d'ailleurs; La Révolution française: 1. Les années lumière [FR/IT]; Sans défense; Le provincial (Zum Teufel mit Paris!). 1990: Uranus (Uranus); Le jour des rois; Feu sur le candidat/Non sparate al deputato! [FR/IT]. 1991: Les eaux dormantes. 1992: Room Service. 1993: Belle Epoque (Belle Epoque) [ES]. 1994: Rainbow pour Rimbaud. 1995: Mon homme (Mein Mann); Les Mouettes.

Ganz, Bruno

*22. 3. 1941 Zürich-Seebach

Schulbesuch vor der Matura abgebrochen. Schauspielausbildung am Zürcher Bühnenstudio. Erste kleine Filmrolle 1960 in Karl Suters *Der Herr mit der schwarzen Melone*. Wechsel in die BRD: 1962 Junges Theater in Göttingen, 1964 Theater am Goetheplatz in Bremen, dort Zusammenarbeit mit Peter Zadek. Erste Rolle in einem Jungen deutschen Film in Haro Senfts *Der sanfte Lauf* (1966/67). Ende 1967 erstmals in einer Inszenierung von Peter Stein, mit dem er in den nächsten Jahren zusammenarbeitet: in München, Bremen, am Schauspielhaus in Zürich, schließlich 1970 an der Schaubühne am Halleschen Ufer in West-Berlin. Unter der Regie von Stein und Klaus Michael Grüber Entwicklung zum wichtigsten Protagonisten der Schaubühne (auch in den TV-Aufzeichnungen der Inszenierungen). Bei den Salzburger Festspielen 1972 unter Claus Peymann in der Rolle des Arztes in der Uraufführung von Thomas Bernhards «Der Ignorant und der Wahnsinnige» (auch TV). 1975 beginnt mit Steins *Sommergäste* eine regelmäßige Filmarbeit, zeitweise ausschließlich. International bekannt wird Ganz durch die Rolle des Bilderrahmenmachers Jonathan in *Der amerikanische Freund* (Wim Wenders). 1976 Bundesfilmpreis für die männliche Hauptrolle in Eric Rohmers *Die Marquise von O.* Außerdem in Filmen von Hans W. Geissendörfer, Reinhard Hauff, Wolfgang Petersen, Volker Schlöndorff und Rudolf Thome, der Schweizer Claude Goretta, Kurt Gloor und Alain Tanner, der Französin Jeanne Moreau und anderen europäischen Produktionen. 1982 gemeinsam mit Otto Sander Regie von *Gedächtnis*, einem Doppelporträt von Curt Bois und Bernhard Minetti. 1989/90 als versponnener Detektiv *Tassilo* in Hajo Gies' TV-Serie nach Martin Walsers Hörspielen. Mit Sander auch als (ehemaliger) Engel in Wim Wenders' *Der Himmel über Berlin* und in *In weiter Ferne, so nah!* Ab Ende 1982 an der neueröffneten Schaubühne am Lehniner Platz wieder Theaterarbeit unter Grüber und Stein. Nach dem Tod des österreichischen Burgtheater-Schauspielers Josef Meinrad erhält Ganz 1996 überraschend testamentarisch den Iffland-Ring, den dieser seit 1959 trug und der als wichtige Auszeichnung eines deutschsprachigen Schauspielers gilt.

[BRD] 1960: Der Herr mit der schwarzen Melone [CH]. 1961: Chikita (Wenn Männer Schlange stehen) [CH]. 1961/62: Es Dach überem Chopf [CH]. 1964: Der Spaßvogel [TV]. 1966: Frühlings Erwachen [TV]; Die Unberatenen [TV]. 1967: Der sanfte Lauf. 1967/68: Maß für Maß [TV]. 1968: Die Schlacht bei Lobositz [TV]; Im Dickicht der Städte [TV]. 1969: Torquato Tasso [TV]. 1969/70: Eine große Familie [TV]. 1970/71 Die Mutter [TV]. 1971: Peer Gynt [TV]. 1972: Prinz Friedrich von Homburg [TV – BRD/AT]; Der Ignorant und der Wahnsinnige [TV – AT]. 1973: Optimistische Tragödie [TV]. 1974: Die Bakchen [TV]. 1975: Die Marquise von O./ La marquise d'O. [BRD/FR]; Sommergäste; Lumière (Im Scheinwerferlicht) [FR]. 1976: Die Wildente [BRD/AT]. 1976/77: Der amerikanische Freund/ L'Ami américain [BRD/FR]. 1977: Die linkshändige Frau. 1978: Retour à bien-aimée (Rückkehr zur Geliebten) [FR]; Messer im Kopf; Schwarz und weiß wie Tage und Nächte [TV]; The Boys from Brazil (The Boys from Brazil) [US]; Nosferatu – Phantom der Nacht/ Nosferatu, Fantôme de la nuit [BRD FR]. 1979: 5% de risques [FR/BE]; Bru no Ganz: Dienstreise [TV-DOK]; Oggetti smarriti [IT]. 1980: La dame aux camélias/La storia vera della signora dalle camelie (Die Kameliendame) [IT/FR]; Polenta [CH]; Fermata Etna (Haltestelle Ätna) [TV – IT]; La provinciale (Die Verweigerung) [FR/CH]; Der Erfinder [CH]. 1980/81: Die Fälschung/La faussaire [BRD/FR]. 1981: Logik des Gefühls; Geschichte einer Liebe [TV]; Etwas wird sichtbar. 1981/82: Gedächtnis. Ein Film für Curt Bois und Bernhard Minetti [D,CoR,CoA – TV-DOK]. 1982/83: System ohne Schatten; Dans la ville blanche (In der weißen Stadt) [CH/PO]. 1983: Killer aus Florida [CH]. 1983/84: Der Riß durch die Welt – «Anton Reiser» [TV]. 1984: De ijssalon [NL]. 1984/85: Väter und Söhne [TVS]; Der Park [TV]. 1985: Tucholsky [TV]. 1985/86: Der Pendler [CH]. 1986/87: Der Himmel über Berlin/Les ailes du désir [BRD/FR]. 1988: Von Zeit zu Zeit [CH]; Un amore di donna/Der Himmel ist fern [IT/BRD]; Strapless (Ein fast anonymes Verhältnis) [GB]; I promessi sposi/Die Verlobten [TV – EURO]. 1988/89: Bankomatt (Bankomatt) [IT/CH]. 1989: Noch ein Wunsch [TV – BRD/CH]; Tassilo – ein Fall für sich. 1. Verteidigung von Friedrichshafen – 2. Hilfe kommt aus Bregenz – 3. Zorn einer Göttin – 4. Lindauer Pieta sich – 5. Das Gespenst von Gattnau – 6. 100 Jahre Bickle [TVS]. 1990: La domenica specialmente/Le dimanche de préférence. EP: Il cane blu/Le chien bleu – EP: La domenica specialmente/Le dimanche de préférence (Jahreszeiten der Liebe) [FR/IT]; Schrödingerskat [KF]; Die Wette [TV – BRD/CS]; Erfolg [TV]; Börn Náttúrunnar/Kinder der Natur [IS/NO/BRD]; 1991: Brandnacht [CH/DE]; The Last Days of Chez Nous (Der letzte Tag von Chez Nous) [AU]. 1992: Heller Tag; Die Abwesenheit/L'absence [DE/FR/GB]; Prague (Prag) [GB/FR]. 1993: In weiter Ferne, so nah!; Asmara [S – CH]. 1995: Lumière et Compagnie [FR/ES/SE]; Saint-Ex [GB]; Il Grande Fausto [TVS – FR/DE/IT]. 1995/96: Tödliches Schweigen [TV]. 1996: Tatort: Schattenwelt [TV]. 1996/97: Ich erzähle mir einen Mann.

Garas, Dezső

*9. 12. 1933 Budapest

Studium an der Budapester Theater- und Filmhochschule; 1957 erstes Engagement am Budapester Nationaltheater, später am Madách-Theater sowie an anderen Bühnen des Landes. Ensemble-Mitglied bei der staatlichen Produktionsfirma Mafilm. Filmdebüt 1954 als Schnaps jr. in *Liliomfi* (Károly Makk). In einem weiteren Film von Makk, *Mese a 12 találatról* (1956), spielt er die tragikomische Figur des Geschichtslehrers Géza Fazekas. Ein großer Erfolg wird sein Wäschereibesitzer Ede Minarek in Pál Sándors in den 20er Jahren angesiedelter Komödie *Régi idők focija* (1974). Unter Regie von Frank Beyer spielt er den Juden Frankfurter im DEFA-Film *Jakob der Lügner* (1975) nach Jurek Beckers Ghetto-Märchen. Im Film *Miss Arizona* (Pál Sándor), der sich 1987 mit antisemitischen Tendenzen in Ungarn seit dem Ende des 1. Weltkrieges auseinandersetzt, spielt er den Pál. Mit *A legényany* debütiert Garas 1989 als Filmregisseur.

[HU] 1954: Liliomfi (Liliomfi). 1956: A csodacsatár (Der Wunderstürmer); Mese a 12 találatról (Märchen von den 12 Treffern); Bolond április (Sommerwolken); Eltüsszentett birodalom [Nicht aufgeführt]; Gerolsteini kaland. 1957: Čgi madár. 1958: Csempészek (Schmuggler); Micsoda éjszaka! (Was für eine Nacht); Vasvirág (Die Eisblume); Bogancs (Der Hund Bogancs); Razzia (Razzia in Budapest). 1959: Gyalog a mennyországba (Zu Fuß in den Himmel); Szerelem csütörtok (Liebe am Donnerstag); Kard és kocka (Säbel und Würfel). 1960: Két emelet boldogság (Zwei Stockwerke Glück); A megfelelö ember (Der entsprechende Mensch); Kölyök (Der Frechdachs). 1961: Aprilisi riadó; Két felidő a pokolban (Zwei Halbzeiten in der Hölle). 1962: Mindenki ártatlan? (Jeder ist unschuldig); Legenda a vonaton (Die lieben Mitmenschen); Egyiptomi történet (Storchenpost) [HU/EG]; Asszony a telepen (Frau am Ruder). 1963: Meztelen diplomata (Der nackte Diplomat); A szélhámosnő (Die Hochstaplerin); Az aranyfej/The Golden Head (Das goldene Haupt) [HU/US]; Hogy állunk fiatalember? (Wie steht's junger Mann?). 1964: Kár a benzinért! (Schade ums Benzin); Miért rosszak a magyar filmek? (Ungestörtes Glück); Másfél millió; Özvegy menyasszonyok (Schürzenjäger in Not). 1965: Nem Nein. 1966: Egy magyar nábob (Die Fehde der Geier/Die Vergeltung); Sok hüség semmiért (Die Treue der Eva); Minden kezdet nehéz. 1967: Jaguár. 1968: Mi lesz veled Eszterke? (Kleine Esther, was nun?); Mocorgo [TV]; Op-art kalap (Wird denn nun heut' noch Hochzeit sein?) [TV]; A Beszélő köntös (Der wundersame Kaftan); Elsietett házasság (Die übereilte Heirat). 1969: Bözsi és többiek (Frau Bözsi und die Männer) [TV]; Egy őrült éjszaka (Verrückte Nacht); Bors (1000 Kilometer ohne Marschbefehl) [TV]. 1970: Krebsz, az isten (Krebs, der Gott); Bűbájosok (Die Bezauberten); A gyilkos a házban van (Der Mörder ist im Haus). 1971: Hahó, Öcsi! (Hallo, Brüderchen!); Reménykeők (Eine herrliche Familie). 1972: Romantika; Emberrablás magyar módra (Menschenraub auf ungarische Art); Hekus lettem (Stehen bleiben, oder ich schieße). 1973: Végül; Nápolyt látni és ... (Neapel sehen und ...). 1974: Régi idők focija (Fußball der guten alten Zeiten); Szep maskote (Feine Kerle) [TV]; Felelet (Die Antwort) [TV]. 1975: Jakob der Lügner [DDR]; Ereszd el a szakállamat! (Laß meinen Bart los!); Autó (Fahrschule); Legenda a nyúlpaprikásról (Die Hasengulasch-Legende). 1976: Kisértet Lublón (Die Golddukaten des Gespenstes). 1977: Herkulesfürdői emlék (Erinnerungen an Herkulesbad); Öszi versenyek (Herbstrennen); Apám néhány boldog éve. 1978: Szabadits meg a gonosztól (Erlöse uns von dem Übel); Anton der Zauberer [DDR]; Egyszeregy (Peter-Paul). 1979: Élve vagy halva (Tot oder lebendig); Mese habbal (Märchen mit Sahne); Rab ember fiai (Der Falke mit den goldenen Flügeln) [TV]. 1980: Két piszbolylőves (Zwei Pistolenschüsse) [TV]. 1981: Kabala (Maskottchen); Ripacsok (Salamon und die Stock-Show). 1982: Guernica [HU/DE]; Szerencsés Dániel (Daniel nimmt den Zug). 1982/83: Automärchen [DDR]. 1983: ? (Der Besuch) [TV]; Elveszett illûziók. 1984: Uramisten (Der große Mirandus). 1985: Almodik az állatkert (Der Tierpark träumt); Csak egy mozi (Nur ein Film); Abigél (Abigel – Die Geschichte der Statue im Park) [TV]; Első kétszáz évem. 1986: Szamarköhögés (Keuchhusten); Banánhéjkeringő; Malom a pokolban. 1987: Miss Arizona (Miss Arizona) [IT/HU]. 1988: Ekkehard [TVS – DE/HU]; Mielőtt befejezi röptét a denevér (Eh' die Fledermaus ihren Flug beendet); Ismeretlen ismerős; Az eltüsszentett birodalom (Das vernieste Königreich) [TV]. 1989: Hagyjátok robinsont! [HU/CU]; A legényany [D,R]; A hecc; Oktogon [TV]. 1990: Storm and Sorrow (Aufstieg in den Tod) [TV – US]; Daughter of Darkness [TV – US]. 1993: Hoppá. 1996: Szeressük egymást gyerekek!

Garat, Henri
(Émile-Henri Garassu)
* 3. 4. 1902 Paris
† 13. 8. 1959 Hyères
Sohn einer Sängerin und eines Schauspielers der Comédie Française. Er wird selbst Sänger; Debüt am Casino de Paris, wo die Mistinguett auf ihn aufmerksam wird. 1924 Engagement am Moulin Rouge. Nach einem kurzen Hollywood-Abstecher, wo er aber nur als Statist beschäftigt wird, gelingt dem gutaussehenden Sänger mit dem Beginn des Tonfilms der internationale Durchbruch. In der französischen Version deutscher Produktionen übernimmt er Hauptrollen (für Willy Fritsch) in Wilhelm Thieles *Le chemin du paradis* und in Erik Charells *Le congrès s'amuse*. Er heiratet seine Partnerin Lilian Harvey und wirkt bis 1942 in weiteren Operettenfilmen mit. In Frankreich erlangt er in den 30er Jahren eine Popularität, die der Maurice Chevaliers vergleichbar ist. Ein weiterer Versuch in Hollywood Mitte der 30er Jahre zeigt ihm, daß er dort dessen Popularität nicht erreichen kann. In den 40er Jahren beginnt der Niedergang; Affären und scheiternde Ehen, Betrugsprozesse (u. a. wegen Nichterfüllung von Verträgen) und Alkoholismus. Durch Heirat seiner Krankenschwester und Gründung einer Familie versucht er vergeblich, Boden unter die Füße zu bekommen. Garat stirbt auf einer Zirkustournee im Gemeindesaal einer französischen Provinzstadt.

[FR] 1930: Le chemin du paradis [Version – DE]; Flagrant délit [Version – DE]; Les deux mondes [Version – GB/DE/FR]. 1931: Le congrès s'amuse [Version – DE]; Congress Dances [Version – DE]; Il est charmant; Nos maîtres, les domestiques; Delphine [Version – US/FR]; La fille et le garçon [Version – DE]; Princesse, à vos ordres [Version – FR]; Rive gauche [Version]. 1932: Une étoile disparaît; Simone est comme ça (Simone kann nicht anders); Un rêve blond [Version – DE]. 1933: Une petite femme dans le train; Un soir de réveillon; Une femme au volant; Adorable. 1933/34: On a volé un homme (Der gestohlene Millionär). 1934: Prince de minuit. 1935: Les Dieux s'amusent [Version – DE]; Valse royale [DE]. 1936: Les gais lurons [Version – DE]; La souris bleue; Un mauvais garçon. 1937: Au soleil de Marseille; L'amour veille; La chaste Suzanne; La fille de la Madeon; Le fauteuil 47. 1938: Ma sœur de lait; Les femmes collantes; La présidente; L'accroche-cœur; Ça, c'est du sport! 1939: Le chemin de l'honneur [D,P]. 1941: Le valet maître; Annette et la dame blonde. 1942: Fou d'amour.

Garbo, Greta
(Greta Lovisa Gustafsson)
* 18. 9. 1905 Stockholm
† 15. 4. 1990 New York City
Die Tochter eines Hilfsarbeiters arbeitet in einem Friseursalon, als Verkäuferin und Fotomodell. 1921/22 Auftritte in Werbefilmen und einer Slapstick-Komödie. 1922 Besuch der Schauspielschule des Dramatiska Teater in Stockholm. Unter der Regie ihres Entdeckers Mauritz Stiller als Gräfin Elisabeth Dohna im Zweiteiler *Gösta Berlings saga* (1923/24). Anfang 1925 spielt sie in Berlin die Greta Rumford in G. W. Pabsts Depressions-Drama *Die freudlose Gasse*. Sie geht mit Stiller nach Hollywood. Vertrag bei M-G-M. Ihr erster Film, Monta Bells *The Torrent*, macht sie zum Superstar. 1927 spielt sie neben ihrem Liebhaber John Gilbert in Clarence Browns *Flesh and the Devil* und Anna Karenina in Edmund Gouldings *Love*. 1927/28 in zwei Filmen, deren Titel ihr Image umschreiben: *The Divine Woman* (Victor Seastrom/Sjöström) und *The Mysterious Lady* (Fred Niblo). Ihr erster Tonfilm, Browns *Anna Christie*, wird gleichzeitig auch in deutscher und schwedischer Version (Jacques Feyder) gedreht. An der Seite von Clark Gable spielt sie die Titelrolle in *Susan Lenox: Her Fall and Rise* (Robert Z. Leonard). Sie verkörpert Gestalten aus Geschichte und Literatur, die vor allem auf den europäischen Markt zielen: die schöne Spionin in *Mata Hari* (George Fitzmaurice) und die Ballerina Grusinskaya in *Grand Hotel* (Goulding), die androgyne Königin von Schweden in *Queen Christina* (Rouben Mamoulian), *Anna Karenina* (Brown), Marguerite in *Camille* (George Cukor). Ernst Lubitsch besetzt sie in der Titelrolle der in Paris verliebten sowjetischen Agentin in *Ninotchka*: «Garbo laughs!». 1941 letzte Filmrolle in Cukors *Two-Faced Woman*. Sie zieht sich zurück und umgibt sich erfolgreich mit dem Mythos der Unnahbarkeit. 1954 erhält sie einen Ehren-Oscar für «ihre unvergeßlichen Leinwand-Darstellungen».

[US] 1921: Our Daily Bread [KF – SE]; Herr och fru Stockholm [KF – SE]; En lyckoriddare [SE]. 1922: Luffar-Peter [SE]. 1923/24: Gösta Berlings saga. (Gösta Berlings Saga) [2 Teile – SE]. 1925: Die freudlose Gasse [DE]. 1926: The Torrent (Fluten der Leidenschaft); The Temptress (Totentanz der Liebe). 1927: Flesh and the Devil (Es war); Love (Anna Karenina); The Divine Woman (Die ungekrönte Königin). 1928: The Mysterious Lady (Der Krieg im Dunkeln); A Woman of Affairs (Herrin der Liebe). 1928/29: Wild Orchids (Wilde Orchideen). 1929: A Man's Man; The Single Standard (Unsichtbare Fesseln); The Kiss (Der Kuß). 1929/30: Anna Christie [Engl. + dt. + schw. Version]. 1930: Romance (Romanze); Inspiration (Yvonne). 1931: Susan Lenox: Her Fall and Rise (Helgas Fall und Aufstieg); Mata Hari (Mata Hari). 1932: As You Desire Me (Wie du mich wünschst); Grand Hotel (Menschen im Hotel). 1933: Queen Christina (Königin Christine). 1934: The Painted Veil (Der bunte Schleier). 1935: Anna Karenina (Anna Karenina). 1936: Camille (Die Kameliendame). 1937: Conquest (Maria Walewska). 1939: Ninotchka (Ninotschka). 1941: Two-Faced Woman (Die Frau mit den zwei Gesichtern).

Garcia, Andy
(Andres Arturo Garcia-Menendez)
*12. 4. 1956 Havanna

1961 Flucht nach Miami. Schauspielstudium an der Florida International University, danach an Provinzbühnen. 1979 nach Los Angeles, Auftritte in Theatern wie «Comedy Store». Zu Beginn der 80er Jahre kleine TV-Rollen, so in einigen Folgen der Polizei-Serie *Hill Street Blues*. Ab 1983 auch beim Film. Erste Popularität als eigenwilliger Drogenhändler in Hal Ashbys *8 Million Ways to Die*. 1987 als exilierter südamerikanischer Präsident im britischen Polit-Thriller *American Roulette* (Maurice Hatton) und Erfolg mit der Rolle des Gangsterjägers George Stone in Brian DePalmas Detektivfilm *The Untouchables*. Garcia wird 1990 als Corleone-Erbe Vincent Mancini im Mafia-Opus *The Godfather III* (Francis Ford Coppola) für einen Oscar nominiert. In Mike Figgis' *Internal Affairs* verfolgt er einen korrupten Kollegen bei der Polizei (Richard Gere), in Stephen Frears' *Hero* ist er ein Schwindler, der sich für Dustin Hoffmans Rettungstaten bei einem Flugzeugabsturz feiern läßt. In der spanischen Produktion *Muerte en Granada* spielt er den im Bürgerkrieg ermordeten Dichter Federico García Lorca. 1993 Regiedebüt mit dem Dokumentarfilm *Cachao ... Como Si Ritmo No Hay Dos* über den kubanischen Mambo-Musiker.

[US] 1979: Encuentro en el abismo/Uragano sulle Bermude (Incontri con gli umanoidi) [ES/IT]. 1980: Hill Street Blues (Polizeirevier Hill Street) [TV]. 1983: Blue Skies Again; The Lonely Guy (Ein Single kommt selten allein). 1984: A Night in Heaven (Ein himmlischer Lümmel). 1985: The Mean Season (Das mörderische Paradies) [TV]. 1986: 8 Million Ways to Die (8 Millionen Wege zu sterben). 1987: The Untouchables (The Untouchables – Die Unbestechlichen); American Roulette (Amerikanisches Roulette) [GB]. 1988: Blood Money/Clinton and Nadine (Tropic War – Blutiges Geld) [TV]; Stand and Deliver (Stand and Deliver). 1989: Black Rain (Black Rain). 1990: A Show of Force (Die Stärke der Macht); The Godfather III (Der Pate III); Internal Affairs (Internal Affairs – Trau' ihm, er ist ein Cop). 1991: Dead Again (Schatten der Vergangenheit). 1992: Jennifer Eight (Jennifer 8); Hero (Ein ganz normaler Held). 1992/93: Cachao ... Como Si Ritmo No Hay Dos (Like his rhythm there is no other!) [R – DOK]. 1994: When a Man Loves a Woman (When a Man Loves a Woman). 1995: Things to Do in Denver When You're Dead (Das Leben nach dem Tod in Denver); Steal Big, Steal Little. 1996: Night Falls on Manhattan; Muerte en Granada [ES]. 1996/97: Hoodlum. 1997: Desperate Measures.

Gardner, Ava
(Ava Lavinnia Gardner)
*24. 12. 1922 Smithfield (North Carolina)
†25. 1. 1990 London

Besuch der Smithfield High School und des Atlantic Christian College in Wilson, North Carolina. 1941 Aufgrund einiger Privatfotos Filmvertrag von M-G-M. Zunächst 5 Jahre kleine Rollen in Filmen aller Genres. Erster Erfolg 1946 als Vamp Kitty Collins in Robert Siodmaks Thriller *The Killers*. Sie erscheint zumeist in Rollen starker Frauen, die auch durch ihre erotische Ausstrahlung wirken, bisweilen auch in exotischer Umgebung: Julie im Musical *Show Boat* (George Sidney), Cynthia in Henry Kings Hemingway-Verfilmung *The Snows of Kilimanjaro*, 1953 Oscar-Nominierung als verführerische Eloise Kelly in John Fords Afrika-Abenteuer *Mogambo*. Neben Humphrey Bogart als selbstzerstörerischer Hollywoodstar Maria Vargas in *The Barefoot Contessa* (Joseph L. Mankiewicz). 1964 als Hotelbesitzerin in John Hustons *The Night of the Iguana*. Später Höhepunkt ist 1972 die Rolle der Sängerin Lily Langtry in *The Life and Times of Judge Roy Bean* (John Huston). Ab Ende der 50er lebt sie in Europa, zunächst in Spanien, dann in London. Sie tritt in den 80er Jahren auch im Fernsehen auf, u. a. in einer Staffel der Serie *Falcon Crest*. Die «schönste Frau der Welt» ist dreimal verheiratet: Mickey Rooney, Artie Shaw, Frank Sinatra. 1990 erscheinen postum ihre Memoiren «Ava».

[US] 1941: Fancy Answers [KF]. 1941/42: We Were Dancing. 1942: This Time for Keeps; Joe Smith, American; Calling Dr. Gillespie; Mighty Lak a Goat [KF]; Sunday Punch; Kid Glove Killer; Reunion in France (Reunion). 1942/43: Hitler's Madman. 1943: Pilot No. 5; Lost Angel (Der kleine Engel); Young Ideas; Du Barry Was a Lady; Ghosts on the Loose; Swing Fever. 1944: Three Men in White; Two Girls and a Sailor (Mein Schatz ist ein Matrose); Maisie Goes to Reno; Blonde Fever; Music for Millions (Musik für Millionen). 1945: She Went to the Races; Whistle Stop. 1946: The Killers (Rächer der Unterwelt). 1947: Singapore (Singapur); The Hucksters (Der Windhund und die Lady). 1948: One Touch of Venus (Venus macht Seitensprünge). 1949: The Bribe (Geheimaktion Carlotta); East Side, West Side (Verlorenes Spiel); The Great Sinner (Der Spieler). 1950/51: Pandora and the Flying Dutchman (Pandora und der fliegende Holländer) [GB]. 1951: Show Boat (Mississippi-Melodie); My Forbidden Past. 1952: Lone Star (Mann gegen Mann); The Snows of Kilimanjaro (Schnee am Kilimandscharo). 1953: Ride, Vaquero! (Verwegene Gegner); Mogambo (Der tollkühne Jockey); The Band Wagon (Vorhang auf!). 1953/54: Knights of the Round Table (Die Ritter der Tafelrunde) [GB]. 1954: The Barefoot Contessa/La contessa scalza (Die barfüßige Gräfin) [US/IT]. 1956: The Little Hut (Die kleine Hütte); Bhowani Junction (Knotenpunkt Bhowani) [GB]. 1957: The Sun Also Rises (Zwischen Madrid und Paris). 1958: The Naked Maja (Die nackte Maja). 1959: On the Beach (Das letzte Ufer). 1959/60: La sposa bella/The Angel Wore Red (Glut) [IT/US]. 1963: 55 Days at Peking (55 Tage in Peking). 1963/64: Seven Days in May (Sieben Tage im Mai). 1964: The Night of the Iguana (Die Nacht des Leguan). 1964–66: La bibbia (Die Bibel) [IT]. 1968: Mayerling (Mayerling) [FR/GB]; The Devil's Widow [UA: 1972 – GB]. 1972: The Life and Times of Judge Roy Bean (Das war Roy Bean). 1974: Earthquake (Erdbeben). 1975: Permission to Kill (Vollmacht zum Mord). 1976: The Blue Bird/Sinjaja ptica (Der blaue Vogel) [US/SU]; The Cassandra Crossing [BRD/ IT]; The Sentinel (Hexensabbat). 1979: City on Fire (Stadt in Flammen) [CA]. 1980: The Kidnapping of the President [TV – CA]. 1981: Priest of Love [GB]. 1982: Regina. 1984: A.D. – Anno Domini (Anno Domini – Kampf der Märtyrer) [TVS]. 1985: The Long Hot Summer (Flammender Sommer) [TV]; Falcon Crest (Falcon Crest) [TVS]; Knots Landing [TVS]. 1986: Harem (Harem) [TV]; Maggie [TV].

Garfield, John

(Jacob Julius Garfinkel)
*4. 3.1913 New York City
†21. 5. 1952. New York City

Besuch der Angelo Patri's School in New York. Schauspielunterricht in der Heckscher Foundation Dramatic School bei Maria Ouspenskaya. 1932 Broadway-Debüt. 1934–37 beim Group Theatre, einer Institution für progressive Theaterproduktionen. Spielt dort u.a. in Uraufführungen mehrerer Stücke von Clifford Odets, so 1937 in «Golden Boy». 1933 erste kleine Filmrolle. 1938–46 ständige Rundfunk-Serie «Lux Radio Theatre». 1938 eigentlicher Start der Filmkarriere nach der Oscar-Nominierung für seine Nebenrolle in Michael Curtiz' Melodram *Four Daughters*. Vertrag mit Warner Bros. Er verkörpert rebellische Helden, ist Vorläufer von James Dean und Marlon Brando. Er spielt den Boxer Johnnie in *They Made Me A Criminal* (Busby Berkeley), neben Spencer Tracy in Victor Flemings *Tortilla Flat*. In Tay Garnetts düsterem *The Postman Always Rings Twice* ist er der Geliebte von Lana Turner. 1946 Gründung der Firma Enterprise Productions. 1947 Oscar-Nominierung als Profiboxer Charley Davis in Robert Rossons *Body and Soul*. Im selben Jahr überzeugend als jüdischer Soldat in Elia Kazans *Gentlemen's Agreement*. Letzte Filmrolle 1951 als Nick in John Berrys *He Ran All The Way*. Im gleichen Jahr weigert er sich, vor dem Untersuchungsausschuß für unamerikanische Umtriebe (HUAC), Freunde und Kollegen zu denunzieren und wird daraufhin durch die Filmindustrie boykottiert. 1951 Bühnenerfolg als «King Lear».

[US] 1938: Four Daughters (Vater dirigiert); They Made Me a Criminal (Zum Verbrecher verurteilt). 1938/ 39: Juarez. 1939: Blackwell's Island (Allein gegen die Unterwelt); Daughters Courageous (Vier Töchter räumen auf); Dust Be My Destiny (Weg aus dem Nichts). 1939/40: Castle on the Hudson; Saturday's Children (Der Traum vom schöneren Leben). 1940: Flowing Gold (Ultimatum für Bohrturm L 9); East of the River. 1940/41: The Sea Wolf (Der Seewolf). 1941: Out of the Fog (Ufer im Nebel). 1942: Dangerously They Live; Tortilla Flat. 1943: Air Force (Airforce); The Fallen Sparrow; Thank Your Lucky Stars; Destination Tokyo. 1944: Between Two Worlds (Zwischen zwei Welten); Hollywood Canteen (Hollywood-Kantine). 1945: Pride of the Marines. 1946: Humoresque (Humoreske); The Postman Always Rings Twice (Im Netz der Leidenschaften); Nobody Lives Forever. 1947: Gentleman's Agreement (Tabu der Gerechten); Body and Soul (Jagd nach Millionen) [D,P]. 1948: Force of Evil (Die Macht des Bösen) [D,P]. 1948/49: Jigsaw. 1949: We Were Strangers; Under My Skin. 1950: The Breaking Point (Menschenschmuggel). 1951: He Ran All the Way (Steckbrief 7–73) [D,P].

Garland, Judy

(Frances Ethel Gumm)
*10. 6. 1922 Grand Rapids (Minnesota)
†22. 6. 1969 London

Tochter eines Vaudeville-Künstlers. Bühnendebüt mit 3 Jahren im Theater ihres Vaters. Schulbesuch in Los Angeles. 1929 als singendes Mädchen mit ihren Schwestern erstmalig vor der Kamera. USA-Tourneen als Gumm Sisters, später Garland Sisters. 1935 Filmvertrag von M-G-M auf Veranlassung des Musical-Produzenten Arthur Freed. Beschäftigung in Musikfilmen, so in *Broadway Melody of 1938* (Roy Del Ruth). Partnerin von Mickey Rooney in der Komödien-Serie um Andy Hardy. 1939 wird sie als Dorothy in Victor Flemings Märchen-Musical *The Wizard of Oz* zum Star (Special Junior Oscar). Sie prägt die Entwicklung des US-Film-

Musicals der 40er Jahre, in Tanzfilmen von Busby Berkeley, so in *For Me and My Gal* und in aufwendigen Musicals ihres späteren Ehemannes Vincente Minnelli, z. B. in *Meet Me in St. Louis* und *The Pirate*. Gleichzeitig umfangreiche Radio- und Schallplatten-Tätigkeit. Später wiederholt Konzerttourneen durch Amerika und Europa. 1950 beendet M-G-M den Vertrag; erster von mehreren Selbstmord-Versuchen. Garland konzentriert sich auf Shows und Tourneen durch Europa und die USA. 1954 triumphales – doch nur kurzfristiges – Film-Comeback und Oscar-Nominierung mit George Cukors *A Star Is Born*. Nach zahlreichen Skandalen spielt sie 1961 die dramatische Nebenrolle des Nazi-Opfers Irene Hoffmann in Stanley Kramers *Judgment at Nuremberg* (Oscar-Nominierung). 1963–64 TV-Serie *The Judy Garland Show*. Lebenslang führen psychische, private (fünf Ehen) und gesundheitliche Probleme (Alkohol, Medikamente) zu Schwankungen in der Karriere und zu körperlicher Zerrüttung. Die Töchter Liza Minnelli und Lorna Luft arbeiten ebenfalls als Sängerinnen.

[US] 1929: The Meglin Kiddie Revue. 1930: The Wedding of Jack and Bill; A Holiday in Storyland. 1936: Every Sunday [KF]; La fiesta de Santa Barbara; Pigskin Parade (Der springende Punkt). 1937: Broadway Melody of 1938 (Broadway-Melodie 1938); Thoroughbreds Don't Cry. 1938: Everybody Sing; Love Finds Andy Hardy; Listen, Darling. 1939: The Wizard of Oz (Das zauberhafte Land); Babes in Arms (Theaterkinder). 1940: Andy Hardy Meets Debutante; Strike up the Band (Heiße Rhythmen in Chicago); Babes on Broadway (Theaterkinder am Broadway); Little Nellie Kelly. 1941: A Romance of Celluloid: We Must Have Music [KF]; Life Begins for Andy Hardy; Ziegfeld Girl (Mädchen im Rampenlicht). 1942: For Me and My Gal. 1943: Thousands Cheer; Girl Crazy; Presenting Lily Mars. 1944: Meet Me in St. Louis (Heimweh nach St. Louis). 1945: The Harvey Girls; The Clock (Urlaub für die Liebe). 1946: Ziegfeld Follies (Broadway Melodie 1950); Till the Clouds Roll By (Bis die Wolken vorüber zieh'n). 1948: Words and Music; Easter Parade (Osterspaziergang); The Pirate (Der Pirat). 1949: In the Good Old Summertime (Damals im Sommer). 1950: Summer Stock. 1954: A Star Is Born (Ein neuer Stern am Himmel) [D,P]. 1961: Judgment at Nuremberg (Urteil von Nürnberg). 1962: A Child Is Waiting (Ein Kind wartet); I Could Go on Sing (Bretter, die die Welt bedeuten) [GB]. 1963–64: The Judy Garland Show [TV]. 1969: A Day In the Life of Judy Garland [DOK; nicht aufgeführt – SE].

Gassman, Vittorio

*1. 9. 1922 Genua

Der Sohn eines Ingenieurs besucht die Accademia d'Arte Drammatica in Rom. 1943 debütiert er auf der Bühne; erste Erfolge in den Nachkriegsjahren in der Truppe Luchino Viscontis. 1946 kommt Gassman zum Film, wo ihn Goffredo Alessandrini 1947 nach ein paar unwesentlichen Rollen für *L'ebreo errante* verpflichtet. Anschließend beweist Gassman sein Können als Partner Silvana Manganos in Giuseppe De Santis neorealistischem Meisterwerk *Riso amaro*. Neben Mangano bis 1954 (*Mambo*, Robert Rossen) in drei weiteren Filmen. Gleichzeitig ist er am Theater tätig. 1958 übernimmt Gassman in Mario Monicellis Komödie *I soliti ignoti* die Rolle des stammelnden Diebes und etabliert sich damit als führender Schauspieler der *commedia all'italiana*. Zu seinen reifsten Leistungen zählen die Rollen an der Seite von Alberto Sordi in *La grande guerra* (Monicelli) und neben Jean-Luis Trintignant in Dino Risis bitterer Komödie *Il sorpasso*. Für die Verkörperung der vielschichtigen Männerfigur in *Profumo di donna* von 1974 wird er in Cannes ausgezeichnet. Unter der Regie von Robert Altman (*A Wedding, Quintet*) und Alain Resnais (*La vie est un roman*) ist Gassman auch im Ausland tätig. Außerdem debütiert er 1956 mit *Kean genio e sregolatezza* auch als Regisseur, es folgen u. a. *L'alibi* und 1982 – zusammen mit seinem Sohn Alessandro – *Di padre in figlio*. Seit Mitte der 80er Jahre beschränkt sich Gassman auf kleine, aber gewichtige Filmrollen, während er weiterhin regelmäßig Theater spielt. Anfang der 80er gründet er die Schauspielschule «Bottega teatrale». 1981 Autobiografie «Un grande avvenire dietro le spalle», 1990 Roman «Memorie del sottoscala».

[IT] 1947: Daniele Cortis; La figlia del capitano (Aufstand in Sibirien); L'Ebreo errante; Preludio d'amore; Le avventure di Pinocchio (Die Abenteuer des Pinocchio). 1948: Il cavaliere misterioso (Der geheimnisvolle Chevaliere). 1948/49: Riso amaro (Bitterer Reis). 1949: Una voce nel tuo cuore; Lo sparviero del Nilo (Mit Schwert und Maske); Ho sognato il paradiso (Ich war eine Sünderin); Il lupo della Sila (Der Wolf der Silaberge). 1950: I fuorilegge (Giuliano – Der Rebell von Sizilien); Il ribelle di Amalfi (Der Löwe von Amalfi). 1951: Anna (Anna) [IT/FR]; Il tradimento. 1951/52: Il sogno di Zorro (Zorro der Held). 1952: La corona negra/La coronna nera [ES]; Sombrero (Sombrero) [US]; La tratta delle bianche (Mädchenhandel). 1953: Rhapsody (Symphonie des Herzens) [US]; Cry of the Hunted [US]; The Glass Wall (Die gläserne Mauer) [US]. 1954: Mambo (Mambo) [US]. 1955: La donna più bella del mondo/La belle des belles (Die schönste Frau der Welt) [IT/FR]. 1956: War and Peace (Krieg und Frieden) [US]; Kean genio e sregolatezza (Genie und Wahnsinn) [D,R,CoA]; Difendo il mio amore/Scandale à Milan (Ihr schlechter Ruf) [IT/FR]; Giovanni delle bande nere (Die schwarzen Ritter von Borgoforte). 1957: La ragazza del Palio/La blonde enjôleuse (Keine Schonzeit für Blondinen) [IT/FR]. 1958: I soliti ignoti (Diebe haben's schwer); La tempesta/La tempête (Sturm im Osten) [IT/FR]. 1959: The Miracle (Madonna mit den zwei Gesichtern) [US]; Audace colpo dei soliti ignoti/Hold-up à la milanaise (Diebe sind auch Menschen) [IT/FR]; La cambiale; La grande guerra/La grande guerre (Man nannte es den großen Krieg) [IT/FR]; Le sorprese del amore (Überraschungen in der Liebe). 1959/60: Il mattatore (Der Meistergauner). 1960: Crimen/Chacun son alibi (Die Leiche ist im falschen Koffer) [IT/FR]. 1961: I briganti italiani/Los guerilleros (Der Bandit von Neapel) [IT/FR]; Fantasmi a Roma (Das Spukschloß in der Via Veneto); Barabba (Barabbas); Il giudizio universale/Le jugement dernier (Das Jüngste Gericht findet nicht statt) [IT/FR]; Una vita difficile (Das Leben ist schwer). 1962: La marcia su Roma/La marche sur Rome [IT/FR]; Il sorpasso (Verliebt in scharfe Kurven); L'Amore difficile/Erotica. 2. EP: L'Avaro [EP – IT/BRD]; Anima nera (Schwarze Seele) [IT/FR]. 1962/63: La smania addosso/Viol à l'italienne (Heirat auf sizilianisch) [IT/FR]. 1963: I mostri/Les monstres [EP – IT/FR]; Il successo [IT/FR]. 1963/64: Frenesia dell'estate (Verrückter Sommer) [IT/FR]. 1964: Il gaucho/Un italiano en la Argentina [IT/AR]; Se permettete, parliamo di donne/Parlons femmes (Frivole Spiele) [IT/FR]; La congiuntura/Cent millions ont disparu (Auf eine ganz krumme Tour) [IT/FR]. 1965: Slalom (So ein Windhund) [IT/FR]; L'Armata Brancaleone/L'Armée Brancaleone (Die unglaublichen Abenteuer des hochwohllöblichen Ritters Branca Leone) [IT/FR]; Una vergine per il principe/Une vierge pour le prince (Eine Jungfrau für den Prinzen) [IT/FR]; La guerre secrète/La guerra segreta/Spione unter sich [EP – FR/IT/BRD]. 1966: L'Arcidiavolo; Le piacevoli notti. 3. EP (Ergötzliche Nächte) [EP]. 1967: Woman Times Seven/Sept fois femme. 3. EP: Two Against One (Linda) (Siebenmal lockt das Weib) [EP – US/FR]; Questi fantasmi/Fantômes à l'italienne (Die Über-Sinnliche) [IT/FR]; Il tigre; Lo scatenato. 1967/68: Il profeta. 1968: L'Alibi [D, CoR, CoA]; La pecora negra (Ein rabenschwarzes Schaf). 1969: L'Arcangelo (Erzengel); Dove vai tutta nuda? (Warum läufst du immer nackt herum?); Una su 13/12+1 (Zwölf plus eins) [IT/FR]. 1969/70: Contestazione generale. 1. EP: La bomba alla televisione (Generalstreik) [EP]. 1970: Brancaleone alle crociate (Brancaleone auf Kreuzzug ins Heilige Land) [IT/DZ]; Il divorzio. 1970/71: Scipione detto anche l'africano [IT/FR/BRD]. 1971: L'Udienza/L'Audience (Die Audienz) [IT/FR]; In nome del popolo italiano (Abend ohne Alibi). 1972: Che c'entriamo noi con la rivoluzione?/¿Qué no importa la rivolución? [IT/ES]; Senza famiglia nullatenenti cercano affetto [D, R, CoA]. 1972/73: La Tosca. 1974: C'eravamo tanto amati (Wir hatten uns so geliebt); Profumo di donna (Der Duft der Frauen). 1975: A mezzanotte va la ronda del piacere (Eine Laus im Pelz); Un sorriso, uno schiaffo, un bacio in bocca. 1975/76: Come una rosa al naso (Ramba Zamba mit der Mafia) [IT/GB]. 1976: Signore e signori, buonanotte [EP]; Il deserto dei Tartari/Le désert des Tartares/Die Tatarenwüste [IT/FR/BRD]; Telefoni bianchi (Telefoni bianchi); Anima persa/Ames perdues [IT/FR]. 1977: I nuovi mostri (Viva Italia) [EP]. 1978: Quintet (Quintett) [US]; A Wedding (Eine Hochzeit) [US]. 1978/79: Due pezzi di pane/Deux bonnes pates (Zwei Väter, ein Kind und die schöne Lucia) [IT/FR]. 1979: Caro papà/Cher papa (Caro Papa) [IT/FR/CA]. 1979/80: La terrazza/La terrasse (Die Terrasse) [IT/FR]. 1980: The Nude Bomb (Die nackte Bombe) [US]; Sono fotogenico/Je suis photogénique [IT/FR]. 1980/81: Camera d'albergo/Chambre d'hôtel [IT/FR]. 1981: Sharky's Machine (Sharky und seine Männer) [US]; Il turno. 1982: Di padre in figlio (Di Padre in Figlio) [D,CoR,CoA]; Il conte Tacchia; Tempest (Der Sturm – Eine überraschende Komödie) [US]. 1982/83: La vie est un roman (Das Leben ist ein Roman) [FR]. 1983: Benvenuta (Das anonyme Bekenntnis) [BE/IT/FR]. 1985: Le pouvoir du mal (Paradigme)/Il potere del male (Paradigma) [FR/IT]; I soliti ignoti ... vent'anni dopo. 1986: Cinecittà Cinecittà [R – TV]. 1986/87: La famiglia/La famille (Die Familie) [IT/FR]. 1987: I picari/Los alegres picaros (Vagabunden wie wir) [IT/ES]; L'Altro enigma [R – TV]. 1988/89: Mortacci. 1989: Lo zio indegno. 1989/90: Dimenticare Palermo/Oublier Palerme (Palermo vergessen) [IT/FR]. 1990: Les 1001 nuits [FR]; I divertimenti della vita privata/Les amusements de la vie privée [IT/FR]; Tolgo il disturbo (Opa spielt verrückt) [IT/FR]. 1991: Quando eravamo repressi (Swingers); El largo invierno [ES]; Rossini! Rossini! [IT/FR/ES/DE]. 1993: Die Bibel: Abraham/Abramo [TV – DE/IT/US]. 1994: Tutti gli anni, una volta l'anno [IT/FR]. 1996: Sleepers (Sleepers) [US].

Gebühr, Otto

*29. 5. 1877 Kettwig (Ruhr)
†13. 3. 1954 Wiesbaden

Schulbesuch und kaufmännische Lehre in Köln, 1896 kaufmännische Tätigkeit in Berlin, nebenbei Schauspielunterricht, dann Wanderbühne, Stadttheater Görlitz. 1898–1908 am Königlichen Hoftheater Dresden. 1909 Auftritt am Irving-Palace-Theatre in New York, dann Lessingtheater Berlin. 1912–14 Theater in der Königgrätzer Straße. Kriegsfreiwilliger. 1917 bis 19 Deutsches Theater Berlin, u.a. in Max-Reinhardt-Inszenierungen. Filmdebüt 1917 in der Messter-Produktion *Der Richter*. Durch Vermittlung Paul Wegeners als Friedrich II. in *Die Tänzerin Barberina* (Carl Boese). Wegen seiner Ähnlichkeit mit Adolph von Menzels Friedrich-Porträt in der gleichen Rolle in Arzen von Cserépys 4teiliger Chronik *Fridericus Rex*

(1920–23) und den folgenden nationalistisch ausgerichteten Preußen-Filmen: z. B. *Der große König* (Veit Harlan). Autoritäre Züge tragen auch Gebührs Blücher in *Waterloo* (Karl Grune) und sein König von Sachsen in *Bismarck* (Wolfgang Liebeneiner). Daneben auch Maritimes, u. a. *Schiffe und Menschen* (Carl Boese), *In Treue stark* (Heinrich Brandt) und *Scapa Flow* (Leo Lasko). Nur selten Gestaltung differenzierterer Charaktere, wie die Titelrolle in der Balzac-Adaption *Gobseck* (Preben Rist) und in der Doppelrolle als Schneider und Fürst in *Die Perücke* (Berthold Viertel). Ein Kuriosum ist die französische Verfilmung von Goethes *Der Erlkönig* (Marie-Louise Iribe), durch die er als Vater reitet. Nebenrollen im Tonfilm zeigen seine komödiantischen Fähigkeiten: Prilop in *Casanova heiratet* (Viktor de Kowa), Dorfschullehrer in *Viel Lärm um Nixi* (Erich Engel). 1947 wieder Theaterarbeit an der Berliner Komödie. In den 50er Jahren Gastspielreisen. Mit Chargenrollen kauziger Eigenbrötler und verblassender Respektspersonen in Heimatfilmen und Schmonzetten.

[DE/BRD] 1917: Der Richter. 1918: Die singende Hand. 1919: Sündiges Blut; Der Flimmerprinz. 1919/ 20: Die Tänzerin Barberina; Drei Nächte. 1920: Das Mädchen aus der Ackerstraße. 1. Teil; Schiffe und Menschen; Whitechapel; Abend – Nacht – Morgen; Der Golem, wie er in die Welt kam; Der Menschheit Anwalt. 1 Das Wunder der Zeiten; Das Floß der Toten. 1920/21: Aus dem Schwarzbuch eines Polizeikommissars. 1. Teil: Loge Nr. 11 Ep: 1. [EP]; Fridericus Rex Teil 1–2. 1921: Wie das Mädchen aus der Ackerstraße die Heimat fand; Die Furcht vor dem Weibe; Der Schatz der Azteken; Der Gang durch die Hölle; Der Schrecken der roten Mühle; Der Schatten der Gaby Leed. 1921/22: Sterbende Völker. 1922/23: Fridericus Rex Teil 3–4. 1923: Wilhelm Tell; Die Vergeltung; Mutter, Dein Kind ruft/Das brennende Geheimnis; Gobseck; Der Geldteufel; Jim als Hochtourist [D,P]. 1923/24: Neuland oder das glückhaft Schiff [D,P]. 1924: Ich hatt' einen Kameraden [D,P]; Die Perücke. 1924/25: Das Paradies Europas [DE/CH]. 1925: Leidenschaft/ Die Liebschaften der Hella von Gilsa; Sein Chef; ... und es lockt ein Ruf aus sündiger Welt; Die eiserne Braut; Die Gesunkenen. 1925/26: Die Mühle von Sanssouci. 1926: In Treue stark; Die Sporck'schen Jäger. 1927: Die heilige Lüge; Der alte Fritz. Teil 1–2. 1928: Waterloo. 1928/29: Die keusche Kokotte. 1929: Aus der Werkstatt des Filmschauspieler: Otto Gebühr [D,R – KDOK]. 1929/30: Scapa Flow. 1930: Der Detektiv des Kaisers; Das Flötenkonzert von Sanssouci; Le roi des aulnes [Version – FR]; Der Erlkönig [Version – FR]. 1932: Die Tänzerin von Sanssouci. 1932/33: Der Choral von Leuthen. 1936: Heiteres und Ernstes um den Großen König [KF]; Fridericus. 1936/37: Das schöne Fräulein Schragg. 1938: Nanon; Frauen für Golden Hill. 1939: Die barmherzige Lüge. 1939/40: Casanova heiratet; Leidenschaft. 1940: Bismarck. 1940–42: Der große König. 1940/41: Kopf hoch, Johannes. 1941: Viel Lärm um Nixi [Version – IT]. 1941–43: Nacht ohne Abschied. 1942/ 43: Wenn der junge Wein blüht; Immensee. 1943: Fritze Bollmann wollte angeln; Die goldene Spinne. 1944: Der Erbförster. 1947: Und über uns der Himmel. 1948/49: Anonyme Briefe. 1949: Der Bagnosträfling. 1950: Die Lüge; Melodie des Schicksals; Drei Mädchen spinnen/Mutti muß heiraten/Komplott auf Erlenhof. 1950/51: Unsterbliche Geliebte; Dr. Holl; Das ewige Spiel. 1951: Sensation in San Remo; Stips; Grün ist die Heide; Wenn die Abendglocken läuten. 1952: Mein Herz darfst Du nicht fragen; Tausend rote Rosen blühn; The Devil Makes Three (Des Teufels Erbe) [US]; Fritz und Friederike; Oh, Du lieber Fridolin; Wenn abends die Heide träumt; Die blaue Stunde. 1952/53: Hab' Sonne im Herzen. 1953: Rote Rosen, rote Lippen, roter Wein; Vati macht Dummheiten; Straßenserenade; Sterne über Colombo. 1953/54: Meines Vaters Pferde. 2. Seine dritte Frau; Die Gefangene des Maharadscha; Der Mann meines Lebens; Sauerbruch – Das war mein Leben. 1954: Rosen-Resli.

Gélin, Daniel

* 19. 5. 1921 Angers

1938 nach Paris; dort Schauspielunterricht bei René Simon, dann am Konservatorium bei Louis Jouvet. Theaterdebüt 1941 am Grand Guignol; Engagement am Théâtre de l'Atelier. Gleichzeitig auch beim Film, zunächst in Rollen von komplizierten Charakteren, Exzentrikern, Künstlern und jungenhaften Liebhabern, die häufig zum Opfer ihres Romantizismus werden. In Georges Lacombes *Martin Roumagnac* ist er in einer Dreiecksbeziehung mit Marlene Dietrich und Jean Gabin der rächende Engel. Mit Danielle Délorme, mit der er 1945–54 verheiratet ist, bildet er um 1950 eines der Traumpaare des französischen Kinos, so in Jacques Beckers *Rendez-vous de juillet*; Variationen bieten – mit Anne Vernon als Partnerin – Beckers *Edouard et Caroline* und *Rue de l'estrapade*. International bekannt wird Gélin in Max Ophüls *La ronde* als unglücklicher Verehrer einer reifen Frau (Danielle Darrieux). Seit Beginn der 50er Jahre führt Gélin mehrfach Regie im Theater, ab 1952 auch beim Film: *Les dents longues* mit Brigitte Bardot. Man sieht Gélin später in einigen ihrer Filme in Nebenrollen. 1952/ 53 als enttäuschter Kriegsheimkehrer in G. W. Pabsts *La voce del silenzio*. Bemerkenswert auch sein Auftritt in der Titelrolle von Sacha Guitrys *Napoléon* (1954/55). In Alfred Hitchcocks *The Man Who Knew Too Much* ist Gélin als französischer Agent einer der herausragenden Darsteller. In zahlreichen italienischen und französischen Produktionen unterschiedlicher Qualität absolviert er kleinere Rollen oder Gastauftritte. Zu den wichtigeren Rollen gehören seine Vaterrolle in Louis Malles *Le souffle au cœur* und sein Auftritt in Ettore Scolas *La nuit de Varennes*. 1987 hat er unter der Regie von Roger Planchon eine großen Theatererfolg mit «Dandin». Er veröffentlicht 1950 seinen ersten Gedichtband, dem 1965 und 1972 weitere folgen. 1977 Erinnerungen «Deux ou trois vies, qui sont les miens».

[FR] 1940: Miquette ; Les surprises de la radio; Soyez les bienvenus. 1941: Les inconnus dans la maison (Das unheimliche Haus); Premier rendez-vous (Ihr erstes Rendezvous). 1942: L'Assassin habite au 21 (Der Mörder wohnt Nr.21); Les cadets de L'Océan. 1943: Les petites du Quai aux Fleurs. 1944: L'Enquête sur le 58 [KF]. 1945: La tentation de Barbizon (Wenn der Himmel versagt); Un ami viendra ce soir. 1946: Miroir; Martin Roumagnac (Martin Roumagnac); La nuit de Sybille; La femme en rouge. 1947: Le mannequin assassiné. 1948: Le paradis des pilotes perdus. 1949: Rendez-vous de juillet (Treffpunkt Quartier Latin). 1950: Dieu a besoin des hommes (Gott braucht Menschen); La ronde (Der Reigen); Chicago-Digest/Du sang dans la sciure [KF]; Edouard et Caroline (Eduard und Caroline). 1951: Les mains sales (Schmutzige Hände); Une histoire d'amour; Le plaisir/EP: Le masque (Pläsier) [EP]. 1952: Rue de L'Estrapade (Liebe im Kreise); Adorables créatures/Quando le donne amano (Liebenswerte Frauen) [FR/IT]; Les dents longues (Von Sensationen gehetzt) [D,R]; Echos de plateau [KF]; Saint-Tropez, devoir de vacances [KF]; Torticola contre Frankensberg [KF]; La minute de vérité/L'ora della verita (Geständnis einer Nacht) [FR/IT]. 1952/53: La voce del silencio/La voix du silence (Männer ohne Tränen) [IT/FR]. 1953: L'Esclave/Schiavitu' (Liebe ohne Gnade) [FR/IT]; Sang et lumières (Feuriges Blut, wilde Leidenschaft) [FR/ES]; La neige était sale (Der Schnee war schmutzig); Si Versailles m'était conté (Versailles – Könige und Frauen). 1953/54: L'Affaire Maurizius/Il caso Maurizius (Der Fall Maurizius) [FR/IT]. 1954: Opinione pubblica/Rumeur publique [IT/FR]; Les amants du Tage (Nächte in Lissabon); La romana/La belle romaine (Die freudlose Straße) [IT/FR]; L'Allegro squadrone/Les gaités de l'escadron (Husarenstreiche) [IT/FR]. 1954/55: Napoléon/Napoleone Bonaparte (Napoleon) [FR/IT]. 1955: The Man Who Knew Too Much (Der Mann, der zuviel wußte) [US]; Paris canaille/Paris coquin (Oh, la-la, Chérie). 1956: En effeuillant la marguerite (Das Gänseblümchen wird entblättert); Je reviendrai à Kandara (Schatten auf dem Dach); Bonsoir Paris – Süß ist die Liebe in Paris/Bonsoir Paris, bonjour l'amour [BRD/FR]. 1957: Retour de manivelle/Delitto sulla Costa Azzura (Luzifers Tochter) [FR/IT]; Charmants garçons (Kavaliere); Trois jours à vivre (Du hast noch drei Tage); Mort en fraude (Das Halbblut von Saigon). 1958: Suivez-moi jeune homme (Komm mit, Kleiner); Ce corps tant désiré (Mädchen des Lasters); La fille de Hambourg (Das Mädchen aus Hamburg). 1959: Julie la rousse (Rote Haare – freche Lippen); Le testament d'Orphée (Das Testament des Orpheus); Cartagine in fiamme/Carthage en flammes (Karthago in Flammen) [IT/FR/GB]. 1959/60: Austerlitz/Napoleone ad Austerlitz (Austerlitz – Glanz einer Kaiserkrone) [FR/IT]. 1960: La morte-saison des amours (Reigen der Liebe); La trêve (Zwei ebenbürtige Ganoven); Le tre eccetera del colonello/Les trois etc ... du colonel (Ein Degen und drei Spitzenhöschen) [IT/FR]. 1961: La proie pour l'ombre (Die Beute des Schattens); Réveille-toi, chérie ou Bonne nuit, monsieur Masure (In fremden Betten); The Longest Day (Der längste Tag) [US]. 1961/62: Les petits matins (Wir bitten zu Bett). 1962: Règlements de comptes. 1962/63: Vacances portugaises (Ferien in Portugal). 1963: La bonne soupe/La pappa reale (Das leichte Geld der Liebe) [FR/IT]; Tre piger i Paris/Trois filles à Paris [DK/FR]; Bolivar 63–29 [KF]. 1964: El niño y el muro/L'enfant et le mur [ES/FR]. 1965: Compartiment tueurs (Mord im Fahrpreis inbegriffen); Gorke trave/Die Zeugin aus der Hölle [YU/BRD]. 1965/66: Zwei Girls vom roten Stern/Duel à la vodka [AT/BRD/FR]. 1966: Les sultans/L'amante italiana (Nur eine Nacht, Chérie) [FR/IT]; Soleil noir/L'Angelica avventuriera (Heiße Nächte) [FR/IT]; Paris brûle-t-il?/Is Paris Burning? (Brennt Paris?) [FR/US]; A belles dents (Karriere); La ligne de démarcation. 1968: Le mois le plus beau; Slogan (Slogan). 1969: Der leise Atem der Lust/La servante [BRD/FR]; Hallucinations sadiques; Détruire, dit-elle. 1970: Christa/Swedish Fly Girls (Geliebte Christa) [US]. 1970/71: Le souffle au coeur/Il Soffio al cuore/Herzflimmern (Herzflimmern) [FR/IT/BRD]. 1972: Far from Dallas. 1973: Un linceul n'a pas de poches; La polizia è al servizio del cittadino/La police au service du citoyen (Auf verlorenem Posten) [IT/FR]; La gueule de l'emploi (Hummeln im Hintern). 1974: Dialogue d'exilés/Diálogo de exilados [FR/ES]. 1975: Trop c'est trop. 1976: Qu'il est joli garçon l'assassin de papa. 1977: Nous irons tous au paradis (Wir kommen alle in den Himmel). 1979: L'Honorable société. 1980: Signé Furax. 1981: Guy de Maupassant. 1981/82: La nuit de Varennes/Il mondo nuovo (Flucht nach Varennes) [FR/IT]. 1984: Un delitto [TV – IT]; Les enfants (Les enfants – Die Kinder). 1987: Sécurité publique; Dandin; La vie est un long fleuve tranquille (Das Leben ist ein langer ruhiger Fluß). 1988: Itinéraire d'un enfant gâté (Der Löwe). 1989: Mister Frost (Der teuflische Mister Frost) [FR/GB]. 1990: Mauvaise fille [FR/CH]; Les secrets professionnels du docteur Apfelgluckl [EP]; Il giudice istruttore [TVS – IT (EURO)]. 1991: Les eaux dormantes; Iran: Days of Crisis (Iran: Days of Crisis) [TV – US]; Un type bien. 1991/92: De force avec d'autres [DOK]. 1992: Coup de jeune; Roulez jeunesse. 1993: Les marmottes; Des feux mal éteints. 1993/94: La cité de la peur: Une comédie familiale; Warrior Spirit [TV – CA/FR]. 1994: 3000 scénarios contre un virus. 1995: Fugueuses; Une Fille galante; Les Bidochon [FR/PT]. 1996: Fantôme avec chauffeur; Hommes, femmes, mode d'emploi. 1997: Berlin–Niagara [FR/DE].

Gemma, Giuliano

*2. 9. 1938 Rom

Mit 18 Jahren als Statist beim Film. Seine vorherige Karriere als aktiver Sportler und seine athletische Figur legen ihn vor allem für Rollen in historischen bzw. mythologischen Filmen fest, z. B. in William Wylers Monumentalfilm *Ben Hur* (1959) und in Duccio Tessaris *Arrivano i titani*. 1962 engagiert ihn Luchino Visconti für eine kleine Rolle in *Il Gattopardo*. Mitte der 60er Jahre spezialisiert sich Gemma auf Italo-Western und tritt in vielen Filmen auch unter dem Pseudonym Montgomery Wood auf. Neben Clint Eastwood entwickelt er sich zu einem der bekanntesten Darsteller in diesen Genres und erringt große Popularität, vor allem in Filmen von Tessari, z. B. *Una pistola per Ringo*. Anfang der 70er Jahre etabliert er sich in anspruchsvolleren Filmen, in denen er Charaktere darstellt, die oft der jüngeren Geschichte entnommen sind, so in Valentino Orsinis *Corbari* und in Pasquale Squitieris *Il prefetto di ferro*. 1976 vertraut ihm Valerio Zurlini in *Il deserto dei Tartari* die Rolle eines Offiziers an, der einsam in einer unnützen Grenzfestung – vergeblich auf einen unwahrscheinlichen Angriff wartend – alt wird. Diese Rolle zählt neben der des Sportarztes in Florestano Vancinis *Passioni popolari* (1980) zu Gemmas besten Leistungen. 1985 kehrt er unter Tessaris Regie wieder zum Western zurück und verkörpert die Titelrolle in *Tex e il signore degli abissi*; ansonsten erhält er in den 80er Jahren eher unbedeutende Rollen. Er ist vornehmlich im Fernsehen tätig, wo seine Popularität anhält.

[IT] 1959: Arrangiatevi!; Il nemico di mia moglie (Mein schöner Ehemann); Messalina, Venere imperatrice (Messalina); Ben Hur (Ben Hur) [US]. 1961/62: Arrivano i Titani/Les Titans (Kadmos – Tyrann von Theben) [IT/FR]. 1962: Il giorno piú corto; Il Gattopardo/Le guepárd (Der Leopard) [IT/FR]. 1962/63: Shéherazade/Scherezade/La schiava di Bagdad (Sheherazade) [FR/ES/IT]. 1963: Maciste, l'eroe più grande del mondo (Der Stärkste unter der Sonne). 1964: La rivolta dei pretoriani (Der Aufstand der Prätorianer); I due gladiatori (Kaiser der Gladiatoren); Ercole contro i figli del sole/Hércules contra los hijos del sol (Huasca – wie tödliche Geier) [IT/ES]; Angélique, marquise des Anges/Angélique/Angelica [FR/BRD/IT]. 1964/65: Erik il vichingo (Die Rückkehr des Gefürchteten). 1965: Arizona Colt (Arizona Colt) [IT/FR]; El retorno de Ringo/Il ritorno di Ringo (Ringo kommt zurück) [ES/IT]; Angélique et le Roi/Angélique und der König/Angelica alla corte del Re [FR/BRD/IT]; Una pistola para Ringo/Una pistola per Ringo (Eine Pistole für Ringo) [ES/IT]; La ragazzola; Un dollaro bucato/Le dollar troué (Ein Loch im Dollar) [IT/FR]; Adiós, Gringo (Adios Gringo) [IT/ES/FR]. 1966: Kiss, kiss ... bang, bang [IT/ES]; Per pochi dollari ancora/Trois cavaliers pour Fort Yuma/Un hombre del Sur (Tampeko) [IT/FR/ES]. 1966/67: I lunghi giorni della vendetta (Faccia d'angelo)/Los largos días de la venganza (Der lange Tag der Rache) [IT/ES]. 1967: Il giorni dell'ira/Der Tod ritt dienstags [IT/BRD]; Wanted (Wanted). 1968: I bastardi/Le bâtard/Der Bastard [IT/FR/BRD]; ... e per tetto un cielo di stelle (Amigos). 1969: Vivi o, preferabilmente, morti/Vivos o, preferiblemente, muertos (Friß oder stirb) [IT/ES]; Il prezzo del potere/La muerte de un presidente (Blutiges Blei) [IT/ES]; Violenza al sole (In den Adern heißes Blut). 1970: Quando le donne avevano la coda (Als die Frauen noch Schwänze hatten); Corbari (Die letzten Partisanen). 1970/71: L'Arciere di fuoco/El aquerzo de Sherwood/La grande chevauchée de Robin des Bois (Der feurige Pfeil der Rache) [IT/ES/FR]. 1971: L'Amante dell'Orsa Maggiore/Der Geliebte der großen Bärin [IT/FR/BRD]. 1971/72: Amico stammi lontano almeno un palmo (Ben und Charlie). 1972: Un uomo da rispettare/Ein achtbarer Mann [IT/BRD]; Il maschio ruspante. 1973: Anche gli angeli mangiano fagioli/Tambien los ángeles comen judias (Auch die Engel essen Bohnen) [IT/ES/FR]; Troppo rischio per un uomo solo (Haie kennen kein Erbarmen). 1973/74: Delitto d'amore (Ein Verbrechen aus wahrer Liebe). 1974: Il bianco, il giallo, il nero/El Blanco, el amarillo y el negro/Le Blanc, le jaune et le noir (Stetson – drei Halunken erster Klasse) [IT/ES/FR]; Anche gli angeli tirano di destro (Auch die Engel mögen's heiß). 1975: Africa Express [IT/BRD]. 1976: Il deserto dei Tartari/Le désert des Tartares/Die Tatarenwüste [IT/FR/BRD]; Safari Express [IT/BRD]. 1977: Il grande attacco (Die große Offensive); California (Der Mann aus Virginia) [IT/ES]; Il prefetto di ferro (Der eiserne Präfekt). 1978: Sella d'argento (Silbersattel); Corleone (Der Aufstieg des Paten). 1979: Un uomo in ginocchio (Ein Mann auf den Knien); La legion saute sur Kolwezi [FR]. 1980: Passioni popolari; L'Avvertimento (Die tödliche Warnung). 1981: Ciao nemico (Die Nahkampf-Truppe). 1982: Tenebre (Tenebrae). 1983: Le cercle des passions (Im Bann der Leidenschaft) [FR/IT/ES]. 1984: Claretta [TV]. 1985: Tex e il Signore degli abissi (Tex und das Geheimnis der Todesgrotten); Caccia al ladro d'autore [TVS]. 1986: Speriamo che sia femmina/Pourvu que ce soit une fille (Hoffen wir, daß es ein Mädchen wird) [IT/FR]. 1987: Châteauroux district [FR]. 1988: Qualcuno pagherà. 1990: Vostra per sempre, Elvira [TV];

Non aprire all'uomo nero [TV – IT/FR]; Dagli Appennini alle Ande [TV]. 1991: Ya no hay hombres [AR]; Prigioniera di una vendetta [TVS]; Al acecho [TV – ES]; La moglie nella cornice [TV]; Rally [TV]. 1992: Una storia italiana [TV]; Danielle Steel's «Jewels» [TV – US].

George, Götz

*23. 7. 1938 Berlin

Sohn des Schauspielerehepaars Heinrich George und Berta Drews. Schule bis zur Mittleren Reife in Berlin-Lichterfelde und am Lyzeum Alpinum in Zuoz. 1950 Bühnendebüt in Berlin am Hebbel-Theater. 1953 Filmdebüt neben Romy Schneider in Hans Deppes Rhein- und Gesangsfilm *Wenn der weiße Flieder wieder blüht*. 1955–58 Schauspielausbildung im Ufa-Nachwuchsstudio. Daneben Filmauftritte u. a. in der DEFA-Komödie *Alter Kahn und junge Liebe* (Hans Heinrich). Fernsehdebüt 1957 in *Kolportage* (Hans Lietzau) nach Georg Kaiser. 1958–63 Deutsches Theater Göttingen, wiederholt Gastspiele und Tourneen. 1960 Bundesfilmpreis als bester Nachwuchsschauspieler für Wolfgang Liebeneiners *Jacqueline*, außerdem Hauptrolle eines kriegsmüden jungen Soldaten in *Kirmes* (Wolfgang Staudte). Unter dessen Regie auch in *Herrenpartie* als junger Deutscher in Auflehnung gegen die Nazivergangenheit der Älteren. Beeindruckend differenziert als spießig-brutaler Auschwitz-Kommandant in *Aus einem deutschen Leben* (Theodor Kotulla). In den 60er Jahren auch wiederholt als blonder Draufgänger in Karl-May-Western. Titelrolle in Peter Beauvais' TV-Film *Peter Schlemihls wundersame Geschichte* nach Chamisso. Neben Auftritten in TV-Serien in der Kleist-Adaption *Die Gräfin von Rathenow* (Beauvais) und als Preußen-König Friedrich Wilhelm in Frank Beyers *Der König und sein Narr*. Ab 1981 Erfolg als unkonventionell lockerer Kommissar Schimanski in der *Tatort*-Serie; in dieser Rolle auch zwei Kino-Krimis. Spätere Aufgaben in scharfem Kontrast zum Schimanski-Image, so in Carl Schenkels *Abwärts* (1985 Bundesfilmpreis), als Gentleman-Gauner Graf in *Der Bruch* (Beyer), im Politthriller *Blauäugig* (Reinhard Hauff), als Sensationsreporter in Helmut Dietls *Schtonk* (1993 Bundesfilmpreis) und in der die Wende begleitenden Ost-West-Doppelrolle *Schulz & Schulz* (Ilse bzw. Nico Hofmann). Für seine Darstellung des Serienmörders Fritz Haarmann in Romuald Karmakers Film *Der Totmacher* erhält George 1995 in Venedig den «Coppa Volpi» (Preis für den besten Hauptdarsteller). 1986 Bühnenregie in Gogols «Der Revisor».

[BRD] 1953: Wenn der weiße Flieder wieder blüht. 1954: Ihre große Prüfung. 1956: Alter Kahn und junge Liebe [DDR]. 1957: Kolportage [TV]. 1958: Solange das Herz schlägt. 1959: Jacqueline. 1960: Kirmes; Die Fastnachtsbeichte. 1960/61: Der Teufel spielte Balalaika. 1961: Unser Haus in Kamerun; Alle meine Söhne [TV]; Mörderspiel/Jeu de l'assassin [BRD/FR]. 1961/62: Das Mädchen und der Staatsanwalt; Ihr schönster Tag. 1962: Ipnosi/Hipnosis/Nur tote Zeugen schweigen [IT/ES/BRD]; Der Schatz im Silbersee/Blago u srebnom jezeru/Le trésor du lac d'argent [BRD/YU/FR]; Mensch und Bestie/Covek i zver [BRD/YU]. 1962/63: Liebe will gelernt sein. 1963/64: Herrenpartie/Muski izlet [BRD/YU]. 1964: Wenn der Eismann kommt [TV]; Unter Geiern/Parmi les vautours [BRD/FR]; Wartezimmer zum Jenseits. 1964/65: Sie nannten ihn Gringo/La ley del forastero [BRD/ES]. 1965: Ferien mit Piroschka [AT/BRD]; Alle meine Söhne [TV]. 1966: Winnetou und das Halbblut Apanatschi/Apanatsi [BRD/YU]. 1967: Peter Schlemihls wundersame Geschichte [TV]. 1968: Ich spreng' euch alle in die Luft – Inspektor Blomfields Fall Nr. 1; Der Todeskuß des Dr. Fu Man Chu/Kiss and Kill/The Blood of Fu Manchu/Fu Manchu y el beso de la muerte [BRD/US/GB/ES]; Match [TV]. 1969: Himmelfahrtskommando El Alamein; 11 Uhr 20 [TV]; Spion unter der Haube [TV]. 1969/70: Der Kommissar: Tod einer Zeugin [TV]. 1970: Vento dell'Est/Vent d'Est/Ostwind [IT/FR/BRD]. 1971: Diamantendetektiv Dick Donald [TVS]; Tatort: Blechschaden [TV]. 1972: Der Kommissar: Amoklauf [TV]; Theaterwerkstatt: Kesselflickers Hochzeit [TV]; Der Illegale [TV]; Tatort: Rattennest [TV]. 1973: Der Kommissar: Sommerpension [TV]; Die Gräfin von Rathenow [TV]; Zwischen den Flügen [TVS]. 1974: Mandragola [TV]. 1976: Tatort: Transit ins Jenseits [TV]; Café Hungaria [TVS – AT/BRD/CH]. 1977: Aus einem deutschen Leben. 1978: Derrick: Der Spitzel [TV]; Der Alte: Der schöne Alex [TV]. 1979: Der Alte: Der Auftraggeber [TV]; Les chevaux du soleil (Die Sonnenpferde) [TV – FR]. 1980: Überfall in Glasgow [TV]. 1980/81: Der König und sein Narr [TV]. 1981: Der Regenmacher [TV]; Tatort: Der unsichtbare Gegner [TV]; Tatort: Duisburg-Ruhrort [TV]; Tatort: Grenzgänger [TV]. 1981/82: Tatort: Das Mädchen auf der Treppe [TV]. 1982: Tatort: Miriam [TV]; Tatort: Kuscheltiere [TV]. 1983: Tatort: Zweierlei Blut [TV]; Tatort: Rechnung ohne Wirt [TV]; Tatort: Kielwasser [TV]; Das schöne Ende dieser Welt [TV]. 1983/84: Abwärts. 1984: Abgehört [TV]; Tatort: Schwarzes Wochenende [TV]; Tatort: Doppelspiel [TV]; Tatort: Das Haus im Wald [TV]. 1985: Tatort: Freunde [TV]; Zahn um Zahn; Tatort: Spielverderber [TV]; Tatort: Der Tausch [TV]. 1986: Tatort: Gebrochene Blüten [TV]; Atelier [TV-DOK]. 1986/87: Zabou. 1987: Die Katze. 1987/88: Tatort: Einzelhaft [TV]. 1988: Der Bruch [DDR]; Tatort: Der Pott [TV]; Tatort: Moltke [TV]. 1988/89: Blauäugig; Tatort: Blutspur [TV]. 1989: Schulz & Schulz [TV];

Tatort: Schimanskis Waffe [TV]; Zwei Frauen; Tatort: Katjas Schweigen [TV]; Spielen willst Du ja alles [TV-DOK]. 1990: Tatort/Polizeiruf 110: Unter Brüdern [TV]; Tatort: Medizinmänner [TV]. 1990/91: Tatort: Bis zum Hals im Dreck [TV]; Schulz & Schulz II: Aller Anfang ist schwer [TV]. 1991: Tatort: Der Fall Schimanski [TV]; Schtonk; Tatort: Kinderlieb [TV]. 1991/92: Morlock: König Midas [TV]; Schulz & Schulz III: Wechselspiele [TV]. 1992: Morlock: Kinderkram [TV]; Schulz & Schulz IV: Neue Welten – alte Lasten [TV]. 1992/93: Ich und Christine. 1993: Morlock: Der Tunnel [TV]; Schulz & Schulz V: Fünf vor zwölf [TV]; Morlock: Die Verflechtung [TV]; Die Sturzflieger. 1994: Der König von Dulsberg; Das Schwein. Eine deutsche Karriere [TV]. 1995: Der Totmacher; Der Sandmann; Der Mann auf der Bettkante [TV]. 1995/96: Tote sterben niemals aus. 1996: Rossini oder die mörderische Frage, wer mit wem schlief; Tor des Feuers [TV]. 1996/97: Das Trio.

George, Heinrich

(Georg August Friedrich Hermann Schulz)
*9. 10. 1893 Stettin
†26. 9. 1946 Sachsenhausen

Oberrealschule in Berlin vor Abitur abgebrochen. Schauspielunterricht in Stettin, ab 1912 an Provinztheatern. 1914–17 Kriegsfreiwilliger, schwer verwundet. 1917–21 Theater in Dresden und Frankfurt/Main. 1920 erste Gastspiele in Berlin. Im folgenden Jahr Filmdebüt. 1923 u.a. zusammen mit Alexander Granach und Elisabeth Bergner Gründung des Schauspielertheaters. 1925–28 bei Erwin Piscator an der Volksbühne. Daneben 1926–38 regelmäßig bei den Heidelberger Festspielen. Seit 1927 eigene Inszenierungen. Im Film der Weimarer Republik vor allem Darstellung proletarischer Kraftmenschen: Vorarbeiter in Fritz Langs *Metropolis*, als Franz Biberkopf in *Berlin – Alexanderplatz* (Phil Jutzi). Seine wuchtige Erscheinung kommt vor allem in theatralischen Auftritten wie Zolas Verteidigungsrede in *Dreyfus* (Richard Oswald) zur Geltung. 1931 in Hollywood in zwei deutschen Versionen für M-G-M. Er wird einer der repräsentativen Darsteller des NS-Films, 1933 als ein zum Nationalsozialismus bekehrter Kommunist in Hans Steinhoffs *Hitlerjunge Quex*, unter der Regie von Veit Harlan 1940 als dekadenter Herzog im Hetzfilm *Jud Süss* und 1943–45 als Bürgermeister im Durchhaltefilm *Kolberg*. Gerne auch autoritäre Führer-Rollen in biografischen Filmen von Herbert Maisch: Herzog von Württemberg in *Friedrich Schiller – Triumph eines Genies, Andreas Schlüter*. Differenzierter in Literaturverfilmungen: Konsul Bernick in Detlef Siercks *Stützen der Gesellschaft* nach Ibsen, Amtsvorsteher von Wehrhahn in *Der Biberpelz* (Jürgen von Alten) nach Gerhart Hauptmann, vor allem 1940 als *Der Postmeister* (Gustav Ucicky) nach der Puškin-Novelle. Seit 1938 Intendant des Schiller-Theaters, übernimmt George 1942 bei der Tobis eine eigene Herstellungsgruppe. Nach Kriegsende zunächst in Hohenschönhausen interniert, stirbt im Lager Sachsenhausen.

[DE] 1921: Der Roman der Christine von Herre; Lady Hamilton; Kean. 1922: Die Perlen der Lady Harrison; Lucrezia Borgia; Das fränkische Lied; Lola Montez, die Tänzerin des Königs [Verboten]. 1922/23: Erdgeist; Fridericus Rex. 4. Schicksalswende. 1923: Die Sonne von St. Moritz; Der Mensch am Wege; Quarantäne. 1923/24: Steuerlos. 1924: Soll und Haben; Zwischen Morgen und Morgen. 1925: She/Mirakel der Liebe [GB/DE]. 1925/26: Metropolis. 1926: Überflüssige Menschen; Das Panzergewölbe; Die versunkene Flotte. 1926/27: Das Meer. 1927: Orientexpreß; Bigamie; Die Ausgestoßenen (Heimkehr des Herzens); Die Leibeigenen. 1928: Die Dame mit der Maske; Song/Show Life [DE/GB]; Das letzte Souper; Das letzte Fort; Rutschbahn [DE/GB]; Der Mann mit dem Laubfrosch; Kinder der Straße. 1929: Manolescu. Der König der Hochstapler; Der Sträfling aus Stambul; Sprengbagger 1010. 1929/31: Wir schalten um auf Hollywood [Version – US/DE]. 1930: Der Andere; Dreyfus; Menschen im Käfig [Version – GB]; «1914». Die letzten Tage vor dem Weltbrand. 1930/31: Der Mann, der den Mord beging/Nächte am Bosporus; Menschen hinter Gittern [Version – US]. 1931: Berlin – Alexanderplatz. 1931/32: Goethe lebt ...! 1932/33: Das Meer ruft; Schleppzug M 17 [D,CoR]. 1933: Hitlerjunge Quex; Reifende Jugend. 1934: Hermine und die sieben Aufrechten. 1935: Das Mädchen Johanna; Nacht der Verwandlung; Stützen der Gesellschaft. 1935/36: Die große und die kleine Welt; Wenn der Hahn kräht. 1936: Stjenka Rasin (Wolga – Wolga). 1936/37: Ball im Metropol. 1937: Versprich mir nichts!; Unternehmen Michael; Ein Volksfeind; Der Biberpelz. 1937/38: Frau Sylvelin; Es leuchten die Sterne. 1938: Heimat. 1938/39: Das unsterbliche Herz. 1939: Sensationsprozeß Casilla; Pedro soll hängen. 1939/40: Der Postmeister. 1940: Jud Süß; Friedrich Schiller. 1941/42: Schicksal; Hochzeit auf Bärenhof; Wien 1910; Der große Schatten; Andreas Schlüter. 1943–45: Kolberg. 1943/44: Der Verteidiger hat das Wort; Die Degenhardts. 1944: Solistin Anna Alt (Wenn die Musik nicht wär'). 1944/45: Das Leben geht weiter [Unvollendet]; Frau über Bord (Das Mädchen Juanita; 1952). 1945: Dr. phil. Döderlein [Unvollendet].

Georgiev-Gec, Georgi

*4. 10. 1926 Racpopovici (Bulgarien)

Während des Krieges Frontkorrespondent. 1949–53 Studium

an Theaterhochschule «K. Sarafov» in Sofia, anschließend Engagement am Nationaltheater «Ivan Vasov». Dort erarbeitet er sich ein breites Repertoire von Klassiker- und Gegenwartsrollen, u. a. Hastings in «Richard III.» (1967), Lord Burleigh in Schillers «Maria Stuart» (1970), Koschkin aus «Ljubow Jarowaja». Filmdebüt 1951 bei Anton Marinovič und Stefan Sârčadžiev: Er spielt in *Utro nad rodinata* den Schlosser. In den folgenden Jahren ist Georgiev-Gec einer der meistbeschäftigten und populärsten bulgarischen Schauspieler. 1961 wird er für sein schauspielerisches Gesamtwerk auf dem Nationalen bulgarischen Spielfilmfestival in Varna ausgezeichnet. Dort 1963 erhält wiederholt Darstellerpreise: 1963 für seinen Lipovski im Kriminalfilm *Zlatnijat zâb* (Anton Marinovič), 1967 für Nikodimov in Ljubomir Šarlandžievs *S dâch na bademi*, 1974 für seinen Bojan Vasilev in *Zarevo nad Drava* (Zako Cheskija) sowie seinen Jordan in *Seljaninât s koleloto* (Ljudmil Kirkov). Für letztere Rolle wird er auch 1975 auf dem Filmfestival in Moskau als bester männlicher Darsteller ausgezeichnet. In den 80er Jahren spielt er seltener im Film und verkörpert vor allem desillusionierte und resignierende Zeitgenossen der älteren Generation. Georgiev-Gec erhält mehrere nationale Auszeichnungen.

[BG] 1951: Utro nad rodinata (Morgen über der Heimat). 1952: Naša zemja. 1954: Granicata. 1955: Nespokoen pât; Točka pârva (Die ganze Stadt sucht Vera). 1958: Zakonât na moreto (Die große Versuchung). 1959: Pârvi urok (Erste Prüfung). 1960: Nošta sreštu 13 (Die Abwehr greift ein); A bjachme mladi (... und sie waren jung). 1961: Strâmnata pâteka. 1962: Zlatnijat zâb (Der goldene Zahn); Pleneno jato. 1963: Černata reka. 1964: Kradecât na praskovi (Der Pfirsichdieb); Neprimirimite (Die Unversöhnlichen). 1966: Meždu dvamata (Zwischen beiden); Naj-dâlgata nošt (Die längste Nacht). 1967: S dâch na bademi. 1968: Tango; Nebeto na Veleka; Prokurorât. 1969: Osmijat (Eine Falle für den Verräter); Na vseki kilometâr (An jedem Kilometer) [TV]. 1970: Gola sâvest; Citadelata otgovori (Die Zitadelle hat geantwortet). 1971: Njama ništo po-chubavo ot lošoto vreme. 1972: Igrek-17 (Y-17 auf dunkler Spur); Tatul (Stechapfel). 1973: Poslednata duma (Das letzte Wort). 1974: Seljaninât s koleloto; Poslednijat ergen; Zarevo nad Drava (Feuerschein über der Drava). 1976: Dopâlnenie kâm Zakona za zaštita na dâržavata (Attentat in der Kathedrale). 1977: Matriarchat; Soldaty svobody (Soldaten der Freiheit) [SU]; Rojalât. 1978: Sami sred vâlci [TV]; Pâtjat kâm Sofia (Entscheidung am Schipka-Paß). 1980: Milost zaživite (Gnade für die Lebenden); Uonnâ; Trite smârtni grjacha. 1982: Naj-težvijat grjach (Die ärgste Sünde). 1983: Stenata (Der Damm); Tretoto lice (Das dritte Gesicht); Ravnovesie (Gleichgewicht). 1984: Otkoga te čakam (Warten auf irgend jemand). 1986: Denjat na vladetelite; Te naddeljacha. 1987: Bâšta. 1989: Pravo na izbor.

Gere, Richard

* 31. 8. 1949 Philadelphia (Pennsylvania)

Besuch der University of Massachusetts, Amherst. Musiker in Bands verschiedener Stilrichtungen. Bühnenerfahrungen am Provincetown Playhouse, Massachusetts, und am Seattle Repertory Theatre. In New York an Off- und Broadway-Bühnen. In England 1973 Hauptrolle im Musical «Grease», im folgenden Jahr in «The Taming of the Shrew». Filmdebüt 1975 in Milton Katselas' *Report to the Commissioner*. Wegen seines strahlenden Aussehens wird er häufig als männliches Sex-Symbol eingesetzt, so als *American Gigolo* (Paul Schrader) und als Jesse in *Breathless* (Jim McBride). 1990 überzeugt er als korrupter Polizist in Mike Figgis' *Internal Affairs*. Im gleichen Jahr überragender Erfolg als Partner von Julia Roberts mit der Rolle des eleganten Millionärs in Garry Marshalls *Pretty Woman*. 1992 spielt er den Ehemann von Jodie Foster in *Sommersby* (Jon Amiel), an dem er auch als Produzent beteiligt ist. Er ist der Ritter Lancelot in *First Knight* (1995) und der selbstgefällige Rechtsanwalt Martin Vail in dem Justiz-Thriller *Primal Fear* (1996).

[US] 1975: Strike Force (Strike Force – Die Spezialeinheit) [TV]; Kojak: Birthday Party [TV]; Report to the Commissioner (Der einsame Job). 1976: Baby Blue Marine. 1977: Looking for Mr. Goodbar (Auf der Suche nach Mr. Goodbar). 1978: Bloodbrothers (Heißes Blut); Days of Heaven (In der Glut des Südens). 1979: Yanks (Yanks – Gestern waren wir noch Freunde) [GB]. 1980: American Gigolo (Ein Mann für gewisse Stunden). 1980/81: Reporters (Reporters) [DOK – FR]. 1982: An Officer and a Gentleman (Ein Offizier und ein Gentleman). 1983: Breathless (Atemlos); The Honorary Consul (Der Honorarkonsul) [GB]. 1984: The Cotton Club (Cotton Club). 1985: King David (König David). 1986: Power (Power – Weg zur Macht); No Mercy (Gnadenlos). 1988: Miles from Home (Miles from Home). 1990: Internal Affairs (Internal Affairs – Trau' ihm, er ist ein Cop); Pretty Woman (Pretty Woman). 1991: Hachigatsu no rapusodi (Rhapsodie im August) [JP]. 1992: Final Analysis (Eiskalte Leidenschaft). 1992/93: Sommersby (Sommersby) [US/FR]. 1993: And the Band Played On (... und das Leben geht weiter) [TV]; Mr. Jones (Mr. Jones); Intersection (Begegnungen). 1995: First Knight (Der erste Ritter). 1996: Primal Fear (Zwielicht). 1997: An Alan Smithee Film.

Gerron, Kurt

(Kurt Gerson)
*11. 5. 1897 Berlin
†Herbst 1944 Auschwitz

Abitur in Berlin. 1914 Soldat, nach Verwundungen Medizinstudium in Berlin, 1917 vorzeitig als Arzt an der Front. Nach Kriegsende Abschluß des Studiums. Ab 1920 Schauspieler in Berlin am Kabarett, u.a. Trude Hesterbergs «Wilde Bühne», an den Reinhardt-Bühnen, 1928 am Theater am Schiffbauerdamm als Polizeichef in Erich Engels Uraufführung von «Die Dreigroschenoper». Sänger und Schauspieler in Kabarett und Revuen. Seit Anfang der 20er Jahre spielt Gerron in Filmen, vorwiegend in muskulösen Nebenrollen: u.a. Hafenarbeiter in *Varieté* (E. A. Dupont), Ringkämpfer in *Halbseide* (Richard Oswald), Boxer in *Ein Tag der Rosen im August* (Max Mack). Häufig neben Hans Albers und (später) Heinz Rühmann. Ab Mitte der 20er Jahre bilden der massige Gerron und der dürre, schmächtige Sigi Arno in Kabarett und Film oft ein Team wie in Oswalds *Vorderhaus und Hinterhaus*. Als «Beef und Steak» versuchen sie 1928/29 erfolglos, der deutschen Groteske neue Impulse zu geben. Außerdem Gastauftritte für befreundete Regisseure, z.B. in G. W. Pabsts *Die weiße Hölle von Piz Palü* und *Tagebuch einer Verlorenen*. Herausragend die Rolle des melancholischen Zauberkünstlers Kiepert in Josef von Sternbergs *Der blaue Engel*. Im frühen Tonfilm u.a. als Rechtsanwalt in *Die Drei von der Tankstelle* (Wilhelm Thiele) und als Casino-Direktor in *Bomben auf Monte Carlo* (Hanns Schwarz). Nach dem Regie-Debüt 1926 mit dem Kriminalfilm *Der Liebe Lust und Leid* ab 1931 Regie von ersten Lustspielerfolgen Heinz Rühmanns: u.a. *Meine Frau, die Hochstaplerin* und *Es wird schon wieder besser*. 1933 Emigration über Frankreich und Österreich nach Holland. Dort Theater und Kabarett mit anderen Emigranten. Nach dem deutschen Überfall 1940 Direktor des jüdischen Theaters Joodsche Schouwberg in Amsterdam. Mitte 1943 verhaftet, KZ Westerbork, 1944 KZ Theresienstadt. Dort entsteht unter Gerrons Leitung und unter Mitwirkung prominenter Häftlinge der «Dokumentarfilm» *Theresienstadt* (fälschlich bekannt als «Der Führer schenkt den Juden eine Stadt»), mit dem die Nazis die Weltmeinung beeinflussen wollten. Nach Abschluß der Filmarbeiten werden er und andere Beteiligte in Auschwitz ermordet.

[DE] 1920: Hutsalon Riedländer; Spuk auf Schloß Kitay; Die Präriediva. 1920/21: Die Apotheke des Teufels. 1921: Der Held des Tages; Im Strudel der Großstadt; Wege des Lasters. 1921/22: Frau Sünde. 1922: Fräulein Puppe, meine Frau. 1924: Die Schmiede [KF]. 1925: O alte Burschenherrlichkeit; Varieté; Vorderhaus und Hinterhaus; Halbseide. 1925/26: Der goldene Schmetterling [AT/DE]. 1926: Wien – Berlin; Annemarie und ihr Ulan; Die drei Mannequins; Die Kleine und ihr Kavalier; Im weißen Rößl; Der Soldat der Marie; Der Liebe Lust und Leid [D,R]; Mädchenhandel; Eine tolle Nacht; Die Tragödie eines Verlorenen. 1926/27: Die schönsten Beine von Berlin. 1927: Einbruch; Die Dame mit dem Tigerfell; Üb' immer Treu und Redlichkeit; Sein größter Bluff; Glanz und Elend der Kurtisanen; Pique Dame; Feme; Gefährdete Mädchen; Die weiße Spinne; Ein Tag der Rosen im August ... da hat die Garde fortgemußt; Ein schwerer Fall; Gehetzte Frauen; Die Pflicht zu schweigen; Das Frauenhaus von Rio/Plüsch und Plümowski; Ramper. Der Tiermensch; Das tanzende Wien; Der große Unbekannte; Wer wirft den ersten Stein?; Dr. Bessels Verwandlung; Benno Stehkragen; Manege. 1927/28: Liebe und Diebe; Heut' tanzt Mariett. 1928: Daughter of the Regiment/Die Regimentstochter [GB/DE]; Vom Täter fehlt jede Spur; Casanovas Erbe; Die Jacht der sieben Sünden; Unmoral; Überfall/Polizeibericht Überfall [KF]. 1928/29: Beef und Steak: Wir halten fest und treu zusammen; Nachtgestalten/The Alley Cat [DE/GB]; Die Flucht vor der Liebe. 1929: Beef und Steak: Aufruhr im Junggesellenheim; Tagebuch einer Verlorenen; Die weiße Hölle vom Piz Palü; Menschen am Sonntag. 1929/30: Liebe im Ring; Der blaue Engel. 1930: Die vom Rummelplatz; Die Drei von der Tankstelle; Dolly macht Karriere; Einbrecher; Die Marquise von Pompadour; Ihre Majestät die Liebe; Der Weg nach Rio. 1931: Der Stumme von Portici [R – KF]; Salto mortale; Kabarett-Programm Nr. 1–6 [R – KF]; Bomben auf Monte Carlo; Meine Frau, die Hochstaplerin [R]; Eine Nacht im Grandhotel; Vater geht auf Reisen; Man braucht kein Geld. 1931/32: Es wird schon wieder besser ... [R]; Zwei in einem Auto [Version – FR/DE]. 1932: Ein toller Einfall [R]; Der weiße Dämon [R – Version]; Stupéfiants [CoR – Version – DE]. 1932/33: Heut kommt's drauf an [R]. 1933: Kind, ich freu' mich auf Dein Kommen [CoR]; Une femme au volant [CoR – FR]; Incognito [R – FR]. 1934/35: Bretter, die die Welt bedeuten [R – AT]. 1935: Het mysterie van de Mondscheinsonate [R – NL]. 1936: Merijntje Gijzen's jeugd [R,CoA – NL]; Een dag bij de A.V.R.O. [R – DOK – NL]. 1937: I tre desideri [CoR – Version – IT]; Drie wenschen [Version – IT/NL]. 1944: Theresienstadt [R,A].

Geschonneck, Erwin

*27. 12. 1906 Bartenstein (Ostpreußen)

Er wächst in Berlin auf. Ungelernter Arbeiter. Agitprop-Theater und Sprechstücke für die IAH (Internationale Arbeiterhilfe), 1929 wird er Mitglied der KPD. Als Komparse an Piscators Volksbühne und in *Kuhle Wampe* von Slatan Dudow und Bertolt Brecht. 1933 Emigration mit einer jüdischen Theater-Truppe nach Warschau; in die Tschechoslowakei abgeschoben. Ende 1934 nach Moskau, Auftritte in Gustav von Wangenheims Kolonne links. Deutsches Gebietstheater in Dnjepropetrovsk, dann Deutsches Kollektivistentheater in Odessa. 1938 ausgewiesen, Rückkehr in die Tschechoslowakei, Theaterarbeit in Prag und Reichenberg (Liberec). 1939 auf der Flucht von der SS festgenommen, zunächst im KZ Sachsenhausen, dann in Dachau (1943 Auftritt mit einer Hitler-Satire im «Freilichttheater Dachau»), schließlich KZ Neuengamme bei Hamburg. Er überlebt 1945 den Untergang des KZ-Schiffs Cap Arcona. 1945–49 Kammerspiele Hamburg, Hörspiel- und Schulfunksprecher beim NWDR. 1946/47 Filmdebüt in Helmut Käutners erstem Nachkriegsfilm *In jenen Tagen*. 1949–55 bei Bertolt Brecht am Berliner Ensemble, u.a. Matti in «Herr Puntila und sein Knecht Matti» und Feldprediger in «Mutter Courage und ihre Kinder»; später auch an der Volksbühne. Ab 1949 zahlreiche Haupt- und Nebenrollen bei der DEFA, später auch beim DDR-Fernsehen. Erste Hauptrolle 1950/51 als kleinbürgerlicher Schlachter und Henker in Falk Harnacks Film *Das Beil von Wandsbek* nach Arnold Zweig, der wegen Geschonnecks einfühlsamer Darstellung eines Nazi-Henkers jahrelang verboten ist. Das breite Rollenspektrum spiegelt sein komisches Talent wie proletarische Herkunft und antifaschistisches Engagement wider und bringt auch internationale Anerkennung. Bei Konrad Wolf 1957/58 als anarchischer Bergmann in *Sonnensucher* (1972 erstaufgeführt) und als Kommunist Bartuschek in *Leute mit Flügeln*, 1960 Darstellerpreis in Karlovy Vary. Unter der Regie von Frank Beyer als komödiantisch gewitzter Organisator Karbid-Kalle in *Karbid und Sauerampfer*, als KZ-Häftling in *Nackt unter Wölfen*, als Ghettofriseur Kowalski in *Jakob der Lügner*, als Heiratsschwindler in Günter Reischs *Ein Lord am Alexanderplatz*. 1981/82 dreht Lothar Bellag frei nach Geschonnecks Erlebnissen und mit ihm in der Hauptrolle den TV-Film *Der Mann von der Cap Arcona*. Als westdeutscher Seniorenheimbewohner, der unverhofft ein instandbesetztes Haus im Osten Berlins erbt, zeigt er 1995 in *Matulla & Busch* noch einmal die ganze Palette seines komödiantischen Könnens. In der DDR vielfach ausgezeichnet (5 Nationalpreise, Vaterländische Verdienstorden, Karl-Marx-Orden). 1993 Deutscher Filmpreis für das Gesamtschaffen. 1984 Memoiren «Meine unruhigen Jahre».

[DDR] 1931/32: Kuhle Wampe oder Wem gehört die Welt? [Statist – DE]. 1946/47: In jenen Tagen [EP – BRD]. 1948: Finale [BRD]. 1948/49: Die letzte Nacht [BRD]; Liebe 47 [BRD]. 1949: Hafenmelodie [BRD]; Der Biberpelz. 1950: Das kalte Herz. 1950/51: Das Beil von Wandsbek. 1951/52: Schatten über den Inseln. 1952/53: Die Unbesiegbaren. 1953: Die Gewehre der Frau Carrar [TV]. 1953/54: Alarm im Zirkus. 1955: Mutter Courage und ihre Kinder [Unvollendet]; Das Haushaltswunder [KF]; Es geht um die Wurst [KF]. 1956: Der Hauptmann von Köln; Les aventures de Till l'Espiègle/Die Abenteuer des Till Ulenspiegel [FR/DDR]; Schlösser und Katen. 1957: Katzgraben [DOK]; Herr Puntila und sein Knecht Matti [TV]. 1957/58: Sonnensucher [UA: 1972]. 1958: Die Geschichte vom armen Hassan; Der Lotterieschwede; Ohm contra Watt [KF]. 1958/59: SAS 181 antwortet nicht. 1959: Herzlichen Glückwunsch [KF]; Musterknaben. 1959/ 60: Leute mit Flügeln; Fünf Patronenhülsen. 1961: Gewissen im Aufruhr [TV]. 1961/ 62: Ach, du fröhliche ... 1962: Wind von vorn [Unvollendet]; Nackt unter Wölfen. 1963: Der andere neben dir [TV]; Karbid und Sauerampfer. 1964: Asphalt-Story [TV]. 1965: Berlin um die Ecke; Tiefe Furchen [TV]. 1966/67: Ein Lord am Alexanderplatz; Geschichten jener Nacht. Ep. 4: Der große und der kleine Willi [EP]. 1967: Die Fahne von Kriwoj Rog. 1969/70: Jeder stirbt für sich allein [TV]. 1970: Wir kaufen eine Feuerwehr. 1971: Nach meinem letzten Umzug ... [DOK – BRD]. 1971/72: Täter unbekannt [TVS]. 1972: Anfang am Ende der Welt [TV]; Das Geheimnis der Anden [TV]. 1973: Tűzoltó utca 25 (Feuerwehrgasse 25; TV) [HU]; Ein Freudenfeuer für den Bischof [TV]. 1973/74: Der Untergang der Emma; Polizeiruf 110: Der Tod des Professors [TV]. 1974: Jakob der Lügner; Looping. 1974/75: Bankett für Achilles. 1975: Ein Feigenblatt für Kuhle Wampe – oder Wem gehört die Welt [TV]; Im Schlaraffenland [TV]. 1975/76: Das Licht auf dem Galgen; Ein altes Modell [TV]. 1976: Tambari. 1976/77: Abschied vom Frieden [TV]; Ostrov stříbrných volavek/ Die Insel der Silberreiher [CS/DDR]. 1977: Die Millionen des Knut Brümmer [TV]; Schau heimwärts, Engel! [TV]; Die Entdeckung [KF]; Anton der Zauberer. 1977/78: Rentner haben niemals Zeit [TVS]. 1978: Des kleinen Lokführers große Fahrt [TV]; Das Ding im Schloß; Polizeiruf 110: Herbstzeit [TV]. 1978/79: Plantagenstraße 19 [TV]. 1979: Verlobung in Hollerbusch [TV]. 1979/80: Friedhelms Geburtstag und andere Geschichten. Ep 1: Opas Streich [TV-EP]; Levins Mühle. 1980: Circus Maximus [HU/BRD]; Asta, mein Engelchen. 1981: Wir stellen vor: Morgens in der Kneipe [TV]; Meschkas Enkel [TV]. 1981/82: Benno macht Geschichten [TV]; Der Mann von der Cap Arcona [TV]; Das Graupenschloß [TV]. 1985: Goethe in D. [DOK – BRD]. 1985/

86: Ein Wigwam für die Störche [TV]; Wie die Alten sungen ... 1987/88: Mensch, mein Papa ...! 1995: Matulla & Busch.

Giachetti, Fosco

*28. 3. 1904 Livorno
†22. 12. 1974 Rom
Mitte der 20er Jahre Bühnendebüt bei Ermete Zacconi. Später in Luigi Pirandellos Ensemble, wo er sein schauspielerisches Talent entwickeln kann. 1933 erstmals im Film. Nach einigen unbedeutenden Rollen vertraut ihm 1936 Augusto Genina die Hauptrolle in *Squadrone bianco* an. Der Film macht Giachetti zu einem der beliebtesten Stars des faschistischen Kinos. Typisch für ihn ist die Darstellung des standhaften, heroisch leidenden Mannes, für die ihn seine tiefe Stimme und seine persönliche Erscheinung prädestinieren: *L'assedio dell'Alcazar* (Genina), eine Episode aus dem spanischen Bürgerkrieg. Gianni Franciolinis *Fari nella nebbia* (1941) wird als Vorläufer des Neorealismus angesehen: Giachetti spielt einen Lastwagenfahrer, der am Drama eines Ehebruchs zugrunde geht. Für seine Leistungen in *Un colpo di pistola* und in Geninas *Bengasi* wird Giachetti 1942 beim Filmfestival in Venedig mit der Coppa Volpi ausgezeichnet. Nach dem Krieg tritt Giachetti nur noch sporadisch im Film auf, zeigt 1950 in René Cléments *Le château de verre* noch einmal eine eindrucksvolle Leistung. Ab 1949 widmet er sich hauptsächlich dem Theater. Mitte der 50er Jahre arbeitet er auch für das Fernsehen, bevor er sich ganz ins Privatleben zurückzieht.

[IT] 1933: Il trattato scomparso; Creature della notte. 1934: Luci sommerse; L'ultimo dei Bergerac. 1935: Fiordalisi d'oro/Sous la Terreur [IT/FR]. 1936: Squadrone bianco (Die weiße Schwadron); Tredici uomini e un cannone; Cuor di vagabondo/Cœur de gueux [IT/ FR]. 1937: Sentinelle di bronzo; Scipione l'Africano (Karthagos Fall); L'ultima nemica. 1938: Orgoglio; La signora di Montecarlo/L'inconnue de Monte Carlo [IT/ FR]; Giuseppe Verdi (Drei Frauen um Verdi). 1938/39: Napoli che non muore. 1939: Carmen fra i rossi; Il sogno di Butterfly [Version]; Uragano si tropici. 1940: La figlia del Corsaro Verde; L'assedio dell'Alcazar/Sin novedad en el Alcazar (Alkazar) [IT/ES]; La peccatrice; Senza cielo. 1941: L'amante segreta; Luce nelle tenebre; Ridi, pagliaccio! (Vorbestraft); Nozze di sangue; Fari nella nebbia. 1942: Labbra serrate; Un colpo di pistola; Bengasi; Inferno giallo; Noi vivi. 1943: Una piccola moglie; La statua vivente. 1945: La vita ricomincia; L'abito nero da sposa; Il sole di Montecassino; Notte di tempesta. 1946: Addio, mia bella Napoli. 1947: L'altra; Quatro mujeres [ES]; I fratelli Karamazof; Les maudits [FR]. 1948: Gli uomini sono nemici/ Carrefour des passions [IT/FR]; Una lettera all'alba (Sklaven des Lasters); Voragine. 1950: Le château de verre/L'amante di una notte (Rendezvous in Paris) [FR/IT]. 1951: I falsari; Romanticismo; Quattro rose rosse. 1953: Carne de horca/Il terrore dell'Andalusia [ES/ IT]. 1954: Casa Ricordi/La maison du souvenir (Casa Ricordi) [IT/FR]. 1956: Era di venerdì 17/Sous le ciel de Provence [IT/FR]. 1960: Il conquistatore dell'Oriente. 1962: La notte dell'Innominato (Die Rache des schwarzen Rebellen). 1964: Dossier 107, mitra e diamanti [ES].

Giannini, Giancarlo

*1. 8. 1942 La Spezia
Studium an der Accademia d'arte drammatica in Rom. Danach am Theater internationaler Erfolg in Franco Zeffirellis Inszenierung von Shakespeares «Romeo and Juliet». Mitte der 60er Jahre wendet er sich dem Film zu. Zunächst unbedeutende Rollen in einem Dutzend Filme, u. a. bei Lina Wertmüller: *Rita, la zanzara* und *Non stuzzicate la zanzara*. Den Durchbruch verdankt er Ettore Scola, der ihn 1970 für *Dramma della gelosia* verpflichtet. Popularität erringt Giannini 1971/72 als Hauptdarsteller in Wertmüllers *Mimì metallurgico ferito nell' onore* und ein Jahr später in *Film d'amore e d'anarchia*. Die Zusammenarbeit zwischen Giannini und Wertmüller setzt sich bis Ende der 70er Jahre fort, wobei Filme sehr unterschiedlicher Qualität entstehen. Für den darstellerischen Stil von Giannini ist die große Lebhaftigkeit typisch, die seinen Personen groteske Schattierungen gibt. Seine Mimik wird prägend für die italienische Komödie der 70er und frühen 80er Jahre. Wichtige Aufgaben erhält er auch von Mauro Bolognini (*Fatti di gente perbene*), Luchino Visconti (*L'innocente*) und Mario Monicelli (*Viaggio con Anita*). Eine seiner besten Leistungen bietet er 1983 in Nanni Loys *Mi manda Picone*. Giannini ist auch im Ausland ein vielgefragter Schauspieler: So tritt er u. a. in Rainer Werner Fassbinders *Lili Marleen* (1980) auf und – als Höhepunkt eines langen Aufenthaltes in Amerika – in Francis Ford Coppolas Episode der *New York Stories* (1989). 1986 versucht sich Giannini als Regisseur, hat mit *Ternosecco* aber keinen Erfolg. Ein geplanter zweiter Film (*Tonga*) kommt nicht zustande. Ende der 80er findet man ihn kaum auf der Leinwand, während er öfter fürs Fernsehen arbeitet. Großen Erfolg hat er besonders in zwei Fernsehfilmen Dino Risis: *Carla* und *Vita coi figli*.

[IT] 1965: Libido. 1966: Rita, la zanzara. 1967: Non stuzzicate la zanzara; Arabella; I criminali della metropoli; Stasera mi butto. 1968: Lo sbarco di Anzio (Schlacht um Anzio); Gospodica doctor-Špijunka bez imena/Fräulein Doktor [YU/IT]. 1969: The Secret of Santa Vittoria (Das Geheimnis von Santa Vittoria) [US]; Una macchia rosa; Le sorelle/Les deux soeurs (Umarmung) [IT/FR]. 1970: Un aller simple (Wild C.A.T.S.) [FR]; Dramma della gelosia (tutti i particolari in cronaca)/El demonio de los celos (Eifersucht auf italienisch) [IT/ES]; Una prostituta al servizio dell pubblico e in regola con le leggi dello Stato/Une prostituée au service du public et en régle avec la loi [IT/FR]; Il segreto di Santa Vittoria/The Secret of Santa Vittoria (Das Geheimnis von Santa Vittoria). 1970/71: Mazzabubù ... quante corna stanno quaggiù? 1971: La tarantola dal ventre nero (Der schwarze Leib der Tarantel) [IT/FR]; Ettore lo fusto/Rapto de Elena, decente italiana (Das Pferd kam ohne Socken) [IT/FR/ES]; Mio padre, monsignore. 1971/72: Mimì metallurgico ferito nell'onore (Die Versuchungen des Mimi). 1972: La prima notte di quiete/Le professeur (Oktober in Rimini) [IT/FR]. 1972/73: Sono stato io; Film d'amore e d'anarchia: ovvero «Stamattina alle 10 in via dei Fiori nella nota casa di tolleranza ...» (Liebe und Anarchie) [IT/FR]. 1973: Paolo il caldo (Paolo, der Heiße); Sessomatto (Sesso matto – niemand ist vollkommen). 1974: Il bestione/Deux grandes gueules (Die cleveren Zwei) [IT/FR]; Fatti di gente perbene (Il processo Murri)/La grande bourgeoisie (Die Affäre Murri) [IT/FR]; Travolti da un insolito destino nell'azzuro mare d'agosto (Hingerissen von einem ungewöhnlichen Schicksal im azurblauen Meer im August). 1975: A mezzanotte va la ronda del piacere (Eine Laus im Pelz); Pasqualino Settebellezze (Sieben Schönheiten). 1976: L'Innocente/L'Innocent (L'innocente – Die Unschuld) [IT/FR]. 1977: La fine del mondo nel nostro solito letto in una notte piena di pioggia (In einer Regennacht). 1978: Viaggio con Anita/Voyage avec Anita (Reise mit Anita) [IT/FR]; Fatto di sangue fra due uomini per causa di una vedova (si sospettano moventi politici) (Blutfehde). 1979: Buone notizie; La vita è bella/Žizn' prekasna (Das Leben ist wunderbar) [IT/SU]. 1980: Lili Marleen [BRD/IT]. 1982: Bello mio bellezza mia. 1983: Mi manda Picone (Picone schickt mich). 1984: American Dreamer (American Dreamer) [US]. 1985: The Assisi Underground [US]; Saving Grace [US]; Fever Pitch (Jackpot) [US]. 1986: Ternosecco [D, R]. 1987: I picari/Los alegres picaros (Vagabunden wie wir) [IT/ES]. 1988: O'Re; Snack Bar Budapest (Snackbar Budapest); Carla [TV]; Blood Red (Blood Red – Stirb für dein Land) [US]. 1989: Tempo di uccidere/Le raccourci [IT/FR]; New York Stories. EP 2: Life Without Zoe (New Yorker Geschichten. 2. Ep: Leben ohne Zoe) [EP – US]; Lo zio indegno. 1989/90: Il male oscuro. 1990: Nel giardino delle rose; La famiglia Buonanotte/Brown Bread Sandwiches [IT/CA]; I divertimenti della vita privata/Les amusements de la vie privée [IT/FR]. 1991: Vita coifigli [TV]; Nero come il cuore. 1992: Once Upon a Crime (Es war einmal ein Mord – Sieben Gauner und ein Dackel) [US]. 1993: Colpo di Coda/Pakt mit dem Tod [TV – IT/DE (EURO)]; Giovanni Falcone. 1994: Come due coccodrilli; Jacob [TV – IT (EURO)]. 1995: Palermo Milano solo andata; A Walk in the Clouds (Dem Himmel so nah) [US]; Celluloide. 1996: New York Crossing [US]; Más allá del jardín [ES]; La Lupa; Muerte en Granada [ES]. 1997: Mimic [US].

Gibson, Mel

(Frank Dunn)
*3. 1. 1956 Peekskill
(New York)

1968 nach Australien. Besuch einer High-School sowie Studium am National Institute of Dramatic Arts in Sydney. Mitglied des State Theatre of New South Wales. Bühnenerfolge u. a. im australischen Theaterhit «No Names, No Pack Drills». 1977 erste kleine Filmrolle. 1979 eindrucksvoller Beginn der Karriere als geistig Behinderter in Michael Pates *Tim*. Im gleichen Jahr internationale Popularität durch die Rolle des Cops Max Rockatansky in George Millers Science-fiction-Thriller *Mad Max*. Seitdem als Darsteller hauptsächlich in Actionfilmen, so als Cop Martin Riggs in Richard Donners *Lethal Weapon*. Daneben auch in dramatischen Rollen: als australischer Freiwilliger im 1. Weltkrieg in Peter Weirs Anti-Kriegs-Drama *Gallipoli*, als *Hamlet* (Franco Zeffirelli). 1993 Regiedebüt mit *The Man Without a Face*. 1994 als professioneller Spieler in Donners Western-Komödie *Maverick*, an der er auch als Produzent mit der eigenen Gesellschaft Icon-Productions beteiligt ist, die auch Filme von Nachwuchs-Regisseuren unterstützt, so den Beethoven-Film *Immortal Beloved* von Bernard Rose oder die Neuverfilmung *Anna Karenina* (1997). Seine Regie des schottischen Schlachten-Spektakels *Braveheart* (1994/95) wird mit Oscar und Golden Globe prämiert, der Film mit Auszeichnungen überhäuft. 1996 Golden-Globe-Nominierung für die Rolle des erpreßten Vaters Tom Mullen in Ron Howards Remake *Ransom*. Neben der Filmtätigkeit weiterhin Theaterarbeit, 1983 in Australien in Arthur Millers «Death of a Salesman».

[US] 1979: Mad Max (Mad Max) [AU]; Tim (Tim – Kann das Liebe sein?) [AU]; Summer City (Summer City) [AU]. 1980: Chain Reaction (Die Kettenreaktion) [AU]. 1981: Gallipoli (Gallipoli) [AU]; Mad Max II/The Road Warrior (Mad Max II – Der Vollstrecker) [AU]; Attack Force Z (Die grünen Teufel vom Mekong) [AU]. 1982: The Year of Living Dangerously (Ein Jahr in der Hölle) [AU]. 1984: Mrs. Soffel (Flucht zu dritt); The River (Menschen am Fluß); The Bounty (Die Bounty). 1985: Mad Max Beyond Thunderdome (Mad Max – Jenseits der Donnerkuppel) [AU]. 1987: Lethal Weapon (Zwei stahlharte Profis). 1988: Tequila Sunrise (Tequila Sunrise). 1989: Lethal Weapon 2 (Brennpunkt L.A.). 1990: Bird on a Wire (Ein Vogel auf dem Drahtseil); Air America (Air America); Hamlet (Hamlet). 1992: Lethal Weapon 3 (Brennpunkt L.A. – Die Profis sind zurück); Forever Young (Forever Young). 1993: The Man Without a Face (Der Mann ohne Gesicht) [D,R]. 1994: Immortal Beloved (Ludwig van B. – Meine unsterbliche Geliebte) [P]; Thank You for Smoking; Maverick (Maverick). 1994/95: Braveheart (Braveheart) [D,R,P]. 1995: Casper; Pocahontas [S]. 1996: Ransom (Kopfgeld). 1996/97: Buddy; Conspiracy Theory. 1997: Fathers' Day; Fairytale: A True Story [P – GB].

Gielgud, John

(Sir Arthur John Gielgud)
*14. 4. 1904 London

Großneffe der Schauspielerin Ellen Terry und Bruder des Schriftstellers Val Gielgud. Besuch der Westminster School in London. Schauspielstudium an Lady Benson's Acting School, dann bei Claude Rains an der Royal Academy of Dramatic Art. Ab 1921 Statist am Old Vic, 1922–24 als Shakespeare-Darsteller in einer Theatergruppe. 1924 einziger Stummfilm-Auftritt in *Who Is the Man?* 1928 debütiert der Schauspieler mit dem romantischen Äußeren und der angenehmen Stimme in New York. 1930 erstmals als «Hamlet» am Old Vic und Anerkennung als exzellenter Shakespeare-Interpret. Seit 1932 Arbeit als Regisseur, mitunter auch als Theaterleiter, seit 1936 regelmäßig am Broadway engagiert. Neben Laurence Olivier gilt er als einer der bedeutendsten Schauspieler seiner Generation. Bis in die 50er Jahre nur relativ selten im Film, u. a. 1936 in Hitchcocks *The Secret Agent* als schriftstellernder Offizier, der sich als Geheimagent verpflichten läßt und versehentlich einen unschuldigen Touristen tötet. 1947 Theater-Inszenierungen in New York, bis 1953 Pause in der Filmarbeit. Gielguds Rollen in Shakespeare-Adaptionen gelten als Höhepunkte seiner Filmkarriere: als Clarence in Laurence Oliviers *Richard III* (1955), als Henry IV. in Orson Welles' *Chimes at Midnight* (1966). Oscar-Nominierung für die Rolle des Königs Louis VII. in Peter Glenvilles *Becket* (1964). 1981 erhält er einen Oscar für die Nebenrolle als Dudley Moores Butler in *Arthur* (Steve Gordon). Höhepunkte seiner qualitativ sehr unterschiedlichen und teils kaum beachteten Filme sind die Rollen in Alain Resnais' *Providence* (1977 New York Film Critics Award), *The Elephant Man* (David Lynch), *Gandhi* (Richard Attenborough) und die Titelrolle in Peter Greenaways «Sturm»-Adaption *Prospero's Books*. Gielguds Sprachkultur wird in Großbritannien und den USA auch gern für Off-Stimmen (King Arthur in *Dragonheart*) oder den Kommentar von Dokumentarfilmen genutzt. In der Langfassung von Kenneth Branaghs *Hamlet* spielt er den Trojaner-König Priamos.

John Gielgud wird 1953 geadelt. Er betätigt sich auch als Schriftsteller: «Early Stages» (1939), «Stage Directions» (1963), «Distinguished Company» (1972), «An Actor and His Times» (1979).

[GB] 1924: Who Is the Man?. 1928/29: The Clue of the New Pin. 1932: Insult. 1932/33: The Good Companions. 1934: Full Fathom Five [S – KF]. 1936: Secret Agent (Der Geheimagent). 1939: Hamlet [DOK – DK]. 1941: The Prime Minister (Der Premierminister). 1943: Unfinished Journey [KF]. 1946: A Diary for Timothy [KF]. 1953: Julius Caesar [US]. 1954: Giulietta e Romeo/Romeo and Juliet (Romeo und Julia) [IT/GB]. 1955: Richard III (Richard III.). 1956: Around the World in 80 Days (In 80 Tagen um die Welt) [US]. 1956/57: The Barretts of Wimpole Street. 1957: Saint Joan (Die heilige Johanna) [US]. 1958: Greece – The Immortal Land [S]. 1959: A Day by the Sea [TV]; The Browning Version [TV – US]. 1963: Becket (Becket); The Rehearsal [TV]. 1965: Hamlet [S, CoR – TV]; The Loved One (Tod in Hollywood) [US]. 1966: Alice in Wonderland [TV]; The Love Song of Barney Kempinski [TV – US]; Camopanadas a medianoche/Chimes at Midnight/Falstaff (Falstaff) [ES/CH]; The Mayfly and the Frog [TV]. 1967: Sebastian (Sebastian). 1968: The Charge of the Light Brigade (Der Angriff der leichten Brigade); St. Joan [TV]; From Chekhov with Love [TV]; Assignment to Kill (Sein gefährlichster Auftrag) [US]; The Shoes of the Fisherman (In den Schuhen des Fischers) [US]. 1968/69: Oh! What a Lovely War (Oh! What a Lovely War). 1969/70: Julius Caesar [TV]. 1970: Eagle in a Cage [US/YU]; Carol Channing's Mad English Tea Party [TV – US]; In Good King Charles's Golden Days [TV]; Conversation at Night [TV]. 1971: Hamlet [TV]. 1972: Home [TV]; Lost Horizon (Der verlorene Horizont) [US]; Probe [TV – US]. 1973: Frankenstein: The True Story (Frankenstein, wie er wirklich war) [TV]. 1974: Murder on the Orient Express (Mord im Orient-Expreß); 11 Harrowhouse (Brillanten und Kakerlaken); Gold (Gold); Edward VII.: Dearest Prince [TV]; Edward VII.: The Invisible Queen [TV]; Galileo (Galileo) [GB/CA]; QB VII [TV – US]. 1976: Aces High (Die Schlacht in den Wolken) [GB/FR]; Providence (Providence) [FR/CH]; Joseph Andrews (Die Abenteuer des Joseph Andrews). 1977: A Portrait of the Artist as a Young Man [US]. 1978: Richard II [TV]; Les Misérables (Die Elenden) [TV]; Formula I – La febbre della velocità (Speed Fever) [IT]; No Man's Land [TV]; Romeo and Juliet [TV]. 1979: Dyrygent (Der Dirigent) [PL]; The Human Factor (The Human Factor) [US]; Gore Vidal's Caligola/Caligola (Caligula) [US/IT]; Murder by Decree (Mord an der Themse) [CA].

1980: Roald Dahl's Tales of the Unexpected. 24. Ep (Ungewöhnliche Geschichten von Roald Dahl: Des Pfarrers Freude) [TV]; The Formula (Die Formel) [US]; Chariots of Fire (Die Stunde des Siegers); Sphinx (Der Fluch der Sphinx) [US]; Roald Dahl's Tales of the Unexpected. 7. Ep (Ungewöhnliche Geschichten von Roald Dahl: Der Hals) [TV]; The Elephant Man (Der Elefantenmensch) [US]. 1981: Omar Mukhtar/Lion of the Desert (Omar Mukhtar – Löwe der Wüste) [LY/GB]; The Hunchback of Notre Dame/Hunchback (Der Glöckner von Notre Dame) [TV – US]; Arthur (Arthur – Kein Kind von Traurigkeit) [US]; The Seven Dials Mystery [TV]; Priest of Love. 1981/82: Inside the Third Reich [TV – US]. 1982: Gandhi (Ghandi). 1982/83: Wagner (Wagner) [TV – GB/HU/AT]; The Wicked Lady (Die verruchte Lady). 1983: The Scarlet and the Black (Im Wendekreis des Kreuzes) [TV – US]. 1984: The Master of Ballantrae [TV – US]; Camille (Die Dame mit den Kamelien) [TV]; Ingrid [TV – US]; Frankenstein (Seelenlos – Ein Mann spielt Gott) [TV]; Scandalous; The Shooting Party (Die letzte Jagd). 1985: Invitation to the Wedding (Einladung zur Hochzeit); Leave all Fair [NZ]; Time After Time [TV]; Romance on the Orient Express [TV – US]; Plenty (Eine emanzipierte Frau) [US]. 1986: Quartermaine's Terms [TV]; The Canterville Ghost [TV]. 1986/87: War and Remembrance [TV – US]. 1987: Barbablù Barbablù [IT/FR]; The Whistle Blower (Kreuzfeuer der Agenten); Appointment with Death (Rendezvous mit einer Leiche) [US]. 1988: Arthur 2: On the Rocks (Arthur 2 – On the Rocks) [US]; A Man for All Seasons [TV – US]. 1989: Summer's Lease [TV]; Getting It Right (Das verflixte erste Mal) [US]; A TV Dante: The Inferno Cantos I-VIII [TV]. 1989/90: Strike It Rich. 1990/91: Prospero's Books (Prosperos Bücher) [NE/FR/IT/GB]. 1991: Shining Through (Wie ein Licht in dunkler Nacht) [US]. 1991/92: The Power of One/Im Glanz der Sonne [US/DE/FR]. 1992: Swan Song [KF]. 1994: The Best of Friends [TV]; Scarlett (Scarlett) [TV – US]. 1994/95: First Knight (Der erste Ritter) [US]. 1995: Haunted (Haunted – Haus der Geister) [GB/US]; Looking for Richard (Al Pacino's Looking for Richard) [US]. 1995/96: Shine (Shine) [AU/GB]; Dragonheart (Dragonheart) [S – US]. 1996: Hamlet [Langfassung – US]; The Portrait of a Lady (Portrait of a Lady) [US]; Gulliver's Travels [TV].

Gilbert, John

(John Pringle)
* 10. 7. 1897 Logan (Utah)
† 9. 1. 1936 Los Angeles

Der Sohn englischer Schauspieler ist bereits im Kindesalter mit den Eltern auf Tournee. Besuch einer Militärschule in Kalifornien. 1914 Inspizient bei der Baker Stock Company. 1915 Komparsen-Vertrag von Thomas H. Inces Triangle-Filmgesellschaft. 1916 Filmdebüt als Jack Gilbert, gleichzeitig Mitarbeit als Autor. 1919 Vertrag von Maurice Tourneur als Schauspieler, Autor und Regie-Assistent. Gilbert interessiert sich für fast alle Bereiche der Filmproduktion: Drehbuch, Regie, Schnitt, Zwischentitel. 1921 Wechsel zur Fox. Rollen als romantischer Liebhaber: neben Renée Adorée in Emmett J. Flynns *Monte Cristo*, Titelrolle in John Fords *Cameo Kirby*. 1924 Vertrag von M-G-M, Aufstieg zum Star in Liebhaberrollen. 1925 als Prinz Danilo in Erich von Stroheims dekadenter *The Merry Widow* und als James Apperson in King Vidors Kriegsfilm *The Big Parade* an der Seite von Lillian Gish in *La Bohème* (Vidor). 1927/28 in *Flesh and the Devil* (Clarence Brown), *Love* (Edmund Goulding) und *A Woman of Affairs* (Brown) als Partner von Greta Garbo, der er auch privat verbunden ist. Im Tonfilm bekommt er kaum noch Rollen, da das Genre des großen romantischen Liebesfilms aus der Mode kommt. 1933 zum letzten Mal Garbos Partner als Liebhaber der Königin in *Queen Christina* (Rouben Mamoulian), seinem vorletzten Film.

[US] 1916: The Phantom; Hell's Hinges; Bulletts and Brown Eyes; The Apostle of Vengeance; The Eye of the Night; Shell 43. 1917: Doing Her Bit; Princess of the Dark; Happiness; The Millionnaire Vagrant; The Hater of Men; The Mother Instinct; The Devil Dodger; Golden Rule Kate. 1918: Sons of Men; Nancy Comes Home; Shackled; More Trouble; Wedlock; The Mask/ The Mask of Riches; Three X Gordon; The Dawn of Understanding. 1919: The Busher; The White Heather; The Red Viper; Widow by Proxy; Heart o' the Hills; Should a Woman Tell? 1920: The White Circle [D,CoA]; Deep Waters [D,A]; The Great Redeemer [D,CoA]; While Paris Sleeps [UA: 1923]. 1921: The Servant in the House [GB]; Love's Penalty [R,A]; Shame; Ladies Must Live. 1922: Gleam O'Dawn; Monte Cristo; Arabian Love; The Yellow Stain; Honor First; Calvert's Valley; The Love Gambler; A California Romance. 1923: Truxton King; Madness of Youth; St. Elmo; The Exiles; Cameo Kirby. 1924: Just Off Broadway; The Wolf Man; A Man's Mate; The Lone Chance; Romance Ranch; His Hour; Married Flirts; The Snob; Wife of the Centaur; He Who Gets Slapped (Der Mann, der die Ohrfeigen bekam). 1925: The Merry Widow (Die lustige Witwe); The Big Parade (Die große Parade). 1926: La Boheme; Bardelys the Magnificent. 1927: Flesh and the Devil (Es war); The Show (Wanderzirkus); Twelve Miles Out; Man, Woman and Sin; Love (Anna Karenina). 1928: The Cossacks; Four Walls; Show People (Es tut sich was in Hollywood); The Masks of the Devil (Die Masken des Erwin Reiner); Voices across the Sea [KF]; A Woman of Affairs (Herrin der Liebe). 1929: A Man's Man; Desert Nights; The Hollywood Revue of 1929 (Wir schalten um auf Hollywood); His Glorious Night (Olympia). 1930: Redemption; Way for a Sailor. 1930/31: Gentleman's Fate. 1931: The Phantom of Paris; West of Broadway. 1932: Downstairs (Der schöne Karl) [D,CoA].

1933: Fast Workers; Queen Christina (Königin Christine). 1934: The Captain Hates the Sea.

Giller, Walter

*23. 8. 1927 Recklinghausen

Er wächst in Hamburg auf, besucht dort das Gymnasium. 1942 Luftwaffenhelfer, 1944 bis 1945 Gefangenschaft. Abgebrochenes Studium der Medizin. Volontär an den Hamburger Kammerspielen, u. a. Regieassistent von Ulrich Erfurth. 1947 springt er für eine Kleindarstellerin ein. Schauspielausbildung in Hamburg. Nebenher an den Kammerspielen Komparse und Regieassistent von Wolfgang Liebeneiner, Helmut Käutner, Harald Paulsen und Bruno Hübner. 1949 erste kleine Filmrolle in Wolfgang Wehrums *Artistenblut*. Zunächst vor allem schüchterner jugendlicher Liebhaber wie in Rolf Thieles *Primanerinnen*. Dann meist komische Rollen in Lustspielen und anderen Unterhaltungsfilmen: *Skandal im Mädchenpensionat* (Erich Kobler), *Schloß Gripsholm* (Kurt Hoffmann), Bundesfilmpreise 1960 für die Rolle des Ex-Gefreiten Rudi Kleinschmidt in *Rosen für den Staatsanwalt* (Wolfgang Staudte), 1962 für die des Ostberliner Lastwagenfahrers Paulchen in *Zwei unter Millionen* (Victor Vicas/Wieland Liebske). In den 60er Jahren vor allem in Pauker-, Karl-May-, Sex-, Erotik- und Actionfilmen auch in ausländischen Produktionen. Erfolglos als Nachfolger von Heinz Rühmann in den Remakes *Die Drei von der Tankstelle* (Hans Wolf/Willy Forst) und *Die Feuerzangenbowle* (Helmut Käutner). Später Gastrollen in *Ein Käfer auf Extratour* und *Das verrückteste Auto der Welt* (beide Rudolf Zehetgruber). Im Fernsehen meist komische Rollen in Fernsehspielen, Auftritte in Unterhaltungssendungen, z. B. in der eigenen Serie *Locker vom Hocker*. Seit Anfang der 80er hauptsächlich Gastauftritte in diversen TV-Serien. Mit seiner Frau Nadja Tiller seit den 60er Jahren Tourneen in der Schweiz, der Bundesrepublik und in Österreich. Am Landestheater in Salzburg Regie in Suppés «Die schöne Galathee».

[BRD] 1949: Artistenblut. 1949/50: Kein Engel ist so rein. 1950: Falschmünzer am Werk/Der Fall 7 A 9; Insel ohne Moral; Das Mädchen aus der Südsee. 1951: Wildwest in Oberbayern; Primanerinnen; Die Frauen des Herrn S; Sensation in San Remo. 1951/52: Der bunte Traum. 1952: Liebe im Finanzamt/Wochenend im Paradies; Die Diebin von Bagdad; Der Tag vor der Hochzeit; Fräulein Casanova [AT]. 1952/53: Skandal im Mädchenpensionat. 1953: Schlagerparade; Heimlich, still und leise; Irene in Nöten/Irena v stisci (Wirbel um Irene) [AT/YU]; Südliche Nächte. 1953/54: Die tolle Lola. 1954: Sie; Mit und ohne Begleitung [TV]; An jedem Finger zehn. 1954/55: Musik, Musik und nur Musik. 1955: Schwedenmädel/Sommarflickan [BRD/SE]; Charley's Tante; Die Drei von der Tankstelle. 1955/56: Das Bad auf der Tenne. 1956: Nichts als Ärger mit der Liebe [AT]; Schwarzwaldmelodie; Der schräge Otto; Spion für Deutschland; Der Hauptmann von Köpenick; Ich und meine Schwiegersöhne; Das Sonntagskind/Schneider Wibbel; Was die Schwalbe sang. 1957: Drei Mann auf einem Pferd; Frühling in Berlin; Die große Chance; Das Glück liegt auf der Straße; Zwei Herzen im Mai; Italienreise – Liebe inbegriffen; Blaue Jungs. 1958: Peter Voß, der Millionendieb. 1958/59: Geliebte Bestie [AT]. 1959: Liebe auf krummen Beinen; Bobby Dodd greift ein; Peter Voß, der Held des Tages; Rosen für den Staatsanwalt; So angelt man keinen Mann. 1959/60: Kein Engel ist so rein. 1960: Heldinnen; Ingeborg. 1960/61: Geliebte Hochstaplerin [BRD/LI]. 1961: Zwei unter Millionen; Drei Mann in einem Boot [BRD/AT]; L'Affaire Nina B (Affäre Nina B.) [FR]. 1961/62: La chambre ardente/I peccatori della Foresta Nera (Das brennende Gericht) [FR/IT]. 1962: Liebling, ich muß Dich erschießen; Schneewittchen und die sieben Gaukler. 1962/63: L'Ape regina/Le lit conjugal (Die Bienenkönigin) [IT/FR]; Die Dreigroschenoper/L'Opéra de quat'sous [BRD/FR]. 1963: Der Würger von Schloß Blackmoor; Das große Liebesspiel [BRD/AT]; Schloß Gripsholm. 1963/64: Begegnung in Salzburg/Deux jours à vivre [BRD/FR]; Der letzte Ritt nach Santa Cruz [AT/BRD]. 1964: Heiß weht der Wind/Mein Freund Shorty [BRD/AT]; Tonio Kröger; Die Tote von Beverly Hills; Fanny Hill/Fanny Hill: Memoirs of a Woman of Pleasure [BRD/GB]; DM Killer [AT]; Heirate mich, Chéri [BRD/AT]. 1965: Das Vermächtnis des Inka/Viva Gringo/El ultimo rey de los Incas [BRD/IT/ES]; Schüsse im 3/4-Takt/Operazione «Terzo uomo» [AT/IT]. 1965/66: Ich suche einen Mann. 1966: Der geborgte Weihnachtsbaum [TV]; Dýmky 1. Dýmka hercova/Pfeifen, Betten, Turteltauben/Die nackte Sennerin [CS/AT]; Gern hab' ich die Frauen gekillt/Spie contro il mondo/Le carnaval des barbouzes [EP – AT/IT/FR]. 1967: Le soleil des voyous/Il più grande colpo del secolo (Action Man) [FR/IT]; Vergiß nicht, deine Frau zu küssen/Els... din naeste! [BRD/DK]; Johnny Banco/Jonny Banco – geliebter Taugenichts [FR/IT/BRD]. 1968: Gold für Montevasall [TV]; Ruba al prossimo tuo ... (Ein «feines» Pärchen) [IT]. 1968/69: Klassenkeile. Pauker werden ist nicht schwer – Schüler sein dagegen sehr. 1969: Ramon Yendias Flucht [TV]; Flucht nach Ägypten [TV]; Grimms Märchen von lüsternen Pärchen. 1969/70: Die Herren mit der weißen Weste. 1970: Am Ziel aller Träume [TV]; Kinderparty [TV]; Die Feuerzangenbowle; Jonas oder Der Künstler bei der Arbeit [TV]. 1971: Hallo, wer dort? [TV]. 1973: Ein Käfer auf Extratour; Wenn auch die Jahre enteilen [TV]. 1974: Das verrückteste Auto der Welt. 1975: Lady Dracula; Herz mit

Schnauze [TV-DOK]; Der Kommissar: Sturz aus großer Höhe [TV]; Omaruru [TVS]. 1976/77: 4 + 4 = wir [TVS]; 4tel vor 8 [TVS]; Heiße Ware [TV]. 1977: Mein lieber Mann [TVS]; Nicht von gestern [TV]. 1977/78: Karschunke & Sohn [TV]. 1978–87: Locker vom Hocker oder Es bleibt schwierig [TVS]. 1978/79: Noch 'ne Oper [TV]. 1979/80: Unsere heile Welt [TV-EP]. 1980: Liebling, ich laß' mich scheiden [TV]. 1981: Behaltet Mut! [TV]. 1982: Die Krimistunde [TV-EP]; Man müßte Klavier spielen können [TV-EP]. 1982/83: Das Traumschiff. Folge 2. EP: Das Kind [TV-EP]. 1984: Geschichten aus der Heimat. EP: Die Bauernfänger [TV-EP]. 1987: Ein Abend für Nadja Tiller und Walter Giller [TV]. 1988: Spielergeschichten [TVS]. 1989: Calafati Joe [TVS – AT]. 1991: Ein unbekannter Zeuge [TV]. 1991/92: Tod am Meer [TV]. 1992: Geschichten aus der Heimat. XX [TV-EP]. 1994: Die Gerichtsreporterin: Der Märchenonkel [TVS]; Halali oder der Schuß ins Brötchen [TV]. 1995: Sylter Geschichten [TVS]. 1995/96: Evelyn Hamann's Geschichten aus dem Leben: Nicht gemeldet [TV]. 1996: Stunden der Entscheidung [TV].

Girardot, Annie

*25. 10. 1931 Paris

Bis 1954 Tätigkeit als Krankenschwester. Schauspielunterricht bei Henri Bosc und Jean Meyer; Studium am Pariser Konservatorium bei Henri Collan; 1954–57 erstes Engagement an der Comédie Française, wo sie vorzugsweise komische Rollen in klassischen Stücken spielt; Auftritte im Kabarett, Radio und Fernsehen; spielt weiterhin Theater, u. a. unter der Regie von Luchino Visconti in «Zwei auf der Schaukel» (mit Jean Marais) und «After the Fall». Seit Mitte der 50er Jahre in Frankreich und Italien als Charakterdarstellerin; zunächst als Vamp und Prostituierte mit tragischem Schicksal. 1956 Auszeichnung mit dem Prix Suzanne Bianchetti als beste Nachwuchsdarstellerin. International bekannt wird sie als Prostituierte Nadia in Viscontis *Rocco e i suoi fratelli.* In den 60er und 70er Jahren ist sie in Italien und Frankreich sowohl in tragischen als auch komischen Rollen, z. T. recht burschikoser Natur, zu sehen. 1965 in Venedig Auszeichnung als neurotische Kay in Marcel Carnés *Trois chambres à Manhattan.* Sie wechselt souverän die Genres wie auch die Typisierung, so daß sie mal als sexuelle Attraktion in einer erotischen Farce wie Philippe de Brocas *Le cavaleur* und auch als «spätes Fräulein» auftauchen kann: 1976 Auszeichnung bei der Berlinale für *La vieille fille* (Jean-Pierre Blanc). 1977 César für die Titelrolle in Jean-Louis Bertucellis *Docteur Françoise Gailland.* Girardot wirkt häufig in Filmen von de Broca, Claude Lelouch und André Cayatte mit; mehrfach ist Philippe Noiret ihr Partner, sei es in Komödien wie de Brocas Kassenhit *Tendre Poulet* oder in Blancs stiller tragikomischer Liebesgeschichte *La vieille fille.* 1972 Gründung der Produktionsfirma GIRSA-Film. Neben der Fortsetzung der Film- und Fernseharbeit 1986 großer Theater-Erfolg mit «L'avare» unter der Regie von Roger Planchon. 1989 Veröffentlichung ihres Buches «Vivre d'aimer». 1996 César für *Les misérables.*

[FR] 1950: Pigalle – Saint-Germain-des-Prés. 1955: Treize à table (Dreizehn an einem Tisch). 1956: Reproduction interdite (Mord am Montmartre); L'Homme aux clés d'or (Die Verleumder). 1957: Le rouge est mis (Die Nacht bricht an); L'Amour est un jeu/Ma femme, mon gosse et moi (Meine Frau, mein Junge und ich); Maigret tend un piège/Il commissario Maigret (Kommissar Maigret stellt eine Falle) [FR/IT]. 1957/58: Le désert de Pigalle/L'inferno di Pigalle (Der Pfarrer von Pigalle) [FR/IT]. 1959: La corde raide (Drei Tropfen Blut). 1960: Recours en grâce/Tra due donne [FR/IT]; Rocco e i suoi fratelli/Rocco et ses frères/Rocco and His Brothers (Rocco und seine Brüder) [IT/FR]; La Française et l'amour. 6. EP: Le divorce (Die Französin und die Liebe) [EP]. 1961: Les amours célèbres/Amori celebri. 4. EP: Les comédiennes (Galante Liebesgeschichten) [EP – FR/IT]; Le rendez-vous/L'appuntamento (Hinter fremden Fenstern) [FR/IT]; La proie pour l'ombre (Die Beute des Schattens). 1961/62: Le bateau d'Émile/Letto, fortuna e femmine (Madeleine und der Seemann) [FR/IT]. 1962: Il giorno più corto [IT]; Le crime ne paie pas/Il delitto non paga. 3. EP: L'affaire Fenayrou (Verbrechen aus Liebe) [EP – FR/IT]; Le vice et la vertu/Il vizio e la virtù (Laster und Tugend) [FR/IT]; Smog [IT/US]. 1963: La bonne soupe/La pappa reale (Das leichte Geld der Liebe) [FR/IT]; La donna scimmia/Le mari de la femme à barbe [IT/FR]; I fuorilegge del matrimonio [EP – IT]; I compagni/Les camarades (Die Peitsche im Genick) [IT/FR]; Pourquoi Paris? [FR/IT]; Pourquoi Paris? [FR/IT]. 1964: Un monsieur de compagnie/Poi ti sposerò (Ich war eine männliche Sexbombe) [FR/IT]; L'Autre femme/La otra mujer/Quella terribile notte [FR/ES/IT]. 1965: L'Or du duc; Le belle famiglie/Ah! Les belles familles. 1. EP: Il principe azzurro [EP – IT/FR]; La guerre secrète/La guerra segreta/Spione unter sich [EP – FR/IT/BRD]; Déclic et ... des claques [FR/IT]; La ragazza in prestito/Une femme disponible (Das ausgeliehene Mädchen) [IT/FR]; Trois chambres à Manhattan (Drei Zimmer in Manhattan); Una voglia da morire/Jeux de société [IT/FR]. 1966: Le streghe/Les sorciéres. 1. EP: La strega bruciata viva (Hexen von heute. 1. Ep: Hexen verbrennt man lebendig) [EP – IT/FR]. 1967: Žurnalist [SU]; Les anarchistes ou La bande à Bonnot/La Banda Bonnot [FR/IT]; Les gauloises bleues (Blaue Gauloises); Vivre pour vivre/Vivere per vivere (Lebe das Leben) [FR/IT]. 1968: La vie, l'amour, la mort/La vita, l'amore, la morte (Das Leben, die Liebe, der Tod) [FR/IT]; Erotissimo (Erotissimo) [FR/IT]; Dillinger è morto (Dillinger ist tot) [IT]; Bice skoro propast sveta/Il pleut dans mon village [YU/FR]. 1968/69: Metti, una sera a cena [IT]. 1969: Elle boit pas, elle fume pas, elle drague pas mais ... elle cause; Il seme dell'uomo [IT]; Clair de terre; Un homme qui me plaît/Un tipo che mi piace (Der Mann, der mir gefällt) [FR/IT]. 1969/70: Story of a Woman [US/IT]. 1970: Les novices/Le novizie (Die Novizinnen) [FR/IT]. 1971: La vieille fille/La tardona (Das späte Mädchen) [FR/IT]; Mourir d'aimer (Sterben vor Liebe); La mandarine (Eine verrückte Familie) [FR/IT]. 1972: Les feux de la Chandeleur (Kerzenlicht); Traitement de choc/L'uomo che uccideva a sangue freddo (Der Schocker) [FR/IT]; Elle cause plus ... elle flingue/Rosamunda non parla ... spara (Die Superlady) [FR/IT]. 1972/73: Il n'y a pas de fumée sans feu/Non c'é fuomo senza fuoco (Kein Rauch ohne Feuer) [FR/IT]. 1973: Juliette et Juliette/Juliette e Juliette (Der Blonde mit dem blauen Auge) [FR/IT]; Ursule et Grelu (Wann sehen wir uns wieder, Grelu?) [D,P]. 1974: La gifle/Lo sciaffo (Die Ohrfeige) [FR/IT]. 1975: Il faut vivre dangéreusement (Gefährlich lebt sich's besser); Docteur Françoise Gailland (Dr. med. Françoise Gailland); D'amour et d'eau fraîche; Il pleut sur Santiago (Es regnet über Santiago) [FR/BE]; Il sospetto di Francesco Maselli [IT]; Le gitan/Lo zingaro (Der Zigeuner) [FR/IT]. 1976: A chacun son enfer/Jedem seine Hölle; Cours après moi que je t'attrape (Lauf mir nach, daß ich dich fange). 1977: Tendre poulet (Ein verrücktes Huhn); Le dernier baiser (Der letzte Kuß) [FR/BE]; Jambon d'Ardenne (Ardenner Schinken) [BE/FR]; Le point de mire; La zizanie (Der Querkopf). 1978: L'Amour en question (Die Liebe ist in Frage gestellt); Cause toujours tu m'intéresses; La clé sur la porte (Die Klassenlehrerin); Le cavaleur (Edouard, der Herzensbrecher); Vas-y maman (Nimm's leicht, Mama). 1978/79: L'Ingorgo (Una storia impossibile)/Le grand embouteillage/Stau/El gran atasco [IT/FR/BRD/ES]. 1979: On a volé la cuisse de Jupiter (Wer hat den Po von Jupiter geklaut?); Bobo Jacco [FR/BE]. 1980: Une robe noire pour un tueur (Eine schwarze Robe für den Mörder); Le coeur à l'envers/Otra mujer [FR/ES]; All Night Long (Jede Nacht zählt) [US]. 1981: La revanche; La vie continue (Doch das Leben geht weiter). 1984: Adieu Blaireau; Partir revenir (Weggehen und wiederkommen); Liste noire (Back Fire); Souvenirs, souvenirs (Souvenirs, Souvenirs); Io e il duce (Ich und der Duce) [TV – IT]. 1988: Prisonnières (Gefangene). 1989: Cinq jours en juin; Comédie d'amour. 1990: Il y a des jours ... et des lunes (So sind die Tage und der Mond); Merci la vie (Merci la vie). 1991: Toujours seul; Faccia di lepre [IT]. 1992: Circle of Fear (Wendekreis der Angst) [IT]; Delitti privati [TV – IT/DE]; Alibi perfetto [IT]. 1993: Colpo di Coda / Pakt mit den Tod [TV – IT/DE (EURO)]; Portagli i miei saluti [IT]. 1994: Les misérables. 1995: Les Bidochon [FR/PT]. 1996: Hotel Shanghai [TV – DE]. 1997: Cain.

Girotti, Massimo

* 18. 5. 1918 Mogliano (Macerata)

Er studiert zunächst Jura, wechselt dann zur Schauspielkunst. Am Theater und beim Rundfunk hat er erste Erfolge. 1939 debütiert Girotti in Mario Soldatis Film *Dora Nelson*. Popularität erringt er 1940 in der Rolle des jungen Helden in Alessandro Blasettis *La corona di ferro*. Nach *Un pilota ritorna* von Roberto Rossellini vertraut ihm Luchino Visconti 1942 die anspruchsvolle Hauptrolle in *Ossessione* an. Nach 1945 gehört Girotti neben Raf Vallone zu den führenden Darstellern des neorealistischen Films und arbeitet u. a. unter Giuseppe De Santis (*Caccia tragica*) und Pietro Germi, der ihm in seinem Film *In nome della legge* die Rolle eines jungen Richters gibt, der in Sizilien gegen die Mafia vorgehen soll. Mit dieser Darstellung erreicht Girotti den Höhepunkt seiner Karriere. 1950 spielt er die Hauptrolle in Michelangelo Antonionis Spielfilm-Debüt *Cronaca di un amore*. 1954 verkörpert er in Viscontis *Senso* auf leidenschaftliche Weise die Figur des Patrioten Ussoni. Gleichzeitig ist Girotti am Theater tätig, u. a. in Inszenierungen von Visconti und Blasetti. Im Laufe der 50er und 60er Jahre meist in Nebenrollen, bis Pier Paolo Pasolini ihm 1968 in *Teorema* mit der Rolle des Biedermanns, der alles verläßt und nackt durch die Welt läuft, erneut die Chance für eine große Darstellung bietet. 1972 erinnert sich Bernardo Bertolucci an Girotti und gibt ihm die Rolle des Liebhabers in *Ultimo tango a Parigi*. Seit Mitte der 70er Jahre sieht man ihn immer seltener auf der Leinwand, darunter in *Rebus* (1988), dem Erstlingswerk von Massimo Guglielmi.

[IT] 1939: Dora Nelson (Skandal um Dora). 1940: La corona di ferro; Una romantica avventura (Walzer einer Nacht); Tosca (Tosca). 1941: Le due tigri; La famiglia Brambilla in vacanza; I pirati della Malesia. 1941/42: Un pilota ritorna. 1942: Harlem; Ossessione (Ossessione ... von Liebe besessen). 1943: Apparizione; La carne e l'anima. 1944/45: I dieci comandamenti; La porta del cielo. 1945/46: Un giorno nella vita. 1946: Desiderio. 1946/47: Fatalità. 1947: Caccia tragica (Tragische Jagd); Gioventù perduta (Verlorene Jugend); Natale al campo 119; Preludio d'amore. 1947/48: Fabiola (Fabiola). 1948: Molti sogni per le strade (Straßen-Träumereien); Anni difficili (Kritische Jahre). 1948/49: In nome della legge (Im Namen des Gesetzes). 1949: Duello senza onore (Wenn die Liebe stirbt). 1950: Cronaca di un amore (Chronik einer Liebe); Altura. 1951: Clandestino a Trieste; Persiane chiuse (Geschlossene Gardinen). 1951/52: Roma ore 11/Onze heures sonnaiment (Es geschah Punkt 11) [IT/FR]; Nez-de-cuir, gentilhomme d'amour/«Naso di cuoio», gentiluomo d'amore [FR/IT]. 1952: Il segreto delle tre punte (Im Zeichen der Verschwörer); Spartaco/Spartacus (Spartacus, der Rebell von Rom) [IT/FR]; Il tenente Giorgio. 1952/53: Ai margini della metropoli (Am Rande der Großstadt); Sul ponte dei Sospiri (Biancas Rache). 1953: Vortice (Silvana); Un marito per Anna Zaccheo (Fluch der Schönheit). 1954: Senso (Senso); La tua donna; L'Amour d'une femme/L'Amore di una donna (Die Liebe einer Frau) [FR/IT]. 1955: Disperato addio; Marguerite de la nuit/Margherita della notte (Die Blume der Nacht) [FR/IT]; I 4 del Getto Tonante. 1956: Saranna uomini/Serán hombres [IT/ES]; Dimentica il mio passato (Consuelo)/Rio Guadalquivir [IT/ES]. 1957: La vergine di Cheronea; Souvenir d'Italie (Rendezvous in Rom); Cesta duga godofinu dana (Straße der Leidenschaft) [YU]; La trovatella di Pompei. 1958: Erode il grande/Le roi cruel (Herodes – Blut über Jerusalem) [IT/FR]. 1959: Spavaldi e innamorati; Asphalte (Ich begehre dich) [FR]; La bestia humana [AR]; I cosacchi/Les cosaques (Der Aufstand der Tscherkessen) [IT/FR]; Le notti dei teddy-boys (Die Nächte sind voller Gefahren); Lupi nell'abisso/Les loups dans l'abîme (Wölfe in der Tiefe) [IT/FR]; Giuditta e Oloferne/Judith et Holpherne (La tête du Tyran) (Judith – das Schwert der Rache) [IT/FR]; La cento chilometri. 1960: Lettere di una novizia/La novice (Die Nacht vor dem Gelübde) [IT/FR]; Cavalcata selvaggia; I giganti della Tessaglia/Gli Argonauti/Le géant de Thessalie (Das Schwert des roten Giganten) [IT/FR]. 1961: Romolo e Remo/Romulus et Rémus (Romulus und Remus) [IT/FR]. 1962: Il giorno più corto; Venere imperiale/Vénus Impériale (Kaiserliche Venus) [IT/FR]. 1962/63: Oro per i Cesari/L'or des Césars (Das Gold der Cäsaren) [IT/FR]. 1963: Mafia alla sbarra [IT/FR]. 1964/65: Le meravigliose avventure di Marco Polo (Lo scacchiere di Dio)/La fabuleuse aventure de Marco Polo (L'echequier de Dieu) (Im Reich des Kublai Khan) [IT/FR]. 1965: El misterioso señor Van Eyck/Il misterrioso signor Van Eyck [ES/IT]. 1966: Idoli controluce; Le streghe/Les sorciéres. 1. EP: La strega bruciata viva (Hexen von heute. 1. Ep: Hexen verbrennt man lebendig) [EP – IT/FR]. 1968: Scusi, facciamo l'amore?/Et si l'on faisait l'amour? [IT/FR]; Teorema (Teorema – Geometrie der Liebe). 1969: Le sorelle/Les deux soeurs (Umarmung) [IT/FR]. 1970: Medea [IT/FR/BRD]; Krasnaja palatka/La tenda rossa (Das rote Zelt) [SU/IT]. 1971/72: Gli orrori del castello di Norimberga/Die Schrecken des Nürnberger Schlosses [IT/BRD]. 1972: Ultimo tango a Parigi/Dernier tango à Paris (Der letzte Tango in Paris) [IT/FR]; Les voraces/Così bello, così corrotto, così conteso (Die Gefräßigen) [FR]. 1973: L'Ultima chance (Die Diamantenpuppe). 1974: Il bacio; Cagliostro. 1975: Il mio corpo con rabbia; Morte sospetta di una minorenne; Mark il poliziotto spara per primo. 1975/76: M. Klein/Mr. Klein (Mr. Klein) [FR/IT]. 1976: L'Agnese va a morire (Agnes geht in den Tod); L'Innocente/L'Innocent (L'innocente – Die Unschuld) [IT/FR]. 1980/81: Passione d'amore/Passion d'amour (Passion der Liebe) [IT/FR]. 1983: Quo vadis? (Quo vadis?) [TV]; Ars amandi-L'arte di amare/L'art d'aimer (Ars amandi – Die Kunst zu lieben) [IT/FR]. 1985: Interno Berlinese/Leidenschaften [IT/BRD]. 1987: Der Ochsenkrieg [TV – BRD]. 1988: La Bohême [FR/IT]; Rebus. 1990: Der Erfolg ihres Lebens [TV – BRD (EURO)]. 1991: Dalla notte all'alba [TV – IT/DE]. 1992: Dall' altra parte del mondo. 1994: Il mostro/Le monstre (Das Monster) [IT/FR].

Gish, Lillian

(Lillian Diana Gish)
*14. 10. 1896 Springfield (Ohio)
†28. 2. 1993 New York City

Bühnendebüt mit 6 Jahren als «Baby Lilian» in Rising Sun, Ohio. 1903/04 mit dem Stück «Her First False Step» auf Amerika-Tournee mit Mutter und Schwester Dorothy (1898–1968). 1905 in New York. Auf Empfehlung von Mary Pickford 1912 gemeinsam mit Dorothy Vertrag bei der American Biograph Company. Filmdebüt mit Schwester und Mutter in David Wark Griffith', *An Un-seen Enemy*. Die pausbäckige, blondlockige Kindfrau wird zum Star von Griffith' Schauspiel-Ensemble: Sie spielt neben zahlreichen Ein- und Zweiaktern u. a. die junge Mutter in *The Mothering Heart*, Elsie Stoneman in *The Birth of a Nation*, die junge Frau an der Wiege in *Intolerance*. Höhepunkte 1919 an der Seite von Richard Barthelmess als unterdrückte Lucy Burrows im Melodram *Broken Blossoms*, in der Titelrolle von *True Heart Susie* und im Kampf mit Schnee und Eis in *Way Down East*. Letzter Film für Griffith ist *Orphans of the Storm*, gemeinsam mit Dorothy. 1920 auch Regie der Komödie *Remodeling Her Husband* mit ihrer Schwester in der Hauptrolle. 1924 Wechsel zu M-G-M. Dort als Mimi in *La Boheme* (King Vidor) und Hester Prynne in *The Scarlet Letter* von Victor Seastrom (Sjöström). Sie spielt fast im Alleingang gegen die tosenden Elemente in Seastroms *The Wind*. Gish, einer der bedeutendsten Stars des amerikanischen Stummfilms, erscheint im Tonfilm nur noch sporadisch. In den 30er Jahren Radio- und vor allem Bühnentätigkeit, u. a. in Čechovs «Onkel Wanja» und als Ophelia neben John Gielgud in «Hamlet». 1945/46 in King Vidors *Duel in the Sun* (für Nebenrollen-Oscar nominiert). Ab 1948 auch TV-Arbeit. 1955 als die menschenfreundliche alte Dame in Charles Laughtons *The Night of the Hunter*, 1960 die Mutter Burt Lancasters in John Hustons *The Unforgiven*. Ihre (angeblich) 100. Filmrolle ist die Großmutter in Robert Altmans *A Wedding*, ihre letzte die fürsorgliche Schwester von Bette Davis in Lindsay Andersons *The Whales of August*. In den 70er

Jahren hält sie Vorträge in Universitäten und Filmclubs über die Zusammenarbeit mit Griffith, erinnert sich 1980 in der britischen TV-Serie *Hollywood* (Kevin Brownlow, David Gill) an ihre Stummfilmzeit. 1970 Spezial-Oscar, 1984 Life Achievement Award des American Film Institute. Bücher: «Life and Lillian Gish» (1932), «The Movies, Mr. Griffith and Me» (1969), «Dorothy and Lillian Gish» (1973), «An Actor's Life for Me» (1987).

[US] 1912: An Unseen Enemy; My Baby; Two Daughters of Eve; In the Aisles of the Wild; The One She Loved; The Musketeers of Pig Alley; Gold and Glitter; The New York Hat; The Burglar's Dilemma; A Cry for Help. 1913: The Madonna of the Storm; A Woman in the Ultimate; So Runs the Way; A Modest Hero; The Conscience of Hassan Bey; During the Round Up; The Stolen Bride; The Left-Handed Man; Just Kids; The Blue or the Gray; An Indian's Loyalty; Oil and Water; The Unwelcome Guest; The Battle of Elderbush Gulch (Die Waisen der Ansiedlung); A Misunderstood Boy; The Lady and the Mouse; The House of Darkness; Just Gold; A Timely Interception; The Mothering Heart. 1914: The Quicksands; Man's Enemy; The Rebellion of Kitty Belle; The Folly of Anne; Silent Sandy; The Sisters; The Hunchback; Angel of Contention; The Wife; A Fair Rebel; His Lesson; The Tear That Burned; The Green-Eyed Devil; Judith of Bethulia (Judith von Bethulien); The Battle of the Sexes; Home, Sweet Home; Lord Chumley; The Escape. 1914/15: The Birth of a Nation (Die Geburt einer Nation). 1915: The Lost House; Enoch Arden; Captain Macklin; The Lily and the Rose; Souls Triumphant. 1916: Pathways of Life; Daphne and the Pirate; Sold for Marriage; An Innocent Magdalene; Flirting with Fate; Intolerance (Intoleranz); Diane of the Follies; The Children Pay; The House Built upon Sand. 1918: Liberty Bond [KF]; Hearts of the World; The Great Love; The Greatest Thing in Life; The Romance of Happy Valley. 1919: True Heart Susie; Broken Blossoms (Eine Blüte gebrochen); The Greatest Question. 1920: Remodeling Her Husband [R,CoA]; Way Down East (Mädchenlos). 1921: Orphans of the Storm (Zwei Waisen im Sturm der Zeit). 1924: The White Sister (Die weiße Schwester); Romola. 1926: La Boheme; The Scarlet Letter (Der scharlachrote Buchstabe). 1927: Annie Laurie (Annie Laurie – Ein Heldenlied vom Hochland). 1928: The Enemy (Der Herzschlag der Welt); The Wind (Stürme). 1930: One Romantic Night. 1933: His Double Life. 1943: Commandos Strike at Dawn; Top Man. 1945/46: Miss Susie Slagle's; Duel in the Sun (Duell in der Sonne). 1947/48: Portrait of Jennie (Jenny). 1948: Late Christopher Bean [TV]. 1955: The Night of the Hunter (Die Nacht des Jägers); Salute to the Theatres [KF]; The Cobweb (Die Verlorenen). 1957/58: Orders to Kill (Der lautlose Krieg) [GB]. 1960: The Unforgiven (Denen man nicht vergibt). 1966: Follow Me, Boys! (Vierzig Draufgänger). 1966/67: Warning Shot (Der Todesschuß). 1967: The Comedians (Die Stunde der Komödianten) [US/BM/FR]. 1969: Arsenic and Old Lace [TV]. 1976: Twin Detectives [TV]. 1977: Sparrow [TV]. 1978: A Wedding (Eine Hochzeit). 1979: Thin Ice [TV]. 1983: Hambone and Hillie; Hobson's Choice [TV]. 1985: The Adventures of Huckleberry Finn [TV]. 1986: Sweet Liberty (Sweet Liberty). 1987: The Whales of August (Wale im August).

Glatzeder, Winfried

*26. 4. 1945 Zoppot

Aufgewachsen in Berlin, Abitur. Ausbildung zum Maschinenbau-Facharbeiter in Ost-Berlin, an der Berufsschule Aufbau eines Kabaretts. 1965–69 Schauspiel-Studium u. a. bei Fritz Marquardt und B. K. Tragelehn an der Deutschen Hochschule für Filmkunst in Potsdam-Babelsberg, Diplomarbeit über die Gestalt des Clowns. 1969–71 am Hans-Otto-Theater Potsdam, 1971–82 Volksbühne in Berlin. Nach einigen kleinen Rollen in DEFA-Filmen fällt der 1,92 m große, hagere Schauspieler 1970 als Ölbohrer Christian in Siegfried Kühns Romanze *Zeit der Störche* auf. Erfolg als DDR-Belmondo in zwei Gegenwartskomödien: als Ersatz-Oma Erwin Graffunda in *Der Mann, der nach der Oma kam* (Roland Oehme) und als verliebter, aufstrebender Außenhandels-Referent Paul in Heiner Carows *Die Legende von Paul und Paula.* Bei Rainer Simon als aufrührerischer *Till Eulenspiegel* und als zündelnder Feuerwehrmann in der Spießer-Satire *Zünd an, es kommt die Feuerwehr.* 1982 Wechsel ans Westberliner Schiller-Theater. Ab 1983 zunächst ausschließlich Arbeit für Film und Fernsehen. West-Debüt in Peter Beauvais' TV-Film *Der Kunstfehler,* dann u. a. im Actionfilm *Danger – Keine Zeit zu sterben* (Helmuth Ashley). Hauptrollen in Diethart Küsters *Va Banque* und in Berengar Pfahls TV-Film *Brücke am schwarzen Fluß,* wo der Ost-West-Konflikt in einem Entwicklungsland ausgetragen wird. Als Paul Levi in Margarethe von Trottas *Rosa Luxemburg,* als Stasi-Romeo in Stephan Mayers Spionage-Komödie *Schlüsselblumen.* Seit 1987 wieder am Theater und in diversen TV-Serien. Erst nach der Wende wieder in einem DEFA-Film, Jürgen Brauers *Tanz auf der Kippe.* Als TV-Kommissar Roiter ermittelt er am *Tatort* Berlin.

[DDR] 1966/67: Ein Lord am Alexanderplatz; Geschichten jener Nacht. 3. EP: Materna [EP]. 1967/68: Spur des Falken. 1968: Jungfer, Sie gefällt mir; Wie heiratet man einen König. 1969: Hart am Wind; Dr. med. Sommer II; Unbekannte Bürger [TV]. 1969/70: Junge

Frau von 1914 [TV]; Unterwegs zu Lenin/Na puti k Leninu [DDR/SU]. 1970: Zeit der Störche; Du und ich und Klein-Paris. 1970/71: Salut Germain [TVS]. 1971: Nachtasyl [TV]; Der Mann, der nach der Oma kam. 1971/72: Tecumseh. 1972: Die Legende von Paul und Paula. 1972/73: Die sieben Affären der Doña Juanita [TV]. 1973: Das zweite Leben des Friedrich Wilhelm Georg Platow; Goroda i gody (Städte und Jahre) [SU]. 1973/74: Heiße Spuren [TV]; Till Eulenspiegel. 1974/75: Polizeiruf 110: Ein Fall ohne Zeugen [TV]; Requiem für Hans Grundig [TV]. 1975: Der goldene Elefant [TV]. 1975/76: Nelken in Aspik; Auftrag für M & S [TV]. 1976: Das Untier von Samarkand [TV]. 1976/77: Die Flucht; Polizeiruf 110: Vermißt wird Peter Schnok [TV]. 1977: Trampen nach Norden [TV]. 1977/78: Zünd an, es kommt die Feuerwehr. 1978: Der Nachlaß [TV]; Für Mord kein Beweis. 1978/79: Hochzeitsreise [TV]; Kočiči princ/Der Katzenprinz [CS/DDR]. 1979: Der Menschenhasser [TV]. 1979/80: Johann Sebastian Bachs vergebliche Reise in den Ruhm [TV – BRD]. 1980: Asta, mein Engelchen; Yvonne [TV]. 1980–82: Hotel Polan und seine Gäste [TV]. 1980/81: Die Kolonie. [ab hier BRD] 1982: Der Kunstfehler [TV]. 1983/84: Didi – Der Doppelgänger; Gnadenlos; Bali. 1984: Vergeßt Mozart; Danger – Keine Zeit zum Sterben/No Time to Die; Haus Excelsior [TV]. 1984/85: Hoffnungsspuren: Vorsichtige Berührung [TV]. 1985: Alles aus Liebe: Heirat nicht ausgeschlossen [TV]; Va Banque. 1985/86: Rosa Luxemburg. 1986: Die Katze läßt das Mausen nicht. 2. EP: Berlin 1927: Gelegenheit macht Diebe. [TV-EP]; Brücke am schwarzen Fluß [TV]; Wasser für die Blumen [TV]; Was zu beweisen war [TV]. 1986/87: Schlüsselblumen [TV]; Praxis Bülowbogen 3. Die Vollmacht [TVS]; Priester: Acht Tage in den Bergen [TV]. 1987: Der Alte: Mord ist Mord [TV]. 1988: Spielergeschichten [TVS]; Rivalen der Rennbahn [TVS]. 1988/89: Lockvögel [TV]; Tam Tam oder Wohin die Reise geht [TV]. 1989: Derrick: Die Kälte des Lebens [TV]; Don Juan oder Der steinerne Gast [TV]. 1989/90: Die Spreepiraten [TVS]; Kleine Leute [TV – BRD/IT]. 1990: Stocker und Stein [TVS]; Plagio [TV – IT/BRD]; Gefährliche Verführung [TV – BRD/IT]; Abenteuer Airport [TVS]; Wenn du mich fragst ... [TVS]; Ron und Tanja [TVS]; Vincent Vincent [TVS]. 1990/91: Edgar, Hüter der Moral [TVS]; Zwischen Pankow und Zehlendorf; Tote leben länger [TV]; Tanz auf der Kippe; Das Land hinter dem Regenbogen. 1991: Tandem; Ein Heim für Tiere [TVS]; Gossenkinder; Tote Briefe [TV]; Die Männer vom K3: Halali für einen Jagdfreund [TV]. 1992: Sterne des Südens [TVS]. 1993: Happy Holiday: Das Foto/Ein Spiel mit dem Feuer [TVS]. 1994: Liebling Kreuzberg: Zweimal Entlassung [TVS]; Birkenhof & Lerchenau [TV]; Derrick: Gesicht hinter der Scheibe [TVS]; Tatort: Jetzt und alles [TV]. 1995: Ärzte: Weiß wie Schnee [TV]; Derrick: Mitternachtssolo [TV]. 1996: Tatort: Tod im Jaguar [TV]; Tatort: Buntes Wasser [TV]; Tatort: Krokodilwächter [TV]; Die kaukasische Nacht. 1996/97: Happy Holiday: Höhenflüge/Gemischtes Doppel/Keine Angel ohne Haken/Das Geständnis/Die Autopanne [TVS]. 1997: Tatort: Mordsgeschäfte [TV]; Tatort: Schlüssel zum Mord [TV].

Glowna, Vadim

*26. 9. 1941 Eutin

Aufgewachsen in Hamburg. Abgebrochenes Theologiestudium. 1961 Schauspielschule in Hamburg, daneben Gelegenheitsjobs. Erstes Engagement am Deutschen Schauspielhaus bei Gustaf Gründgens. Ab 1963 an Theatern in München und Berlin sowie in Bremen bei Zadek und Minks. 1973 Theaterregie-Debüt in Hamburg mit Ann Jellicoes Stück «Was ist an Tolen so sexy?». Ab 1964 auch Film- und Fernsehrollen; er spielt in Gegenwartsstoffen hauptsächlich gesellschaftliche Außenseiter und Verlierer. 1980/81 Erfolg als Regisseur, Drehbuchautor und Produzent des in Cannes ausgezeichneten Films *Desperado City* aus dem Halbweltmilieu im Hamburger Vergnügungsviertel St. Pauli; Auftritt in einer kleinen Rolle. 1982/83 Regie bei dem ähnlich angelegten *Dies rigorose Leben*, danach *Des Teufels Paradies*. Zusammen mit seiner Frau, der Schauspielerin Vera Tschechowa, gründet er 1980 die Produktionsgesellschaft Atossa Film GmbH und dreht 1984/85 einen Dokumentarfilm über die Künstlerfamilie Čechov/Tschechow. Seit Ende der 80er Jahre überwiegend im Fernsehen mit der Darstellung bürgerlicher Charaktere in zahlreichen Krimis und Alltagsgeschichten. 1991 zwei weitere Regie-Filme: *Eines Tages irgendwann* (auch Produktion) und *Der Brocken* über eine Witwe auf Rügen, die sich nach der Wende gewitzt gegen habgierige Wessis durchsetzt. 1981 veröffentlicht er die Arbeitsnotate «Desperado City. Wie ein Film entsteht».

[BRD] 1964: Held Henry [TV]; Im Schatten einer Großstadt [TV]. 1966: Frühlings Erwachen [TV]. 1967: Zuchthaus [TV]; Verbrechen mit Vorbedacht [TV]. 1967/68: Liebe und so weiter [TV]; Tramp – oder der einzige und unvergleichliche Lenny Jacobson [TV]. 1968: Horror [TV]; Der Eine und der Andere [TV]. 1969: Die Gartenlaube [TV]; Feuerpredigt [TV]; Der Kommissar: Auf dem Stundenplan Mord [TV]; 11 Uhr 20 [TV]; Die Reise nach Tilsit [TV]. 1969/70: Gezeiten [TV]. 1970: Die Theaterwerkstatt: O. Szenengespräche [TV]; Der Kommissar: Der Mord an Frau Klett [TV]; Recht oder Unrecht: Gerechtigkeit für Dettlinger [TV]; Opfer [TV]. 1970/71: Die Tote aus der Themse. 1971: Die Nacht von Lissabon [TV]; Biskuit [D,CoM – TV]; Leb wohl, Judas [TV]. 1972: Danton [TV]; Herlemanns Traum oder Das andere Leben [TV]; Victor oder Die Kinder an der Macht [TV]. 1973: Der Fall Lebach

[TV]; Ulla oder Die Flucht in die schwarzen Wälder [TV]. 1973/74: Ermittlungen gegen Unbekannt [TV]. 1974: Insomnia [TV]; Polly oder Die Bataille am Bluewater Creek [TV]; The Pidgeon of Soho Square [TV]; Der Kommissar: Jähes Ende einer interessanten Beziehung [TV]. 1975: Ein deutsches Attentat [TV]; Amphitryon [TV]; Eurydike BA 2037 [CoP – BRD/GR]; Cuore di cane/ Warum bellt Herr Bobikow? [IT/BRD]. 1975/76: Police Python 357/Im tödlichen Kreis [FR/BRD]. 1976: Sladek oder Die schwarze Armee [TV]; Cross of Iron/Steiner – Das eiserne Kreuz [GB/BRD]; Ketten [TV]; Derrick: Schock [TV]. 1976/77: Die Kriminalerzählung [TVS]; Gruppenbild mit Dame/Portrait de groupe avec dame [BRD/FR]. 1977: Prosperos Traum [TV]; Der Hauptdarsteller; Das verschollene Inka-Gold [TV]; Zeit der Empfindsamkeit [TV]; Der Alte: Zwei Mörder [TV]. 1977/78: Deutschland im Herbst [EP]; Notsignale: Freddy Türkenkönig [TV]. 1978: Der Schneider von Ulm. 1978/79: The Martian Chronicles (Die Mars-Chroniken) [TV – GB]; Geschichten aus dem Wienerwald [BRD/AT]; Bloodline (Blutspur) [US]. 1979: Jettchen Geberts Geschichte [TV]; Schattenspiel [KF]; Exil/L'Exile [TV – BRD/FR]; L'Associé (Mein Partner Davis) [TV – FR]; La mort en direct/Death Watch – Der gekaufte Tod [FR/BRD]. 1980: Monitor [KF]. 1980/81: Desperado City [D,R,A,P]. 1981: Limuzena Daimler Benz/Der Konsul [PL BRD]; Polnischer Sommer [TV]; Tatort: Sterben und sterben lassen [TV]. 1981/82: Feine Gesellschaft – Beschränkte Haftung. 1982/83: Dies rigorose Leben [D,R,A,CoP]. 1983: Ediths Tagebuch. 1983/84: Blaubart [TV – BRD/CH]. 1984: Ein fliehendes Pferd [TV]; Kaweh [DZ]; Rok spokojnego słońca/Das Jahr der ruhigen Sonne/The Year of Quiet Sun [PL/BRD/US]. 1984/85: Tschechow in meinem Leben [R,A,P – DOK]. 1985: Das Totenreich [TV]; Tarot. 1986: Retuorn (Heimkehr) [TV – CH]. 1986/87: Des Teufels Paradies [D,R,CoA,P]. 1987/88: Wo immer sie ist/Gzies kolwikjest, jestes jest … [TV – BRD/PL]. 1988: Lucas läßt grüßen [TV – BRD/CH]; Drei D [KF]; Der Fahnder [TV]; Das Milliardenspiel [TV]; Der Lockspitzel [TV]. 1988/89: Tatort: Blutspur [TV]; Alte Zeiten [TV]. 1989: Ein Fall für zwei: Der Schlüssel [TV]; Gdzieškolwiek jest, ješliš jest/Wo immer du bist/Whenever You Are (Wo immer Du bist) [PL/BRD/US]; Die Jagd nach dem Killer gas/Opération Ypsilon [TV – BRD/FR/CA]; Georg Elser – Einer aus Deutschland; Er – sie – es [TV]. 1990: Das zweite Leben [TV – BRD/FR]; Ovunque tu sia [TV – IT/BRD/PL]; Scheidung à la carte [TV]. 1991: Der Brocken; Die Bank ist nicht geschädigt [TV]; Tandem; Extralarge: Miami Killer/Extra Large 4: Miami Killer [TV – IT/DE]; Eines Tages irgendwann [R, P]. 1991/92: Die Lügnerin; Die Männer vom K3: Spiel mit dem Feuer [TV]. 1992: Ein Fall für zwei: Gier [TV]; Wolffs Revier [TVS]; Verflixte Leidenschaft (3. Fata Morgana) [TV-EP]; Projekt Aphrodite [TVS], Mandelküßchen [TV]; Die Männer von K3: Zu hoch gepokert [TV]. 1992/93: Im Himmel hört dich niemand [TV]. 1993: Hörigkeit des Herzens [TV]; Tatort: Bauernopfer [TV]. 1993/94: Das gläserne Haus [TV]. 1994: Peter Strohm: Babuschka [TVS]; Faust: Jagd auf Mephisto [TV]; 1945 [TV – AT]; Rufmord [TV]; Die Nacht der Regisseure [DOK]. 1994/95: Die Männer vom K3: Zu hoch gepokert [TV]. 1995: Inka Connection [TV]; Eine Frau wird gejagt [R – TV]. 1995/96: Ein Toter zu wenig [TV]; Peter Strohm: Einsteins Erbschaft [R, D – TVS]. 1996: Ein Mord für Quandt: Pech und Schwefel [TV]; Der Alte: Die Spur des Todes [R – TV].

Gluzskij, Michail

(Michail Andreevič Gluzskij)
*21. 11. 1918

Bis 1940 Ausbildung an der Filmschauspielerschule des Mosfilm-Studios. Anschließend am Zentralen Theater der Roten Armee, 1946 in Moskau am Theater der Filmschauspieler, später am Sovremennik-Theater. Erste Filmrolle ist 1939 der Gymnasiast in Grigorij Rošals *Sem'ja Oppengejm*. In den 50er und 60er Jahren ist Gluzskij einer der meistbeschäftigten sowjetischen Filmschauspieler und vermittelt in zahlreichen Episoden, aber auch in tragenden Rollen einprägsame Charakterstudien. Herausragend ist 1968 sein von inneren Konflikten zerrissener Sanitäter Fokič in Lev Panfilovs Debütfilm *V ogne broda net*. 1972 als Rotarmist Ivan Stepanovič in Nikolaj Gubenkos Debütfilm *Prišel soldat s fronta*. International bekannt wird er vor allem 1973 durch seinen Wissenschaftler Prof. Sretenskij in Il'ja Averbachs *Monolog*. Gluzskij arbeitete auch in der DDR, u. a. spielt er 1968 in Konrad Wolfs Film *Ich war neunzehn* den sowjetischen General. Er ist Volkskünstler der UdSSR und Staatspreisträger der RSFSR.

[SU] 1939: Sem'ja Oppengejm; Minin i Požarskij; Devuška s charakterom (Ein Mädchen mit Charakter). 1941: Salavat Julaev. 1947: Povest' o «Neistovom». 1948: Povest' o nastojaščem čeloveke (Der wahre Mensch). 1954: Tainstvennaja nachodka (Der geheimnisvolle Fund). 1955: Poprygun'ja (Die Grille). 1956: Sud'ba barabanščika (Das Schicksal des Trommlers). 1957: Tajna dvuch okeanov (Das Geheimnis zweier Ozeane); Tichij Don II (Der stille Don II). 1958: Lastočka (Deckname Schwalbe). 1959: Poslednij djujm (Der letzte Zoll); Nočnoj gost'. 1960: Druz'ja – tovarišči (Die geheimnisvolle Berghöhle); Mičman Panin (Die Fahrt führt nach Le Havre); Doždi; Lovcy gubok (Schwammsucher). 1962: Javlenie Venery; Ljudi i zveri/Menschen und Tiere [SU/DDR]. 1963: Sgorel na rabote [KF]; Kain XVIII. 1964: živye i mertvye (Die Lebenden und die Toten); Imenem revoljuzii (Oktoberfreunde); Sekretar' obkoma; Bol'šaja ruda; Dva voskresen'e (Zwei Sonntage). 1965: Gde ty teper', Makzim? (Junge Jahre); Kak vas teper' nazyvat'? (Wie heißen Sie jetzt?); Chokkeisty (Eishockeyspieler); Pervyj sneg. 1966: Kto produmal koleso; Sovest'; Skol'ko let, skol'ko zim; Probu ždenie. Ballada o Vintovke;

Oder žimyj; Po tonkomu l'du; Segodnja – novyj attrakcion (Glück in der Manege). 1967: Kavkazskaja plennica (Entführung aus dem Kaukasus); Mesta tut tichie (Hier ist es ruhiger); Put' v «Saturn» (Der Weg zum Saturn); Parol' ne nužen (Parole unnötig); Konec «Saturna». 1968: Ich war neunzehn [DDR]; V ogne broda net (Durchs Feuer führt keine Furt); Groza nad Beloj (Gewitter über dem Weißen Fluß); Razbudite Muchina. 1969: Na vojne, kak na vojne (Zwischenspiel im Hinterland); Eti nevinnye zabavy; Krach (Der Fall Boris Sawinkow); Pjatero c neba (Mit besonderem Auftrag); Cena [TV]. 1970: Obratnoj dorogi net (Es führt kein Weg zurück) [TV]; Sčast'e Anny. 1970/72: Osvoboždenie (Befreiung). 1971: Ukradennyj poezd; Otkradnatijat vlak [SU/BG]; Slučaj s Polyninym (Das Ereignis mit Polinin); Beg (Die Flucht); Missija v Kabule (Mission in Kabul). 1972: Echali v tramvae Il'f i Petrov [TV]; Čelovek s drugoj storony (Der Mann, der seinen Tod überlebte); Sekretar' Partkoma (Die Bewährung der Polina Gontscharenko); Prišel soldat s fronta (Ein Soldat kehrt von der Front zurück). 1973: Monolog (Monolog); Tovarišč brigada (Die Brigade/Die Eisschollen treiben zum Ozean); Inžener Prončatov (Ingenieur Prontschatow) [TV]; Dela davno minuvšich dnej ...; Stošagov v oblakach; Za oblakami nebo; Das zweite Leben des Friedrich Wilhelm Georg Platow [DDR]. 1974: Vot moja derevnja [TV]; Stepnye raskaty; Pticy nad gorodom; Zemnye i nebeznye priključenija (Die kühnen Träume der Klasse 9). 1974/75: Zemljaki. 1975: Premija (Die Prämie); Rasskaz o prostoj vešči (Kopfgeld für Orlow) [TV]; Pochiščenie «Savoij» (Die Entführung der «Savoy») [SU/BG/PL]; Plamja (Die Flamme). 1976: Poslednjaja žertva (Das letzte Opfer); Majakovskij smeetsja; Krasnoe i černoe (Rot und Schwarz); Prinimaju na sebja (Ich übernehme die Verantwortung); Skaz pro to, kak car' Petr arapa ženil (Wie Zar Peter seinen Mohren verheiratete). 1977: Step' (Die Steppe); Poznjaja vstreča (Eine fast komische Geschichte) [TV]; Počti smešnaja istorija [TV]; Kak Ivanuška-duračok za čudom chodil (Wie der dumme Iwanuschka das Wunder suchte); Vsego odna noč' (Nur eine Nacht); Obelisk (Der Obelisk); Zolotaja mina [TV]; Dlinnoe, dlinnoe delo (Ein langer, langer Gerichtsfall). 1978: Sol' zemli (Das Salz der Erde); Pozdnjaja vstreèa (Späte Begegnung) [TV]; Garmonija; Sčet čelovečeskij (Plädoyer für sensible Riesen); Mesjac dlinnych dnej [TV]; Vremja vybralo nas [TV]. 1979: Plata za istinu (Der Preis der Wahrheit); Ivancov, Petrov, Sidorov (Goldsucher in der Arktis). 1980: Nikudyšaja [TV]; Fitil' No 223; Serebrjanye ozera; Želaju uspecha (Viel Erfolg in der Taiga). 1980/81: Überblickt man die Jahre [TV – DDR]. 1981: Brelok s sekretom; Každyj treti; Zatiš'e (Stilles Leben); Krach operacii «Terror» [SU/PL]; Noč predsedatelja [TV]; Solnečnyj veter [TV]. 1982: Golos (Die Stimme); Ostanovil'sja poezd (Der Schuldige); Predčuvstvie ljubi (Es könnte Liebe sein); Tranzit [TV]. 1984: Zdes' tvoj front (Hier ist deine Front); Učenik lekarja (Der Lehrling des Medicus); TASS upolnomočen zajavit ... (TASS ist ermächtigt zu erklären) [TVS]; Ol'ga i Konstantin; Dubler načinaet dejstvovat'. 1985: Grjaduščemu veku [TV]; Začem čeloveku kryl'ja (Wozu der Mensch Flügel braucht); I na kamnjach rastut derevja/Dragens fange (Die Liebe des Wikingers) [SU/NO]. 1986: Ekzamen dlja direktora [TV]; Gde-to gremit vojna [TV]; Žizn' Klima Samgina [TV]; Iz žizni Potapova. 1987: Krejcerova sonata (Die Kreutzersonate); V. I. Lenin. Stranicy žizni [TVS]; Poslednjaja doroga (Der letzte Weg); Zapomnite menja takoj (Behaltet mich so in Erinnerung) [TV]. 1987–89: Es ist nicht leicht, ein Gott zu sein/Trudno bit begom/Un dieu rebelle [BRD/SU/FR]. 1988: Desjat' negritjat (Das letzte Weekend); Krad [TV]; Eto bylo prošlym letom [TV]; Trudno byt' bogom; Bez solnca (Ohne Sonne). 1989: Vchod v labirint [TV]. 1990: Ovragi [TV]; Krasnoe vino pobedy [TV]; Korotkaja igra; Nyne proslavisja syn čelovečeskij; Advokat [TV]; Ubijstvo na monastyrskich prudach. 1991: Krov' za krov' [RU]; Poka grom ne grjanet [RU]; Umitat' ne staršno [RU]. 1992: Černyj kvadrat [RU]; Russkie brat'ja [RU]; Založniki d'javola [RU]; Poslednij tramvaj [RU]. 1995: Russkie paravoz [RU]; Mužčina dlja molodoj ženščny [RU].

Goddard, Paulette

(Pauline Marion Goddard Levee)
* 3. 6. 1911 Whitestone Landing (New York)
† 23. 4. 1990 Porto Ronco bei Ascona

Mit 14 Jahren Fotomodell. 1926 Bühnendebüt in Ziegfelds «No Fooling», 1927 in der Operette «Rio Rita». 1929 Verpflichtung nach Hollywood durch Samuel Goldwyn sowie Hal Roach. Bei Roach in Slapstick Comedies – u. a. neben Laurel & Hardy, ab 1933 Zusammenarbeit mit ihrem späteren Ehemann Charles Chaplin. 1936 erste bedeutende Rolle als blindes Blumenmädel in Chaplins *Modern Times*. 1939 Sieben-Jahres-Vertrag bei Paramount. Erste Hauptrolle in Elliott Nugents Theater-Krimi *The Cat and the Canary*. In Chaplins *The Great Dictator* spielt sie die Jüdin Hannah. Häufig in Musicals und Komödien, so neben Fred Astaire in *Second Chorus* (H. C. Potter), mit James Stewart in *Pot o' Gold* (George Marshall) und neben Bob Hope in *Nothing but the Truth* (Nugent). Für die Nebenrolle der Krankenschwester in Mark Sandrichs *So Proudly We Hail* wird sie für einen Oscar nominiert. Karriere-Höhepunkt 1946 als Kammerzofe Celestine in Jean Renoirs *Diary of a Chambermaid*. 1947 Bühnen-Erfolg im Abbey Theatre, Dublin, mit «Winterset». Mitte der 50er Übersiedlung in die Schweiz und Einschränkung der schauspielerischen Tätigkeit. Ihr dritter Ehemann wird 1958 der Schriftsteller Erich Maria Remarque.

[US] 1929: Berth Marks [KF]; The Locked Door. 1931: City Streets (Straßen der Weltstadt); The Girl Habit. 1932: Show Business [KF]; Young Ironsides [KF]; Girl Grief [KF]; The Mouthpiece; Pack Up Your Troubles (Zwei Musketiere); The Kid from Spain (Der falsche Torero). 1933: Roman Scandals. 1934: Kid Millions. 1936: Modern Times (Moderne Zeiten). 1938: The Young in Heart; Dramatic School. 1939: The Women (Die Frauen); The Cat and the Canary (Erbschaft um Mitternacht). 1939/40: The Great Dictator (Der große Diktator). 1940: North West Mounted Police (Die scharlachroten Reiter); The Ghost Breakers; Second Chorus. 1941: Pot o' Gold; Nothing But the Truth; Hold Back the Dawn (Das goldene Tor). 1941/42: The Lady Has Plans; Reap the Wild Wind (Piraten im Karibischen Meer). 1942: Star Spangled Rhythm; The Forest Rangers (Lodernde Flammen). 1942/43: The Crystal Ball. 1943: So Proudly We Hail (Mutige Frauen). 1943/44: Standing Room Only (Stehplatz im Bett). 1944: I Love a Soldier. 1945: Duffy's Tavern; Kitty (Eine Lady mit Vergangenheit). 1946: Diary of a Chambermaid (Tagebuch einer Kammerzofe). 1947: Variety Girl; Unconquered (Die Unbesiegten); Suddenly It's Spring; An Ideal Husband (Ein idealer Gatte) [GB]. 1948: Hazard; On Our Merry Way/A Miracle Can Happen. 1949: Bride of Vengeance; Anna Lucasta. 1950: The Torch/Del odio nace el amor (Rebellen der schwarzen Berge) [D,CoP]. 1952: Babes in Bagdad. 1953: Vice Squad (Sittenpolizei); Paris Model; Sins of Jezebel; The Charge of the Lancers (Das Zigeunermädchen von Sebastopol). 1954: The Stranger Came Home [GB]. 1964: Gli indifferenti/Désirs pervers (Die Gleichgültigen) [IT/FR]. 1972: The Snoop Sisters/Female Instinct (Die Schnüffel-Schwestern) [TV].

Goldberg, Whoopi

(Caryn Johnson)
*13. 11. 1949 New York City

Als 8jährige Auftritt an der Hudson Guild sowie in Helena Rubinsteins Kindertheater. 1974 Übersiedlung nach Kalifornien und Mitwirkung am San Diego Repertory Theatre, u. a. in Brechts «Mutter Courage und ihre Kinder». Erfolg auch bei «Spontaneous Combustion», einer komischen Improvisationstruppe in San Francisco. 1983 Broadway-Debüt unter der Regie von Mike Nichols sowie eigene Show am Lyceum Theatre. Die TV-Aufzeichnung der Broadway-Show *Whoopi Goldberg: Direct From Broadway* (1984) erregt die Aufmerksamkeit von Steven Spielberg und führt 1985 zur Hauptrolle der sich emanzipierenden Farbigen Celie in *The Color Purple* (Oscar-Nominierung). Die lebhafte und eloquente Schauspielerin spielt ernste und überwiegend komische Rollen, bisweilen an der Grenze des Klamauks. Sie verkörpert den Typ der gewitzten Frau, die sich nicht unterkriegen läßt. Häufig greift sie akute Rassenprobleme auf, behandelt sie jedoch komödiantisch. 1990 erhält sie den Nebenrollen-Oscar als Betrügerin Oda Mae Brown in Jerry Zuckers *Ghost*. 1992 als falsche singende Nonne in Emile Ardolino *Sister Act*, auch in der weniger erfolgreichen Fortsetzung. In Richard Benjamins *Made in America* als eine schwarze Mutter im Kampf mit dem weißen Samenbank-Vater ihres Kindes. 1992 regelmäßige Talk-Show *The Whoopi Goldberg Show* im Fernsehen. Mehrfach Auszeichnung mit dem Emmy Award für die TV-Arbeit. 1996 bleibt der Film-Erfolg aus, als Trainerin einer Herren-Basketballmannschaft in *Eddie* und gemeinsam mit Gerard Depardieu in dem Familienfilm *Bogus*.

[US] 1984: Whoopi Goldberg: Direct from Broadway [TV]. 1985: The Color Purple (Die Farbe Lila). 1986: Jumpin' Jack Flash (Jumpin' Jack Flash); Moonlighting (Das Model und der Schnüffler) [TVS]; Doctor Duck's Super Secret All-Purpose Sauce; The Best of Comic Relief [TV]. 1987: Bagdad Cafe [TVS]; Comic Relief 2 [TV]; Burglar (Die diebische Elster); Fatal Beauty. 1988: Whoopi Goldberg's Fontaine ... Why Am I Straight? [TV]; Pee-Wee's Playhouse Christmas Special; Star Trek: The Next Generation (Star Trek – Die nächste Generation) [TVS]; The Telephone (Telefon-Terror); Clara's Heart (Claras Geheimnis). 1989: Homer and Eddie (Homer und Eddie); Kiss Shot (Kiss Shot) [TV]. 1990: The Long Walk Home (Der lange Weg); Ghost (Ghost – Nachricht von Sam). 1991: Soapdish (Lieblingsfeinde – Eine Seifenoper); House Party 2 (House Party 2); Tales from the Crypt: Dead Wait [TV]. 1992: Sister Act (Sister Act – Eine himmlische Karriere); Sarafina! (Sarafina!) [ZA]; The Magical World of Chuck Jones [DOK]; A Different World: If I Should Die Before I Wake Debbie Allen [TVS]; The Player (The Player); Wisecracks [CA]. 1992–93: Whoopi Goldberg Show [TVS]. 1993: And the Band Played On (... und das Leben geht weiter); Sister Act 2: Back in the Habit (Sister Act 2 – In göttlicher Mission); Made in America (Made in America); National Lampoon's Loaded Weapon 1 (Loaded Weapon 1). 1993/94: Naked in New York (Naked in New York). 1994: Theodore Rex (T. Rex); Star Trek: Generations (Star Trek – Treffen der Generationen); Pagemaster (Richie's fantastische Reise) [S]; The Little Rascals (Die kleinen Superstrolche); Liberation [S]; Corrina, Corrina (Corrina, Corrina); The Lion King (Der König der Löwen) [S]. 1994/95: Boys on the Side (Kaffee, Milch und Zucker). 1995: Moonlight and Valentino (Moonlight & Valentino). 1996: Bogus (Bogus); The Sunshine Boys (Die Sonny Boys); Muppets Tonight; Eddie; The Celluloid Closet (The Celluloid Closet) [DOK]; Ghosts of Mississippi; The Associate. 1997: In the Gloaming [TV]; State and Maine; An Alan Smithee Film.

Goldblum, Jeff

*22. 10. 1952 Pittsburgh (Pennsylvania)

Schauspielunterricht während der College-Zeit in New York am Carnegie-Mellon-Theater-Projekt, später bei Sandford Meisners Neighborhood Playhouse. Seit 1970 in Off-Broadway-Produktionen von Shakespeare bis zum Musical. Später auch am Broadway. Gleichzeitig Auftritte als Jazzpianist. Filmdebüt als Straßenräuber in Michael Winners Thriller *Death Wish*. 1975 als Motorradfahrer ein verbindendes Glied der Episoden in Robert Altmans *Nashville*. Auch in seinen nächsten Rollen präsentiert er sich als typischer Vertreter der Generation der altgewordenen Hippies, so in Joan Micklin Silvers *Between the Lines* über die Betreiber einer Alternativ-Zeitung, in Woody Allens *Annie Hall*, und vor allem 1983 als heruntergekommener Journalist Michael in Lawrence Kasdans 68er-Nostalgie *The Big Chill*. Durch John Landis Einsatz als Komiker. Höhepunkt ist die Rolle des skurrilen Wissenschaftlers in David Cronenbergs Horrorfilm *The Fly*. 1993 als Mathematiker in Steven Spielbergs Welterfolg *Jurassic Park*, 1997 in der Fortsetzung *The Lost World: Jurassic Park*. 1995 Regiedebüt mit *Little Surprises*.

[US] 1974: Death Wish (Ein Mann sieht rot); California Split (California Split). 1975: Nashville (Nashville). 1976: Special Delivery (Der lange Kalifornier); The Sentinel (Hexensabbat); Next Stop Greenwich Village (Ein Haar in der Suppe). 1977: Thank God, It's Friday (Gottseidank, es ist Freitag); Annie Hall (Der Stadtneurotiker); Between the Lines (Zwischen den Zeilen). 1978: Invasion of the Body Snatchers (Die Körperfresser kommen); Remember My Name (Du wirst noch an mich denken). 1980: The Legend of Sleepy Hollow [TV]. 1982: Threshold (Herzchirurg Dr. Vrain) [CA]; Rehearsal for Murder (Eine Probe für den Mörder) [TV]. 1983: The Big Chill (Der große Frust); The Right Stuff (Der Stoff, aus dem die Helden sind). 1984: Ernie Kovacs: Between the Laughter (Der Spaßvogel) [TV]; The Adventures of Buckaroo Banzai: Across the 8th Dimension (Buckaroo Banzai – Die achte Dimension). 1985: Into the Night (Kopfüber in die Nacht); Silverado (Silverado); Transsylvania 6–5000. 1986: The Fly (Die Fliege). 1987: Beyond Therapy (Therapie zwecklos); Life Story [TV]. 1988: Vibes (Vibes – Die übersinnliche Jagd nach der glühenden Pyramide); Earth Girls Are Easy (Zebo der Dritte aus der Sternenmitte). 1988/89: The Tall Guy (Das lange Elend) [GB]. 1989: Mister Frost (Der teuflische Mr. Frost) [FR/GB]; El mondo loco (Twisted Obsession) [ES]. 1990: Framed (Reingelegt). 1990/91: The Favour, the Watch and the verry big Fisch/La montre, la croix et la manière (Der Gefallen, die Uhr und der sehr große Fisch) [GB/FR]. 1991: Shooting Elisabeth (Trennung mit Hindernissen); Deep Cover (Jenseits der weißen Linie). 1992: The Player (The Player); Fathers & Sons (Getrennte Wege). 1993: Lush Life [TV]; Jurassic Park (Jurassic Park). 1995: Hideaway (Das Versteckspiel); Nine Months (Neun Monate); Powder (Powder); Little Surprises [R]. 1996: The Great White Hype; Mad Dog Time; Independence Day (Independence Day). 1997: The Lost World: Jurassic Park (Vergessene Welt – Jurassic Park).

Gong Li

*31. 12. 1965 Shenyang (Liaoning Province)

Als jüngste Tochter eines Professorenehepaars zur Zeit der Kulturrevolution geboren. Ihre Eltern arbeiten zunächst an der Universität, müssen sich dann jedoch der «Selbstkritik» unterziehen und werden verfolgt. Schauspiel-Ausbildung an der Zentralen Theater-Akademie in Beijing. Hier wird sie 1985, in ihrem ersten Studienjahr, vom Regisseur Zhang Yi-mou entdeckt, der sie für sein Regiedebüt *Hong Gao Liang* engagiert; der Film wird zum Überraschungssieger der Berlinale 1988. Die beiden arbeiten eng zusammen und bekommen große internationale Anerkennung: Oscar-Nominierung für *Judo* und *Dahong Denglong Gaogao Gua;* Goldener Löwe für *Qiu Ju Da Guansi*. Von der chinesischen Filmaufsicht werden sie mit Zensur und Aufführungsverboten an der Arbeit gehindert. Das Bekanntwerden der Liebesbeziehung zwischen Gong Li und Zhang Yi-mou löst in China einen Skandal aus. Die Schauspielerin verkörpert in ihren Rollen zumeist selbstbewußte und durchsetzungsfähige Frauen, die sich gegen geltende Herrschaftsprinzipien zur Wehr setzen. An *Qiu Ju Da Guansi* schätzt sie die Rolle einer widerspenstigen Frau, die sich nicht einfach mit ihrem Leben abfindet. Neben ihren Spielfilmen dreht sie in Hongkong bzw. Taiwan für das Fernsehen, macht – seit 1996 als Gesicht für L'Oréal in Asien – Werbung und gibt in Beijing Schauspielunterricht.

Nach ihrer Hochzeit mit einem chinesischen Geschäftsmann lebt sie in Hongkong. Neben Jeremy Irons spielt sie 1997 in Wayne Wangs *Chinese Box*, dem letzten Film vor der Abtretung Hongkongs an China.

1987: Hong Gao Liang (Rotes Kornfeld) [CN]. 1988: Daihao Meizhoubao [CN]; Xie Taihou II [CN]. 1989: Qin Yong [CN]. 1990: Ju dou [CN]. 1991: Haomen Yeyan [HK]; Du xia II zhi Shang Hai tan du sheng [CN]; Da Hong Deng Long Gao Gao Gua/Raise the Red Lantern (Rote Laterne) [HK/CN]; Mungsing Sifan [CN]. 1992: Qiu Ju Da Guan Si (Die Geschichte der Qiu Ju) [HK/CN]. 1993: Ba Wang Bie Ji (Lebewohl meine Konkubine) [HK/CN]; Hua

Hun [CN/FR/TW]; Tang Bo Hu dian Qiu Xiang [CN]. 1994: Xin tian long ba bu zhi tian shan tong lao [HK]; Xi Chu Bawang [HK]; Huozhe (Leben!) [CN/HK]. 1995: Yao A Yao Yao Dao Waipo Qiao/Shanghai Triad [CN/FR]. 1996: Feng Yue [CN/HK]. 1997: Chinese Box [HK].

Gopi
(Aka Bharath Gopi)
*1937 Chirayankil bei Trivandrum

Hauptsächlich bekannt als Bühnenschauspieler. Entdeckt von dem bekannten Dramatiker und Direktor der Trichur School of Drama, G. Shankara Pillai, der Gopi an das Prasadhana Little Theatre engagiert. Filmdebüt 1972 in *Swayamvaram* (Adoor Gopalakrishnan). Seine Bühnenerfahrung und sein choreographisches Können kann er wirkungsvoll in dem im Zirkus-Milieu spielenden *Thampu* (1978) einsetzen. Besonders überzeugend in dramatischen Rollen, z. B. 1983 als Regierungsbeamter in Georges *Adaminte Variyellu* und als korrupter Parteiführer in Nihalanis *Aaghat* (1985). Regiedebüt 1979 mit *Njattadi*, gefolgt von *Ulsavapittennu* (1989) und *Yamanam* (1991). Dem Theater bleibt er weiterhin verbunden und führt auch dort Regie, z. B. in Kavalam Narayana Panichers «Thirumudi».

[IN] 1972: Swayamvaram. 1974: Thumbolarcha. 1976: Choondakari. 1977: Kodiyettam. 1978: Aaru Manikkur; Thampu. 1979: Njattadi [D,R]; Peruvazhiyampalam. 1980: Greeshamam; Satah Se Uthata Admi. 1981: Kallan Pavithran. 1982: Marmaram; Ormakkayi; Yavanika. 1983: Asthram; Ashtapadi; Akkare; Kattathe Kilikoodu; Adaminte Variyellu; Lekhayude Maranam Oru Flashback; Ente Mamattukuttiamma; Nizhal Moodie Nirangal; Rachana; Sandhya Mayungam Neram. 1984: Aduthaduthu; Swantham Sarika; Oru Painkillikatha; Appunni; April 18; Panchavadippalam; Arorumariyathe. 1985: Chidambaram; Aaghat; Archana Aradhana; Kayyum Thalayum Purathidaruthu; Scene No. 7; Meenamasathile Sooryan; Punnaram Cholli Cholli; Irakal; Kanathaya Pennkutty; Karimbin Poovinakkare; Onathumbikorunjai; Neram Pularumbol. 1986: Nilavinte Nattil. 1989: Ulsavapittennu [R]. 1991: Yamanam [R]. 1994: Swaham.

Gould, Elliott
(Elliott Goldstein)
*29. 8. 1938 Brooklyn (New York)

Besuch der Brooklyn Hebrew School, kurz an der Columbia University. Kinderstar im Fernsehen und an Vaudeville-Bühnen in New York. 1957 am Broadway im Chorus von «Rumple» und im Musical «Sweet Charity». Schauspielstudium am Actors Studio. 1962 neben Barbra Streisand, seiner Frau von 1963–67, in der Musical-Produktion «I Can Get It for You Wholesale». Mit Streisand, an deren Management er sich beteiligt, Tourneen durch Amerika und Europa. Eigene Karriere erst wieder ab 1968: als Billy Minsky in William Friedkins Gangsterkomödie *The Night They Raided Minsky's*. 1969 als Ted Henderson in Paul Mazurskys Komödie *Bob & Carol & Ted & Alice* für einen Nebenrollen-Oscar nominiert. Ab 1970 Zusammenarbeit mit Robert Altman, so als verrückter Chirurg Trapper John McIntyre in der Militär-Farce *M*A*S*H* und als Privatdetektiv Philip Marlowe in *The Long Goodbye*, in *California Split* als zwanghafter Zocker, Gast-Auftritte in *Nashville* und *The Player*. 1969 mit Jack Brodsky Gründung der Brodsky-Gould-Productions, Inc. 1970 Zusammenarbeit mit Ingmar Bergman in *The Touch*. Trotz ständiger Beschäftigung in den USA und Europa seit den 80er Jahren zahlreiche, jedoch wenig bedeutsame Filmaufgaben. 1991 gemeinsam mit Billy Christal in der TV-Sitcom *Sessions*. 1997 in der Mini-Serie *The Shining* nach Stephen King. Sein und Barbra Streisands gemeinsamer Sohn Jason Gould (*1967) ist ebenfalls Schauspieler.

[US] 1962–63: Route 66: The Rules of Marriage [TV]. 1964: The Confession/Quick, Let's Get Married. 1968: The Night They Raided Minsky's (Die Nacht, als Minsky aufflog). 1969: Bob & Carol & Ted & Alice (Bob & Caroline & Ted & Alice). 1970: Getting Straight (Getting Straight); M.A.S.H. (M.A.S.H.); Move (Hopp, Hopp); I Love My Wife (Ich liebe meine Frau); Beröringen/The Touch (Die Berührung [The Touch]) [SE/US]. 1971: Little Murders (Kleine Mörder). 1973: The Long Goodbye (Der Tod kennt keine Wiederkehr); Busting (Spur der Gewalt). 1974: S*P*Y*S (S.P.Y.S.); California Split (California Split); Who? (Der Mann aus Metall) [GB]. 1975: Nashville (Nashville); W.H.I.F.F.S. (Cash – Die unaufhaltsame Karriere des Gefreiten Arsch); Don Rickles: Buy This Tape You Hockey Puck. 1976: I Will ... I Will ... for Now (Ich will ... Ich will ... vielleicht?); Harry and Walter Go to New York (Und morgen wird ein Ding gedreht); Mean Johnny Barrows. 1977: Capricorn One (Unternehmen Capricorn); A Bridge Too Far (Die Brücke von Arnheim) [GB]. 1978: Matilda (Matilda). 1979: The Muppet Movie (Muppet Movie) [GB]; The Silent Partner (Give – Sein Partner ist der Tod) [CA]; The Lady Vanishes (Tödliche Botschaft) [GB]; Escape to Athena (Flucht nach Athena) [GB]. 1980: The Last Flight of Noah's Ark (Bruchlandung im Paradies); Dirty Tricks; Falling in Love Again (Meine erste große Liebe). 1981: The Devil and Max Devlin. 1982: The Rules of Marriage [TV]; Jack and the Beanstalk. 1983: Over the Brooklyn Bridge (Over the Brooklyn Bridge); Strawanzer/Die letzte Runde [AT/BRD]. 1984: The Muppets Take Manhattan (Die Muppets erobern Manhattan); The Naked Face (Das nackte Gesicht). 1986: Together We Stand [TV]; Vanishing Act (Kopflos – Die Frau aus dem Nichts) [TV]; Inside Out. 1987: Der Joker [BRD]; I miei primi 40 anni (My First 40 Years) [IT]; Conspiracy: The Trial of the Chicago 8 [TV]; All Tied Up (Autsch!) [TV]. 1988: Dangerous Love (Hot Line – Bei Anruf Sex); The Telephone (Telefon-Terror); Judgement (Dark Justice – Eine Richterin sieht rot); Act of Betrayal (Verräter sterben langsam) [TV – AU]. 1989: The Lemon Sisters (Lemon Sisters); Spiel mit dem Tod [TV – BRD]; Night Visitor (Never Cry Devil); Gioco al massacro [IT]; Scandalo segreto [IT]; No Justice; The Big Picture (The Big Picture). 1990: Dead Men Don't Die (Dead Men Don't Die); Tolgo il disturbo (Opa spielt verrückt) [IT/FR]; Il principe del deserto (Das Gesetz der Wüste) [TV – IT]; I Want Him Back (I Want Him Back). 1991: Bugsy (Bugsy). 1992: Beyond Justice; Wet and Wild Summer. 1993: Amore (Amore!); Hoffman's honger [NL]. 1994: The Feminine Touch (Die Liste); The Dangerous (Killing Yakuza). 1995: The Glass Shield; Kicking and Screaming (Kicking and Screaming); Cover Me (Cover Girl Mörder); A Boy Called Hate; Let It Be Me. 1996: Inside Out [KF]; Hotel Shanghai [DE]; Camp Stories; Johns. 1997: City of Industry; The Shining [TV].

Grable, Betty

(Elizabeth Ruth Grable)
*18. 12. 1916 St. Louis (Missouri)
†2. 7. 1973 Santa Monica (California)

Tanzender und singender Kinderstar in Vaudeville-Theatern. Erste Filmrolle mit 13 Jahren. Besuch der Hollywood Professional School sowie der Tanzschule von Albertina Rasch. 1930 Filmvertrag mit Samuel Goldwyn und – unter dem Namen Frances Dean – Einsatz in M-G-M-Musikfilmen, u. a. als Cayenne in Charles F. Reisners *Student Tour*. Wechsel zu RKO, 1937 zu Paramount. Als Gwen in *Thrill Of A Lifetime* (George Archainbaud) und in *Million Dollar Legs* (Nick Grinde). Oft auch in Kurzfilmen. Gleichzeitig Sängerin berühmter Unterhaltungsorchester. 1940 Wechsel zu 20th Century Fox, dort beginnt ihr Erfolg mit der Rolle der Glenda Crawford in Irving Cummings' *Down Argentine Way*. In Walter Langs *Moon Over Miami* ist sie eine der drei Frauen auf der Suche nach einem Millionär. Durch ihre Popularität wird Fox in den 40er Jahren zu einem der erfolgreichsten Studios und Grable zeitweise zur höchstbezahlten Darstellerin. Während des Krieges auch in Kurzfilmen für die US Army. Sie ist beliebtes Pin-up-Girl der G.I.s, ihre Beine werden bei Lloyds of London versichert. 1944 als Lorry Jones in *Pin Up Girl* (Bruce Humberstone). 1953 neben Marilyn Monroe und Lauren Bacall in Jean Negulescos Komödie *How To Marry A Millionaire*. Nach dem Versuch der Fox, Marilyn Monroe als Nachfolgerin aufzubauen, zieht sich Grable vom Filmgeschäft zurück. In den 60er Jahren in Musicals am Broadway: 1962 «Guys and Dolls», 1964 «High Button Shoes» und 1965 «Born Yesterday» sowie «Hello Dolly!».

[US] 1929: Happy Days; Let's Go Places. 1930: Fox Movietone Follies of 1930; Whoopee! 1930/31: Kiki. 1931: Ex-Sweeties [KF]; Palmy Days; The Greeks Had a Word for Them/Three Broadway; Crashing Hollywood [KF]. 1932: Hollywood Lights [KF]; Over the Counter [KF]; Lady! Please! [KF]; Hollywood Luck [KF]; The Flirty Sleepwalker [KF]; Probation; Hold 'em Jail; The Kid from Spain (Der falsche Torero); Cavalcade (Cavalcade); Child of Manhattan. 1933: Air Tonic [KF]; Melody Cruise; What Price Innocence?; The Sweetheart of Sigma Chi. 1934: Love Detectives [KF]; Business Is a Pleasure [KF]; Hips, Hips, Horray!; Student Tour; The Gay Divorcee (Scheidung auf amerikanisch); By Your Leave. 1935: The Spirit of 1976 [KF]; A Night at the Biltmore Bowl [KF]; A Quiet Fourth [KF]; The Nitwits; Old Man Rhythm. 1935/36: Follow the Fleet (Marine gegen Liebeskummer). 1936: Collegiate; Don't Turn 'em Loose; Pigskin Parade (Der springende Punkt). 1937: This Way Please. 1937/38: Thrill of a Lifetime. 1938: College Swing; Give Me a Sailor; Campus Confessions. 1939: Man About Town; Million Dollar Legs; The Day the Bookies Wept. 1940: Down Argentine Way (Galopp ins Glück [Caramba]); Tin Pan Alley. 1941: Moon over Miami (Allotria in Florida); A Yank in the R.A.F.; Hot Spot/I Wake Up Screaming. 1942: Footlight Serenade; Springtime in the Rookies; Song of the Islands. 1943: Coney Island; Sweet Rosie O'Grady. 1944: Pin Up Girl; Four Jills in a Jeep. 1945: The All-Star Bond Rally [KF]; Billy Rose's Diamond Horseshoe; The Dolly Sisters (Dolly Sisters). 1946: Hollywood Park [KF]; The Shocking Miss Pilgrim; Do You Love Me? (Sinfonie in Swing). 1947: Mother Wore Tights (Die reizendsten Eltern der Welt). 1948: When My Baby Smiles at Me; That Lady in Ermine (Die Frau im Hermelin). 1949: The Beautiful Blonde from Bashful Bend. 1949/50: Wabash Avenue (Varieté-Prinzessin). 1950: My Blue Heaven. 1951: Call Me Mister; Meet Me After the Show. 1953: How to Marry a Millionaire (Wie angelt man sich einen Millionär?); The Farmer Takes a Wife. 1955: Three for the Show (Liebe im Quartett); How to Be Very, Very Popular. 1956: Ford Star Jubilee: Twentieth Century [TVS].

Granach, Alexander

(Jessaia Gronach)
*18. 4. 1890 Werbiwici (Ostgalizien)
†13. 3. 1945 New York City

Er absolviert eine Bäckerlehre und geht als Handwerksgeselle auf Wanderschaft. Erster Kontakt mit Künstlern von Wanderbühnen. 1906 gelangt er über Krakau und Wien nach Berlin. Er verdient seinen Lebensunterhalt zunächst als Bäcker und sucht Anschluß an das jiddische Theater, wo er seine ersten schauspielerischen Versuche unternimmt. 1909 Ausbildung bei Max Reinhardt an der Schauspielschule des Deutschen Theaters. Erstes Engagement am Deutschen Theater in Berlin. 1914–18 Kriegsdienst in der österreichischen Armee. Nach Kriegsende kurze Zeit am Münchener Schauspielhaus, wo er seine Traumrolle, den Shylock in Shakespeares «Kaufmann von Venedig», spielt. Ab 1921 wieder in Berlin. Engagements unter Victor Barnowsky am Lessing-Theater, unter Leopold Jessner am Preußischen Staatstheater am Gendarmenmarkt und in den späten 20er Jahren bei Erwin Piscator an der Volksbühne. Er vereint expressives Spiel mit einem hohen Maß an Sensibilität. Filmdebüt 1920 noch in München in *Die Liebe vom Zigeuner stammt* (Hans Staufen). Granach gehört in den 20er Jahren zu den herausragenden Darstellern des deutschen Stummfilms, ist aber wegen seiner überstilisierten Gebärdensprache auch umstritten, u. a. als Häusermakler in *Nosferatu – Symphonie des Grauens* (F. W. Murnau), als Ferruchio in *Paganini* (Heinz Goldberg), als Judas in *I.N.R.I.* (Robert Wiene, 1923), als Hotelwirt in *Qualen der Nacht* (Kurt Bernhardt). 1933 Emigration, zunächst nach Warschau und Kiew. In der Sowjetunion wirkt er in zwei wichtigen Filmen mit: als Danilo, Oberhaupt des Zigeunerlagers, in Evginij Šnejders *Poslednij tabor* (1935) und als Georgi Dimitroff in Gustav von Wangenheims Emigranten-Projekt *Borcy* (1936), das den Reichstagsbrand-Prozeß thematisiert. Sein letzter Auftritt in Europa ist 1937/38 die Titelrolle in «Macbeth» am Züricher Schauspielhaus. Anschließend in den USA, spielt er u. a. unter Regie von Ernst Lubitsch (*Ninotchka*), Alfred Hitchcock (*Foreign Correspondent*) und Fritz Lang (*Hangmen Also Die!*) sowie in Anti-Nazi-Filmen. Sein letzter Film ist Fred Zinnemanns *The Seventh Cross* (1944) nach dem Roman «Das siebte Kreuz» von Anna Seghers. 1945 erscheint Granachs autobiografischer Roman «There Goes an Actor» (Da geht ein Mensch).

[DE] 1920: Die Liebe vom Zigeuner stammt ... 1920/ 21: Der große Chef. 1921: Nosferatu – Eine Symphonie des Grauens. 1922: Lucrezia Borgia; Die Tänzerin Navarro; Mignon. 1922/23: Erdgeist; Paganini; Fridericus Rex. 3. Sanssouci/4. Schicksalswende. 1923: Der Mensch am Wege; Schatten; Ein Weib, ein Tier, ein Diamant; I.N.R.I. 1923/24: Die Radio-Heirat. 1924/ 25: Ein Sommernachtstraum. 1925/26: Qualen der Nacht. 1927: Svengali; Die berühmte Frau; Ich hatte einst ein schönes Vaterland. 1928: Das letzte Fort; Freie Fahrt!; Der Adjutant des Zaren. 1928/29: Großstadtschmetterling [DE/GB]. 1929: Flucht in die Fremdenlegion; Kampf ums Leben. 1929/30: Die letzte Kompagnie. 1930: «1914». Die letzten Tage vor dem Weltbrand. 1930/31: Danton. 1931: Der Raub der Mona Lisa; Kameradschaft/La tragédie de la mine [DE/F]. 1935: Poslednij tabor (Das letzte Zigeunerlager) [SU]. 1936: Borcy (Kämpfer) [SU]. 1939: Ninotchka (Ninotschka) [US]. 1940: Foreign Correspondent (Mord) [US]. 1940/ 41: So Ends Our Night [USA]. 1941: Half Way to Shanghai [US]; A Man Betrayed [US]. 1942: Joan of Ozark [US]; Joan of Paris [US]; Wrecking Crew [US]; Hangmen Also Die! (Auch Henker sterben) [US]. 1943: Mission to Moscow (Botschafter in Moskau; 1976) [US]; For Whom the Bell Tolls (Wem die Stunde schlägt; 1951) [US]; Three Russian Girls [US]. 1943/ 44: Voice in the Wind [US]. 1944: My Buddy [US]; The Hitler Gang [US]; The Seventh Cross (Das siebte Kreuz) [US].

Granados, Daisy

* 1942 Cienfuegos (Kuba)

Granados beginnt ihre Laufbahn als Schauspielerin beim Theater, wo sie u. a. in Stücken von Isaak Babel, Aimé Césaire und Carlo Goldoni spielt. José Massip gibt ihr 1964 ihre erste Filmrolle in *La decisión*. Sie erhält auch Angebote aus Europa, so von Egon Günther für seine Satire *Wenn du groß bist, lieber Adam* (1965/ 66, verboten) und Victor Erice (*Los desafíos*). Ihren Durchbruch hat sie 1979 mit der Titelrolle in *Retrato de Teresa* unter der Regie ihres Ehemannes Pastor Vega. Sie spielt die Weberin Teresa zwischen traditioneller Frauenrolle – Ehe, Haushalt, Kindererziehung und Betriebstanzgruppe – und der Auflehnung gegen den Machismo: Sie verläßt ihren Mann. Der Film wird in Kuba kontrovers diskutiert, und Granados nutzt ihn als Sprungbrett für eine Auseinandersetzung über die Rechte der Frau in der revolutionären Gesellschaft. Sie erhält zahlreiche Auszeichnungen, u. a. 1979 beim Festival in Moskau und der Woche des Iberoamerikanischen Films in Huelva, beim Filmfestival in Cartagena und in Hyères. Sie arbeitet mit den bekanntesten Regisseuren Kubas, ohne sich auf einen bestimmten Frauentyp festlegen zu lassen: In *Memorias del subdesarrollo* (Tomás Gutiérrez Alea) spielt sie eine Arbeiterin, die davon träumt, Schauspielerin zu werden, und von einem Lebemann verführt wird, in *Cecilia* (Humberto Solás) eine Mulattin, der der soziale Aufstieg gelingt.

[CU] 1964: La decisión (Die Entscheidung). 1966: Wenn du groß bist, lieber Adam [DDR]. 1967: Tulipa. 1968: Memorias del subdesarrollo; Los desafíos [EP – ES]. 1969: De la guerra americana. 1971: Páginas del diario de José Martí. 1979: Retrato de Teresa (Porträt der Teresa). 1982: Cecilia (Cecilia). 1983: Habañeras. 1985: Un hombre de éxito. 1988: Señor muy viejo con unas alas enormes; Demasiado miedo a la vida o Plaff. 1989: Lágrimas al desayuno [CO/CU]. 1993: Vidas paralelas.

Granger, Stewart
(James Lablache Stewart)
* 6. 5. 1913 London
† 16. 8. 1993 Santa Monica (California)

Besuch des Epsom College, Studium an der Webber-Douglas School of Dramatic Art in London. 1934/35 Bühnendebüt in Hull. Zwei Jahre Provinztheater mit der Birmingham Repertory Company. 1937/38 nach London verpflichtet. Zunächst Kleinstrollen in englischen Filmen, 1939 Filmvertrag, erster Erfolg als Laurence in der englisch-amerikanischen Komödie *So This Is London* (Thornton Freeland). Neben der Filmarbeit zunächst weiterhin auf der Bühne. Der gutaussehende, elegante Schauspieler gilt zusammen mit James Mason bis zum Ende der 40er Jahre als führender Star des englischen Films. Erfolgreich vor allem als romantischer Held in Melodramen wie *The Man in Grey* oder in der Romanze *Madonna of the Seven Moons*, häufig an der Seite von Phyllis Calvert. 1950 wird er von M-G-M nach Hollywood geholt und vor allem in historischen Abenteuerfilmen eingesetzt, zuerst in der von seinem Landsmann Compton Bennett inszenierten Technicolor-Produktion *King Solomon's Mines*. Popularität mit Titeln wie *Scaramouche*, *Beau Brummell* und *Bhowani Junction*; als sein bester Film gilt *Moonfleet* (Fritz Lang), eine expressionistisch-wilde Abenteuergeschichte aus dem Cornwall des 19. Jahrhunderts. Nach sieben Jahren Hollywood in den 60er Jahren kurzer Europa-Abstecher mit Gastauftritten in Italo-Western sowie als Old Surehand in einigen deutschen Karl-May-Filmen (*Unter Geiern*, *Der Ölprinz*). Danach in den USA nur noch selten in Kinofilmen, dafür Rollen in Fernsehfilmen, so 1982 als Prince Philip in *The Royal Romance of Charles and Diana*. 1990 erstmals am Broadway. Verheiratet u. a. (1950–60) mit der Schauspielerin Jean Simmons. 1981 Veröffentlichung der Autobiografie «Sparks Fly Upwards».

[GB] 1933: A Southern Maid. 1934: Give Her a Ring. 1937: Mademoiselle Docteur. 1938/39: So This Is London. 1940: Convoy. 1942: Secret Mission. 1942/43: Thursday's Child. 1943: The Lamp Still Burns; The Man in Grey (Der Herr in Grau). 1944: Love Story (Cornwall Rhapsodie); Waterloo Road; Fanny By Gaslight (Gaslicht und Schatten); Madonna of the Seven Moons (Madonna der sieben Monde). 1945: Caesar and Cleopatra (Cäsar und Cleopatra). 1946: Caravan (Gefährliche Reise); The Magic Bow (Paganini). 1947: Captain Boycott. 1947/48: Blanche Fury (Unruhiges Blut). 1948: Woman Hater (Der Frauenfeind); Saraband for Dead Lovers (Königsliebe). 1949: Adam and Evelyne (Adam and Evelin). 1951: King Solomon's Mines (König Salomons Diamanten) [US]; The Wild North (Gefährten des Grauens) [US]; Soldiers Three (Drei auf Abenteuer) [US]; The Light Touch (Begegnung in Tunis) [US]. 1952: Scaramouche (Scaramouche, der galante Marquis) [US]; The Prisoner of Zenda (Im Schatten der Krone) [US]. 1953: All the Brothers Were Valiant (Die schwarze Perle) [US]; Young Bess (Die Thronfolgerin) [US]; Salome (Salome) [US]. 1954: Beau Brummell (Beau Brummell) [US]; Green Fire (Grünes Feuer) [US]. 1955: Footsteps in the Fog (Zwischen Haß und Liebe); Moonfleet (Das Schloß im Schatten) [US]. 1956: The Last Hunt (Die letzte Jagd) [US]; The Little Hut (Die kleine Hütte) [US]; Bhowani Junction (Knotenpunkt Bhowani) [US]. 1957: Gun Glory (Die Schlucht des Verderbens) [US]. 1958: The Whole Truth (Besuch um Mitternacht); Harry Black (Die Pranke des Tigers). 1960: North to Alaska (Land der tausend Abenteuer) [US]. 1961: The Secret Partner (Der unheimliche Komplize); La congiura dei 10/Lo spadaccino de Siena (Degenduell) [Version – IT/FR]; Le mercenaire [Version – FR/IT]. 1962: Il giorno più corto [IT]; Marschier oder krepier/Marcia o crepa/Marcha o muere [BRD/IT/ES]; Sodoma e Gomorra/Sodome et Gomorrhe (Sodom und Gomorrha) [IT/FR]. 1964: The Crooked Road (Einmal wird abgerechnet); Unter Geiern/Parmi les vautours [BRD/FR]; The Secret Invasion (Geheimauftrag Dubrovnik) [US]. 1965: Das Geheimnis der drei Dschunken/A 009 Missione Hong Kong [BRD/IT]; Der Ölprinz/Kralj petroleja [BRD/YU]; Old Surehand 1. Teil [BRD/YU]. 1966: Gern hab ich die Fraun gekillt/Spie contro il mondo [BRD/ IT]; Wie tötet man eine Dame? (Das Geheimnis der gelben Mönche)/Tiro a segno per uccidere (Wie tötet man eine Dame?) [AT/IT]. 1967: The Last Safari (Die letzte Safari); The Trygon Factor; Requiem per un agente segreto/Consigna: Tánger 67/Der Chef schickt seinen besten Mann [IT/ES/BRD]. 1969: Any Second Now [TV – US]. 1970–71: The Virginian [TVS – US]. 1972: Sherlock Holmes: The Hound of the Baskervilles [TV – US]. 1978: The Wild Geese (Die Wildgänse kommen) [GB/CH]; Hell Hunters [US]. 1982: The Royal Romance of Charles and Diana (Die Romanze von Charles und Diana) [TV]. 1985: Crossings (Kreuzfeuer) [TV]. 1987: The Story of a Recluse [TV]; A Hazard of Hearts (Wagnis der Liebe) [TV]. 1989: Chameleons [TV]. 1990: Fine Gold [TV].

Grant, Cary

(Alexander Archibald Leach)
*18. 1. 1904 Bristol (England)
†30. 11. 1986 Davenport (Iowa)
Besuch der Fairfield School, Bristol. 1917 England-Tournee in der Artistentruppe von Bob Pender. 1920 USA-Tournee. Er bleibt in den USA und spielt – als Archie Leach – in Chicago, Philadelphia, Cleveland und Boston. 1927 Broadway-Debüt in Hammerstein's Theatre im Musical «Golden Dawn». Danach in Musicals, Operetten und Revue-Produktionen. 1931 erste Filmrolle in einem Kurzfilm. Grant wird bald einer der erfolgreichsten Paramount-Schauspieler, der vor allem in Sophisticated Comedies beeindruckt, in denen er mit Charme und Hilflosigkeit die Herzen der Frauen erobert. Er spielt Nick Townsend in *Blonde Venus* (Josef von Sternberg) mit Marlene Dietrich, als Captain Cummings neben Mae West in *She Done Him Wrong* (Lowell Sherman), an der Seite von Katherine Hepburn in *Sylvia Scarlett* (George Cukor) und in Howard Hawks' Screwball-Klassiker *Bringing Up Baby* als weltfremder Archäologe David Huxley. Neben Komödien auch dramatische Rollen, so 1941 als treusorgender Vater Roger in George Stevens' Melodram *Penny Serenade* (Oscar-Nominierung), ebenso 1944 als Londoner Arme-Leute-Kind Ernie Mott in *None But the Lonely Heart* (Clifford Odets). Mehrfach bedeutende Rollen bei Alfred Hitchcock: als FBI-Mann Devlin in *Notorious*, als verfolgter Werbefachmann Roger Thornhill in *North by Northwest*. In den 60er Jahren auch als Charmeur an der Seite von Doris Day in *That Touch of Mink* (Delbert Mann) und von Audrey Hepburn in *Charade* (Stanley Donen). 1959 Gründung der Produktions-Firma Grantart. 1970 Spezial-Oscar für sein Lebenswerk. Seit Mitte der 60er Jahre Direktor und Werbeträger für Fabergé-Parfum.

[US] 1931/32: Hot Saturday. 1932: Singapore Sue [KF]; This Is the Night (Madam verliert ihr Kleid); Sinners in the Sun; Merrily We Go to Hell (Joan und Jerry); Devil and the Deep (Die Frau im U-Boot); Blonde Venus (Die blonde Venus); Madame Butterfly (Madame Butterfly). 1932/33: She Done Him Wrong (Sie tat ihm unrecht); The Woman Accused. 1933: The Eagle and the Hawk; Gambling Ship; I'm No Angel (Ich bin kein Engel); Alice in Wonderland; Born to Be Bad; Enter Madame! (Madame befiehlt). 1934: Thirty Day Princess (Dreißig Tage Prinzessin); Kiss and Make Up (Tempel der Schönheit); Ladies Should Listen. 1934/ 35: Wings in the Dark. 1935: The Last Outpost (Das letzte Fort); Sylvia Scarlett. 1936: Pirate Party on Catalina Isle [KF]; Big Brown Eyes; Suzy; The Amazing Quest of Ernest Bliss [GB]; Wedding Present; When You're in Love. 1937: Topper (Topper – Das blonde Gespenst); Toast of New York; The Awful Truth (Die schreckliche Wahrheit). 1937/38: Bringing Up Baby (Leoparden küßt man nicht). 1938: Holiday (Die Schwester der Braut); Gunga Din (Aufstand in Sidi Hakim). 1939: Topper Takes a Trip (Topper geht auf Reisen); Only Angels Have Wings (SOS – Feuer an Bord); In Name Only (Nur dem Namen nach). 1939/40: My Favorite Wife (Meine Lieblingsfrau). 1940: His Girl Friday (Sein Mädchen für besondere Fälle); The Howards of Virginia; The Philadelphia Story (Die Nacht vor der Hochzeit). 1941: Penny Serenade (Akkorde der Liebe); Suspicion (Verdacht). 1942: The Talk of the Town (Die Frau, von der man spricht); Once Upon a Honeymoon. 1943: Mr. Lucky; Destination Tokyo. 1944: The Shining Future [KF]; Once Upon a Time; None But the Lonely Heart; Arsenic and Old Lace (Arsen und Spitzenhäubchen). 1946: Without Reservations; Night and Day (Tag und Nacht denk ich an dich); Notorious (Weißes Gift/Berüchtigt). 1947: The Bachelor and the Bobby Soxer (So einfach ist die Liebe nicht); The Bishop's Wife (Jede Frau braucht einen Engel). 1948: Mr. Blandings Builds His Dream House (Nur meiner Frau zuliebe); Every Girl Should Be Married (Jedes Mädchen müßte heiraten). 1949: Polio and Communicable Diseases Hospital Trailer [KF]; I Was a Male War Bride (Ich war eine männliche Kriegsbraut). 1950: Crisis (Hexenkessel). 1951: People Will Talk. 1952: Room for One More (Vater werden ist nicht schwer); Monkey Business (Liebling, ich werde jünger). 1953: Dream Wife (Du und keine andere). 1955: To Catch a Thief (Über den Dächern von Nizza). 1957: An Affair to Remember (Die große Liebe meines Lebens); The Pride and the Passion (Stolz und Leidenschaft); Kiss Them for Me. 1958: Indiscreet (Indiskret) [D,P – GB]; Houseboat (Hausboot). 1959: North by Northwest (Der unsichtbare Dritte); Operation Petticoat (Unternehmen Petticoat) [D,P]. 1960: The Grass Is Greener (Vor Hausfreunden wird gewarnt) [D,P]. 1962: That Touch of Mink (Ein Hauch von Nerz) [D,P]. 1963: Charade (Charade). 1964: Father Goose (Der große Wolf ruft) [D,P]. 1966: Walk Don't Run (Nicht so schnell, mein Junge) [D,P]. 1970: Elvis – That's the Way It Is (Elvis – That's the Way It Is) [DOK].

Greenstreet, Sydney

(Sydney Hughes Greenstreet)
*27. 12. 1879 Sandwich, Kent
†18. 1. 1954 Hollywood
Besuch der Dane Hill Preparatory School in Sandwich. Um die Jahrhundertwende als Teepflanzer in Ceylon. 1902 Schauspielunterricht bei Ben Greet, im folgenden Jahr Bühnendebüt in «Sherlock Holmes». 1904 bleibt er in den USA. Tournee-Theater – u. a. mit Shakespeare-Stücken, aber auch «Lady Windermere's Fan» und Čechovs «Die Möwe» (1938). 1941, im Alter von 61 Jahren, Filmdebüt beim Regie-Neuling John Huston: als

Schurke Kasper Gutman in *The Maltese Falcon* (Oscar-Nominierung). 1941–49 bei Warner Bros. – zumeist in Rollen schwergewichtiger Verbrecher und zwielichtiger Gauner. Er spielt in Michael Curtiz' *Casablanca* den Barbesitzer Ferrari, danach oft in Filmen zusammen mit Peter Lorre, so als Naziagent in Raoul Walshs *Background to Danger*, als Gouverneur auf der Seite der Vichy-Regierung in Curtiz' *Passage to Marseille* und in Jean Negulescos *The Mask of Dimitrios*. 1946 verkörpert er den Schriftsteller Thackeray in Curtis Bernhardts *Devotion* und einen Scotland-Yard-Inspektor in Don Siegels *Verdict*. In Peter Godfreys viktorianischem Krimi *The Woman in White* spielt er Conte Fosco. Letzte Rolle 1949 in Richard Thorpes *Malaya*.

[US] 1941: The Maltese Falcon (Die Spur des Falken); They Died With Their Boots on (Sein letztes Kommando). 1942: Across the Pacific (Abenteuer in Panama); Casablanca (Casablanca). 1942/43: Devotion [USA: 1946]. 1943: Background to Danger; Passage to Marseille (Fahrkarte nach Marseille). 1944: Between Two Worlds (Zwischen zwei Welten); The Mask of Dimitrios (Die Maske des Dimitrios); The Conspirators (Der Ring der Verschworenen); Hollywood Canteen (Hollywood-Kantine). 1945: Pillow to Post; Conflict (Tatort Springfield/Konflikt); Christmas in Connecticut (Weihnachten nach Maß). 1945/46: Three Strangers (Drei Fremde). 1946: The Verdict (Hier irrte Scotland Yard); Devotion. 1947: That Way with Women; The Hucksters (Der Windhund und die Lady). 1948: The Woman in White (Das Geheimnis der Frau in Weiß); Ruthless (Ohne Erbarmen); The Velvet Touch (Die bronzene Göttin). 1949: Flamingo Road (Die Straße der Erfolgreichen); It's a Great Feeling (Ein tolles Gefühl/Judy erobert Hollywood); Malaya (Malaya).

Gretler, Heinrich

*1. 10. 1897 Zürich-Hottingen
†30. 9. 1977 Zürich-Hottingen
Schulbesuch in Zürich; 1912–15 Lehrerseminar Küsnacht; Laientheater-Auftritte. 1916–18 Landschul-, dann Primarlehrer in Zürich. Schauspielunterricht. 1919 vor allem in Greisen-Rollen an der Pfauenbühne in Zürich. 1918–26 auch als Tenor-Buffo in Opern und Operetten am Zürcher Stadttheater. 1926 Wechsel nach Berlin; u. a. am Lustspielhaus am Halleschen Ufer, kurzzeitig auch in Operetten in Hannover. 1928–30 Volksbühne Berlin; 1931 in Friedrich Hollaenders Revue «Höchste Eisenbahn». Am Theater am Schiffbauerdamm Zusammenarbeit mit Piscator und Brecht («Aufstieg und Fall der Stadt Mahagonny»). Gleichzeitig Nebenrollen in deutschen Filmen wie Fritz Langs *M* und *Das Testament des Dr. Mabuse*. 1933 Gastspiele mit Brechts Bearbeitung «Das kleine Mahagonny» in Paris und London. 1933–35 Schauspielhaus in Zürich. Auftritte in Boulevardkomödien und Dialektfilmen wie in dem Lustspielfilm *Wie d'Warret würkt* (Lesch/Schweizer) sowie in den nationalistisch ausgerichteten Filmen *Füsilier Wipf* (Haller/Lindtberg) und *Landammann Stauffacher* (Leopold Lindtberg). In Max Haufflers *Farinet* übernimmt er die Charakterrolle eines welterfahrenen Skeptikers. Hauptrollen in Lindtbergs Adaptionen der Kriminalromane Friedrich Glausers: *Wachtmeister Studer* und *Matto regiert*. 1935–38 Gastspiele als freier Schauspieler in der Schweiz. 1935–40 im antifaschistisch engagierten Cabaret Cornichon; 1938–45 Zürcher Schauspielhaus. Ab 1947 nur noch gelegentlich auf der Bühne. Intensive Filmarbeit in Rollen uriger Eidgenossen in Heimatfilmen, so als Alp-Oehi in *Heidi* (Luigi Comencini) und in *Heidi und Peter* (Franz Schnyder). 1960 bis kurz vor seinem Tod auch viel für das Fernsehen tätig.

[DE/BRD] 1924: Die Entstehung der Eidgenossenschaft/William Tell [CH/US]. 1927: Der geheimnisvolle Spiegel. 1928: Der Mann mit dem Laubfrosch. 1929: Menschen am Sonntag. 1929/30: Die letzte Kompagnie. 1930: Das Flötenkonzert von Sanssouci. 1930/31: M. 1931: Voruntersuchung; Berlin – Alexanderplatz. 1931/32: Fünf von der Jazzband. 1932/33: Ich und die Kaiserin; Das Testament des Dr. Mabuse. 1933: Wie d'Warret würkt. 1934/35: Jä – soo! [CH]. 1935: Zyt isch Gäld [KF – CH]. 1938: Füsilier Wipf. Aus der schweizerischen Grenzbesetzung 1914/1918 [CH]. 1938/39: Farinet/L'or dans la montagne (Farinet – Die sanfte und die wilde Freiheit) [CH/FR]. 1939: Wachtmeister Studer (Kriminalkommissar Studer; 1948) [CH]. 1940: Die missbrauchten Liebesbriefe [CH]. 1941: Gilberte de Courgenay [CH]; Landammann Stauffacher [CH]. 1942: Steibruch (Gottesmühlen/ Stimme des Blutes; 1951) [CH]. 1943/44: Marie-Louise [CH]. 1946/47: Matto regiert (§ 51 – Seelenarzt Dr. Laduner) [CH]. 1948/49: Weißes Gold (Angela/Schatten über dem Vergeiner Hof) [AT/CH]. 1949: Piccolo Bandito [KF – CH]; Mitenand gahts besser [KF – CH]; Swiss Tour (Ein Seemann ist kein Schneemann) [CH]; Der Seelenbräu [AT]. 1950: Föhn/Sturm in der Ostwand; Vom Teufel gejagt. 1951: Der fidele Bauer [AT]; Der letzte Schuß; Gefangene Seele; Der Stein des Anstoßes [KDOK]; Nachts auf den Straßen. 1951/52: Herz der Welt. 1952: The Devil Makes Three (Des Teufels Erbe) [US]; Heidi; Der Weibertausch; Die große Versuchung; Die Zeiten ändern sich [KDOK]. 1952/53: Das Dorf unterm Himmel; Die Venus vom Tivoli (Zwiespalt des Herzens). 1953: Junges Herz voll Liebe/Der Haflinger Sepp; Dein Herz ist meine Heimat [BRD/AT]; Mit 17 beginnt das Leben. 1953/54: Die Sonne von St. Moritz. 1954: Rosen-Resli; Frühlingslied/S'Vreneli vom Eggisberg; Uli der Knecht. 1954/55: Ein Mann vergißt die Liebe; Heidi und Peter; Oberarzt Dr. Solm. 1955: Der Pfarrer von Kirchfeld; Der Fischer vom Heiligensee; Rosenmontag; Sohn ohne Heimat; Die Försterbuben; Uli der Pächter (... und ewig ruft die Heimat); Das Erbe vom Pruggerhof [BRD/AT]. 1956: Der Glockengießer von Tirol; Kleines Zelt und große Liebe; Der Schandfleck [AT/BRD]; Zwischen uns die Berge (Das Lied der Heimat). 1956/57: Robinson soll nicht sterben. 1957: Der Jungfrauenkrieg [AT]; Der König der Bernina [CH/AT]; Der 10. Mai (Angst vor der Gewalt); Die Heilige und ihr Narr [AT]; Der Pfarrer von St. Michael. 1958: Es geschah am hellichten Tag/El cebo [CH/BRD/ES]; ... und nichts als die Wahrheit; Der schwarze Blitz; Ein wunderbarer Sommer (Ein wunderbarer Sommer/Das Glück auf der Alm) [LI]; Die Käserei in der Vehfreude (Annelie vom Berghof oder Oh diese Weiber/Wildwest im Emmental). 1959: Die ideale Frau; La vache et le prisonnier/La vacca e il prigioniero (Ich und die Kuh) [FR/IT]; Hast noch der Söhne ja ...?; Alt-Heidelberg. 1960: Liebling der Götter; Himmel, Amor und Zwirn; Scheidungsgrund: Liebe; Waldhausstraße 20 [TV]; Anne Bäbi Jowäger. 1. Wie Jakobli zu einer Frau kommt; Sabine und die 100 Männer; Immer will ich Dir gehören. 1960/61: Die Gejagten/Die Heuchler [CH/BRD]. 1961: Le cave se rebiffe/ Il re dei falsari (Der Herr mit den Millionen) [FR/IT]; Via Mala. 1961/62: Es Dach überem Chopf. 1962: Anne Bäbi Jowäger. Wie Anne Bäbi Jowäger haushaltet und wie es ihm mit dem Doktern geht; Liebling, ich muß Dich erschießen; Freddy und das Lied der Südsee; Wilde Wasser [AT/BRD]; Der 42. Himmel (Krach im Standesamt); Kohlhiesels Töchter; ... und ewig knallen die Räuber [AT/LI]. 1963: Einzelgänger [TV-KF]; Der Unsichtbare; Stadtpark [TV]; Haben [TV]. 1965: Gsetz isch Gsetz [TV]; Die hölzerne Schüssel [TV]; Das Leben des Horace A. W. Tabor [TV – CH/ BRD]; Ein Wintermärchen [TV]. 1966: Dr. Brock [TVS]; De Tod uf em Oepfelbaum [TV]. 1966/67: Die Mohrin [TV]. 1967: Zoo. Mörder aus Menschenliebe [TV]. 1968: Ödipus [TV]; Der Talisman [TV]. 1969: Der Nagel [TV]. 1970: Der verhinderte Seitensprung/Keine Angst, Liebling, ich paß schon auf (Gejodelt wird zuhause) [AT/CH]; Spiele der Macht [TV]; Immer die verflixten Weiber. 1971: Ein Kind ist verschwunden [TV]. 1974: Im Sunnegrund [TV]. 1975: Zu Gast im Studio Zwei. Heinrich Gretler [TV-DOK]. 1976: Der Tag, an dem der Papst gekidnappt wurde [TV – CH/BRD].

Gricenko, Nikolaj

(Nikolaj Olimpievič Gricenko)
*24. 7. 1912
†8. 12. 1979

Bis 1940 Ausbildung an der Ščukin-Schauspielschule; anschließend Engagement am Vachtangov-Theater in Moskau. Seine erste Filmrolle erhält er 1942 in einem der schönsten sowjetischen Filme der Kriegsjahre: Unter der Regie von Julij Rajzman spielt er den Chauffeur Kolja in *Mašen'ka*. 1954 wird sein Veniamin Semenovič in Iosif Chejfic' *Bol'šaja sem'ja* über das Leben einer Familie im Norden der Sowjetunion ein großer Erfolg. Eine seiner bedeutendsten Filmaufgaben ist der Karenin in Aleksandr Zarchis Tolstoj-Adaption *Anna Karenina* (1968). Seine letzte große Rolle ist der Nikolaj Antonovič in *Dva kapitana* (Evgenij Karelov, 1976). Er erhält mehrere nationale Auszeichnungen.

[SU] 1942: Mašen'ka. 1947: Starinnyj vodevil' (Liebe siegt). 1951: Kavaler Zolotoj Zvezdy (Ritter des Goldenen Sterns). 1953: Vichri vraždebnye (Feindlicher Wirbelwind). 1954: Žilec [TV]; Švedskaja spička (Das schwedische Zündholz); Bol'šaja sem'ja (Eine große Familie); Sud'ba Mariny (Marinas Schicksal). 1955: Doroga. 1957: Sestry (Die Schwestern). 1958: Vosemnadcatyj god (Das Jahr 18). 1959: Chmuroe utro (Trüber Morgen); Furtuna (Die Helden vom Adlerpaß). 1961: Vol'nyj veter. 1962: Bar'er neizvestnosti. 1963: Krysa na podnose [TV]. 1964: Ponedel'nik – den' tjaželyj; Russkij les. 1965: Mat' i mačecha. 1966: Čelovek bez pasporta (Die Rechnung geht nicht auf). 1967: Dva goda nad propast'ju (Zwei Jahre über dem Abgrund); Mesta tut tichie (Hier ist es ruhiger). 1968: Žil čelovek; Anna Karenina (Anna Karenina). 1969: Amnistii ne podležit ; Ad'jutant ego prevoschoditel'stva (Der Adjutant seiner Exzellenz)[TV]; Razvjaska; Pestrye stranicy; Žuravuška (Kleiner Kranich). 1970: Ja, Francisk Skorina (Der Scholar von Kraków); Semejnoe čast'e/Das Familienglück [SU/CH]; Sčast'e Anny. 1971: Na vsjakogo mudreca dovol'no prostoty (Eine Dummheit macht auch der Gescheiteste) [TV]. 1972/73: Semnadcat' mgnovenij vesny (Siebzehn Augenblicke des Frühlings) [TV]. 1973: Talanty i poklonniki (Talente und Verehrer); Zemlja Sannikova (Sannikow-Land); Čelovek v štatskom; Černyj princ (Der schwarze Prinz); Ring; Veselye Žabokriči. 1974: Doker. 1976: Vremja ee synovej; Dva kapitana (Zwei Kapitäne) [TV]; Prestuplenie. 1977: ašizn' i smert' Ferdinanda Ljusa (Leben und Tod des Ferdinand Luce); Stažer. 1978: Otec Sergej (Vater Sergej); Vragi; Ssyl'nyj 011. 1979: Mjatežnaja barrikada.

Griffith, Melanie

*9. 8. 1957 New York City

Tochter der Schauspielerin Tippi Hedren. Erziehung in einer katholischen Privatschule. Ab 1973 Fotomodell. Erste kleine Filmrollen, u. a. als junge Sexbombe in Arthur Penns *Night Moves*. Nach zwei weiteren Filmen Schauspielunterricht an der Hollywood Professional School. Ab 1977 umfangreiche TV-Tätigkeit. Erfolg mit der Rolle der Striptease-Tänzerin in Brian DePalmas Thriller *Body Double*. Danach Schauspielstudien bei Stella Adler in New York. Ab

Mitte der 80er Jahre eine der erfolgreichsten Schauspielerinnen Hollywoods. 1988 Oscar-Nominierung als clevere Sekretärin Tess McGill in Mike Nichols' *Working Girl*. Mit Bruce Willis und Tom Hanks in DePalmas New Yorker Gesellschafts-Spektakel *The Bonfire of the Vanities*. 1992 neben ihrem zweifachen Ehemann (1976–78, 1989–95) Don Johnson in Mary Agnes Donoghues *Paradise*. In *Nobody's Fool* (1994) flirtet sie als vernachlässigte Ehefrau von Bruce Willis mit Paul Newman. Seit 1996 ist sie mit dem Schauspieler Antonio Banderas verheiratet, neben dem sie in der spanisch-amerikanischen Co-Produktion *Two Much* spielt.

[US] 1973: The Harrad Experiment. 1975: Smile (Lauter nette Mädchen); The Drowning Pool (Unter Wasser stirbt man nicht); Night Moves (Die heiße Spur). 1977: Joy Ride (Joy Ride – Ein gefährlicher Typ); Once an Eagle [TVS]; One on One (Mann, du bist Klasse!); Hagan (Garten der Zuflucht) [IL]. 1977–78: Carter Country [TVS]. 1978: Daddy I Don't Like It Like This [TV]. 1979: Steel Cowboy (Cowboy mit 300 PS) [TV]. 1980: Roar (Roar – Ein Abenteuer); Underground Aces (Die Maulwürfe von Beverly Hills). 1981: The Star Maker [TV]; She's in the Army Now [TV]; Golden Gate [TV]. 1984: Body Double (Der Tod kommt zweimal); Fear City (Fear City – Manhattan 2 Uhr nachts). 1985: Alfred Hitchcock Presents: Man from the South (Alfred Hitchcock zeigt: Der Mann aus dem Süden) [TV]. 1986: Something Wild (Gefährliche Freundin). 1987: Cherry 2000. 1988: Hills Like White Elephants [TV]; The Milagro Beanfield War (Milagro – Der Krieg im Bohnenfeld); Working Girl (Die Waffen der Frau); Stormy Monday (Stormy Monday) [GB]. 1990: Pacific Heights (Fremde Schatten); In the Spirit (Ein Köder für den Killer); The Bonfire of the Vanities (Fegefeuer der Eitelkeiten); Women & Men: Stories of Seduction. 3. EP: Hills Like Elephants (Männer und Frauen) [TV-EP]. 1991: Shining Through (Wie ein Licht in dunkler Nacht). 1992: Paradise (Sommerparadies); A Stranger Among Us (Strangers). 1992/93: Born Yesterday (Born Yesterday – Blondinen küßt man nicht). 1994: Milk Money (Taschengeld); Nobody's Fool (Nobody's Fool). 1995: Now and Then (Now and Then – Damals und heute); Buffalo Girls (Buffalo Girls) [TV]; Two Much (Two Much) [ES/US]; Mulholland Falls (Mulholland Falls. Nach eigenen Regeln). 1997: Lolita.

Griffith, Raymond

*23. 11. 1890 Boston
†25. 11. 1957 Hollywood
Bühnendebüt im Alter von 15 Monaten. Kindheit in Europa. Mit 8 Jahren Mitglied einer französischen Pantomimengruppe. Durch Unfall zeitweise Verlust der Stimme. 1902 beim Circus Barnum & Bailey. 1915 in Filmkomödien von Kalem und Vitagraph. 1917 als Gagman Wechsel zu Mack Sennetts Studio. 1918 Regie-Versuch mit *The Village Chestnut*. In den 20er Jahren vielbeschäftigter Schauspieler, auch Drehbuchautor, spielt u.a. in Tod Brownings *White Tiger*, in Clarence Badgers *Hands Up!* und in *Trent's Last Case* von Howard Hawks. Letzte Filmrolle 1930 als französischer Soldat in *All Quiet on the Western Front* (Lewis Milestone). Nach Aufkommen des Tonfilms Rückzug als Schauspieler und Tätigkeit als Production Supervisor für Warner Bros. Ab 1933 Associate Producer für 20th Century Fox. Er ist an der Produktion mehrerer Filme von Raoul Walsh, William A. Wellman, Roy Del Ruth und Walter Lang beteiligt. 1940 zieht sich Griffith aus der Filmindustrie zurück.

[US] 1915: A Saphead's Revenge [KF]; Tears and Sunshine [KF]; A Scandal at Sea [KF]; Under New Management [KF]. 1916: A Busted Honeymoon [KF]; Mr. McIdiot's Assassination [KF]; Cupid at the Polo Game [KF]; September Mourning [KF]; Elevating Father [KF]; Blue Blood But Black Skin [KF]; The Millionaire's Son; The Great Smash; How Stars Are Made [KF]; The Surf Girl [KF]; A Scoundrel's Tale [KF]; The Bankruptcy of Boggs and Schultz [KF]. 1917: A Royal Rogue [KF]; An Aerial Joy Ride [KF]; His Foothill Folly [KF]; False to the Finish [KF]. 1918: Ruined By a Numb Waiter [KF]; His Double Life [KF]; A Red-Haired Cupid [KF]; Mud [KF]; Souls For Sale; The Village Chestnut [R]. 1919: The Follies Girl. 1921: Wedding Bells. 1922: Fools First; The Crossroads of New York; Minnie. 1923: Souls for Sale; Red Lights; The Eternal Three; The Day of Faith; White Tiger; Forty Winks. 1924: Changing Husbands; Lily of the Dust; Yankee Consul; Poisoned Paradise; Nellie, the Beautiful Cloak Model; Open All Night. 1925: Forty Winks; When Winter Went; The Dawn of a Tomorrow; Miss Bluebeard; The Night Club (Der Bräutigam auf Abbruch); Paths to Paradise: The Forbidden Story of Monte Carlo; Fine Clothes; A Regular Fellow. 1926: Waiter from the Ritz [Unreleased]; Hands Up!; Wet Paint; You'd Be Surprised. 1927: Blonde or Brunette (Blond oder braun?); Wedding Bills; Time to Love. 1929: The Sleeping Porch [KF]; Post Mortems [KF]; Trent's Last Case. 1930: All Quiet on the Western Front (Im Westen nichts Neues).

Grin'ko, Nikolaj

(Nikolaj Grigor'evič Grin'ko)
*22. 5. 1920
1946–55 am Dramatischen Theater von Saporož'. Danach arbeitet er bis 1963 beim Varieté. Filmdebüt 1956 im Filmstudio Kiev, wo er in Viktor Ivçenkos Literaturverfilmung *Est' takoj paren'* den Sarafanov spielt. In den folgenden Jahren arbeitet er mehrfach mit den Regisseuren Aleksandr Alov und Vladimir Naumov zusammen. Seine schönste Rolle erhält er von Ser-

gej Jutkevič: in *Sjužet dlja nebol'šogo rasskaza* (1970) stellt er an der Seite von Marina Vlady den Dichter Anton Čechov dar. Häufig arbeitet Grin'ko mit Andrej Tarkovskij zusammen (*Andrej Rublev, Zerkalo, Stalker*). Charakteristisch für seine Rollen ist Strenge, Verschlossenheit und innere Tiefe. Er ist Volkskünstler der Ukrainischen SSR.

[SU] 1951: Taras Ševčenko (Gesprengte Fesseln). 1956: Est' takoj paren'. 1957: Pavel Korčagin (Wie der Stahl gehärtet wurde). 1961: Mir vchodjaščemu. 1962: Ivanovo detstvo (Iwans Kindheit); Veselye istorii (Heitere Geschichten); Molčat tol'ko statun; Seryj volk. 1963: Pčely i ljudi; Bol'šaja doroga. 1964: Son; Stežki-dorožki; Povest' o ptaškine; Fitil' No 20. 1965: Choču verit' (Ich will glauben); Net neizvestnych soldat; Skvernyj anekdot (Böse Anekdote) [UA: 1987]; Teni zabytych predkov (Schatten vergessener Ahnen). 1966: Formula radugi; Vojna i mir (Krieg und Frieden); My, russkij narod; Gibel' eskadry. 1967: Bur'jan; Avdot'ja Pavlovna; Tichaja odessa. 1969: Tol'ko tri noči; Opasnye gastroli; Komissary (Kommissare); Odin šans iz tysjaèi; Zolotye vorota. 1970: Sjužet dlja nebol'šogo rasskaza (Sujet für eine Kurzgeschichte) [SU/FR]; Kennen Sie Urban? [DDR]. 1971: Andrej Rublev (Andrej Rubljow); Černoe solnce; Odin iz nas (Einer von uns); Lada iz strany berebdeev [TV]. 1972: More v ogne; Poslednee delo komissara Berlacha (Der letzte Fall des Kommissars Berlach); Rudobel'skaja respublika. 1973: Ring; Soljaris (Solaris); Stal'noe kolečko (Stahlring) [TV]; Po sobstvennomu želaniju (Auf eigenen Wunsch); Goroda i gody (Städte und Jahre); Effekt romaškina [TV]; Nočnoj motociklist. 1974: Každyj večer posle raboty; Vstreči i rasstavanija; Novosel'e; Romans o vljublennych (Romanze für Verliebte); Skvorec i lira; U samogo černogo morja [TV]; Priključenie v gorode, kotorogo net [TV]. 1975: Zerkalo (Der Spiegel); Propavšaja ekspedicija (Die verschollene Expedition); Avtomobil', skripka i sobaka Kljaksa (Auto, Geige und der Hund Kleks); Pod kamennym nebom; Vesennie perevertyši (Verwandlungsspiele im Frühling); Afonja (Laßt das mal Afonja machen); Ni pucha, ni pera! (Hals- und Beinbruch). 1976: Ne bolit golova u djatla (Der Specht kennt keine Kopfschmerzen); Aty-Baty, šili soldaty (Der Krieg ist kein Abzählspiel); Priključenija Buratino (Die Abenteuer des Buratino) [TV]. 1977: Polkovnik v otstavke; «Sto gramm» dlja chrabrosti; Osvobozeni Prahy (Die Befreiung Prags) [CS]; Ekvilibrist (Der Equilibrist) [TV]; Dvadcat' dnej bez vojny (Zwanzig Tage ohne Krieg); Timur i ego komanda (Timur und sein Trupp) [TV]; Fantasii Vesnuchina (Der blaue Kater oder Sommersprossens Phantasien). 1978: Kto poedet v Truskavec?; Karpaty, Karpaty... (Karpaten, Karpaten...); Ogon' v glubine derev'ev [TV]; Prazdnik pečenoj kartoški (Das Fest der gebratenen Kartoffel); Julija Vrevskaja (Zwischen Zarenhof und Schlachtfeld – Julia Wrewskaja) [SU/BG]. 1979: Priključenija Elektronika (Der elektronische Doppelgänger) [TV]; Solo [KF]; Poezdka čeres rorod [TV]; More; Podpolnyj obkon destvuet (Partisanen ergeben sich nicht); Poslednjaja ochota (Die letzte Jagd). 1980: Vtoroe roždenie [TV]; Stalker (Stalker); Ty dolžen žit'; Čto tam za povorotom? [TV]; Vspominaja Mendeleeva; Deputatskij čas; Telochranitel' (Der Leibwächter). 1981: Ot Buga do Visly; Graždanin Leška; Tegeran-43/Téhéran-43 (Killer sind immer unterwegs) [SU/FR/CH]; Bud'te moim muem (Werden Sie mein Mann); V načale slavnych del/Peters Jugend. 2. Teil [SU/DDR]; ? (Das verklungene Lied); O tebe [TV]; Tajna, izvestnaja vsem [TV]; Poslednij geym; Dva dolgich gudka v tumane. 1982: Ostajus s vami (Ich werde bei euch bleiben); Jaroslav Mudryj (Jaroslaw, der Weise); Olenja ochota (Hirschjagd); Prostranstvo dlja manevra [TV]; Prikaz: ogon' ne otkryvat'; Oždanie polkovnika Šalykina. 1983: Sčast'e Nikifora Bubnova; Dolgoe echo [TV]; Kak ja byl vunderkindom [TV]. 1984: Ja tebja nikogda ne zabudu (Ich werde dich nie vergessen); Neizvestnnyj foto (Das vergilbte Foto) [TV]; Obvinenie; Zdes' tvoj front (Hier ist deine Front); Kto sil'nee ego (Die Provokation des Fürsten); Iduščij sledom; Bez prava na proval (Ein Mißerfolg ist auszuschließen). 1985: Vera, Nadežda, Ljubov' (Glaube, Liebe, Hoffnung); Na krutizne [TV]. 1986: K rassledovaiju pristupit' [TV]; Obvinjaetsja svad'ba; Sestra moja Ljusja! [TV]; Parol' znali dvoe (Die Parole kannten nur zwei); Pevučaja Rossija [TV]; Million v bračnoj korzine (Eine Million im Hochzeitskorb); Pryžok; Pryžok. 1987: Smyslžizni; Boris Godunov (Boris Godunow) [TV]. 1988: Ryžaja feja; Vyjti iz lesa nna poljanu. 1989: General'naja repeticija [TV]; Predlagaju ruku i serdce; Poka bezumstvuet mečta.

Grizenko, Nikolaj → Gricenko, Nikolaj

Gröllmann, Jenny

* 5. 2. 1947 Hamburg
Die Tochter des Bühnenbildners Otto Gröllmann wächst in Hamburg, Schwerin und Dresden auf. Während der Schulzeit 1961 Bühnendebüt in Brechts «Die Gesichte der Simone Machard». 1963–66 an der Staatlichen Schauspielschule Berlin. Ab 1966 am Maxim Gorki Theater. Auf der Bühne besonders Darstellerin junger Frauen in Gegenwartsstücken. Seit 1966 auch in Film und Fernsehen. Filmdebüt als Studentin in Ulrich Theins Episode *Die Prüfung* für *Geschichten jener Nacht*. In Konrad Wolfs *Ich war neunzehn* eine Nebenrolle als verschüchtertes Mädchen. In Gegenwartsfilmen der DEFA und des DDR-Fernsehens meist in Rollen selbstbewußter, heiterer, auch schnippischer junger Frauen. Erste Hauptrolle in Ingrid Reschkes *Kennen Sie Urban?* als Praktikantin auf einer Baustelle. In tragenden Rollen u. a. in dem TV-Mehrteiler *Broddi* (Ulrich Thein), als Renate in Ulrich

Weiß' eigenwilliger Verfilmung von Willi Bredels Widerstands-Roman *Dein unbekannter Bruder*, in Herrmann Zschoches *Hälfte des Lebens* als Susette Gontard, die Geliebte Friedrich Hölderlins (Ulrich Mühe). Eindringliche Darstellung einer Alkoholikerin in dem TV-Krimi *Unheil aus der Flasche* (Helmut Krätzig). Als Anwalts-Kollegin von Manfred Krug auf dem Prenzlauer Berg in der 3. Staffel der TV-Serie *Liebling Kreuzberg* wird sie zum TV-Star. Danach u. a. in der österreichischen TV-Serie *Iris & Violetta* in der Hauptrolle einer Frischgeschiedenen mit heranreifender Tochter.

[DDR] 1966/67: Geschichten jener Nacht. 2. EP: Die Prüfung [EP]. 1967: Ich war neunzehn. 1969: Netzwerk; Der Doktor in der Mühle [TV]. 1970/71: Salut Germain [TVS]. 1971: Filmemacher [TV]. 1971/72: Polizeiruf 110: Die Maske [TV]. 1972: Eva und Adam [TV]; Ich bin einem Mädchen begegnet [TV]. 1973–75: Broddi [TV]. 1975: Es hat nicht sollen sein [TV]. 1976/77: Die Flucht. 1977: Schau heimwärts, Engel! [TV]; Vier Tropfen. EP: Das Fest [TV-EP]. 1977/78: Hochzeit in Weltzow [TV]; Polizeiruf 110: Bonnies Blues [TV]. 1978: Der Staatsanwalt hat das Wort: Meine Frau [TV]. 1978/79: Die Birke da oben [TV]. 1979: Natalja dir, dir Isaak [KF]; Alles im Garten [TV]; Veszélyes játékok/Ernste Spiele [HU/DDR]. 1980: Arno Prinz von Wolkenstein [TV]. 1981: Der Staatsanwalt hat das Wort: Hoffnung für Anna [TV]; Die lange Ankunft des Alois Fingerlein [TV]; Zieht blank, Kavaliere! [TV]; Katharina in der Klemme [TV]; Wir stellen vor: Besuch eines Herrn [TV]; Dein unbekannter Bruder. 1982: Polizeiruf 110: Die Spur des 13. Apostels [TV]. 1982/83: Es geht einer vor die Hunde [TV]. 1983: Isabel auf der Treppe; Ich sehe was, was du nicht siehst [TV]. 1983/84: Die Poggenpuhls [TV]; Heiße Ware in Berlin; Polizeiruf 110: Draußen am See [TV]. 1984: Der Staatsanwalt hat das Wort: Sachlich richtig [TV]; Hälfte des Lebens. 1985: Varieté [TV]. 1985/86: Das Buschgespenst [TV]. 1986/87: Polizeiruf 110: Unheil aus der Flasche [TV]; Kiezgeschichten [TVS]; Künstler, König und Modell [TV]. 1987: Die erste Reihe [TV]. 1987/88: Späte Ankunft [TV]. 1988: Passage [TV]; Polizeiruf 110: Flüssige Waffe [TV]. 1988/89: Narrenweisheit [TV]. 1989: Barbaron [TV]. 1990: Die Ritter der Tafelrunde [TV]; Die Ritter der Tafelrunde [TV]; Der kleine Herr Friedemann [TV – BRD]. 1992: Zorc – Der Mann ohne Grenzen [TVS]. 1992/93: Liebling – Kreuzberg. Folge 28–40 [TV]. 1993: Wer zweimal lügt [TV]. 1993/94: Tatort: Ein Wodka zuviel [TV]. 1994: Iris & Violetta [TVS – AT]. 1993/94: Unser Lehrer Dr. Specht [TVS]. 1994/95: Schwurgericht [TVS]. 1995: Zu Fuß und ohne Geld [TV]. 1996: Tod eines Callgirls [TV]. 1997: Mord für eine Schlagzeile [TV]; Saskia – Schwanger zum Sex gezwungen [TV].

Grosse, Herwart

(Herwart Willy Grosse)
* 17. 4. 1908 Berlin
†27. 10. 1982 Berlin

Nach der Schule kaufmännische Lehre, als Mitglied des Arbeiter-, Turn- und Sportbundes «Fichte» an einem von Albert Florath geleiteten Sprechchor beteiligt. 1932 KPD-Mitglied, Arbeit bei der Buchgemeinschaft «Universum», nebenher in Agitprop-Inszenierungen. Schauspielunterricht bei Paul Bildt, dann in Berlin am Preußischen Staatstheater, 1934–38 Theater der Jugend, 1938 Schillertheater. Kleine Filmrollen in *Andreas Schlüter* (Herbert Maisch) und *Die Degenhardts* (Werner Klingler). 1944 Soldat. Nach Rückkehr aus der Gefangenschaft am Hebbeltheater, 1946 Deutsches Theater, als Wurm in «Kabale und Liebe». In den 50er Jahren auch Regie. Häufig als Sprecher und Rezitator in Matineen, Rundfunk und Dokumentarfilmen. Seit 1947 lange klischeehaft als «Schurke Nr. 1» in DEFA-Filmen: hinterhältiger Kapitalist Direktor von Decken in *Der Rat der Götter* (Kurt Maetzig) und Gestapo-Chef Müller in *Der Fall Gleiwitz* (Gerhard Klein). Zunächst nur selten differenziertere Rollen wie der Oberarzt Dr. Carlsen in Konrad Wolfs *Professor Mamlock*. Schattierende, auch komische Darstellung von Nebenrollen sichert den Filmen Tiefgang: väterlicher Ratgeber des kommunistischen Aufsteigers Ernst Machner in Günther Rückers *Die besten Jahre*, Kommunist Otto Finke in der TV-Agitation *Ich – Axel Caesar Springer*, ein kauziger Friedrich II. in *Die gestohlene Schlacht* (Erwin Stranka), als letzte TV-Rolle der Generalvikar Johann von Staupitz in Kurt Veths Serie *Martin Luther*.

[DE/DDR] 1941/42: Andreas Schlüter. 1943/44: Der Verteidiger hat das Wort; Die Degenhardts. 1947/48: Straßenbekanntschaft. 1948: Und wieder 48!; Berliner Ballade. 1949/50: Der Rat der Götter. 1951: Das verurteilte Dorf. 1951/52: Karriere in Paris. 1953: Eine Liebesgeschichte [KF]. 1953/54: Das geheimnisvolle Wrack. 1954: Eine Bärengeschichte [KF]. 1955: Robert Mayer – Der Arzt aus Heilbronn. 1956: Persil bleibt Persil [KF]; Damals in Paris [TV]. 1957: Synthese [KDOK]; Ein Lebenslauf [KF]. 1958/59: Ware für Katalonien. 1959: Jupp wird gemustert [KF]; Bevor der Blitz einschlägt. 1960: Die Trickbetrügerin [KF]; Scherbengericht [KF]; Spotkania w mroku/Begegnung im Zwielicht [PL/DDR]; Das kleine und das große ABC [KF]; Die Mutprobe [KF]; Filmmagazin Nr. 1. Teil 5: Ein Ehepaar erzählt einen Witz [EP]. 1960/61: Professor Mamlock; Der Arzt von Bothenow; Der Fall Gleiwitz. 1961: Reportáž psaná na oprátce (Reportage unter dem Strang geschrieben) [CS]; Mord an Rathenau [TV]. 1961/62: Freispruch mangels Beweises; Ach, du fröhliche ... 1962: Minna von Barnhelm oder Das Soldatenglück. 1963: Sonntagsfahrer. 1964: Pension Boonlanka; Wolf unter Wölfen [TV]. 1964/65: Die besten Jahre; Nichts als Sünde. 1965: Der Nachfolger [TV]; Dr. Schlüter [TV]. 1965/66: Fräulein Schmetterling [Unvollendet]. 1966: Lebende Ware. 1966/67: Turlis Abenteuer. 1967/68: Tod im Preis inbegriffen [TV]; Ich – Axel Caesar Springer. 1. Vom schweren Anfang/2. Männer werden gemacht/3. Seid nett zueinander [TVS]. Schüsse unterm Galgen; Krupp und Krause. 1. Warum ist es am Rhein so schön/2. Maskenball/3. Bis die Haie torkeln [TV]. 1968: Alchimisten [TV]; Iphigenie auf Tauris [TV]. 1968/69: Krause und Krupp. 4. Zerbrochen sind die Ringe/5. Die Zeit der Fundamente [TV]; Der Engel im Visier [TV]. 1969: Seine Hoheit – Genosse Prinz; Netzwerk. 1970: Der Mörder sitzt im Wembley-Stadion [TV]; Husaren in Berlin. 1970/71: Über ganz Spanien wolkenloser Himmel [TV]. 1971: König Lear [TV]; Liebeserklärung an G.T.; Die gestohlene Schlacht/Ukradena bitva [DDR/CS]. 1972: Bach in Arnstadt [TV]; Prof. Dr. med. Maria Fabian [TV]; Aller Liebe Anfang [TV]. 1973: Erlesenes: Die Waffe [TV]; Wolz – Leben und Verklärung eines deutschen Anarchisten. 1973/74: Spätsaison [TV]. 1974: Ein nützlicher Mensch [TV]; Am Ende der Welt. 1975: Lügen haben lange Beine [TV]. 1975/76: Die Leiden des jungen Werthers; Sein letzter Fall [TV]; Beethoven. Tage aus einem Leben. 1976: Lasset die Kindlein ... [TV]; Die Liebe und die Königin [TV]. 1976/ 77: Verfolgung [TV]. 1977: Das unsichtbare Visier: Der afrikaanse Broederbond [TV]; Trampen nach Norden [TV]; Zwei Krawatten [TV]. 1977/78: Fleur Lafontaine [TV]. 1978: Ehe der Hahn kräht [TV]; Hilfe, ich bin ein Kind! [TV]; Stine [TV]; Nun gut, wir wollen fechten [TV-DOK]. 1978/79: Lachtauben weinen nicht. 1979: Momentaufnahme eines Komödianten: Herwart Grosse [TV-DOK]; Die Heimkehr des Joachim Ott [TV]. 1979/80: Levins Mühle. 1980: Albertine oder Das schlimme Ding, sich in eine Braut zu verlieben [TV]. 1980/81: Kippenberg [TV]. 1981: König Lear [TV]. 1981/82: Ein Tag aus Goethes Kindheit [TV]. 1981–83: Martin Luther [TVS].

Gründgens, Gustaf

(Gustav Gründgens)
*22. 12. 1899 Düsseldorf
†7. 10. 1963 Manila

Gymnasium in Düsseldorf, katholisches Internat in Mayen. 1917 Schauspieldebüt am Fronttheater Saarbrücken, 1918 Leiter der Theaterkanzlei des Soldatentheaters Thale/Harz. 1919 Hochschule für Bühnenkunst des Düsseldorfer Schauspielhauses, Unterricht bei Louise Dumont und Gustav Lindemann. 1920–22 Engagements in Halberstadt, Kiel und Berlin, 1923 Kammerspiele Hamburg (auch Operette), dort 1924 Regiedebüt. 1927 Kammerspiele des Deutschen Theaters Berlin. 1928–33 Auftritte und Inszenierungen an verschiedenen Bühnen, Opernregie, Kabarett mit seiner ersten Frau Erika Mann. 1932 Preußisches Staatstheater. 1934 Intendant des Staatlichen Schauspielhauses und Staatsschauspieler. Ab 1929 auch Filmarbeit, Spezialisierung auf Bonvivants und Hochstapler, überzeugend als Gangster in Fritz Langs *M* wie als gehörnter Adliger in Max Ophüls' *Liebelei*. Gelegentlich auch Filmregie: *Eine Stadt steht Kopf* nach Gogols «Revisor», dann das Murnau-Remake *Die Finanzen des Großherzogs*, die Fliegerkomödie *Capriolen*. Ab 1938 entstehen in einer eigenen Produktions-Gruppe der Terra-Film die «Effi Briest»-Adaption *Der Schritt vom Wege* mit seiner zweiten Frau, Marianne Hoppe, die zeitnahe Verwechslungskomödie *Zwei Welten*, die Musiker-Biografie *Friedemann Bach*. Ab 1937 Generalintendant der Preußischen Staatstheater, 1945/46 neunmonatige sowjetische Internierung; Rückkehr ans Deutsche Theater Berlin. 1947–51 Generalintendant der Städtischen Bühnen Düsseldorf; 1951–55 Geschäftsführer des Düsseldorfer Schauspielhauses. 1955 Intendant des Deutschen Schauspielhauses Hamburg. Nach dem Krieg tritt er außer als Mephisto in der filmischen Dokumentation seiner Hamburger «Faust-I»-Inszenierung (Bundesfilmpreis) nur als elegant-intriganter Lord in Helmut Käutners kabarettistischem *Das Glas Wasser* auf. Klaus Manns umstrittener Schlüsselroman «Mephisto. Roman einer Karriere» (1936) zeichnet das Bild eines opportunistischen Künstlers im Dritten Reich auf der Folie seines Schwagers Gründgens. Das Buch wird 1980/81 erfolgreich von István Szabó verfilmt.

[DE/BRD] 1929/30: Ich glaub' nie mehr an eine Frau. 1930: Hokuspokus; Va Banque; Brand in der Oper. 1930/31: Danton; M. 1931: Der Raub der Mona Lisa; Luise, Königin von Preußen; Yorck. 1931/32: Die Gräfin von Monte Christo. 1932: Teilnehmer antwortet nicht; Eine Stadt steht kopf [D,R,P]. 1932/33: Liebelei. 1932–34: Liebelei. Une histoire d'amour [Version – FR]. 1933: Die schönen Tage von Aranjuez; Der Tunnel; Le tunnel [Version – DE/FR]; Die Finanzen des Großherzogs [R]. 1934: Schwarzer Jäger Johanna; Das Erbe in Pretoria; So endete eine Liebe. 1934/35: Hundert Tage [IT/DE]. 1935: Das Mädchen Johanna; Pygmalion. 1936: Eine Frau ohne Bedeutung. 1937: Capriolen [D,R]. 1938: Tanz auf dem Vulkan. 1938/ 39: Der Schritt vom Wege [R,P]. 1939: Zwei Welten [R,P]. 1940/41: Ohm Krüger; Friedemann Bach [R,D,P]. 1960: Das Glas Wasser; Faust [D,R]. 1961: Jørgen Roos zeigt Hamburg [DOK]. 1963: Gustaf Gründgens [TV-DOK]. 1964: Don Gil von den grünen Hosen [TV – R]; Totentanz [TV – R].

Gubenko, Nikolaj

(Nikolaj Nikolaevič Gubenko)
* 17. 8. 1941 Odessa

1964 Absolvierung der Schauspielklasse und 1970 der Regieklasse von Sergej Gerasimov und Tamara Makarova an der Moskauer Filmhochschule VGIK. Engagement in Moskau am Theater des Dramas und der Komödie an der Tanganka. Erfolgreiche Bühnenrollen in zwei Brecht-Inszenierungen sind u. a. der Flieger Yang Sun in «Der Gute Mensch von Sezuan» und die Titelrolle in «Der aufhaltsame Aufstieg des Arturo Ui» (Regie: Siegfried Kühn). Nach dem Filmdebüt 1964 erhält er als Kolja Fokin in Marlen Chucievs *Mne Dvadcat' let'* eine erste interessante Aufgabe. Seine Rollen sind sehr vielseitig, von exzentrisch bis heroisch. Der erfolgreichen Schauspielerkarriere (u. a. bei Andrej Michalkov-Končalovskij und Aleksej Saltykov) folgt eigene Regiearbeit. Gubenkos *Prišel soldat s fronta* (1972) wird durch seine dokumentarische Genauigkeit auf Anhieb ein Achtungserfolg; gleichzeitig übernimmt er eine Hauptrolle, den Nikolaj Maksimovič. Für seinen Krivoručko in *Podranki* (1977) erhält er den Hauptpreis des Allunionsfestivals 1978. 1981 legt er seine vierte Regiearbeit vor, die Satire *Iz žizni otdychajuščich*, für die er auch das Drehbuch schreibt. Gubenko wird zum Volkskünstler und Staatspreisträger der RSFSR ernannt.

[SU] 1964: Pjad' zemli. 1965: Mne dvadcat' let (Ich bin zwanzig Jahre alt); Kogda uletajut aisty; Poka front v oborone. 1966: Mal'čik i devočka; Poslednij žulik. 1967: Parol' ne nužen (Parole unnötig). 1968: Pervyj kur'er/Pârvijat kurier (Der erste Kurier) [SU/BG]. 1969: Zolotye vorota; Dvorjanskoe gnezdo (Ein Adelsnest). 1970: Direktor (Der Direktor). 1972: Prišel soldat s fronta (Ein Soldat kehrt von der Front zurück) [D,R]. 1974: Esli chočeš' byt' sčastlivym (Wenn du glücklich sein willst) [R]. 1975: Oni sražalis' za Rodinu (Sie kämpften für die Heimat). 1976: Prošu slova (Ich bitte ums Wort). 1977: Podranki (Mit gebrochenen Schwingen) [R,A]. 1980: Iz žizni otdychajuščich (Aus dem Leben von Kurgästen) [R,A]. 1984: I žizn', i slezy, i ljubov' [R]. 1987: V. I. Lenin. Stranicy žizni [TVS]. 1988: Zapretnaja zona [R]. 1994: Ljubovnye priključenija Šury Paramonova [RU].

Gudzuhn, Jörg

* 23. 3. 1945 Seilershof (Kreis Ruppin)

Er wächst in Ost-Berlin auf. 1951–59 Besuch der Grundschule, 1959–61 eines Gymnasiums in West-Berlin bis zum Bau der Mauer. Anschließend Arbeit als Schleifer und Maler. Nebenher Abitur an der Volkshochschule. 1966–70 Besuch der Schauspielschule Ernst Busch. Es folgen Bühnenengagements 1970–74 in Karl-Marx-Stadt, 1974–76 am Hans-Otto-Theater in Potsdam, ab 1976 in Berlin zunächst am Maxim Gorki Theater. Erster großer Bühnenerfolg unter Regie von Wolf Winkelgrund als McMurphy in «Einer flog über das Kuckucksnest». 1969 erste Fernsehrolle in *Strafversetzt* (Horst Zaeske), einem Film aus der Reihe *Der Staatsanwalt hat das Wort*. Kinofilmdebüt erst 1973/74 mit einer Nebenrolle, dem Oberhenker, in Rainer Simons *Till Eulenspiegel*. Als flugbegeisterter Erfinder Franz Xaver Stannebein, einem skurrilen Träumer und erfolglosen Geschäftsmann in Rainer Simons *Das Luftschiff* (1982) nach dem Roman von Fritz Rudolf Fries macht er erstmals als Filmschauspieler auch international auf sich aufmerksam. In Lothar Warnekes *Eine sonderbare Liebe* (1983/84) mit einer Mischung aus stiller Abgeklärtheit, Unbeholfenheit, Geduld und Zärtlichkeit, wenn er als Witwer Harald Reich auf ungewöhnliche und zugleich komische Art versucht, eine neue Frau fürs Leben zu erobern. In Bernhard Wickis TV-Film *Die Grünstein-Variante* zeigt er als Lodek, Ex-Boxer und Eigner eines kleinen Schiffes, den es 1939 in ein Pariser Gefängnis verschlägt, eine Mischung aus Galgenhumor und ungebrochenem Optimismus. Eine sanft satirische Auseinandersetzung mit dem DDR-Alltag zeigt er als Steinköhler, Autobesitzer wider Willen, in Bernhard Stephans Filmkomödie *Fahrschule* und erhält dafür den Darstellerpreis des Spielfilmfestivals der DDR in Karl-Marx-Stadt 1986. Für die Gestaltung der Titelrolle des zerrissenen Schriftstellers in Roland Gräfs *Fallada – letztes Kapitel* (1987/88) erhält er auf dem Internationalen Filmfestival Chicago den «Silbernen Hugo». Seit 1987 ist er einer der Stars im Ensemble des Deutschen Theaters Berlin, dessen Inszenierungen z. T. für das Fernsehen aufgezeichnet werden. Daneben sporadisch im Fernsehen, so als von Kanada träumender DDR-Cowboy in der Serie *Liebling Kreuzberg* und als Verbrecherjäger in *Das Phantom – Die Jagd auf Dagobert*. In *Viel Spaß mit meiner Frau*, einer Komödie zur «Wende»-Problematik in Ostdeutschland, spielt er mit verschmitztem trockenem Humor einen arbeitslosen Wissenschaftler, der sich in unkonventioneller Weise an die neue Zeit anpaßt.

[DDR] 1969/70: Der Staatsanwalt hat das Wort: Strafversetzt [TV]. 1970: März 1920 [TV]. 1972/73: Stülper-Legende [TVS]. 1973: Antigone [TV]. 1973/74: Till Eulenspiegel. 1975–78: Gefährliche Fahndung [TVS]. 1976/77: Dantons Tod [TV]; Das Verhör [TV]. 1977: Der Staatsanwalt hat das Wort: Ein Strauß roter Nelken [TV]. 1978: Marx und Engels. Stationen ihres Lebens [TVS]; Die Urlauber [TV]; Der Fall Brian O'Hara [TV]. 1979: Minna von Barnhelm oder Das Soldatenglück [TV]; Polizeiruf 110: Barry schwieg [TV]. 1979/80: Muhme Mehle [TV]; Hedda Gabler [TV]. 1980: Nachtasyl [TV]. 1981: Stilleben [KF]; Kabale und Liebe [TV]. 1981/82: Die Fische [TV]; Generalprobe [TV]. 1982: Das Luftschiff. 1982–84: Drei Schwestern [TV]. 1983: Die ewigen Gefühle [TV – BRD]; Das Interview [TV]. 1983/84: Eine sonderbare Liebe. 1984: Ein Sommernachtstraum [TV]. 1984/85: Die Grünstein-Variante [BRD]. 1985/86: Fahrschule. 1987/88: Fallada – letztes Kapitel. 1989: Diktatur des Gewissens [TV]; Einige Minuten Außenpolitik [KF]. 1989/90: Nathan der Weise [TV]. 1990/91: Die Verfehlung; Ende der Unschuld [TV]. 1991: Der zerbrochene Krug [TV]. 1992: Moebius. 1992/93: Liebling – Kreuzberg. Folge 31–36 [TV]. 1993: Karate-Billi kehrt zurück [TV]; Polizeiruf 110: Bullerjahn [TV]. 1994: Das Phantom – Die Jagd nach Dagobert [TV]; Mordgeschichten: Profis [TV]; Zwischenlandung. 1995: Unser Lehrer Dr. Specht: Das größte Fest des Jahres [TVS]; Die Männer von K 3: Geschäft mit dem Tod [TV]. 1995/96: Kinder ohne Gnade [TV]. 1996: Viel Spaß mit meiner Frau [TV]; Die Straßen von Berlin: Dunkelrote Rosen [TV].

Guinness, Alec

(Sir Alec Guinness de Cuffe)
*2. 4. 1914, London-Marylebone

Stipendium am Fay Compton Studio of Dramatic Art in London. 1934 mit Unterstützung von John Gielgud Bühnendebüt im «Hamlet», im gleichen Jahr auch kurz im Film *Evensong* erstmalig vor der Kamera. Seit 1936 im Ensemble des Old Vic, werden ihm ab 1938 Hauptrollen anvertraut. Nach dem Dienst in der Royal Navy (1941–46) beginnt die Filmkarriere. Zunächst die kleinere Rolle des Herbert Pocket in *Great Expectations*, dann als Fagin in *Oliver Twist*, beide Filme von David Lean nach Charles Dickens inszeniert. Internationale Beachtung erringt er aber erst mit einer Reihe von Ealing-Komödien, vor allem als Darsteller von acht ermordeten Familienmitgliedern in *Kind Hearts and Coronets* (Robert Hamer), außerdem in Charles Crichtons *The Lavender Hill Mob* (Oscar-Nominierung) und Alexander Mackendricks *The Man in the White Suit*. 1955 in der klassischen Gauner-Komödie *The Ladykillers* und – mit dem Gegenspieler Jack Hawkins – als psychisch gefolterter und zerbrochener Kardinal in einer fiktiven östlichen Diktatur in Peter Glenvilles *The Prisoner*. Guinness betätigt sich auch als Drehbuchautor und wird für seine Adaption von Joyce Carys Roman *The Horse's Mouth* für einen Oscar nominiert. Die Rolle des arroganten und sturen Colonel Nicholson in Leans Kriegsepos *The Bridge on the River Kwai* (1957) bringt ihm einen Oscar ein. Lean und Guinness arbeiten noch häufiger zusammen, so in *Lawrence of Arabia*, *Doctor Zhivago* und *A Passage to India*. Neben John Gielgud und Laurence Olivier gilt er als einer der bedeutendsten und wandlungsfähigsten Schauspieler: in den verschiedensten Genres zu Hause und auch fremdsprachige Akzente spielend bewältigend, trotzdem unter jeder Maske stets unverwechselbar. In George Lucas' *Star-Wars*-Filmen spielt und spricht Guinness den weisen Obi-Wan Kenobi. Im Fernsehen spielt u. a. in zwei Serien (*Tinker Tailor Soldier Spy* und *Smiley's People*) John Le Carrés Meisterspion George Smiley. Auf der Leinwand auch immer wieder Ur-Britisches: als alter Lord in Jack Golds TV-Adaption von *The Little Lord Fauntleroi*, als Vater William in Christine Edzards Zweiteiler *Little Dorrit* (Oscar-Nominierung). In Steven Soderberghs *Kafka* (1991) ist er ein mild dämonischer Hauptbuchhalter. Guinness wird 1959 geadelt und erhält 1980 einen Ehren-Oscar. 1985 Autobiografie «Blessings in Disguise». Sohn Matthew Guinness ist ebenfalls Schauspieler.

[GB] 1934: Evensong. 1946: Great Expectations (Geheimnisvolle Erbschaft). 1948: Oliver Twist (Oliver Twist). 1949: A Run for Your Money; Kind Hearts and Coronets (Adel verpflichtet). 1950: The Mudlark (Der Dreckspatz und die Königin); Last Holiday (Ferien wie noch nie). 1951: The Man in White Suite (Der Mann im weißen Anzug); The Lavender Hill Mob (Einmal Millionär sein). 1951/52: The Card (Der Unwiderstehliche). 1953: The Square Mile [S – KF]; Malta Story; The Captain's Paradise (Der Schlüssel zum Paradies). 1954: Stratford Adventure [CA]; To Paris With Love (Verliebt in Paris); Father Brown (Die seltsamen Wege des Pater Brown). 1955: The Ladykillers (Ladykillers); The Prisoner (Der Gefangene); Rowlandson's England [KF]. 1956: The Swan (Der Schwan) [US]. 1957: Barnacle Bill (Kapitän Seekrank); The Bridge on the River Kwai (Die Brücke am Kwai). 1958: The Scapegoat (Der Sündenbock) [D,P]. 1958/59: The Horse's Mouth (Des Pudels Kern) [D,A]. 1959: Our Man in Havana (Unser Mann in Havanna); The Wicked Scheme of Jebal Dekes [TV – US]. 1960: Tunes of Glory (Einst ein Held). 1961: A Majority of One (1000 Meilen bis Yokohama) [US]. 1961/62: H. M. S. Defiant (Rebellion). 1962: Lawrence of Arabia (Lawrence von Arabien). 1964: The Fall of the Roman Empire (Der Untergang des römischen Reiches) [US]. 1965: Situation Hopeless – But Not Serious (Lage hoffnungslos – aber nicht ernst) [US]; Doctor Zhivago (Doktor Schiwago) [US]. 1965/66: Hotel Paradiso (Hotel Paradiso). 1966: The Quiller Memorandum (Das Quiller Memorandum: Gefahr aus dem Dunkel). 1967: The Comedians/Les comédiens (Die Stunde der Komödianten) [US/BM/FR]. 1969: Twelfth Night [TV]. 1970: Scrooge; Conversation at Night [TV]; Cromwell (Cromwell). 1971: Gandhi's India [S – TV]; The Actor [S – TV – US]; Solo: alec guinness as e. e. cummings [TV]. 1971/72: Fratello Sole, sorella Luna/Brother Sun, Sister Moon (Bruder Sonne, Schwester Mond) [IT/GB]. 1973: Hitler: The Last Ten Days/Gli ultimi dieci giorni di Hitler (Hitler – Die letzten zehn Tage) [GB/IT]. 1974: The Gift of Friendship [TV]. 1976: Caesar and Cleopatra [TV]; Murder by Death (Eine Leiche zum Dessert/Verzeihung, sind Sie der Mörder?) [US]. 1977: Star Wars (Krieg der Sterne) [US]. 1979: Tinker Tailor Soldier Spy (Dame, König, As, Spion) [TVS – GB/US]. 1980: Raise the Titanic! (Hebt die Titanic); The Little Lord Fauntleroy (Der kleine Lord) [TV]; The Empire Strikes Back (Das Imperium schlägt zurück) [US]. 1981/82: Smiley's People (Smiley's Leute) [TV]. 1983: Return of the Jedi (Die Rückkehr der Jedi-Ritter) [US]; Lovesick (Lovesick – Der liebeskranke Psychiater) [US]. 1984: A Passage to India (Reise nach Indien). 1985: Monsignor Quixote (Monsignore Quixote) [TV]. 1987: Little Dorrit: 1. Nobody's Fault. 2. Little Dorrit's Story (Klein Dorrit). 1987/88: A Handful of Dust (Eine Handvoll Staub). 1991: Kafka (Kafka) [US/FR]. 1992: Tales from Hollywood (Geschichten aus Hollywood). 1992/93: A Foreign Field [TV]. 1995: Stumme Zeugin/Mute Witness [DE/GB/RU]. 1996: Eskimo Day [TV].

Gurčenko, Ljudmila

(Ljudmila Markovna Gurčenko)
* 12. 11. 1935 Charkov
Bis 1958 an der Moskauer Filmhochschule VGIK. 1963 Engagement in Moskau am Sovremennik-Theater, danach am Theater der Filmschauspieler. Dort vor allem kann sie ihre schauspielerischen Möglichkeiten zeigen, so in Stendhals «Rouge et noir» oder im Musical «Kiss Me Kate». Während des Studiums erste Filmrollen. Besonders erfolgreich ist sie in den von El'dar Rjazanov inszenierten musikalischen Komödien, z. B. 1956 als Lena Krylova in *Karnaval'naja noč'* und 1958 als Tanja in *Devuška s gitaroj* (Aleksandr Fajncimmer). Ohne dieses Genre ganz aufzugeben, beginnt sie in den 70er Jahren in dramatischen Gegenwartsfilmen zu spielen. So ist 1974 ihre Fabrikleiterin Anna Georgieva in Viktor Tregubovičs *Starye steny* eine der interessantesten Charakterstudien einer modernen «Sowjetfrau», die im Beruf selbständig ist und sich behauptet, andererseits im Privatleben mit ihrem Frauendasein nur schwer zurechtkommt. Zu ihren wichtigsten Rollen gehören 1979 die Taja Solomna in *Sibiriada* (Andrej Michalkov-Končalovskij) und die Tamara Vasil'evna in *Pjat večerov* (Nikita Michalkov). Für ihre Kellnerin Vera aus Rjazanovs *Vokzal dlja dvoich* wird sie von den Lesern der Zeitschrift «Sovetskij ekran» als beste Schauspielerin des Jahres 1983 ausgezeichnet und erhält den Darstellerpreis des Allunionsfilmfestivals. Gurčenko erhält mehrere nationale Auszeichnungen. 1982 Erinnerungen «Moe vzrosloe detstvo» (Meine erwachsene Kindheit), 1985 der zweite Teil «Aplodismenty» (Applaus).

[SU] 1956: Serdce b'etsja vnov'; Doroga pravdy (Weg der Wahrheit); Karnaval'naja noč' (Nun schlägt's 13). 1958: Trudnoe sčast'e (Das Geschenk des Zigeuners); Devuška c gitaroj (Das Mädchen mit der Gitarre). 1959: Zvezdy vstrečajutsja v Moskve. 1960: Pojmannyj monach [TV]. 1961: Roman i Frančeska; Čelovek niotkuda; Baltijskoe nebo; Gulja ščaja. 1964: Ukrotiteli velosipedov (Fahrradbändiger); Ženit'ba Bal'zaminova (Wer heiratet wen?). 1966: Rabočij poselok; Stroitsja most. 1967: Net i da. 1968: Vzorvannyj ad. 1969: Moskva v notach [TV]. 1970: Eksperiment [TV]; Belyj vzpyv (Weiße Explosion); Korona Rossijskoj imperii, ili Snova neulobimye. 1971: Odin iz nas (Einer von uns); Moj dobryj papa; Doroga na Rjubecal' (Der gemeinsame Weg). 1972: Cirk zažigaet ogni [TV]; Tabačkyj kapitan [TV]; Ten'. 1973: Dača (Die Datsche); Letnie sny; Dver' bez zamka; Karpuchin. 1974: Otkrytaja kniga; Benefis Savekija Kramarova [TV]; Starye steny (Alte Wände); Solomennaja šljapka [TV]; Deti Vanjušina. 1975: Dnevnik direktora školy (Aus dem Tagebuch eines Schuldirektors); Benefis Sergeja Martinsona [TV]. 1976: Prestuplenie; Šag navstreču (Ein Schritt entgegen); Nebesnye lastočki (Himmelsschwalben) [TV]; Volšebnyj fonar' [TV]; Strogovy [TV]. 1977: Benefis Andreja Mironova [TV]; Semejnaja melodrama; Sentimental'nyj roman (Ein sentimentaler Roman/Mit 17 ist man noch jung); Dvadcat' dnej bez vojny (Zwanzig Tage ohne Krieg); Mama (Vom Wolf und den pfiffigen Geißlein) [RO/SU/FR]. 1978: Krasavec-Mužina (Ein schöner Mann); Obratnaja svjaz' (Rückkopplung); Benefis Ljudmily Gurčenko [TV]; Poznavaja belyj svet. 1979: Uchodja – Uchodi; Pjat' večerov (Fünf Abende). 1980: Sibiriada (Sibiriade). 1981: Osobo važnoe zadanie (In besonders wichtigem Auftrag); Otpusk za svoj ščet (Urlaub auf eigene Rechnung); Idealnyj muž. 1982: Šuročka; Ljubimaja ženščina mechanika Gavrilova (Warten vor dem Standesamt). 1983: Magistral'; Polety vo sne i najavu (Tagträumer); Vokzal dlja dvoich (Bahnhof für zwei). 1984: Ljubov' i golubi (Der Kurschatten); Recept ee molodosti (Das Rezept ihrer Jugend). 1985: Prochindiada, ili beg na meste; Aplodismenty, aplodismenty ... (Applaus, Applaus ...). 1987: Pretendent

[TV]; Vtoraja popytka Viktora Krochina. 1988: Doroga v ad [TV]. 1989: A byl li Karotin?; Molodoj èelovek iz chorošej sem'I [TV]; Ožok. 1990: Neljud', ili V raju zapreščena ochota; Naša dača [TV]. 1991: Imitator [RU]; Prosti nas, Mačecha-Rossija [TV – RU]; Vivat, gardemariny! [RU]; Moja morjačka [D,M – RU]. 1992: Proščal'nye gastroli [TV – RU]; Belye odeždi [TV – RU]; Sekskazka [RU]. 1993: Poslužaj! [RU]; Prochindiada-2 [RU]; Gardemariny-III [RU].

Gwisdek, Michael

* 14. 1. 1942 Berlin-Weißensee

1957 Ausbildung als Gebrauchswerber (Dekorateur). Verschiedene Jobs. Arbeitertheater Friedrichshain und Dramatischer Zirkel Klingenberg. Fernstudium für Regie am Theaterinstitut Leipzig. 1965–68 Staatliche Schauspielschule Berlin. Nach dem Abschluß am Städtischen Theater Karl-Marx-Stadt. 1973 Volksbühne Berlin. 1983–91 Deutsches Theater. Filmdebüt 1967/68 in einer Nebenrolle des DEFA-Indianerfilms *Spur des Falken* (Gottfried Kolditz). Erste größere Filmrolle 1975 als Kriegsheimkehrer Michael Mähr in Kurt Maetzig *Mann gegen Mann*. In Rainer Simons *Jadup und Boel* (1980/81, bis 1986 verboten) hat er als Antiquitätenhändler Gwissen einen spektakulären Kino-Auftritt. Bedeutende Aufgaben bei Ulrich Weiß als Conférencier und Nazi-Verräter Walter in der umstrittenen Adaption von Willi Bredels Widerstandsroman *Dein unbekannter Bruder* und vor allem mit der fast sprachlosen Titelrolle des einsamen Boxers in *Olle Henry*, für die er die «Große Klappe» der DDR-Kritiker erhält. Der Vollblut-Schauspieler – Verletzungen bei einer Filmschlägerei für *Sansibar oder der letzte Grund* (Bernhard Wicki) erzwingen ein Vierteljahr Krankenhausaufenthalt – auch sein komödiantisches Talent: in dem TV-Film *Merkwürdiges Beispiel einer weiblichen Rache* (Bodo Fürneisen), nach Diderots «Jakob und sein Herr», und als schwuler Bar-Kellner in *Coming Out* (Heiner Carow). 1988 erhält er Gelegenheit, die Regie von *Treffen in Travers* zu übernehmen, einem international beachteten und mehrfach ausgezeichneten Film über den deutschen Revolutionär Georg Forster mit Hermann Beyer, Uwe Kockisch und Gwisdeks Frau Corinna Harfouch in den Hauptrollen. Für die Hauptrolle des unschuldig inhaftierten Universitätsdozenten Dallow in Roland Gräfs *Der Tangospieler*, einer Adaption des Romans von Christoph Hein, erhält er 1991 einen Deutschen Filmpreis. In Roland Oehmes Satire *Farßmann oder Zu Fuß in die Sackgasse* spielt er die Titelrolle des unfreiwilligen DDR-Karrieristen. 1993/94 inszeniert Gwisdek – nach eigenem Drehbuch und zugleich in der Hauptrolle – *Abschied von Agnes*, ein intensives Kammerspiel über die psychische Hinterlassenschaft der DDR. Neben Fernseharbeiten spielt er 1994 den rechtschaffenen Schweizer Dorfpolizisten *Wachtmeister Zumbühl* (Urs Odermatt).

[DDR] 1967/68: Spur des Falken. 1968: Die Toten bleiben jung; Weiße Wölfe/ Bijeli vukovi [DDR/YU]; Jungfer, Sie gefällt mir. 1972/73: Stülpner-Legende 1. Das Schießen. – 2. Das Bataillon. – 3. Die Pfändung. – 4. Die [TV]. 1973: Antigone [TV]. 1973/74: Till Eulenspiegel. 1974: Das Schilfrohr [TV]; Das Lügenmaul [TV]; Mein lieber Mann und ich [TV]. 1975: Hostess; Die Männer vom River Clyde [TV]; Jede Woche Hochzeitstag [TV]; Mann gegen Mann. 1976/77: Schach von Wuthenow [TV]. 1977: Der gepuderte Mann im bunten Rock oder Musjöh lebt gefährlich [TV]. 1977/78: Zünd an, es kommt die Feuerwehr; Addio, piccola mia. 1979: Ramona [KF]; Der Menschenhasser [TV]; Minna von Barnhelm oder Das Soldatenglück [TV]. 1979/80: Muhme Mehle [TV]; Die Stunde der Töchter; Warschauer Konzert [TV]. 1980/81: Jadup und Boel. 1981: Märkische Forschungen; Feuerdrachen [TV]; Dein unbekannter Bruder. 1982: Stella nach Goethe [TV]. 1982/83: Olle Henry. 1983: Ärztinnen. 1983/84: Der Fall Bachmeier – Keine Zeit für Tränen [BRD]. 1984: Hälfte des Lebens. 1985–87: Sansibar oder Der letzte Grund [TV – BRD]. 1986/87: Merkwürdiges Beispiel einer weiblichen Rache [TV]; Der kleine Staatsanwalt [BRD]. 1987: Der Werwolf von W. [TV – BRD]. 1987/88: Pestalozzis Berg [CH/DDR]; Polizeiruf 110: Eifersucht [TV]. 1988: Treffen in Travers. 1988/89: Coming out. 1989: Herzlich Willkommen [BRD]. 1990: Der Tangospieler; Die vier Tugenden. EP: Besonnenheit [TV-KF – BRD]. 1990/91: Farßmann oder Zu Fuß in die Sackgasse; Der Verdacht. 1991: Das Heimweh des Walerjan Wrobel; Sie und Er [TV]; Die Spur des Bernsteinzimmers. 1992: Haus Vaterland [TV]; Das große Fest [TV]; [OT ?] (Verbrannte Erde) [DZ]. 1993/94: Abschied von Agnes [D,R,A]. 1994: Wachtmeister Zumbühl [DE/CH]; Der Kontrolleur [TV]. 1995: Edgar Wallace: Der Blinde [TV]; Die Tote von Amelung [TV]; Tatort: Wer nicht schweigt, muß sterben [TV]; Schwarz Rot Gold: Im Sumpf [TV]; Der Mann auf der Bettkante [TV]. 1995/96: Gefährliche Freundin. 1996: Brittas Entscheidung [TV]; Doppelter Einsatz: Gebäudeschaden [TV]. 1997: Unter die Haut [TV]; Das Mambo-Spiel [D,R,A].

H

Haas, Dolly
(Dorothy Clara Louise Haas)
*29. 4. 1910 Hamburg
†16. 9. 1994 New York
1917–27 am progressiven Lyzeum Dr. Löwenbergs in Hamburg. Mit 6 Jahren Ballettunterricht. Nach Schulabschluß in Berlin von Erik Charell für eine größere Nebenrolle in «Mikado» engagiert. Kabarettauftritte. 1930 durch Max Reinhardt in der Revue «Wie werde ich reich und glücklich». Im selben Jahr erste Filmrolle als singende und tanzende Schaufensterpuppe in Wilhelm Dieterles *Eine Stunde Glück*; noch vor dessen Premiere erscheint der zweite Film: *Dolly macht Karriere* (Anatole Litvak). Neben der Theaterarbeit im Film als muntere Kindfrau, die ihren männlichen Partnern an Entschlossenheit, Gewitztheit, Tatkraft und Lebensfähigkeit weit überlegen ist: in *Liebeskommando* (Geza von Bolvary) anstelle des Bruders beim Militär, damit dieser Künstler werden kann; in *Scampolo, ein Kind der Straße* (Hans Steinhoff) wird ein bankrotter Bankier gerettet; *Der Page vom Dalmasse-Hotel* (Victor Janson) rettet einen reichen Adligen vor Hochstaplerinnen. Bereits 1933 parodiert Hermann Kosterlitz' *Das häßliche Mädchen* das Hosenrollen-Image der vorzugsweise als Knabe verkleideten Schauspielerin. Bei der Premiere Ausschreitungen gegen ihren jüdischen Filmpartner Max Hansen; unter dem Eindruck des wachsenden Antisemitismus verläßt Haas Deutschland 1936. In England unter der Regie ihres späteren Mannes Hans (John) Brahm als zarte Lucy in dem Griffith-Remake *Broken Blossoms*. Ab 1936 in Hollywood mit einem Dreijahresvertrag bei Columbia, jedoch ohne Ergebnis. 1941 in New York Rückkehr zum Theater, zunächst bei Erwin Piscator. Seit 1943 erfolgreiche Arbeit am Broadway und gelegentlich im Fernsehen. Einzige Filmrolle nach 17jähriger Pause neben O. E. Hasse in *I Confess*

(Alfred Hitchcock). Die Retrospektive der 1983er Filmfestspiele Berlin wird u. a. Dolly Haas gewidmet.

[DE] 1930: Eine Stunde Glück; Dolly macht Karriere. 1931: Der Ball [Version – FR/DE]; Der brave Sünder; Liebeskommando. 1931/32: Ein steinreicher Mann; Es wird schon wieder besser. 1932: Scampolo, ein Kind der Straße/ Um einen Groschen Liebe [DE/AT]; So ein Mädel vergißt man nicht; Großstadtnacht [Version – FR/DE]. 1932/33: Die kleine Schwindlerin. 1933: Das häßliche Mädchen; Kleines Mädel – großes Glück; Der Page vom Dalmasse-Hotel. 1933/34: Ein Mädel mit Tempo/Es tut sich was um Mitternacht. 1934: Girls Will Be Boys [GB]. 1934/35: Warum lügt Fräulein Käthe? 1936: Broken Blossoms [GB]; Spy of Napoleon [GB]. 1949: Studio One: Riviera [TV – US]. 1952/53: I Confess (Ich beichte/Zum Schweigen verurteilt) [US]. 1954: Armstrong Circle Theatre: The Fugitive [TV – US]. 1956: Regarding File Number 4356 [TV – US]. 1987: Dolly, Lotte und Maria [DOK – BRD].

Hackman, Gene
(Eugene Alden Hackman)
*30. 1. 1931 San Bernardino (California)
Nach abgebrochenem Journalistikstudium an der University of Illinois Besuch der School of Radio in New York. 1947–52 Mitglied des US Marine Corps, Discjockey für Soldatensender. Danach an zivilem Sender und Schauspielunterricht am Pasadena Playhouse. Ab 1956 zunächst vergebliche Versuche, in New York am Theater anzukommen. 1958 Bühnendebüt am Off-Broadway und beim Fernsehen. 1961 Filmdebüt. 1963 am Broadway. Erste Anerkennung als Theaterschauspieler 1964 in der Komödie «Any Wednesday». 1966 spielt er den Priester in George Roy Hills *Hawaii*. Ein kurzer Auftritt in *Lilith* führt auf Anregung von Warren Beatty zur Besetzung als Bruder von Clyde Barrow in Arthur Penns Gangsterfilm *Bonnie and Clyde*. Er wird dafür erstmals zum Nebenrollen-Oscar nominiert, ebenso 1970 als pflichtbewußter Sohn in Gilbert Cates' *I Never Sang for My Father*. Der seither vielbeschäftigte Charakterdarsteller erringt große Popularität, seinen ersten Oscar und zahlreiche andere Auszeichnungen als New Yorker Rauschgiftfahnder Jimmy «Popeye» Doyle in William Friedkins *The French Connection* (1971). In Francis Ford Coppolas *The Conversation* gibt er ein intensives Porträt des von seinem Beruf besessenen Abhörexperten Harry Caul, in Arthur Penns *Night Moves* spielt er einen Privatdetektiv. 1988 weitere Oscar-Nominierung und Darstellerpreis in Berlin als FBI-Agent Anderson in Alan Parkers *Mississippi Burning*. 1992 Nebenrollen-Oscar als Richter in Clint Eastwoods Western *Unforgiven*. 1993 ist er einer der Mafia-Anwälte in Sidney Pollacks Justiz-Thriller *The Firm*. Auch in Komödien gut aufgehoben, so in den Publikumserfolgen *Get Shorty* (1995) und *The Birdcage* (1996). 1997 erneut unter der Regie von Clint Eastwood in *Absolute Power*.

[US] 1958–62: Naked City: Prime of Life [TV]. 1960–63: Route 66: Who Will Cheer My Bonny Bride? [TV]. 1961: Mad Dog Coll (Der Tollwütige). 1964: Lilith (Lilith). 1966: Hawaii (Hawaii). 1966/67: First to Fight (Shanghai-Jack); A Covenant with Death (Mit dem Tod im Bunde). 1967: Banning (25000 Dollar für einen Mann); Bonnie and Clyde (Bonnie und Clyde). 1968: Shadow on the Land [TV]; The Split (Bullen, wie lange wollt ihr leben?). 1969: Downhill Racer (Schußfahrt); The Gypsy Moths (Die den Hals riskieren); Marooned (Verschollen im Weltraum); Riot! (Ausbruch der Verdammten). 1970: I Never Sang for My Father (Kein Lied für meinen Vater); Confrontation [KF]. 1971: Doctors' Wives (Frauen der Ärzte); The Hunting Party (Leise weht der Wind des Todes) [GB]; Cisko Pike (Cisco Pike); The French Connection (Brennpunkt Brooklyn). 1972: The Poseidon Adventure (Die Höllenfahrt der Poseidon); Prime Cut (Die Professionals). 1973: Scarecrow (Asphaltblüten). 1974: The Conversation (Der Dialog); Young Frankenstein (Frankenstein Junior); Zandy's Bride (Zandys Braut). 1975: Lucky Lady (Abenteurer auf der Lucky Lady); French Connection II (French Connection II); Bite the Bullet (700 Meilen westwärts); Night Moves (Die heiße Spur). 1977: A Bridge Too Far (Die Brücke von Arnheim) [GB]; March or Die (Marschier oder stirb) [GB]; The Domino Principle (Das Domino Prinzip); A Look at Liv Norway's Liv Ulman. Liv Ulman's Norway [DOK]. 1978: Superman (Superman). 1980: All Night Long (Jede Nacht zählt); Superman II (Superman II – Allein gegen alle) [GB]. 1981: Reds (Reds). 1982/83: Eureka (Eureka); Superman III (Superman III – Der stählerne Blitz) [GB]. 1983: Under Fire (Under Fire – Unter Feuer); Uncommon Valor (Die verwegenen Sieben). 1984: Misunderstood. 1985: Twice in a Lifetime (Zweimal im Leben); Target (Target – Zielscheibe). 1986: Power (Power – Weg zur Macht). 1986/87: Superman IV – Quest for Peace (Superman IV – Die Welt am Abgrund) [GB]. 1987: Hoosiers (Freiwurf); No Way Out (No Way Out – Es gibt kein Zurück). 1988: Mississippi Burning (Mississippi Burning – Die Wurzel des Hasses); Another Woman (Eine andere Frau); Split Decisions (Kid Glove's Last Fight); BAT 21 (BAT 21 – Mitten im Feuer); Full Moon in Blue Water (Die Trottel vom Texas-Grill). 1989: The Package (Die Killer-Brigade). 1990: Postcards from the Edge (Grüße aus Hollywood); Loose Cannons (Der Harte und der Zarte); Narrow Margin (Narrow Margin – Zwölf Stunden Angst). 1991: Company Business (Company Business); Class Action (Das Gesetz der Macht). 1992: Unforgiven (Erbarmungslos). 1993: Geronimo: An American Legend (Geronimo); The Firm (Die Firma). 1993/94: Wyatt Earp (Wyatt Earp – Das Leben einer Legende). 1994: The Quick and the Dead. 1995: Crimson Tide (Crimson Tide – In tiefster Gefahr); The Quick and the Dead (Schneller als der Tod); Get Shorty (Schnappt Shorty). 1996: The Birdcage (The Birdcage – Ein Paradies für schrille Vögel); Absolute Power (Absolute Power); The Chamber; Extreme Measures (Extrem).

Hanin, Ryszarda

* 30. 8. 1919 Lwów
† 1. 1. 1994 Świder bei Warschau

Während der deutschen Okkupation Schauspielunterricht in einer Untergrund-Hochschule. 1943 Mitgründung eines Theaterensembles der auf dem Gebiet der UdSSR stationierten Kościuszko-Division, wo sie debütiert. 1946–47 externe Schauspielstudien in Łódź. 1949 Engagement am Polski Teatr, später am Dramatyczny Teatr in Warschau. Ab 1958 Professorin der Theaterhochschule Warschau. Filmdebüt 1946; wegen der Bühnentätigkeit erst ab Mitte der 60er Jahre kontinuierliche Arbeit in Film und Fernsehen. Sie spielt meistens Mütter, die in ihren Interpretationen lebensnahe, aber oft tragische Gestalten sind, z. B. die Pflegemutter in Sergej Kolosovs polnisch-sowjetischer Co-Produktion *Zapamiętaj imię swoje / Pomni imija svoi*. Höhepunkte ihrer Filmarbeit sind 1976 die Titelrolle in Ryszard Czekałas *Zofia* und die Mutter in Andrzej Barańskis *Kobieta z prowincji* (1984). Ende der 80er Jahre weniger im Film beschäftigt, erhält sie 1991 von Jan Łomnicki eine Hauptrolle in *Jeszcze tylko ten las*, für die sie auf dem Nationalen Spielfilmfestival mit einem Preis geehrt wird.

[PL] 1946: Dwie godziny. 1947: Ostatni etap (Die letzte Etappe); Nawrócony. 1951: Grzech. 1962: Między brzegami. 1963: Ubranie prawie nowe. 1964: Nieznany. 1965: Sam pośród miasta; Podziemny front (Die unterirdische Front) [TVS]; Głos ma prokurator (Der Staatsanwalt hat das Wort); Dzień ostatni, dzień pierwszy (Der letzte Tag, der erste Tag: Töchterchen) [TVS]. 1966: Don Gabriel; Mistrz (Das Spiel seines Lebens) [TV]; Bariera (Barriere); Niekochana (Ich liebe). 1967: Stajnia na Salwatorze (Der Stall am Salvator); Julia, Anna, Genowefa; Długa noc. 1969: Kolumbowie (Kolumbusse) [TVS]; Nowy; Paragon, gola!; Do przerwy 0:1 [TVS]; Zbrodniarz, który ukradł zbrodnię. 1970: Urszula [TV]; Album polski (Album Polen); Przystań (Anlegestelle); Antek [TV]; Romantyczni (Die Romantiker). 1971: Opowieść (Erzählung) [TV]; Brylanty pani Zuzy (Die Brillanten der Frau Susa). 1973: Palec boży; Drzwi w murze; Iluminacja (Illumination). 1974: Najważniejszy dzień życia (Der wichtigste Tag des Lebens) [TVS]; Zapamiętaj imię swoje/Pomni imija svoi (Vergiß deinen Namen nicht) [PL/SU]; Ciemna rzeka (Der dunkle Fluß). 1975: Niespotykanie spokojny człowiek (Ein ungewöhnlich ruhiger Mensch) [TV]; Noce i dnie (Nächte und Tage). 1976: Przepłyniesz rzekę (Ballada o ludziach roku 1950) [TV]; Zofia (Wenn die Hoffnung stirbt). 1977: Polskie drogi (Polskie drogi – Wege Polens) [TVS]. 1978: Pamięć [KF]; Płomienie (Fegefeuer); Zlaté časy (Traum von goldenen Zeiten) [CS]. 1979: Gwiazdy poranne [PL/SU/DDR]. 1980: Panienki [TV]. 1981: Errata, czyli sceny pokutne w nowych osiedlach [TV]; Ryś; Biłek [TV]. 1982: Prognoza pogody; Śpiewy po rosie (Tod im Netz); Coś się kończy [TV]. 1983: Seksmisja (Sexmission). 1984: Kobieta z prowincji; Umarłem, aby żyć. 1985: 07 zgłoś się (07 – Bitte melden) [TVS]. 1985–87: Zdaniem obrony [TVS]. 1986: Inna wyspa. 1988: Przyjaciel wesołego diabła (Der Freund des lustigen Teufels) [TVS]; Bliskie spotkania z wesołym diabłem; Rzeka kłamstwa [TVS]. 1989: Déjà vu [PL/SU]. 1991: Jeszcze tylko ten las. 1993: Naprawdę krótki film o miłości, zabijaniu i jeszcze jednym przykazaniu [PL/FR].

Hanks, Tom

(Thomas J. Hanks)
* 9. 7. 1956 Concord (California)

Bühnendebüt als Schüler der High-School. Besuch von Schauspielkursen an der California State University in Sacramento. Durch den Regisseur und Theaterleiter Vincent Dowling zum Great Lakes Festival nach Cleveland eingeladen, erregt er 1975 Aufmerksamkeit in Shakespeares «The Taming of the Shrew». Bis 1978 in Dowlings Ensemble, dann nach New York. Dort Erfolg als Transvestit Kip Wilson im TV-Sitcom *Bosom Buddies* (1980–82). Daneben Filmdebüt in Armand Mastroiannis Splatter-Movie *He Knows You're Alone*. Erster Kinoerfolg in Ron Howards *Splash*, in dem er sich in eine Nixe verliebt. 1988 Oscar-Nominierung für die Darstellung des plötzlich erwachsen gewordenen Josh in Penny Marshalls Komödie *Big*. Als Polizist Turner besteht er in Roger Spottiswoodes *Turner & Hooch* neben seinem Co-Star, einem Hund. Der Film ist ebenso ein Kassenerfolg wie Nora Ephrons romantische Komödie *Sleepless in Seattle*, in der er einen einsamen Witwer spielt, der durch eine Radioshow die große Liebe findet. Für seine sensible Darstellung eines schwulen und aidskranken Rechtsanwalts in Jonathan Demmes *Philadelphia* (1993) erhält er einen Oscar, einen weiteren im folgenden Jahr für seinen schnell sprichwörtlich gewordenen Trottel *Forrest Gump* (Robert Zemekkis). Der Doppelerfolg macht den umgänglichen und wandlungsfähigen Hanks zum wichtigsten Hollywood-Darsteller seiner Generation. 1993 debütiert er auch als Regisseur in der TV-Serie *Fallen Angels*, ebenso einer Folge von *A League of Their Own*, einer TV-Serie, die aus einem seiner Spielfilme entwickelt wurde. 1995 ist er der Astronaut Jim Lovell in Ron Howards Weltraum-Drama *Apollo 13*. Für seinen ersten Kinofilm als Regisseur, den nostalgischen Rock-'n'-Roll-Film *That Thing You Do!* (1996), zeichnet er auch für das Drehbuch verantwortlich und spielt den Band-Manager.

[US] 1980: Happy Days [TVS]. 1980–81: Bosom Bodies [TVS]. 1981: He Knows You're Alone (Panische Angst). 1982: Mazes and Monsters (Labyrinth der Monster) [TV – US/CA]. 1984: The Dollmaker (Dollmaker – Ein Traum wird wahr) [TV]; Bachelor Party (Bachelor Party); Splash (Splash – Jungfrau am Haken). 1985: Volunteers (Alles hört auf mein Kommando); The Man With One Red Shoe (Der Verrückte mit dem Geigenkasten); The Money Pit (Geschenkt ist noch zu teuer). 1986: Nothing in Common (Sie haben nichts gemeinsam); Every Time We Say Goodbye (Liebe ist nur ein Spiel auf Zeit) [IL]. 1987: Dragnet 87 (Schlappe Bullen beißen nicht). 1988: Big (Big); Punchline (Punchline – Der Knalleffekt). 1989: The 'Burbs (Meine teuflischen Nachbarn); Turner & Hootch (Scott & Huutsch). 1990: Joe Versus the Volcano (Joe gegen den Vulkan). 1991: The Bonfire of the Vanities (Fegefeuer der Eitelkeiten); Radio Flyer (Radio Flyer). 1992: A League of Their Own (Eine Klasse für sich). 1993: Sleepless in Seattle (Schlaflos in Seattle); Fallen Angels. EP: I'll Be Waiting [D,R – TV-EP]; A League of Their Own: The Monkey's Curse [R]; Philadelphia (Philadelphia). 1994: Forrest Gump (Forrest Gump). 1995: Toy Story (Toy Story) [S]; Vault of Horror: Volume 3 (Tales from the Crypt) (Masters of Horror: Volume 3) [R]; Apollo 13 (Apollo 13). 1996: That Thing You Do! (That Thing You Do!) [D,R,A]; The Celluloid Closet (The Celluloid Closet) [DOK]. 1997: I Am Your Child [TV].

Hannah, Daryl

(Daryl Christine Hannah)
*3. 12. 1960 Chicago
Ausbildung als klassische Tänzerin. Schauspielunterricht in Chicago, später auch bei Stella Adler und an der UCLA. Filmdebüt 1978 als Studentin in Brian DePalmas *The Fury*. Erste bedeutsame Aufgabe 1982 als Gymnastik-Punk Pris in Ridley Scotts Science-fiction-Kultfilm *Blade Runner*. Die hübsche Blondine spielt 1984 in Ron Howards Märchenkomödie *Splash* eine Meerjungfrau in New York. Auch weiterhin überwiegend in komischen Rollen, so als Co-Star von Steve Martin in *Roxanne* (Fred Schepisi) und neben Chevy Chase in John Carpenters *Memoirs of an Invisible Man*. In *Grumpy Old Men* ist sie die Tochter von Jack Lemmon. Auch als Produzentin tätig: u. a. 1986 für Michael Chapmans TV-Film *The Clan of the Cave Bear*. 1993 Debüt als Regisseurin und Autorin mit *The Last Supper*. 1995 erneut neben Jack Lemmon und Walter Matthau in *Grumpier Old Men*.

[US] 1978: The Fury (Teufelskreis Alpha). 1981: The Final Terror; Hard Country (Jodie – irgendwo in Texas). 1982: Summer Lovers; Blade Runner (Der Blade Runner); Paper Dolls [TV]. 1984: Reckless (Jung und rücksichtslos); The Pope of Greenwich Village (Der Pate von Greenwich Village); Splash (Splash – Jungfrau am Haken). 1986: Legal Eagles (Staatsanwälte küßt man nicht); The Clan of the Cave Bear (Ayla und der Clan der Bären). 1987: Roxanne (Roxanne); Wall Street (Wall Street). 1987/88: High Spirits (High Spirits – Die Geister sind willig!). 1989: Steel Magnolias (Magnolien aus Stahl – Die Stärke der Frauen); Crimes and Misdemeanors (Verbrechen und andere Kleinigkeiten). 1990: Crazy People (Crazy People). 1991: At Play in the Fields of the Lord (Ein Pfeil in den Himmel); Memoirs of an Invisible Man (Jagd auf einen Unsichtbaren). 1993: Grumpy Old Men (Ein verrücktes Paar); Attack of the 50 Ft. Woman (Angriff der 20-Meter-Frau) [TV]; The Last Supper [R,A,P]. 1994: Les cent et une nuits/ A Hundred and One Nights (101 Nacht – Die Träume des Monsieur Cinema) [FR/GB]; The Little Rascals (Die kleinen Superstrolche) [S]. 1995: Grumpier Old Men (Der dritte Frühling); Two Much (Two Much); The Tie That Binds (Bloodline). 1996: The Last Days of Frankie the Fly. 1997: The Real Blonde.

Hanson, Lars

*26. 7. 1886 Göteborg
†8. 4. 1965 Stockholm
Studium am Königlichen Dramatischen Theater Stockholm. Sein Filmdebüt 1915 gibt er als Protagonist in Mauritz Stillers *Dolken*. Er ist der typische Vertreter des jugendlichen Liebhabers, der während der ganzen Stummfilmära auf dieses Fach festgelegt bleibt. Enge Zusammenarbeit gibt es mit Stiller, u. a. *Thérèse* und *Erotikon*, Titelrolle in der Lagerlöf-Verfilmung *Gösta Berlings saga* sowie mit Gustaf Molander, u. a. als Ingmar Ingmarsson in *Ingmarsarvet* und *Till österland*, nach Lagerlöfs Roman «Jerusalem», und als Maurice Gérard in *Synd* nach Strindberg. Hanson arbeitet vorübergehend unter Regie von Victor Sjöström in Hollywood in *The Scarlet Letter* und *The Wind*.

[SE] 1915: Dolken (Der Dolch). 1916: Thérèse; Guldspindeln; Vingarne (Ikarus); Balettprimadonnan (Polnisch Blut). 1917: Tösen från Stormyrtorpet (Das Mädchen vom Moorhof). 1919: Synnöve Solbakken (Über den hohen Bergen); Ett farligt frieri; Sången om eldröda blomman (Das Lied von der roten Blume). 1919/20: Fiskebyn. 1920: Erotikon. 1921: De landsflyktige (Die Landflüchtigen). 1923/24: Gösta Berlings saga (Gösta Berlings Saga) [2 Teile]. 1925: Ingmarsarvet (Die Erde ruft). 1925/26: Till österland (Wallfahrt des Herzens). 1926: The Scarlet Letter (Der scharlachrote Buchstabe) [US]. 1927: The Wind (Der Wind) [US]. 1928: Synd (Rausch). 1935: Valborgsmässoafton (Walpurgisnacht). 1935/36: På solsidan. 1936: Konflikt. 1938: Vingar kring fyren. 1941: Första divisionen. 1942: Rid i natt! 1943: Det brinner en eld; Det brinner en eld. 1943/44: Excellensen. 1944: På farliga vägar. 1948: Intill helvetets portar. 1951: Dårskapens hus.

Hardy, Oliver

(Oliver Norvell Hardy)
* 18. 1. 1892 Harlem (Georgia)
† 7. 8. 1957 Hollywood

Ab 1900 Sopran bei den Coburn Minstrels. Besuch einer Militärschule, Gesangsstudium (Tenor) am Konservatorium in Atlanta. Daneben Jurastudium an der University of Georgia. 1910 Eröffnung eines eigenen Kinos in Milledgeville. 1913 Komparse bei Lubin Motion Pictures, sodann umfangreiche Schauspiel-Tätigkeit für verschiedene Studios. Durch sein fülliges Äußeres bedingt, vor allem Heavy-Rollen (Gauner, Piraten, Verbrecher) in zumeist turbulenten Komödien, bisweilen auch Buch und Regie. Mit Buck Jones zusammen in Western. Ab 1925 im Studio von Hal Roach, der ihn mit Stan Laurel zusammenbringt. Laurel & Hardy bilden das bekannteste und erfolgreichste Komikerduo der Filmgeschichte. Hardy ist der passive Teil, der vergeblich Überlegenheit und Würde zu wahren sucht, während die – meist von Laurel ausgelösten – Katastrophen ins Rollen kommen. (Zu den gemeinsamen Laurel & Hardy-Filmen [l+h in der Filmografie] vergleiche auch Laurel). 1949 spielt Hardy ohne Laurel mit John Wayne in *The Fighting Kentuckian* (George Waggner) und 1950 neben Bing Crosby in *Riding High* (Frank Capra).

[US] 1914: The Soubrette and the Simp; The Female Cop; The Outwitting Dad; Pins Are Lucky; The Smuggler's Daughter; Back to the Farm; The Rise of the Johnsons; Mother's Baby Boy; Kidnapping the Kid; Dobs at the Shore; What He Forgot. 1915: Mixed Flats; The Paper Hanger's Helper; Three Rings and a Goat; The New Butler; A Bungalow Bungle; Shoddy the Tailor; The Simp and the Sophomores; Matilda's Legacy; A Lucky Strike; A Janitor's Joyful Job; A Rheumatic Joint; Her Choice; The New Adventures of J. Rufus Wallingford; Something in Her Eye; Safety Worst; The Haunted Hat; Never Again; Spaghetti à la mode; Spaghetti and Lottery; This Way Out; Tramps; The Twin Sisters; Ups and Downs; What a Cinch; What He Forgot; Who Stole the Doggies?; Prize Baby; Babe's School Days; Cupid's Target; The Cannibal King; Cleaning Time; Ethel's Romeos; Clothes Make the Man; Baby; The Dead Letter; Avenging Bill; Gus and the Anarchists; Fatty's Fatal Fun; Charley's Aunt; An Expensive Visite; Artists and Models. 1916: A Sticky Affair; The Brave Ones; Twin Flats; Stranded; Bungles Enforces the Law; Bungles Lands a Job; A Terrible Tragedy; Their Honeymoon; Their Vacation; Thirty Days; The Try-Out; Bungles' Elopement; A Warm Reception; The Water Cure; A Battle Royal; Baby Doll; What's Sauce for the Goose; Aunt Bill; Artistic Atmosphere; Ambitious Ethel; All for a Girl; An Aerial Joyride; Never Again; He Winked and Won; A Special Delivery; Better Halves; Life Savers; Edison Bugg's Invention; Bustes Hearts; Mamma's Boy's; A Maid to Order; Bungles' Rainy Day; Love and Duty; Dreamy Knights; It Happened in Pikersville; Hungry Hearts; Human Hounds; Hired and Fired; The Heroes; Frenzied Finance; The Guilty One; Fat and Fickle; Chickens; Spaghetti; Nerve and Gasoline; The Candy Trail; Side-Tracked; Mother's Child; The Schemers; He Went and Won; Royal Blood; The Reformer; Prize Winners; A Precious Parcel; Pipe Dreams; A Day at School; One Too Many; Sea Dogs; The Serenade. 1917: The Station Master; Dough-Nuts; Wanted – A Bad Man; The Villain; The Love Bugs; Cupid's Rival; The Millionaire; The Stranger; The Fly Cop; A Mixup in Hearts; The Chief Cook; The Star Boarder; The Modiste; The Hero; Boycotted Baby; The Prospector; The Other Girl; A Lucky Dog; The Pest; Back Stage; The Candy Kid; Goat; He Winked and Won; The Hobo; The Genius. 1918: The Bandmaster; The Slave; The Messenger; Bright and Early; The Handy Man; The Scholar; Straight and Narrow; Painless Love; The Barber; His Day Out; The Rogue; Hello Trouble; King Solomon; Playmates; The Chef; The Orderly; The Artist. 1919: Mates and Models; Yaps and Yokels; Bungs and Bunglers; Freckled Fish; Healthy and Happy; Flips and Flops; Mules and Mortgages; Tootsie and Tamales [D,CoA]; Squabs and Squabbles; Lions and Ladies; Switches and Sweeties; Hop the Bell-Hop. 1920: He Laughs Last; The Backyard; His Jonah Day; Fists and Fodder; The Decorator; Dames and Dentists; Maids and Muslin; Pals and Pugs; A Stage Hand; Squeaks and Squakes; Springtime. 1921: The Blizzard; The Bakery; The Rent Collector; The Tourist; The Fall Guy; The Nuisance; The Bell Hop. 1922: The Sawmill; The Counter Jumper; Golf; Fortune's Mask; The Little Wildcat; One Stolen Night. 1923: No Wedding Bells; Three Ages (Ben Akiba hat gelogen). 1924: Trouble Brewing; Kid Speed; Her Boy Friend; The Girl in the Limousine (Das Mädchen im Auto); The Perfect Clown. 1924/25: The Wizard of Oz (Auf nach Illustrien). 1925: Yes, Yes, Nanette; Navy Gravy (Marine-Zaster); Wandering Papas; Isn't Life Terrible?; Enough to Do; Is Marriage the Bank?; Stick Around; Should Sailors Marry?; Hop to It! 1926: A Sea Dog's Tale; Say It with Babies; Crazy Like a Fox; Along Came Auntie; A Bankrupt Honeymoon; The Nickel Hopper; Madame Mystery; Be Your Age; Thundering Fleas; Long Live the

King; Stop, Look, and Listen [D,RA]; The Gentle Cyclone; 45 Minutes from Hollywood [l+h]. 1927: Crazy to Act (Das Haus der tausend Freuden); Baby Brother; Bromo and Juliet; Love 'em and Feed 'em; Why Girls Say No; Barnum and Ringling Inc.; Assistant Wives; Fluttering Hearts; Lighter That Failed; Galloping Ghosts; Honorable Mr. Buggs; Should Men Walk Home?; Duck Soup [l+h]; Slipping Wives [l+h]; Love 'em and Weep [l+h]; Why Girls Love Sailors [l+h]; With Love and Kisses [l+h]; Sugar Daddies [l+h]; Sailors Beware! [l+h]; Now, I'll Tell One [l+h]; The Second Hundred Years (Kavaliere für 24 Stunden) [l+h]; Call of the Cuckoo (Das Haus der tausend Freuden) [l+h]; Hats Off (Hut ab) [l+h]; Do Detectives Think? [l+h]; Putting Pants on Philip (Der Jüngling aus der Fremde) [l+h]; The Battle of the Century (Alles in Schlagsahne) [l+h]; Flying Elephants [l+h]. 1927/28: Leave 'em Laughing (Nur mit Lachgas) [l+h]. 1928: The Finishing Touch (Das ideale Wochenendhaus) [l+h]; From Soup to Nuts (Prompte Bedienung) [l+h]; You're Darn Tootin' (Ihr könnt mir mal was blasen) [l+h]; Their Purple Moment (Dick und Doof im Sündenpfuhl) [l+h]; Should Married Men Go Home? (Dick und Doof spielen Golf) [l+h]; Early to Bed (Dick und Doof – Marsch ins Bett) [l+h]; Two Tars (Dick und Doof auf Heimaturlaub) [l+h]; Habeas Corpus [l+h]; We Faw Down (Dick und Doof auf Abwegen) [l+h]. 1928/29: Liberty (Dick und Doof in Freiheit dressiert) [l+h]. 1929: Berth Marks [l+h – KF]; Wrong Again [l+h]; That's My Wife [l+h]; Unaccustomed As We Are [l+h – KF]; Big Business [l+h]; Double Whoopee [l+h]; The Hollywood Revue of 1929 [l+h]; Men O' War [l+h]; Perfect Day [l+h]; They Go Boom [l+h]; Bacon Grabbers [l+h]; The Hoose Gow [l+h]; Angora Love [l+h]; Night Owls [l+h]. 1930: The Rogue Song (Banditenlied) [l+h]; Blotto [l+h – KF – engl. + franz. + span. Version]; Brats (Glückliche Kindheit) [l+h]; Below Zero [l+h]; Hog Wild [l+h]; The Laurel and Hardy Murder Case (Spuk um Mitternacht) [l+h]; Another Fine Mess (Zwei Kuckuckseier) [l+h]; Be Big/The Chiselers (Sei ein Mann) [l+h – KF – engl. + franz. + span. Version]. 1930/31: Pardon Us [l+h – Version]; Sous les verrons [l+h – Version]; Hinter Schloß und Riegel [l+h – Version]; Muraglie [l+h – Version]. 1931: Chickens Come Home (So was kommt von so was) [l+h]; Laughing Gravy (Ein Hundewetter) [l+h]; Los calaveras [l+h – Version]; Les carottiers [l+h – Version]; The Stolen Jools [l+h]; Our Wife (Verkehrt verheiratet) [l+h]; Come Clean [l+h]; One Good Turn [l+h]; Beau Hunks [l+h]; On the Loose [l+h]; Helpmates (Wenn die Maus aus dem Haus ist) [l+h]. 1932: Any Old Port [l+h]; The Music Box (Die musikalische Kiste) [l+h]; The Chimp (Die Schimpansen-Dame) [l+h]; County Hospital (Harte Eier und Nüsse) [l+h]; Scram! (Vom Regen in die Traufe) [l+h]; Pack Up Your Troubles (Zwei Musketiere) [l+h]; Their First Mistake [l+h]; Towed in a Hole [l+h]. 1933: Twice Two [l+h]; Me and My Pal [l+h]; The Devil's Brother (Die Teufelsbrüder) [l+h]; The Midnight Patrol (Mitternachts-Patrouille) [l+h]; Busy Bodies [l+h]; Wild Poses [l+h]; Dirty Work (Dick und Doof als Schornsteinfeger) [l+h]; Sons of the Desert (Die «Wüsten»-Söhne) [l+h]; The Private Life of Oliver the Eighth/Oliver the Eighth [l+h]. 1934: Hollywood Party (Hollywood-Party) [l+h]; Going Bye Bye! [l+h]; Them Thar Hills (Laurel und Hardy auf der Walze) [l+h]; Babes in Toyland (Böse Buben im Wunderland/Dick und Doof – Rache ist süß) [l+h]; The Live Ghost (Spuk an Bord) [l+h]; Tit for Tat (Wie du mir, so ich dir) [l+h]. 1935: The Fixer-Uppers [l+h]; Thicker Than Water [l+h]; Bonnie Scotland (Wir sind vom schottischen Infanterieregiment) [l+h]. 1935/36: The Bohemian Girl [l+h – 1936 in DE verboten]. 1936: On the Wrong Trek [l+h]; Our Relations (Die Doppelgänger von Sacramento) [l+h – D,P]; Way Out West (Ritter ohne Furcht und Tadel/Zwei ritten nach Texas) [l+h – D,P]. 1936/37: Pick a Star (Sternschnuppen) [l+h]. 1938: The Rangers' Round-Up [P]; Songs and Bullets [P]; Swiss Miss (Dick und Doof als Salontiroler) [l+h]; Knight of the Plains [P]; Block-Heads (Dick und Doof – Lange Leitung/Die Klotzköpfe) [l+h]. 1938/39: Code of the Fearless [P]. 1939: In Old Montana [P]; Two Gun Troubadour [P]; The Flying Deuces (Dick und Doof in der Fremdenlegion) [l+h]; A Chump at Oxford (Wissen ist Macht/Dick und Doof als Studenten) [l+h]. 1939/40: Saps at Sea (Abenteuer auf hoher See) [l+h]. 1941: Great Guns (Dick und Doof – Schrekken der Kompanie) [l+h]. 1942: A-Haunting We Will Go (Dick und Doof als Geheimagenten) [l+h]; The Tree in a Test Tube. 1943: Air Raid Wardens (Schrecken aller Spione) [l+h]; Jitterbugs (Die Wunderpille) [l+h]; The Dancing Masters (Dick und Doof, die Tanzmeister) [l+h]. 1944: The Big Noise (Dick und Doof in geheimer Mission) [l+h]; Nothing But Trouble (Dick und Doof – Die Leibköche seiner Majestät) [l+h]. 1945: The Bullfighters (Stierkämpfer wider Willen) [l+h]. 1951: Atoll K. (Dick und Doof erben eine Insel) [l+h – FR]. 1938/39: Zenobia (Zenobia, der Jahrmarktselefant). 1949: The Fighting Kentuckian (In letzter Sekunde). 1950: Riding High (Lach und wein mit mir). [Die wechselnden Titel der z. T. stark verstümmelten deutschen TV-Fassungen sind nicht angegeben.]

Harfouch, Corinna

(Corinna Meffert)
*16. 10. 1954 Suhl

Kindheit und Schulbesuch in Großenhain (Sachsen). Nach Abitur und Lehre als Krankenschwester 1975 Beginn eines Textilingenieur-Studiums an der TU Dresden. 1978–81 Hochschule für Schauspielkunst Berlin. 1981 in dem Dokumentarfilm *Auf dem Weg zur Bühne*. Meisterklasse am TiP (Theater im Palast) in Berlin. 1982/83 Städtisches Theater Karl-Marx-Stadt. 1983 Berliner Ensemble. 1990 Deutsches Theater. Unter Frank Castorf 1993 Titelrolle in Ibsens «Die Frau vom Meer» und 1996 General Harras in Zuckmayers «Des Teufels General» an der Berliner Volksbühne. In Fernsehen und Film zunächst Episodenrollen, so als Sekretärin Jenny Weinhold in Rainer Simons *Wengler & Söhne*, mit Michael Gwisdek als Kriminalbeamtin in *Der kleine Staatsanwalt* (Hark Bohm). Wiederholt wird sie von Roland Gräf besetzt: als lebensfrohe Emmi, die an den Verhältnissen von Krieg und Nazizeit zerbricht, in der Friedrich-Wolf-Verfilmung *Das Haus am Fluß*, als verführerische Sekretärin (zugleich Gestapo-Spitzel) des Schriftstellers in *Fallada – letztes Kapitel*, als Buchhändlerin in der Christoph-Heim-Adaption *Der Tangospieler* und in der Hauptrolle der Lisa Mohrbrink, die den Mörder ihres Mannes sucht und auf *Die Spur des Bernsteinzimmers* gerät. 1988/89 internationale Anerkennung und u. a. die begehrte «Große Klappe» der DDR-Kritiker für zwei Hauptrollen: als arische Schauspielerin, die sich in der Nazizeit aus Liebe zur Jüdin macht, in Siegfried Kühns *Die Schauspielerin* (auch Darsteller-Preis beim Internationalen Festival in Karlovy Vary) und als Frau des deutschen Revolutionärs Georg Forster im Kammerspiel *Treffen in Travers*, dem Regie-Debüt ihres Mannes Michael Gwisdek. Hauptrolle in *Zwischen Pankow und Zehlendorf* (Horst Seemann), dem Versuch, die Teilung Berlins anhand einer Familiengeschichte darzustellen. In Margarethe von Trottas deutschem Trennungs-Drama *Das Versprechen* spielt sie die ältere Sophie. Aufgrund ihrer Wandlungsfähigkeit paßt sie in kein Klischee und gestaltet mit viel Hintersinn die verschiedensten Rollen, so die Ehebrecherin und Rivalin der eigenen Tochter in *Irren ist männlich* (Sherry Hormann) oder die Gefängnisärztin in der schwarzen Komödie *Sexy Sadie* (Mathias Glaser). Gemeinsam mit Katharina Thalbach erhält sie 1997 den Grimme-Preis für ihre Darstellung in Hermine Huntgeburths TV-Film *Gefährliche Freundin*.

[DDR] 1979/80: Polizeiruf 110: Vergeltung? [TV]. 1980: Der Herr von Pourceaugnac [TV]. 1982/83: Verzeihung, sehen Sie Fußball? [EP]. 1984/85: Das Haus am Fluß. 1986/87: Der kleine Staatsanwalt [BRD]; Wengler & Söhne. Eine Legende. 1987: Yasemin [BRD]. 1987/88: Fallada – letztes Kapitel; Pestalozzis Berg [CH/DDR]; Die Schauspielerin. 1988: Treffen in Travers. 1990: Der Tangospieler. 1990/91: Zwischen Pankow und Zehlendorf. 1991: Hüpf, Häschen hüpf oder Alptraum eines Staatsanwalts [TV]; Die Spur des Bernsteinzimmers. 1992: Thea und Nat [TV]. 1992/93: Inge, April und Mai. 1993: Unser Lehrer Dr. Specht [TVS]; Goldstaub [TV]. 1994: Charlie und Louise – Das doppelte Lottchen; 5 Stunden Angst – Geiselnahme im Kindergarten [TV]. 1994/95: Das Versprechen/La promesse [DE/CH/FR]. 1995: Ärzte: Weiß wie Schnee [TV]; Wer anhält stirbt [TV]; Irren ist männlich; Verdammt, er liebt mich [TV]; Geh' doch rüber; Kommissar Beck: Stockholm Marathon [TV – DE/SE]; Die Wand [DE/AT]. 1995/96: Gefährliche Freundin. 1996: Knockin' on Heaven's Door; Zwischentöne: Petra Schwarz im Gespräch mit Corinna Harfouch [TV]; Tor des Feuers [TV]; Sexy Sadie. 1997: Des Teufels General [TV]; Das Mambo-Spiel.

Harlow, Jean

(Harlean Carpenter)
* 3. 3. 1911 Kansas City (Missouri)
† 7. 6. 1937 Hollywood

Besuch der Hollywood School for Girls. 1928 Komparsin und Darstellerin kleiner Rollen, Filmvertrag von Hal Roach. In komischen Kurzfilmen, so u. a. neben Laurel & Hardy in *Double Whoopee* (Lewis Foster). Erstmals Anerkennung als Schauspielerin 1930 mit der Soldatenbraut Helen in Howard Hughes' Fliegerfilm *Hell's Angels*, zugleich ihr erster Tonfilm. 1931 spielt sie an der Seite von James Cagney die Geliebte des Gangsterkönigs in William A. Wellmans *The Public Enemy* und die Titelrolle, das Mädchen Anne, in Frank Capras *Platinum Blonde*. Harlow bekommt das Image der emanzipierten, erotisch unabhängigen Blondine. Ab 1932 bei M-G-M, zählt sie zeitweise zu den populärsten US-Stars. Als gewissenloser Vamp in Jack Conways *Red-Headed Woman* und erstmals an der Seite von Clark Gable in Victor Flemings Komödie *Red Dust*. 1933 spielt sie Kitty in George Cukors *Dinner At Eight* und Lola Burns in Flemings *Bombshell*, 1935 ein leichtes Mädchens namens China Doll in Tay Garnetts *China Seas*. Im selben Jahr an der Seite von Spencer Tracy im Thriller *Riffraff* (J. Walter Ruben). Mitte der 30er Jahre ändert M-G-M ihr Image zur sportlich betonten «guten Kameradin». 1937 als arme Witwe in W. S. Van Dykes *Personal Property*. Durch das Negativ-Image ihrer Filmfiguren, aber auch durch ein skandalreiches Privatleben, gerät sie häufig ins Schußfeld konservativer puritanischer Frauenvereine. Sie stirbt während der Dreharbeiten zu *Saratoga* überraschend an einem alten Nierenleiden, der Film wird mit einem Double beendet. Ihr Leben behandeln 1965 Gordon Douglas' Biopic *Harlow* mit Caroll Baker und die Filmaufzeichnung einer TV-Liveshow (Alex Segal) mit Carol Lindley.

[US] 1928: Liberty [KF]; Moran of the Marines; City Lights (Lichter der Großstadt). 1929: Double Whoopee [KF];

Bacon Grabbers [KF]; The Unkissed Man [KF]; Fugitives; Close Harmony; The Saturday Night Kid; The Love Parade (Liebesparade); This Thing Called Love; New York Nights. 1930: Hell's Angels (Die Engel der Hölle). 1931: The Secret Six; The Iron Man; The Public Enemy (Der öffentliche Feind); Goldie; Platinum Blonde (Vor Blondinen wird gewarnt); Three Wise Girls; The Beast of the City. 1932: Red Headed Woman (Blondes Gift); Red Dust (Die gelbe Hölle). 1933: What the Scotch Started [KF]; Hold Your Man (Ganovenbraut); Bombshell (Die Sexbombe); Dinner at Eight (Freitag abend um 8/Dinner um acht). 1934: The Girl from Missouri (Millionäre bevorzugt). 1935: Reckless (Die öffentliche Meinung); China Seas (Gold nach Singapore/Abenteuer im gelben Meer); Riffraff. 1935/36: Wife vs. Secretary (Seine Sekretärin). 1936: Suzy; Libeled Lady (Lustige Sünder). 1937: Personal Property (Der Mann mit dem Kuckuck); Saratoga (Saratoga).

Harris, Richard

*31. 10. 1933 Limerick (Irland)

Besuch einer Jesuiten-Schule und der Academy of Music and Dramatic Art in London. Mitte der 50er Jahre bei Joan Littlewoods Theatre Workshop Company. Bühnendebüt 1956 in «The Quare Fellow». Erfolg 1959 in der West-End-Produktion «The Ginger Man». Filmdebüt 1958 als junger irischer Liebhaber in Cyril Frankels *Alive and Kicking*. 1960 spielt er in Tay Garnetts *A Terrible Beauty* ein IRA-Mitglied. Für den Rugbyspieler Frank Machin in Lindsay Andersons *This Sporting Life* erringt er 1963 den Darstellerpreis in Cannes und eine Oscar-Nominierung. Anschließend Rolle des Corado Seller in Michelangelo Antonionis *Il deserto rosso*. Harris spielt in europäischen – Kain in John Hustons *La bibbia* – und ab 1964 überwiegend in amerikanischen Produktionen, dort häufig in Actionfilmen und historischen Dramen, so neben Kirk Douglas einen norwegischen Widerstandskämpfer in *The Heroes of Telemark* (Anthony Mann), König Arthur in *Camelot* (Joshua Logan) und die Titelrolle in *Cromwell* (Ken Hughes). 1970 als von Indianern gefangener Aristokrat in Elliot Silversteins *A Man Called Horse* sowie zwei Fortsetzungen (1976, 1983). Regiedebüt mit der eigenen Produktion *Bloomfield* (1969) – er spielt einen alternden Fußballer. Auch TV-Arbeit. In einigen Filmen zusammen mit seiner zweiten Frau Ann Turkel, so als Killer in John Frankenheimers *99 and 44/100% Dead*. Als Bettlerkönig Peachum in *Mack the Knife*, Menahem Golans verunglückter Adaption der Dreigroschenoper. 1993 neben Robert Duvall als versoffener ehemaliger Kapitän in Florida. Ende der 60er Jahre auch mit Schallplatten erfolgreich – internationaler Hit: «McArthur Park». 1990 Rückkehr zur Londoner Bühne in «Henry IV». Roman: «Honor Bound» (1982). 1993 in Sam Shepards *Silent Tongue*, 1997 als skrupelloser Wissenschaftler in der Bernd-Eichinger-Produktion *Fräulein Smillas Gespür für Schnee* nach dem Bestseller von Peter Hoeg.

[US] 1958: Alive and Kicking [GB]. 1959: Shake Hands With the Devil (Ein Händedruck des Teufels) [IE/US]; The Wreck of the Mary Deare (Die den Tod nicht fürchten). 1960: The Long and the Short and the Tall (Sieben gegen die Hölle) [GB]; A Terrible Beauty/The Night Fighters (Aufstand im Morgengrauen) [GB/US]. 1961: The Guns of Navarone (Die Kanonen von Navarone) [GB]. 1962: Tiara Tahiti (Tiara Tahiti) [GB]; This Sporting Life (Lockender Lorbeer) [GB]; Mutiny on the Bounty (Meuterei auf der Bounty). 1964: Deserto rosso/Le desert rouge (Die rote Wüste) [IT/FR]. 1964–66: La bibbia (Die Bibel) [IT]. 1964/65: Major Dundee (Sierra Charriba). 1965: I tre volti. 2. EP: Gli amanti celebri (Drei Gesichter einer Frau) [EP – IT]; The Heroes of Telemark (Kennwort «Schweres Wasser»/Stoßtrupp Telemark) [GB]. 1966: Hawaii (Hawaii). 1967: Caprice (Caprice); Camelot (Camelot). 1969: The Molly Maguires (Verflucht bis zum jüngsten Tag). 1970: Cromwell (Cromwell) [GB]; A Man Called Horse (Ein Mann, den sie Pferd nannten); Bloomfield (Bloomfield) [GB/IL]; La dame dans l'auto avec des lunettes et un fusil (Die Dame im Auto mit Brille und Gewehr) [CoA – FR]. 1971: The Snow Goose [TV – GB]; Man in the Wilderness (Ein Mann in der Wildnis). 1973: The Deadly Trackers. 1974: Juggernaut (Zwölf Stunden bis zur Ewigkeit); 99 and 44/100% Dead (König Ballermann). 1976: Robin and Marian (Robin und Marian); Cassandra Crossing [BRD/IT]; Echoes of a Summer [D,M,P]; The Return of a Man Called Horse (Der Mann, den sie Pferd nannten II). 1977: Orca ... Killer Whale (Orca, der Killerwal); Gulliver's Travels (Gullivers Reisen) [GB/BE]; Golden Rendezvous (Rendezvous mit dem Tod). 1978: The Wild Geese (Die Wildgänse kommen) [GB/CH]; The Ravagers (Zum Überleben verdammt). 1979: Game for Vultures (Spiel der Geier) [GB]; Finishing Touch/Your Ticket is no Longer Valid/Au-delà de cette limite votre ticket n'est plus valable/Your Ticket Is No Longer Valid (Lust auf Sex) [CA]; The Last Word (Fort Travis). 1980: Highpoint (Am Highpoint flippt die Meute aus) [CA]. 1981: Tarzan, the Ape Man (Tarzan, Herr des Urwalds). 1983: Triumphs of a Man Called Horse (Triumph des Mannes, den sie Pferd nannten) [US/MX]. 1984: Martin's Day (Flucht zurück) [CA]. 1988: Maigret [TV – GB]. 1989: King of the Wind (König der Winde) [GB]. 1990: The Field (Das Feld) [EI]; Mack the Knife – The Film (Mack the Knife). 1992: Unforgiven (Erbarmungslos); Patriot Games (Die Stunde der Patrioten). 1993: Wrestling Ernest Hemingway (Walter & Frank – Ein schräges Paar); Die Bibel: Abraham/Abramo [TV – DE/IT/US]. 1994:

Silent Tongue (Schweigende Zunge); This Is the Sea [GB]. 1995: Savage Hearts (Savage Hearts); Cry, The Beloved Country [ZA/US/GB]. 1996: Trojan Eddie [GB/IE]. 1996/97: Fräulein Smillas Gespür für Schnee/Smilla's Sense of Snow [DE/DK]; That Darn Cat [CoP]; The Hunchback [TV]. 1997: Sibirskij Tsirjul'nik [RU].

Harrison, Rex

(Sir Reginald Carey Harrison)
*5. 3. 1908 Huyton (Lancashire)
†2. 6. 1990 New York

Sohn eines Stahlarbeiters. Besuch des Liverpool College. 1924–27 an Liverpooler Bühnen. 1930 Filmdebüt. Seit diesem Jahr an führenden Londoner Bühnen, mehrere US-Tourneen, ab 1936 Auftritte auch am Broadway. Zu dieser Zeit Vertrag mit Alexander Korda für die Denham Studios, erster Film ist *Men Are Not Gods* (Walter Reisch). Erster größerer Erfolg 1938 als Dr. Lawford in King Vidors *The Citadel*. 1942–45 Dienst bei der Royal Air Force. Anschließend zunächst in leichten englischen Filmkomödien, u.a. die ihm entsprechenden Hauptrollen in *Blithe Spirit* (David Lean) und *The Rake's Progress* (Sidney Gilliat). 1946 Vertrag mit der 20th Century-Fox, u. a. in Komödien wie Preston Sturges' *Unfaithfully Yours* als Dirigent, der während eines Konzerts über seine vermeintlich untreue Ehefrau nachgrübelt. In den 50er Jahren hauptsächlich am Theater. Große Popularität 1956 in der Musicalversion von «Pygmalion» als Mr. Higgins, Oscar für diese Rolle in George Cukors Leinwandfassung von *My Fair Lady* (1964). In *Staircase* (Stanley Donen) gemeinsam mit Richard Burton als alternde homosexuelle Friseure. Zu Beginn der 70er Jahre längere, auch gesundheitlich bedingte Leinwandabstinenz, danach in eher zweitklassigen Kino- und Fernsehfilmen. Harrison ist Vater von Noel Harrison. Er ist 6mal verheiratet: mit den Schauspielerinnen Marjorie Noel Collette Thomas (1934–42), Lilli Palmer (1942–57), Kay Kendall (1957–59), Rachel Roberts (1962–71) und Elizabeth Harris (1971) sowie der Schriftstellerin Mercia Tinker (1978).

[GB] 1930: The Great Game; The School for Scandal. 1934: Get Your Man; Leave it to Blanche. 1935: All at Sea. 1936: Men Are Not Gods. 1937: Over the Moon; Storm in a Teacup (Sturm im Wasserglas); School for Husbands. 1938: St. Martin's Lane W.C.2 (St. Martin's Lane); The Citadel (Die Zitadelle). 1938/39: The Silent Battle. 1939: Ten Days in Paris. 1940: Night Train to Munich. 1941: Major Barbara (Major Barbara). 1944/45: Blithe Spirit (Geisterkomödie); I Live in Grosvenor Square. 1945: Journey Together; The Rake's Progress (Der letzte Sündenfall). 1946: Anna and the King of Siam (Anna und der König von Siam) [US]. 1947: The Ghost and Mrs. Muir (Ein Gespenst auf Freiersfüßen) [US]; The Foxes of Harrow (Eine Welt zu Füßen) [US]. 1947/48: Escape. 1948: Unfaithfully Yours (Die Ungetreue) [US]. 1950: Chevrolet Tele-Theatre: The Walking Stick [TV – US]. 1950/51: The Long Dark Hall. 1952: The Four-Poster (Das Himmelbett) [US]; Omnibus: The Trial of Anne Boleyn [TV – US]. 1953: Main Street to Broadway [US]; The U.S. Steel Hour: The Man in Possession [TV – US]. 1954: King Richard and the Crusaders (Der Talisman) [US]. 1955: The Constant Husband (So etwas lieben die Frauen). 1958: The Reluctant Debutante (Was weiß Mama von Liebe?) [US]. 1960: Ford Star Time: Dear Arthur [TV – US]; The Fabulous Fifties [TV – US]; Great Mysteries: The Datchet Diamonds [TV – US]; Midnight Lace (Mitternachtsspitzen) [US]. 1961: The Happy Thieves (Rendezvous in Madrid) [US]. 1963: Cleopatra (Cleopatra) [US/GB]. 1964: My Fair Lady (My Fair Lady) [US]; The Yellow Rolls Royce (Der gelbe Rolls-Royce) [EP]. 1965: The Agony and the Ecstasy (Inferno und Ekstase) [US]; Flashes Festivals [KF – FR]. 1967: The Honey Pot (Venedig sehen und ... erben) [US]; Doctor Doolittle (Doctor Doolittle) [US]. 1968: A Flea in Her Ear (Ein Floh im Ohr) [US/FR]. 1969: Staircase (Unter der Treppe). 1973: The Adventures of Don Quixote (Don Quichotte) [TV – US]. 1974: Short Stories of Love [TV – US]. 1975: The Gentleman Tramp [US]. 1978: The 5th Musketeer (Die eiserne Maske) [AT]; Ashanti (Ashanti) [CH]; The Prince and the Pauper (Der Prinz und der Bettler) [PA]; Shalimar [IN]. 1979: A Time to Die/Seven Graves for Rogan [UA. 1983 – US]. 1982: The Kingfisher (Der Eisvogel) [TV – US]. 1986: Anastasia: The Mystery of Anna (Anastasia) [TV – US]. 1989: Heartbreak House [TV – US].

Harron, Robert

(Robert Emmett Harron)
*24. 4. 1893 New York City
†5. 9. 1920 New York City

Sohn irischer Einwanderer. Besuch der St. Joseph's Parochial School, New York. 1907 bei der American Biograph Company, zunächst im Schneideraum. Im gleichen Jahr Filmdebüt in Wallace McCutcheons *Dr. Skinum*. Er arbeitet auch als Regie-Assistent. Ab *The Valet's Wife* gehört er zum festen Ensemble von David W. Griffith, seine Partnerinnen sind u. a. Lillian und Dorothy Gish und Mary Pickford. Er spielt in Griffith' kurzen Filmen aller Genres wie auch in den großen Epen, so als Tod Stoneman in *The Birth of a Nation* und als «the Boy» in der modernen Episode von *Intolerance*, die auch 1919 einzeln als *The Mother and the Law* herauskommt. 1917 mit Mae Marsh in *Sunshine Alley* (John Noble), 1919 neben Clarine Seymour in *True Heart Susie*. Sein Tod durch eine verirrte Pistolenkugel verhindert 1920 die Gründung einer eigenen Firma in Zusammenarbeit mit Metro-Studio. Bruder Johnny Harron ist ebenfalls Schauspieler.

[US] 1907: Dr. Sinum. 1908: Bobby's Kodak; At the Crossroads of Life; The Valet's Wife; The Test of Friendship; The Helping Hand. 1909: The Girls and Daddy; The Hindoo Dagger; A Burglar's Mistake; A Sound Sleeper; The Drive for a Life; One Busy Hour; Jones and the Lady Book Agent; Two Memories; The Lonely Villa; The Message; The Little Darling; In a Hempen Bag. 1910: Ramona; An Old Story With a New Ending; A Child's Impulse; Wilful Peggy; A Summer Idyll; Examination Day at School; The Banker's Daughter. 1911: The Broken Cross; The Wild Rose of the Wilds; Enoch Arden [2 Teile]; Fighting Blood; Bobby, the Coward; The Last Drop of Water; The Unveiling; The Battle. 1912: My Hero; Bobby's Stratagem; The Girl and Her Trust; Those Hicksville Boys; Fate's Interception; Home Folks; A Temporary Truce; The School Teacher and the Waif; Man's Lust for Gold; Man's Genesis; Sands of Dee; A Pueblo Legend; An Unseen Enemy; Friends; So Near, Yet So Far; The Musketeers of Pig Alley; The Informer. A Story of the Civil War; The New York Hat; The Burglar's Dilemma; A Cry for Help. 1913: A Tender-Hearted Boy; Broken Ways; The Little Tease; Just Kids; The Stolen Bride; The Hicksville Epicure; Her Mother's Oath; The Coming of Angelo; The Reformers, or The Lost Art of Minding One's Business; The Adopted Brother; For the Son of the House; The Primitive Man; The Influence of the Unknown; By Man's Law; The Pseudo Prodigal; Oil and Water; Love in an Apartment Hotel; Fate; The Battle of Elderbush Gulch (Die Waisen der Ansiedlung); The Sheriff's Baby; A Misunderstood Boy; The Lady and the Mouse; Death's Marathon; The Yaqui Cur; His Mother's Son; A Timely Interception. 1914: Sands of Fate; His Mother's Trust; The Newer Woman; The Idiot; Their First Acquaintance; Her Birthday Present; Paid With Interest; A Saved Illusion; The Rebellion of Kitty Belle; Miss Misunderstood; The Odalisque; For Those Unborn; The Great Good Fear; A Lesson in Mechanics; The Saving Flame; Moonshine Molly; Down By the Sounding Sea; The Weaker Strain; Deputy Sheriff's Star; The Massacre; Judith of Bethulia (Judith von Bethulien); The Great Leap; The Battle of the Sexes; Brute Force; Home, Sweet Home; The Escape; The Avenging Conscience or Thou Shalt Not Kill. 1914/15: The Birth of a Nation (Die Geburt einer Nation). 1915: Big Jim's Heart; The Victim; The Outcast; Her Shattered Idol; The Missing Links. 1916: Hoodoo Ann; A Child of the Paris Streets; The Wild Girl of the Sierras; The Marriage of Molly-O; Intolerance. Ep: The Modern Story (Intoleranz)/The Mother and the Law [UA: 1919]; The Little Liar; The Wharf Rat. 1917: The Bad Boy; An Old Fashioned Young Man; Sunshine Alley. 1918: Hearts of the World; The Great Love; The Greatest Thing in Life; The Romance of Happy Valley. 1919: The Girl Who Stayed at Home; True Heart Susie; The Greatest Question. 1920/21: Coincidence; The Brass Bowl [Unvollendet].

Hart, William S.
(William Surrey Hart)
*6. 12. 1865 Newburgh (New York)
†23. 6. 1946 Los Angeles

Kindheit und Jugend im Westen (zeitweise im Dakota Territory). 1888 nach New York, Tätigkeit bei der Post und Schauspielstudium bei F. F. Markey. Reisen mit Tournee-Theatern. 1899 Rolle des Messala in «Ben Hur». 1905 Broadway-Erfolg in «The Squaw Man». Später auch in Western-Dramen, so in «The Virginian» und «The Trail of the Lonesome Pine». 1914 Filmvertrag von Thomas Harper Ince. Im gleichen Jahr Rolle des Jim Stoke in Reginald Barkers Spielfilm *The Bargain* und Regie-Debüt mit *The Passing Of Two-Gun Hicks* (zugleich Titelrolle). 1915 – unter eigener Regie – als Outlaw «Bad Buck» Peters in *«Bad Buck» Of Santa Ynez*. Wechsel mit Ince zum Triangle-Studio. Hart spielt, inszeniert und produziert vor allem Western und etabliert das Genre in der Filmindustrie. Er bemüht sich um realistische Beschreibungen des Lebens im amerikanischen Westen. Eine Ausnahme ist Charles Swickards *The Captive God* (1916), in dem er den aztekischen Führer Chippa spielt. 1917 Vertrag mit Adolph Zukor. Letzte große Filmrolle als Dan Carver in King Baggots *Tumbleweeds* (1925), danach Rückzug vom Filmgeschäft. Vereinzelt als Berater bei Western-Produktionen. Neben der Filmarbeit auch schriftstellerische Tätigkeit, er veröffentlicht zahlreiche Bände mit Westerngeschichten («Pinto Ben and Other Stories», «The Golden West Boys», Told Under a White Oak Tree», «Hoofbeats», «The Law on Horseback» u. a.) sowie 1929 die Memoiren «My Life – East and West».

[US] 1913: The Fugitive. 1914: His Hour of Manhood; Jim Cameron's Wife; The Bargain; The Passing of Two-Gun Hicks [D,R]; In the Sage-Brush Country/Mr. Nobody [D,R]; The Scourge of the Desert. 1915: Mr. «Silent» Haskins [D,R]; The Grudge [D,R]; The Sheriff's Streak of Yellow [D,R]; The Roughneck [D,R]; The Taking of Luke McVane [D,R]; On the Night Stage; The Man from Nowhere [D,R]; «Bad Buck» of Santa Ynez [D,R]; The Darkening Trail [D,R]; The Conversion of Frosty Blake [D,R]; Tools of Providence [D,R]; The Ruse [D,R]; Cash Parrish's Pal [D,R]; A Knight of the Trails [D,R]; Pinto Ben [D,R]; Keno Bates, Liar [D,R]; The Disciple [D,R]; Between Men [D,R,A]. 1916: Hell's Hinges [D,CoR]; The Aryan (Die Sklavin des Banditen); The Primal Lure [D,R]; The Apostle of Vengeance [D,R]; The Captive God; The Patriot [D,R]; The Dawn Maker [D,R]; The Return of Draw Egan [D,R]; The Devil's Double [D,R]; Truthfull Tulliver [D,R]. 1917: All Star Production of Patriotic Episodes for the Second Liberty Loan. EP: War Relief; The Gun Fighter [D,R]; The Square Deal Man [D,R]; The Desert Man [D,R]; Wolf Lowry [D,R]; The Cold Deck [D,R]; The Silent Man [D,R]; The Narrow Trail [D,A,P]; Wolves of the Rail [D,R,CoA,P]. 1918: Blue Blazes Rawden [D,R,P]; The Tiger Man [D,R,P]; Selfish Yates [D,R,P]; Shark Monroe [D,R,P]; Riddle Gawne [D,P; R?]; A Bullet for Berlin [D,R,A,P]; The Border Wireless [D,R,P]; Branding Broadway [D,R,P]. 1919: Breed of Men [D,P]; The Poppy Girl's Husband [D,R,P]; The Money Corral [D,R,CoA,P]; Square Deal Sanderson [D,CoR,P]; Wagon Tracks [D,P]; John Petticoats [D,P]; Sand! [D,P]. 1920: The Toll Gate [D,CoA,P]; The Cradle of Courage [D,P]; The Testing Block [D,P]; O'Malley of the Mounted [D,A,P]. 1921: The Whistle [D,P]; Three Word Brand [D,P]; White Oak [D,P]. 1922: Travelin' on [D,A,P]. 1923: Hollywood; Wild Bill Hickok. 1924: Singer Jim McKee [D,A,P]. 1925: Tumbleweeds [D,P]. 1928: Show People (Es tut sich was in Hollywood). 1934: Hollywood Gad-About.

Harvey, Laurence

(Hirsch Skikne)
*1. 10. 1928 Joniškis (Litauen)
†25. 11. 1973 London
1934 mit der Familie Emigration nach Johannesburg (Südafrika), dort Architekturstudium. 1943 Bühnendebüt in Johannesburg, 1943–46 Truppenbetreuung der südafrikanischen Armee in Ägypten und Italien. Ab 1946 in London, dreimonatiger Besuch der Royal Academy of Dramatic Art. Bühnenarbeit in Manchester und bald darauf an den führenden britischen Bühnen, 1947 britischer Staatsbürger. Filmdebüt 1948 in *House of Darkness*. Zu Beginn der 50er Jahre fast ausschließlich Auftritte in britischen B-Filmen. Als «kleiner» Star zwischen den Generationen, zwischen John Mills und Albert Finney angesiedelt, nur selten anerkannt. 1955 am Broadway. 1958 als sozialer Aufsteiger Joe Lampton in *Room at the Top* (Jack Clayton), daraufhin verschiedene Hauptrollen in Hollywood-Produktionen, neben Elisabeth Taylor in Anthony Manns *Butterfield 8* und neben Frank Sinatra in John Frankenheimers *The Manchurian Candidate*, ohne sich jedoch in den USA durchzusetzen. Gegen Ende der 60er Jahre Rollen in einigen italienischen Filmen, außerdem in der deutsch-italienischen Co-Produktion *Kampf um Rom* (Robert Siodmak). Zwei Filme inszeniert Harvey selbst: 1963 das amerikanisch-spanische Melodram *The Ceremony* und zehn Jahre später den schwerfälligen Horrorfilm *Welcome to Arrow Beach*. Darüber hinaus beendet er 1968 nach dem Tode von Anthony Mann dessen Film *A Dandy in Aspic* als Regisseur.

[GB] 1948: House of Darkness. 1949: The Man from Yesterday; Man on the Run (Mann im Netz); Landfall. 1950: Cairo Road (Achtung! Kairo ... Opiumschmuggler); The Black Rose (Die schwarze Rose) [US]. 1951: There Is Another Sun/Wall of Death; Scarlet Thread. 1951/52: I Believe in You. 1952: A Killer Walks; Women of Twilight. 1953: Innocents in Paris. 1953/54: The Good Die Young (Vier bleiben auf der Strecke). 1954: King Richard and the Crusaders (Der Talisman) [US]; Giulietta e Romeo/Romeo and Juliet (Romeo und Julia) [IT/GB]. 1955: Alco Hour: The Small Servant [TV – US]; I Am a Camera; Storm Over the Nile (Sturm über dem Nil). 1956: Three Men in a Boat. 1957: After the Ball. 1957/58: The Truth About Women; The Silent Enemy (Froschmann Crabb). 1958: Power Among Men [UN]; Room at the Top (Der Weg nach oben). 1959: Alfred Hitchcock Presents: Arthur [TV – US]; Expresso Bongo (Expresso Bongo). 1960: The Alamo (Alamo) [US]; Butterfield 8 (Telefon Butterfield 8) [US]; The Long and the Short and the Tall (Sieben gegen die Hölle). 1961: Two Loves (Der Fehltritt) [US]; Summer and Smoke (Sommer und Rauch) [US]. 1962: Walk on the Wild Side (Auf glühendem Pflaster) [US]; The Wonderful World of the Brothers Grimm (Die Wunderwelt der Gebrüder Grimm) [US]; The Manchurian Candidate (Botschafter der Angst) [US]; A Girl Named Tamiko [US]. 1963: The Running Man (Der zweite Mann); The Ceremony/Encrucijada mortal (Frühstück in der Todeszelle) [D,CoA,P – US/ES]. 1964: Of Human Bondage (Der Menschen Hörigkeit); The Outrage (Carrasco, der Schänder) [US]. 1965: Darling (Darling); Life at the Top (Ein Platz ganz oben). 1966: The Spy With a Cold Nose (Der Spion mit der kalten Nase). 1967: Dial M for Murder [TV – US]. 1967–70: The Deep [IT]. 1967/68: The Winter's Tale. 1968: A Dandy in Aspic (Todestanz eines Killers) [D,CoR]; El crimen también juega/Rebus/Heißes Spiel für harte Männer [ES/IT/BRD]. 1968/69: Kampf um Rom I/La guerra per Roma [BRD/IT]; Kampf um Rom II [BRD]. 1969: L'assoluto naturale [D,P – IT]; The Magic Christian (Magic Christian – Ein Beatle im Paradies). 1970: Čaikovskij/Tchaikovsky (Tschaikowski) [SU/US]; WUSA (Machenschaften) [US]. 1971: Night Gallery: The Caterpillar [TV – US]. 1972: Habricha el Hashemesh (Flucht in die Sonne) [IL]. 1973: Welcome to Arrow Beach [D,R – US]; Night Watch (Die Nacht der tausend Augen). 1974: Vérités et mensonges (F wie Fälschung) [FR].

Harvey, Lilian

(Lilian Helen Muriel Pape)
*19. 1. 1906 London-Hornsey
†27. 7.1968 Juan-les-Pins
Frühe Kindheit in London. Ballettunterricht. 1914 mit der Familie nach Berlin, während des Kriegs in Solothurn (Schweiz). Nach dem Abitur 1923 Ballettschule an der Staatsoper Berlin. 1924 Revue-Engagement in Wien, Rolle in *Der Fluch* (Robert Land). Danach bei dem Ber-

liner Regisseur und Produzenten Richard Eichberg: Double für Eichbergs Ehefrau Lee Parry in Bergszenen für *Die Motorbraut*, Hauptrolle als Partnerin Otto Gebührs im Melodram *Leidenschaft*, dann in dem Erfolgsfilm *Liebe und Trompetenblasen*. 1926 bringt Eichberg in *Die keusche Susanne* Harvey und Willy Fritsch zusammen – das spätere «Traumpaar des deutschen Films». Ab 1928 in Ufa-Stummfilmen. 1929/30 in ihrem ersten Tonfilm *Liebeswalzer* (Wilhelm Thiele), abermals mit Fritsch. Mit Komödien und vor allem mit Tonfilmoperetten wie *Die Drei von der Tankstelle* (Thiele), *Der Kongreß tanzt* (Erik Charell) und *Ein blonder Traum* (Paul Martin) von der Ufa zum «süßesten Mädel der Welt» aufgebaut. Sie spielt – im Gegensatz zu ihren männlichen Partnern – meist auch in den französischen und englischen Versionen. 1932 Hollywood-Vertrag mit 20th Century-Fox. 1935 Rückkehr nach Europa, Filmarbeit in England, Italien und bei der Ufa; wieder mit Fritsch und unter der Regie von Martin: die Screwball-Komödie *Glückskinder* und ihr letzter Ufa-Film *Frau am Steuer*. 1938/39 als Partnerin Vittorio De Sicas in Augusto Geninas *Castelli in aria*. 1939 Emigration nach Frankreich, dort in Jean Boyers Schubert-Biografie *Sérénade* und in *Miquette*, dem letzten Film ihrer Karriere. Nach Kriegsbeginn Truppenbetreuung in Paris, Einsatz für internierte Ausländer. 1941 Flucht in die USA. In Hollywood Rotkreuz-Helferin; sie lehnt Filmangebote ab. 1944 Auftritt im exilierten Kabarett der Komiker, Theaterarbeit auch an englischsprachigen Bühnen in New York. 1946 Rückkehr nach Paris, 1947 Revue-Auftritt, Gastspiele in der französischen Provinz und in Belgien. 1949/50 erste Gastspielreise durch die Bundesrepublik; ab 1961 in gehobenen Boulevardstücken. 1965 Filmband in Gold für langjähriges und hervorragendes Wirken im deutschen Film.

[DE/BRD] 1924: Der Fluch [AT]; Die Motorbraut. Liebe, Leid und Sport. 1925: Leidenschaft/Die Liebschaften der Hella von Gilsa; Liebe und Trompetenblasen; Die Kleine vom Bummel. 1926: Prinzessin Trulala; Die keusche Susanne; Vater werden ist nicht schwer. 1927: Die tolle Lola; Eheferien; Du sollst nicht stehlen. 1928: Eine Nacht in London/A Knight in London [DE/GB]; Ihr dunkler Punkt. 1929: Adieu Mascotte; Wenn Du einmal Dein Herz verschenkst. 1929/30: Liebeswalzer [Version]; The Love Waltz [Version]. 1930: Hokuspokus [Version]; The Temporary Widow [Version]; Die Drei von der Tankstelle [Version]; Le chemin du paradis [Version]; Einbrecher [Version]. 1931: Princesse, à vos ordres [Version]; Nie wieder Liebe [Version]; Calais – Douvres [Version]; Der Kongreß tanzt [Version]; Le congrès s'amuse [Version]; Congress Dances [Version]. 1931/32: Zwei Herzen und ein Schlag [Version]; La fille et le garçon [Version – DE/FR]. 1932: Quick [Dt. Version]; Quick [Franz. Version – DE/FR]; Ein blonder Traum [Version]; Un rêve blond [Version – DE/FR]; Happy Ever After [Version – DE/GB]. 1932/33: Ich und die Kaiserin [Version]; Moi et l'Impératrice [Version – DE/FR]; The Only Girl [Version – DE/GB]. 1933: My Lips Betray (Meine Lippen lügen nicht) [US]; My Weakness [US]; I Am Suzanne (Ich bin Susanne) [US]. 1934/35: Let's Live Tonight (Leise kommt das Glück zu Dir) [US]. 1935: Invitation to the Waltz [GB]; Schwarze Rosen [Version]; Roses noires [Version]; Did I Betray?/Black Roses [Version]. 1936: Glückskinder [Version]; Les gais lurons [Version – DE/FR]. 1937: Sieben Ohrfeigen; Fanny Elßler. 1938: Capriccio. 1938/39: Castelli in aria [Version – IT]; Ins blaue Leben [Version – IT/DE]. 1939: Frau am Steuer. 1939/40: Sérénade (Serenade) [D,CoP – FR]. 1940: Miquette [FR].

Hasse, O. E.

(Otto Eduard Hasse)
* 11. 7. 1903 Obersitzko
† 12. 9. 1978 Berlin

Ab 1915 Realschule in Kolmar (Provinz Posen), Oberrealschule und Gymnasium in Posen; Laiendarsteller eines deutschen Theatervereins. Abitur, drei Semester Jurastudium in Berlin, Besuch der Schauspielschule Max Reinhardts. 1924 Statist in Murnaus *Der letzte Mann*. Harzer Sommertheater Thale, Junge Bühne Berlin, 1925/26 Deutsches Theater. 1926–29 in Breslau und an Berliner Bühnen, 1930–39 Münchner Kammerspiele; Bekanntschaft und Filmarbeit mit Karl Valentin in Carl Lamacs *Der verhexte Scheinwerfer* (1934). Bühnenregie. 1939 kurz am Deutschen Theater Prag. 1944 Soldat, bald darauf in der «Hauptfilmstelle der Reichsluftwaffe», um als Sprecher am Kurz-Dokumentarfilm *Rettet den deutschen Wald* (Wolfgang Kiepenheuer) mitzuwirken. Ab 1945 in Berlin am Hebbeltheater, Schloßparktheater, Auftritte an anderen Bühnen. Ab 1950 auch in der Bundesrepublik Deutschland, Österreich und der Schweiz auf der Bühne, Synchronsprecher für Bogart, Laughton und Tracy. Im Film bis 1945 nur Nebenrollen, vornehmlich in leichter Unterhaltungsware. Erst in den 50er Jahren Erfolge z. B. als Mörder in Hitchcocks *I Confess*, als Oberst in *Decision Before Dawn* (Anatole Livak), als ranghoher Gegenspieler Clark Gables in *Betrayed* (Gottfried Reinhardt) und in der Titelrolle des Spionagechefs *Canaris* (Alfred Weidenmann). Die Auftritte in Uniform begründen den internationalen Ruf als Darsteller durchsetzungsfähiger, doch niemals skrupelloser Charaktere. 1958 für seine Rolle in Geza von Radvanyis *Der Arzt von Stalingrad* auf den Filmfestspielen in Brüssel und Vichy ausgezeichnet. 1961 als Partner von Elisabeth Bergner in G. B. Shaws «Geliebter Lügner» Gastspielreise auch durch die USA. 1979 erscheinen «O. E. Unvollendete Memoiren».

[DE/BRD] 1924: Der letzte Mann [Statist]. 1931/32: Peter Voß, der Millionendieb. 1932: Kreuzer Emden; Muß man sich gleich scheiden lassen? 1933: Fräulein Hoffmanns Erzählungen. 1934: Die vertauschte Braut; Der verhexte Scheinwerfer [KF]; Peer Gynt. 1934/35: Knock out. 1935: Ein ganzer Kerl; Der Gefangene des Königs; Der ahnungslose Engel. 1935/36: Der schüchterne Casanova; Die große und die kleine Welt. 1936: Diener lassen bitten. 1937: So weit geht die Liebe nicht. 1938: Drei wunderschöne Tage. 1940/41: Stukas. 1941: Alles für Gloria; Illusion. 1941/42: Rembrandt. 1942: Die Entlassung; Dr. Crippen an Bord. 1942/43: Gefährtin meines Sommers. 1943: Der ewige Klang; Geliebter Schatz. 1943/44: Der große Preis; Der Täter ist unter uns. 1944: Rettet den deutschen Wald [S – KDOK]; Komm zu mir zurück; Aufruhr der Herzen; Philharmoniker. 1948: Berliner Ballade. 1948/49: Anonyme Briefe. 1950: The Big Lift (Es begann mit einem Kuß; 1953) [US]; Epilog. 1951: Decision Before Dawn (Entscheidung im Morgengrauen) [US]. 1952: Der große Zapfenstreich. 1952/53: I Confess (Ich beichte/Zum Schweigen verurteilt) [US]. 1953: Der letzte Walzer; Wenn am Sonntagabend die Dorfmusik spielt. 1954: Betrayed (Verraten) [US]; Canaris. 1955: Above Us the Waves (X-Boote greifen an/Submarine – U-Boote greifen an) [GB]; 08/15 – II. Teil; 08/15 in der Heimat; Alibi. 1956: Kitty und die große Welt. 1956/57: Les aventures d'Arsène Lupin/Gli avventure di Arsenio Lupin (Arsène Lupin, der Millionendieb) [FR/IT]; Die Letzten werden die Ersten sein. 1957: Sait-on jamais?/Un colpo da due miliard (Spuren in die Vergangenheit) [FR/IT]; Les espions/Le spie (Spione am Werk) [FR/IT]; Der gläserne Turm. 1957/58: Der Arzt von Stalingrad. 1958: Der Maulkorb; Solange das Herz schlägt. 1959: Der Kaiser von Amerika [TV]; Frau Warrens Gewerbe [BRD/CH]. 1960: Majestäten [TV]; Au voleur/Affäre Nabob [FR/BRD]. 1961: Die Ehe des Herrn Mississippi [CH/BRD]; Das Leben beginnt um 8; Le caporal épinglé (Der Korporal in der Schlinge; 1979 TV) [FR]. 1962: Lulu [AT]; Le vice et la vertu/Il vizio e la virtù (Laster und Tugend) [FR/IT]. 1963: Mein Vater hatte recht [TV]; Geliebter Lügner [TV]. 1964: Rameaus Neffe [TV]; Die Todesstrahlen des Dr. Mabuse/Specchi del dottor Mabuse/Les rayons de la mort du Dr. Mabuse [BRD/IT/FR]. 1965: Trois chambres à Manhattan (Drei Zimmer in Manhattan) [FR]. 1969: Caesar und Cleopatra [TV]. 1972: État de siège/L'amerikano (Stato di assedio)/Der unsichtbare Aufstand [FR/IT/BRD]. 1973: Ein Abend mit O. E. Hasse [TV]. 1974: L'età della pace (Zeit des Friedens) [IT]; Eiszeit/Istid [BRD/NO]. 1975: Das Läster-Lexikon [TV]; Die Geisel [TV]. 1976/77: Sanfter Schrecken [TV]. 1977: Der Alte: Konkurs [TV].

Hatheyer, Heidemarie

*8. 4. 1918 Villach (Kärnten)
†11. 5. 1990 Scheuren auf der Forch

Nach dem Gymnasium Kabarett in Wien. 1936 kleine Rolle neben Zarah Leander in der Operette «Axel an der Himmelstür» am Theater an der Wien. 1937 Kammerspiele in München. Filmdebüt 1937 in *Der Berg ruft* (Luis Trenker). Größter Erfolg als stolze Berglerin in Hans Steinhoffs *Die Geierwally*. Sie spielt die unheilbar kranke Hanna Heyth in *Ich klage an* (Wolfgang Liebeneiner), einem perfiden Plädoyer für die Euthanasie-Gesetzgebung. Daneben weiterhin auf der Bühne. 1942 Preußische Staatstheater in Berlin. 1946–49 Staatsschauspiel und Kleine Komödie in München, später Schillertheater in Berlin, bei Gründgens in Düsseldorf und Thalia-Theater in Hamburg; Auftritte in Charakterrollen sowie als Hauptmann-Interpretin in den Rollen der Rose Bernd, Mutter Wolffen und Frau John. 1955–83 Schauspielhaus Zürich. Gastspiele in Berlin, am Burgtheater in Wien und mit Tournee-Inszenierungen. Noch bis Ende der 50er Jahre Filmhauptrollen: Patente junge Frau der Nachkriegszeit in Boleslaw Barlogs *Wohin die Züge fahren*, Flüchtlingsfrau im Kampf um ihr totgeglaubtes Kind in *Mein Herz darfst Du nicht fragen* (Paul Martin). Immer häufiger Rollen leidender oder beherrschter, in sich gekehrter Frauen, für die schließlich statt der Liebe nur der Beruf bleibt, so in *Dr. Holl* (Rolf Hansen), *Pünktchen und Anton* (Thomas Engel) und *Glücksritter* (A. M. Rabenalt). Dann, neben der Bühne, hauptsächlich Fernseharbeit. Nach gut 20jähriger Pause erst 1988 wieder als einsame alte Frau in Kai Wessels *Martha Jellneck*, mit einem Bundesfilmpreis ausgezeichnet. 1989 letzte Rolle als kranke Karussell-Besitzerin in drei Folgen der TV-Familien-Serie *Diese Drombuschs*. 1984 Filmband in Gold für langjähriges und hervorragendes Wirken im deutschen Film.

[DE/BRD] 1937: Der Berg ruft. 1938: Frau Sixta; Zwischen Strom und Steppe [Version – HU/DE]. 1939: Ein ganzer Kerl. 1940: Die Geierwally. 1941: Ich klage an. 1941/42: Die Nacht in Venedig; Der große Schatten. 1943: Man rede mir nicht von Liebe. 1944: Die Jahre vergehen. 1944/45: Ich glaube an dich (Mathilde Möhring/Mein Herz gehört Dir); Regimentsmusik (Die Schuld der Gabriele Rottweil). 1949: Wohin die Züge fahren; Begegnung mit Werther. 1949/50: Dieser Mann gehört mir. 1950: Der Mann, der zweimal leben wollte; Vom Teufel gejagt. 1950/51: Dr. Holl. 1951/52: Das letzte Rezept. 1952: Mein Herz darfst Du nicht fragen. 1953: Pünktchen und Anton [BRD/AT]. 1953/54: Sauerbruch – Das war mein Leben. 1955: Liebe ohne Illusion; Die Ratten; Du darfst nicht länger schweigen. 1955/56: Die Ehe des Dr. med. Danwitz. 1956: Tierarzt Dr. Vlimmen/Skandal um Dr. Vlimmen; Der Meineidbauer/Die Sünderin vom Fernerhof. 1956/57: Glücksritter. 1957: ...und führe uns nicht in Versuchung. 1957/58: Die letzte Station [TV]. 1958: Solange das Herz schlägt. 1959: Blühende Träume [TV]. 1960: Die Familie [TV]. 1961: Ruf der Wildgänse [AT]. 1962: Medea [TV – AT]; Leonor [TV – CH]. 1963: Elektra [TV – AT]. 1964: Andorra [TV]; Heiß weht der Wind/Mein Freund Shorty [BRD/AT]. 1967: Kranichtanz [TV – BRD/CH]. 1975: Der Besuch [TV-KF]; Rest des Lebens: Die Herausforderung [TV]. 1975/76: Halbzeit [TVS]. 1976: Auf dem Chimborazo [TV]. 1976/77: Sonderdezernat K1: Der Tod des Schrankenwärters [TV]. 1978: Apropos Geierwally [TV-DOK – AT/BRD]; Spannende Geschichten: Er läßt uns die Hand küssen [TV]. 1979: Pariser Geschichten. EP: «Erlauben Sie, Madame?» [TVS]; Tatort: Mord im Grandhotel [TV – AT]; Wunder einer Nacht [TV – AT/BRD]; Ein Abend mit Labiche [TV]. 1988: Martha Jellneck. 1989: Diese Drombuschs [TVS].

Hauer, Rutger

(Rutger Oelsen Hauer)
*23. 1. 1944 Breukelen (Niederlande)

Sohn von Schauspiellehrern. Er reißt mit 15 Jahren aus und arbeitet ein Jahr auf einem Frachtschiff. Nach der Rückkehr Elektriker und Zimmermann, gleichzeitig Schauspielunterricht an einer Abendschule. Fünf Jahre bei einer experimentellen Theatergruppe. Dann als Draufgänger in der TV-Serie *Floris* (als deutsch-niederländische Produktion *Floris von Rosemund* fortgesetzt). Erster großer Erfolg 1973 mit der Hauptrolle des rebellischen Bildhauers in Paul Verhoevens *Turks Fruit*. 1975 als südafrikanischer Playboy in Ralph Nelsons Action-Melodram *The Wilby Conspiracy*. Eigentlicher Start der US-Filmkarriere als kaltblütiger Terrorist in Bruce Malmuths *Nighthawks*. Der blonde, athletische Schauspieler überzeugt als Replikant in Ridley Scotts Science-fiction-Thriller *Blade Runner*. In der TV-Serie *Inside the Third Reich* verkörpert er Albert Speer, an der Seite von Michelle Pfeifer den edlen Ritter in Richard Donners Fantasy-Film *Ladyhawke*. Ambitionen als Produzent: *Arctic Blue* (1993), *Mr. Stitich* (1995). Auch weiterhin Schauspieler in Film und Fernsehen auf beiden Seiten des Atlantiks, darunter ein Cameo-Auftritt in Till Schweigers Produktionsdebüt *Knockin' On Heavens Door* (1997).

[NL] 1956: Asmodée [TV]; De geheime vier [TVS]. 1968: Monsieur Hawarden [BE/NL]. 1969: Floris [TVS]. 1972/73: Turks Fruit (Türkische Früchte); Waaldrecht: Taxi meneer? [TV]. 1973: Repelsteeltje [KF]. 1974: Pusteblume [BRD]. 1974/75: Keetje Tippel (Das Mädchen Keetje Tippel). 1975: Das Amulett des Todes (Das Amulett des Todes) [BRD]; The Wilby Conspiracy (Die Wilby-Verschwörung) [US]; Het jaar van de kreeft. 1975/76: Cyrano de Bergerac [TV]. 1976: Floris von Rosemund [TVS – BRD/NL]; Max Havelaar (Max Havelaar – meine Tage in der Südsee). 1977: Soldat van Oranje. 1977/78: Pastorale 1943 (Pastorale 1943); Heilige Jeanne [TV]. 1978: Es begann bei Tiffany [TV – BRD]. 1979: Mysteries/Mystères [NL/FR]; Grijpstra en De Gier; Vrouw tussen hond en wolf (Eine Frau zwischen Hund und Wolf) [BE]. 1979/80: Spetters (Spetters – knallhart und romantisch); Duel in de diepte [TV]. 1980: Nighthawks (Nachtfalken) [US]. 1981: Chanel Solitaire (Einzigartige Chanel) [GB/FR]. 1981/82: Inside the Third Reich [TV – US]. 1982: Blade Runner (Der Blade Runner) [US]. 1982/83: Eureka (Eureka) [US]. 1983: The Osterman Weekend (Das Osterman-Weekend) [US]. 1984: A Breed Apart (Die Brut des Adlers) [US]. 1985: Flesh + Blood (Flesh + Blood) [US/NL]; Ladyhawke (Der Tag des Falken) [US]. 1985/86: The Hitcher [US]. 1986: Wanted: Dead Or Alive (Gesucht: Tot oder lebendig) [US]. 1987: Escape from Sobibor (Sobibor) [TV – GB]. 1988: The Salute of the Jugger (Die Jugger – Kampf der Besten) [AU]; La leggenda del Santo Bevitore (Die Legende vom heiligen Trinker) [TV – IT]. 1989: In una notte di chiaro di luna (Diese vitale Wut) [IT/FR]; Bloodhounds of Broadway (Bluthunde am Broadway) [US]. 1989/90: Blind Fury (Blinde Wut) [US]. 1990: Il principe del deserto (Das Gesetz der Wüste) [TV – IT]. 1991: Wedlock (Wedlock) [US]. 1991/92: Split Second (Split Second) [GB]. 1992: Past Midnight (Past Midnight) [TV – US]; Buffy, the Vampire Slayer (Buffy – Der Vampirkiller) [US]; Blind Side (Blind Side) [US]. 1993: Arctic Blue (Arctic Blue) [US]; Voyage [TV – US]. 1993/94: Surviving the Game (Surviving the Game) [US]. 1994: Blood of the Innocent [US/PL]; Fatherland (Vaterland) [TV – US]; Amelia Earhart: The Final Flight (Amelia Earhart: Der letzte Flug) [TV – US]; Beyond Forgiviness (Death Connection) [US]; The Beans of Egypt, Main (Aussichtslos) [US]; Nostradamus (Nostradamus) [US]. 1995: Precious Find (Space Defender) [US]; Mr. Stitch (Mr. Stitch) [D,P – US]. 1996: Omega Doom (Omega Doom) [US]; Blast [US]; Mariette in Ecstasy [US]; Lexx: The Dark Zone [TVS – CA/DE]; Knockin' on Heaven's Door [DE]. 1996/97: Hostile Waters [TV – DE/GB/US].

Haufler, Max

*4. 6. 1910 Basel
†25. 6. 1965 Zürich
Ab 1917 mit Mutter und Geschwistern in einer theosophischen Kommune am Monte Verità im Tessin, später in Agnuzzo. Gymnasien in Lugano, Umzug nach Basel. Malereistudium. Arbeit als Anstreicher und Bauarbeiter, ab 1928 mit Landschaftsbildern auf Ausstellungen, Malereireisen durch England, Frankreich, Norwegen, Deutschland. 1935 Académie von Amédée Ozenfant in Paris; 1936 Abwendung von der bildenden Kunst. Als Schauspieler im Basler Kabarett Resslirytchi und in humoristischen Dialektfilmen. 1938/39 erste Filmregie: *Farinet,* die klischeeferne Huldigung an einen Falschmünzer nach dem Roman von Charles Ferdinand Ramuz. Regisseur und Co-Autor bei der Ehe-Komödie *Emil – Mer muess halt rede mitenand* und bei *Menschen, die vorüberziehen ...,* einer Adaption des Zuckmayer-Dramas «Katharina Knie». Danach nur noch Kurzdokumentationen, Auftrags- und Werbefilme. Hörspielsprecher beim Radio. 1949–52 Cabaret Fédéral, 1951–57 Schauspielhaus Zürich, 1957–59 Gast im Landestheater Darmstadt. In der Bundesrepublik vor allem Auftritte in Fernsehfilmen, häufig unter der Regie Peter Lilienthals, zuletzt als mürrischer Rentner in *Abschied.* Überzeugender Gestalter regionaler Charaktere in Schweizer Produktionen, daraufhin Aufstieg zum international geschätzten Darsteller: z. B. Onkel des K. in Orson Welles' Kafka-Adaptation *Le Procès* und Schiffsoffizier in Bernhard Wikkis *Morituri.* Hauflers Lebensweg bis zum Scheitern seiner Verfilmung von Otto F. Walters Roman «Der Stumme» und die Gründe seines Freitods recherchiert Richard Dindo in der Film-Montage *Max Haufler, «Der Stumme»* (1982).

[CH] 1936: 's Vreneli am Thunersee. 1936/37: Was isch denn i mim Harem los? [Verboten]. 1938/39: Farinet/L'or dans la montagne (Farinet – Die sanfte und die wilde Freiheit) [R,CoA – CH/FR]. 1941: Emil, me mues halt rede mitenand' [R,CoA]. 1941/42: Menschen, die vorüberziehen .../Gens qui passent [R,CoA]. 1942: Steibruch (Gottesmühlen/Stimme des Blutes; 1952). 1943: Wilder Urlaub [RA]; Wir bauen auf [R,A – KDOK]. 1944: Die bildspendende Flüssigkeit [R,CoA – KDOK]; M.F.O. [R,A – KDOK]. 1945: Rieter-Werkfilm [R,A – KDOK]. 1946: Das Gesetz der Strasse [R,CoA – KDOK]. 1946/47: White Cradle Inn [D,RA – GB]; Matto regiert (§ 51 – Seelenarzt Dr. Laduner). 1948: Nach dem Sturm [D,RA – CH/AT/LI]. 1948/49: Venezianische Rhapsodie [R,A – KDOK]. 1949: The Good Way/La bonne route [RA – US/GB/CH]; Mitenand gahts besser [KF]. 1950: Die Fabrikation von Maggi's Produkten [R,A – KDOK]; Der Geist von Allenwil [R,A,CUT – KDOK]. 1951/52: Palace Hotel (Palast Hotel). 1952: Heidi. 1953: Familie «M» Junior [KDOK]. 1954: Ein Menschenalter oder Jakob fürchtet sich im Dunkeln [R,A – KDOK]; Uli der Knecht. 1954/55: Heidi und Peter [D,CoA]. 1955: Modernste Vermessungsinstrumente [R,A – KDOK]; Reise nach Manitoba [TV]. 1956: Philemon und Baucis [TV – BRD]; Zwischen uns die Berge (Das Lied der Heimat). 1957: Abu Kasems Pantoffeln [TV – BRD]; Der Richter und sein Henker [TV – BRD/CH]; Bäckerei Zürrer (Konditorei Zürrer); Der 10. Mai (Angst vor der Gewalt). 1958: Es geschah am hellichten Tag/El cebo [D,RA – CH/BRD/ES]; Ein wunderbarer Sommer (Ein wunderbarer Sommer/Das Glück auf der Alm) [LI]; Die Käserei in der Vehfreude (Annelie vom Berghof oder Oh diese Weiber/Wildwest im Emmental) [D,RA]. 1959: Der Mustergatte; Ein Mann geht durch die Wand [D,RA – BRD]; Hinter den sieben Gleisen; Weihnachten auf dem Marktplatz [TV]. 1960: Anne Bäbi Jowäger. 1. Wie Jakobli zu einer Frau kommt; Der Teufel hat gut lachen (3 schräge Vögel/Eine Nacht in Campione) [D,CoA,RA]. 1960/61: Town Without Pity/Ville sans pitié/Stadt ohne Mitleid [US/CH/BRD]; Anne Bäbi Jowäger. 2. Jakobli und Meyeli. 1961: Die Ehe des Herrn Mississippi [CH/BRD]; Die Schatten werden länger [D,RA – CH/BRD]; Biographie eines Schokoladentages [D,RA – TV – BRD]; Chikita (Wenn Männer Schlange stehen). 1962: Die Kollektion [TV – BRD]; Stück für Stück [TV – BRD]; Le procès/Der Prozeß/Il processo [FR/BRD/IT]. 1962/63: Der Spieler [TV – BRD]; Miracle of the White Stallions (Flucht der weißen Hengste) [US]; Schule der Geläufigkeit [TV – BRD]. 1963: Die Wölfe [TV – BRD]; Der gemütliche Kommissar [TV – BRD]; Striptease [TV-KF – BRD]. 1963/64: Kennwort: Reiher [BRD]. 1964: Geld und Geist; Morituri (Morituri) [US]. 1965: Abschied [TV – BRD].

Hawkins, Jack

(John Edward Hawkins)
*14. 9. 1910 Wood Green (London)
†18. 7. 1973 London
Bereits 1923 Theaterdebüt als Kinderdarsteller. Besuch der Italia Conti School of Acting, ab 1929 als Erwachsener auf der Bühne und in kleineren Nebenrollen auch in Filmen. 1940–45 Militärdienst, später mit einer Unterhaltungsabteilung in Indien und Südostasien im Einsatz. 1951 letztes Theaterengagement. Erst nach dem 2. Weltkrieg ist der als uneitel, zurückhaltend und verläßlich geltende Hawkins besonders in Kriminal- und Abenteuerfilmen erfolgreich. Sehr bekannt durch die Darstellung von Militärs, so als ausdauernder Korvetten-Kapitän in *The Cruel Sea* (Charles Frend) und 1957 als eigensinniger Major in David Leans *The Bridge on the River Kwai.* 1955 ist er in Peter Glenvilles *The Pri-*

soner als Geheimpolizist unerbittlicher Gegenspieler von Alec Guinness. Im Kontrast dazu als eher romantischer Inspector Gideon in der britischen Produktion *Gideon's Day* (John Ford). Seit Anfang der 50er Jahre auch in Hollywood tätig. Ab 1956 zahlreiche Aufgaben in Fernsehserien. Mitbegründer der Firmen «Allied Film Makers Distribution Company» (1958), «Tricastle Productions» (1963) und «Keep Films» (1968). Hawkins ist beiderseits des Atlantiks in Charakterrollen erfolgreich, z. B. als römischer Admiral Quintus Arrius in William Wylers Monumentalfilm *Ben Hur* oder als General Allenby in David Leans *Lawrence of Arabia*. Obwohl Hawkins 1966 durch eine Kehlkopf-Operation die Stimme verliert, übernimmt er weiterhin Filmrollen: Er wird jetzt von anderen Schauspielern synchronisiert.

[GB] 1930: Birds of Prey. 1932: The Lodger. 1932/33: The Good Companions. 1933: The Lost Chord; I Lived With You; The Jewel; A Shot in the Dark; Autumn Crocus. 1934: Death at Broadcasting House. 1935: Peg of Old Drury. 1936/37: Beauty and the Barge; The Frog. 1937/38: Who Goes Next? 1938: A Royal Divorce. 1939: Hamlet [DOK – DK]; Murder Will Out. 1940: The Flying Squad. 1942: The Next of Kin. 1948: The Fallen Idol (Kleines Herz in Not); Bonnie Prince Charlie. 1948/49: The Small Back Room. 1950: State Secret (Staatsgeheimnis); The Black Rose (Die schwarze Rose) [US]; The Elusive Pimpernel (Das dunkelrote Siegel); The Adventurers. 1951: No Highway/No Highway in the Sky (Die Reise ins Ungewisse) [GB/US]. 1951/52: Home at Seven (An einem Montag wie jeder andere); Angels One Five. 1952: Mandy (Mandy); The Planter's Wife (Weiße Frau im Dschungel). 1952/53: The Cruel Sea (Der große Atlantik). 1953: Twice Upon a Time; Malta Story; The Intruder; Front Page Story. 1954: The Seekers (Dämonen der Südsee). 1955: Land of the Pharaohs (Land der Pharaonen) [US]; The Prisoner (Der Gefangene); Touch and Go (Meine bessere Hälfte). 1956: Producers Showcase: Caesar and Cleopatra [TV – US]; The Long Arm (Der lange Arm); The Man in the Sky (Versuchsmaschine CB5). 1956/57: Fortune Is a Woman (Am seidenen Faden). 1957: The Bridge on the River Kwai (Die Brücke am Kwai). 1957/58: Gideon's Day (Chefinspektor Gideon). 1958: The Two-Headed Spy (Der Spion mit den zwei Gesichtern). 1959: Dupont Show of the Week: The Fallen Idol [TV – US]; Ben Hur (Ben Hur) [US]; The Four Just Men [TVS]. 1959/60: The League of Gentlemen (Die Herren Einbrecher geben sich die Ehre) [D,P]. 1960: Man in the Moon [P]. 1961: Two Loves (Der Fehltritt) [US]; Victim (Der Teufelskreis) [P]. 1961/62: La Fayette/La Fayette, una spada per due bandiere (Der junge General) [FR/IT]; Five Finger Exercise (Ein Fremder kam an) [US]. 1962: Life for Ruth (Brennende Schuld) [P]; Lawrence of Arabia (Lawrence von Arabien). 1963: The Party's Over [P]; Rampage (Bring sie lebend heim) [US]; Zulu (Zulu). 1963/64: The Third Secret. 1964: Guns at Batasi (Schüsse in Batasi); Masquerade (Agenten lassen bitten); Lord Jim (Lord Jim). 1965: Victory at Yorktown [KF – US]; Chrysler Theatre: Back to Back [TV – US]; The Trial and Torture of Sir John Rampayne [TV]; Judith (Judith) [US/GB/IL]. 1966: Dr. Kildare: The Atheist and the True Believer [TV – US]; The Poppy Is Also a Flower/Danger Grows Wild (Mohn ist auch eine Blume) [UN]. 1967: Great Catherine (Die Große Katharina). 1968: Shalako (Shalako/Man nennt mich Shalako). 1968/69: Oh! What a Lovely War (Oh! What a Lovely War); Gonflés à bloc/Quei temerari sulle loro pazze, scatenate, scalcinate carriole (Monte Carlo Rallye) [FR/IT]. 1969: Twinky (Der Amerikaner); Country Dance [P]; The Adventures of Gerard (Die Gräfin und ihr Oberst) [GB/CH]. 1970: Jane Eyre (Jane Eyre – eine Frau kämpft um ihr Glück) [TV]; The Beloved (Die Sünde); Waterloo/Vaterloo (Waterloo) [IT/SU]. 1971: When Eight Bells Toll (Das Mörderschiff); Nicholas and Alexandra (Nikolaus und Alexandra) [US]. 1972: The Ruling Class [CoP]; Habricha el Hashemesh (Flucht in die Sonne) [IL]; Kidnapped; Young Winston (Der junge Löwe). 1973: The Last Lion [ZA]; Theatre of Blood (Theater des Grauens) [US]; Tales That Witness Madness (Geschichten, die zum Wahnsinn führen). 1974: QB VII [TV – US].

Hawn, Goldie

(Goldie Jeanne Hawn)
*21. 11. 1945 Washington D.C.
Besuch der Montgomery Blair High School in Silver Springs, Maryland sowie der American University in Washington. 1965 US-Tournee als Tänzerin im Musical «Kiss Me Kate». Auftritte in Las Vegas. Seit 1967 beim Fernsehen – zunächst als Tänzerin, bald auch als Komikerin. 1968–70 Popularität in der Unterhaltungs-Serie *Rowan and Martin's Laugh In*. 1968 Filmdebüt. Sie spielt meist die etwas dümmliche Blondine in Komödien, so als Toni Simmons neben Walter Matthau und Ingrid Bergman in Gene Saks' Komödie *Cactus Flower*, wofür sie 1969 den Nebenrollen-Oscar erhält. Ab 1974 auch in ernsten Rollen, so als junge Ehefrau und Mutter Lou Jean in Steven Spielbergs *The Sugarland Express* und als russische Ballerina in Robert Ellis Millers *The Girl From Petrovka*. 1975 verkörpert sie die Freundin von Warren Beatty in Hal Ashbys Hollywood-Satire *Shampoo*. 1980 Gründung der Hawn-Mayers-Shyer-Miller Productions. In ihrer ersten eigenen Produktion, Howard Zieffs *Private Benjamin*, spielt sie eine junge Frau, die in die Armee eintritt (Oscar-Nominierung). 1984 als Arbeiterin während des Krieges in Jonathan Demmes *Swing Shift*. 1992

als hartnäckiger Gast Co-Star von Steve Martin in *Housesitter* (Frank Oz) und neben Meryl Streep und Bruce Willis in Robert Zemeckis' *Death Becomes Her*. Erlebt nach vier Jahren Pause 1996 ein fulminantes Comeback als exzentrische Schauspielerin und verlassene Ehefrau an der Seite von Diane Keaton und Bette Midler in *The First Wifes Club* sowie mit Woody Allens *Everyone Says I Love You*. Seit den 80er Jahren engagiert sie sich wiederholt als Produzentin und hat 1997 ihr Regie-Debüt mit dem TV-Film *Hope*.

[US] 1967: Good Morning World [TVS]. 1967/68: The One and Only Genuine, Original Family Band. 1968–70: Rowan & Martin's Laugh In [TVS]. 1969: Cactus Flower (Die Kaktusblüte). 1970: There's a Girl in My Soup (Ein Mädchen in der Suppe) [GB]. 1971: $ [Dollars] (Der Millionenraub). 1972: Butterflies Are Free (Schmetterlinge sind frei). 1974: The Girl from Petrovka (Das Mädchen von Petrovka); The Sugarland Express (Sugarland Expreß). 1975: Shampoo (Shampoo). 1976: The Duchess and the Dirtwater Fox (Wer schluckt schon gern blaue Bohnen). 1978: Viaggio con Anita/Voyage avec Anita (Reise mit Anita) [IT/FR]; Foul Play (Eine ganz krumme Tour). 1980: Private Benjamin (Schütze Benjamin) [D,P]; Goldie and Liza Together [TV]; Seems Like Old Times (Fast wie in alten Zeiten). 1982: Best Friends (Zwei dicke Freunde). 1984: Protocol (Alles tanzt nach meiner Pfeife) [D,P]; Swing Shift (Swing Shift – Liebe auf Zeit) [D,P]. 1985: Wildcats (American Wildcats) [D,P]. 1987: Overboard (Overboard – Ein Goldfisch fällt ins Wasser) [D,P]. 1990: Bird on a Wire (Ein Vogel auf dem Drahtseil); My Blue Heaven (My Blue Heaven) [P]. 1991: Deceived (Getäuscht). 1992: CrissCross (CrissCross – Überleben in Key West) [D,P]; Death Becomes Her (Der Tod steht ihr gut); Alone Together; Housesitter (Housesitter – Lügen haben schöne Beine). 1995: Something to Talk About (The Power of Love) [P]. 1996: The First Wives Club (Der Club der Teufelinnen). 1996/97: Everyone Says I Love You. 1997: Hope [R,P – TV].

Hayden, Sterling

(Sterling Relyea Walter)
*26. 3. 1916 Montclair (New Jersey)
†23. 5. 1986 Sausalito (California)

Mit 17 Jahren geht er zur See und unternimmt – zuerst als einfacher Matrose, später auch als Kapitän – Weltreisen. 1940 Filmvertrag von Paramount. Debüt in David W. Griffith' *Virginia*. Weltkriegsteilnahme im Marine Corps, und als OSS-Agent in Jugoslawien und Griechenland. 1950 spielt er den angeheuerten Killer in John Hustons *The Asphalt Jungle*. Charakterrollen in Filmen verschiedener Genres: Kriminalfilme, Musicals, Melodramen. 1950 Denunziation einiger Kollegen vor dem Ausschuß für unamerikanische Umtriebe (HUAC) – er war 1946 selbst 6 Monate lang Mitglied der Kommunistischen Partei. Danach nur noch sporadisch große Rollen. 1954 Titelrolle in Nicholas Rays Kultwestern *Johnny Guitar*. Für Stanley Kubrick verkörpert er den gerissenen Bandenführer in *The Killing* und den verrückten General Ripper in *Dr. Strangelove*. In den 70er Jahren wieder zahlreiche Engagements in Amerika und Europa. Höhepunkte sind 1972 der korrupte Polizist in Francis Ford Coppolas *The Godfather* und der Leo Dalco in Bernardo Bertoluccis Epos *Novecento*. 1973 auch Theaterarbeit. Sein primäres Interesse gilt jedoch der schriftstellerischen Arbeit: 1963 Autobiografie «Wanderer», 1976 Roman «Voyage» über seine Weltreisen. Der deutsche Filmkritiker Wolf-Eckart Bühler dreht zwei Film-Essays mit und über Hayden: *Leuchtturm des Chaos* (Co-Regie: Manfred Blank) und *Der Havarist* (1984).

[US] 1941: Virginia; Bahama Passage. 1947: Variety Girl; Blaze of Noon. 1949: El Paso (El Paso, die Stadt der Rechtlosen); Manhandled (Vom FBI gejagt). 1950: The Asphalt Jungle (Asphalt-Dschungel). 1951: Journey Into Light; Flaming Feather (Die roten Teufel von Arizona). 1952: Denver and Rio Grande (Terror am Rio Grande); Hellgate (Das Tor zur Hölle); The Golden Hawk (Lady Rotkopf); Flat Top (Sturmgeschwader Komet); Kansas Pacific (Kansas-Pazifik); The Star; Take Me to Town (Eine abenteuerliche Frau). 1953: Fighter Attack; So Big. 1953/54: Prince Valiant (Prinz Eisenherz). 1954: Naked Alibi (Schwaches Alibi); Crime Wave (Von der Polizei gehetzt); Arrow in the Dust (Pfeile in der Dämmerung); Battle Taxi (SOS Flieger nach vorn); Suddenly (Der Attentäter); The Timberjack (Der Rächer vom Silbersee); Johnny Guitar (Wenn Frauen hassen). 1955: Top Gun (Unbesiegt); The Last Command (Die Barrikaden von San Antone); Shotgun (Ritt in die Hölle); The Eternal Sea (Unternehmen Pelikan). 1956: The Killing (Die Rechnung ging nicht auf); Crime of Passion (Das war Mord, Mr. Doyle); Five Steps to Danger (Abwehr greift ein); The Come-On (Am Strand der Sünde). 1957: Zero Hour (714 antwortet nicht); The Iron Sheriff; Wagon Train: The Les Rand Story [TV]; Gun Battle at Monterey (Dem Henker ausgeliefert); Playhouse 90: A Sound of Different Drummers [TV]; Valerie (Der Sadist). 1958: Ten Days to Tulara (Zehn Tage nach Tulare); Terror in a Texas Town (Sturm über Texas); Playhouse 90: Old Man [TV]; Playhouse 90: The Last Man [TV]; Long March [TV]. 1963: Dr. Strangelove: Or How I Learned to Stop Worrying and Love the Bomb (Dr. Seltsam oder Wie ich lernte, die Bombe zu lieben) [GB]. 1964: A Carol for Another Christmas [TV]. 1969: Sweet Hunters [PA]; Hard Contract (Der Killer und die Dirne). 1970: Loving (Loving). 1971: Le grand départ [FR]; Le saut de l'ange/ Da parte degli amici. Firmato mafia (Kommando Cobra) [FR/IT]. 1972: The Godfather (Der Pate). 1973: The Final Programme (Verrückt und gefährlich) [GB]; The Long Goodbye (Der Tod kennt keine Wiederkehr). 1974: Deadly Strangers [GB]. 1975: Cipolla Colt/El Cibollero/Zwiebel-Jack räumt auf [IT/ES/BRD]. 1976: Novecento (Atto I e II)/ 1900 (I+II)/1900. 1. Gewalt, Macht, Leidenschaft/2. Kampf, Liebe, Hoffnung [IT/FR/BRD]; Bertolucci Secondo il cinema (Das Kino Bertoluccis) [DOK – IT]. 1978: King of the Gypsies (König der Zigeuner). 1979: The Outsider (Verrat in Belfast) [NL]; Winter Kills (Philadelphia Clan). 1980: 9 to 5 (Warum eigentlich ... bringen wir den Chef nicht um?). 1981: Gas [CA]; Venom (Die schwarze Mamba) [GB]. 1982: The Blue & the Gray (Die Blauen und die Grauen) [TVS]; Leuchtturm des Chaos [BRD]. 1983: Der Havarist [BRD].

Hayward, Susan

(Edythe Mariner)
*30. 6. 1919 Brooklyn (New York)
†14. 3. 1975 Beverly Hills

Besuch der Girls' Commercial High School in Brooklyn. 1937 Fotomodell in New York. Im selben Jahr Verpflichtung durch David O. Selznick nach Hollywood. Wechsel zu Warner Bros. und Filmdebüt. 1939 Vertrag mit Paramount und erste Hauptrolle neben Gary Cooper in William A. Wellmans *Beau Geste*. In Gregory Ratoffs Familien-Saga *Adam Had Four Sons* spielt sie die böse Hester Stoddard. In Stuart Heislers *Smash-Up: The Story of a Woman* (1947) erste Oscar-Nominierung als Sängerin Angie Stevens, die im Alkoholismus endet. Weitere Nominierung als Soldatenbraut Eloise Winters in Mark Robsons *My Foolish Heart* (1949). Ab 1949 bei 20th Century-Fox, wird sie einer der führenden Hollywood-Stars der 50er Jahre. Häufig Zusammenarbeit mit Regie-Routiniers wie Henry Hathaway, so als feuriges Ex-Show-Girl in *Rawhide*, und mit Henry King, so neben Gregory Peck in *David and Bathsheba* und in *The Snows of Kilimanjaro*. Weitere Oscar-Nominierungen, 1952 als Sängerin Jane Froman in *With a Song in My Heart* (Walter Lang), 1955 für *I'll Cry Tomorrow*, Daniel Manns Biografie der Lillian Roth (Darstellerpreis in Cannes). 1958 erhält sie als zum Tode verurteilte Barbara Graham in Robert Wises *I Want to Live!* den Oscar. 1959 Gründung der Filmgesellschaft Carrollton Inc. Als alternder Musical-Star in Robsons *Valley of the Dolls*. 1969 Bühnenerfolg mit Musical «Mame». In den 70er Jahren auch TV-Arbeit.

[US] 1937: Hollywood Hotel. 1938: Campus Cinderella; The Sisters (Drei Schwestern aus Montana); Girls on Probation; Comet over Broadway. 1939: Beau Geste (Drei Fremdenlegionäre); Our Leading Citizen; $1,000 a Touchdown. 1941: Among the Living (Zum Leben verdammt); Sis Hopkins; Adam Had Four Sons (Adam hatte vier Söhne); A Letter from Bataan [KF]. 1942: Star Spangled Rhythm; The Forest Rangers (Lodernde Flammen); Reap the Wild Wind (Piraten im karibischen Meer); I Married a Witch (Meine Frau, die Hexe); Young and Willing. 1943: Jack London; Hit Parade of 1943. 1944: And Now Tomorrow (Der Morgen gehört uns); Skirmish on the Home Front [KF]; The Fighting Seabees (Alarm im Pazifik); The Hairy Ape. 1946: Canyon Passage (Feuer am Horizont); Deadline at Dawn. 1947: Smash-Up: The Story of a Woman; They Won't Believe Me; The Lost Moment (Briefe aus dem Jenseits). 1948: Tap Roots (Tal der Leidenschaften); The Saxon Charm. 1949: My Foolish Heart (Angst vor der Schande); Tulsa (Tulsa); House of Strangers (Blutsfeindschaft). 1951: I Can Get It for You Wholesale; David and Bathsheba (David und Bathseba); I'd Climb the Highest Mountain; Rawhide (Zwei in der Falle). 1952: The Lusty Men (Arena der Cowboys); With a Song in My Heart (Mit einem Lied im Herzen); The Snows of Kilimanjaro (Schnee am Kilimandscharo). 1953: The President's Lady (Gefährtin seines Lebens); White Witch Doctor (Weiße Frau am Kongo). 1954: Demetrius and the Gladiators (Die Gladiatoren); Garden of Evil (Der Garten des Bösen). 1955: I'll Cry Tomorrow (Und morgen werde ich weinen); Soldier of Fortune (Treffpunkt Hongkong); Untamed (Die Unbezähmbaren). 1956: The Conqueror (Der Eroberer). 1957: Top Secret Affair (Charmant und süß – aber ein Biest). 1958: I Want to Live! (Laßt mich leben). 1959: Woman Obsessed (Ungebändigt); Thunder in the Sun (Donner in der Sonne) [D,P]. 1960: The Marriage-Go-Round (Ehekarussell). 1961: Ada (Ada Dallas); Back Street (Endstation Paris). 1962: I Thank a Fool (Das Geheimnis der grünen Droge) [GB]. 1963: The Stolen Hours (Das Glück in seinen Armen) [D,P – GB]. 1964: Susan Hayward Invites You to Georgia [KF]; Where Love Has Gone (Wohin die Liebe führt). 1967: The Honey Pot (Venedig sehen und ... erben); Valley of the Dolls (Das Tal der Puppen). 1971: Heat of Anger [TV]. 1972: The Revengers (Revengers); Say Goodbye, Maggie Cole [TV].

Hayworth, Rita

(Margarita Carmen Cansino)
*17. 10. 1918 New York City
†14. 5. 1987 New York City

Beide Eltern sind Tänzer. Als 6jährige zusammen mit ihrem Vater als Tänzerin in Night Clubs. 1926 mit ihrer Familie auch in einem Kurzfilm. Professionelles Bühnendebüt 1932 in Los Angeles als Tänzerin. Zwei Jahre mit ihrem Vater als Tanzpaar in mexikanischen und kalifornischen Clubs. Gleichzeitig erste Kontakte mit der Filmindustrie. 1935 – als Rita Cansino – Tänzerin in Harry Lachmans *Dante's Inferno*. Filmvertrag mit 20th Century-Fox, 1937 Wechsel zu Columbia. Jetzt unter dem Namen Hayworth in vielen B-Pictures als Tänzerin. Erste herausragende Schauspiel-Rolle als Judy in Howard Hawks' Fliegerfilm *Only Angels Have Wings*. 1941 spielt sie die Verführerin Dona Sol in Rouben Mamoulians Stierkämpfer-Drama *Blood and Sand*. Star-Status im gleichen Jahr als Partnerin von Fred Astaire in Sidney Lanfields Musical *You'll Never Get Rich*. 1944 als Co-Star von Gene Kelly im Musical *Cover Girl* (Charles Vidor). Die rothaarige Schönheit ist in den 40er Jahren ein populäres Pin-up-Girl mit dem Beinamen «Love Goddess». Bedeutendste schauspielerische Leistungen als Femme fatale: In der Titelrolle in Charles Vidors Südamerika-Melodram *Gilda* mit Glenn Ford singt sie «Put the Blame on Mame», in *The Lady from Shanghai* von und mit ihrem zweiten Ehemann Orson Welles ist sie die undurchsichtige Lady Elsa Bannister. Ab Ende der 40er Jahre nur noch wenige Filmaufgaben. 1959 als alternde Schönheit in Delbert Manns *Seperate Tables*, in Burt Kennedys *The Money Trap* neben Glenn Ford. Körperlicher und geistiger Verfall durch Alzheimer Krankheit. 1983 TV-Biografie *Rita Hayworth: The Love Goddess* mit Lynda Carter.

[US] 1926: Anna Case in La Fiesta [KF]. 1934: Cruz diablo (Das Teufelskreuz) [MX]. 1935: Piernas de seda (Seidenbeine) [MX]; In Caliente; Under the Pampas Moon; Charlie Chan in Egypt (Charlie Chan in Ägypten); Dante's Inferno; Paddy O'Day. 1935/36: A Message to Garcia (Die Botschaft an Garcia). 1936: Meet Nero Wolfe; Human Cargo; Rebellion/Lady From Frisco (Die Lady von Californien). 1937: Trouble in Texas (Carmen in Texas); Old Louisiana (Waffenschmuggel in Louisiana); Hit the Saddle; Criminals of the Air; Girls Can Play; The Game That Kills; Paid to Dance; The Shadow; Who Killed Gail Preston? 1938: Convicted [CA]; There's Always a Woman; Juvenile Court; The Renegade Ranger; Homicide Bureau. 1939: Special Inspector [CA]; The Lone Wolf Spy Hunt; Only Angels Have Wings (SOS – Feuer an Bord). 1939/40: Music in My Heart. 1940: Blondie on a Budget; Susan and God (Susan und der liebe Gott); The Lady in Question; Angels over Broadway (Angels over Broadway). 1941: The Strawberry Blonde (Schönste der Stadt); You'll Never Get Rich (Wer wird schon reich beim Militär?); Affectionately Yours (Der Herzensbrecher); Blood and Sand (König der Toreros). 1942: You Were Never Lovelier (Du warst nie berückender); My Gal Sal (Die Königin vom Broadway); Tales of Manhattan (Sechs Schicksale). 1943: Show Business at War [KF]. 1944: Cover Girl (Es tanzt die Göttin). 1945: Tonight and Every Night. 1946: Gilda (Gilda). 1947: Down to Earth (Eine Göttin auf Erden); The Lady from Shanghai (Die Lady von Shanghai). 1948: The Loves of Carmen (Liebesnächte in Sevilla) [D,P]. 1952: Affair in Trinidad (Affäre in Trinidad) [D,P]; Salome. The Dance of the Seven Veils (Salome) [D,P]. 1953: Campagne Safari [DOK]; Miss Sadie Thompson (Fegefeuer) [D,P]. 1957: Pal Joey (Pal Joey); Fire Down Below (Das Spiel mit dem Feuer) [GB]. 1958: Separate Tables (Getrennt von Tisch und Bett). 1959: They Came to Cordura (Sie kamen nach Cordura). 1960: The Story on Page One (Sensation auf Seite 1). 1961: The Happy Thieves (Rendezvous in Madrid). 1964: Circus World (Circus-Welt/Held der Arena). 1965/66: The Money Trap (Goldfalle). 1966: The Poppy Is Also a Flower/Danger Grows Wild (Mohn ist auch eine Blume) [UN]; L'avventuriero/The Rover (Ich komme vom Ende der Welt) [IT/GB]. 1968: I bastardi/Le bâtard/Der Bastard [IT/FR/BRD]. 1970: The Naked Zoo; La route de Salina/Quando il sole scotta (Die Straße nach Salina) [FR/IT]. 1972: The Wrath of God (Zum Teufel mit Hosianna). 1976: Circle.

Heesters, Johannes

(Johan Marius Nicolaas Heesters)
* 5. 12. 1903 Amersfoort (Niederlande).

Nach der Schulzeit Banklehre. Gesangs- und Schauspielausbildung in Amsterdam. Engagements an Sprechbühnen in Amsterdam, Den Haag, Brüssel und Rotterdam. Mitte der 30er Jahre Wechsel als Tenor ins Operettenfach, Debüt 1934 an der Volksoper Wien, 1935 Komische Oper, Metropol-Theater und Admiralspalast in Berlin. 1924 erste Rolle im niederländischen Stummfilm *Cirque hollandais* (Theo Frenkel sen.). Seinen zweiten Filmauftritt hat Heesters erst 10 Jahre später in Richard Oswalds niederländischem Exilfilm *Bleeke Bet*. Ab 1935 in Ufa-Filmen, u.a. mit Marta Eggerth in Detlef Siercks *Das Hofkonzert* sowie mit Marika Rökk als «Traumpaar des deutschen Revuefilms» in den Millöcker-Adaptionen *Der Bettelstudent* und *Gasparone* (beide Georg Jacoby). Im Folgenden variiert er den Bonvivant und Dandy in zahlreichen Operetten- und Revuefilmen, sowie in Schlagerfilmen und Gesellschaftskomödien; vereinzelt auch mit ernsten Tönen (z. B. *Illusion*, Viktor Tourjansky). Sein Markenzeichen sind weißer Seidenschal, Frack und Zylinder. 1938 in Amsterdam und Den Haag in Operetten-Aufführungen mit emigrierten jüdischen Schauspielern. In Berlin 1942 Mitwirkung bei Fernsehversuchen, im folgenden Jahr Tournee durch Deutschland und annektierte Anrainerstaaten. Nach dem Krieg in Operetten in Wien, München, Berlin und anderen Orten, u.a. über 1600mal als Graf Danilo in Lehárs «Die lustige Witwe». In den 50er Jahren bekommen seine Figuren väterliche Züge, wobei er sein Charmeur-Image jedoch beibehält: 1961 vorerst letzte Filmrolle in Geza von Cziffras Schlagerfilm *Junge Leute brauchen Liebe*. Nur noch 1985 die an Graf Danilo erinnernde Episodenrolle eines Bettlers in *Otto – Der Film* (Xaver Schwarzenberger). Heesters tritt in zahlreichen Fernsehfilmen, auf ihn zugeschnittenen TV-Shows, fürs Fernsehen aufgezeichneten Theaterinszenierungen und Serien auf. 1982 neben Carl Heinz Schroth in Neil Simons *Sonny Boys* (Rolf von Sydow). 1975 Filmband in Gold für langjähriges und hervorragendes Wirken im deutschen Film. 1978 erscheinen die Memoiren «Es kommt auf die Sekunde an. Erinnerungen an ein Leben im Frack», 1993 die Neubearbeitung. Die Tochter Nicole (* 1937) aus erster Ehe mit der belgischen Operettensängerin Louise H. Ghijs ist auch Schauspielerin.

[DE/BRD] 1924: Cirque Hollandais [NL]. 1934: Bleeke Bet [NL]. 1934/35: De vier Mullers [Version – AT/NL]. 1935/36: Die Leuchter des Kaisers [AT]. 1936: Der Bettelstudent; Das Hofkonzert. 1937: Wenn Frauen schweigen; Gasparone. 1938: Nanon. 1938/39: Das Abenteuer geht weiter. 1939: Hallo Janine; Meine Tante – Deine Tante. 1939/40: Liebesschule. 1940: Die lustigen Vagabunden; Rosen in Tirol. 1941: Immer nur Du; Jenny und der Herr im Frack; Illusion. 1942: Karneval der Liebe. 1943/44: Es lebe die Liebe; Glück bei Frauen; Es fing so harmlos an. 1944: Frech und verliebt. 1944–46: Die Fledermaus. 1946: XIV. Renée/Renée XIV. Der König streikt [Unvollendet – HU]. 1947: Wiener Melodien [AT]. 1949: Liebe Freundin [AT]. 1950: Wenn eine Frau liebt; Hochzeitsnacht im Paradies. 1950/51: Professor Nachtfalter. 1951: Tanz ins Glück [AT]; Die Csardasfürstin. 1952: Im weißen Rößl. 1953: Liebeskrieg nach Noten; Die geschiedene Frau; Die Jungfrau auf dem Dach [Version – US]; Schlagerparade; Hab' ich nur Deine Liebe [AT]. 1954: Stern von Rio/Stella di Rio [BRD/IT]. 1954/55: Gestatten, mein Name ist Cox; Bel ami. Der Frauenheld von Paris [AT]. 1955/56: Ein Herz und eine Seele (... und wer küßt mich?) [AT]. 1956: Meine Schwester und ich [TV]; Heute heiratet mein Mann; Opernball [AT]. 1957: Viktor und Viktoria; Von allen geliebt. 1958: Bühne frei für Marika!; Besuch aus heiterem Himmel/Jetzt ist er da aus USA.; Frau im besten Mannesalter. 1959: 100 Jahre Wiener Operette [DOK – AT]; Die unvollkommene Ehe [AT]; Nocturno im Grand Hotel [TV]. 1959/60: Am grünen Strand der Spree 5. Capriccio Italien [TV]. 1961: Junge Leute brauchen Liebe [AT]. 1961/62: Nicht zuhören, meine Damen! [TV – AT/BRD]. 1962: Mein Bruder Jacques [TV – CH/AT/BRD]. 1963: Die lustige Witwe [TV]. 1964: Leider lauter Lügen [TV]. 1965: Viktoria und ihr Husar [TV]. 1966: Hochzeitsnacht im Paradies [TV]. 1966/67: Zwischenstationen: Johannes Heesters [TV-DOK]. 1968: Wenn die kleinen Veilchen blühen [TV]; Unsere liebste Feindin [TV]. 1969/70: Der Kommissar: Parkplatz-Hyänen [TV]. 1970: Schauspielerporträt: Johannes Heesters [TV]. 1971: Gastspiele [TV]. 1972: Eine Frau bleibt eine Frau [TV-EP]; Paganini [TV – AT/BRD]. 1973: Hallo, Hotel Sacher ... Portier!: Opernball [TV – AT/BRD]; Johannes Heesters: 70 Jahre jung [TV – AT/BRD]. 1974: Hochzeitsnacht im Paradies [TV]. 1978: Johannes Heesters: Es kommt auf die Sekunde an [TV-DOK]. 1979: Die Alten kommen [TV-EP – BRD/AT/CH]. 1980: Liebe bleibt nicht ohne Schmerzen [TV-EP – BRD/CH/AT]. 1982: Sonny Boys [TV]. 1984: Die schöne Wilhelmine. 1. Ewige Treue/2. Das Liebesnest/3. Heimsuchungen/4. Die Ungekrönte [TV]. 1985: Ich knüpfte manche zarte Bande [TV-EP]; Otto – der Film; Alte Gauner. 1. Die große Prüfung/2. Fabrikanten/3. Fifty-Fifty/4. Gesegnete Mahlzeit/5. Schrittmacher/6. Alte Meister/7. Urlaubsgeld/8. Arbeitsteilung [TVS]. 1986: Ein Abend für Johannes Heesters [TV – BRD/AT]. 1989: Zwei Münchner in Hamburg [TVS – 1. Staffel]. 1990/91: Zwei Münchner in Hamburg [TVS – 2. Staffel]. 1991: Altes Herz wird nochmal jung [TV-EP]. 1992/93: Zwei Münchner in Hamburg [TVS – 3. Staffel]. 1993: Geschichten aus der Heimat. EP: Das letzte Edelweiß [TV-EP]; Charme mit Herz [TV]; Begegnungen: Johannes Heesters im Gespräch mit Paul Burkhalter [TV-DOK]; Johannes Heesters – Ein Leben im Frack [TV-DOK]. 1993/94: Silent Love [KF].

Helm, Brigitte

(Brigitte Eva Gisela Schittenhelm)
* 17. 3. 1906 Berlin
† 11. 6. 1969 Ascona

Schulbildung 1916–24 im Johanna-Stift in Werftpfuhl, Mark Brandenburg. Erste Theatererfahrungen bei Schulaufführungen. 1920 Mitwirkung an einem kurzen Kulturfilm. Nach dem Abitur von Fritz Lang für die Doppel-Hauptrolle als Jungfrau und Maschinenmensch Maria in *Metropolis* (1925/26) engagiert. Zehnjahresvertrag bei der Ufa. 1927 weibliche Hauptrollen als Müllerstochter Magda in Karl Grunes *Am Rande der Welt* und als Blinde in G. W. Pabsts *Die Liebe der Jeanne Ney*. Mit dem Erfolg in Henrik Galeens *Alraune* ist sie endgültig auf die Rolle des Vamps von starrer, statuenhafter Schönheit festgelegt. Helm klagt gegen die Ufa auf eine andere Rollenverwendung und erreicht einen Vergleich. 1928/29 Titelrolle im Melodram *Die wunderbare Lüge der Nina Petrowna* (Hanns Schwarz), wo sie aus edler Liebe in den Gift-Selbstmord geht. Der Übergang zum Tonfilm gelingt 1930 neben dem Tenor Jan Kiepura in *Die singende Stadt* (Carmine Gallone). Als Gilgi in der Irmgard-Keun-Verfilmung *Eine von uns* (Johannes Meyer) spielt sie die zeittypische Rolle der beruflich selbständigen, nichtsdestoweniger von der großen Liebe träumenden Frau. Letzte Vamp-Rolle 1932 als Wüstenkönigin Atinea in allen drei Sprachversionen von Pabsts *Die Herrin von Atlantis*. Filmarbeit auch in Frankreich und England. 1935 dreht Helm ihren letzten Film: *Ein idealer Gatte* (Herbert Selpin). Nach Auslaufen des Ufa-Vertrags wendet sie sich vom Film ab, heiratet den Industriellen Hugo Kunheim und zieht sich nach Ascona ins Privatleben zurück. 1968 Filmband in Gold für langjähriges und hervorragendes Wirken im deutschen Film.

[DE] 1925/26: Metropolis. 1927: Am Rande der Welt; Die Liebe der Jeanne Ney; Alraune. 1928: Abwege/Begierde; Die Yacht der sieben Sünden; Skandal in Baden-Baden; L'argent (Geld! Geld!! Geld!!!) [FR]. 1928/29: Autour de l'argent [DOK – FR]; Die wunderbare Lüge der Nina Petrowna. 1929: Manolescu. Der König der Hochstapler. 1930: Die singende Stadt [Version – GB/DE]; Alraune. 1931: Im Geheimdienst; Gloria [Dt. + Franz. Version – DE/FR]; The Blue Danube [GB]. 1931/32: Die Gräfin von Monte Christo. 1932: Die Herrin von Atlantis [Version]; L'Atlantide [Version – DE/FR]; The Mistress of Atlantis [Version]; Eine von uns; Hochzeitsreise zu Dritt [Version – AT]; Voyage de noces [Version – AT/FR]. 1932/33: Der Läufer von Marathon; Spione am Werk [Version]. 1933: L'Etoile de Valencia [Version – DE/FR]; Die schönen Tage von Aranjuez [Version]; Adieu les beaux jours [Version]; Inge und die Millionen. 1933/34: Gold [Version]; L'or [Version]; Die Insel [Version]; Vers l'abîme [Version – DE/FR]; Fürst Woronzeff [Version]; Le secret des Woronzeff [Version – DE/FR]. 1935: Ein idealer Gatte.

Henckels, Paul

*9. 9. 1885 Hürth bei Köln
†27. 5. 1967 Kettwig (Ruhr)

Nach dem Einjährigen Lehre in einer Lokomotivfabrik und in der väterlichen Stahlwarenhandlung. Privater Schauspielunterricht, Volontär am Krefelder Stadttheater. 1905–07 Schüler Louise Dumonts in Düsseldorf. Erste Theaterjahre am dortigen Schauspielhaus. Auch Regisseur und Leiter eines Seminars für Mimik und Gestik (unter seinen Schülern Gustaf Gründgens). 1919/20 Mitdirektor des Düsseldorfer Schauspielhauses. 1921 nach Berlin, Mitbegründer und künstlerischer Leiter des Schloßpark-Theaters, 1922 Volksbühne, ab Mitte der 20er Jahre am Deutschen Theater und anderen Bühnen. Erster Filmauftritt 1923 in *I.N.R.I.* (Robert Wiene). Zumeist kleine Stummfilmrollen, darunter harmlose «kleine Leute», aber auch hinterhältige Charaktere wie der Denunziant Mokes in *Der Biberpelz* oder der erbarmungslose Bürokrat in *Strafbare Ehen*. 1929 erstmals Regie bei dem Kurztonfilm *Paul Graetz als Berliner Zeitungsjunge*. Hauptrollen in frühen Tonfilm-Komödien. Henckels' Kleinbürger-Darstellungen reichen von der Betulichkeit wie in der eigenen Inszenierung *Schneider Wibbel* über das Groteske wie in *Er und sein Diener* hin zur Bösartigkeit wie in *Flachsmann als Erzieher*. Seine skurrilen Figuren besonders wirkungsvoll in den Filmen nach Romanen von Heinrich Spoerl: «Plattenbruder» Wimm in *Der Maulkorb*, Professor Bömmel in *Die Feuerzangenbowle*. Seit der Rolle des «armen Poeten» in *Das kleine Hofkonzert* gilt er als «Spitzweg des deutschen Films». 1936–45 Mitglied der Preußischen Staatstheater. Erste Nachkriegsrolle 1947 bei der DEFA als Arzt in der Büchner-Adaption *Wozzeck*. Im bundesdeutschen Film meist nur heiter-unverbindliche Chargenrollen. Abwendung vom Film, ab 1948 Gastauftritte in Düsseldorf, Köln und Berlin, Hörspielregie, Moderation der Fernsehserie *Nachsitzen für Erwachsene*. 1962 Filmband in Gold für langjähriges und hervorragendes Wirken im deutschen Film. Buchveröffentlichungen: 1956 «Ich war kein Musterknabe. Eines Lebenskünstlers lachende Weisheit», 1960 «Heiter bis wolkig. Ein Lebenswetterbericht», 1966 «Allerlei Heiterei. Hobelspäne von den Brettern, die die Welt bedeuten».

[DE/BRD] 1923: I.N.R.I.; Das Geheimnis vom Brinkenhof. 1925: Das Haus der Lüge/Arme, kleine Hedwig. 1926: Wenn das Herz der Jugend spricht; Staatsanwalt Jordan. 1927: Frühere Verhältnisse; Feme; Der Kampf des Donald Westhof; Am Rüdesheimer Schloß steht eine Linde. 1927/28: Der Biberpelz; Ledige Mütter; Thérèse Raquin/Du sollst nicht ehebrechen!; Die Rothausgasse/Cabarett zur roten Laterne/Das Haus zur roten Laterne. 1928: Der Ladenprinz; Polnische Wirtschaft; Der Unüberwindliche; Die seltsame Nacht der Helga Wangen; Revolutionshochzeit; Geschlecht in Fesseln; Ariadne in Hoppegarten; Die Wochenendbraut; Liebfraumilch. 1928/29: Tagebuch einer Kokotte. 1929: Paul Graetz als Berliner Zeitungsjunge [R – KF]; Der Boxstudent [KF]; Das närrische Glück; Die Liebe der Brüder Rott; Meineid; Durchs Brandenburger Tor; Morgenröte; Mutterliebe; Strafbare Ehen/Blutschande §173 St.G.B; Frühlings Erwachen; Sprengbagger 1010; Napoleon auf St. Helena; Die Frau ohne Nerven; Fruchtbarkeit; Gestörtes Ständchen [KF]. 1929/30: Der unsterbliche Lump; Die letzte Kompagnie. 1930: Cyankali; Skandal um Eva; Dreyfus; Die große Sehnsucht; Die Lindenwirtin; Die zärtlichen Verwandten; Dolly macht Karriere; Pension Schöller; Das gestohlene Gesicht; Flachsmann als Erzieher; Einbrecher; Schneider Wibbel [D,R]; Ihre Majestät die Liebe. 1930/31: Der wahre Jakob. 1931: Täter gesucht; Das Ekel; Der ungetreue Eckehart; Gloria [Dt. Version – DE/FR]; Er und sein Diener [HU/DE]; Der Stolz der 3. Kompagnie; Mein Leopold; Kadetten; Man braucht kein Geld. 1931/32: Es wird schon wieder besser ...; Rasputin; Der tolle Bomberg. 1932: Der Hexer [AT/DE]; Wie kommen die Löcher in den Käse? [KF]; Unheimliche Geschichten; Die – oder Keine; Das Testament des Cornelius Gulden; Mieter Schulze gegen Alle; Wer gibt, der hat [KF]; Geheimnis des blauen Zimmers; Rosmarin im Glück [KF]; Eine Stadt steht Kopf. 1932/33: Das Testament des Dr. Mabuse. 1933: Die Nacht im Forsthaus; Kleiner Mann – was nun?; Taifun/Polizeiakte 909; Der Traum vom Rhein; Reifende Jugend; Die schönen Tage von Aranjuez; Die Wette [KF]; Glückliche Reise; Heideschulmeister Uwe Karsten; Mädels von heute; Das 13. Weltwunder [KF]; Der Störenfried [KF]; Das lustige Kleeblatt; Der Jäger aus Kurpfalz; Bei Durchsicht unserer Bücher [D,A – Nicht aufgeführt]; Die Finanzen des Großherzogs. 1933/34: Zwischen zwei Herzen; In Sachen Timpe; Ein Mädchen mit Prokura; Die große Chance; Der verlorene Sohn. 1934: Der Meisterboxer; Charleys Tante; Liebe dumme Mama; Alte Kameraden/Das Fähnlein der Versprengten; Abschiedswalzer; Der Kuckuck am Steuer [D,R – KF]; Das Erbe in Pretoria; Der Herr Senator; Peter, Paul und Nanette; Ferien vom Ich; Hermine und die sieben Aufrechten. 1934/35: Der alte und der junge König; Alle Tage ist kein Sonntag. 1935: Ein idealer Gatte; Das Einmaleins der Liebe; Die Pusztakomtesse/Liebesträume [HU/AT/DE]; Verlieb' Dich nicht am Bodensee; Eine Seefahrt, die ist lustig; Arena Humsti Bumsti [KF]; Der Dschungel ruft. 1935/36: Mädchenjahre einer Königin; Die große und die kleine Welt; Die unmögliche Frau; Paul und Pauline. 1936: Das Hermännchen; Schabernack; Ave Maria; Drei tolle Tage; Unter dem Pantoffel [KF]; Eine Frau ohne Bedeutung; Hummel – Hummel/Ein kleiner goldener Ring; Der lustige Witwenball; Die Nacht mit dem Kaiser. 1936/37: Die gläserne Kugel. 1937: Karussell; Capriolen; Zweimal zwei im Himmelbett; Fremdenheim Filoda. 1937/38: Der Maulkorb. 1938: Skandal um den Hahn; Diskretion – Ehrensache; Tischlein deck dich; Napoleon ist an allem schuld. 1938/39: Das unsterbliche Herz; Der Florentiner Hut. 1939: 12 Minuten nach 12; Ein ganzer Kerl. 1939/40: Ihr Privatsekretär. 1940: Was wird hier gespielt?; Tran und Helle: Wartesaal [KF]; Herz modern möbliert; Friedrich Schiller. 1940–42: Der große König. 1940/41: Männerwirtschaft. 1941: Frau Luna; Immer nur ... Du!; Der Strom; Zwei in einer großen Stadt. 1941/42: Zwischen Himmel und Erde; So ein Früchtchen; Wiener Blut; Die Nacht in Venedig; Rembrandt. 1942: Hab' mich lieb! 1942/43: Liebesgeschichten; Altes Herz wird wieder jung; Das Bad auf der Tenne; Großstadtmelodie. 1943: Herr Sanders lebt gefährlich; Die Feuerzangenbowle. 1943–45: Kolberg. 1943/44: Die Zaubergeige; Träumerei; Junge Adler. 1944: Das Leben ruft; Der Mann, dem man den Namen stahl [Verboten]. 1944/45: Das seltsame Fräulein Sylvia [Unvollendet]; Das Leben geht weiter [Unvollendet]; Eine reizende Familie; Eine alltägliche Geschichte; Das kleine Hofkonzert. 1945: Frühlingsmelodie [Unvollendet]; Dr. phil. Döderlein [Unvollendet]. 1946: Allez hopp [Unvollendet – DDR]. 1947: Wozzeck [DDR]. 1947/48: Die seltsamen Abenteuer des Herrn Fridolin B. [DDR]. 1948/49: Gesucht wird Majora. 1949: Diese Nacht vergeß' ich nie; Hafenmelodie. 1950: Insel ohne Moral; Spatzen in Gottes Hand/Glück aus Ohio/Die Erbschaft aus Amerika; Rausch einer Nacht. 1951/52: Herz der Welt. 1952: Klettermaxe; Drei Tage Angst; Pension Schöller; Einmal am Rhein; Ferien vom Ich; Der fröhliche Weinberg; Fräulein Casanova [AT]. 1953: Die Stärkere; Hollandmädel; Fanfaren der Ehe; Das tanzende Herz; Königliche Hoheit. 1953/54: Staatsanwältin Corda. 1954: Schneider Wibbel [D,R – TV]; Columbus entdeckt Krähwinkel; Clivia; Maxie [AT]; Der Zarewitsch/Le tzarevitch [BRD/FR]; Ball der Nationen. 1954/55: Die spanische Fliege. 1955: Griff nach den Sternen; Die Mädels vom Immenhof; Mamitschka; Du darfst nicht länger schweigen; Drei Mädels vom Rhein. 1956: Ich und meine Schwiegersöhne; Tausend Melodien; Küß mich noch einmal; Kirschen in Nachbars Garten; Hochzeit auf Immenhof; Drei Birken auf der Heide; Der Fremdenführer von Lissabon. 1957: Bekenntnisse des Hochstaplers Felix Krull; Tolle Nacht; Der tolle Bomberg; Ferien auf Immenhof; Egon, der Frauenheld; Der Herzspezialist [TV]; Ein Stück vom Himmel; Heute blau und morgen blau/Eine verrückte Familie. 1958: Ein idealer Gatte [TV]; Liebe kann wie Gift sein; Bäume sterben aufrecht [TV]; Hier bin ich – hier bleib' ich. 1959: Immer die Mädchen [AT]. 1960/61: Frau Irene Besser. 1961: Via Mala; Bridge mit Onkel Tom [TV – AT]. 1964/65: Ich – erste Person Einzahl [TV].

Hepburn, Audrey

(Edda van Heemstra Hepburn-Ruston)
*4. 5. 1929 Brüssel
†20. 1. 1993 bei Lausanne

Ballett-Ausbildung am Arnhem Konservatorium in Amsterdam, sowie an Marie Rambert's Ballet School in London. Schauspielunterricht. 1948 Filmdebüt mit kleiner Rolle einer Stewardeß in einem niederländischen Film. 1949 Bühnendebüt in London als Tänzerin in der Show «High Button Shoes». Ab 1951 Nebenrollen in britischen Filmproduktionen. Titelrolle in der Musical-Fassung von Colettes «Gigi». Die Broadway-Aufführung öffnet den Weg nach Hollywood. 1953 erste große Rolle und Oscar als europäische Prinzessin neben Gregory Peck in William Wylers *Roman Holiday*. Sie wird sofort eine der populärsten Hollywood-Schauspielerinnen. Mit Humphrey Bogart als Tochter des Chauffeurs in Billy Wilders *Sabrina* (Oscar-Nominierung). 1956 spielt sie neben ihrem ersten Ehemann Mel Ferrer die Natascha in King Vidors *War and Peace* und die existentialistische Buchhändlerin im Musical *Funny Face* (Stanley Donen). 1959 Hauptrolle der Nonne Luke in *The Nun's Story* (Fred Zinnemann). Populär als elegante, etwas schüchterne junge Frau in romantischen Komödien: Model Holly Golightly in Blake Edwards' *Breakfast at Tiffany's*, neben Cary Grant in *Charade* (Stanley Donen). Sie spielt das Blumenmädchen Eliza Doolittle in *My Fair Lady* (George Cukor) und die tapfere Blinde im Thriller *Wait Until Dark* (Terence Young). 1967 Rückzug vom Filmgeschäft. Verschiedene Comeback-Versuche in den 70er und 80er Jahren bleiben ohne große Resonanz, u. a. 1976 als Marian in *Robin and Marian* (Richard Lester). Neben der Filmarbeit auch auf der Bühne, ab 1957 zudem TV-Arbeit. Von 1988 bis zu ihrem Tod fungiert sie als Sonderbotschafterin des Kinderhilfswerks der Vereinten Nationen (UNICEF).

[US] 1948: Nederland in 7 lessen (Die Niederlande in 7 Lektionen) [NL].1950/51: One Wild Oat [GB]. 1951: Nous irons à Monte Carlo (Musik in Monte Carlo) [FR]; Monte Carlo Baby [Version – FR/GB]; Laughter in Paradise (Wer zuletzt lacht) [GB]; Young Wives' Tales (Mit Küchenbenutzung) [GB]; The Lavender Hill Mob (Einmal Millionär sein) [GB]. 1951/52: Secret People [GB]. 1953: Introducing Audrey Hepburn [KF]; Roman Holiday (Ein Herz und eine Krone). 1954: Sabrina (Sabrina). 1956: War and Peace (Krieg und Frieden). 1957: Mayerling [TV]; Funny Face (Ein süßer Fratz); Love in the Afternoon (Ariane – Liebe am Nachmittag). 1959: Green Mansions (Tropenglut); The Nun's Story (Geschichte einer Nonne). 1960: The Unforgiven (Denen man nicht vergibt). 1961: Breakfast at Tiffany's (Frühstück bei Tiffany); The Children's Hour (Infam). 1963: Charade (Charade); Paris When It Sizzles (Zusammen in Paris). 1964: My Fair Lady (My Fair Lady). 1966: How to Steal a Million? (Wie klaut man eine Million). 1967: Two for the Road (Zwei auf gleichem Weg) [GB]; Wait Until Dark (Warte bis es dunkel ist). 1976: Robin and Marian (Robin und Marian). 1978/79: Bloodline (Blutspur). 1981: They All Laughed (Sie alle haben gelacht). 1987: Love Among Thieves (Flashpoint Mexiko – Farbe des Goldes). 1989: Always (Always).

Hepburn, Katharine

(Katharine Houghton Hepburn)
* 12. 5. 1907 Hartford (Connecticut)

Besuch der West Middle School und der Oxford School for Girls in Hartford, später am Bryn Mawr College in Pennsylvania. 1928 Bühnendebüt mit «The Czarina» bei Edwin H. Knopfs Stock Company in Baltimore, auch am Broadway. Umfangreiche Theaterarbeit in New York sowie in Tournee-Ensembles. Der Erfolg in der Inszenierung von «The Warrior's Husband» führt nach Hollywood. Dort 1932 erste Filmrolle in *A Bill of Divorcement* von George Cukor, mit dem sie bis 1978 insgesamt zehn Filme dreht. Sie wird eine der führenden amerikanischen Schauspielerinnen, vor allem in Komödien und Gesellschaftsdramen. 1933 erster Oscar als junge Schauspielerin Eva Lovelace in *Morning Glory* (Lowell Sherman). Die schlanke, sportliche Hepburn spielt häufig eigenwillige, emanzipierte Frauen aus dem Bürgertum. Als Mädchen Jo in Cukors *Little Women* erhält sie 1934 den Darstellerpreis des II. Festivals in Venedig. Ihre Wandlungsfähigkeit zeigt sich 1936, wo sie Maria Stuart in John Fords *Mary of Scotland* und in Mark Sandrichs *A Woman Rebels* eine erfolgreiche Karrierefrau spielt. Als Susan Vance ist sie der Gegenpart zu Cary Grant in Howard Hawks klassischer Screwballcomedy *Bringing Up Baby*, als Tracy Lord in Cukors Gesellschaftskomödie *The Philadelphia Story*. 1941 erstmals neben ihrem späteren Lebenspartner Spencer Tracy als intellektuelle und idealistische Journalistin in *Woman of the Year* (George Stevens), dann als Amanda Bonner in Cukors *Adam's Rib*. Neben Humphrey Bogart als zickige Missionarin in John Hustons *The African Queen*. 1955 überzeugend in *Summer Madness* (David Lean) als altjüngferliche Lehrerin, die sich auf einer Venedig-Reise in einen verheirateten Mann verliebt. Dann häufig Mutterrollen, so in *Suddenly Last Summer* (Joseph L. Mankiewicz), als Drogenabhängige in Sidney Lumets *Long Day's Journey Into Night* und 1967 in Stanley Kramers *Guess Who's Coming to Dinner?* (Oscar). Sie erhält weitere Oscars als britische Königin in Anthony Harveys *The Lion in Winter* (1968) und für die Darstellung der Ethel Thayer in Mark Rydells Senioren-Romanze *On Golden Pond* (1981). Obwohl in Hollywood fast pausenlos beschäftigt, kehrt sie häufig auch zum Theater zurück: u. a. 1938 am Broadway mit «The Philadelphia Story», 1950 als Rosalind in Shakespeares «As You Like It». 1969 Erfolg mit Musical «Coco», 1983 «Grace Quigley». Hepburn, die als eine der bedeutendsten Filmschauspielerinnen gilt, stellt 1986 die TV-Kompilation *The Spencer*

Tracy Legacy zusammen. 1987 Buch: «The Making of The African Queen, or: How I Went to Africa With Bogart, Bacall and Huston and Almost Lost My Mind». 1991 Memoiren «Me. Stories of My Life».

[US] 1932: A Bill of Divorcement (Eine Scheidung). 1933: Christopher Strong (Ihr großes Erlebnis); Morning Glory (Morgenrot des Ruhms); Little Women. 1934: Spitfire; The Little Minister. 1935: Break of Hearts; Alice Adams; Sylvia Scarlett. 1936: Mary of Scotland (Maria von Schottland); A Woman Rebels (Ein aufsässiges Mädchen). 1937: Quality Street; Stage Door (Bühneneingang). 1937/38: Bringing Up Baby (Leoparden küßt man nicht). 1938: Holiday (Die Schwester der Braut). 1940: The Philadelphia Story (Die Nacht vor der Hochzeit). 1941/42: Woman of the Year (Die Frau, von der man spricht). 1942: Keeper of the Flame (Die ganze Wahrheit/Hüter der Flamme). 1943: Stage Door Canteen. 1944: Dragon Seed. 1944/45: Without Love (Zu klug für die Liebe). 1946: The American Creed [KF]; Undercurrent (Der unbekannte Geliebte). 1946/47: The Sea of Grass (Endlos ist die Prärie). 1947: Song of Love (Clara Schumanns große Liebe). 1948: State of the Union (Der beste Mann). 1949: Adam's Rib (Ehekrieg). 1951: The African Queen (African Queen). 1952: Pat and Mike (Pat und Mike). 1955: Summer Madness (Traum meines Lebens). 1956: The Rainmaker (Der Regenmacher); The Iron Petticoat (Der eiserne Unterrock) [GB]. 1957: The Desk Set (Die Frau, die alles weiß). 1959/60: Suddenly, Last Summer (Plötzlich im letzten Sommer) [GB]. 1962: Long Day's Journey Into Night. 1967: Guess Who's Coming to Dinner? (Rat mal, wer zum Essen kommt). 1968: The Lion in Winter (Der Löwe im Winter) [GB]. 1969: The Madwoman of Chaillot (Die Irre von Chaillot) [GB]. 1971: The Trojan Women (Die Troerinnen). 1973: The Glass Menagerie (Die Glasmenagerie) [TV]; A Delicate Balance (Empfindliches Gleichgewicht). 1975: Rooster Cogburn (Mit Dynamit und frommen Sprüchen); Love Among the Ruins (Liebe in der Dämmerung) [TV]. 1978: Olly Olly Oxen Free/The Great Ballon Adventure (Das große Abenteuer im Ballon); The Corn Is Green (Das Korn ist grün) [TV]. 1981: On Golden Pond (Am goldenen See). 1983: The Ultimate Solution of Grace Quigley (Grace Quigleys letzte Chance). 1986: The Spencer Tracy Legacy: A Tribute by Katharine Hepburn (Spencer Tracy – Ein Porträt von Katharine Hepburn) [TV-DOK]; Mrs. Delafield Wants to Marry (Alter schützt vor Ehe nicht) [TV]. 1987: Laura Lansing Slept Here (Eine Dame namens Laura) [TV]. 1992: The Man Upstairs (Kein Engel auf Erden); Katharine Hepburn: All About Me [D,CoA – TV-DOK]. 1994: Love Affair; One Christmas [TV].

Hershey, Barbara

(Barbara Herzstein / Barbara Seagull)
*5. 2. 1948 Hollywood (California)

Besuch der Hollywood High School. Auftritte in College-Aufführungen. 1966 Erfolg in der TV-Serie *The Monroes*. Gleichzeitig Theaterarbeit u. a. in «Gidget» und «The Farmer's Daughter». 1968 Filmdebüt neben Doris Day in *With Six You Get Eggroll* (Howard Morris). Erste Beachtung als kleines Luder in Frank Perrys *Last Summer*. 1970 spielt sie ein Hippie-Mädchen in *The Baby Maker* (James Bridges). Titelrolle in Martin Scorseses *Boxcar Bertha*. Danach für drei Jahre Rückzug von der Filmindustrie und ausschließlich Tätigkeit in unabhängigen Produktionen – häufig zusammen mit David Carradine. Sie arbeitet auch in Europa und Israel, 1973–75 unter dem Namen Barbara Seagull. Mitte der 70er Jahre Rückkehr nach Amerika. Fernseharbeit. Seit 1980 auch wieder beim Film. Sie spielt die Ehefrau eines Testpiloten in Philip Kaufmans *The Right Stuff*, eine psychotische Serienmörderin in Barry Levinsons *The Natural*. 1987 Darstellerpreis in Cannes für die Farmersfrau Ruth in *Shy People* (Andrei Konchalovsky), ebenso 1988 für die Rolle der Anti-Apartheid-Journalistin in *A World Apart* (Chris Menges). Im selben Jahr als Maria Magdalena in Scorseses *The Last Temptation of Christ*. 1990 ein Emmy für ihre Mörderin im TV-Film *A Killing in a Small Town*. 1996 Oscar- und Golden Globe-Nominierung für die Rolle der Madame Serena Merle in Jane Campions Sitten-Gemälde *The Portrait of a Lady*.

[US] 1966: The Monroes [TVS]. 1967: Daniel Boone: The King's Shilling [TV]; The Whole Damn Human Race and One More [KF]. 1968: CBS Playhouse: Secrets [TV]; Kung Fu: Besieged [TV]; With Six You Get Eggroll (Der Mann in Mamis Bett); The Invaders: The Miracle [TV]; High Chapparal: The Peace Maker [TV]; Run For Your Life: Sara-Jane, You Never Whispered Again [TV]. 1969: Heaven With a Gun (Pulver und Blei); The Liberation of L. B. Jones (Glut der Gewalt); Last Summer (Petting). 1970: The Baby Maker; The Pursuit of Happiness (Fünf Finger geben eine Faust). 1971: Dealing: or Berkeley-to-Boston-Forty-Brick Lost Bag Blues (Heißer Stoff für Boston). 1972: Boxcar Bertha (Die Faust der Rebellen). 1973: Angela (Angela) [NL/BE]. 1974: The Crazy World of Julius Vrooder. 1975: You and Me. 1976: Trial by Combat/A Choice of Weapons (Selbstjustiz) [GB]; Flood! (Die Flut bricht los) [TV]; The Last Hard Men (Der Letzte der harten Männer). 1977: In the Glitter Palace [TV]; Sunshine Christmas [TV]; Just a Little Inconvenience [TV]. 1978: Diamonds (Der Diamanten-Clou) [US/IL]. 1979: A Man Called Intrepid (Der Furchtlose) [TV – CA/US]; The Stuntman (Der lange Tod des Stuntman Cameron); From Here to Eternity (Verdammt in alle Ewigkeit) [TVS]. 1981: Angel on My Shoulder [TV]; Entity (Entity – Es gibt kein Erbarmen vor dem Unsichtbaren, das uns); Take This Job and Shove It (Ein Senkrechtstarter kratzt die Kurve); Americana. 1983: The Right Stuff (Der Stoff, aus dem die Helden sind). 1984: My Wicked, Wicked Ways. ... Legend of Errol Flynn (Die Errol-Flynn-Legende) [TV]; The Natural (Der Unbeugsame). 1985: Passion Flower (Passion Flower – Leidenschaft und Ehrgeiz) [TV]. 1986: Hannah and Her Sisters (Hannah und ihre Schwestern). 1987: Hoosiers (Freiwurf); Shy People (Shy People – Bedrohliches Schweigen); Tin Men (Tin Men – Zwei haarsträubende Rivalen). 1987/88: A World Apart (Zwei Welten) [GB]. 1988: Beaches (Freundinnen); The Last Temptation of Christ (Die letzte Versuchung Christi). 1989: The Lemon Sisters (Lemon Sisters). 1990: A Killing in a Small Town (Killing Desperation) [TV]. 1990/91: Tune in Tomorrow/Aunt Julia and the Scriptwriter (Julia und ihre Liebhaber). 1991: Defenseless (Wehrlos); Paris Trout (Tollwütig); Stay the Night (Grenzenlose Leidenschaft) [TV]. 1992: The Public Eye (Der Reporter); Airs and Graces. 1992/93: Swing Kids (Swing Kids); Splitting Heirs (... und ewig schleichen die Erben) [GB]. 1993: Falling Down (Falling Down – Ein ganz normaler Tag); A Dangerous Woman; Return to Lonesome Dove (Wildes Land) [TV]; Die Bibel: Abraham/Abramo [TV – DE/IT/US]. 1995: Last of the Dogmen (Dogman). 1996: The Portrait of a Lady (Portrait of a Lady); The Pallbearer.

Hessling, Cathérine

(Andrée Madeleine Heuchling)
* 1899 Moronvilliers
† Oktober 1979 Paris

Sie steht Auguste Renoir Modell und heiratet dessen Sohn Jean, der sie als Traumbesetzung für seine ersten Filme ansieht. Noch unter der Regie von Albert Dieudonné, schon aber geprägt durch den Autor und Produzenten Renoir, spielt sie 1924 die Hauptrolle in *Catherine* (Uraufführung 1927 unter dem Titel *Une vie sans joie*). Ihr komisches und melodramatisches Temperament zeigt sich in den frühen Renoir-Filmen *La fille de l'eau* und *Charleston*; aber auch in seiner Zola-Verfilmung *Nana* überzeugt sie das Publikum. Nach einigen Arbeiten mit Alberto de Almeida Cavalcanti (1927–29) und der Trennung von Renoir taucht sie nur noch in Nebenrollen auf; sie beendet Mitte der 30er Jahre ihre Filmkarriere.

[FR] 1924: La fille de l'eau; Catherine, ou une vie sans joie. 1925: Nana. 1927: Yvette; La petite marchande d'allumettes; La p'tite Lili; En rade; Charleston. 1928: Tire au flanc. 1929: Le Petit Chaperon Rouge. 1929/30: Die Jagd nach dem Glück [DE]. 1933: Du haut en bas; Coralie et Compagnie. 1935: Crime et châtiment.

Heston, Charlton

(Charlton Carter)
* 4. 10. 1924 Evanston (Illinois)

1941–43 Studium an der School of Speech der Northwestern University in Evanston, Illinois. 1945 erste Filmrolle in der Amateur-Produktion *Peer Gynt* von David Bradley. 1944–47 Dienst bei der US Air Force. Danach Radiosprecher in New York sowie Regisseur und Schauspieler am Thomas Wolfe Memorial Theatre in Ashville, North Carolina. 1947 Broadway-Debüt mit Shakespeares «Antony and Cleopatra». 1948 beim Fernsehen in der Serie *Studio One*. 1950 Filmdebüt. Er spielt den Zirkusmanager in *The Greatest Show On Earth* (Cecil B. DeMille), die Titelrolle in *The Private War of Major Benson* (Jerry Hopper). Häufig in historischen Monumentalfilmen, so als Moses in DeMilles *The Ten Commandments*, Titelrollen in William Wylers *Ben Hur* (Oscar) und in Anthony Manns Ritterspektakel *El Cid*. Als mexikanischer Detektiv Ramon Vargas in Orson Welles Grenzkrimi *Touch of Evil*, in Franklin J. Schaffners *Planet of the Apes* ist er einer der Astronauten. In den 70er und 80er Jahren überwiegend Aufgaben in Actionfilmen, häufig als zentrale Autoritätsfigur in Katastrophenfilmen: *Earthquake, Airport 1975, Gray Lady Down*. In Richard Fleischers düsterer Utopie *Soylent Green* spielt er einen Polizisten, der auf eine Verschwörung stößt. 1994 Nebenrolle in dem Action-Spektakel *True Lies* mit Arnold Schwarzenegger. 1996 als Player King in Kenneth Branaghs Verfilmung von *Hamlet*. Daneben weiterhin am Theater: u. a. 1972 Arthur Millers «The Crucible» und 1975 «Macbeth». 1973 Regiedebüt mit «Antony and Cleopatra» – ebenfalls Autor. Ab 1980 viel TV-Arbeit, u. a. 1985 Gastauftritte in den TV-Serien *Dynasty* und *The Colbys*. Gelegentlich eigene Regie. 1965–71 Präsident der amerikanischen Screen Actor's Guild, außerdem jahrelang Chairman des American Film Institute. 1977 Jean Hersholt Humanitarian Award. 1978 Buch-Veröffentlichung «The Actor's Life: Journals, 1956–1976». Sohn Fraser Charlton Heston arbeitet als Regisseur.

[US] 1945: Peer Gynt [stumm]. 1948: Studio One: Jane Eyre [TV]. 1950: Julius Caesar; Dark City (Stadt im Dunkel); Introducing Charlton Heston [KF]; Studio One: Macbeth [TV]. 1951: Studio One: A Bolt of Lightning [TV]. 1952: The Greatest Show on Earth (Die größte Schau der Welt); The Savage (Der weiße Sohn der Sioux); Ruby Gentry (Wildes Blut). 1953: Three Lives; Bad for Each Other; Arrowhead (Die Bestie der Wildnis); The President's Lady (Gefährtin seines Lebens); Pony Express (Pony-Express). 1954: The Naked Jungle (Wenn die Marabunta droht); Secret of the Incas (Geheimnis der Inkas). 1955: The Privat War of Major Benson (Der Privatkrieg des Majors Benson); The Far Horizons (Am fernen Horizont); Lucy Gallant (Ich will, daß Du mich liebst). 1956: The Ten Commandments (Die zehn Gebote). 1957: Touch of Evil (Im Zeichen des Bösen); Three Violent People (Rivalen ohne Gnade). 1958: The Buccaneer (König der Freibeuter); The Big Country (Weites Land). 1959: Ben Hur (Ben Hur); The Wreck of the Mary Deare (Die den Tod nicht fürchten). 1961: El Cid (El Cid). 1962: The Pigeon That Took Rome (Es begann in Rom). 1963: Diamond Head (König von Hawaii); 55 Days at Peking (55 Tage in Peking). 1964/65: Major Dundee (Sierra Charriba). 1965: Peer Gynt [Tonfassung]; The Greatest Story Ever Told (Die größte Geschichte aller Zeiten); The Agony and the Ecstasy (Inferno und Ekstase); The War Lord (Die Normannen kommen). 1965/66: Khartoum (Khartoum) [GB]. 1967: Counterpoint (Der Befehl); All About People. 1967/68: Planet of the Apes (Planet der Affen). 1968: Will Penny (Der Verwegene). 1969: Number One; Festival Game [GB]. 1969/70: Julius Caesar [TV – GB]. 1970: The Hawaiians (Herrscher der Insel); Beneath the Planet of the Apes (Rückkehr zum Planet der Affen). 1971: The Omega Man (Der Omega-Mann). 1972: Anthony and Cleopatra (Antonius und Cleopatra) [D,R,A – ES]; The Call of the Wild/Ruf der Wildnis [GB/BRD]; Skyjacked (Endstation Hölle). 1973: The Three Musketeers (The Queen's Diamond) (Die drei Musketiere) [PA]; Soylent Green (... Jahr 2022 ... Die überleben wollen). 1974: Airport 1975 (Giganten am Himmel); The Four Musketeers (The Revenge of Milady) (Die vier Musketiere der Königin) [PA]; Earthquake (Erdbeben). 1976: Midway (Schlacht um Midway); The Last Hard Men (Der Letzte der harten Männer); Two-Minute Warning (Zwei Minuten Warnung). 1977: Gray Lady Down (U-Boot in Not). 1978: The Prince and the Pauper (Der Prinz und der Bettler) [PA]. 1979: The Mountain Men (Duell am Wind River). 1980: The Awakening (Das Erwachen der Sphinx) [GB]. 1982: Mother Lode (Goldfieber) [D,R]. 1983: Chiefs (Die Polizei-Chiefs von Delano) [TV]. 1984: Nairobi Affair (Nairobi Affäre) [TV]. 1985–87: Dynasty II: The Colbys (Die Colbys) [TVS]. 1987: Proud Men [TV]. 1988: A Man for All Seasons [D,R – TV]. 1989: Original Sin (Die unbarmherzige Meute) [TV]. 1989/90: Treasure Island (Die Schatzinsel). 1990: The Little Kidnappers (Little Kidnappers) [TV – CA]; Almost an Angel (Beinahe ein Engel); The Crucifer of Blood [GB]. 1991: A Thousand Heroes (Katastrophenflug 232). 1992: Solar Crisis/Starfire (Starfire) [JP]. 1993: Tombstone (Tombstone); Wayne's World 2. 1994: Avenging Angel [TV]; True Lies (True Lies). 1995: In the Mouth of Madness (Die Mächte des Wahnsinns). 1996: Alaska (Alaska); Hamlet (Hamlet).

Hidari Sachiko

(Nukamura Sachiko)
*29. 6. 1930 Shimoniikawa (Präfektur Toyama)

Im Anschluß an die Schule 1947 Studium an der Sporthochschule in Tokio, daneben Theaterausbildung u. a. an der Kamakura Akademia. Nach dem Hochschulabschluß 1950 zunächst Sportlehrerin, parallel dazu weitere Ausbildung bei der Schauspieltruppe Haiyû-za. 1952 Filmdebüt bei Hiromasa Nomura und Vertrag mit der Shin-Toho-Gesellschaft. 1955–58 bei Nikkatsu, 1958–62 bei Daiei, anschließend freischaffend. Von Anfang an beeindruckt sie durch eine äußerst vitale Rollengestaltung; häufig verkörpert sie Frauen aus der Arbeiterklasse oder Bäuerinnen, wie in *Shishun no Izumi* (Nabuo Nakagawa), *Niguruma no Uta* (Satsuo Yamamoto) oder *Nippon Konchuki* (Shôhei Imamura). Sie spielt Dienstmädchen (*Osaka no Yado* von Heinosuke Gosho; *Jochukko* von Tomotoka Tasaka) ebenso wie Prostituierte (*Bakumatsu Taiyo-den* von Yûzû Kawashima; *Kiga Kaikyo* von Tomu Uchida); Mitte der 60er Jahre Wechsel im Typus zu Rollen starker Mütterlichkeit. 1959–77 ist sie mit dem Regisseur Susumu Hani verheiratet. 1969 erste eigene Regiearbeit im Episodenfilm *L'amour au feminin;* 1976 Inszenierung des abendfüllenden Spielfilms *Toi Ippon no Michi.*

[JP] 1952: Wakaki Hi no Ayamachi. 1953: Ikedaya Sodô; Oyabaka Hanagassen; Shishun no Izumi. 1954: Niwatori wa futatabi naku; Kuroi Ushio; Osaka no Yado; Okuman-chôja. 1955: Jochûkko; Ofukuro; Aoga-shima no Kodomotachi: Jokyôshi no Kiroku. 1956: Mahiru no Ankoku; Kôsaka Shirô no Hanzai. 1957: Danryû; Bakumatsu Taiyô-den. 1958: Fumihazushita Haru; Shundei-ni. 1959: Hanran; Niguruma no Uta. 1961: Kawaii Mendori ga utatta. 1963: Mushuku-ninbetsuchô; Nippon Konchû-ki (Das Insektenweib); Kanojo to Kare (Sie und er); Haikei Tennô-heika Sama. 1964: Goben no Tsubaki; Kiga Kaikyô. 1966: Andesu no Hanayome; Kâchan to Jûichinin no Kodomo. 1969: L'amour au féminin [D,R – FR]. 1971: Kigeki: Onna ikitemasu. 1972: Gunki hatameku Shita ni. 1976: Hadashi no Gen; Toi Ippon no michi [R]. 1977: Wakai Hito; Tôi Ippon no Michi. 1978: Sonezaki Shinjû. 1980: Tekkihei, tonda. 1985: Mishima: A Life in Four Chapters (Mishima) [US/JP]. 1986: Haru-koma no Uta. 1993: O-haka to Rikon. 1995: Sukiyaki.

Hill, Terence

(Mario Girotti)
*29. 3. 1939 Venedig

Mit seinen Eltern verbringt Mario Girotti als Kind einige Jahre in Deutschland, kommt 1947 nach Italien und spielt ab 1952 kleine Rollen in großenteils unbedeutenden Filmen. 1964 in *Winnetou II.* 1967 ändert er seinen Namen in Terence Hill. Unter diesem Künstlernamen wird er gemeinsam mit Bud Spencer durch eine Serie von Spaghetti-Western berühmt. Beide haben den ersten Erfolg 1968 in *I quattro dell'Ave Maria* (Giuseppe Colizzi), den Höhepunkt ihrer Popularität erreichen Hill und Spencer 1970 mit *Lo chiamavano Trinità* von E. B. Clucher (= Enzo Barboni). In diesen Western, die mit Komödienelementen vermischt sind, verkörpert Hill den sympathischen, pikaresken und todesmutigen Helden «Trinità», der sich mit Begeisterung prügelt. Allein oder im Zusammenspiel mit Spencer, zumeist unter der Regie von Clucher oder Sergio Corbucci, genießt Hill in den 70er und 80er Jahren die Gunst des Publikums. Er wechselt erfolgreich zum Abenteurertyp und weiter zum Kriminalgenre, wobei viele Filme mit wenig Gehalt, aber um so größerem Kassenerfolg entstehen. 1983 inszeniert und spielt Hill in *The World of Don Camillo*. Es ist der mißglückte Versuch, den Erfolg der Serie mit Fernandel aus den 50er und 60er Jahren zu wiederholen.

[IT] 1952: Vacanze col gangster. 1952/53: La voce del silencio/La voix du silence (Männer ohne Tränen) [IT/FR]. 1953: Villa Borghese/Les amants de Villa Borghese. 2. Ep: Pi-greco (Römischer Reigen) [EP – IT/FR]. 1954: Divisione Folgore. 1955: Gli sbandati (Die Verirrten); La vena d'oro. 1956: Mamma sconosciuta; Guaglione. 1957: La grande strada azzurra (Squarciò)/Un dénommé Squarcio/Leben ohne Gnade [IT/FR/BRD]; Lazzarella/Lazzarella, petite canaille [IT/FR]. 1957/58: Anna di Brooklyn (Anna von Brooklyn) [IT/FR]. 1958/59: Il padrone delle ferriere/Felipe Derblay [IT/ES]. 1959: Juke-box, urli d'amore; Un militare e mezzo (Kasernengeflüster); Cartagine in fiamme/Carthage en flammes (Karthago in Flammen) [IT/FR/GB]; La spada e la croce/Maria Maddalena (Kreuz und Schwert); Spavaldi e innamorati; Annibale (Hannibal); Cerasella. 1961: Le meraviglie di Aladino/Les mille et une nuits (Aladins Abenteuer) [IT/FR]; The Roman Spring of Mrs. Stone (Der römische Frühling der Mrs. Stone) [GB]; Pecado de amor/Il mio amore è scritto sul vento [ES/IT]; Giuseppe venduto dai fratelli. 1962: Il Gattopardo (Der Leopard) [IT/FR]; Il dominatore dei sette mari (Pirat der sieben Meere); Il giorno più corto. 1964: Winnetou II/Vinetu II/Giorni di fuoco/Le trésor des montagnes bleus [BRD/YU]. 1965: Duell vor Sonnenuntergang [BRD]; Winnetou und der Bärenjäger [BRD]; Der Ölprinz/Kralj petroleja [BRD/YU]. 1967: Die Nibelungen [BRD]; Dio perdona ... io no!/Tu perdo nas ... yo no (Gott vergibt ... Django nie!) [IT/ES]; Little Rita nel West (Blaue Bohnen für ein Halleluja); La feldmarescialla/La grosse pagaille (Etappenschweine) [IT/FR]; Io non protesto, io amo. 1968: Preparati la bara! (Django und die Bande der Gehenkten); I quattro dell' Ave Maria (Vier Fäuste für ein Ave Maria). 1969: Barbagia (La società del malessere) (Der blaublütige Bandit). 1970: La collina degli stivali (Hügel der blutigen Stiefel); Lo chiamavano Trinità ... (Die rechte und die linke Hand des Teufels); La colera del viento/La collera del vento (Der Teufel kennt kein Halleluja) [ES/IT]. 1971: Il Corsaro Nero/El Corsario Nero (Freibeuter der Meere) [IT/ES]; ... continuavano a chiamarlo Trinità (Vier Fäuste für ein Halleluja). 1972: Più forte ragazzi! (Zwei Himmelhunde auf dem Weg zur Hölle); Il vero e il falso; ... e poi lo chiamarono il Magnifico/El Magnifico (Verflucht, verdammt und Halleluja) [IT/FR]. 1973: Il mio nomine è Nessuno/Mon nom est Personne/Mein Name ist Nobody [IT/FR/BRD]. 1974: ... altrimenti ci arrabbiamo!/Y si no, nos enfadamos (Zwei wie Pech und Schwefel) [IT/ES]; Porgi l'altra guancia/Les deux missionaires [IT/FR]. 1975: Un genio, due compari, un pollo/Un génie, deux associés, une cloche/Nobody ist der Größte [IT/FR/BRD]. 1977: Due superpiedi quasi piatti (Zwei außer Rand und Band); March or Die (Marschier oder stirb) [GB]; Mr. Billion (Mister Billion) [US]. 1978: Pari e dispari (Zwei sind nicht zu bremsen). 1979: Io sto con gli ippopotami. 1980: Poliziotto superpiù (Der Supercop). 1981: Nati con la camicia/Go For It (Zwei bärenstarke Typen) [IT/US]; Chi trova un amico trova un tresoro (Zwei Asse trumpfen auf). 1983: The World of Don Camillo/Don Camillo (Keiner haut wie Don Camillo) [D,R – US]. 1984: Non c'è due senza quattro. 1986: Miami Supercops/I Polizotti dell' Ottava strada [US]. 1987: Renegade un osso troppo duro (Renegade). 1994/95: Die Troublemaker/Botte di Natale [D,R – D/IT].

Hindemith, Harry

* 16. 6. 1906 Brüssel
† 21. 1. 1973 Berlin

Realschule. Studium an den Musikhochschulen Mannheim und Karlsruhe. Arbeit als Bankbote, Schauspielunterricht in Würzburg. 1925 Mitglied des kommunistischen Jugend-Verbandes KJV, 1928 der KPD. 1930 Bühnendebüt am Stadttheater Würzburg. 1933 von den Nazis inhaftiert, mit Auftrittsbeschränkung belegt. 1937 Mitglied der NSDAP. Landestheater Allenstein, Städtische Bühnen Wuppertal. 1945 nach Kriegsende am Theater in Rostock, Deutsches Theater Berlin. Ab 1954 Volksbühne, daneben auch am Maxim Gorki Theater. Erster kurzer Filmauftritt 1943/44 als Reporter in *Junge Adler* (Alfred Weidenmann). 1946 erste Hauptrolle bei der DEFA als Kriegsheimkehrer Iller in Gerhard Lamprechts *Irgendwo in Berlin*. Regelmäßige Film-, später auch Fernsehauftritte, meist in Rollen schlichter, aufrechter Charaktere, positiver Helden und klassenbewußter Proletarier, so bei Slatan Dudow als Ernst Weber in dem Gegenwartsfilm *Unser täglich Brot* und Werkleiter Seidel in *Familie Benthin* oder als Parteisekretär in Kurt Maetzigs *Schlösser und*

Katen. Differenziertere oder negative Helden sind selten: der ehemals reiche Fischer «Admiral» in *Hochzeit in Länneken* (Heiner Carow) oder der spießbürgerliche Meister in *Die besten Jahre* (Günther Rücker). Rollen in kulturpolitisch wichtigen Serien des Deutschen Fernsehfunks: Kommunist Hans Stiller in *Gewissen im Aufruhr* (Reisch/Kasprzik), Taxifahrer in *Dr. Schlüter* (Achim Hübner), Onkel Jüll in *Krupp und Krause* (Brandt/Thiel). Auch bürgerliche Gestalten wie der Außenminister im TV-Film *Mord an Rathenau* oder als General von Hohenberg in Günter Reischs Liebknecht-Filmen *Solange Leben in mir ist* und *Trotz alledem!* Er wird 1950 und 1951 mit Nationalpreisen ausgezeichnet.

[DDR] 1943/44: Junge Adler [DE]. 1946: Irgendwo in Berlin. 1947/48: Straßenbekanntschaft. 1948: Und wieder 48! 1948/49: Quartett zu fünft. 1949: Unser täglich Brot; Der Auftrag Höglers. 1950: Familie Benthin. 1951/52: Roman einer jungen Ehe; Sein großer Sieg. 1952: Anna Susanna. 1952/53: Die Unbesiegbaren; Jacke wie Hose. 1955: Der Teufelskreis; Genesung; Drei Mädchen im Endspiel; Der Fackelträger. 1955/56: Mich dürstet. 1956: Schlösser und Katen. 1. Der krumme Anton/2. Annegrets Heimkehr.; Bärenburger Schnurre. 1957: Tatort Berlin; Les misérables/I miserabili (Die Elenden) [FR/IT]. 1957/58: Sie kannten sich alle. 1958: Der Lotterieschwede; Die Feststellung. 1958/59: SAS 181 antwortet nicht; Tilmann Riemenschneider [CoA]. 1959: Zu jeder Stunde. 1959/60: Hatifa; Schritt für Schritt; Die heute über 40 sind. 1960: Ein Scherbengericht [KF]; Die Liebe und der CoPilot [TV]; Das kleine und das große ABC [KF]; Der Fremde. 1960/61: Italienisches Capriccio. 1961: Wer zahlt die Zeche? [TV]; Kuttel; Gewissen im Aufruhr. 1. Entscheidung an der Wolga/2. Als die Glocken schwiegen/3. Wo sich die Wege trennen/4. Auf der anderen Seite/5. Zweite Heimkehr. [TV]; Schneewittchen und die sieben Zwerge; Mord an Rathenau [TV]. 1961/62: An französischen Kaminen. 1962: Weimarer Pitaval: Auf der Flucht erschossen [TV]; Du sollst nicht töten [TV]; Die neue Losung [TV]. 1963: Weimarer Pitaval: Die Affäre Heyde-Sawade [TV]; Vanina Vanini [TV]; Die Hochzeit von Länneken. 1964: Der Neue. 2. Teil [TV]; Der tanzende Stein [TV]; Als Martin 14 war. 1964/65: Lots Weib; Solange Leben in mir ist; Die besten Jahre; Denk bloß nicht, ich heule [UA: 1990]. 1965: Dr. Schlüter 1. Der Pakt/2. Die Flucht/3. Das Testament/4. Die Insel [TV]. 1966/67: Kriminalfälle ohne Beispiel: Der Fall Timo Rinnelt [TV]; Er ging allein [TV]. 1967: Brot und Rosen; Die Fahne von Kriwoj Rog. 1967/68: Krupp und Krause. 1. Warum ist es am Rhein so schön/2. Maskenball/3. Bis die Haie torkeln [TV]. 1968: Alchimisten [TV]. 1969: Sankt Urban [TV]; Rendezvous mit Unbekannt: M wie Mauser (1952) [TVS]; Staub und Rosen [TV]. 1969/70: Meine Stunde Null. 1970: Der Sonne Glut. 1. Zum Leben angetreten /2. Aufbruch in den Morgen /3. Saat im Sturm /4. Die Klassenschlacht [TV]. 1971: Trotz alledem!; Černyje suchar'/Schwarzer Zwieback [SU/DDR]. 1971/72: Der Adjutant [TV]. 1972: Kriminalfälle ohne Beispiel: Der Fall Brühne-Fehrbach [TV]. 1972/73: Ninotschka sucht den Frühling [TV].

Hoffman, Dustin

*8. 8. 1937 Los Angeles

Musikstudium am Santa Monica City College. 1956–58 Schauspielunterricht am Pasadena Playhouse. Tätigkeit in Sommertheatern und bei Tournee-Ensembles. Kleine Fernsehaufgaben. 1961 Broadway-Debüt mit «A Cook for Mr. General». 1966 Erfolg Off-Broadway mit «The Journey of the Fifth Horse». Filmdebüt 1967. Im nächsten Jahr Oscar-Nominierung als verführter College-Boy Ben Braddock in Mike Nichols' *The Graduate*. Oft in der Rolle des Anti-Helden, wird der schmächtige, jugendlich wirkende Hoffman zu einem der populärsten und vielseitigsten Schauspieler seiner Generation. Er verkörpert den New Yorker Obdachlosen Ratso Rizzo in John Schlesingers *Midnight Cowboy*, den 121jährigen Jack Crabb in Arthur Penns *Little Big Man*. Für seine Charakterisierung des umstrittenen Nachtclub-Entertainers Lenny Bruce in Bob Fosses *Lenny* wird er zum Oscar nominiert. 1976 neben Robert Redford als Watergate-Journalist Carl Bernstein in *All the President's Men* (Alan J. Pakula) und als Babe Levy in *Marathon Man* (John Schlesinger). Oscar als Ehemann Ted Kramer in Robert Bentons Scheidungsdrama *Kramer vs. Kramer*, weitere Nominierung für die Titelrolle in Sidney Pollacks *Tootsie*, Hoffmans erster eigener Produktion. 1984 Broadway-Erfolg als alternder Vertreter Willie Loman (Drama Desk Award), auch in der TV-Fassung *The Death of a Salesman* von Volker Schlöndorff (Emmy Award). 1988 zweiter Oscar für die Darstellung des Autisten in Barry Levinsons *Rain Man*. Daneben aber auch in spektakulären Flops wie neben Warren Beatty in *Ishtar* (Elaine May) und als Captain in Steven Spielbergs Piratenfilm *Hook*. 1989/90 spielt er in London und am Broadway den Shylock in «The Merchant of Venice». 1992 ist er in Stephen Frears' *Hero* der einfache Mann, der bei einem Flugzeugabsturz selbstlos Menschen rettet, dessen Ruhm aber von Rücksichtsloseren geerntet wird. Als Wissenschaftler in Wolfgang Petersens Viren-Thriller *Outbreak* hat er auch in einer Action-Rolle Erfolg. In Barry Levinsons *Sleepers* (1996) kurze, aber prägnante Auftritte als versoffener Anwalt Danny Snyder. 1997 erhält Hoffman den Cecil B. DeMille Award für sein Lebenswerk.

[US] 1958–62: Naked City: Sweet Prince of Delancey Street [TV]; Naked City: Barefoot on a Bed of Coals [TV]. 1965: Defenders: A Matter of Law and Disorder [TV]. 1967: The Graduate (Die Reifeprüfung); The Tiger Makes Out. 1967/68: Un dollaro per 7 vigliacchi/El millón de Madigan (Zwei Nummern zu groß) [IT/ES]. 1968: A Very Square Room (Das Geheimnis des alten Hauses) [TV]. 1969: Midnight Cowboy (Asphalt-Cowboy); John and Mary (John und Mary). 1970: Little Big Man (Little Big Man). 1971: Straw Dogs (Wer Gewalt sät...) [GB]. 1972: Alfredo, Alfredo (Alfredo, Alfredo) [IT/FR]; Who Is Harry Kellerman and Why Is He Saying Those Terrible Things about Me? (Wer ist Harry Kellerman?). 1973: Papillon (Papillon); Sunday Father [KF]. 1974: Lenny (Lenny). 1976: Marathon Man (Der Marathon-Mann); All the President's Men (Die Unbestechlichen). 1977: Bette Midler – Ole Red Hair Is Back [TV]. 1978: Agatha (Das Geheimnis der Agatha Christie) [D,P]; Straight Time (Stunde der Bewährung) [D,P]. 1979: Kramer vs. Kramer (Kramer gegen Kramer). 1982: Tootsie (Tootsie). 1985: Death of a Salesman (Tod eines Handlungsreisenden) [TV]. 1986: Ishtar (Ishtar). 1988: Rain Man (Rain Man). 1989: Family Business (Family Business); Common Threads: Stories from the Quilt [S]. 1990: Dick Tracy (Dick Tracy). 1991: Hook (Hook); Billy Bathgate (Billy Bathgate). 1992: Hero (Ein ganz normaler Held). 1994/95: Outbreak (Outbreak – Lautlose Killer). 1996: Sleepers (Sleepers); American Buffalo (American Buffalo). 1996/97: Mad City. 1997: Sphere.

Hoffmann, Jutta

*3. 3. 1941 Halle (Saale)

Schulbesuch und Abitur in Schkopau, in der Laienspielgruppe der Buna-Werke. 1959 bis 62 Filmhochschule Potsdam-Babelsberg. 1960 erste Rolle in dem DEFA-Film *Das Rabauken-Kabarett* (Werner W. Wallroth). 1962–73 erfolgreiche Bühnenarbeit in Berlin am Maxim Gorki Theater. 1965–67 Deutsches Theater. Ab 1973 Berliner Ensemble. Daneben kontinuierlich in Film- und Fernsehproduktionen. 1963 Erfolg als Professorentochter Penny in *Julia lebt* (Frank Vogel). 1964–66 als idealistisch-unangepaßte Junglehrerin in Vogels *Denk bloß nicht, ich heule* und in Herrmann Zschoches *Karla*; die Filme kommen in Folge des 11. SED-Plenums nicht zur Aufführung. Internationale Beachtung gewinnt die zierliche Schauspielerin als Leonore in Egon Günthers TV-Verfilmung des Arnold-Zweig-Romans *Junge Frau von 1914*. 1972 Darstellerpreis in Venedig für ihre Rolle einer jungen, selbstbewußten Frau auf Männersuche in Günthers Kinofilm *Der Dritte*. Ebenfalls unter Günthers Regie als «Aussteigerin» Ric im DEFA-Film *Die Schlüssel*. Als klatschsüchtige Adele Schopenhauer neben der als *Lotte in Weimar* agierenden Lilli Palmer in Günthers Thomas-Mann-Adaption. Unter Frank Beyers Regie Hauptrollen im kritischen Gegenwartsfilm *Das Versteck* mit Manfred Krug und in *Geschlossene Gesellschaft* mit Armin Mueller-Stahl; beide Filme von der DDR-Kulturbürokratie unterdrückt. Im Fernsehen mehrfach Zusammenarbeit mit dem experimentierfreudigen Regisseur Thomas Langhoff: *Hedda Gabler, Stella. Nach Goethe, Die Zeit der Einsamkeit* nach Stephan Hermlin. In den 80er Jahren zunehmend Theaterarbeit im Westen, z. B. bei den Festspielen in Salzburg und an den Kammerspielen in München, dann ans Deutsche Schauspielhaus Hamburg. Professur an der Hochschule für Musik und Theater, Hamburg. Nur gelegentlich Fernseharbeit, so 1993 als patente Ost-Schwägerin in der TV-Serie *Motzki*. 1997 ist sie in Katja von Garniers *Bandits* Mitglied einer aus dem Gefängnis ausgebrochenen Frauenband.

[DDR] 1960: Das Rabauken-Kabarett; Ärzte. 1962: Schwarzes Benzin [TV]. 1963: Julia lebt; Koffer mit Dynamit/Praha, nultá hodina [DDR/CS]. 1964: Engel im Fegefeuer. 1964/65: Solange Leben in mir ist; Denk bloß nicht, ich heule [UA: 1990]. 1965/66: Karla [UA: 1990]. 1966: Frau Jenny Treibel oder Wo sich Herz zum Herzen findet [TV]. 1967: Kleiner Mann – was nun? [TV]. 1969: Zeit zu leben; Weite Straßen – stille Liebe; Dr. med. Sommer II. 1969/70: Junge Frau von 1914 [TV]. 1970/71: Anlauf [TV]. 1971: Trotz alledem!; Der Dritte. 1972: Die Schlüssel. 1974/75: Lotte in Weimar. 1976/77: Das Versteck; Abschied vom Frieden [TV]. 1977: Die Entdeckung [KF]; Ursula [TV – CH/DDR]. 1977/78: Fleur Lafontaine [TV]. 1978: Galileo Galilei [TV]; Geschlossene Gesellschaft [TV]. 1978/79: Blauvogel. 1979: Die Rache des Kapitäns Mitchell [TV]. 1979/80: Hedda Gabler [TV]. 1981/82: Das Graupenschloß [TV]. 1982: Stella [TV]. 1983: Die Zeit der Einsamkeit [TV]. 1985: Torquato Tasso [TV]. 1989: Die gestundete Zeit [TV]. 1989/90: Ach, Boris! [AT]. 1991: Lulu [TV]. 1993: Motzki [TVS]. 1994: Der Mann im schwarzen Mantel [TV]. 1995: Bella Block: Liebestod [TV]. 1997: Bandits.

Hoger, Hannelore

*20. 8. 1942 Hamburg

Ab 1958 Schauspielausbildung an der Hamburger Hochschule für Musik, dann bei Eduard Marks. Ab 1960 an Theatern in Ulm, Bremen, Stuttgart, Köln, Bochum, Berlin, ab 1981 Deutsches Schauspielhaus Hamburg. 1975 von der Zeitschrift «Theater heute» zur Schauspielerin des Jahres gewählt. 1965 erste Fernsehrolle. Sie macht auf sich aufmerksam durch ironisch-trotzig gespielte Gestalten in Filmen von Alexander Kluge: Zirkusdirektorin Leni Peickert in *Die Artisten in der Zirkuskuppel: Ratlos*, Geschichtslehrerin Gabi Teichert in *Deutschland im Herbst* und *Die Patriotin*, Doppelrolle in *Die Macht der Gefühle*. Um 1970 beteiligt sie sich an Kluges Ulmer Bastelfilmen auch in verschiedenen Funktionen. Komödiantisch konturierte Darstellung auch kleiner Rollen: die verbitterte Frau Schroth in *Eisenhans* (Tankred Dorst), die zickige, lebenshungrige Zahnarztfrau Isabella Borgward in *Super* (Adolf Winkelmann) oder die Fremdsprachenequilibristin in *Der Sommer des Samurai* (Hans-Christoph Blumenberg). 1988 beeindruckt sie in Egon Monks TV-Film *Die Bertinis*. Neben Gastauftritten bei Fernsehermittlern *Derrick*, *Peter Strohm* etc., gelingt Hoger 1993 die überzeugende Verkörperung der *Bella Block – Die Kommissarin* (Max Färberböck): abgebrüht – nicht zynisch, empfindsam, aber unbestechlich. In der TV-Serie *Die Drei* ist sie neben zwei Jungdetektiven die Zentralfigur. 1996 Reporterin in Helmut Dietls *Rossini oder die mörderische Frage, wer mit wem schlief*. Hogers Tochter Nina (* 1961) ist ebenfalls Schauspielerin.

[BRD] 1965: Zeitsperre [TV]. 1966: Wilhelm Tell [TV]. 1967: Die Artisten in der Zirkuskuppel: ratlos. 1967–69: Die unbezähmbare Leni Peickert [TV]. 1969: Leben und leben lassen [TV]; Marija [TV]. 1969–71: Willi Tobler und der Untergang der 6. Flotte (1977 Neufassung: «Zu böser Schlacht schleich ich heut nacht so bang»). 1969/70: Der große Verhau. 1970: Wir verbauen 3 x 27 Millia. Dollar in einen Angriffsschlachter/Der Angriffsschlachter/Angriffsschlachter En Cascade [KF]; Der Pott [TV]; Piggies [TV]. 1971: Eduard IV [TV]. 1972: Der Marquis von Keith [TV]. 1972/73: Bauern, Bonzen und Bomben [TV]. 1973: Kleiner Mann, was nun? [TV]. 1974: Eiszeit/Istid [BRD/NO]; Die Schwiegertochter [TV]; Badische Revolte 1848 [TV]. 1975: Die verlorene Ehre der Katharina Blum; Die Geisel [TV]; Der Gehülfe [TV – CH]. 1976/77: Heinrich. 1977: Mensch Mutter. 1977–79: Die Patriotin. 1977/78: Deutschland im Herbst [EP]; Notsignale: Freddy Türkenkönig [TV]. 1978: Der Tag, an dem Elvis nach Bremerhaven kam [TV]; Kläger und Beklagte [TVS]. 1979: Tatort: Schweigegeld [TV]; Eine Rückkehr [TV]; Tatort: Mitternacht oder kurz danach [TV]; Die lebenslängliche Frau [TV]. 1980: Defekte [TV]; Ein Mann fürs Leben [TV]. 1981: Kraftprobe. 1982: Die Frau im rosa Mantel [TV]; Schlaflose Tage [TV]; Angst vor dem Leben [TV]; Eisenhans. 1983: Der Gross-Cophta [TV]; Die Macht der Gefühle. 1983/84: Tausend Augen. 1984: Super. 1985/86: Der Sommer des Samurai; Jacob hinter der blauen Tür. 1986: Hoffnungsspuren: Ein fernes Leben [TV]. 1987: Dortmunder Roulette [TVS]. 1987/88: Peter Strohm: Damenopfer [TV]; Peter Strohm: Das blaue Wunder [TV]. 1988: Die Bertinis [TV]. 1989: Frühlings Erwachen [TV – AT]. 1989/90: Lippels Traum; Marleneken [TV – BRD/AT]. 1990: Der Alte: Ganz für sich allein [TV]. 1991: Kollege Otto [TV]; Derrick: Ein Tod auf dem Hinterhof [TV]; Tandem. 1991/92: Zweite Heimat – Chronik einer Jugend [TVS]. 1992: Der Alte: Der Tod ist kein Ende [TV]; Tatort: Unversöhnlich [TV]. 1993: Ein Fall für zwei: Ticket zum Himmel [TV]; Bella Block: Die Kommissarin [TV]. 1994: Der König: Auch Mörder müssen sterben [TV]; Grenzgänger [TV – DE/CH]; Derrick: Eine Endstation [TV]; Himmel und Hölle [TV]. 1995: Bella Block: Liebestod [TV]. 1995/96: Die Drei [TVS]. 1996: Bella Block: Geldgier [TVS]; Rossini oder die mörderische Frage, wer mit wem schlief. 1997: Lupo und der Muezzin; Bella Block: Hoffnungsberg [TV]; Theater als «Räuber ohne Kopf» – Hannelore Hoger über ihren Beruf [TV-DOK].

Holden, William

(William Franklin Beedle jr.)
* 17. 4. 1918 O'Fallon (Illinois)
† 12. 11. 1982 Santa Monica (California)

Besuch der South Pasadena High School sowie des Pasadena Junior College. 1938 Bühnendebüt im Pasadena Playhouse mit «Manya» und Filmdebüt. 1939 eindrucksvoller Beginn der Filmkarriere in der Rolle des jungen Boxers Joe Bonaparte in Rouben Mamoulians *Golden Boy*. In den 40er Jahren vor allem in Western und Komödien. 1942–45 Weltkriegsteilnahme als Lieutenant der US Army. 1947 Rolle des Soldaten in *Dear Ruth* (William D. Russell). Oscar-Nominierung für die Rolle des Drehbuchautors Joe Gillis in Billy Wilders *Sunset Boulevard*. Für den Kriegsgefangenen G. I. Sefton in Otto Premingers *Stalag 17* wird er mit einem Oscar ausgezeichnet. 1954 verkörpert er den Industriellen McDonald Walling in *Executive Suite* (Robert Wise) und den Millionenerben David Larrabee in Wilders *Sabrina*. Der seriös und verläßlich wirkende Holden spielt auch häufig Uniformrollen: Jetpilot in *The Bridges at Toko-Ri* (Mark Robson), britischer Offizier in *The Bridge on the River Kwai* (David Lean), ein pazifistischer Militärarzt in John Fords Western *The Horse Soldiers* (1959). In seinen letzten Lebensjahren lebt Holden vorwiegend in der Schweiz und in seinem Safari Club in Kenya. Daneben vor allem TV-Arbeit. 1973 Erfolg als Los Angeles Cop im TV-Film *The Blue Knight* (Robert Butler). 1976 Oscar-Nominierung als TV-Reporter Max Schumacher in *Network* (Sidney Lumet). Seine letzte Rolle ist Tim Culley in Blake Edwards' Hollywood-Farce *S.O.B.* Mit seiner Fima Toluca Productions betätigt sich Holden auch als Produzent.

[US] 1938: Prison Farm. 1939: Million Dollar Legs; Each Dawn I Die (Todesangst bei jeder Dämmerung); Golden Boy (Golden Boy); Invisible Stripes (12 Monate Bewährung); Those Were the Days. 1940: Our Town (Unsere kleine Stadt); Arizona. 1941: I Wanted Wings; Texas (Flucht nach Texas). 1942: The Remarkable Andrew; Meet the Stewarts; The Fleet's In. 1943: Young and Willing. 1944: Wings Up [KF]. 1947: Variety Girl; Dear Ruth; Blaze of Noon. 1948: The Man from Colorado (Der Richter von Colorado); Rachel and the Stranger (Ehe ohne Liebe); Apartment for Peggy (Eine Dachkammer für zwei). 1949: You Can Change the World; Streets of Laredo (Die Todesreiter von Laredo); Miss Grant Takes Richmond; The Dark Past. 1950: Father Is a Bachelor; Union Station (Menschen ohne Seele); Dear Wife; Sunset Boulevard (Boulevard der Dämmerung); Born Yesterday (Die ist nicht von gestern). 1951: Submarine Command (U-Kreuzer Tigerhai); Boots Malone (Tommy macht das Rennen). 1951/52: The Turning Point. 1952: Force of Arms (Kein Groschen für die Ewigkeit). 1953: Forever Female (Die pikanten Jahre einer Frau); The Moon Is Blue (Die Jungfrau auf dem Dach) [Version]; Escape from Fort Bravo (Verrat im Fort Bravo); Stalag 17 (Stalag 17). 1954: Samurai/Miyamoto musashi [US-Fassung – US/JP]; The Country Girl (Ein Mädchen vom Lande); Executive Suite (Die Intriganten); Sabrina (Sabrina); The Bridges at Toko-Ri (Die Brücken von Toko-Ri). 1955: Love Is a Many Splendored Thing (Alle Herrlichkeit auf Erden); Picnic (Picknick); The Proud and Profane (Auch Helden können weinen). 1956: Toward the Unknown (Einst kommt die Stunde). 1957: The Bridge on the River Kwai (Die Brücke am Kwai) [GB]. 1958: The Key (Der Schlüssel) [GB]. 1959: The Horse Soldiers (Der letzte Befehl). 1960: The World of Suzie Wong (Die Welt der Suzie Wong). 1960/61: The Counterfeit Traitor (Verrat auf Befehl). 1961/62: The Devil Never Sleeps (China-Story) [GB]. 1962: The Lion (Patricia und der Löwe) [GB]. 1963: Paris When It Sizzles (Zusammen in Paris). 1964: The Seventh Dawn (Beim siebten Morgengrauen) [GB/US]. 1966: Alvarez Kelly (Alvarez Kelly). 1966/67: Casino Royale (Casino Royale) [GB]. 1968: The Devil's Brigade (Die Teufelsbrigade). 1969: The Wild Bunch (The Wild Bunch – Sie kannten kein Gesetz); L'arbre de Noël/L'albero di Natale (Pascal) [FR/IT]. 1971: Wild Rovers (Missouri). 1972: The Revengers (Revengers). 1973: The Blue Knight [TV]; Los cazadores (Open Season – Jagdzeit) [ES]. 1974: The Towering Inferno (Flammendes Inferno); Breezy (Begegnung am Vormittag). 1976: 21 Hours at Munich (Die 21 Stunden von München) [TV]; Network (Network). 1978: Damien: Omen II (Das Omen II); Ashanti (Ashanti) [CH]; Fedora (Fedora) [BRD]. 1979: When Time Ran Out ... (Der Tag, an dem die Welt unterging); Escape to Athena (Flucht nach Athena) [GB]. 1980: The Earthling [AU]. 1981: S.O.B. (Hollywoods letzter Heuler – S.O.B.).

Holoubek, Gustaw

*21. 4. 1923 Krakau

1948 Bühnendebüt am Słowacki Teatr in Krakau, danach bis 1953 Schauspielstudium an der Theaterhochschule Krakau. Später als Schauspieler und künstlerischer Leiter am Śląski Teatr Katowice. Ab 1958 in Warschau, zunächst am Nationaltheater, ab 1971 am Dramatyczny Teatr, das er bis 1982 leitet. Auf der Bühne beeindruckt er u. a. als Richard III. und als König Ödipus. Für seinen Götz in Sartres «Le Diable et le Bon Dieu» wird er von der polnischen Kritik ausgezeichnet, 1966 und 1978 erhält er den Polnischen Staatspreis. 1953 Filmdebüt als Dzierżyński in Wanda Jakubowskas *Żołnierz zwycięstwa*. Er zeigt sein Talent bei der Gestaltung gebrochener Charaktere vor allem in Filmen von Wojciech J. Has. Erster Erfolg 1957 als Alkoholiker Kuba in *Pętla*. 1965 spielt Holoubek den Wirt in Tadeusz Konwickis *Salto* an der Seite von Zbigniew Cybulski, 1966 in *Marysia i Napoleon* (Leonard Buczkowski) die männliche Titelrolle. In der Bruno-Schulz-Adaption *Sanatorium pod klepsydrą* (1973) verkörpert er den Doktor Gotard. In den 60er und 70er Jahren zunehmend auch in TV-Produktionen. Als Tadeusz Konwickis Lieblingsschauspieler übernimmt er 1971 die Hauptrolle in *Jak daleko stąd, jak blisko*. 1989 tritt er in Konwickis *Lawa. Opowieść o «Dziadach» Adama Mickiewicza* in nur einer Sequenz dieser Adaption des Nationaldramas auf, in der er «Die große Improvisation» rezitiert. 1962 debütiert er mit dem Episodenfilm *Spóźnieni przechodnie* als Regisseur. 1975 inszeniert er *Mazepa*. Holoubek, der zu den profiliertesten dramatischen Schauspielern in Polen gehört, arbeitet mehrere Jahre als Professor an der Staatlichen Theaterhochschule Warschau. Lange Zeit ist er Präsident des Polnischen Schauspielerverbandes und wird später Ehrenpräsident des Polnischen Theaterverbandes. Als Abgeordneter des Sejm ist er auch politisch aktiv.

[PL] 1953: Żołnierz zwycięstwa (Der Soldat des Sieges). 1956: Tajemnica dzikiego szybu. 1957: Pętla (Die Schlinge). 1958: Pożegnania. 1959: Biały niedźwiedź; Wspólny pokój (Das gemeinsame Zimmer). 1960: Rozstanie; Kolorowe pończochy; Czas przeszły (Vergangenheit); Spotkania w mroku/Begegnung im Zwielicht [PL/DDR]. 1961: Jutro premiera Morgen: Premiere; Historia żółtej ciżemki (Die Geschichte vom Saffianschuh). 1962: Spotkanie w «Bajce» (Um 7 Uhr im Café «Märchen»); Spóźnieni przechodnie [R]; Gangsterzy i filantropi (Große und kleine Gauner). 1963: Naprawdę wczoraj (Eine Frau, die man nie vergessen kann). 1964: Rękopis znaleziony w Saragossie (Die Handschrift von Saragossa); Awatar czyli, zamiana dusz [TV]; Prawo i pięść (Das Gesetz und die Faust). 1965: Perły i dukaty (Perlen und Dukaten) [TVS]; Augenblicke des Friedens: Abitur [TV – DDR]; Salto (Salto). 1966: Hamlet x 5 [KF]; Czdąowiek z kwiatem w ustach [TV]; Marysia i Napoleon (Maria und Napoleon); Odwiedziny o zmierzchu [TV]. 1966–68: Klub profesora Tutki. 14 Folgen [TVS]. 1967: Fatalista (Der Fatalist) [TV]. 1969: Urząd [TV]; Gra. 1970: Pejzaż z bohaterem. 1970/71: Goya/Goja [DDR/SU]. 1971: Jak daleko stąd, jak blisko (Wie fern, wie nah…). 1972: Wyspy szczęśliwe [TV]. 1973: Sanatorium pod klepsydrą (Das Sanatorium zur Todesanzeige); Poprzez piąty wymiar [TV]. 1975: Mazepa [R]. 1977: Pokój z widokiem na morze (Ein Zimmer mit Ausblick auf das Meer). 1978: Szpital Przemienienia (Spital zur Wandlung/Hospital der Verklärung). 1978/79: Die Blechtrommel/Le tambour [BRD/FR]. 1980: W biały dzień. 1981: Limuzyna Daimler-Benz/Der Konsul [PL/BRD]; Cień; Dziecinne pytania (Kindische Fragen). 1982: Nieciekawa historia. 1984: W starym dworku, czyli niepodległość trójkątów; Zabicie ciotki; Pismak. 1985: Jezioro Bodeńskie; Przechodzień [TV]. 1986: Weryfikacja; Zygfryd (Siegfried). 1988: Królewskie sny. [TVS]. 1989: Opowieść o «Dziadach» Adama Mickiewicza. Lawa [R]; Mistrz i Małgorzata [TVS]. 1991: Szkoła mędrców. Lep [TV]. 1993: Oczy niebieskie.

Homolka, Oskar

(Oscar Homolka)
* 12. 8. 1898 Wien
† 29. 1. 1978 Sussex (England)

1915–17 an der Akademie für Musik und darstellende Kunst, Wien. Ab 1918 an Bühnen in Wien, dann in Graz. 1924 Kammerspiele München. 1925 nach Berlin, im folgenden Jahr am Deutschen Theater und der Jungen Bühne Berlin, dort u. a. «Baal» in Brechts eigener Inszenierung. 1932 Lessing-Theater. Ab 1926 auch in Filmrollen, durch körperliche Schwere und brutale Wucht des Auftretens für den unberechenbaren, triebhaften Schurken prädestiniert; so z. B. der bullige Zuhälter Anton neben Asta Nielsen in *Dirnentragödie* (Bruno Rahn) und im Tonfilm-Remake *Zwischen Nacht und Morgen* (Gerhard Lamprecht) sowie der verschlagen-autoritäre Erzieher in der Verfilmung von Peter Martin Lampels Skandalstück *Revolte im Erziehungshaus* (Georg Asagaroff). Wegen der Rollenfestlegung vornehmlich in Kriminal-, Abenteuer- und Spionagefilmen. 1934 nach Wien. 1935 Emigration nach Großbritannien, englischsprachiges Theaterdebüt in Glasgow. Als Spion Verloc in Alfred Hitchcocks *Sabotage*. Gefragt als Darsteller bedrohlich tückischer Nebenfiguren. 1937 in die USA. Erster Hollywood-Film ist *Ebb Tide* (James Hogan). Die Komödie *Ball of Fire* (Howard Hawks) zeigt Homolkas Fähigkeit zum Skurrilen. Oscar-Nominierung für die humoristische Studie des Uncle Chris in George Stevens' Familiengeschichte *I Remember Mama*. Ab 1940 Theaterarbeit in New York. 1944 Mitunterzeichner der Deklaration des Council for a Democratic Germany. Ab 1946 im Emigranten-Ensemble The Players from Abroad, New York. Nach Kriegsende scheitert Brechts Versuch, Homolka für sein Theater zu gewinnen. 1950 Rückkehr nach Österreich, Gastauftritt bei den Salzburger Festspielen als Dorfrichter Adam in Kleists «Der zerbrochene Krug». 1951 als Rechtsanwalt in *Der schweigende Mund* (Karl Hartl). Ab 1959 abwechselnd in London und den USA, Gastspiele in Österreich und der Schweiz. 1965 als der listige russische Oberst Stok in *Funeral in Berlin* (Guy Hamilton) und im folgenden Jahr in der Fortsetzung *Billion Dollar Brain* (Ken Russell). 1967 Filmband in Gold für langjähriges und hervorragendes Wirken im deutschen Film.

[US] 1926: K 13513. Die Abenteuer eines Zehnmarkscheines [DE]; Brennende Grenze [DE]; Das Mädchen ohne Heimat [DE]. 1927: Dirnentragödie [DE]; Regine, die Tragödie einer Frau [DE]; Die heilige Lüge [DE]; Der Kampf des Donald Westhof [DE]; Petronella [DE]; Die Leibeigenen [DE]; Fürst oder Clown [DE]. 1927/28: Schinderhannes [DE]; Die Rothausgasse/Cabarett zur roten Laterne/Das Haus zur roten Laterne [DE]. 1929: Revolte im Erziehungshaus [DE]; Masken [DE]. 1930: Hokuspokus [DE]; Dreyfus [DE]; «1914». Die letzten Tage vor dem Weltbrand [DE]; Der Weg nach Rio [DE]. 1931: Zwischen Nacht und Morgen [DE]; Im Geheimdienst [DE]; Nachtkolonne [DE]. 1931/32: Les Nuits de Port-Said/Die Nächte von Port Said/Las noches de Port-Said [US/FR]. 1932/33: Moral und Liebe [DE]; Spione am Werk [DE]. 1933: Unsichtbare Gegner [AT]. 1935/36: Rhodes of Africa [GB]. 1936: Everything Is Thunder [GB]; Sabotage (Sabotage) [GB]. 1937: Ebb Tide. 1939: Hidden Power. 1940: Seven Sinners (Das Haus der sieben Sünden); Comrade X; The Invisible Woman. 1940/41: Rage in Heaven (Gefährliche Liebe). 1941: Ball of Fire (Die merkwürdige Zähmung der Gangsterbraut Sugarpuss). 1943: Mission to Moscow (Botschafter in Moskau; 1976); Hostages. 1946: The Shop at Sly Corner (Ruf der Vergangenheit) [GB]. 1948: I Remember Mama (Geheimnis einer Mutter). 1949: Anna Lucasta. 1950: The White Tower (Hölle am weißen Turm). 1951: Der schweigende Mund [AT]. 1952: Top Secret (Treffpunkt Moskau) [GB]. 1953: The House of the Arrow [GB]. 1954: Robert Montgomery Presents: The Pink Hippopotamus [TV];

Television Hour: Love Song [TV]; Prisoner of War. 1955: Producers Showcase: Darkness at Noon [TV]; The Seven Year Itch (Das verflixte siebente Jahr). 1956: War and Peace (Krieg und Frieden). 1957: Climax!: Carnival at Midnight [TV]; DuPont Theatre: Dowry for Ilona [TV]; Matinee Theatre: The Master Builder [TV]; Matinee Theatre: You Touched Me [TV]; Kaiser Aluminium Hour: Murder in the House [TV]; Alfred Hitchcock Presents: Reward to Finder [TV]; A Farewell to Arms (In einem anderen Land). 1958: The Key (Der Schlüssel) [GB]; Playhouse 90: The Plot to Kill Stalin [TV]; Playhouse 90: Heart of Darkness [TV]; La tempesta/La tempête (Sturm im Osten) [IT/FR]. 1959: Five Fingers: Operation Ramrod [TV]. 1960: Alfred Hitchcock Presents: The Ikon of Elijah [TV]; The DuPont Show of the Month: Arrowsmith [TV]; Play of The Week: A Very Special Baby [TV]; Alfred Hitchcock Presents: The Hero [TV]; Victory [TV]; General Electric Theatre: The Ugly Duckling [TV]; Playhouse 90: In the Presence of Mine Enemies [TV]; Assasination Plot at Teheran [TV]; Play of The Week: Rashomon [TV]. 1961: Mr. Sardonicus (Der unheimliche Mr. Sardonicus). 1961/62: Thriller: Waxworks [TV]; Theatre '62: Spellbound [TV]. 1962: Boys' Night Out (Sexy!); The Wonderful World of the Brothers Grimm (Die Wunderwelt der Gebrüder Grimm); World of Disney: The Mooncussers [TV]. 1963: Ben Casey: For This Belief, Many Thanks [TV]; Breaking Point: Solo for B-Flat Clarinet [TV]; The Long Ships/Dugi brodovi (Raubzug der Wickinger) [GB/YU]. 1963/64: Burke's Law: Who Killed Jason Shaw [TV]. 1964: The DuPont Show of the Week: Ambassador at Large [TV]; Hazel: A Lesson in Diplomacy [TV]; The Rogues: Plavonia, Hail and Farewell [TV]. 1965: Joy in the Morning. 1966: Funeral in Berlin (Finale in Berlin) [GB]. 1966/67: The Happening (Die Meute). 1967: Jack of Diamonds/Der Diamantenprinz [US/BRD]; Billion Dollar Brain (Das Milliarden-Dollar-Gehirn) [GB]; The Strange Case of Dr. Jekyll and Mr. Hyde [TV]. 1968: Assignment to Kill (Sein gefährlichster Auftrag). 1969: The Madwoman of Chaillot (Die Irre von Chaillot) [GB]. 1969/70: The Executioner (Der Vollstrecker). 1970: Song of Norway. 1974: The Protectors: Border Line [TV]; The Tamarind Seed (Die Frucht des Tropenbaums). 1975: The Legendary Curse of the Hope Diamond [TV]; One of Our Own [TV].

Hope, Bob

(Leslie Townes Hope)
*29. 5. 1903 Eltham (England)

1908 mit den Eltern nach Amerika. Besuch der Fairmond High School in Cleveland (Ohio). 1922 Laufbursche für eine Motorenfabrik. Schauspieler, Sänger und Tänzer in Fatty Arbuckles Tourneetheater. 1927 Broadway-Debüt in der Show «The Sidewalks of New York», danach als Komiker in weiteren Broadway-Shows. 1934 Filmdebüt in einem Kurzfilm. Ab 1935 auch umfangreiche Radio-Tätigkeit. 1938 als Buzz Fielding in Mitchell Leisens *The Big Broadcast of 1938*, dann in einigen Filmen als Partner von Martha Raye, so in *Give Me a Sailor* (Elliott Nugent). 1939–48 eigene Radioshow «The Bob Hope Pepsodent Show». Victor Schertzingers *Road To Singapore* (1939/40) ist Auftakt zu einer erfolgreichen Serie komischer Reisefilme, in denen er zusammen mit Bing Crosby und teilweise Dorothy Lamour auftritt. Der Entertainer zählt jahrzehntelang zu den höchstbezahlten Künstlern des amerikanischen Showbusiness. Erfolge als Komiker u. a. neben Paulette Goddard in *Nothing But the Truth* (Elliott Nugent), als Partner von Madeleine Carroll in *My Favorite Blonde* (Sidney Lanfield), in der Titelrolle des *Monsieur Beaucaire* (George Marshall) und als Painless Peter Potter in *The Paleface* (Norman Z. McLeod). Ab 1948 Tätigkeit als Film- und Fernsehproduzent. 1956 Co-Star von Katharine Hepburn in Ralph Thomas' *The Iron Petticoat*. Hope beweist patriotisches Engagement durch Truppenbetreuung im 2. Weltkrieg, in Korea und Vietnam. Ab 1951 TV-Arbeit, regelmäßig Shows bis 1967 und erneut 1996 als Gastgeber der Fernsehshow *Bob Hope: Laughing with the Presidents*. 1944 von der Academy of Motion Pictures Arts and Sciences zum Mitglied auf Lebenszeit ernannt. Mehrere Ehren-Oscars und 1959 Jean Hersholt Humanitarian Award. Veranstalter von Golf-Turnieren mit Prominenten aus Showbusiness und Politik. Auch Buchautor: «They Got Me Covered» (1941), «I Never Left Home» (1944), «So This Is Peace» (1946), «Have Tux, Will Travel» (1954), «I Owe Russia $1200» (1963), «Five Women I Love: Bob Hope's Vietnam Story» (1966), «The Last Christmas Show» (1974), «The Road to Hollywood: My 40 Year Love Affair with the Movies» (1977), «Confessions of a Hooker: My Lifelong Love Affair with Golf» (1985).

[US] 1934: Paree, Paree [KF]; Going Spanish [KF]; Soup to Nuts [KF]. 1935: Double Exposure [KF]; Watch the Birdie [KF]; The Old Grey Manor [KF]. 1936: Shop Talk [KF]; Calling All Tars [KF]. 1937: The Big Broadcast of 1938. 1938: College Swing; How to Make Love [KF]; Give Me a Sailor; Thanks for the Memory; Don't Hook Now [KF]. 1939: Never Say Die; The Cat and the Canary (Erbschaft um Mitternacht); Some Like It Hot. 1939/40: Road to Singapore. 1940: The Ghost Breakers. 1941: Nothing But the Truth; Louisiana Purchase; Caught in the Draft; Road to Zanzibar (Der Weg nach Sansibar). 1942: Star Spangled Rhythm; Road to Morocco (Der Weg nach Marokko); My Favorite Blonde (Geliebte Spionin). 1943: Let's Face It; Welcome to Britain; They Got Me Covered. 1944: The

Princess and the Pirate (Das Kosarenschiff); Memo For Joe. 1945: Hollywood Victory Caravan [KF]; The All-Star Bond Rally [KF]; Duffy's Tavern. 1946: Road to Utopia (Der Weg nach Utopia); Monsieur Beaucaire (Mit Pinsel und Degen). 1947: Road to Rio (Der Weg nach Rio) [D,P]; Bob Hope Reports to the Nation [KF]; Variety Girl; My Favorite Brunette (Detektiv mit kleinen Fehlern) [D,P]; Where There's Life. 1948: Rough But Hopeful [KF]; The Paleface (Sein Engel mit den zwei Pistolen). 1949: Sorrowful Jones (Kindermädchen wider Willen); The Great Lover (Der große Liebhaber) [D,P]; You Can Change the World. 1950: Fancy Pants (Herz in der Hose); On Stage Everybody [KF]. 1951: The Lemon Drop Kid; My Favorite Spy (Spione, Liebe und die Feuerwehr). 1951–52: Chesterfield Sound Off Time [TVS]. 1952: The Greatest Show on Earth (Die größte Schau der Welt); Road to Bali (Der Weg nach Bali) [D,P]; Off Limits (Eintritt verboten); Son of Paleface (Bleichgesicht Junior) [D,P]. 1952–53: Colgate Comedy Hour [TVS]. 1953: Here Come the Girls [D,P]; Scared Stiff (Starr vor Angst); Faith, Hope and Hogan. 1954: Casanova's Big Night (Der Schürzenjäger von Venedig). 1955: The Seven Little Foys (Komödiantenkinder) [D,P]. 1956: That Certain Feeling (Ich heirate meine Frau); The Iron Petticoat (Der eiserne Unterrock) [GB]. 1957: Beau James (Schöne Frauen, harte Dollars) [D,P]. 1957/58: Paris Holiday (Falsches Geld und echte Kurven). 1958: Showdown at Ulcer Gulch [KF]. 1959: Alias Jesse James (Ein Schuß und 50 Tote); The Five Pennies (Fünf Pennys). 1960: The Facts of Life (So eine Affäre). 1961: Bachelor in Paradise (Junggeselle im Paradies). 1962: The Road to Hong Kong (Der Weg nach Hongkong) [GB]. 1962/63: Call Me Bwana (Bob auf Safari) [GB]. 1963: Critic's Choice (Tu das nicht, Angelika). 1963–67: Bob Hope Presents the Chrysler Theatre [TVS]. 1964: A Global Affair (Staatsaffären). 1965: I'll Take Sweden (Schweden – nur der Liebe wegen); The Oscar (... denn keiner ist ohne Schuld). 1966: Boy, Did I Get a Wrong Number (Völlig falsch verbunden). 1967: 8 on the Lam (Acht gehen türmen) [D,P]. 1968: The Private Navy of Sgt. O'Farrell (Wo bitte, gibt's Bier an der Front?). 1969: How to Commit Marriage. 1972: Cancel My Reservation. 1979: The Muppet Movie (Muppet Movie) [GB]. 1985: Spies Like Us (Spione wie wir). 1986: A Masterpiece of Murder (Gaunerstück mit alten Meistern) [TV]. 1994: Radio Star – die AFN-Story [TV-DOK – DE].

Hopkins, Anthony

*31. 12. 1937 Port Talbot (Wales)

Bäckerssohn. 1960 Bühnendebüt. 1961–63 an der Royal Academy of Dramatic Art in London, anschließend am Cardiff College of Drama. 1964 Bühnendebüt in London. 1966–73 am National Theatre erfolgreich in Strindberg- und Shakespeare-Rollen. 1967 Filmdebüt in *The White Bus*. 1969 im psychedelischen Agenten-Thriller *The Looking Glass War* (Frank R. Pierson). 1973 nach Hollywood, dort zunächst aber nur im Fernsehen erfolgreich: z. B. als Entführer Bruno Hauptmann in *The Lindbergh Kidnapping Case* und als Adolf Hitler in *The Bunker* (für beide Rollen mit dem Emmy ausgezeichnet). In Kinofilmen weiterhin festgelegt auf Nebenrollen als Charakterdarsteller. Eindringliche Wirkung 1980 als Dr. Frederick Treves in *The Elephant Man* (David Lynch) und 1984 als Captain Bligh in Roger Donaldsons *The Bounty*. Mitte der 80er Jahre Rückkehr nach London und neuerlich erfolgreich u. a. in Shakespeare-Rollen am Theater. Auftritte in so intimen wie unspektakulären Kinofilmen wie *Charing Cross Road* (David Jones) von 1986 sowie beim Fernsehen; mit seiner eindringlichen Stimme auch für unzählige Werbespots engagiert. Doch erst Anfang der 90er Jahre bekommt Hopkins' Karriere den endgültigen Auftrieb mit Jonathan Demmes erfolgreichem Hollywood-Thriller *The Silence of the Lambs*, in dem er den Serienmörder Dr. Hannibal «Cannibal» Lecter beängstigend gut spielt und spricht; er wird dafür u. a. mit einem Oscar ausgezeichnet. Seitdem Star-Status. Überzeugend im Typus des steifen, gefühlsgehemmten Briten in *The Remains of the Day* und *Shadowlands*. Als Kurarzt Dr. Kellogg in der Satire *The Road to Wellville*. Bei *August*, einer nach Wales verlegten Adaption von «Onkel Vanja», ist er neben der Hauptrolle auch für Regie und Musik verantwortlich.

[GB] 1967: A Flea in Her Ear [TV]; The White Bus. 1968: The Lion in Winter (Der Löwe im Winter); A Heritage and Its History [TV]; The Looking Glass War (Krieg im Spiegel). 1969: Hamlet (Hamlet). 1971: When Eight Bells Toll (Das Mörderschiff). 1972: Young Winston (Der junge Löwe); War and Peace [TVS]. 1973: A Doll's House [US]. 1974: Juggernaut (Zwölf Stunden bis zur Ewigkeit) [US]; The Girl from Petrovka (Das Mädchen von Petrovka) [US]; QB VII [TV – US]; All Creatures Great and Small [TV – US]. 1975/76: The Lindbergh Kidnapping Case (Die Entführung des Lindbergh-Babys) [TV – US]. 1976: Dark Victory (Solange die Liebe lebt) [TV – US]; Victory at Entebbe (Unternehmen Entebbe) [TV – US]. 1977: Audrey Rose (Audrey Rose – das Mädchen aus dem Jenseits) [US]; A Bridge Too Far (Die Brücke von Arnheim). 1978: Magic (Magic – Eine unheimliche Liebesgeschichte) [US]; International Velvet (Alles Glück dieser Erde); Kean [TV]. 1979: Mayflower: The Pilgrim's Adventure [TV – US]. 1980: A Change of Season (Jahreszeiten einer Ehe) [US]; The Bunker [TV – US]; The Elephant Man (Der Elefantenmensch) [US]. 1981: The Hunchback of Notre Dame/Hunchback (Der Glöckner von Notre Dame) [TV – US]; Othello [TV];

Little Eyolf [TV]; Peter and Paul [TV – US]. 1984: Io e il duce (Ich und der Duce) [TV – IT]; A Married Man [TV]; The Bounty (Die Bounty) [US]. 1985: Arch of Triumph (Im Schatten des Triumphbogens) [TV – US]; Guilty Conscience [TV – US]; Hollywood Wives (Hollywood – intim und indiskret) [TV – US]. 1985/86: The Good Father (Good Father – Die Liebe eines Vaters) [TV]. 1986: Blunt [TV]. 1986/87: 84 Charing Cross Road (Zwischen den Zeilen) [US]. 1987/88: The Dawning (Der Fremde am Strand) [TV]. 1988: Heartland [TV]; Across the Lake [TV]. 1988/89: Great Expectations (Große Erwartungen) [TV]; A Chorus of Disapproval (Alles nur Theater). 1989: Edge of Sanity (Split – Edge of Sanity). 1989/90: One Man's War [TV]. 1990: Desperate Hours (24 Stunden in seiner Gewalt) [US]. 1991: Freejack (Freejack) [US]; The Silence of the Lambs (Das Schweigen der Lämmer) [US]. 1991/92: Chaplin (Chaplin) [GB/US]. 1992: The Tenth Man (Der 10. Mann) [TV]; The Efficiency Expert (Made in Spotswood – Die Fabrik der schrägen Vögel) [AU]; Bram Stoker's Dracula (Bram Stoker's Dracula) [US]; Howards End (Wiedersehen in Howards End). 1992/93: The Remains of the Day (Was vom Tage übrig blieb) [GB/US]; The Trial (Der Prozeß) [US]. 1993: The Innocent/...und der Himmel steht still [GB/DE]; Shadowlands (Shadowlands) [US]; Selected Exits [TV]. 1994: The Road to Wellville (Willkommen in Wellville) [US]. 1994/95: Legends of the Fall (Legenden der Leidenschaft) [US]. 1995: Nixon (Nixon) [US]. 1995/96: August (August) [D,R,M]. 1996: Surviving Picasso (Mein Mann Picasso) [US]; Marlon Brando: The Wild One [TV-DOK – GB/US]. 1997: The Edge [US]; The Mask of Zorro [US].

Hopkins, Miriam

(Ellen Miriam Hopkins)
*18. 10. 1902 Bainbridge (Georgia)
†9. 10. 1972 New York City

Besuch des Goddard Seminary in Vermont sowie der Syracuse University, New York. 1921 Bühnendebüt als Chorus Girl in «The Music Box Revue». Danach in Musical-Produktionen und dramatischen Stücken. 1928 erste Rolle in einem Kurzfilm. Dann Paramount-Vertrag. Erster großer Erfolg in zwei Komödien von Ernst Lubitsch, so als Partnerin von Maurice Chevalier in *The Smiling Lieutenant* und als Juwelendiebin in *Trouble in Paradise*. Mehrfach auch in Filmen Rouben Mamoulians: als Bardame Ivy in *Dr. Jekyll and Mr. Hyde*, Oscar-Nominierung für die Titelrolle in *Becky Sharp* (1935). Im selben Jahr Wechsel zum Samuel-Goldwyn-Studio. Rolle der Schullehrerin Martha Dobie in William Wylers *These Three*. 1936/37 in *The Woman I Love* unter der Regie ihres dritten Ehemannes Anatole Litvak. Nach ihrem Wechsel 1938 zu Warner Bros. gerät sie dort in Konkurrenz von Bette Davis. Gemeinsam spielen beide in *The Old Maid* (Edmund Goulding) und in *Old Acquaintance* (Vincent Sherman). Anfang der 40er Jahre Rückkehr zur Bühne und Tourneen. Ab 1949 auch Fernseharbeit. Nur noch wenige Filmaufgaben, u. a. in zwei Filmen von William Wyler, so 1949 in *The Heiress* und 1961 in *The Children's Hour*. 1965 spielt sie die Mutter eines Ausbrechers (Robert Redford) in Arthur Penns *The Chase*.

[US] 1928: The Home Girl [KF]. 1930: Fast and Loose. 1931: The Smiling Lieutenant (Der lächelnde Leutnant); 24 Hours (Verhängnis eines Tages); Dr. Jekyll and Mr. Hyde (Dr. Jekyll und Mr. Hyde). 1931/32: Two Kinds of Women. 1932: Dancers in the Dark; The World and the Flesh; Trouble in Paradise (Ärger im Paradies). 1933: The Story of Temple Drake; The Stranger's Return; Design for Living (Serenade zu dritt); All of Me. 1934: She Loves Me Not; The Richest Girl in the World. 1935: Becky Sharp; Barbary Coast (San Francisco im Goldfieber); Splendor. 1935/36: These Three (Infame Lügen). 1936: Men Are Not Gods [GB]. 1936/37: The Woman I Love. 1937: Woman Chases Man (Virginia auf Männerfang); Wise Girl. 1939: The Old Maid (Die alte Jungfer). 1940: Virginia City (Goldschmuggel nach Virginia); The Lady With Red Hair. 1942: A Gentleman After Dark. 1943: Old Acquaintance (In Freundschaft verbunden). 1944: Skirmish on the Home Front [KF]. 1949: The Heiress (Die Erbin); Chevrolet Tele-Theatre: Have a Heart [TV]. 1950: The Mating Season (SOS – Zwei Schwiegermütter). 1951: Lux Video Theatre: Long Distance [TV]; Carrie (Carrie); The Betty Crocker Star Matinee: Farewell to Love [TV]; Pulitzer Prize Playhouse: Ned McCobb's Daughter [TV]. 1952: Lux Video Theatre: Julie [TV]; Curtain Call: The Party [TV]; The Outcasts of Poker Flat (Die Frau des Banditen). 1954: General Electric Theatre: Desert Crossing [TV]. 1955: Studio One: Summer Pavilion [TV]; Lux Video Theatre: Sunset Boulevard [TV]. 1957: Matinee Theatre: Woman Alone [TV]; Climax!: The Disappearance of Amanda Hale [TV]. 1961: Drama: Indifferent Love [TV]; The Investigators [TVS]; The Children's Hour (Infam). 1962: General Electric Theatre: A Very Special Girl [TV]. 1963: Route 66: Shadows of an Afternoon [TV]; The Outer Limits: Don't Open Till Doomsday [TV]. 1964: Fanny Hill/Fanny Hill: Memoirs of a Woman of Pleasure [BRD/GB]. 1965/66: The Chase (Ein Mann wird gejagt). 1969: The Flying Nun: Bertrille and the Silent Flicks [TV]. 1970: Comeback.

Hoppe, Rolf

*6. 12. 1930 Ellrich (Harz)

Während der Schulzeit in Laienspielgruppen der FDJ. Staatliches Konservatorium Erfurt, Anfangsengagement an den Städtischen Bühnen Erfurt. Nach Überwindung einer Stimmbandlähmung an Theatern in Halle, Greifswald, Leipzig und Gera. Seit 1961 Staatstheater Dresden. Wiederholt bei den Salzburger Festspielen als Mammon in «Jedermann». Daneben Filmauftritte bei DEFA und Fernsehen. Mit seiner schweren Gestalt, seinem fast kahlen Schädel meist in «extremen» Rollen des Bösen oder Komischen. Zunächst kleinere Aufgaben, z. B. als dümmlich-gutmütiger «König von Spanien und beider Indien» in *Goya*, wofür er 1971 den Kunstpreis der DDR erhält. Als Bösewicht in Gottfried Kolditz' Indianerfilmen *Die Spur des Falken* und *Ulzana*. Er wird Standardbesetzung für negative Typen vom SS-Hauptsturmführer Grabow in *Lebende Ware* (Wolfgang Luderer) bis zu den Agenten in Roland Gräfs *Die Flucht* und in Peter Hagens TV-Spionagekrimi *Irrläufer*. Komische Hauptrollen u. a. in *Die Hosen des Ritters von Bredow* (Konrad Petzold) nach Willibald Alexis und als Jupiter in der Offenbach-Verfilmung *Orpheus in der Unterwelt* (Horst Bonnet). Internationaler Erfolg als General in István Szabós Oscar-Film *Mephisto* nach dem Gründgens-Roman von Klaus Mann. Danach häufig auch in internationalen, vor allem bundesdeutschen Produktionen: Clara Schumanns ehrgeiziger Vater Friedrich Wieck in *Frühlingssinfonie* (Peter Schamoni), Gefängnisdirektor in *Die Grünstein-Variante* (Bernhard Wicki). Mehrfach größere Rollen bei DEFA und im DDR-Fernsehen, z. B. als barocker Kurfürst Friedrich August von Sachsen in der TV-Serie *Sachsens Glanz und Preußens Gloria* (Hans-Joachim Kasprzik) und der alte Werftdirektor Hüsgen in Roland Gräfs *Haus am Fluß*. Nach seiner Rolle als Nazi-Opfer in *Bronsteins Kinder* (Jerzy Kawalerowicz) wieder als machtverliebter Präfekt. Der ehemalige Tierpfleger zeigt sich auch gern zu Pferde, so als Gestütsbesitzer in der TV-Serie *Alles Glück der Erde*.

[DDR] 1963: Jetzt und in der Stunde meines Todes. 1964/65: Solange Leben in mir ist; Die besten Jahre. 1965: Der Frühling braucht Zeit; Dr. Schlüter. 4 Teile [TV]. 1965/66: Fräulein Schmetterling [Unvollendet]; Karla [UA: 1990]. 1966: Lebende Ware. 1966/67: Frau Venus und ihr Teufel; Die Ohrfeige [TV]. 1967: Kleiner Mann – was nun? [TV]; Ich war neunzehn. 1967/68: Die Nacht im Grenzwald; Spur des Falken; Hauptmann Florian von der Mühle. 1968: Nebelnacht; Weiße Wölfe/Bijeli vukovi [DDR/YU]; Mohr und die Raben von London; Jungfer, Sie gefällt mir. 1969: Rendezvous mit Unbekannt. 4: Berlin-W Adieu! [TV]; Tödlicher Irrtum; Sankt Urban [TV]. 1969/70: Jeder stirbt für sich allein [TV]; Ich – Axel Caesar Springer. 5. Der Königsmacher [TV]. 1970/71: Goya/Goja [DDR/SU]; Das letzte Wort [TV]; Kriminalfälle ohne Beispiel: Tod eines Millionärs [TV]. 1971: Männer ohne Bart; Die gestohlene Schlacht/Ukradena bitva [DDR/CS]; Die Verschworenen [TV]. 1971/72: Die Brüder Lautensack [TV]; Leichensache Zernik; Eolomea. 1972/73: Die Hosen des Ritters von Bredow; Drei Haselnüsse für Aschenbrödel/Tři oříšky pro Popelku [DDR/CS]; Susanne und der Zauberring. 1973: Apachen; Ulzana; Wie füttert man einen Esel; Orpheus in der Unterwelt; Für die Liebe noch zu mager?; Das zweite Leben des Friedrich Wilhelm Georg Platow; Leben mit Uwe; Der nackte Mann auf dem Sportplatz; Die Zwillinge [TV]. 1973–75: Das Mädchen Krümel [TVS]. 1973/74: Das Geheimnis des Ödipus [TV]; Hans Röckle und der Teufel; Johannes Kepler. 1974: Kit & Co; Mein lieber Mann und ich [TV]. 1974–76: Zur See [TVS]. 1974/75: Goldene Zeiten – feine Leute [TV]; Ikarus; Zwischen Nacht und Tag. 1975: Die Überlebende [TV]; Jede Woche Hochzeitstag [TV]; Polizeiruf 110: Die Rechnung geht nicht auf [TV]; ... die Bösewichter müssen dran [KDOK]; Die Entführung [TV]; Unser stiller Mann. 1975–78: Gefährliche Fahndung [TVS]. 1975/76: Beethoven. Tage aus einem Leben [TV]; Das Licht auf dem Galgen; Auftrag für M & S [TV]; Daniel Druskat [TV]. 1976: Unterwegs nach Atlantis. 1976/77: Die Flucht; Happy End [TV]. 1977: Der gepuderte Mann im bunten Rock oder Musjöh lebt gefährlich [TV]; Ernst Schneller [TV]; Jörg Ratgeb, Maler. 1977/78: Polizeiruf 110: Das doppelte Spiel [TV]; Ein Sonntagskind, das manchmal spinnt; Fleur Lafontaine [TV]. 1978: Volpone [TV]; Sabine Wulff; Die lange Straße [TV]; Fragen an einen alten Mann [TV]; Das unsichtbare Visier: King-Kong-Grippe [TV]. 1978/79: Schatzsucher; Hochzeitsreise [TV]. 1979: Komödianten-Emil; Heute abend und morgen früh; Nathan der Weise [TV]; Die lange Straße [TV]. 1979/80: Emilia Galotti [TV]; Levins Mühle. 1980: Pugowitza; Meines Vaters Straßenbahn [TV]; Elektra [TV – BRD]. 1980/81: Der lange Ritt zur Schule; Rächer, Retter und Rapiere [TVS]; Mephisto [HU/BRD]. 1981: Junost Petera/V načale slavnych del/Peters Jugend. 2 Teile [SU/DDR]; Feuerdrachen [TV]; Die Gerechten von Kummerow. 1981–83: Martin Luther [TVS]. 1981/82: Das Graupenschloß [TV]; Sonjas Rapport; Bahnwärter Thiel [TV]. 1982: Mein Vater ist ein Dieb; Hurra, hurra, hurra, die Feuerwehr ist da! [TV-DOK]; Der Staatsanwalt hat das Wort: Nur ein Schluck [TV]. 1982–85: Sachsens Glanz und Preußens Gloria [TV]. 1982/83: Frühlingssinfonie [BRD]. 1983: Die ewigen Gefühle [TV – BRD]; Ärztinnen. 1984: Die Grünstein-Variante [BRD]; Hälfte des Lebens; Oberst Redl/Redl Ezredez [BRD/HU/AT]; Jedermann [TV – AT]; Wer war Edgar Allan? [TV – AT]. 1984/85: Die Gänse von Bützow; Besuch bei van Gogh; Der Staatsanwalt hat das Wort: Hubertusjagd [TV]; Das Haus am Fluß. 1985: Kaiser und eine Nacht [TV – BRD/CH]; Irrläufer [TV]. 1985/86: Die letzten Tage des Georg W. [TV – DDR/CU]. 1986: Johann Strauß – Der König ohne Krone/Johann Strauß – Le roi sans couronne [AT/DDR/BRD/F]; Der Nachbar [TV – CH/BRD]. 1986–88: Vera. Der schwere Weg der Erkenntnis [TV]. 1986/87: Liane; Ein Chinese sucht seinen Mörder [TV – BRD/CN]. 1987: Biała wizytówka/Die Söhne des Fürsten [TVS – PL/BRD]. 1987–89: Es ist nicht leicht, ein Gott zu sein/Trudno bit begom/Un dieu rebelle [BRD/SU/FR]. 1987/88: Melanios letzte Liebe [TV]; Pestalozzis Berg [CH/DDR]. 1988: Killing Drugs/Bangkok Story [BRD]; Siamesische Hunde [BRD]. 1989/90: Das Licht der Liebe. 1990/91: Ende der Unschuld [TV – BRD]; Trillertrine [BRD]. 1991: Mein Bruder, der Clown [TV]; Brandnacht [CH/DE]; Die Männer vom K3: Halali für einen Jagdfreund [TV]; Bronsteins Kinder; Schtonk; Die Lok. 1991/92: Die Lok; Eine verlorene Liebe [TV]; Der absurde Mord [TV]. 1992: Den demokratiske terroristen/Der demokratische Terrorist [SE/DE]; Das große Fest [TV]. 1993: Stürmische Begegnung [TV]; Durchreise [TV]; Das Taumschiff [TV-EP]. 1993/94: Die Elefantenbraut [TV]; Alles Glück dieser Erde [TVS]; Tatort: Jagdfreunde [TV]. 1994: Wachtmeister Zumbühl [CH/DE]; Zu treuen Händen [TV]; Tatort: Der schwarze Engel [TV]; Mario und der Zauberer. 1994/95: Im Zweifel für ... [TV]. 1995: Kommissar Rex: Entführt [TV]; Tatort: Der Spezialist [TV]; Nadja – Heimkehr in die Fremde [TV]. 1995/96: Das Siegel des Todes [TV]. 1996: Tatort: Schlaflose Nächte [TV]; Polizeiruf 110: Kurzer Traum [TV]; Im Rausch der Liebe [TV]; Tatort: Parteifreunde [TV]; Lorenz im Land der Lügner [DE/LU]. 1996/97: Geisterstunde – Fahrstuhl ins Jenseits. 1997: Der Hauptmann von Köpenick.

Hopper, Dennis

* 17. 5. 1936 Dodge City (Kansas)

Besuch der High-School in San Diego, California. Seit Mitte der 50er Jahre bei den San Diego Community Players. Danach als Szenenbildner-Assistent im La Jolla Playhouse. Schauspielunterricht bei Dorothy McGuire. 1955 in Nicholas Rays *Rebel Without a Cause* und im folgenden Jahr – ebenfalls neben James Dean, der ihn stark beeinflußt – in George Stevens' *Giant*. Filmvertrag von Warner Bros. 1958 am Actors Studio in New York. Gleichzeitig Fernseharbeit. 1961 Broadway-Debüt mit «Mandingo». 1965 Rückkehr nach Hollywood. 1969 spielt er in seinem Regiedebüt an der Seite von Peter Fonda die Rolle des Billy im Roadmovie *Easy Rider* (Oscar-Nominierung für das Drehbuch) und öffnet mit dem erfolgreichen Außenseiterfilm die starren Hollywood-Strukturen für unabhängige und junge Filmmacher. Sein folgender Film als Regisseur und Star, der Egotrip *The Last Movie* kommt kaum ins Kino. In der Folgezeit Schauspieler in Amerika und Europa. 1977 als zwielichtiger Tom Ripley in Wim Wenders' *Der amerikanische Freund*, als Kriegsfotograf in Francis Ford Coppolas *Apocalypse Now*. 1986 Oscar-Nominierung für die Darstellung eines Alkoholikers in David Anspaughs Basketball-Film *Hoosiers*. Nachdem er in *Blue Velvet* (David Lynch) überzeugend den Psychopathen Frank Booth verkörpert hat, wird er ab Ende der 80er Jahre zu einem der Lieblings-Bösewichte der Besetzungsbüros: z. B. als heimtückischer Bombenleger in Jan de Bonts *Speed* (1994) oder als Gegner von Kevin Costner in dessen Millionen-Debakel *Waterworld* (1995). In den 80er Jahren auch wieder Anerkennung als Regisseur, dreht u. a. in Kanada seinen dritten Film *Out of the Blue* und 1988 in Los Angeles *Colors* über Polizisten und Straßengangs. Hopper ist auch als Maler, Bildhauer und Fotograf tätig. 1988 Bildband «Out of the Sixties». Ausstellungen seiner Bilder in Amerika und Europa.

[US] 1953–61: The Loretta Young Show [TVS]. 1954: Johnny Guitar (Wenn Frauen hassen). 1955: I Died a Thousand Times (Gegen alle Gewalten); Rebel Without a Cause (Denn sie wissen nicht, was sie tun). 1956: Steel Jungle (Stahlharte Männer); Giant (Giganten). 1957: No Man's Road [TV]; Gunfight at the O.K.Corral (Zwei rechnen ab); A Question of Loyality [TV]; The Story of Mankind [TV]; The Young Land (Land ohne Gesetz). 1958: From Hell to Texas (Schieß zurück, Cowboy). 1958–62: Naked City: Shoes for Vinnie Wineford [TV]. 1959: Key Witness (Die Wölfe von Los Angeles). 1961–64: The Defenders [TVS]. 1962/63: Night Tide. 1963: Tarzan and Jane Regained. ... Sort of. 1965: The Sons of Katie Elder (Die vier Söhne der Katie Elder). 1966: Queen of Blood. 1967: Cool Hand Luke (Der Unbeugsame); Panic in the City; The Trip (The Trip); The Glory Stompers (Die teuflischen Engel). 1968: Head; Hang 'em High (Hängt ihn höher). 1969: Easy Rider (Easy Rider); True Grit (Der Marshal). 1970–76: The Other Side of the Wind [IR/FR]. 1971: Crush Proof; The Last Movie [D,R,CoA]. 1973: Kid Blue (Kid Blue). 1975: James Dean – First American Teenager (James Dean) [GB]. 1976: Mad Dog Morgan (Mad Dog) [AU]; Tracks. 1976/77: Der amerikanische Freund/L'ami américain [BRD/FR]. 1977: Les apprentis sorciers [FR]. 1978: Couleur chair [BE/FR]; L'Ordre et la sécurité du monde [FR]. 1979: Apocalypse Now (Apocalypse Now). 1980: Wild Times [TV]; Out of Blue (Out of the Blue/Explodierende Träume) [D,R]. 1981: King of the Mountain (King of the Mountain); Renacer (Born again) [ES]. 1982: Human Highway; White Star [BRD]. 1983: The Osterman Weekend (Das Osterman-Weekend); Rumble Fish (Rumble Fish). 1984: Slagskämpen/The Inside Man (Inside Man – Der Mann aus der Kälte) [SE/GB]. 1985: Stark (Las Vegas Cop) [TV]; Running out of Luck (Running out of Luck); My Science Project (The Future Project); O. C. and Stiggs (Black Cats). 1986: Texas Chainsaw Massacre Part 2; Blue Velvet (Blue Velvet); Blood Red (Blood Red – Stirb für Dein Land); The American Way (The American Way) [GB]. 1986/87: Straight to Hell (Straight to Hell –

Fahr zur Hölle) [GB]. 1987: Black Widow (Die schwarze Witwe); The Pick-Up Artist (Jack, der Aufreißer); River's Edge (Das Messer am Ufer); Stark: Mirror Image (Tödliche Hitze) [TV]; Hoosiers (Freiwurf). 1988: Colors (Colors – Farben der Gewalt) [R]; A Hero of Our Time; Blood Red (Blood Red – Stirb für dein Land); Let It Rock. 1989: Chatta-Hoochee (Chatta-Hoochee) [GB]; Flashback (Flashback); Backtrack/Catchfire (Catchfire) [D,R – 2 Versionen]. 1990: The Hot Spot (The Hot Spot – Spiel mit dem Feuer) [R]; Motion & Emotion; Superstar: The Life and Times of Andy Warhol [DOK]. 1991: Midnight Hero (Midnight Hero); Paris Trout (Tollwütig); Doublecrossed (Der Drogen Cop); Eye of the Storm (Eye of the Storm); Sunset Heat; The Indian Runner (Indian Runner). 1992: The Heart of Justice (Heart of Justice); Nails (Nails). 1993: Red Rock West (Red Rock West); Boiling Point (Boiling Point); Super Mario Bros. (Super Mario Bros.); True Romance (True Romance). 1994: Speed (Speed); Chasers (Chasers – Zu Sexy für den Knast) [D,R]; Witch Hunt (Magic Murder) [TV]. 1994/95: Waterworld (Waterworld). 1995: Search & Destroy (The Moviemaker). 1996: Carried Away (Acts of Love); Basquiat (Basquiat); James Dean: A Portrait [TV-DOK]; The Last Days of Frankie the Fly; Samson und Delilah/Sansone e Dalila [TV – DE/IT/US]; Star Truckers; Marlon Brando: The Wild One [TV-DOK – GB/US]. 1997: The Blackout; U2: A Year in Pop [TV-DOK].

Hörbiger, Paul

*29. 4. 1894 Budapest
†5. 3. 1981 Wien

Sohn von Hanns Hörbiger, dem Begründer der «Welteislehre». Ab 1902 in Wien. Gymnasien in Wien und in Kärnten. 1914–18 Kriegsfreiwilliger. Kurze Schauspielausbildung in Wien. 1919/20 Stadttheater Reichenberg (Böhmen), 1920–26 Deutsches Theater in Prag, 1926–29 Reinhardt-Bühnen in Berlin, dann u. a. Barnowsky-Bühnen und Kabarett der Komiker. Im Stummfilm sowohl komödiantische Rollen – der Diener und Chauffeur in Fritz Langs *Spione* – wie auch Darstellung boshafter Charaktere, z. B. Lehrer Mager in *Die Räuberbande* nach Leonhard Frank. Tonfilmkomödien und Operetten von Geza von Bolvary und Erik Charell prägen das Rollenimage als gemütvoller Wiener Feschak; am deutlichsten in der Figur des alten Weiring in *Liebelei* (Max Ophüls). Ruhiger Widerpart zu Jenny Jugo in Carl Boeses *Fräulein Frau, ... heute abend bei mir, Herz ist Trumpf*. 1935 Beteiligung an der Gründung der Allgemeine Film-Aufnahme und Vertriebs GmbH (Algefa) in Berlin. Hörbiger hat etwa dasselbe Rollenspektrum wie sein bevorzugter Partner Hans Moser, aber weniger grantig: Dienstmänner, Hofräte und Adlige, Heurigen- und Bänkelsänger. Oft auch Personifizierung österreichischer Größen: u. a. Franz Joseph II., Haydn, Johann Strauß Vater und Johann Strauß Sohn, Schubert, Millöcker, Grillparzer, Radetzky. 1940–43 am Wiener Burgtheater, 1943 Salzburger Festspiele, 1944 Wanderbühne. Anfang 1945 in Wien wegen Hochverrat in Haft. Nach Kriegsende Bühnenauftritte in Zürich, New York, der Bundesrepublik, Moskau und Israel. 1952 Renaissance-Theater in Berlin, 1965 erneut am Burgtheater, dort auch im Alter bedeutende Aufgaben. Im Nachkriegsfilm zunächst anspruchsvollere Rollen, z. B. als eingeschüchterter Portier in Carol Reeds *The Third Man*. Bald jedoch Fortschreibung der Stereotypen-Besetzung der 30er und 40er Jahre: Wiener Schmäh und deutsche Heimatfilme. Im Fernsehen vor allem als heurigenseliger Interpret Wiener Lieder. 1969 Filmband in Gold für langjähriges und hervorragendes Wirken im deutschen Film.

[DE/BRD] 1927/28: Sechs Mädchen suchen Nachtquartier; Spione. 1928: Dyckerpotts Erben; Die große Abenteuerin; Heut' spielt der Strauß (Der Walzerkönig); Die Dame mit der Maske; Die Räuberbande; Der fesche Husar/A noszy fiú esete tóth marival/The Gallant Husar [DE/HU/GB]; Song/Show Life [DE/GB]; G'schichten aus dem Wiener Wald; Das letzte Souper; Ungarische Rhapsodie; Die tolle Komtess [DE/GB]; Die Wochenendbraut. 1928/29: Die Frau, die jeder liebt, bist Du; Asphalt. Der Polizeiwachtmeister und die Brillantenelse; Ein kleiner Vorschuß auf die Seligkeit [DE/GB]; Möblierte Zimmer. 1929: Wer wird denn weinen, wenn man auseinander geht; Der Sträfling aus Stambul; Das grüne Monokel; Frauen am Abgrund; Die Drei um Edith. 1929/30: Ich glaub' nie mehr an eine Frau; Der unsterbliche Lump; Delikatessen. 1930: Zwei Herzen im ¾Takt; Das lockende Ziel [CoA]; Nur Du; Wie werde ich reich und glücklich?; Das alte Lied; Drei Tage Mittelarrest; Der Herr auf Bestellung. 1930/31: Die Försterchristl; Grock; Die lustigen Weiber von Wien; Walzerparadies. 1931: Ihre Hoheit befiehlt; Der Stumme von Portici [KF]; Kabarett-Programm Nr. 4 [KF]; Der Zinker [DE/AT]; Sein Scheidungsgrund; Der ungetreue Eckehart; Kyritz – Pyritz; Der Hellseher/Mein Herz sehnt sich nach Liebe; Der verjüngte Adolar; Berge in Flammen; Der Kongreß tanzt; Reserve hat Ruh; Arm wie eine Kirchenmaus; Lügen auf Rügen. 1931/32: Ein steinreicher Mann; Peter Voß, der Millionendieb. 1932: Es war einmal ein Walzer; Ein toller Einfall; Quick; Johann Strauß, K.u.K. Hoffballmusikdirektor; Zwei glückliche Tage; Drei von der Kavallerie; Ein blonder Traum; Annemarie, die Braut der Kompagnie; Scampolo, ein Kind der Straße/Um einen Groschen Liebe [AT/DE]; Trenck; Friederike; Paprika; Das Geheimnis um Johann Orth; Der große Bluff; So ein Mädel vergißt man nicht [DE/AT]; Kaiserwalzer/Audienz in Ischl; Die unsichtbare Front. 1932/33: Zwei gute

Kameraden; Keinen Tag ohne Dich; Liebelei; Ein Lied für Dich. 1933: Gruß und Kuß – Veronika; Heimkehr ins Glück; Walzerkrieg; Pardon, tévedtem [HU]; Skandal in Budapest [Version]; Des jungen Dessauers große Liebe. 1933/34: Fräulein Frau; Mein Herz ruft nach Dir. 1934: Abschiedssymphonie [KF]; ... heute abend bei mir; Die Csardasfürstin; Spiel mit dem Feuer; Rosen aus dem Süden; Frühjahrsparade/Tavoszi parádé [AT/DE/HU]; Ich heirate meine Frau; Besuch am Abend; Der Herr ohne Wohnung [AT]; Herz ist Trumpf; Petersburger Nächte. 1934/35: Frischer Wind aus Kanada. 1935: Endstation [D,P]; Das Einmaleins der Liebe; Königswalzer; Wenn die Musik nicht wär'/Das Lied der Liebe; Liebeslied. 1936: Die Puppenfee [AT]; Schabernack [D,P]; Drei Mäderl um Schubert [D,P]; Fiakerlied [D,P]; Seine Tochter ist der Peter [AT]; Kinderarzt Dr. Engel; Lumpacivagabundus [AT]. 1937: Peter im Schnee [AT]; Der Scheidungsgrund [CS/DE]; Die Landstreicher; Einmal werd' ich Dir gefallen; Florentine [AT]; Heiraten – aber wen?/Die falsche Katze [DE/AT/CS]. 1937/38: Immer, wenn ich glücklich bin [AT]; Es leuchten die Sterne. 1938: Heimat; Prinzessin Sissy [D,CoR]; Liebelei und Liebe; Der Blaufuchs. 1938/39: Drunter und drüber [D,P]. 1939: Männer müssen so sein; Salonwagen E 417; Ich bin Sebastian Ott; Unsterblicher Walzer; Kitty und die Weltkonferenz; Mutterliebe; Hochzeitsreise zu dritt; Maria Ilona; Opernball. 1940: Wiener Geschichten; Falstaff in Wien; Der liebe Augustin; Herzensfreud – Herzensleid; Operette; Wunschkonzert. 1941: Oh diese Männer; Wir bitten zum Tanz. 1941/42: Brüderlein fein; So ein Früchtchen; Die große Liebe. 1942: Die heimliche Gräfin; Wen die Götter lieben. 1943: Lache Bajazzo; I pagliacci [DE/IT]; Schwarz auf Weiß; Romantische Brautfahrt. 1943/44: Schrammeln; Die Zaubergeige. 1944/45: Glück muß man haben (Operettenklänge). 1947: Der Hofrat Geiger [AT]. 1948: Der Engel mit der Posaune [AT]; Kleine Melodie aus Wien [AT]. 1949: The Third Man (Der dritte Mann) [GB]; Der Bagnosträfling; Die seltsame Geschichte des Brandner Kaspar/Das Tor zum Paradies; Der Seelenbräu [AT]; Eine Nacht im Séparée. 1950: Schwarzwaldmädel; Epilog; Dämonische Liebe/Der Teufel führt Regie [BRD/AT]. 1950/51: Der alte Sünder [AT]. 1951: Die Frauen des Herrn S.; Verklungenes Wien [AT]; Was das Herz befiehlt/Veronika, die Magd; Der fidele Bauer [AT]; Wenn die Abendglocken läuten; Hallo, Dienstmann [D,CoA – AT]. 1951/52: Frühlingsstimmen [AT]. 1952: Ich heiße Niki; Mein Herz darfst Du nicht fragen; Das Land des Lächelns; Man lebt nur einmal; Mikosch rückt ein; Ich hab' mein Herz in Heidelberg verloren; 1. April 2000 [AT]; Hannerl (Ich tanze mit Dir in den Himmel hinein) [AT]; Die Fiakermilli (Fiakermilli – Liebling von Wien) [AT]. 1953: Von Liebe reden wir später; Die Rose von Stambul; Der Feldherrnhügel [AT]; Glück muß man haben (Drei, von denen man spricht) [AT]; Junges Herz voll Liebe/Der Haflinger Sepp; Das tanzende Herz; Mit 17 beginnt das Leben; Die Privatsekretärin. 1953/54: Perle von Tokay [AT]; Der Raub der Sabinerinnen. 1954: Der treue Husar; Meine Schwester und ich; Der Zigeunerbaron [Version]; Le baron tzigane [Version]; Die schöne Müllerin; Bruder Martin (... und der Himmel lacht dazu) [AT]; Schützenliesel; Una Parigina a Roma/Begegnung in Rom [IT/BRD]; Die Stadt ist voller Geheimnisse; Mädchenjahre einer Königin [AT]; An der schönen blauen Donau [AT]. 1954/55: Ehesanatorium (Ja, so ist das mit der Liebe) [AT]. 1955: Die Deutschmeister [AT]; Eine Frau genügt nicht?; Banditen der Autobahn; Mein Leopold/Ein Herz bleibt allein; Sarajevo (Um Thron und Liebe) [AT]; Du mein stilles Tal; Der fröhliche Wanderer; Die Försterbuben; Charley's Tante. 1955/56: Hilfe – sie liebt mich; Bademeister Spargel [AT]; Ein Herz und eine Seele (... und wer küßt mich?) [AT]. 1956: Lügen haben hübsche Beine [AT]; Lumpazivagabundus; Ihr Korporal/Husarenmanöver [AT/BRD]; Was die Schwalbe sang; Das Donkosakenlied; Manöverball; Die Christel von der Post; Der schräge Otto. 1957: Grüße aus dem Kamptal [KDOK – AT]; ... und die Liebe lacht dazu; Ober, zahlen! [AT]; Lemkes sel. Witwe; Hoch droben auf dem Berg; Der schönste Tag meines Lebens [AT]; Heimweh ... dort wo die Blumen blüh'n [AT]; Die Winzerin von Langenlois (Und so was will erwachsen sein) [AT]; Wien, Du Stadt meiner Träume [AT]. 1957/58: Heiratskandidaten [AT/BRD]. 1958: Hallo, Taxi [AT]; Hoch klingt der Radetzkymarsch [AT]; Sebastian Kneipp – Ein großes Leben (Sebastian Kneipp/Der Wasserdoktor) [AT]. 1959: Heimat – deine Lieder. 1960: Sabine und die 100 Männer; Kauf Dir einen bunten Luftballon [AT/BRD]. 1961: Hotel Victoria [TV]; ... und Du, mein Schatz, bleibst hier [AT]; Der Orgelbauer von St. Marien [AT]. 1962: Drei Liebesbriefe aus Tirol [AT]; Die letzten Masken [TV]; Tanze mit mir in den Morgen [AT]; ... und ewig knallen die Räuber [AT/LI]; Sing, aber spiel nicht mit mir [AT]; Die lustigen Vagabunden (Das haben die Mädchen gern) [AT]. 1962/63: Unsere tollen Nichten [AT]. 1963: Alles gerettet [TV – AT]; Der Bauer als Millionär [TV]; Im singenden Rößl am Königsee [AT]; Ferien vom Ich; Die ganze Welt ist himmelblau (Rote Lippen soll man küssen) [AT]. 1964: Die Bekehrung des Ferdys Pistora [TV – AT]; Die bess'ren älteren Herren [TV-DOK – AT]; Das hab' ich von Papa gelernt [BRD/AT]; Die große Kür [AT/BRD]; Happy-End am Attersee (Happy-End am Wörthersee) [AT]. 1965: Der Alpenkönig und der Menschenfeind [AT]; Die verhängnisvolle Faschingsnacht [TV – AT]; Ruf der Wälder [AT]. 1966: König Ottokars Glück und Ende [TV – AT]; Leinen aus Irland [TV – AT]. 1967: Auf der Pawlatschen [TV – AT]. 1968/69: Ein Lied aus Wien [TVS – AT]; Der alte Richter [TVS – AT/BRD]. 1971: Tatort: Mordverdacht [TV – AT/BRD]. 1971/72: Sie nannten ihn Krambambuli/Was geschah auf Schloß Wildberg? [AT/BRD]. 1972: Hallo, Hotel Sacher ... Portier!: Der Poldi [TVS – AT/BRD]. 1974: Man spielt nicht mit der Liebe [TV – AT/BRD]; Eine Stunde mit Paul Hörbiger [TV – AT/BRD]. 1977: Peter Alexanders Wiener Geschichten [TV – BRD/AT]. 1978: Mich hätten Sie sehen sollen! Viktoria und ihr Husar [TV – AT]. 1980: Komödie der Eitelkeit [TV – AT]. 1980/81: Ich hab' für Euch gespielt [TV-DOK – AT/BRD].

Horne, Lena

(Lena Calhoun Horne)
*30. 6. 1917 Brooklyn (New York)

Tochter einer Schauspielerin. Besuch der Ethical Culture School und der Girl's High School in Brooklyn. 1933 Chorus Girl, später auch Sängerin im Cotton Club in Harlem. 1934 Broadway-Debüt mit «Dance with Your Gods». 1936 Sängerin der Charlie Barnet Band und Auftritte in Night Clubs, Konzertsälen und Radio. 1938 und 1940 in zwei Kurzfilmen. 1942 erste Spielfilmrolle in Norman Z. McLeods *Panama Hattie*. Sie erhält als erste Farbige einen langjährigen M-G-M-Vertrag. Frühe Höhepunkte der Filmarbeit sind Georgia Brown im Schwarzen-Musical *Cabin in the Sky* (Vincente Minnelli) und Selina Rogers in *Stormy Weather* (Andrew Stone). Auch danach vor allem in Musikfilmen, so in einer Episode von Minnellis *Ziegfeld Follies*. Nach dem Krieg wird die Freundin des farbigen Sängers Paul Robeson als Kommunistin verdächtigt und gerät auf die schwarze Liste. Danach nur noch wenig vom Kino beschäftigt. Erst 1969 wieder im Western *Death of a Gunfighter*. 1978 nimmt sie mit der Rolle der guten Hexe Glinda in Sidney Lumets Musical *The Wiz* Abschied von der Leinwand. 1983 Tony Award für ihre One-Woman-Show «Lena Horne: A Lady and Her Music» am Broadway, anschließend Welttournee. Ab Mitte der 80er Jahre seltene Gastauftritte im Fernsehen, darunter *The Cosby Show*. Memoiren: «In Person» (1951), «Lena» (1965).

[US] 1938: Duke Is Tops [KF]. 1940: Harlem Hotshots [KF]. 1942: Panama Hattie; Harlem on Parade [KF]; Boogie Woogie Dream [KF]. 1943: We've Come a Long, Long Way [DOK]; Cabin in the Sky; I Dood It! (Der Tolpatsch und die Schöne); Broadway Rhythm; Swing Fever; Stormy Weather (Der Tänzer auf den Stufen); Thousands Cheer. 1944: Two Girls and a Sailor (Mein Schatz ist ein Matrose). 1946: Ziegfeld Follies (Broadway Melodie 1950); Mantan Messes Up; Till the Clouds Roll by (Bis die Wolken vorüberzieh'n). 1948: Words and Music. 1950: Duchess of Idaho (Die Venus verliebt sich). 1955/56: Meet Me in Las Vegas (Viva Las Vegas!). 1957: The Heart of Show Business. 1969: Death of a Gunfighter (Frank Patch – Deine Stunden sind gezählt). 1978: The Wiz. 1994: A Century of Women.

Horney, Brigitte

*29. 3. 1911 Berlin-Dahlem
†27. 7. 1988 Hamburg

Schulbesuch in Berlin-Zehlendorf, Internat in Znoz (Schweiz); 1928–30 Trümpy-Tanzschule, Unterricht in Ausdruckstanz bei Mary Wigman, Schauspielunterricht. 1930 Max-Reinhardt-Nachwuchspreis, daraufhin Hauptrolle in Robert Siodmaks *Abschied*. Stadttheater Würzburg, Lessing-Theater in Berlin, 1931–32 Deutsches Theater, 1932–43 Volksbühne. 1934 erster Filmerfolg als Kneipensängerin Rubby in *Liebe, Tod und Teufel* (Hilpert/Steinbicker) nach Stevensons «The Bottle Imp», wofür ihr Theo Mackeben den Schlager «So oder so ist das Leben» schreibt. Aufstieg zum herben, eigenwilligen Anti-Star, der nicht recht in die Klischees der Nazis paßt. In 6 Filmen unter der Regie von Viktor Tourjansky; 1936 Filmarbeit in London. Einige Rollen auch im Sinne nationalsozialistischer Frauen-Stereotype, so die starke «Kameradin» in *Ein Mann will nach Deutschland* (Paul Wegener) und die heimatliebende «Volksdeutsche» in *Feinde* (Tourjansky). Melancholisch und schlicht als *Das Mädchen von Fanö* (Hans Schweikart). Nur selten schön und elegant: Zarin Katharina II. in *Münchhausen* (Josef von Baky), die leichtlebige Nastasja in Gustav Ucickys *Savoy Hotel 117*. Kurz vor Kriegsende Übersiedlung in die Schweiz. 1946–48 Schauspielhaus in Zürich, ab 1950 in Basel. 1948 erneute Filmarbeit in der österreichischen Produktion *Die Frau am Weg* (Eduard von Borsody), ab 1949 auch in der Bundesrepublik: *Verspieltes Leben* (Kurt Meisel). Erfolg als alternde Schauspielerin in *Solange du da bist* (Harald Braun) und als «Generalin» in *Nacht fiel über Gotenhafen* (Frank Wysbar). Nach dem Tod der Mutter, der renommierten Psychoanalytikerin Karen Horney, 1952 Übersiedlung in die USA, um deren Lebenswerk weiterzuführen. Ab 1953 amerikanische Staatsbürgerin. Sporadisch Theaterarbeit in Europa. Fernsehauftritte u. a. in Jean-Paul Sartres *Geschlossene Gesellschaft* und in John Patricks Eine etwas sonderbare Dame. Mitte der 60er Jahre in Edgar-Wallace-Filmen, ab 1972 Verkörperung eigenwilliger alter Damen in Serien wie *Der Kommissar*, *Derrick* und *Das Traumschiff*. Star der TV-Serien *Jakob und Adele* (Tögel/Stark) und *Teufels Großmutter* (Bob Herzet). Zuletzt als repräsentative Gräfin in der Bierbrauer-Saga *Das Erbe der Guldenburgs*

(Goslar, Erhardt). 1972 Filmband in Gold für langjähriges und hervorragendes Wirken im deutschen Film.

[DE/BRD] 1930: Abschied. 1930/31: Fra Diavolo Dt.V. [DE/FR]. 1931/32: Rasputin. 1933: Heideschulmeister Uwe Karsten. 1934: Ein Mann will nach Deutschland; Der ewige Traum/Der König des Montblanc; Liebe, Tod und Teufel; Blutsbrüder. 1935: Der grüne Domino. 1935/36: Savoy-Hotel 217 (Mord im Savoy; 1950). 1936: Stadt Anatol; The House of the Spaniard [GB]. 1936/37: Secret Lives [GB]. 1937: Revolutionshochzeit; Der Katzensteg. 1937/38: Verklungene Melodie. 1938: Anna Favetti; Du und ich; Ziel in den Wolken. 1938/39: Aufruhr in Damaskus. 1939: Der Gouverneur; Eine Frau wie du; Befreite Hände. 1940: Feinde; Das Mädchen von Fanö. 1941: Illusion. 1942: Geliebte Welt. 1942/43: Münchhausen. 1943/44: Am Ende der Welt (Die Erbin der Wälder; 1956) [UA: 1947]. 1948: Die Frau am Weg [AT]. 1949: Verspieltes Leben/Ulyssa. 1950: Melodie des Schicksals. 1953: Solange Du da bist. 1954: Gefangene der Liebe/Gefangene der Ehe; Der letzte Sommer. 1957: Der gläserne Turm. 1959: Geschlossene Gesellschaft [TV]. 1959/60: Nacht fiel über Gotenhafen. 1960: Eine etwas sonderbare Dame [TV]; Das Erbe von Björndal. 1961: Ein Stern in einer Sommernacht [TV]; Ruf der Wildgänse [AT]. 1962: Daphne Laureola [TV]. 1963: Dann geh zu Thorp [TV]. 1964: Der Hexer. 1965: Neues vom Hexer. 1965/66: Ich suche einen Mann. 1966: Das Geheimnis der weißen Nonne [BRD/GB]. 1968: Antonia [TV]. 1970: Paradies der alten Damen [TV]. 1971: Die Auferstehung des Stefan Stefanow [TV – AT]. 1972: Das Geheimnis der alten Mamsell [TV]; Die Vitrine [TV]. 1972/73: Der Kommissar: Tod eines Hippiemädchens [TV]. 1974: Der Kommissar: Jähes Ende einer interessanten Beziehung [TV]; Strychnin und saure Drops [TV-EP]. 1976/77: Heidi [TVS]; Derrick: Eine Nacht im Oktober [TV]. 1977: Eichholz & Söhne [TVS]; Der Alte: Der Alte schlägt zweimal zu [TV]; Haus der Frauen [TV]. 1978: Kleine bunte Freudenspender [TV]; Wo die Liebe hinfällt [TV-EP]. 1979: Einzelzimmer [TV]; Wunder einer Nacht [TV – AT/BRD]; Tom Sawyer (Die Abenteuer von Tom Sawyer und Huckleberry Finn) [TVS – CA]. 1980: Derrick: Die Entscheidung [TV]; Charlotte [BRD/NL]; Teegebäck und Platzpatronen [TV]. 1981: Die Karten lügen nicht und andere Geschichten [TV-EP]; Billy [TVS – US]. 1981/82: Der Alte: Teufelsküche [TV]. 1982: So oder so ist das Leben I [TV-EP – BRD/AT/CH]; Urlaub am Meer [TV-EP – BRD/CH]; Rendezvous der Damen 4. Der Kavalier [TV-EP]. 1982–88: Jakob und Adele [TVS]. 1982/83: Bella Donna. 1983: Ein Mord liegt auf der Hand [TV]; Das Traumschiff. Episode: Der Falschspieler [TV-EP]. 1984: Mamas Geburtstag [TV]. 1985: Alte Gauner. 1. Die große Prüfung [TVS]; Teufels Großmutter [TVS]. 1986: Das Erbe der Guldenburgs [TVS]. 1988/89: Das Erbe der Guldenburgs [TVS–2. Staffel].

Horton, Edward Everett

* 18. 3. 1887 Brooklyn (New York)
† 29. 9. 1970 San Fernando Valley

Besuch der Boys' High School in Brooklyn, des Polytechnikums, des Oberlin College in Ohio und der Columbia University in New York. 1906 Broadway-Debüt als Komparse. 1919 Mitglied der Los Angeles Stock Company. 1922 Filmdebüt, dann in zahlreichen Nebenrollen. Gleichzeitig weiterhin Theaterarbeit. Als wichtiger Nebendarsteller und Charge wird er oft als zerstreuter und begriffsstutziger Gentleman in vielen Komödien besetzt – in der Hauptsache Screwball Comedies und Musicals, so bei Ernst Lubitsch in *Trouble in Paradise* und *Design for Living,* 1934/35 als Don Paquito in Josef von Sternbergs *The Devil Is a Woman*. Häufig auch als – meist unverheirateter guter Freund – neben Fred Astaire, u. a. in *The Gay Divorcee* und in *Top Hat* von Mark Sandrich. 1941 überzeugend als übereifriger himmlischer Bote in *Here Comes Mr. Jordan* (Alexander Hall). Zusammenarbeit mit Komödien-Regisseuren wie Leo McCarey, Frank Tuttle und Frank Capra, so als Alexander P. Lovett in *Lost Horizon* (1937) und als Butler in *Pocketful of Miracles* (1961). Neben der Filmarbeit immer wieder auf der Bühne. 1932 erstmals mit «Springtime for Henry», spielt er das Stück fast 25 Jahre lang. In den 50er und 60er Jahren umfangreiche Tournee-Tätigkeit. Seit 1950 auch Fernseharbeit. Eine seiner letzten Rollen ist 1965–67 «Roaring Chicken», ein indianischer Medizinmann, in 65 Folgen der TV-Serie *F Troop*.

[US] 1922: Too Much Business; The Ladder Jinx; A Front Page Story. 1923: Ruggles of Red Gap; To the Ladies. 1924: Poisoned Paradise: The Forbidden Story of Monte Carlo; Flapper Wives; Try and Get It; The Man Who Fights Alone; Helen's Babies. 1925: Marry Me; The Business of Love; Beggar on Horseback. 1926: Poker Face; La Bohème; The Nut-Cracker; The Whole Town's Talking. 1927: Dad's Choice [KF]; Behind the Counter [KF]; Find the King [KF]; No Publicity [KF]; Taxi! Taxi! 1928: The Terror. 1929: Trusting Wives [KF]; Good Medicine [KF]; The Right Bed [KF]; Prince Babby [KF]; The Hottentot; The Sap; The Aviator; Sonny Boy. 1930: Take the Heir; Wide Open; Holiday; Once a Gentleman. 1930/31: Reaching for the Moon; Lonely Wives; Kiss Me Again. 1931: The Front Page; Six Cylinder Love; Smart Woman; The Age for Love. 1932: But the Flesh Is Weak; Roar of the Dragon; Trouble in Paradise (Ärger im Paradies). 1932/33: Soldiers of the King [GB]. 1933: A Bedtime Story (Alles für das Kind); The Way to Love (Der Fremdenführer von Paris) [Version]; Design for Living (Serenade zu dritt); Alice in Wonderland; Easy to Love; The Poor Rich; It's a Boy. 1933/34: Success at

Any Price. 1934: Sing and Like It; Uncertain Lady; Smarty; Kiss and Make up (Tempel der Schönheit); Ladies Should Listen; The Merry Widow (Die lustige Witwe); The Gay Divorcee (Scheidung auf amerikanisch); The Night Is Young. 1934/35: The Devil Is a Woman (Die spanische Tänzerin/Der Teufel ist eine Frau). 1935: Biography of a Bachelor Girl; All the King's Horses; 10 $ Raise; In Caliente; Going Highbrow; Top Hat (Ich tanze mich in dein Herz hinein); Little Big Shot; The Private Secretary [GB]; His Night Out; Your Uncle Dudley. 1935/36: The Singing Kid. 1936: His Master's Voice; Nobody's Fool; Hearts Divided; The Man in the Mirror [GB]; Let's Make a Million. 1936/37: Shall We Dance (Tanz mit mir). 1937: The King and the Chorus Girl; Lost Horizon (In den Fesseln von Shangri-La); Oh, Doctor!; Wild Money; The Perfect Specimen (Ein Kerl zum Verlieben); Angel (Engel); The Great Garrick; Danger – Love at Work; Hitting a New High. 1937/38: Bluebeard's Eighth Wife (Blaubarts achte Frau). 1938: College Swing; Holiday (Die Schwester der Braut); Little Tough Guys in Society; Paris Honeymoon. 1939: The Gang's All Here [GB]; That's Right – You're Wrong. 1941: Sandy Steps Out; Here Comes Mr. Jordan (Urlaub vom Himmel); You're the One; Week-End for Three; Sunny; Bachelor Daddy; Ziegfeld Girl (Mädchen im Rampenlicht); The Body Disappears. 1942: Springtime in the Rockies; The Magnificent Dope; I Married an Angel. 1943: The Gang's All Here; Forever and a Day (Auf ewig und drei Tage); Thank Your Lucky Stars. 1943/44: Summer Storm (Sommerstürme). 1944: San Diego, I Love You (San Diego, ich liebe Dich); Her Primitive Man; The Town Went Wild; Brazil; Arsenic and Old Lace (Arsen und Spitzenhäubchen). 1945: Steppin' in Society; Lady on a Train. 1945/46: Cinderella Jones. 1946: Earl Carroll's Sketch-Book; Faithful in My Fashion. 1947: Down to Earth (Eine Göttin auf Erden); Her Husband's Affairs; The Ghost Goes Wild. 1951: Holiday Hotel/Don Ameche Musical Playhouse [TVS]. 1957: The Story of Mankind [TV]. 1961: Pocketful of Miracles (Die unteren Zehntausend). 1961–62: Bullwinkle Show [TVS]. 1963: It's a Mad, Mad, Mad, Mad World (Eine total, total verrückte Welt). 1964: Sex and the Single Girl (... und ledige Mädchen). 1965–66: Cara Williams Show [TVS]. 1965–67: F Troop [TVS]. 1967: The Perils of Pauline (Die tollen Abenteuer der schönen Pauline) [TV]. 1969: 2000 Years Later. 1970: Cold Turkey.

Hoskins, Bob

(Robert Williams Hoskins)
*26. 10. 1942 Bury St. Edmunds, Suffolk

Nach dem Schulbesuch in London zahlreiche verschiedene Jobs. Schauspieler am Londoner Unity Theatre, dann am Royal Court Theatre, bei der Royal Shakespeare Company (1976) und am National Theatre (dort 1982 in «Guys and Dolls»). 1972 erstmals im Fernsehen, 1973 Filmdebüt in der auf einem Stück des National Theatre basierenden Tragikomödie *National Health* (Jack Gold). In der zweiten Hälfte der 70er Jahre kleinere Aufgaben im «Film im Film» *Inserts* (John Byrum), im viktorianischen Historienfilm *Royal Flash* (Richard Lester) und im historischen Action-Abenteuer *Zulu Dawn* (Douglas Hickox). Erfolg mit der Rolle eines sowohl verachteten als bedauerten Durchschnittsmenschen in der Fernseh-Serie *Pennies From Heaven* (1977–78). Eine weitere Stärke des untersetzten Schauspielers mit der leicht kugelförmigen Gestalt ist die physisch ungeheuer präsente Darstellung von Charakteren, die vor unterdrückter Gewalt über kurz oder lang schier zu explodieren scheinen. 1980 als aufstrebender Londoner Gangsterboß Harold Shand in der unsentimentalen Ballade *The Long Good Friday* (John MacKenzie). Für seinen gutmütig-aggressiven George in *Mona Lisa* (Neil Jordan) mit einem Oscar ausgezeichnet. Mehrfach in Hollywood-Produktionen, z. B. 1984 als Gangster Owney Madden in *The Cotton Club* (Francis Ford Coppola) und 1988 als Eddie Valiant stets im Kampf mit den Cartoonfiguren in *Who Framed Roger Rabbit?* (Robert Zemeckis). Daneben 1985 im irischen Kurzfilm *The Woman Who Married Clark Gable* (Rioddens O'Sullivan). 1987 inszeniert Hoskins in der Tschechoslowakei seinen ersten eigenen Film: *The Raggedy Rawney*.

[GB] 1973: National Health. 1974: Cry Terror [TV]. 1975: Royal Flash (Royal Flash); Inserts (Nahaufnahme). 1979: Zulu Dawn (Die letzte Offensive) [US]. 1980: The Long Good Friday (Rififi am Karfreitag). 1982: Pink Floyd: The Wall (The Wall). 1983: The Honorary Consul (Der Honorarkonsul). 1984: Brazil (Brazil); Io e il duce (Ich und der Duce) [TV – IT]; The Cotton Club (Cotton Club) [US]; Lassiter (Lassiter). 1985: The Dunera Boys [US]; The Woman Who Married Clark Gable [KF – IE/GB]. 1985/86: Mona Lisa (Mona Lisa). 1986: Sweet Liberty (Sweet Liberty) [US]. 1987: A Prayer for the Dying (Auf den Schwingen des Todes); The Secret Policeman's Third Ball; Who Framed Roger Rabbit? (Falsches Spiel mit Roger Rabbit) [US]. 1987/88: The Lonely Passion of Judith Hearne (Die große Sehnsucht der Judith Hearne). 1988/89: The Raggedy Rawney (Raggedy – Eine Geschichte von Liebe, Flucht und Tod) [D,R,CoA]. 1990: Mermaids (Meerjungfrauen küssen besser) [US]; Heart Condition (Der Chaoten-Cop) [US]. 1991: Hook (Hook) [US]; Shattered (Tod im Spiegel) [US]; The Favour, the Watch and the verry big Fish/La montre, la croix et la manière (Der Gefallen, die Uhr und der sehr große Fisch) [GB/FR]; El Proiezionista/Bliżnij krug [IT/RU]. 1992: Blue Ice (Blue Ice) [US]; Pas-sed Away (Ein verrückter Leichenschmaus) [US]. 1993: Super Mario Bros. (Super Mario Bros.) [US]. 1994: The Changeling [TV]; Rainbow (Rainbow – Die fantastische Reise auf dem Regenbogen) [D/R – GB/CA]; World War II: When Lions Roared [TV – US]. 1995: Balto [S – US]; Nixon (Nixon) [US]. 1996: Cousin Bette; Michael (Michael) [US]; Secret Agent [US].

Hossein, Robert
(Robert Hosseinhoff)
*30. 12. 1927 Paris
Sohn des Komponisten André Hossein. Schauspielunterricht bei Tania Balachova und Jean Marchat; Engagement an Pariser Bühnen, u. a. in Stücken von Genet und Sartre. Eigene Versuche als Bühnenautor sind wenig erfolgreich. Am Grand Guignol Inszenierung von Boulevardstücken und Reißern. Beim Film seit Mitte der 50er Jahre häufig in Gangsterrollen oder als Spezialist für zwielichtige und ambivalente Typen, auch in den von ihm seit 1955 inszenierten Filmen (*Les salauds vont en enfer*), zumeist düstere Thriller-Varianten in der Tradition des film noir. 1962 ist er der Partner der Bardot in Roger Vadims *Le repos du guerrier*. In Historienfilmen, die ihm die größte Popularität einbringen, verkörpert er abenteuerlustige Liebhaber (*Angélique*-Serie) oder – etwas klischeehaft – dubiose Gestalten wie Rasputin (1967). 1983 Sonderpreis für seinen Beitrag zur Filmkunst auf dem Moskauer Festival. 1987 mit Jean-Paul Belmondo in Paris großer kommerzieller Erfolg mit einer Inszenierung des «Kean». 1978 Veröffentlichung der Erinnerungen «La sentinelle aveugle».

[FR] 1948: Le souvenirs ne sont pas à vendre; Le diable boiteux (Der hinkende Teufel). 1953: Quai des blondes (Heiße Ware für Marseille). 1954: Série noire (Gangster von Paris); Du rififi chez les hommes (Rififi). 1955: Les salauds vont en enfer (Die Lumpen fahren zur Hölle). 1956: Crime et châtiment (Schuld und Sühne). 1957: Méfiez-vous fillettes (Hinter blinden Scheiben); Sait-on jamais?/Un colpo da due miliard (Spuren in die Vergangenheit) [FR/IT]. 1958: Des femmes disparaissent (Blonde Fracht und schwarze Teufel); Toi, le venin (Nachts fällt der Schleier); V proudech/La liberté surveillée (In den Strömen) [CS/FR]. 1958/59: Du rififi chez les femmes/Rififi fra le donne (Rififi bei den Frauen) [FR/IT]. 1959: La sentence; Les canailles/Le canaglie (Die Kanaille) [FR/IT]; La nuit des espions/La notte delle spie (Die Nacht der Spione) [FR/IT]. 1960: La ménace/La minaccia (Die Drohung) [FR/IT]; Les scélérats (Vis-à-Vis). 1961: Le jeu de la vérité (Mitternachtsparty); Madame Sans-Gêne (Madame sans Gêne) [IT/FR/ES]; La monte-charge/La morte sale in ascensore (Im Fahrstuhl fuhr der Tod) [FR/IT]; Le goût de la violence/Haut für Haut/Febbre di rivolta [FR/BRD/IT]. 1961/62: Les petits matins (Wir bitten zu Bett). 1962: Le meurtrier/L'omicida/Der Mörder [FR/IT/BRD]; Le repos du guerrier/Il riposo del guerriero (Das Ruhekissen) [FR/IT]; Le vice et la vertu/Il vizio e la virtù (Laster und Tugend) [FR/IT]. 1963: Les grands chemins/Il baro (Grausame Hände) [FR/IT]; Chair de poule/Pelle d'oca (Rasthaus des Teufels) [FR/IT]; Pourquoi Paris? [FR/IT]. 1963/64: La mort d'un tueur/Concerto per un assassino (Verflucht und vergessen) [D,R – FR/IT]. 1964: Banco à Bangkok (pour OSS 117)/OSS 117 miniaccia Bangkok (Heiße Hölle Bangkok) [FR/IT]; Angélique, marquise des Anges/Angélique/Angelica [FR/BRD/IT]; Les yeux cernés (Das grausame Auge). 1964/65: Le meravigliose avventure di Marco Polo (Lo scacchiere di Dio)/La fabuleuse aventure de Marco Polo (L'echequier de Dieu) (Im Reich des Kublai Khan) [IT/FR]; Le vampire de Dusseldorf/El asesino de Dusseldorf/La belva de Dusseldorf (Der Mann, der Peter Kürten hieß) [FR/ES/IT]. 1965: Angélique et le Roi/Angélique und der König/Angelica alla corte del Re [FR/BRD/IT]; Le chevalier de Maupin; La guerre secrète/La guerra segreta/Spione unter sich [EP – FR/IT/BRD]; Le tonnerre de Dieu/Matrimonio alla francese/Auch eine französische Ehe [FR/IT/BRD]; La seconde vérité/La amante infidele (Die untreue Geliebte) [FR/IT]; La guerre secrète/La guerra segreta/Spione unter sich [EP – FR/IT/BRD]; La longue marche. 1966: Brigade anti-gangs/Pattuglia antigang (Sonderdezernat C III, Montmartre) [FR/IT]; La musica (La musica); Madamigella di Maupin/Le chevalier de Maupin [IT/FR/ES]. 1966/67: L'Homme qui trahit la Maffia/Calibro 38 (Wer singt, muß sterben) [FR/IT]. 1967: La petite vertue (Die kleine Brave); Angélique et le Sultan/Angélique und der Sultan/Angelica e il Gran Sultano [FR/BRD/IT]; Lamiel (Lamiel ... ich liebe die Liebe); J'ai tué Raspoutine/Addio Lara! (Ich tötete Rasputin) [FR/IT]; Indomptable Angélique/L'indomabile Angelica/Unbezähmbare Angélique [FR/IT/BRD]. 1968: Niente rose per OSS 117/Pas de roses pour OSS 117 (Keine Rosen für OSS 117) [IT/FR]; La battaglia di El-Alamein/La bateille d'El Alamein (Königstiger vor El Alamein) [IT/FR]; La leçon particulière (Nachhilfestunden); Une corde, un colt/Cimitero senza croci (Friedhof ohne Kreuze) [FR/IT]; La femme écarlate/La donna scarlatta (Kalte Augen) [FR/IT]. 1969: Nell'anno del Signore/Les conspirateurs (Im Jahre des Herrn) [IT/FR]; La battaglia del deserto/Sept hommes pour Tobrouk (Heiß über Afrikas Erde) [IT/FR]; Les belles au bois dormantes/L'intreccio/Las bellas del bosque [FR/IT/ES]; Le voleur de crimes; Le temps des loups/Uccidi, uccidi, uccidi ancora (Schüsse aus der Manteltasche) [FR/IT]. 1970: Le juge (Der Richter von Marseille); Point de chute (Zwei im Visier). 1971: Le casse/Gli scassinatori (Der Coup) [FR/IT]; La part des lions/L'ultima rapina a Parigi (Der Löwenanteil). 1972: Hellé; Un officier de police sans importance; Un meurtre est un meurtre/La sedia a rotelle (Mord bleibt Mord) [FR/IT]. 1972/73: Don Juan 73/Una donna come me (Don Juan 73) [FR/IT]. 1973: Prêtres interdits (Der Abbé und die Liebe); Le protecteur (Der eiskalte Job) [FR/ES]. 1975: Le faux-cul. 1977: L'Amant de poche (Herzflimmern in St. Tropez). 1980: Les uns et les autres (Ein jeglicher wird seinen Lohn empfangen). 1981: Le professionnel (Der Profi); Le grand pardon (Der Super-Boss). 1982: Les misérables (Die Legion der Verdammten) [R,CoA]; Surprise party. 1985: Le caviar rouge (Le caviar rouge). 1986: Levi et Goliath (Wer hat dem Rabbi den Koks geklaut?); Un homme et une femme: vingt ans déjà (Ein Mann und eine Frau – 20 Jahre später). 1988: Les enfants du désordre (Wilde Kinder). 1989: Le pavé du Gorille (Der Gorilla und der Börsenkrach) [TV]. 1992: L'inconnu dans la maison. 1993: L'Affaire. 1994: Les misérables. 1996/97: M.D.C. – Maschera di cera [IT].

Howard, Leslie

(Leslie Howard Stainer)
*3. 4. 1893 Forest Hill (London)
†1. 6. 1943 Golf von Biscaya

Sohn eines ungarischen Juden. Studium am Londoner Dulwich College, dann in einer Bank tätig. Bereits 1914 Auftritt in einem Kurzfilm. 1917 mit einem Kriegstrauma von der Westfront zurück. 1917 Theaterdebüt bei einer Wanderbühne. Seit 1920 Theaterarbeit in London und auch in den USA, später Erfolg am Broadway sowohl mit Klassikerinterpretationen als auch in modernen Stücken. Dem deklamatorischen und überzogenen Schauspielstil der damaligen Zeit setzte Howard ein beiläufig und unaufwendig natürliches Spiel entgegen. Er beginnt Ende der 20er Jahre damit, selber Stücke zu schreiben und zu produzieren. 1930 zu M-G-M nach Hollywood, dort oft in Rollen, die er auch auf der Bühne gestaltet hat, so 1936 als Romeo in *Romeo and Juliet* (George Cukor). Besonders bemerkenswert u. a. als Gegenspieler von Bette Davis in *Of Human Bondage* und in der Titelrolle von *The Scarlet Pimpernel*. 1938 Rückkehr nach England und Debüt als Co-Regisseur neben Anthony Asquith bei der englischen Shaw-Verfilmung *Pygmalion*. In den späten 30er und frühen 40er Jahren Inszenierung einiger weiterer Filme. Bevor er den Entschluß umsetzen kann, die Schauspielerei aufzugeben, um Filme und Bühnenstücke zu produzieren und zu inszenieren, wird er auf einem Flug von Lissabon von Deutschen abgeschossen, weil Winston Churchill in der Maschine vermutet wird. Howard ist der Bruder des Schauspielers Arthur Howard und Vater des Schauspielers Ronald Howard (*1916).

[GB] 1914: The Heroine of Mons [KF]. 1917: The Happy Warrior. 1918: The Lackey and the Lady. 1920: Bookworms [D,P – KF]; The Bump [P – KF]; Twice Two [P – KF]; £5 Reward [D,P – KF]. 1921: Too Many Cooks [P – KF]; The Temporary Lady [P – KF]. 1930: Outward Bound [US]. 1931: Never the Twain Shall Meet [US]; A Free Soul (Der Mut zum Glück) [US]; Five and Ten [US]; Devotion [US]; Service for Ladies. 1932: Smilin' Through (Liebesleid) [US]; The Animal Kingdom [US]. 1932/33: Secrets [US]. 1933: Captured! [US]; Berkeley Square [US]; The Lady Is Willing. 1934: Of Human Bondage [US]; British Agent [US]; The Scarlet Pimpernel (Das scharlachrote Siegel). 1935: The Petrified Forest (Der versteinerte Wald) [US]. 1936: Romeo and Juliet [US]. 1937: Stand-In (Mr. Todd saniert) [US]; It's Love I'm After [US]. 1938: Pygmalion (Pygmalion, Roman eines Blumenmädchens) [D,CoR]. 1939: Intermezzo, A Love Story (Intermezzo) [US]; Gone With the Wind (Vom Winde verweht) [US]. 1941: From the Four Corners [KF]; «Pimpernel» Smith [D,P]; 49th Parallel. 1942: The First of the Few [D,P]. 1942/43: The Gentle Sex [P]. 1943: The Lamp Still Burns [P].

Howard, Trevor

(Trevor Wallace Howard)
*29. 6. 1916 Cliftonville (Kent)
†7. 1. 1988 Bushey (Hertfordshire)

Besuch des Clifton College in Bristol, Studium an der Royal Academy of Dramatic Art in London. 1934 Bühnendebüt, dann im Repertoire-Programm verschiedener kleiner Häuser und am Old Vic. 1936 und 1939 in Stratford-upon-Avon. 1940 bis 43 Dienst bei der Royal Artillery. Anschließend am Arts Theatre in London und erstmals im Film: 1944 Leinwanddebüt in *The Way Ahead* (Carol Reed), 1945 in *The Way to the Stars* (Anthony Asquith), beides Kriegsfilme. 1945 internationale Beachtung als aufrichtiger, verheirateter Kleinstadt-Arzt, der sich in eine Hausfrau (Celia Johnson) verliebt, in *Brief Encounter* (David Lean); der Film gilt als Schlüsselwerk der zeitgenössischen realistischen britischen Kriegsfilme. In den nächsten Jahrzehnten Zusammenarbeit mit führenden Regisseuren, darunter Luchino Visconti, John Huston, Sidney Lumet, Tony Richardson und David Lean; am produktivsten nach eigener Überzeugung jedoch mit Carol Reed, etwa in dessen Nachkriegs-Thriller *The Third Man* als sarkastischer, zynischer Major. Auch sonst oft als englischer Armee- oder Polizei-Offizier, doch schon früh Erweiterung des Repertoires um den von Frauen umgebenen romantischen Helden. So besonders eindrucksvoll als der fehlbare Harry Scobie in der Graham-Greene-Adaption *The Heart of the Matter* (George More O'Ferrall). Beginnend 1951 mit Reeds *Outcasts of the Islands*, Reifung zum Charakterdarsteller. Dennoch auch weiterhin Rollen in Abenteuer-

und Kriegsfilmen, so 1962 im amerikanischen Film *Mutiny on the Bounty* (Lewis Milestone). Seit 1956 alternierend in England und den USA tätig. Ab 1960 auch in Fernsehspielen und -filmen. Zahlreiche seiner Kinofilme in den 60er und 70er Jahren sind zweit- und drittklassig. In den 80er Jahren neben kleineren Rollen in Publikumsfilmen auch Zusammenarbeit mit einigen Autorenfilmern, z. B. als mystischer alter Einsiedler in Alain Tanners *Les années lumières* und als diktatorischer Vater auf einer südafrikanischen Farm in Marion Hänsels *Dust*. Daneben auch das düstere Image ironisierende Auftritte wie mit Tütü auf dem Einrad in Vivian Stanshalls Satire *Sir Henry at Rawlinson End* (Steve Roberts, 1980). Seit 1944 ist Howard verheiratet mit der Schauspielerin Helen Cherry.

[GB] 1944: The Way Ahead. 1945: The Way to the Stars; Brief Encounter (Begegnung). 1946: I See a Dark Stranger; Green for Danger (Achtung: Grün). 1946/47: So Well Remembered (Unvergessene Jahre). 1947: They Made Me a Fugitive (Sträfling 3312). 1948/49: The Passionate Friends (Die große Leidenschaft). 1949: The Third Man (Der dritte Mann). 1949/50: Golden Salamander (Der goldene Salamander). 1950: Odette; The Clouded Yellow (Auf falscher Spur). 1951: Lady Godiva Rides Again (Maxie macht Karriere); Outcast of the Island (Der Verdammte der Inseln). 1952: The Gift Horse (Ein Fressen für die Fische). 1953: The Heart of the Matter; La mano dello straniero/The Stranger's Hands [IT/GB]. 1954: Les amants du Tage [FR]; April in Portugal [S – KF]. 1955: Cockleshell Heroes (Himmelfahrtskommando). 1956: 20th Century-Fox Hour: Deception [TV – US]; Run for the Sun (Der Sonne entgegen) [US]; Around the World in 80 Days (In 80 Tagen um die Welt) [US]. 1957: Interpol (Der Mann, den keiner kannte); Manuela (Manuela). 1958: The Roots of Heaven (Die Wurzeln des Himmels) [US]; The Key (Der Schlüssel). 1959/60: Moment of Danger (Malaga). 1960: Playhouse 90: The Hiding Place [TV – US]; Sons and Lovers (Söhne und Liebhaber). 1962: Hedda Gabler [TV – US]; The Lion (Patricia und der Löwe); Mutiny on the Bounty (Meuterei auf der Bounty) [US]. 1963: The Invincible Mr. Disraeli [TV – US]; Man in the Middle (Plädoyer für einen Mörder). 1964: Father Goose (Der große Wolf ruft) [US]; Morituri (Morituri) [US]. 1964/65: Operation Crossbow (Geheimaktion Crossbow) [GB/IT]. 1965: Hallmark Hall of Fame: Eagle in a Cage [TV – US]; Von Ryan's Express (Colonel von Ryans Expreß) [US]; The Liquidator (L – der Lautlose). 1966: The Poppy Is Also a Flower [TV – UN]; Triple Cross/La fantastique histoire vraie d'Eddie Chapman (Spion zwischen zwei Fronten) [GB/FR]. 1966/67: The Long Duel (Der Kampf). 1967: Pretty Polly. 1968: The Charge of the Light Brigade (Der Angriff der leichten Brigade). 1969: Battle of Britain (Luftschlacht um England); Twinky (Der Amerikaner). 1970: Ryan's Daughter (Ryans Tochter); The Night Visitor (Der unheimliche Besucher) [US]. 1971: Catch Me a Spy/Les doigts croisés [GB/FR]; Mary, Queen of Scots (Maria Stuart, Königin von Schottland). 1972: Kidnapped; Pope Joan (Papst Johanna); The Offence; Ludwig/Ludwig ... ou le crépuscule des dieux/Ludwig II. [IT/FR/BRD]. 1972/73: A Doll's House/Maison de poupée (Nora) [GB/FR]. 1973: Catholics – A Fable of the Future (Katholiken) [TV]; Craze/The Infernal Idol/The Demon Master (Dämon des Grauens). 1974: Cause for Concern [S]; Who? (Der Mann aus Metall); The Count of Monte-Cristo (Der Graf von Monte Christo) [TV]; Persecution (Verfolgung); 11 Harrowhouse (Brillanten und Kakerlaken). 1975: Hennessy (Ein Mann namens Hennessy); Conduct Unbecoming (Die Schande des Regiments); The Bawdy Adventures of Tom Jones; Der flüsternde Tod [BRD]. 1976: Aces High (Die Schlacht in den Wolken) [GB/FR]; Eliza Fraser/A Faithful Narrative of the Capture, Sufferings and Miraculous Escape of Eliza Fraser/The Rollicking Adventures of Eliza Fraser [AU]. 1977: The Last Remake of Beau Geste (Drei Fremdenlegionäre) [US]; Slavers – Die Sklavenjäger [BRD]. 1978: Vol de nuit/Night Flight [TV – CA]; Easterman [TV]; One, Take Two (Die Rebellen) [ZA/BRD]; Stevie; Superman (Superman) [US]. 1979: The Shillingbury Blowers [TV]; Meteor (Meteor) [US]; Hurricane (Hurrikan) [US]. 1980: The Sea Wolves (Die Seewölfe kommen) [GB/US/CH]; Sir Henry at Rawlinson End; Windwalker (Das Vermächnis des Indianers) [US]; Staying On [TV]. 1981: No Country for Old Men [TV]; Les années lumières (Lichtjahre entfernt) [CH/FR]. 1981/82: Inside the Third Reich [TV – US]. 1982: The Sign of Four (Im Zeichen der Vier); Gandhi (Gandhi); The Deadly Game [TV]; The Missionary (Der Missionar). 1984: George Washington [TV – US]. 1984/85: Peter the Great (Peter der Große) [TV – US]; Sword of the Valiant: Legend of Gawain and the Green Knight (Camelot – Der Fluch des goldenen Schwertes). 1985: Time After Time [TV]; Dust (Dust) [BE/FR]. 1986: Shaka Zulu [TV – US]; Christmas Eve (Frohe Weihnachten, Mrs. Kingsley) [TV – US]; Foreign Body (R.A.M.S.). 1987: White Mischief (Die letzten Tage in Kenya). 1987/88: The Dawning. 1988: The Unholy (Unholy – Dämonen der Finsternis) [US].

Hrusínský, Rudolf

(Rudolf Böhm)
* 17. 10. 1920 Nový Etynk

Durch die Eltern, ein Schauspielerehepaar, frühzeitig Berührung mit dem Theater. Erste Engagements am Theatro Urania in Prag und am Kindertheater E. F. Burians; seit 1960 am Prager Nationaltheater. Filmdebüt mit 17 Jahren in *Lízin let do nebe* (Václav Binovec, 1937). Hrusínský feiert zunächst Erfolge als jugendlicher Held. Als Regisseur erprobt er sich in *Jarní píseň* (1944) und in *Pancho se žení* (1944/45). Nach 1945 spielt er zunächst überwiegend in Nebenrollen, entwickelt sich dann zum Charakterschauspieler und Komiker. Eine seiner schönsten Rollen ist 1957 der Hundefänger und Soldat Schwejk in Karel Steklýs *Dobrý voják Svejk* und *Poslišmé hlásim*. Er erhält 1961 den Schauspielerpreis auf dem Nationalen Spielfilmfestival in Koice für *Noční host* (Karel Kachyňa). Häufig arbeitet er mit Juraj Herz zusammen, u. a. 1969 in der Groteske *Spalovač mrtvol*, 1981 als Morellano in *Buldoci a třešně* und 1985 als Dr. Pfitzner in *Zastihla mě noc*, sowie mit Jiří Menzel, u. a. 1968 in der Komödie *Rozmarné léto*, 1978 als Pan Pasparte in *Báječni muži s klikou* und 1989 in *Konec starých časů*. In *Dobri Holubi se vraceji* (Dušan Klein, 1988), der sich mit dem Thema Alkoholismus auseinandersetzt, ist er der Masák.

[CS] 1937: Lízin let do nebe. 1938/39: Lízino štisti. 1939: Vìra Lukášová; Studujeme za školou; Cesta do hlubin študákovy duše; Humoreska. 1940: Prosím, pane profesore. 1941: Noční motýl; Tìžký život dobrodruha; Turbina (Die Turbine); Pro kamaradu. 1942: Barbara Hlavsová. 1943: Mlhy na blatech. 1944: Neviděli jste Bobíka?; Jarní píseň [R]. 1944/45: Pachno se žení [CoR,CoA]. 1946: Pancho de ... ení [R,A,D]. 1947: Pedtucha (Vorahnung); Alena (Die Tugend und der Teufel). 1948: Ves v pohraničí; Hostinec U kamenného stolu. 1949: Rodinné trampoty oficiála Tříšy. 1952: Únos (Die Entführung); Haškovy povídky ze starého mocnářství (Die gute alte Zeit). 1953: Večery s Jindřichem Plachtou; Přicházejí z tmy; Komedianti (Komödianten); Tajemstvi krve (Geheimnis des Blutes). 1954: Cirkus bude (Der Zirkus spielt doch); Botostroj; Na konci města (Verhängnisvolle Spuren); Jan Hus. 1955: Větrná hora (Verbrechen am Windberg); Strakonický dudák. 1956: Dobrý voják Švejk. 2 Teile (Der brave Soldat Schwejk. 2 T.). 1957: Škola otcó (Weil wir sie lieben); Poslůsně hlásím (Melde gehorsamst). 1958: Hvězda jede na jih (Ein Stern fährt nach Süden) [CS/YU]; Kasai (Kassendiebe). 1959: Konec cesty (Am Ende des Weges); Dařbuján a Pandrhola (Gevatter Tod); Zpivající pudřenka (Das Geheimnis der Puderdose). 1960: Ledoví muši (Der Meisterschütze); Velká samota; Policejní hodina; U nás v Mechově (Bei uns in Mechov); Žalobníci (Die Diebe von Pavlov); Vyšší princip (Das höhere Prinzip); Kam čert nemůže (Wo der Teufel nicht hin kann). 1961: Noční host (Der nächtliche Gast); Florián; Reportáž psaná na oprátce (Reportage unter dem Strang geschrieben). 1962: Tarzanová smrt; Blbec z Xeenemünde; Smrt na Cukrovém ostrově (Totentanz im Pazifik); Baron Prášil (Baron Münchhausen); Anička jde do školy (Ännchen geht zur Schule). 1963: Bol'šaja doroga [SU]; Strach (Angst). 1964: Naděje (Hoffnung). 1965: Třicet jedna v stínu; Bilá paní; 5 miliónů svědků (Mord vor der Kamera). 1966: Jak jsem ukradl milión; Vrah skrývá tvář (Der Mörder verbirgt sein Gesicht); Hrdina má strach; Vražda po našem (Mord auf heimische Art). 1967: Jak se krade milión. 1968: Čest a sláva; Rozmarné léto (Ein launischer Sommer); Spalovač mrtvol (Der Leichenverbrenner); Zločin v šantánu (Verbrechen in der Mädchenschule). 1969: Skřivánci na niti (Lerchen am Faden); Po stopách krve (Blutspuren). 1971: Claim na Hluchém potoku [KF]. 1972: Oáza (Die Oase). 1975: Škareda dědina (Das häßliche Dorf). 1977: Pasiáns (Patience – ein Kartenspiel bei Nacht); Jak se budí princezny (Wie man Prinzessinnen weckt); Adéla je ještě nevečeřela (Adele hat noch nicht zu Abend gegessen); A kétfenekű [HU]; Štafeta; Dým bramborové nate (Der Rauch des Kartoffelfeuers). 1978: A trombitas [HU]; Sázka na třináctku; Silnäjší než strach; Nechci nic slyšet (Ich will nichts hören); Kulový blesk (Aktion Kugelblitz); Báječní muži s klikou (Die wunderbaren Männer mit der Kurbel). 1979: Oci plne nenavisti (Augen voller Haß); Diagnóza smrti (Todesdiagnose); Lásky mezi kapkami děště (Liebe zwischen Regentropfen). 1980: Dnes v jednom domě [TV]; Temné slunce (Dunkle Sonne); Postřižiny (Kurzgeschnitten); Trhák. 1981: Tajemství hradu v Karpatech (Das Geheimnis der Burg in den Karpaten); Buldoci a třešně (Bulldoggen und Kirschen); Pozor, vizita! (Achtung, Visite). 1982: Vido hořnak [TV]; Plaché příběhy. 2. Vražedný. 1983: Ti veteráni (Verschenktes Glück); Slavnosti sněšenek (Das Wildschwein ist los). 1984: Barrandovské nocturno anep Jak film tančil a zpíval; Rozpuštěný a vypštěný (Liebling, Lump und Lockenmörder). 1985: Vesničko má středisková (Heimat, süße Heimat); Zastihla mě noc (Mich überfiel die Nacht). 1986: Smrt krásných srnců (Der Tod der schönen Rehe). 1987: Narozeniny režiséra Z. K,; Jak Básníkům chutná život (Wie Poeten das Leben genießen); Strašidla z vikýře (Gespenster aus dem Dachfenster). 1988: Dobří holubi se vracejí (Gute Tauben kehren immer zurück); Tichý společník. 1989: Konec starých časů (Ende der alten Zeit); Vážení přátele, ano. 1990: Die Wette/ Sazka [TV – BRD/CS]; Svědek umírajícího času; Tichá bolest; Začátek dlouhého podzimu. 1991: Obcená škola (Die Volksschule); Opera zebracka (Prager Bettleroper); Žebrácká opera; Halalutak es Angyalok [HU]. 1992: La valle di pietra [IT]; La piovra 6 – L'ultimo segreto (Allein gegen die Mafia) [TVS – IT]. 1996: Das Zauberbuch [DE/CZ].

Hu Die

(Hu Ruihua)
* 1907 Shanghai

Schon als Teenager besucht Hu Die die Filmschule von Hong Sheng. Mit *Qiushan yuan* debütiert sie 1925 bei der Youlian Filmgesellschaft. 1926/27 dreht sie bei der Tienyi Gesellschaft, die in erster Linie alte chinesische Geschichten verfilmt. Sie spielt z. B. die schöne Schlangenfrau aus der Legende in *Baishe zhuan*, aber auch die Kameliendame in der chinesischen Version *Xi chahua*. 1928–37 ist sie bei der Mingxing Filmgesellschaft engagiert, die zunächst Actionfilme, Melodramen und moderne Unterhaltungsfilme produziert, sich aber in den 30er Jahren bemüht, ihr Repertoire um anspruchsvolle Filme zu erweitern; dieser Tendenz entspricht Hu Die. In *Zhifen shichang* spielt sie eine Verkäuferin, die zwischen der Pack- und Kosmetikabteilung eines patriarchal geführten Kaufhauses hin- und hergeschoben wird. In *Zimei hua* stellt sie Zwillingsschwestern dar, die eine arme Bäuerin und Amme, die andere Mätresse eines Militärkommandanten. Zuvor spricht und singt sie 1931 im ersten chinesischen Tonfilm *Ge'nü hongmudan* von Zhang Shichuan. Aufgrund der japanischen Besatzung wandert sie 1937 nach Hongkong aus und von dort nach Zhongqing und Shanghai. Nach 11jähriger Unterbrechung kehrt sie 1958 zur Leinwand zurück. Man nennt sie «Königin der Leinwand» und «Ms. Butterfly Wu».

[CN] 1925: Zhangong; Qiushan yuan. 1926: Dianying nu mingxing; Fuqi zhi bimi; Lian Chu tongshi/Lian Shanpo Chu Yingtai; Xi you ji. 1926/27: Baishe zhuan/Yiyao baishe zhuan (1.-3. Teil). 1927: Xin chahua; Tieshan gongzhu. 1928: Baiyun ta; Nü zhentan. 1929: Furen de shenghuo; Papa ai mama. 1929–31: Huoshao Honglian-shi. 1930: Taohua hu. 1931: Tiexie qingnian; Sanjian zhi ai; Ge'nü hongmudan. 1932: Tixiao yinyuan; Ziyou zhi hua. 1933: Kuangliu; Zimei hua; Zhifen shichang. 1934: Nü'er jing; San zimei. 1935: Jiehou taohua; Ye lai xiang. 1936: Nu quan. 1937: Yongyuan de weixiao. 1938: Yanzhi qi. 1940: Jia; Juedai meiren. 1946: Mou furen [HK]; Chun zhi meng [HK]. 1960: Liandai nüxing [HK]; Ku'er liulang [HK]; Jietong [HK].

Hubschmid, Paul

*20. 7. 1917 Aarau (Kanton Aaargau/Schweiz)

Aufgewachsen in Aarau und Schönenwerd (Kanton Solothurn). 1937 Abitur am Gymnasium Aarau. Max-Reinhardt-Seminar in Wien. Bühnendebüt am Deutschen Volkstheater Wien, dann bis 1948 Theater in der Josefstadt; Gastspiele am Deutschen Theater Berlin. 1948–53 in Hollywood, dort Rollen in mehreren Filmen. Ab 1961 ein Schwerpunkt im Musical: bis 1974 über 2000mal als Prof. Higgins in Lerner/Loewes «My Fair Lady». Mehrere Tourneen, u. a. mit Daphne du Mauriers «Rebecca». Filmdebüt 1938 im Schweizerfilm *Füsilier Wipf*. 1944 neben Hilde Krahl in Hans Schweikarts *Das Gesetz der Liebe*. In Hollywood unter dem Namen Paul Christian u. a. neben Maureen O'Hara in *Bagdad* und neben Maria Montez in *Il ladro di Venezia*. Nach der Rückkehr aus Hollywood 1953 in der BRD als viriler Charmeur neben den weiblichen Stars der Zeit: mit Marika Rökk in *Maske in Blau*, neben Gertrud Kückelmann in *Musik bei Nacht*, neben Liselotte Pulver in *Schule im Eheglück* und neben Sonja Ziemann in *Mit 17 beginnt das Leben*. Hauptrollen in Helmut Käutners *Die Zürcher Verlobung*, neben Romy Schneider in Alfred Weidenmanns *Scampolo*. In Fritz Langs *Das indische Grabmal* und *Der Tiger von Eschnapur* ist er der schließlich siegreiche Architekt Harald Berger. Auch international tätig wie in der deutsch-französischen Co-Produktion *Die Unmoralischen / Le grain de sable* und im britischen Film *Funeral in Berlin*. Im Fernsehen u. a. in Rolf von Sydows 3teiligem Durbridge-Krimi *Wie ein Blitz*. 1980 Filmband in Gold für langjähriges und hervorragendes Wirken im deutschen Film.

[DE/BRD] 1938: Füsilier Wipf 1914/18 [CH]. 1939: Maria Ilona; Der letzte Appell. 1940: My Dream [CH]; Die missbrauchten Liebesbriefe [CH]; Mir lönd nöd lugg [CH]. 1942: Der Fall Rainer; Meine Freundin Josefine. 1942/43: Altes Herz wird wieder jung. 1943: Liebesbriefe; Wilder Urlaub [CH]. 1944: Der gebieterische Ruf. 1944/45: Das seltsame Fräulein Sylvia. 1945: Das Gesetz der Liebe. 1947/48: Gottes Engel sind überall [AT]. 1948: Arlberg-Expreß [AT]; Der himmlische Walzer [AT]. 1949: Geheimnisvolle Tiefe [AT]. 1949/50: Il ladro di Venezia/The Thief of Venice (Der Dieb von Venedig; 1952) [IT/US]. 1951/52: Palace Hotel (Palast Hotel) [CH]. 1952: No Time For Flowers [US]. 1952/53: Maske in Blau; Die Venus vom Tivoli (Zwiespalt des Herzens) [CH]. 1953: Mit 17 beginnt das Leben; The Beast From 20,000 Fathoms (Panik in New York) [US]; Musik bei Nacht. 1953/54: Ungarische Rhapsodie [VERS – BRD/FR]. 1954: Schule für Eheglück; Glückliche Reise; Ingrid – Die Geschichte eines Fotomodells. 1955: Die Frau des Botschafters; Il tresoro di Rommel (Der Rommelschatz) [IT]. 1956: Die goldene Brücke; Liebe, die den Kopf verliert [AT]; Heute heiratet mein Mann; Du bist Musik; Salzburger Geschichten. 1956/57: Die Zürcher Verlobung; Glücksritter. 1957: Meine schöne Mama/Kleines Biest mit langen Haaren [AT/BRD]; Italienreise – Liebe inbegriffen. 1957/58: Scampolo. 1958: La morte viene dallo spazio/Le danger vient de l'espace (Der Tod kommt aus dem Weltraum) [IT/FR]; Ihr 106. Geburtstag/Der Stolz der Familie; Der Tiger von Eschnapur/Le tigre du Bengale/La tigre di Eschnapur [BRD/FR/IT]. 1958/59: Das indische Grabmal/Le tombeau hindou/Il sepolcro indiano [BRD/FR/IT]. 1959: Auskunft im Cockpit [TV – CH]; Alle Tage ist kein Sonntag; Das große Messer [TV]; Liebe, Luft und lauter Lügen; Marili. 1960: Festival/Schwarze Rose, Rosemarie [ES/BRD]; Die Rote Hand; Heldinnen; Die junge Sünderin. 1961: Die große Reise [TV]; Napoléon II, l'aiglon (Kaiserliche Hoheit) [FR]. 1962: Ich bin auch nur eine Frau. 1963: Elf Jahre und ein Tag; Das große Liebesspiel. 1964: Die Lady/Un certain désir [BRD/FR]; Le majordome/Sie werden lästig, mein Herr/Operazione maggiordomo [FR/BRD/IT]; Die schwedische Jungfrau; Heirate mich, Chérie [BRD/AT]; Die Diamantenhölle am Mekong/Les diamants du Mekong/La sfida viene da [BRD/FR/IT]; Le grain de sable/Die Unmoralischen/Il triangolo circolare [FR/BRD/IT]; Mozambique (Blonde Fracht für Sansibar) [GB]. 1964/65: Moi et les hommes de 40 ans/Jacqueline e gli uomini/Caroline und die Männer über 40 [FR/IT/BRD]. 1965: Die Herren [EP]; Ruf der Wälder [AT]. 1965/66: Playgirl; Upperseven l'uomo da uccidere/Der Mann mit den 1000 Masken [IT/BRD]; Ich suche einen Mann. 1966: Karriere/A belles dents [BRD/FR]; Funeral in Berlin (Finale in Berlin) [US/GB]. 1967: Manon 70/Hemmungslose Manon [FR/IT/BRD]. 1967/68: Negresco – Eine tödliche Affäre. 1968: In Enemy Country [US]. 1969: A Taste of Excitement [GB]. 1969/70: Wie ein Blitz [TV]; Skulduggery (Abenteuer in Neuguinea) [US]. 1970: Biografie. Ein Spiel [TV]. 1972: Das Jahrhundert der Chirurgen [TVS]; Versuchung im Sommerwind; Eine Frau bleibt eine Frau [TV-EP]. 1974: Die Abwerbung [TV]; Der Kommissar: Traumbilder [TV]. 1981: Zurück an den Absender [TV]. 1982/83: Bolero. 1984–86: Kir Royal [TVS]. 1988: Klassezämekunft (Broken Silence) [CH]. 1991/92: Linda.

Hudson, Rock

(Roy Harold Scherer jr.)
*17. 11. 1925 Winnetka (Illinois)
†2. 10. 1985 Los Angeles

Besuch der New Trier High School, Winnetka. 1944–45 bei der US Navy auf den Philippinen. 1948 Filmdebüt als Leutnant in *Fighter Squadron* (Raoul Walsh). 1949 Filmvertrag von Universal, gleichzeitig Schauspielunterricht. Besetzung vor allem in Abenteuerfilmen und Western, u. a. als Spieler in *Bend of the River* (Anthony Mann). 1951 Beginn der Zusammenarbeit mit dem deutschen Emigranten Douglas Sirk als reicher Playboy in *Has Anybody Seen My Gal?*, Erfolg in zwei weiteren Sirk-Melodramen, so als egozentrischer, später geläuterter Millionärssohn in *Magnificent Obsession* und als Gärtner in *All That Heaven Allows* – in beiden Filmen neben Jane Wyman, dann als Mitch Wayne an der Seite von Lauren Bacall in *Written on the Wind*. 1956 Oscar-Nominierung als Gegenpart von James Dean in der Rolle des Viehzüchters in George Stevens' *Giant*. Gründung der Filmproduktion «7 Pictures». Mit Michael Gordons *Pillow Talk* beginnt 1959 eine Serie moderner Liebeskomödien mit Doris Day – sie werden eines der populärsten Filmpaare der 60er Jahre. Co-Star von John Wayne in *The Undefeated* (Andrew V. McLaglen), neben Julie Andrews in *Darling Lili* (Blake Edwards). In den 70er Jahren nur noch wenige Filmauftritte, dafür Beginn umfangreicher TV-Arbeit, u. a. 1971–77 Krimi-Serie *McMillan and Wife*, Gastrolle in *Dynasty* (1984/85). 1973 Bühnendebüt mit dem Stück «I Do! I Do!»! Der zeitlebens sein Image als Frauenheld pflegende Hudson bekennt sich kurz vor seinem Aids-Tod zur Homosexualität. 1986 postum veröffentlichte Autobiografie: «Rock Hudson: His Story».

[US] 1948: Fighter Squadron. 1949: Undertow. 1950: Iron Man (Ausgezählt); Tomahawk (Tomahawk – Aufstand der Sioux); Bright Victory/Lights Out (Sieg über das Dunkel); Peggy (Verliebt, verlobt, verheiratet); The Desert Hawk (Der Wüstenfalke); Shakedown (Ohne Skrupel); One Way Street; Winchester '73 (Winchester 73); I Was a Shoplifter. 1951: Air Cadet; The Fat Man. 1951/52: Here Come the Nelsons; Has Anybody Seen My Gal? (Hat jemand meine Braut gesehen?). 1952: The Lawless Breed (Gefährliches Blut); Bend of the River (Meuterei am Schlangenfluß); Scarlet Angel (Der rote Engel); Horizons West (Fluch der Verlorenen). 1953: Gun Fury (Mit der Waffe in der Hand); Seminole (Seminola); The Golden Blade (Das goldene Schwert); Back to God's Country (Allen Gefahren zum Trotz); Sea Devils (Im Schatten des Korsen) [GB]; Taza, Son of Cochise (Taza, der Sohn des Cochise). 1954: Bengal Brigade (Gewehre für Bengali); Magnificent Obsession (Die wunderbare Macht); Captain Lightfoot (Wenn die Ketten brechen). 1955: One Desire (Und wäre die Liebe nicht ...); All That Heaven Allows (Was der Himmel erlaubt); Never Say Goodbye (Nur du allein). 1955/56: Written on the Wind (In den Wind geschrieben). 1956: Giant (Giganten); Four Girls in Town (Wenn die Sterne leuchten); Battle Hymn (Der Engel mit den blutigen Flügeln). 1956/57: The Tarnished Angels (Duell in den Wolken). 1957: Something of Value (Flammen über Afrika); A Farewell to Arms (In einem anderen Land). 1958: Twilight for the Gods (Hart am Wind). 1959: Pillow Talk (Bettgeflüster); This Earth Is Mine (Diese Erde ist mein). 1961: The Last Sunset (El Perdido); Come September (Happy-End im September) [D,P]; Lover Come Back (Ein Pyjama für zwei) [D,P]. 1962: The Spiral Road (Am schwarzen Fluß). 1963: A Gathering of Eagles (Der Kommodore). 1963/64: Man's Favorite Sport? (Ein Goldfisch an der Leine). 1964: Send Me No Flowers (Schick mir keine Blumen). 1964/65: Strange Bedfellows (Fremde Bettgesellen). 1965: A Very Special Favor (Ein Appartement für drei); Blindfold (New York Express). 1966: Star Commandos [KF]; Seconds (Der Mann, der zweimal lebte). 1967: Tobruk (Tobruk). 1968: Ruba al prossimo tuo ... (Ein «feines» Pärchen) [IT]; Ice Station Zebra (Eisstation Zebra). 1969: The Undefeated (Die Unbesiegten). 1970: Darling Lili (Darling Lili); Hornets' Nest. 1970/71: Pretty Maids All in a Row (Sex-Lehrer-Report). 1971: Once Upon a Dead Man [TV]. 1971–77: McMillan and Wife [TVS]. 1973: Showdown (Die Geier warten schon). 1975: Deadly Cure (Diagnose: Mord). 1976: Embryo (Embryo). 1976–77: McMillan [TVS]. 1978: Wheels (Räder) [TVS]; Avalanche. 1978/79: The Martian Chronicles (Die Mars-Chroniken) [TV – GB]. 1980: The Mirror Crack'd (Mord im Spiegel) [TV – GB]. 1981: The Star Maker [TV]. 1982: World War III [TV]. 1983: Devlin Connection [TVS]. 1984: The Ambassador (Der Ambassador); Dynasty (Der Denver-Clan) [TVS]. 1986: The Vegas Strip War [TV].

Huppert, Isabelle

(Isabelle Anne Huppert)
*16. 3. 1955 Paris

Mit vierzehn Jahren Schauspielschule in Versailles und St. Cloud; Stipendium für das Pariser Konservatorium; zwei Jahre Studium der russischen Literatur in Clichy. Erster Bühnenerfolg an der Comédie Française in Molières «Der Geizige»; weitere Theaterauftritte und in den 70er Jahren diverse Fernsehfilme. Nach mehreren kleineren Rollen 1977 erster internationaler Erfolg in Claude Gorettas *La Dentellière* in der Rolle des introvertierten Mädchens vom Lande, dessen unbedingte Gefühle von den Pariser Intellektuellen enttäuscht werden und sie in die Psychiatrie treiben. Mit gleicher Sensibilität agiert sie in Patricia Moraz' zivilisationskritischem Film *Les indiens sont encore loin*. Einer Festlegung auf den mädchenhaften verletzlichen, still leidenden Typus entgeht sie als sich befreiende Elternmörderin in Claude Chabrols *Violette Nozière;* hierfür Auszeichnung in Cannes 1978. Isabelle Hupperts zweiter Abstecher in die USA (nach 1974) als Partnerin Kris Kristoffersens in Michael Ciminos *Heaven's Gate* (1980) steht unter einem unglücklichen Stern, da dieser großangelegte Western zu einem kommerziellen Desaster wird. Mit Maurice Pialats Aussteiger-Film *Loulou,* Joseph Loseys *La truite* sowie als gequälte Ehefrau in Michel Devilles *Eaux profondes* wandelt sich das Image der Huppert: Sie spielt des öfteren die Femme fatale oder Prostituierte mit einem Doppelleben. Die erotische Attraktivität dieser Rollen steht im Widerspruch zu Konformismus und bürgerlicher Doppelmoral; am überzeugendsten als Engelmacherin in Chabrols Vichy-Kritik *Une affaire de femmes.* Für die Interpretation der frech-anarchischen Postbeamtin in *La cérémonie* (Claude Chabrol) erhält sie gemeinsam mit Sandrine Bonnaire in der Rolle der Komplizin 1996 auf den Filmfestspielen Venedig den Darstellerpreis. Im britischen TV-Film *Gulliver's Travels* leiht sie den Houyhnhnm ihre Stimme.

[FR] 1971: Proust [TV]; Faustine ou le bel été. 1972: César et Rosalie/E' simpatico, ma gli romperei il muso/Cesar und Rosalie [FR/IT/BRD]; Le bar de la fourche. 1973: Les valseuses (Die Ausgebufften). 1974: Le grand délire/Prossiga apertura casa di piacere/Die große Ekstase [FR/IT/BRD]; Sérieux comme le plaisir; L'Ampélopède; Madame Baptiste [TV]; Glissements progressifs du plaisir; Rosebud (Unternehmen Rosebud) [US]; Dupont la joie (Monsieur Dupont). 1975: Je suis Pierre Rivière; Le petit Marcel; Aloise (Aloise); Docteur Françoise Gailland (Dr. med. Françoise Gailland); Le juge et l'assassin (Der Richter und der Mörder); Flash back. 1977: Des enfants gâtés (Verwöhnte Kinder); La dentellière/Die Spitzenklöpplerin [CH/FR/BRD]; Les Indiens sont encore loin (Die Indianer sind noch fern) [CH/FR]. 1977/78: Violette Nozière (Violette Nozière). 1978: Les musiciens: Monsieur Saint-Saens (Camille Saint-Saens) [TVS]; Retour à bien-aimée (Rückkehr zur Geliebten). 1978/79: Les soeurs Bronte (Die Schwestern Bronte). 1979: Örökseg/Les héritières (Erbinnen) [HU/FR]; Loulou (Der Loulou); Sauve qui peut (la vie) (Rette sich wer kann [das Leben]) [CH/FR]. 1980: Heaven's Gate (Heaven's Gate) [US]; La dame aux camélias/La storia vera della signora dalle camelie (Die Kameliendame) [IT/FR]. 1980/81: Les ailes de la colombe/Storie di donne (Die Flügel der Taube) [FR/IT]. 1981: Eaux profondes (Stille Wasser); Coup de torchon (Der Saustall). 1981/82: Passion (Passion) [FR/CH]. 1982: Coup de foudre (Entre nous); La truite (Eine Frau wie ein Fisch). 1982/83: Storia di Piera/L'histoire de Piera/Die Geschichte der Piera [IT/FR/BRD]. 1983: La femme de mon pote. 1984: La garce (Das Flittchen); Signé Charlotte (Gezeichnet: Charlotte). 1985: Sac de noeuds. 1986: The Bedroom Window (Das Schlafzimmerfenster) [US]; Cactus (Kaktus) [AU]. 1987: Les possédés (Die Dämonen); Le milan noir (Der schwarze Milan). 1988: Une affaire de femmes/Un affare di donne (Eine Frauensache) [FR/IT]. 1989: La vengeance d'une femme (Die Rache einer Frau). 1989/90: Windprints (Windprints) [GB]. 1989/94: Seobe [YU/FR]. 1990: Malina [BRD/AT]. 1991: Madame Bovary (Madame Bovary); Contre l'oubli. 1992: Après l'amour (Nach der Liebe). 1993: Amateur (Amateur) [FR/US]; L'inondation (Die Überschwemmung) [FR/SU]. 1994: La séperation; Seobe [TV]. 1995: La cérémonie/Biester [FR/DE]; Le affinità elettive/Les affinités électives (Wahlverwandtschaften) [IT/FR]. 1996: Poussières d'amour – Abfallprodukte der Liebe [DE/FR]; Les palmes de Monsieur Schultz; Gulliver's Travels [S – TV – GB]. 1997: Rien ne va plus.

Hurt, John

(John Vincent Hurt)
*22. 1. 1940 Chesterfield (Derbyshire)

Sohn eines Reverend, Schulbesuch in Lincoln, anschließend St. Martin's School of Art in London. Ausbildung als Schauspieler an der Royal Academy of Dramatic Art. Auch als Maler tätig. Seit 1960 Auftritte im Fernsehen. 1962 Bühnendebüt am Arts Theatre in London. Im selben Jahr erstmals im Film. 1966/67 Mitglied der Royal Shakespeare Company. Beim Film zunächst noch als junger, unverbrauchter Charakter, etwa als Richard Rich in *A Man for All Seasons* (Fred Zinnemann). In späteren Filmen mit schmächtigem Körper und stark ausgemergeltem Gesicht oft als das Mensch gewordene Leiden. 1970 neben Richard Attenborough besonders eindrucksvoll als letztendlich unschuldig Hingerichteter in *10 Rillington Place* (Richard Fleischer). 1975 beeindruckend als innerlich zerrissener Homosexueller in der TV-Produktion *The Naked Civil Servant*. 1978 Oscar-Nominierung für das brutale Gefängnisdrama *Midnight Express* (Alan Parker). 1980 Oscar-Nominierung für die authentische Verkörperung des durch Krankheit mißgestalteten John Merrick *The Elephant Man* (David Lynch) mit John Gielgud und Anthony Hopkins in weiteren Hauptrollen. Auf dieser Linie auch die unkonventionell angelegte Rolle des homosexuellen Billy Irvine im epischen Western *Heaven's Gate* (Michael Cimino) sowie der von einer unbekannten Lebensform brutal zerstörte Kane im Science-fiction-Horror-Film *Alien* (Ridley Scott). *The Hit* (Stephen Frears) von 1984 ist Schlüsselfilm für Hurts Rollengestaltung: der zunächst bedrohliche Killer, der zunehmend an seinem Opfer emotional Anteil nimmt und schließlich seine Überlegenheit verliert. Die Filme in der zweiten Hälfte der 80er und zu Beginn der 90er Jahre unterfordern z. T. seine Qualitäten. Hurt ist gleichermaßen erfolgreich in Europa und in den USA. 1994 in einer Inszenierung von Ivan Turgenevs Komödie «A Month in the Country» im Londoner Albery Theatre.

[GB] 1962: The Wild and the Willing. 1963: This Is My Street. 1966: A Man for All Seasons (Ein Mann zu jeder Jahreszeit). 1967: The Sailor from Gibraltar (Nur eine Frau an Bord). 1968/69: Sinful Davey (Dave – zuhaus in allen Betten); Before Winter Comes (Bevor der Winter kommt). 1969: Alla ricerca di Gregory/In Search of Gregory [IT/GB]. 1970: 10 Rillington Place (John Christie, der Frauenwürger von London). 1971: Mr. Forebush and the Penguins; The Pied Piper (Der Rattenfänger von Hameln). 1974: The Ghoul (Der Ghul); Little Malcolm and His Struggle Against the Eunuchs. 1975: Do Yourself Some Good [S – KF]; La linea del fiume (Giacomino – Odyssee eines Kindes) [IT]; The Naked Civil Servant [TV]. 1976: Masterpiece Theater: I, Claudius [TVS – US]; Shadows of Doubt [KF]; East of Elephant Rock (Verlorene Liebe); The Island [TV]. 1977: The Disappearance (Sein letzter Mord) [CA]; Spectre [TV]. 1978: The Shout (Der Todesschrei); Watership Down (Watership Down) [S]; Midnight Express (12 Uhr nachts – Midnight Express); The Lord of the Rings (Der Herr der Ringe) [S]. 1979: Alien (Alien – Das unheimliche Wesen aus einer fremden Welt) [US]. 1980: The Elephant Man (Der Elefantenmensch) [US]; Heaven's Gate (Heaven's Gate) [US]. 1981: History of the World – Part 1 (Mel Brooks verrückte Geschichte der Welt) [US]; The Disappearance (Sein letzter Mord). 1982: Night Crossing (Mit dem Wind nach Westen) [US]; The Plaque Dogs (Die Hunde sind los) [S – ANI – US], Partners (Zwei irre Typen auf heißer Spur) [US]. 1983: King Lear (King Lear) [TV]; The Osterman Weekend (Das Osterman-Weekend) [US]; Champions (Sein größter Sieg). 1983/84: The Hit (The Hit). 1984: Sunset People []; Success Is the Best Revenge/Le succès à tout prix [GB/FR]; 1984 (1984); After Darkness [CH/GB]. 1985: Free at Last; The Black Cauldron (Taran und der Zauberkessel) [S – US]. 1986: Jake Speed [US]. 1986/87: Aria. EP: Segment X (Aria) [EP]; Rocinante (Rosinante). 1987: From the Hip (Karriere mit links) [US]; Spaceballs (Mel Brooks «Spaceballs») [US]; White Mischief (Die letzten Tage in Kenya); Vincent: The Life and Death of Vincent Van Gogh [S – DOK – AU]; Macheath. 1988: La nuit Bengale (Die bengalische Nacht) [FR]; Little Sweetheart (Ein kleiner Satansbraten) [TV]. 1988/89: Scandal (Scandal). 1989/90: Windprints (Windprints). 1990: Romeo-Juliet [BE]; Frankenstein Unbound (Roger Cormans Frankenstein) [US]; The Investigation: Inside a Terrorist Bombing (Attentat in Birminham) [TV]; The Field (Das Feld) [IE]; Resident Alien (Wohnsitz: Heimatlos) [US]. 1990/91: King Ralph (King Ralph) [US]. 1991: Lapse of Memory (Schattenwelt – Rückkehr aus dem Nichts) [FR/CA]; Red Fox [TV]; I Dreamt I Woke Up. 1992: L'Oeil qui ment [FR]; Six Characters in Search of an Author [TV]; Great Moments in Aviation. 1993: Monolith (Monolith) [US]. 1993/94: Even Cowgirls Get the Blues (Even Cowgirls Get the Blues) [US]; Second Best (Probezeit) [GB/US]. 1994/95: Rob Roy (Rob Roy) [US]. 1995: Saigon Baby [TV]; Two Nudes Bathing; Wild Bill (Wild Bill) [US]; Dead Man (Dead Man) [US]. 1996: Love and Death on Long Island. 1996/97: Contact.

Hurt, William

* 20. 3. 1950 Washington, D.C.

Der Diplomaten-Sohn wächst überwiegend auf Guam (Südsee) und in Afrika auf. Theologiestudium an der Tufts University, dort auch Schauspiel-Kurse. Fortsetzung der Ausbildung gemeinsam mit seiner ersten Frau Mary Beth Hurt in London und an der Julliard School in New York. Bühnendebüt beim Shakespeare-Festival in Ashland, Oregon. 1976 an das Circle Repertory Theatre in New York, 1977 Obie und Theatre World

Award für seine Inszenierung von «My Life». Tony Award für Rolle in David Rabes «Hurlyburly». 1980 Kinodebüt als drogenkranker Wissenschaftler in Ken Russells *Altered States*. Wiederholt Zusammenarbeit mit Lawrence Kasdan, so neben Kathleen Turner als Ned Racine in *Body Heat*, als Nick in *The Big Chill* und als Harlan James in *I Love You to Death*. 1985 Oscar und Darstellerpreis in Cannes für seine intensive Darstellung des homosexuellen Strafgefangenen in *Kiss of the Spider Woman* (Hector Babenco). In den folgenden Jahren Oscar-Nominierungen für den Taubstummen-Lehrer in *Children of a Lesser God* (Randa Haines) und die Rolle des Fernseh-Journalisten in James L. Brooks' *Broadcast News*. 1991 gestaltet er die männliche Hauptrolle, den geheimnisvollen Reisenden Trevor McPhee, im weltumspannenden Roadmovie *Bis ans Ende der Welt* von Wim Wenders. 1995 in Wayne Wangs und Paul Austers Überraschungserfolg *Smoke*, 1996 mit Charlotte Gainsbourgh in der Literaturverfilmung *Jane Eyre* und neben John Travolta in der Phantasy-Komödie *Michael*.

[US] 1977: Great Performances: Verna – USO Girl [TV]. 1980: Altered States (Der Höllentrip); Eyewitness (Der Augenzeuge). 1981: Body Heat (Heißblütig – kaltblütig). 1983: The Big Chill (Der große Frust); Gorky Park (Gorky Park). 1985: Kiss of the Spider Woman (Der Kuß der Spinnenfrau) [US/BR]. 1986: Children of a Lesser God (Gottes vergessene Kinder). 1987: Broadcast News (Nachrichtenfieber). 1988: A Time of Destiny (Zeit des Schicksals); The Accidental Tourist (Die Reisen des Mr. Leary). 1990: I Love You to Death (Ich liebe Dich zu Tode). 1990/91: Bis ans Ende der Welt/Until the End of the World [DE/FR/AU]. 1991: Alice (Alice); The Doctor (Der Doktor – Ein gewöhnlicher Patient); La peste/The Plague (Die Pest) [FR/GB/AR]. 1993: Mr. Wonderful (Mr. Wonderful). 1993/94: Second Best (Probezeit) [GB]. 1994: Trial by Jury (Die Geschworene); Confidences à un inconnu/Ispoved' neznakomtsu/Confidenze ad uno sconosciuto [FR/RU/IT]. 1994/95: Smoke (Smoke). 1996: Jane Eyre; Michael (Michael); Un divan à New York/Eine Couch in New York [BE/DE/FR]. 1996/97: Dark City. 1997: Loved; Shakespeare's Sister.

Huston, Anjelica

* 8. 7. 1951 Los Angeles

Die Tochter des Regisseurs und Schauspielers John Huston (1906–87) wächst in Irland und London auf. Erste Hauptrolle 1969 unter der Regie des Vaters in *A Walk With Love and Death*. Mitte der 70er Jahre nach New York, Tätigkeit als Fotomodell – u. a. für Helmut Newton und Richard Avedon. Einige kleine Bühnen- und Filmrollen. Ab Mitte der 80er Jahre verstärkt sie ihre Filmarbeit. 1985 Nebenrollen-Oscar als Gangsterbraut in der Mafia-Komödie *Prizzi's Honor* (John Huston). Rolle der Gretta Conroy in der melancholischen James-Joyce-Verfilmung *The Dead*, der letzten Regiearbeit ihres Vaters. 1989/90 wird sie zweimal für den Nebenrollen-Oscar nominiert: als Jüdin Tamara in *Enemies, a Love Story* (Paul Mazursky) und für die eiskalte Ganovin Lily Dillon in Stephen Frears' *The Grifters*. Zusammenarbeit mit Woody Allen: Dolores Paley in *Crimes And Misdemeanors*, in *Manhattan Murder Mystery*. 1989 in Simon Wincers TV-Film *Lonesome Dove* nach Larry McMurty. Sie spielt das unsterbliche Familienoberhaupt Morticia in Barry Sonnenfelds Horror-Comic *The Addams Family*, auch in der Fortsetzung *Addams Family Values*. Für ihre Mary in *The Crossing Guard* (1995) an der Seite ihres ehemaligen Lebensgefährten Jack Nicholson wird sie für den Golden Globe nominiert. 1996 Regiedebüt mit *Bastard Out of Carolina*.

[US] 1968/69: Sinful Davey (Dave – zuhaus in allen Betten) [GB]. 1969: A Walk with Love and Death (Eine Reise mit der Liebe und dem Tod); Hamlet (Hamlet) [GB]. 1976: The Last Tycoon (Der letzte Tycoon – Der Gigant von Hollywood); Swashbuckler (Der scharlachrote Pirat). 1981: The Postman Always Rings Twice (Wenn der Postmann zweimal klingelt). 1982: Frances (Frances). 1983: The Ice Pirates (Krieg der Eispiraten). 1984: This Is Spinal Tap (This Is Spinal Tap). 1985: Prizzi's Honor (Die Ehre der Prizzis). 1986: Good to Go; Captain Eo [KF]. 1987: Gardens of Stone (Der steinerne Garten); The Dead (The Dead – Die Toten) [GB]. 1987/88: A Handful of Dust (Eine Handvoll Staub) [GB]. 1988: Cowboy and the Ballerina; Mr. North (Mr. North – Liebling der Götter). 1989: Crimes and Misdemeanors (Verbrechen und andere Kleinigkeiten); Lonesome Dove (Der Ruf des Adlers: Das große Abenteuer) [TV]; Enemies, a Love Story (Feinde – Die Geschichte einer Liebe). 1990: The Witches (Hexen hexen) [GB]. 1991: The Grifters (Grifters); Addams Family (Addams Family). 1993: Manhattan Murder Mystery (Manhattan Murder Mystery); Addams Family Values (Die Addams Family in verrückter Tradition); Family Pictures [TV]; And the Band Played On (... und das Leben geht weiter). 1994: The Crossing Guard (Crossing Guard). 1994/95: The Perez Family (Die Perez Familie). 1995: Buffalo Girls (Buffalo Girls) [TV]. 1996: Bastard Out of Carolina [R – TV].

Huston, Walter

(Walter Houghston)

* 6. 4. 1884 Toronto (Kanada)

†7. 4. 1950 Beverly Hills

Sohn englisch-irischer Eltern. Besuch der Lansdowne School

Toronto, später in der Schauspielklasse des Toronto College of Music. Erfolg beim Vaudeville. Nach Hochzeit und Geburt des Sohnes John (später Schauspieler und Regisseur) ab 1905 Arbeit als Ingenieur. 1909 Rückkehr zum Vaudeville. 1924 Broadway-Debüt in «Mr. Pitt». Erfolg auch in O'Neills «Desire Under the Elms». Nach dem Leinwanddebüt 1929 schnell umfangreiche Filmtätigkeit. Erster Höhepunkt ist 1930 die Titelrolle in David W. Griffith' Geschichtsbild *Abraham Lincoln*. 1931 spielt er den Gefängnisdirektor in *The Criminal Code* (Howard Hawks). Der ernste und seriöse Charakterdarsteller spielt wiederholt Respektspersonen, so als Bankier in Frank Capras *American Madness*, als Richter in *Night Court* (W. S. Van Dyke), als Präsident in *Gabriel Over the White House* (Gregory La Cava) und in der Titelrolle in *Rhodes of Africa* (Berthold Viertel). 1936 Auszeichnung durch die New York Film Critics und Oscar-Nominierung als Geschäftsmann *Dodsworth* (William Wyler), eine Rolle, in der er bereits 1934 am Broadway Erfolg hatte. 1941 wird er als teuflischer «Mr. Scratch» in William Dieterles *All That Money Can Buy* zum Oscar nominiert, ebenso im folgenden Jahr als Vater im zeittypisch patriotischen Musical *Yankee Doodle Dandy* (Michael Curtiz). Wiederholt spielt er in Filmen seines Sohns John Huston, so die Nebenrolle des Captain Jacoby in *The Maltese Falcon*, 1948 erhält er als Goldgräber in *The Treasure of the Sierra Madre* einen Nebenrollen-Oscar. Seine letzte Filmrolle spielt er 1950 als Vater von Barbara Stanwyck in *The Furies* (Anthony Mann).

[US] 1929: The Bishop's Candlesticks [KF]; Two Americans [KF]; The Carnival Man [KF]; Gentlemen of the Press; The Lady Lies; The Virginian (Der Mann aus Virginia). 1930: Abraham Lincoln; The Bad Man; The Virtuous Sin; The Criminal Code (Das Strafgesetzbuch). 1931: The Star Witness; The Ruling Voice; A House Divided (Der Mannsteufel); The Woman from Monte Carlo (Die Frau aus Monte Carlo); The Beast of the City. 1931/32: Law and Order (Gesetz und Ordnung). 1932: The Wet Parade; Night Court; American Madness (Der Tag, an dem die Bank gestürmt wurde); Kongo; Rain (Regen). 1933: How I Play Golf No. 7: The Spoon [KF]; Gabriel Over the White House; Hell Below; Storm at Daybreak; Ann Vickers; The Prizefighter and the Lady (Männer um eine Frau). 1933/34: Keep 'em Rolling. 1935: The Tunnel [GB]. 1935/36: Rhodes of Africa [GB]. 1936: Dodsworth (Zeit der Liebe, Zeit des Abschieds). 1938: Of Human Hearts. 1939: The Light That Failed. 1940: The Outlaw (Geächtet). 1941: Swamp Water (In den Sümpfen); The Maltese Falcon (Die Spur des Falken); All That Money Can Buy/The Devil and Daniel Webster (Der Teufelsbauer); The Shanghai Gesture. 1942: Always in My Heart (Im Schatten des Herzens); In This Our Life (Ich will mein Leben leben); Yankee Doodle Dandy.1942/43: The Edge of Darkness (Aufstand in Trollness). 1943: The North Star; December 7th [KF]; Mission to Moscow (Botschafter in Moskau). 1944: Dragon Seed; Pacific Northwest. 1945: And Then There Were None (Das letzte Wochenende); Dragonwyck (Weißer Oleander). 1945/46: Duel in the Sun (Duell in der Sonne). 1947: The Treasure of the Sierra Madre (Der Schatz der Sierra Madre). 1948: Summer Holiday. 1949: The Great Sinner (Der Spieler). 1950: The Furies (Die Farm der Besessenen).

Il'inskij, Igor'
(Igor' Vladimirovič Il'inskij)
* 24. 7. 1901 Moskau
† Januar 1987 Moskau
Ausbildung am Komissarževskij-Theater in Moskau. Bühnenrollen ab 1918 (Kindertheater und 1. Studio des Künstler-Theaters). Besonders erfolgreich ist Il'inskij am Mejerchol'd-Theater, dessen Ensemble er 1920–35 angehört. Als Komödiant wird er 1929 berühmt durch die Verkörperung des Bratfisch in Majakovskijs satirischem Drama «Klop» (Die Wanze). Ab 1938 Engagement am Malyj Teatr. Filmdebüt 1924 mit der Hauptrolle, dem Detektiv Kravcov, in Jakov Protazanovs *Aelita*. In der Zusammenarbeit mit Protazanov (*Papirosnica ot Mossel'proma; Zakrojščik iz Toržka*) wird Il'inskij zum führenden sowjetischen Groteskkomiker. Er spielt den Sekretär Gopkins in *Miss Mend* (Fedor Ocep; Boris Barnet) und den Franc Šul'c in Protazanovs *Prazdnik svjatogo Iorgena* (1930). Seine Körperkomik und pantomimische Begabung werden von den Zeitgenossen als «ironisches Pathos» hoch geschätzt, und Aleksandrov vergleicht ihn gar mit Chaplin und Keaton. Bei Grigorij Aleksandrov spielt Il'inskij den Bürokraten Byvalov in *Volga Volga* (1938), ein Rollenrahmen, den er später als Ogurcov in Rjazanovs *Karnaval'naja noč'* (1956) noch ausbaut. Eine seiner letzten bedeutenden Filmrollen ist 1962 der Kutuzov in Rjazanovs *Gusarskaja ballada*. 1966 dreht Il'ja Gurin im Moskauer Gor'kij-Studio den abendfüllenden Dokumentarfilm *Vstreči s Igorem Il'inskim*, ein Porträt Il'inskijs. In den 70er Jahren hat er am Theater eine dritte Karriere in großen Altersrollen, legendär ist sein König Lear. Er erhält mehrere nationale Auszeichnungen. 1961 erscheinen seine Memoiren: «Sam o sebe» (Ich über mich).

[SU] 1924: Papirosnica ot Mossel'proma; Aelita (Der Flug zum Mars). 1925: Žakrojščik iz Toržka (Der Schneider von Torshok). 1926: Kogda probuždajutsja mertvye; Miss Mend; Process o trech millionach. 1927: Ča Ška čaja; Poceluj Meri Pikford. 1928: Kukla s millionami (Das Mädchen mit dem Muttermal). 1930: Prazdnik svjatogo Iorgena (Das Fest des heiligen Jürgen). 1931: Mechaničeskij predatel'. 1936: Odnaždy letom (Einstmals im Sommer) [R]. 1938: Volga-Volga (Wolga-Wolga). 1939: Chirurgija. 1942: Koncert frontu. 1944: Žili, rodina Belarus. 1952: Gore ot uma; Na vsjakogo mudreca dovol'no prostoty. 1953: Volki i ovcy. 1953–62: Zvanyj užin. 1956: Bezumnyj den'; Karnaval'naja noč' (Nun schlägt's 13). 1962: Gusarskaja ballada (Husarenballade). 1963: Melodii Dunaevskogo. 1965: Fitil' No 26. 1966: Vstreči s Igorem Il'inskim [DOK]. 1969: Staryj znakomyj [R]. 1972: Eti raznye, raznye, raznye lica (Diese verschiedenen, verschiedenen Gesichter) [CoA – TV]. 1975: Il'inskij o Zoščenko [TV-Porträt].

Infante, Pedro

(Pedro Infante Cruz)
* 19. 11. 1917 Mazatlán (Mexiko)
† 15. 4. 1957 Mérida (Yucatán)

Infante bricht seine Schulausbildung ab und arbeitet als Laufbursche und Zimmermann. Zunächst interessiert er sich für populäre Musik und wird als Ranchera-Sänger durch den Radiosender XEB in Mexiko-City bekannt. 1942 debütiert er als Filmschauspieler. Berühmt wird er mit *Nosotros los pobres* von Ismael Rodríguez, mit dem er mehrfach zusammenarbeitet; so auch in *Ustedes los ricos* (1948). Die beiden Filme illustrieren das Vorurteil, daß die Armen Herz, die Reichen Millionen besitzen. Infante ist die Idealbesetzung, da er im Gegensatz zu den anderen zeitgenössischen männlichen Stars wie Pedro Armendáriz und Jorge Negrete wegen seiner offenen, unkomplizierten und volksverbundenen Art extrem populär ist. In *Dicen que soy mujeriego* (Roberto Rodríguez) unterläuft er das typische Macho-Klischee, indem er einen Mann verkörpert, der männliches Verhalten nicht darin sieht, den Frauen Leid zuzufügen, sondern es selber zu ertragen. Er gewinnt 1955 und 1956 den Ariele (mexikanischer Oscar), 1957 den Schauspielerpreis beim Festival in Berlin für die Verkörperung der Titelrolle in *Tizoc* (Ismael Rodríguez). Infante ist mit María Luisa León verheiratet, die Scheidung wird von mexikanischen Gerichten nicht anerkannt. Er hat zwei Kinder mit Lupita Torrentera und lebt zusammen mit Irma Dorantes. Bekannt für seinen waghalsigen, unfallträchtigen Flugstil, kommt der passionierte Pilot bei einem von ihm verursachten Absturz ums Leben. Seine Beerdigung wird zu einem tumultuarischen Ereignis mit Tausenden von Trauergästen. Seine Filme werden noch heute regelmäßig im mexikanischen Fernsehen ausgestrahlt, seine Schallplatten sind Verkaufsschlager, und an der Gedenkveranstaltung zu seinem 25. Todestag nehmen mehrere zehntausend Menschen teil.

[MX] 1942: Jesusita en Chihuahua; La razón de la culpa; La feria de las flores. 1943: Arriba las mujeres; Cuando habla el corazón; El ametralladora; Mexicanos al grito de guerra; Viva mi desgracia. 1944: Escándalo de estrellas. 1945: Cuando lloran los valientes. 1946: Los tres García; Si me han de matar mañana; Vuelven los García. 1947: Soy charro de Rancho Grande; Nosotros los pobres; La barca de oro; Cartas Marcadas. 1948: Los tres huastecos; Ustedes los ricos; Angelitos negros; Dicen que soy mujeriego. 1949: El seminarista; La mujer que yo perdí; La oveja negra; No desearás la mujer de tu hijo. 1950: Islas Marías; También de dolor se canta; Sobre las olas; Las mujeres de mi general; El gavilán pollero. 1951: Necesito dinero; A.T.M. – A toda máquina; ¿Qué te ha dado esta mujer?; Ahí viene Martín Corona; El enamorado. 1952: Ahora soy rico; Ansiedad; Pepe el toro; Dos tipos de cuidado; Los hijos de María Morales; Había una vez un marido; Un rincón cerca del cielo; Por ellas, aunque mal paguen. 1953: Reportaje; Gitana tenías que ser. 1954: Cuidado con el ser; El mil amores; La vida no vale nada; Pueblo, canto y esperanza; Los gavilanes; Escuela de vagabundos; Cuidado con el amor. 1955: Escuela de música; La tercera palabra; El inocente; Pablo y Carolina. 1956: Escuela de rateros; Tizoc.

Ireland, John

(John Benjamin Ireland)
* 30. 1. 1914 Vancouver (British Columbia)
† 21. 3. 1992 Santa Barbara (California)

Als Kind mit der Familie in die USA. Schulbesuch in San Francisco und an der Commerce High School in New York. 1935 taucht der erfolgreiche Schwimmer im Dokumentarfilm *Aqua Carnival* erstmals auf der Leinwand auf. Schauspielausbildung am Davenport Free Theatre, New York. 1939 Bühnendebüt, 1941 in «Macbeth» erstmals am Broadway. Erfolg in Hauptrollen von «Counter Attack», «Doctors Disagree» und «A Highland Fling». Filmvertrag von Fox und Howard Hawks. Spielfilmdebüt 1945 in Lewis Milestones *A Walk in the Sun*. Der seriöse, mit einer kräftigen Nase ausgestattete Ireland entwickelt sich zu einem vielbeschäftigten Charakterdarsteller, vorzüglich als Bösewicht in Western, u. a. in John Fords *My Darling Clementine*, Hawks' *Red River*, Samuel Fullers *I Shot*

Jesse James und John Sturges *Gunfight at the O.K. Corral.* Er ist 1953/54 wenig erfolgreich mit seinen Regieversuchen, so als Co-Regisseur von Lee Garmes mit dem 3-D-Western *Outlaw Territory*, in dem auch seine zweite Frau Miriam Dru mitspielt. In den 60er Jahren sowohl in kleinen Filmen wie Roger Cormans *Gunslinger* oder Tom Gries' *Hell's Horizon* als auch in aufwendigen Großproduktionen wie Stanley Kubricks *Spartacus*, Nicholas Rays *55 Days at Peking* und Anthony Manns *The Fall of the Roman Empire*. Ab Mitte der 60er Jahre häufig in Italien, meist in Spaghetti-Western. Seit den 50er Jahren auch vielbeschäftigt im Fernsehen, so 1961 als Star der englischen Serie *The Cheaters* und 1965–66 als Gast im Dauer-Western *Rawhide*. Im Pilotfilm zur nicht realisierten Fortsetzung *Bonanza: The Next Generation* spielt er den Patriarchen. Sein Sohn John Ireland, Jr., ist Schauspieler und Produzent.

[US] 1935: Aqua Carnival [DOK]. 1945: A Walk in the Sun (Landung in Salerno). 1946: Behind Green Lights; Wake Up and Dream; It Shouldn't Happen to a Dog. 1947: The Gangster; My Darling Clementine (Faustrecht der Prärie); I Love Trouble; Railroaded! 1948: Open Secret; A Southern Yankee (Der Superspion); Raw Deal (Flucht ohne Ausweg); Red River (Panik am roten Fluß); Joan of Arc (Johanna von Orleans). 1949: I Shot Jesse James (Ich erschoß Jesse James); Roughshod; Mr. Soft Touch (Der Mann, der zu Weihnachten kam); The Walking Hills (Treibsand); Anna Lucasta; The Doolins of Oklahoma (Banditen am Scheideweg). 1950: The Return of Jesse James (Rückkehr von Jesse James); All the King's Men (Der Mann, der herrschen wollte); Cargo to Capetown (Ladung für Kapstadt). 1951: Little Big Horn (Tödliche Pfeile); The Bushwackers (... jetzt wird abgerechnet); The Basketball Fix; Vengeance Valley (Tal der Rache); Go for Broke!; The Scarf; Red Mountain (Die Hölle der roten Berge). 1952: Hurricane Smith (Herrin der Gesetzlosen). 1953: Combat Squad; Outlaw Territory (Heißer Westen) [D,CoR,CoP]; The 49th Man. 1953/54: The Good Die Young (Vier bleiben auf der Strecke) [GB]. 1954: The Steel Cape: The Hostages [TV]; Southwest Passage (Karawane westwärts); The Fast and the Furious (Der rasende Teufel) [D,CoR]; Security Risk. 1955: Queen Bee (Ehe in Fesseln); Hell's Horizon; The Glass Cage. 1956: Gunslinger (Sonntag sollst du sterben). 1957: Without Incident [TV]; Playhouse 90: A Sound of Different Drummers [TV]; Gunfight at the O.K. Corral (Zwei rechnen ab). 1958: No Place to Land (Lola, der blonde Teufel); Stormy Crossing [GB]; Party Girl (Das Mädchen aus der Unterwelt); Med mord i bagaget (Die Teufelin) [SE]. 1959/60: Faces in the Dark [GB]. 1960: Spartacus (Spartacus). 1961: Wild in the Country (Lied des Rebellen); The Cheaters [TVS]; Return of a Stranger [GB]; Brushfire! (Die Geiseln müssen sterben). 1963: 55 Days at Peking (55 Tage in Peking); The Ceremony/Encrucijada mortal (Frühstück in der Todeszelle) [US/ES]. 1964: The Fall of the Roman Empire (Der Untergang des römischen Reiches). 1965: I Saw What You Did (Es geschah um 8 Uhr 30); Day of the Nightmare. 1965–66: Rawhide (Cowboys) [TVS]. 1966: Fort Utah (Die gesetzlosen Drei). 1967: Caxambu!; Odio per odio (Die gnadenlosen Zwei) [IT]; Dalle Ardenne all'inferno/La gloire des canailles/... und morgen fahrt ihr zur Hölle [IT/FR/BRD]. 1967/68: Tutto per tutto/La hora del coraje (Copper Face) [IT/ES]. 1968: Arizona Bushwhackers (Die Wegelagerer); Villa Rides (Pancho Villa reitet); T'ammazzo! ... Raccomandati a Dio (Django, wo steht Dein Sarg?) [IT]; Una pistola per cento bare/El sabor del odio [IT/ES]; Corri, uomo, corri (Lauf um dein Leben) [IT]; Quanto costa morire/Les colts brillent au soleil [IT/FR]; El «Che» Guevara [IT]. 1969: Quel caldo maledetto giorno di fuoco (Django spricht kein Vaterunser) [IT]; Femmine insaziabili (Exzess) [IT]; Una sull' altra/Perversion Story/Una historia perversa (Nackt über Leichen) [IT/FR/ES]; Zenabel (Die Jungfrau mit der scharfen Klinge) [IT]. 1969/70: Le passager de la pluie/L'uomo venuto dalla pioggia (Der aus dem Regen kam) [FR/IT]. 1970: The Adventurers (Playboys und Abenteurer/Die letzten Abenteurer); Un dólar y una tumba/La sfida dei Mackenna [ES/IT]; Lo strangolatore di Vienna/Der Würger kommt auf leisen Sohlen [IT/BRD]. 1972: The House of Seven Corpses (Haus des Schreckens – Blutnacht); Habricha el Hashemesh (Flucht in die Sonne) [IL]; The Mechanic (Kalter Hauch). 1973: Welcome to Arrow Beach. 1974: The Girl on the Late Late Show [TV]; The Phantom of Hollywood (Das Phantom von Hollywood) [TV]; Dieci bianchi uccidi da un piccolo indiano [IT/ES]. 1975: La furie du désir [CA]; Farewell, My Lovely (Fahr zur Hölle, Liebling); The Swiss Conspiracy/Per Saldo Mord [US/BRD]; Noi non siamo angeli (Wir sind die Stärksten) [IT]; Il letto in piazza [IT]. 1975/76: Salon Kitty [IT/BRD/FR]. 1976: On the Air Live With Captain Midnight; Delta Fox. 1977: Assault on Paradise/ Maniac/Ransom; Kino, the Padre on Horseback; Satan's Cheerleaders; Tomorrow Never Comes (Morgen gibt es kein Erwachen) [CA]; Love and the Midnight Auto Supply; Quel pomeriggio maledetto/Objectivo: matar [IT/ES]. 1978: The Millionaire [TV]; H. G. Wells' Shape of Things to Come (Unternehmen Delta III) [CA]; Kavik the Wolf Dog [TV – CA]. 1979: Guyana el crimen del siglo (Guyana – Kult der Verdammten) [ES]; Crossbar [TV – CA]. 1980: Tourist [TV]; Marilyn: The Untold Story [TV]; Kavik the Wolf Dog (Kavik, der Schlittenhund) [TV – CA]. 1981: Garden of Venus; Incubus (Incubus – Mörderische Träume) [CA]. 1982: Cassie & Co. (Cassie & Co.) [TVS]. 1984: Martin's Day (Flucht zurück) [CA]. 1985: El tresoro del Amazones [MX]; Thunder Run (Geheimcode Charly). 1987: Murder, She Wrote: Murder, Plain and Simple (Mord ist ihr Hobby: Mord, schlicht und einfach?) [TV]. 1988: Perry Mason:

The Case of the Lady in the Lake [TV]; Messenger of Death (Das Gesetz ist der Tod); Bonanza: The Next Generation [TV]. 1989: Sundown, the Vampire in Retreat. 1990: Graveyard Story (Graveyard Story) [CA]. 1991: Waxwork II – Lost in Time (Spaceshift).

Irons, Jeremy

(Jeremy John Irons)
*19. 9. 1948 Cowes (Isle of Wight)

Besuch einer Privatschule in Dorset. Hilfsinspizient am Marlowe Theatre in Canterbury, dann Schauspiel-Ausbildung an der Bristol Old Vic Theatre School. 1971 Bühnenarbeit bei der Bristol Old Vic Repertory Company, 1976 und in den späten 80er Jahren bei der Royal Shakespeare Company in London, 1983 am Broadway und Tony-Award für Tom Stoppards «The Real Thing». 1980 Filmdebüt mit einer kleinen Rolle in *Nijinsky* (Herbert Ross). 1981 Beachtung mit der zentralen Rolle des feinen Pinkels Charles Ryder im erfolgreichen TV-Elfteiler *Brideshead Revisited* nach Evelyn Waugh. Fast gleichzeitig in einer Doppelrolle neben Meryl Streep in Karel Reisz' *The French Lieutenant's Woman*. 1983 in der dekadenten Titelrolle von Volker Schlöndorffs Proust-Verfilmung *Un amour de Swann*. Mit seiner Tendenz zu leiser Darstellung sowie gedehnter, ausdrucksstarker und klarer Sprechweise häufig überzeugende Rollenporträts von unterdrückten, introvertierten oder engherzigen Charakteren, zuweilen auch kalt und arrogant. Doppelrollen in drei Filmen, u. a. in *Dead Ringers* (David Cronenberg) mit eindrucksvoller Darstellung des widersprüchlichen Zwillings- und Gynäkologenpaares Elliot und Beverly Mantle. 1993 neuerliche Zusammenarbeit mit Cronenberg: die hochgelobte Interpretation des geschundenen Vizekonsuls in *M. Butterfly*. 1990 ein Oscar für die Rolle des unter dem Verdacht des Mordversuchs an seiner reichen Ehefrau stehenden Playboys Claus von Bülow in *Reversal of Fortune* (Barbet Schroeder). 1991 mit Rezitationen nach Texten von Heathcote Williams in *Autogeddon* (John Hay), einem zynischen Abgesang auf das Automobil. Die Rolle des Südamerikaners Esteban Trueba in Bille Augusts Isabel-Allende-Verfilmung *Das Geisterhaus* leidet unter blutleerer Inszenierung. Im erfolgreichen Disney-Animationsfilm *The Lion King* spricht er den bösen Löwen-Onkel Scar. In Adrian Lynes Remake *Lolita* spielt er Humbert Humbert.

[GB] 1974: The Pallisters [TVS]; Notorious Woman [TVS]. 1977: Love for Lydia [TVS]. 1978: Langrishe, Go Down [TVS]. 1979: The Voysey Inheritance [TVS]. 1980: Brideshead Revisited (Wiedersehen mit Brideshead) [TVS]; Nijinsky (Nijinsky) [US]. 1981: The French Lieutenant's Woman (Die Geliebte des französischen Leutnants). 1982: Moonlighting (Schwarzarbeit); The Captain's Doll (Der Offizier und die Puppe) [TV]. 1982/83: Betrayal (Betrug). 1983: Un amour de Swann/Eine Liebe von Swann [FR/BRD]; The Wild Duck (Die Wildente) [AU]. 1985/86: The Mission (Mission). 1988: Dead Ringers (Die Unzertrennlichen) [CA]. 1988/89: Danny the Champion of the World (Danny – Der Champion); A Chorus of Disapproval (Alles nur Theater). 1989: Australia (Australia) [BE/FR/CH]. 1990: Reversal of Fortune (Die Affäre der Sunny von B.) [US]. 1991: Kafka (Kafka) [US/FR]; Opera Zebracka (Prager Bettleroper) [CS]. 1991/92: Waterland (Waterland). 1992: Fatale/Damage (Verhängnis) [FR/GB]; Tales from Hollywood (Geschichten aus Hollywood) [TV]. 1993: M. Butterfly (M. Butterfly) [US]; Das Geisterhaus/The House of Spirits/Åndernes Hus [DE/PT/DK]. 1994: The Lion King (König der Löwen) [S – US]. 1995: Die Hard With a Vengeance (Stirb langsam: Jetzt erst recht) [US]; Io ballo da sola/Beauté volée/Stealing Beauty (Gefühl und Verführung) [IT/FR/GB]. 1997: Lolita [US]; Chinese Box [HK].

Isbert, José

(José Ysbert Alvarruiz)
*3. 3. 1886 Madrid
†28. 11. 1966 Madrid

Der gelernte Betriebswirt entscheidet sich für die Schauspiellaufbahn und debütiert mit 19 Jahren am Madrider Teatro Apolo in «El iluso Cañizares». 16 Jahre als «erster Schauspieler» am Teatro Lara, Tourneen in ganz Spanien und Lateinamerika. Nach dem Debüt 1912 in *Asesinato y entierro de Canalejas* von Adelardo Fernández spielt er nur selten im Stummfilm. In den 30er Jahren arbeitet er in den Studios von Paris-Joinville an spanischen Versionen mit. 1935 gründet er eine eigene Theatergruppe. Mit Ende des Bürgerkriegs beginnt seine eigentliche Karriere als Filmschauspieler. Isbert verkörpert den typischen Durchschnittsspanier mit seinen Tugenden und Lastern, ist als Charakterdarsteller hoch geschätzt und wirkt in über 100 Filmen mit. Seine süßsaure, bisweilen komische Verkörperung des Archetyps macht ihn populär. Herausragend ist er u. a. in den Filmen von Luis G. Berlanga *(Bienvenido, Mister Marshall, Calabuch, Los jueves, milagro* und vor allem in *El verdugo)*, Marco Ferreri *(El cochecito)*, Juan G. Atienza *(Los dinamiteros)* und Fernando Fernán Gómez *(La vida por delante)*. 1958 erhält er für sein Lebenswerk den Premio del Sindicato Nacional del Espectáculo. Er zieht sich 1964 aufgrund eines

Kehlkopfleidens vom Film zurück. 1960 erscheinen seine Memoiren «Mi vida artística».

[ES] 1912: Asesinato y entierro de Canalejas [KF]. 1918: A la orden, mi coronel. 1924: La mala ley. 1929: Cuacarenta y ocho pesetas de taxi. 1931: La pura verdad [US/FR]. 1935: ¿Cuándo te suicidas? [US/FR]; La bien pagada; Vidas rotas. 1936: El bailarín y el trabajador. 1941: Alma de Dios; El sobre lacrado. 1942: Aventura. 1943: La vida empieza a medianoche; Orosia; Una chica de opereta. 1944: Te quiero para mí; El fantasma y doña Juanita; El testamento del virrey; Ella, él y sus millones. 1945: Mi enemigo el doctor; Un hombre de negocios. 1947: La princesa de los Ursinos; Confidencia; Dos quentos para dos. 1948: La fiesta sigue; El señor Esteve; Siempre vuelven de madrugada; Sin uniforme; Tres ladrones en la casa; En un rincón de España. 1949: Pacto de silencio; La familia Vila; Mi adorado Juan. 1950: El capitán Veneno; Servicio en la mar; Cuentos de la Alhambra; Séptima página; Un soltero difícil. 1951: Ronda española; Lola la Piconera; Me quiero casar contigo; Una cubana en España [ES/CU]. 1952: Les amants de Toléde/Gli amanti di Toledo/El tirano de Toledo (Die Liebenden von Toledo) [FR/IT/ES]; Bienvenido, Míster Marshall (Willkommen, Mr. Marshall); Cerca de la ciudad; Ultimo día; ¡Ché, qué loco!; Sor Intrépida (Die Klosterschwester); Doña Francisquita; La estrella de Sierra Morena. 1953: Así es Madrid; Intriga en el escenario; Como la tierra; Aeropuerto; Nuits andalouses/Noches andaluzas [FR/ES]; Nubes de verano/Parabéns, senhor Vicente [ES/PT]; Carne de horca/Il terrore dell'Andalusia [ES/IT]. 1954: Un día perdido; La pícara molinera/Le moulin des amours [ES/ FR]; Amor sobre ruedas; Once pares de botas; Sucedió en mi aldea; Todo es posible en Granada; Aventuras del barbero de Sevilla/Le aventurier de Seville [ES/ FR]; Un caballero andaluz (Die wunderbare Liebe der Bianca Maria). 1955: Congreso en Sevilla; La chica del barrio; Historias de la radio; El guardián del paraíso; Tarde de toros; Rapto en la ciudad. 1956: Calabuch/Calabuig (Calabuig) [ES/IT]; Ville alegre; Tremolina; Dos novias para un torero; Pepote/Mi tío Jacinto (Mein Freund Enrico) [IT/ES]; Un traje blanco/Il grande giorno [ES/IT]; Manolo, guardia urbano; Un abrigo a cuadros; Los ladrones somos gente honrada; Fulano y Mengano. 1957: Los jueves, milagro/Arrivederci Dimas [ES/IT]; Un angelo é sceso a Brooklyn/Un ángel pasó por Brooklyn (Der Hund, der Herr Bozzi hieß) [IT/ ES]; Los ángeles del volante; Lo que cuesta vivir; Un americano en Toledo; Faustina; Villa Alegre. 1958: La vida por delante; Bombas para la paz; Nada menos que un arkángel; Despedida de soltero. 1958/59: Policarpo, «ufficiale di scrittura»/Policarpo de Tapetti (Tolpatsch macht Karriere) [IT/FR/ES]. 1959: El Litri y su sombra; Cristina; Vida sin risas; Días de feria; Don José, Pepe y Pepito; La casa de la Troya. 1960: El cochecito (Der Rollstuhl); Don Lucio y el hermano Pío; Patricia mía/Punto y banca [ES/AR]. 1961: Los que no fuimos a la guerra; La pandilla de los once; Tú y yo somos tres [ES/AR]; Margarita se llama mi amor; Perro golfo; Cupido contrabandista. 1962: Vamos a contar mentiras; Sabían demasiado; El sol en el espejo [ES/AR]; La gran familia. 1963: El verdugo/La ballata del boia (Der Henker) [ES/IT]. 1964: Operación Dalila/ Operation Delilah [ES/US]; Los dinamiteros/L'ultimo rififi [ES/IT].

Ivašov, Vladimir

(Vladimir Sergeevič Ivašov)
*28. 8. 1939

Während seines zweiten Studienjahres in der Klasse von Michail Romm an der Moskauer Filmhochschule VGIK wird Ivašov 1959 von Grigorij Čuchraj für die Rolle des jungen Rotarmisten Aleša Skvorcov in *Ballada o soldate* verpflichtet. An der Seite von Žanna Prochorenko kreiert Ivašov in diesem Film eine der sympathischsten Heldengestalten des sowjetischen Nachkriegsfilms, die ihm sowohl national als auch international großen Erfolg einbringt. 1963 schließt Ivašov das Studium an der Filmhochschule ab und wird zum vielbeschäftigten Darsteller. Herausragende Rollen sind der Pečorin in Stanislav Rostockijs *Geroj našego vremeni* (1967) und der Matveev in Vasilij Ordynskijs *Čerez Gobi i Chingan* (1982). Gleichzeitig spielt er am Moskauer Studio-Theater der Filmschauspieler. Zahlreiche staatliche Auszeichnungen, u. a. Verdienter Künstler und Volkskünstler der RSFSR.

[SU] 1959: Ballada o soldate (Die Ballade vom Soldaten). 1960: Leon Garros iščet druga/20000 lieurs sur la terre (Leon Garros sucht einen Freund) [SU/ FR]. 1961: Tuči nad Borskom; Evdokija (Du mußt nicht einsam sein). 1962: Sem' njanek (Sieben Ammen und kein Baby). 1963: Ej, kto-nibud'. 1964: Al'manach «Junost'»; Ja – «bereza» [TV]. 1965: Chokkeisty (Eishockeyspieler). 1967: Geroj našego vremeni (Bela – Tragik einer Liebe). 1968: Železnyj potok (Der eiserne Strom); Novye priključenija neulovimych (Neue Abenteuer der geheimnisvollen Rächer). 1969: Doroga domoj; Samaja sčastlvaja. 1970: Korona Rossijskoj imperii, ili Snova neulobimye. 1971: Putina [TV]. 1972: A zori zdes' tichie ... (Im Morgengrauen ist es noch still); Ljudi na Nile [SU/EG]. 1973: Sinee nebo; Otkrytie; Sovsem porpaščij (Ganz unverbesserlich). 1975: Front bez flangov (Front ohne Flanken); Kogda nastupaet sentjabr' (Wenn es September wird); Pomni imja svoe (Vergiß deinen Namen nicht); Plamja (Die Flamme). 1976: Brillianty dlja diktatury proletariata (Brillanten für die Diktatur des Proletariats); Jaroslav Dombrovskij/Jarosław Dambrowski [SU/PL]. 1977: Czerwone ciernie [PL]. 1978: Julija Vrevskaja (Zwischen Zarenhof und Schlachtfeld – Julia Wrewskaja) [SU/BG]; Koren' žizn'; Doznanie pilota Pirksa/Test pilota Pirksa (Der Test des Piloten Pirx) [SU/PL]; Po ulicam komod vodili; Pravo pervoj podpisi. 1980: Utrennyj obchod (Morgen-visite); Zvezdyj inspektor. 1981: Konfliktnaja situacija [TV]; Pravo na vystrel (Alarm an der Küste). 1982: Čerez Gobi i Chingan; Kinoal'manach «Molodost'» No 4. 1983: Čto možno Kuzenkovu?. 1984: Žil-byl Petr; Kto sil'nee ego (Die Provokation des Fürsten). 1985: Den' gneva (Tag des Zorns). 1986: Druzej ne vybirajut [TV]; Revoljuciej prizvannyj [TV]. 1990: Fufel'; Christiane; Eto my, Gospodi! [TV]. 1991: Grafinja [RU]; Otkpovenie Ioanna Pervopečatnika [TV – RU]; Ivan Fedorov [RU]. 1992: Ubijstvo na Žanovskoj [RU]; «Tridcatogo» – uničto žit' [RU]. 1993: Sysknoe byro «Feliks» [RU].

Iwashita Shima

*3. 1. 1941 Tokio

Aus einer Schauspielerfamilie stammend: Iwashitas Eltern sind orientiert am europäischen Bühnenspiel, eine Tante und deren Mann am Reform-Kabukitheater. 1958 erster Auftritt in der Fernsehserie *Basudôri Ura*, dem weitere TV-Rollen folgen. 1960 Vertrag mit der Shôchiku Filmgesellschaft; 1962 Abbruch des Studiums. Zu Beginn ihrer Karriere verkörpert sie häufig reizende junge Frauen. Mit der Doppelrolle der Zwillinge in Noburo Nakamuras *Koto* – als reiche Tochter in der Stadt sowie als Holzarbeiterin – avanciert sie 1963 zur repräsentativen Schauspielerin ihrer Firma. Im folgenden Jahr spielt sie in *Goben no Tsubaki* (Yoshito Nomura) eine Serienmörderin, die aus Rachsucht die Männer verführt und tötet. Seitdem mehrere Rollen im Genre des Film noir. 1967 Heirat mit dem Regisseur Masahiro Shinoda. Gemeinsam mit ihm, ihrem Vater und einem Produzenten gründet sie 1967 die Produktionsfirma Hyogensha. 1969 erneut eine Doppelrolle: in Shinodas *Shinjû Ten no Amijima* als Prostituierte und Ehefrau, beide mit dem Ausdruck von Ekstase und Leidenschaft um denselben Mann kämpfend. Hochgelobt auch ihre Leistung als blinde Wandermusikerin in Shinodas *Hanare-goze O-Rin* (1977).

[JP] 1958: Basudôri Ura [TVS]. 1960: Kawaita Mizuumi; Fuefuki-gawa; Akibiyori (Spätherbst); Uwaki no Susume; Onna no Uramado; Mahiru no Wanna. 1961: Uzu; Yûhi ni akai Ore no Kao; Ano Namino Hate made; Jomai; Waga Koi no Tabiji; Kojin Kojitsu; Kyo-gesyo. 1962: Senkyaku Banrai; Konohi Uruwashi; Sanma no Aji (Ein Herbstnachmittag); Kyoko no Hatsukoi: Sanninmusume kampai; Tama no sanka: Moyuru Wakamono-tachi; Gakusei Geisha: Koi to Kenka; Gishi shimatsuki; Hochiju-hachya no Tsuki; Yama no Sanka, moyuru Wakamonotachi; Seppuku (Harakiri); Chinjara Monogatari. 1963: Koto; Utae wakodo-tachi; Kaze no Shisen; Anohito wa Ima; Hana no Saku ie; Shima-sodachi; Shitô no Densetsu; Kekkonshiki, Kekkonshiki; Hyakuman-nin no Musume-tachi; Kekkon no Sekkei. 1964: Zoku Haikei Tenno Heika Sama; Dojoyaburi; Kuchikukan Seppu; Negoto Dorobo; Goben no Tsubaki; Iikagen Baka; Ansatsu; Baka ga Sensha de Yattekuru. 1965: Daikon to Ninjin; Ane to Imoto; Yukiguni; Sutekina Konbanwa; Kemono no Ken; Danshun. 1966: Haru Ichiba; Ki no Kawa; Ohananhan; Shokei no Shima; Inochi Hateru hi Made. 1967: Utage; Harubiyori; Onna no Isshô; Gekiryu; Akanegumo; Chieko-shô. 1968: Sôshun; Gion-matsuri. 1969: Nanatsu no Kao no Onna; Dekkai Dekkai Yaro; Waga Koi waga Uta; Shinjû Ten no Amijima; Hi mo Tsuki mo; Akage. 1970: Kage no Kuruma; Buraikan; Sono Hito wa Onna-kyoshi; Dareka-san to Dareka-san go Zeiin shugo! 1971: Naikai no Wa; Chinmoku; En to iu Onna; Kuro no Shamen; Saraba Okite; Shitto. 1972: Sono Hito wa Honoo no Yoni; Tsujigahana; Kage no Tsume. 1973: Kaseki no Mori. 1974: Hissatsu Shikakenin: Shunsetsu Shikakebari; Himiko; Nagare no Fu: Doran, Yoake. 1975: Sakura no Hana no Mankai no Shita. 1977: Hanare-Goze O-Rin. 1978: Kumokiri Nizaemon; Seishoku no Hi; Kichiku. 1981: Akurei-tô. 1982: Giwaku; Kono Ko no Nanatsu no Oiwai ni; Kiryûin Hanako no Shôgai; Onimasa. 1983: Meisô-chizu. 1984: Setouchi Shônen Yakyûdan. 1985: Shokutaku no nai Ie; Seijo Densetsu; Ma no Toki. 1986: Yari no Gonza; Gokudo no Tumatachi. 1987: Sakura no Ki no Shita de. 1990: Shônen Jidai; Gokudôno Onnatachi: Saigo no Tatakai. 1993: Shin Gokudô no Tsumatachi: Kakugo shiiya.

J

Jackson, Glenda
(Glenda May Jackson)
*9. 5. 1936 Birkenhead (Cheshire)

Nach der Schulzeit Drogerie-Verkäuferin. Schauspielausbildung an der Royal Academy of Dramatic Art. Ab 1955 an verschiedenen Bühnen Englands, 1957 erster Auftritt in London. 1963 zur Royal Shakespeare Company und Filmdebüt mit einer kleinen Rolle in *This Sporting Life*. Als Bühnen-Schauspielerin besonders 1964 mit der Rolle der Charlotte Corday in den Londoner und New Yorker Inszenierungen von Peter Weiss' «Marat/Sade» beachtet; 1967 mit dieser Rolle in Peter Brooks dynamischer Filmversion. Mehrfach Zusammenarbeit mit dem Filmregisseur Ken Russell, so 1969 kühl und oft abstoßend als Gudrun Brangwen (mit einem Oscar ausgezeichnet) in seiner skandalträchtigen D. H. Lawrence-Adaption *Women in Love*, zuletzt in *Salome's Last Dance* und in *The Rainbow* (1988), wiederum nach einem Roman von Lawrence. Mit eher expressivem als naturalistischem Darstellungsstil ist sie eher für Porträts willensstarker, unabhängiger Frauen befähigt, so besonders 1971 als heterosexuelle Alex zwischen einem Homosexuellen (Peter Finch) und einem Bisexuellen (Murray Head) in John Schlesingers «ménage à trois» *Sunday, Bloody Sunday*. Ein weiterer Oscar für die Rolle der Vicki Allessio in Melvin Franks Komödie *A Touch of Class* (1972). Weltweite Popularität mit der Titelrolle in der britischen TV-Serie *Elizabeth, Queen of England* (Donald McWhinnie). Die interessanteste Rolle in den 80er Jahren ist die an Freilassung der Zoo-Schildkröten interessierte Kinderbuch-Autorin in John Irvins *Turtle Diary* (1984). Seitdem sind ihre Filme eher durchschnittlich, abgesehen von Russells *The Rainbow*, in dem sie die Mutter der Gestalt aus *Women in Love* darstellt. Neben der

Filmarbeit immer wieder Rückkehr zur Bühne. 1983 stößt Jackson zur «United British Artists»-Produktionsgruppe. 1990 wird sie als Abgeordnete der Labour Party ins britische Unterhaus gewählt.

[GB] 1962: This Sporting Life (Lockender Lorbeer). 1967: The Persecution and Assassination of Jean-Paul Marat as Performed by the Inmates of the Asylum of Charenton Under the Direction of the Marquis de Sade (Die Verfolgung und Ermordung Jean Paul Marats, dargestellt durch die Schauspieltruppe des Hospizes zu Charenton unter Anleitung des Herrn de Sade); Benefit of the Doubt. 1967/68: Tell Me Lies. 1968: Negatives; Let's Murder Vivaldi [TV]. 1969: Women in Love (Liebende Frauen). 1970: The Music Lovers (Tschaikowsky – Genie und Wahnsinn). 1971: The Boy Friend (Boy Friend); Mary, Queen of Scots (Maria Stuart, Königin von Schottland); Sunday, Bloody Sunday (Sunday, Bloody Sunday). 1972: A Touch of Class (Mann, bist du Klasse!); Triple Echo (Das dreifache Echo). 1973: A Bequest to the Nation (Die Nelson-Affäre); Il sorriso del grande tentarore/The Tempter (Verbannt) [IT/GB]. 1974: The Maids (Die Zofen) [GB/CA]. 1974/75: The Romantic Englishwoman/Une anglaise romantique (Die romantische Engländerin) [GB/FR]. 1975: Hedda (Hedda Gabler) [D,P]. 1976: The Incredible Sarah [US]. 1977: Nasty Habits (Eine beispiellose Affäre) [D,P]. 1978: House Calls (Hausbesuche) [US]; Stevie [D,P – CA]. 1979: The Class of Miss MacMichael (Die Klasse von Miss MacMichael) [USA/GB]; Lost and Found (Ein irres Paar) [US]. 1980: Hopscotch (Hopscotch – Der Aussteiger) [US]; Health (Der Gesundheits-Kongreß) [US]. 1981: An Act of Love: The Patricia Neal Story (Triumph der Liebe) [TV – US]. 1982: Giro City [TV]; The Return of the Soldier (Die Rückkehr des Soldaten). 1983: Sakharov (Sacharow) [TV]. 1984/85: Turtle Diary (Ozeanische Gefühle). 1986: Man-Made Famine [DOK]. 1986/87: Business as Usual (Gewagtes Spiel – Business as Usual). 1987: Beyond Therapy (Therapie zwecklos) [US]. 1987/88: Salome's Last Dance (Salomes letzter Tanz). 1988: Strange Interlude (Verhängnisvolle Liebe) [TV – US]; The Rainbow (Der Regenbogen). 1989: King of the Wind (König der Winde); Doombeach. 1990: Open Space: Death on Delivery [TV-DOK]. 1991: A Murder of Quality (Der Mörder mit den Silberflügeln) [TV]; The Castle [US]; The House of Bernarda Alba [TV – ES/GB]. 1992: The Secret Life of Sir Arnold Bax [TV].

Jacobsson, Ulla

*23. 5. 1929 Göteborg
†20. 8. 1982 Wien

Ausbildung am Stadsteater Göteborg, dort 1949 erstes Engagement. Am Intimen Theater Stockholm Erfolg mit der Titelrolle von Strindbergs «Fröken Julie». Ihr zweiter Film, Arne Mattsons *Hon dansade en sommar* (1951), macht sie international bekannt: Eine kurze Nacktbadeszene ist für die 50er Jahre eine Provokation. 1955 als selbstbewußt Liebende in Ingmar Bergmans *Sommarnattens leende*. Ihr Ruf als schwedischer Erotikstar verschafft ihr im folgenden Rollen in Frankreich, der BRD, den USA und England. Die unbefangene Leichtigkeit der frühen Rollen erreicht sie kaum einmal wieder, zu differenzierteren Darstellungen fehlen ihr beim Film die schauspielerischen Mittel. Ihren letzten Auftritt hat sie 1975 in Rainer Werner Fassbinders *Faustrecht der Freiheit*.

[SE] 1951: Bärande hav; Hon dansade en sommar (Sie tanzte nur einen Sommer). 1953: All jordens fröjd (Alles Glück dieser Erde). 1954: Herr Arnes penningar (Verlorene Liebe); Karin Månsdotter (Karin Mansdotter); ... und ewig bleibt die Liebe [BRD]. 1955: Die heilige Lüge [BRD]; Der Pfarrer von Kirchfeld [BRD]; Sommarnattens leende (Das Lächeln einer Sommernacht). 1956: Sangen om den eldröda blomman (Heiß war meine Sehnsucht); Crime et chatiment (Schuld und Sühne) [FR]; Die Letzten werden die Ersten sein [BRD]. 1958: Unruhige Nacht [BRD]. 1959: ... und das am Montagmorgen [BRD]; Körkarlen (Fuhrmann des Todes); Llegaron dos hombres/Det kom två män (Unter dem Terror der Mörder) [ES/SE]. 1960: Im Namen einer Mutter [BRD]. 1961/62: Una domenica d'estate [IT]. 1962: The Final Hour (Die entscheidende Stunde) [US]. 1962/63: Love is a Ball (40 Millionen suchen einen Mann) [US]. 1963: Zulu (Zulu) [GB]. 1965: Nattmara (Der Killer von Stockholm); The Heroes of Telemark (Kennwort «Schweres Wasser»/Stoßtrupp Telemark) [GB]. 1967: Alle Jahre wieder [BRD]; Adolphe ou l'âge tendre (Tanjas Geliebter) [FR]. 1969: La servante/Der leise Atem der Lust [FR/BRD]. 1973: Einer von uns beiden [BRD]. 1975: Faustrecht der Freiheit [BRD].

Jade, Claude

(Claude Jorré)
*8. 10. 1948 Dijon

Während der Schulzeit Besuch des Konservatoriums in Dijon. Schauspielunterricht bei Jean-Laurent Cochet. 1966 Prix de Comédie für ihre Agnès in Molières «L'école des femmes». In Paris Engagements an verschiedenen Bühnen. Am Théâtre Moderne wird François Truffaut 1968 auf sie aufmerksam; in der Folge gehört sie als Freundin und Frau seines Helden Antoine Doinel (Jean-Pierre Léaud) zum Stammpersonal des Truffaut-Kosmos; nach *Domicile conjugale* (1970) bleiben ihre Rollen im Umfang und in künstlerischer Hinsicht begrenzt.

[FR] 1968: Mon oncle Benjamin/Mio zio Beniamino, l'uomo dal mantello rosso (Mein Onkel Benjamin) [FR/IT]; Baisers volés (Geraubte Küsse); Topaz (Topas) [US]; Sous le signe de Monte Cristo/Montecristo 70 (Gejagt wie Monte Christo) [FR/IT]. 1969: Le témoin. 1970: Le bateau sur l'herbe; Domicile conjugale/Non drammatizziamo ... è solo questione di corna! (Tisch und Bett) [FR/IT]. 1972: La fête à Jules; Les feux de la Chandeleur (Kerzenlicht). 1973: La ragazza della via Condotti/La chica de via Condotti/Meurtres à Rome [IT/ES/FR]; Number One [IT]; Prêtres interdits. 1974: Le malin plaisir. 1975: Le choix; Trop c'est trop; Le cap du Nord. 1977: Una spirale di nebbia/Caresses bourgeoises [IT/FR]. 1978: Le pion (Ein Pauker zum Verlieben); L'amour en fuite (Die Liebe auf der Flucht). 1981: Tegeran-43/Téhéran-43 (Killer sind immer unterwegs) [SU/FR/CH]; Le bahut va craquer. 1982: L'honneur d'un capitaine. 1986: L'homme qui n'était pas là. 1992: Tableau d'honneur.

Janda, Krystyna

*18. 12. 1952 Starachowice
Nach dem Diplom an der Theaterhochschule Warschau ab 1976 Engagement am Ateneum-Theater, später am Mały Teatr, wo sie als Dorian Gray beeindruckt, und an anderen Warschauer Bühnen. Ihr Filmdebüt in der Rolle der Filmstudentin Agnieszka in Andrzej Wajdas *Człowiek z marmuru* (1976) macht sie sofort international bekannt, 1978 Auszeichnung mit dem Cybulski-Preis als beste Nachwuchs-Schauspielerin.
Zwei weitere Rollen in den Wajda-Filmen *Bez znieczulenia* (1978) und vor allem die Marta in *Dyrygent* (1979) sowie 1981 die Wiederaufnahme ihrer Debüt-Rolle in *Człowiek z żelaza* steigern das internationale Renommee der lebhaften, blonden Schauspielerin. Arbeit in französischen und deutschen Produktionen. In den 80er Jahren wird sie vor allem von jungen Regisseuren besetzt, spielt als Hauptdarstellerin in allen Filmen von Szulkin, beeindruckt in Radosław Piwowarskis *Kochankowie mojej mamy* (1985) und in Waldemar Krzysteks *W zawieszeniu* (1986). Ein Höhepunkt ist 1982 die Rolle der gequälten Schauspielerin in Ryszard Bugajskis erst 1989 aufgeführtem *Przesłuchanie,* für die sie 1990 in Cannes und Danzig mit dem Darstellerpreis ausgezeichnet wird. 1989 verkörpert sie Helena Modrzejewska, eine berühmte polnische Schauspielerin des 19. Jahrhunderts, in der TV-Serie *Modrzejewska* (Jan Łomnicki). 1992 erhält sie den Darstellerpreis des Festivals von San Sebastián für ihre Leistung in Waldemar Krzysteks *Zwolnieni z życia.*

[PL] 1976: Człowiek z marmuru (Der Mann aus Marmor). 1976/87: Na srebrnym globie. 1977: Granica (Erinnere dich, erinnere dich an alles); Pani Bovary to ja (Madame Bovary, das bin ich). 1978: Rodzina Połanieckich (Familie Polaniecki) [TVS]; Bez znieczulenia (Ohne Betäubung); Aktorka [KF]; Bestia. 1979: Doktor Murek (Die Affären des Dr. Murek) [TVS]; Golem; Manchmal besucht der Neffe die Tante [BRD]; Dyrygent (Der Dirigent). 1980: Der grüne Vogel [TV – BRD]; W biały dzień; Uoni [BG]. 1980/81: Mephisto [HU/BRD]. 1981: Wojna Światów – Następne stulecie; Człowiek z żelaza (Der Mann aus Eisen); Espion, lève-toi (Der Maulwurf) [FR]; On, ona, oni; Fik-Mik czyli biuletyn specjalny [TV]. 1982: C'était un beau été [TV – FR]; Przesłuchanie (Verhör einer Frau) [UA: 1989]. 1983: To tylko rock (Es ist nur Rock); Glut [HU/BRD]; Stan wewnętrzny; Bella Donna – Kann denn Liebe Sünde sein? [BRD]; Synteza. 1984: O-bi, o-ba, koniec cywilizacji; Der Bulle und das Mädchen [BRD]; Eine blaßblaue Frauenhandschrift [TV – AT]. 1985: Vertiges [FR]; Kochankowie mojej mamy (Die Liebhaber meiner Mutter). 1986: Laputa [BRD]; W zawieszeniu (In der Schwebe). 1987: Krótki film o zabijaniu (Ein kurzer Film über das Töten). 1988: Dekalog V (Dekalog, Fünf) [TV]; Dekalog II (Dekalog, Zwei) [TV]; Wilder Westen inklusive [TVS – BRD]. 1989: Modrzejewska [TVS]; Stan posiadania [PL/BRD]. 1990: Stan wewnetrzny; Rossinis Pasticcio oder die Geburt der Kochkunst aus dem Geist der Komposition [TV – BRD]. 1991: Kuchnia polska. 1992: Zwolnieni z życia. 1993: Der große Bellheim [TV – DE]. 1995: Pestka [D,R]; Tato.

Jankovskij, Oleg

(Oleg Ivanovič Jankovskij)
*23. 2. 1944
Jankovskij wird von Regisseur Vladimir Basov 1968 am Dramatischen Theater «Karl Marx» in Saratov für die Rolle des Genrich Švarzkopf in *Ščit i meč* entdeckt. Anschließend Engagement am Theater des Leninschen Komsomol in Moskau, wo er vor allem in der Hauptrolle von Jean Anouilhs «Becket» erfolgreich ist. Parallel zu seiner Theaterarbeit spielt Jankovskij im Film. Als Vater in Andrej Tarkovskijs autobiografischem *Zerkalo* (1975) zeigt er sein Talent für ungewöhnliche Rollen. Seine Stärke sind Gegenwartsfilme, in denen er vitale, energische Zeitgenossen – nicht ohne Selbstironie – porträtiert. So macht ihn 1975 der Parteisekretär Solomatin in Sergej Mikaeljans Gelman-Verfilmung *Premija* populär. Für seinen Arbeiter Igor' in Mikaeljans *Vljublen po sobstvennomu želaniju* (1982) wird er von den Lesern der Zeitschrift «Sovetskij ekran» zum besten Schauspieler des Jahres 1983 gewählt. International bekannt wird er durch seine Beteiligung an Tarkovskijs *Nostalghia,* der in Italien entsteht. Ab Ende der 80er Jahre auch in zahlreichen Co-Produktionen mit der BRD, mit Ungarn, Großbritannien und Japan. Er erhält mehrere nationale Auszeichnungen.

[SU] 1968: Služili dva tovarišča (Es dienten zwei Kameraden); Ščit i meč (Schild und Schwert). 1970: Ja, Francisk Skorina (Der Scholar von Kraków). 1971: O ljubvi (Bedenkzeit für die Liebe); Rasplata. 1973: Gonščiki. 1975: Moj dom – teatr (Mein Haus ist ein Theater); Pod kamennym nebom; Premija (Die Prämie); Zvezda plenitel'nogo sčast'ja (Traum vom fernen Glück); Zerkalo (Der Spiegel). 1976: Čužie pis'ma (Fremde Briefe); Doverie (Vertrauen) [SU/FI]. 1977: Slovo dlja zaščity (Ein Wort zur Verteidigung); Sladkaja ženščina (Eine süße Frau); Polkovnik v otstavke; Dlinnoe, dlinnoe delo (Ein langer, langer Gerichtsfall); Golubka (Täubchen) [TV]; 72 gradusa niže nulja (72 Grad unter Null). 1978: Moj laskovyj i nežnyj zver' (Drama auf der Jagd); Obratnaja svjaz' (Rückkopplung). 1979: Otkrytaja kniga (Das offene Buch) [TV]; Obyknovennoe čudo (Das gewöhnliche Wunder); Povorot (Die Wende); Tot samyj Mjunchgauzen (Der wirkliche Münchhausen) [TV]. 1980: My, nižepodpisavšiesja (Wir, die Endunterzeichneten) [TV]. 1981: Prikljućenija Šerloka Cholmsa i doktora Vatsona: Sobaka Baskervilej (Der Hund von Baskerville) [TV]. 1982: Šljapa (Starallüren); Poceluj (Der Kuß) [TV]; Vljublen po sobstvennomu želaniju (Verliebt auf eigenen Wunsch). 1983: Dom, kotoryj postroil Svift (Die Welt des Jonathan Swift) [TV]; Polety vo sne i najavu (Tagträumer); Nostalghia (Nostalghia) [IT]. 1984: Dva gusara [TV]; Večerov na chutore bliz Dikan'ki [TV]. 1986: Chrani menja, moj talisman (Beschütze mich, mein Talisman). 1987: Krejcerova sonata (Die Kreutzersonate). 1988: Filer; Ubit' drakona/ Den Drachen töten [SU/BRD]. 1989: Az en XX. szazadom/Mein XX. Jahrhundert [HU/BRD]. 1990: Pasport. 1991: Careubijca/Assassin of the Tsar [RU/ GB]. 1992: Moi Ivan, toi Abraham (Ich Ivan, Du Abraham) [FR]. 1993: Sny o Rossii [RU/JP]. 1995: Pervaja ljubov; Stumme Zeugin/Mute Witness [DE/ GB/RU]; Mužčina dlja molodoj žen ščiny [RU]. 1996: Rokovje Jajtsa; Revizor.

Jankowska-Cie Ślak, Jadwiga

*15. 2. 1951 Gdańsk-Oliwa

1972 Diplom an der Theaterhochschule Warschau, Engagement am Puławskie Studio Teatralne und am Warschauer Dramatyczny Teatr, wo sie u. a. in der Titelrolle von Giraudoux' «Elektra» beeindruckt. Filmdebüt in *Trzeba zabić tę miłošč* (1972) unter der Regie von Janusz Morgenstern, mit dem sie häufig zusammenarbeitet. 1973 Cybulski-Preis als beste Nachwuchsdarstellerin, 1977 Darstellerpreis des Nationalen Spielfilmfestivals in Danzig für ihre Rolle in Andrzej Kostenkos Film *Sam na sam*. Für ihre Leistung im ungarischen Film *Egymásra nevzé* (Károly Makk) erhält sie 1982 in Cannes den Darstellerpreis. Trotz dieser Erfolge zieht sie die Theaterarbeit dem Film vor und übernimmt in den 80er Jahren nur noch wenige interessante Aufgaben wie die Rolle der Ada, die Protagonistin in Kazimierz Kutz' *Wkrótce nadejdą bracia*.

[PL] 1972: Trzeba zabič tę miłošč (Diese Liebe muß man töten); Ostatni lišč (Das letzte Blatt) [TV]. 1973: Sobie król [TV]; Nagrody i odznaczenia (Schicksale am Kreuzweg). 1974: Dziewczyna i gołčbie (Das Mädchen und die Tauben) [TV]. 1975: Znikąd donikąd; Nachtdienst [BRD]. 1976: cdn. 1. Na smyczy (Fortsetzung folgt). 1977: Pani Bovary to ja (Madame Bovary, das bin ich); Sam na sam (Mit sich allein); Polskie drogi (Polskie drogi – Wege Polens) [TVS]; Trzy po trzy [TV]. 1978: Exit 7. [BE]. 1981: Jan Serce [TVS]. 1982: Egymásra nevzé (Der andere Blick) [HU]. 1983: Ceremonia pogrzebowa (Ende und Anfang) [TV]; Stan wewnętrzny. 1984: Powinowactwo [TV]. 1985: Wkrótce nadejdą bracia. 1986: Inna wyspa; Maskarada. 1987: Zabij mnie, glino. 1989: 300 mil do nieba (300 Meilen bis zum Himmel); Sztuka kochania. 1990: Stan wewnetrzny. 1992: Pierścionek z orłem w koronie. 1996: Slodko gorzki.

Jannings, Emil

(Theodor Friedrich Emil Janenz)
*23. 7. 1884 Rorschach (Kanton St. Gallen)
†2. 1. 1950 Wolfgangsee (Salzkammergut)

Aufgewachsen in Leipzig und Görlitz. Gymnasium bis zur Obertertia. Arbeit als Schiffsjunge. 1900 Volontär am Stadttheater Görlitz, 1901–14 an Wander- und Provinzbühnen. Ab 1914 in Berlin. Erste Filmrolle in Walter Schmidthässlers Propagandafilm *Im Schützengraben*. 1915/16 Reinhardt-Bühnen, 1918 Königliches Schauspielhaus, bis 1920 Deutsches Theater. Ab 1916 beim Film. 1919 hat der stämmige Jannings seinen ersten internationalen Erfolg als Ludwig XV. in Ernst Lubitschs *Madame Dubarry*. Dadurch wird er zunächst auf die Darstellung dekadenter Herrscher festgelegt, z. B. als Heinrich VIII. in *Anna Boleyn* (Lubitsch) als *Peter der Große* (Dimitri Buchowetzki), als Nero in dem mit internationaler Besetzung in Italien gedrehten *Quo vadis* (d'Annunzio/Jacoby). Eine Parodie dieses Typus wird sein märchenhaft aufgeblasener Harun al Raschid in Paul Lenis Episodenfilm *Das Wachsfigurenkabinett* (1923). Mit dem Produzenten Paul Davidson 1922 Gründung der Emil Jannings-Film GmbH im Rahmen der E.F.A., Auflösung nach nur einer Produktion: *Alles für Geld* (Reinhold Schünzel). Abkehr von den Kostümrollen und Welt-Erfolg in zwei Ufa-Filmen: als degradierter Hotelportier in F. W. Murnaus *Der letzte Mann*; in E. A. Duponts *Varieté* als Artist, der aus Eifersucht zum Mörder wird. Für Murnau außerdem die Titelrolle des *Tartüff* und der Mephisto in *Faust*.1926 nach Hollywood zu

Paramount. In den amerikanischen Filmen ebenfalls in Rollen schicksalhaft zugrunde gehender Menschen: in *The Way of All Flesh* (Victor Fleming) als Bankkassierer, der aus Liebe zu einer Abenteurerin Beruf und Familie aufgibt; in *The Last Command* (Josef von Sternberg) als ehemaliger zaristischer General, der als Komparse in Hollywood seine eigene Vergangenheit nachspielen muß. Für diese Rollen erhält Jannings 1928 den ersten jemals verliehenen Darsteller-Oscar. Wieder unter der Regie von Lubitsch als Zar Paul I. in *The Patriot*. Nach Intensivierung der Tonfilmproduktion 1929 Rückkehr nach Berlin. 1929/30 männliche Hauptrolle in von Sternbergs *Der blaue Engel* nach dem Heinrich Mann-Roman «Professor Unrat». 1935 abermals als am Leben scheiternder Gymnasialprofessor in *Traumulus* (Carl Froelich) nach dem einst erfolgreichen Theaterstück von Arno Holz und Oskar Jerschke. 1930–36 verstärkt Theaterarbeit. Star im NS-Film mit «Führer»-Darstellungen wie der Preußenkönig Friedrich Wilhelm I. in *Der alte und der junge König* (Hans Steinhoff), als Geheimrat Clausen in Veit Harlans Hauptmann-Adaption *Der Herrscher* (1937 in Venedig mit dem Coppa Volpi ausgezeichnet) – bei der Jannings auch die künstlerische Oberleitung hat – sowie mit den Titelrollen in Steinhoffs *Robert Koch, der Bekämpfer des Todes* und *Ohm Krüger*. Ab 1936 im Aufsichtsrat der Tobis, hat er Einfluß auf Filmproduktionen, in denen Geschichte im Sinne des Nationalsozialismus interpretiert wird. Jannings wird nach dem Krieg entnazifiziert, übernimmt jedoch keine weitere Filmarbeit.

[DE] 1914: Im Schützengraben/Der 12jährige Kriegsheld. 1915/16: Frau Eva. 1916: Im Angesicht des Toten; Aus Mangel an Beweisen; Passionels Tagebuch; Das Leben ein Traum; Stein unter Steinen; Nächte des Grauens; Der Morphinist [Unvollendet?]. 1916/17: Die Bettlerin von St. Marien; Der 10. Pavillon der Zitadelle; Unheilbar; Die Ehe der Luise Rohrbach. 1917: Das Geschäft; Lulu; Gesühnte Schuld; Wenn vier dasselbe tun; Das fidele Gefängnis; Der Ring der Giuditta Foscari. 1917/18: Nach zwanzig Jahren. 1918: Keimendes Leben. 2 Teile; Die Augen der Mumie Mâ; Der Mann der Tat. 1919: Vendetta. Blutrache; Die Tochter des Mehemed; Madame Dubarry; Rose Bernd. 1919/20: Kohlhiesels Töchter. 1920: Die Brüder Karamasoff; Das große Licht; Algol; Colombine. Die Braut des Apachen; Der Schädel der Pharaonentochter [EP]; Anna Boleyn. 1920/21: Der Stier von Olivera. 1921: Der Schwur des Peter Hergatz; Danton; Die Ratten; Das Weib des Pharao. 1921/22: Othello. 1922: Peter der Große. 1922/23: Tragödie der Liebe 4 Teile. 1923: Alles für Geld; Das Wachsfigurenkabinett [EP]. 1923/24: Quo vadis (Quo vadis) [IT]. 1924: Nju; Der letzte Mann. 1925: Tartüff; Liebe macht blind; Varieté. 1925/26: Faust. 1927: The Way of All Flesh (Der Weg allen Fleisches) [US]; The Last Command (Sein letzter Befehl) [US]. 1928: The Street of Sin (Der König von Soho) [US]; The Patriot (Der Patriot) [US]; Sins of the Fathers (Sünden der Väter) [US]. 1929: Betrayal [US]. 1929/30: Der blaue Engel; The Blue Angel [Version]. 1930: Liebling der Götter. 1931: Stürme der Leidenschaft. 1932/33: König Pausole [AT/FR]; The Merry Monarch [AT/FR]. 1933/34: Der schwarze Walfisch. 1934/35: Der alte und der junge König. 1935: Traumulus. 1936/37: Der Herrscher [D,KO]. 1937: Der zerbrochene Krug [D,KO]. 1939: Robert Koch, der Bekämpfer des Todes [D,P]; Der letzte Appell [D,P – Unvollendet]. 1940/41: Ohm Krüger [D,P]. 1942: Die Entlassung [D,P]. 1942/43: Altes Herz wird wieder jung. 1944/45: Wo ist Herr Belling? [Unvollendet].

Jaque-Catelain

(Jacques Guérin-Catelain)
*9. 2. 1897 Saint-Germain-en-Laye
†5. 3. 1965 Paris

Nach nicht abgeschlossenem Studium der bildenden Künste Besuch des Pariser Konservatoriums bei Mounet. Lieblingsschauspieler Marcel L'Herbiers, der ihn 1917 für den Film entdeckt (*Rose France*). Jaque-Catelain verkörpert zumeist den dekadenten Ästheten und Dandy – Rollen, die ihm auch außerhalb von Bühne und Theater zusagen. In der Stummfilmzeit ist er u.a in L'Herbiers *L'homme du large, Don Juan et Faust* und in *L'inhumaine* zu sehen; Robert Wiene engagiert ihn für die Stummfilm-Oper *Der Rosenkavalier* mit der Musik von Richard Strauss. Auch in der Tonfilmzeit spielt er seine bedeutendsten Rollen in einem Film von L'Herbier: *L'enfant de l'amour*. Größere Erfolge aber erzielt er bis zu seiner Emigration in die USA (1940–44) am Theater. Nach der Rückkehr engagiert ihn L'Herbier erneut für kleinere Rollen.

[FR] 1918: Rose-France. 1919: Le bercail. 1920: L'homme du large; Le carnaval des vérités. 1921: El Dorado; Prométhée banquier. 1922: Don Juan et Faust. 1923: Le marchand de plaisirs [D,R,A]; Koenigsmark; La galerie des monstres [D,R]; L'inhumaine. 1924: Feu Mathias Pascal (Mattia Pascal). 1925: Le prince charmant (Der galante Prinz); Der Rosenkavalier [AT]. 1926: Le vertige (Sonja); Le diable au cœur. 1927: Paname n'est pas Paris/Die Apachen von Paris [FR/DE]; L'occident. 1928: La vocation. 1929: Nuits de princes. 1930: Le rêve; L'enfant de l'amour. 1932: Monsieur de Pourceaugnac. 1933: Château de rêve [Version – DE]. 1935: Koenigsmark; La route impériale (Unter falschem Verdacht); Le bonheur. 1936: La porte du large [RA];

La garçonne. 1937: L'Escadrille de la chance; La Marseillaise (Die Marseillaise); Le voleur des femmes. 1938: Adrienne Lecouvreur; Terre de feu [RA]. 1939: Entente cordiale. 1940: La comédie du bonheur (Das Glück). 1947: La révoltée. 1948: Les derniers jours de Pompéi (Die letzten Tage von Pompeji). 1949: Amour et Cie.

Jefremow, Oleg → Efremov, Oleg

Jewstignejew, Jewgeni → Evstigneev, Evgenij

Jin Yan

(Jin / Kim Delin)
* 1910 Seoul (Korea)
† Dezember 1983 Kanton

1912 wandert die Familie wegen der japanischen Annexion Koreas nach Nordchina aus und erhält die chinesische Staatsbürgerschaft. 1927 wird Jin Yan von der Mingxing Filmgesellschaft engagiert und wird durch die Hauptrolle eines Schwertkämpfers in *Fengliu jianke* unter der Regie von Sun Yu populär. Jins Rollenrepertoire ist weit gefächert: Er spielt den weiß geschminkten Liebhabertyp (*Yi jian mei*, nach Shakespeares «Zwei Herren aus Verona»), den Sohn einer Großgrundbesitzerin, die seinen Heiratswunsch mit einem Dorfmädchen nicht erlaubt (*Taohua qixue ji*), und – im Melodram *Qingtian xueqi* – den Sohn aus reicher Familie, der mit seiner früheren Freundin wegläuft. Seine Neuheit liegt darin, daß er die jungen, maskulinen Helden vor aktuellem sozialem Hintergrund spielt: vom gerechten Straßenarbeiter im Krieg (*Dalu*), dem Diener beim Admiral, der dessen Tochter liebt (*Dao ziran qu*), bis zum jungen Dorfführer, der furchtlos gegen den Feind kämpfen will (*Zhuangzhi lingyun*). Seine bekannteste Rolle ist die des großen Filmstars, der freiwillig in den Krieg zieht, in Bu Wancangs *Sange modeng nüxing*. Als Ausnahme gilt im experimentellen *Lang tao sha* (Wu Zuguang) seine Darstellung eines Matrosen, der den Geliebten seiner Frau tötet und mit dem ihn verfolgenden Kommissar allein auf einer unbewohnten Insel leben muß. Jin Yan erhält den Ehrennamen «Kaiser der Leinwand».

[CN] 1929: Fengliu jianke/Sewei nü'er/Sewei yu meiren. 1930: Yecao xianhua. 1931: Taohua qixue ji; Yinhan shuangxing; Lian'nai yu yiwu; Yi jian mei. 1932: Gong fu guonan; Haiwei juan hun; Ren dao; Xu gudu chunmeng; Ye meiqui. 1933: Muxing zhi guang; Chenshi zhi ye; Sange modeng nüxing. 1934: Huangjin shidai; Dalu. 1935: Xin taohua shan. 1936: Zhuangzhi lingyun; Lang tao sha; Dao ziran qu. 1938: Wu Song yu Pan Jinlian; Qingtian xueqi. 1939: Lin Chong xueye chou ji. 1940: Zhangkong wanli. 1947: Ying chun qu. 1948: Xianqu de aiqing. 1950: Dadi chuangguang. 1956: Muqin (Frühlingswind). 1957: Baofengzhong de xiongying.

Jobert, Marlène

* 4. 11. 1943 Algier

Besuch der Kunsthochschule in Dijon und des Pariser Konservatoriums; Schauspielunterricht bei Grigori Chmara. Arbeit als Fotomodell und Statistin beim Film. Engagement an Pariser Theatern; Fernseharbeit. 1965 erstes Filmengagement durch Jean-Luc Godard. Meist in Rollen – u.a als Widerpart von Lino Ventura, Jean-Paul Belmondo und Charles Bronson –, die Spitzzüngigkeit und Resolutheit herausstellen; besonders nachdrücklich und mit komödiantischem Understatement als Polizistenfrau in Robin Davis' *La guerre des polices*.

[FR] 1965: Masculin – Féminin/Masculinum – femininum (Masculin – feminin oder Die Kinder von Marx und Coca-Cola) [FR/SE]. 1966: Martin soldat; Le voleur (Der Dieb von Paris). 1967: Alexandre le bienheureux (Alexander der glückselige Träumer). 1968: L'astragale (Astragal); Faut pas prendre les enfants du Bon Dieu pour des canards (Ich laß mich nicht für dumm verkaufen). 1969: Dernier domicile connu/L'ultimo domicilio conosciuto (Gesucht wird: Roger Martin) [FR/IT]. 1969/70: Le passager de la pluie/L'uomo venuto dalla pioggia (Der aus dem Regen kam) [FR/ IT]. 1970: La poudre d'escampette/Darsela a gambe (Drei auf der Flucht) [FR/IT]. 1970/71: Les mariés de l'an II/Gli sposi dell'anno secondo (Das Brautpaar des Jahres II) [FR/RO/IT]. 1971: Catch me a Spy/Les doigts croisés [GB/FR]; La décade prodigieuse/Dieci incredibili giorni (Der zehnte Tag) [FR/IT]; Nous ne vieillirons pas ensemble (Wir werden nicht zusammen alt). 1973: Massacre in Rome; Juliette et Juliette/Juliette e Juliette (Der Blonde mit dem blauen Auge) [FR/IT]. 1974: Le secret (Das Geheimnis); Pas si méchant que ça (Ganz so schlimm ist er auch nicht) [D,P – CH/FR]. 1975: Folle à tuer/Una donna da uccidere (Zum Freiwild erklärt) [FR/IT]; Le bon et les méchants (Der Gute und die Bösen). 1976: Julie pot de colle (Julie klebt wie Leim). 1977: Va voir maman, papa travaille (Sei still, Jérôme, Mama arbeitet); L'imprécateur (Die Ankläger). 1978: Grandisson [BRD]; Il giocattolo [IT]. 1979: La guerre des polices (Der Polizeikrieg). 1980: Une sale affaire (Eine schmutzige Affäre). 1981: L'amour nu. 1983: Effraction. 1984: Souvenirs, souvenirs (Souvenirs, Souvenirs); Les cavaliers de l'orage. 1988: Les cicognes n'en font qu'à leur tête.

Jolson, Al

(Asa Yoelson)
* 26. 5. 1886 Srednike (Litauen) [Datum nicht dokumentiert]
† 23. 10. 1950 San Francisco

Sohn eines jüdischen Kantors. 1890 mit der Familie in die USA. 1899 als Sänger Erfolg mit den

«Children of the Ghetto». Tourneen und Minstrel Shows, ab 1909 in der Rolle eines schwarz geschminkten Minstrel-Sängers. Auftritte in zahllosen Show-Produktionen. Schallplatten-Aufnahmen seit 1912 machen ihn zu einem der ersten amerikanischen Plattenstars. 1923 bricht er die erste Filmrolle in *Mammy's Boy* (David W. Griffith) ab. 1926 als Sänger in *April Showers*, einem kurzen Tonfilmexperiment der Warner Bros. 1927 internationaler Ruhm als Sohn eines Kantors im ersten amerikanischen «talkie», Alan Croslands *The Jazz Singer*, in dem er einige Lieder singt und ein paar Sätze spricht. Fortsetzung der Filmkarriere in ähnlichen Rollen: als Al Stone in *The Singing Fool* (Lloyd Bacon), Al Fuller in *Mammy* (Michael Curtiz) und Gus in *Big Boy* (Alan Crosland). 1931 Abschied vom Broadway mit der Show «Wonder Bar», die auch mit ihm als Varietébesitzer von Lloyd Bacon verfilmt wird. 1935 an der Seite seiner dritten Ehefrau Ruby Keeler in *Go Into Your Dance* (Archie L. Mayo). Die Formel erschöpft sich bald, es folgen nur noch wenige entsprechende Filmrollen. 1945 Auftritt in *Rhapsody in Blue* (Irving Rapper). Dann Produktion von zwei Biopic-Filmen: 1946 *The Jolson Story* (Alfred E. Green) und 1949 *Jolson Sings Again* (Henry Levin). In beiden Filmen spielt Larry Parks den Entertainer. Ab 1932 umfangreiche Radio-Tätigkeit – teilweise mit eigener Radio-Show. 1951 Veröffentlichung der Memoiren «Mistah Jolson».

[US] 1926: April Showers [KF]. 1927: The Jazz Singer (Der Jazz-Sänger). 1928: The Singing Fool (Sonny Boy). 1929: Say It with Songs. 1930: Mammy; Showgirl in Hollywood; Big Boy. 1932: Hallelujah, I'm a Bum. 1934: Wonder Bar. 1935: Kings of the Turf [KF]; Go Into Your Dance. 1935/36: The Singing Kid. 1939: Rose of Washington Square; Hollywood Cavalcade (Damals in Hollywood); Swanee River. 1940: The Cavalcade of Academy Awards [DOK]. 1945: Rhapsody in Blue (Rhapsodie in Blau).

Jones, Jennifer

(Phyllis Isley)
* 2. 3. 1919 Tulsa (Oklahoma)
Die Eltern sind tourende Vaudeville-Künstler. Besuch des Monte Cassino Junior College in Tulsa, später der Northwestern University in Evanston, Illinois. Bereits als Kind Auftritte in Produktionen ihrer Eltern. 1938 Schauspielkurse an der American Academy of Dramatic Arts, New York. 1938 auch Radiotätigkeit in Tulsa. 1939 Filmdebüt (unter ihrem Geburtsnamen) neben John Wayne in George Shermans B-Western *The New Frontier*. 1941 Vertrag vom Produzenten und späteren zweiten Ehemann David O. Selznick, der sie in Jennifer Jones umtauft. Weiterbildung am Group Theatre in New York. 1943 Oscar als Nonne Bernadette Soubirous in der Selznick-Produktion *The Song of Bernadette* (Henry King). Auch weiterhin dem Selznick-Studio verbunden: als die junge Liebende in John Cromwells *Since You Went Away* (Oscar-Nominierung), als Halbblut Pearl im King Vidors Super-Western *Duel in the Sun* (Oscar-Nominierung), als Partnerin von Joseph Cotton in William Dieterles *Portrait of Jennie*. Daneben Titelrolle der Waise in Ernst Lubitschs Komödie *Cluny Brown* und als Cubanerin China Valdez in *We Were Strangers* (John Huston). Sie spielt u. a. einige literarische Frauenfiguren, so die Titelrolle in *Madame Bovary* (Vincente Minnelli). 1955 als eurasische Ärztin Han Suyin in Henry Kings *Love Is a Many-Splendored Thing* für den Nebenrollen-Oscar nominiert. Nach dem Tod von Selznick wieder verstärkt am Theater, u. a. 1966 in der Titelrolle von Clifford Odets' «The Country Girl». Letzte Filmauftritte 1974 als reiche Witwe in John Guillermins *The Towering Inferno* (Golden-Globe-Nominierung) und 1977 in *She Came to the Valley*. 1971 Heirat mit dem Industriellen Norton Simon. Ihr Sohn aus erster Ehe, Robert Walker, Jr., (* 1941) ist ebenfalls Schauspieler.

[US] 1939: New Frontier; Dick Tracy's G-Men. 1943: The Song of Bernadette (Das Lied von Bernadette). 1944: Since You Went Away (Als du Abschied nahmst). 1945: Love Letters (Liebesbriefe). 1945/46: Cluny Brown (Cluny Brown auf Freiersfüßen); Duel in the Sun (Duell in der Sonne). 1946: The American Creed [KF]. 1947/48: Portrait of Jennie (Jenny). 1949: We Were Strangers; Madame Bovary (Madame Bovary und ihre Liebhaber). 1950: Gone to Earth/[Neufassung 1951: The Wild Heart] (Die schwarze Füchsin) [GB]. 1951: Carrie (Carrie). 1952: Ruby Gentry (Wildes Blut). 1953: Beat the Devil/Il tesoro dell'Africa (Schach dem Teufel) [GB/IT]; Stazione Termini/Indiscretion of an American Wife (Rom – Station Termini) [IT/US]. 1955: Good Morning, Miss Dove (Guten Morgen, Miß Fink); Love Is a Many-Splendored Thing (Alle Herrlichkeit auf Erden). 1956: The Man in the Gray Flannel Suit (Der Mann im grauen Flanell). 1956/57: The Barretts of Wimpole Street [GB]. 1957: A Farewell to Arms (In einem anderen Land). 1962: Tender Is the Night (Zärtlich ist die Nacht). 1965/66: The Idol [GB]. 1969: Angel, Angel, Down We Go/Cult of the Damned. 1974: Towering Inferno (Flammendes Inferno). 1977: She Came to the Valley.

Josephson, Erland
*15. 6. 1923 Stockholm
1945–49 Stadttheater Hälsingborg, 1949–56 Stadttheater Göteborg. Ab 1956 am Königlichen Theater Stockholm; dort 1966–75 Direktor. Er ist in Schweden auch als Lyriker, Romancier, Dramatiker und Hörspielautor bekannt. 1946 erste Zusammenarbeit mit Ingmar Bergman. Unter dem gemeinsamen Pseudonym Buntel Ericsson schreiben sie Szenarien für Alf Kjellins *Lustgården* (1961) und Bergmans Komödie *För att inte tala om alla dessa kvinnor* (1964). Ab 1957 Intensivierung der Filmarbeit, bis 1976 in der Regel in Bergman-Filmen. Erster internationaler Erfolg als Ehemann Johan (und Partner Liv Ullmanns) in Bergmans *Scener ur ett äktenskap* (1973). Er zeigt männliches Verhalten in allen Schattierungen zwischen väterlich-naivem Chauvinismus, absoluter Verunsicherung und brüderlich-selbstironischer Freundlichkeit. 1977 Regie-Debüt mit *En och en*. Viele der Rollen Josephsons entwickeln sich aus dem Widerspruch seiner kräftigen, selbstsicher und ruhig wirkenden Statur und einer untergründigen Verlorenheit und Skepsis, die Josephson durch eine variantenreiche Mimik der Trauer vermittelt: ratlos gewordener Bürger, der Verzweiflung nahe: Dies wird in den Tarkovskij-Filmen *Nostalghia* und dem Endzeit-Fanal *Offret* eindrucksvoll demonstriert. 1986 Auszeichnung in Schweden für *Offret* und Mai Zetterlings *Amorosa*. Auch in Auftritten in europäischen, besonders italienischen Filmen, verzichtet er auf hektische Bewegtheit zugunsten einer Konzentration auf skrupelbeladene Entscheidungssituationen. Selbst in einem seiner seltenen US-Filme, Philip Kaufmans *The Unbearable Lightness of Being* (1987), liefert er die Charakterstudie einer Desillusionierung: vom Botschafter zum Barmann. 1992 als jüdischer Großbürger, dessen Moralsystem in Frage gestellt wird, in Liv Ullmanns erster Regiearbeit *Sofie*.

[SE] 1946: Det regnar på vår kärlek (Es regnet auf unsere Liebe). 1948: Eva (Eva). 1950: Till glädje (An die Freude). 1957: Nära livet (Nahe dem Leben). 1958: Ansiktet (Das Gesicht). 1961: Lustgården [CoA].1964: För att inte tala om alla dessa kvinnor (Ach, diese Frauen) [CoA]. 1967: Vargtimmen (Die Stunde des Wolfs). 1968: Flickorna (Die Mädchen). 1969: En passion (Passion). 1972: Viskningar och rop (Schreie und Flüstern). 1973: Scener ur ett äktenskap (Szenen einer Ehe). 1975: Monismanien 1995. 1976: Ansikte mot ansikte (Von Angesicht zu Angesicht) [TV]. 1977: Io ho paura (Ich habe Angst) [IT]; Herbssonate [BRD]; Al di là del bene e del male/Au-delà du bien et du mal/Jenseits von Gut und Böse [IT/FR/BRD]; En och en (Eins und eins) [D,CoR,CoA]; Den allvarsamma leken (Das Spiel der Liebe und der Einsamkeit) [SE/NO]. 1978: Die erste Polka [BRD]. 1978/79: Dimenticare Venezia/Oublier Venise (Vergiß Venedig) [IT/FR]. 1980: Kärleken (Verwirrende Liebe); Marmeladupproret [D,R,A,CoP]. 1981: Montenegro eller Pärlor och svin/Montenegro or Pigs and Pearls (Die Ballade der Lucy Jordan) [SE/GB]. 1982: Fanny och Alexander (Fanny und Alexander) [SE/BRD/FR]; Bella Donna [BRD]; Variola vera (Pocken) [YU]. 1983: La casa del tappetto giallo [IT]; Nostalghia (Nostalgie) [IT]. 1984: After the Rehearsal/Nach der Probe [SE/BRD/AT]; Angelan sota/Angelas krig [TV – FI/SE/BRD]; Bakoum Jalusin/Bag jalousien [SE/DK]; Dirty Story [SI/SE/ BRD]; Un caso d'incoscienza [IT]. 1985: Saving Grace [US]; De flyvende djaevle/De flygande djävlarna [DK/SE]. 1985/86: Amorosa (Amorosa). 1986: L'ultima mazurka [IT]; La coda del diavolo/Le mal d'aimer [IT/FR]; Offret/Le sacrifice (Das Opfer) [SE/FR]. 1986/ 87: Il giorno prima/Contrôle/Control – The Day Before (Control) [IT/FR/CA]. 1987: Le testament d'un juif assassiné (Das Testament eines ermordeten jüdischen Dichters) [FR]; The Unbearable Lightness of Being (Die unerträgliche Leichtigkeit des Seins) [US]. 1988: Hanussen [BRD/HU/AT]. 1989: Il sole buio [IT]. 1989/ 90: God afton, Herr Wallenberg (Guten Abend, Herr Wallenberg). 1990: Oxen; Cattiva [IT]; Il giudice istruttore [TVS – EURO]. 1990/91: Prospero's Books (Prosperos Bücher) [NE/FR/IT/GB]; Meeting Venus (Zauber der Venus) [GB]. 1991: Den ofriwillige golfaren. 1992: Sofie [DK/NO/SE]; C'è Kim Novak al telefono [IT]; Holozän [CH]. 1993: Rosenbaum: Bländverk./Målbrott./Det sista vittnet [TVS]. 1994: Dansaren [DOK]; Drømspel/Drömspel [NO/SE]; Småstadsberättelser [TVS]. 1995: Kristin Lavransdotter. Brudkronan [SE/NO]; Vendetta [SE/DE/IT]; Magisk circel [TV]; Pakten [NO]; Som lören i Vallombrosa [TVS]. 1997: Den tatuerade änkan [TV]; Larmar och gör sig till [TV].

Jouvet, Louis
(Jules Eugène Louis Jouvet)
*24. 12. 1887 Crozon (Bretagne)
†16. 8. 1951 Paris
Dreimal vom Pariser Konservatorium abgelehnt. Abgebrochenes Studium der Pharmazie. 1908 Mitbegründer und Geschäftsführer des Théâtre d'Action. 1910 Debüt als Mitglied der Theatertruppe von Léon Noel, 1911 Anschluß ans Théâtre des Arts. 1913 Bühnendirektor und Schauspieler von Jacques Copeaus Théâtre du Vieux Colombier. 1922–34 Leiter der Comédie des Champs-Elysées. Gründung der Gruppe Théâtre de cartel; zahlreiche Molière-Inszenierungen. Er lernt 1927 Giraudoux kennen und inszeniert dessen Stücke wie auch mehrere von Jules Romains. Ab 1934 auch Leiter des Théâtre Athenée

und Berufung ans Pariser Konservatorium. Da ihm die deutschen Okkupations-Behörden Inszenierungen von Giraudoux und Romains untersagen, unternimmt Jouvet während des 2. Weltkriegs Tourneen durch Mexiko und Südamerika. 1945 Pariser Inszenierung von «La folle de Chaillot»; daneben mit seiner Theatertruppe drei Jahre lang in New York. Filmdebüt Anfang der 30er Jahre im Alter von 46 Jahren, als er sich schon einen Namen als Erneuerer des französischen Theaters gemacht hat. Seine Filmarbeit hat Jouvet, durch dessen Schule viele bedeutende französische Schauspieler gegangen sind, als zweitrangig gewertet. Wie auf der Bühne spielt er am liebsten dubiose, misanthropische Charaktere. In Jacques Feyders *La kermesse héroique* schwelgt er als spanischer Priester in Doppelzüngigkeiten, scheinheilig ist er als anglikanischer Bischof in Marcel Carnés *Drôle de drame,* gesellschaftlichen Parasitismus zeigt er als Kuppler in Carnés *Hôtel du Nord* oder als trickreicher Rechtsanwalt in Julien Duviviers *Un carnet de bal.* Eine seiner wenigen sympathischen Rollen ist der verarmte Graf in Jean Renoirs Gorki-Verfilmung *Les bas-fonds.* Nach dem Krieg brilliert er – wie zu Beginn seiner Filmkarriere – als finsterer Pseudowissenschaftler *Dr. Knock* (1950) und als Kriminalinspektor in Henri-Georges Clouzots *Quai des Orfèvres.* In 5 Büchern gibt Jouvet seine Theatererfahrungen weiter.

[FR] 1932: Topaze. 1933: Knock, ou le triomphe de la médecine (Dr. Knock läßt bitten). 1935: La kermesse héroique [Version – FR/DE]. 1936: Les bas-fonds (Nachtasyl); Mademoiselle Docteur/Salonique nid d'espions (Mademoiselle Docteur); Mister Flow/Les amants traqués. 1937: L'alibi (Alibi); Un carnet de bal (Spiel der Erinnerung); La Marseillaise (Die Marseillaise); Forfaiture (Gebrandmarkt); Drôle de drame (Ein sonderbarer Fall); Ramuntcho. 1938: La maison du Maltais (Das Leben ist kein Roman); La fin du jour (Lebensabend); Éducation de prince; Entrée des artistes; Le drame de Shanghai; Hôtel du Nord. 1939: La charrette fantôme; Sérénade. 1940: Untel père et fils; Volpone (Der betrogene Betrüger). 1946: Un revenant (Schatten der Vergangenheit); Copie conforme (In Teufels Krallen). 1947: Les amoureux sont seuls au monde; Quai des Orfèvres (Unter falschem Verdacht). 1948: Entre onze heures et minuit (Zwischen elf Uhr und Mitternacht); Retour à la vie. 2. Ep: Le retour de Jean [EP]. 1949: Lady Paname; Miquette et sa mère. 1950: Knock ou le triomphe de la médecine (Dr. Knock läßt bitten) [D,KO]. 1951: Comédiens ambulants [KF]; Une histoire d'amour.

Jugo, Jenny

(Eugenie Walter)
*14. 6. 1905 Mürzzuschlag (Steiermark)

Die Tochter eines Fabrikdirektors besucht die Klosterschule in Graz. Mit 16 Jahren kurze Ehe mit dem Schauspieler Emo Jugo. In Berlin 1924 Drei-Jahres-Vertrag mit der Ufa. Sie erregt wenig Aufsehen in dramatischen Rollen. 1927 in Frankreich und Berlin in zwei Großproduktionen russischer Emigranten: *Casanova* von Alexander Wolkoff und *Pique Dame* von Alexander Rasumny. Erfolg neben Werner Krauß als Luise Maske in Sternheims Spießer-Satire *Die Hose* (1927) unter der Regie von Hans Behrendt, mit dem sie mehrfach zusammenarbeitet. Wieder mit Krauß entsteht unter der Regie von Arthur Robison *Looping the Loop,* eine anrührende Liebesgeschichte zwischen einem traurigen Clown und einem Mädchen. Zu Beginn der Tonfilm-Epoche nimmt sie erstmals Sprech- und Schauspielunterricht. Eine Liaison mit dem Ufa-Produktions-Chef Ernst Hugo Correll fördert ihre Karriere. Nach seichten Lustspielen entsteht in Zusammenarbeit mit dem Regisseur Erich Engel zwischen 1931 und 1941 eine Serie von elf erfolgreichen «Jenny-Jugo-Filmen». In Alltagskomödien wie *Wer nimmt die Liebe ernst?* und *Fünf von der Jazzband,* als Blumenmädchen Eliza in Shaws *Pygmalion* oder im Kostüm in *Mädchenjahre einer Königin* und *Die Nacht mit dem Kaiser* liefert sie – munter, kokett, charmant, natürlich – gepflegte Unterhaltung. Ihr letzter gemeinsamer Film entsteht 1941 in zwei Versionen in Italien: *Non mi sposo più* und *Viel Lärm um Nixi.* Daneben einzelne Filme mit anderen Regisseuren wie Hanns Schwarz (*Zigeuner der Nacht*), Joe May (*Ein Lied für Dich*), Carl Boese (*Fräulein Frau, Herz ist Trumpf*) und Willi Forst (*Allotria*). Nach Kriegsende entsteht bei der DEFA *Träum' nicht, Anette* (1948/49) unter der Regie ihres Lebensgefährten Eberhard Klagemann, der auch ihren letzten Film produziert: Helmut Käutners Edel-Trümmerfilm *Königskinder.* Danach Rückzug vom Filmgeschäft. 1971 Filmband in Gold für langjähriges und hervorragendes Wirken im deutschen Film.

[DE] 1924: Die Puppe vom Lunapark. 1924/25: Der Turm des Schweigens. 1925: Die gefundene Braut; Blitzzug der Liebe; Liebe macht blind; Schiff in Not; Friedenblut; Der Kampf gegen Berlin; Wenn die Liebe nicht wär'! 1926: Ledige Töchter. 1926/27: Prinz Louis Ferdinand. 1927: Casanova (Casanova) [FR]; Pique Dame; Die Hose; Die indiskrete Frau. 1927/28: Sechs Mädchen suchen Nachtquartier. 1928:

Looping the Loop; Die Carmen von St. Pauli; Die blaue Maus. 1929: Die Flucht vor der Liebe; Die Schmugglerbraut von Mallorca; Der Bund der Drei. 1930: Heute Nacht – eventuell; Kopfüber ins Glück [Version – FR/DE]; 1931: Wer nimmt die Liebe ernst?; Die nackte Wahrheit [Version – US/FR]; Ich bleib bei Dir. 1931/32: Fünf von der Jazzband. 1932: Zigeuner der Nacht; Eine Stadt steht kopf. 1933: Ein Lied für Dich; Es gibt nur eine Liebe. 1933/34: Fräulein Frau. 1934: ... heute Abend bei mir; Pechmarie; Herz ist Trumpf. 1935: Pygmalion. 1935/36: Mädchenjahre einer Königin. 1936: Allotria; Die Nacht mit dem Kaiser. 1937: Gefährliches Spiel. 1937/38: Es leuchten die Sterne. 1938: Die kleine und die große Liebe. 1938/39: Ein hoffnungsloser Fall. 1939: Nanette. 1940: Unser Fräulein Doktor. 1941: Non mi sposo più [Version – IT]; Viel Lärm um Nixi [Version – DE]. 1943: Die Gattin. 1944/45: Sag' endlich ja [Unvollendet]. 1948/49: Träum nicht, Anette [DDR]. 1949: Königskinder [BRD].

Julia, Raul

(Raul Rafael Carlos Julia y Arcelay)
*9. 3. 1940 San Juan (Puerto Rico)
†24. 10. 1994 New York City

Nach einem Jurastudium an der University of Puerto Rico Schauspielunterricht in New York. 1964 Bühnendebüt in spanischer Sprache. 1966 beim New York Shakespeare Festival. Erfolge am Broadway in Shakespeare-Rollen, aber auch in Musicals. Tony-Award für seinen Macheath in «Die Dreigroschenoper». 1971 Filmdebüt. Häufig in Rollen des eleganten, dunkelhaarigen Latin-Lovers. Höhepunkt der Karriere ist 1985 der eingekerkerte südamerikanische Revolutionär in Hector Babencos *Kiss of the Spider Woman*. Hauptrolle als exilierter argentinischer Tänzer im Polit-Musical *Tango Bar* (Marcos Zurinaga) und als kämpferischer und schließlich ermordeter Erzbischof von El Salvador in *Romero* (John Duigan). Die Übertragung seines Bühnenerfolgs als Macheath in *Mack the Knife* (1989) gerät unter der Regie von Menahem Golan zum Flop. Überwältigend als Gomez in der Horror-Comic-Verfilmung *The Addams Family* und *Addams Family Values* von Barry Sonnenfeld. Neben seiner Bühnen- und Filmarbeit engagiert sich Julia für Projekte in der Dritten Welt. 1995 wird er nach seinem Tod mit dem Emmy für seine Darstellung des Chico Mendes in *The Burning Season* ausgezeichnet.

[US] 1971: The Organization (Die Organisation); The Panic in Needle Park (The Panic in Needle Park); Been Down So Long It Looks Like up to Me. 1975: Death Scream [TV]. 1977: The Gumball Rallye (Die verrückteste Rallye der Welt). 1978: Eyes of Laura Mars (Die Augen der Laura Mars). 1979: Strong Medicine. 1980: One from the Heart (Einer mit Herz). 1982: Tempest (Der Sturm – Eine überraschende Komödie); The Escape Artist. 1985: Mussolini – The Untold Story [TV]; Kiss of the Spider Woman (Der Kuß der Spinnenfrau) [US/BR]. 1986: The Morning After (Der Morgen danach); Florida Straits (Schnee in Florida); Compromising Positions (Tödliche Beziehungen). 1987: La gran fiesta [AR]. 1988: Onassis: Richest Man in the World (Onassis – Der goldene Grieche) [TV]; Trading Hearts; Tequila Sunrise (Tequila Sunrise); Tango Bar [AR]; The Penitent; Moon over Parador (Mond über Parador). 1989: Romero (Romero). 1990: Presumed Innocent (Aus Mangel an Beweisen); Havana (Havanna); A Life of Sin [BR]; Mack the Knife – The Film (Mack the Knife); The Rookie (Rookie – Der Anfänger); Frankenstein Unbound (Roger Cormans Frankenstein). 1991: La peste/The Plague (Die Pest) [FR/GB/AR]; The Addams Family (Addams Family). 1993: Addams Family Values (Die Addams Family in verrückter Tradition). 1994: The Burning Season [TV]; Street Fighter. 1995: Down Came a Blackbird [TV].

Jürgens, Curd

(Curd Gustav Andreas Gottlieb Franz Jürgens)
*13. 12. 1915 München
†18. 6. 1982 Wien

Zehnjährig mit den Eltern nach Berlin. Realgymnasium. Schauspielunterricht. 1935 von Willi Forst für den Film entdeckt, Filmdebüt als jugendlicher Kaiser Franz Joseph in *Königswalzer* (Herbert Maisch). 1936–38 an Bühnen in Berlin, 1938–41 Deutsches Volkstheater in Wien, 1940–42 Komödie in Berlin. 1941–53 Burgtheater. Nach Kriegsende in österreichischen Produktionen, ab 1950 in der Bundesrepublik, festgelegt auf den smarten Liebhaber und stattlichen Kerl, z. B. als Gardeerittmeister in *Der letzte Walzer*. Nachhaltiger Erfolg erst mit der Rolle des Luftwaffengenerals Harras in *Des Teufels General* (Helmut Käutner) nach dem Bühnenstück von Carl Zuckmayer. Neben Yves Montand in *Les héros sont fatigués* (Yves Ciampi). Für diese beiden Filme 1955 in Venedig mit dem Coppa Volpi ausgezeichnet. In *Et Dieu créa la femme* becirct Brigitte Bardot den «normannischen Kleiderschrank». Als Kurier des Zaren in der Jules Verne-Verfilmung *Michel Strogoff* und als *Der Schinderhannes* wieder in Draufgänger-Rollen. In US-Produktionen als Partner u. a. von Robert Mitchum, Ingrid Bergman, Orson Welles und Danny Kaye. Ambitionierte Rollen auch in TV-Produktionen, wie in der Stefan Heym-Verfilmung *Collin* und neben Alec Guinness in *Smiley's People*. Daneben Auftritte in seichter Unterhaltungsware, so um 1970 in einer Serie von «St. Pauli-Filmen». Regie bei vier Filmen: *Prämien auf den Tod, Gangsterpremiere, Bankraub in der Rue Latour, Ohne dich wird es Nacht.* Jürgens spielt erneut 1965–68 und ab 1973 am Burgtheater, ab 1973 als «Jedermann» bei den Salzburger Festspielen. Schriftstellerische Ergebnisse sind sein Bühnenstück «Geliebter Michael», 1946 in München uraufgeführt, und seine Memoiren « ... und kein bißchen weise» von 1976. 1981 Bundesfilmpreis für langjähriges und hervorragendes Wirken im deutschen Film.

[DE/BRD] 1935: Königswalzer. 1935/36: Familienparade. 1936: Die Unbekannte. 1937: Liebe kann lügen; Zu neuen Ufern. 1939: Die gute alte Zeit [KF]; Salonwagen E 417. 1939/40: Weltrekord im Seitensprung. 1940: Herz ohne Heimat; Operette. 1942: Stimme des Herzens; Wen die Götter lieben. 1942/43: Frauen sind keine Engel. 1943: Ein glücklicher Mensch. 1943/44: Eine kleine Sommermelodie [Verboten]. 1944: Am Vorabend/Ein Blick zurück. 1944/45: Wiener Mädeln. 1947: Das singende Haus [AT]; Hin und her [AT]. 1948: Der Engel mit der Posaune [AT]; Der himmlische Walzer [AT]; Verlorenes Rennen [AT]; An klingenden Ufern [AT]; Das Kuckucksei (Das Kuckucksei/Kinder der Liebe) [AT]. 1948/49: Lambert fühlt sich bedroht [AT]. 1949: Hexen [AT]; Schuß durchs Fenster [AT]; Prämien auf den Tod [D,R,CoA – AT]. 1950: Küssen ist keine Sünd' [BRD/AT]; Gute Nacht, Mary; Pikanterie; Ein Lächeln im Sturm [FR]. 1951: Talent zum Glück/Das Geheimnis einer Ehe; Der schweigende Mund [AT]; Gangsterpremiere (So ein Theater) [D,R, CoA – AT]. 1952: Knall und Fall als Hochstapler [BRD/AT]; Haus des Lebens; 1. April 2000 [AT]; Du bist die Rose vom Wörthersee; Praterherzen/Tingeltangel [AT]. 1953: Man nennt es Liebe; Musik bei Nacht; Der letzte Walzer; Alles für Papa. 1953/54: Meines Vaters Pferde. 1. Lena und Nicoline; Rummelplatz der Liebe/ ... und immer lockt die Sünde [Version – BRD/US]. 1954: Eine Frau von heute; Gefangene der Liebe/ Gefangene der Ehe; Orient Express/Orient-Express/Orientexpreß [IT/FR/BRD]; Das Bekenntnis der Ina Kahr; Du bist die Richtige [BRD/AT]. 1954/55: Des Teufels General. 1955: Liebe ohne Illusion; Die Ratten; Du mein stilles Tal; Les héros sont fatigués/Die Helden sind müde [FR/BRD]; Teufel in Seide. 1956: Die goldene Brücke; Ohne dich wird es Nacht [D,R]; Et Dieu créa la femme (Und immer lockt das Weib) [FR]; Michel Strogoff/Michele Strogoff (Der Kurier des Zaren) [FR/IT]; Œil pour œil/Occhio per occhio (Auge um Auge) [FR/IT]. 1956/57: Londra chiama Polo Nord (London ruft Nordpol) [IT]. 1957: Les espions/Le spie (Spione am Werk) [FR/IT]; The Enemy Below (Duell im Atlantik) [US]; Amère victoire/Bitter Victory (Bitter war der Sieg) [FR/GB]; Tamango (Die schwarze Sklavin) [FR/IT]. 1958: This Happy Feeling (Männer über Vierzig) [US]; Me and the Colonel (Jakobowsky und der Oberst) [US]; Der Schinderhannes; The Inn of the Sixth Happiness (Die Herberge zur 6. Glückseligkeit) [GB]; Le vent se lève/Il vento si alza (Der Sturm bricht los) [FR/IT]. 1959: Ferry to Hong Kong (Fähre nach Hongkong) [GB]; The Blue Angel (Der blaue Engel) [US]; Katia (Katja, die ungekrönte Kaiserin) [FR]. 1960: Schachnovelle; I Aim at the Stars/Wernher von Braun [US/BRD]; Gustav Adolfs Page [AT]. 1961: Bankraub in der Rue Latour [D,R]; Le triomphe de Michel Strogoff/Il trionfo di Michele Strogoff (Oberst Strogoff) [FR/IT]; The Longest Day (Der längste Tag) [US]. 1962: Il disordine/Le désordre (Verwirrung) [IT/FR]; Dick Powell Theatre: The Great Anatole [TV – US]; I dongiovanni della Costa Azzurra [IT]. 1962/63: Die Dreigroschenoper/L'Opéra de quat'sous [BRD/FR]; Miracle of the White Stallions (Flucht der weißen Hengste) [US]. 1963: Hide and Seek [GB]; Of Love and Desire (Ohne Moral) [US]; Château en Suède/Il castello in Svezia (Ein Schloß in Schweden) [FR/IT]; Psyche 59 (Das Verlangen) [GB]. 1963/64: Begegnung in Salzburg/Deux jours à vivre [BRD/FR]; Les parias de la gloire/Los parias de la gloria/I disperati della gloria (Bis unter die Haut) [FR/IT/ES]. 1964: The DuPont Show of the Week: The Hell Walkers [TV – US]; DM-Killer [AT]; Lord Jim (Lord Jim) [GB]. 1965: Das Liebeskarussell. Ep 1: Sybill [EP – AT]. 1965/66: Zwei Girls vom roten Stern/Duel à la vodka [AT/BRD/F]; Der Kongreß amüsiert sich/Le congrès s'amuse [BRD/ AT/FR]. 1966: Wie tötet man eine Dame?/Tiro a segno per uccidere [AT/IT]; Le jardinier d'Argenteuil/Blüten, Gauner und die Nacht von Nizza [FR/BRD]; Der schwarze Freitag [TV]. 1967: The Man from U.N.C.L.E.: The Five Daughters Affair [TV – US]; Der Lügner und die Nonne [AT]; Dalle Ardenne all'inferno/La gloire des canailles/ ... und morgen fahrt ihr zur Hölle [IT/FR/ BRD]; Niente rose per OSS 117/Pas de roses pour OSS 117 (Keine Rosen für OSS 117) [IT/FR]. 1968: Der Arzt von St. Pauli; Babeck [TV]. 1968/69: The Assassination Bureau (Mörder GmbH) [GB]; Bitka na Neretvi/Die Schlacht an der Neretva/La battaglia della Neretva [YU/BRD/IT]. 1969: Battle of Britain (Luftschlacht um England) [GB]; La legione dei dannati/La brigada de los condenados/Die zum Teufel gehen [IT/ ES/BRD]; Auf der Reeperbahn nachts um halb eins; Hello – Goodbye (Hello – Goodbye) [US]; Cannabis/New York – Parigi per una condanna a morte/Cannabis – Engel der Gewalt [FR/IT/BRD]. 1969/70: Ohrfeigen; Das Stundenhotel von St. Pauli. 1970: The Invincible Six (Die schmutzigen Helden von Yucca) [US/ IR]; Der Pfarrer von St. Pauli; Millionen nach Maß. [TV]; The Mephisto Waltz (Mephisto-Walzer) [US]. 1971: Käpt'n Rauhbein aus St. Pauli; Fieras sin jaula/ Due maschi per Alexa (Bitterer Whisky) [ES/IT]; Kill! [FR/ES/IT/BRD]; Nicholas and Alexandra (Nikolaus und Alexandra) [US]; Der Kommissar: Traum eines Wahnsinnigen [TV]. 1971/72: Wie werde ich ein Held?/A la guerre comme à la guerre/Le eccitanti guerre di adeline [BRD/FR/IT]. 1972: Ansichten eines Stars – Gespräche mit Curd Jürgens [TV-DOK];

Profession: Aventures [FR]. 1973: Soft Beds, Hard Battles (Weiche Betten, harte Schlachten) [GB]; Occupation [TVS – GR]; Der Kommissar: Ein Mädchen nachts auf der Straße [TV]; Vault of Horror. Ep: This Trick Will Kill You [EP – GB]. 1974: The Fall of the Eagles [TVS – GB]; Fräulein Else [TV – AT/BRD]; Cagliostro [IT]; Die gelbe Nachtigall [TV – AT]. 1975: Derrick: Madeira [TV]; Der zweite Frühling; Povero cristo [IT]; Auch Mimosen wollen blühen; Ab morgen sind wir reich und ehrlich/E una banca rapinammo per fatal combinazion [AT/IT]. 1975/76: Folies bourgeoises/Twist/Die verrückten Reichen [FR/IT/BRD]. 1976: The Rise of the Iron Chancellor [TV – US]. 1977: Der Koloß auf tönernen Füßen [TV-DOK – AT]; Das ist Ihr Leben: Curd Jürgens [TV]; Curd Jürgens – Der Filmstar, der vom Theater kam [TV-DOK]; The Spy Who Loved Me (Der Spion, der mich liebte) [GB]; La lunga strada senza polvere [IT]; Tatort: Rot, rot, tot [TV]. 1977/78: Missile – Geheimauftrag Neutronenbombe/Allarme nucleare/ La guerra de los missiles [BRD/IT/ES]. 1978: Schöner Gigolo – armer Gigolo; Steiner – Das Eiserne Kreuz 2. Teil. 1979: Berggasse 19 [TV – AT]; Goldengirl (Golden Girl) [US]; La gueule de l'autre [FR]; Warum die Ufos unseren Salat klauen/Checkpoint Charly. 1981: Tegeran-43/Téhéran-43 (Killer sind immer unterwegs) [SU/FR/CH]; Collin [TV]. 1981/82: Smiley's People (Smiley's Leute [GB – TV].

K

Kadočnikov, Pavel
(Pavel Petrovič Kadočnikov)
* 29. 7. 1915 Bikborda
†1. 5. 1988
Bis 1935 Ausbildung am Theaterinstitut in Leningrad; anschließend bis 1944 Engagement am Neuen Theater des jungen Zuschauers. Filmdebüt 1935 in *Sover šennoletie* (B. Šrejber). 1940 verkörpert er den Maksim Gor'kij in Sergej Jutkevičs *Jakov Sverdlov*. In Sergej Ejzenštejns mehrteiligem *Ivan Groznyj*-Projekt (1941–46) spielt Kadočnikov gleichzeitig drei Rollen. Besonders populär wird der Darsteller lyrisch-romantischer Helden durch den Flieger Meres'ev in Aleksandr Stolpers *Povest' o nastojaščem čeloveke* (1948). Weitere wichtige Rollen erhält der kontinuierlich im Film arbeitende Schauspieler Ende der 70er Jahre: Ivan Ivanovič Trileckij in *Neokončennaja p'esa dlja mechaničeskogo pianino* (Nikita Michalkov), der Urahn in *Sibiriada* (Andrej Michalkov-Končalovskij) und der Pol' Lafarg in Jutkevičs *Lenin v Pariže* (1981). 1965 erste Regiearbeit: mit Gennadij Kazanskij dreht er *Muzykanty odnogo polka*. 1970 folgt *Sneguročka* nach Aleksandr Ostrovskijs Märchendrama und 1984 *Ja tebja nikogda ne zabudu*. 1965 erscheint in Moskau sein Buch «Rasskazy o tvorčeskom puti». Kadočnikov erhält mehrere nationale Auszeichnungen.

[SU] 1935: Sover Šennoletie. 1938: Čelovek s ruž'em (Der Mann mit dem Gewehr). 1940: Jakov Sverdlov (Der erste Präsident); Osen'. 1941: Anton Ivanovič serditsja (Anton Iwanowitsch ärgert sich); Kinokoncert 1941 goda; Razgrom Judeniča. 1942: Oborona Caricyna. 1941–46: Ivan Groznyj (Iwan, der Schreckliche). 1946: Zdravstvyj, Moskva! (Sei gegrüßt, Moskau!). 1947: Podvig razvedčika; Robinzon Kruzo. 1948: Dragocennye zerna; Golubye dorogi (Blaue Wege); Povest' o nastoja ščem čeloveke (Der wahre Mensch). 1950: Daleko ot Moskvy (Fern von Moskau); U nich est' Rodina (Sie haben eine Heimat); Zagovor obrečennych. 1954: Zapasnoj igrok (Der Ersatzspieler); Bol'šaja sem'ja (Eine große Familie). 1955:

Pedagogičeskaja poema (Der Weg ins Leben); Ukrotitel'nica tigrov (Die Tigerbändigerin). 1956: Medovyj mesjac; Prolog (Prolog); Talanty i poklonniki (Talente und Verehrer). 1958: Baltijskaja slava; Pod zolotym orlom. 1960: Syn Iristona; Chleb i rozy (Brot und Rosen); Russkij suvenir. 1963: Samyj medlennyj poezd. 1964: Gosudarstvennyj prestupnik (Der Staatsverbrecher). 1965: Muzykanty odnogo polka [CoR]. 1968: Prodavec vozducha (Verkäufer der Luft) [TV]. 1970: Sneguročka [R]. 1972: Proščanie c Peterburgom (Abschied von Petersburg). 1973: Vozvraščenie skripki. 1975: Moj dom – teatr (Mein Haus ist ein Theater). 1976: V Baku dujut vetry; Odinnadcat' nadežd (Elf Hoffnungen). 1977: Neokončennaja p'esa dlja mechaničeskogo pianino (Unvollendetes Stück für ein mechanisches Klavier). 1979: Žizn' Betchovena (Das Leben Beethovens) [TV]; Ivancov, Petrov, Sidorov (Goldsucher in der Arktis); Išči vetra (Suche den Wind); Sibiriada (Eine Sibiriade: 1. Piroggen und bitterer Wein. – 2. Gib den Weg frei); Sjuda ne zaletali čajki; Ja choču pet'. 1980: Neskol'ko dnej iz žizni I. I. Oblomova (Tage aus dem Leben Ilja Oblomows); Ty tol'ko ne plač (Weine nur nicht); Blagočestivaja Marta [TV]; Santa Esperanca (Santa-Esperansa). 1981: Sicilianskaja zaščita; Prodannyj smech [TV]; Naše prizvanie [TV]; Sil'va [TV]; Lenin v Pariže (Lenin in Paris); Rasskaz neizvestnogo čeloveka (Erzählung eines Unbekannten); Dve stročki melkim šriftom/Zwei Zeilen, kleingedruckt [SU/DDR]; Idealnyj muž; Igra bez kozyrej [TV]; Propavšie sredi živich (Autodiebe). 1982: Bešenie den'gi (Tolles Geld); Noč' na 4-m kruge. 1983: Priključenija Šerloka Cholmsa i doktora Vatsona. Sokrovišča [TV]; Karantin. 1984: Blondinka za uglom; Kartina [TV]; Blistajuščij mir (Eine glänzende Welt); Ja tebja nikogda ne zabudu (Ich werde dich nie vergessen) [R/A]. 1985: Oci ciornie (Occhi neri)/Oči černye (Schwarze Augen); Tri procenta riska; Sokrovišče Agru (Der Schatz der Agra) [TV]. 1986: Serebrjanye struny; Ja – vožatyj forposta [TV]. 1987: Poraženie [TV]. 1988: Prostaja smert'; Chareba i Gogi; Desjat' negritjat (Das letzte Weekend). 1988/89: Novye priključenija janki pri dvore korolja Artura (Neue Abenteuer eines Yankees an König Arthurs Hof).

Kagawa Kyôko

(Makino Kyôko;
Mädchenname Ikebe)
*5. 12. 1931 Namekata
(Präfektur Ibaraki)

Nach Abschluß der Oberschule 1949 von der Presse in Tokio als «New Face» auserkoren. Im selben Jahr Eintritt in die Shin-Tôhô-Filmgesellschaft, bei der ihr Onkel Ichirô Nagashima arbeitet, der später ihr Produzent und Manager wird. Seine Beziehungen ermöglichen ihr die Arbeit mit vielen guten Regisseuren bei verschiedenen Firmen. Charakteristische Rollen sind Töchter aus guter Familie oder junge Frauen, z. B. die Lehrerin in *Tôkyô Monogatari* (Yasujirô Ozu), die ihren Bruder ermutigende ältere Schwester in *Sansho Dayu* (Kenji Mizoguchi) oder das Tolstois Natascha entsprechende Mädchen in *Donzoko* (Akira Kurosawa). Eher ungewöhnlich die Darstellung der Nymphomanin in *Akahige* (Kurosawa); in *Shikibu Monogatari* (Kei Kumai) verkörpert sie erstmals eine alte Frau, die sich an eine neue Religion klammert, um ihren erwachsenen Sohn zu heilen.

[JP] 1949: Damoi. 1950: Mado kara tobidase; Wakasama-zamurai Torimono-chô: Nazo no Nômen-yashiki; Sasameyuki. 1951: Onna-gokoro Dare ga shiru; Ginza-geshô. 1952: Okâ-san; Shanhai-gaeri no Riru; Asa no Hamon; Inazuma; Chakkari-Fujin to Ukkari-Fujin. 1953: Yûgatô; Koibumi; Himeyuri no Tô; Tôkyô Monogatari (Die Reise nach Tokyo). 1954: Onna no Koyomi; Kunshô; Sanshô Dayû (Sanshô Dayu – Ein Leben ohne Freiheit); Tomoshibi; Chikamatsu Monogatari (Die Legende vom Meister der Rollbilder). 1955: Aoga-shima no Kodomotachi: Jokyôshi no Kiroku; Shiinomi Gakuen. 1956: Neko to Shôzô to Futari no Onna; Joshû to Tomo-ni; Shin Heike Monogatari: Shizuka to Yoshitsune; Shûu. 1957: Donzoko (Nachtasyl); Chijô; Onna-goroshi Abuda no Jigoku; Osaka Monogatari; Arashi no naka no Otoko; Yagyû Bugei-chô. 1958: Onna de aru Koto; Anzukko; Mori to Mizuumi no Matsuri; Tsuzurikata-Kyôdai; Akai Jinbaori. 1959: Ningen no Kabe; Nippon Tanjô; Kagerô-gasa; Fûunji Oda Nobunaga. 1960: Warui Yatsu hodo yoku nemuru; Kizu Senryô. 1961: Osaka-jô Monogatari; Onna-bakari no Yoru; Kuroi Gashô: aru Sônan; Mosura. 1962: Saotome-ke no Musumetachi; Asu aru kagiri. 1963: Tengoku to Jigoku. 1965: Akahige (Rotbart). 1974: Karei-naru Ichizoku. 1978: Tsubasawa Kokoro ni tsukete. 1979: Otoko wa tsuraiyo: Torajirô Haru no Yume. 1990: Shikibu Monogatari. 1993: Mâdadayo (Madadayo).

Kampers, Fritz

*4. 7. 1891 München
†1. 9. 1950 Garmisch-Partenkirchen

Sohn eines Hotelbesitzers. Ab 1901 Besuch der Internatsschule Weilheim an der Ammer, beteiligt sich an Schüleraufführungen. Nach Realschulabschluß kaufmännische Lehre in einer Münchener Textilhandlung und Schauspielunterricht bei Richard Stury an der Münchener Versuchsbühne. Dort und im Alhambratheater erste Auftritte. Engagements am Sommertheater Alzey, in Karlsruhe, Luzern, Sondershausen, Helmstedt und Aachen. Während des Krieges Kavallerist an der Ostfront, nach Verwundung Mitglied der Fronttheater in Warschau und Łodz. 1917 am Volkstheater München und in Produktionen der Münchener Lichtspiel-Kunst (Emelka): *Der Hauptmann-Stellvertreter* (Paul Ostermayr); *Der Rubin des Maha-*

radscha (Toni Attenberger); er spielt in Kriminalgeschichten und Ganghofer-Adaptionen, u. a. in *Der Jäger von Fall* (Ludwig Beck), Ganoven und Wilddiebe. 1920 nach Berlin u. a. als Schurken-Darsteller für eine Serie von zwölf Kriminalfilmen. Engagements an verschiedenen Berliner Bühnen. Mitte der 20er Jahre wechselt Kampers das Rollenfach und agiert – bis 1950 – als gefragter Nebendarsteller komischer Volkstypen, als Bauer, Polizist, Soldat – häufig mit bajuwarischem Einschlag. Militärklamotten prägen das Klischee des feschen großmäuligen Leutnants, das G. W. Pabst in *Westfront 1918* (1930) realistisch wendet. 1934 wird er von Eugen Klöpfer an die Volksbühne Berlin verpflichtet; 1939 Ernennung zum Staatsschauspieler.

[DE/BRD] 1917: Der Hauptmann-Stellvertreter; Der Rubin des Maharadscha. 1918: Lusandra, die Königssklavin; Arme, kleine Eva; Der Jäger von Fall; Almenrausch und Edelweiß [D,R]. 1919: Lyas Flirt mit dem Heiligen; Foxtrott-Papa; Die sterbende Salome; Verlorenes Spiel. 1919/20: Das Milliardentestament; Menschliche Trümmer [D,R]. 1920: Das Ende des Abenteurers Paolo de Caspado; Das ausgeschnittene Gesicht; Die Gemeinde von St. Helena und ihr Kaplan; Der Ochsenkrieg; Der letzte Schuß; Der Todesschacht; Der Volkstyrann [D,R]; Flametti; Gefolterte Herzen; Else, die Räuberbraut; Tom Black. 2: Der tote Passagier; Zügelloses Blut; Die rote Hexe; Teufel und Circe; Ein Hochzeitsmorgen; Der bayerische Hiasel. 1920/21: Prinzesschen Else; Arme, kleine Eva. 2. Teil; Das Brandmal der Vergangenheit; Das offene Grab; Die Apotheke des Teufels; Aus dem Schwarzbuch eines Polizeikommissars [EP]; Der Ausgestoßene. 1921: Erzgauner; Was der Totenkopf erzählt; Die Diamentenkonkurrenz; Söhne der Hölle; Die Minderjährige; Das Geheimnis der vier Tage; Gelbstern; Der Passagier in der Zwangsjacke. 1921/22: Schande; Der alte Gospodar; Schamlose Seelen oder Ein Mädchenhandel; Der Todesreigen. 1922: Der Roman einer Halbweltdame; Tiefland; Monna Vanna; Lola Montez, die Tänzerin des Königs [Verboten]; Die Fürstin der Ozeanwerft; Der steinerne Reiter. 1922/23: Schlagende Wetter; Nachtstürme. 1923: Der Mensch am Wege; Wilhelm Tell; Der Weg zu Gott/ Das Schicksal des Thomas Balt; Nanon. 1923/24: Lord Reginalds Derbyritt; Ein Traum vom Glück. 1924: Der Aufstieg der kleinen Lilian; Mutter und Sohn; Arabella. Der Roman eines Pferdes; Die Liebesbriefe einer Verlassenen; Die Stimme des Herzens; Komödianten; In den Krallen der Schuld. 1924/25: Entsiegelte Lippen; Reveille, das große Wecken; Wallenstein. 1925: Zapfenstreich; Menschen am Meer; Die vom Niederrhein; Heiratsannoncen; Eifersucht; Götz von Berlichingen zubenannt mit der eisernen Hand; Halbseide; Grüß mir das blonde Kind am Rhein; Unser täglich Brot. 1925/26: Die Mühle von Sanssouci; Der Mann ohne Schlaf; Der Stolz der Kompagnie. 1926: Nanette macht alles; Fünfuhrtee in der Ackerstraße; Der Prinz und die Tänzerin; Der Provinzonkel; Der Hauptmann von Köpenick; Kubinke, der Barbier, und die drei Dienstmädchen; Wir sind vom K.u.K. Infanterie-Regiment; Ich hatt' einen Kameraden; Des Königs Befehl; Die Flucht in den Zirkus; Die Kleine und ihr Kavalier; Die Kleine vom Varieté; Der Jäger von Fall; Überflüssige Menschen; Die Piraten der Ostseebäder; In der Heimat, da gibt's ein Wiedersehn!; Der Pfarrer von Kirchfeld; Der Juxbaron; Das rosa Pantöffelchen. 1926/27: Potsdam, das Schicksal einer Residenz; Die selige Exzellenz; Verbotene Liebe; Da hält die Welt den Atem an/Maquillage [DE/FR]. 1927: Der Bettler vom Kölner Dom; Der Meister der Welt; Frühere Verhältnisse; Ich habe im Mai von der Liebe geträumt; Grand Hotel ...!; Ein schwerer Fall; Ein Mädel aus dem Volke; Wenn Menschen reif zur Liebe werden; Der Fluch der Vererbung; Vom Leben getötet; Gustav Mond ... Du gehst so stille; Funkzauber; Leichte Kavallerie; Petronella; Die Tochter des Kunstreiters; Wochenendzauber; Schwere Jungens – leichte Mädchen; Es zogen drei Burschen; Deutsche Frauen – Deutsche Treue; Almenrausch und Edelweiß. 1927/28: Der Piccolo vom Goldenen Löwen; Herbstzeit am Rhein; Dragonerliebchen (Das Smoking-Girl); Der Staatsanwalt klagt an; Die Dame und ihr Chauffeur. 1928: Fräulein Chauffeur; Vom Täter fehlt jede Spur; Ein besserer Herr; Die Dame mit der Maske; Der Weiberkrieg; Robert und Bertram; Mary Lou; Das Haus ohne Männer; Heiratsfieber; Ossi hat die Hosen an; Lemkes sel. Witwe; Die Zirkusprinzessin. 1928/29: Somnambul; Die Frau, die jeder liebt, bist Du; Das Recht der Ungeborenen; Wem gehört meine Frau? [AT]; Fräulein Fähnrich. 1929: Das närrische Glück; Don Manuel, der Bandit; Durchs Brandenburger Tor; Tempo! Tempo!; Autobus Nr. 2; Wenn Du noch eine Heimat hast; Die fidele Herrenpartie; Das Donkosakenlied; Drei Tage auf Leben und Tod; Jugendtragödie; Ehe in Not; Katharina Knie; Freiheit in Fesseln; Die Herrin und ihr Knecht. 1929/30: Der Witwenball; Ratten der Großstadt; O Mädchen, mein Mädchen, wie lieb' ich Dich! 1930: Westfront 1918; Zwei Welten [Version – GB/DE]; Lumpenball; Dreyfus; Der Korvettenkapitän; Die Drei von der Tankstelle; Pension Schöller; Laubenkolonie/Die lustigen Musikanten; Kohlhiesels Töchter; Tingel-Tangel. 1931: Die Bräutigamswitwe [Version – DE/GB]; Gloria [Dt. Version]; Schützenfest in Schilda; Reserve hat Ruh; Kameradschaft/La tragédie de la mine [DE/FR]; Strohwitwer; Der Stolz der 3. Kompagnie. 1931/32: Drei von der Stempelstelle; Skandal in der Parkstraße. 1932: Frau Lehmanns Töchter; Ballhaus goldener Engel; Die Drei von der Kavallerie; Strafsache van Geldern; Liebe in Uniform; Strich durch die Rechnung; Grün ist die Heide; Das Blaue vom Himmel; Eine Stadt steht kopf; Der Rebell; Großstadtnacht [FR/DE]; Ganovenehre. 1932/33: Eine Frau wie Du; Zwei gute Kameraden; Manolescu, der Fürst der Diebe; Der Meisterdetektiv. 1933: Ein Lied geht um die Welt; Kleiner Mann – was nun?; Die Fahrt ins Grüne; Schüsse an der Grenze; Die verlorene Melodie [KF]; Der Judas von Tirol; Drei blaue Jungs – ein blondes Mädel; Drei Kaiserjäger; Die vom Niederrhein; Der Jäger aus Kurpfalz; Die Sonne geht auf/ Schön ist jeder Tag, den Du mir schenkst, Marie Luise. 1933/34: Konjunkturritter [R]. 1934: Die vier Musketiere; Der Doppelbräutigam [CS/DE]; Ich sing' mich in Dein Herz hinein [R]; La Paloma; Der Herr Senator; Die Liebe und die erste Eisenbahn. 1934/35: Der Zigeunerbaron. 1935: Soldatenlieder [KF]; Leichte Kavallerie. 1935/36: Martha/Letzte Rose. 1936: Die Drei um Christine; Der Bettelstudent; Stadt Anatol; Das Veilchen vom Potsdamer Platz; Weiße Sklaven. 1937: Meiseken; Spiel auf der Tenne; Urlaub auf Ehrenwort. 1938: Konzert in Tirol; Nordlicht (Rivalen im Nordmeer); Pour le Mérite; Spaßvögel; Im Namen des Volkes. 1939: Robert und Bertram; Das Ekel; Die goldene Maske; Legion Condor [Unvollendet]; Verdacht auf Ursula. 1939/40: Weltrekord im Seitensprung; Stern von Rio; Der Feuerteufel; Bal paré. 1940: Links der Isar – rechts der Spree; Das Fräulein von Barnhelm. 1940–42: Anschlag auf Baku. 1940/41: Der laufende Berg; Über alles in der Welt. 1941: Immer nur ... Du! 1941/42: Der Ochsenkrieg. 1942: Die Entlassung. 1942/43: Kohlhiesels Töchter; Akrobat schö-ö-ön.1943: Der zweite Schuß; Kollege kommt gleich; Gabriele Dambrone; In flagranti. 1943–45: Peter Voß, der Millionendieb. 1943/44: Neigungsehe; Die Zaubergeige; Der Meisterdetektiv; Jugendliebe (Über's Jahr, wenn die Kornblumen blühen). 1944: Das Konzert; Freitag, der 13. 1944/45: Wir beide liebten Katharina [Unvollendet]; Die Kreuzlschreiber. 1945: Der Scheiterhaufen [Unvollendet]. 1948: Morgen ist alles besser. 1949: Nichts als Zufälle; Ich mach' Dich glücklich; Das Geheimnis des Hohen Falken. 1950: Des Lebens Überfluß; Schwarzwaldmädel; Sensation im Savoy; Die Sterne lügen nicht; Die Nacht ohne Sünde.

Kapoor, Prithviraj

*3. 11. 1906 Peshawar
†29. 5. 1972 Bombay

Sohn eines Polizeioffiziers. Erste Anerkennung als Schauspieler im Amateurtheater in Lyallpur und Peshawar. 1929 Abbruch eines Jurastudiums und Übernahme einer ersten Filmrolle in *Be Dhari Talwar*. Er profiliert sich unter Regie von B. P. Mishra in Abenteuer- und Liebesfilmen, z. B. 1930 in *Cinema Girl*. 1931 spielt er in Indiens erstem Tonfilm, *Alam Ara*. Wichtige Rollen seiner Filmkarriere sind Alexander der Große in Sohrab Modis Kriegsfilm *Sikandar* (1941), Kaiser Akbar in *Mughal-e-Azam* (1960). Neben der Filmarbeit steht er immer wieder auf der Bühne, u. a. an der Grant Anderson Theater Company, die Shakespeares Dramen in englischer Sprache aufführt. 1944 gründet er sein eigenes Prithvi-Theatre. 1951 wirkt er in dem von seinem Sohn Raj Kapoor produzierten Film *Awara* mit. Seine einzige Regiearbeit ist 1957 *Paisa*. In den 60er und 70er Jahren spielt er vor allem in Hindi- und einigen Punjabi-Filmen, die mythologischen Themen gewidmet sind, u. a. 1969 einen Patriachen in *Nanak Naam Jahaaz Hai*. Seine Söhne Raj, Shammi und Shasi sind ebenfalls Schauspieler.

[IN] 1929: Be Dhari Talwar. 1930: Cinema Girl; Shere-e-Arab; Prince Vijaykumar. 1931: Toofan; Golibar; Draupadi; Namak Haram Kon; Alam Ara; Bar Ke Pobar. 1932: Dagabaaz Ashiq. 1933: Rajrani Meera. 1934: Daku Mansoor; Ramayan; Seeta. 1935: Josh-e-Inteqam; Inquilab; Swarg Ki Sidhi. 1936: Grihadah/Manzil. 1937: President; Jeevan Prabhat; Anath Ashram; Milap; Vidyapati. 1938: Abhagin; Dushman. 1939: Sapera; Adhuri Kahani. 1940: Aaj Ka Hindustan; Sajani; Deepak; Pagal; Chingari. 1941: Sikandar; Raj Nartaki/ Court Dancer. 1942: Ek Raat; Ujala. 1943: Vish Kanya; Aanakh Ki Sharam; Ishara; Gauri; Bhalai. 1944: Maharathi Karna; Phool. 1945: Nala Damayanti; Shri Krishnarjun Yuddha; Devadasi; Vikramaditya. 1946: Prihviraj Samyukta; Valmiki. 1947: Parashuram. 1948: Azadi Ki Raah Par. 1950: Hindustan Hamara; Dahej. 1951: Deepak; Awara. 1952: Insaan; Anandmath; Chhatrapati Shivaji. 1953: Aag Ka Dariya. 1954: Ehsan. 1957: Paisa [D,R]; Pardesi. 1958: Lajwanti. 1960: Mughal-e-Azam. 1961: Senapati. 1963: Pyar Kiya To Darna Kya; Rustom Sohrab; Gujree; Harishchandra Taramati. 1964: Rajkumar; Jahan Ara; Zindagi; Ghazal. 1965: Aasmaan Mahal; Lutera; Sikandar-e-Azam; Jaanwar; Jahan Sati Wahan Bhagwan; Shri Ram Bharat Milap; Khakaan. 1966: Daku Mangal Singh; Shankar Khan; Lal Bangla; Yeh Raat Phir Aayegi; Insaaf; Sher Afghan; Love and Murder. 1967: Shamsheer. 1968: Teen Bahuraniyan; Balaram Shri Krishna. 1969: Nai Zindagi; Sati Sulochana; Nanak Naam Jahaaz Hai; Insaaf Ka Mandir. 1970: Gunah Aur Kanoon; Heer Ranjha; Ek Nannhi Munni Ladki Thi. 1971: Padosi; Sakshatkara; Kal Aaj Aur Kal; Nanak Dukhiya Sab Sansar. 1972: Bankelal; Naag Panchami; Mele Mitran De. 1973: Naya Nasha. 1976: Bombay By Nite.

Kapoor, Raj

(Ranbirraj Kapoor)
*14. 12. 1924 Peshawar
†2. 6. 1988 New-Delhi

Sohn des Schauspielers Prithviraj Kapoor, in dessen Theater er seine Bühnenlaufbahn beginnt. Filmdebüt 1935 in Dekabi Boses *Inquilab*. Es folgen in den 40er Jahren weitere Filmrollen, u. a. in Kidar Shamas *Gauri* und *Hamari Baat* (1943) und in Mohan Sinhas *Chittor Vijay* und *Dil Ki Rani* (1947), bevor er 1948 seine eigene Produktionsfirma, die RK Films, gründet. Seine erste Produktion ist *Aag* (1948). Überaus erfolgreich ist 1951 *Awara*, eine melodramatische Komödie mit Gesangseinlagen, in der er selbst die Hauptrolle eines Vagabunden spielt. *Shri 420* (1955), mit sozialkritischem Anspruch, zugleich romantisch-sentimental gefärbt, führt in das Milieu der Slums vom Bombay. Seine Filme sind nicht nur in Indien, sondern auch in der UdSSR und im mittleren Osten populär. Außer in seinen eigenen Produktionen wirkt Raj Kapoor – zeitweise der populärste indische Filmstar – in zahlreichen Hindi-Filmen mit, u. a. in Mahesh Kauls *Diwana* (1967) und *Sapnon Ka Saudagar* (1968), in Naresh Kumars *Do Jasoos* (1975) und *Gopichand Jasoos* (1982).

[IN] 1935: Inquilab. 1943: Gauri; Hamari Baat. 1946: Valmiki. 1947: Chittor Vijay; Jail Yatra; Dil Ki Rani; Neel Kamal. 1948: Gopinath; Aag [D,R,P]; Amar Prem. 1949: Andaz; Sunehre Din; Barsaat [D,R,P]; Parivartan. 1950: Banwra; Banwre Nain; Dastaan; Sargam; Pyar; Jaan Pehchan. 1951: Awara [D,R,P]. 1952: Ashiana; Bewafa; Amber; Anhonee. 1953: Dhun; Aah; Boot Polish [P]; Paapi. 1955: Shri 420 [D,R,P]. 1956: Jagte Raho/Ek Din Raatre [D,P]; Chori Chori. 1957: Ab Dilli Dur Nahin [P]; Sharada. 1958: Parvarish; Phir Subah Hogi. 1959: Char Dil Char Raahein; Main Nashe Mein Hoon; Anari; Kanhaiya; Do Ustad. 1960: Jis Desh Mein Ganga Behti Hai [D,P]; Shriman Satyavadi; Chhalia. 1961: Nazrana. 1962: Aashiq. 1963: Dil Hi To Hai; Ek Dil Sau Afsane. 1964: Dulha Dulhan; Sangam [D,R,CUT,P]. 1966: Teesri Kasam. 1967: Diwana; Around the World. 1968: Sapnon Ka Saudagar. 1970: Mera Naam Joker [D,R,CUT,P]. 1971: Kal Aaj Aur Kal. 1973: Mera Desh Mera Dharam; Bobby [R,CUT,P]. 1975: Do Jasoos; Dharam Karam. 1976: Khan Dost. 1977: Chandi Sona. 1978: Naukri; Satyam Shivam Sundaram [R,CUT,P]. 1980: Abdullah. 1981: Vakil Babu; Naseeb. 1982: Chor Mandli; Gopichand Jasoos; Prem Rog [R,CUT,P]. 1984: Kim [TV – GB]. 1985: Ram Teri Ganga Maili [R,CoA,CUT,P]. 1987: Nazrana.

Kapoor, Shashi

*18. 3. 1938 Bombay

Sohn des Schauspielers Prithviraj Kapoor, in dessen Theater er bereits als Sechsjähriger in dem Stück «Shakuntala» auftritt. Noch im Kindesalter übernimmt er erste Filmrollen in Produktionen seines älteren Bruders Raj (*Aag*, 1948; *Awara*, 1951). Bis 1957 tritt er im Prithvi-Theater seines Vaters auf, findet dann Anschluß an die Tournee-Theatergruppe Joseph Kendalls, die vor allem Shakespeare-Dramen in englicher Sprache aufführt. Rückkehr zum Film mit *Char Diwari* (1961). In *Heat and Dust* (1982), James Ivorys Indien-Panorama von der Kolonialzeit 1920 bis in die Gegenwart, spielt er den Nawab von Khatm. Seine einzige Regie-Arbeit ist 1991 die indisch-sowjetische Co-Produktion *Ajooba*. 1993 als alter Urdu-Poet in Ismail Merchants *In Custody / Muhafiz* (1993). Shasi Kapoor ist verheiratet mit der Schauspielerin Jennifer Kendal.

[IN] 1948: Aag. 1950: Sangram. 1951: Awara. 1961: Char Diwari; Dharmaputra. 1962: Prem Patra; Mehndi Lagi Mere Haath. 1963: Holiday In Bombay; Yeh Dil Kisko Doon; The Householder. 1964: Benazir. 1965: Shakespeare Wallah; Mohabbat Isko Kehte Hain; Jab Jab Phool Khile; Waqt. 1966: Biradari; Neend Hamari KhwabTumhare; Pyar Kiye Jaa. 1967: Aamne Samne; Pretty Polly; Dil Ne Pukara. 1968: Juari; Hasina Maan Jayegi; Kanyadaan. 1969: Ek Shriman Ek Shrimati; Pyar Ka Mausam; Raja Saab; Jahan Pyar Mile. 1970: Abhinetri; Suhana Safar; Rootha Na Karo; Bombay Talkie; My Love. 1971: Sharmilee; Patanga. 1972: Jaanwar Aur Insaan. 1973: Naina; Chori Chori; Aa Gale Lag Jaa; Mr Romeo. 1974: Paap Aur Punya; Insaniyat; Vachan; Jeevan Sangram; Chor Machaye Shor; Roti Kapda Aur Makaan. 1975: Chori Mera Kaam; Salaakhen; Anari; Prem Kahani; Deewar. 1976: Kabhi Kabhie; Aap Beeti; Fakira; Koi Jeeta Koi Haara; Naach Utha Sansar; Deewangee; Shankar Dada. 1977: Heera Aur Patthar; Doosra Admi; Imaan Dharam; Chor Sipahi; Farishta Ya Qatil; Mukti; Chakkar Pe Chakkar. 1978: Amar Shakti; Heeralal Pannalal; Satyam Shivam Sundaram; Siddhartha; Junoon; Phaansi; Rahu Ketu; Muqaddar; Apna Khoon; Atithi; Trishul; Do Musafir; Ahutti; Trishna. 1979: Gautam Govinda; Duniya Meri Jeb Mein; Kala Patthar; Kali Ghata; Ahsaas; Suhaag. 1980: Kala Pani; Neeyat; Ganga Aur Suraj; Do Aur Do Paanch; Kalyug; Shaan; Swayamvar. 1981: Ek Aur Ek Gyarah; Vakil Babu; Maan Gaye Ustad; Basera; Silsila; Kranti; Krodhi. 1982: Bezubaan; Vijeta; Saval; Namak Halal; Heat And Dust (Hitze und Staub) [GB]. 1983: Ghunghroo; Bandhan Kachche Dhaagon Ka. 1984: Bandh Honth; Utsav; Yaadon Ki Zanjeer; Ghar Ek Mandir; Pakhandi; Zameen Aasmaan; Swati. 1985: Bhawani Junction; Pighalta Aasmaan; Alag Alag; Aandhi Toofan; Bepanah; New Delhi Times. 1986: Door Desh; Karamdata; Ilzaam; Anjaam; Aurat; Ek Main Aur Ek Tu; Pyar Ki Jeet. 1987: Ijaazat; Naam-o-Nishan; Sindoor; Chakma; Maa Beti; Sammy And Rosie Get Laid [GB]; Ghar Ka Sukh: 1987/88: The Deceivers (Die Täuscher) [GB/IN]. 1988: Farz Ki Jung; Aakhri Muqabala; Commando; Meri Zabaan; Hum To Chale Pardes. 1989: Clerk; Bandook Dahej Ke Seene Par; Mera Farz; Gair Kanooni; Oonch Neech Beech; Desh Ke Dushman; Tauheen; Apna Ghar; Mera Muqaddar. 1991: Ajooba [D,R – IN/SU]; Raeeszada; Akela. 1993: In Custody/Muhafiz [US/IN]. 1996: Gulliver's Travels [TVS – US/GB]. 1997: Side Streets [US].

Karamitev, Apostol

*17. 10. 1923 Burgas (Bulgarien)
†9. 11. 1973 Sofia

Bis 1947 Ausbildung an der Staatlichen Schauspielschule in

Sofia, anschließend Engagement am Nationaltheater «Ivan Vasov». Filmdebüt 1951 in *Utro nad rodinata* (Anton Marinivič). Karamitev wird 1956 auf dem Festival von Karlovy Vary mit einem Ehrendiplom für seinen Mišo in Janko Jankovs *Tova se sluči na ulicata* ausgezeichnet. Zum Publikumsliebling wird er vor allem durch die Verkörperung romantischer Helden in Historienfilmen, 1968 als Aleksandrov in *Bjalata staja* (Metodi Andonov), für den er Darstellerpreis des bulgarischen Spielfilmfestivals in Varna erhält, und 1974 als Zar Ioan Asen in *Svatbite na Ioan Asen* (Vili Cankov), beides tragische Gestalten verschiedener historischer Epochen, die verhängnisvoll in gesellschaftspolitische Auseinandersetzungen verstrickt sind. Er erhält zahlreiche staatliche Auszeichnungen: 1950 Dimitroff-Preis für sein Theaterschaffen und 1953 den gleichen Preis für die Verkörperung des Kapitän Vekov in *Na ša zemja* (Anton Marinovič, Stefan Sârčadžiev). 1963 wird Karamitev Verdienter Künstler der Volksrepublik Bulgarien.

[BG] 1951: Utro nad rodinata (Morgen über der Heimat). 1952: Pod igoto (Unter dem Joch); Naša zemja. 1953: Pesen za čoveka (Lied vom Menschen). 1955: Nespokoen pât (Unruhiger Weg); Geroi Šipki/Geroite na Šipka [SU/BG]. 1956: Tova se sluči na ulicata (Es geschah auf der Straße). 1957: Legenda za ljubovta/Legenda o lásce (Legende von der Liebe) [BG/CS]; Chajduška kletva (Der Eid der Heiducken). 1958: Ljubimec No 13. 1959: Pâtišta. 1960: Nošta sreštu 13 (Die Abwehr greift ein); Három csillag [HU]. 1961: Dvama pod nebeto. 1962: Specialist po vsičko (Meister in allen Fächern). 1965: Ricar bez bronja (Ritter ohne Harnisch). 1967: Šibil (Schibil oder die Liebe der Heiducken). 1968: Svoboda ili smârt; Bjalata staja. 1969: Malki tajni/Heimlichkeiten [BG/BRD]. 1974: Svatbite na Ioan Asen (Zarenhochzeit in Tarnowo).

Karina, Anna

(Hanne Karin Blarke Bayer)
*22. 9. 1940 Kopenhagen

Kunststudium in Kopenhagen; Mitwirkung in Werbefilmen; mit 19 Jahren im Kurzfilm *Pigen og skoene*, der in Cannes ausgezeichnet wird. In Frankreich zunächst Arbeit als Fotomodell und Mannequin, u.a für Cardin. Ihre Filmarbeit ist eng mit der Nouvelle vague verbunden. 1960 dreht sie mit Jean-Luc Godard, mit dem sie 1961–64 verheiratet ist, *Le petit soldat*; der Film wird erst 1963 von der Zensur freigegeben. 1962 spielt sie die Arbeiterin / Prostituierte Nana in Godards *Vivre sa vie* und die Hauptrolle in Agnès Vardas nüchternem Protokollfilm *Cléo de 5 à 7*. Unter den sechs Filmen mit Godard, die bis Mitte der 60er Jahre entstehen, ragt ihr Spiel als Partnerin Jean-Paul Belmondos in *Pierrot le fou* hervor. 1961 Auszeichnung auf der Berlinale für ihre Rolle in Godards *Une femme est une femme*. In Jacques Rivettes zunächst verbotenem Film *Suzanne Simonin, la religieuse de Diderot* spielt sie die Titelrolle, in der sie zuvor schon am Théâtre des Champs-Elysées aufgetreten war. Ab 1965 dreht sie in Italien, der BRD (1968 Volker Schlöndorffs *Michael Kohlhaas – Der Rebell*, 1976 Rainer Werner Fassbinders *Chinesisches Roulette*), England, den USA, erreicht aber weder bei der Kritik noch beim Publikum die frühere Popularität. 1973 Regiedebüt mit *Vivre ensemble*, produziert mit der eigenen Firma Raska. 1984 Veröffentlichung des Erzählbandes «Golden City».

[FR] 1959: Pigen og skoene [KF–DK]. 1960: Le petit soldat (Der kleine Soldat). 1960/61: Une femme est une femme/La donna è donna (Eine Frau ist eine Frau) [FR/IT]. 1961: Le soleil dans l'oeil (Von der Sonne geblendet); Ce soir ou jamais; Les fiancées du Pont Macdonald [KF]. 1961/62: She'll Have to Go [GB]; Cléo de 5 à 7/Cleo dalle 5 alle 7 (Mittwoch zwischen 5 und 7) [FR/IT]. 1962: Vivre sa vie (Die Geschichte der Nana S.); Le joli mai (Der schöne Mai); Les quatre vérités/Le quattro verità/Las cuatro verades. 3. EP: Le corbeau et le renard (Die vier Wahrheiten) [EP – FR/IT/ES]. 1962/63: Shéherazade/Scherezade/La schiava di Bagdad (Sheherazade) [FR/ES/IT]. 1963: Dragées au poivre/Confetti al pepe (Bonbons mit Pfeffer) [FR/IT]. 1964: De l'amour/La calde pelle (De l'amour) [FR/IT]; Un mari à prix fixe; Petit jour [KF]; Alphaville, une étrange aventure de Lemmy Caution/Agente Lemmy Caution: missione Alphaville (Lemmy Caution gegen Alpha 60) [FR/IT]; La ronde/Il piacere e l'amore (Der Reigen) [FR/IT]; Bande à part (Die Außenseiterbande). 1965: Mi-figure mi-raisin [TV]; Le soldatesse/Des filles pour l'armée [IT/FR]; Le voleur de Tibidabo/La vida es magnifica [FR/ES]; Pierrot le fou/Il bandito delle 11 (11 Uhr nachts) [FR/IT]; Suzanne Simonin, la réligieuse de Diderot/La réligieuse (Die Nonne). 1966: I Spy: A Gift from Alexander [TV-EP – US]; Made in USA (Made in USA). 1966/67: Zärtliche Haie/Tendres requins [BRD/FR/IT]; Anna (Anna) [TV]. 1967: Lo straniero/L'etranger (Der Fremde) [IT/FR]; Lamiel (Lamiel ... ich liebe die Liebe); Justine (Alexandria – Treibhaus der Liebe) [US]; Le plus vieux métier du monde/Das älteste Gewerbe der Welt/L'amore attraverso i secoli. 5. EP: Anticipation [EP – FR/BRD/IT]. 1968: Michael Kohlhaas – Der Rebell [BRD]; The Magus (Teuflische Spiele) [GB]. 1968/69: Before Winter Comes (Bevor der Winter kommt) [GB]. 1969: Laughter in the Dark (Satan mischt die Karten) [GB/US/FR]; Le temps de mourir. 1970: L'Alliance (Der Ehering); Rendez-vous à Bray (Rendezvous in Bray) [BE/FR]. 1971: Carlos [TV – BRD]; The

Salzburg Connection (Top Secret) [US]. 1973: Pane e cioccolata (Brot und Schokolade) [IT]; Vivre ensemble [R]; L'Invenzione di Morel [IT]. 1975: Les oeufs brouillés; L'Assassin musicien. 1976: Chinesisches Roulette/Roulette chinoise [BRD/FR]; La vie en pièces [TV]; Also es war so .../Willi, eine Zauberposse [BRD]. 1977: Ausgerechnet Bananen [BRD]. 1978: Olyan mint otthon (Ganz wie zu Hause) [HU]; Chaussettes surprises (Der kleine Spinner mit dem großen Socken). 1979: Historien om en moder [DK]. 1982: Regina Roma/Regina [US]. 1983: L'Ami de Vincent (Mein Freund, der Frauenheld). 1984: Avé Maria. 1986: Last Song; Anna; Dernier été à Tanger (Letzter Sommer in Tanger). 1987: Cayenne Palace (Dschungelgold – Cayenne Palace). 1988: L'Œuvre au noir (Die schwarze Flamme) [FR/BE]. 1990: Manden der ville være skyldig [DK]. 1994: Chloé [TV]. 1995: Haut bas fragile (Vorsicht zerbrechlich) [FR/CH].

Karloff, Boris

(William Henry Pratt)
*23. 11. 1887 Dulwich (London)
†2. 2. 1969 Midhurst (Sussex)
Besuch einer Schneiderschule in London sowie der Uppingham School. 1906–09 am King's College. Danach Emigration nach Kanada. Zehn Jahre lang Mitglied verschiedener Tournee-Ensembles. 1916 Filmdebüt, jedoch erst ab 1919 regelmäßige Filmarbeit. In den 20er Jahren kleinere und größere Rollen in Filmen aller Genres ohne besonderes Profil, u. a. als Bandit in *Cheated Hearts* (Hobart Henley), als mexikanisches Halbblut in *Prairie Wife* (Hugo Ballin) oder als Scheich in *Two Arabian Knights* (Lewis Milestone). Daneben weiterhin am Theater. 1930 erster Filmerfolg als Gangster Ned Galloway in Howard Hawks *The Criminal Code*, eine Rolle, die er zuvor bereits auf der Bühne gespielt hat. Bedeutendste und seine ganze Karriere prägende Rolle ist das künstliche Monster in James Whales *Frankenstein*, dem er hinter der häßlichen Maske auch eine gewisse Sentimentalität und Sanftheit verleiht. In der Folgezeit verkörpert er immer wieder Variationen dieses Archetyps des Horrorfilms, vor allem in der klassischen Horror-Serie der Universal: Er spielt den taubstummen Butler in Whales *The Old Dark House* und die Titelrolle in Karl Freunds *The Mummy*, den Kopf einer Teufelssekte in *The Black Cat* (Edgar G. Ulmer), das Monster in Whales *Bride of Frankenstein*. Ein Ausbruch aus dem Klischee ist 1933 der religiöse Eiferer in John Fords *The Lost Patrol*. In den Horrorfilmen der 40er Jahre ist häufig Bela Lugosi sein Partner, so u. a. in William Nighs *The Ape* oder in Robert Wises *The Body Snatcher*. 1949 als Swami Tapur in der Komödie *Abbott and Costello Meets the Killer Boris Karloff* (Charles T. Barton). In den 60er Jahren Ironisierung des Genres in zahlreichen Filmen unter der Regie von Roger Corman, so 1962 neben Vincent Price und Peter Lorre in *The Raven*. Einzelne Filme auch in europäischen und mexikanischen Filmen. Selbstreflexion als alternder Horror-Star Baron Orlok in Peter Bogdanovichs *Targets* (1968). Während der ganzen Karriere weiterhin Bühnentätigkeit: ab 1941 in etwa 1400 Vorstellungen als Jonathan Brewster in der Horror-Komödie «Arsenic and Old Lace», später in «The Shop at Sly Corner» und 1949 als Captain Hook in «Peter Pan». Ab 1949 regelmäßig auch im Fernsehen: In der eigenen Show *Starring Boris Karloff*, 1954–55 in *Down You Go*. Daneben auch als Sprecher, u. a. von Kinderschallplatten, tätig.

[US] 1916: The Dumb Girl of Portici. 1919: The Prince and the Betty; The Masked Raider; The Lightning Raider; His Majesty, the American; The Courage of Marge O'Doone. 1919/20: The Deadlier Sex. 1920: The Notorious Miss Lisle; The Last of the Mohicans. 1921: The Hope Diamond Mystery; Without Benefit of Clergy; Cheated Hearts; The Cave Girl. 1922: The Man from Downing Street; The Infidel; The Woman Conquers; Omar the Tentmaker; The Altar Stairs; Man to Man. 1923: The Prisoner; The Gentleman From America. 1924: Riders of the Plains; The Hellion; Dynamite Dan. 1925: Perils of the Wild; Forbidden Cargo; The Prairie Wife; Lady Robinhood; Never the Twain Shall Meet; Parisian Nights. 1926: Her Honor, the Governor; The Nickel Hopper; The Greater Glory; The Man in the Saddle; The Bells; The Golden Web; Flames; The Eagle of the Sea; Flaming Fury; Old Ironsides (Schlachtschiff Constitution); Valencia. 1927: The Middlin' Stranger; Tarzan and the Golden Lion; Let It Rain; The Princess from Hoboken; The Phantom Buster; Mon to Mon; Soft Cushions; Two Arabian Knights (Schlachtenbummler); The Love Mart. 1928: Vultures of the Sea; Vanishing Rider; The Little Wild Girl. 1929: King of the Kongo; The Fatal Warning; Burning the Wind; The Devil's Chaplain; Two Sisters; Anne Against the World; The Phantom of the North; Behind That Curtain; The Unholy Night. EP: In Lord Montague's Home [EP]. 1930: King of the Wild/Bimi [Serial]; Le spectre vert [Version – FR]; The Bad One; The Sea Bat; The Utah Kid; Mothers Cry; The Criminal Code (Das Strafgesetzbuch); The Last Parade. 1930/ 31: Sous les verrons [Version]. 1931: Dirigible (Helden der Luft); Cracked Nuts; Young Donovan's Kid; Smart Money (Leichtes Geld); The Public Defender; I Like Your Nerve; Graft; Five Star Final (Spätausgabe); The Mad Genius; The Yellow Ticket; The Guilty Generation; Frankenstein; Tonight or Never; Behind the Mask; Scarface (Scarface). 1931/32: Business and Pleasure; Alias the Doctor. 1932: The Cohens and the Kellys in Hollywood; The Miracle Man; Night World; The Old Dark House (Das Haus des Grauens); The Mask of Fu Manchu (Die Maske des Fu Manchu); The Mummy (Die Mumie). 1933: The Ghoul [GB]; The Lost Patrol (Die vermißte Patrouille). 1934: Screen Snapshots No.11; The House of Rothschild; The Black Cat; Gift of Gab. 1935: Hollywood Hobbies [KF]; Bride of Frankenstein (Frankensteins Braut); The Raven (Der Rabe); The Black Room (Das schwarze Zimmer); The Invisible Ray (Tödliche Strahlen). 1935/36: The Walking Dead (Die Rache des Toten). 1936: Juggernaut [GB]; The Man Who Changed His Mind [GB]; Charlie Chan at the Opera (Charlie Chan in der Oper). 1937: Cinema Circus [KF]; Night Key; West of Shanghai. 1937/38: The Invisible Menace. 1938: Mr. Wong, Detective; Devil's Island (Die Teufelsinsel). 1938/39: Son of Frankenstein (Frankensteins Sohn). 1939: The Mystery of Mr. Wong; Mr. Wong in Chinatown; The Man They Could Not Hang; Tower of London (Der Henker von London); British Intelligence. 1939/40: The Fatal Hour; Black Friday (Schwarzer Freitag). 1940: The Man with Nine Lives; Doomed to Die; Before I Hang; The Ape; You'll Find Out. 1941: Information Please No. 8 [KF]; Information Please No. 12 [KF]; The Devil Commands. 1942: The Boogey Man Will Get You. 1944: The Climax; House of Frankenstein. 1945: The Body Snatcher (Der Leichendieb); Isle of the Dead. 1946: Bedlam. 1947: The Secret Life of Walter Mitty (Das Doppelleben des Herrn Mitty); Dick Tracy Meets Gruesome; Unconquered (Die Unbesiegten); Lured/Personal Column (Angelockt). 1948: Abbott and Costello Meet the Killer Boris Karloff; Tap Roots (Tal der Leidenschaften). 1949: Starring Boris Karloff [TVS]; The Strange Door (Die merkwürdige Tür). 1952: The Black Castle (Das schwarze Schloß); Colonel March Investigates [TV – GB]. 1953: The Hindu/Sabanka; Abbott and Costello Meet Dr. Jekyll and Mr. Hyde; Il mostro dell'isola [IT]. 1954–55: Down You Go [TVS]. 1957: Voodoo Island/Silent Death. 1958: Frankenstein 1970 (Die Hexenküche des Dr. Rambow); Grip of the Strangler [GB]; Corridors of Blood [GB]. 1960: Thriller: The Prediction [TV]; Thriller: The Premature Burial [TV]. 1960–63: Route 66: Lizard's Leg and Owlet's Wing [TV].1961: Thriller: Friend of the Dead [TV]; Thriller: The Incredible Dr. Markesan [TV]; Thriller: The Last of the Somervilles [TV]; Thriller: Welcome Home [TV]. 1962: The Raven (Der Rabe – Duell der Zauberer). 1963: I tre volti della paura (Black Sabbath)/Les trois visages de la peur. 1. Ep: I Wurdalak (Die drei Gesichter der Furcht) [EP – IT/FR]; The Terror (The Terror – Schloß des Schreckens); The Comedy of Terrors («Ruhe sanft» GmbH). 1964: Bikini Beach. 1965: Monster of Terror (Das Grauen auf Schloß Wittley) [GB]. 1966: The Ghost in the Invisible Bikini; The Venetian Affair (Mitternacht Canale Grande). 1966/67: The Sorcerers (Im Banne des Dr. Monserat) [GB]. 1967: El coleccionista de cadaveras [ES]. 1968: La muerte vivente/Isla de los muertos [MX]; La camara del terror [MX]; La invasion siniestro [MX]; House of Evil [MX]; Curse of the Crimson Altar (Die Hexe des Grafen Dracula) [GB]; Targets (Bewegliche Ziele). 1968–70: Name of the Game: White Birch [TV].

Kastner, Bruno

(Bruno Richard Otto Kastner)
*3. 1. 1890 Forst (Lausitz)
†30. 6. 1932 Bad Kreuznach

Gymnasium und Einjähriges in Fürstenwalde. 17 Tage Militärdienst, dann Schauspielunterricht in Berlin. Ans Stadttheater Harburg engagiert; Wanderbühne. 1911 zurück nach Berlin, wo er vom Chorsänger über größere Rollen im Schauspiel ab 1921 zum Star in Revuen der Komischen Oper Berlin avanciert. Von Asta Nielsen 1913 für *Engelein* und *Engeleins Hochzeit* (beide Urban Gad) entdeckt, ist Kastner Mitte der 10er bis Mitte der 20er Jahre neben Harry Liedtke der populärste männliche Star des deutschen Kinos. Erst jungenhaft-verspielt, später mit männlicher Härte verkörpert Kastner den beim weiblichen Publikum so beliebten charmant-eleganten Dandy und Bonvivant: So als Partner und Objekt der weiblichen Begierde in den Serien von Dorrit Weixler (*Dorrits Eheglück*, Paul Otto), Mia May und Lotte Neumann, aber auch neben Alwin Neuß in Detektiv-Filmen wie der Joe-Deebs-Serie (*Die Hochzeit im Excentricclub*, Joe May). Seit 1918 bei der Ring-Film GmbH wiederholt unter der Regie von Erik Lund (Pseudonym für den Produzenten und Regisseur Manfred Libenau), für dessen Filme, u. a. *Nur ein Diener*, er zusammen mit Ruth Goetz und Ida Wüst (seiner Frau) auch als Autor arbeitet. Die 1922 gegründete eigene Firma produziert *Masken fallen* und *Die Lüge eines Sommers* (beide Lund). Mitte der 20er nimmt Kastners Popularität stark ab. Letzte größere Rollen 1927 in *Luther* (Hans Kyser) und 1928 in *Angst* (Hans Steinhoff); 1930 erfolglos in zwei Tonfilmen. Tourneen und Kinogastspiele. 1932 nimmt sich Kastner, der unter Depressionen leidet, nach einem schweren Motoradunfall das Leben.

[D] 1913: Engelein. 1914: Die Tochter der Landstraße; Engeleins Hochzeit. 1915: Arthur Imhoff; Ein kluges Herz. 1915/16: Die Stimme des Toten. 1916: Dynamit; Dorrit bekommt eine Lebensstellung; Der unsichtbare Mensch; Dorritchens Vergnügungsreise; Ein nettes Pflänzchen; Dorrits Eheglück; Das Erbe von «Het Steen»; Die Retterin. 1916/17: Die Rache des Avenarius; Die Bettlerin von St. Marien; Prinzesschen soll heiraten; Das Rätsel der Stahlkammer; Prinz Waldemar und Waldemar Prinz; Das Legat; Lori & Co. 1917: Die Hochzeit im Excentric-Club; Katharina Karaschkin; Das Gewissen des Andern; Das Geschäft; Hilde Warren und der Tod; Die Krone von Kerkyra; Für die Ehre des Vaters; Der Onyxknopf; Der schwarze Chauffeur; Das Klima von Vancourt; Das verlorene Paradies; Die Kaukasierin; Ein Lichtstrahl im Dunkel. 1917/18: Die Ehe der Charlotte von Brakel. 1918: Die Buchhalterin; Die Fürstin von Beranien; Fünf Minuten zu spät; Der Gattestellvertreter; Der Schwur; Das Gerücht. 1918/ 19: Zwischen zwei Welten [D,CoA]. 1919: Die goldene Lüge; Die Bodega von Los Cuerros; Eines Mannes Wort; Artistentreue; Das Herz des Casanova [D,A]; Nur ein Diener [D,CoA]; Der Weltmeister [D,CoA]; Der letzte Sonnensohn [D,CoA]; Allerseelen. 1919/20: Weiße Rosen; Verbotene Liebe. 1920: Der Erbe von Carlington; Der Feuerreiter; Alfred von Ingelheims Lebensdrama; Der König von Paris/Die Geschichte des André Lifou. 2 Teile. 1920/21: Das Brandmal der Vergangenheit. 1921: Der Silberkönig. 4 Teile; Der Graf, die Tänzerin und der Staatsanwalt. 1921/ 22: Das Geheimnis von Schloß Ronay. 1922: Wenn die Maske fällt; Die Lüge eines Sommers; Der bekannte Unbekannte. 1923: Das Paradies im Schnee. 1923/24: Colibri; Königsliebchen. 1924: Der Aufstieg der kleinen Lilian; Soll und Haben; Die Bacchantin; Komödianten des Lebens. 1924/25: Der Flug um den Erdball. 1. Von Paris bis Ceylon/2. Indien – Europa. 1925: Die drei Portiermädel; Die Frau mit dem Etwas; Die vertauschte Braut; Der Mann, der sich verkauft; Die Aßmanns; Wenn Du eine Tante hast; Die vom anderen Ufer. 1925/26: Der Mann ohne Schlaf; Die Brüder Schellenberg. 1926: Wehe, wenn sie losgelassen; Wien – Berlin; Es blasen die Trompeten; Die geschiedene Frau. 1926/27: Die schönsten Beine von Berlin. 1927: Die Bräutigame der Babette Bomberling; Die Dame mit dem Tigerfell; Jugendrausch; Die Pflicht zu schweigen; Der Orlow; Luther; Mein Freund Harry. Harry Mac Gills geheime Sendung; Du sollst nicht stehlen. 1927/ 28: Freiwild (Der Leidensweg der Anna Riedel). 1928: Angst. 1930: Das Land des Lächelns; Tingel-Tangel.

Kaufmann, Christine

(Christine Maria Kaufmann)
*11. 1. 1945 Lengdorf (Steiermark)

In München aufgewachsen, ab 1952 Ballettunterricht am Theater am Gärtnerplatz und beim Bayerischen Staatsopernballett. 1952 Filmdebüt. 1954 erste Hauptrolle in Harald Reinls *Rosen-Resli* nach Johanna Spyri und damit Aufstieg zum Kinderstar. Seit 1958 auch in internationalen Produktionen. 1960/61 neben Kirk Douglas eine Hauptrolle in der Hollywood-Produktion *Town Without Pity* (Gottfried Reinhardt). 1963 Ehe mit dem amerikanischen Schauspieler Tony Curtis, den sie bei den Dreharbeiten zu *Taras Bulba* (J. Lee Thompson) kennengelernt hat; Rückzug vom Filmgeschäft. Nach der Scheidung 1968 Rückkehr in die Bundesrepublik. Ab 1971 Zusammenarbeitet mit Regisseuren des Neuen deutschen Films. Vor allem für die opernhaft stilisierten Melodramen Werner Schroeters ist sie mit ihrer fast ätherischen Schönheit eine geeignete Darstellerin. 1982 in der untypischen Rolle der verschrobenen Olga in der Fernsehserie *Monaco Franze* (Dietl/Geiger) zu sehen. Verrucht und mysteriös in Percy Adlons *Out of Rosenheim*. 1972 Bühnendebüt am Deutschen Schauspielhaus in Hamburg. 1985/86 dort engagiert; Gastspiel-Rollen bei den Festspielen in Bad Hersfeld und am Theater in der Josefstadt, Wien. Lebt in Hamburg, München und in Marokko.

[BRD] 1952: Im weißen Rößl. 1953: Salto mortale; Der Klosterjäger. 1953/54: Staatsanwältin Corda. 1954: Der schweigende Engel; Rosen-Resli. 1955: Wenn die Alpenrosen blüh'n. 1955/56: Ein Herz schlägt für Erika. 1956: Die Stimme der Sehnsucht. 1957: Die Winzerin von Langenlois (Und so was will erwachsen sein) [AT]; Witwer mit 5 Töchtern. 1958: Mädchen in Uniform/Jeunes filles en uniforme [BRD/FR]; Primo amore (Junge Leute von heute) [IT]; Der veruntreute Himmel. 1958/59: Die singenden Engel von Tirol [AT]. 1959: Alle lieben Peter; Vacanze d'inverno/Brèves amours [IT/FR]; Un trono para Cristy/Ein Thron für Christine [ES/BRD]; Gli ultimi giorni di Pompei/Los últimos dias de Pompeya/Die letzen Tage von Pompeji [IT/ES/BRD]. 1960: Totò, Fabrizi e i giovani d'oggi [IT]; Constantino il Grande (Konstantin der Große) [IT]; Der letzte Fußgänger; Labbra rosse/Les fausses ingénues (Rote Lippen – schlanke Beine) [IT/FR]. 1960/61: Town Without Pity/Ville sans pitié/Stadt ohne Mitleid [US/CH/BRD]. 1961: Toller Hecht auf krummer Tour; Via Mala; Un nommé La Rocca/Quello che spara per primo (Sie nannten ihn Rocca) [FR/IT]; Le mercenaire [VERS – FR/IT]; La congiura dei 10/Lo spadaccino de Siena (Degenduell) [Version – IT/FR]. 1962: 90 Minuten nach Mitternacht; Der Zigeunerbaron/Princesse tzingane/Baron ciganin/Lo zingaro barone [BRD/FR/YU]; Tunnel 28/Escape from East Berlin [BRD/US]; Taras Bulba (Taras Bulba) [US]. 1964: Wild and Wonderful (Monsieur Cognac) [US]. 1969: Lovebirds (Una strana voglia d'amore)/Liebesvögel [IT/BRD]; Das Bastardzeichen [TV]. 1969/70: Wie ein Blitz [TV]. 1970: Gestrickte Spuren [TV – AT]. 1971: Der Tod der Maria Malibran [TV]; Der Kommissar: Traum eines Wahnsinnigen [TV]; Murders in the Rue Morgue (Mord in der Rue Morgue) [US]. 1972/73: Immobilien [TV]; Willow Springs. 1973: Chaplins Hut [TV]; Welt am Draht [TV]. 1973–76: Les flocons d'or/Goldflokken [FR/BRD]. 1973/74: Zum Abschied Crysanthemen. 1974: Die Fälle des Herrn Konstantin [TVS]; Histoires insolites: Un jour comme les autres avec des cacahuètes (Phantastische Geschichten: Ein Tag wie jeder andere mit Erdnüssen) [TV – FR]. 1974/75: Lockruf des Goldes. 4. Vierauge [TV – BRD/FR]. 1975: Ab morgen sind wir reich und ehrlich/E una banca rapinammo per fatal combinazion [AT/IT]; Auf Biegen oder Brechen; Hundert Mark [TV-EP]. 1976: Derrick: Hals in der Schlinge [TV]. 1977: Das Männerquartett [TV]; Die Jüdin von Toledo [TV – AT]. 1977/78: Die Ängste des Dr. Schenk [TV-EP – BRD/AT]. 1978: Enigma rosso/Orgie des Todes [IT/ES/BRD]. 1978/79: Der Durchdreher; Der ganz normale Wahnsinn [TVS]. 1979: Der Graf von Monte Christo/Le comte de Monte-Cristo [TV – BRD/FR/EURO]. 1979/80: Egon Schiele – Exzesse/Egon Schiele, enfer et passion [BRD/AT/FR]. 1980: Lili Marleen [BRD/IT]. 1980/81: Die Laurents – Geschichte einer Berliner Hugenottenfamilie [TVS]. 1981: Michael Heltau: Begegnungen [TV-EP – BRD/AT]; Lola; Tag der Idioten. 1981/82: Inflation im Paradies. 2. EP: Luxus [EP]. 1982: Die Ausgesperrten [AT]; Monaco Franze [TVS]. 1982/83: Ziemlich weit weg; Die wilden Fünfziger. 1983: Pankow '95; Die Schaukel. 1984: Laufen, leiden, länger leben [TV]. 1986: Die Insel [TVS]; Ein heikler Fall. 1. Das Fleisch ist schwach [TVS]. 1987: Out of Rosenheim. 1987–89: Es ist nicht leicht, ein Gott zu sein/Trudno bit begom/Un dieu rebelle [BRD/SU/FR]; Russisches Abenteuer [TV-DOK]. 1987/88: Lorentz & Söhne [TVS]. 1988: Julius Caesar [TV]; Harald & Eddi [TVS]; Gesundmacher [TV-DOK]. 1989: Der Geschichtenerzähler. 1992: Das Double [TV]; Missione d'Amore [TV – IT]. 1994: Birkenhof & Lerchenau [TV]; Verliebt, verlobt, verheiratet: Ausgerechnet Florenz [TV]; Das sprechende Grab. 1995: Weihnachten mit Willy Wuff – Eine Mama für Lieschen [TV]. 1995/96: Ein Toter zu wenig [TV]. 1996: Ein flotter Dreier [TV].

Kaye, Danny
(David Daniel Kaminsky)
*18. 1. 1913 Brooklyn (New York)
†3. 3. 1987 Los Angeles
Sohn russischer Emigranten. Nach Besuch der Thomas Jefferson High School, Brooklyn, tingelt er als Komiker und Sänger, daneben im Rundfunk und bei Tourneetheatern. 1937/38 Auftritt in kurzen Komödien der Educational Pictures. 1939 Broadway-Debüt in «The Straw Hat Revue». Während des Krieges Truppenbetreuung. 1944 durch Samuel Goldwyn nach Hollywood verpflichtet. Spielfilmdebüt in Elliott Nugents Militärkomödie *Up in Arms.* 1945 zum erstenmal Partner von Virginia Mayo in *Wonder Man* (Bruce Humberstone). Kaye wird populär als zungenfertiger und gesichtsakrobatischer Filmkomiker. Neben umfangreicher Tätigkeit für das Kino auch Theater- und Radioarbeit. Titelrolle in *The Secret Life of Walter Mitty* (Norman Z. McLeod) und als Professor Hobart Frisbee in *A Song Is Born* (Howard Hawks), Titelrolle in Charles Vidors *Hans Christian Andersen.* 1953 Gründung der Filmgesellschaft Dena Productions zusammen mit seiner Frau Sylvia Fine, die auch zahlreiche seiner Songs und Sketche verfaßt. 1954 Spezial-Oscar für sein Gesamtwerk. 1955 Titelrolle in seinem besten Film, der Mittelalter-Parodie *The Court Jester,* inszeniert und geschrieben von Norman Panama und Melvin Frank, produziert von Kaye für Paramount. 1958 beweist er sein Talent für stillere Charakterkomik als weiser jüdischer Chauffeur Jakobowsky im Widerspiel mit Curd Jürgens in *Me and the Colonel* (Peter Glenville). Dann nur noch selten im Film, so 1969 an der Seite von Katherine Hepburn in *The Madwoman of Chaillot* (Bryan Forbes). 1960 Gründung der TV-Firma Belmont Television Company und Beginn umfangreicher TV-Tätigkeit, u. a. 1963–67 in zahlreichen Folgen der mit Emmys ausgezeichneten *The Danny Kaye Show,* aber auch ernst als KZ-Überlebender im TV-Film *Skokie* (1981). 1976 als Holzschnitzer Geppetto in einer TV-Musicalversion von *Pinocchio.* Ab 1954 Sonderbotschafter der UNICEF, des Kinderhilfswerks der Vereinten Nationen, 1981 Jean Hersholt Humanitarian Award für diese Arbeit.

[US] 1937: Dime a Dance [KF]. 1938: Getting an Eyeful [KF]; Money on Your Life [KF]; Cupid Takes a Holiday [KF]. 1942: Night Shift [KF]. 1943/44: Up in Arms. 1944: The Birth of a Star/A Star Is Born/The Danny Kaye Story [DOK]. 1945: Wonder Man (Der Wundermann/Mein zauberhafter Bruder). 1946: The Kid from Brooklyn (Der Held des Tages). 1947: Bob Hope Reports to the Nation [KF]; The Secret Life of Walter Mitty (Das Doppelleben des Herrn Mitty). 1948: A Song Is Born (Die tollkühne Rettung der Gangsterbraut Honey Swanson). 1949: It's a Great Feeling (Ein tolles Gefühl/Judy erobert Hollywood); The Inspector General (Die sündige Stadt/Der falsche Revisor). 1951: Bernard Shaw's Village [KF – GB]; On the Riviera (An der Riviera). 1952: Hans Christian Andersen (Hans Christian Andersen und die Tänzerin). 1953: Knock on Wood (Die Lachbombe) [D,P]. 1954: Assignment Children [KF]; Hula from Hollywood [KF]; White Christmas (Weiße Weihnachten). 1955: The Court Jester (Der Hofnarr) [D,P]. 1958: Merry Andrew (König der Spaßmacher) [D,P]; Me and the Colonel (Jakobowsky und der Oberst) [D,P]. 1959: The Five Pennies (Fünf Pennys) [D,P]. 1961: On the Double (Unternehmen Pappkamerad) [D,P]. 1963: The Man from the Diner's Club (Der Mann vom Diners Club) [D,P]. 1963–67: The Danny Kaye Show [D,P – TVS]. 1969: The Madwoman of Chaillot (Die Irre von Chaillot) [GB]. 1972: The Pied Piper. 1976: Peter Pan [TV – GB]; Pinocchio [TV]. 1981: Skokie [TV].

Keach, Stacy
(Walter Stacy Keach, Jr.)
*2. 6. 1941 Savannah (Georgia)
Sohn des Schauspielers und Produzenten Stacy Keach Sen. Be-

such der University of California in Berkeley sowie der Yale Drama School. 1963 Auftritt beim Ashland Shakespeare Festival in Oregon, im folgenden Jahr Debüt in New York in Joseph Papps «Hamlet»-Inszenierung. Studien an der Academy of Dramatic Art in London. Obie Award für seine Darstellung von L.B.J. in der Off-Broadway-Produktion «MacBird» führt zu Filmarbeit. Filmdebüt 1968 in *The Heart Is a Lonely Hunter* (Robert Ellis Miller). Der vielbeschäftigte Charakterdarsteller spielt Doc Holliday im Spätwestern *Doc* (Frank Perry) sowie den heruntergekommenen Boxer in *Fat City* (John Huston). Umfangreiche TV-Tätigkeit: 1975 in der Serie *Caribe*, in den 80er Jahren große Popularität durch Rolle des Detektivs in der Krimi-Serie *Mickey Spillane's Mike Hammer*. 1989 Titelrolle im deutschen Mehrteiler *Hemingway* von Bernhard Sinkel. Neben Film und Fernsehen weiterhin häufig am Theater, u. a. 1967 in «We Bombed in New Haven», am Broadway als Buffalo Bill in Arthur Kopits «Indians» (1969), als Peer Gynt und Hamlet. 1978 in «Cyrano de Bergerac», schließlich 1990 als Richard III. Auch Regie für Bühne und Film (1971 Kurzfilm *The Repeater*, 1973 *Incident At Vichy*). Eigene Firma Positron Productions. Bruder James Keach ist ebenfalls als Schauspieler und Regisseur tätig.

[US] 1963: Island of Love/Not on Your Life. 1966–67: Get Smart (Mini-Max oder Die unglaublichen Abenteuer des Maxwell Smart) [TVS]. 1968: The Heart Is a Lonely Hunter (Das Herz ist ein einsamer Jäger); The Winter's Tale [TV]. 1969: End of the Road (Der Weg in den Abgrund); Macbeth [TV]; Twelfth Night [TV]. 1970: Brewster McCloud (Auch Vögel können töten); The Traveling Executioner. 1971: Doc (Doc); Orville and Wilbur [TV]; The Repeater [D,R – KF]. 1972: The Life and Times of Judge Roy Bean (Das war Roy Bean); Antigone [TV]; Particular Men [TV]; Fat City (Fat City); The New Centurions (Polizeirevier Los Angeles-Ost). 1973: Luther [GB]; Incident at Vichy [R,CoM – TV]. 1974: The Gravy Train/The Dion Brothers [TV]; Watched; All the Kind Strangers (All die netten Fremden) [TV]. 1975: Hamburger Hamlet [KF – GB]; Conduct Unbecoming (Die Schande des Regiments) [GB]; Caribe [TVS]. 1975/76: Gli esecutori (Abrechnung in San Franzisko) [IT]. 1976: The Squeeze (Der aus der Hölle kam) [GB]; Dynasty/James Mitchener's Dynasty [TV]; The Killer Inside Me (Der Mörder in mir) [TV]. 1977: Gray Lady Down (U-Boot in Not); Il grande attacco (Die große Offensive) [IT]; La montagna del dio cannibale (Die weiße Göttin der Kannibalen) [IT]; Gesù di Nazareth/Jesus of Nazareth (Jesus von Nazareth) [TV – IT/GB]; Two Solitudes (Einsame Gegner) [CA]. 1979: Diary of a Young Comic; The Long Riders (Long Riders) [D,P]; Up in Smoke (Viel Rauch um nichts). 1980: Road Games (Truck Driver) [AU]; The Ninth Configuration. 1981: Butterfly (Butterfly – Der blonde Schmetterling); Cheech & Chong's Nice Dreams (Cheech & Congs heiße Träume); A Rumor of War (Stoßtrupp durch die grüne Hölle) [TV]. 1982: The Blue & the Gray (Die Blauen und die Grauen) [TVS]; That Championship Season (Saison der Sieger). 1983: More Than Murder (Mike Hammer: Ein Mord ist nicht genug) [TV]; Murder Me, Murder You (Mike Hammer: Mord auf Abruf) [TV]; Princess Daisy [TV]. 1983–84: Mickey Spillane's Mike Hammer (Mike Hammer) [TVS]. 1984: Mistral's Daughter (Erben der Liebe) [TV]. 1986: Intimate Strangers (Vietnam adieu – Im Auge des Krieges) [TV]; The Return of Mickey Spillane's Mike Hammer (Mike Hammer – Kidnapping in Hollywood) [TV]. 1989: Forgotten (Das vergessene Kommando) [TV]; Hemingway [TVS – BRD]; Mission of the Shark (Mission of the Shark – Lautlos kommt der Tod). 1990: Class of 1999 (Die Klasse von 1999); I misteri della giungla nera [TV – IT]; False Identity (Labyrinth der Vergangenheit). 1991: Milena (Geliebte Milena) [FR]. 1992: Sunset Grill (Organiac); Silent Thunder (Trucker II). 1992/93: Rio Diablo [TV]. 1993: John Carpenter Presents: Body Bags (Body Bags); Irresistible Force [TV]; Batman: Mask of the Phantasm (Batman: Mask of the Phantasm) [S – ANI]. 1994: Young Ivanhoe (Ivanhoe, der junge Ritter) [TV – CA/FR/GB]; Raw Justice; New Crime City: Los Angeles 2020 (New Crime City – Los Angeles 2020); Against Their Will: Women in Prison (Gegen ihren Willen) [TV]; James A. Michener's Texas (Texas) [TVS]. 1995: Amanda & the Alien [TV]; The Pathfinder (Der Indianer-Scout). 1996: Escape from L.A. (Flucht aus L.A.). 1996/97: Die Gang [TVS – DE].

Keaton, Buster

(Joseph Francis Keaton)
*4. 10. 1895 Piqua (Kansas)
†1. 2. 1966 Woodland Hills (California)

Ab 1898 als «The Human Hop» Beteiligung am elterlichen Varieté-Akt, Vaudeville-Karriere mit «The Three Keatons», später «Buster, assisted by Joe and Myra Keaton». 1917 Filmvertrag von Roscoe Arbuckle und Debüt in Kurz-Komödien, die in New York, dann in Long Beach entstehen. Er bildet mit «Fatty» Arbuckle und Al St. John eines der erfolgreichsten Trios der Slapstick Comedy. 1919 mit dem Produzenten Joseph M. Schenk Gründung der Buster Keaton Productions. Keaton arbeitet als Darsteller, Regisseur, oft auch als Autor, so auch in seinem ersten eigenen Kurzfilm *The High Sign*. 1920 erscheint auch sein erster langer Spielfilm *The Saphead* (Herbert Blaché), in dem er einen feinen Stutzer spielt. Bis 1923 entsteht eine Serie klassischer Kurzfilme, die sein Image als «Stoneface» etablieren, der ohne äußerliche Regung mit akrobatischer Leichtigkeit die Tücken des Lebens übersteht. Ab 1923 Produktion abendfüllender Spielfilme, die ihn weltweit neben Charly Chaplin und Harold Lloyd populär machen. Mit seinen Filmen parodiert er zugleich Filmgenres, so Griffith' Historienfilme in *The Three Ages* oder den Detektivfilm in *Sherlock, Jr.*, in *The Navigator* entwickelt er seine komischen Ideen auf einem verlassenen Segelschiff; Höhepunkt dieser Phase ist der Eisenbahn-Film *The General*. 1928 gibt er sein Studio auf und geht zu M-G-M, er verliert dadurch die künstlerische und finanzielle Kontrolle über seine Filme. Er spielt unter der Regie von Edward Sedgwick, wie in *The Cameraman*, in *Spite Marriage*. Nach Einführung des Tonfilms, in dem er sich erstmals 1930 mit *Free and Easy* versucht und wo er auch in deutschen Versionen auftritt, geht zunehmend Originalität und Kreativität verloren, Keaton gerät in eine Krise. Ab Mitte der 30er Jahre bei Educational Pictures in Kurzfilmen, Gag-Man für M-G-M, in den 40er Jahren vereinzelt wieder in Spielfilmen. Ab Ende der 40er Jahre «Wiederentdeckung» auf Bühnen in aller Welt, TV-Show (1950–51) und Gastauftritte in Billy Wilders *Sunset Boulevard* und Charles Chaplins *Limelight*. 1956 als vergessener Star in *Around The World In Eighty Days* (Michael Anderson). 1959 Special Oscar für das Gesamtwerk. In den 60er Jahren Renaissance der Stummfilme durch Aufführung in Retrospektiven und im Fernsehen. Daneben weiterhin als Gast in Filmkomödien, wie in *It's A Mad Mad Mad Mad World* (Stanley Kramer) oder als Running Gag in *A Funny Thing Happened on the Way to the Forum* (Richard Lester). 1965 beeindruckendes, stummes Solo in Samuel Becketts *Film* (Alain Schneider). 1957 Biopic *The Buster Keaton Story* (Sidney Sheldon) mit Donald O'Connor. 1960 Autobiografie «My Wonderful World of Slapstick».

[US] 1917: The Butcher Boy [KF]; A Reckless Romeo [KF]; The Rough House [KF]; His Wedding Night [KF]; Coney Island [KF]; A Country Hero [KF]. 1918: Oh, Doctor! [KF]; Out West [KF]; The Bell Boy [KF]; Moonshine [KF]; Good Night Nurse [KF]; The Cook [KF]. 1919: A Desert Hero [KF]; Back Stage [KF]; The Hayseed [KF]; The Garage [KF]; Love [KF]. 1920: The Saphead (Buster Keaton auf der Börse); The High Sign (Buster bekämpft die blutige Hand) [D,R,A – KF]; One Week (Buster Keaton's erste Flitterwoche) [D,CoR,CoA – KF]; Convict 13 (Buster Keaton als Sträfling) [D,CoR,CoA – KF]; The Round-Up; The Scarecrow (Buster Keatons Trauung mit Hindernissen) [D,CoR,CoA – KF]; Neighbors (Buster Keaton verliert die Hosen) [D,CoR, CoA – KF]. 1921: The Haunted House (Buster Keatons Nacht des Inferno) [D,CoR,CoA – KF]; Hard Luck (Buster Keaton ist nicht totzukriegen) [D,CoR, CoA – KF]; The High Sign (Buster Keaton bekämpft die blutige Hand) [D,CoR,CoA – KF]; The Goat (Buster Keaton wird steckbrieflich verfolgt) [D,CoR,CoA – KF]; The Playhouse (Busters bunte Bühne) [D,CoR,CoA – KF]; The Boat [D,CoR,CoA – KF]; The Paleface (Das Blaßgesicht) [D,CoR,CoA – KF]. 1922: Cops (Buster zieht um) [D,CoR,CoA – KF]; My Wife's Relations (Die Verwandten meiner Frau) [D,CoR, CoA – KF]; The Blacksmith (Seines Glückes Schmied) [D,CoR,CoA – KF]; The Frozen North (Donnerwetter – Buster Keaton: Im hohen Norden) [D,CoR,CoA,P – KF]; Daydreams (Donnerwetter – Buster Keaton: Tagträume) [D,CoR,CoA,P – KF]; The Electric House (Trautes Heim – Glück allein) [D,CoR,CoA,P – KF]. 1923: Balloonatics (Buster Keaton im siebenten Himmel) [D,CoR,CoA,P – KF]; The Love Nest (Eine abenteuerliche Seereise) [D,CoR,CoA, P – KF]; Three Ages (Ben Akiba hat gelogen) [D,CoR,P]; Our Hospitality (Bei mir – Niagara) [D,CoR]. 1924: Sherlock, Jr. (Sherlock Holmes jr.) [D,R,P]; The Navigator (Buster Keaton, der Matrose) [D,CoR]. 1925: Seven Chances (Buster Keaton, der Mann mit den 1000 Bräuten) [D,R,P]; Go West (Buster Keaton, der Cowboy) [D,R,P]. 1926: Battling Butler (Buster Keaton, der Boxer) [D,R,P]; The General (Der General) [D,CoR,CoA,CoP]. 1927: The College (Buster Keaton, der Student). 1928: Steamboat Bill, Jr. (Wasser hat Balken) [D,P]; The Cameraman (Buster, der Filmreporter) [D,P]. 1929: Spite Marriage (Die unvollkommene Ehe); The Hollywood Revue of 1929. 1929/31: Wir schalten um auf Hollywood [Version – US/DE]. 1930: Free and Easy (Buster rutscht ins Filmland) [D,P]; Le metteur en scène [Version]; Estrellados [Version]; Doughboys [D,P]; De froente, marchen [Version]; Parlor, Bedroom and Bath [D,P]; Casanova wider Willen [Version]; Buster se marie [Version]. 1931: Splash! [KF]; The Stolen Jools [KF]; Sidewalks of New York (Buster hat nichts zu lachen). 1932: The Passionate Plumber (Wer anderen keine Liebe gönnt); Le plombier amoureux [Version]; Speak Easily (Der Theaterprofessor). 1932/33: What! No Beer? (Bier her!). 1934: Le roi des Champs-Élysées [FR]; The Gold Ghost (Das Goldgespenst) [KF]; Allez oop (Buster Keaton als Lebensretter) [KF]. 1935: Palooka from Paducah [KF]; One Run Elmer [KF]; Hayseed Romance [KF]; Tars and Stripes [KF]; The E-Flat Man [KF]; The Timid Young Man [KF]; The Invader [GB]. 1936: La fiesta de Santa Barbara [KF]; Grand Slam Opera [KF]; Three on a Limb [KF]; Blue Blazes [KF]; The Chemist [KF]; Mixed Magic [KF]. 1937: Jail Bait [KF]; Ditto [KF]; Love Nest on Wheels [KF]. 1938: Life in Sometown, U.S.A. [R – KF]; Streamlined Swing [R – KF]; Hollywood Handicap [R – KF]. 1939: Pest from the West [KF]; Moochin' Through Georgia [KF]; Hollywood Cavalcade (Damals in Hollywood). 1939/40: New Moon. 1940: Nothing but Pleasure [KF]; Pardon My Berth Marks [KF]; The Taming of the

Snood [KF]; The Spook Speaks [KF]; The Villain Still Pursued Her/He Done Her Wrong; Li'l Abner; His Ex Marks the Spot [KF]. 1941: So You Won't Squawk [KF]; General Nuisance [KF]; She's Oil Mine [KF]. 1943: Forever and a Day (Auf ewig und drei Tage); El moderno Barba Azul (Ein moderner Blaubart) [MX]. 1944: San Diego, I Love You (San Diego, ich liebe Dich); That's the Spirit. 1945: That Night with You. 1946: God's Country. 1948/49: The Lovable Cheat. 1949: You're My Everything; In the Good Old Summertime (Damals im Sommer). 1950: Un duel à mort [FR]; Sunset Boulevard (Boulevard der Dämmerung). 1951: The Misadventures of Buster Keaton [TV – GB]; The Gorilla Story [TV – GB]. 1952: Paradise for Buster; Limelight (Rampenlicht). 1953: L'incantevole nemica/ Pattes de velours [IT/FR]. 1956: Around the World in 80 Days (In 80 Tagen um die Welt). 1960: The Adventures of Huckleberry Finn (Abenteuer am Mississippi); The Devil to Pay [KF]. 1960–63: Route 66: Journey to Nineveh [TV]. 1961: The Twilight Zone: Once Upon a Time [TV]. 1962: Ten Girls Ago. 1963: There's No Business Like Show Business [KF]; The Triumph of Lester Snapwell [KF]; It's a Mad Mad Mad Mad World (Eine total, total verrückte Welt); Ten Girls Ago [Unvollendet – CA]. 1964: Burke's Law: Who Killed Half of Glory Lee? [TV]; Pajama Party. 1965: Film [KF]; Buster Keaton Rides Again (Buster Keaton bei der Arbeit); The Railrodder [KF – CA]; Beach Blanket Bingo; How to Stuff a Wild Bikini; Sergeant Deadhead. 1966: The Scribe [CA]; Due marines e un generale (Ein General und noch zwei Trottel) [IT]; A Funny Thing Happened on the Way to the Forum (Toll trieben es die alten Römer) [GB].

Keaton, Diane

(Diane Hall)

*5. 1. 1946 Los Angeles

Erste Theatererfahrungen auf Schulbühnen. Schauspielunterricht bei Sanford Meisner am Neighborhood Playhouse in New York. 1967 Debüt beim Woodstock Summer Theatre, im folgenden Jahr am Broadway im Musical «Hair». 1969 Theaterarbeit mit Woody Allen in seinem Stück «Play It Again, Sam». Im folgenden Jahr Filmdebüt in einer Nebenrolle. In Francis Ford Coppolas *The Godfather* spielt sie die Rolle der in die Corleone-Familie einheiratenden Kay Adams (auch in den Fortsetzungen 1974, 1990). Die erste Phase ihrer Filmkarriere ist eng mit dem Werk ihres damaligen Lebensgefährten Woody Allen verbunden: Rollen in der Filmfassung *Play It Again Sam* (Herbert Ross), in *Sleeper* (Allen). Höhepunkt ist 1977 die Titelrolle in *Annie Hall* – als eigenwillige, etwas überdrehte Partnerin des Stadtneurotikers erhält sie einen Oscar. 1979 spielt sie die Ehefrau des besten Freundes in *Manhattan*. Daneben auch in dramatischen Rollen, so als New Yorker Lehrerin mit Doppelleben in Richard Brooks' Single-Thriller *Looking for Mr. Goodbar*. Oscar-Nominierung für die Verkörperung der Revolutionärin Louise Bryant in Warren Beattys *Reds*. 1986 neben Jessica Lange und Sissy Spacek in *Crimes Of The Heart* (Bruce Beresford). 1993 spielt sie – wieder an der Seite von Woody Allen – in dessen *Manhattan Murder Mystery*. Seit 1982 auch erfolgreich als Regisseurin von Kurzfilmen, Videos und TV-Filmen: Pseudo-Dokumentarfilm *Heaven*, Episode der Kultserie *Twin Peaks*, Pilotfilm für Serie *Wildflower*. 1996 Welterfolg mit Bette Midler und Goldie Hawn als verlassene Ehefrauen in der turbulenten Komödie *The First Wives Club* (Hugh Wilson). Auftritte als Sängerin in New Yorker Night Clubs. 1980 Fotoband «Reservations», 1983 folgt – in Zusammenarbeit mit Marvin Heiferman – das Buch «Still Life».

[US] 1970: Lovers and Other Strangers (Liebhaber und andere Fremde). 1972: The Godfather (Der Pate); Play It Again, Sam (Mach's noch einmal, Sam). 1973: Sleeper (Der Schläfer). 1974: The Godfather II (Der Pate II). 1975: Love and Death (Die letzte Nacht des Boris Gruschenko). 1976: I Will ... I Will ... for Now (Ich will ... Ich will ... vielleicht?); Harry and Walter Go to New York (Und morgen wird ein Ding gedreht). 1977: Annie Hall (Der Stadtneurotiker); Looking for Mr. Goodbar (Auf der Suche nach Mr. Goodbar). 1978: Interiors (Innenleben). 1979: Manhattan (Manhattan). 1981: Shoot the Moon (Shoot the Moon – Du oder beide); Reds (Reds). 1982: What Does Dorrie Want? [DOK]. 1983/84: The Little Drummer Girl (Die Libelle). 1984: Mrs. Soffel (Flucht zu dritt). 1985–88: Heaven (Alles über Himmel und Hölle) [R]. 1986: Crimes of the Heart (Verbrecherische Herzen); Baby Boom (Baby Boom – Eine schöne Bescherung); Radio Days (Radio Days). 1988: The Good Mother (Der Preis der Gefühle). 1989: The Lemon Sisters (Lemon Sisters) [D,P]. 1990: The Godfather III (Der Pate III). 1991: Wildflower (Wilde Alice) [R – TV]; Twin Peaks 23 (Twin Peaks – Das Geheimnis geht weiter: Doppelspiel «2») [TV]; Father of the Bride (Vater der Braut). 1992: Running Mates [TV]. 1993: Manhattan Murder Mystery (Manhattan Murder Mystery). 1994: Amelia Earhart: The Final Flight (Amelia Earhart – der letzte Flug) [TV]. 1995: Unstrung Heroes [R]; Father of the Bride Part II (Vater der Braut 2. Ein Geschenk des Himmels). 1996: Marvin's Room; The First Wives Club (Der Club der Teufelinnen). 1997: The Only Thrill.

Keeler, Ruby

(Ethel Hilda Keeler)

*25. 8. 1910 Halifax (Nova Scotia, Kanada)

†28. 2. 1993 Los Angeles

1913 mit den Eltern nach New York. Besuch der St. Catherine of Siena Grammar School sowie einer Professional Children's School. Bühnendebüt mit 13 Jahren im Musical «The Rise of Rosie O'Reilly». 1927/28 Auftritte in Musical-Produktionen wie «The Sidewalks of New York» und «Whoopee!». 1928 in einem Kurzfilm. Eigentliches Filmdebüt 1933 bei Warner Bros. in Lloyd Bacons Filmmusical *42nd Street*. Im gleichen Jahr noch Erfolg in *Gold Diggers Of 1933* (Mervin LeRoy) und in *Footlight Parade* (Bacon). In den Musikfilmen ist meist Dick Powell ihr Gesangs- und Tanzpartner, Busby Berkeley ihr Choreograf. 1935 spielt sie an der Seite ihres Ehemannes Al Jolson in *Go Into Your Dance* (Archie Mayo). Nach Ende der klassischen Musical-Periode nur noch wenige Filmaufgaben, 1941 letzte Filmrolle, abgesehen von einem Gastauftritt 1970 in Lee H. Katzins Satire *The Phynx*. In den 50er und 60er Jahren gelegentliche Auftritte im Fernsehen und ab 1968 Bühnentätigkeit: Erfolg in «Bell, Book and Candle», 1971 Comeback mit dem Broadway-Musical «No, No Nanette».

[US] 1928: Ruby Keeler [KF]. 1933: 42nd Street (Die 42. Straße); Gold Diggers of 1933 (Die Goldgräber von 1933); Footlight Parade (Chester übertrifft sich selbst). 1934: Dames (Broadway-Show); Flirtation Walk. 1935: Go into Your Dance; Shipmates Forever. 1935/36: Colleen. 1937: Ready, Willing and Able. 1938: Mother Carey's Chickens. 1941: Sweetheart of the Campus. 1970: The Phynx.

Keitel, Harvey

*13. 5. 1939 Brooklyn (New York)

Besuch der Abraham Lincoln High School. Militärdienst bei US Marine Corps. Auftritte bei Sommer-Theatern, am Off-Off-Broadway, vor allem aber bei der «La-Mamma»-Truppe. 1965 Off-Broadway-Debüt in «Up to Thursday». Schauspielstudium bei Frank Corsaro, Stella Adler und Lee Strasberg am Actors Studio. 1968 Broadway-Debüt in «Death of a Salesman». 1968 erste Filmaufgabe in Martin Scorseses *Who's That Knocking At My Door*. Seit Mitte der 70er Jahre ist Keitel einer der von den Regisseuren des New Hollywood meistbeschäftigten amerikanischen Charakterdarsteller. Seine Karriere ist vor allem eng mit dem Werk Martin Scorseses verbunden. So spielt er u. a. den Kumpel von Robert De Niro in *Mean Streets*, den Zuhälter in *Taxi Driver*, schließlich den Judas in *The Last Temptation of Christ*. Seit Anfang der 80er Jahre auch Arbeit in Europa – Zusammenarbeit mit Ettore Scola, Lina Wertmüller und Bertrand Tavernier. Er verkörpert den Arm des Gesetzes in Ridley Scotts *Thelma & Louise*, einen drogensüchtigen, brutalen Polizisten in Abel Ferraras *Bad Lieutenant*. 1993 ist er der tätowierte Geliebte in Jane Campions Neuseeland-Film *The Piano*. Er bemüht sich auch als Produzent und Förderer um ambitionierte Produktionen junger Regisseure. Trotz umfangreicher Filmarbeit immer wieder Rückkehr zum Theater, so zum Broadway mit «Hurly Burly» (Mike Nichols) und 1985 zum Off-Broadway mit Sam Shepards «A Lie of the Mind».

[US] 1968: Who's That Knocking at My Door? (Wer klopft denn da an meine Tür). 1970: Street Scenes [DOK]. 1973: Mean Streets (Hexenkessel). 1974: Virginia Hill Story [TV]; Alice Doesn't Live Here Anymore (Alice lebt hier nicht mehr). 1975: That's the Way of the World; Shining Star. 1976: Welcome to L.A. (Willkommen in Los Angeles); Buffalo Bill and the Indians or Sitting Bull's History Lesson (Buffalo Bill und die Indianer); Mother, Jugs and Speed (C.R.A.S.H.); Taxi Driver (Taxi Driver). 1977: Fingers (Finger – Zärtlich und brutal); The Duellists (Die Duellisten) [GB]. 1978: Blue Collar (Blue Collar). 1979: Eagle's Wing (Adlerflügel) [GB]; Saturn 3 (Saturn-City) [GB]; La mort en direct/Death Watch – Der gekaufte Tod [FR/BRD]. 1980: Bad Timing (Black out – Anatomie einer Leidenschaft) [GB]. 1981: The Border (Grenzpatrouille). 1981/82: La nuit de Varennes/Il mondo nuovo (Flucht nach Varennes) [FR/IT]. 1982: Copkiller (Copkiller) [IT]; Order of Death (Copkiller) [IT]; Une pierre dans la bouche [FR]. 1983: Exposed (Gefährliches Dreieck); La bella Otero [TVS – ES/IT/FR/BRD]. 1984: Corrupt/Order of Death [IT]; Falling in Love (Der Liebe verfallen); Dream One/Nemo (Dream One) [GB/FR]. 1985: A couteau tiré [FR]; El caballero del dragon (Star Knight – Der Herr der Sterne) [ES]; Un complicato intrigo di donne, vicoli e delitti (Camorra) [IT/Antillen]; Off Beat (Off Beat – Laß die Bullen tanzen). 1986: Wise Guys (Wise Guys – Zwei ausgeschlafene Jungs); La sposa americana [IT]; The Men's Club; L'Inchiesta (Die Untersuchung/Und sie erkannten ihn nicht) [TV – IT]. 1987: Blindside (Blindside) [CA]; The Pick-Up Artist (Jack, der Aufreißer). 1988: The Last Temptation of Christ (Die letzte Versuchung Christi); Caro Gorbaciov [IT]. 1989: The January Man (Im Zeichen der Jungfrau); Due occhi diabolici. 2. EP: Il gatto nero (Two Evil Eyes) [EP – IT]. 1990: The Two Jakes (Die Spur führt zurück). 1990/91: La batalla de los tres reyes/Tamburi di fuoco/Bitva treh korolej [ES/MA/IT/RU]. 1991: Mortal Thoughts (Tödliche Gedanken); Bugsy (Bugsy); Reservoir Dogs (Reservoir Dogs – Wilde Hunde) [D,CoP]; Thelma & Louise (Thelma & Louise). 1992: Sister Act (Sister Act – Eine himmlische Karriere); Bad Lieutenant (Bad Lieutenant). 1992/93: The Young Americans (Young Americans) [GB]. 1993: The Piano (Das Piano) [AU]; Rising Sun (Die Wiege der Sonne); Point of No Return/The Assassin (Codename: Nina); Snake Eyes (Snake Eyes); Dangerous Game. 1994: Monkey Trouble (Immer Ärger um Dojo); It's Pat [D (cut)]; Imaginary Crimes (Unsere Welt war eine schöne Lüge); Pulp Fiction (Pulp Fiction); Somebody to Love. 1994/95: To vlemma tou Odyssea (Der Blick des Odysseus) [GR/FR/IT]; Blue in the Face; Smoke (Smoke). 1995: Clockers; Get Shorty (Schnappt Shorty); Head Above Water (Kopf über Wasser); From Dusk Till Dawn (From Dusk Till Dawn). 1996: Full Tilt Boogie [DOK]. 1997: Cop Land; Fairytale: A True Story [GB].

Kelly, Gene

(Eugene Curran Kelly)
*23. 8. 1912 Pittsburgh (Pennsylvania)
†2. 2. 1996 Beverly Hills (California)

Besuch der Sacred Heart School sowie der Peabody High School, später der Pennsylvania State University und der University of Pittsburgh. Als Schüler zusammen mit seinem Bruder Fred Auftritte als Sänger und Tänzer. 1934 Eröffnung der Gene Kelly School of Dance. 1938 am Broadway in den Shows «Leave It to Me» und «One for the Money». 1940 Hauptrolle im Musical «Pal Joey». 1942 erhält er einen Hollywood-Vertrag von David O. Selznick und hat sein Filmdebüt in Busby Berkeleys *For Me and My Gal*. Wechsel zu M-G-M. Auftritte in Musik- und Tanzfilmen. Teilweise macht er auch Choreografie, so im Rita-Hayworth-Musicals *Cover Girl* (Charles Vidor). Er spielt in Filmen von George Sidney, u. a. als Partner von Frank Sinatra in *Anchors Aweigh* (Oscar-Nominierung) und Rolle des d'Artagnan in *The Three Musketeers*. Der athletische und phantasievolle Tänzer und Sänger arbeitet häufig mit Vincente Minnelli zusammen, so als Partner des – im stilistischen Kontrast – schlanken und eleganten Fred Astaire in einer Episode der *Ziegfeld Follies* oder als Seeräuber Sarafin in *The Pirate*. Regie-Debüt 1949 zusammen mit Stanley Donen mit der Adaption von Leonard Bernsteins Musical *On the Town*, zugleich Rolle des Seemannes. 1951 Spezial-Oscar für Tanz und Choreografie. Jerry Mulligan in Gershwinss Jerry Mulligan in Gershwins *An American in Paris* (Minnelli). Im selben Jahr weiterer Höhepunkt mit *Singin' In The Rain* – auch Choreografie und Regie mit Donen. Kelly ist neben Judy Garland und Fred Astaire die markanteste Erscheinung des Filmmusicals der 50er Jahre. In den 60er Jahren vor allem Regie, u. a. der Filmfassung *Hello, Dolly!* Auch Fernseh-Arbeit und 1960 Regie an der Pariser Oper. Während dieser Zeit nur wenige Filmrollen. 1973 spielt er in Milton Katselas' *40 Carats* den Ex-Ehemann von Liv Ullmann, einen erfolglosen TV-Star. Letzte Filmrolle 1986 in *Sins* (Hickox). Er kommentiert und inszeniert auch nostalgische Kompilationsfilme wie *That's Entertainment* und *That's Dancing*. 1982 Life Achievement Award des Kennedy Center, 1985 des American Film Institute.

[US] 1942: For Me and My Gal. 1943: Thousands Cheer; Pilot No. 5; Du Barry Was a Lady; The Cross of Lorraine. 1944: Cover Girl (Es tanzt die Göttin) [D,C]; Christmas Holiday. 1945: Anchors Aweigh (Urlaub in Hollywood). 1946: Ziegfeld Follies (Broadway Melodie 1950). 1947: Living in a Big Way (Liebe auf den zweiten Blick). 1948: The Pirate (Der Pirat); The Three Musketeers (Die drei Musketiere); Words and Music. 1949: On the Town (Heut geh'n wir bummeln) [D,CoR,CoC]; Take Me out to the Ball Game (Spiel zu dritt); Black Hand. 1950: Summer Stock. 1950/51: It's a Big Country. Ep 4: Rosika, the Rose [EP]. 1951: An American in Paris (Ein Amerikaner in Paris); Singin' in the Rain (Du sollst mein Glücksstern sein) [D,CoR,CoC]; Love Is Better Than Ever (Die süße Falle). 1952: The Devil Makes Three (Des Teufels Erbe). 1954: Deep in My Heart (Tief in meinem Herzen); Brigadoon (Brigadoon); Seagulls Over Sorrento [GB]. 1955: It's Always Fair Weather (Vorwiegend heiter) [D,CoR,CoC]. 1956: Invitation to the Dance (Einladung zum Tanz) [D,R,C – EP – GB]; The Happy Road (Straße des Glücks) [D,CoR,P – US/FR]. 1957: Les Girls (Girls). 1958: Marjorie Morningstar (Die Liebe der Marjorie Morningstar); The Tunnel of Love (Babys auf Bestellung) [R]. 1960: Let's Make Love (Machen wir's in Liebe); Inherit the Wind (Wer den Wind sät). 1962: Going My Way [TVS]; Gigot (Gigot, der Stumme vom Montmartre) [R]. 1964: What a Way to Go! (Immer mit einem anderen). 1966/67: Les demoiselles de Rochefort (Die Fräulein von Rochefort) [FR]. 1967: Jack and the Beanstalk (Jack und die Wunderbohnen); A Guide for the Married Man (Leitfaden für Seitensprünge) [R]. 1969: Hello, Dolly! (Hello Dolly!) [R]. 1970: The Cheyenne Social Club (Geschossen wird ab Mitternacht) [R,P]. 1971: Funny Side [TVS]. 1973: 40 Carats (Vierzig Karat). 1974: That's Entertainment! (Das gibt's nie wieder – That's Entertainment). 1975: Woman of the Year (Die Frau des Jahres) [TV]. 1976: That's Entertainment II (Hollywood, Hollywood!) [D,R – Kompilation]. 1977: An American in Pasadena [TV]; Viva Knievel! (Viva Knievel – Der Tod springt mit). 1980: Xanadu (Xanadu). 1980/81: Reporters (Reporters) [DOK – FR]. 1985: Sins (Im Labyrinth der Rache) [TV]. 1985–86: North and South (Fackeln im Sturm) [TVS].

Kelly, Grace

(Grace Patricia Kelly)
*12. 11. 1929 Philadelphia (Pennsylvania)
†14. 9. 1982 Monte Carlo

Besuch der Ravenhill Academy of the Assumption in Philadelphia, später der Stevens School in Chestnut Hill, Pennsylvania.

Im Alter von 12 Jahren bei den Old Academy Players of East Falls. 1947–49 American Academy of Dramatic Art in New York. Gleichzeitig Fotomodell und Werbefernsehen. 1949 Theaterdebüt in «The Torch Bearers», am Broadway in Strindbergs «Fadren». 1951 erste Filmrolle in Henry Hathaways *Fourteen Hours*. Großer Erfolg als Ehefrau von Gary Cooper in Fred Zinnemanns klassischem Western *High Noon*. Im selben Jahr Fortsetzung der Schauspielausbildung bei Sanford Meisner am Neighborhood Playhouse und 7-Jahres-Vertrag von M-G-M. Sie spielt an der Seite von Clark Gable in John Fords Abenteuerfilm *Mogambo* (Oscar-Nominierung Nebenrolle). 1954 beginnt die kühle, elegante Blondine ihre Zusammenarbeit mit Alfred Hitchcock: verwickelt in eine mörderische Verschwörung in *Dial M For Murder*, an der Seite von James Stewart in *Rear Window*, mit Cary Grant in *To Catch A Thief* an der französischen Riviera. 1954 Oscar für die Darstellung der Frau eines Alkoholikers in George Seatons *The Country Girl*. 1956 als Prinzessin Alexandra in Charles Vidors *The Swan* und als reiche Braut neben Bing Crosby und Frank Sinatra in *High Society* (Charles Walters). Im selben Jahr Abbruch der Schauspiel-Karriere und Heirat mit Fürst Rainier III. von Monaco.

[US] 1951: Fourteen Hours (Vierzehn Stunden). 1952: High Noon (Zwölf Uhr mittags). 1953: Mogambo (Der tollkühne Jockey). 1954: The Country Girl (Ein Mädchen vom Lande); Green Fire (Grünes Feuer); Dial M for Murder (Bei Anruf Mord); Rear Window (Das Fenster zum Hof); The Bridges at Toko-Ri (Die Brücken von Toko-Ri). 1955: To Catch a Thief (Über den Dächern von Nizza). 1956: The Swan (Der Schwan); High Society (Die oberen Zehntausend); Le mariage de Monaco [DOK – FR].

Kemp, Paul

(Peter Paul Kemp)
*20. 5. 1896 Bad Godesberg
†13. 8. 1953 Bonn

Er spielt als junger Filmenthusiast Klavier in einem Ladenkino; Realschule in Königswinter, Landwirtschaftsschule in Bitburg, Baugewerkschule in Köln; Maurer in Godesberg. 1915 Kriegsfreiwilliger. Erste Theatererfahrungen in einem Soldatenensemble. Ab 1919 Schüler von Louise Dumont an der Hochschule für Bühnenkunst des Düsseldorfer Schauspielhauses, erste Auftritte als jugendlicher Komiker. 1921 Stadttheater Remscheid; 1922 Rückkehr ans Düsseldorfer Schauspielhaus. 1923–29 Hamburger Kammerspiele, dort enge Zusammenarbeit mit Gustaf Gründgens; Kemp spielt und inszeniert mit großem Erfolg «Charleys Tante», ist Hauptdarsteller kurioser Werbefilme u. a. für Rhizinusöl und Lebensversicherungen. 1929 In Berlin an den Saltenburg- und Reinhardt-Bühnen; seit der Darstellung des Buchhalters Kringelein in Vicki Baums «Menschen im Hotel» (1930) unter der Regie von Gründgens als Charakterkomiker geschätzt. Durch Filmrollen auf den Typ des verschreckten Kleinbürgers festgelegt: leicht vertrottelter Angestellter in *Der Schuß im Tonfilmatelier*, schüchterner Ganove in Langs *M* und in Pabsts *Die 3-Groschen-Oper*. Melancholisch-pfiffig in *Die verkaufte Braut* (Max Ophüls). Erfolg auch in musikalischen Komödien: in der Doppelrolle als Merkur und Sosias in Reinhold Schünzels Krieger-und-Götter-Satire *Amphitryon*, in Paul Martins *Glückskinder* (Lied: «Ich wollt', ich wär ein Huhn»). Während der intensiven Filmarbeit nur gelegentlich Bühnenrollen. 1942 zum Schönbrunner Schloß-Theater in Wien. Nach Ende des 2. Weltkriegs wieder als «Charleys Tante» zusammen u. a. mit Theo Lingen und Johannes Heesters bei einem Wandertheater. 1946 Theater in der Josefstadt. Zu Beginn der 50er Jahre Umzug zurück in das heimatliche Bad Godesberg.

[DE/BRD] 1930: Cyankali; Der Schuß im Tonfilmatelier; Der König von Paris [FR/DE]; Lumpenball; Die große Sehnsucht; Dolly macht Karriere; Die blonde Nachtigall; Seitensprünge. 1930/31: Die 3-Groschen-Oper [Version – DE/US]; M. 1931: Meine Cousine aus Warschau; Der Raub der Mona Lisa; Um eine Nasenlänge; Die schwebende Jungfrau; Ein Auto und kein Geld [HU/DE]; Dann schon lieber Lebertran [KF]. 1931/32: Drei von der Stempelstelle. 1932: Gitta entdeckt ihr Herz; Die verkaufte Braut; Sehnsucht 202 [AT/DE]; Mieter Schulze gegen Alle; Zigeuner der Nacht; Ein Mann mit Herz. 1932/33: Ein Lied für Dich. 1933: Unsichtbare Gegner [AT]; Roman einer Nacht; Das Schloß im Süden; Ihre Durchlaucht, die Verkäuferin; Das Lied vom Glück; Mit Dir durch dick und dünn. 1933/34: Der Flüchtling aus Chicago; Mein Herz ruft nach Dir. 1934: Die Csardasfürstin; Charleys Tante; Prinzessin Turandot. 1935: Amphitryon. Aus den Wolken kommt das Glück; Der Gefangene des Königs; Der mutige Seefahrer. 1935/36: Der schüchterne Casanova; Heißes Blut. 1936: Boccaccio; Glückskinder; Blumen aus Nizza [AT]. 1937: Zauber der Bohème [AT]; Die verschwundene Frau [AT]; Musik für dich [AT]; Oberleutnant Franzl/Ihr Leibhusar [Version – HU/AT/DE]. 1937/38: Es leuchten die Sterne. 1938: Capriccio; Unsere kleine Frau [Version – IT/DE]; Dir gehört mein Herz [Version – IT/DE]; Mia moglie si diverte [Version –

IT/DE]; Marionette [Version – IT]. 1938/39: Das Abenteuer geht weiter (Jede Frau hat ein süßes Geheimnis). 1939: Premiere der Butterfly [Version- IT/DE]; Il sogno di Butterfly [Version – IT/DE]; Kornblumenblau. 1940: Was wird hier gespielt?; Das leichte Mädchen; Der Kleinstadtpoet. 1941: Frau Luna; Immer nur ... Du!; Jenny und der Herr im Frack. 1941/42: Ein Windstoß. 1942: Die große Nummer. 1942/43: Fahrt ins Abenteuer. 1943: Das Lied der Nachtigall. 1943/44: Glück unterwegs; Sieben Briefe; Spuk im Schloß. 1944: Dir zuliebe; Frech und verliebt. 1944/45: Leuchtende Schatten [Unvollendet]; Liebe nach Noten. 1947: Triumph der Liebe [AT]; Das singende Haus [AT]. 1948: Der himmlische Walzer [AT]. 1948/49: Lambert fühlt sich bedroht [AT]. 1949: Gefährliche Gäste. 1949/50: Absender unbekannt; Kein Engel ist so rein. 1950: Der Mann, der sich selber sucht; Mädchen mit Beziehungen; Die Nacht ohne Sünde; Die Dritte von rechts. 1950/51: Die Mitternachtsvenus. 1951: Engel im Abendkleid; Mutter sein dagegen sehr; Fräulein Bimbi (Das unmögliche Mädchen) [AT]; In München steht ein Hofbräuhaus. 1952: Die Diebin von Bagdad; Königin der Arena. 1953: Salto mortale; Liebeskrieg nach Noten; Glück muß man haben (Drei, von denen man spricht) [AT].

Kennedy, Arthur
(John Arthur Kennedy)
* 17. 2. 1914 Worcester (Massachusetts)
† 5. 1. 1990 Branford (Connecticut)

Besuch der Worcester Academy. Schauspielausbildung am Carnegie Technical Institute, Pittsburgh. 1936 USA-Tournee mit dem Globe Theatre. 1937 Broadway-Debüt in «Richard III». 1940 Filmdebüt neben James Cagney in Anatole Litvaks *City for Conquest* und Vertrag von Warner Bros. Nach Kriegsteilnahme in der US Air Force Fortsetzung der umfangreichen Film- und Theaterarbeit, vor allem in Charakterparts und größeren Nebenrollen mit einem breiten Spektrum, darunter vor allem auch negative und zynische Charaktere. Erste Erfolge in Filmen von Mark Robson, so 1949 Hauptrolle neben Kirk Douglas im Boxer-Film *Champion* (Oscar-Nominierung). Weitere Nominierungen für *Bright Victory* (1950). Kennedy spielt häufig auch in Western, u. a. unter der Regie von Anthony Mann in *Bend of the River* und *The Man from Laramie*. Zusammenarbeit mit Fritz Lang in *Rancho Notorious* und mit Nicholas Ray in *The Lusty Men*. Weitere Oscar-Nominierungen für Nebenrollen in Mark Robsons *Trial* (1955) und *Peyton Place* (1957) sowie in Vincente Minnellis *Some Came Running* (1958). Auch in historischen Filmen: in Richard Fleischers *Barabbas* als Pontius Pilatus und in David Leans *Lawrence of Arabia*. In John Fords Spätwestern *Cheyenne Autumn* spielt er den legendären Glücksspieler Doc Holliday. 1969 Mitarbeit in Samuel Fullers *Shark!* In den frühen 70er Jahren verstärkt TV-Tätigkeit. Seit dieser Zeit auch in europäischen Produktionen, vor allem Italo-Western. Neben der Filmarbeit auch am Broadway, darunter Mitwirkung an der Uraufführung mehrerer Bühnenstücke von Arthur Miller: «All My Sons» (1947), «Death of a Salesman» (1949), «The Crucible» (1953) und «The Price» (1968). Erfolg auch 1961 (als Nachfolger von Laurence Olivier) in «Becket».

[US] 1940: City for Conquest (Im Taumel der Weltstadt); Santa Fe Trail (Land der Gottlosen). 1941: High Sierra (Entscheidung in der Sierra); Knockout; Bad Men of Missouri (Der Rächer von Missouri); Highway West; Strange Alibi; They Died With Their Boots on (Sein letztes Kommando). 1942: Desperate Journey (Sabotageauftrag Berlin). 1942/43: Devotion [UA: 1946]. 1943: Air Force (Airforce). 1947: Cheyenne (Wyoming-Expreß); Boomerang! (Bumerang). 1949: The Walking Hills (Treibsand); The Window (Das unheimliche Fenster); Chicago Deadline (Todesfalle von Chikago); Champion (Zwischen Frauen und Seilen); Too Late for Tears (Der blonde Tiger). 1950: Bright Victory/Lights Out (Sieg über das Dunkel); The Glass Menagerie (Die Glasmenagerie). 1951: Red Mountain (Die Hölle der roten Berge); Bend of the River (Meuterei am Schlangenfluß); Rancho Notorious (Engel der Gejagten/Die Gejagten). 1952: The Lusty Men (Arena der Cowboys); The Girl in White (Frau in Weiß). 1954: The Naked Dawn (Santiago – der Verdammte); Ford Theatre: Night Visitor [TV]. 1954/55: Impulse (In die Falle gegangen) [GB]. 1955: Trial (Das Komplott); The Desperate Hours (An einem Tag wie jeder andere); The Man from Laramie (Der Mann aus Laramie); Crashout (Straße des Terrors). 1956: The Rawhide Years (Vom Teufel verführt). 1957: Peyton Place (Glut unter der Asche). 1958: Twilight for the Gods (Hart am Wind); Some Came Running (Verdammt sind sie alle). 1959: Home Is the Hero (Der Goliath von Galway) [IE]; A Summer Place (Die Sommerinsel). 1960: Elmer Gantry (Elmer Gantry). 1961: Murder She Said (16 Uhr 50 ab Paddington) [GB]; Claudelle Inglish (Claudelle und ihre Liebhaber); Barabba (Barabbas) [IT]. 1962: Hemingway's Adventures of a Young Man (Hemingways Abenteuer eines jungen Mannes); Lawrence of Arabia (Lawrence von Arabien) [GB]. 1964: Joaquín Murieta (Murietta – Geißel von Kalifornien) [ES]; Italiani brava gente/Onišli na Vostok [IT/SU]; Cheyenne Autumn (Cheyenne). 1965: Joy in the Morning. 1966: La chica del lunes [AR]; Nevada Smith (Nevada Smith); Fantastic Voyage (Die phantastische Reise). 1968: Un minuto per pregare, un istante per morire (Mehr tot als lebendig)

[IT]; Day of the Evil Gun (Totem); Lo sbarco di Anzio (Schlacht um Anzio) [IT]. 1969: Hail, Hero!; Shark!/Un arma de dos filos (Hai/ Outsider) [US/MX]. 1970: The Movie Murderer (Jagd auf den Kino-Mörder) [TV]. 1971: A Death of Innocence [TV]; The President's Plane Is Missing [TV]; My Old Man's Place; Crawlspace [TV]. 1972: Baciamo le mani [IT]. 1973: Ajuste de cuencas (Ricco)/Un tipo con una faccia sirana ti cerca per ucciderti (Der Clan der Killer) [ES/IT]. 1974: Portait: The Man From Independence [TV]; Nakia [TVS]; L'Anticristo (Der Antichrist) [IT]; Fin de semana para los muertos/Non si deve profanare il sonno dei morti (Das Leichenhaus der lebenden Toten) [ES/IT]. 1974/75: La polizia ha le mani legate [IT]. 1975/76: Roma a mano armata [IT]. 1976: La spiaggia del desiderio [IT]; Nove ospiti per un delitto [IT]; The Sentinel (Hexensabbat). 1977: Cyclone (Tornado) [MX]; Ab morgen sind wir reich und ehrlich [BRD]; Gli ultimi angeli [IT]. 1978: Bermudas: la cueva de los tiburones/Bermude: la fossa maledetta (Haie am Todesriff) [IT/ES]; Porco mondo (porno) [IT/ ES]; Sono stato un agente CIA (Rauschgift tötet leise) [IT]. 1979: L'umanoide (Kampf um die 5. Galaxis) [IT]. 1989: Signs of Life (Signs of Life) [GB].

Kerr, Deborah

(Deborah Jane Kerr-Trimmer)
*30. 9. 1921 Helensburgh (Schottland)

Bis 1936 Schulbesuch in Bristol, dann erste Engagements beim Radio. Kerr findet über den Tanz zur Bühne. 1937 Ballett-Studium an der Sadlers Wells Ballet School in London. Mit 17 Jahren erstmals als Chortänzerin auf der Bühne. 1940 Filmdebüt als ein Mädchen der Heilsarmee in *Major Barbara* (Gabriel Pascal). In *The Life and Death of Colonel Blimp* (Michael Powell, Emeric Pressburger) spielt sie die Rollen der drei Frauen, in die sich «Colonel Blimp» über drei Kriege hinweg immer wieder verliebt. 1945 Truppenbetreuungs-Tournee mit «Gaslight» durch Frankreich, Belgien und Holland. 1947 in *Black Narcissus* als unglücklich liebende anglikanische Ordensschwester. Im selben Jahr Hollywood-Vertrag von M-G-M und in *The Hucksters* (Jack Conway) als Witwe, an der Clark Gable interessiert ist. 1953 endgültiger Durchbruch als untreue Ehefrau im Kriegsdrama *From Here to Eternity* (Fred Zinnemann): Erotischer Höhepunkt der 50er Jahre ist ihre Umarmung mit Burt Lancaster in der Brandung am Strand. Zusammenarbeit mit zahlreichen bedeutenden Regisseuren wie George Cukor, Joseph L. Mankiewicz, Edward Dmytryk, Vincente Minnelli, John Huston und Otto Preminger. 1960 als nach Ansiedlung in Australien strebende Ehefrau eines die Ungebundenheit liebenden Schaftreibers (Robert Mitchum) in der australisch-britischen Co-Produktion *The Sundowners* (Zinnemann). Nach Elia Kazans *The Arrangement* (1969) Rückzug vom Film. Erst 1982 wieder in Fernsehproduktionen. 1985 Hauptrolle der lange unterdrückten Witwe in dem Filmdramolett *The Assam Garden* postkolonialen (Mary McMurray). Nach sechsmaliger erfolgloser Nominierung wird Kerr 1993 mit einem Oscar für ihr Lebenswerk ausgezeichnet. Kerrs zweiter Ehemann ist der Autor Peter Viertel.

[US] 1941: Major Barbara (Major Barbara) [GB]; Love on the Dole [GB]; Penn of Pennsylvania (Der Gouverneur von Pennsylvanien) [GB]; Hatter's Castle (Der Hutmacher und sein Schloß) [GB]. 1942: The Day Will Dawn [GB]. 1943: The Life and Death of Colonel Blimp (Leben und Sterben des Colonel Blimp) [GB]. 1945: Perfect Strangers [GB]. 1946: I See a Dark Stranger [GB]. 1947: Black Narcissus (Schwarze Narzisse) [GB]; The Hucksters (Der Windhund und die Lady). 1948: If Winter Comes. 1948/49: Edward, My Son (Edward, mein Sohn) [GB]. 1950: Please Believe Me. 1951: King Solomon's Mines (König Salomons Diamanten); Quo vadis? (Quo vadis?). 1952: The Prisoner of Zenda (Im Schatten der Krone); Thunder in the East (Donner in Fern-Ost). 1953: Julius Caesar; Young Bess (Die Thronfolgerin); Dream Wife (Du und keine andere); From Here to Eternity (Verdammt in alle Ewigkeit). 1954/55: The End of the Affair (Das Ende einer Affäre) [GB]. 1956: The Proud and Profane (Auch Helden können weinen); The King and I (Der König und ich); Tea and Sympathy (Anders als die anderen). 1957: Heaven Knows, Mr. Allison (Der Seemann und die Nonne); An Affair to Remember (Die große Liebe meines Lebens). 1958: Separate Tables (Getrennt von Tisch und Bett); Bonjour Tristesse (Bonjour Tristesse) [GB]; The Journey (Die Reise). 1959: Count Your Blessings (Französische Betten); Beloved Infidel (Die Krone des Lebens). 1960: The Sundowners (Der endlose Horizont); The Grass Is Greener (Vor Hausfreunden wird gewarnt). 1961: The Naked Edge (Ein Mann geht seinen Weg) [GB]; The Innocents (Schloß des Schreckens) [GB]. 1963: Three Roads to Rome [TV – GB]; The Chalk Garden (Das Haus im Kreidegarten) [GB]. 1964: The Night of the Iguana (Die Nacht des Leguan). 1965: On the Trail of the Iguana [KF]; Marriage on the Rocks (Dreimal nach Mexiko). 1966: Eye of the Devil (Die schwarze 13) [GB]. 1966/67: Casino Royale (Casino Royale) [GB]. 1967: Think 20th [KF]. 1967/68: Prudence and the Pill (Die Pille war an allem schuld) [GB]. 1969: The Gypsy Moths (Die den Hals riskieren); The Arrangement (Das Arrangement). 1981: A Song at Twilight [TV – GB]. 1982: Witness for the Prosecution (Zeugin der Anklage) [TV – GB]. 1984: Reunion at Fairborough (Wiedersehen in Fairborough) [TV]; A Woman of Substance [TV – GB]. 1984/85: The Assam Garden [GB]. 1986: Hold the Dream [TV – GB].

Khanna, Rajesh

(Jatin Khanna)
* 1942
Er beginnt seine Filmkarriere in Billigproduktionen wie in Yash Chopras Thriller *Ittefaq* (1969). Sein Rollenimage ist geprägt von den gesellschaftlichen Veränderungen im Indien der späten 60er Jahre. In den frühen 70er Jahren verkörpert er oft den sozial Vereinsamten (*Hathi Mere Saathi*), den in existentielle Nöte verstrickten Menschen (*Amar Prem*) und den Kriminellen aus sozialer Not (*Kati Patang; Dushman*). Oft ist er der Partner von Sharmila Tagore. Die Rolle des Unschuldigen in einer Welt des Bösen, der aber auch über sich selbst lachen kann, gestaltet er in *Anand* und *Andaz*. Khanna gilt als einer der großen Stars des Hindi-Films der späten 60er und frühen 70er Jahre. In den 80er Jahren engagiert er sich zunehmend parteipolitisch und kandidiert bei den Wahlen.

[IN] 1966: Aakhari Khat. 1967: Aurat; Raaz; Baharon Ke Sapne. 1969: Bandhan; Do Raaste; Khamoshi; Aradhana; Ittefaq; Doli. 1970: Sachcha Jhutha; Safar; Aan Milo Sajna; The Train; Kati Patang; Anand. 1971: Meḥboob Ki Mehndi; Maryada; Dushman; Badnaam Farishte; Hathi Mere Saathi; Amar Prem; Chhiti Bahu; Andaz. 1972: Shehzada; Bawarchi; Joru Ka Gulam; Mere Jeevan Saathi; Anuraag; Dil Daulat Duniya; Malik; Apna Desh. 1973: Avishkar; Raja Rani; Daag; Namak Haram. 1974: Roti; Aaina; Aap Ki Kasam; Humshakal; Ajnabi; Prem Nagar. 1975: Akraman; Prem Kahani. 1976: Ginny Aur Johnny; Bandalbaaz; Maha Chor; Tyaag; Mehbooba. 1977: Palkon Ki Chhaon Mein; Karm; Tinku; Chalta Purza; Chhaila Babu; Aashiq Hoon Baharon Ka; Anurodh. 1978: Bhola Bhala; Chakravyuha; Prem Bandhan; Naukri. 1979: Janata Havaldar; Amar Deep; Muqabala. 1980: Aanchal; Bandish; Thodisi Bewafayi; Phir Wohi Raat; Red Rose. 1981: Dhanwan; Dard; Dil-e-Nadaan; Kudrat; Fifty-Fifty. 1982: Dharam Kanta; Rajput; Suraag; Ashanti; Jaanwar. 1983: Babu; Agar Tum Na Hote; Avatar; Nishan; Souten. 1984: Asha Jyoti; Awaaz; Naya Kadam; Aaj Ka MLA Ramavatar; Paapi Pet Ka Sawaal Hai; Maqsad; Hum Dono; Dharam Aur Kanoon; Durga. 1985: Insaaf Main Karoonga; Zamana; Oonche Log; Aakhir Kyon; Awara Baap; Bewafai; Masterji; Alag Alag. 1986: Nasihat; Mohabbat Ki Kasam; Angarey; Shatru; Adhikar; Amrit; Anokha Rishta. 1987: Awaam; Gora; Nazrana; Seetapur Ki Geeta. 1988: Vijay; Woh Phir Aayegi. 1989: Ghar Ka Chirag; Main Tera Dushman; Mamata Ki Chhaon Mein; Paap Ka Ant. 1990: Swarg; Ghar Parivar. 1991: Rupaye Dus Karod.

Kieling, Wolfgang

* 6. 3. 1924 Berlin-Neukölln
† 7. 10. 1985 Hamburg
Bühnendebüt in einer Kinderrolle in einem Theaterverein. Als «Wölfchen» Star der Rundfunk-Kinderserie «Kunterbunt». Kinderrollen auf verschiedenen Bühnen. Er synchronisiert u. a. Freddie Bartholomew. 1935/36 erste Filmauftritte in Kurzspielfilmen. Spielfilm-Debüt in Veit Harlans *Maria, die Magd*. 1938 Mittlere Reife, Abitur am Abendgymnasium. Schauspielunterricht bei Albert Florath, bei der Ufa Ausbildung zum Regie-Assistenten. 1941–42 an Provinztheatern. Soldat, russische Kriegsgefangenschaft; er organisiert Theater für Gefangenenlager. 1949 nach West-Berlin entlassen. Synchron- und Nachrichtensprecher, Theater. 1954 Wechsel in die DDR. Rollen in Konrad Wolfs *Genesung* und Kurt Jung-Alsens *Betrogen bis zum jüngsten Tag*, einem Kriegsfilm nach einer Erzählung von Franz Fühmann. Rückkehr nach West-Berlin. Synchronsprecher u. a. für Frank Sinatra, Glenn Ford, Paul Newman und Kirk Douglas. 1958 Staatsschauspiel Stuttgart, dann Residenztheater in München. Seit den 60er Jahren intensive TV-Arbeit. Als Dr. Salbach in Fritz Kortners umstrittenem TV-Film *Die Sendung der Lysistrata* (1960). Filmauftritte u. a. als Wachtmeister in Jürgen Rolands Krimi *Polizeirevier Davidswache* (1965), mit einem Bundesfilmpreis ausgezeichnet. Im folgenden Jahr in Alfred Hitchcocks Ost-West-Thriller *Torn Curtain*. 1968 erneuter Wechsel in die DDR, Rollen in Filmen von Frank Vogel, Günter Reisch und Konrad Wolf. Bald danach wieder im Westen, wird der «Grenzgänger» nach anfänglichen Boykott-Versuchen zu einem der profiliertesten Darsteller des bundesdeutschen Fernsehens. Höhepunkte sind die TV-Rollen des alternden Transvestiten in *Im Reservat* (Peter Beauvais) und des jüdischen Möbelhändlers in *Die Geschwister Oppermann* (Egon Monk). Zu den seltenen Kinofilmen gehören Alf Brustellins *Der Sturz* und Carls Schenkels *Abwärts*. 1977 als Geldbriefträger Fuchs in Simmels «Mein Schulfreund» noch einmal auf Theater-Tournee.

[DE/BRD] 1935/36: Hier irrt Schiller [KF]. 1936: Guten Abend – gute Nacht [KF]; Maria, die Magd. 1936/37: Die Kreutzersonate. 1937: Heimweh. 1937/38: Gute Reise, Herr Meyer [KF]. 1938: Kumbusch macht Wochenende [KF]; Träume sind Schäume [KF]; Frauen für Golden Hill. 1939: Pedro soll hängen [R-Volontariat]; Die Reise nach Tilsit; Seitensprünge. 1940: Falstaff in Wien; Herz geht vor Anker. 1941: Krach im Vorderhaus; Jenny und der Herr im Frack. 1953: Kopf oder Zahl [TV]. 1955: Genesung [DDR]. 1956: Damals in Paris [DDR]. 1956/57: Betrogen bis zum jüngsten Tag [DDR]. 1957: Der Parasit [TV]. 1958: Der Mann, der nicht nein sagen konnte/Manden, der ikke ku' sige nej [CH/DK]. 1959: Arzt ohne Gewissen. 1960: Agatha, laß das Morden sein; Die Sendung der Lysistrata [TV]. 1961: Zuflucht [TV]; Frau Cheneys Ende; Wir waren drei [TV]; Mörderspiel/Jeu de l'assassin [BRD/ FR]. 1961/ 62: Der rote Hahn [TV]. 1962: Wallenstein [TV]; Mord im Dom [TV]; Zahlungsaufschub [TV]; Montserrat [TV]. 1962/63: Mein Mann, der Goldesel/ Heute kündigt mir mein Mann; Mirandolina [TV]; Der Belagerungszustand [TV]; Dantons Tod [TV]. 1963: Ein ungebetener Gast [TV]; Hedda Gabler [TV]. 1963/ 64: Die Teufelsspur [TV]; Der Traum des Eroberers [TV]; Das Haus in der Karpfengasse [TV+Kino]. 1964: König Richard III [TV]; Bericht von den Inseln [TV]; Zeit der Schuldlosen; Polizeirevier Davidswache; Die Physiker [TV]. 1964/65: Das Kriminalmuseum: Der Brief [TV]; Der Sündenbock [TV]. 1965: Hotel der toten Gäste; Scharfe Schüsse auf Jamaika/A 001: operazione Giamaica/001 operacíon Caribe [BRD/IT/ES]; Duell vor Sonnenuntergang/Sparate a vista su Killer Kid [BRD/YU]; Exil [TV]; Das Mädchen aus Mira [TV]. 1965/66: Der Kongreß amüsiert sich/Le congrès s'amuse [BRD/AT/ FR]. 1966: Geschlossene Gesellschaft [TV]; Torn Curtain (Der zerrissene Vorhang) [US]; Das Abgründige in Herrn Gerstenberg [TV]; Standgericht [TV]; SOS – Morro Castle [TV]. 1966/67: Das Kriminalmuseum: Die Kiste [TV]; Die Rache des Dr. Fu Man Chu/The Vengence of Fu Manchu [BRD/ GB]. 1967: Pension Clausewitz; Ein Toter braucht kein Alibi [TV]; Geheimnisse in goldenen Nylons/Deux billets pour Mexico/ Segreti che scottano [BRD/FR/IT]; Fliegender Sand [TV]; Das Haus der tausend Freuden/ La casa de las mil munecas [BRD/ES]. 1967/68: Operazione S. Pietro/Au diable les anges!/Die Abenteuer des Kardinal Braun [IT/FR/BRD]; Tevye und seine sieben Töchter/Tuvia vesheva benotav [BRD/IL]. 1968: Im Banne des Unheimlichen; Das siebente Jahr [DDR]; Jungfer, Sie gefällt mir [DDR]. 1969: Aus unserer Zeit. Ep 2: Das Duell [EP – DDR]. 1969/70: Jeder stirbt für sich allein [TV – DDR]. 1970: Leichensache Zernik [Unvollendet – DDR]; Kannibalen [TV]; Hunger 2000 [TV]. 1970/71: Goya/Goja [DDR/SU]. 1971: Der Fall Jägerstätter [TV]; Die Ahnfrau [TV]; $ (Der Millionenraub) [US]; Der Todesrächer von Soho/El muerto hace las maletas [BRD/ES]; Das Jahrhundert der Chirurgen: Der Arzt seiner Schwester [TV]. 1971/72: Der Angestellte [TV]; Tatort: Strandgut [TV]. 1972: Rechtsprechung [TV]; Der Eisberg der Vorsehung [TV]; Dem Täter auf der Spur: Ohne Kranz und Blumen [TV]; Das letzte Paradies [TV]; Sonderdezernat K1: Vier Schüsse auf den Mörder [TV]; Dem Täter auf der Spur: Der Tod in der Maske [TV]; Bremer Freiheit [TV]. 1972/73: Immobilien [TV]; Weekend im Paradies [TV]; Bauern, Bonzen und Bomben [TV]. 1973: Im Reservat [TV]; Einladung zur Enthauptung [TV]; Zwischen den Flügen: Ein Wiedersehen [TV]. 1973/74: Zwischenstationen: Ende einer Freundschaft [TV]. 1974: Die Villa der Madame Vidac [TV]; Die Macher oder Warten auf Godeau [TV]; Derrick: Waldweg [TV]; Härte 10 [TV]; Diplomatengepäck [TV]; Listen to My Story/... und die Nacht kennt kein Erbarmen [SA/BRD]. 1974/ 75: Lieben Sie Kishon? [TVS]. 1975: Der Hypochonder [TV]; Es fängt ganz harmlos an [TV]; Baby Hamilton oder Das kommt in den besten Familien vor [TV]. 1975/76: Man lernt nie aus [TVS]; Von Emma, Türkenpaul und Erwin mit der Geige. Ep: Bleibe-Verhandlung [TV-EP]; Margarete in Aix [TV]. 1976: Ketten [TV]; Bei Westwind hört man keinen Schuß [TV]. 1976–78: Der Anwalt [TVS 2.+3. Staffel]. 1977: Der Mann mit dem Zylinder [TV]; Der Preis [TV]; Die Kette [TV]; Meine dicke Freundin [TV]. 1978: Friedrich Schachmann wird verwaltet [TV]; Der Geist der Mirabelle [TV]; In des Waldes tiefsten Gründen [TV]; Extratouren [TV-EP]; Eine Frau bleibt eine Frau [TV-EP]; Der Sturz; Wo die Liebe hinfällt. Ep: Kurz vor der Landung [TV-EP]; Exil/ L'Exile [TVS – BRD/FR]. 1978/79: Die Stühle des Herrn Szmil [TV]. 1979: ... es ist die Liebe. Ep 1: Die Geschäftsreise [TV-EP]; Geschichten aus der Zukunft: Nach menschlichem Ermessen [TV]; Tatort: Schweigegeld [TV]; Pension Schöller [TV]. 1979/80: Barfuß im Park [TV]. 1980: Die ungeraden Wege des Arnold Bronnen [TV-DOK]; Das Drehbuch [TV]; Ein unruhiger Sommer [TV]; Kreuzfahrten eines Globetrotters [TVS]; Ein Guru kommt [TV]. 1980/81: Der König und sein Narr [TV]. 1981: Thriller. Die Vielgeliebte [TV]; Das Traumschiff. Folge 2 [TVS]; Der Spot oder Fast eine Karriere [TV]; Oh du fröhliche. Ep 4: Geben und Nehmen [TV-EP]. 1981/82: Kreisbrandmeister Felix Martin [TVS]. 1982: Die Krimistunde III. Ep: Das Geheimnis der Truhe [TV-EP]; Wohl bekomm's [TV]; Treffpunkt Airport: 20 Minuten Aufenthalt [TV-EP]; Hellseher wider Willen [TVS]; Mein Bruder und ich [TV]; Die Geschwister Oppermann [TV]. 1983: Satan ist auf Gottes Seite [TV]; Das Herz aller Dinge [TV]; Strafanzeige gegen unbeteiligt [TV]; Das Traumschiff. Folge 6 [TV]; Der Trauschein [TV]. 1983/84: Der Alte: Der vierte Mann [TV]; Morgen in Alabama; Abwärts. 1984: Turf: Die letzte Wette [TV]; Der Alte: Der Klassenkamerad [TV]; Geld oder Leben. Ep: Spieglein, Spieglein an der Wand [TV-EP]; Das Geschenk [TV]; Patrik Pacard. Entscheidung im Fjord [TV]; Der Schiedsrichter [TV]; Didi und die Rache der Enterbten. 1984/85: Anruf genügt: Der Held der Lüfte [TV-EP]; Stadttheater [TV]; Grenzenloses Himmelblau [TV]. 1984–86 Die Schwarzwaldklinik [TVS]. 1985: Herbert ist Hermann. Folge 3 [TVS]; In Amt und Würden [TV-EP]; Es war ein bißchen laut ... [TV]; Zieh den Stecker raus, das Wasser kocht [TV].

Kiesler, Hedwig → Lamarr, Hedy

Kingsley, Ben

(Krishna Bhanji)
*31. 12. 1943 Yorkshire
Der Sohn eines indischen Arztes und eines englischen Mannequins beginnt als Schauspieler bei einer Amateurbühne in Manchester. Ab 1966 in London,

gehört er ab 1967 zum Ensemble der Royal Shakespeare Company, brilliert vor allem in Klassiker-Rollen. Ab 1972 übernimmt er einzelne kleinere Aufgaben in britischen Filmproduktionen. Für seine erste Hauptrolle, den Titelpart des indischen Pazifisten und Staatsgründers in Richard Attenboroughs *Gandhi* (1982) erhält er den Preis der Britischen Filmakademie und einen Oscar. Seither beweist er – neben seiner Bühnenarbeit, so 1983 als «Kean» in New York – in zahlreichen, höchst unterschiedlichen Filmen beiderseits des Atlantiks sein Talent als Charakterdarsteller. In Thom Eberhardts Kriminalkomödie *Without a Clue* ist er als Dr. Watson der eigentliche Erfinder des Sherlock Holmes. In der TV-Produktion *Murderers Among Us: The Simon Wiesenthal Story* spielt er die Hauptrolle des Nazijägers. Für sein Porträt des Meyer Lansky in Barry Levinsons Gangsterfilm *Bugsy* wird er 1991 für einen Nebenrollen-Oscar nominiert. Als eher ängstlicher amerikanischer Vice President in Ivan Reitmans *Dave* und als gewissenhafter jüdischer Buchhalter in Spielbergs *Schindler's List* stützt er mit solider Darstellungskunst die Stars. In Roman Polanskis brutalem Psychodrama *Death and the Maiden* spielt er Dr. Miranda, der als angeblich ehemaliger Folterer von einem ehemaligen Opfer gepeinigt wird.

[GB] 1972: Fear Is the Key (Angst ist der Schlüssel). 1973: Hard Labour. 1982: Gandhi (Gandhi). 1982/83: Betrayal (Betrug). 1984: Sleeps Six [TV]; Camille (Die Dame mit den Kamelien) [TV]. 1984/85: Turtle Diary (Ozeanische Gefühle). 1985: Harem (Harem) [FR]; Silas Marner [TV]. 1987: Sherlock and Me; Il segreto del Sahara/Das Geheimnis der Sahara [TV – IT/FR/BRD/ES]; Testimony (Zeugenaussage) [TV]; Maurice (Maurice). 1988: Murderers Among Us: The Simon Wiesenthal Story (Recht, nicht Rache – Die Geschichte des Simon Wiesenthal) [TV – US, GB, HU]; Pascali's Island (Die vergessene Insel); Without a Clue (Genie und Schnauze). 1988/89: Slipstream (Slipstream). 1989: The Fifth Monkey (Der 5. Affe) [US]. 1989/90: The Children [GB/BRD]. 1990: Una vita scellerata/Cellini (L'or et le sang) [IT/FR]; L'amore necessario/L'amour nécessaire [TV – IT/FR]; The War That Never Ends [TV]. 1991: Bugsy (Bugsy) [US]. 1992: Freddie As F.R.O.7 [S]; Freddie Goes to Washinton (Freddie – der Superfrosch); Sneakers (Sneakers – Die Lautlosen) [US]. 1993: Dave (Dave) [US]; Searching for Bobby Fischer (Das Königsspiel – Ein Meister wird geboren) [US]; Schindler's List (Schindlers Liste) [US]. 1994: Death and the Maiden/La jeune fille et la mort (Der Tod und das Mädchen) [GB/US/FR]; Die Bibel: Josef/Joseph [TV – DE/IT/US]. 1994/95: Species (Species) [US]. 1995: Die Bibel: Moses/Moses [TV – DE/IT/US]. 1996: Twelfth Night (Was ihr wollt) [GB/US]. 1997: Weapons of Mass Distraction [TV – US]; The Assignment [US]; Photographing Fairies.

Kinski, Klaus
(Klaus-Günther Nakszynski)
*18. 10. 1926 Zoppot (Ostpreußen)
†22. 11. 1991 Labunita bei San Francisco

Ab 1931 in Berlin. Humanistisches Gymnasium bis Untersekunda. Soldat; in englischer Kriegsgefangenschaft erste Theaterauftritte vor Gefangenen. 1946 erster Bühnenauftritt im Schloßpark-Theater, dann an anderen Berliner Bühnen. Gastrollen in der Bundesrepublik und in Österreich. Ab 1953 exaltierte Rezitationen u. a. von Villon- und Rimbaud-Gedichten. Ab 1948 zunächst kleinere Filmrollen: z. B. Transvestit in Roberto Rossellinis *La Paura*, geisteskranker Prinz Otto in Helmut Käutners *Ludwig II.*, Leutnant in Laszlo Benedeks *Kinder, Mütter und ein General*, Attentäter in Fritz Kortners *Sarajevo*. Mit *Die toten Augen von London* (Alfred Vohrer) beginnt eine Reihe von Edgar-Wallace-Filmen mit Kinskis prägnant charakterisierten Schurken oder Psychopathen in trivialen Inszenierungen. Ab 1964 in Rom ansässig und mit seinen Charakterstudien auch international beschäftigt, z. B. in dem Spaghetti-Western *Per qualche dollari in più* (Sergio Leone), in *Doctor Zhivago* (David Lean), als Kopfgeldjäger Tigrero in dem Schnee-Western *Il Grande Silencio* (Sergio Corbucci). Fortan oft als der Star mit der exzentrisch-lasziven Gestik in minderklassigen Filmen, Action, Sex, Horror. Reifere Leistungen erst in der Zusammenarbeit mit Werner Herzog in den 70er Jahren: Titelrollen in *Aguirre, der Zorn Gottes, Nosferatu – Phantom der Nacht, Woyzeck*, im zweiten Versuch zu *Fitzcarraldo*. Um 1970 meist in italienischen, ab Mitte der 70er Jahre in französischen Filmen, z. B. neben Romy Schneider in Andrzej Zulawskis Melodram *L'Important c'est d'aimer*. In Billy Wilders *Buddy Buddy* als neurotischer Chefarzt einer Sexklinik. 1987 nochmalige Zusammenarbeit mit Herzog in *Cobra Verde* – die von Spannungen zwischen Regisseur und Star gestörten Dreharbeiten sind in *Location Africa* (Steff Gruber) dokumentiert. 1987/88 realisiert Kinski sein Projekt *Kinski – Paganini*. 1975 erscheinen Kinskis Memoiren «Ich bin so wild nach deinem Erdbeermund» mit teils verschleierten, teils melodramatisch überhöhten Biographica. Wegen seiner Unberechenbarkeit in TV-Interviews und Talk-

Shows ein gern zugezogener Gast mit hohem Skandalpotential.

[BRD] 1947/48: Morituri. 1951: Decision Before Dawn (Entscheidung vor Morgengrauen) [US]. 1954: Angst/ La paura [BRD/IT]; Ludwig II. Glanz und Elend eines Königs. 1954/55: Kinder, Mütter und ein General. 1955: Hanussen; Sarajevo (Um Thron und Liebe) [AT]. 1955/56: Waldwinter. 1956: Geliebte Corinna. 1957/ 58: A Time to Love and a Time to Die (Zeit zu leben und Zeit zu sterben) [US]. 1960: Der Rächer. 1960/61: Die toten Augen von London; The Counterfeit Traitor (Verrat auf Befehl) [US]. 1961: Bankraub in der Rue Latour; Das Geheimnis der gelben Narzissen [Version – GB/BRD]; Die Kurve [TV]; Die seltsame Gräfin. 1961/ 62: Das Rätsel der roten Orchidee. 1962: Der rote Rausch; Die Tür mit den sieben Schlössern; Das Gasthaus an der Themse. 1963: Die Mondvögel [TV]; Der Zinker/L'Enigme du serpent noir [BRD/FR]; Die schwarze Kobra [AT]; Der schwarze Abt; Das indische Tuch; Scotland Yard jagt Dr. Mabuse; Kali Yug, la dea della vendetta/Kali-Yug, déesse de la vengeance/Kali Yug – Die Göttin der Rache [IT/FR/BRD]; Il mistero del tempio indiano/Le mystère du temple hindou/Kali Yug – Aufruhr in Indien [IT/FR/BRD]; Das Geheimnis der schwarzen Witwe/Araña negra [BRD/ES]; Piccadilly null Uhr zwölf. 1963/64: Der letzte Ritt nach Santa Cruz [AT/BRD]. 1964: Wartezimmer zum Jenseits; Die Gruft mit dem Rätselschloß; Winnetou II/Le trésor des montagnes bleus/Vinetu II/Giorni di fuoco [BRD/ FR/IT/YU]; Das Geheimnis der chinesischen Nelke/Il segreto del garofano cinese/F.B.I. contre l'œillet chinois [BRD/IT/FR]; Traitor's Gate [Version – GB/BRD]; Das Verrätertor [Version – GB/BRD]. 1965: The Pleasure Girls (Die Goldpuppen) [GB]; Neues vom Hexer; La guerre secrète/La guerra segreta/Spione unter sich [EP – FR/ IT/BRD]; Estambul 65/Colpo grosso a Galata Bridge/L'Homme d'Instanbul (Unser Mann aus Istanbul) [ES/IT/FR]; Per qualche dollaro in più/Für ein paar Dollar mehr/La muerte tenía un precio [IT/BRD/ ES]; Doctor Zhivago (Doktor Schiwago) [GB]. 1965/ 66: Circus of Fear/Psycho-Circus (Das Rätsel des silbernen Dreiecks) [GB/US]; Our Man in Marrakesh (Marrakesch) [GB]. 1966: Gern hab' ich die Frauen gekillt/Spie contro il mondo/Le carnaval des barbouzes [EP – AT/IT/FR]; Wie tötet man eine Dame?/Tiro a segno per uccidere [AT/IT]; Quien sabe? (Töte Amigo) [IT]. 1966/67: Five Golden Dragons (Die Pagode zum fünften Schrecken) [GB]. 1967: Die blaue Hand; Sumuru/The Million Eyes of Sumuru (Sumuru, die Tochter des Satans) [GB]; Ad ogni costo/Diamante a go-go/Top Job [IT/ES/ BRD]; L'uomo, l'orgoglio, la vendetta/ Mit Django kam der Tod [IT/BRD]; Ognuno per se/ Das Gold von Sam Cooper [IT/BRD]. 1967/68: Coplan sauve sa peau/L'Assassino ha le ore contate (Der Teufelsgarten) [FR/IT]; Sigpress contro Scotland Yard/ Mister zehn Prozent – Miezen und Moneten [IT/BRD]. 1968: ... se incontri Sartana, prega per la tua morte/ Sartana – Bete um deinen Tod [IT/BRD]; A qualsiasi prezzo (Vatican Story) [IT]; I bastardi/ Le bâtard/Der Bastard [IT/FR/BRD]; Il grande silenzio/Le grand silence (Leichen pflastern seinen Weg) [IT/FR]; Due volte Giuda/Dos veces Judas (2 Judas) [IT/ES]. 1968/ 69: 5 per l'inferno (Todeskommando Panthersprung) [IT]; Marquis de Sade: Justine/Justine ovvero le disavventure della virtù [BRD/ IT]; La legge dei gangsters (Quintero – das As der Unterwelt/Der Killer) [IT]; Paroxismus (... può una morta rivivere per amore?)/Paroxysmus [IT/BRD]. 1969: A doppia faccia/Das Gesicht im Dunkeln [IT/BRD]; Il dito nella piaga (Die Leoparden kommen) [IT]; Sono Sartana il vostro becchino (Sartana – Töten war sein täglich Brot) [IT]; Venus im Pelz/Le Malizie di Venere (Venere in pelliccia) [BRD/ IT]; Wie kommt ein so reizendes Mädchen zu diesem Gewerbe?/Mir hat es immer Spaß gemacht; ... e Dio disse a Caino/Satan der Rache [IT/BRD]; Nachts, wenn Dracula erwacht/Il Conte Dracula/El Conde Drácula [BRD/IT/ES]; La peau de torpédo/ Dossier 212: Destinazione morte/Der Mann mit der Torpedohaut [FR/IT/ BRD. 1970: Appuntamento col disonore [IT/ BRD/YU]; I leopardi di Churchill/ Leopardi di Churchill (Churchills Leoparden) [IT/ES]; La belva [IT]. 1970/ 71: Per una bara piena di dollari (Adios Companeros) [IT]; Giu la testa ... hombre! [IT]; La bestia uccide a sangue freddo (Das Schloß der blauen Vögel/ Der Triebmörder) [IT]. 1971: Lo chiamavano King [IT]; La vendetta è un piatto che si serve freddo (Drei Amen für den Satan) [IT]; Prega il morto e ammazza il vivo [IT]; Nella stretta morsa del ragno/Dracula im Schloß des Schreckens/Edgar Poe chez les morts-vivants [IT/ BRD/FR]; Il venditore di morte (Sarg der blutigen Stiefel) [IT]; Gli fumavano le Colt ... lo chiamavano Camposanto [IT]; L'occhio del ragno (Das Auge der Spinne) [IT]; Black Killer [IT]; El retorno de Clint el solitario/Il ritorno di Clint il solitario (Ein Einsamer kehrt zurück) [ES/IT]. 1972: Sette croci a San Ramon [Nicht aufgeführt – IT]; Io monaca ... per tre carogne e sette peccatrici/Ich, die Nonne und die Schweinehunde [IT/BRD]; Aguirre, der Zorn Gottes. 1973: Rivelazioni di uno psichiatra sul mondo perverso del sesso [IT]; La morte sorride all'assassino (Die Mörderbestien) [IT]; La mano spietata della legge (Die gnadenlose Hand des Gesetzes) [IT]; Crash che botte! (Strippo, strappo, stroppio) (Drei Spaghetti in Schanghai) [IT]; Il mio nome è Shanghai Joe (Der Mann mit der Kugelpeitsche/Mein Name ist Karate Jack) [IT]; La mano che nutre la morte [IT]. 1973/74: Eroi all'inferno [IT]; Le amanti del mostro [IT]. 1974: Le orme [IT]; Lifespan (Lebenserwartung/Das Geheimnis des Lebens) [NL]; L'important c'est d'aimer/L'importante è amare/Nachtblende [FR/ IT/BRD]. 1975: Un genio, due compari, un pollo/Un génie, deux associés, une cloche/Nobody ist der Größte [IT/FR/BRD]; Das Netz; Margot Werner [TV]. 1976: Jack the Ripper/ Jack the Ripper – Der Dirnenmörder von London [CH/BRD]; Nuit d'or [FR/ BRD]; Madame Claude (Madame Claude und ihre Gazellen) [FR]. 1977: Operation Thunderbolt (Unternehmen Entebbe) [IL]; Mort d'un pourri (Der Fall

Serrano) [FR]; Zoozéro [FR]. 1977/78: La chanson de Roland (Roland – Die Horden des eisernen Ritters) [FR]. 1978: Nosferatu – Phantom der Nacht/Nosferatu, Fantôme de la nuit [BRD/FR]; Woyzeck. 1979: Haine (Killer-Truck) [FR]. 1980: Schizoid (Schizoid) [US]; La femme-enfant/Stumme Liebe [FR/BRD]; Les fruits de la passion/Shina ningyo (Früchte der Leidenschaft) [FR/JP]. 1981: Buddy Buddy (Buddy Buddy) [US]; Venom (Die schwarze Mamba) [GB]; The Soldier (Der Söldner) [US]. 1981/82: Fitzcarraldo; Burden of Dreams (Die Last der Träume) [DOK – US]. 1982: Android (Der Android) [US]; Zeit zu Zweit: Desirée Nosbusch & Klaus Kinski [TV-DOK]. 1983: Faerie Tale Theatre: The Beauty and the Beast [TV – US]. 1983/84: The Secret Diary of Sigmund Freud [US]; The Little Drummer Girl (Die Libelle) [US]. 1984: The Revenge of Stolen Stars (Diamant des Grauens) [US]; The Hitchhiker: Love Sounds (Der Maestro/Blut an den Händen) [TV – CA]; Geheimcode Wildgänse/Arcobaleno selvaggio [BRD/IT]; The Titan Find/Creature (Creature) [US]. 1985: El caballero del dragon (Star Knight – Der Herr der Sterne) [ES]; Commando Leopard/Kommando Leopard [IT/BRD]. 1985/86: Crawlspace (Killerhaus – Horror der grausamsten Art) [US]. 1986: Timestalkers (Die Zeitfalle) [TV – US]. 1987: Location Africa/Herzog in Afrika [TV-DOK – CH]; Cobra Verde. 1987/88: Nosferatu a Venezia (Nosferatu in Venedig) [IT]; Kinski – Paganini [D,R, A – IT/FR].

Kinski, Nastassja

(Nastassja Nakszynski)
*24. 1. 1961 Berlin

Die Tochter des Schauspielers Klaus Kinski wächst in Berlin, Rom und München auf. Nach Trennung der Eltern mit der Mutter in München, Caracas, dann erneut München. Dort Gymnasium bis zur Mittleren Reife. 1974 von Lisa Kreuzer entdeckt und für die stumme Rolle der Mignon in *Falsche Bewegung* (Wim Wenders) engagiert. Breitere Beachtung durch Wolfgang Petersens TV-Film *Reifezeugnis* in der *Tatort*-Reihe (im Ausland auch im Kino). Dadurch zunächst auf das Rollenklischee der naiv-verführerischen Kindfrau festgeschrieben. Bekanntschaft mit Roman Polanski. 1977 Schauspielunterricht bei Lee Strasberg in New York. Hauptrolle in Polanskis *Tess* nach einem Roman von Thomas Hardy; das genaue Porträt eines unschuldigen Mädchens vom Lande, das von der heuchlerischen Moral der viktorianischen Gesellschaft zum Mord getrieben wird, durchbricht das bisherige Rollenklischee und bringt ihr 1980 u. a. einen César ein. Von Paul Schrader im Remake von Jacques Tourneurs *Cat People*, von Francis Ford Coppola als rätselhaftes Zirkusmädchen Leila in *One From the Heart* eingesetzt. Als Pianistin Clara Wieck in Peter Schamonis *Frühlingssinfonie* wieder in einem deutschen Film, dafür 1983 mit einem Bundesfilmpreis ausgezeichnet. Bislang größter Erfolg als junge, gesuchte Mutter Jane in *Paris, Texas* (Wim Wenders). Seitdem in einer Reihe von internationalen, weniger erfolgreichen Produktionen, daneben auch TV-Werbung. Für Wenders' *In weiter Ferne, so nah!* 1993 als Gast wieder in Deutschland. Nach einer Pause beginnt sie 1996 in Hollywood wieder intensiv mit der Filmarbeit.

[BRD] 1974/75: Falsche Bewegung. 1976: To the Devil a Daughter (Die Braut des Satans) [GB]; Tatort: Reifezeugnis [TV]. 1977: Notsignale: Im Nest [TV]. 1977/78: Leidenschaftliche Blümchen. 1978: Così come sei/Así como eres (Bleib wie du bist) [IT/ES]. 1978/79: Tess (Tess) [FR/GB]. 1980: One from the Heart (Einer mit Herz) [US]. 1981: Cat People (Katzenmenschen) [US]. 1982/83: Frühlingssinfonie. 1983: La lune dans le caveau/Lo specchio del desiderio (Der Mond in der Gosse) [FR/IT]; Unfaithfully Yours (Bitte nicht heut' nacht) [US]; Exposed (Gefährliches Dreieck) [US]. 1983/84: Paris, Texas [BRD/FR]. 1984: The Hotel New Hampshire (Hotel New Hampshire) [US]; Maria's Lovers (Maria's Lovers) [US]. 1985: Harem (Harem) [FR]. 1985/86: Revolution (Revolution) [GB]. 1987: Maladie d'amour (Krank vor Liebe) [FR]. 1988: Silent Night; Acque di primavera/Les eaux printanières/Torrents of Spring (Wenn die Masken fallen) [IT/FR/GB]. 1989: In una notte di chiaro di luna (Diese vitale Wut) [IT/FR]; Il sole anche di notte/Le soleil meme la nuit/Nachtsonne [IT/FR/BRD]. 1990: Il segreto [IT]; L'Alba [IT]. 1991: L'Envers du decors: Portrait de Pierre Guffroy [DOK – FR]; In camera mia [IT]. 1991/92: La bionda (Die geheimnisvolle Blonde) [IT]. 1993: In weiter Ferne, so nah! 1994: Cracker Jack (Cracker Jack) [CA]; Terminal Velocity (Tödliche Geschwindigkeit) [US]. 1996: Danielle Steel's The Ring [TV – US]; Somebody's Waiting [US]. 1996/97: Clair [IT]. 1997: One Night [US]; Little Boy Blue [US]; Father's Day [US].

Kishi Keiko

*11. 8. 1932 Yokohama

Während der Schulzeit Ballettunterricht und Mitglied des Theaterclubs. 1951 als Schülerin Leinwanddebüt in Noburo Nakamuras *Waga-ya wa tanoshi*. Vertrag mit dem Shochiku-Studio. In ihrem zweiten Film, *Kemono no Yado* (Tatsuo Oosone), ist sie bereits Partnerin des Stars Koji Tsuruta. Zum größten kommerziellen Erfolg ihrer Firma wird das Melodram *Kimi no Na wa* (Hideo Ohba); die Helden, von Kishi und Keiji Sada verkörpert, erlangen derartige Popularität, daß viele Babys deren Rollennamen bekommen und daß ihre Art, den Schal um Kopf und Hals zu wickeln, als «Machiko-maki» (Machiko-Wickel) nachgeahmt wird. In den Melodramen der 50er Jahre einerseits Charakterisierung eines traditionellen Frauenbildes durch die Darstellung von Duldsamkeit und Zurückhaltung, andererseits aber auch die gelungene Verkörperung einer intelligenten Modernität, z. B. als kämpferische Studentin gegen feudale Konventionen in *Onna no Sono* (Keisuke Kinoshita) oder als pikareske Sekretärin in *Karamiai* (Masaki Kobayashi). 1954 Gründung von «Bungei Production, Ninjin Club», um firmenunabhängig zur Verbesserung der schauspielerischen Qualität und des japanischen Films beizutragen. 1964 entsteht Kobayashis Monumental-Werk *Kaidan*, in dem Kishi eine Schneefee spielt; finanzielle Verluste und Kishis Fortgang führen 1966 zum Zusammenbruch der Firma. 1956 Partnerin von Jean Marais in *Wasureene Bojo* von Yves Ciampi, mit dem sie von 1957–75 verheiratet ist. 1960 steht sie in einem Stück von Jean Cocteau in Paris auf der Bühne. Ihre Rollen sind vielfach durch eine starke erotische Ausstrahlung geprägt; in *Yakusoku* (Kôichi Saitô) gestaltet sie überzeugend die flüchtige Liebe zwischen einer des Mordes an ihrem Gatten beschuldigten Gefangenen und einem jüngeren Mann, in Kumeis *Shikibu Monogatari* spielt sie die merkwürdige, auf einen jungen Mann anziehend wirkende Nonne.

[JP] 1951: Waga Ya wa tanoshi; Kemono no Yado. 1952: Yatarô-gasa; Jirokichi-Gôshi; Honjitsu Kyûshin. 1953: Tabiji; Shishi no Za; Hawai no Yoru. 1953/56: Kabe-atsuki Heya. 1954: Onna no Sono; Kazoku Kaigi; Mittsu no Koi; Kimi no Na wa. 1955: Koko ni Izumi ari; Wasureji no Hito; Shuzen-ji Monogatari; Takekurabe; Bômei-ki. 1956: Sôshun (Früher Frühling); Wasureenu Bojô/Typhon sur Nagasaki [JP/FR]; Anata kaimasu. 1957: Yukiguni. 1959: Kazahana. 1960: Otôto. 1961: Kuroi Jûnin no Onna; Supai Zoruge, Shinju-wan Zenya/Qui êtes vous Monsieur Sorge? [JP/FR]. 1962: Rififi à Tokyo/Rififi a Tokio (Rififi in Tokio) [FR/IT]; Karamiai. 1964: Kaidan (Kwaidan). 1964/65: Los pianos mecanicos/Les pianos mecaniques/Amori di una calda estate (Die Versuchung heißt Jenny) [FR/ES/IT]. 1972: Yakusoku. 1973: Otoko wa tsuraiyo: Watashi no Torajirô. 1974: The Yakuza (Yakuza) [US]. 1975: Kaseki; Ame no Amusuterudamu. 1977: Akuma no Temari-uta. 1978: Jôôbachi. 1979: Yami no Kariudo. 1980: Koto. 1983: Sasameyuki. 1990: Shikibu Monogatari. 1991: Tenkawa-Densetsu Satsujin-jiken. 1992: Kanojo ga Kekkon-shinai Wake.

Klein-Rogge, Rudolf
(Friedrich Rudolf Klein-Rogge)
*24. 11. 1885 (oder 1888) Köln
†29. 5. 1955 Graz

Humanistisches Gymnasium in Köln, unterbrochen von 3jähriger Kadettenausbildung, danach Abitur in Köln. Studium der Kunstgeschichte in Berlin und Bonn, daneben Schauspielunterricht. 1909 Debüt am Stadttheater Halberstadt. 1914/15 an Bühnen in Aachen, Kiel und Düsseldorf. 1915 Städtische Bühnen in Nürnberg, dort auch als Regisseur. 1918–24 Lessing-Theater Berlin. 1914–21 erste Ehe mit der Autorin Thea von Harbou. Ab 1919 zunächst kleine Filmrollen. 1920/21 mit seiner gedrungenen Gestalt als Hehler in *Kämpfende Herzen* erstmals Zusammenarbeit mit Fritz Lang. Er ist der zwielichtig-dämonische Protagonist in weiteren Lang-Filmen, so als Derwisch in *Der müde Tod* und in der Titelrolle des geheimnisvollen Großverbrechers im zweiteiligen Zeitporträt *Dr. Mabuse, der Spieler*; brutale Machtmenschen sind auch Etzel in *Die Nibelungen* und der Wissenschaftler Rotwang in *Metropolis*. Ähnlich angelegt der tyrannische «Herr der Berge» in *Der steinerne Reiter* (Fritz Wendhausen), der Piratenhauptmann in *Pietro, der Korsar* (Artur Robison) und der Zar in Alexander Wolkoffs *Casanova*. 1929 auch Filmarbeit in Frankreich, u. a. in *Le requin* (Henri Chomette), einem der ersten großen französischen Tonfilme. Letzte Zusammenarbeit mit Lang in *Das Testament des Dr. Mabuse* (1932/33): eindringliche Variation der Stummfilmrolle, vom forcierten Sprechduktus geprägt. Als bedrohlicher, schwerer Mann in weiteren Tonfilmen der 30er Jahre, z. B. unter Thea von Harbous Regie als debiler Michele in *Elisabeth und der Narr* und als Maurer Mattern in der Gerhart-Hauptmann-Verfilmung *Hanneles Himmelfahrt*. Fortan Nebenrollen u. a. in Jannings-Starfilmen. Dabei seltene Abstecher ins komische Fach: Oberst in *Das Hofkonzert* (Detlef Sierck), Stadtrat in *Die göttliche Jette* (Erich Waschneck). 1937 als fanatischer Rationalist in der deutsch-schweizerischen Co-Produktion *Die Frau und der Tod*, im Deutschen Reich verboten. Letzter Auftritt 1941/42 in Carl Froelichs *Hochzeit auf Bärenhof*. Danach Rückzug aus dem Filmgeschäft.

[DE] 1919: Das Licht am Fenster; Flitter-Dörtje; Die Schreckensnacht im Irrenhaus Ivoy; Morphium; Die Launen eines Milliardärs. 1920: Der schwarze Graf; Wildes Blut; Das wandernde Bild. 1920/21: Kämpfende Herzen; Die Nächte des Cornelius Brouwer. 1921: Der müde Tod; Zirkus des Lebens. 1921/22: Dr. Mabuse, der Spieler. 1. Der große Spieler – Ein Bild unserer Zeit/2. Inferno, ein Spiel vom Menschen unserer Zeit. 1922: Der steinerne

Reiter. 1922–24: Die Nibelungen. 2. Kriemhilds Rache. 1922/23: Die Prinzessin Suwarin. 1924/25: Pietro, der Korsar. 1925: Der Mann seiner Frau; Der rosa Diamant. 1925/26: Metropolis. 1926: Mädchenhandel; Die lachende Grille; Der Herr der Nacht; Casanova (Casanova) [FR]. 1926/ 27: Der Zigeunerbaron. 1927: Die letzte Nacht/The Queen Was in the Parlour [DE/GB]; Die raffinierteste Frau Berlins; Tingel-Tangel/Das Mädel vom Tingel-Tangel (Trommelfeuer der Liebe) [AT]; Das Mädchen aus Frisco; Die Sandgräfin. 1927/28: Spione. 1928: Eine Nacht in Yoshiwara; Mädchenschicksale; Wolga – Wolga; Die schönste Frau von Paris. 1929: Le requin [FR]; Tarakanova (Tarakanova, die falsche Zarentochter) [FR]; Tu m'appartiens! [FR]; La faute de Monique [FR]. 1930: Eskimo (Der weiße Gott!) [DK/NO]. 1932/ 33: Das Testament des Dr. Mabuse [Version]; Le testament du docteur Mabuse [Version]. 1933: Der Judas von Tirol; Elisabeth und der Narr. 1933/34: Die Welt ohne Maske; Hanneles Himmelfahrt. 1934: Grenzfeuer; Gern hab' ich die Frau'n geküßt; Der Fall Brenken; Zwischen Himmel und Erde; Die Frauen vom Tannhof. 1934/35: Der alte und der junge König; Der Kosak und die Nachtigall [AT]. 1935: Das Einmaleins der Liebe; Der Ammenkönig. 1935/36: Der Kaiser von Kalifornien. 1936: Ein seltsamer Gast; Die Stunde der Versuchung; Moral; Die unerhörte Frau; Intermezzo; Truxa; Das Hofkonzert. 1936/37: Der Herrscher. 1937: Die göttliche Jette; Madame Bovary; Streit um den Knaben Jo; Die gelbe Flagge; Der Katzensteg; Die Frau und der Tod/Abenteuer in Marokko [CH/DE]; Ab Mitternacht [Version – FR/DE]. 1938: Zwei Frauen. 1938/39: Menschen vom Varieté [Version – HU/DE]. 1939: Parkstraße 13; Schneider Wibbel; Robert Koch, der Bekämpfer des Todes; Kennwort Machin; Rheinische Brautfahrt. 1939/40: Das Herz der Königin. 1940: Die unvollkommene Liebe. 1941/42: Hochzeit auf Bärenhof.

Knef, Hildegard

(Hildegard Frieda Albertine Knef)

*28. 12. 1925 Ulm

Sie wächst in Berlin auf, Mittelschule in Schöneberg. Ab 1942 Ausbildung als Trickzeichnerin bei der Ufa, dann an der Staatlichen Filmschule Babelsberg. Ab 1944 erste kleine Rollen in Ufa-Filmen. Nach Kriegsende zunächst an Berliner Bühnen. 1946 Hauptrolle als ehemalige KZ-Insassin im ersten deutschen Nachkriegsfilm, Wolfgang Staudtes *Die Mörder sind unter uns*. 1948 wird sie in Locarno als beste Schauspielerin für ihre Rolle in Rudolf Jugerts *Film ohne Titel* ausgezeichnet. 1947–50, nach Heirat mit dem US-Filmoffizier Kurt Hirsch, in den USA; nennt sich dort Hildegarde Neff. 1954–65 Bühnenerfolg als Ninotchka im Broadway-Musical «Silk Stockings» von Cole Porter. In den 50er Jahren als herbe, zugleich erotisch-selbstbewußte Frau eine zentrale Protagonistin des westdeutschen Nachkriegsfilms. Eine dezente Nacktszene in Willi Forsts *Die Sünderin* bringt dem Film Skandal und Erfolg ein. Produzent Erich Pommer setzt sie in mehreren Filmen ein, die Rudolf Jugert inszeniert. 1959 ein Bundesfilmpreis für die Nebenrolle in *Der Mann, der sich verkaufte* (Josef von Baky). Gleichzeitig internationale Karriere mit Filmen in Amerika, Frankreich und Großbritannien. Anfang der 60er Jahre erneut Theater in Berlin. Von Claude Chabrol für *Landru*, von Staudte als Spelunken-Jenny in *Die Dreigroschenoper* engagiert. Ab 1963 Karriere als Chansonsängerin mit z. T. selbstgetexteten Berlin-Liedern. Darstellerpreis in Karlovy Vary für ihre Rolle in Alfred Vohrers Fallada-Verfilmung *Jeder stirbt für sich allein* (1965). 1977 Filmband in Gold für hervorragendes und langjähriges Wirken im deutschen Film. 1977/78 in Billy Wilders *Fedora*. 1982, nach einer erfolglosen Welttournee, zieht sie sich nach Hollywood zurück. Anfang der 90er Jahre Rückkehr nach Berlin. Gelegentliche Auftritte in Film und im deutschen Fernsehen. 1970 wird ihre Autobiografie «Der geschenkte Gaul» zum internationalen Bestseller, 1979 Umarbeitung zum Musical; weitere Bücher.

[DE/BRD] 1944/45: Fahrt ins Glück; Unter den Brücken; Die Brüder Noltenius. 1946: Die Mörder sind unter uns [DDR]. 1947: Zwischen gestern und morgen; Film ohne Titel. 1950: Die Sünderin. 1951: Nachts auf den Straßen; Decision Before Dawn (Entscheidung im Morgengrauen) [US]; Es geschehen noch Wunder. 1952: La fête à Henriette (Auf den Straßen von Paris) [FR]; Diplomatic Courier (Kurier nach Triest) [US]; Night Without Sleep [US]; Illusion in Moll; The Snows of Kilimanjaro (Schnee am Kilimandscharo) [US]; Alraune. 1953: The Man Between (Gefährlicher Urlaub) [GB]. 1953/54: Eine Liebesgeschichte. 1954: Svengali (Svengali) [GB]; Geständnis unter vier Augen. 1957: Madeleine und der Legionär. 1958: La fille de Hambourg (Das Mädchen aus Hamburg) [FR]. 1958/59: Der Mann, der sich verkaufte; Subway in the Sky (U-Bahn in den Himmel) [GB]. 1959/60: La Strada dei Giganti (Die Furchtlosen von Parma) [IT]. 1960: Die geliebte Stimme [TV]. 1961: Golden Boy [TV]. 1962: Lulu [AT]; Landru (Der Frauenmörder von Paris) [FR/IT]; Laura [TV]; Caterina di Russia/Catherine de Russie (Katharina von Rußland) [IT/FR]. 1962/63: Die Dreigroschenoper/L'Opéra de quat-'sous [BRD/FR]; Ballade pour un voyou (Der dunkelgrüne Koffer) [FR]. 1963: Das große Liebesspiel [BRD/AT]. 1964: Die Festung/Verdammt zur Sünde; Mozambique (Blonde Fracht für Sansibar) [GB]; Wartezimmer zum Jenseits; Gibraltar/Sionaggio a Gibilterra/Misión en el estrecho (Geheimagentin in Gibraltar) [FR/IT/ES]. 1965: Mrs. Dally [TV]. 1967/68: The Lost Continent (Bestien lauern vor Caracas) [GB]. 1968: Eine Berlinerin – Hildegard Knef [KDOK]. 1969: Die Knef. Bericht über ein Konzert [TV]. 1971: «Ich brauch Tapetenwechsel...» [TV]. 1973: Knef '73 [TV]. 1975: Hildegard Knef und ihre Lieder [TV]; Jeder stirbt für sich allein. 1977/78: Fedora. 1979: Der Alte: Illusionen über einen Mord [TV]; Warum die Ufos unseren Salat klauen/Hallo, Checkpoint Charly. 1981/82: Der Gärtner von Toulouse [TV]. 1983: Scarecrow and Mrs. King (Agentin mit Herz) [TVS – US]. 1984: Flügel und Fesseln/L'Avenir d'Emile [BRD/FR]. 1985: Nein, ich gebe niemals auf [TV]. 1986: Thalia unter Trümmern [TV-DOK]. 1989: In inniger Feindschaft/Champ clos [TV – BRD/FR]; Il sole anche di notte/Le soleil même la nuit/Nachtsonne [IT/FR/BRD]. 1990: Ein Schloß am Wörther See [TVS]. 1992: Das Haus am See [TVS]. 1993/94: Tödliches Erbe [TV]. 1994: Wie Pech und Schwefel: True Love [TV]; Peter Strohm: Die Gräfin [TVS]. 1995: Für mich soll's rote Rosen regnen [TV].

Knuth, Gustav

(Gustav Adolf Karl Friedrich Knuth)
*7. 7. 1901 Braunschweig
†1. 2. 1987 Neu-Münster bei Zürich

Volksschule, abgebrochene Bauschlosser-Lehre. Schauspielunterricht in Braunschweig. 1918–19 an Provinz-, Kur- und Sommertheatern. 1922–25 Stadttheater Basel, ab 1925 Stadttheater Altona, 1933–37 Deutsches Schauspielhaus Hamburg, 1937–44 Preußische Staatstheater in Berlin. Filmdebüt 1935 als viriler Dorfschmied in dem von einer Debatte über die «neue Moral» im NS-Staat begleiteten Film *Der Ammenkönig* (Hans Steinhoff). Sonst spielt Knuth, im Widerspruch zum verordneten Ideal vom kernigen Mann, aufrichtige und etwas ungelenke junge Männer: z. B. den Barkassenführer Oschi Rasmus in *Schatten über St. Pauli* (Fritz Kirchhoff), den Fischer Frerk in *Das Mädchen von Fanö* (Hans Schweikart) und den schüchternen Matrosen in Helmut Käutners *Große Freiheit Nr. 7*. 1945/46 wieder Deutsches Schauspielhaus Hamburg. 1946 bis in die 80er Jahre Zürcher Schauspielhaus, Gastspiele in der Bundesrepublik und in Österreich. In Filmen der 50er Jahre als polternder, doch menschenfreundlicher Sanguiniker, häufig in Rollen eigentlich weichherziger Wirtschaftswunder-Profiteure. Komödiantische Paraderollen in *Der fröhliche Weinberg* (Erich Engel) und als Schmieren-Direktor Striese in *Der Raub der Sabinerinnen* (Kurt Hoffmann). Kauzig-heiter als Herzog Max von Bayern in der *Sissi*-Trilogie (Ernst Marischka) und als Puszta-Stationsvorsteher in *Ich denke oft an Piroschka* (Hoffmann). Nur in *Die Mücke* (Walter Reisch) als Waffenschieber in einer negativen Rolle. Sein Fuhrunternehmer Karl John in Robert Siodmaks Hauptmann-Adaption *Die Ratten* und der aufdringliche Lüstling in *Das kunstseidene Mädchen* (Julien Duvivier) nach Irmgard Keun gehen über launige Unverbindlichkeit hinaus. Ab Anfang der 60er Jahre zunehmend beliebt als Fernsehschauspieler, vor allem in Familienserien, z. B. als Trapez-Veteran Carlo Doria in *Salto Mortale* (Michael Braun). Gast in populären Unterhaltungsserien, Moderation der Prominenten-Runde *Künstlerstammtisch*, Auftritte in Episodenfilmen. Geehrt u. a. 1962 mit dem Ernst-Lubitsch-Preis, 1974 mit einem Filmband in Gold für langjähriges und hervorragendes Wirken im deutschen Film.

[DE/BRD] 1935: Der Ammenkönig. 1937: Heimweh. 1938: Schatten über St. Pauli. 1938/39: Mann für Mann. 1939: Der Vorhang fällt; Pedro soll hängen; Das Lied der Wüste. 1940: Zwischen Hamburg und Haiti; Das Mädchen von Fanö. 1940/41: Friedemann Bach. 1942: Das große Spiel. 1942/43: Gefährtin meines Sommers. 1943: Ein glücklicher Mensch. 1943/44: Große Freiheit Nr. 7. 1944/45: Fahrt ins Glück; Unter den Brücken; Tierarzt Dr. Vlimmen [Unvollendet]; Das Leben geht weiter [Unvollendet]. 1949: Das Geheimnis der roten Katze; Tromba; 1 x 1 der Ehe; Der blaue Strohhut; Geliebter Lügner. 1950: Der Theodor im Fußballtor; Land der Sehnsucht/Terra d'amore [Unvollendet – BRD/IT]; Es kommt ein Tag. 1950/51: Eine Frau mit Herz. 1951: Das seltsame Leben des Herrn Bruggs; Der blaue Stern des Südens [AT]. 1951/52: Palace Hotel (Palast Hotel) [CH]. 1952: Das kann jedem passieren; Der fröhliche Weinberg. 1952/53: Die Venus vom Tivoli (Zwiespalt des Herzens) [CH]. 1953: Keine Angst vor großen Tieren; Die Nacht ohne Moral; Muß man sich gleich scheiden lassen? 1953/54: Der Raub der Sabinerinnen. 1954: Die Mücke; Auf der Reeperbahn nachts um halb eins. 1954/55: Geliebte Feindin. 1955: Griff nach den Sternen; Die Ratten; Himmel ohne Sterne; 08/15 in der Heimat; Ich denke oft an Piroschka; Regine; Sissi [AT]. 1956: Hengst Maestoso Austria [AT]; Heute heiratet mein Mann; 's Waisechind vo Engelberg [Version – CH]; Heidemarie [Version – CH]; Wenn wir alle Engel wären; Spion für Deutschland; Der Bettelstudent; Sissi, die junge Kaiserin [AT]. 1956/57: Robinson soll nicht sterben. 1957: ... und die Liebe lacht dazu; Das Schloß in Tirol; Der 10. Mai (Angst vor der Gewalt) [CH]; Ein Stück vom Himmel; Der Graf von Luxemburg; Sissi – Schicksalsjahre einer Kaiserin [AT]. 1958: Man ist nur zweimal jung [AT]; Ihr 106. Geburtstag/Der Stolz der Familie; Der schwarze Blitz; Hoch klingt der Radetzkymarsch [AT]; Kleine Leute – mal ganz groß; Das Dreimäderlhaus [AT]. 1958/59: Geliebte Bestie [AT]. 1959: Alle lieben Peter; 2 Adam – 1 Eva; Buddenbrooks; Freddy unter fremden Sternen. 1959/60: Das kunstseidene Mädchen/La grande vie/La gran vita [BRD/FR/IT]; Ich heirate Herrn Direktor [AT]; Kein Engel ist so rein; Lampenfieber. 1960: Der Herr mit der schwarzen Melone [CH]; Conny und Peter machen Musik; Eine Frau fürs ganze Leben; Auf Engel schießt man nicht; Der Teufel hat gut lachen (3 schräge Vögel/Eine Nacht in Campione) [CH]; An heiligen Wassern [CH].1961: Eine hübscher als die andere; ... nur der Wind; Der Lügner; Chikita (Wenn Männer Schlange stehen) [CH]; Und Pippa tanzt [TV]. 1962: Der Privatsekretär [TV]. 1962/63: Alle meine Tiere [TVS]. 1963: Eine schöne Bescherung [TV]; Die Nylonschlinge; Meine Tochter und ich; Die ganze Welt ist himmelblau (Rote Lippen soll man küssen) [AT]. 1963/64: Ein Volksfeind [TV – AT/BRD]. 1964: Das hab' ich von Papa gelernt [BRD/ AT]; Jetzt dreht die Welt sich nur um dich [AT]; Die Physiker [TV]; Heiß weht der Wind/Mein Freund Shorty [BRD/AT]; Das Leben des Horace A. W. Tabor [TV]. 1965: Schüsse im ¾-Takt/Operazione «Terzo uomo» [AT/IT]; Kabale und Liebe [TV – AT]; Heidi [AT]; Tante Frieda – Neue Lausbubengeschichten; Großer Ring mit Außenschleife [TV]. 1965/66: Der Kongreß amüsiert sich/Le congrès s'amuse [BRD/AT/FR]. 1966: Onkel Filser – Allerneueste Lausbubengeschichten. 1966/ 67: Großer Mann – was nun? [TVS]. 1967: Kranichtanz [TV – BRD/CH]; Der Meteor [TV – BRD/CH]. 1968: Die Lümmel von der ersten Bank. 3. Pepe, der Paukerschreck; Frau Wirtin hat auch einen Grafen/Susanna ... e i suoi dolci vizi alla corte del re/A fogadosnenak is van egy grofja [BRD/AT/ IT/HU]; Salto Mortale 1–10. [TVS – BRD/CH]; Die tolldreisten Geschichten – nach Honoré de Balzac/Komm, liebe Maid; Heute zwischen gestern und morgen. Poesie und Prosa von Kurt Tucholsky [TV]. 1969: Charley's Onkel; Die Reise nach Tilsit [TV]; Ludwig auf Freiersfüßen. 1969/70: Die Herberge [TV]. 1970: Professor Sound und die Pille [TV – CH]. 1970/71: Drüben bei Lehmanns [TVS]. 1971: Salto Mortale 11–18 [TVS – BRD/CH]; Die heilige Johanna [TV – AT/BRD]. 1972: Der Illegale [TV]; Hallo, Hotel Sacher ... Portier! 5: Liebesg'schichten und Heiratssachen [TVS – AT/BRD]. 1972/73: Kleinstadtbahnhof [TVS]. 1973: Neues vom Kleinstadtbahnhof [TVS]. 1974: Die Powenzbande [TV]; Hallo, Hotel Sacher ... Portier!: Verlobung in Linz [TVS – AT/BRD]. 1975: Damals wie heute [TV]; Treffpunkt Herz [TV]; Ja, wir lieben dieses Land [TV]. 1976: Das kleine Hofkonzert [TV]. 1976/77: Schwindelig vor Geld und Liebe [TV]. 1977: Links und rechts vom Ku'damm. Ep: Das Lied von der Ziege [TV-EP]; Gaslicht [TV]; Freunde, das Leben ist lebenswert [TV]. 1977/78: Kleine Geschichten mit großen Tieren. Ep: Chef I [TV-EP]. 1978: Wo die Liebe hinfällt. Ep: Erinnerungen an ein altes Ballhaus [TV-EP]. 1978/ 79: Der eiserne Gustav [TV]. 1979: Die Alten kommen. Ep: Alte Schule [TV-EP – BRD/AT/CH]. 1980: Der Bockerer [AT/BRD]. 1980/ 81: Der Schützling [TV]. 1981: Leute wie du und ich. Ep: Zwei alte Herren [TV-EP – BRD/AT/CH]; Gustav Knuth – Ein Mime wird 80 [TV-EP]; O du fröhliche. Ep: Die Rettung [TV-EP]. 1982: So oder so ist das Leben. Ep: Nur eine Gebrauchsanweisung [TV-EP – BRD/AT/CH].

Koberidze, Otar

*17. 12. 1924

Bis 1948 Ausbildung an der Schauspielschule am Grusia-Filmstudio von Tbilissi. 1950–56 Engagement am Staatlichen Theater in Suchumi. Dort spielt er in klassischen und Gegenwartsstücken; u. a. in «Romeo und Julia», «Legende über die Liebe», «Don Juan» und «Die Heirat». Seit 1960 gehört er zum Ensemble des Mardžani švili-Theaters in Tbilissi. Filmdebüt 1941 in *V černych gorach* bei Nikolaj Šengelaja. Seine eigentliche Filmkarriere beginnt 1956, als er den legendären georgischen Volkshelden *Baši-Ačuk* in dem gleichnamigen Film von Leo Esakia verkörpert. Koberidze hat in Filmen aller Genres Erfolg, gestaltet aber besonders häufig historische Volkshelden. In der DDR spielt er 1968 den Indianerhäuptling Tatschunk Witko in *Spur des Falken* (Gottfried Kolditz), und 1971 ist er der Aleko in Ralf Kirstens TV-Film *Junger Mann*. 1963 debütiert Koberidze als Filmregisseur; mit M. Karjukov dreht er *Mečte navstreču*. Otar Koberidze ist Träger des Titels «Volkskünstler der Grusinischen SSR».

[SU] 1941: V černych gorach. 1948: Keto i Kote. 1956: Baši-Ačuk (Baschi-Atschuk). 1958: Ja skažu pravdu (Ich sage die Wahrheit); Sud'ba ženščiny (Das Schicksal einer Frau). 1959: Čužie deti; Mamljuk (Der Mameluck). 1960: Prervannaja pesnja [SU/CS]; Den' poslednij, den' pervyj; Lovcy gubok (Schwammsucher). 1961: Ljubuška. 1962: 713-j prosit posadku (713 erbittet Landeerlaubnis). 1963: Mečte navstreču (Begegnung im All) [CoR]. 1964: General i margaritki; Italiani brava gente/Oni šli na vostok (Sie zogen nach Osten) [IT/SU]. 1965: Zapadnja; Deti morja (Söhne der Küste); Carskaja nevesta. 1966: Segodnja – novyj attrakcion (Glück in der Manege); Malen'kij princ (Der kleine Prinz). 1967: Volšebnaja lampa Aladina (Aladins Wunderlampe). 1968: Spur des Falken [DDR]; Gorod prosyšaetsja rano. 1970: Prochodnaja peška [TV]; Krasnaja palatka/ La tenda rossa (Das rote Zelt) [SU/IT]. 1971: Junger Mann [DDR]; Daisi (Daissi); Missija v Kabule (Mission in Kabul); Podvigi Rustama; Skazanie o Rustame. 1972: Rustam i Suchrab (Die Schlacht im Tal der weißen Tulpen); Tajnik u «Krasnych kamnej» [TV]. 1974: Iskateli zatonuvšego goroda. 1975: Odnoj žizni malo. 1977: Pobeg na rassvete; Skazanie o Sijavuše. 1978: Nastojaščij tbilisec i drugie; Pâtijat kâm Sofija/Put' k Sofii (Entscheidung am Schipka-Paß) [TV – BG/SU]. 1978–82: Ognennye dorogu [TV]. 1979: Berega (Ufer) [TV]; La vita è bella/Žizn' prekasna (Das Leben ist schön) [IT/SU]. 1980: Ždite svjaznogo [R]. 1982: Pevec revoljucii [TV]. 1983: Dmitrij II. 1984: Golubye gori, ili Nepravdonodobnaja istorija (Blaue Berge oder Eine unwahrscheinliche Geschichte). 1985: Grjadu ščemu veku [TV]; Bitva za Moskvu (Schlacht um Moskau). 1986: Kto četvertyj?; Poklonis' do zemli; Dos'e čeloveka v «Mersedese». 1987: Veruju v ljubov' (Ich glaube an die Liebe). 1989: Žitie Don Kichota i Sančo [TV].

Kobiela, Bogumił

*31. 5. 1931 Katowice
†10. 7. 1969 Gdańsk
1953 nach dem Diplom an der Theaterhochschule Krakau Engagement am Wybrzeże-Teatr in Danzig. 1955 gründet er mit Zbigniew Cybulski das Studententheater Bim-Bom sowie in Sopot die Experimentierbühne Rozmów-Teatr. 1961–67 regelmäßige Auftritte im Kabarett Dudek und Wagabunda in Warschau. Ab 1961 spielt er dort an verschiedenen Bühnen, hauptsächlich im Komedia. Während des Studiums 1952 Filmdebüt als Grześ in einer Episode von Konrad Nałęckis *Trzy opowieści*. 1957 spielt er mit der Rolle des Oberleutnants Dąbecki im 2. Teil von *Eroica* erstmals bei Andrzej Munk. Mit der Darstellung des Dresnowski in Andrzej Wajdas *Popiół i diament* (1958) wird er gemeinsam mit Cybulski zum Symbol der Polnischen Schule. Künstlerischer Höhepunkt ist 1959 die Figur des ewigen Opportunisten Jan Piszczyk in Munks *Zezowate szczęście*. Kobiela, der führende Komiker der 50er und 60er Jahre, präsentiert einen im polnischen Film neuen Typus von Komik, eine Mischung aus Grausamkeit und Kläglichkeit. Er tritt auch in Kinderfilmen auf. 1960 beteiligt er sich an der Erarbeitung des Szenarios für *Do widzenia, do jutra* (Janusz Morgenstern). Nach seiner Idee entsteht postum 1972 *Przeprowadzka* (Jerzy Gruza), der erst 1982 uraufgeführt wird.

[PL] 1952: Trzy opowieści [EP]. 1954: Kariera (Karriere). 1955: Zaczarowany rower; Trzy starty. 1. Nowela pływacka (Drei Starts). 1956: Szkice węglem. 1957: Eroica (Eroica – Polen 44) [EP]. 1958: Pożegnania; Popiół i diament (Asche und Diamant); Trochę słońca [KF]. 1959: Inspekcja pana Anatola; Zezowate szczęście (Das schielende Glück); Awantura o Basię (Streit um Basia). 1960: Do widzenia, do jutra (Auf Wiedersehen bis morgen) [CoA]; Ostrożnie, Yeti!; Rozstanie. 1961: Rozmowa z panem K... [KF]; Historia żółtej ciżemki (Die Geschichte vom Saffianschuh). 1962: Nad wielką wodą [KF]; Spóąnieni przechodnie; Slânzeto i sjankata [BG]. 1963: Kobieta na plaży [KF]; Zacne grzechy (Die ehrbaren Sünden); Kryptonim Nektar (Polizeiaktion Nektar). 1964: Rękopis znaleziony w Saragossie (Die Handschrift von Saragossa). 1965: Trzy kroki po ziemi. 1966: Piekło i niebo (Hölle und Himmel); Wojna domowa (Meine Nachbarn – deine Nachbarn: Der ausländische Gast) [TVS]; Marysia i Napoleon (Maria und Napoleon); Ma łżeństwo z rozsądku (Liebe im Atelier). 1966–68: Klub profesora Tutki. 14 Folgen [TVS]. 1967: Klub szachistów (Der Klub der Schachspieler [TV]; Poradnik matrymonialny (Eheberatung); Paryż – Warszawa bez wizy (Paris – Warschau ohne Visum); To jest twój nowy syn [TV]. 1967–68: Opowieści niezwykłe [TV]. 1967–81: Ręce do góry. 1968: Mistrz tańca (Der Tanzmeister) [TV]; Na planie [KF]; Hasło «Korn» (Parole Korn); Wszystko na sprzedaż (Alles zu verkaufen); Przekładaniec [TV]; Lalka (Die Puppe); Człowiek z M-3 (Der Mann mit der 2-Zimmer-Wohnung). 1969: Nowy; Przygody pana Michała (Die Abenteuer des Herrn Michal) [TVS]; Prawdziwie magiczny sklep [TV]; Kulig [TV]. 1972: Przeprowadzka [A – UA: 1982].

Koch, Marianne

(Marianne Elisabeth Koch)
*19. 8. 1931 München
Wächst in München auf, bereits mit zehn Jahren auf der Bühne, Hospitation an der Opernschule. 1949 Abitur; Arbeit im Filmkopierwerk in Geiselgasteig. Sie beginnt ein Medizinstudium. 1950 von Viktor Tourjansky für *Der Mann, der zweimal leben wollte* als «herber Backfisch» entdeckt; im selben Jahr als Kammerzofe in *Dr. Holl* (Rolf Hansen). Die Rolle der Prinzessin Sophie in Helmut Käutners *Ludwig II.* umspannt sowohl den törichten Backfisch als auch die verzweifelte Frau. Das Rollenklischee des lieben Mädchens wird erstmals mit der Rolle der jungen, politisch bewußten Schauspielerin Diddo Geiss in der Zuckmayer-Adaption Käutners *Des Teufels General* durchbrochen; 1955 mit einem Bundesfilmpreis ausgezeichnet. Seit 1954 auch für das Fernsehen tätig. Debüt in *Die Entführung aus dem Serail* (Kurt Wilhelm), einer der ersten Playback-Fernseh-Opern. Im Kino als Comtesse, die sich für ein Stubenmädchen ausgibt, in der von Erich Kästner adaptierten Verwechslungskomödie *Salzburger Geschichten* (Kurt Hoffmann) und damit Rückkehr ins heiterkomische Fach. Schwer wiederum die Darstellung einer seelisch belasteten Fernsehansagerin in *Die Frau am dunklen Fenster* (Franz Peter Wirth), kokett und frivol als Rosalinde in *Die Fledermaus* (Geza von Cziffra). Ebenfalls abweichend vom Klischee der «braven Frau» 1968 als Lesbierin in *The Unnaturals* unter der Regie des Italieners Anthony M. Dawson (= Antonio Margheriti). Ab 1956 öfter auch im Ausland – Frankreich, Spanien, Großbritannien, Italien,

USA, Israel – in der üblichen koproduzierten Unterhaltungsware: Krimi, Agenten, Abenteuer. Internationaler Erfolg als verzweifelte Mutter in Sergio Leones Italowestern *Per un pugno di Dollari*. Fernseherfolg als Helen Baker in dem Durbridge-Krimi *Tim Frazer* (Hans Quest). Titelrolle der Renate Albrecht in der Serie *Die Journalistin* (Georg Tressler). TV-Moderation und Auftritte in Unterhaltungssendungen, so im Dauerbrenner *Was bin ich?* 1973 Wiederaufnahme des Medizinstudiums. Seit 1985 Fachärztin mit eigener Praxis.

[BRD] 1950: Der Mann, der zweimal leben wollte; Servus Peter/Czardas der Herzen. 1950/51: Dr. Holl. 1951: Talent zum Glück/Das Geheimnis einer Ehe; Mein Freund, der Dieb. 1952: Der keusche Lebemann; Wetterleuchten am Dachstein [BRD/AT]. 1952/53: Skandal im Mädchenpensionat. 1953: Der Klosterjäger; Geh' mach dein Fensterl auf [BRD/AT]; Die große Schuld/Der Wildschütz [BRD/AT]; Liebe und Trompetenblasen; Night People (Das unsichtbare Netz) [US]. 1954: Schloß Hubertus; Bruder Martin (... und der Himmel lacht dazu) [AT]; Ludwig II. Glanz und Elend eines Königs. 1954/55: Des Teufels General. 1955: Der Schmied von St. Bartholomä; Königswalzer; Solange Du lebst; Zwei blaue Augen; Die Entführung aus dem Serail [TV]. 1955/56: Die Ehe des Dr. med. Danwitz. 1956: Wenn wir alle Engel wären; Salzburger Geschichten; Don Giovanni [TV]; Four Girls in Town (Wem die Sterne leuchten) [US]. 1956/57: Der Stern von Afrika/La estrella de Africa [BRD/ES]. 1957: Vater sein dagegen sehr; Interlude (Der letzte Akkord) [US]; Der Fuchs von Paris/Mission diabolique [BRD/ FR]. 1957/58: Gli italiani sono matti/Los Italianos estan locos (Heimweh, Stacheldraht und gute Kameraden) [IT/ES]. 1958: ... und nichts als die Wahrheit; Die Landärztin; Frau im besten Mannesalter. 1959/60: Die Frau am dunklen Fenster. 1960: Heldinnen; Mit Himbeergeist geht alles besser [AT]; Pleins feux sur l'assassin (Mitternachtsmörder) [FR]; Napoléon II, l'Aiglon (Kaiserliche Hoheit) [FR]. 1961: Unter Ausschluß der Öffentlichkeit. 1961/62: Die Fledermaus [AT]; Heißer Hafen Hongkong/Il segreto di Budda [BRD/IT]. 1962: Liebling, ich muß Dich erschießen; Im Namen des Teufels/The Devil's Agent [BRD/GB]; Tim Frazer [TV]. 1962/63: Der schwarze Panther von Ratana/La belva di Saigon [BRD/IT]. 1963: Death Drums Along the River (Todestrommeln am großen Fluß) [GB]. 1963/64: Der letzte Ritt nach Santa Cruz [AT/BRD]. 1964: Das Ungeheuer von London-City; Coast of Skeletons (Sanders und das Schiff des Todes) [GB]; Der Fall 701/Frozen Alive [BRD/GB]. 1964/65: Per un pugno di dollari/Por un puñado de dólares/Für eine Handvoll Dollar [IT/ES/BRD]. 1965: Un lugar llamado «Glory»/Die Hölle von Manitoba [E/BRD]; Vergeltung in Catano/Tierra de fuego [BRD/ES]. 1965/66: Wer kennt Jonny R.?/ La balada de Johnny Ringo [BRD/ES]; Mivtza kahir/Einer spielt falsch [IL/BRD]. 1967: Der Tod läuft hinterher [TV]. 1968: Clint, el solitario/Clint il solitario/ Ein Mann kommt zurück [ES/IT/BRD]; España, otra vez [ES]. 1968/69: Der Kommissar: Die Pistole im Park [TV]; The Unnaturals/Schreie in der Nacht [IT/ BRD]. 1969: Sandy the Seal [GB]. 1969/70: Die Journalistin [TVS]. 1970: Tournee. Ein Ballett tanzt um die Welt. Folge 4 [TVS]. 1992: Frauengeschichten: Ich wollte nie ein Filmstar werden [TV-DOK]; Frauengeschichten: Mit 40 ist man nicht hinüber [TV-DOK].

Kokanova, Nevena

*12. 12. 1938 Stanka-Dimitroka (Bulgarien)

Nevena Kokanova besucht zunächst eine Handelsschule und wird ohne Schauspielausbildung an ein Theater engagiert, um die Julia zu spielen. Dort entdeckt sie 1957 der Filmregisseur Janko Jankov für die Rolle der Emma in *Godini za ljubov*. Engagement am Staatlichen Theater der Satire in Sofia, wo sie u. a. als Maria Antonovna in Gogols «Revizor» Erfolg hat. Sie wird eine auch international bekannte Schauspielerin, die durch ihre Darstellungskraft zum Erfolg zahlreicher bulgarischer Filme beiträgt. Sie verkörpert vor allem in den 60er und 70er Jahren Frauengestalten, die im Konflikt zwischen Liebe und Pflichtgefühl leben, sich aber vor allem mit weiblichem Charme zu behaupten wissen. Sie erhält mehrfach den Darstellerpreis des nationalen bulgarischen Spielfilmfestivals in Varna: 1963 für ihre Irina in *Tjutjun* (Nikola Korabov), 1964 für ihre Lisa in *Kradecât na praskovi* (Vâlo Radev), 1967 für ihre Gerda aus *S dâch na bademi* (Ljubomir Šarlandžiev) sowie ihre Neda in *Otklonenie* (Griša Ostrovski; Todor Strojanov), 1973 für ihre Lehrerin in Ljubomir Šarlandžievs *Naj-dobrijat čhavek, kognoto posnavam*. Bereits gegen Ende der 70er Jahre wechselt sie in das Rollenfach der älteren Frau, die durch unbeugsame Vitalität und Reife des Alters beeindruckt. Unter der Regie von Juan Antonio Bardem im internationalistischen Filmporträt des Komintern-Führers Georgi Dimitroff *Preduprežde-nie* (1982). Kokanova ist Verdiente Künstlerin und Volkskünstlerin der VR Bulgarien.

[BG] 1957: Godini za ljubov. 1959: V ticha večer (Gefahr). 1960: Bâdi štastliva, Ani (Viel Glück, Ani!). 1961: Strâmnata pâteka. 1962: Tjutjun (Tabak). 1963: Inspektorât i nošta. 1964: Kradecât na praskovi (Der Pfirsichdieb). 1966: Do pobedata i po nea [YU]; Karambol (Karambolage); Naj-dâlgata nošt (Die längste Nacht). 1967: Otklonenie (Auf Umwegen); S dâch na bademi. 1968: Mâže v komandirovka (Männer auf Dienstreise); Opasen polet (Gefährlicher Flug); Tango; Galileo [IT/BG]. 1969/70: Botschafter morden nicht [TV – DDR]. 1970: Góry o zmierzchu [TV –

PL]; Stranen dvuboi (Ein seltsamer Zweikampf). 1971: Zazorjavane (Vor Tagesanbruch); Krâgove na običta (Kreise der Liebe). 1972: Obič (Liebe); Momčeto si otiva (Freie Bahn). 1973: Naj-dobrijat čovek, kogoto posnavam (Der beste Mensch, den ich kenne); Bâša mi bojadžijata (Mein Vater, der Maler); Tigarčeto. 1974: Poslednijat ergen; Dârvo bez koren (Baum ohne Wurzeln). 1975: Naživot i smârt (Auf Leben und Tod) [TVS]; Svatbite na Ioan Asen (Zarenhochzeit in Tarnowo). 1976: Ciklopât (Zyklopen); Ne si otivaj (Kompromisse und Ideale); Dopâlnenie kâm Zakona zaštita na dâržavata (Attentat in der Kathedrale); Spomen za bliznačkata (Erinnerungen an einen Zwilling). 1977: Matriarchat; Slânžev udar (Es gibt nur eine Erde). 1978: šui petela (Zehn Tage Fasten). 1980: Dami kanjat; Uonny; Târnovskata carica (Die schönste Frau von Tirnovo); Trite smârtni grjacha [CoR]. 1982: Preduprеždenie / Preduprеždenieto / Die Mahnung [SU/BG/DDR]. 1983: Konstantin Filosof (Konstantin der Philosoph). 1984: Spasenieto (Die Rettung); Opasen čar (Gefährlicher Charme). 1986: Gorski chora (Verhängnisvolle Liebe); Ešelonite; Elegija za edno dârvo. 1991: Iskam Amerika. 1993: Sezonât na kanarčetata.

Komorowska, Maja

*23. 12. 1937 Warschau

Zunächst Krankenpflegerin, dann Puppenspielausbildung an der Theaterhochschule Krakau, 1963 externes Schauspiel-Examen. Engagement am Teatr 13 Rzędów Opole und am Theater-Laboratorium Wrocław, 1972 am Współczesny Teatr in Warschau. 1960 bei der Produktion des Kinderfilms *Marysia i krasnoludki* erste Kontakte zum Film. 1971 als Bella in Krysztof Zanussis TV-Film *Życie rodzinne*. Dafür erhält sie den Cybulski-Preis als beste Nachwuchsschauspielerin. Ihr expressives Spiel setzt sie als Rachela in *Wesele* (1972) von Andrzej Wajda ein, der sie auch 1978 in seiner Iwaskiewicz-Adaption *Panny z Wilka* mit der Hauptrolle der Jola betraut. 1975 wird ihr der Darstellerpreis des Nationalen Spielfilmfestivals in Danzig für ihre Marta in *Bilans kwartalny* von Zanussi zugesprochen, dem sie weiterhin in *Rok spokojnego słońca* (1984) und *Stan posiadania* (1989) als eindrucksvolle Interpretin seiner Szenarien zur Seite steht. Seit Mitte der 70er Jahre wird sie auch von anderen europäischen Regisseuren beschäftigt, arbeitet u. a. wiederholt in Budapest, der DDR und in der Bundesrepublik Deutschland. 1988 ist sie im ersten Film von Krzysztof Kieślowskis TV-Zyklus *Dekalog* zu sehen. Ende der 80er Jahre engagiert sie sich in der ersten Phase der postkommunistischen Ära in Polen aktiv für die Unabhängigkeit, organisiert u. a. die Aktion «Künstler für die Republik».

[PL] 1971: Życie rodzinne (Familienleben) [TV]; Góry o zmierzchu [TV]. Za ścianą (Hinter den Fenstern) [TV]; Jak daleko stąd, jak blisko (Wie fern, wie nah ...); System [TV]; Nos [TV]. 1972: Wesele (Die Hochzeit); Ocalenie (Die Errettung); Die Elixiere des Teufels/Eliksiry dábla [DDR/CS]; Ostatni liść (Das letzte Blatt) [TV]. 1973: Chłopcy (Jungs) [TV]. 1974: S.O.S. (Das Risiko heißt Mord) [TVS]; Bilans kwartalny (Zwischenbilanz). 1975: Várakozók (Die Wartenden) [HU]. 1976: Budapesti mesék (Budapester Legende) [HU]. 1978: Spirala (Spirale); Panny z Wilka (Die Mädchen vom Wilkohof). 1979: Wege in der Nacht [TV – BRD]. 1980: Kontrakt (Die Braut sagt nein) [TV]. 1981: Da un paese lontano (Giovanni Paolo II)/From a Far Country – Pope John Paul II (Aus einem fernen Land – Papst Johannes Paul II) [IT/GB]; Człowiek z żelaza (Der Mann aus Eisen); Die Versuchung/La tentation [TV – BRD/CH/FR]; Limuzyna Daimler-Benz/Der Konsul [PL/BRD]. 1982: Kartka z podróży (Postkarte von einer Reise). 1983: Blaubart [TV – BRD/CH]. 1984: Rok spokojnego słońca/Das Jahr der ruhigen Sonne/The Year of Quiet Sun [PL/BRD/US]. 1986: Mit meinen heißen Tränen [TV – AT/BRD/CH]. 1987: Przenikanie z ważką [KF]. 1988: Gdzieśkolwiek jest, jeśliś jest .../Wo immer du bist/Whenever You Are [PL/BRD/US]; Dekalog I (Dekalog, Eins) [TV]; Erloschene Zeiten [TV – BRD]. 1989: Stan posiadania [PL/BRD]; Opowieść o «Dziadach» Adama Mickiewicza. Lawa. 1991: Panny i wdowy. 1996: Cwal.

Kortner, Fritz

(Fritz Nathan Kohn)

*12. 5. 1892 Wien

†22. 7. 1970 Berlin

Realschule; 1908–10 Akademie für Musik und darstellende Kunst in Wien. 1910 Hof- und Nationaltheater Mannheim, 1911 Deutsches Theater Berlin, 1913/14 Volksbühne in Wien, ab 1915 an Bühnen in Dresden, Wien, Hamburg und Berlin, 1919 von Leopold Jessner ans Staatstheater verpflichtet. Ab 1923 in Berthold Viertels Die Truppe; der Shylock in Shakespeares «Der Kaufmann von Venedig» wird Kortners eindrucksvollste Rolle. Ab 1915 zunächst in Sensationsfilmen von Harry Piel, auch in österreichischen Liebes-Melodramen, von denen er zwei inszeniert: *Gregor Marold* und *Else von Erlenhof*. 1917/18 in *Der Märtyrer seines Herzens* und noch einmal 1927 in *Beethoven* (Hans Otto Löwenstein) in der Rolle des Komponisten. Auf der Leinwand bald ein dominierender Darsteller mit expressionistisch, naturalistisch oder melodramatisch ausgeprägtem Spiel in Filmen z. B. von Murnau (*Satanas*), Robison (*Schatten*), Schünzel (*Katharina die Große*), Jessner/Leni (*Hintertreppe*) und G. W. Pabst (*Die Büchse der Pandora*). Im Tonfilm u. a. 1929 zentrale Rolle in der deutschen Version von E. A. Duponts *Atlantic*, Titelrollen in *Dreyfus* (Richard Oswald), in *Danton* (Hans Behrendt) und *Der Mörder Dimitri Karamasoff* (Fedor Ozep). Erste Tonfilm-Regie 1931 in dem Lustspiel *Der brave Sünder*, in den Hauptrollen Max Pallenberg, Heinz Rühmann und Dolly Haas. 1933 Exil in Wien, ab 1934 Autor und Filmschauspieler in London; Titelrolle in Karl Grunes *Abdul the Damned*. 1937 nach New York. Das gemeinsam mit der Journalistin Dorothy Thompson verfaßte Bühnenstück «Another Sun» 1940 am National Theatre in New York uraufgeführt. 1941 nach Hollywood; Drehbuchautor, Rollen in antifaschistischen Filmen. 1943 nach einer Idee von Kortner und Joe May *The Strange Death of Adolf Hitler* (James Hogan). 1944 Mitunterzeichner der «Declaration of the Council for a Democratic Germany». Ende 1947 Rückkehr nach Deutschland, die in Filmrollen wie in Jacques Tourneurs *Berlin Express* und Josef von Bakys *Der Ruf* (nach Kortners Drehbuch) filmisch reflektiert wird. Ab 1949 wieder Theaterarbeit als gefeierter Regisseur und Schauspieler: Kammerspiele München, Hebbel-Theater Berlin, ab 1953 auch Schillertheater Berlin und Deutsches Schauspielhaus Hamburg. 1960 wird sein Fernsehfilm *Die Sendung der Lysistrata* wegen pazifistischer Tendenz vom Bayerischen Rundfunk nicht ausgestrahlt. Hans Jürgen Syberberg dokumentiert 1965/66 Kortners Theaterarbeit in zwei Filmen. 1959 erscheint die Autobiografie «Aller Tage Abend». Zahlreiche Auszeichnungen, u. a. erhält er 1970 den Orden Pour le Mérite für Wissenschaft und Künste.

[DE/BRD] 1915: Manya, die Türkin; Im Banne der Vergangenheit; Die große Gefahr; Das Geheimnis von D.14; Police Nr. 1111. 1916: Das zweite Leben. 1917: Der Brief einer Toten [AT]. 1917/18: Der Märtyrer seines Herzens/Beethoven [D,CoA – AT/DE]. 1918: Der Stärkere [AT/DE]; Das andere Ich [AT]; Frauenehre [AT]; Gregor Marold [R – AT]; Sonnwendhof [AT]. 1919: Das Auge des Buddha [AT]; Ohne Zeugen [AT]; Die Else vom Erlenhof [D,R – AT]; Satanas. 1919/20: Gerechtigkeit. 1920: Die Brüder Karamasoff; Va banque; Die Verschleierte; Katharina die Große; Weltbrand. Christian Wahnschaffe. 1. Teil; Der Schädel der Pharaonentochter [EP]; Die Nacht der Königin Isabeau; Die Lieblingsfrau des Maharadscha. 3. Teil; Das Haus zum Monde. 1920/21: Das Haus der Qualen; Die Verschwörung zu Genua; Aus dem Schwarzbuch eines Polizeikommissars. 1. Teil: Loge Nr. 11. Ep: Der Krüppel [EP]. 1921: Haschisch, das Paradies der Hölle; Landstraße und Großstadt; Der Eisenbahnkönig. 1. Mensch und Mammon/2. Lauernder Tod; Hintertreppe; Am roten Kliff; Die Jagd nach Wahrheit. 1921/22: Die Finsternis und ihr Eigentum; Sterbende Völker. 1. Heimat in Not/2. Brennendes Meer. 1922: Luise Millerin; Der Ruf des Schicksals; Der Graf von Essex; Am Rande der Großstadt; Peter der Große. 1922/23: Nora. 1923: Arme Sünderin; Schatten; Ein Weib, ein Tier, ein Diamant. 1923/24: Dr. Wislizenus. 1924: Armes kleines Mädchen; Moderne Ehen; Orlacs Hände (Orlac's Hände) [AT]. 1926: Dürfen wir schweigen? 1927: Beethoven [AT]; Mata Hari; Primanerliebe; Alpentragödie; Die Ausgestoßenen (Heimkehr des Herzens); Die Geliebte des Gouverneurs [D,CoA]; Mein Leben für das Deine; Maria Stuart. 2 Teile; Frau Sorge. 1928: Im Anfang war das Wort [KDOK]; Marquis d'Eon, der Spion der Pompadour; Revolutionshochzeit. 1928/29: Die Büchse der Pandora; Somnambul. 1929: Die Frau, nach der man sich sehnt; Die Frau im Talar; Die Nacht des Schreckens/Die stärkere Macht; Das Schiff der verlorenen Menschen; Atlantic [Dt. Version – GB]; Giftgas; Fröken statsadvokat [NO]. 1930: Der Andere; Dreyfus; Die große Sehnsucht; Menschen im Käfig [Version – GB]. 1930/31: Danton; Der Mörder Dimitri Karamasoff [Version]; Les frères Karamazoff [Version – DE/FR]. 1931: Der brave Sünder [R, CoA]. 1932: So ein Mädel vergißt man nicht [R,CoA – DE/AT]. 1934: Chu Chin Chow [GB]; Little Friend [GB]; Evensong [GB]. 1934/35: Abdul the Damned [GB]. 1935: The Crouching Beast [GB]. 1936: Pagliacci [CoA – GB]. 1937: Midnight Menace [GB]. 1942/43: The Purple V [US]. 1943: The Strange Death of Adolf Hitler [D,A – US]. 1944: The Hitler Gang [US]. 1945/46: The Wife of Monte Cristo (Die Gräfin von Monte Christo). [US]. 1946: Somewhere in the Night (Irgendwo in der Nacht) [US]; The Razor's Edge (Auf Messers Schneide) [US]. 1946/47: The Brasher Doubloon (The High Window) [US]. 1947/48: Berlin Express (Berlin-Expreß) [US]. 1948: The Vicious Circle [US]. 1948/49: Der Ruf [D,A]. 1950: Epilog. 1951: Blaubart [BRD/ FR/CH]. 1951/52: Die Stimme des Anderen/Unter den tausend Laternen [CoA]. 1954: Die Stadt ist voller Geheimnisse [R, CoA]. 1955: Sarajevo (Um Thron und Liebe) [R – AT]. 1958: Androklus und der Löwe [R – TV]. 1960: Die Sendung der Lysistrata [R,A – TV]. 1962: Das letzte Band [TV]. 1964: Der eingebildete Kranke [R – TV]; Leonce und Lena [R – TV]. 1965: Fünfter Akt, siebente Szene. Fritz Kortner probt Kabale und Liebe [DOK]. 1966: Fritz Kortner spricht Monologe für eine Schallplatte [DOK]. 1967: Der schwierige Kortner [TV-DOK]. 1968: Der Kaufmann von Venedig [TV – AT/BRD]. 1969: Der Vater [R – TV]; Der Sturm [R – TV]. 1970: Clavigo [R – TV]. 1970/71: Emilia Galotti [CoR – TV – AT]. 1987: Donauwellen [CoA – TV – AT].

Kowalski, Władysław

*24. 2. 1936 Żurawy bei Lublin

Nach dem Diplom an der Theaterhochschule Warschau 1959 Engagement am Wybrzeże-Teatr Danzig, 1960 in Warschau am Ateneum und ab 1974 am Powszechny-Teatr. Er profiliert sich vor allem in klassischen Stücken, so 1975 als Saint-Just in

«Der Fall Danton» von Stanisława Przybyszewska und in Čechov-Stücken. Kowalski, der auch Regisseur und Dozent an der Warschauer Theaterhochschule ist, wird auf polnischen Theaterfestivals mehrfach ausgezeichnet. Daneben spielt er im Warschauer Kabarett «Pod Egidą». Bereits 1956, noch während des Studiums, Filmdebüt in Andrzej Wajdas *Kanał*. In den 60er Jahren wird er vor allem in Rollen romantischer junger Männer einer der populärsten Schauspieler des polnischen Kinos und Fernsehens. Ein Höhepunkt seiner Filmkarriere ist 1982 sein von der Verschleppung bedrohter polnischer Jude Jakub Rosenberg in Waldemar Dzikis *Kartka z podróży*, wofür er mit dem Darstellerpreis beim Nationalen Spielfilmfestival in Danzig ausgezeichnet wird. In Filmen der jüngeren Regisseursgeneration der 80er Jahre erhält er weniger bedeutende Rollen. 1988 verkörpert er den populärsten polnischen Schauspieler der Vorkriegszeit, Kazimierz Junosza-Stępowski, der 1943 unter tragischen Umständen erschossen wurde. Krzysztof Kieślowski engagiert ihn 1991 für die Rolle des Vaters in der polnisch-französischen Co-Produktion *Podwójne życie Weroniki*.

[PL] 1956: Kanał (Der Kanal). 1959: Café pod Minogą. 1960: Do widzenia, do jutra (Auf Wiedersehen bis morgen). 1961: Samson; Złoto; Droga na zachód (Strecke zwischen Tod und Leben). 1962: L'amour à vingt ans. (Liebe mit zwanzig) [EP – FR/IT/JP/PL/BRD]. 1963: Rozwodów nie będzie (Keine Scheidung mehr). 1964: Gdzie jesteś, Luzio? [TV]. 1966: Powrót na ziemię (Rückkehr zur Erde). 1966–68: Stawka większa nit życie (Sekunden entscheiden) [TVS]. 1967: Morderca zostawia ślad (Der Mörder hinterläßt Spuren). 1969: Kolumbowie (Kolumbusse) [TVS]. 1970: Jarzębina czerwona (Rote Ebereschen); Na dobranoc [TV]. 1971: Gwiazda wytrwałości [TV]; Patrząc pod słońce (Im Gegenlicht) [TV]. 1972: Trzeba zabić tę miłość (Diese Liebe muß man töten). 1973: Żołw [TV]. 1974: Domy z deszczu (Regendämmerung) [TV]; S.O.S. (Das Risiko heißt Mord) [TVS]. 1974–77: Czterdziestolatek (Stefek, der Vierzigjährige) [TVS]. 1977: Wesołych świat [TV]. 1978: Szpital Przemienienia (Spital zur Wandlung/Hospital der Verklärung). 1980: Punkt widzenia [TVS]; W biały dzień; Jeśli serce masz bijące; Mniejsze niebo; Bez miłości (Ohne Liebe); Polskie bitwy [TV]. 1981: Dreszcze (Schauder); Jan Serce [TVS]; Najdłuższa wojna nowoczesnej Europy [TVS]. 1982: Kartka z podróży (Postkarte von einer Reise). 1983: Synteza; Wir (Im Sog) [TV]; Planeta Krawiec; Przeznaczenie (Vorahnung). 1984: 111 dni letargu [TV]. 1985: Podroże pana Kleksa [PL/SU]; Medium. 1986: Zabawa w chowanego [TV]; Nikt nie jest winien; Komediantka (Die Komödiantin) [TVS]. 1987: Cudowne dziecko [PL/CA]; W klatce. 1988: Dekalog VII (Dekalog, Sieben) [TV]; Oszołomienie. 1989: Mistrz i Małgorzata [TVS]. 1990: Ucieczka z kina «Wolność». 1991: Panny i wdowy; Skarga [TV]; Podwójne życie Weroniki/La double vie de Véronique [PL/FR]; Cynga; Hallo, jestem tutaj [TV]. 1992: Sauna [TV]; Tragarz puchu/Warszawa année 5703/Der Daunenträger [PL/FR/DE]; Straszny sen Dzidziusia Górkiewicza [TV]. 1993: Listopad/Novembre [PL/FR]; Czterdziestolatek po dwudziestu latach.

Krahl, Hilde

(Hildegard Kolačný)
* 10. 1. 1917 Brod an der Save (Kroatien)

In Wien aufgewachsen. Nach dem Abitur 1935 Klavierstudium an der Musikakademie, Wechsel zur Schauspielausbildung. Debüt im Kabarett. 1936–66 Theater in der Josefstadt. Durch Heinz Hilpert 1938–44 am Deutschen Theater Berlin. 1936 erste Filmrolle in *Die Puppenfee*. Als Schülerin Gertrud in *Mädchenpensionat*. Von Willi Forst in der psychologisch differenzierten Rolle einer Malerin in *Serenade* eingesetzt. Danach Darstellung unterschiedlichster Frauengestalten in heiter-komischen wie dramatischen Rollen. Aufstieg zum Star 1940 als die Tochter Dunja neben Heinrich George in Gustav Ucickys Puškin-Verfilmung *Der Postmeister*. Als schlichtes Landmädchen in Helmut Käutners *Anuschka*, als Pianistin Clara Schumann in *Träumerei*. 1944 Ehe mit dem Ufa-Produktionschef und Regisseur Wolfgang Liebeneiner, mit dem Krahl zuvor zwei Filme gedreht hat: *Das andere Ich* und *Großstadtmelodie*. Nach dem Krieg intensive und eindringliche Theaterarbeit u. a. 1945–54 an den Hamburger Kammerspielen und 1959/60 am Wiener Burgtheater. Gegensätzliche Rollen im Nachkriegsfilm: u. a. in *Liebe 47*, Liebeneiners Verfilmung von Wolfgang Borcherts «Draußen vor der Tür»; als Bertha von Suttner in *Herz der Welt*; als intrigante, geistreiche Lady Churchill in Käutners *Das Glas Wasser* nach Eugène Scribes Bühnenstück, dafür wird sie 1961 mit einem Bundesfilmpreis ausgezeichnet. Im Fernsehen z. B. in der Brecht-Verfilmung *Schweyk im zweiten Weltkrieg*, in der Čechov-Verfilmung *Die Möwe* und in *Die Troerinnen des Euripides*. Auch Gastauftritte in publikumswirksamen TV-Serien. 1980 Filmband in Gold für langjähriges und hervorragendes Wirken im deutschen Film.

[DE/BRD]1936: Die Puppenfee [AT]; Mädchenpensionat [AT]; Lumpacivagabundus [AT]. 1937: Serenade. 1938: Gastspiel im Paradies; Der Hampelmann. 1939: Die barmherzige Lüge; Der Weg zu Isabel. 1939/40: Donauschiffer; Der Postmeister. 1940: Herz modern möbliert. 1940/41: Komödianten. 1941: Das andere Ich. 1941/42: Anuschka. 1942: Meine Freundin Josefine. 1942/43: Großstadtmelodie. 1943/44: Träumerei. 1944/45: Das Leben geht weiter. 1945: Das Gesetz der Liebe. 1948/49: Liebe 47. 1949: Schatten der Nacht. 1949/50: Meine Nichte Susanne. 1950: Wenn eine Frau liebt. 1950/51: Das Tor zum Frieden [AT]. 1951: Weiße Schatten; Der Weibsteufel [AT]. 1951/52: Herz der Welt. 1952: 1. April 2000 [AT]. 1952/53: Die Venus vom Tivoli (Zwiespalt des Herzens) [CH]. 1954: Jedem das Seine [TV]; Hochstaplerin der Liebe [AT]; Die Mücke; Ewiger Walzer. 1954/55: Kinder, Mütter und ein General. 1955: Eine Frau genügt nicht?; Geheimnis einer Ärztin [AT/BRD]; Liebe am Scheideweg [AT]; Nacht der Entscheidung. 1956: Mein Vater, der Schauspieler. 1958: Schwester Bonaventura [TV]. 1960: Das Glas Wasser. 1961: Schweyk im Zweiten Weltkrieg [TV]; Das Salzburger große Welttheater [TV]; Die Marquise von Arcis [TV]. 1962: 90 Minuten nach Mitternacht; Der Schlaf der Gerechten [TV]. 1962/63: Heute kündigt mir mein Mann; Der Belagerungszustand [TV]. 1963: Lady Frederick [TV]; Mittagswende [TV]; Die Möwe [TV]. 1964: Kolportage [TV – AT]. 1965: Sodom und Gomorrha [TV]; Spiel [TV]. 1966: Der Trauschein [TV]; Die Troerinnen des Euripides [TV]; Der Kaktusgarten [TV]. 1967: Der Hund von Blackwood Castle. 1968: Die Rivalin [TV]; Vanillikipferln [TV]. 1969: Liebe gegen Paragraphen [TV]; Duett im Zwielicht [TV]. 1970/71: Liliom [TV]. 1972–75: Hallo, Hotel Sacher ... Portier! [TVS – AT/ BRD]. 1973: Vier Fenster zum Garten [TV]. 1976: Derrick: Ein unbegreiflicher Typ [TV]; Erben [TV – CH]. 1977: Begegnung im Herbst [TV]. 1980: Die liebe Familie [TVS – AT]; Ein heiliger Abend [TV – AT]. 1981: Wunschloses Glück [TV – AT]. 1990/91: Wie gut, daß es Maria gibt [TVS]. 1992: Der Fotograf oder das Auge Gottes [TV]. 1993: Oppen und Ehrlich [TVS]. 1996: Bruder Esel [TVS].

Krauß, Werner

*23. 6. 1884 Gestungshausen bei Coburg
†20. 10. 1959 Wien

Aufgewachsen u. a. in Breslau und Liegnitz. Ab 1898 Lehrerausbildung in Breslau und Kreuzberg. Wegen gelegentlicher Auftritte als Statist 1902 vom Unterricht suspendiert. Ohne Ausbildung an Wander- und Provinzbühnen, 1913 Reinhardt-Bühnen in Berlin. Ab 1924 Staatstheater und Deutsches Theater in Berlin, Burgtheater in Wien. Filmdebüt 1916 als Daperdutto in *Hoffmanns Erzählungen* von Richard Oswald, mit dem Krauß häufig zusammenarbeitet. Auftritte in Detektivgeschichten, Melodramen, Sitten- und Aufklärungsfilmen, meist Rollen verkommener, oft debiler Fieslinge, Höhepunkt ist sein Sadist in *Dida Ibsens Geschichte*. Mit dem Ende des 1. Weltkriegs Aufstieg zum Theater- und Filmstar. 1919/20 expressionistisch gestaltete Titelrolle des irren Irrenarztes in *Das Cabinet des Dr. Caligari*. Danach auf «Dämonie» spezialisiert. Viele Rollen bleiben klischeehaft oder überzogen, andere verhindern eine Festlegung, z. B. der dumpf-depressiv gespielte Bahnwärter, der zum Mörder des Verführers seiner Tochter wird, in *Scherben* oder der liberale Hauslehrer in *Alt-Heidelberg* nach Wilhelm Meyer-Förster. Rollen historischer Persönlichkeiten: Robespierre in Dimitri Buchowetzis *Danton*, Pontius Pilatus in Robert Wienes *I.N.R.I.* und Napoleon in Lupu Picks *Napoleon auf St. Helena*. In Verfilmungen von Theaterstücken häufig die gleiche Rolle wie auf der Bühne: z. B. Jago in *Othello* (Buchowetzki), Shylock in *Der Kaufmann von Venedig* (P. P. Felner), Orgon in Murnaus *Tartüff*, Theobald Maske in Hans Behrendts *Die Hose*. Mehrfach auch Zusammenarbeit mit G. W. Pabst, vor allem im Psychoanalyse-Film *Geheimnisse einer Seele*. Eindrucksvoll als traurig-einsamer Clown in Arthur Robisons *Looping the Loop*. Anfang der 30er Jahre am Deutschen Theater die beiden erfolgreichsten Bühnenrollen: Wilhelm Voigt in Carl Zuckmayers «Der Hauptmann von Köpenick» und Geheimrat Clausen in Gerhart Hauptmanns «Vor Sonnenuntergang». Nur gelegentlich in Tonfilmen: z. B. in der Balzac-Aktualisierung *Mensch ohne Namen* und in *Burgtheater*. 1933 stellvertretender Präsident der Reichstheaterkammer, Etablierung als wichtiger Kultur-Repräsentant des NS-Regimes. In einigen «staatspolitisch besonders wertvollen» Produktionen: Virchow in *Robert Koch, der Bekämpfer des Todes*, Graf Hollstein im Bismarck-Film *Die Entlassung*, 5 verschiedene Juden in Veit Harlans antisemitischem Hetzfilm *Jud Süß*. Bei Kriegsende in Österreich, 1946 ausgewiesen. Bei der Entnazifizierung schließlich nur als «minderbelastet» eingestuft. Ende der 40er Jahre Rückkehr nach Wien, österreichische Staatsbürgerschaft, Bühnenarbeit am Burgtheater. Ab 1950 Auftritte in Deutschland, anfangs von Demonstrationen begleitet. 1951 deutsche Staatsbürgerschaft. 1954 mit Bundesverdienstkreuz und Iffland-Ring, 1955 mit dem Großen Ehrenzeichen der Republik Österreich voll rehabilitiert. In den 50er Jahren auch in drei Filmen nach gängigem Zeitgeschmack.

[DE/BRD] 1916: Hoffmanns Erzählungen; Zirkusblut; Der Ungreifbare;

Die vertauschte Braut; Das unheimliche Haus; Die Rache der Toten; Die Hand; Freitag, der 13.; Der chinesische Götze; Nächte des Grauens; Stein unter Steinen; Das Erbe von «Het Steen». 1916/17: Unheilbar; Die Bettlerin von St. Marien. 1917: Das Bacchanal des Todes; Die Fremde; Gesühnte Schuld; E, der scharlachrote Buchstabe; Fräulein Pfiffikus; Die Tochter der Gräfin Stachowska; Die Pagode. 1917/18: Die schleichende Gefahr; Wenn Frauen lieben und hassen. 1918: Es werde Licht! 3. Teil; Der Prozeß Hauers; Das verwunschene Schloß; Das Tagebuch einer Verlorenen; Dida Ibsens Geschichte; Colomba; Mazeppa, der Held der Ukraine; Madame d'Ora; Opium. 1918/19: Der Friedensreiter. 1919: Das gelbe Haus/Die Prostitution/Im Sumpfe der Großstadt; Totentanz; Das Mädchen und die Männer; Die Insel der Glücklichen; Rose Bernd; Das ewige Rätsel; Phantome des Lebens; Opfer; Die Frau mit den Orchideen; Ewiger Strom. 1919/20: Das Cabinet des Dr. Caligari; Johannes Goth. 1920: Die Frau ohne Seele; Die Brüder Karamasoff; Das Schicksal des Edmund Hall; Sieger Tod; Die Frau im Himmel; Der Staatsanwalt; Weltbrand. Christian Wahnschaffe. 1. Teil; Satans Peitsche; Die Kwannon von Okadera; Die Beichte einer Toten. 1920/21: Das Medium. 1921: Christian Wahnschaffe. 2. Die Flucht aus dem goldenen Kerker; Danton; Scherben; Die Beute der Erinnyen; Das Haus in der Dragonergasse; Sturmflut des Lebens; Fledermäuse; Der Tanz um Liebe und Glück; Der Roman der Christine von Herre; Stürme des Lebens; Lady Hamilton; Zirkus des Lebens. 1921/22: Othello; Der brennende Akker. 1922: Luise Millerin; Nathan der Weise. 1922/23: Alt-Heidelberg; Der Schatz; Der Menschenfeind; Fridericus Rex. 3. Sanssouci/4. Schicksalswende. 1923: Adam und Eva; Der Puppenmacher von Kiang-Ning; Zwischen Abend und Morgen/Der Spuk einer Nacht; Der Kaufmann von Venedig; Fräulein Raffke; Der unbekannte Morgen; Das alte Gesetz; I.N.R.I.; Das Wachsfigurenkabinett [EP]. 1923/24: Der Film im Film [DOK]. 1924: Dekameron-Nächte/Decameron Nights [DE/GB]. 1924/25: Ein Sommernachtstraum; Reveille, das große Wecken. 1925: Die freudlose Gasse; Tartüff; Eifersucht; Der Trödler von Amsterdam; Die Moral der Gasse; Das Haus der Lüge/Arme, kleine Hedwig; Die Dame aus Berlin. 1925/26: Geheimnisse einer Seele. 1926: Nana [FR/DE]; Das graue Haus/Maria, die Geschichte eines Herzens; Kreuzzug des Weibes; Überflüssige Menschen; Der Student von Prag; Man spielt nicht mit der Liebe! 1926/27: Unter Ausschluß der Öffentlichkeit; Laster der Menschheit; Da hält die Welt den Atem an/Maquillage [DE/FR]. 1927: Die Hose; Der fidele Bauer; Funkzauber; Die Hölle der Jungfrauen. 1928: Looping the Loop. 1929: Napoleon auf St. Helena. 1931: Yorck. 1932: Mensch ohne Namen. 1934/35: Hundert Tage [IT/DE]. 1936: Burgtheater [AT]. 1939: Robert Koch, der Bekämpfer des Todes; Der letzte Appell [Unvollendet]. 1940: Jud Süß. 1941: Annelie. 1941/42: Zwischen Himmel und Erde. 1942: Die Entlassung. 1942/43: Paracelsus. 1944: Die Kunst der Maske [KDOK]. 1949: Prämien auf den Tod [AT]. 1950: Der fallende Stern. 1955: Sohn ohne Heimat. 1958: Das verräterische Herz [TV – AT].

Kreczmar, Jan

*6. 5. 1908 Warschau
†29. 8. 1972 Warschau

Nach dem Diplom an der Dramatischen Fakultät des Konservatoriums in Warschau 1929 Engagement an Bühnen in Wilno, Posen und Lwów, ab 1933 auch in Warschau. Während der deutschen Okkupation Dozent am Untergrund-Theaterinstitut. 1944 beim Ensemble der Polnischen Streitkräfte in Lublin, dann in Łódź. 1946 in Warschau am Teatr Polski, ab 1963 am Wspotczesny-Teatr. Nach 1945 Professor und Rektor der Theaterhochschule Łódż sowie von 1949–54 und 1956–67 Rektor der Warschauer Theaterhochschule. Für seine Verdienste um das polnische Theater wird er mit dem Offizierskreuz des Ordens der Wiedergeburt Polens, mit dem Verdienstkreuz und dem Preis des Ministeriums für Kultur und Kunst ausgezeichnet, 1970 erhält er den Staatspreis. Nachdem er 1938/39 in drei z. T. unvollendet gebliebenen Filmen mitwirkt, kehrt er erst nach über 20 Jahren 1962 zur Leinwand zurück. Andrzej Munk betraut ihn mit der Rolle des Ehemanns in seinem letzten Film *Pasażerka* (1961/63). Neben Zbigniew Cybulski übernimmt er 1966 in Wojciech J. Has' *Szyfry* eine Vaterrolle, wie auch 1971 in Krzysztof Zanussis *Die Rolle* und *Życie rodzinne*. Sein Pilatus in *Pilatus und andere* nach Bulgakows Romanfragment «Der Meister und Margarita», das Andrzej Wajda 1971 in der Bundesrepublik Deutschland realisiert, wird zu einem späten Höhepunkt seiner Karriere.

[PL] 1938: Strachy. 1939: Nad Niemnem [Unvollendet]; Inżynier Szeruda [Unvollendet]. 1961/63: Pasażerka (Die Passagierin). 1962: Rodzina Milcarków. 1963: Mansarda. 1965: Podziemny front (Die unterirdische Front) [TVS]; Powrót doktora von Kniprode (Die Falle im Hinterhalt) [TVS]. 1966: Szyfry (Chiffre). 1967: Opowieści niezwykłe: Szach i mat [TV]; Klub szachistów (Der Klub der Schachspieler [TV]. 1968: Lalka (Die Puppe). 1969: Urząd [TV]. 1970: Góry o zmierzchu [TV]. 1971: Jeszcze słychać śpiew i rżenie koni; Pilatus und andere – Ein Film für Karfreitag [TV – BRD]; Za ścianą (Hinter den Fenstern) [TV]; Die Rolle [TV – BRD]; Życie rodzinne (Familienleben).

Kreuzer, Lisa

*2. 12. 1945 Hof an der Saale

Aufgewachsen in Hof und Tübingen. 1966–69 Schauspielschule in München. An Theatern in Ingolstadt, München, Berlin und Schwäbisch-Hall. 1972 von Peter Beauvais für den Fernsehfilm *8051 Grinning* entdeckt. Seither zahlreiche TV-Rollen, u. a. in Serien wie *Derrick* und *Der Alte*. Häufig sogenannte Problemfiguren, so eine Alkoholikerin in der Titelrolle von *Barbara* (Reihe «Notsignale») und eine Schwachsinnige in der vierteiligen Dostoevskij-Adaption *Die Dämonen*. 1973 erste Kinorolle in *Alice in den Städten* unter der Regie ihres langjährigen Lebensgefährten Wim Wenders. Bis 1979 immer wieder in seinen Filmen: Rollen von Frauen, die auf sich allein gestellt versuchen, mit ihren Problemen zurechtzukommen, so als Kino-Kassiererin in *Im Lauf der Zeit* oder als Ehefrau des Bilderrahmenmachers Jonathan in *Der amerikanische Freund*. Seit Beginn der 80er Jahre auch in internationalen Film- und Fernsehproduktionen in Italien, Großbritannien und vor allem Frankreich. Dort Erfolg mit dem Kinofilm *Il faut tuer Birgitt Haas*. 1983 als Sylvie, eine Frau nach zwei Selbstmordversuchen, in Joseph Rusnaks stilisiertem Debüt-Film *Kaltes Fieber* zum Thema der aktiven Sterbehilfe. Seither fast ausschließlich Fernseharbeit, insbesondere in populären Serien wie *Schwarzwaldklinik, Lorentz & Söhne, Hotel Paradies, Tassilo – ein Fall für sich, Unsere Schule ist die beste* und *Notaufnahme*.

[BRD] 1972: 8051 Grinning. 1973: Alice in den Städten. 1974: Ein Haus für uns. 9. Aus der Familie der Panzerechsen – 10. Die Insel [TV]; Badische Revolte. 1974/75: Falsche Bewegung; Kampf um ein Kind. 1975: Philip Leiser; Auf Biegen oder Brechen; Lobster: Der Einarmige; Im Lauf der Zeit; Popp und Mingel. 1976: Erinnerung an die Leidenschaft; Notsignale: Barbara; Ich heiß' Marianne. Und Du? 1976/77: Die Dämonen; Der amerikanische Freund/ L'Ami américain [BRD/FR]. 1978: Der Alte: Ein unkomplizierter Fall; Beate S. – Geschichte einer Zwanzigjährigen: In der Sekte; Derrick: Solo für Margarete. 1978/79: Derrick: Ein unheimliches Haus. 1979: Der Alte: Der Neue; Radio On/Radio On [GB/BRD]. 1979/80: Derrick: Tödliche Sekunde; Exil. 1980: Derrick: Eine Rechnung geht nicht auf; Unter Verschluß. 1981: Neonstadt (EP: Running Blue) [EP]; Il faut tuer Birgitt Haas [FR]; Kennwort Schmetterling. 1981/82: Wir haben uns doch mal geliebt. 1982: Der Alte: Auf Leben und Tod; Georg Thomallas Geschichten: Die Sprüche Salomons; L'Homme blessé [FR]; Capitain X [TVS – FR]; Derrick: Die kleine Ahrens. 1982/83: Wagner (Wagner) [TV – GB/HU/AT]. 1983: Flight to Berlin/Fluchtpunkt Berlin [GB/ BRD]; Kaltes Fieber; Rough Cut [GB]; Ein Mann wie Eva; Quartetto Basileus (Ende in Moll) [TV – IT/FR]; Der Alte: Alleingang; Das Traumschiff: Karl und Anna [TV-EP]; Hanna von acht bis acht. 1983/84: Die Krimistunde: Ruths Problem. 1984: Die doppelte Welt. 1984/ 85: Schöne Ferien: Urlaubsgeschichten aus Portugal. 1985: Les loups entre eux (Unter Wölfen; 1987 V) [FR]; Sonntag; Le transfuge [FR]. 1985/86: Tatort: Automord. 1986: Das Traumschiff [TV-EP]. 1987: Die Schwarzwaldklinik: Die Heimkehr [TVS]; Die Schwarzwaldklinik: Das Vermächtnis [TVS]; Stegers letzte Chance/Guerre en pays neutre [FR/BRD]; Chimären. 1987/88: Lorentz & Söhne [TVS]. 1988: Tatort: Armer Nanosh; Zärtliche Chaoten II. 1989: Tassilo – ein Fall für sich: 1. Verteidigung von Friedrichshafen. – 2. Hilfe kommt aus Bregenz. – 3. Zorn einer Göttin. – 4. Lindauer Pieta. – 5. Das Gespenst von Gattnau. – 6. 100 Jahre Bickle [TVS]; Brausepulver: Die Mine [TV]; Hotel Paradies [TVS – BRD/AT]; Berlin Jérusalem [FR]. 1989/90: Tatort: Tini; Ein anderer Liebhaber. 1990/91: Von Gewalt keine Rede. 1991: Insel der Träume: Das Kind der anderen. 1992: Das Traumschiff. Norwegen [TV-EP]; Nie wieder schlafen – nie mehr zurück. 1993: Schwarz greift ein: Habgier [TV]. 1994: Im Namen des Gesetzes: Kurze Freiheit [TV]; Unsere Schule ist die beste [TVS]. 1995: Kinder des Satans [TV]; Stockinger: Lebende Schießscheiben [TV]; Notaufnahme [TVS]. 1995/96: Fähre in den Tod [TV]. 1996: Tatort: Schattenwelt [TV]. 1997: Anwalt Abel: Das schmutzige Dutzend [TV]; Der Serienkiller – Klinge des Todes [TV].

Kristofferson, Kris

* 22. 6. 1936 Brownsville (Texas)

Der Sohn eines Generals schreibt als Elfjähriger erste Songs. Besuch des Pomona College. 1958 Übersiedlung nach England und Studium in Oxford. Als Offizier in Deutschland und West Point. Ende der 60er Jahre Popularität als Sänger und Verfasser von Country-Songs («Help Me Make It Through the Night», «Me and Bobby McGee»). Filmdebüt 1971 in Dennis Hoppers Außenseiterproduktion *The Last Movie*, zugleich Komponist der Filmmusik. Im selben Jahr als ehemaliger Popsänger neben Gene Hackman in *Cisco Pike* (Bill L. Norton). In Sam Peckinpahs *Pat Garret and Billy the Kid* spielt er den legendären Outlaw Billy. Großer Erfolg 1974 als liebevoller Mann in Martin Scorseses *Alice Doesn't Live Here Any More*. An der Seite von Barbra Streisand verkörpert er im Rock-Remake von *A Star Is Born* (Frank Pierson) einen selbstzerstörerischen Sänger. 1978 ist er als Co-Star von Ali MacGraw der Anführer der Trucker in Peckinpahs *Convoy*. Hauptrolle in Michael Ciminos Western-Groß-Desaster *Heaven's Gate*. 1984 mit seinem Sängerkollegen Willie Nelson in Alan Rudolphs *Songwriter*, für die Filmmusik erhält er eine Oscar-Nominierung. Im Fernsehen neben Auftritten als Sänger auch Hauptrollen in Romanzen und Actionfilmen.

[US] 1971: The Last Movie [D, M]; Cisco Pike (Cisco Pike) [D, M]. 1973: Pat Garrett and Billy the Kid (Pat Garrett jagt Billy the Kid); Blume in Love [D, M]. 1974: Alice Doesn't Live Here Anymore (Alice lebt hier nicht mehr); Bring Me the Head of Alfredo Garcia (Bring mir den Kopf von Alfredo Garcia). 1976: Vigilante Force (Vigilante Force – Das Gesetz sind wir); A Star Is Born (A Star Is Born); The Sailor Who Fell from Grace with the Sea (Der Weg allen Fleisches) [GB]. 1977: Semi-Tough (Zwei ausgebuffte Profis). 1978: Convoy (Convoy). 1979: Freedom Road [TV]. 1980: Heaven's Gate (Heaven's Gate). 1981: Rollover (Das Rollover-Komplott). 1984: Songwriter (Songwriter); Flashpoint (Flashpoint – Die Grenzwölfe); Act of Passion. 1985: Trouble in Mind (Trouble in Mind); Blood and Orchids (Blut und Orchideen) [TV]. 1986: Stagecoach (Stagecoach) [TV]; Last Dance of Frank and Jesse James. 1986/87: Amerika [TVS]. 1988: Big Top Pee-Wee (Big Top Pee-Wee); The Tracker. 1989: Millennium (Entführung in die Zukunft) [GB]; Dead or Alive (Der gnadenlose Jäger); Night of the Cyclone (Die Nacht des Cyklone); Wellcome Home (Wellcome Home – Ein Toter kehrt zurück). 1990: Pair of Aces (Zwei Asse schlagen zu) [TV]; Sandino [ES/CL]. 1991: Original Intent; Another Pair of Aces: Three of a Kind (Zwei Asse schlagen wieder zu) [TV]; Miracle in the Wilderness (Weihnacht in der Wildnis). 1992: Christmas in Connecticut [TV]; Knights (Cyborg Warriors). 1993: No Place to Hide (Cold Heart – Der beste Bulle in L.A.); Trouble Shooters: Trapped Beneath the Earth [TV]; Cheatin' Hearts/Paper Hearts. 1994: Sodbusters [CA]; Big Dreams & Broken Hearts: The Dottie West Story [TV]; Tad [TV]. 1995: Pharaoh's Army. 1996: Message to Love: The Isle of Wight Festival [DOK – gedreht 1970]; Lone Star (Lone Star); Dolly Parton: Treasures [TV-DOK]; Long Road Home. 1997: Blade, the Vampire Slayer.

Krjučkov, Nikolaj

(Nikolaj Afanas'evič Krjučkov)
*6. 1. 1911 Moskau

Arbeit als Graveur, 1928 zum Ensemble des Zentralen Theaters der Arbeiterjugend. Seine Lehrer sind u. a. I. Sudakov und I. Savčenko. Filmdebüt 1933: in *Okraina* (Boris Barnet) spielt er den Schuster Sen'ka. Krjučkov wird einer der meistbeschäftigten sowjetischen Schauspieler. Wichtige Rollen hat er in *U samogo sinego morja* (Barnet), *Čelovek s ruž'em* (Sergej Jutkevič) und *Traktoristy* (Ivan Pyr'ev). 1955 übernimmt Krjučkov in der DDR die Rolle des sowjetischen Panzerobersten in Kurt Maetzigs *Ernst Thälmann – Führer seiner Klasse*. 1972 erhält er für die Rolle des alten Bergmanns Panas Bajda im Nachkriegs-Drama *Adres vašego doma* (Evgenij Chrinjuk) auf dem Sowjetischen Allunionsfilmfestival von Alma-Ata einen Darstellerpreis. Seine Arbeit wird mit mehreren nationalen Auszeichnungen gewürdigt.

[SU] 1933: Okraina. 1934: Častnyj slučaj (Ein privater Fall). 1935: Ljubov' i nenavist'. 1936: U samogo sinego morja. 1937: Za Sovetskuju Rodinu; Vozvraščenie Maksima (Maxims Rückkehr). 1938: Na granice (Zwischenfall an der Grenze); Komsomol'sk (Stadt der Jugend); Čelovek s ruž'em (Der Mann mit dem Gewehr). 1939: Vyborgskaja storona (Die Wyborger Seite); Traktoristy (Junges Leben); Noč' v sentjabre (Septembernacht). 1940: Jakov Sverdlov (Der erste Präsident); Člen pravitel'stva (Im Kampf ums Glück). 1941: Na putjach; Svinarka i pastuch (Sie trafen sich in Moskau); V tylu vraga. 1942: Paren' iz našego goroda. 1943: Vo imja rodiny; Front. 1944: Malachov kurgan (Malachowhügel). 1946: Nebesnyj tichochod. 1949: Stalingradskaja bitva (Stalingrader Schlacht). 1949–53: Zvezda. 1950: Tri vstreči (Und wieder zusammen). 1950/58: Ogni Baku. 1951: Sportivnaja čest' (Sportehre); Ščedroe leto (Goldener Sommer). 1953: Sadko (Lockendes Glück); Maksimka (Der Junge vom Sklavenschiff). 1955: Trevožnaja molodost' (Bewegte Jugend); Ernst Thälmann – Führer seiner Klasse [DDR]; More studenoe (Im Eismeer verschollen). 1956: Sorok pervyj (Der letzte Schuß); Delo Rumjanceva (Der Fall Rumjanzow); Bessmertnyj garnizon. 1957: Leningradskaja Simfonija (Leningrader Sinfonie); Poet (Ein Dichter). 1958: Nad Tissoj (Mit falschen Papieren); V šest ráno na letišti/Udivitel'noe voskresen'e (TU 104 startet 6.17) [CS]; Matros s «Komety» (Ich sag's dir mit Musik); Junost' našich otcov (Die Neunzehn). 1959: Žestokost'; Ballada o soldate (Die Ballade vom Soldaten); Majskie zvezdy/Majove hvezdy (Sterne im Mai) [SU/CS]. 1960: Domoj; Jaša Toporkov (Jascha Toporkow). 1961: Gody deviči (Mädchenjahre); Podnjataja celina III (Neuland unterm Pflug. 3). 1962: Alenka; Gusarskaja ballada (Husarenballade); Sud. 1964: Den' sčast'ja (Tag des Glücks). 1965: Kakoe ono more? (Der Junge und das Meer); Ko mne, Muchtar! (Polizeihund Muchtar); Ženit'ba Bal'zaminova (Wer heiratet wen?); Žili-byli starik so staruchoj (Es lebte einmal ein Alter mit seiner Alten). 1966: Zabluždij. 1967: Net i da; Begegnungen [TV – DDR]; Djadjuškin son (Onkelchens Traum). 1968: Doktor Vera (Doktor Vera); Služili dva tovarišča (Es dienten zwei Kameraden). 1969: Den' angela; Daleko na Zapade (Weit im Westen). 1970: Zoloto (Gold). 1971: Morskoj charakter. 1972: Konec Ljubavinych (Das Ende der Ljubawins) [CoA]; Prišel soldat s fronta (Ein Soldat kehrt von der Front zurück) [A]; Adres vašego doma (Die Adresse Ihres Hauses); Telegramma (Das Telegramm); Daurija (Dauria – Die Liebe der Kosaken/Dauria – Sibirisches Abenteuer). 1974: Esli chočeš' byt' sčastlivym (Wenn du glücklich sein willst). 1975: Kogda nastupaet sentjabr' (Wenn es September wird). 1976: Prošu slova (Ich bitte ums Wort); Gorožane (Städter). 1977: 72 gradusa niže nulja (72 Grad unter Null).

1978: Ty inogda vspominaj (Erinnere dich manchmal). 1979: Osennyj marafon (Marathon im Herbst); Barchatnyj sezon [SU/YU]; Moj drug djadja Vanja (Mein Freund Onkel Wanja). 1981: Osobo važnoe zadanie (In besonders wichtigem Auftrag); Cyganskoe sčast'e. 1982: Bez gody nedelja (Grünschnabel an Bord) [TV]. 1983: Damskoe tango.

Króner, Jozef

*23. 3. 1923 Stakov

Während der Lehre als Lackierer Laiendarsteller in Amateurtheatern. 1948 erstes Engagement als Schauspieler am Slowakischen Kammertheater in Turćanský Svatý Martin, 1954 am slowakischen Nationaltheater in Bratislava. Nach seinem Filmdebüt 1950 in Ján Kadárs *Katka* spielt Króner überwiegend Hauptrollen in slowakischen Filmen. 1965 wird er international bekannt durch seine Darstellung eines tschechischen «Arisierers» in der Tragikomödie *Obchod na korze* (Ján Kádar / Elmar Klos), für die er auf dem Festival der Werktätigen der ČSSR als bester Schauspieler ausgezeichnet wird. In den 70er Jahren spielt er mehrere dramatische Rollen in Ungarn, u. a. erhält er 1974 für die Hauptrolle, den János Varga in *Vegül* (Gyula Maár) den Preis der Filmkritik. In den 80er Jahren in mehreren Co-Produktionen mit der BRD, so 1982 die Hauptrolle in Juraj Jakubiskos *Tisicrona vcela / Tausendjährige Biene,* der breitangelegten Chronik einer slowakischen Familie vor dem 1. Weltkrieg, den alten Pichanda, das Oberhaupt dieser Familie, Maurer, Imker, Philosoph und Weltbürger in einem. Króner, einer der wichtigsten slowakischen Schauspieler, erhält zahlreiche staatliche Auszeichnungen: Nationalkünstler, zweimal Klement-Gottwald-Preis. 1970 veröffentlicht er das Buch «Herec nielen na udici».

[CS] 1950: Katka (Katka). 1953: Pole neorané (Morgendämmerung). 1954: Akce B. 1955: Drevená dedina. 1956: Štvorylka. 1957: Statočný zlodej; Čert nepsí; Zemianska česť. 1959: Stastie přide v neděłu (Das Glück kommt am Sonntag). 1961: Pokořene řeky (Gebändigte Ströme); Jergus Lapin. 1962: Polnočna omša (Mitternachtsmesse). 1962/63: Jánošík. 2 Teile (Janosik, der Held der Berge. 2 Teile). 1965: Obchod na korze (Der Laden auf dem Korso). 1966: Lidé z maringotek (Komödiantenwagen); Živý bič. 1967: Muž, který stoupl v ceně. 1968: Muz, ktery lze [CS/FR]; Traja svedkovia; Dialóg. 1969: Touha zvaná Anada (Sehnsucht genannt Anada); Tony, tobě přeskočilo (Die Lümmel auf Tonis Hof). 1970: Pan, si neželat nic. 1973: Očovskě pastorále (Hirtenlied); Campanella – Putování do San Jaga (Die Reise nach San Jaga); Vegül [HU]. 1976: Pacho, hýbský zbojnik; Stratená dolina. 1977: Teketória (Faxen) [HU]. 1978: Nech žije deduško. 1979: A téglafal mögött (Hinter der Ziegelmauer) [HU]. 1980: Két történet a félmúlból [HU]. 1980–82: Deadly Game [BRD]. 1981: Kosenie Jastrabej lúuky (Die Mahd der Habichtswiese); Megáll az idő (Die Zeit bleibt stehen) [HU]. 1982: Sol nad zlato/Der Salzprinz [CS/BRD]; Egymásra nézve (Der andere Blick) [HU]; Peludy pouště (Wettlauf mit der Sonne) [CS/TN]; Tisícrocná vcela/Tausendjährige Biene [CS/BRD]; Popolvár najväčší na svete/Der größte Stubenhocker der Welt [CS/BRD]. 1983: Mrtvi učia živých (Gekauftes Leben). 1988: Vlakari (Flieg, Vogel, flieg) [TV]; Lovec senzací. 1989: Mùj přítel d'Artagnan. 1994: Vášnivý polibek. 1995: ... ani smrt nebere!

Krößner, Renate

*17. 5. 1945 Osterode im Harz

Aufgewachsen in Ost-Berlin, Oberschule, Mitwirkung am Laientheater. 1964 Diplom der Staatlichen Schauspielschule. Ab 1966 an verschiedenen kleineren Theatern, 1971 Theater in Brandenburg, dann Gastspiele. 1965 erste Filmrolle in *Tiefe Furchen* und TV-Debüt. Bis Mitte der 70er Jahre unauffällige Rollen in TV-Produktionen. Erfolg durch die Nebenrolle der Freundin Tilli in Heiner Carows *Bis daß der Tod euch scheidet.* 1980 auch internationale Anerkennung durch die Hauptrolle der unangepaßten, eigenwilligen Schlagersängerin Ingrid Sommer im Berlin-Film *Solo Sunny* (Konrad Wolf, Wolfgang Kohlhaase), Silberner Bär beim Festival in Berlin, in der DDR kontrovers diskutiert. Trotz dieses Erfolgs in den folgenden Jahren nur wenige Rollen in der DDR; größere Rollen nur die resolute Else im TV-Fünfteiler *Verflucht und geliebt* und die Titelrolle in der Fontane-Verfilmung *Mathilde Möhring.* 1983 in dem TV-Film *Die ewigen Gefühle,* in der DDR als Dienstleistung für den WDR gedreht. 1985 geht sie nach West-Berlin. In der Bundesrepublik vor allem Auftritte im Fernsehen, so in der Serie *Tatort.* Für ihre Darstellung einer Kneipenwirtin im Ruhrpott in Adolf Winkelmanns *Nordkurve* (1992) wird sie mit einem Bundesfilmpreis ausgezeichnet.

[DDR] 1965: Tiefe Furchen [TV]; Köpfchen Kamerad [TV]. 1968: Die Dominas-Bande [TV]. 1970: Der Sonne Glut. 4 Teile [TV]. 1972: Die Pulverprobe [TV]. 1973/74: Bittere Pillen [TV]. 1974/75: Die Spuren des Helfried Pappelmann [TV]; Eine Pyramide für mich. 1975/76: Polizeiruf 110: Schwarze Ladung [TV]. 1976: Alle meine Kinder [TV]; Die unverbesserliche Barbara; Feuer unter Deck. 1977: Cyankali [TV]. 1977/78: Bis daß der Tod euch scheidet; Zünd an, es kommt die Feuerwehr. 1978/79: Solo Sunny. 1980: Susi oder Das verschenkte Girl [TV]. 1980/81: Verflucht und geliebt [TV]. 1982: Einer vom Rum-mel. 1983: Mathilde Möhring [TV]; [ab hier BRD] Die ewigen Gefühle [TV]. 1986: Tatort: Gebrochene Blüten [TV]. 1988: Nachtfeuer [TV]; Spielergeschichten [TVS]. 1988/89: Tatort: Armer Nanosh [TV]. 1989: Der Alte: Ein Tag der Angst [TV]. 1992: Nordkurve; Vera Wesskamp [TVS]; Tatort: Hundstage [TV]. 1993: Polizeiruf 110: Tod im Kraftwerk [TV]; Angst [TV]; Tatort: Tod einer alten Frau [TV]. 1993/94: Grüß Gott, Genosse. 1994: Tatort: Jetzt und alles [TV]; Die Kommissarin: Blutsbande [TV]; Peter Strohm: Skarabäus [TVS]; Glück im Grünen [TV]. 1994/95: Der König: Die zwölfte Nonne [TV]; Der Verräter [TV]. 1995: Tränen eines Siegers [TV]; A.S. [TVS]; Kinder des Satans [TV]. 1996: Max Wolkenstein: Judas [TV]; Bruder Esel [TVS]; Sanfte Morde [TV].

Krug, Manfred

*8. 2. 1937 Duisburg-Kaiserberg

Gymnasium in Duisburg, nach Scheidung der Eltern 1949 mit dem Vater in die DDR; mehrfach zwischen West und Ost wechselnd. In Brandenburg Lehre als Schmelzer, 4 Jahre im Stahl- und Walzwerk und Abendoberschule. 1954 Staatliche Schauspielschule bis zum Hinauswurf. Eleve am Berliner Ensemble. Bühnenreifeprüfung. Als Chanson- und Jazzsänger Tourneen durch die DDR, Polen und die ČSSR. 1970–76 Bühnenerfolg an der Komischen Oper Berlin als Sporting Life in Gershwins «Porgy und Bess». Ab 1956 beim Fernsehen und im Film. Bei der DEFA wegen kräftiger Statur und Stirnnarbe zunächst vorwiegend auf Halbstarke, Ganoven und Kriminelle festgelegt. Erst 1959/60 anspruchsvolle Rolle als polnischer Interbrigadist in Frank Beyers Spanienfilm *Fünf Patronenhülsen*. 1961 Erfolg mit der autobiografisch geprägten Rolle des schnodderigen Martin Hoff in der Gegenwartskomödie *Auf der Sonnenseite*, als gesellschaftliche Vorbildfigur kulturpolitisch gern gesehen. Mehrfach sozialistische und antifaschistische Heldenrollen. Der Bau-Brigadier Balla in Beyers Verfilmung des DDR-Bestsellers *Spur der Steine* ist jedoch der SED zu anarchisch: Der Film wird aus dem Verleih genommen. «Über-die-Stränge-Schlagen» wird typisch für manche Rollen, so als Draufgänger eigenen Typs in mehreren historischen Abenteuerfilmen: *Mir nach, Canaillen!* Bulliger Lkw-Fahrer in den erfolgreichen Ost-Roadmovies *Weite Straßen – stille Liebe* und *Wie füttert man einen Esel*. 1976 unterstützt der besonders auch bei der Jugend populäre «DDR-Star mit Weltniveau» den Protest gegen die Ausbürgerung Wolf Biermanns und ist Zensurmaßnahmen ausgesetzt. 1977 nach West-Berlin, Auftritte in TV-Shows. Zunächst nur gelegentlich prägnantere Aufgaben wie in Alexander von Eschweges TV-Film *Flächenbrand* nach Max von der Grün oder in dem Dokumentarspiel *Joseph Süss Oppenheimer* (Rainer Wolffhardt). Schon ab 1977 TV-Arbeit als Trucker in der weltumspannenden Dauer-Serie *Auf Achse*, dann auch als Chef des *Detektivbüro Roth*, als Hamburger Kommissar Stöver in der Serie *Tatort* und große Popularität als gewitzt-phlegmatischer Rechtsanwalt in der Reihe *Liebling – Kreuzberg*. Der Versuch, den Erfolg des Teams Krug, Werner Masten (Regie) und Jurek Becker (Buch) in der Komödie *Neuner* auf die Leinwand zu bringen, findet wenig Anklang, ebenso andere Filme, so Egon Günthers *Rosamunde* oder das Stasi-Drama *Der Blaue* (Lienhard Wawrzyn) mit Ulrich Mühe. Auch in der TV-Serie *Wir sind auch nur ein Volk* (1995) schlüpft er noch einmal in die Haut eines typischen DDR-Bürgers und «Wende-Opfers». 1985 als Dorfrichter Adam Theatertournee mit Kleists «Der zerbrochene Krug», sonst kaum auf der Bühne. 1996 Bestseller ›Abgehauen‹ über die Krise 1976.

[DDR] 1956/57: Mazurka der Liebe. 1957: Der Freischütz [TV]; Gefährliche Wahrheit [TV]; Ein Mädchen von 16½; Vergeßt mir meine Traudel nicht. 1957/58: Brigade Karhan [TV]. 1958/59: Ware für Katalonien; Reportage 57. 1959: Bevor der Blitz einschlägt; Ich selbst und kein Engel [TV]; Tote Seelen [TV]; Wenn die Nacht kein Ende nimmt [TV]. 1959/60: Leute mit Flügeln; Was wäre, wenn ...?; Fünf Patronenhülsen. 1960: Die Talente [TV]; Fräulein mit Courage [TV]; Jonny Belinda [TV]. 1960/61: Guten Tag, lieber Tag; Professor Mamlock; Bei Anruf Mord [TV]; Hoffnung auf Kredit [TV]; Drei Kapitel Glück. 1961: Auf der Sonnenseite; Urfaust [TV]. 1961/62: Königskinder; Revue um Mitternacht. 1962: Beschreibung eines Sommers; Der Kinnhaken [D,CoA]; Nebel; Minna von Barnhelm oder Das Soldatenglück; Stelldichein bei Huckebein. EP: Labyrinth der Liebe [EP]. 1963: Engel, Sünden und Verkehr. 2. EP: Der Wettlauf des Hasen mit dem Igel [EP]; Boxer a smrt (Der Boxer und der Tod) [CS]. 1963/64: Mir nach, Canaillen! [D,CoA]. 1964/65: König Drosselbart; Die antike Münze/Starinata moneta [DDR/BG]. 1965: Wenn du groß bist, lieber Adam. 1965/66: Fräulein Schmetterling [Unvollendet]; Spur der Steine. 1966/67: Frau Venus und ihr Teufel [D,CoA]. 1967: Die Fahne von Kriwoj Rog. 1967/68: Abschied; Hauptmann Florian von der Mühle. 1968: Mit mir nicht, Madam!; Wege übers Land [TV]; Käuzchenkuhle [D,CoM]; Gesicht einer Jugend [CoM – KDOK]. 1969: Netzwerk; Weite Straßen – stille Liebe. 1969/70: Meine Stunde Null; Junge Frau von 1914 [TV]. 1970: Husaren in Berlin. 1971: Die gestohlene Schlacht/Ukradena bitva

[DDR/CS]; Die Verschworenen [TV]. 1972/73: Stülpner-Legende [TV]. 1973: Manfred Krug [D,CoA – KDOK]; Wie füttert man einen Esel [D,CoM]. 1974: Kit & Co. 1975: Bei Manfred Krug [KDOK]. 1975/76: Daniel Druskat [TV]. 1976: Feuer unter Deck. 1976/77: Abschied vom Frieden [TV]; Das Versteck [ab hier BRD] 1977/78: Paul kommt zurück [TV]; Auf Achse. 1. Staffel [TVS]. 1978: Die tragische Muse von Rummelsburg [TV]; Die Faust in der Tasche. 1979: Life: Manfred Krug [TV]; Phantasten [TV]. 1980: Ein Mann fürs Leben [TV]. 1980/81: Flächenbrand [TV]. 1981: Das Traumschiff. Folge 1 [TVS]. 1981/82: Die Fischer von Moorhövd [TVS]; Väter. 2. EP: Lektionen [TV-EP]. 1982: Rendezvous der Damen. 3. EP: Eine erstklassige Dame [TV-EP]. 1982/83: Das Traumschiff. EP: Herz ist Trumpf [TVS]. 1983: Joseph Süss Oppenheimer [TV]; Wer raucht die Letzte? [TV]; Jakob und Adele [TVS]; Geschichten aus der Heimat 1. Folge. EP: Das Silvesterbaby [TV-EP]; Die Krimistunde V [TV-EP]; Auf Achse. 2. Staffel [TVS]; Konsul Möllers Erben [TV]. 1983–85: Detektivbüro Roth [TVS]. 1983/84: Krumme Touren [TV-EP]. 1984: Tatort: Haie vor Helgoland [TV]; Tatort: Gelegenheit macht Liebe [TV]; Ein Heim für Tiere [TVS]. 1985: Tatort: Irren ist tödlich [TV]; Tatort: Leiche im Keller [TV]. 1985/86: Liebling – Kreuzberg. 1. Staffel [TVS]. 1986: Auf Achse. 3. Staffel [TVS]; Tatort: Schmutzarbeit [TV]; Tatort: Tod auf Eis [TV]. 1986/87: Tatort: Tod im Elefantenhaus [TV]. 1987: Whopper-Punsh 777; Krimistunde. EP: Lauter schlechte Nachrichten [TV-EP]; Tatort: Spuk aus der Eiszeit [TV]; Tatort: Voll auf Haß [TV]; Auf Achse. 4. Staffel [TVS]. 1987/88: Sonntagsbesuche [TV]; Liebling – Kreuzberg. 2. Staffel [TVS]. 1988: Tatort: Pleitegeier [TV]; Tatort: Zeitzünder [TV]. 1988/89: Tatort: Armer Nanosh [TV]. 1989: Liebling – Kreuzberg. 3. Staffel [TVS]; Tatort: Lauf eines Todes [TV]; Rosamunde. 1989/90: Tatort: Finale am Rothenbaum [TV]. 1990: «... die Post ist da!» [TV]; Neuner. 1991: Auf Achse. 5. Staffel [TVS]; Tatort: Tod eines Mädchens [TV]; Tatort: Stövers Fall [TV]. 1991/92: Blindekuh; Tatort: Winterreise [TV]. 1992: Kriminalrevue [TV]; Tatort: Amoklauf [TV]; Auf Achse. 6. Staffel [TVS]; Tatort: Das Experiment [TV]. 1992/93: Liebling – Kreuzberg. 4. Staffel [TVS]. 1993: Zwischentöne – Manfred Krug [TV]; Tatort: Um Haus und Hof [TV]; Der Blaue; Tatort: Tod eines Polizisten [TV]; Tatort: Pizza Mafiosa [TV]. 1993/94: Wir sind auch nur ein Volk [TVS]; Tatort: Ein Wodka zuviel [TV]. 1995: Tatort: Der König kehrt zurück [TV]; Tatort: Tod auf Neuwerk [TV]. 1996: Tatort: Fetischzauber [TV]; Tatort: Lockvögel [TV]; Tatort: Parteifreunde [TV]; Tatort: Ausgespielt [TV]; Tatort: Mord hinterm Deich [TV] 1997: Liebling – Kreuzberg. 5. Staffel [TVS].

Krüger, Hardy

(Eberhard Krüger)
* 12. 4. 1928 Berlin-Wedding
Ab 1941 im NS-Elite-Internat «Adolf-Hitler-Schule» auf Burg Sonthofen, 1943 von Alfred Weidenmann für den Film *Junge Adler* ausgesucht. 1945 Soldat, amerikanische Gefangenschaft. 1945 am Deutschen Schauspielhaus Hamburg als Statist und in kleinen Rollen; Sprecher beim Nordwestdeutschen Rundfunk. Bis Anfang der 50er Jahre an Bühnen in Hannover, Hamburg, Berlin, München und Stuttgart. 1949 in *Diese Nacht vergeß ich nie*. In den nächsten Jahren zumeist ungezwungener Sunnyboy in Filmen ohne Tiefgang; Harald Brauns *Solange du da bist* bleibt zunächst Einzelfall. In Otto Premingers *Die Jungfrau auf dem Dach* – deutsche Version der Komödie *The Moon Is Blue* – erstmals in einer Hollywood-Produktion. Als leicht verklemmter Intellektueller in Helmut Käutners Hamlet-Modernisierung *Der Rest ist Schweigen*. 1956/57 internationale Beachtung als Oberleutnant Franz von Werra in Roy Bakers Kriegs-Abenteuer *The One That Got Away*, daneben internationale Karriere in Rollen sympathischer Soldaten oder Abenteurer, z. B. in *Hatari!* (Howard Hawks) und in *Les dimanches de Ville-d'Aray* (Serge Bourgignon). 1961 bei der Ost-West-Liebesgeschichte *Zwei unter Millionen* auch Co-Produzent. Dann erst 1971 in dem 3teiligen TV-Durbridge-Krimi *Das Messer* wieder in einer deutschen Produktion. Nur einmal im Jungen deutschen Film: *Potato-Fritz* (Peter Schamoni). 1961–73 in Tansania Betrieb des Farm-Hotels «Momella Game Lodge». Seit Ende der 60er Jahre frönt Krüger als Präsentator und Autor in mehreren TV-Dokumentarserien (*Hardys Bordbuch*, *Weltenbummler*) seinem Interesse für exotisch abgelegene Weltgegenden. Krüger tritt auch literarisch hervor: u. a. Dokumentation «Eine Farm in Afrika» (1970) und autobiografischer Roman «Junge Unrast» (1983). Seit Beginn der internationalen Filmkarriere nur selten auf der Bühne, u. a. 1985/86 gemeinsam mit Mario Adorf Theatertournee mit dem Zweipersonen-Stück «Wiedersehen im Herbst»: Tom Sawyer und Huckleberry Finn treffen sich als alte Männer wieder.

[DE/BRD] 1943/44: Junge Adler. 1949: Das Fräulein und der Vagabund; Diese Nacht vergeß ich nie; Kätchen für alles. 1950: Das Mädchen aus der Südsee; Insel ohne Moral. 1950/51: Schön muß man sein. 1951: Mein Freund, der Dieb. 1952: Ich heiße Niki; Alle kann ich nicht heiraten; Illusion in Moll. 1953: Muß man sich gleich scheiden lassen?; Solange Du da bist; Ich und Du; Die Jungfrau auf dem Dach [Version-US] 1954: An der schönen blauen Donau [AT]; Der letzte Sommer. 1955: Der Himmel ist nie ausverkauft; Alibi. 1956: The One That Got Away (Einer kam durch) [GB]; Die Christel von der

Post; Liane, das Mädchen aus dem Urwald. 1957: Der Fuchs von Paris/Mission diabolique [BRD/FR]; Banktresor 713. 1958: Bachelor of Hearts (Mit dem Kopf durch die Wand) [GB]; Gestehen Sie, Dr. Corda! 1959: Bumerang; Blind Date (Tödliche Falle) [GB]; Der Rest ist Schweigen; Die Gans von Sedan/Une fleur au fusil [BRD/FR]. 1960/61: Un taxi pour Tobrouk/Taxi nach Tobruk/Un Taxi para Tobrouk [FR/BRD/ES]. 1961: Zwei unter Millionen [D,CoP]. 1961/62: Les dimanches de Ville d'Avray (Sonntage mit Sybill) [FR]. 1962: Les quatre vérités/Le quattro verità/Las cuatro verades. 2. EP: La mort et la bucheron (Die vier Wahrheiten) [EP – FR/IT/ES]; Hatari! (Hatari!) [US]. 1964: Le gros coup/Il triangolo del delitto (Sein größter Dreh) [FR/IT]. 1964/65: Los pianos mecanicos/Les pianos mecaniques/Amori di una calda estate (Die Versuchung heißt Jenny) [FR/ES/IT]. 1965: The Flight of the Phoenix (Der Flug des Phoenix) [US]; Le chant du monde (Und die Wälder werden schweigen) [FR]. 1966: Lautlose Waffen/L'Espion [BRD/FR]; La grande sauterelle/Mädchen wie das Meer/Femmina [FR/BRD/IT]. 1967/68: Le franciscain de Bourges [FR]. 1967/68: Hardys Bordbuch [D,R,A – TVS]. 1968: La monaca di Monza (Die Nonne von Monza) [IT]. 1968/69: Bitka na Neretvi/Die Schlacht an der Neretva/La battaglia della Neretva [YU/BRD/IT]. 1969: The Secret of Santa Vittoria (Das Geheimnis von Santa Vittoria) [US]. 1970: Krasnaja palatka/La tenda rossa (Das rote Zelt) [SU/IT]. 1970/71: Night Hair Child (Diabolisch) [GB]. 1971: Das Messer [TV]. 1972: Tod eines Fremden/Death of a Stranger (Die Hinrichtung) [BRD/IL]; Un solitaire (Im Alleingang) [FR]. 1973–75: Barry Lyndon (Barry Lyndon) [GB]. 1974: Paper Tiger (Papiertiger) [GB]. 1975/76: Potato Fritz [D,CoP]. 1976: A chacun son enfer/Jedem seine Hölle [FR/BRD]. 1976/77: A Bridge Too Far (Die Brücke von Arnheim) [US]. 1978: The Wild Geese (Die Wildgänse kommen) [GB/CH]. 1979: Blue Fin (Die Sturmfahrt der Blue Fin) [AU]; Das ist Ihr Leben. Hardy Krüger [TV]. 1981: Wrong Is Right (Flammen am Horizont) [US]. 1981/82: Feine Gesellschaft – Beschränkte Haftung. 1982: Die Welt von oben [TV-DOK]. 1984: Slagskämpen/The Inside Man (Inside Man – Der Mann aus der Kälte) [SE/GB]. 1986: Geschichten aus der Heimat: Sonnenschauer [D,A – TV]; Wiedersehen im Herbst [TV]. 1986/87: War and Remembrance [TV – US]. 1987: Ein Lachen im Gesicht und Narben auf der Seele [TV]. 1987–92: Weltenbummler [D,R,A – TV-DOK].

Krzyżewska, Ewa

*7. 2. 1939 Krakau

1961 Diplom an der Theaterhochschule Krakau, anschließend kurzes Engagement am Rozmaitości-Teatr Krakau, 1962–67 am Dramatyczny Teatr Warschau, u. a. in Shakespeares «Othello» als Desdemona. Bereits während des Studiums kann sie 1958 in der Rolle des Barmädchens Krystyna in *Popiół i diament* (Andrzej Wajda) einen ersten internationalen Erfolg verbuchen und wird 1959 von der Französischen Filmakademie als beste ausländische Schauspielerin ausgezeichnet. 1961 erhält sie für ihre Marie in dem jugoslawischen Film *Rat* (Veljo Bulajić) ein Diplom des Filmfestivals von Venedig. 1965 beeindruckt sie als Wala in Tadeusz Konwickis *Salto*. Sie erhält zahlreiche Aufgaben beim polnischen Film, wird für Produktionen in Jugoslawien, Rumänien, Bulgarien, der ČSSR und der DDR verpflichtet. 1973 zieht sie sich vom künstlerischen Leben zurück und geht in die USA. Dort leitet sie die Radio-Bibliothek der Vereinten Nationen in New York.

[PL] 1958: Popiół i diament (Asche und Diamant). 1960: Rat [YU]. 1961: Zuzanna i chłopcy (Männer um Susanne); Zaduszki (Allerseelen). 1963: Liczę na wasze grzechy; Zbrodniarz i panna (Der Mörder und das Mädchen); Naprawdę wczoraj (Eine Frau, die man nie vergessen kann). 1965: Salto (Salto); Lekarstwo na miłość (Heilmittel gegen Liebe); Faraon (Pharao); Zvoný pre bosých [CS]; Sposób bycia. 1966: Powrót na ziemię (Rückkehr zur Erde); Przedświąteczny wieczór; Faust XX (Faust XX) [RO]; Zejście do piekła; Piekło i niebo (Hölle und Himmel). 1970: Dzięcioł (Der Specht); Akcja «Brutus» (Aktion Brutus). 1971: Jak daleko stąd, jak blisko (Wie fern, wie nah ...); Liebeserklärung an G. T. [DDR]; Okno zabite deskami. 1972: Das Geheimnis der Anden [TV – DDR]; Mârtvecât se zavrâšta [TVS]. 1973: Zazdrość i medycyna (Eifersucht und Medizin).

Kulle, Jarl

*24. 2. 1927 Ekeby (Skåne)

1946–49 Ausbildung am Königlichen Dramatischen Theater Stockholm. Auf der Bühne ist er vor allem in Lustspielen und Musicals zu sehen, u. a. erfolgreich in «My Fair Lady». Er gehört in Schweden zu den populärsten Schauspielern der Nachkriegszeit. Seine Stärke bleiben die Komödien, aber er versucht sich auch im dramatischen Fach. Filmdebüt 1950 in *Kvartetten som sprängdes* (Gustaf Molander). Sehr bald entdeckt Ingmar Bergman seine besonderen Fähigkeiten und besetzt ihn in mehreren Filmen, u. a. 1952 als Kai in *Kvinnors väntan*, 1960 mit der Hauptrolle des Don Juan in *Djävulens öga* und schließlich 1982 als Gustav Adolf Ekdahl in *Fanny och Alexander*. Als Regisseur und Drehbuchautor debütiert er mit *Bokhandlaren som slutade bada* (1968/69), dem zwei weitere Arbeiten folgen.

[SE] 1950: Kvartetten som sprängdes. 1951: Leva på «hoppet» (Leben auf der «Hoffnung»). 1952: 69: an, sergeanten och jag; Trots; Kärlek; Kvinnors väntan (Sehnsucht der Frauen). 1952/53: Barabbas (Barabbas – Der

Mann im Dunkel). 1954: Karin Månsdotter (Karin Mansdotter).1955: Sommarnattens leende (Das Lächeln einer Sommernacht). 1955/56: En drömmares vandring. 1956: Sången om den eldröda blomman (Heiß war meine Sehnsucht); Sista paret ut (Das letzte Paar). 1957: Ingen morgondag. 1958: Fröken April (Der Verführer). 1959: Sängkammartjuven. 1960: Av hjärtans lust; Djävulens öga (Die Jungfrauenbrücke). 1960/61: Änglar, finns dom... 1961: Lita på mej, älsking! 1962: Nils Holgerssons underbara resa (Die Abenteuer des Nils Holgersson); Kort är sommaren; Den kære familie/ Den kära familjen [DK/SE]. 1964: Är du inte riktigt klok? (Bist du nicht gescheit?); Käre John; För att inte tala om alla dessa kvinnor (Ach, diese Frauen); Bröllopsbesvär. 1965/66: Syskonbädd 1782 (Geschwisterbett). 1968/69: Bokhandlaren som slutade bada [D,R,A]. 1969: Miss and Mrs Sweden (Miss und Mrs. Sweden). 1970: Ministern [D,R, A]. 1972: Ture Sventon – privatdetektiv. 1974: Vita nejlikan [D,R,A]. 1982: Fanny och Alexander (Fanny und Alexander) [SE/BRD/FR]. 1986/87: Babettes gæstebud [DK].1990: Herman [NO]. 1993: Telegrafisten [DK/NO]. 1994: Zorn [SE/NO/FI/IS]. 1995: Alfred.

Kumar, Dilip

(Yusuf Khan)
*11. 12. 1922 Peshawar

Er wächst als Sohn einer Obsthändlerfamilie mit 11 Geschwistern in Maharashtra auf. 1940 dient er in der britischen Army in Bombay. Als Kellner in Poona wird er von einem Produzenten entdeckt, der ihm 1944 die Hauptrolle eines unglücklichen Liebhabers in *Jwar Bhata* (Amiya Chakraborty) gibt. Sein Spiel ist so überzeugend, daß er auch in *Andaz* (Mehboob Khan) und in *Devdas* (Bumal Roy) auf dieses Rollenklischee festgelegt bleibt. Sein Stil erhält eine besonders tragische Dimension in dem ödipalen Drama *Deedar* (1951). Dilip Kumar gilt als Star des Hindi-Urdu-Films der 50er und 60er Jahre. Sein Prinz Salim in *Mughal-e-Azam* (K. Asif) wird ein großer Erfolg. 1982 spielt er den in *Shakti* (Ramesh Sippy) den Vater an der Seite von Amitabh Bachchan, der seinen Sohn verkörpert. Als «König der Tragödie» im Hindi-Film erhält er 8mal den Preis als bester Schauspieler Indiens. Er ist mit der Schauspielerin Saira Banu verheiratet.

[IN] 1944: Jwar Bhata. 1945: Pratima. 1946: Milan. 1947: Jugnu. 1948: Mela; Ghar Ki Izzat; Anokha Pyar; Shaheed; Nadiya Ke Paar. 1949: Babul; Andaz; Shabnam. 1950: Jogan; Arzoo. 1951: Tarana; Hulchul; Deedar. 1952: Sangdil; Daag; Aan. 1953: Footpath; Shikast. 1954: Amar. 1955: Udan Khatola; Azad; Insaniyat. 1956: Devdas. 1957: Naya Daur; Musafir. 1958: Yahudi; Madhumati. 1959: Paigham. 1960: Mughal-e-Azam; Kohinoor. 1961: Ganga Jumna. 1964: Leader. 1966: Dil Diya Dard Liya; Pari. 1967: Ram Aur Shyam. 1968: Sadhu Aur Shaitan; Admi. 1969: Sangharsh. 1970: Gopi; Sagina Mahato. 1972: Anokha Milan; Dastaan. 1974: Sagina; Phir Kab Milogi. 1976: Bairaag. 1981: Kranti. 1982: Shakti. 1983: Mazdoor; Vidhata. 1984: Duniya; Mashaal. 1985: Kony. 1986: Dharam Adhikari; Karma. 1989: Kanoon Apna Apna. 1990: Izzatdar. 1991: Saudagar.

Kumar, Uttam

(Arun Kumar Chatterjee)
*3. 9. 1926
†24. 7. 1980

Zunächst Angestellter in einem Hafenbüro in Kalkutta. Vorübergehend Engagement am Star Theatre. Nach einem ersten Filmauftritt in *Drishtidaan* gibt er sein eigentliches Filmdebüt 1949 in *Mayadore*, der unvollendet bleibt. Er bricht mit dem üblichen theatralischen Darstellungsstil. Beginn seiner Karriere als bengalischer Filmstar in Nirmal Deys *Sharey Chuattar* (1953). Melodramen von Leiden, Verrat und Ringen um Wahrheit, z. B. *Sagarika* (1956) und *Saptapadi* (1961) sind die von Kumar bevorzugten Genres, in denen er seine schauspielerischen Fähigkeiten wirkungsvoll einsetzt. Unter Regie von Satyajit Ray entsteht 1966 *Nayak*, der deutlich biografische Züge seines Darstellers aufweist. Mit *Sudhu Ekti Bachhar* (1966) gibt Kumar sein Regie-Debüt. Eine weitere Regiearbeit folgt 1973 mit *Bon Palashir Padabali*. Seinen letzten Film *Ogo Bodhu Sundari* (1981), eine Version von «My Fair Lady», kann er wegen seines plötzlichen Todes nicht vollenden, seine Rolle wird von einem anderen Darsteller übernommen. 1979 erscheint Kumars Autobiografie.

[IN] 1948: Drishtidaan. 1949: Mayadore [unvollendet]; Kamana 1950: Maryada. 1951: Nastaneer; Sahajatri; Ore Jatri. 1952: Kar Papey; Basu Pavivar; Sanjibani. 1953: Lakh Taka; Nabin Yatra; Bou Thakuranir Haat; Sharey Chuattar. 1954: Ora Thake Odhare; Mantra Shakti; Maraner Pare; Moner Mayur; Champadangar Bou; Sadanander Mela; Grihapravesh; Kalyani; Bokul; Annapurnar Mandir; Agni Pareeksha. 1955: Anupama; Raikamal; Sanjher Pradeep; Bidhilipi; Upahar; Kankabatir Ghat; Sabar Uparey; Shap Mochan; Hrad; Bratacharini; Devatra. 1956: Sagarika; Laksha-Hira; Shilpi; Ekti Raat; Trijama; Chirakumar Sabha; Raat Bhore; Shankar Narayan Bank; Shyamali; Putrabadhu; Nabajanma; Saheb Bibi Golam. 1957: Bardidi; Yatra Holo Suru; Pathe Holo Deri; Jiban Trishna; Harano Sur; Punar Milan; Haar Jeet; Surer Parashey; Prithibi Amar Chai; Abhoyer Biye; Chandranath; Taser Ghar. 1958: Surya Toran; Manmoyee Girls' School; Shikar; Bandhu; Joutuk; Indrani; Daktar Babu; Rajalakshmi-o-Shrikanta. 1959: Gali Theke Rajpath; Abak Prithvi; Chaowa-Pawa; Sonar Harin; Pushpadhanu; Khelaghar; Bicharak; Marutirtha Hinglaj. 1960: Maya Mriga; Haat Baraley Bandhu; Kuhak; Khokha Babur Pratyabartan; Raja-Saja; Suno Baro Nari; Sakher Chor; Uttar Megh; Saharer Itikatha. 1961: Jhinder Bandi; Agni Sanskar; Sathi Hara; Necklace; Dui Bhai; Saptapadi. 1962: Kanna; Shiulibari; Bipasha. 1963: Deya Neya; Nisithe; Uttarayan; Bhranti Bilas; Surya Sikha; Shesh-Anka. 1964: Lal Patthar; Momer Alo; Natun Tirtha; Jotugriha; Bibhas. 1965: Kal Tumi Aleya [D,CoM]; Raj Kanya; Thana Theke Aschhi; Surya Tapa. 1966: Sankha Bela; Rajdrohi; Sudhu Ekti Bachhar [D,R]; Nayak. 1967: Chidiakhana; Nayika Sangbad; Antony Firingee; Chhotisi Mulaqat; Girhadah; Jiban Mrityu. 1968: Kokhono Megh; Garh Nasimpur; Teen Adhyay; Chowringhee. 1969: Kamallata; Sabarmati; Shuk Sari; Mon-Niye; Chiradiner; Aparichita. 1970: Manjari Opera; Nishipadma; Rajkumari; Duti Mon; Bilambita Lay; Kalankita Nayak. 1971: Chhadmabeshi; Dhanyi Meye; Ekhane Pintjar; Jiban Jignasa; Nabaraag; Jay Jayanti. 1972: Stree; Biraj Bou; Haar Mana Haar; Alo Amar Alo; Memsahib; Chinnapatra; Andha Atit. 1973: Roudra Chhaya; Rater Rajanigandha; Rodon Bhora Basanta; Bon Palashir Padabali [D,R]; Sonar Khancha; Kaya Hiner Kahini. 1974: Jadi Jantem; Rakta Tilak; Mouchak; Alor Thikana; Jadu Bansha; Amanush; Bikele Bhorer Phool. 1975: Sei Chokh; Bagh Bandi Khela; Kajal Lata; Sanyasi Raja; Ami Sey-o-Sekha; Nagar Darpane; Sabhyasachi [D,CoM]; Agniswar; Priya Bandhabi. 1976: Ananda Mela; Asadharan; Mom Batti; Nidhi Ram Sardar; Banhi Sikha; Hotel Snow Fox; Rajbansha; Chander Kachhakachhi. 1977: Sister; Brajabuli; Bhola Moira; Jaal Sanyasi; Anand Ashram; Kitaab. 1978: Dhanraj Tamang; Dui Purush; Bandi; Nishan. 1979: Devdas; Nabadiganta; Dooriyan; Samadhan; Sunayani; Srikanter Will. 1980: Raja Saheb; Raj Nandini; Darpachurna; Pankhiraj; Aro Ekjan; Dui Prithibi. 1981: Kalankini Kankabati [D,R]; Plot No 5; Khana Baraha; Pratishodh; Surya Sakhi; Ogo Bodhu Sundari [D,R]. 1982: Iman Kalyan; Desh Premi.

Kumari, Meena

(Mahajabeen Bux)
*1931 Bombay
†31. 3. 1972 Bombay

Tochter des Schauspielers, Sängers und Musiklehrers Ali Bux und der bengalischen Tänzerin Iqbal Begum. Kumari wächst in der Nähe der Filmstudios auf und erhält schon 1939 als «Baby Meena» ihre erste Rolle in *Leatherface* (Vijay Bhatt). Es folgen zahlreiche Auftritte in Mythen-Filmen, bis sie 1952 als romantische Heldin in Bhatts *Baiju Bawra* bekannt wird. Nach *Sahib Bibi Aur Ghulam* (Abrar Alvi), in dem sie eine unglückliche Frau, die wegen ihrer Eheprobleme trinkt, verkörpert, hat sie 1963–68 selbst ein Alkoholproblem, spielt aber dennoch in zwei bis vier Filmen jährlich. Ihr letzter Film, *Pakeezah* (Kamal Amrohi) wird nach ihrem Tod im März 1972 ein großer Erfolg. Kumari wird als «größte Tragödin der Leinwand in Bombay» bezeichnet.

[IN] 1939: Leatherface. 1940: Pooja; Ek Hi Bhool. 1941: Bahen; Nai Roshni; Kasauti. 1942: Garib. 1943: Pratigya. 1944: Lal Haveli. 1946: Bachchon Ka Khel; Duniya Ek Sarai. 1947: Piya Ghar Aaja. 1948: Bichhade Balam. 1949: Veer Ghatotkach. 1950: Hamara Ghar; Shri Ganesh Mahima; Magroor. 1951: Hanuman Pataal Vijay; Lakshmi Narayan; Madhosh; Sanam. 1952: Tamasha; Alladdin and the Wonderful Lamp; Baiju Bawra. 1953: Deara; Do Bigha Zameen; Footpath; Dana Pani; Naulakha Haar; Parineeta. 1954: Baadbaan; Chandni Chowk; Ilzaam. 1955: Adl-e-Jehangir; Azad; Rukhsana; Bandish. 1956: Ek Hi Raasta; Halaku; Bandhan; Shatranj; Mem Sahib; Naya Andaz. 1957: Miss Mary; Sharada. 1958: Sahara; Farishta; Yahudi; Savera. 1959: Ardhangini; Chand; Char Dil Char Raahein; Chirag Kahan Roshni Kahan; Madhu; Shararat; Jagir; Satta Bazaar. 1960: Bahana; Dil Apna Aur Preet Parayi; Kohinoor. 1961: Bhabhi Ki Chudiyan; Zindagi Aur Khwab; Pyar Ka Sagar. 1962: Sahib Bibi Aur Ghulam; Main Chup Rahungi; Aarti. 1963: Akeli Mat Jaiyo; Kinare Kinare; Dil Ek Mandir. 1964: Ghazal; Sanjh Aur Savera; Benazir; Chitralekha; Main Bhi Ladki Hoon. 1965: Kajal; Bheegi Raat; Purnima. 1966: Phool Aur Putthar; Pinjre Ke Panchhi. 1967: Chandan Ka Palna; Manjhli Didi; Noorjehan; Bahu Begum. 1968: Baharon Ki Manzil; Abhilasha. 1970: Jawab; Saat Phere. 1971: Mere Apne; Dushman. 1971/72: Gomti Ke Kinare; Pakeezah.

Kupčenko, Irina

(Irina Petrovna Kupčenko)
*1. 3. 1948

Ausbildung an der Ščukin-Schauspielschule in Moskau. 1970 Engagement am Vachtangov-Theater, wo sie z. B. in den Inszenierungen von «Prinzessin Turandot» und «Antonius und Cleopatra» Aufmerksamkeit erregt. Ihr Filmdebüt ist 1969 die Liza Kalitina in Andrej Michalkov-Končalovskijs Turgenev-Verfilmung *Dvorjanskoe gnezdo*. Bei ihm spielt sie auch die Sonja in *Djadja Vanja* (1971) und die Ljuda in *Romans o vljublennych* (1974). Sie beweist in diesen Filmen ihre große Sensibilität und schauspielerische Wandlungsfähigkeit. Weitere wichtige Rollen sind die Vera Ivanovna in Il'ja Averbachs *Čužie pis'ma* (1976), die Lina in *Putešestvie v drugoj gorod* und die Ljuba in *Domoj* (Gavriil Egiazarov). Irina Kupčenko ist Verdiente Künstlerin der RSFSR.

[SU] 1969: Dvorjanskoe gnezdo (Ein Adelsnest). 1971: Djadja Vanja (Onkel Wanja). 1974: Romans o vljublennych (Romanze für Verliebte). 1975: Zvezda plenitel'nogo sčast'ja (Traum vom fernen Glück). 1976: Čužie pis'ma (Fremde Briefe). 1978: Strannaja ženščina (Eine merkwürdige Frau). 1979: Otpusk v sentjabre [TV]; Obyknovennoe čudo (Das gewöhnliche Wunder) [TV]; Povorot (Die Wende). 1980: Dom s oknami k polju (Das Haus mit den Fenstern zum Feld) [TV]; Naznačenie [TV]; Sibiriada (Sibiriade); Putešestvie v drugoj gorod [TV]. 1981: Poslednij pobeg; Priključenija Šerloka Cholmsa i doktora Vatsona (Sobaka Baskervilej) (Der Hund von Baskerville) [TV]. 1983: Bez svidetelej (Gespräch ohne Zeugen); Domoj (Heimwärts). 1986: Berega v tumane (Ufer im Nebel). 1987: Drugaja žizn'; Odinokaja ženščina želaet poznakomit'sja (Alleinstehende Frau sucht Bekanntschaft); Poslednjaja doroga (Der letzte Weg). 1988: Zabytaja melodija dlja flejty (Vergessene Melodie für Flöte). 1990: Chomo novus; Nikolaj Vavilov [TV]. 1991: El Proiezionista/Bližnij krug [IT/SU]; Vne. 1992: Tancujuščie prizraki [RU]. 1993: Vspominaja Čechova [RU]. 1994: Budulai, kotorogo ne ždut [RU]. 1995: Letnije l'udi [RU].

Kuravlev, Leonid

(Leonid Vjačeslavovič Kuravlev)
*8. 10. 1936

Nach der Ausbildung an der Schauspielfakultät der Moskauer Filmhochschule VGIK Filmdebüt als Kamuschkin in Michail Švejcers *Mičman Panin* (1960). Kuravlev spielt vor allem in Gegenwartsfilmen. Der Regisseur, Schriftsteller und Schauspieler Vasilij Šukšin gibt ihm seine interessantesten Filmaufgaben. So ist er 1964 in Šukšins Debütfilm *Živet takoj paren'* der junge Chauffeur Paška Kolokol'nikov. 1966 spielt er den Stepan Voevodin in Šukšins *Vaš syn i brat*. In diesen Filmen verkörpert er Charaktere von großer Lebensfreude und volkstümlichem Humor. Kuravlev wird danach auch vorwiegend in Gegenwartskomödien eingesetzt. Sein komisches Talent kommt besonders in der Titelrolle in Georgij Danelijas Komödie *Afonja* (1975) und als Šindin in *My, nižepodpisavšiesja* (1980) zur Geltung. Kuravlev wird 1965 Verdienter Künstler der RSFSR.

[SU] 1958: Segodnja uvol'nenija ne budet [TV]. 1960: Mičman Panin (Die Fahrt führt nach Le Havre). 1961: Dve žizni; Ljubuška; Vodil poezda mašinist. 1962: Kogda derev'ja byli bol'šimi (Als die Bäume groß waren). 1963: Krysa na podnose [TV]; Tretij tajm. 1964: Vse dlja vas; Nepridumannaja istorija (Eine wahre Geschichte); Živet takoj paren' (Von einem der auszog, die Liebe zu finden). 1966: Vaš syn i brat (Euer Sohn und Bruder); Vremja vpered (Zeit voran!). 1967: Takoj bol'šoj mal'čik (So ein großer Junge); Staršaja sestra (Die ältere Schwester); Vij. 1968: Urok literatury; Zolotoj telenok (Das goldene Kalb). 1969: Den' i vsja žizn'; Ja ego nevesta; Nepodsuden (Testflug); Ljubov' Serafima Frolova; Mužskoj razgovor (Männergespräch); Krach (Der Fall Boris Sawinkow). 1970: O druz'jach-tovariščach (Das Attentat) [TV]; Gori, gori, moja zvezda (Leuchte, mein Stern, leuchte); Ballada o Beringe i ego druz'jach; Pozdnij rebenok [TV]; Sem' nevest efrejtora Zbrueva (Die sieben Bräute des Gefreiten Sbrujew); Karusel' (Karussell) [TV]; Načalo (Hauptrolle für eine Unbekannte); Odin den' i vsja žizn'. 1970/72: Osvoboždenie (Befreiung). 1971: Molodye (Junge Leute). 1972: Chod beloj korolevy (Der Lauf der weißen Königin); Eta veselaja planeta [TV]; Sed'moe nebo; Mal'čiki (Jungen). 1972/73: Semnadcat' mgnovenii vesny (Siebzehn Augenblicke des Frühlings) [TV]. 1973: Nejlon 100%; Petr Rjabinkin; Ivan Vasil'evič menjaet professiju (Iwan Wassijewitsch wechselt den Beruf); Žizn' i udivitel'nye prokljućenija Robinzona Kruzo (Robinson Crusoe). 1974: Lev Guryč Siničkin [TV]; Druz'ja moj; Svoj paren'; Severnaja rapsodija (Rhapsodie des Nordens); Kyš i dvaportfelja (Kysch und der Zweiranzenhoch). 1975: Begstvo mistera Mak-Kinli; Čto naša žizn'?! ili Čto naša žizn'?!; Solo dlja slona s orkestrom (Elefantensolo mit Orchesterbegleitung) [SU/CS]; Afonja (Laßt das mal Afonja machen); Mečat' i žit'; Ne možet byt'! (Das kann doch nicht wahr sein); Povtornaja svad'ba (Wiederholte Hochzeit). 1976: Au-u (Warum eigentlich nicht?) [TV]; Poslednjaja žertva (Das letzte Opfer); Cirk v cirke/Cirkus v cirkuse (Zirkus im Zirkus) [SU/CS]. 1977: Razvlečenie dlja staričkov (Liebe, Rentner und Benzingeruch); Samy krassivy kon' (Ein Pferd für Igor); Bezotcovščina (Ohne Vater); Priključenija Travki (Trawkas Abenteuer); Timur i ego komanda (Timur und sein Trupp) [TV]; Ty – mne, ja – tebe. 1978: Inkognito iz Peterburga (Inkognito aus Petersburg); Mimino (Mimino); Celujutsja zori; Po ulicam komod vodili; Poka bezumstvuet mečta; Smešnye ljudi (Komische Leute); Sčet čelovečeskij (Plädoyer für sensible Riesen); Mesto vstreči izmenit' nel'sja (Die schwarze Katze) [TV]. 1979: Pena; Šla sobaka po rojalju; Živite v radosti; Frak dlja šalopaja; Sueta suet (Mann, bleib auf dem Teppich). 1980: S ljubimymi ne rasstavajtes'; Fitil' No 221; Glubokie rodstvenniki papa [TV-KF]; Malen'kie tragedii (Kleine Tragödien) [TV]; My, nižepodpisavšiesja (Wir, die Endunterzeichneten) [TV]; Bezotvetnaja ljubov'. 1981: Damy priglašajut kavalerov; Fitil' No 228; Fakty minuvšego dnja. 1982: Prosto užas [TV]; Iščite ženščinu [TV]; Trest, kotoryj lopnyl; Fitil' No 240; Bešenie den'gi (Tolles Geld). 1983: Demidovy (Der Waffenschmied vom Ural); Beregite mužčin (Schonet die Männer); Ne bylo pečali (Das Kuckucksei); My iz džaza (Wir vom Jazz); Vitja Glušakov – drug apačej; Svadebnyj podarok; Bez svidetelej (Gespräch ohne Zeugen). 1984: Fitil' No 263; Mednyj angel (Hotel Zum kupfernen Engel); TASS upolnomočen zajavit ... (TASS ist ermächtigt zu erklären) [TVS]. 1985: Zmeelov; Opasno dlja žizni! (Lebensgefährlich!); Iskrenne vaš ...; Čerez vse gody; Samaja obajatel'naja i privlekatel'naja (Die Allerschönste); Čelovek-nevidimka (Der unsichtbare Mensch); Zolotaja rybka [TV]; Fitil' No 279; Prežde čem rasstat'sja. 1986: Zmeelov; Priključenija Šerloka Cholmsa i doktora Vatsona (Sherlock Holmes im 20. Jahrhundert) [TV]; Dvadcatyj vek načinaetsja [TV]; Fitil' No 291; Fitil' No 284; Pjat minut stracha (Fünf Minuten Angst). 1987: Levša (Der Linkshänder); XX vek načinaetsja [TV]; Ras na ras ne prochoditsja (Man hat nicht immer Glück); Idu na grozu [TV]; Na zlatom kryl'ce sideli ... (Auf der goldenen Treppe saßen ...); Poraženie [TV]. 1988: Elki-palki; Esperansa [MX/SU]; Žitie Don Kichota u Sančo [TVS – SU/ES]; Prezumpcija nevinovnosti; Zapretnaja zona [R]. 1989: Lestnica; Sti reketa; Sultan Bejbars; Nesročnaja vesna [TV]; Vchod v labirint [TV]; Ono (Es – Von Zaren und Monstern); Pust' ja umru, gospodi ... 1990: Očarovannyj strannik; Sdelano v SSSR; Samojbijca; Mordaška; Častnyj detektiv, ili operacija «Kooperacija»; Ispanskaja aktrisa dlja russkogo ministra. 1991: Agenty KGB tože vljubljajutsja [RU]; Vstretimsja na Taiti [RU]; Gangstery v okeane [RU]; Sled doždа [RU]. 1992: Na deribasovskoj chorošaja pogoda, ili Na Brajton-bič opjat' idut doždi [RU]; «Tridcatogo» – uničtožit' [RU]; V poiskach zolotogo fallosa [RU]; Kak živete, karasi? [RU]. 1993: Ličnaja žizn' korolevy [RU]; Skandal v našem Klošrorode [RU]; Kodeks besčesdtija [RU]; Začem alibičestnomu čeloveku [RU]; Russkij biznes [RU]; Russkoe èudo [RU]; Verdikt [RU]; Kto ubijca? [TV – RU]; Prigovor [RU]; Provincial'nyj benefic [TV – RU]. 1994: Prostodušnyj [RU]. 1995: Mužčina dlja molodoj ženščiny [RU].

Kyô Machiko (Yano Motoko)

*25. 3. 1924 Osaka

Nach ihrem Schulbesuch wird sie Mitglied der renommierten Revuegruppe Osaka Shôchiku Shôjo-Kagekidan (ab 1942: OSK – Osaka Shôchiku Kagekidan), der sie bis 1949 angehört. Als singende Tänzerin wird sie von der Daiei Filmgesellschaft engagiert. 1944 Leinwanddebüt in *Tengu-daoshi* (Kintarô Inoue). In *Chijin no Ai* (Keigo Kimura, 1949) ist sie die junge Heldin, die einen Mann durch ihre erotische Anziehungskraft gefangennimmt. Auch in den weiteren Filmen zeigt sie markante Sinnlichkeit, darüber hinaus verleiht sie den Frauenfiguren – ein Novum nach dem 2. Weltkrieg – starkes Selbstbewußtsein. Internationale Bekanntheit durch Akira Kurosawas *Rashô-Mon* (1950), in dem sie äußerst wandlungsfähig – demütig-zurückhaltend bis begierig – die von einem Räuber vergewaltigte Frau darstellt. Ihre Frauengestalten strahlen oft Heftigkeit und Vitalität aus, wie zum Beispiel die Geisha in *Itsuwareru Seisô* (Kôzaburô Yoshimura) oder die eifersüchtige Wanderschauspielerin in *Ukigusa* (Yasujirô Ozu) und wie die berechnende Kneipenwirtin in *Amai Ase* (Shirô Toyoda). Ihr komödiantisches Talent zeigt sie als Geisha in der amerikanischen Produktion *The Teahouse of the August Moon* (Daniel Mann) oder als die von ihren Schwägerinnen schikanierte Ehefrau in Yoshimuras *Konki*. Seit 1963 ist sie auch als Bühnen- und Fernsehschauspielerin tätig.

[JP] 1944: Tengu-daoshi; Danjûrô Sandai. 1949: Saigo ni warau Otoko; Hanakurabe Tanuki-goten; Chika-gai no dankon; Mitsu no Shinju; Chijin no Ai; Hebi-hime dochu. 1950: Zoku Hebi-hime Dochu; Haruka-nari Haha no Kuni; Asakusa no Hada; Bibô no Umi; Fukkatsu; Rashô-Mon (Rashômon); Hi no Tori; Itsuwareru Seisô. 1951: Koi no Oranda-zaka; Jiyû Gakkô; Joen no Hatoba; Genji Monogatari; Mesu-inu; Bakuto Ichidai. 1952: Asakusa Kurenai-dan; Nagasaki no Uta wa wasureji; Taki no Shiraito; Bijo to Tôzoku; Daibutsu Kaigan; Bijo no Tôkudame. 1953: Ugetsu Monogatari (Erzählungen unter dem Regenmond); Kurohyo; Ani Imôto; Jigoku-mon (Das Höllentor). 1954: Aru Onna; Aizen Katsura; Shunkin Monogatari; Asakusa no Yoru; Sen-hime; Bazoku Geisha; Haru no Uzumaki. 1955: Bara Ikutabika; Yôkihi (Die Prinzessin Yang); Tojuro no Koi; Shin Josei Mondô. 1956: Shin Heike Monogatari: Yoshinaka o meguru Sannin no Onna; Niji Ikutabi; Akasen Chitai (Die Straße der Schande); Tsukigata Hanbeita; The Teahouse of the August Moon (Das kleine Teehaus) [US]. 1957: Ito-han Monogatari; Stajio wa Tenya Wanya; Odoriko; Onna no Hada; Jigoku-bana; Yoru no Chô; Ana. 1958: Yurakucho de Aimasho; Kanashimi wa Onna-dake ni; Haha; Chushingura; Osaka no Onna; Akasen no Hi wa Kiezu; Yoru no Sugao; Musume no Boken. 1959: Ukigusa (Abschied in der Dämmerung); Anata to Watashi no Ai-katoba: Sayonara, Konnichiwa; Sasameyuki; Onna to Kaizoku; Yoru no Togyo; Jirocho Fuji; Kagi (Kagi). 1960: Ruten no Ochi; Jokei; Bonchi; Sanin no Kaoyaku; Ashi ni sawatta Onna; Kao; Oden Jigoku. 1961: Konki; Nuregame Botan; Onna no Kunsho; Kodachi o Tsukau Onna; Shaka. 1962: Kurotokage; Nakayoshi-ondo; Nippon ichi Dayo; Shin no Shikotei (Der große Wall); Onna no Isshô. 1963: Jokei Kazuko; Dendai Inchiki Monogatari: Dotanuki. 1964: Amai Ase. 1966: Tanin no Kao; Jinchoge; Chiisai Tôbôsha [JP/SU]. 1969: Senbazuru. 1970: Yabure Kabure. 1974: Karei-naru Ichizoku. 1975: Kinkanshoku. 1976: Yôba; Otoko wa tsuraiyo: Torajiro Junjô-Shishû. 1984: Keshô.